中国人口普查
CHINA POPULATION CENSUS

2020

青海省人口普查年鉴

（上册）

QINGHAI POPULATION CENSUS YEARBOOK 2020

(BOOK 1)

青　海　省　统　计　局
青海省第七次全国人口普查领导小组办公室　编

Compiled by
Qinghai Provincial Bureau of Statistics
Office of the Leading Group of Qinghai Province for the Seventh National Population Census

中国统计出版社
China Statistics Press

图书在版编目（CIP）数据

青海省人口普查年鉴. 2020. 上册 / 青海省统计局, 青海省第七次全国人口普查领导小组办公室编. -- 北京 : 中国统计出版社, 2022.8
ISBN 978-7-5037-9870-2

Ⅰ. ①青… Ⅱ. ①青… ②青… Ⅲ. ①人口普查－统计资料－青海－2020－年鉴 Ⅳ. ①C924.254.4-54

中国版本图书馆 CIP 数据核字(2022)第 130308 号

青海省人口普查年鉴-2020（上册）
Qinghai Population Census Yearbook 2020 (Book 1)

作　　者/青海省统计局　青海省第七次全国人口普查领导小组办公室
责任编辑/熊丹书
封面设计/李雪燕
出版发行/中国统计出版社有限公司
通信地址/北京市丰台区西三环南路甲 6 号　邮政编码/100073
发行电话/邮购（010）63376909　书店（010）68783171
网　　址/http://www.zgtjcbs.com/
印　　刷/河北鑫兆源印刷有限公司
经　　销/新华书店
开　　本/880mm×1230mm　1/16
字　　数/1496 千字
印　　张/48
版　　别/2022 年 8 月第 1 版
版　　次/2022 年 8 月第 1 次印刷
定　　价/990.00 元（全三册附光盘）

《青海省人口普查年鉴—2020》编委会和编辑工作人员

编 辑 说 明

在以习近平同志为核心的党中央坚强领导下，按照国务院第七次全国人口普查领导小组统一部署，省第七次全国人口普查领导小组的具体要求，全省各市州及有关部门精心组织、协同推进，全体普查人员艰苦努力、无私奉献，广大普查对象共同参与、积极配合，青海省第七次全国人口普查取得了圆满成功，获得了丰富详实的资料。为了满足社会各界的需要，现将汇总的数据资料编辑出版。

为便于读者使用本资料，现将有关情况说明如下:

一、普查对象和标准时点

第七次全国人口普查的普查对象指普查标准时点在中华人民共和国境内的自然人以及在中华人民共和国境外但未定居的中国公民，不包括在中华人民共和国境内短期停留的境外人员。普查标准时点为 2020 年 11 月 1 日零时。

二、普查表式

第七次全国人口普查采用长、短两种普查表。普查短表包括反映人口基本状况的项目，由全部住户（不包括港澳台居民和外籍人员）填报；普查长表包括所有短表项目和人口的经济活动、婚姻生育和住房等情况的项目，在全部住户中抽取 10%的户（不包括港澳台居民和外籍人员）填报。

三、资料主要内容

本资料分为三部分。第一部分是全部人口数据，主要反映人口的基本状况，分为八卷，共 196 张表；第二部分是普查长表数据，主要反映人口的各种结构情况，分为九卷，共 218 张表；第三部分是附录，主要是普查的有关规定和技术文件等。

四、数据汇总口径及推算说明

本资料是普查实际登记直接汇总的数据，不包括漏登的人口（事后质量抽查表明，全国人口漏登率为 0.05%），不包括现役军人。

资料中各项指标的汇总结果未做任何误差校正，读者在使用时应考虑不同指标登记误差因素的影响。

由于普查长表是按户抽样并进行登记，因此人口总数以及各种人口结构数据的抽样比会存在略微差异，请读者使用本资料推算总体时，对采用的方法予以注意。

五、城乡划分规定

本次人口普查关于城乡的划分，按照国家统计局《统计上划分城乡的规定》执行。

六、其他

本资料中部分相对数由于单位取舍问题而产生的计算误差，均未做机械调整。本资料中空项表示无数字或数字很小。

目　　录

上　册

第一部分　全部数据资料

第三卷 年龄

第四卷 教育

第五卷　家庭

第六卷　死亡

第七卷 户口登记状况

第八卷 住房

中　册

第二部分　长表数据资料

第一卷　概要

第二卷　民族

第三卷　教育

第四卷 就业

下 册

第五卷 婚姻

第六卷 生育

第九卷 住房

第三部分　附　录

第一部分　全部数据资料

第一卷　概要

1-1 各地区户数、

地区	户数						
				合计			
	合计	家庭户	集体户	合计	男	女	性别比(女=100)
全省	**2079275**	**1965893**	**113382**	**5923957**	**3033846**	**2890111**	**104.97**
西宁市	**913753**	**847809**	**65944**	**2467965**	**1256520**	**1211445**	**103.72**
城东区	191203	174318	16885	489372	250205	239167	104.62
城中区	136249	124908	11341	325813	165446	160367	103.17
城西区	135293	124793	10500	326866	161823	165043	98.05
城北区	166184	149028	17156	417701	212010	205691	103.07
湟中区	120238	115403	4835	395043	205999	189044	108.97
大通回族土族自治县	124750	121224	3526	403368	204972	198396	103.31
湟源县	39836	38135	1701	109802	56065	53737	104.33
海东市	**434506**	**421329**	**13177**	**1358471**	**691990**	**666481**	**103.83**
乐都区	87687	83855	3832	240949	123135	117814	104.52
平安区	42051	39935	2116	117883	59439	58444	101.70
民和回族土族自治县	98423	96394	2029	326964	166284	160680	103.49
互助土族自治县	110038	107311	2727	337941	175438	162503	107.96
化隆回族自治县	57790	56539	1251	200474	100720	99754	100.97
循化撒拉族自治县	38517	37295	1222	134260	66974	67286	99.54
海北藏族自治州	**95793**	**93114**	**2679**	**265322**	**135263**	**130059**	**104.00**
门源回族自治县	46962	46284	678	138335	70194	68141	103.01
祁连县	18186	17458	728	48538	24992	23546	106.14
海晏县	16041	15075	966	37729	19171	18558	103.30
刚察县	14604	14297	307	40720	20906	19814	105.51
黄南藏族自治州	**90832**	**86864**	**3968**	**276215**	**139528**	**136687**	**102.08**
同仁县	32690	30232	2458	101519	51556	49963	103.19
尖扎县	19541	18553	988	58173	29245	28928	101.10
泽库县	24418	24019	399	75659	37996	37663	100.88
河南蒙古族自治县	14183	14060	123	40864	20731	20133	102.97
海南藏族自治州	**155891**	**150393**	**5498**	**446996**	**225808**	**221188**	**102.09**
共和县	49847	47409	2438	133409	67764	65645	103.23
同德县	19793	18994	799	60268	30551	29717	102.81
贵德县	36530	35402	1128	105645	53169	52476	101.32
兴海县	26357	25729	628	75833	38160	37673	101.29
贵南县	23364	22859	505	71841	36164	35677	101.37
果洛藏族自治州	**76987**	**73779**	**3208**	**215573**	**112477**	**103096**	**109.10**
玛沁县	22011	19786	2225	58117	31144	26973	115.46
班玛县	10289	10077	212	31794	16649	15145	109.93
甘德县	15536	15444	92	41046	21216	19830	106.99
达日县	13156	12880	276	40197	20665	19532	105.80
久治县	9795	9549	246	29929	15311	14618	104.74
玛多县	6200	6043	157	14490	7492	6998	107.06
玉树藏族自治州	**130023**	**126778**	**3245**	**425199**	**215978**	**209221**	**103.23**
玉树市	42539	40958	1581	141308	72140	69168	104.30
杂多县	18484	18153	331	68759	34787	33972	102.40
称多县	20391	20040	351	57159	29135	28024	103.96
治多县	11640	11447	193	34496	17430	17066	102.13
囊谦县	23437	23096	341	90307	45767	44540	102.75
曲麻莱县	13532	13084	448	33170	16719	16451	101.63
海西蒙古族藏族自治州	**181490**	**165827**	**15663**	**468216**	**256282**	**211934**	**120.93**
格尔木市	80969	74567	6402	221863	121353	100510	120.74
德令哈市	34686	31699	2987	88227	46036	42191	109.11
茫崖市	9687	7845	1842	18856	12884	5972	215.74
乌兰县	13962	13252	710	31507	16888	14619	115.52
都兰县	24735	23960	775	68273	35579	32694	108.82
天峻县	10030	9706	324	23203	12077	11126	108.55
大柴旦行政委员会	7421	4798	2623	16287	11465	4822	237.76

人口数和性别比

单位：户、人

人口数								平均家庭户规模（人/户）
家庭户				集体户				
小计	男	女	性别比（女=100）	小计	男	女	性别比（女=100）	
5493942	**2777444**	**2716498**	**102.24**	**430015**	**256402**	**173613**	**147.69**	**2.79**
2224710	**1113500**	**1111210**	**100.21**	**243255**	**143020**	**100235**	**142.68**	**2.62**
428226	212853	215373	98.83	61146	37352	23794	156.98	2.46
284686	140500	144186	97.44	41127	24946	16181	154.17	2.28
289839	140873	148966	94.57	37027	20950	16077	130.31	2.32
353249	177100	176149	100.54	64452	34910	29542	118.17	2.37
375408	192885	182523	105.68	19635	13114	6521	201.10	3.25
389694	196611	193083	101.83	13674	8361	5313	157.37	3.21
103608	52678	50930	103.43	6194	3387	2807	120.66	2.72
1304894	**661161**	**643733**	**102.71**	**53577**	**30829**	**22748**	**135.52**	**3.10**
228628	115923	112705	102.86	12321	7212	5109	141.16	2.73
110316	54885	55431	99.01	7567	4554	3013	151.15	2.76
318311	161758	156553	103.32	8653	4526	4127	109.67	3.30
322979	166669	156310	106.63	14962	8769	6193	141.60	3.01
195263	97774	97489	100.29	5211	2946	2265	130.07	3.45
129397	64152	65245	98.32	4863	2822	2041	138.27	3.47
255863	**129242**	**126621**	**102.07**	**9459**	**6021**	**3438**	**175.13**	**2.75**
136158	68650	67508	101.69	2177	1544	633	243.92	2.94
45850	23225	22625	102.65	2688	1767	921	191.86	2.63
34506	17521	16985	103.16	3223	1650	1573	104.90	2.29
39349	19846	19503	101.76	1371	1060	311	340.84	2.75
260549	**130817**	**129732**	**100.84**	**15666**	**8711**	**6955**	**125.25**	**3.00**
91921	46266	45655	101.34	9598	5290	4308	122.79	3.04
54072	26895	27177	98.96	4101	2350	1751	134.21	2.91
74160	37224	36936	100.78	1499	772	727	106.19	3.09
40396	20432	19964	102.34	468	299	169	176.92	2.87
427326	**215343**	**211983**	**101.59**	**19670**	**10465**	**9205**	**113.69**	**2.84**
124270	62813	61457	102.21	9139	4951	4188	118.22	2.62
58435	29656	28779	103.05	1833	895	938	95.42	3.08
101140	50813	50327	100.97	4505	2356	2149	109.63	2.86
73803	36946	36857	100.24	2030	1214	816	148.77	2.87
69678	35115	34563	101.60	2163	1049	1114	94.17	3.05
202366	**104139**	**98227**	**106.02**	**13207**	**8338**	**4869**	**171.25**	**2.74**
47953	24836	23117	107.44	10164	6308	3856	163.59	2.42
31123	16106	15017	107.25	671	543	128	424.22	3.09
40818	21078	19740	106.78	228	138	90	153.33	2.64
39489	20172	19317	104.43	708	493	215	229.30	3.07
28944	14757	14187	104.02	985	554	431	128.54	3.03
14039	7190	6849	104.98	451	302	149	202.68	2.32
405862	**205689**	**200173**	**102.76**	**19337**	**10289**	**9048**	**113.72**	**3.20**
129485	65910	63575	103.67	11823	6230	5593	111.39	3.16
66959	33807	33152	101.98	1800	980	820	119.51	3.69
55788	28451	27337	104.08	1371	684	687	99.56	2.78
34025	17129	16896	101.38	471	301	170	177.06	2.97
87866	44496	43370	102.60	2441	1271	1170	108.63	3.80
31739	15896	15843	100.33	1431	823	608	135.36	2.43
412372	**217553**	**194819**	**111.67**	**55844**	**38729**	**17115**	**226.29**	**2.49**
196395	103588	92807	111.62	25468	17765	7703	230.62	2.63
79139	40934	38205	107.14	9088	5102	3986	128.00	2.50
12568	7902	4666	169.35	6288	4982	1306	381.47	1.60
28876	15030	13846	108.55	2631	1858	773	240.36	2.18
64827	33576	31251	107.44	3446	2003	1443	138.81	2.71
21948	11217	10731	104.53	1255	860	395	217.72	2.26
8619	5306	3313	160.16	7668	6159	1509	408.15	1.80

1-1a 各地区户数、

地区	户数			合计			
	合计	家庭户	集体户	合计	男	女	性别比(女=100)
全省	**837123**	**766028**	**71095**	**2124083**	**1081946**	**1042137**	**103.82**
西宁市	**646981**	**590294**	**56687**	**1618954**	**818668**	**800286**	**102.30**
城东区	191203	174318	16885	489372	250205	239167	104.62
城中区	135032	124240	10792	322863	163313	159550	102.36
城西区	135185	124691	10494	326507	161627	164880	98.03
城北区	163201	146130	17071	407603	206596	201007	102.78
湟中区	18111	17025	1086	57674	28957	28717	100.84
大通回族土族自治县	4249	3890	359	14935	7970	6965	114.43
湟源县							
海东市	**69635**	**65078**	**4557**	**190040**	**93808**	**96232**	**97.48**
乐都区	41493	38445	3048	112937	55854	57083	97.85
平安区	28142	26633	1509	77103	37954	39149	96.95
民和回族土族自治县							
互助土族自治县							
化隆回族自治县							
循化撒拉族自治县							
海北藏族自治州							
门源回族自治县							
祁连县							
海晏县							
刚察县							
黄南藏族自治州							
同仁县							
尖扎县							
泽库县							
河南蒙古族自治县							
海南藏族自治州							
共和县							
同德县							
贵德县							
兴海县							
贵南县							
果洛藏族自治州							
玛沁县							
班玛县							
甘德县							
达日县							
久治县							
玛多县							
玉树藏族自治州	**26037**	**24637**	**1400**	**81984**	**42235**	**39749**	**106.25**
玉树市	25352	23976	1376	79138	40851	38287	106.70
杂多县							
称多县							
治多县							
囊谦县							
曲麻莱县	685	661	24	2846	1384	1462	94.66
海西蒙古族藏族自治州	**94470**	**86019**	**8451**	**233105**	**127235**	**105870**	**120.18**
格尔木市	60460	56202	4258	154472	83917	70555	118.94
德令哈市	25769	22994	2775	63156	32772	30384	107.86
茫崖市	8241	6823	1418	15477	10546	4931	213.87
乌兰县							
都兰县							
天峻县							
大柴旦行政委员会							

人口数和性别比(城市)

单位：户、人

人口数								平均家庭户规模(人/户)
家庭户				集体户				
小计	男	女	性别比(女=100)	小计	男	女	性别比(女=100)	
1861075	**928280**	**932795**	**99.52**	**263008**	**153666**	**109342**	**140.54**	**2.43**
1411299	**698534**	**712765**	**98.00**	**207655**	**120134**	**87521**	**137.26**	**2.39**
428226	212853	215373	98.83	61146	37352	23794	156.98	2.46
283329	139727	143602	97.30	39534	23586	15948	147.89	2.28
289501	140690	148811	94.54	37006	20937	16069	130.29	2.32
343537	171993	171544	100.26	64066	34603	29463	117.45	2.35
53358	26437	26921	98.20	4316	2520	1796	140.31	3.13
13348	6834	6514	104.91	1587	1136	451	251.88	3.43
174941	**85226**	**89715**	**95.00**	**15099**	**8582**	**6517**	**131.69**	**2.69**
103119	50352	52767	95.42	9818	5502	4316	127.48	2.68
71822	34874	36948	94.39	5281	3080	2201	139.94	2.70
71698	**36925**	**34773**	**106.19**	**10286**	**5310**	**4976**	**106.71**	**2.91**
68910	35573	33337	106.71	10228	5278	4950	106.63	2.87
2788	1352	1436	94.15	58	32	26	123.08	4.22
203137	**107595**	**95542**	**112.62**	**29968**	**19640**	**10328**	**190.16**	**2.36**
137516	72569	64947	111.74	16956	11348	5608	202.35	2.45
54846	28172	26674	105.62	8310	4600	3710	123.99	2.39
10775	6854	3921	174.80	4702	3692	1010	365.54	1.58

1-1b 各地区户数、

地区	户数						
				合计			
	合计	家庭户	集体户	合计	男	女	性别比(女=100)
全省	**515908**	**483732**	**32176**	**1435280**	**728786**	**706494**	**103.16**
西宁市	**109522**	**102748**	**6774**	**321662**	**162405**	**159257**	**101.98**
城东区							
城中区	923	376	547	2183	1713	470	364.47
城西区	108	102	6	359	196	163	120.25
城北区							
湟中区	22355	20467	1888	70616	37050	33566	110.38
大通回族土族自治县	64463	61624	2839	190794	95119	95675	99.42
湟源县	21673	20179	1494	57710	28327	29383	96.41
海东市	**118343**	**112130**	**6213**	**358818**	**178882**	**179936**	**99.41**
乐都区	4530	4351	179	12111	6243	5868	106.39
平安区	1049	701	348	2633	1638	995	164.62
民和回族土族自治县	42266	40508	1758	131715	65161	66554	97.91
互助土族自治县	42639	40301	2338	122069	61165	60904	100.43
化隆回族自治县	12586	11936	650	41904	20575	21329	96.46
循化撒拉族自治县	15273	14333	940	48386	24100	24286	99.23
海北藏族自治州	**50313**	**48065**	**2248**	**122997**	**60638**	**62359**	**97.24**
门源回族自治县	21583	21031	552	52218	25084	27134	92.44
祁连县	10136	9601	535	26617	13172	13445	97.97
海晏县	12053	11173	880	28136	13907	14229	97.74
刚察县	6541	6260	281	16026	8475	7551	112.24
黄南藏族自治州	**43284**	**39786**	**3498**	**114810**	**58232**	**56578**	**102.92**
同仁县	19100	16833	2267	49962	25660	24302	105.59
尖扎县	8775	7983	792	23951	11973	11978	99.96
泽库县	8807	8480	327	23180	11693	11487	101.79
河南蒙古族自治县	6602	6490	112	17717	8906	8811	101.08
海南藏族自治州	**72275**	**67859**	**4416**	**182707**	**91368**	**91339**	**100.03**
共和县	27703	25440	2263	67463	33901	33562	101.01
同德县	5847	5598	249	15160	7585	7575	100.13
贵德县	18614	17590	1024	47976	23749	24227	98.03
兴海县	12230	11817	413	32044	16058	15986	100.45
贵南县	7881	7414	467	20064	10075	9989	100.86
果洛藏族自治州	**31690**	**28905**	**2785**	**75632**	**40678**	**34954**	**116.38**
玛沁县	13244	11195	2049	33004	18325	14679	124.84
班玛县	4346	4193	153	9892	5330	4562	116.83
甘德县	3096	3006	90	6089	3294	2795	117.85
达日县	5037	4838	199	13239	6720	6519	103.08
久治县	2166	2026	140	4747	2532	2215	114.31
玛多县	3801	3647	154	8661	4477	4184	107.00
玉树藏族自治州	**41983**	**40497**	**1486**	**133261**	**68213**	**65048**	**104.87**
玉树市	1634	1514	120	6359	3192	3167	100.79
杂多县	9198	8897	301	35857	18325	17532	104.52
称多县	8011	7716	295	21385	11028	10357	106.48
治多县	8448	8274	174	25735	13001	12734	102.10
囊谦县	8179	7982	197	30521	15837	14684	107.85
曲麻莱县	6513	6114	399	13404	6830	6574	103.89
海西蒙古族藏族自治州	**48498**	**43742**	**4756**	**125393**	**68370**	**57023**	**119.90**
格尔木市	13078	11489	1589	42681	23542	19139	123.01
德令哈市	886	786	100	2268	1253	1015	123.45
茫崖市	1446	1022	424	3379	2338	1041	224.59
乌兰县	9695	9017	678	20116	10830	9286	116.63
都兰县	12222	11532	690	32720	16631	16089	103.37
天峻县	6399	6102	297	13938	7125	6813	104.58
大柴旦行政委员会	4772	3794	978	10291	6651	3640	182.72

人口数和性别比(镇)

单位：户、人

人口数								平均家庭户规模（人/户）
家庭户				集体户				
小计	男	女	性别比（女=100）	小计	男	女	性别比（女=100）	
1310687	**656645**	**654042**	**100.40**	**124593**	**72141**	**52452**	**137.54**	**2.71**
297353	**147408**	**149945**	**98.31**	**24309**	**14997**	**9312**	**161.05**	**2.89**
598	360	238	151.26	1585	1353	232	583.19	1.59
338	183	155	118.06	21	13	8	162.50	3.31
64462	32678	31784	102.81	6154	4372	1782	245.34	3.15
179901	88860	91041	97.60	10893	6259	4634	135.07	2.92
52054	25327	26727	94.76	5656	3000	2656	112.95	2.58
331015	**163840**	**167175**	**98.01**	**27803**	**15042**	**12761**	**117.87**	**2.95**
11667	5919	5748	102.97	444	324	120	270.00	2.68
1489	850	639	133.02	1144	788	356	221.35	2.12
124019	61215	62804	97.47	7696	3946	3750	105.23	3.06
110058	54757	55301	99.02	12011	6408	5603	114.37	2.73
39034	19122	19912	96.03	2870	1453	1417	102.54	3.27
44748	21977	22771	96.51	3638	2123	1515	140.13	3.12
115829	**56600**	**59229**	**95.56**	**7168**	**4038**	**3130**	**129.01**	**2.41**
51040	24405	26635	91.63	1178	679	499	136.07	2.43
24826	12171	12655	96.18	1791	1001	790	126.71	2.59
25128	12446	12682	98.14	3008	1461	1547	94.44	2.25
14835	7578	7257	104.42	1191	897	294	305.10	2.37
101091	**51038**	**50053**	**101.97**	**13719**	**7194**	**6525**	**110.25**	**2.54**
41312	21133	20179	104.73	8650	4527	4123	109.80	2.45
20601	10189	10412	97.86	3350	1784	1566	113.92	2.58
21900	11092	10808	102.63	1280	601	679	88.51	2.58
17278	8624	8654	99.65	439	282	157	179.62	2.66
165959	**82779**	**83180**	**99.52**	**16748**	**8589**	**8159**	**105.27**	**2.45**
58935	29460	29475	99.95	8528	4441	4087	108.66	2.32
14430	7185	7245	99.17	730	400	330	121.21	2.58
43908	21726	22182	97.94	4068	2023	2045	98.92	2.50
30622	15312	15310	100.01	1422	746	676	110.36	2.59
18064	9096	8968	101.43	2000	979	1021	95.89	2.44
63833	**33389**	**30444**	**109.67**	**11799**	**7289**	**4510**	**161.62**	**2.21**
23253	12374	10879	113.74	9751	5951	3800	156.61	2.08
9485	5021	4464	112.48	407	309	98	315.31	2.26
5868	3161	2707	116.77	221	133	88	151.14	1.95
12705	6395	6310	101.35	534	325	209	155.50	2.63
4301	2260	2041	110.73	446	272	174	156.32	2.12
8221	4178	4043	103.34	440	299	141	212.06	2.25
126939	**64720**	**62219**	**104.02**	**6322**	**3493**	**2829**	**123.47**	**3.13**
5439	2666	2773	96.14	920	526	394	133.50	3.59
34189	17415	16774	103.82	1668	910	758	120.05	3.84
20266	10483	9783	107.16	1119	545	574	94.95	2.63
25350	12777	12573	101.62	385	224	161	139.13	3.06
29593	15286	14307	106.84	928	551	377	146.15	3.71
12102	6093	6009	101.40	1302	737	565	130.44	1.98
108668	**56871**	**51797**	**109.80**	**16725**	**11499**	**5226**	**220.03**	**2.48**
37717	19978	17739	112.62	4964	3564	1400	254.57	3.28
1808	950	858	110.72	460	303	157	192.99	2.30
1793	1048	745	140.67	1586	1290	296	435.81	1.75
17669	9091	8578	105.98	2447	1739	708	245.62	1.96
29749	14991	14758	101.58	2971	1640	1331	123.22	2.58
13035	6588	6447	102.19	903	537	366	146.72	2.14
6897	4225	2672	158.12	3394	2426	968	250.62	1.82

1-1c 各地区户数、

地区	户数			合计			
	合计	家庭户	集体户	合计	男	女	性别比(女=100)
全省	**726244**	**716133**	**10111**	**2364594**	**1223114**	**1141480**	**107.15**
西宁市	**157250**	**154767**	**2483**	**527349**	**275447**	**251902**	**109.35**
城东区							
城中区	294	292	2	767	420	347	121.04
城西区							
城北区	2983	2898	85	10098	5414	4684	115.58
湟中区	79772	77911	1861	266753	139992	126761	110.44
大通回族土族自治县	56038	55710	328	197639	101883	95756	106.40
湟源县	18163	17956	207	52092	27738	24354	113.90
海东市	**246528**	**244121**	**2407**	**809613**	**419300**	**390313**	**107.43**
乐都区	41664	41059	605	115901	61038	54863	111.26
平安区	12860	12601	259	38147	19847	18300	108.45
民和回族土族自治县	56157	55886	271	195249	101123	94126	107.43
互助土族自治县	67399	67010	389	215872	114273	101599	112.47
化隆回族自治县	45204	44603	601	158570	80145	78425	102.19
循化撒拉族自治县	23244	22962	282	85874	42874	43000	99.71
海北藏族自治州	**45480**	**45049**	**431**	**142325**	**74625**	**67700**	**110.23**
门源回族自治县	25379	25253	126	86117	45110	41007	110.01
祁连县	8050	7857	193	21921	11820	10101	117.02
海晏县	3988	3902	86	9593	5264	4329	121.60
刚察县	8063	8037	26	24694	12431	12263	101.37
黄南藏族自治州	**47548**	**47078**	**470**	**161405**	**81296**	**80109**	**101.48**
同仁县	13590	13399	191	51557	25896	25661	100.92
尖扎县	10766	10570	196	34222	17272	16950	101.90
泽库县	15611	15539	72	52479	26303	26176	100.49
河南蒙古族自治县	7581	7570	11	23147	11825	11322	104.44
海南藏族自治州	**83616**	**82534**	**1082**	**264289**	**134440**	**129849**	**103.54**
共和县	22144	21969	175	65946	33863	32083	105.55
同德县	13946	13396	550	45108	22966	22142	103.72
贵德县	17916	17812	104	57669	29420	28249	104.15
兴海县	14127	13912	215	43789	22102	21687	101.91
贵南县	15483	15445	38	51777	26089	25688	101.56
果洛藏族自治州	**45297**	**44874**	**423**	**139941**	**71799**	**68142**	**105.37**
玛沁县	8767	8591	176	25113	12819	12294	104.27
班玛县	5943	5884	59	21902	11319	10583	106.95
甘德县	12440	12438	2	34957	17922	17035	105.21
达日县	8119	8042	77	26958	13945	13013	107.16
久治县	7629	7523	106	25182	12779	12403	103.03
玛多县	2399	2396	3	5829	3015	2814	107.14
玉树藏族自治州	**62003**	**61644**	**359**	**209954**	**105530**	**104424**	**101.06**
玉树市	15553	15468	85	55811	28097	27714	101.38
杂多县	9286	9256	30	32902	16462	16440	100.13
称多县	12380	12324	56	35774	18107	17667	102.49
治多县	3192	3173	19	8761	4429	4332	102.24
囊谦县	15258	15114	144	59786	29930	29856	100.25
曲麻莱县	6334	6309	25	16920	8505	8415	101.07
海西蒙古族藏族自治州	**38522**	**36066**	**2456**	**109718**	**60677**	**49041**	**123.73**
格尔木市	7431	6876	555	24710	13894	10816	128.46
德令哈市	8031	7919	112	22803	12011	10792	111.30
茫崖市							
乌兰县	4267	4235	32	11391	6058	5333	113.59
都兰县	12513	12428	85	35553	18948	16605	114.11
天峻县	3631	3604	27	9265	4952	4313	114.82
大柴旦行政委员会	2649	1004	1645	5996	4814	1182	407.28

人口数和性别比(乡村)

单位：户、人

人口数								平均家庭户规模(人/户)
家庭户				集体户				
小计	男	女	性别比(女=100)	小计	男	女	性别比(女=100)	
2322180	**1192519**	**1129661**	**105.56**	**42414**	**30595**	**11819**	**258.86**	**3.24**
516058	**267558**	**248500**	**107.67**	**11291**	**7889**	**3402**	**231.89**	**3.33**
759	413	346	119.36	8	7	1	700.00	2.60
9712	5107	4605	110.90	386	307	79	388.61	3.35
257588	133770	123818	108.04	9165	6222	2943	211.42	3.31
196445	100917	95528	105.64	1194	966	228	423.68	3.53
51554	27351	24203	113.01	538	387	151	256.29	2.87
798938	**412095**	**386843**	**106.53**	**10675**	**7205**	**3470**	**207.64**	**3.27**
113842	59652	54190	110.08	2059	1386	673	205.94	2.77
37005	19161	17844	107.38	1142	686	456	150.44	2.94
194292	100543	93749	107.25	957	580	377	153.85	3.48
212921	111912	101009	110.79	2951	2361	590	400.17	3.18
156229	78652	77577	101.39	2341	1493	848	176.06	3.50
84649	42175	42474	99.30	1225	699	526	132.89	3.69
140034	**72642**	**67392**	**107.79**	**2291**	**1983**	**308**	**643.83**	**3.11**
85118	44245	40873	108.25	999	865	134	645.52	3.37
21024	11054	9970	110.87	897	766	131	584.73	2.68
9378	5075	4303	117.94	215	189	26	726.92	2.40
24514	12268	12246	100.18	180	163	17	958.82	3.05
159458	**79779**	**79679**	**100.13**	**1947**	**1517**	**430**	**352.79**	**3.39**
50609	25133	25476	98.65	948	763	185	412.43	3.78
33471	16706	16765	99.65	751	566	185	305.95	3.17
52260	26132	26128	100.02	219	171	48	356.25	3.36
23118	11808	11310	104.40	29	17	12	141.67	3.05
261367	**132564**	**128803**	**102.92**	**2922**	**1876**	**1046**	**179.35**	**3.17**
65335	33353	31982	104.29	611	510	101	504.95	2.97
44005	22471	21534	104.35	1103	495	608	81.41	3.28
57232	29087	28145	103.35	437	333	104	320.19	3.21
43181	21634	21547	100.40	608	468	140	334.29	3.10
51614	26019	25595	101.66	163	70	93	75.27	3.34
138533	**70750**	**67783**	**104.38**	**1408**	**1049**	**359**	**292.20**	**3.09**
24700	12462	12238	101.83	413	357	56	637.50	2.88
21638	11085	10553	105.04	264	234	30	780.00	3.68
34950	17917	17033	105.19	7	5	2	250.00	2.81
26784	13777	13007	105.92	174	168	6	2800.00	3.33
24643	12497	12146	102.89	539	282	257	109.73	3.28
5818	3012	2806	107.34	11	3	8	37.50	2.43
207225	**104044**	**103181**	**100.84**	**2729**	**1486**	**1243**	**119.55**	**3.36**
55136	27671	27465	100.75	675	426	249	171.08	3.56
32770	16392	16378	100.09	132	70	62	112.90	3.54
35522	17968	17554	102.36	252	139	113	123.01	2.88
8675	4352	4323	100.67	86	77	9	855.56	2.73
58273	29210	29063	100.51	1513	720	793	90.79	3.86
16849	8451	8398	100.63	71	54	17	317.65	2.67
100567	**53087**	**47480**	**111.81**	**9151**	**7590**	**1561**	**486.23**	**2.79**
21162	11041	10121	109.09	3548	2853	695	410.50	3.08
22485	11812	10673	110.67	318	199	119	167.23	2.84
11207	5939	5268	112.74	184	119	65	183.08	2.65
35078	18585	16493	112.68	475	363	112	324.11	2.82
8913	4629	4284	108.05	352	323	29	1113.79	2.47
1722	1081	641	168.64	4274	3733	541	690.02	1.72

1-2 各地区分性别、

地区	人口数			居住本乡、镇、街道，户口在本乡、镇、街道		
	合计	男	女	小计	男	女
全省	**5923957**	**3033846**	**2890111**	**3827791**	**1928036**	**1899755**
西宁市	**2467965**	**1256520**	**1211445**	**1406592**	**702022**	**704570**
城东区	489372	250205	239167	164986	80786	84200
城中区	325813	165446	160367	159881	76877	83004
城西区	326866	161823	165043	166435	79730	86705
城北区	417701	212010	205691	173023	83711	89312
湟中区	395043	205999	189044	334620	173593	161027
大通回族土族自治县	403368	204972	198396	333494	169160	164334
湟源县	109802	56065	53737	74153	38165	35988
海东市	**1358471**	**691990**	**666481**	**1058580**	**538761**	**519819**
乐都区	240949	123135	117814	161716	82643	79073
平安区	117883	59439	58444	69246	34597	34649
民和回族土族自治县	326964	166284	160680	263699	134980	128719
互助土族自治县	337941	175438	162503	277742	144071	133671
化隆回族自治县	200474	100720	99754	172317	86187	86130
循化撒拉族自治县	134260	66974	67286	113860	56283	57577
海北藏族自治州	**265322**	**135263**	**130059**	**186107**	**94225**	**91882**
门源回族自治县	138335	70194	68141	104778	53337	51441
祁连县	48538	24992	23546	33165	16719	16446
海晏县	37729	19171	18558	16433	8326	8107
刚察县	40720	20906	19814	31731	15843	15888
黄南藏族自治州	**276215**	**139528**	**136687**	**210625**	**104765**	**105860**
同仁县	101519	51556	49963	74350	36816	37534
尖扎县	58173	29245	28928	40633	20107	20526
泽库县	75659	37996	37663	65963	32976	32987
河南蒙古族自治县	40864	20731	20133	29679	14866	14813
海南藏族自治州	**446996**	**225808**	**221188**	**329498**	**165217**	**164281**
共和县	133409	67764	65645	92653	46439	46214
同德县	60268	30551	29717	48103	24179	23924
贵德县	105645	53169	52476	76922	38764	38158
兴海县	75833	38160	37673	51579	25821	25758
贵南县	71841	36164	35677	60241	30014	30227
果洛藏族自治州	**215573**	**112477**	**103096**	**154870**	**78601**	**76269**
玛沁县	58117	31144	26973	33144	16963	16181
班玛县	31794	16649	15145	23600	12146	11454
甘德县	41046	21216	19830	36185	18342	17843
达日县	40197	20665	19532	27032	13684	13348
久治县	29929	15311	14618	24700	12291	12409
玛多县	14490	7492	6998	10209	5175	5034
玉树藏族自治州	**425199**	**215978**	**209221**	**290628**	**146464**	**144164**
玉树市	141308	72140	69168	93811	47322	46489
杂多县	68759	34787	33972	32738	16407	16331
称多县	57159	29135	28024	50730	25601	25129
治多县	34496	17430	17066	12537	6359	6178
囊谦县	90307	45767	44540	80652	40611	40041
曲麻莱县	33170	16719	16451	20160	10164	9996
海西蒙古族藏族自治州	**468216**	**256282**	**211934**	**190891**	**97981**	**92910**
格尔木市	221863	121353	100510	73682	37521	36161
德令哈市	88227	46036	42191	37017	18758	18259
茫崖市	18856	12884	5972	4564	2654	1910
乌兰县	31507	16888	14619	18544	9528	9016
都兰县	68273	35579	32694	41674	21619	20055
天峻县	23203	12077	11126	11929	6076	5853
大柴旦行政委员会	16287	11465	4822	3481	1825	1656

户口登记状况的人口

单位：人

居住本乡、镇、街道，户口在外乡、镇、街道，离开户口登记地半年以上			居住本乡、镇、街道，户口待定			原住本乡、镇、街道，现在港澳台或国外工作学习		
小计	男	女	小计	男	女	小计	男	女
2070660	**1092431**	**978229**	**23004**	**11862**	**11142**	**2502**	**1517**	**985**
1051348	**549262**	**502086**	**8863**	**4670**	**4193**	**1162**	**566**	**596**
321448	167869	153579	2800	1488	1312	138	62	76
164017	87475	76542	1688	983	705	227	111	116
158647	81217	77430	1368	697	671	416	179	237
243549	127721	115828	975	514	461	154	64	90
59260	31847	27413	1046	480	566	117	79	38
69021	35376	33645	774	383	391	79	53	26
35406	17757	17649	212	125	87	31	18	13
295525	**151036**	**144489**	**3752**	**1764**	**1988**	**614**	**429**	**185**
78584	40206	38378	571	238	333	78	48	30
48276	24632	23644	324	185	139	37	25	12
62297	30843	31454	861	387	474	107	74	33
59680	31102	28578	447	216	231	72	49	23
26873	13886	12987	1112	525	587	172	122	50
19815	10367	9448	437	213	224	148	111	37
78315	**40549**	**37766**	**866**	**465**	**401**	**34**	**24**	**10**
33204	16692	16512	343	156	187	10	9	1
15214	8185	7029	143	77	66	16	11	5
21185	10760	10425	103	81	22	8	4	4
8712	4912	3800	277	151	126			
63544	**33623**	**29921**	**1818**	**970**	**848**	**228**	**170**	**58**
26459	14326	12133	632	359	273	78	55	23
16761	8699	8062	683	373	310	96	66	30
9325	4846	4479	356	161	195	15	13	2
10999	5752	5247	147	77	70	39	36	3
115950	**59738**	**56212**	**1261**	**631**	**630**	**287**	**222**	**65**
40450	21168	19282	260	120	140	46	37	9
11951	6249	5702	156	74	82	58	49	9
28438	14248	14190	243	127	116	42	30	12
23745	12066	11679	472	240	232	37	33	4
11366	6007	5359	130	70	60	104	73	31
59590	**33293**	**26297**	**1062**	**548**	**514**	**51**	**35**	**16**
24710	14024	10686	256	150	106	7	7	
8048	4429	3619	121	59	62	25	15	10
4505	2690	1815	356	184	172			
12929	6868	6061	227	110	117	9	3	6
5136	2974	2162	83	36	47	10	10	
4262	2308	1954	19	9	10			
131190	**67785**	**63405**	**3343**	**1704**	**1639**	**38**	**25**	**13**
46677	24401	22276	820	417	403			
35244	17995	17249	777	385	392			
6124	3382	2742	285	135	150	20	17	3
21284	10690	10594	674	380	294	1	1	
9095	4859	4236	544	290	254	16	7	9
12766	6458	6308	243	97	146	1		1
275198	**157145**	**118053**	**2039**	**1110**	**929**	**88**	**46**	**42**
146759	83047	63712	1382	765	617	40	20	20
50985	27144	23841	211	125	86	14	9	5
14268	10216	4052	24	14	10			
12872	7311	5561	83	45	38	8	4	4
26267	13803	12464	308	145	163	24	12	12
11246	5988	5258	26	12	14	2	1	1
12801	9636	3165	5	4	1			

1-2a　各地区分性别、

地　　区	人　口　数			居住本乡、镇、街道，户口在本乡、镇、街道		
	合计	男	女	小计	男	女
全省	**2124083**	**1081946**	**1042137**	**896868**	**436774**	**460094**
西宁市	**1618954**	**818668**	**800286**	**706603**	**342222**	**364381**
城东区	489372	250205	239167	164986	80786	84200
城中区	322863	163313	159550	158827	76330	82497
城西区	326507	161627	164880	166217	79626	86591
城北区	407603	206596	201007	164687	79458	85229
湟中区	57674	28957	28717	39348	19642	19706
大通回族土族自治县	14935	7970	6965	12538	6380	6158
湟源县						
海东市	**190040**	**93808**	**96232**	**79693**	**38551**	**41142**
乐都区	112937	55854	57083	45213	21930	23283
平安区	77103	37954	39149	34480	16621	17859
民和回族土族自治县						
互助土族自治县						
化隆回族自治县						
循化撒拉族自治县						
海北藏族自治州						
门源回族自治县						
祁连县						
海晏县						
刚察县						
黄南藏族自治州						
同仁县						
尖扎县						
泽库县						
河南蒙古族自治县						
海南藏族自治州						
共和县						
同德县						
贵德县						
兴海县						
贵南县						
果洛藏族自治州						
玛沁县						
班玛县						
甘德县						
达日县						
久治县						
玛多县						
玉树藏族自治州	**81984**	**42235**	**39749**	**36177**	**18592**	**17585**
玉树市	79138	40851	38287	36167	18587	17580
杂多县						
称多县						
治多县						
囊谦县						
曲麻莱县	2846	1384	1462	10	5	5
海西蒙古族藏族自治州	**233105**	**127235**	**105870**	**74395**	**37409**	**36986**
格尔木市	154472	83917	70555	49403	24791	24612
德令哈市	63156	32772	30384	21531	10626	10905
茫崖市	15477	10546	4931	3461	1992	1469
乌兰县						
都兰县						
天峻县						
大柴旦行政委员会						

户口登记状况的人口(城市)

单位：人

居住本乡、镇、街道，户口在外乡、镇、街道，离开户口登记地半年以上			居住本乡、镇、街道，户口待定			原住本乡、镇、街道，现在港澳台或国外工作学习		
小计	男	女	小计	男	女	小计	男	女
1217443	**640006**	**577437**	**8743**	**4708**	**4035**	**1029**	**458**	**571**
904454	**472299**	**432155**	**6950**	**3728**	**3222**	**947**	**419**	**528**
321448	167869	153579	2800	1488	1312	138	62	76
162121	85889	76232	1688	983	705	227	111	116
158507	81126	77381	1368	697	671	415	178	237
241799	126568	115231	965	507	458	152	63	89
18200	9263	8937	112	48	64	14	4	10
2379	1584	795	17	5	12	1	1	
109791	**54966**	**54825**	**517**	**274**	**243**	**39**	**17**	**22**
67384	33759	33625	317	156	161	23	9	14
42407	21207	21200	200	118	82	16	8	8
45431	**23469**	**21962**	**376**	**174**	**202**			
42619	22096	20523	352	168	184			
2812	1373	1439	24	6	18			
157767	**89272**	**68495**	**900**	**532**	**368**	**43**	**22**	**21**
104317	58697	45620	718	413	305	34	16	18
41458	22035	19423	158	105	53	9	6	3
11992	8540	3452	24	14	10			

1-2b 各地区分性别、

地区	人口数			居住本乡、镇、街道，户口在本乡、镇、街道		
	合计	男	女	小计	男	女
全省	**1435280**	**728786**	**706494**	**756206**	**376104**	**380102**
西宁市	**321662**	**162405**	**159257**	**207283**	**103302**	**103981**
城东区						
城中区	2183	1713	470	368	176	192
城西区	359	196	163	218	104	114
城北区						
湟中区	70616	37050	33566	48490	24618	23872
大通回族土族自治县	190794	95119	95675	130852	65046	65806
湟源县	57710	28327	29383	27355	13358	13997
海东市	**358818**	**178882**	**179936**	**222058**	**110084**	**111974**
乐都区	12111	6243	5868	9752	4929	4823
平安区	2633	1638	995	1255	680	575
民和回族土族自治县	131715	65161	66554	76883	38071	38812
互助土族自治县	122069	61165	60904	71213	35502	35711
化隆回族自治县	41904	20575	21329	30599	15075	15524
循化撒拉族自治县	48386	24100	24286	32356	15827	16529
海北藏族自治州	**122997**	**60638**	**62359**	**54837**	**26375**	**28462**
门源回族自治县	52218	25084	27134	23080	10925	12155
祁连县	26617	13172	13445	15002	7261	7741
海晏县	28136	13907	14229	7962	3808	4154
刚察县	16026	8475	7551	8793	4381	4412
黄南藏族自治州	**114810**	**58232**	**56578**	**59654**	**29500**	**30154**
同仁县	49962	25660	24302	26679	13187	13492
尖扎县	23951	11973	11978	10421	5119	5302
泽库县	23180	11693	11487	14829	7415	7414
河南蒙古族自治县	17717	8906	8811	7725	3779	3946
海南藏族自治州	**182707**	**91368**	**91339**	**83033**	**40795**	**42238**
共和县	67463	33901	33562	31138	15147	15991
同德县	15160	7585	7575	6728	3272	3456
贵德县	47976	23749	24227	23787	11754	12033
兴海县	32044	16058	15986	10273	5110	5163
贵南县	20064	10075	9989	11107	5512	5595
果洛藏族自治州	**75632**	**40678**	**34954**	**27935**	**14382**	**13553**
玛沁县	33004	18325	14679	10314	5580	4734
班玛县	9892	5330	4562	3411	1721	1690
甘德县	6089	3294	2795	4743	2446	2297
达日县	13239	6720	6519	2610	1247	1363
久治县	4747	2532	2215	2056	997	1059
玛多县	8661	4477	4184	4801	2391	2410
玉树藏族自治州	**133261**	**68213**	**65048**	**62028**	**31617**	**30411**
玉树市	6359	3192	3167	5742	2882	2860
杂多县	35857	18325	17532	8155	4169	3986
称多县	21385	11028	10357	16328	8213	8115
治多县	25735	13001	12734	4233	2171	2062
囊谦县	30521	15837	14684	22897	11766	11131
曲麻莱县	13404	6830	6574	4673	2416	2257
海西蒙古族藏族自治州	**125393**	**68370**	**57023**	**39378**	**20049**	**19329**
格尔木市	42681	23542	19139	10973	5788	5185
德令哈市	2268	1253	1015	1382	710	672
茫崖市	3379	2338	1041	1103	662	441
乌兰县	20116	10830	9286	8999	4470	4529
都兰县	32720	16631	16089	10354	5034	5320
天峻县	13938	7125	6813	3742	1915	1827
大柴旦行政委员会	10291	6651	3640	2825	1470	1355

户口登记状况的人口(镇)

单位：人

居住本乡、镇、街道，户口在外乡、镇、街道，离开户口登记地半年以上			居住本乡、镇、街道，户口待定			原住本乡、镇、街道，现在港澳台或国外工作学习		
小计	男	女	小计	男	女	小计	男	女
674036	**349966**	**324070**	**4798**	**2572**	**2226**	**240**	**144**	**96**
113762	**58751**	**55011**	**542**	**309**	**233**	**75**	**43**	**32**
1815	1537	278						
140	91	49				1	1	
21961	12345	9616	141	71	70	24	16	8
59607	29883	29724	296	168	128	39	22	17
30239	14895	15344	105	70	35	11	4	7
135980	**68405**	**67575**	**690**	**337**	**353**	**90**	**56**	**34**
2339	1310	1029	19	3	16	1	1	
1372	955	417	5	2	3	1	1	
54571	26958	27613	222	110	112	39	22	17
50645	25553	25092	192	99	93	19	11	8
11182	5440	5742	111	51	60	12	9	3
15871	8189	7682	141	72	69	18	12	6
67651	**33972**	**33679**	**499**	**286**	**213**	**10**	**5**	**5**
29029	14108	14921	107	49	58	2	2	
11550	5876	5674	62	34	28	3	1	2
20080	10025	10055	89	72	17	5	2	3
6992	3963	3029	241	131	110			
54410	**28333**	**26077**	**713**	**377**	**336**	**33**	**22**	**11**
22927	12267	10660	336	192	144	20	14	6
13292	6732	6560	232	120	112	6	2	4
8254	4239	4015	97	39	58			
9937	5095	4842	48	26	22	7	6	1
99241	**50352**	**48889**	**412**	**209**	**203**	**21**	**12**	**9**
36143	18673	17470	179	79	100	3	2	1
8399	4297	4102	29	15	14	4	1	3
24085	11935	12150	98	56	42	6	4	2
21693	10898	10795	74	46	28	4	4	
8921	4549	4372	32	13	19	4	1	3
47396	**26118**	**21278**	**301**	**178**	**123**			
22553	12653	9900	137	92	45			
6449	3594	2855	32	15	17			
1342	845	497	4	3	1			
10525	5421	5104	104	52	52			
2676	1526	1150	15	9	6			
3851	2079	1772	9	7	2			
70323	**36089**	**34234**	**910**	**507**	**403**			
602	299	303	15	11	4			
27461	14041	13420	241	115	126			
4979	2770	2209	78	45	33			
21076	10566	10510	426	264	162			
7555	4034	3521	69	37	32			
8650	4379	4271	81	35	46			
85273	**47946**	**37327**	**731**	**369**	**362**	**11**	**6**	**5**
31216	17500	13716	491	253	238	1	1	
878	540	338	8	3	5			
2276	1676	600						
11088	6343	4745	23	13	10	6	4	2
22173	11507	10666	189	89	100	4	1	3
10181	5203	4978	15	7	8			
7461	5177	2284	5	4	1			

1-2c 各地区分性别、

地　区	人　口　数			居住本乡、镇、街道，户口在本乡、镇、街道		
	合计	男	女	小计	男	女
全省	**2364594**	**1223114**	**1141480**	**2174717**	**1115158**	**1059559**
西宁市	**527349**	**275447**	**251902**	**492706**	**256498**	**236208**
城东区						
城中区	767	420	347	686	371	315
城西区						
城北区	10098	5414	4684	8336	4253	4083
湟中区	266753	139992	126761	246782	129333	117449
大通回族土族自治县	197639	101883	95756	190104	97734	92370
湟源县	52092	27738	24354	46798	24807	21991
海东市	**809613**	**419300**	**390313**	**756829**	**390126**	**366703**
乐都区	115901	61038	54863	106751	55784	50967
平安区	38147	19847	18300	33511	17296	16215
民和回族土族自治县	195249	101123	94126	186816	96909	89907
互助土族自治县	215872	114273	101599	206529	108569	97960
化隆回族自治县	158570	80145	78425	141718	71112	70606
循化撒拉族自治县	85874	42874	43000	81504	40456	41048
海北藏族自治州	**142325**	**74625**	**67700**	**131270**	**67850**	**63420**
门源回族自治县	86117	45110	41007	81698	42412	39286
祁连县	21921	11820	10101	18163	9458	8705
海晏县	9593	5264	4329	8471	4518	3953
刚察县	24694	12431	12263	22938	11462	11476
黄南藏族自治州	**161405**	**81296**	**80109**	**150971**	**75265**	**75706**
同仁县	51557	25896	25661	47671	23629	24042
尖扎县	34222	17272	16950	30212	14988	15224
泽库县	52479	26303	26176	51134	25561	25573
河南蒙古族自治县	23147	11825	11322	21954	11087	10867
海南藏族自治州	**264289**	**134440**	**129849**	**246465**	**124422**	**122043**
共和县	65946	33863	32083	61515	31292	30223
同德县	45108	22966	22142	41375	20907	20468
贵德县	57669	29420	28249	53135	27010	26125
兴海县	43789	22102	21687	41306	20711	20595
贵南县	51777	26089	25688	49134	24502	24632
果洛藏族自治州	**139941**	**71799**	**68142**	**126935**	**64219**	**62716**
玛沁县	25113	12819	12294	22830	11383	11447
班玛县	21902	11319	10583	20189	10425	9764
甘德县	34957	17922	17035	31442	15896	15546
达日县	26958	13945	13013	24422	12437	11985
久治县	25182	12779	12403	22644	11294	11350
玛多县	5829	3015	2814	5408	2784	2624
玉树藏族自治州	**209954**	**105530**	**104424**	**192423**	**96255**	**96168**
玉树市	55811	28097	27714	51902	25853	26049
杂多县	32902	16462	16440	24583	12238	12345
称多县	35774	18107	17667	34402	17388	17014
治多县	8761	4429	4332	8304	4188	4116
囊谦县	59786	29930	29856	57755	28845	28910
曲麻莱县	16920	8505	8415	15477	7743	7734
海西蒙古族藏族自治州	**109718**	**60677**	**49041**	**77118**	**40523**	**36595**
格尔木市	24710	13894	10816	13306	6942	6364
德令哈市	22803	12011	10792	14104	7422	6682
茫崖市						
乌兰县	11391	6058	5333	9545	5058	4487
都兰县	35553	18948	16605	31320	16585	14735
天峻县	9265	4952	4313	8187	4161	4026
大柴旦行政委员会	5996	4814	1182	656	355	301

户口登记状况的人口(乡村)

单位：人

居住本乡、镇、街道，户口在外乡、镇、街道，离开户口登记地半年以上			居住本乡、镇、街道，户口待定			原住本乡、镇、街道，现在港澳台或国外工作学习		
小计	男	女	小计	男	女	小计	男	女
179181	**102459**	**76722**	**9463**	**4582**	**4881**	**1233**	**915**	**318**
33132	**18212**	**14920**	**1371**	**633**	**738**	**140**	**104**	**36**
81	49	32						
1750	1153	597	10	7	3	2	1	1
19099	10239	8860	793	361	432	79	59	20
7035	3909	3126	461	210	251	39	30	9
5167	2862	2305	107	55	52	20	14	6
49754	**27665**	**22089**	**2545**	**1153**	**1392**	**485**	**356**	**129**
8861	5137	3724	235	79	156	54	38	16
4497	2470	2027	119	65	54	20	16	4
7726	3885	3841	639	277	362	68	52	16
9035	5549	3486	255	117	138	53	38	15
15691	8446	7245	1001	474	527	160	113	47
3944	2178	1766	296	141	155	130	99	31
10664	**6577**	**4087**	**367**	**179**	**188**	**24**	**19**	**5**
4175	2584	1591	236	107	129	8	7	1
3664	2309	1355	81	43	38	13	10	3
1105	735	370	14	9	5	3	2	1
1720	949	771	36	20	16			
9134	**5290**	**3844**	**1105**	**593**	**512**	**195**	**148**	**47**
3532	2059	1473	296	167	129	58	41	17
3469	1967	1502	451	253	198	90	64	26
1071	607	464	259	122	137	15	13	2
1062	657	405	99	51	48	32	30	2
16709	**9386**	**7323**	**849**	**422**	**427**	**266**	**210**	**56**
4307	2495	1812	81	41	40	43	35	8
3552	1952	1600	127	59	68	54	48	6
4353	2313	2040	145	71	74	36	26	10
2052	1168	884	398	194	204	33	29	4
2445	1458	987	98	57	41	100	72	28
12194	**7175**	**5019**	**761**	**370**	**391**	**51**	**35**	**16**
2157	1371	786	119	58	61	7	7	
1599	835	764	89	44	45	25	15	10
3163	1845	1318	352	181	171			
2404	1447	957	123	58	65	9	3	6
2460	1448	1012	68	27	41	10	10	
411	229	182	10	2	8			
15436	**8227**	**7209**	**2057**	**1023**	**1034**	**38**	**25**	**13**
3456	2006	1450	453	238	215			
7783	3954	3829	536	270	266			
1145	612	533	207	90	117	20	17	3
208	124	84	248	116	132	1	1	
1540	825	715	475	253	222	16	7	9
1304	706	598	138	56	82	1		1
32158	**19927**	**12231**	**408**	**209**	**199**	**34**	**18**	**16**
11226	6850	4376	173	99	74	5	3	2
8649	4569	4080	45	17	28	5	3	2
1784	968	816	60	32	28	2		2
4094	2296	1798	119	56	63	20	11	9
1065	785	280	11	5	6	2	1	1
5340	4459	881						

1—3 各地区分性别的户口登记地在外乡镇街道的人口状况

单位：人

地区	户口登记地					
	合计			本县(市、区)		
	合计	男	女	小计	男	女
全省	**2070660**	**1092431**	**978229**	**831098**	**407452**	**423646**
西宁市	**1051348**	**549262**	**502086**	**284990**	**137354**	**147636**
城东区	321448	167869	153579	70989	34451	36538
城中区	164017	87475	76542	26514	12938	13576
城西区	158647	81217	77430	40694	19418	21276
城北区	243549	127721	115828	42752	20374	22378
湟中区	59260	31847	27413	32293	15639	16654
大通回族土族自治县	69021	35376	33645	46958	22535	24423
湟源县	35406	17757	17649	24790	11999	12791
海东市	**295525**	**151036**	**144489**	**203224**	**99527**	**103697**
乐都区	78584	40206	38378	57591	28225	29366
平安区	48276	24632	23644	21762	10521	11241
民和回族土族自治县	62297	30843	31454	50079	24317	25762
互助土族自治县	59680	31102	28578	43615	21580	22035
化隆回族自治县	26873	13886	12987	17617	8754	8863
循化撒拉族自治县	19815	10367	9448	12560	6130	6430
海北藏族自治州	**78315**	**40549**	**37766**	**47785**	**22936**	**24849**
门源回族自治县	33204	16692	16512	26243	12575	13668
祁连县	15214	8185	7029	8181	3828	4353
海晏县	21185	10760	10425	9832	4817	5015
刚察县	8712	4912	3800	3529	1716	1813
黄南藏族自治州	**63544**	**33623**	**29921**	**33267**	**16434**	**16833**
同仁县	26459	14326	12133	10933	5531	5402
尖扎县	16761	8699	8062	8832	4265	4567
泽库县	9325	4846	4479	6255	3102	3153
河南蒙古族自治县	10999	5752	5247	7247	3536	3711
海南藏族自治州	**115950**	**59738**	**56212**	**64381**	**31911**	**32470**
共和县	40450	21168	19282	17444	8638	8806
同德县	11951	6249	5702	6679	3306	3373
贵德县	28438	14248	14190	16355	7949	8406
兴海县	23745	12066	11679	17989	9009	8980
贵南县	11366	6007	5359	5914	3009	2905
果洛藏族自治州	**59590**	**33293**	**26297**	**30383**	**15755**	**14628**
玛沁县	24710	14024	10686	10785	5573	5212
班玛县	8048	4429	3619	4669	2341	2328
甘德县	4505	2690	1815	1890	1128	762
达日县	12929	6868	6061	8657	4405	4252
久治县	5136	2974	2162	1646	971	675
玛多县	4262	2308	1954	2736	1337	1399
玉树藏族自治州	**131190**	**67785**	**63405**	**98454**	**49253**	**49201**
玉树市	46677	24401	22276	24702	12275	12427
杂多县	35244	17995	17249	31878	16024	15854
称多县	6124	3382	2742	3953	2050	1903
治多县	21284	10690	10594	19728	9734	9994
囊谦县	9095	4859	4236	7393	3837	3556
曲麻莱县	12766	6458	6308	10800	5333	5467
海西蒙古族藏族自治州	**275198**	**157145**	**118053**	**68614**	**34282**	**34332**
格尔木市	146759	83047	63712	26387	13422	12965
德令哈市	50985	27144	23841	17650	8682	8968
茫崖市	14268	10216	4052	1097	720	377
乌兰县	12872	7311	5561	4964	2467	2497
都兰县	26267	13803	12464	10678	5208	5470
天峻县	11246	5988	5258	7731	3706	4025
大柴旦行政委员会	12801	9636	3165	107	77	30

1-3 续表

单位：人

地 区	户口登记地					
	本省其他县(市、区)			省 外		
	小计	男	女	小计	男	女
全省	**822258**	**422723**	**399535**	**417304**	**262256**	**155048**
西宁市	**507002**	**251615**	**255387**	**259356**	**160293**	**99063**
城东区	172398	86082	86316	78061	47336	30725
城中区	94910	47496	47414	42593	27041	15552
城西区	77530	37559	39971	40423	24240	16183
城北区	125099	61115	63984	75698	46232	29466
湟中区	16602	8819	7783	10365	7389	2976
大通回族土族自治县	12729	6685	6044	9334	6156	3178
湟源县	7734	3859	3875	2882	1899	983
海东市	**58931**	**29991**	**28940**	**33370**	**21518**	**11852**
乐都区	12164	6060	6104	8829	5921	2908
平安区	20150	9989	10161	6364	4122	2242
民和回族土族自治县	6130	3076	3054	6088	3450	2638
互助土族自治县	9744	5237	4507	6321	4285	2036
化隆回族自治县	6511	3377	3134	2745	1755	990
循化撒拉族自治县	4232	2252	1980	3023	1985	1038
海北藏族自治州	**23255**	**12579**	**10676**	**7275**	**5034**	**2241**
门源回族自治县	4557	2439	2118	2404	1678	726
祁连县	4581	2617	1964	2452	1740	712
海晏县	10074	5139	4935	1279	804	475
刚察县	4043	2384	1659	1140	812	328
黄南藏族自治州	**21355**	**11426**	**9929**	**8922**	**5763**	**3159**
同仁县	11426	6150	5276	4100	2645	1455
尖扎县	5907	3081	2826	2022	1353	669
泽库县	2256	1221	1035	814	523	291
河南蒙古族自治县	1766	974	792	1986	1242	744
海南藏族自治州	**41307**	**21250**	**20057**	**10262**	**6577**	**3685**
共和县	18614	9587	9027	4392	2943	1449
同德县	4079	2181	1898	1193	762	431
贵德县	9870	4944	4926	2213	1355	858
兴海县	4563	2336	2227	1193	721	472
贵南县	4181	2202	1979	1271	796	475
果洛藏族自治州	**18392**	**10567**	**7825**	**10815**	**6971**	**3844**
玛沁县	10030	5736	4294	3895	2715	1180
班玛县	1957	1155	802	1422	933	489
甘德县	1680	971	709	935	591	344
达日县	2217	1200	1017	2055	1263	792
久治县	1381	815	566	2109	1188	921
玛多县	1127	690	437	399	281	118
玉树藏族自治州	**21360**	**11503**	**9857**	**11376**	**7029**	**4347**
玉树市	13871	7183	6688	8104	4943	3161
杂多县	2399	1375	1024	967	596	371
称多县	1356	793	563	815	539	276
治多县	1085	637	448	471	319	152
囊谦县	1285	766	519	417	256	161
曲麻莱县	1364	749	615	602	376	226
海西蒙古族藏族自治州	**130656**	**73792**	**56864**	**75928**	**49071**	**26857**
格尔木市	73624	40766	32858	46748	28859	17889
德令哈市	24229	12699	11530	9106	5763	3343
茫崖市	6175	4317	1858	6996	5179	1817
乌兰县	5586	3292	2294	2322	1552	770
都兰县	11083	5882	5201	4506	2713	1793
天峻县	2227	1296	931	1288	986	302
大柴旦行政委员会	7732	5540	2192	4962	4019	943

1-3a 各地区分性别的户口登记地在外乡镇街道的人口状况(城市)

单位：人

地区	户口登记地					
	合计			本县(市、区)		
	合计	男	女	小计	男	女
全省	**1217443**	**640006**	**577437**	**332829**	**161644**	**171185**
西宁市	**904454**	**472299**	**432155**	**194430**	**93616**	**100814**
城东区	321448	167869	153579	70989	34451	36538
城中区	162121	85889	76232	26489	12923	13566
城西区	158507	81126	77381	40692	19416	21276
城北区	241799	126568	115231	42662	20333	22329
湟中区	18200	9263	8937	13364	6358	7006
大通回族土族自治县	2379	1584	795	234	135	99
湟源县						
海东市	**109791**	**54966**	**54825**	**73713**	**35798**	**37915**
乐都区	67384	33759	33625	53026	25830	27196
平安区	42407	21207	21200	20687	9968	10719
民和回族土族自治县						
互助土族自治县						
化隆回族自治县						
循化撒拉族自治县						
海北藏族自治州						
门源回族自治县						
祁连县						
海晏县						
刚察县						
黄南藏族自治州						
同仁县						
尖扎县						
泽库县						
河南蒙古族自治县						
海南藏族自治州						
共和县						
同德县						
贵德县						
兴海县						
贵南县						
果洛藏族自治州						
玛沁县						
班玛县						
甘德县						
达日县						
久治县						
玛多县						
玉树藏族自治州	**45431**	**23469**	**21962**	**25938**	**12787**	**13151**
玉树市	42619	22096	20523	23327	11520	11807
杂多县						
称多县						
治多县						
囊谦县						
曲麻莱县	2812	1373	1439	2611	1267	1344
海西蒙古族藏族自治州	**157767**	**89272**	**68495**	**38748**	**19443**	**19305**
格尔木市	104317	58697	45620	21635	10841	10794
德令哈市	41458	22035	19423	16045	7901	8144
茫崖市	11992	8540	3452	1068	701	367
乌兰县						
都兰县						
天峻县						
大柴旦行政委员会						

1–3a　续表

单位：人

地　区	户口登记地					
	本省其他县(市、区)			省　外		
	小计	男	女	小计	男	女
全省	**579711**	**290661**	**289050**	**304903**	**187701**	**117202**
西宁市	**472609**	**233615**	**238994**	**237415**	**145068**	**92347**
城东区	172398	86082	86316	78061	47336	30725
城中区	94349	47073	47276	41283	25893	15390
城西区	77483	37530	39953	40332	24180	16152
城北区	124503	60736	63767	74634	45499	29135
湟中区	3347	1895	1452	1489	1010	479
大通回族土族自治县	529	299	230	1616	1150	466
湟源县						
海东市	**25294**	**12205**	**13089**	**10784**	**6963**	**3821**
乐都区	8646	4170	4476	5712	3759	1953
平安区	16648	8035	8613	5072	3204	1868
民和回族土族自治县						
互助土族自治县						
化隆回族自治县						
循化撒拉族自治县						
海北藏族自治州						
门源回族自治县						
祁连县						
海晏县						
刚察县						
黄南藏族自治州						
同仁县						
尖扎县						
泽库县						
河南蒙古族自治县						
海南藏族自治州						
共和县						
同德县						
贵德县						
兴海县						
贵南县						
果洛藏族自治州						
玛沁县						
班玛县						
甘德县						
达日县						
久治县						
玛多县						
玉树藏族自治州	**13033**	**6748**	**6285**	**6460**	**3934**	**2526**
玉树市	12938	6705	6233	6354	3871	2483
杂多县						
称多县						
治多县						
囊谦县						
曲麻莱县	95	43	52	106	63	43
海西蒙古族藏族自治州	**68775**	**38093**	**30682**	**50244**	**31736**	**18508**
格尔木市	46048	25408	20640	36634	22448	14186
德令哈市	17875	9357	8518	7538	4777	2761
茫崖市	4852	3328	1524	6072	4511	1561
乌兰县						
都兰县						
天峻县						
大柴旦行政委员会						

1-3b 各地区分性别的户口登记地在外乡镇街道的人口状况(镇)

单位：人

地区	户口登记地					
	合计			本县(市、区)		
	合计	男	女	小计	男	女
全省	**674036**	**349966**	**324070**	**441977**	**216380**	**225597**
西宁市	**113762**	**58751**	**55011**	**81430**	**39310**	**42120**
城东区						
城中区	1815	1537	278	14	8	6
城西区	140	91	49	2	2	
城北区						
湟中区	21961	12345	9616	14133	7048	7085
大通回族土族自治县	59607	29883	29724	45040	21595	23445
湟源县	30239	14895	15344	22241	10657	11584
海东市	**135980**	**68405**	**67575**	**109871**	**53553**	**56318**
乐都区	2339	1310	1029	1598	846	752
平安区	1372	955	417	104	69	35
民和回族土族自治县	54571	26958	27613	47038	22857	24181
互助土族自治县	50645	25553	25092	41246	20191	21055
化隆回族自治县	11182	5440	5742	8428	3981	4447
循化撒拉族自治县	15871	8189	7682	11457	5609	5848
海北藏族自治州	**67651**	**33972**	**33679**	**45228**	**21608**	**23620**
门源回族自治县	29029	14108	14921	25116	11976	13140
祁连县	11550	5876	5674	7403	3447	3956
海晏县	20080	10025	10055	9648	4693	4955
刚察县	6992	3963	3029	3061	1492	1569
黄南藏族自治州	**54410**	**28333**	**26077**	**30851**	**15121**	**15730**
同仁县	22927	12267	10660	10336	5187	5149
尖扎县	13292	6732	6560	7525	3599	3926
泽库县	8254	4239	4015	6009	2967	3042
河南蒙古族自治县	9937	5095	4842	6981	3368	3613
海南藏族自治州	**99241**	**50352**	**48889**	**59875**	**29432**	**30443**
共和县	36143	18673	17470	16581	8160	8421
同德县	8399	4297	4102	5744	2815	2929
贵德县	24085	11935	12150	15141	7347	7794
兴海县	21693	10898	10795	17335	8593	8742
贵南县	8921	4549	4372	5074	2517	2557
果洛藏族自治州	**47396**	**26118**	**21278**	**25743**	**12900**	**12843**
玛沁县	22553	12653	9900	10311	5307	5004
班玛县	6449	3594	2855	4141	2097	2044
甘德县	1342	845	497	63	31	32
达日县	10525	5421	5104	7815	3801	4014
久治县	2676	1526	1150	802	391	411
玛多县	3851	2079	1772	2611	1273	1338
玉树藏族自治州	**70323**	**36089**	**34234**	**62894**	**31562**	**31332**
玉树市	602	299	303	262	98	164
杂多县	27461	14041	13420	25269	12753	12516
称多县	4979	2770	2209	3334	1740	1594
治多县	21076	10566	10510	19617	9675	9942
囊谦县	7555	4034	3521	6600	3417	3183
曲麻莱县	8650	4379	4271	7812	3879	3933
海西蒙古族藏族自治州	**85273**	**47946**	**37327**	**26085**	**12894**	**13191**
格尔木市	31216	17500	13716	3484	1878	1606
德令哈市	878	540	338	95	51	44
茫崖市	2276	1676	600	29	19	10
乌兰县	11088	6343	4745	4850	2406	2444
都兰县	22173	11507	10666	9965	4855	5110
天峻县	10181	5203	4978	7563	3613	3950
大柴旦行政委员会	7461	5177	2284	99	72	27

1-3b　续表

单位：人

地　　区	户口登记地					
	本省其他县(市、区)			省　　外		
	小计	男	女	小计	男	女
全省	**160677**	**87454**	**73223**	**71382**	**46132**	**25250**
西宁市	**19757**	**10784**	**8973**	**12575**	**8657**	**3918**
城东区						
城中区	517	396	121	1284	1133	151
城西区	47	29	18	91	60	31
城北区						
湟中区	4237	2634	1603	3591	2663	928
大通回族土族自治县	8778	4671	4107	5789	3617	2172
湟源县	6178	3054	3124	1820	1184	636
海东市	**14295**	**7450**	**6845**	**11814**	**7402**	**4412**
乐都区	345	180	165	396	284	112
平安区	970	641	329	298	245	53
民和回族土族自治县	3356	1679	1677	4177	2422	1755
互助土族自治县	5712	2970	2742	3687	2392	1295
化隆回族自治县	1635	773	862	1119	686	433
循化撒拉族自治县	2277	1207	1070	2137	1373	764
海北藏族自治州	**17715**	**9341**	**8374**	**4708**	**3023**	**1685**
门源回族自治县	2619	1343	1276	1294	789	505
祁连县	2692	1489	1203	1455	940	515
海晏县	9392	4696	4696	1040	636	404
刚察县	3012	1813	1199	919	658	261
黄南藏族自治州	**16667**	**8866**	**7801**	**6892**	**4346**	**2546**
同仁县	9333	5023	4310	3258	2057	1201
尖扎县	4287	2197	2090	1480	936	544
泽库县	1621	864	757	624	408	216
河南蒙古族自治县	1426	782	644	1530	945	585
海南藏族自治州	**31346**	**15891**	**15455**	**8020**	**5029**	**2991**
共和县	15959	8156	7803	3603	2357	1246
同德县	1805	951	854	850	531	319
贵德县	7273	3582	3691	1671	1006	665
兴海县	3391	1732	1659	967	573	394
贵南县	2918	1470	1448	929	562	367
果洛藏族自治州	**13916**	**8074**	**5842**	**7737**	**5144**	**2593**
玛沁县	8810	4956	3854	3432	2390	1042
班玛县	1299	826	473	1009	671	338
甘德县	815	507	308	464	307	157
达日县	1347	759	588	1363	861	502
久治县	716	438	278	1158	697	461
玛多县	929	588	341	311	218	93
玉树藏族自治州	**4890**	**2897**	**1993**	**2539**	**1630**	**909**
玉树市	151	78	73	189	123	66
杂多县	1551	897	654	641	391	250
称多县	974	588	386	671	442	229
治多县	1004	581	423	455	310	145
囊谦县	656	430	226	299	187	112
曲麻莱县	554	323	231	284	177	107
海西蒙古族藏族自治州	**42091**	**24151**	**17940**	**17097**	**10901**	**6196**
格尔木市	20589	11343	9246	7143	4279	2864
德令哈市	514	301	213	269	188	81
茫崖市	1323	989	334	924	668	256
乌兰县	4375	2691	1684	1863	1246	617
都兰县	8615	4549	4066	3593	2103	1490
天峻县	1728	964	764	890	626	264
大柴旦行政委员会	4947	3314	1633	2415	1791	624

1−3c 各地区分性别的户口登记地在外乡镇街道的人口状况(乡村)

单位：人

地区	户口登记地					
	合计			本县(市、区)		
	合计	男	女	小计	男	女
全省	**179181**	**102459**	**76722**	**56292**	**29428**	**26864**
西宁市	**33132**	**18212**	**14920**	**9130**	**4428**	**4702**
城东区						
城中区	81	49	32	11	7	4
城西区						
城北区	1750	1153	597	90	41	49
湟中区	19099	10239	8860	4796	2233	2563
大通回族土族自治县	7035	3909	3126	1684	805	879
湟源县	5167	2862	2305	2549	1342	1207
海东市	**49754**	**27665**	**22089**	**19640**	**10176**	**9464**
乐都区	8861	5137	3724	2967	1549	1418
平安区	4497	2470	2027	971	484	487
民和回族土族自治县	7726	3885	3841	3041	1460	1581
互助土族自治县	9035	5549	3486	2369	1389	980
化隆回族自治县	15691	8446	7245	9189	4773	4416
循化撒拉族自治县	3944	2178	1766	1103	521	582
海北藏族自治州	**10664**	**6577**	**4087**	**2557**	**1328**	**1229**
门源回族自治县	4175	2584	1591	1127	599	528
祁连县	3664	2309	1355	778	381	397
海晏县	1105	735	370	184	124	60
刚察县	1720	949	771	468	224	244
黄南藏族自治州	**9134**	**5290**	**3844**	**2416**	**1313**	**1103**
同仁县	3532	2059	1473	597	344	253
尖扎县	3469	1967	1502	1307	666	641
泽库县	1071	607	464	246	135	111
河南蒙古族自治县	1062	657	405	266	168	98
海南藏族自治州	**16709**	**9386**	**7323**	**4506**	**2479**	**2027**
共和县	4307	2495	1812	863	478	385
同德县	3552	1952	1600	935	491	444
贵德县	4353	2313	2040	1214	602	612
兴海县	2052	1168	884	654	416	238
贵南县	2445	1458	987	840	492	348
果洛藏族自治州	**12194**	**7175**	**5019**	**4640**	**2855**	**1785**
玛沁县	2157	1371	786	474	266	208
班玛县	1599	835	764	528	244	284
甘德县	3163	1845	1318	1827	1097	730
达日县	2404	1447	957	842	604	238
久治县	2460	1448	1012	844	580	264
玛多县	411	229	182	125	64	61
玉树藏族自治州	**15436**	**8227**	**7209**	**9622**	**4904**	**4718**
玉树市	3456	2006	1450	1113	657	456
杂多县	7783	3954	3829	6609	3271	3338
称多县	1145	612	533	619	310	309
治多县	208	124	84	111	59	52
囊谦县	1540	825	715	793	420	373
曲麻莱县	1304	706	598	377	187	190
海西蒙古族藏族自治州	**32158**	**19927**	**12231**	**3781**	**1945**	**1836**
格尔木市	11226	6850	4376	1268	703	565
德令哈市	8649	4569	4080	1510	730	780
茫崖市						
乌兰县	1784	968	816	114	61	53
都兰县	4094	2296	1798	713	353	360
天峻县	1065	785	280	168	93	75
大柴旦行政委员会	5340	4459	881	8	5	3

1−3c 续表

单位：人

地区	户口登记地					
	本省其他县(市、区)			省外		
	小计	男	女	小计	男	女
全省	**81870**	**44608**	**37262**	**41019**	**28423**	**12596**
西宁市	**14636**	**7216**	**7420**	**9366**	**6568**	**2798**
城东区						
城中区	44	27	17	26	15	11
城西区						
城北区	596	379	217	1064	733	331
湟中区	9018	4290	4728	5285	3716	1569
大通回族土族自治县	3422	1715	1707	1929	1389	540
湟源县	1556	805	751	1062	715	347
海东市	**19342**	**10336**	**9006**	**10772**	**7153**	**3619**
乐都区	3173	1710	1463	2721	1878	843
平安区	2532	1313	1219	994	673	321
民和回族土族自治县	2774	1397	1377	1911	1028	883
互助土族自治县	4032	2267	1765	2634	1893	741
化隆回族自治县	4876	2604	2272	1626	1069	557
循化撒拉族自治县	1955	1045	910	886	612	274
海北藏族自治州	**5540**	**3238**	**2302**	**2567**	**2011**	**556**
门源回族自治县	1938	1096	842	1110	889	221
祁连县	1889	1128	761	997	800	197
海晏县	682	443	239	239	168	71
刚察县	1031	571	460	221	154	67
黄南藏族自治州	**4688**	**2560**	**2128**	**2030**	**1417**	**613**
同仁县	2093	1127	966	842	588	254
尖扎县	1620	884	736	542	417	125
泽库县	635	357	278	190	115	75
河南蒙古族自治县	340	192	148	456	297	159
海南藏族自治州	**9961**	**5359**	**4602**	**2242**	**1548**	**694**
共和县	2655	1431	1224	789	586	203
同德县	2274	1230	1044	343	231	112
贵德县	2597	1362	1235	542	349	193
兴海县	1172	604	568	226	148	78
贵南县	1263	732	531	342	234	108
果洛藏族自治州	**4476**	**2493**	**1983**	**3078**	**1827**	**1251**
玛沁县	1220	780	440	463	325	138
班玛县	658	329	329	413	262	151
甘德县	865	464	401	471	284	187
达日县	870	441	429	692	402	290
久治县	665	377	288	951	491	460
玛多县	198	102	96	88	63	25
玉树藏族自治州	**3437**	**1858**	**1579**	**2377**	**1465**	**912**
玉树市	782	400	382	1561	949	612
杂多县	848	478	370	326	205	121
称多县	382	205	177	144	97	47
治多县	81	56	25	16	9	7
囊谦县	629	336	293	118	69	49
曲麻莱县	715	383	332	212	136	76
海西蒙古族藏族自治州	**19790**	**11548**	**8242**	**8587**	**6434**	**2153**
格尔木市	6987	4015	2972	2971	2132	839
德令哈市	5840	3041	2799	1299	798	501
茫崖市						
乌兰县	1211	601	610	459	306	153
都兰县	2468	1333	1135	913	610	303
天峻县	499	332	167	398	360	38
大柴旦行政委员会	2785	2226	559	2547	2228	319

1-4 各地区分性别、民族的人口

单位：人

地区	合计			汉族		
	合计	男	女	小计	男	女
全省	**5923957**	**3033846**	**2890111**	**2993534**	**1564730**	**1428804**
西宁市	**2467965**	**1256520**	**1211445**	**1762822**	**905025**	**857797**
城东区	489372	250205	239167	278340	144507	133833
城中区	325813	165446	160367	275118	140287	134831
城西区	326866	161823	165043	275633	136856	138777
城北区	417701	212010	205691	358131	183062	175069
湟中区	395043	205999	189044	280214	147685	132529
大通回族土族自治县	403368	204972	198396	202589	104932	97657
湟源县	109802	56065	53737	92797	47696	45101
海东市	**1358471**	**691990**	**666481**	**718390**	**372070**	**346320**
乐都区	240949	123135	117814	202868	103978	98890
平安区	117883	59439	58444	88229	44872	43357
民和回族土族自治县	326964	166284	160680	140197	72477	67720
互助土族自治县	337941	175438	162503	244307	127814	116493
化隆回族自治县	200474	100720	99754	34736	18358	16378
循化撒拉族自治县	134260	66974	67286	8053	4571	3482
海北藏族自治州	**265322**	**135263**	**130059**	**87679**	**46212**	**41467**
门源回族自治县	138335	70194	68141	50695	26095	24600
祁连县	48538	24992	23546	11024	6158	4866
海晏县	37729	19171	18558	18820	9879	8941
刚察县	40720	20906	19814	7140	4080	3060
黄南藏族自治州	**276215**	**139528**	**136687**	**18624**	**11097**	**7527**
同仁县	101519	51556	49963	9921	5694	4227
尖扎县	58173	29245	28928	5463	3312	2151
泽库县	75659	37996	37663	1340	865	475
河南蒙古族自治县	40864	20731	20133	1900	1226	674
海南藏族自治州	**446996**	**225808**	**221188**	**99418**	**53047**	**46371**
共和县	133409	67764	65645	34364	18707	15657
同德县	60268	30551	29717	3421	2042	1379
贵德县	105645	53169	52476	46950	24203	22747
兴海县	75833	38160	37673	7194	4040	3154
贵南县	71841	36164	35677	7489	4055	3434
果洛藏族自治州	**215573**	**112477**	**103096**	**15244**	**10284**	**4960**
玛沁县	58117	31144	26973	8044	5525	2519
班玛县	31794	16649	15145	1887	1301	586
甘德县	41046	21216	19830	1242	804	438
达日县	40197	20665	19532	1719	1108	611
久治县	29929	15311	14618	1387	906	481
玛多县	14490	7492	6998	965	640	325
玉树藏族自治州	**425199**	**215978**	**209221**	**14009**	**9188**	**4821**
玉树市	141308	72140	69168	7453	4896	2557
杂多县	68759	34787	33972	1539	977	562
称多县	57159	29135	28024	1241	836	405
治多县	34496	17430	17066	1119	782	337
囊谦县	90307	45767	44540	1559	1027	532
曲麻莱县	33170	16719	16451	1098	670	428
海西蒙古族藏族自治州	**468216**	**256282**	**211934**	**277348**	**157807**	**119541**
格尔木市	221863	121353	100510	140391	78559	61832
德令哈市	88227	46036	42191	57991	30983	27008
茫崖市	18856	12884	5972	15719	11028	4691
乌兰县	31507	16888	14619	16329	9132	7197
都兰县	68273	35579	32694	30929	16760	14169
天峻县	23203	12077	11126	3707	2366	1341
大柴旦行政委员会	16287	11465	4822	12282	8979	3303

1-4　续表 1　　　　　　　　　　　　　　　　　　　　　　　　单位：人

地　　区	蒙古族			回族			藏族		
	小计	男	女	小计	男	女	小计	男	女
全省	**102447**	**51547**	**50900**	**946273**	**475381**	**470892**	**1509608**	**753481**	**756127**
西宁市	**19099**	**9462**	**9637**	**418420**	**209092**	**209328**	**160049**	**78919**	**81130**
城东区	2941	1450	1491	156813	78146	78667	23429	11777	11652
城中区	2343	1093	1250	19029	9522	9507	19510	9567	9943
城西区	3207	1508	1699	19142	9520	9622	17493	8408	9085
城北区	3246	1539	1707	21282	10749	10533	23259	10823	12436
湟中区	876	443	433	72911	36976	35935	37587	19128	18459
大通回族土族自治县	4779	2610	2169	126601	62848	63753	27058	13482	13576
湟源县	1707	819	888	2642	1331	1311	11713	5734	5979
海东市	**6545**	**3578**	**2967**	**297542**	**148343**	**149199**	**127988**	**63411**	**64577**
乐都区	5394	3042	2352	6395	3133	3262	18195	8751	9444
平安区	426	221	205	20527	10190	10337	6116	2934	3182
民和回族土族自治县	215	97	118	137245	69036	68209	13551	6770	6781
互助土族自治县	372	149	223	10250	5022	5228	22095	10746	11349
化隆回族自治县	90	39	51	112236	55592	56644	40940	20626	20314
循化撒拉族自治县	48	30	18	10889	5370	5519	27091	13584	13507
海北藏族自治州	**12499**	**6352**	**6147**	**86737**	**43597**	**43140**	**68900**	**34104**	**34796**
门源回族自治县	2735	1373	1362	65570	32806	32764	13666	6939	6727
祁连县	4125	2055	2070	17542	8857	8685	13753	6789	6964
海晏县	4966	2569	2397	2144	1017	1127	10558	5082	5476
刚察县	673	355	318	1481	917	564	30923	15294	15629
黄南藏族自治州	**37111**	**18438**	**18673**	**19160**	**9628**	**9532**	**189268**	**94263**	**95005**
同仁县	613	269	344	4474	2280	2194	75454	37744	37710
尖扎县	60	29	31	13549	6708	6841	38693	18993	19700
泽库县	31	9	22	416	239	177	73629	36753	36876
河南蒙古族自治县	36407	18131	18276	721	401	320	1492	773	719
海南藏族自治州	**3094**	**1732**	**1362**	**34321**	**17156**	**17165**	**303678**	**150479**	**153199**
共和县	2189	1083	1106	9171	4562	4609	85220	42108	43112
同德县	435	401	34	572	302	270	55374	27553	27821
贵德县	165	76	89	15165	7534	7631	41190	20273	20917
兴海县	146	75	71	6200	3146	3054	61693	30582	31111
贵南县	159	97	62	3213	1612	1601	60201	29963	30238
果洛藏族自治州	**145**	**72**	**73**	**2672**	**1668**	**1004**	**196135**	**99554**	**96581**
玛沁县	53	23	30	1388	882	506	48036	24332	23704
班玛县	30	18	12	225	146	79	29426	15031	14395
甘德县	11	7	4	214	128	86	39485	20212	19273
达日县	17	6	11	426	266	160	37852	19173	18679
久治县	9	6	3	269	157	112	28096	14125	13971
玛多县	25	12	13	150	89	61	13240	6681	6559
玉树藏族自治州	**115**	**67**	**48**	**3933**	**2368**	**1565**	**405855**	**203553**	**202302**
玉树市	54	32	22	1540	917	623	131777	65995	65782
杂多县	22	15	7	847	510	337	66186	33174	33012
称多县	8	6	2	270	163	107	55503	28049	27454
治多县	9	4	5	357	237	120	32842	16294	16548
囊谦县	7	5	2	500	314	186	88068	44313	43755
曲麻莱县	15	5	10	419	227	192	31479	15728	15751
海西蒙古族藏族自治州	**23839**	**11846**	**11993**	**83488**	**43529**	**39959**	**57735**	**29198**	**28537**
格尔木市	3901	2008	1893	54585	28407	26178	11162	5955	5207
德令哈市	7253	3504	3749	8489	4450	4039	8399	3924	4475
茫崖市	397	214	183	1317	737	580	727	485	242
乌兰县	5299	2630	2669	4725	2427	2298	2322	1218	1104
都兰县	6538	3244	3294	12159	6177	5982	15845	7921	7924
天峻县	72	33	39	545	296	249	18562	9208	9354
大柴旦行政委员会	379	213	166	1668	1035	633	718	487	231

1-4 续表 2

单位：人

地区	维吾尔族			苗族			彝族		
	小计	男	女	小计	男	女	小计	男	女
全省	**312**	**176**	**136**	**1129**	**658**	**471**	**1137**	**678**	**459**
西宁市	**194**	**109**	**85**	**690**	**411**	**279**	**532**	**310**	**222**
城东区	98	54	44	172	111	61	121	74	47
城中区	17	10	7	131	73	58	98	50	48
城西区	32	20	12	102	60	42	91	58	33
城北区	22	13	9	143	74	69	99	46	53
湟中区	5	1	4	80	58	22	55	40	15
大通回族土族自治县	13	7	6	55	31	24	29	12	17
湟源县	7	4	3	7	4	3	39	30	9
海东市	**38**	**15**	**23**	**116**	**68**	**48**	**118**	**69**	**49**
乐都区	6	4	2	31	18	13	20	9	11
平安区	10	4	6	16	11	5	18	7	11
民和回族土族自治县	11		11	7	2	5	18	9	9
互助土族自治县	2	2		53	34	19	55	41	14
化隆回族自治县	3		3	7	2	5	5	2	3
循化撒拉族自治县	6	5	1	2	1	1	2	1	1
海北藏族自治州	**7**	**5**	**2**	**18**	**14**	**4**	**55**	**44**	**11**
门源回族自治县	1	1		8	7	1	28	21	7
祁连县	3	3		2	2		21	18	3
海晏县	3	1	2	7	4	3	3	2	1
刚察县				1	1		3	3	
黄南藏族自治州	**3**	**3**		**25**	**14**	**11**	**24**	**14**	**10**
同仁县	2	2		8	4	4	1	1	
尖扎县				9	4	5	21	12	9
泽库县	1	1		1	1		2	1	1
河南蒙古族自治县				7	5	2			
海南藏族自治州	**5**	**2**	**3**	**44**	**23**	**21**	**28**	**13**	**15**
共和县	3	1	2	15	7	8	14	8	6
同德县				5	3	2	5		5
贵德县	2	1	1	20	12	8	2	1	1
兴海县				3	1	2	4	2	2
贵南县				1		1	3	2	1
果洛藏族自治州	**1**	**1**		**15**	**8**	**7**	**36**	**26**	**10**
玛沁县				7	4	3	23	17	6
班玛县				2	2		1		1
甘德县				3	2	1	3	2	1
达日县	1	1		1		1	7	6	1
久治县							2	1	1
玛多县				2		2			
玉树藏族自治州	**3**	**2**	**1**	**36**	**20**	**16**	**19**	**13**	**6**
玉树市	1		1	12	8	4	11	7	4
杂多县				2	2		1	1	
称多县	1	1		5		5	1		1
治多县							1	1	
囊谦县				9	5	4	2	2	
曲麻莱县	1	1		8	5	3	3	2	1
海西蒙古族藏族自治州	**61**	**39**	**22**	**185**	**100**	**85**	**325**	**189**	**136**
格尔木市	16	13	3	135	76	59	65	42	23
德令哈市	10	5	5	26	12	14	23	13	10
茫崖市	29	16	13	9	4	5	157	86	71
乌兰县				2		2	49	32	17
都兰县	2	2		5	3	2	12	6	6
天峻县	1	1		4	2	2	1		1
大柴旦行政委员会	3	2	1	4	3	1	18	10	8

1-4　续表 3　　　　　　　　　　　　　　　　　　　　单位：人

地　　区	壮　　族			布依族			朝鲜族		
	小计	男	女	小计	男	女	小计	男	女
全省	**1028**	**508**	**520**	**285**	**167**	**118**	**363**	**174**	**189**
西宁市	**730**	**361**	**369**	**197**	**110**	**87**	**264**	**124**	**140**
城东区	173	91	82	46	29	17	56	22	34
城中区	138	62	76	39	30	9	64	33	31
城西区	164	79	85	24	11	13	75	40	35
城北区	174	84	90	40	15	25	51	22	29
湟中区	45	30	15	22	14	8	11	5	6
大通回族土族自治县	26	9	17	19	8	11	6	2	4
湟源县	10	6	4	7	3	4	1		1
海东市	**96**	**52**	**44**	**28**	**20**	**8**	**35**	**14**	**21**
乐都区	27	17	10	8	4	4	10	4	6
平安区	25	14	11	12	11	1	8	3	5
民和回族土族自治县	15	9	6				5	2	3
互助土族自治县	22	8	14	8	5	3	12	5	7
化隆回族自治县	6	3	3						
循化撒拉族自治县	1	1							
海北藏族自治州	**37**	**17**	**20**	**12**	**9**	**3**	**6**	**3**	**3**
门源回族自治县	12	6	6	8	6	2	3		3
祁连县	10	5	5				1	1	
海晏县	13	5	8	3	2	1	2	2	
刚察县	2	1	1	1	1				
黄南藏族自治州	**10**	**5**	**5**	**6**	**5**	**1**			
同仁县	7	5	2	1	1				
尖扎县	1		1	2	2				
泽库县	1		1	1	1				
河南蒙古族自治县	1		1	2	1	1			
海南藏族自治州	**19**	**9**	**10**	**8**	**6**	**2**	**1**		**1**
共和县	11	6	5	6	4	2			
同德县									
贵德县	7	2	5	1	1		1		1
兴海县	1	1		1	1				
贵南县									
果洛藏族自治州	**16**	**11**	**5**	**4**	**3**	**1**			
玛沁县	2	2		2	2				
班玛县				2	1	1			
甘德县	11	7	4						
达日县									
久治县	1		1						
玛多县	2	2							
玉树藏族自治州	**11**	**7**	**4**	**1**	**1**		**4**	**2**	**2**
玉树市	1	1		1	1		2	1	1
杂多县	4	3	1						
称多县	3	1	2						
治多县							2	1	1
囊谦县	1		1						
曲麻莱县	2	2							
海西蒙古族藏族自治州	**109**	**46**	**63**	**29**	**13**	**16**	**53**	**31**	**22**
格尔木市	69	32	37	25	11	14	26	16	10
德令哈市	17	3	14	2	1	1	10	5	5
茫崖市	5	4	1	1		1			
乌兰县	5	3	2	1	1		9	6	3
都兰县	6	3	3						
天峻县	6	1	5						
大柴旦行政委员会	1		1				8	4	4

1-4 续表 4

单位：人

地区	满族			侗族			瑶族		
	小计	男	女	小计	男	女	小计	男	女
全省	**7915**	**4092**	**3823**	**281**	**164**	**117**	**199**	**110**	**89**
西宁市	**6632**	**3347**	**3285**	**198**	**116**	**82**	**157**	**86**	**71**
城东区	1267	638	629	58	35	23	25	17	8
城中区	1322	673	649	35	17	18	24	10	14
城西区	1834	905	929	32	18	14	30	25	5
城北区	1867	953	914	43	24	19	49	21	28
湟中区	68	39	29	11	8	3	20	8	12
大通回族土族自治县	247	125	122	17	13	4	9	5	4
湟源县	27	14	13	2	1	1			
海东市	**388**	**216**	**172**	**25**	**15**	**10**	**13**	**5**	**8**
乐都区	111	62	49	5	3	2	5	2	3
平安区	87	50	37	7	3	4			
民和回族土族自治县	96	57	39	3	2	1			
互助土族自治县	78	38	40	6	4	2	6	2	4
化隆回族自治县	10	8	2	2	1	1			
循化撒拉族自治县	6	1	5	2	2		2	1	1
海北藏族自治州	**101**	**62**	**39**	**5**	**4**	**1**	**2**	**1**	**1**
门源回族自治县	28	19	9	3	2	1	2	1	1
祁连县	28	18	10	2	2				
海晏县	37	20	17						
刚察县	8	5	3						
黄南藏族自治州	**54**	**31**	**23**	**3**	**2**	**1**	**2**	**1**	**1**
同仁县	40	22	18	2	1	1			
尖扎县	11	8	3	1	1				
泽库县	3	1	2						
河南蒙古族自治县							2	1	1
海南藏族自治州	**136**	**70**	**66**	**8**	**4**	**4**	**2**	**2**	
共和县	74	36	38	5	4	1	1	1	
同德县	4	3	1						
贵德县	52	27	25	1		1	1	1	
兴海县	5	4	1	1		1			
贵南县	1		1	1		1			
果洛藏族自治州	**21**	**12**	**9**	**2**	**1**	**1**	**1**	**1**	
玛沁县	10	6	4						
班玛县	3	1	2						
甘德县	3	2	1	1		1			
达日县	2	1	1						
久治县	2	2		1	1				
玛多县	1		1				1	1	
玉树藏族自治州	**10**	**8**	**2**				**1**	**1**	
玉树市	4	4							
杂多县	3	2	1						
称多县	1		1				1	1	
治多县									
囊谦县									
曲麻莱县	2	2							
海西蒙古族藏族自治州	**573**	**346**	**227**	**40**	**22**	**18**	**21**	**13**	**8**
格尔木市	328	195	133	30	15	15	10	7	3
德令哈市	136	84	52	1	1		4	2	2
茫崖市	39	23	16	2	2				
乌兰县	18	10	8				2	2	
都兰县	24	11	13	1		1	3	1	2
天峻县	2	2		3	1	2			
大柴旦行政委员会	26	21	5	3	3		2	1	1

1-4　续表 5　　　　单位：人

地　区	白　族			土家族			哈尼族		
	小计	男	女	小计	男	女	小计	男	女
全省	**550**	**321**	**229**	**11891**	**5968**	**5923**	**64**	**20**	**44**
西宁市	**175**	**90**	**85**	**6237**	**3035**	**3202**	**38**	**13**	**25**
城东区	48	28	20	1459	759	700	11	4	7
城中区	18	9	9	839	404	435	5	1	4
城西区	29	13	16	396	196	200	5		5
城北区	29	12	17	1294	667	627	4	2	2
湟中区	46	25	21	116	70	46	6	2	4
大通回族土族自治县	4	3	1	1931	839	1092	4	2	2
湟源县	1		1	202	100	102	3	2	1
海东市	**29**	**15**	**14**	**2124**	**1024**	**1100**	**18**	**5**	**13**
乐都区	8	5	3	997	501	496	5	2	3
平安区				207	89	118	3	2	1
民和回族土族自治县	12	6	6	703	322	381	5	1	4
互助土族自治县	6	3	3	143	75	68	5		5
化隆回族自治县	1	1		27	15	12			
循化撒拉族自治县	2		2	47	22	25			
海北藏族自治州	**10**	**6**	**4**	**891**	**461**	**430**			
门源回族自治县	6	4	2	730	366	364			
祁连县	4	2	2	89	60	29			
海晏县				17	10	7			
刚察县				55	25	30			
黄南藏族自治州	**60**	**38**	**22**	**104**	**57**	**47**			
同仁县	15	11	4	31	15	16			
尖扎县				42	22	20			
泽库县	10	3	7	8	4	4			
河南蒙古族自治县	35	24	11	23	16	7			
海南藏族自治州	**101**	**64**	**37**	**526**	**269**	**257**	**2**	**1**	**1**
共和县	39	27	12	229	123	106			
同德县	16	10	6	16	12	4			
贵德县	23	13	10	173	79	94	1	1	
兴海县	17	11	6	47	28	19	1		1
贵南县	6	3	3	61	27	34			
果洛藏族自治州	**56**	**32**	**24**	**185**	**125**	**60**	**1**		**1**
玛沁县	39	22	17	70	46	24	1		1
班玛县	2	1	1	13	9	4			
甘德县	2	1	1	31	21	10			
达日县	13	8	5	34	21	13			
久治县				30	22	8			
玛多县				7	6	1			
玉树藏族自治州	**94**	**62**	**32**	**104**	**66**	**38**			
玉树市	72	49	23	48	25	23			
杂多县	1	1		8	6	2			
称多县	7	4	3	16	12	4			
治多县	2	1	1	6	3	3			
囊谦县	12	7	5	15	10	5			
曲麻莱县				11	10	1			
海西蒙古族藏族自治州	**25**	**14**	**11**	**1720**	**931**	**789**	**5**	**1**	**4**
格尔木市	18	10	8	846	469	377	4	1	3
德令哈市				381	195	186			
茫崖市	2	2		46	37	9	1		1
乌兰县	1		1	141	66	75			
都兰县				253	128	125			
天峻县	4	2	2	12	5	7			
大柴旦行政委员会				41	31	10			

1-4 续表 6　　单位：人

地　　区	哈萨克族			傣　　族			黎　　族		
	小计	男	女	小计	男	女	小计	男	女
全省	**609**	**311**	**298**	**77**	**41**	**36**	**89**	**44**	**45**
西宁市	**35**	**20**	**15**	**57**	**34**	**23**	**63**	**30**	**33**
城东区	11	4	7	8	2	6	17	11	6
城中区	6	4	2	9	8	1	15	7	8
城西区	2		2	2		2	11	6	5
城北区	12	9	3	23	12	11	13	3	10
湟中区	3	2	1	2	1	1	4	3	1
大通回族土族自治县	1	1		10	10		1		1
湟源县				3	1	2	2		2
海东市	**11**	**2**	**9**	**12**	**5**	**7**	**3**	**2**	**1**
乐都区	5	1	4	4	2	2			
平安区									
民和回族土族自治县	2		2				1		1
互助土族自治县	1		1	8	3	5	1	1	
化隆回族自治县	1		1						
循化撒拉族自治县	2	1	1				1	1	
海北藏族自治州	**1**		**1**	**2**	**1**	**1**	**4**	**1**	**3**
门源回族自治县				2	1	1	1		1
祁连县	1		1				2	1	1
海晏县							1		1
刚察县									
黄南藏族自治州	**1**	**1**							
同仁县	1	1							
尖扎县									
泽库县									
河南蒙古族自治县									
海南藏族自治州	**9**	**3**	**6**				**2**	**2**	
共和县	6	2	4						
同德县									
贵德县	1		1				1	1	
兴海县	1		1				1	1	
贵南县	1	1							
果洛藏族自治州									
玛沁县									
班玛县									
甘德县									
达日县									
久治县									
玛多县									
玉树藏族自治州									
玉树市									
杂多县									
称多县									
治多县									
囊谦县									
曲麻莱县									
海西蒙古族藏族自治州	**552**	**285**	**267**	**6**	**1**	**5**	**17**	**9**	**8**
格尔木市	36	20	16	2		2	4	1	3
德令哈市	11	6	5	2	1	1	5	3	2
茫崖市	2	1	1	2		2			
乌兰县	1		1						
都兰县							5	3	2
天峻县							1		1
大柴旦行政委员会	502	258	244				2	2	

1-4　续表 7　　　　单位：人

地　区	傈僳族			佤　族			畲　族		
	小计	男	女	小计	男	女	小计	男	女
全省	**44**	**19**	**25**	**27**	**8**	**19**	**107**	**72**	**35**
西宁市	**29**	**13**	**16**	**7**	**3**	**4**	**91**	**57**	**34**
城东区	10	5	5	1		1	22	11	11
城中区	3	1	2				12	11	1
城西区	1		1	2		2	32	17	15
城北区	12	6	6				17	10	7
湟中区				3	2	1	2	2	
大通回族土族自治县	2	1	1	1	1		6	6	
湟源县	1		1						
海东市	**10**	**5**	**5**	**4**	**1**	**3**	**6**	**5**	**1**
乐都区	1		1	2		2	2	2	
平安区	2	1	1						
民和回族土族自治县	2		2	1		1	1	1	
互助土族自治县	4	4					1	1	
化隆回族自治县				1	1				
循化撒拉族自治县	1		1				2	1	1
海北藏族自治州				**1**		**1**	**1**	**1**	
门源回族自治县									
祁连县									
海晏县				1		1			
刚察县							1	1	
黄南藏族自治州				**3**	**1**	**2**			
同仁县				2	1	1			
尖扎县				1		1			
泽库县									
河南蒙古族自治县									
海南藏族自治州				**1**	**1**				
共和县									
同德县									
贵德县				1	1				
兴海县									
贵南县									
果洛藏族自治州							**2**	**2**	
玛沁县							2	2	
班玛县									
甘德县									
达日县									
久治县									
玛多县									
玉树藏族自治州	**2**	**1**	**1**				**1**	**1**	
玉树市	2	1	1						
杂多县									
称多县									
治多县							1	1	
囊谦县									
曲麻莱县									
海西蒙古族藏族自治州	**3**		**3**	**11**	**2**	**9**	**6**	**6**	
格尔木市	1		1	4	1	3	3	3	
德令哈市				2		2	2	2	
茫崖市							1	1	
乌兰县				1		1			
都兰县	1		1	4	1	3			
天峻县	1		1						
大柴旦行政委员会									

1-4 续表 8

单位：人

地区	高山族			拉祜族			水族		
	小计	男	女	小计	男	女	小计	男	女
全省	**11**	**5**	**6**	**23**	**12**	**11**	**65**	**28**	**37**
西宁市	**7**	**1**	**6**	**5**	**3**	**2**	**24**	**12**	**12**
城东区	2		2	2	2		8	5	3
城中区							2		2
城西区				1	1		4	2	2
城北区	5	1	4	1		1	5	1	4
湟中区				1		1	1	1	
大通回族土族自治县							4	3	1
湟源县									
海东市				**6**	**1**	**5**	**12**	**7**	**5**
乐都区							7	5	2
平安区							1	1	
民和回族土族自治县				4		4	3	1	2
互助土族自治县				1		1	1		1
化隆回族自治县									
循化撒拉族自治县				1	1				
海北藏族自治州									
门源回族自治县									
祁连县									
海晏县									
刚察县									
黄南藏族自治州									
同仁县									
尖扎县									
泽库县									
河南蒙古族自治县									
海南藏族自治州				**2**	**2**		**3**	**1**	**2**
共和县				2	2		1		1
同德县									
贵德县									
兴海县							1	1	
贵南县							1		1
果洛藏族自治州							**1**	**1**	
玛沁县									
班玛县									
甘德县									
达日县									
久治县							1	1	
玛多县									
玉树藏族自治州							**1**	**1**	
玉树市							1	1	
杂多县									
称多县									
治多县									
囊谦县									
曲麻莱县									
海西蒙古族藏族自治州	**4**	**4**		**10**	**6**	**4**	**24**	**6**	**18**
格尔木市	4	4		2	1	1	1	1	
德令哈市									
茫崖市				1	1		1		1
乌兰县							1	1	
都兰县				7	4	3	21	4	17
天峻县									
大柴旦行政委员会									

1-4 续表 9

单位：人

地区	东乡族			纳西族			景颇族		
	小计	男	女	小计	男	女	小计	男	女
全省	**14459**	**8112**	**6347**	**36**	**13**	**23**	**9**	**3**	**6**
西宁市	**6063**	**3572**	**2491**	**30**	**11**	**19**	**3**	**1**	**2**
城东区	4550	2591	1959	3		3			
城中区	455	287	168	3	2	1	1		1
城西区	282	194	88	8	2	6	2	1	1
城北区	342	205	137	6	4	2			
湟中区	227	170	57	5	2	3			
大通回族土族自治县	136	83	53	1	1				
湟源县	71	42	29	4		4			
海东市	**1388**	**734**	**654**	**4**	**1**	**3**	**1**		**1**
乐都区	261	156	105						
平安区	108	49	59	3	1	2			
民和回族土族自治县	473	224	249				1		1
互助土族自治县	44	21	23						
化隆回族自治县	153	82	71						
循化撒拉族自治县	349	202	147	1		1			
海北藏族自治州	**397**	**231**	**166**				**1**	**1**	
门源回族自治县	59	39	20						
祁连县	105	71	34						
海晏县	142	70	72				1	1	
刚察县	91	51	40						
黄南藏族自治州	**245**	**143**	**102**						
同仁县	167	99	68						
尖扎县	24	9	15						
泽库县	12	10	2						
河南蒙古族自治县	42	25	17						
海南藏族自治州	**582**	**324**	**258**						
共和县	302	170	132						
同德县	80	45	35						
贵德县	59	36	23						
兴海县	94	48	46						
贵南县	47	25	22						
果洛藏族自治州	**166**	**116**	**50**						
玛沁县	102	69	33						
班玛县	8	5	3						
甘德县	7	6	1						
达日县	37	26	11						
久治县	7	7							
玛多县	5	3	2						
玉树藏族自治州	**129**	**82**	**47**	**2**	**1**	**1**			
玉树市	77	49	28	2	1	1			
杂多县	12	8	4						
称多县	9	5	4						
治多县	18	11	7						
囊谦县	2	1	1						
曲麻莱县	11	8	3						
海西蒙古族藏族自治州	**5489**	**2910**	**2579**				**4**	**1**	**3**
格尔木市	3642	1890	1752						
德令哈市	675	384	291						
茫崖市	64	34	30				1		1
乌兰县	182	95	87						
都兰县	790	427	363				3	1	2
天峻县	25	14	11						
大柴旦行政委员会	111	66	45						

1-4 续表 10

单位：人

地区	柯尔克孜族			土族			达斡尔族		
	小计	男	女	小计	男	女	小计	男	女
全省	**7**		**7**	**200362**	**101982**	**98380**	**27**	**17**	**10**
西宁市	**2**		**2**	**66378**	**32711**	**33667**	**16**	**11**	**5**
城东区	2		2	6543	3272	3271	1	1	
城中区				4866	2411	2455	7	4	3
城西区				6537	3036	3501	5	4	1
城北区				6139	2919	3220	3	2	1
湟中区				2398	1105	1293			
大通回族土族自治县				39476	19766	19710			
湟源县				419	202	217			
海东市	**5**		**5**	**102646**	**52736**	**49910**	**1**	**1**	
乐都区	2		2	6222	3271	2951			
平安区				1663	793	870			
民和回族土族自治县	3		3	33994	17075	16919			
互助土族自治县				60161	31294	28867	1	1	
化隆回族自治县				453	238	215			
循化撒拉族自治县				153	65	88			
海北藏族自治州				**6601**	**3441**	**3160**	**4**	**2**	**2**
门源回族自治县				4617	2420	2197	3	1	2
祁连县				800	419	381	1	1	
海晏县				925	470	455			
刚察县				259	132	127			
黄南藏族自治州				**9318**	**4683**	**4635**			
同仁县				9131	4583	4548			
尖扎县				93	48	45			
泽库县				26	16	10			
河南蒙古族自治县				68	36	32			
海南藏族自治州				**3468**	**1816**	**1652**	**2**		**2**
共和县				1233	649	584	1		1
同德县				107	60	47			
贵德县				1486	747	739	1		1
兴海县				145	80	65			
贵南县				497	280	217			
果洛藏族自治州				**360**	**229**	**131**			
玛沁县				183	115	68			
班玛县				85	59	26			
甘德县				17	12	5			
达日县				30	16	14			
久治县				12	8	4			
玛多县				33	19	14			
玉树藏族自治州				**304**	**191**	**113**			
玉树市				96	60	36			
杂多县				55	36	19			
称多县				22	16	6			
治多县				62	39	23			
囊谦县				38	27	11			
曲麻莱县				31	13	18			
海西蒙古族藏族自治州				**11287**	**6175**	**5112**	**4**	**3**	**1**
格尔木市				4111	2333	1778	2	2	
德令哈市				4124	2110	2014			
茫崖市				254	169	85	1	1	
乌兰县				1284	685	599			
都兰县				1028	539	489	1		1
天峻县				137	76	61			
大柴旦行政委员会				349	263	86			

1-4　续表 11

单位：人

地　区	仫佬族			羌　族			布朗族		
	小计	男	女	小计	男	女	小计	男	女
全省	**23**	**10**	**13**	**187**	**120**	**67**	**6**	**2**	**4**
西宁市	**13**	**8**	**5**	**64**	**36**	**28**	**3**	**1**	**2**
城东区	1	1		14	9	5			
城中区	1	1		23	11	12			
城西区	2	2		6	3	3			
城北区	5	3	2	12	7	5	3	1	2
湟中区	3		3	3	1	2			
大通回族土族自治县				2	2				
湟源县	1	1		4	3	1			
海东市	**2**	**1**	**1**	**25**	**16**	**9**	**3**	**1**	**2**
乐都区				9	6	3			
平安区	2	1	1	2	1	1			
民和回族土族自治县				3	2	1	1	1	
互助土族自治县				8	5	3			
化隆回族自治县							2		2
循化撒拉族自治县				3	2	1			
海北藏族自治州	**1**		**1**	**8**	**5**	**3**			
门源回族自治县				3	1	2			
祁连县				1	1				
海晏县	1		1	4	3	1			
刚察县									
黄南藏族自治州				**9**	**7**	**2**			
同仁县				3	3				
尖扎县				3	3				
泽库县				3	1	2			
河南蒙古族自治县									
海南藏族自治州	**1**		**1**	**7**	**3**	**4**			
共和县				4	1	3			
同德县	1		1						
贵德县				2	1	1			
兴海县									
贵南县				1	1				
果洛藏族自治州				**47**	**35**	**12**			
玛沁县				5	2	3			
班玛县				23	18	5			
甘德县									
达日县				4	2	2			
久治县				15	13	2			
玛多县									
玉树藏族自治州				**11**	**9**	**2**			
玉树市				11	9	2			
杂多县									
称多县									
治多县									
囊谦县									
曲麻莱县									
海西蒙古族藏族自治州	**6**	**1**	**5**	**16**	**9**	**7**			
格尔木市	3	1	2	15	9	6			
德令哈市									
茫崖市	1		1						
乌兰县	2		2						
都兰县				1		1			
天峻县									
大柴旦行政委员会									

1-4 续表 12

单位：人

地区	撒拉族			毛南族			仡佬族		
	小计	男	女	小计	男	女	小计	男	女
全省	**128779**	**63833**	**64946**	**1**	**1**		**64**	**46**	**18**
西宁市	**17770**	**8936**	**8834**	**1**	**1**		**48**	**33**	**15**
城东区	12650	6308	6342				16	9	7
城中区	1583	810	773				3	2	1
城西区	1541	770	771				10	6	4
城北区	1257	661	596	1	1		13	10	3
湟中区	295	162	133				5	5	
大通回族土族自治县	324	161	163				1	1	
湟源县	120	64	56						
海东市	**100628**	**49465**	**51163**				**4**	**4**	
乐都区	337	151	186				1	1	
平安区	405	177	228				1	1	
民和回族土族自治县	345	170	175						
互助土族自治县	275	152	123				1	1	
化隆回族自治县	11777	5741	6036						
循化撒拉族自治县	87489	43074	44415				1	1	
海北藏族自治州	**1177**	**609**	**568**				**1**	**1**	
门源回族自治县	129	76	53				1	1	
祁连县	890	461	429						
海晏县	79	34	45						
刚察县	79	38	41						
黄南藏族自治州	**1791**	**887**	**904**				**1**	**1**	
同仁县	1286	628	658						
尖扎县	184	87	97						
泽库县	164	85	79						
河南蒙古族自治县	157	87	70				1	1	
海南藏族自治州	**1454**	**741**	**713**				**2**	**1**	**1**
共和县	505	257	248				1	1	
同德县	209	108	101						
贵德县	329	153	176						
兴海县	257	129	128				1		1
贵南县	154	94	60						
果洛藏族自治州	**405**	**253**	**152**						
玛沁县	119	71	48						
班玛县	79	49	30						
甘德县	16	12	4						
达日县	41	23	18						
久治县	93	61	32						
玛多县	57	37	20						
玉树藏族自治州	**525**	**309**	**216**				**1**	**1**	
玉树市	125	67	58				1	1	
杂多县	77	50	27						
称多县	70	40	30						
治多县	75	54	21						
囊谦县	89	53	36						
曲麻莱县	89	45	44						
海西蒙古族藏族自治州	**5029**	**2633**	**2396**				**7**	**5**	**2**
格尔木市	2316	1215	1101				3	3	
德令哈市	637	332	305				4	2	2
茫崖市	72	36	36						
乌兰县	1096	559	537						
都兰县	621	336	285						
天峻县	120	70	50						
大柴旦行政委员会	167	85	82						

1-4　续表 13

单位：人

地　区	锡伯族			阿昌族			普米族		
	小计	男	女	小计	男	女	小计	男	女
全省	**131**	**63**	**68**	**4**	**1**	**3**	**5**	**2**	**3**
西宁市	**118**	**56**	**62**	**2**	**1**	**1**	**4**	**2**	**2**
城东区	20	13	7	2	1	1	1	1	
城中区	20	6	14						
城西区	39	18	21				1		1
城北区	35	17	18				2	1	1
湟中区									
大通回族土族自治县	4	2	2						
湟源县									
海东市	**3**	**1**	**2**	**1**		**1**			
乐都区									
平安区									
民和回族土族自治县	1	1							
互助土族自治县				1		1			
化隆回族自治县	1		1						
循化撒拉族自治县	1		1						
海北藏族自治州	**2**		**2**						
门源回族自治县	1		1						
祁连县	1		1						
海晏县									
刚察县									
黄南藏族自治州									
同仁县									
尖扎县									
泽库县									
河南蒙古族自治县									
海南藏族自治州	**3**	**2**	**1**	**1**		**1**			
共和县				1		1			
同德县									
贵德县	3	2	1						
兴海县									
贵南县									
果洛藏族自治州									
玛沁县									
班玛县									
甘德县									
达日县									
久治县									
玛多县									
玉树藏族自治州									
玉树市									
杂多县									
称多县									
治多县									
囊谦县									
曲麻莱县									
海西蒙古族藏族自治州	**5**	**4**	**1**				**1**		**1**
格尔木市	2	2					1		1
德令哈市	3	2	1						
茫崖市									
乌兰县									
都兰县									
天峻县									
大柴旦行政委员会									

1−4 续表 14 单位：人

地 区	塔吉克族			怒 族			乌孜别克族		
	小计	男	女	小计	男	女	小计	男	女
全省	**1**	**1**					**1**	**1**	
西宁市	**1**	**1**					**1**	**1**	
城东区							1	1	
城中区	1	1							
城西区									
城北区									
湟中区									
大通回族土族自治县									
湟源县									
海东市									
乐都区									
平安区									
民和回族土族自治县									
互助土族自治县									
化隆回族自治县									
循化撒拉族自治县									
海北藏族自治州									
门源回族自治县									
祁连县									
海晏县									
刚察县									
黄南藏族自治州									
同仁县									
尖扎县									
泽库县									
河南蒙古族自治县									
海南藏族自治州									
共和县									
同德县									
贵德县									
兴海县									
贵南县									
果洛藏族自治州									
玛沁县									
班玛县									
甘德县									
达日县									
久治县									
玛多县									
玉树藏族自治州									
玉树市									
杂多县									
称多县									
治多县									
囊谦县									
曲麻莱县									
海西蒙古族藏族自治州									
格尔木市									
德令哈市									
茫崖市									
乌兰县									
都兰县									
天峻县									
大柴旦行政委员会									

1-4　续表 15

单位：人

地　区	俄罗斯族			鄂温克族			德昂族		
	小计	男	女	小计	男	女	小计	男	女
全省	**35**	**23**	**12**	**8**	**2**	**6**	**2**	**1**	**1**
西宁市	**34**	**22**	**12**	**6**	**2**	**4**			
城东区	5	3	2						
城中区	16	11	5						
城西区	5	2	3	5	1	4			
城北区	4	3	1	1	1				
湟中区									
大通回族土族自治县									
湟源县	4	3	1						
海东市				**1**		**1**	**2**	**1**	**1**
乐都区									
平安区									
民和回族土族自治县									
互助土族自治县				1		1	2	1	1
化隆回族自治县									
循化撒拉族自治县									
海北藏族自治州									
门源回族自治县									
祁连县									
海晏县									
刚察县									
黄南藏族自治州									
同仁县									
尖扎县									
泽库县									
河南蒙古族自治县									
海南藏族自治州									
共和县									
同德县									
贵德县									
兴海县									
贵南县									
果洛藏族自治州									
玛沁县									
班玛县									
甘德县									
达日县									
久治县									
玛多县									
玉树藏族自治州									
玉树市									
杂多县									
称多县									
治多县									
囊谦县									
曲麻莱县									
海西蒙古族藏族自治州	**1**	**1**		**1**		**1**			
格尔木市				1		1			
德令哈市	1	1							
茫崖市									
乌兰县									
都兰县									
天峻县									
大柴旦行政委员会									

1-4 续表 16

单位：人

地区	保安族			裕固族			京族		
	小计	男	女	小计	男	女	小计	男	女
全省	**1425**	**738**	**687**	**205**	**98**	**107**	**1**	**1**	
西宁市	**503**	**247**	**256**	**89**	**47**	**42**	**1**	**1**	
城东区	388	192	196	19	8	11	1	1	
城中区	38	19	19	6	3	3			
城西区	43	21	22	29	17	12			
城北区	22	9	13	20	11	9			
湟中区	6	4	2	10	6	4			
大通回族土族自治县	3	1	2	4	2	2			
湟源县	3	1	2	1		1			
海东市	**183**	**73**	**110**	**6**	**4**	**2**			
乐都区	7	4	3	1		1			
平安区	5	3	2						
民和回族土族自治县	43	18	25						
互助土族自治县	2	1	1	4	3	1			
化隆回族自治县	21	10	11	1	1				
循化撒拉族自治县	105	37	68						
海北藏族自治州	**66**	**37**	**29**	**89**	**39**	**50**			
门源回族自治县	5	2	3	13	4	9			
祁连县	57	33	24	75	35	40			
海晏县	1		1	1		1			
刚察县	3	2	1						
黄南藏族自治州	**392**	**209**	**183**	**1**		**1**			
同仁县	360	192	168						
尖扎县	16	7	9						
泽库县	11	6	5						
河南蒙古族自治县	5	4	1	1		1			
海南藏族自治州	**65**	**33**	**32**	**3**	**2**	**1**			
共和县	10	4	6	2	1	1			
同德县	23	12	11						
贵德县	7	3	4	1	1				
兴海县	20	10	10						
贵南县	5	4	1						
果洛藏族自治州	**52**	**37**	**15**						
玛沁县	31	24	7						
班玛县	2	2							
甘德县									
达日县	13	8	5						
久治县	4	1	3						
玛多县	2	2							
玉树藏族自治州	**21**	**18**	**3**	**1**	**1**				
玉树市	12	11	1						
杂多县	2	2							
称多县	1	1							
治多县	2	2							
囊谦县	3	1	2	1	1				
曲麻莱县	1	1							
海西蒙古族藏族自治州	**143**	**84**	**59**	**16**	**5**	**11**			
格尔木市	85	47	38	4	2	2			
德令哈市	10	7	3	3	1	2			
茫崖市	2	1	1	2	1	1			
乌兰县	30	19	11	6	1	5			
都兰县	13	8	5	1		1			
天峻县									
大柴旦行政委员会	3	2	1						

1-4　续表 17

单位：人

地　区	塔塔尔族			独龙族			鄂伦春族		
	小计	男	女	小计	男	女	小计	男	女
全省				**1**		**1**	**2**	**1**	**1**
西宁市							**1**		**1**
城东区									
城中区									
城西区									
城北区							1		1
湟中区									
大通回族土族自治县									
湟源县									
海东市				**1**		**1**			
乐都区									
平安区									
民和回族土族自治县									
互助土族自治县									
化隆回族自治县				1		1			
循化撒拉族自治县									
海北藏族自治州									
门源回族自治县									
祁连县									
海晏县									
刚察县									
黄南藏族自治州									
同仁县									
尖扎县									
泽库县									
河南蒙古族自治县									
海南藏族自治州									
共和县									
同德县									
贵德县									
兴海县									
贵南县									
果洛藏族自治州									
玛沁县									
班玛县									
甘德县									
达日县									
久治县									
玛多县									
玉树藏族自治州									
玉树市									
杂多县									
称多县									
治多县									
囊谦县									
曲麻莱县									
海西蒙古族藏族自治州							**1**	**1**	
格尔木市									
德令哈市									
茫崖市							1	1	
乌兰县									
都兰县									
天峻县									
大柴旦行政委员会									

1-4 续表 18

单位：人

地　区	赫哲族			门巴族			珞巴族		
	小计	男	女	小计	男	女	小计	男	女
全省	**1**	**1**		**12**	**2**	**10**	**2**	**1**	**1**
西宁市	**1**	**1**		**3**	**2**	**1**			
城东区									
城中区									
城西区	1	1							
城北区									
湟中区				2	1	1			
大通回族土族自治县									
湟源县				1	1				
海东市				**4**		**4**			
乐都区									
平安区									
民和回族土族自治县				2		2			
互助土族自治县				2		2			
化隆回族自治县									
循化撒拉族自治县									
海北藏族自治州				**2**		**2**			
门源回族自治县				1		1			
祁连县				1		1			
海晏县									
刚察县									
黄南藏族自治州									
同仁县									
尖扎县									
泽库县									
河南蒙古族自治县									
海南藏族自治州									
共和县									
同德县									
贵德县									
兴海县									
贵南县									
果洛藏族自治州									
玛沁县									
班玛县									
甘德县									
达日县									
久治县									
玛多县									
玉树藏族自治州									
玉树市									
杂多县									
称多县									
治多县									
囊谦县									
曲麻莱县									
海西蒙古族藏族自治州				**3**		**3**	**2**	**1**	**1**
格尔木市				2		2	1		1
德令哈市				1		1	1	1	
茫崖市									
乌兰县									
都兰县									
天峻县									
大柴旦行政委员会									

1-4　续表 19　　　　　单位：人

地　区	基诺族			未定族称人口			入　籍		
	小计	男	女	小计	男	女	小计	男	女
全省	**1**	**1**		**82**	**51**	**31**	**10**	**4**	**6**
西宁市	**1**	**1**		**53**	**30**	**23**	**4**	**2**	**2**
城东区	1	1		12	9	3	4	2	2
城中区				13	6	7			
城西区				6	2	4			
城北区				14	7	7			
湟中区									
大通回族土族自治县				5	3	2			
湟源县				3	3				
海东市				**6**	**4**	**2**			
乐都区				3	1	2			
平安区									
民和回族土族自治县				1	1				
互助土族自治县				2	2				
化隆回族自治县									
循化撒拉族自治县									
海北藏族自治州				**5**	**3**	**2**			
门源回族自治县				5	3	2			
祁连县									
海晏县									
刚察县									
黄南藏族自治州									
同仁县									
尖扎县									
泽库县									
河南蒙古族自治县									
海南藏族自治州									
共和县									
同德县									
贵德县									
兴海县									
贵南县									
果洛藏族自治州				**6**	**6**				
玛沁县									
班玛县				6	6				
甘德县									
达日县									
久治县									
玛多县									
玉树藏族自治州				**6**	**5**	**1**			
玉树市				5	4	1			
杂多县									
称多县									
治多县									
囊谦县				1	1				
曲麻莱县									
海西蒙古族藏族自治州				**6**	**3**	**3**	**6**	**2**	**4**
格尔木市				5	2	3	2		2
德令哈市							4	2	2
茫崖市									
乌兰县				1	1				
都兰县									
天峻县									
大柴旦行政委员会									

1-4a 各地区分性别、民族的人口(城市)

单位：人

地区	合计			汉族		
	合计	男	女	小计	男	女
全省	**2124083**	**1081946**	**1042137**	**1555099**	**797943**	**757156**
西宁市	**1618954**	**818668**	**800286**	**1222080**	**621475**	**600605**
城东区	489372	250205	239167	278340	144507	133833
城中区	322863	163313	159550	272436	138327	134109
城西区	326507	161627	164880	275312	136679	138633
城北区	407603	206596	201007	348401	177845	170556
湟中区	57674	28957	28717	34475	17040	17435
大通回族土族自治县	14935	7970	6965	13116	7077	6039
湟源县						
海东市	**190040**	**93808**	**96232**	**158452**	**78646**	**79806**
乐都区	112937	55854	57083	95078	47277	47801
平安区	77103	37954	39149	63374	31369	32005
民和回族土族自治县						
互助土族自治县						
化隆回族自治县						
循化撒拉族自治县						
海北藏族自治州						
门源回族自治县						
祁连县						
海晏县						
刚察县						
黄南藏族自治州						
同仁县						
尖扎县						
泽库县						
河南蒙古族自治县						
海南藏族自治州						
共和县						
同德县						
贵德县						
兴海县						
贵南县						
果洛藏族自治州						
玛沁县						
班玛县						
甘德县						
达日县						
久治县						
玛多县						
玉树藏族自治州	**81984**	**42235**	**39749**	**6306**	**4120**	**2186**
玉树市	79138	40851	38287	6223	4074	2149
杂多县						
称多县						
治多县						
囊谦县						
曲麻莱县	2846	1384	1462	83	46	37
海西蒙古族藏族自治州	**233105**	**127235**	**105870**	**168261**	**93702**	**74559**
格尔木市	154472	83917	70555	111765	61438	50327
德令哈市	63156	32772	30384	43674	23254	20420
茫崖市	15477	10546	4931	12822	9010	3812
乌兰县						
都兰县						
天峻县						
大柴旦行政委员会						

1-4a 续表 1

单位：人

地 区	蒙古族			回 族			藏 族		
	小计	男	女	小计	男	女	小计	男	女
全省	**22931**	**11119**	**11812**	**278013**	**139509**	**138504**	**187847**	**92583**	**95264**
西宁市	**12005**	**5729**	**6276**	**233258**	**116324**	**116934**	**90123**	**44105**	**46018**
城东区	2941	1450	1491	156813	78146	78667	23429	11777	11652
城中区	2333	1087	1246	18960	9475	9485	19402	9502	9900
城西区	3207	1508	1699	19115	9504	9611	17483	8405	9078
城北区	3232	1536	1696	21089	10620	10469	23161	10782	12379
湟中区	229	123	106	15794	7835	7959	6519	3573	2946
大通回族土族自治县	63	25	38	1487	744	743	129	66	63
湟源县									
海东市	**2843**	**1442**	**1401**	**11931**	**5784**	**6147**	**10410**	**4734**	**5676**
乐都区	2471	1250	1221	4041	1919	2122	7054	3192	3862
平安区	372	192	180	7890	3865	4025	3356	1542	1814
民和回族土族自治县									
互助土族自治县									
化隆回族自治县									
循化撒拉族自治县									
海北藏族自治州									
门源回族自治县									
祁连县									
海晏县									
刚察县									
黄南藏族自治州									
同仁县									
尖扎县									
泽库县									
河南蒙古族自治县									
海南藏族自治州									
共和县									
同德县									
贵德县									
兴海县									
贵南县									
果洛藏族自治州									
玛沁县									
班玛县									
甘德县									
达日县									
久治县									
玛多县									
玉树藏族自治州	**36**	**22**	**14**	**1223**	**738**	**485**	**74042**	**37121**	**36921**
玉树市	36	22	14	1187	720	467	71318	35802	35516
杂多县									
称多县									
治多县									
囊谦县									
曲麻莱县				36	18	18	2724	1319	1405
海西蒙古族藏族自治州	**8047**	**3926**	**4121**	**31601**	**16663**	**14938**	**13272**	**6623**	**6649**
格尔木市	2698	1356	1342	25728	13502	12226	6567	3496	3071
德令哈市	4976	2375	2601	4693	2505	2188	6154	2764	3390
茫崖市	373	195	178	1180	656	524	551	363	188
乌兰县									
都兰县									
天峻县									
大柴旦行政委员会									

1-4a 续表 2

单位：人

地　区	维吾尔族			苗　族			彝　族		
	小计	男	女	小计	男	女	小计	男	女
全省	**226**	**128**	**98**	**742**	**428**	**314**	**628**	**341**	**287**
西宁市	**171**	**98**	**73**	**554**	**322**	**232**	**392**	**213**	**179**
城东区	98	54	44	172	111	61	121	74	47
城中区	17	10	7	130	72	58	78	35	43
城西区	32	20	12	102	60	42	91	58	33
城北区	22	13	9	143	74	69	99	46	53
湟中区	2	1	1	4	3	1	3		3
大通回族土族自治县				3	2	1			
湟源县									
海东市	**12**	**6**	**6**	**23**	**15**	**8**	**19**	**6**	**13**
乐都区	4	3	1	10	6	4	6	2	4
平安区	8	3	5	13	9	4	13	4	9
民和回族土族自治县									
互助土族自治县									
化隆回族自治县									
循化撒拉族自治县									
海北藏族自治州									
门源回族自治县									
祁连县									
海晏县									
刚察县									
黄南藏族自治州									
同仁县									
尖扎县									
泽库县									
河南蒙古族自治县									
海南藏族自治州									
共和县									
同德县									
贵德县									
兴海县									
贵南县									
果洛藏族自治州									
玛沁县									
班玛县									
甘德县									
达日县									
久治县									
玛多县									
玉树藏族自治州	**1**		**1**	**10**	**7**	**3**	**9**	**5**	**4**
玉树市	1		1	10	7	3	9	5	4
杂多县									
称多县									
治多县									
囊谦县									
曲麻莱县									
海西蒙古族藏族自治州	**42**	**24**	**18**	**155**	**84**	**71**	**208**	**117**	**91**
格尔木市	8	6	2	126	71	55	35	23	12
德令哈市	8	4	4	20	9	11	19	10	9
茫崖市	26	14	12	9	4	5	154	84	70
乌兰县									
都兰县									
天峻县									
大柴旦行政委员会									

1-4a　续表 3　　　　　　　　　　　　　　　　　　单位：人

地　区	壮　族			布依族			朝鲜族		
	小计	男	女	小计	男	女	小计	男	女
全省	**774**	**374**	**400**	**185**	**104**	**81**	**297**	**146**	**151**
西宁市	**652**	**318**	**334**	**150**	**85**	**65**	**250**	**119**	**131**
城东区	173	91	82	46	29	17	56	22	34
城中区	137	62	75	39	30	9	64	33	31
城西区	164	79	85	24	11	13	75	40	35
城北区	172	84	88	40	15	25	51	22	29
湟中区	5	2	3	1		1	4	2	2
大通回族土族自治县	1		1						
湟源县									
海东市	**44**	**25**	**19**	**11**	**9**	**2**	**12**	**6**	**6**
乐都区	21	12	9	2	1	1	5	3	2
平安区	23	13	10	9	8	1	7	3	4
民和回族土族自治县									
互助土族自治县									
化隆回族自治县									
循化撒拉族自治县									
海北藏族自治州									
门源回族自治县									
祁连县									
海晏县									
刚察县									
黄南藏族自治州									
同仁县									
尖扎县									
泽库县									
河南蒙古族自治县									
海南藏族自治州									
共和县									
同德县									
贵德县									
兴海县									
贵南县									
果洛藏族自治州									
玛沁县									
班玛县									
甘德县									
达日县									
久治县									
玛多县									
玉树藏族自治州	**1**	**1**		**1**	**1**		**2**	**1**	**1**
玉树市	1	1		1	1		2	1	1
杂多县									
称多县									
治多县									
囊谦县									
曲麻莱县									
海西蒙古族藏族自治州	**77**	**30**	**47**	**23**	**9**	**14**	**33**	**20**	**13**
格尔木市	60	26	34	21	9	12	23	15	8
德令哈市	14	1	13	1		1	10	5	5
茫崖市	3	3		1		1			
乌兰县									
都兰县									
天峻县									
大柴旦行政委员会									

1－4a 续表 4

单位：人

地 区	满族			侗族			瑶族		
	小计	男	女	小计	男	女	小计	男	女
全省	**6941**	**3548**	**3393**	**220**	**121**	**99**	**147**	**82**	**65**
西宁市	**6299**	**3174**	**3125**	**179**	**99**	**80**	**133**	**74**	**59**
城东区	1267	638	629	58	35	23	25	17	8
城中区	1320	671	649	35	17	18	24	10	14
城西区	1834	905	929	32	18	14	30	25	5
城北区	1866	953	913	43	24	19	46	20	26
湟中区	11	7	4	4	1	3	8	2	6
大通回族土族自治县	1		1	7	4	3			
湟源县									
海东市	**164**	**92**	**72**	**10**	**4**	**6**	**1**		**1**
乐都区	84	46	38	4	2	2	1		1
平安区	80	46	34	6	2	4			
民和回族土族自治县									
互助土族自治县									
化隆回族自治县									
循化撒拉族自治县									
海北藏族自治州									
门源回族自治县									
祁连县									
海晏县									
刚察县									
黄南藏族自治州									
同仁县									
尖扎县									
泽库县									
河南蒙古族自治县									
海南藏族自治州									
共和县									
同德县									
贵德县									
兴海县									
贵南县									
果洛藏族自治州									
玛沁县									
班玛县									
甘德县									
达日县									
久治县									
玛多县									
玉树藏族自治州	**2**	**2**							
玉树市	2	2							
杂多县									
称多县									
治多县									
囊谦县									
曲麻莱县									
海西蒙古族藏族自治州	**476**	**280**	**196**	**31**	**18**	**13**	**13**	**8**	**5**
格尔木市	315	184	131	28	15	13	10	7	3
德令哈市	125	75	50	1	1		3	1	2
茫崖市	36	21	15	2	2				
乌兰县									
都兰县									
天峻县									
大柴旦行政委员会									

1-4a 续表 5

单位：人

地区	白族			土家族			哈尼族		
	小计	男	女	小计	男	女	小计	男	女
全省	**227**	**130**	**97**	**5714**	**2934**	**2780**	**34**	**10**	**24**
西宁市	**149**	**76**	**73**	**4001**	**2025**	**1976**	**24**	**7**	**17**
城东区	48	28	20	1459	759	700	11	4	7
城中区	17	8	9	826	396	430	4	1	3
城西区	29	13	16	396	196	200	5		5
城北区	29	12	17	1282	662	620	4	2	2
湟中区	25	14	11	3	1	2			
大通回族土族自治县	1	1		35	11	24			
湟源县									
海东市	**1**	**1**		**758**	**387**	**371**	**7**	**3**	**4**
乐都区	1	1		586	312	274	5	2	3
平安区				172	75	97	2	1	1
民和回族土族自治县									
互助土族自治县									
化隆回族自治县									
循化撒拉族自治县									
海北藏族自治州									
门源回族自治县									
祁连县									
海晏县									
刚察县									
黄南藏族自治州									
同仁县									
尖扎县									
泽库县									
河南蒙古族自治县									
海南藏族自治州									
共和县									
同德县									
贵德县									
兴海县									
贵南县									
果洛藏族自治州									
玛沁县									
班玛县									
甘德县									
达日县									
久治县									
玛多县									
玉树藏族自治州	**66**	**47**	**19**	**41**	**21**	**20**			
玉树市	66	47	19	41	21	20			
杂多县									
称多县									
治多县									
囊谦县									
曲麻莱县									
海西蒙古族藏族自治州	**11**	**6**	**5**	**914**	**501**	**413**	**3**		**3**
格尔木市	9	4	5	611	329	282	2		2
德令哈市				262	139	123			
茫崖市	2	2		41	33	8	1		1
乌兰县									
都兰县									
天峻县									
大柴旦行政委员会									

1-4a 续表 6 单位：人

地 区	哈萨克族			傣 族			黎 族		
	小计	男	女	小计	男	女	小计	男	女
全省	**78**	**41**	**37**	**44**	**19**	**25**	**63**	**30**	**33**
西宁市	**31**	**17**	**14**	**35**	**16**	**19**	**56**	**27**	**29**
城东区	11	4	7	8	2	6	17	11	6
城中区	6	4	2	3	2	1	15	7	8
城西区	2		2	2		2	11	6	5
城北区	12	9	3	22	12	10	13	3	10
湟中区									
大通回族土族自治县									
湟源县									
海东市	**3**	**1**	**2**	**4**	**2**	**2**			
乐都区	3	1	2	4	2	2			
平安区									
民和回族土族自治县									
互助土族自治县									
化隆回族自治县									
循化撒拉族自治县									
海北藏族自治州									
门源回族自治县									
祁连县									
海晏县									
刚察县									
黄南藏族自治州									
同仁县									
尖扎县									
泽库县									
河南蒙古族自治县									
海南藏族自治州									
共和县									
同德县									
贵德县									
兴海县									
贵南县									
果洛藏族自治州									
玛沁县									
班玛县									
甘德县									
达日县									
久治县									
玛多县									
玉树藏族自治州									
玉树市									
杂多县									
称多县									
治多县									
囊谦县									
曲麻莱县									
海西蒙古族藏族自治州	**44**	**23**	**21**	**5**	**1**	**4**	**7**	**3**	**4**
格尔木市	32	17	15	1		1	4	1	3
德令哈市	11	6	5	2	1	1	3	2	1
茫崖市	1		1	2		2			
乌兰县									
都兰县									
天峻县									
大柴旦行政委员会									

1-4a　续表 7　　　　单位：人

地　区	傈僳族			佤　族			畲　族		
	小计	男	女	小计	男	女	小计	男	女
全省	**30**	**13**	**17**	**9**	**1**	**8**	**94**	**60**	**34**
西宁市	**26**	**12**	**14**	**3**		**3**	**89**	**55**	**34**
城东区	10	5	5	1		1	22	11	11
城中区	3	1	2				12	11	1
城西区	1		1	2		2	32	17	15
城北区	12	6	6				17	10	7
湟中区									
大通回族土族自治县							6	6	
湟源县									
海东市	**2**	**1**	**1**						
乐都区									
平安区	2	1	1						
民和回族土族自治县									
互助土族自治县									
化隆回族自治县									
循化撒拉族自治县									
海北藏族自治州									
门源回族自治县									
祁连县									
海晏县									
刚察县									
黄南藏族自治州									
同仁县									
尖扎县									
泽库县									
河南蒙古族自治县									
海南藏族自治州									
共和县									
同德县									
贵德县									
兴海县									
贵南县									
果洛藏族自治州									
玛沁县									
班玛县									
甘德县									
达日县									
久治县									
玛多县									
玉树藏族自治州	**1**		**1**						
玉树市	1		1						
杂多县									
称多县									
治多县									
囊谦县									
曲麻莱县									
海西蒙古族藏族自治州	**1**		**1**	**6**	**1**	**5**	**5**	**5**	
格尔木市	1		1	4	1	3	3	3	
德令哈市				2		2	1	1	
茫崖市							1	1	
乌兰县									
都兰县									
天峻县									
大柴旦行政委员会									

1-4a 续表 8

单位：人

地　区	高山族			拉祜族			水　族		
	小计	男	女	小计	男	女	小计	男	女
全省	**11**	**5**	**6**	**6**	**4**	**2**	**29**	**15**	**14**
西宁市	**7**	**1**	**6**	**4**	**3**	**1**	**19**	**8**	**11**
城东区	2		2	2	2		8	5	3
城中区							2		2
城西区				1	1		4	2	2
城北区	5	1	4	1		1	5	1	4
湟中区									
大通回族土族自治县									
湟源县									
海东市							**7**	**5**	**2**
乐都区							6	4	2
平安区							1	1	
民和回族土族自治县									
互助土族自治县									
化隆回族自治县									
循化撒拉族自治县									
海北藏族自治州									
门源回族自治县									
祁连县									
海晏县									
刚察县									
黄南藏族自治州									
同仁县									
尖扎县									
泽库县									
河南蒙古族自治县									
海南藏族自治州									
共和县									
同德县									
贵德县									
兴海县									
贵南县									
果洛藏族自治州									
玛沁县									
班玛县									
甘德县									
达日县									
久治县									
玛多县									
玉树藏族自治州							**1**	**1**	
玉树市							1	1	
杂多县									
称多县									
治多县									
囊谦县									
曲麻莱县									
海西蒙古族藏族自治州	**4**	**4**		**2**	**1**	**1**	**2**	**1**	**1**
格尔木市	4	4		1		1	1	1	
德令哈市									
茫崖市				1	1		1		1
乌兰县									
都兰县									
天峻县									
大柴旦行政委员会									

1-4a　续表 9

单位：人

地　区	东乡族			纳西族			景颇族		
	小计	男	女	小计	男	女	小计	男	女
全省	**8256**	**4679**	**3577**	**22**	**9**	**13**	**4**	**1**	**3**
西宁市	**5664**	**3304**	**2360**	**20**	**8**	**12**	**3**	**1**	**2**
城东区	4550	2591	1959	3		3			
城中区	451	285	166	3	2	1	1		1
城西区	282	194	88	8	2	6	2	1	1
城北区	336	200	136	6	4	2			
湟中区	42	33	9						
大通回族土族自治县	3	1	2						
湟源县									
海东市	**242**	**135**	**107**	**2**	**1**	**1**			
乐都区	147	92	55						
平安区	95	43	52	2	1	1			
民和回族土族自治县									
互助土族自治县									
化隆回族自治县									
循化撒拉族自治县									
海北藏族自治州									
门源回族自治县									
祁连县									
海晏县									
刚察县									
黄南藏族自治州									
同仁县									
尖扎县									
泽库县									
河南蒙古族自治县									
海南藏族自治州									
共和县									
同德县									
贵德县									
兴海县									
贵南县									
果洛藏族自治州									
玛沁县									
班玛县									
甘德县									
达日县									
久治县									
玛多县									
玉树藏族自治州	**61**	**39**	**22**						
玉树市	59	38	21						
杂多县									
称多县									
治多县									
囊谦县									
曲麻莱县	2	1	1						
海西蒙古族藏族自治州	**2289**	**1201**	**1088**				**1**		**1**
格尔木市	1911	994	917						
德令哈市	327	177	150						
茫崖市	51	30	21				1		1
乌兰县									
都兰县									
天峻县									
大柴旦行政委员会									

1-4a 续表 10

单位：人

地区	柯尔克孜族			土族			达斡尔族		
	小计	男	女	小计	男	女	小计	男	女
全省	**3**		**3**	**34281**	**16886**	**17395**	**18**	**13**	**5**
西宁市	**2**		**2**	**24602**	**11936**	**12666**	**16**	**11**	**5**
城东区	2		2	6543	3272	3271	1	1	
城中区				4840	2394	2446	7	4	3
城西区				6537	3036	3501	5	4	1
城北区				6109	2908	3201	3	2	1
湟中区				493	294	199			
大通回族土族自治县				80	32	48			
湟源县									
海东市	**1**		**1**	**4553**	**2262**	**2291**			
乐都区	1		1	3191	1626	1565			
平安区				1362	636	726			
民和回族土族自治县									
互助土族自治县									
化隆回族自治县									
循化撒拉族自治县									
海北藏族自治州									
门源回族自治县									
祁连县									
海晏县									
刚察县									
黄南藏族自治州									
同仁县									
尖扎县									
泽库县									
河南蒙古族自治县									
海南藏族自治州									
共和县									
同德县									
贵德县									
兴海县									
贵南县									
果洛藏族自治州									
玛沁县									
班玛县									
甘德县									
达日县									
久治县									
玛多县									
玉树藏族自治州				**75**	**45**	**30**			
玉树市				75	45	30			
杂多县									
称多县									
治多县									
囊谦县									
曲麻莱县									
海西蒙古族藏族自治州				**5051**	**2643**	**2408**	**2**	**2**	
格尔木市				2538	1371	1167	2	2	
德令哈市				2363	1181	1182			
茫崖市				150	91	59			
乌兰县									
都兰县									
天峻县									
大柴旦行政委员会									

1-4a　续表 11　　　　单位：人

地　区	仫佬族			羌　族			布朗族		
	小计	男	女	小计	男	女	小计	男	女
全省	**15**	**9**	**6**	**87**	**51**	**36**	**3**	**1**	**2**
西宁市	**9**	**7**	**2**	**57**	**31**	**26**	**3**	**1**	**2**
城东区	1	1		14	9	5			
城中区	1	1		23	11	12			
城西区	2	2		6	3	3			
城北区	5	3	2	12	7	5	3	1	2
湟中区				2	1	1			
大通回族土族自治县									
湟源县									
海东市	**2**	**1**	**1**	**9**	**5**	**4**			
乐都区				7	4	3			
平安区	2	1	1	2	1	1			
民和回族土族自治县									
互助土族自治县									
化隆回族自治县									
循化撒拉族自治县									
海北藏族自治州									
门源回族自治县									
祁连县									
海晏县									
刚察县									
黄南藏族自治州									
同仁县									
尖扎县									
泽库县									
河南蒙古族自治县									
海南藏族自治州									
共和县									
同德县									
贵德县									
兴海县									
贵南县									
果洛藏族自治州									
玛沁县									
班玛县									
甘德县									
达日县									
久治县									
玛多县									
玉树藏族自治州				**8**	**7**	**1**			
玉树市				8	7	1			
杂多县									
称多县									
治多县									
囊谦县									
曲麻莱县									
海西蒙古族藏族自治州	**4**	**1**	**3**	**13**	**8**	**5**			
格尔木市	3	1	2	13	8	5			
德令哈市									
茫崖市	1		1						
乌兰县									
都兰县									
天峻县									
大柴旦行政委员会									

1-4a 续表 12 单位：人

地区	撒拉族			毛南族			仡佬族		
	小计	男	女	小计	男	女	小计	男	女
全省	**20061**	**10119**	**9942**	**1**	**1**		**50**	**33**	**17**
西宁市	**17063**	**8565**	**8498**	**1**	**1**		**42**	**27**	**15**
城东区	12650	6308	6342				16	9	7
城中区	1577	807	770				3	2	1
城西区	1540	770	770				10	6	4
城北区	1250	660	590	1	1		13	10	3
湟中区	43	19	24						
大通回族土族自治县	3	1	2						
湟源县									
海东市	**507**	**229**	**278**				**2**	**2**	
乐都区	200	95	105				1	1	
平安区	307	134	173				1	1	
民和回族土族自治县									
互助土族自治县									
化隆回族自治县									
循化撒拉族自治县									
海北藏族自治州									
门源回族自治县									
祁连县									
海晏县									
刚察县									
黄南藏族自治州									
同仁县									
尖扎县									
泽库县									
河南蒙古族自治县									
海南藏族自治州									
共和县									
同德县									
贵德县									
兴海县									
贵南县									
果洛藏族自治州									
玛沁县									
班玛县									
甘德县									
达日县									
久治县									
玛多县									
玉树藏族自治州	**86**	**46**	**40**				**1**	**1**	
玉树市	85	46	39				1	1	
杂多县									
称多县									
治多县									
囊谦县									
曲麻莱县	1		1						
海西蒙古族藏族自治州	**2405**	**1279**	**1126**				**5**	**3**	**2**
格尔木市	1877	996	881				1	1	
德令哈市	466	250	216				4	2	2
茫崖市	62	33	29						
乌兰县									
都兰县									
天峻县									
大柴旦行政委员会									

1-4a　续表 13

单位：人

地　区	锡伯族			阿昌族			普米族		
	小计	男	女	小计	男	女	小计	男	女
全省	**119**	**58**	**61**	**2**	**1**	**1**	**5**	**2**	**3**
西宁市	**114**	**54**	**60**	**2**	**1**	**1**	**4**	**2**	**2**
城东区	20	13	7	2	1	1	1	1	
城中区	20	6	14						
城西区	39	18	21				1		1
城北区	35	17	18				2	1	1
湟中区									
大通回族土族自治县									
湟源县									
海东市									
乐都区									
平安区									
民和回族土族自治县									
互助土族自治县									
化隆回族自治县									
循化撒拉族自治县									
海北藏族自治州									
门源回族自治县									
祁连县									
海晏县									
刚察县									
黄南藏族自治州									
同仁县									
尖扎县									
泽库县									
河南蒙古族自治县									
海南藏族自治州									
共和县									
同德县									
贵德县									
兴海县									
贵南县									
果洛藏族自治州									
玛沁县									
班玛县									
甘德县									
达日县									
久治县									
玛多县									
玉树藏族自治州									
玉树市									
杂多县									
称多县									
治多县									
囊谦县									
曲麻莱县									
海西蒙古族藏族自治州	**5**	**4**	**1**				**1**		**1**
格尔木市	2	2					1		1
德令哈市	3	2	1						
茫崖市									
乌兰县									
都兰县									
天峻县									
大柴旦行政委员会									

1-4a 续表 14

单位：人

地 区	塔吉克族			怒 族			乌孜别克族		
	小计	男	女	小计	男	女	小计	男	女
全省	**1**	**1**					**1**	**1**	
西宁市	**1**	**1**					**1**	**1**	
城东区							1	1	
城中区	1	1							
城西区									
城北区									
湟中区									
大通回族土族自治县									
湟源县									
海东市									
乐都区									
平安区									
民和回族土族自治县									
互助土族自治县									
化隆回族自治县									
循化撒拉族自治县									
海北藏族自治州									
门源回族自治县									
祁连县									
海晏县									
刚察县									
黄南藏族自治州									
同仁县									
尖扎县									
泽库县									
河南蒙古族自治县									
海南藏族自治州									
共和县									
同德县									
贵德县									
兴海县									
贵南县									
果洛藏族自治州									
玛沁县									
班玛县									
甘德县									
达日县									
久治县									
玛多县									
玉树藏族自治州									
玉树市									
杂多县									
称多县									
治多县									
囊谦县									
曲麻莱县									
海西蒙古族藏族自治州									
格尔木市									
德令哈市									
茫崖市									
乌兰县									
都兰县									
天峻县									
大柴旦行政委员会									

1-4a　续表 15　　　　单位：人

地　区	俄罗斯族			鄂温克族			德 昂 族		
	小计	男	女	小计	男	女	小计	男	女
全省	**31**	**20**	**11**	**6**	**1**	**5**			
西宁市	**30**	**19**	**11**	**5**	**1**	**4**			
城东区	5	3	2						
城中区	16	11	5						
城西区	5	2	3	5	1	4			
城北区	4	3	1						
湟中区									
大通回族土族自治县									
湟源县									
海东市									
乐都区									
平安区									
民和回族土族自治县									
互助土族自治县									
化隆回族自治县									
循化撒拉族自治县									
海北藏族自治州									
门源回族自治县									
祁连县									
海晏县									
刚察县									
黄南藏族自治州									
同仁县									
尖扎县									
泽库县									
河南蒙古族自治县									
海南藏族自治州									
共和县									
同德县									
贵德县									
兴海县									
贵南县									
果洛藏族自治州									
玛沁县									
班玛县									
甘德县									
达日县									
久治县									
玛多县									
玉树藏族自治州									
玉树市									
杂多县									
称多县									
治多县									
囊谦县									
曲麻莱县									
海西蒙古族藏族自治州	**1**	**1**		**1**		**1**			
格尔木市				1		1			
德令哈市	1	1							
茫崖市									
乌兰县									
都兰县									
天峻县									
大柴旦行政委员会									

1-4a　续表 16　　　　单位：人

地　区	保安族			裕固族			京　族		
	小计	男	女	小计	男	女	小计	男	女
全省	**566**	**287**	**279**	**90**	**48**	**42**	**1**	**1**	
西宁市	**492**	**242**	**250**	**80**	**44**	**36**	**1**	**1**	
城东区	388	192	196	19	8	11	1	1	
城中区	38	19	19	6	3	3			
城西区	43	21	22	29	17	12			
城北区	22	9	13	20	11	9			
湟中区	1	1		6	5	1			
大通回族土族自治县									
湟源县									
海东市	**6**	**4**	**2**	**1**		**1**			
乐都区	2	1	1	1		1			
平安区	4	3	1						
民和回族土族自治县									
互助土族自治县									
化隆回族自治县									
循化撒拉族自治县									
海北藏族自治州									
门源回族自治县									
祁连县									
海晏县									
刚察县									
黄南藏族自治州									
同仁县									
尖扎县									
泽库县									
河南蒙古族自治县									
海南藏族自治州									
共和县									
同德县									
贵德县									
兴海县									
贵南县									
果洛藏族自治州									
玛沁县									
班玛县									
甘德县									
达日县									
久治县									
玛多县									
玉树藏族自治州	**8**	**8**							
玉树市	8	8							
杂多县									
称多县									
治多县									
囊谦县									
曲麻莱县									
海西蒙古族藏族自治州	**60**	**33**	**27**	**9**	**4**	**5**			
格尔木市	54	30	24	4	2	2			
德令哈市	4	2	2	3	1	2			
茫崖市	2	1	1	2	1	1			
乌兰县									
都兰县									
天峻县									
大柴旦行政委员会									

1-4a　续表 17　　　　　　　　　　　　　　　　　　　　　　　　　　单位：人

地　区	塔塔尔族			独 龙 族			鄂伦春族		
	小计	男	女	小计	男	女	小计	男	女
全省							**2**	**1**	**1**
西宁市							**1**		**1**
城东区									
城中区									
城西区									
城北区							1		1
湟中区									
大通回族土族自治县									
湟源县									
海东市									
乐都区									
平安区									
民和回族土族自治县									
互助土族自治县									
化隆回族自治县									
循化撒拉族自治县									
海北藏族自治州									
门源回族自治县									
祁连县									
海晏县									
刚察县									
黄南藏族自治州									
同仁县									
尖扎县									
泽库县									
河南蒙古族自治县									
海南藏族自治州									
共和县									
同德县									
贵德县									
兴海县									
贵南县									
果洛藏族自治州									
玛沁县									
班玛县									
甘德县									
达日县									
久治县									
玛多县									
玉树藏族自治州									
玉树市									
杂多县									
称多县									
治多县									
囊谦县									
曲麻莱县									
海西蒙古族藏族自治州							**1**	**1**	
格尔木市									
德令哈市									
茫崖市							1	1	
乌兰县									
都兰县									
天峻县									
大柴旦行政委员会									

1-4a 续表 18 单位：人

地　　区	赫哲族			门巴族			珞巴族		
	小计	男	女	小计	男	女	小计	男	女
全省	**1**	**1**		**2**		**2**	**2**	**1**	**1**
西宁市	**1**	**1**							
城东区									
城中区									
城西区	1	1							
城北区									
湟中区									
大通回族土族自治县									
湟源县									
海东市									
乐都区									
平安区									
民和回族土族自治县									
互助土族自治县									
化隆回族自治县									
循化撒拉族自治县									
海北藏族自治州									
门源回族自治县									
祁连县									
海晏县									
刚察县									
黄南藏族自治州									
同仁县									
尖扎县									
泽库县									
河南蒙古族自治县									
海南藏族自治州									
共和县									
同德县									
贵德县									
兴海县									
贵南县									
果洛藏族自治州									
玛沁县									
班玛县									
甘德县									
达日县									
久治县									
玛多县									
玉树藏族自治州									
玉树市									
杂多县									
称多县									
治多县									
囊谦县									
曲麻莱县									
海西蒙古族藏族自治州				**2**		**2**	**2**	**1**	**1**
格尔木市				1		1	1		1
德令哈市				1		1	1	1	
茫崖市									
乌兰县									
都兰县									
天峻县									
大柴旦行政委员会									

1-4a　续表 19　　　　　　　　　　　　　　　　　　　　　　　　　　单位：人

地　　区	基诺族			未定族称人口			入　　籍		
	小计	男	女	小计	男	女	小计	男	女
全省	**1**	**1**		**53**	**28**	**25**	**10**	**4**	**6**
西宁市	**1**	**1**		**45**	**24**	**21**	**4**	**2**	**2**
城东区	1	1		12	9	3	4	2	2
城中区				13	6	7			
城西区				6	2	4			
城北区				14	7	7			
湟中区									
大通回族土族自治县									
湟源县									
海东市				**1**		**1**			
乐都区				1		1			
平安区									
民和回族土族自治县									
互助土族自治县									
化隆回族自治县									
循化撒拉族自治县									
海北藏族自治州									
门源回族自治县									
祁连县									
海晏县									
刚察县									
黄南藏族自治州									
同仁县									
尖扎县									
泽库县									
河南蒙古族自治县									
海南藏族自治州									
共和县									
同德县									
贵德县									
兴海县									
贵南县									
果洛藏族自治州									
玛沁县									
班玛县									
甘德县									
达日县									
久治县									
玛多县									
玉树藏族自治州				**3**	**2**	**1**			
玉树市				3	2	1			
杂多县									
称多县									
治多县									
囊谦县									
曲麻莱县									
海西蒙古族藏族自治州				**4**	**2**	**2**	**6**	**2**	**4**
格尔木市				4	2	2	2		2
德令哈市							4	2	2
茫崖市									
乌兰县									
都兰县									
天峻县									
大柴旦行政委员会									

1-4b 各地区分性别、民族的人口(镇)

单位：人

地区	合计			汉族		
	合计	男	女	小计	男	女
全省	**1435280**	**728786**	**706494**	**604589**	**317859**	**286730**
西宁市	**321662**	**162405**	**159257**	**219077**	**112353**	**106724**
城东区						
城中区	2183	1713	470	1955	1559	396
城西区	359	196	163	321	177	144
城北区						
湟中区	70616	37050	33566	54997	29118	25879
大通回族土族自治县	190794	95119	95675	112973	57399	55574
湟源县	57710	28327	29383	48831	24100	24731
海东市	**358818**	**178882**	**179936**	**183683**	**93239**	**90444**
乐都区	12111	6243	5868	11001	5725	5276
平安区	2633	1638	995	2337	1459	878
民和回族土族自治县	131715	65161	66554	62906	31415	31491
互助土族自治县	122069	61165	60904	92040	46551	45489
化隆回族自治县	41904	20575	21329	9563	4838	4725
循化撒拉族自治县	48386	24100	24286	5836	3251	2585
海北藏族自治州	**122997**	**60638**	**62359**	**50958**	**25890**	**25068**
门源回族自治县	52218	25084	27134	23417	11391	12026
祁连县	26617	13172	13445	7612	4016	3596
海晏县	28136	13907	14229	14795	7569	7226
刚察县	16026	8475	7551	5134	2914	2220
黄南藏族自治州	**114810**	**58232**	**56578**	**14152**	**8279**	**5873**
同仁县	49962	25660	24302	7948	4479	3469
尖扎县	23951	11973	11978	3764	2228	1536
泽库县	23180	11693	11487	965	637	328
河南蒙古族自治县	17717	8906	8811	1475	935	540
海南藏族自治州	**182707**	**91368**	**91339**	**63012**	**33197**	**29815**
共和县	67463	33901	33562	24741	13354	11387
同德县	15160	7585	7575	2195	1278	917
贵德县	47976	23749	24227	26799	13466	13333
兴海县	32044	16058	15986	5087	2827	2260
贵南县	20064	10075	9989	4190	2272	1918
果洛藏族自治州	**75632**	**40678**	**34954**	**12338**	**8400**	**3938**
玛沁县	33004	18325	14679	7154	4901	2253
班玛县	9892	5330	4562	1498	1035	463
甘德县	6089	3294	2795	805	523	282
达日县	13239	6720	6519	1153	775	378
久治县	4747	2532	2215	919	610	309
玛多县	8661	4477	4184	809	556	253
玉树藏族自治州	**133261**	**68213**	**65048**	**5168**	**3431**	**1737**
玉树市	6359	3192	3167	207	137	70
杂多县	35857	18325	17532	1007	637	370
称多县	21385	11028	10357	959	647	312
治多县	25735	13001	12734	1070	749	321
囊谦县	30521	15837	14684	1280	859	421
曲麻莱县	13404	6830	6574	645	402	243
海西蒙古族藏族自治州	**125393**	**68370**	**57023**	**56201**	**33070**	**23131**
格尔木市	42681	23542	19139	14928	9032	5896
德令哈市	2268	1253	1015	1636	918	718
茫崖市	3379	2338	1041	2897	2018	879
乌兰县	20116	10830	9286	11194	6339	4855
都兰县	32720	16631	16089	14854	7897	6957
天峻县	13938	7125	6813	3031	1808	1223
大柴旦行政委员会	10291	6651	3640	7661	5058	2603

1-4b　续表 1　　　　单位：人

地　区	蒙古族			回族			藏族		
	小计	男	女	小计	男	女	小计	男	女
全省	**35890**	**17314**	**18576**	**258290**	**128782**	**129508**	**429556**	**211588**	**217968**
西宁市	**3588**	**1757**	**1831**	**65189**	**32259**	**32930**	**18931**	**8888**	**10043**
城东区									
城中区	8	6	2	53	37	16	90	57	33
城西区				27	16	11	10	3	7
城北区									
湟中区	156	84	72	10456	5427	5029	4334	2063	2271
大通回族土族自治县	2420	1207	1213	52416	25661	26755	9456	4415	5041
湟源县	1004	460	544	2237	1118	1119	5041	2350	2691
海东市	**496**	**213**	**283**	**96744**	**47561**	**49183**	**14455**	**6712**	**7743**
乐都区	136	49	87	443	226	217	352	161	191
平安区	3	3		85	59	26	158	85	73
民和回族土族自治县	140	64	76	53144	26152	26992	3475	1682	1793
互助土族自治县	176	77	99	7436	3570	3866	5205	2373	2832
化隆回族自治县	14	5	9	26359	12931	13428	2952	1325	1627
循化撒拉族自治县	27	15	12	9277	4623	4654	2313	1086	1227
海北藏族自治州	**8291**	**4007**	**4284**	**30791**	**15011**	**15780**	**27441**	**13030**	**14411**
门源回族自治县	1739	813	926	17889	8551	9338	6418	3002	3416
祁连县	2384	1124	1260	9834	4840	4994	5510	2558	2952
海晏县	3632	1794	1838	1959	909	1050	6651	3094	3557
刚察县	536	276	260	1109	711	398	8862	4376	4486
黄南藏族自治州	**14788**	**7128**	**7660**	**9395**	**4730**	**4665**	**66913**	**33292**	**33621**
同仁县	584	252	332	3796	1929	1867	28892	14632	14260
尖扎县	43	20	23	4719	2309	2410	15111	7261	7850
泽库县	14	6	8	303	167	136	21693	10776	10917
河南蒙古族自治县	14147	6850	7297	577	325	252	1217	623	594
海南藏族自治州	**1333**	**651**	**682**	**18260**	**9114**	**9146**	**95419**	**45995**	**49424**
共和县	993	474	519	5095	2516	2579	34720	16563	18157
同德县	22	15	7	332	166	166	12259	5936	6323
贵德县	132	56	76	6368	3150	3218	13203	6355	6848
兴海县	102	54	48	4678	2391	2287	21697	10537	11160
贵南县	84	52	32	1787	891	896	13540	6604	6936
果洛藏族自治州	**107**	**53**	**54**	**1914**	**1231**	**683**	**60148**	**30263**	**29885**
玛沁县	42	17	25	1125	723	402	24196	12369	11827
班玛县	22	13	9	145	99	46	8032	4057	3975
甘德县	5	3	2	110	74	36	5100	2647	2453
达日县	9	4	5	265	175	90	11684	5689	5995
久治县	7	5	2	186	112	74	3493	1704	1789
玛多县	22	11	11	83	48	35	7643	3797	3846
玉树藏族自治州	**31**	**21**	**10**	**1712**	**1095**	**617**	**125712**	**63254**	**62458**
玉树市	2	2		81	48	33	6055	2995	3060
杂多县	13	11	2	576	363	213	34150	17238	16912
称多县	3	2	1	179	114	65	20137	10194	9943
治多县	9	4	5	339	221	118	24154	11917	12237
囊谦县	1	1		364	247	117	28744	14653	14091
曲麻莱县	3	1	2	173	102	71	12472	6257	6215
海西蒙古族藏族自治州	**7256**	**3484**	**3772**	**34285**	**17781**	**16504**	**20537**	**10154**	**10383**
格尔木市	542	306	236	22449	11598	10851	1777	958	819
德令哈市	61	29	32	186	98	88	235	130	105
茫崖市	24	19	5	137	81	56	176	122	54
乌兰县	3251	1538	1713	2776	1434	1342	1451	773	678
都兰县	2965	1370	1595	7069	3605	3464	6302	2967	3335
天峻县	67	32	35	439	230	209	10118	4902	5216
大柴旦行政委员会	346	190	156	1229	735	494	478	302	176

1-4b 续表 2 单位：人

地区	维吾尔族			苗族			彝族		
	小计	男	女	小计	男	女	小计	男	女
全省	**44**	**29**	**15**	**179**	**109**	**70**	**183**	**111**	**72**
西宁市	**8**	**4**	**4**	**44**	**31**	**13**	**53**	**35**	**18**
城东区									
城中区				1	1		19	15	4
城西区									
城北区									
湟中区	1		1	16	10	6	11	8	3
大通回族土族自治县	5	2	3	23	18	5	10	5	5
湟源县	2	2		4	2	2	13	7	6
海东市	**12**	**6**	**6**	**40**	**28**	**12**	**32**	**18**	**14**
乐都区				4	2	2	3	1	2
平安区				1	1		1		1
民和回族土族自治县	4		4	2	1	1	10	7	3
互助土族自治县	2	2		32	24	8	15	9	6
化隆回族自治县	1		1				1		1
循化撒拉族自治县	5	4	1	1		1	2	1	1
海北藏族自治州	**2**	**2**		**7**	**5**	**2**	**9**	**7**	**2**
门源回族自治县	1	1		1	1		5	4	1
祁连县				1	1		2	1	1
海晏县	1	1		4	2	2	1	1	
刚察县				1	1		1	1	
黄南藏族自治州	**1**	**1**		**17**	**8**	**9**	**8**	**5**	**3**
同仁县	1	1		5	2	3	1	1	
尖扎县				8	4	4	7	4	3
泽库县									
河南蒙古族自治县				4	2	2			
海南藏族自治州	**4**	**2**	**2**	**25**	**15**	**10**	**21**	**9**	**12**
共和县	2	1	1	9	4	5	11	6	5
同德县				3	2	1	4		4
贵德县	2	1	1	12	8	4			
兴海县				1	1		4	2	2
贵南县							2	1	1
果洛藏族自治州	**1**	**1**		**14**	**7**	**7**	**30**	**23**	**7**
玛沁县				7	4	3	23	17	6
班玛县				2	2				
甘德县				2	1	1			
达日县	1	1		1		1	5	5	
久治县							2	1	1
玛多县				2		2			
玉树藏族自治州	**1**	**1**		**15**	**8**	**7**	**3**	**2**	**1**
玉树市									
杂多县				2	2				
称多县	1	1		1		1	1		1
治多县							1	1	
囊谦县				4	1	3	1	1	
曲麻莱县				8	5	3			
海西蒙古族藏族自治州	**15**	**12**	**3**	**17**	**7**	**10**	**27**	**12**	**15**
格尔木市	6	5	1	3	1	2	6	1	5
德令哈市				3	2	1			
茫崖市	3	2	1				3	2	1
乌兰县				2		2	6	4	2
都兰县	2	2		4	2	2	9	4	5
天峻县	1	1		4	2	2	1		1
大柴旦行政委员会	3	2	1	1		1	2	1	1

1-4b 续表 3

单位：人

地区	壮族			布依族			朝鲜族		
	小计	男	女	小计	男	女	小计	男	女
全省	**150**	**77**	**73**	**43**	**27**	**16**	**45**	**18**	**27**
西宁市	**34**	**18**	**16**	**20**	**9**	**11**	**8**	**3**	**5**
城东区									
城中区	1		1						
城西区									
城北区									
湟中区	10	8	2				4	1	3
大通回族土族自治县	16	6	10	16	7	9	4	2	2
湟源县	7	4	3	4	2	2			
海东市	**24**	**13**	**11**				**19**	**7**	**12**
乐都区							4	1	3
平安区									
民和回族土族自治县	12	9	3				5	2	3
互助土族自治县	12	4	8				10	4	6
化隆回族自治县									
循化撒拉族自治县									
海北藏族自治州	**31**	**14**	**17**	**6**	**5**	**1**	**5**	**3**	**2**
门源回族自治县	11	6	5	3	3		2		2
祁连县	5	2	3				1	1	
海晏县	13	5	8	3	2	1	2	2	
刚察县	2	1	1						
黄南藏族自治州	**8**	**4**	**4**	**4**	**3**	**1**			
同仁县	6	4	2	1	1				
尖扎县				1	1				
泽库县	1		1	1	1				
河南蒙古族自治县	1		1	1		1			
海南藏族自治州	**16**	**7**	**9**	**7**	**5**	**2**	**1**		**1**
共和县	8	4	4	6	4	2			
同德县									
贵德县	7	2	5				1		1
兴海县	1	1		1	1				
贵南县									
果洛藏族自治州	**10**	**6**	**4**	**3**	**2**	**1**			
玛沁县	2	2		1	1				
班玛县				2	1	1			
甘德县	6	3	3						
达日县									
久治县	1		1						
玛多县	1	1							
玉树藏族自治州	**6**	**3**	**3**				**2**	**1**	**1**
玉树市									
杂多县									
称多县	3	1	2						
治多县							2	1	1
囊谦县	1		1						
曲麻莱县	2	2							
海西蒙古族藏族自治州	**21**	**12**	**9**	**3**	**3**		**10**	**4**	**6**
格尔木市	6	4	2	1	1		1		1
德令哈市	2	1	1	1	1				
茫崖市	2	1	1						
乌兰县	4	3	1	1	1		5	2	3
都兰县	6	3	3						
天峻县									
大柴旦行政委员会	1		1				4	2	2

1-4b 续表 4 单位：人

地区	满族			侗族			瑶族		
	小计	男	女	小计	男	女	小计	男	女
全省	**782**	**422**	**360**	**34**	**20**	**14**	**22**	**13**	**9**
西宁市	**279**	**144**	**135**	**9**	**7**	**2**	**8**	**6**	**2**
城东区									
城中区	2	2							
城西区									
城北区									
湟中区	19	12	7				2	2	
大通回族土族自治县	236	119	117	7	6	1	6	4	2
湟源县	22	11	11	2	1	1			
海东市	**164**	**88**	**76**	**6**	**3**	**3**	**2**		**2**
乐都区	9	6	3						
平安区	1	1							
民和回族土族自治县	90	54	36	2	1	1			
互助土族自治县	57	25	32	1		1	2		2
化隆回族自治县	2	1	1	1		1			
循化撒拉族自治县	5	1	4	2	2				
海北藏族自治州	**86**	**50**	**36**	**3**	**2**	**1**	**2**	**1**	**1**
门源回族自治县	20	13	7	2	1	1	2	1	1
祁连县	22	13	9	1	1				
海晏县	36	19	17						
刚察县	8	5	3						
黄南藏族自治州	**46**	**25**	**21**	**2**	**1**	**1**	**2**	**1**	**1**
同仁县	36	19	17	1		1			
尖扎县	8	5	3	1	1				
泽库县	2	1	1						
河南蒙古族自治县							2	1	1
海南藏族自治州	**115**	**56**	**59**	**6**	**3**	**3**	**2**	**2**	
共和县	70	34	36	4	3	1	1	1	
同德县	1		1						
贵德县	41	20	21	1		1	1	1	
兴海县	2	2							
贵南县	1		1	1		1			
果洛藏族自治州	**17**	**9**	**8**	**2**	**1**	**1**	**1**	**1**	
玛沁县	8	5	3						
班玛县	3	1	2						
甘德县	3	2	1	1		1			
达日县	2	1	1						
久治县				1	1				
玛多县	1		1				1	1	
玉树藏族自治州	**4**	**3**	**1**				**1**	**1**	
玉树市									
杂多县	3	2	1						
称多县							1	1	
治多县									
囊谦县									
曲麻莱县	1	1							
海西蒙古族藏族自治州	**71**	**47**	**24**	**6**	**3**	**3**	**4**	**1**	**3**
格尔木市	4	3	1						
德令哈市	5	4	1						
茫崖市	3	2	1						
乌兰县	17	9	8						
都兰县	18	9	9	1		1	3	1	2
天峻县	2	2		3	1	2			
大柴旦行政委员会	22	18	4	2	2		1		1

1–4b 续表 5

单位：人

地 区	白族			土家族			哈尼族		
	小计	男	女	小计	男	女	小计	男	女
全省	**221**	**135**	**86**	**3530**	**1746**	**1784**	**19**	**7**	**12**
西宁市	**4**	**2**	**2**	**1390**	**639**	**751**	**8**	**4**	**4**
城东区									
城中区	1	1		12	8	4	1		1
城西区									
城北区									
湟中区				34	13	21	2	1	1
大通回族土族自治县	2	1	1	1229	566	663	4	2	2
湟源县	1		1	115	52	63	1	1	
海东市	**19**	**11**	**8**	**661**	**309**	**352**	**8**	**2**	**6**
乐都区	1	1		52	23	29			
平安区				3	3		1	1	
民和回族土族自治县	9	6	3	554	259	295	5	1	4
互助土族自治县	6	3	3	11	6	5	2		2
化隆回族自治县	1	1		7	5	2			
循化撒拉族自治县	2		2	34	13	21			
海北藏族自治州	**4**	**1**	**3**	**414**	**202**	**212**			
门源回族自治县	3	1	2	318	154	164			
祁连县	1		1	37	18	19			
海晏县				12	9	3			
刚察县				47	21	26			
黄南藏族自治州	**48**	**30**	**18**	**90**	**47**	**43**			
同仁县	9	6	3	28	13	15			
尖扎县				36	17	19			
泽库县	5	1	4	5	2	3			
河南蒙古族自治县	34	23	11	21	15	6			
海南藏族自治州	**80**	**54**	**26**	**382**	**199**	**183**	**2**	**1**	**1**
共和县	36	26	10	195	104	91			
同德县	16	10	6	8	6	2			
贵德县	9	6	3	122	56	66	1	1	
兴海县	14	9	5	39	23	16	1		1
贵南县	5	3	2	18	10	8			
果洛藏族自治州	**44**	**26**	**18**	**157**	**107**	**50**	**1**		**1**
玛沁县	33	19	14	54	36	18	1		1
班玛县	2	1	1	11	7	4			
甘德县	2	1	1	26	19	7			
达日县	7	5	2	30	18	12			
久治县				30	22	8			
玛多县				6	5	1			
玉树藏族自治州	**18**	**10**	**8**	**54**	**40**	**14**			
玉树市	2	1	1	4	3	1			
杂多县	1	1		7	5	2			
称多县	2	1	1	15	12	3			
治多县	2	1	1	6	3	3			
囊谦县	11	6	5	11	7	4			
曲麻莱县				11	10	1			
海西蒙古族藏族自治州	**4**	**1**	**3**	**382**	**203**	**179**			
格尔木市				139	80	59			
德令哈市									
茫崖市				5	4	1			
乌兰县	1		1	64	31	33			
都兰县				141	67	74			
天峻县	3	1	2	11	5	6			
大柴旦行政委员会				22	16	6			

1-4b 续表 6 单位：人

地区	哈萨克族			傣族			黎族		
	小计	男	女	小计	男	女	小计	男	女
全省	**40**	**21**	**19**	**13**	**8**	**5**	**15**	**7**	**8**
西宁市				**6**	**6**		**3**		**3**
城东区									
城中区				6	6				
城西区									
城北区									
湟中区									
大通回族土族自治县							1		1
湟源县							2		2
海东市	**4**	**1**	**3**	**5**	**1**	**4**	**2**	**1**	**1**
乐都区									
平安区									
民和回族土族自治县	1		1				1		1
互助土族自治县	1		1	5	1	4			
化隆回族自治县									
循化撒拉族自治县	2	1	1				1	1	
海北藏族自治州	**1**		**1**	**2**	**1**	**1**	**3**	**1**	**2**
门源回族自治县				2	1	1	1		1
祁连县	1		1				2	1	1
海晏县									
刚察县									
黄南藏族自治州	**1**	**1**							
同仁县	1	1							
尖扎县									
泽库县									
河南蒙古族自治县									
海南藏族自治州	**9**	**3**	**6**						
共和县	6	2	4						
同德县									
贵德县	1		1						
兴海县	1		1						
贵南县	1	1							
果洛藏族自治州									
玛沁县									
班玛县									
甘德县									
达日县									
久治县									
玛多县									
玉树藏族自治州									
玉树市									
杂多县									
称多县									
治多县									
囊谦县									
曲麻莱县									
海西蒙古族藏族自治州	**25**	**16**	**9**				**7**	**5**	**2**
格尔木市	1	1							
德令哈市									
茫崖市	1	1							
乌兰县	1		1						
都兰县							5	3	2
天峻县									
大柴旦行政委员会	22	14	8				2	2	

1-4b　续表 7　　　　　　　　　　　　　　　　　　　　　　　　　　单位：人

地　　区	傈傈族			佤　　族			畲　　族		
	小计	男	女	小计	男	女	小计	男	女
全省	**5**	**1**	**4**	**9**	**2**	**7**	**4**	**3**	**1**
西宁市	**2**		**2**						
城东区									
城中区									
城西区									
城北区									
湟中区									
大通回族土族自治县	1		1						
湟源县	1		1						
海东市	**2**	**1**	**1**				**3**	**2**	**1**
乐都区									
平安区									
民和回族土族自治县									
互助土族自治县	1	1					1	1	
化隆回族自治县									
循化撒拉族自治县	1		1				2	1	1
海北藏族自治州				**1**		**1**			
门源回族自治县									
祁连县									
海晏县				1		1			
刚察县									
黄南藏族自治州				**3**	**1**	**2**			
同仁县				2	1	1			
尖扎县				1		1			
泽库县									
河南蒙古族自治县									
海南藏族自治州									
共和县									
同德县									
贵德县									
兴海县									
贵南县									
果洛藏族自治州									
玛沁县									
班玛县									
甘德县									
达日县									
久治县									
玛多县									
玉树藏族自治州							**1**	**1**	
玉树市									
杂多县									
称多县									
治多县							1	1	
囊谦县									
曲麻莱县									
海西蒙古族藏族自治州	**1**		**1**	**5**	**1**	**4**			
格尔木市									
德令哈市									
茫崖市									
乌兰县				1		1			
都兰县	1		1	4	1	3			
天峻县									
大柴旦行政委员会									

1-4b 续表 8

单位：人

地 区	高山族			拉祜族			水 族		
	小计	男	女	小计	男	女	小计	男	女
全省				**5**	**4**	**1**	**28**	**8**	**20**
西宁市							**3**	**2**	**1**
城东区									
城中区									
城西区									
城北区									
湟中区									
大通回族土族自治县							3	2	1
湟源县									
海东市							**3**	**1**	**2**
乐都区									
平安区									
民和回族土族自治县							3	1	2
互助土族自治县									
化隆回族自治县									
循化撒拉族自治县									
海北藏族自治州									
门源回族自治县									
祁连县									
海晏县									
刚察县									
黄南藏族自治州									
同仁县									
尖扎县									
泽库县									
河南蒙古族自治县									
海南藏族自治州				**2**	**2**		**1**		**1**
共和县				2	2		1		1
同德县									
贵德县									
兴海县									
贵南县									
果洛藏族自治州							**1**	**1**	
玛沁县									
班玛县									
甘德县									
达日县									
久治县							1	1	
玛多县									
玉树藏族自治州									
玉树市									
杂多县									
称多县									
治多县									
囊谦县									
曲麻莱县									
海西蒙古族藏族自治州				**3**	**2**	**1**	**20**	**4**	**16**
格尔木市									
德令哈市									
茫崖市									
乌兰县							1	1	
都兰县				3	2	1	19	3	16
天峻县									
大柴旦行政委员会									

1-4b 续表 9

单位：人

地 区	东乡族			纳西族			景颇族		
	小计	男	女	小计	男	女	小计	男	女
全省	**4507**	**2458**	**2049**	**1**		**1**	**4**	**2**	**2**
西宁市	**185**	**117**	**68**	**1**		**1**			
城东区									
城中区	3	1	2						
城西区									
城北区									
湟中区	51	37	14						
大通回族土族自治县	105	65	40						
湟源县	26	14	12	1		1			
海东市	**631**	**352**	**279**						
乐都区	5	4	1						
平安区	3	3							
民和回族土族自治县	299	161	138						
互助土族自治县	27	14	13						
化隆回族自治县	73	41	32						
循化撒拉族自治县	224	129	95						
海北藏族自治州	**288**	**160**	**128**				**1**	**1**	
门源回族自治县	46	29	17						
祁连县	87	56	31						
海晏县	108	54	54				1	1	
刚察县	47	21	26						
黄南藏族自治州	**187**	**106**	**81**						
同仁县	126	73	53						
尖扎县	21	8	13						
泽库县	12	10	2						
河南蒙古族自治县	28	15	13						
海南藏族自治州	**469**	**258**	**211**						
共和县	255	140	115						
同德县	61	34	27						
贵德县	43	27	16						
兴海县	79	40	39						
贵南县	31	17	14						
果洛藏族自治州	**123**	**86**	**37**						
玛沁县	83	57	26						
班玛县	7	4	3						
甘德县	4	3	1						
达日县	18	13	5						
久治县	6	6							
玛多县	5	3	2						
玉树藏族自治州	**45**	**30**	**15**						
玉树市									
杂多县	9	6	3						
称多县	7	5	2						
治多县	18	11	7						
囊谦县	2	1	1						
曲麻莱县	9	7	2						
海西蒙古族藏族自治州	**2579**	**1349**	**1230**				**3**	**1**	**2**
格尔木市	1629	845	784						
德令哈市	22	9	13						
茫崖市	13	4	9						
乌兰县	147	76	71						
都兰县	644	345	299				3	1	2
天峻县	25	14	11						
大柴旦行政委员会	99	56	43						

1-4b 续表 10　　　　　　　　　　　　　　　　　　　　单位：人

地区	柯尔克孜族			土族			达斡尔族		
	小计	男	女	小计	男	女	小计	男	女
全省	**3**		**3**	**56977**	**28218**	**28759**	**7**	**2**	**5**
西宁市				**12421**	**5918**	**6503**			
城东区									
城中区				25	17	8			
城西区									
城北区									
湟中区				457	230	227			
大通回族土族自治县				11635	5522	6113			
湟源县				304	149	155			
海东市	**3**		**3**	**27985**	**13774**	**14211**			
乐都区				87	39	48			
平安区				34	20	14			
民和回族土族自治县	3		3	10779	5209	5570			
互助土族自治县				16878	8422	8456			
化隆回族自治县				85	34	51			
循化撒拉族自治县				122	50	72			
海北藏族自治州				**3867**	**1867**	**2000**	**3**	**1**	**2**
门源回族自治县				2262	1072	1190	3	1	2
祁连县				541	263	278			
海晏县				837	413	424			
刚察县				227	119	108			
黄南藏族自治州				**7179**	**3575**	**3604**			
同仁县				7027	3497	3530			
尖扎县				75	37	38			
泽库县				15	8	7			
河南蒙古族自治县				62	33	29			
海南藏族自治州				**2484**	**1259**	**1225**	**2**		**2**
共和县				940	479	461	1		1
同德县				73	43	30			
贵德县				1041	508	533	1		1
兴海县				125	67	58			
贵南县				305	162	143			
果洛藏族自治州				**298**	**185**	**113**			
玛沁县				154	95	59			
班玛县				72	46	26			
甘德县				10	7	3			
达日县				23	12	11			
久治县				6	6				
玛多县				33	19	14			
玉树藏族自治州				**169**	**108**	**61**			
玉树市				3	3				
杂多县				38	24	14			
称多县				17	13	4			
治多县				60	38	22			
囊谦县				31	21	10			
曲麻莱县				20	9	11			
海西蒙古族藏族自治州				**2574**	**1532**	**1042**	**2**	**1**	**1**
格尔木市				762	495	267			
德令哈市				100	53	47			
茫崖市				104	78	26	1	1	
乌兰县				779	427	352			
都兰县				469	243	226	1		1
天峻县				126	66	60			
大柴旦行政委员会				234	170	64			

1-4b 续表 11

单位：人

地 区	仫佬族			羌 族			布朗族		
	小计	男	女	小计	男	女	小计	男	女
全省	**4**	**1**	**3**	**66**	**46**	**20**	**1**	**1**	
西宁市	**1**	**1**		**4**	**3**	**1**			
城东区									
城中区									
城西区									
城北区									
湟中区									
大通回族土族自治县				2	2				
湟源县	1	1		2	1	1			
海东市				**6**	**3**	**3**	**1**	**1**	
乐都区									
平安区									
民和回族土族自治县				2	1	1	1	1	
互助土族自治县				2	1	1			
化隆回族自治县									
循化撒拉族自治县				2	1	1			
海北藏族自治州	**1**		**1**	**6**	**3**	**3**			
门源回族自治县				2		2			
祁连县									
海晏县	1		1	4	3	1			
刚察县									
黄南藏族自治州				**7**	**5**	**2**			
同仁县				3	3				
尖扎县				1	1				
泽库县				3	1	2			
河南蒙古族自治县									
海南藏族自治州				**4**	**2**	**2**			
共和县				2	1	1			
同德县									
贵德县				2	1	1			
兴海县									
贵南县									
果洛藏族自治州				**38**	**29**	**9**			
玛沁县				2	1	1			
班玛县				17	13	4			
甘德县									
达日县				4	2	2			
久治县				15	13	2			
玛多县									
玉树藏族自治州									
玉树市									
杂多县									
称多县									
治多县									
囊谦县									
曲麻莱县									
海西蒙古族藏族自治州	**2**		**2**	**1**	**1**				
格尔木市				1	1				
德令哈市									
茫崖市									
乌兰县	2		2						
都兰县									
天峻县									
大柴旦行政委员会									

1–4b 续表 12

单位：人

地区	撒拉族			毛南族			仡佬族		
	小计	男	女	小计	男	女	小计	男	女
全省	**39251**	**19351**	**19900**				**4**	**3**	**1**
西宁市	**365**	**189**	**176**						
城东区									
城中区	6	3	3						
城西区	1		1						
城北区									
湟中区	62	35	27						
大通回族土族自治县	216	105	111						
湟源县	80	46	34						
海东市	**33704**	**16491**	**17213**				**1**	**1**	
乐都区	14	5	9						
平安区	6	3	3						
民和回族土族自治县	241	122	119						
互助土族自治县	144	75	69						
化隆回族自治县	2828	1386	1442						
循化撒拉族自治县	30471	14900	15571				1	1	
海北藏族自治州	**664**	**321**	**343**						
门源回族自治县	61	34	27						
祁连县	481	231	250						
海晏县	73	29	44						
刚察县	49	27	22						
黄南藏族自治州	**1599**	**799**	**800**				**1**	**1**	
同仁县	1166	572	594						
尖扎县	142	71	71						
泽库县	150	77	73						
河南蒙古族自治县	141	79	62				1	1	
海南藏族自治州	**1002**	**511**	**491**				**2**	**1**	**1**
共和县	352	177	175				1	1	
同德县	168	86	82						
贵德县	183	89	94						
兴海县	205	101	104				1		1
贵南县	94	58	36						
果洛藏族自治州	**339**	**213**	**126**						
玛沁县	90	56	34						
班玛县	72	44	28						
甘德县	15	11	4						
达日县	30	16	14						
久治县	78	51	27						
玛多县	54	35	19						
玉树藏族自治州	**307**	**194**	**113**						
玉树市	3	1	2						
杂多县	49	34	15						
称多县	58	36	22						
治多县	71	52	19						
囊谦县	67	38	29						
曲麻莱县	59	33	26						
海西蒙古族藏族自治州	**1271**	**633**	**638**						
格尔木市	398	196	202						
德令哈市	17	8	9						
茫崖市	10	3	7						
乌兰县	392	183	209						
都兰县	188	101	87						
天峻县	107	61	46						
大柴旦行政委员会	159	81	78						

1-4b　续表 13　　单位：人

地　区	锡伯族			阿昌族			普米族		
	小计	男	女	小计	男	女	小计	男	女
全省	**9**	**5**	**4**						
西宁市	**4**	**2**	**2**						
城东区									
城中区									
城西区									
城北区									
湟中区									
大通回族土族自治县	4	2	2						
湟源县									
海东市	**1**	**1**							
乐都区									
平安区									
民和回族土族自治县	1	1							
互助土族自治县									
化隆回族自治县									
循化撒拉族自治县									
海北藏族自治州	**1**		**1**						
门源回族自治县	1		1						
祁连县									
海晏县									
刚察县									
黄南藏族自治州									
同仁县									
尖扎县									
泽库县									
河南蒙古族自治县									
海南藏族自治州	**3**	**2**	**1**						
共和县									
同德县									
贵德县	3	2	1						
兴海县									
贵南县									
果洛藏族自治州									
玛沁县									
班玛县									
甘德县									
达日县									
久治县									
玛多县									
玉树藏族自治州									
玉树市									
杂多县									
称多县									
治多县									
囊谦县									
曲麻莱县									
海西蒙古族藏族自治州									
格尔木市									
德令哈市									
茫崖市									
乌兰县									
都兰县									
天峻县									
大柴旦行政委员会									

1-4b 续表 14

单位：人

地 区	塔吉克族			怒 族			乌孜别克族		
	小计	男	女	小计	男	女	小计	男	女
全省									
西宁市									
城东区									
城中区									
城西区									
城北区									
湟中区									
大通回族土族自治县									
湟源县									
海东市									
乐都区									
平安区									
民和回族土族自治县									
互助土族自治县									
化隆回族自治县									
循化撒拉族自治县									
海北藏族自治州									
门源回族自治县									
祁连县									
海晏县									
刚察县									
黄南藏族自治州									
同仁县									
尖扎县									
泽库县									
河南蒙古族自治县									
海南藏族自治州									
共和县									
同德县									
贵德县									
兴海县									
贵南县									
果洛藏族自治州									
玛沁县									
班玛县									
甘德县									
达日县									
久治县									
玛多县									
玉树藏族自治州									
玉树市									
杂多县									
称多县									
治多县									
囊谦县									
曲麻莱县									
海西蒙古族藏族自治州									
格尔木市									
德令哈市									
茫崖市									
乌兰县									
都兰县									
天峻县									
大柴旦行政委员会									

1-4b　续表 15　　　　单位：人

地　区	俄罗斯族			鄂温克族			德 昂 族		
	小计	男	女	小计	男	女	小计	男	女
全省	**4**	**3**	**1**						
西宁市	**4**	**3**	**1**						
城东区									
城中区									
城西区									
城北区									
湟中区									
大通回族土族自治县									
湟源县	4	3	1						
海东市									
乐都区									
平安区									
民和回族土族自治县									
互助土族自治县									
化隆回族自治县									
循化撒拉族自治县									
海北藏族自治州									
门源回族自治县									
祁连县									
海晏县									
刚察县									
黄南藏族自治州									
同仁县									
尖扎县									
泽库县									
河南蒙古族自治县									
海南藏族自治州									
共和县									
同德县									
贵德县									
兴海县									
贵南县									
果洛藏族自治州									
玛沁县									
班玛县									
甘德县									
达日县									
久治县									
玛多县									
玉树藏族自治州									
玉树市									
杂多县									
称多县									
治多县									
囊谦县									
曲麻莱县									
海西蒙古族藏族自治州									
格尔木市									
德令哈市									
茫崖市									
乌兰县									
都兰县									
天峻县									
大柴旦行政委员会									

1-4b 续表 16 单位：人

地 区	保安族			裕固族			京 族		
	小计	男	女	小计	男	女	小计	男	女
全省	**656**	**341**	**315**	**74**	**32**	**42**			
西宁市	**8**	**2**	**6**	**2**	**1**	**1**			
城东区									
城中区									
城西区									
城北区									
湟中区	3	1	2	1		1			
大通回族土族自治县	2		2	1	1				
湟源县	3	1	2						
海东市	**99**	**40**	**59**	**2**	**2**				
乐都区									
平安区									
民和回族土族自治县	26	12	14						
互助土族自治县	2	1	1	1	1				
化隆回族自治县	15	7	8	1	1				
循化撒拉族自治县	56	20	36						
海北藏族自治州	**46**	**25**	**21**	**60**	**27**	**33**			
门源回族自治县	4	2	2	3	2	1			
祁连县	38	21	17	56	25	31			
海晏县	1		1	1		1			
刚察县	3	2	1						
黄南藏族自治州	**358**	**190**	**168**	**1**		**1**			
同仁县	329	174	155						
尖扎县	13	6	7						
泽库县	11	6	5						
河南蒙古族自治县	5	4	1	1		1			
海南藏族自治州	**42**	**19**	**23**	**2**	**1**	**1**			
共和县	10	4	6	2	1	1			
同德县	18	9	9						
贵德县	3		3						
兴海县	6	2	4						
贵南县	5	4	1						
果洛藏族自治州	**40**	**28**	**12**						
玛沁县	29	22	7						
班玛县	1	1							
甘德县									
达日县	7	4	3						
久治县	2		2						
玛多县	1	1							
玉树藏族自治州	**10**	**8**	**2**						
玉树市	1	1							
杂多县	2	2							
称多县	1	1							
治多县	2	2							
囊谦县	3	1	2						
曲麻莱县	1	1							
海西蒙古族藏族自治州	**53**	**29**	**24**	**7**	**1**	**6**			
格尔木市	28	15	13						
德令哈市									
茫崖市									
乌兰县	14	7	7	6	1	5			
都兰县	8	5	3	1		1			
天峻县									
大柴旦行政委员会	3	2	1						

1-4b　续表 17　　　　单位：人

地　区	塔塔尔族			独 龙 族			鄂伦春族		
	小计	男	女	小计	男	女	小计	男	女
全省				**1**		**1**			
西宁市									
城东区									
城中区									
城西区									
城北区									
湟中区									
大通回族土族自治县									
湟源县									
海东市				**1**		**1**			
乐都区									
平安区									
民和回族土族自治县									
互助土族自治县									
化隆回族自治县				1		1			
循化撒拉族自治县									
海北藏族自治州									
门源回族自治县									
祁连县									
海晏县									
刚察县									
黄南藏族自治州									
同仁县									
尖扎县									
泽库县									
河南蒙古族自治县									
海南藏族自治州									
共和县									
同德县									
贵德县									
兴海县									
贵南县									
果洛藏族自治州									
玛沁县									
班玛县									
甘德县									
达日县									
久治县									
玛多县									
玉树藏族自治州									
玉树市									
杂多县									
称多县									
治多县									
囊谦县									
曲麻莱县									
海西蒙古族藏族自治州									
格尔木市									
德令哈市									
茫崖市									
乌兰县									
都兰县									
天峻县									
大柴旦行政委员会									

1－4b 续表 18

单位：人

地区	赫哲族			门巴族			珞巴族		
	小计	男	女	小计	男	女	小计	男	女
全省				**2**	**1**	**1**			
西宁市				**1**	**1**				
城东区									
城中区									
城西区									
城北区									
湟中区									
大通回族土族自治县									
湟源县				1	1				
海东市									
乐都区									
平安区									
民和回族土族自治县									
互助土族自治县									
化隆回族自治县									
循化撒拉族自治县									
海北藏族自治州				**1**		**1**			
门源回族自治县									
祁连县				1		1			
海晏县									
刚察县									
黄南藏族自治州									
同仁县									
尖扎县									
泽库县									
河南蒙古族自治县									
海南藏族自治州									
共和县									
同德县									
贵德县									
兴海县									
贵南县									
果洛藏族自治州									
玛沁县									
班玛县									
甘德县									
达日县									
久治县									
玛多县									
玉树藏族自治州									
玉树市									
杂多县									
称多县									
治多县									
囊谦县									
曲麻莱县									
海西蒙古族藏族自治州									
格尔木市									
德令哈市									
茫崖市									
乌兰县									
都兰县									
天峻县									
大柴旦行政委员会									

1-4b 续表 19

单位：人

地区	基诺族			未定族称人口			入籍		
	小计	男	女	小计	男	女	小计	男	女
全省				**13**	**11**	**2**			
西宁市				**2**	**1**	**1**			
城东区									
城中区									
城西区									
城北区									
湟中区									
大通回族土族自治县				1		1			
湟源县				1	1				
海东市									
乐都区									
平安区									
民和回族土族自治县									
互助土族自治县									
化隆回族自治县									
循化撒拉族自治县									
海北藏族自治州				**2**	**1**	**1**			
门源回族自治县				2	1	1			
祁连县									
海晏县									
刚察县									
黄南藏族自治州									
同仁县									
尖扎县									
泽库县									
河南蒙古族自治县									
海南藏族自治州									
共和县									
同德县									
贵德县									
兴海县									
贵南县									
果洛藏族自治州				**6**	**6**				
玛沁县									
班玛县				6	6				
甘德县									
达日县									
久治县									
玛多县									
玉树藏族自治州				**2**	**2**				
玉树市				1	1				
杂多县									
称多县									
治多县									
囊谦县				1	1				
曲麻莱县									
海西蒙古族藏族自治州				**1**	**1**				
格尔木市									
德令哈市									
茫崖市									
乌兰县				1	1				
都兰县									
天峻县									
大柴旦行政委员会									

1-4c 各地区分性别、民族的人口(乡村)

单位：人

地区	合计			汉族		
	合计	男	女	小计	男	女
全省	**2364594**	**1223114**	**1141480**	**833846**	**448928**	**384918**
西宁市	**527349**	**275447**	**251902**	**321665**	**171197**	**150468**
城东区						
城中区	767	420	347	727	401	326
城西区						
城北区	10098	5414	4684	9730	5217	4513
湟中区	266753	139992	126761	190742	101527	89215
大通回族土族自治县	197639	101883	95756	76500	40456	36044
湟源县	52092	27738	24354	43966	23596	20370
海东市	**809613**	**419300**	**390313**	**376255**	**200185**	**176070**
乐都区	115901	61038	54863	96789	50976	45813
平安区	38147	19847	18300	22518	12044	10474
民和回族土族自治县	195249	101123	94126	77291	41062	36229
互助土族自治县	215872	114273	101599	152267	81263	71004
化隆回族自治县	158570	80145	78425	25173	13520	11653
循化撒拉族自治县	85874	42874	43000	2217	1320	897
海北藏族自治州	**142325**	**74625**	**67700**	**36721**	**20322**	**16399**
门源回族自治县	86117	45110	41007	27278	14704	12574
祁连县	21921	11820	10101	3412	2142	1270
海晏县	9593	5264	4329	4025	2310	1715
刚察县	24694	12431	12263	2006	1166	840
黄南藏族自治州	**161405**	**81296**	**80109**	**4472**	**2818**	**1654**
同仁县	51557	25896	25661	1973	1215	758
尖扎县	34222	17272	16950	1699	1084	615
泽库县	52479	26303	26176	375	228	147
河南蒙古族自治县	23147	11825	11322	425	291	134
海南藏族自治州	**264289**	**134440**	**129849**	**36406**	**19850**	**16556**
共和县	65946	33863	32083	9623	5353	4270
同德县	45108	22966	22142	1226	764	462
贵德县	57669	29420	28249	20151	10737	9414
兴海县	43789	22102	21687	2107	1213	894
贵南县	51777	26089	25688	3299	1783	1516
果洛藏族自治州	**139941**	**71799**	**68142**	**2906**	**1884**	**1022**
玛沁县	25113	12819	12294	890	624	266
班玛县	21902	11319	10583	389	266	123
甘德县	34957	17922	17035	437	281	156
达日县	26958	13945	13013	566	333	233
久治县	25182	12779	12403	468	296	172
玛多县	5829	3015	2814	156	84	72
玉树藏族自治州	**209954**	**105530**	**104424**	**2535**	**1637**	**898**
玉树市	55811	28097	27714	1023	685	338
杂多县	32902	16462	16440	532	340	192
称多县	35774	18107	17667	282	189	93
治多县	8761	4429	4332	49	33	16
囊谦县	59786	29930	29856	279	168	111
曲麻莱县	16920	8505	8415	370	222	148
海西蒙古族藏族自治州	**109718**	**60677**	**49041**	**52886**	**31035**	**21851**
格尔木市	24710	13894	10816	13698	8089	5609
德令哈市	22803	12011	10792	12681	6811	5870
茫崖市						
乌兰县	11391	6058	5333	5135	2793	2342
都兰县	35553	18948	16605	16075	8863	7212
天峻县	9265	4952	4313	676	558	118
大柴旦行政委员会	5996	4814	1182	4621	3921	700

1-4c　续表 1　　　　单位：人

地　区	蒙古族			回　族			藏　族		
	小计	男	女	小计	男	女	小计	男	女
全省	**43626**	**23114**	**20512**	**409970**	**207090**	**202880**	**892205**	**449310**	**442895**
西宁市	**3506**	**1976**	**1530**	**119973**	**60509**	**59464**	**50995**	**25926**	**25069**
城东区									
城中区	2		2	16	10	6	18	8	10
城西区									
城北区	14	3	11	193	129	64	98	41	57
湟中区	491	236	255	46661	23714	22947	26734	13492	13242
大通回族土族自治县	2296	1378	918	72698	36443	36255	17473	9001	8472
湟源县	703	359	344	405	213	192	6672	3384	3288
海东市	**3206**	**1923**	**1283**	**188867**	**94998**	**93869**	**103123**	**51965**	**51158**
乐都区	2787	1743	1044	1911	988	923	10789	5398	5391
平安区	51	26	25	12552	6266	6286	2602	1307	1295
民和回族土族自治县	75	33	42	84101	42884	41217	10076	5088	4988
互助土族自治县	196	72	124	2814	1452	1362	16890	8373	8517
化隆回族自治县	76	34	42	85877	42661	43216	37988	19301	18687
循化撒拉族自治县	21	15	6	1612	747	865	24778	12498	12280
海北藏族自治州	**4208**	**2345**	**1863**	**55946**	**28586**	**27360**	**41459**	**21074**	**20385**
门源回族自治县	996	560	436	47681	24255	23426	7248	3937	3311
祁连县	1741	931	810	7708	4017	3691	8243	4231	4012
海晏县	1334	775	559	185	108	77	3907	1988	1919
刚察县	137	79	58	372	206	166	22061	10918	11143
黄南藏族自治州	**22323**	**11310**	**11013**	**9765**	**4898**	**4867**	**122355**	**60971**	**61384**
同仁县	29	17	12	678	351	327	46562	23112	23450
尖扎县	17	9	8	8830	4399	4431	23582	11732	11850
泽库县	17	3	14	113	72	41	51936	25977	25959
河南蒙古族自治县	22260	11281	10979	144	76	68	275	150	125
海南藏族自治州	**1761**	**1081**	**680**	**16061**	**8042**	**8019**	**208259**	**104484**	**103775**
共和县	1196	609	587	4076	2046	2030	50500	25545	24955
同德县	413	386	27	240	136	104	43115	21617	21498
贵德县	33	20	13	8797	4384	4413	27987	13918	14069
兴海县	44	21	23	1522	755	767	39996	20045	19951
贵南县	75	45	30	1426	721	705	46661	23359	23302
果洛藏族自治州	**38**	**19**	**19**	**758**	**437**	**321**	**135987**	**69291**	**66696**
玛沁县	11	6	5	263	159	104	23840	11963	11877
班玛县	8	5	3	80	47	33	21394	10974	10420
甘德县	6	4	2	104	54	50	34385	17565	16820
达日县	8	2	6	161	91	70	26168	13484	12684
久治县	2	1	1	83	45	38	24603	12421	12182
玛多县	3	1	2	67	41	26	5597	2884	2713
玉树藏族自治州	**48**	**24**	**24**	**998**	**535**	**463**	**206101**	**103178**	**102923**
玉树市	16	8	8	272	149	123	54404	27198	27206
杂多县	9	4	5	271	147	124	32036	15936	16100
称多县	5	4	1	91	49	42	35366	17855	17511
治多县				18	16	2	8688	4377	4311
囊谦县	6	4	2	136	67	69	59324	29660	29664
曲麻莱县	12	4	8	210	107	103	16283	8152	8131
海西蒙古族藏族自治州	**8536**	**4436**	**4100**	**17602**	**9085**	**8517**	**23926**	**12421**	**11505**
格尔木市	661	346	315	6408	3307	3101	2818	1501	1317
德令哈市	2216	1100	1116	3610	1847	1763	2010	1030	980
茫崖市									
乌兰县	2048	1092	956	1949	993	956	871	445	426
都兰县	3573	1874	1699	5090	2572	2518	9543	4954	4589
天峻县	5	1	4	106	66	40	8444	4306	4138
大柴旦行政委员会	33	23	10	439	300	139	240	185	55

1-4c 续表 2　　单位：人

地　区	维吾尔族			苗　族			彝　族		
	小计	男	女	小计	男	女	小计	男	女
全省	**42**	**19**	**23**	**208**	**121**	**87**	**326**	**226**	**100**
西宁市	**15**	**7**	**8**	**92**	**58**	**34**	**87**	**62**	**25**
城东区									
城中区							1		1
城西区									
城北区									
湟中区	2		2	60	45	15	41	32	9
大通回族土族自治县	8	5	3	29	11	18	19	7	12
湟源县	5	2	3	3	2	1	26	23	3
海东市	**14**	**3**	**11**	**53**	**25**	**28**	**67**	**45**	**22**
乐都区	2	1	1	17	10	7	11	6	5
平安区	2	1	1	2	1	1	4	3	1
民和回族土族自治县	7		7	5	1	4	8	2	6
互助土族自治县				21	10	11	40	32	8
化隆回族自治县	2		2	7	2	5	4	2	2
循化撒拉族自治县	1	1		1	1				
海北藏族自治州	**5**	**3**	**2**	**11**	**9**	**2**	**46**	**37**	**9**
门源回族自治县				7	6	1	23	17	6
祁连县	3	3		1	1		19	17	2
海晏县	2		2	3	2	1	2	1	1
刚察县							2	2	
黄南藏族自治州	**2**	**2**		**8**	**6**	**2**	**16**	**9**	**7**
同仁县	1	1		3	2	1			
尖扎县				1		1	14	8	6
泽库县	1	1		1	1		2	1	1
河南蒙古族自治县				3	3				
海南藏族自治州	**1**		**1**	**19**	**8**	**11**	**7**	**4**	**3**
共和县	1		1	6	3	3	3	2	1
同德县				2	1	1	1		1
贵德县				8	4	4	2	1	1
兴海县				2		2			
贵南县				1		1	1	1	
果洛藏族自治州				**1**	**1**		**6**	**3**	**3**
玛沁县									
班玛县							1		1
甘德县				1	1		3	2	1
达日县							2	1	1
久治县									
玛多县									
玉树藏族自治州	**1**	**1**		**11**	**5**	**6**	**7**	**6**	**1**
玉树市				2	1	1	2	2	
杂多县							1	1	
称多县				4		4			
治多县									
囊谦县				5	4	1	1	1	
曲麻莱县	1	1					3	2	1
海西蒙古族藏族自治州	**4**	**3**	**1**	**13**	**9**	**4**	**90**	**60**	**30**
格尔木市	2	2		6	4	2	24	18	6
德令哈市	2	1	1	3	1	2	4	3	1
茫崖市									
乌兰县							43	28	15
都兰县				1	1		3	2	1
天峻县									
大柴旦行政委员会				3	3		16	9	7

1-4c　续表 3

单位：人

地　区	壮族			布依族			朝鲜族		
	小计	男	女	小计	男	女	小计	男	女
全省	**104**	**57**	**47**	**57**	**36**	**21**	**21**	**10**	**11**
西宁市	**44**	**25**	**19**	**27**	**16**	**11**	**6**	**2**	**4**
城东区									
城中区									
城西区									
城北区	2		2						
湟中区	30	20	10	21	14	7	3	2	1
大通回族土族自治县	9	3	6	3	1	2	2		2
湟源县	3	2	1	3	1	2	1		1
海东市	**28**	**14**	**14**	**17**	**11**	**6**	**4**	**1**	**3**
乐都区	6	5	1	6	3	3	1		1
平安区	2	1	1	3	3		1		1
民和回族土族自治县	3		3						
互助土族自治县	10	4	6	8	5	3	2	1	1
化隆回族自治县	6	3	3						
循化撒拉族自治县	1	1							
海北藏族自治州	**6**	**3**	**3**	**6**	**4**	**2**	**1**		**1**
门源回族自治县	1		1	5	3	2	1		1
祁连县	5	3	2						
海晏县									
刚察县				1	1				
黄南藏族自治州	**2**	**1**	**1**	**2**	**2**				
同仁县	1	1							
尖扎县	1		1	1	1				
泽库县									
河南蒙古族自治县				1	1				
海南藏族自治州	**3**	**2**	**1**	**1**	**1**				
共和县	3	2	1						
同德县									
贵德县				1	1				
兴海县									
贵南县									
果洛藏族自治州	**6**	**5**	**1**	**1**	**1**				
玛沁县				1	1				
班玛县									
甘德县	5	4	1						
达日县									
久治县									
玛多县	1	1							
玉树藏族自治州	**4**	**3**	**1**						
玉树市									
杂多县	4	3	1						
称多县									
治多县									
囊谦县									
曲麻莱县									
海西蒙古族藏族自治州	**11**	**4**	**7**	**3**	**1**	**2**	**10**	**7**	**3**
格尔木市	3	2	1	3	1	2	2	1	1
德令哈市	1	1							
茫崖市									
乌兰县	1		1				4	4	
都兰县									
天峻县	6	1	5						
大柴旦行政委员会							4	2	2

1-4c 续表 4

单位：人

地　区	满族			侗族			瑶族		
	小计	男	女	小计	男	女	小计	男	女
全省	**192**	**122**	**70**	**27**	**23**	**4**	**30**	**15**	**15**
西宁市	**54**	**29**	**25**	**10**	**10**		**16**	**6**	**10**
城东区									
城中区									
城西区									
城北区	1		1				3	1	2
湟中区	38	20	18	7	7		10	4	6
大通回族土族自治县	10	6	4	3	3		3	1	2
湟源县	5	3	2						
海东市	**60**	**36**	**24**	**9**	**8**	**1**	**10**	**5**	**5**
乐都区	18	10	8	1	1		4	2	2
平安区	6	3	3	1	1				
民和回族土族自治县	6	3	3	1	1				
互助土族自治县	21	13	8	5	4	1	4	2	2
化隆回族自治县	8	7	1	1	1				
循化撒拉族自治县	1		1				2	1	1
海北藏族自治州	**15**	**12**	**3**	**2**	**2**				
门源回族自治县	8	6	2	1	1				
祁连县	6	5	1	1	1				
海晏县	1	1							
刚察县									
黄南藏族自治州	**8**	**6**	**2**	**1**	**1**				
同仁县	4	3	1	1	1				
尖扎县	3	3							
泽库县	1		1						
河南蒙古族自治县									
海南藏族自治州	**21**	**14**	**7**	**2**	**1**	**1**			
共和县	4	2	2	1	1				
同德县	3	3							
贵德县	11	7	4						
兴海县	3	2	1	1		1			
贵南县									
果洛藏族自治州	**4**	**3**	**1**						
玛沁县	2	1	1						
班玛县									
甘德县									
达日县									
久治县	2	2							
玛多县									
玉树藏族自治州	**4**	**3**	**1**						
玉树市	2	2							
杂多县									
称多县	1		1						
治多县									
囊谦县									
曲麻莱县	1	1							
海西蒙古族藏族自治州	**26**	**19**	**7**	**3**	**1**	**2**	**4**	**4**	
格尔木市	9	8	1	2		2			
德令哈市	6	5	1				1	1	
茫崖市									
乌兰县	1	1					2	2	
都兰县	6	2	4						
天峻县									
大柴旦行政委员会	4	3	1	1	1		1	1	

1-4c 续表 5

单位：人

地区	白族			土家族			哈尼族		
	小计	男	女	小计	男	女	小计	男	女
全省	**102**	**56**	**46**	**2647**	**1288**	**1359**	**11**	**3**	**8**
西宁市	**22**	**12**	**10**	**846**	**371**	**475**	**6**	**2**	**4**
城东区									
城中区				1		1			
城西区									
城北区				12	5	7			
湟中区	21	11	10	79	56	23	4	1	3
大通回族土族自治县	1	1		667	262	405			
湟源县				87	48	39	2	1	1
海东市	**9**	**3**	**6**	**705**	**328**	**377**	**3**		**3**
乐都区	6	3	3	359	166	193			
平安区				32	11	21			
民和回族土族自治县	3		3	149	63	86			
互助土族自治县				132	69	63	3		3
化隆回族自治县				20	10	10			
循化撒拉族自治县				13	9	4			
海北藏族自治州	**6**	**5**	**1**	**477**	**259**	**218**			
门源回族自治县	3	3		412	212	200			
祁连县	3	2	1	52	42	10			
海晏县				5	1	4			
刚察县				8	4	4			
黄南藏族自治州	**12**	**8**	**4**	**14**	**10**	**4**			
同仁县	6	5	1	3	2	1			
尖扎县				6	5	1			
泽库县	5	2	3	3	2	1			
河南蒙古族自治县	1	1		2	1	1			
海南藏族自治州	**21**	**10**	**11**	**144**	**70**	**74**			
共和县	3	1	2	34	19	15			
同德县				8	6	2			
贵德县	14	7	7	51	23	28			
兴海县	3	2	1	8	5	3			
贵南县	1		1	43	17	26			
果洛藏族自治州	**12**	**6**	**6**	**28**	**18**	**10**			
玛沁县	6	3	3	16	10	6			
班玛县				2	2				
甘德县				5	2	3			
达日县	6	3	3	4	3	1			
久治县									
玛多县				1	1				
玉树藏族自治州	**10**	**5**	**5**	**9**	**5**	**4**			
玉树市	4	1	3	3	1	2			
杂多县				1	1				
称多县	5	3	2	1		1			
治多县									
囊谦县	1	1		4	3	1			
曲麻莱县									
海西蒙古族藏族自治州	**10**	**7**	**3**	**424**	**227**	**197**	**2**	**1**	**1**
格尔木市	9	6	3	96	60	36	2	1	1
德令哈市				119	56	63			
茫崖市									
乌兰县				77	35	42			
都兰县				112	61	51			
天峻县	1	1		1		1			
大柴旦行政委员会				19	15	4			

1-4c 续表 6

单位：人

地区	哈萨克族			傣族			黎族		
	小计	男	女	小计	男	女	小计	男	女
全省	**491**	**249**	**242**	**20**	**14**	**6**	**11**	**7**	**4**
西宁市	**4**	**3**	**1**	**16**	**12**	**4**	**4**	**3**	**1**
城东区									
城中区									
城西区									
城北区				1		1			
湟中区	3	2	1	2	1	1	4	3	1
大通回族土族自治县	1	1		10	10				
湟源县				3	1	2			
海东市	**4**		**4**	**3**	**2**	**1**	**1**	**1**	
乐都区	2		2						
平安区									
民和回族土族自治县	1		1						
互助土族自治县				3	2	1	1	1	
化隆回族自治县	1		1						
循化撒拉族自治县									
海北藏族自治州							**1**		**1**
门源回族自治县									
祁连县									
海晏县							1		1
刚察县									
黄南藏族自治州									
同仁县									
尖扎县									
泽库县									
河南蒙古族自治县									
海南藏族自治州							**2**	**2**	
共和县									
同德县									
贵德县							1	1	
兴海县							1	1	
贵南县									
果洛藏族自治州									
玛沁县									
班玛县									
甘德县									
达日县									
久治县									
玛多县									
玉树藏族自治州									
玉树市									
杂多县									
称多县									
治多县									
囊谦县									
曲麻莱县									
海西蒙古族藏族自治州	**483**	**246**	**237**	**1**		**1**	**3**	**1**	**2**
格尔木市	3	2	1	1		1			
德令哈市							2	1	1
茫崖市									
乌兰县									
都兰县									
天峻县							1		1
大柴旦行政委员会	480	244	236						

1-4c　续表 7　　　　单位：人

地　区	傈僳族			佤　族			畲　族		
	小计	男	女	小计	男	女	小计	男	女
全省	**9**	**5**	**4**	**9**	**5**	**4**	**9**	**9**	
西宁市	**1**	**1**		**4**	**3**	**1**	**2**	**2**	
城东区									
城中区									
城西区									
城北区									
湟中区				3	2	1	2	2	
大通回族土族自治县	1	1		1	1				
湟源县									
海东市	**6**	**3**	**3**	**4**	**1**	**3**	**3**	**3**	
乐都区	1		1	2		2	2	2	
平安区									
民和回族土族自治县	2		2	1		1	1	1	
互助土族自治县	3	3							
化隆回族自治县				1	1				
循化撒拉族自治县									
海北藏族自治州							**1**	**1**	
门源回族自治县									
祁连县									
海晏县									
刚察县							1	1	
黄南藏族自治州									
同仁县									
尖扎县									
泽库县									
河南蒙古族自治县									
海南藏族自治州				**1**	**1**				
共和县									
同德县									
贵德县				1	1				
兴海县									
贵南县									
果洛藏族自治州							**2**	**2**	
玛沁县							2	2	
班玛县									
甘德县									
达日县									
久治县									
玛多县									
玉树藏族自治州	**1**	**1**							
玉树市	1	1							
杂多县									
称多县									
治多县									
囊谦县									
曲麻莱县									
海西蒙古族藏族自治州	**1**		**1**				**1**	**1**	
格尔木市									
德令哈市							1	1	
茫崖市									
乌兰县									
都兰县									
天峻县	1		1						
大柴旦行政委员会									

1−4c 续表 8

单位：人

地 区	高山族			拉祜族			水 族		
	小计	男	女	小计	男	女	小计	男	女
全省				**12**	**4**	**8**	**8**	**5**	**3**
西宁市				**1**		**1**	**2**	**2**	
城东区									
城中区									
城西区									
城北区									
湟中区				1		1	1	1	
大通回族土族自治县							1	1	
湟源县									
海东市				**6**	**1**	**5**	**2**	**1**	**1**
乐都区							1	1	
平安区									
民和回族土族自治县				4		4			
互助土族自治县				1		1	1		1
化隆回族自治县									
循化撒拉族自治县				1	1				
海北藏族自治州									
门源回族自治县									
祁连县									
海晏县									
刚察县									
黄南藏族自治州									
同仁县									
尖扎县									
泽库县									
河南蒙古族自治县									
海南藏族自治州							**2**	**1**	**1**
共和县									
同德县									
贵德县									
兴海县							1	1	
贵南县							1		1
果洛藏族自治州									
玛沁县									
班玛县									
甘德县									
达日县									
久治县									
玛多县									
玉树藏族自治州									
玉树市									
杂多县									
称多县									
治多县									
囊谦县									
曲麻莱县									
海西蒙古族藏族自治州				**5**	**3**	**2**	**2**	**1**	**1**
格尔木市				1	1				
德令哈市									
茫崖市									
乌兰县									
都兰县				4	2	2	2	1	1
天峻县									
大柴旦行政委员会									

1-4c 续表 9

单位：人

地 区	东乡族			纳西族			景颇族		
	小计	男	女	小计	男	女	小计	男	女
全省	**1696**	**975**	**721**	**13**	**4**	**9**	**1**		**1**
西宁市	**214**	**151**	**63**	**9**	**3**	**6**			
城东区									
城中区	1	1							
城西区									
城北区	6	5	1						
湟中区	134	100	34	5	2	3			
大通回族土族自治县	28	17	11	1	1				
湟源县	45	28	17	3		3			
海东市	**515**	**247**	**268**	**2**		**2**	**1**		**1**
乐都区	109	60	49						
平安区	10	3	7	1		1			
民和回族土族自治县	174	63	111				1		1
互助土族自治县	17	7	10						
化隆回族自治县	80	41	39						
循化撒拉族自治县	125	73	52	1		1			
海北藏族自治州	**109**	**71**	**38**						
门源回族自治县	13	10	3						
祁连县	18	15	3						
海晏县	34	16	18						
刚察县	44	30	14						
黄南藏族自治州	**58**	**37**	**21**						
同仁县	41	26	15						
尖扎县	3	1	2						
泽库县									
河南蒙古族自治县	14	10	4						
海南藏族自治州	**113**	**66**	**47**						
共和县	47	30	17						
同德县	19	11	8						
贵德县	16	9	7						
兴海县	15	8	7						
贵南县	16	8	8						
果洛藏族自治州	**43**	**30**	**13**						
玛沁县	19	12	7						
班玛县	1	1							
甘德县	3	3							
达日县	19	13	6						
久治县	1	1							
玛多县									
玉树藏族自治州	**23**	**13**	**10**	**2**	**1**	**1**			
玉树市	18	11	7	2	1	1			
杂多县	3	2	1						
称多县	2		2						
治多县									
囊谦县									
曲麻莱县									
海西蒙古族藏族自治州	**621**	**360**	**261**						
格尔木市	102	51	51						
德令哈市	326	198	128						
茫崖市									
乌兰县	35	19	16						
都兰县	146	82	64						
天峻县									
大柴旦行政委员会	12	10	2						

1-4c 续表 10

单位：人

地区	柯尔克孜族			土族			达斡尔族		
	小计	男	女	小计	男	女	小计	男	女
全省	**1**		**1**	**109104**	**56878**	**52226**	**2**	**2**	
西宁市				**29355**	**14857**	**14498**			
城东区									
城中区				1		1			
城西区									
城北区				30	11	19			
湟中区				1448	581	867			
大通回族土族自治县				27761	14212	13549			
湟源县				115	53	62			
海东市	**1**		**1**	**70108**	**36700**	**33408**	**1**	**1**	
乐都区	1		1	2944	1606	1338			
平安区				267	137	130			
民和回族土族自治县				23215	11866	11349			
互助土族自治县				43283	22872	20411	1	1	
化隆回族自治县				368	204	164			
循化撒拉族自治县				31	15	16			
海北藏族自治州				**2734**	**1574**	**1160**	**1**	**1**	
门源回族自治县				2355	1348	1007			
祁连县				259	156	103	1	1	
海晏县				88	57	31			
刚察县				32	13	19			
黄南藏族自治州				**2139**	**1108**	**1031**			
同仁县				2104	1086	1018			
尖扎县				18	11	7			
泽库县				11	8	3			
河南蒙古族自治县				6	3	3			
海南藏族自治州				**984**	**557**	**427**			
共和县				293	170	123			
同德县				34	17	17			
贵德县				445	239	206			
兴海县				20	13	7			
贵南县				192	118	74			
果洛藏族自治州				**62**	**44**	**18**			
玛沁县				29	20	9			
班玛县				13	13				
甘德县				7	5	2			
达日县				7	4	3			
久治县				6	2	4			
玛多县									
玉树藏族自治州				**60**	**38**	**22**			
玉树市				18	12	6			
杂多县				17	12	5			
称多县				5	3	2			
治多县				2	1	1			
囊谦县				7	6	1			
曲麻莱县				11	4	7			
海西蒙古族藏族自治州				**3662**	**2000**	**1662**			
格尔木市				811	467	344			
德令哈市				1661	876	785			
茫崖市									
乌兰县				505	258	247			
都兰县				559	296	263			
天峻县				11	10	1			
大柴旦行政委员会				115	93	22			

1-4c　续表 11　　　　单位：人

地　区	仫佬族			羌　族			布朗族		
	小计	男	女	小计	男	女	小计	男	女
全省	**4**		**4**	**34**	**23**	**11**	**2**		**2**
西宁市	**3**		**3**	**3**	**2**	**1**			
城东区									
城中区									
城西区									
城北区									
湟中区	3		3	1		1			
大通回族土族自治县									
湟源县				2	2				
海东市				**10**	**8**	**2**	**2**		**2**
乐都区				2	2				
平安区									
民和回族土族自治县				1	1				
互助土族自治县				6	4	2			
化隆回族自治县							2		2
循化撒拉族自治县				1	1				
海北藏族自治州				**2**	**2**				
门源回族自治县				1	1				
祁连县				1	1				
海晏县									
刚察县									
黄南藏族自治州				**2**	**2**				
同仁县									
尖扎县				2	2				
泽库县									
河南蒙古族自治县									
海南藏族自治州	**1**		**1**	**3**	**1**	**2**			
共和县				2		2			
同德县	1		1						
贵德县									
兴海县									
贵南县				1	1				
果洛藏族自治州				**9**	**6**	**3**			
玛沁县				3	1	2			
班玛县				6	5	1			
甘德县									
达日县									
久治县									
玛多县									
玉树藏族自治州				**3**	**2**	**1**			
玉树市				3	2	1			
杂多县									
称多县									
治多县									
囊谦县									
曲麻莱县									
海西蒙古族藏族自治州				**2**		**2**			
格尔木市				1		1			
德令哈市									
茫崖市									
乌兰县									
都兰县				1		1			
天峻县									
大柴旦行政委员会									

1-4c 续表 12

单位：人

地区	撒拉族			毛南族			仡佬族		
	小计	男	女	小计	男	女	小计	男	女
全省	**69467**	**34363**	**35104**				**10**	**10**	
西宁市	**342**	**182**	**160**				**6**	**6**	
城东区									
城中区									
城西区									
城北区	7	1	6						
湟中区	190	108	82				5	5	
大通回族土族自治县	105	55	50				1	1	
湟源县	40	18	22						
海东市	**66417**	**32745**	**33672**				**1**	**1**	
乐都区	123	51	72						
平安区	92	40	52						
民和回族土族自治县	104	48	56						
互助土族自治县	131	77	54				1	1	
化隆回族自治县	8949	4355	4594						
循化撒拉族自治县	57018	28174	28844						
海北藏族自治州	**513**	**288**	**225**				**1**	**1**	
门源回族自治县	68	42	26				1	1	
祁连县	409	230	179						
海晏县	6	5	1						
刚察县	30	11	19						
黄南藏族自治州	**192**	**88**	**104**						
同仁县	120	56	64						
尖扎县	42	16	26						
泽库县	14	8	6						
河南蒙古族自治县	16	8	8						
海南藏族自治州	**452**	**230**	**222**						
共和县	153	80	73						
同德县	41	22	19						
贵德县	146	64	82						
兴海县	52	28	24						
贵南县	60	36	24						
果洛藏族自治州	**66**	**40**	**26**						
玛沁县	29	15	14						
班玛县	7	5	2						
甘德县	1	1							
达日县	11	7	4						
久治县	15	10	5						
玛多县	3	2	1						
玉树藏族自治州	**132**	**69**	**63**						
玉树市	37	20	17						
杂多县	28	16	12						
称多县	12	4	8						
治多县	4	2	2						
囊谦县	22	15	7						
曲麻莱县	29	12	17						
海西蒙古族藏族自治州	**1353**	**721**	**632**				**2**	**2**	
格尔木市	41	23	18				2	2	
德令哈市	154	74	80						
茫崖市									
乌兰县	704	376	328						
都兰县	433	235	198						
天峻县	13	9	4						
大柴旦行政委员会	8	4	4						

1-4c 续表 13

单位：人

地区	锡伯族			阿昌族			普米族		
	小计	男	女	小计	男	女	小计	男	女
全省	**3**		**3**	**2**		**2**			
西宁市									
城东区									
城中区									
城西区									
城北区									
湟中区									
大通回族土族自治县									
湟源县									
海东市	**2**		**2**	**1**		**1**			
乐都区									
平安区									
民和回族土族自治县									
互助土族自治县				1		1			
化隆回族自治县	1		1						
循化撒拉族自治县	1		1						
海北藏族自治州	**1**		**1**						
门源回族自治县									
祁连县	1		1						
海晏县									
刚察县									
黄南藏族自治州									
同仁县									
尖扎县									
泽库县									
河南蒙古族自治县									
海南藏族自治州				**1**		**1**			
共和县				1		1			
同德县									
贵德县									
兴海县									
贵南县									
果洛藏族自治州									
玛沁县									
班玛县									
甘德县									
达日县									
久治县									
玛多县									
玉树藏族自治州									
玉树市									
杂多县									
称多县									
治多县									
囊谦县									
曲麻莱县									
海西蒙古族藏族自治州									
格尔木市									
德令哈市									
茫崖市									
乌兰县									
都兰县									
天峻县									
大柴旦行政委员会									

1-4c 续表 14 单位：人

地 区	塔吉克族			怒 族			乌孜别克族		
	小计	男	女	小计	男	女	小计	男	女
全省									
西宁市									
城东区									
城中区									
城西区									
城北区									
湟中区									
大通回族土族自治县									
湟源县									
海东市									
乐都区									
平安区									
民和回族土族自治县									
互助土族自治县									
化隆回族自治县									
循化撒拉族自治县									
海北藏族自治州									
门源回族自治县									
祁连县									
海晏县									
刚察县									
黄南藏族自治州									
同仁县									
尖扎县									
泽库县									
河南蒙古族自治县									
海南藏族自治州									
共和县									
同德县									
贵德县									
兴海县									
贵南县									
果洛藏族自治州									
玛沁县									
班玛县									
甘德县									
达日县									
久治县									
玛多县									
玉树藏族自治州									
玉树市									
杂多县									
称多县									
治多县									
囊谦县									
曲麻莱县									
海西蒙古族藏族自治州									
格尔木市									
德令哈市									
茫崖市									
乌兰县									
都兰县									
天峻县									
大柴旦行政委员会									

1-4c　续表 15　　　　　　　　　　　　　　　　　　　　　　　　　　　　单位：人

地　区	俄罗斯族			鄂温克族			德 昂 族		
	小计	男	女	小计	男	女	小计	男	女
全省				**2**	**1**	**1**	**2**	**1**	**1**
西宁市				**1**	**1**				
城东区									
城中区									
城西区									
城北区				1	1				
湟中区									
大通回族土族自治县									
湟源县									
海东市				**1**		**1**	**2**	**1**	**1**
乐都区									
平安区									
民和回族土族自治县									
互助土族自治县				1		1	2	1	1
化隆回族自治县									
循化撒拉族自治县									
海北藏族自治州									
门源回族自治县									
祁连县									
海晏县									
刚察县									
黄南藏族自治州									
同仁县									
尖扎县									
泽库县									
河南蒙古族自治县									
海南藏族自治州									
共和县									
同德县									
贵德县									
兴海县									
贵南县									
果洛藏族自治州									
玛沁县									
班玛县									
甘德县									
达日县									
久治县									
玛多县									
玉树藏族自治州									
玉树市									
杂多县									
称多县									
治多县									
囊谦县									
曲麻莱县									
海西蒙古族藏族自治州									
格尔木市									
德令哈市									
茫崖市									
乌兰县									
都兰县									
天峻县									
大柴旦行政委员会									

1-4c 续表 16

单位：人

地区	保安族			裕固族			京族		
	小计	男	女	小计	男	女	小计	男	女
全省	**203**	**110**	**93**	**41**	**18**	**23**			
西宁市	**3**	**3**		**7**	**2**	**5**			
城东区									
城中区									
城西区									
城北区									
湟中区	2	2		3	1	2			
大通回族土族自治县	1	1		3	1	2			
湟源县				1		1			
海东市	**78**	**29**	**49**	**3**	**2**	**1**			
乐都区	5	3	2						
平安区	1		1						
民和回族土族自治县	17	6	11						
互助土族自治县				3	2	1			
化隆回族自治县	6	3	3						
循化撒拉族自治县	49	17	32						
海北藏族自治州	**20**	**12**	**8**	**29**	**12**	**17**			
门源回族自治县	1		1	10	2	8			
祁连县	19	12	7	19	10	9			
海晏县									
刚察县									
黄南藏族自治州	**34**	**19**	**15**						
同仁县	31	18	13						
尖扎县	3	1	2						
泽库县									
河南蒙古族自治县									
海南藏族自治州	**23**	**14**	**9**	**1**	**1**				
共和县									
同德县	5	3	2						
贵德县	4	3	1	1	1				
兴海县	14	8	6						
贵南县									
果洛藏族自治州	**12**	**9**	**3**						
玛沁县	2	2							
班玛县	1	1							
甘德县									
达日县	6	4	2						
久治县	2	1	1						
玛多县	1	1							
玉树藏族自治州	**3**	**2**	**1**	**1**	**1**				
玉树市	3	2	1						
杂多县									
称多县									
治多县									
囊谦县				1	1				
曲麻莱县									
海西蒙古族藏族自治州	**30**	**22**	**8**						
格尔木市	3	2	1						
德令哈市	6	5	1						
茫崖市									
乌兰县	16	12	4						
都兰县	5	3	2						
天峻县									
大柴旦行政委员会									

1-4c 续表 17

单位：人

地区	塔塔尔族			独龙族			鄂伦春族		
	小计	男	女	小计	男	女	小计	男	女
全省									
西宁市									
城东区									
城中区									
城西区									
城北区									
湟中区									
大通回族土族自治县									
湟源县									
海东市									
乐都区									
平安区									
民和回族土族自治县									
互助土族自治县									
化隆回族自治县									
循化撒拉族自治县									
海北藏族自治州									
门源回族自治县									
祁连县									
海晏县									
刚察县									
黄南藏族自治州									
同仁县									
尖扎县									
泽库县									
河南蒙古族自治县									
海南藏族自治州									
共和县									
同德县									
贵德县									
兴海县									
贵南县									
果洛藏族自治州									
玛沁县									
班玛县									
甘德县									
达日县									
久治县									
玛多县									
玉树藏族自治州									
玉树市									
杂多县									
称多县									
治多县									
囊谦县									
曲麻莱县									
海西蒙古族藏族自治州									
格尔木市									
德令哈市									
茫崖市									
乌兰县									
都兰县									
天峻县									
大柴旦行政委员会									

1-4c 续表 18

单位：人

地区	赫哲族			门巴族			珞巴族		
	小计	男	女	小计	男	女	小计	男	女
全省				**8**	**1**	**7**			
西宁市				**2**	**1**	**1**			
城东区									
城中区									
城西区									
城北区									
湟中区				2	1	1			
大通回族土族自治县									
湟源县									
海东市				**4**		**4**			
乐都区									
平安区									
民和回族土族自治县				2		2			
互助土族自治县				2		2			
化隆回族自治县									
循化撒拉族自治县									
海北藏族自治州				**1**		**1**			
门源回族自治县				1		1			
祁连县									
海晏县									
刚察县									
黄南藏族自治州									
同仁县									
尖扎县									
泽库县									
河南蒙古族自治县									
海南藏族自治州									
共和县									
同德县									
贵德县									
兴海县									
贵南县									
果洛藏族自治州									
玛沁县									
班玛县									
甘德县									
达日县									
久治县									
玛多县									
玉树藏族自治州									
玉树市									
杂多县									
称多县									
治多县									
囊谦县									
曲麻莱县									
海西蒙古族藏族自治州				**1**		**1**			
格尔木市				1		1			
德令哈市									
茫崖市									
乌兰县									
都兰县									
天峻县									
大柴旦行政委员会									

1-4c 续表 19

单位：人

地区	基诺族			未定族称人口			入籍		
	小计	男	女	小计	男	女	小计	男	女
全省				**16**	**12**	**4**			
西宁市				**6**	**5**	**1**			
城东区									
城中区									
城西区									
城北区									
湟中区									
大通回族土族自治县				4	3	1			
湟源县				2	2				
海东市				**5**	**4**	**1**			
乐都区				2	1	1			
平安区									
民和回族土族自治县				1	1				
互助土族自治县				2	2				
化隆回族自治县									
循化撒拉族自治县									
海北藏族自治州				**3**	**2**	**1**			
门源回族自治县				3	2	1			
祁连县									
海晏县									
刚察县									
黄南藏族自治州									
同仁县									
尖扎县									
泽库县									
河南蒙古族自治县									
海南藏族自治州									
共和县									
同德县									
贵德县									
兴海县									
贵南县									
果洛藏族自治州									
玛沁县									
班玛县									
甘德县									
达日县									
久治县									
玛多县									
玉树藏族自治州				**1**	**1**				
玉树市				1	1				
杂多县									
称多县									
治多县									
囊谦县									
曲麻莱县									
海西蒙古族藏族自治州				**1**		**1**			
格尔木市				1		1			
德令哈市									
茫崖市									
乌兰县									
都兰县									
天峻县									
大柴旦行政委员会									

1-5 各地区分年龄、性别的人口

单位：人

地区	合计			0岁		
	合计	男	女	小计	男	女
全省	**5923957**	**3033846**	**2890111**	**67254**	**34706**	**32548**
西宁市	**2467965**	**1256520**	**1211445**	**22738**	**11847**	**10891**
城东区	489372	250205	239167	4640	2412	2228
城中区	325813	165446	160367	2371	1242	1129
城西区	326866	161823	165043	2961	1521	1440
城北区	417701	212010	205691	3668	1919	1749
湟中区	395043	205999	189044	3879	2041	1838
大通回族土族自治县	403368	204972	198396	4309	2255	2054
湟源县	109802	56065	53737	910	457	453
海东市	**1358471**	**691990**	**666481**	**15973**	**8270**	**7703**
乐都区	240949	123135	117814	2009	1043	966
平安区	117883	59439	58444	1175	568	607
民和回族土族自治县	326964	166284	160680	3854	2013	1841
互助土族自治县	337941	175438	162503	3345	1727	1618
化隆回族自治县	200474	100720	99754	3250	1714	1536
循化撒拉族自治县	134260	66974	67286	2340	1205	1135
海北藏族自治州	**265322**	**135263**	**130059**	**2837**	**1487**	**1350**
门源回族自治县	138335	70194	68141	1423	737	686
祁连县	48538	24992	23546	608	323	285
海晏县	37729	19171	18558	339	175	164
刚察县	40720	20906	19814	467	252	215
黄南藏族自治州	**276215**	**139528**	**136687**	**4752**	**2365**	**2387**
同仁县	101519	51556	49963	1605	797	808
尖扎县	58173	29245	28928	979	499	480
泽库县	75659	37996	37663	1481	708	773
河南蒙古族自治县	40864	20731	20133	687	361	326
海南藏族自治州	**446996**	**225808**	**221188**	**6183**	**3208**	**2975**
共和县	133409	67764	65645	1728	861	867
同德县	60268	30551	29717	1024	556	468
贵德县	105645	53169	52476	1205	628	577
兴海县	75833	38160	37673	1141	613	528
贵南县	71841	36164	35677	1085	550	535
果洛藏族自治州	**215573**	**112477**	**103096**	**3571**	**1822**	**1749**
玛沁县	58117	31144	26973	636	332	304
班玛县	31794	16649	15145	544	276	268
甘德县	41046	21216	19830	669	343	326
达日县	40197	20665	19532	901	452	449
久治县	29929	15311	14618	521	266	255
玛多县	14490	7492	6998	300	153	147
玉树藏族自治州	**425199**	**215978**	**209221**	**6558**	**3330**	**3228**
玉树市	141308	72140	69168	1723	886	837
杂多县	68759	34787	33972	1578	815	763
称多县	57159	29135	28024	761	378	383
治多县	34496	17430	17066	466	228	238
囊谦县	90307	45767	44540	1496	773	723
曲麻莱县	33170	16719	16451	534	250	284
海西蒙古族藏族自治州	**468216**	**256282**	**211934**	**4642**	**2377**	**2265**
格尔木市	221863	121353	100510	2402	1242	1160
德令哈市	88227	46036	42191	805	394	411
茫崖市	18856	12884	5972	83	39	44
乌兰县	31507	16888	14619	311	172	139
都兰县	68273	35579	32694	636	311	325
天峻县	23203	12077	11126	353	197	156
大柴旦行政委员会	16287	11465	4822	52	22	30

1-5　续表 1　　单位：人

地　区	1-4岁			5-9岁			10-14岁		
	小计	男	女	小计	男	女	小计	男	女
全省	**324437**	**167337**	**157100**	**434439**	**223488**	**210951**	**406826**	**209675**	**197151**
西宁市	**111002**	**57364**	**53638**	**139049**	**72004**	**67045**	**130911**	**68319**	**62592**
城东区	22864	11916	10948	25706	13365	12341	23364	12197	11167
城中区	12719	6519	6200	15071	7838	7233	14353	7433	6920
城西区	14918	7704	7214	16691	8583	8108	15263	8030	7233
城北区	17463	9039	8424	18604	9817	8787	16096	8561	7535
湟中区	18358	9517	8841	27683	14348	13335	28288	14739	13549
大通回族土族自治县	20357	10412	9945	29347	15119	14228	27925	14465	13460
湟源县	4323	2257	2066	5947	2934	3013	5622	2894	2728
海东市	**77225**	**40020**	**37205**	**109158**	**56158**	**53000**	**107051**	**55377**	**51674**
乐都区	10023	5230	4793	13509	6948	6561	13950	7113	6837
平安区	5898	3096	2802	8176	4162	4014	7304	3721	3583
民和回族土族自治县	19192	9956	9236	27504	14050	13454	26860	13928	12932
互助土族自治县	16387	8470	7917	23629	12463	11166	23087	12456	10631
化隆回族自治县	14658	7626	7032	21370	10819	10551	21421	10873	10548
循化撒拉族自治县	11067	5642	5425	14970	7716	7254	14429	7286	7143
海北藏族自治州	**13185**	**6833**	**6352**	**19525**	**9954**	**9571**	**17998**	**9234**	**8764**
门源回族自治县	7225	3713	3512	10853	5580	5273	9440	4877	4563
祁连县	2335	1215	1120	3461	1749	1712	3175	1602	1573
海晏县	1436	765	671	2029	1041	988	2067	1064	1003
刚察县	2189	1140	1049	3182	1584	1598	3316	1691	1625
黄南藏族自治州	**20553**	**10455**	**10098**	**26047**	**13524**	**12523**	**21964**	**11088**	**10876**
同仁县	6846	3478	3368	8572	4460	4112	7769	3978	3791
尖扎县	4194	2151	2043	5494	2870	2624	4328	2151	2177
泽库县	6349	3225	3124	8007	4154	3853	7011	3562	3449
河南蒙古族自治县	3164	1601	1563	3974	2040	1934	2856	1397	1459
海南藏族自治州	**28028**	**14478**	**13550**	**38670**	**19651**	**19019**	**35495**	**18080**	**17415**
共和县	7331	3803	3528	10390	5300	5090	9538	4957	4581
同德县	4397	2235	2162	5666	2915	2751	4977	2520	2457
贵德县	5777	2994	2783	7821	4029	3792	7696	3917	3779
兴海县	5486	2830	2656	7938	3961	3977	6991	3502	3489
贵南县	5037	2616	2421	6855	3446	3409	6293	3184	3109
果洛藏族自治州	**17270**	**8895**	**8375**	**23597**	**12088**	**11509**	**19555**	**9941**	**9614**
玛沁县	3432	1791	1641	4924	2550	2374	4475	2313	2162
班玛县	2844	1471	1373	3692	1893	1799	2807	1445	1362
甘德县	3339	1700	1639	4914	2517	2397	4151	2116	2035
达日县	3882	2015	1867	5404	2739	2665	4155	2105	2050
久治县	2486	1263	1223	3009	1562	1447	2812	1394	1418
玛多县	1287	655	632	1654	827	827	1155	568	587
玉树藏族自治州	**33121**	**16841**	**16280**	**48171**	**24539**	**23632**	**45454**	**22956**	**22498**
玉树市	9213	4694	4519	14414	7354	7060	13827	6994	6833
杂多县	7019	3569	3450	9310	4737	4573	8818	4436	4382
称多县	3984	2067	1917	6073	3066	3007	5642	2897	2745
治多县	2344	1135	1209	3764	1910	1854	3344	1646	1698
囊谦县	7926	4071	3855	10931	5637	5294	10566	5362	5204
曲麻莱县	2635	1305	1330	3679	1835	1844	3257	1621	1636
海西蒙古族藏族自治州	**24053**	**12451**	**11602**	**30222**	**15570**	**14652**	**28398**	**14680**	**13718**
格尔木市	12585	6491	6094	15366	7978	7388	14255	7468	6787
德令哈市	4236	2203	2033	5363	2707	2656	5028	2545	2483
茫崖市	442	213	229	486	253	233	571	310	261
乌兰县	1566	806	760	1900	1002	898	1776	898	878
都兰县	3577	1898	1679	5114	2598	2516	4833	2468	2365
天峻县	1356	682	674	1580	818	762	1516	779	737
大柴旦行政委员会	291	158	133	413	214	199	419	212	207

1–5 续表 2 单位：人

地区	15–19岁			20–24岁			25–29岁		
	小计	男	女	小计	男	女	小计	男	女
全省	**356682**	**183962**	**172720**	**365049**	**188187**	**176862**	**454114**	**234383**	**219731**
西宁市	**135137**	**70635**	**64502**	**154255**	**78681**	**75574**	**188028**	**96143**	**91885**
城东区	22601	11709	10892	32674	16899	15775	43450	22494	20956
城中区	16777	9266	7511	18629	9627	9002	25889	13408	12481
城西区	10816	5915	4901	17845	8608	9237	26060	12787	13273
城北区	24520	12616	11904	39392	19604	19788	35193	17796	17397
湟中区	28439	14545	13894	19298	10374	8924	24465	12937	11528
大通回族土族自治县	25712	13402	12310	20590	10510	10080	26242	13297	12945
湟源县	6272	3182	3090	5827	3059	2768	6729	3424	3305
海东市	**82173**	**41973**	**40200**	**65620**	**32909**	**32711**	**85566**	**43254**	**42312**
乐都区	13617	6878	6739	10936	5485	5451	14212	7300	6912
平安区	6633	3423	3210	5090	2492	2598	7761	3909	3852
民和回族土族自治县	19488	9964	9524	17440	8790	8650	22486	11398	11088
互助土族自治县	18497	9782	8715	13458	7013	6445	20380	10500	9880
化隆回族自治县	14782	7328	7454	11089	5422	5667	11770	5785	5985
循化撒拉族自治县	9156	4598	4558	7607	3707	3900	8957	4362	4595
海北藏族自治州	**17078**	**8457**	**8621**	**15589**	**7802**	**7787**	**21145**	**10769**	**10376**
门源回族自治县	8978	4493	4485	7841	3855	3986	9863	4985	4878
祁连县	2620	1371	1249	2939	1525	1414	4148	2127	2021
海晏县	3361	1480	1881	2167	1073	1094	3263	1699	1564
刚察县	2119	1113	1006	2642	1349	1293	3871	1958	1913
黄南藏族自治州	**18118**	**9242**	**8876**	**19427**	**10065**	**9362**	**24032**	**12347**	**11685**
同仁县	7832	4007	3825	6695	3501	3194	8187	4259	3928
尖扎县	3590	1745	1845	3608	1841	1767	4443	2278	2165
泽库县	5041	2565	2476	6226	3187	3039	7108	3592	3516
河南蒙古族自治县	1655	925	730	2898	1536	1362	4294	2218	2076
海南藏族自治州	**29455**	**14923**	**14532**	**29250**	**15042**	**14208**	**35804**	**18122**	**17682**
共和县	10007	4993	5014	8528	4467	4061	11230	5833	5397
同德县	3255	1737	1518	4739	2400	2339	5223	2574	2649
贵德县	6851	3365	3486	5633	2803	2830	6634	3340	3294
兴海县	4806	2479	2327	5685	2931	2754	6658	3338	3320
贵南县	4536	2349	2187	4665	2441	2224	6059	3037	3022
果洛藏族自治州	**16819**	**8741**	**8078**	**17629**	**9523**	**8106**	**19398**	**10240**	**9158**
玛沁县	5386	2646	2740	4793	2655	2138	5795	3149	2646
班玛县	2117	1168	949	2461	1367	1094	2706	1447	1259
甘德县	3261	1747	1514	3618	1963	1655	3574	1856	1718
达日县	2835	1489	1346	3089	1584	1505	3415	1769	1646
久治县	2391	1246	1145	2577	1397	1180	2567	1308	1259
玛多县	829	445	384	1091	557	534	1341	711	630
玉树藏族自治州	**34417**	**17776**	**16641**	**32751**	**16890**	**15861**	**33969**	**17542**	**16427**
玉树市	13572	6878	6694	11360	5848	5512	11438	6012	5426
杂多县	5002	2610	2392	5450	2704	2746	5393	2726	2667
称多县	4634	2409	2225	4201	2186	2015	4122	2146	1976
治多县	2257	1175	1082	2791	1487	1304	3062	1572	1490
囊谦县	6506	3477	3029	6235	3243	2992	7008	3562	3446
曲麻莱县	2446	1227	1219	2714	1422	1292	2946	1524	1422
海西蒙古族藏族自治州	**23485**	**12215**	**11270**	**30528**	**17275**	**13253**	**46172**	**25966**	**20206**
格尔木市	11199	5904	5295	13772	8026	5746	22581	12749	9832
德令哈市	5123	2584	2539	6667	3311	3356	8436	4351	4085
茫崖市	526	306	220	1375	998	377	2248	1582	666
乌兰县	1434	740	694	2027	1128	899	2772	1536	1236
都兰县	3703	1876	1827	3871	2040	1831	5374	2820	2554
天峻县	1113	580	533	1562	856	706	2359	1231	1128
大柴旦行政委员会	387	225	162	1254	916	338	2402	1697	705

1-5　续表 3　　单位：人

地　区	30-34岁			35-39岁			40-44岁		
	小计	男	女	小计	男	女	小计	男	女
全省	**495018**	**256276**	**238742**	**409914**	**212330**	**197584**	**458098**	**237257**	**220841**
西宁市	**212614**	**109365**	**103249**	**162944**	**84119**	**78825**	**188260**	**96549**	**91711**
城东区	47194	24760	22434	32347	16982	15365	34736	17920	16816
城中区	28894	14873	14021	22443	11404	11039	25283	12851	12432
城西区	31238	15391	15847	24536	11927	12609	25645	12518	13127
城北区	41145	21246	19899	28167	14838	13329	29336	15203	14133
湟中区	27225	14382	12843	23302	12460	10842	31332	16756	14576
大通回族土族自治县	29355	14784	14571	25644	13088	12556	33354	16957	16397
湟源县	7563	3929	3634	6505	3420	3085	8574	4344	4230
海东市	**95035**	**47940**	**47095**	**88199**	**45237**	**42962**	**104706**	**54465**	**50241**
乐都区	15602	7907	7695	15001	7702	7299	18914	10031	8883
平安区	8604	4236	4368	7452	3717	3735	9927	5088	4839
民和回族土族自治县	22901	11404	11497	19541	10095	9446	23768	12388	11380
互助土族自治县	25970	13556	12414	24126	12735	11391	28520	14950	13570
化隆回族自治县	12774	6250	6524	13107	6525	6582	14066	7173	6893
循化撒拉族自治县	9184	4587	4597	8972	4463	4509	9511	4835	4676
海北藏族自治州	**22146**	**11384**	**10762**	**19235**	**9840**	**9395**	**22930**	**11540**	**11390**
门源回族自治县	10776	5414	5362	8792	4403	4389	11005	5386	5619
祁连县	4247	2240	2007	4002	2083	1919	4736	2432	2304
海晏县	3163	1645	1518	2824	1513	1311	3630	1815	1815
刚察县	3960	2085	1875	3617	1841	1776	3559	1907	1652
黄南藏族自治州	**23683**	**11985**	**11698**	**22267**	**11182**	**11085**	**21308**	**10881**	**10427**
同仁县	8718	4504	4214	8014	4070	3944	8138	4174	3964
尖扎县	4134	2086	2048	4204	2093	2111	4701	2362	2339
泽库县	6835	3388	3447	6407	3158	3249	5234	2670	2564
河南蒙古族自治县	3996	2007	1989	3642	1861	1781	3235	1675	1560
海南藏族自治州	**38128**	**19266**	**18862**	**34457**	**17535**	**16922**	**35418**	**18060**	**17358**
共和县	12157	6218	5939	10573	5403	5170	10976	5636	5340
同德县	5496	2778	2718	5227	2730	2497	5014	2577	2437
贵德县	7310	3679	3631	7076	3608	3468	7831	3944	3887
兴海县	6970	3483	3487	5962	3008	2954	5728	2909	2819
贵南县	6195	3108	3087	5619	2786	2833	5869	2994	2875
果洛藏族自治州	**18189**	**9632**	**8557**	**15436**	**8078**	**7358**	**15679**	**8349**	**7330**
玛沁县	5386	2998	2388	4606	2503	2103	4704	2590	2114
班玛县	2564	1350	1214	2223	1126	1097	2304	1221	1083
甘德县	3193	1674	1519	2802	1457	1345	2672	1367	1305
达日县	3180	1627	1553	2593	1333	1260	2727	1423	1304
久治县	2333	1199	1134	2085	1071	1014	2190	1158	1032
玛多县	1533	784	749	1127	588	539	1082	590	492
玉树藏族自治州	**34526**	**17819**	**16707**	**30571**	**15525**	**15046**	**30114**	**15487**	**14627**
玉树市	11880	6208	5672	10507	5422	5085	10299	5353	4946
杂多县	4948	2490	2458	4346	2162	2184	4326	2170	2156
称多县	4841	2526	2315	4558	2299	2259	4514	2321	2193
治多县	3114	1581	1533	2729	1419	1310	2507	1289	1218
囊谦县	6896	3597	3299	6122	3027	3095	6105	3099	3006
曲麻莱县	2847	1417	1430	2309	1196	1113	2363	1255	1108
海西蒙古族藏族自治州	**50697**	**28885**	**21812**	**36805**	**20814**	**15991**	**39683**	**21926**	**17757**
格尔木市	25295	14196	11099	17131	9536	7595	17831	9677	8154
德令哈市	9006	4876	4130	6671	3573	3098	7327	3893	3434
茫崖市	2903	2049	854	2176	1589	587	2236	1533	703
乌兰县	2985	1684	1301	2212	1231	981	2721	1433	1288
都兰县	5661	3006	2655	4960	2658	2302	5854	3053	2801
天峻县	2410	1306	1104	2072	1054	1018	1940	1038	902
大柴旦行政委员会	2437	1768	669	1583	1173	410	1774	1299	475

1-5 续表 4

单位：人

地区	45-49岁			50-54岁			55-59岁		
	小计	男	女	小计	男	女	小计	男	女
全省	**533670**	**278338**	**255332**	**519895**	**269394**	**250501**	**379159**	**195057**	**184102**
西宁市	**234996**	**121407**	**113589**	**244890**	**124817**	**120073**	**188890**	**96003**	**92887**
城东区	44229	22686	21543	48190	24186	24004	37991	19358	18633
城中区	30791	15730	15061	33240	16991	16249	27210	13816	13394
城西区	31315	15827	15488	32374	16136	16238	27603	13860	13743
城北区	37209	19377	17832	40498	20515	19983	30175	15348	14827
湟中区	40613	21952	18661	39712	20898	18814	27854	14394	13460
大通回族土族自治县	39296	19904	19392	38714	19761	18953	28914	14594	14320
湟源县	11543	5931	5612	12162	6330	5832	9143	4633	4510
海东市	**121306**	**62844**	**58462**	**121474**	**62365**	**59109**	**92312**	**47046**	**45266**
乐都区	25345	13463	11882	25540	13283	12257	18853	9572	9281
平安区	11796	6095	5701	11575	5926	5649	8675	4415	4260
民和回族土族自治县	28025	14411	13614	28672	14542	14130	21602	10981	10621
互助土族自治县	32805	17103	15702	33072	17212	15860	26244	13450	12794
化隆回族自治县	14306	7258	7048	14329	7264	7065	10993	5672	5321
循化撒拉族自治县	9029	4514	4515	8286	4138	4148	5945	2956	2989
海北藏族自治州	**25793**	**13293**	**12500**	**23136**	**12194**	**10942**	**16919**	**8912**	**8007**
门源回族自治县	13024	6699	6325	12669	6504	6165	9979	5253	4726
祁连县	4915	2528	2387	3959	2154	1805	2646	1375	1271
海晏县	4161	2113	2048	3448	1866	1582	2284	1244	1040
刚察县	3693	1953	1740	3060	1670	1390	2010	1040	970
黄南藏族自治州	**21055**	**10825**	**10230**	**18286**	**9334**	**8952**	**11704**	**5960**	**5744**
同仁县	8273	4249	4024	7049	3638	3411	4276	2193	2083
尖扎县	4804	2436	2368	4726	2408	2318	3051	1572	1479
泽库县	4830	2471	2359	3841	1956	1885	2725	1362	1363
河南蒙古族自治县	3148	1669	1479	2670	1332	1338	1652	833	819
海南藏族自治州	**37813**	**19389**	**18424**	**33134**	**16994**	**16140**	**22467**	**11394**	**11073**
共和县	11656	5944	5712	10420	5297	5123	7010	3638	3372
同德县	4725	2445	2280	3651	1911	1740	2225	1131	1094
贵德县	10015	5101	4914	9738	5004	4734	7201	3580	3621
兴海县	5507	2824	2683	4585	2344	2241	2885	1473	1412
贵南县	5910	3075	2835	4740	2438	2302	3146	1572	1574
果洛藏族自治州	**15040**	**8208**	**6832**	**11985**	**6588**	**5397**	**7533**	**4119**	**3414**
玛沁县	4679	2648	2031	3651	2147	1504	2178	1243	935
班玛县	2271	1206	1065	1763	967	796	1155	640	515
甘德县	2554	1383	1171	2131	1082	1049	1413	755	658
达日县	2503	1337	1166	2016	1101	915	1233	681	552
久治县	2046	1095	951	1638	863	775	1075	544	531
玛多县	987	539	448	786	428	358	479	256	223
玉树藏族自治州	**28588**	**14846**	**13742**	**22115**	**11553**	**10562**	**13172**	**6949**	**6223**
玉树市	10040	5256	4784	7774	4073	3701	4580	2424	2156
杂多县	3735	1952	1783	3133	1660	1473	1799	981	818
称多县	4199	2205	1994	3066	1595	1471	1941	1010	931
治多县	2622	1350	1272	1836	940	896	1076	562	514
囊谦县	5715	2933	2782	4577	2383	2194	2741	1434	1307
曲麻莱县	2277	1150	1127	1729	902	827	1035	538	497
海西蒙古族藏族自治州	**49079**	**27526**	**21553**	**44875**	**25549**	**19326**	**26162**	**14674**	**11488**
格尔木市	23007	12695	10312	20883	11848	9035	11979	6768	5211
德令哈市	8604	4606	3998	8496	4606	3890	5255	2879	2376
茫崖市	2636	1829	807	1892	1350	542	742	546	196
乌兰县	3455	1861	1594	3216	1811	1405	1975	1067	908
都兰县	6995	3694	3301	6784	3608	3176	4387	2378	2009
天峻县	2113	1133	980	1904	1051	853	1199	608	591
大柴旦行政委员会	2269	1708	561	1700	1275	425	625	428	197

1-5 续表 5

单位：人

地区	60-64岁			65-69岁			70-74岁		
	小计	男	女	小计	男	女	小计	男	女
全省	**205309**	**104827**	**100482**	**195180**	**95089**	**100091**	**135702**	**62885**	**72817**
西宁市	**104582**	**53229**	**51353**	**94129**	**45868**	**48261**	**62464**	**28724**	**33740**
城东区	20708	10592	10116	16667	8337	8330	11315	5107	6208
城中区	15708	7948	7760	12600	6161	6439	8224	3675	4549
城西区	15520	7785	7735	11509	5494	6015	7627	3345	4282
城北区	17456	8732	8724	13922	6698	7224	8831	3791	5040
湟中区	13874	7069	6805	17374	8356	9018	11771	5616	6155
大通回族土族自治县	15607	8094	7513	16483	8052	8431	11075	5394	5681
湟源县	5709	3009	2700	5574	2770	2804	3621	1796	1825
海东市	**54843**	**27980**	**26863**	**55442**	**27119**	**28323**	**38465**	**18457**	**20008**
乐都区	12424	6381	6043	12592	6111	6481	8506	4077	4429
平安区	4789	2417	2372	5005	2377	2628	3504	1657	1847
民和回族土族自治县	12537	6332	6205	12991	6372	6619	9277	4435	4842
互助土族自治县	15248	7996	7252	14580	7235	7345	9409	4556	4853
化隆回族自治县	6023	3008	3015	6414	3114	3300	4668	2282	2386
循化撒拉族自治县	3822	1846	1976	3860	1910	1950	3101	1450	1651
海北藏族自治州	**8592**	**4398**	**4194**	**8047**	**3992**	**4055**	**5193**	**2454**	**2739**
门源回族自治县	5271	2729	2542	4901	2463	2438	3149	1530	1619
祁连县	1394	690	704	1323	672	651	862	400	462
海晏县	1125	584	541	1035	481	554	625	286	339
刚察县	802	395	407	788	376	412	557	238	319
黄南藏族自治州	**4948**	**2526**	**2422**	**5541**	**2579**	**2962**	**5021**	**2234**	**2787**
同仁县	1924	994	930	2244	993	1251	2081	967	1114
尖扎县	1503	759	744	1425	710	715	1194	518	676
泽库县	876	457	419	1085	497	588	1058	449	609
河南蒙古族自治县	645	316	329	787	379	408	688	300	388
海南藏族自治州	**11842**	**5906**	**5936**	**11840**	**5717**	**6123**	**8336**	**3774**	**4562**
共和县	3631	1817	1814	3299	1577	1722	2075	896	1179
同德县	1107	530	577	1248	613	635	977	430	547
贵德县	4320	2212	2108	4287	2125	2162	2974	1405	1569
兴海县	1361	658	703	1425	663	762	1118	512	606
贵南县	1423	689	734	1581	739	842	1192	531	661
果洛藏族自治州	**3299**	**1678**	**1621**	**3567**	**1720**	**1847**	**2916**	**1336**	**1580**
玛沁县	875	463	412	877	423	454	695	313	382
班玛县	472	236	236	626	297	329	504	254	250
甘德县	601	304	297	686	340	346	578	269	309
达日县	564	269	295	586	283	303	511	233	278
久治县	551	285	266	579	267	312	458	192	266
玛多县	236	121	115	213	110	103	170	75	95
玉树藏族自治州	**5981**	**2938**	**3043**	**7764**	**3700**	**4064**	**7597**	**3407**	**4190**
玉树市	2075	1047	1028	2753	1322	1431	2431	1108	1323
杂多县	637	308	329	968	473	495	936	459	477
称多县	980	454	526	1223	564	659	1045	474	571
治多县	513	242	271	665	317	348	670	310	360
囊谦县	1244	600	644	1498	720	778	1992	817	1175
曲麻莱县	532	287	245	657	304	353	523	239	284
海西蒙古族藏族自治州	**11222**	**6172**	**5050**	**8850**	**4394**	**4456**	**5710**	**2499**	**3211**
格尔木市	4774	2668	2106	3447	1763	1684	2248	954	1294
德令哈市	2414	1308	1106	1948	949	999	1224	544	680
茫崖市	212	133	79	132	76	56	73	26	47
乌兰县	1008	539	469	898	442	456	576	264	312
都兰县	2174	1170	1004	1864	911	953	1219	555	664
天峻县	489	241	248	436	190	246	287	129	158
大柴旦行政委员会	151	113	38	125	63	62	83	27	56

1-5 续表 6

单位：人

地区	75-79岁			80-84岁			85-89岁		
	小计	男	女	小计	男	女	小计	男	女
全省	**96614**	**42377**	**54237**	**57214**	**25414**	**31800**	**22501**	**9892**	**12609**
西宁市	**47418**	**19921**	**27497**	**30720**	**14276**	**16444**	**11697**	**5596**	**6101**
城东区	9824	4028	5796	7295	3468	3827	2743	1360	1383
城中区	7144	2765	4379	5506	2449	3057	2314	1116	1198
城西区	6728	2526	4202	5490	2519	2971	2133	1023	1110
城北区	7700	2913	4787	5612	2676	2936	2113	1017	1096
湟中区	7158	3546	3612	3052	1449	1603	1114	508	606
大通回族土族自治县	6543	3074	3469	2740	1274	1466	932	424	508
湟源县	2321	1069	1252	1025	441	584	348	148	200
海东市	**25280**	**12186**	**13094**	**12473**	**5659**	**6814**	**4843**	**2149**	**2694**
乐都区	5681	2754	2927	2898	1277	1621	1073	468	605
平安区	2591	1254	1337	1271	584	687	515	229	286
民和回族土族自治县	6030	2997	3033	3210	1495	1715	1287	586	701
互助土族自治县	5721	2673	3048	2374	1071	1303	910	402	508
化隆回族自治县	3182	1553	1629	1514	722	792	534	245	289
循化撒拉族自治县	2075	955	1120	1206	510	696	524	219	305
海北藏族自治州	**3366**	**1565**	**1801**	**1753**	**789**	**964**	**675**	**285**	**390**
门源回族自治县	1923	941	982	848	441	407	297	145	152
祁连县	595	261	334	378	167	211	148	61	87
海晏县	429	198	231	229	78	151	96	42	54
刚察县	419	165	254	298	103	195	134	37	97
黄南藏族自治州	**3587**	**1595**	**1992**	**2367**	**843**	**1524**	**1107**	**358**	**749**
同仁县	1509	683	826	1078	388	690	491	158	333
尖扎县	929	433	496	510	200	310	261	99	162
泽库县	725	321	404	494	172	322	241	76	165
河南蒙古族自治县	424	158	266	285	83	202	114	25	89
海南藏族自治州	**5507**	**2333**	**3174**	**3303**	**1289**	**2014**	**1388**	**502**	**886**
共和县	1465	576	889	903	363	540	368	148	220
同德县	624	241	383	425	145	280	187	65	122
贵德县	1776	814	962	995	424	571	391	153	238
兴海县	795	363	432	464	171	293	235	72	163
贵南县	847	339	508	516	186	330	207	64	143
果洛藏族自治州	**1997**	**824**	**1173**	**1254**	**453**	**801**	**577**	**184**	**393**
玛沁县	484	217	267	310	107	203	148	37	111
班玛县	365	160	205	237	85	152	86	28	58
甘德县	410	163	247	284	111	173	147	56	91
达日县	321	131	190	169	59	110	84	30	54
久治县	305	111	194	185	67	118	83	19	64
玛多县	112	42	70	69	24	45	29	14	15
玉树藏族自治州	**5297**	**2207**	**3090**	**3051**	**1078**	**1973**	**1346**	**420**	**926**
玉树市	1662	698	964	1074	373	701	454	129	325
杂多县	668	288	380	411	152	259	200	70	130
称多县	735	331	404	415	145	270	153	44	109
治多县	403	154	249	197	67	130	104	35	69
囊谦县	1459	587	872	756	272	484	351	120	231
曲麻莱县	370	149	221	198	69	129	84	22	62
海西蒙古族藏族自治州	**4162**	**1746**	**2416**	**2293**	**1027**	**1266**	**868**	**398**	**470**
格尔木市	1765	741	1024	929	452	477	298	152	146
德令哈市	849	359	490	512	227	285	201	92	109
茫崖市	50	19	31	39	18	21	24	11	13
乌兰县	381	150	231	184	76	108	82	31	51
都兰县	760	342	418	343	128	215	122	48	74
天峻县	234	92	142	164	53	111	88	30	58
大柴旦行政委员会	123	43	80	122	73	49	53	34	19

1-5 续表 7

单位：人

地区	90-94岁			95-99岁			100岁及以上		
	小计	男	女	小计	男	女	小计	男	女
全省	**5538**	**2443**	**3095**	**1169**	**462**	**707**	**175**	**67**	**108**
西宁市	**2705**	**1398**	**1307**	**468**	**220**	**248**	**68**	**35**	**33**
城东区	692	359	333	123	59	64	19	11	8
城中区	550	284	266	82	41	41	15	9	6
城西区	494	281	213	92	39	53	8	4	4
城北区	507	260	247	88	43	45	6	1	5
湟中区	210	96	114	38	16	22	4		4
大通回族土族自治县	181	88	93	34	16	18	14	8	6
湟源县	71	30	41	11	6	5	2	2	
海东市	**1071**	**471**	**600**	**236**	**104**	**132**	**20**	**7**	**13**
乐都区	228	99	129	33	13	20	3		3
平安区	113	54	59	28	18	10	1	1	
民和回族土族自治县	242	119	123	52	25	27	5	3	2
互助土族自治县	154	72	82	23	15	8	2	1	1
化隆回族自治县	168	68	100	52	18	34	4	1	3
循化撒拉族自治县	166	59	107	48	15	33	5	1	4
海北藏族自治州	**151**	**66**	**85**	**24**	**11**	**13**	**5**	**4**	**1**
门源回族自治县	69	38	31	5	4	1	4	4	
祁连县	39	13	26	8	4	4			
海晏县	16	8	8	2	1	1			
刚察县	27	7	20	9	2	7	1		1
黄南藏族自治州	**346**	**112**	**234**	**84**	**24**	**60**	**18**	**4**	**14**
同仁县	165	50	115	45	13	32	8	2	6
尖扎县	74	27	47	20	7	13	1		1
泽库县	67	22	45	11	2	9	7	2	5
河南蒙古族自治县	40	13	27	8	2	6	2		2
海南藏族自治州	**367**	**107**	**260**	**100**	**37**	**63**	**11**	**1**	**10**
共和县	98	27	71	25	10	15	1		1
同德县	64	12	52	16	6	10	1		1
贵德县	91	37	54	23	7	16			
兴海县	67	18	49	18	7	11	8	1	7
贵南县	47	13	34	18	7	11	1		1
果洛藏族自治州	**206**	**48**	**158**	**51**	**10**	**41**	**5**		**5**
玛沁县	63	15	48	19	4	15	1		1
班玛县	42	12	30	9		9	2		2
甘德县	36	9	27	12	4	8	1		1
达日县	25	4	21	4	1	3			
久治县	31	3	28	6	1	5	1		1
玛多县	9	5	4	1		1			
玉树藏族自治州	**455**	**138**	**317**	**149**	**30**	**119**	**32**	**7**	**25**
玉树市	174	51	123	53	9	44	5	1	4
杂多县	57	19	38	18	5	13	7	1	6
称多县	55	16	39	16	2	14	1		1
治多县	18	7	11	10	4	6	4		4
囊谦县	125	39	86	43	9	34	15	5	10
曲麻莱县	26	6	20	9	1	8			
海西蒙古族藏族自治州	**237**	**103**	**134**	**57**	**26**	**31**	**16**	**9**	**7**
格尔木市	92	33	59	18	8	10	6	4	2
德令哈市	50	22	28	9	5	4	3	2	1
茫崖市	8	3	5	1	1		1		1
乌兰县	18	10	8	8	5	3	2	2	
都兰县	32	15	17	10	2	8			
天峻县	20	6	14	5	2	3	3	1	2
大柴旦行政委员会	17	14	3	6	3	3	1		1

1-5a 各地区分年龄、性别的人口(城市)

单位：人

地　区	合　计			0岁		
	合计	男	女	小计	男	女
全省	**2124083**	**1081946**	**1042137**	**18869**	**9749**	**9120**
西宁市	**1618954**	**818668**	**800286**	**14273**	**7418**	**6855**
城东区	489372	250205	239167	4640	2412	2228
城中区	322863	163313	159550	2362	1237	1125
城西区	326507	161627	164880	2958	1519	1439
城北区	407603	206596	201007	3574	1872	1702
湟中区	57674	28957	28717	600	305	295
大通回族土族自治县	14935	7970	6965	139	73	66
湟源县						
海东市	**190040**	**93808**	**96232**	**1798**	**917**	**881**
乐都区	112937	55854	57083	1035	539	496
平安区	77103	37954	39149	763	378	385
民和回族土族自治县						
互助土族自治县						
化隆回族自治县						
循化撒拉族自治县						
海北藏族自治州						
门源回族自治县						
祁连县						
海晏县						
刚察县						
黄南藏族自治州						
同仁县						
尖扎县						
泽库县						
河南蒙古族自治县						
海南藏族自治州						
共和县						
同德县						
贵德县						
兴海县						
贵南县						
果洛藏族自治州						
玛沁县						
班玛县						
甘德县						
达日县						
久治县						
玛多县						
玉树藏族自治州	**81984**	**42235**	**39749**	**566**	**290**	**276**
玉树市	79138	40851	38287	529	272	257
杂多县						
称多县						
治多县						
囊谦县						
曲麻莱县	2846	1384	1462	37	18	19
海西蒙古族藏族自治州	**233105**	**127235**	**105870**	**2232**	**1124**	**1108**
格尔木市	154472	83917	70555	1562	797	765
德令哈市	63156	32772	30384	601	296	305
茫崖市	15477	10546	4931	69	31	38
乌兰县						
都兰县						
天峻县						
大柴旦行政委员会						

1-5a　续表 1　　　　单位：人

地　区	1-4岁			5-9岁			10-14岁		
	小计	男	女	小计	男	女	小计	男	女
全省	**96153**	**49624**	**46529**	**114245**	**59189**	**55056**	**105325**	**54773**	**50552**
西宁市	**70880**	**36652**	**34228**	**80767**	**42025**	**38742**	**73846**	**38647**	**35199**
城东区	22864	11916	10948	25706	13365	12341	23364	12197	11167
城中区	12672	6489	6183	14994	7794	7200	14298	7403	6895
城西区	14896	7696	7200	16671	8569	8102	15245	8021	7224
城北区	16988	8789	8199	18008	9505	8503	15556	8266	7290
湟中区	2785	1413	1372	4521	2355	2166	4436	2277	2159
大通回族土族自治县	675	349	326	867	437	430	947	483	464
湟源县									
海东市	**9191**	**4763**	**4428**	**12221**	**6250**	**5971**	**11496**	**5862**	**5634**
乐都区	5352	2794	2558	6734	3432	3302	6614	3362	3252
平安区	3839	1969	1870	5487	2818	2669	4882	2500	2382
民和回族土族自治县									
互助土族自治县									
化隆回族自治县									
循化撒拉族自治县									
海北藏族自治州									
门源回族自治县									
祁连县									
海晏县									
刚察县									
黄南藏族自治州									
同仁县									
尖扎县									
泽库县									
河南蒙古族自治县									
海南藏族自治州									
共和县									
同德县									
贵德县									
兴海县									
贵南县									
果洛藏族自治州									
玛沁县									
班玛县									
甘德县									
达日县									
久治县									
玛多县									
玉树藏族自治州	**4094**	**2062**	**2032**	**7257**	**3698**	**3559**	**6939**	**3498**	**3441**
玉树市	3867	1952	1915	6888	3521	3367	6586	3318	3268
杂多县									
称多县									
治多县									
囊谦县									
曲麻莱县	227	110	117	369	177	192	353	180	173
海西蒙古族藏族自治州	**11988**	**6147**	**5841**	**14000**	**7216**	**6784**	**13044**	**6766**	**6278**
格尔木市	8626	4438	4188	9917	5118	4799	9280	4878	4402
德令哈市	2976	1526	1450	3655	1871	1784	3286	1635	1651
茫崖市	386	183	203	428	227	201	478	253	225
乌兰县									
都兰县									
天峻县									
大柴旦行政委员会									

1-5a 续表 2 单位：人

地　区	15-19岁			20-24岁			25-29岁		
	小计	男	女	小计	男	女	小计	男	女
全省	**113194**	**59035**	**54159**	**141958**	**72218**	**69740**	**178697**	**91883**	**86814**
西宁市	**80539**	**42450**	**38089**	**111319**	**56079**	**55240**	**134451**	**68380**	**66071**
城东区	22601	11709	10892	32674	16899	15775	43450	22494	20956
城中区	16673	9212	7461	18427	9478	8949	25572	13170	12402
城西区	10809	5910	4899	17828	8599	9229	26025	12769	13256
城北区	24127	12381	11746	38837	19269	19568	34433	17361	17072
湟中区	5774	2896	2878	2717	1378	1339	3762	1886	1876
大通回族土族自治县	555	342	213	836	456	380	1209	700	509
湟源县									
海东市	**11449**	**5711**	**5738**	**8731**	**4128**	**4603**	**12074**	**5712**	**6362**
乐都区	7675	3817	3858	5685	2676	3009	6849	3216	3633
平安区	3774	1894	1880	3046	1452	1594	5225	2496	2729
民和回族土族自治县									
互助土族自治县									
化隆回族自治县									
循化撒拉族自治县									
海北藏族自治州									
门源回族自治县									
祁连县									
海晏县									
刚察县									
黄南藏族自治州									
同仁县									
尖扎县									
泽库县									
河南蒙古族自治县									
海南藏族自治州									
共和县									
同德县									
贵德县									
兴海县									
贵南县									
果洛藏族自治州									
玛沁县									
班玛县									
甘德县									
达日县									
久治县									
玛多县									
玉树藏族自治州	**9495**	**4746**	**4749**	**6600**	**3423**	**3177**	**7003**	**3730**	**3273**
玉树市	9274	4646	4628	6416	3324	3092	6805	3637	3168
杂多县									
称多县									
治多县									
囊谦县									
曲麻莱县	221	100	121	184	99	85	198	93	105
海西蒙古族藏族自治州	**11711**	**6128**	**5583**	**15308**	**8588**	**6720**	**25169**	**14061**	**11108**
格尔木市	7197	3851	3346	9042	5308	3734	16672	9354	7318
德令哈市	4068	2018	2050	5197	2509	2688	6641	3424	3217
茫崖市	446	259	187	1069	771	298	1856	1283	573
乌兰县									
都兰县									
天峻县									
大柴旦行政委员会									

1−5a　续表 3　　　　单位：人

地　　区	30−34岁			35−39岁			40−44岁		
	小计	男	女	小计	男	女	小计	男	女
全省	**204219**	**105661**	**98558**	**150237**	**77480**	**72757**	**162320**	**83189**	**79131**
西宁市	**153444**	**78635**	**74809**	**111311**	**57009**	**54302**	**119848**	**60883**	**58965**
城东区	47194	24760	22434	32347	16982	15365	34736	17920	16816
城中区	28543	14596	13947	22188	11188	11000	24963	12603	12360
城西区	31206	15373	15833	24515	11913	12602	25628	12509	13119
城北区	40355	20838	19517	27501	14454	13047	28510	14757	13753
湟中区	4914	2406	2508	3756	1921	1835	4649	2342	2307
大通回族土族自治县	1232	662	570	1004	551	453	1362	752	610
湟源县									
海东市	**14413**	**6820**	**7593**	**13067**	**6211**	**6856**	**16198**	**8092**	**8106**
乐都区	8311	3950	4361	7800	3687	4113	9321	4657	4664
平安区	6102	2870	3232	5267	2524	2743	6877	3435	3442
民和回族土族自治县									
互助土族自治县									
化隆回族自治县									
循化撒拉族自治县									
海北藏族自治州									
门源回族自治县									
祁连县									
海晏县									
刚察县									
黄南藏族自治州									
同仁县									
尖扎县									
泽库县									
河南蒙古族自治县									
海南藏族自治州									
共和县									
同德县									
贵德县									
兴海县									
贵南县									
果洛藏族自治州									
玛沁县									
班玛县									
甘德县									
达日县									
久治县									
玛多县									
玉树藏族自治州	**7389**	**3922**	**3467**	**6323**	**3302**	**3021**	**6240**	**3237**	**3003**
玉树市	7219	3847	3372	6174	3226	2948	6055	3147	2908
杂多县									
称多县									
治多县									
囊谦县									
曲麻莱县	170	75	95	149	76	73	185	90	95
海西蒙古族藏族自治州	**28973**	**16284**	**12689**	**19536**	**10958**	**8578**	**20034**	**10977**	**9057**
格尔木市	19389	10744	8645	12604	6882	5722	12955	6897	6058
德令哈市	7054	3763	3291	5014	2678	2336	5324	2848	2476
茫崖市	2530	1777	753	1918	1398	520	1755	1232	523
乌兰县									
都兰县									
天峻县									
大柴旦行政委员会									

1–5a 续表 4

单位：人

地 区	45–49岁			50–54岁			55–59岁		
	小计	男	女	小计	男	女	小计	男	女
全省	**199425**	**103304**	**96121**	**204580**	**104650**	**99930**	**154792**	**79080**	**75712**
西宁市	**148788**	**76259**	**72529**	**159194**	**80215**	**78979**	**126552**	**64060**	**62492**
城东区	44229	22686	21543	48190	24186	24004	37991	19358	18633
城中区	30364	15419	14945	32876	16719	16157	27011	13687	13324
城西区	31277	15806	15471	32336	16114	16222	27558	13835	13723
城北区	36109	18761	17348	39382	19920	19462	29474	14970	14504
湟中区	5294	2758	2536	4971	2511	2460	3537	1724	1813
大通回族土族自治县	1515	829	686	1439	765	674	981	486	495
湟源县									
海东市	**19716**	**10011**	**9705**	**18779**	**9388**	**9391**	**13653**	**6832**	**6821**
乐都区	11879	6093	5786	11168	5585	5583	8063	4065	3998
平安区	7837	3918	3919	7611	3803	3808	5590	2767	2823
民和回族土族自治县									
互助土族自治县									
化隆回族自治县									
循化撒拉族自治县									
海北藏族自治州									
门源回族自治县									
祁连县									
海晏县									
刚察县									
黄南藏族自治州									
同仁县									
尖扎县									
泽库县									
河南蒙古族自治县									
海南藏族自治州									
共和县									
同德县									
贵德县									
兴海县									
贵南县									
果洛藏族自治州									
玛沁县									
班玛县									
甘德县									
达日县									
久治县									
玛多县									
玉树藏族自治州	**6230**	**3297**	**2933**	**4896**	**2631**	**2265**	**2988**	**1640**	**1348**
玉树市	6027	3199	2828	4739	2554	2185	2859	1574	1285
杂多县									
称多县									
治多县									
囊谦县									
曲麻莱县	203	98	105	157	77	80	129	66	63
海西蒙古族藏族自治州	**24691**	**13737**	**10954**	**21711**	**12416**	**9295**	**11599**	**6548**	**5051**
格尔木市	16607	9076	7531	14359	8135	6224	7756	4331	3425
德令哈市	6085	3268	2817	5845	3211	2634	3262	1799	1463
茫崖市	1999	1393	606	1507	1070	437	581	418	163
乌兰县									
都兰县									
天峻县									
大柴旦行政委员会									

1–5a　续表 5　　　　单位：人

地　区	60–64岁			65–69岁			70–74岁		
	小计	男	女	小计	男	女	小计	男	女
全省	**84627**	**42938**	**41689**	**69079**	**33604**	**35475**	**46096**	**20548**	**25548**
西宁市	**70986**	**35860**	**35126**	**56643**	**27580**	**29063**	**37339**	**16561**	**20778**
城东区	20708	10592	10116	16667	8337	8330	11315	5107	6208
城中区	15646	7902	7744	12531	6124	6407	8189	3660	4529
城西区	15500	7774	7726	11500	5487	6013	7622	3343	4279
城北区	16983	8504	8479	13442	6477	6965	8567	3683	4884
湟中区	1490	747	743	1788	805	983	1253	568	685
大通回族土族自治县	659	341	318	715	350	365	393	200	193
湟源县									
海东市	**7736**	**3907**	**3829**	**7580**	**3603**	**3977**	**5277**	**2489**	**2788**
乐都区	4815	2435	2380	4555	2199	2356	3174	1513	1661
平安区	2921	1472	1449	3025	1404	1621	2103	976	1127
民和回族土族自治县									
互助土族自治县									
化隆回族自治县									
循化撒拉族自治县									
海北藏族自治州									
门源回族自治县									
祁连县									
海晏县									
刚察县									
黄南藏族自治州									
同仁县									
尖扎县									
泽库县									
河南蒙古族自治县									
海南藏族自治州									
共和县									
同德县									
贵德县									
兴海县									
贵南县									
果洛藏族自治州									
玛沁县									
班玛县									
甘德县									
达日县									
久治县									
玛多县									
玉树藏族自治州	**1296**	**679**	**617**	**1548**	**778**	**770**	**1326**	**622**	**704**
玉树市	1242	650	592	1465	737	728	1264	594	670
杂多县									
称多县									
治多县									
囊谦县									
曲麻莱县	54	29	25	83	41	42	62	28	34
海西蒙古族藏族自治州	**4609**	**2492**	**2117**	**3308**	**1643**	**1665**	**2154**	**876**	**1278**
格尔木市	2992	1613	1379	2184	1111	1073	1374	545	829
德令哈市	1427	758	669	1016	467	549	718	307	411
茫崖市	190	121	69	108	65	43	62	24	38
乌兰县									
都兰县									
天峻县									
大柴旦行政委员会									

1-5a 续表 6

单位：人

地区	75-79岁			80-84岁			85-89岁		
	小计	男	女	小计	男	女	小计	男	女
全省	**38629**	**15407**	**23222**	**27832**	**12909**	**14923**	**10708**	**5145**	**5563**
西宁市	**32351**	**12664**	**19687**	**24295**	**11312**	**12983**	**9427**	**4582**	**4845**
城东区	9824	4028	5796	7295	3468	3827	2743	1360	1383
城中区	7122	2753	4369	5496	2446	3050	2298	1107	1191
城西区	6724	2525	4199	5486	2519	2967	2131	1023	1108
城北区	7562	2846	4716	5546	2646	2900	2067	1003	1064
湟中区	861	384	477	371	184	187	151	77	74
大通回族土族自治县	258	128	130	101	49	52	37	12	25
湟源县									
海东市	**3759**	**1769**	**1990**	**1965**	**913**	**1052**	**767**	**350**	**417**
乐都区	2175	1033	1142	1182	543	639	447	213	234
平安区	1584	736	848	783	370	413	320	137	183
民和回族土族自治县									
互助土族自治县									
化隆回族自治县									
循化撒拉族自治县									
海北藏族自治州									
门源回族自治县									
祁连县									
海晏县									
刚察县									
黄南藏族自治州									
同仁县									
尖扎县									
泽库县									
河南蒙古族自治县									
海南藏族自治州									
共和县									
同德县									
贵德县									
兴海县									
贵南县									
果洛藏族自治州									
玛沁县									
班玛县									
甘德县									
达日县									
久治县									
玛多县									
玉树藏族自治州	**864**	**354**	**510**	**575**	**215**	**360**	**231**	**72**	**159**
玉树市	822	335	487	560	209	351	225	71	154
杂多县									
称多县									
治多县									
囊谦县									
曲麻莱县	42	19	23	15	6	9	6	1	5
海西蒙古族藏族自治州	**1655**	**620**	**1035**	**997**	**469**	**528**	**283**	**141**	**142**
格尔木市	1095	419	676	631	315	316	169	83	86
德令哈市	520	184	336	335	141	194	97	50	47
茫崖市	40	17	23	31	13	18	17	8	9
乌兰县									
都兰县									
天峻县									
大柴旦行政委员会									

1-5a　续表 7　　　　　　　　　　　　　　　　　　　　　　　　　　单位：人

地　区	90–94岁			95–99岁			100岁及以上		
	小计	男	女	小计	男	女	小计	男	女
全省	**2575**	**1316**	**1259**	**464**	**218**	**246**	**59**	**26**	**33**
西宁市	**2263**	**1189**	**1074**	**390**	**185**	**205**	**48**	**23**	**25**
城东区	692	359	333	123	59	64	19	11	8
城中区	546	280	266	79	39	40	13	7	6
城西区	493	280	213	91	39	52	8	4	4
城北区	492	251	241	84	42	42	6	1	5
湟中区	32	16	16	10	4	6	2		2
大通回族土族自治县	8	3	5	3	2	1			
湟源县									
海东市	**138**	**62**	**76**	**30**	**18**	**12**	**2**		**2**
乐都区	85	38	47	16	7	9	2		2
平安区	53	24	29	14	11	3			
民和回族土族自治县									
互助土族自治县									
化隆回族自治县									
循化撒拉族自治县									
海北藏族自治州									
门源回族自治县									
祁连县									
海晏县									
刚察县									
黄南藏族自治州									
同仁县									
尖扎县									
泽库县									
河南蒙古族自治县									
海南藏族自治州									
共和县									
同德县									
贵德县									
兴海县									
贵南县									
果洛藏族自治州									
玛沁县									
班玛县									
甘德县									
达日县									
久治县									
玛多县									
玉树藏族自治州	**89**	**30**	**59**	**30**	**8**	**22**	**5**	**1**	**4**
玉树市	88	30	58	29	7	22	5	1	4
杂多县									
称多县									
治多县									
囊谦县									
曲麻莱县	1		1	1	1				
海西蒙古族藏族自治州	**85**	**35**	**50**	**14**	**7**	**7**	**4**	**2**	**2**
格尔木市	52	19	33	7	2	5	2	1	1
德令哈市	28	14	14	6	4	2	1	1	
茫崖市	5	2	3	1	1		1		1
乌兰县									
都兰县									
天峻县									
大柴旦行政委员会									

1-5b 各地区分年龄、性别的人口(镇)

单位：人

地区	合计			0岁		
	合计	男	女	小计	男	女
全省	**1435280**	**728786**	**706494**	**14871**	**7668**	**7203**
西宁市	**321662**	**162405**	**159257**	**2985**	**1555**	**1430**
城东区						
城中区	2183	1713	470	3	1	2
城西区	359	196	163	3	2	1
城北区						
湟中区	70616	37050	33566	682	356	326
大通回族土族自治县	190794	95119	95675	1819	956	863
湟源县	57710	28327	29383	478	240	238
海东市	**358818**	**178882**	**179936**	**4022**	**2110**	**1912**
乐都区	12111	6243	5868	120	63	57
平安区	2633	1638	995	9	4	5
民和回族土族自治县	131715	65161	66554	1385	747	638
互助土族自治县	122069	61165	60904	1237	614	623
化隆回族自治县	41904	20575	21329	520	279	241
循化撒拉族自治县	48386	24100	24286	751	403	348
海北藏族自治州	**122997**	**60638**	**62359**	**1137**	**606**	**531**
门源回族自治县	52218	25084	27134	445	232	213
祁连县	26617	13172	13445	297	168	129
海晏县	28136	13907	14229	226	114	112
刚察县	16026	8475	7551	169	92	77
黄南藏族自治州	**114810**	**58232**	**56578**	**1498**	**722**	**776**
同仁县	49962	25660	24302	662	313	349
尖扎县	23951	11973	11978	311	157	154
泽库县	23180	11693	11487	331	154	177
河南蒙古族自治县	17717	8906	8811	194	98	96
海南藏族自治州	**182707**	**91368**	**91339**	**1946**	**987**	**959**
共和县	67463	33901	33562	679	330	349
同德县	15160	7585	7575	221	114	107
贵德县	47976	23749	24227	486	252	234
兴海县	32044	16058	15986	336	177	159
贵南县	20064	10075	9989	224	114	110
果洛藏族自治州	**75632**	**40678**	**34954**	**762**	**389**	**373**
玛沁县	33004	18325	14679	225	124	101
班玛县	9892	5330	4562	109	63	46
甘德县	6089	3294	2795	49	17	32
达日县	13239	6720	6519	189	90	99
久治县	4747	2532	2215	48	23	25
玛多县	8661	4477	4184	142	72	70
玉树藏族自治州	**133261**	**68213**	**65048**	**1344**	**685**	**659**
玉树市	6359	3192	3167	80	45	35
杂多县	35857	18325	17532	464	244	220
称多县	21385	11028	10357	190	92	98
治多县	25735	13001	12734	182	89	93
囊谦县	30521	15837	14684	338	176	162
曲麻莱县	13404	6830	6574	90	39	51
海西蒙古族藏族自治州	**125393**	**68370**	**57023**	**1177**	**614**	**563**
格尔木市	42681	23542	19139	538	286	252
德令哈市	2268	1253	1015	15	8	7
茫崖市	3379	2338	1041	14	8	6
乌兰县	20116	10830	9286	165	94	71
都兰县	32720	16631	16089	258	130	128
天峻县	13938	7125	6813	141	70	71
大柴旦行政委员会	10291	6651	3640	46	18	28

1-5b　续表 1

单位：人

地　区	1-4岁			5-9岁			10-14岁		
	小计	男	女	小计	男	女	小计	男	女
全省	**78095**	**40211**	**37884**	**115454**	**59302**	**56152**	**107352**	**54982**	**52370**
西宁市	**14757**	**7552**	**7205**	**21458**	**11012**	**10446**	**20551**	**10678**	**9873**
城东区									
城中区	28	19	9	38	25	13	23	11	12
城西区	22	8	14	20	14	6	18	9	9
城北区									
湟中区	3288	1700	1588	4764	2481	2283	4699	2485	2214
大通回族土族自治县	8981	4547	4434	13273	6855	6418	12723	6610	6113
湟源县	2438	1278	1160	3363	1637	1726	3088	1563	1525
海东市	**20406**	**10564**	**9842**	**28970**	**14951**	**14019**	**28343**	**14552**	**13791**
乐都区	463	244	219	678	354	324	676	332	344
平安区	53	27	26	61	27	34	70	42	28
民和回族土族自治县	7375	3825	3550	10120	5135	4985	10136	5208	4928
互助土族自治县	6237	3182	3055	8727	4611	4116	7692	4092	3600
化隆回族自治县	2694	1450	1244	4403	2223	2180	4983	2457	2526
循化撒拉族自治县	3584	1836	1748	4981	2601	2380	4786	2421	2365
海北藏族自治州	**5736**	**2923**	**2813**	**9447**	**4806**	**4641**	**8274**	**4218**	**4056**
门源回族自治县	2594	1277	1317	4315	2180	2135	3594	1843	1751
祁连县	1252	644	608	2107	1095	1012	1936	980	956
海晏县	1075	566	509	1751	893	858	1647	832	815
刚察县	815	436	379	1274	638	636	1097	563	534
黄南藏族自治州	**7232**	**3715**	**3517**	**10006**	**5243**	**4763**	**8267**	**4135**	**4132**
同仁县	3021	1573	1448	3670	1934	1736	3294	1709	1585
尖扎县	1497	763	734	2149	1158	991	1737	801	936
泽库县	1560	805	755	2288	1179	1109	1984	1022	962
河南蒙古族自治县	1154	574	580	1899	972	927	1252	603	649
海南藏族自治州	**9734**	**5131**	**4603**	**14345**	**7267**	**7078**	**12675**	**6483**	**6192**
共和县	3247	1715	1532	4701	2413	2288	4238	2196	2042
同德县	962	488	474	1367	679	688	1123	546	577
贵德县	2315	1233	1082	3227	1644	1583	3063	1579	1484
兴海县	2037	1065	972	3304	1643	1661	2797	1410	1387
贵南县	1173	630	543	1746	888	858	1454	752	702
果洛藏族自治州	**4462**	**2295**	**2167**	**6347**	**3279**	**3068**	**5486**	**2839**	**2647**
玛沁县	1411	738	673	2160	1135	1025	2083	1079	1004
班玛县	692	347	345	904	479	425	767	399	368
甘德县	341	181	160	463	236	227	458	254	204
达日县	1087	549	538	1610	813	797	1233	632	601
久治县	241	128	113	309	167	142	312	164	148
玛多县	690	352	338	901	449	452	633	311	322
玉树藏族自治州	**9369**	**4707**	**4662**	**15703**	**8011**	**7692**	**15151**	**7660**	**7491**
玉树市	449	210	239	632	311	321	701	356	345
杂多县	3062	1542	1520	4805	2444	2361	4971	2483	2488
称多县	1232	636	596	2074	1088	986	2046	1066	980
治多县	1423	692	731	2873	1462	1411	2637	1301	1336
囊谦县	2441	1245	1196	3895	2005	1890	3473	1797	1676
曲麻莱县	762	382	380	1424	701	723	1323	657	666
海西蒙古族藏族自治州	**6399**	**3324**	**3075**	**9178**	**4733**	**4445**	**8605**	**4417**	**4188**
格尔木市	2623	1357	1266	3733	1966	1767	3514	1835	1679
德令哈市	95	51	44	118	52	66	190	98	92
茫崖市	56	30	26	58	26	32	93	57	36
乌兰县	899	475	424	1109	580	529	1111	551	560
都兰县	1684	878	806	2723	1375	1348	2345	1177	1168
天峻县	794	400	394	1092	557	535	1012	525	487
大柴旦行政委员会	248	133	115	345	177	168	340	174	166

1-5b 续表 2

单位：人

地区	15-19岁			20-24岁			25-29岁		
	小计	男	女	小计	男	女	小计	男	女
全省	**114071**	**57076**	**56995**	**81584**	**41862**	**39722**	**110865**	**55614**	**55251**
西宁市	**25244**	**13186**	**12058**	**15647**	**8075**	**7572**	**21328**	**10549**	**10779**
城东区									
城中区	67	40	27	152	117	35	267	210	57
城西区	7	5	2	17	9	8	35	18	17
城北区									
湟中区	5939	3305	2634	3421	1866	1555	4961	2618	2343
大通回族土族自治县	15090	7840	7250	8761	4414	4347	12471	6010	6461
湟源县	4141	1996	2145	3296	1669	1627	3594	1693	1901
海东市	**30542**	**15400**	**15142**	**16350**	**7913**	**8437**	**23456**	**11081**	**12375**
乐都区	458	232	226	476	234	242	707	373	334
平安区	594	359	235	147	96	51	227	167	60
民和回族土族自治县	10418	5240	5178	6327	3029	3298	8860	4171	4689
互助土族自治县	11136	5622	5514	4668	2334	2334	8012	3766	4246
化隆回族自治县	4071	1930	2141	2077	989	1088	2280	1055	1225
循化撒拉族自治县	3865	2017	1848	2655	1231	1424	3370	1549	1821
海北藏族自治州	**9889**	**4661**	**5228**	**6032**	**2893**	**3139**	**10035**	**4739**	**5296**
门源回族自治县	4863	2384	2479	2228	1041	1187	3772	1670	2102
祁连县	1563	772	791	1334	638	696	2192	1058	1134
海晏县	2880	1202	1678	1527	727	800	2459	1207	1252
刚察县	583	303	280	943	487	456	1612	804	808
黄南藏族自治州	**10005**	**4793**	**5212**	**7699**	**3901**	**3798**	**10092**	**5115**	**4977**
同仁县	5347	2614	2733	3114	1600	1514	4100	2083	2017
尖扎县	2158	993	1165	1438	691	747	1871	917	954
泽库县	1792	808	984	1922	964	958	2227	1138	1089
河南蒙古族自治县	708	378	330	1225	646	579	1894	977	917
海南藏族自治州	**15923**	**7582**	**8341**	**11015**	**5455**	**5560**	**14953**	**7308**	**7645**
共和县	6847	3218	3629	4107	2108	1999	5869	2967	2902
同德县	820	408	412	1051	484	567	1518	733	785
贵德县	4269	1992	2277	2378	1110	1268	2981	1425	1556
兴海县	2126	1075	1051	2239	1139	1100	2758	1338	1420
贵南县	1861	889	972	1240	614	626	1827	845	982
果洛藏族自治州	**6055**	**3028**	**3027**	**6293**	**3505**	**2788**	**8399**	**4548**	**3851**
玛沁县	3645	1732	1913	2840	1646	1194	3759	2117	1642
班玛县	547	306	241	808	450	358	1049	577	472
甘德县	407	231	176	560	316	244	786	418	368
达日县	833	425	408	1012	512	500	1320	678	642
久治县	187	104	83	437	248	189	628	310	318
玛多县	436	230	206	636	333	303	857	448	409
玉树藏族自治州	**9479**	**5017**	**4462**	**10123**	**5338**	**4785**	**10701**	**5552**	**5149**
玉树市	477	254	223	526	283	243	452	215	237
杂多县	2558	1372	1186	2814	1402	1412	2776	1446	1330
称多县	1958	1008	950	1550	840	710	1550	816	734
治多县	1700	874	826	2121	1136	985	2172	1123	1049
囊谦县	1841	1018	823	1982	1077	905	2476	1282	1194
曲麻莱县	945	491	454	1130	600	530	1275	670	605
海西蒙古族藏族自治州	**6934**	**3409**	**3525**	**8425**	**4782**	**3643**	**11901**	**6722**	**5179**
格尔木市	2857	1441	1416	3006	1708	1298	3519	2007	1512
德令哈市	88	44	44	107	53	54	147	83	64
茫崖市	80	47	33	306	227	79	392	299	93
乌兰县	923	464	459	1382	782	600	2014	1112	902
都兰县	2055	948	1107	1875	941	934	2790	1408	1382
天峻县	645	310	335	879	465	414	1410	711	699
大柴旦行政委员会	286	155	131	870	606	264	1629	1102	527

1-5b 续表 3

单位：人

地区	30-34岁			35-39岁			40-44岁		
	小计	男	女	小计	男	女	小计	男	女
全省	**121355**	**61045**	**60310**	**103324**	**52035**	**51289**	**115952**	**59292**	**56660**
西宁市	**25283**	**12477**	**12806**	**21631**	**10931**	**10700**	**26880**	**13637**	**13243**
城东区									
城中区	312	259	53	221	189	32	262	213	49
城西区	32	18	14	21	14	7	17	9	8
城北区									
湟中区	5639	2996	2643	4465	2369	2096	5851	3130	2721
大通回族土族自治县	14864	7091	7773	13159	6503	6656	16260	8137	8123
湟源县	4436	2113	2323	3765	1856	1909	4490	2148	2342
海东市	**27724**	**13079**	**14645**	**24587**	**11916**	**12671**	**28130**	**14258**	**13872**
乐都区	730	361	369	712	407	305	897	507	390
平安区	204	145	59	139	107	32	161	100	61
民和回族土族自治县	9955	4604	5351	8627	4157	4470	10169	5062	5107
互助土族自治县	10777	5151	5626	8902	4343	4559	10158	5171	4987
化隆回族自治县	2552	1132	1420	2827	1303	1524	3043	1527	1516
循化撒拉族自治县	3506	1686	1820	3380	1599	1781	3702	1891	1811
海北藏族自治州	**10969**	**5351**	**5618**	**9383**	**4574**	**4809**	**11189**	**5540**	**5649**
门源回族自治县	4480	2052	2428	3666	1690	1976	4586	2153	2433
祁连县	2343	1139	1204	2167	1039	1128	2520	1261	1259
海晏县	2456	1252	1204	2079	1075	1004	2607	1288	1319
刚察县	1690	908	782	1471	770	701	1476	838	638
黄南藏族自治州	**10227**	**5267**	**4960**	**9028**	**4569**	**4459**	**8914**	**4537**	**4377**
同仁县	4354	2271	2083	3873	1984	1889	3982	2057	1925
尖扎县	1924	970	954	1757	877	880	1975	975	1000
泽库县	2262	1138	1124	2058	1045	1013	1713	887	826
河南蒙古族自治县	1687	888	799	1340	663	677	1244	618	626
海南藏族自治州	**15876**	**7839**	**8037**	**13675**	**6706**	**6969**	**14754**	**7334**	**7420**
共和县	6186	3097	3089	5109	2493	2616	5722	2864	2858
同德县	1587	812	775	1283	661	622	1282	637	645
贵德县	3408	1654	1754	3200	1542	1658	3550	1714	1836
兴海县	2974	1436	1538	2565	1293	1272	2518	1270	1248
贵南县	1721	840	881	1518	717	801	1682	849	833
果洛藏族自治州	**7788**	**4277**	**3511**	**6001**	**3221**	**2780**	**5874**	**3230**	**2644**
玛沁县	3283	1906	1377	2646	1496	1150	2612	1492	1120
班玛县	1022	553	469	754	390	364	780	437	343
甘德县	638	359	279	487	257	230	426	219	207
达日县	1257	635	622	948	464	484	970	502	468
久治县	595	323	272	435	231	204	401	208	193
玛多县	993	501	492	731	383	348	685	372	313
玉树藏族自治州	**11307**	**5833**	**5474**	**9907**	**5033**	**4874**	**9882**	**5104**	**4778**
玉树市	515	264	251	499	237	262	498	265	233
杂多县	2717	1407	1310	2309	1142	1167	2469	1266	1203
称多县	1838	961	877	1710	881	829	1809	913	896
治多县	2306	1155	1151	2032	1062	970	1878	977	901
囊谦县	2673	1407	1266	2399	1218	1181	2269	1174	1095
曲麻莱县	1258	639	619	958	493	465	959	509	450
海西蒙古族藏族自治州	**12181**	**6922**	**5259**	**9112**	**5085**	**4027**	**10329**	**5652**	**4677**
格尔木市	3558	1990	1568	2736	1583	1153	3091	1724	1367
德令哈市	180	119	61	152	90	62	179	87	92
茫崖市	373	272	101	258	191	67	481	301	180
乌兰县	2139	1218	921	1461	796	665	1810	950	860
都兰县	2953	1524	1429	2463	1261	1202	2747	1390	1357
天峻县	1420	749	671	1162	575	587	1063	579	484
大柴旦行政委员会	1558	1050	508	880	589	291	958	621	337

1–5b 续表 4 单位：人

地 区	45–49岁			50–54岁			55–59岁		
	小计	男	女	小计	男	女	小计	男	女
全省	**127073**	**66217**	**60856**	**116439**	**60926**	**55513**	**80576**	**41292**	**39284**
西宁市	**31328**	**16051**	**15277**	**30459**	**15472**	**14987**	**22232**	**11014**	**11218**
城东区									
城中区	331	260	71	267	219	48	117	89	28
城西区	38	21	17	38	22	16	45	25	20
城北区									
湟中区	7126	3814	3312	6723	3526	3197	4566	2306	2260
大通回族土族自治县	18177	9104	9073	17705	8826	8879	13033	6436	6597
湟源县	5656	2852	2804	5726	2879	2847	4471	2158	2313
海东市	**30122**	**15317**	**14805**	**29613**	**15006**	**14607**	**22070**	**11004**	**11066**
乐都区	1242	657	585	1253	684	569	1038	507	531
平安区	222	144	78	227	132	95	181	119	62
民和回族土族自治县	11399	5784	5615	11718	5849	5869	8553	4210	4343
互助土族自治县	10927	5563	5364	10446	5333	5113	7959	3959	4000
化隆回族自治县	2940	1469	1471	2829	1418	1411	2202	1129	1073
循化撒拉族自治县	3392	1700	1692	3140	1590	1550	2137	1080	1057
海北藏族自治州	**11701**	**5892**	**5809**	**10240**	**5333**	**4907**	**7055**	**3526**	**3529**
门源回族自治县	4522	2213	2309	4334	2132	2202	3219	1539	1680
祁连县	2587	1269	1318	2165	1148	1017	1424	696	728
海晏县	2949	1482	1467	2414	1286	1128	1618	862	756
刚察县	1643	928	715	1327	767	560	794	429	365
黄南藏族自治州	**9047**	**4754**	**4293**	**8005**	**4217**	**3788**	**5226**	**2754**	**2472**
同仁县	4250	2223	2027	3700	1987	1713	2252	1237	1015
尖扎县	1931	1014	917	1854	983	871	1177	624	553
泽库县	1505	808	697	1166	608	558	912	464	448
河南蒙古族自治县	1361	709	652	1285	639	646	885	429	456
海南藏族自治州	**16535**	**8514**	**8021**	**14491**	**7518**	**6973**	**9767**	**5093**	**4674**
共和县	6310	3263	3047	5448	2810	2638	3492	1859	1633
同德县	1245	634	611	1000	529	471	620	337	283
贵德县	4619	2330	2289	4394	2249	2145	3322	1664	1658
兴海县	2512	1297	1215	2162	1104	1058	1429	746	683
贵南县	1849	990	859	1487	826	661	904	487	417
果洛藏族自治州	**6045**	**3455**	**2590**	**4737**	**2800**	**1937**	**2910**	**1684**	**1226**
玛沁县	2904	1738	1166	2215	1397	818	1386	836	550
班玛县	759	425	334	628	373	255	348	209	139
甘德县	453	246	207	387	205	182	217	118	99
达日县	908	488	420	696	379	317	469	248	221
久治县	428	230	198	319	179	140	175	105	70
玛多县	593	328	265	492	267	225	315	168	147
玉树藏族自治州	**9340**	**4921**	**4419**	**7083**	**3740**	**3343**	**4238**	**2234**	**2004**
玉树市	489	249	240	386	213	173	181	92	89
杂多县	2155	1148	1007	1708	894	814	1038	571	467
称多县	1727	933	794	1212	643	569	787	395	392
治多县	1999	1033	966	1429	729	700	855	434	421
囊谦县	2014	1065	949	1583	871	712	879	483	396
曲麻莱县	956	493	463	765	390	375	498	259	239
海西蒙古族藏族自治州	**12955**	**7313**	**5642**	**11811**	**6840**	**4971**	**7078**	**3983**	**3095**
格尔木市	3964	2233	1731	3999	2332	1667	2629	1511	1118
德令哈市	260	155	105	265	156	109	163	99	64
茫崖市	637	436	201	385	280	105	161	128	33
乌兰县	2295	1270	1025	1962	1132	830	1060	571	489
都兰县	3346	1736	1610	3055	1642	1413	1898	1030	868
天峻县	1228	665	563	1138	604	534	758	388	370
大柴旦行政委员会	1225	818	407	1007	694	313	409	256	153

1–5b　续表 5　　　　单位：人

地　区	60–64岁			65–69岁			70–74岁		
	小计	男	女	小计	男	女	小计	男	女
全省	**42327**	**21576**	**20751**	**42219**	**20373**	**21846**	**29747**	**14139**	**15608**
西宁市	**12183**	**6188**	**5995**	**12638**	**6025**	**6613**	**8339**	**4018**	**4321**
城东区									
城中区	31	23	8	33	21	12	6	3	3
城西区	20	11	9	9	7	2	5	2	3
城北区									
湟中区	2324	1168	1156	2773	1304	1469	1749	850	899
大通回族土族自治县	7086	3588	3498	7237	3449	3788	4951	2377	2574
湟源县	2722	1398	1324	2586	1244	1342	1628	786	842
海东市	**12899**	**6494**	**6405**	**12762**	**6196**	**6566**	**8783**	**4264**	**4519**
乐都区	702	353	349	831	394	437	528	275	253
平安区	83	41	42	89	47	42	65	35	30
民和回族土族自治县	4812	2447	2365	4731	2276	2455	3247	1518	1729
互助土族自治县	4652	2311	2341	4468	2184	2284	2946	1471	1475
化隆回族自治县	1205	605	600	1339	643	696	938	462	476
循化撒拉族自治县	1445	737	708	1304	652	652	1059	503	556
海北藏族自治州	**3728**	**1833**	**1895**	**3436**	**1609**	**1827**	**2245**	**1037**	**1208**
门源回族自治县	1782	860	922	1660	798	862	1081	514	567
祁连县	825	405	420	750	354	396	533	238	295
海晏县	793	405	388	716	316	400	424	189	235
刚察县	328	163	165	310	141	169	207	96	111
黄南藏族自治州	**2306**	**1221**	**1085**	**2358**	**1147**	**1211**	**2119**	**997**	**1122**
同仁县	1036	567	469	984	472	512	994	482	512
尖扎县	587	306	281	571	290	281	412	195	217
泽库县	311	169	142	353	162	191	336	150	186
河南蒙古族自治县	372	179	193	450	223	227	377	170	207
海南藏族自治州	**4998**	**2535**	**2463**	**4928**	**2440**	**2488**	**3385**	**1573**	**1812**
共和县	1683	851	832	1626	789	837	1014	453	561
同德县	290	144	146	328	182	146	232	112	120
贵德县	2023	1045	978	1944	989	955	1385	660	725
兴海县	623	307	316	622	291	331	479	218	261
贵南县	379	188	191	408	189	219	275	130	145
果洛藏族自治州	**1190**	**625**	**565**	**1158**	**568**	**590**	**931**	**435**	**496**
玛沁县	513	287	226	490	245	245	363	170	193
班玛县	169	78	91	188	82	106	154	78	76
甘德县	92	56	36	86	49	37	91	49	42
达日县	191	86	105	185	86	99	159	66	93
久治县	62	37	25	59	27	32	45	21	24
玛多县	163	81	82	150	79	71	119	51	68
玉树藏族自治州	**1971**	**992**	**979**	**2465**	**1192**	**1273**	**2320**	**1093**	**1227**
玉树市	86	41	45	108	53	55	111	48	63
杂多县	366	191	175	528	269	259	459	245	214
称多县	379	180	199	464	212	252	388	174	214
治多县	440	204	236	556	262	294	555	260	295
囊谦县	434	229	205	508	257	251	584	249	335
曲麻莱县	266	147	119	301	139	162	223	117	106
海西蒙古族藏族自治州	**3052**	**1688**	**1364**	**2474**	**1196**	**1278**	**1625**	**722**	**903**
格尔木市	1015	621	394	773	395	378	493	230	263
德令哈市	115	62	53	74	39	35	52	22	30
茫崖市	22	12	10	24	11	13	11	2	9
乌兰县	559	287	272	494	231	263	345	161	184
都兰县	898	468	430	702	333	369	460	198	262
天峻县	357	175	182	312	137	175	203	89	114
大柴旦行政委员会	86	63	23	95	50	45	61	20	41

1-5b 续表 6 单位：人

地区	75-79岁			80-84岁			85-89岁		
	小计	男	女	小计	男	女	小计	男	女
全省	**19115**	**8828**	**10287**	**9784**	**4225**	**5559**	**3837**	**1605**	**2232**
西宁市	**5266**	**2438**	**2828**	**2395**	**1086**	**1309**	**830**	**354**	**476**
城东区									
城中区	6	2	4	2		2	11	7	4
城西区	4	1	3	4		4	2		2
城北区									
湟中区	997	505	492	456	203	253	150	53	97
大通回族土族自治县	3143	1415	1728	1426	671	755	504	224	280
湟源县	1116	515	601	507	212	295	163	70	93
海东市	**5609**	**2730**	**2879**	**2882**	**1352**	**1530**	**1206**	**540**	**666**
乐都区	325	147	178	192	89	103	72	26	46
平安区	65	38	27	26	6	20	6	1	5
民和回族土族自治县	2104	1041	1063	1162	564	598	496	237	259
互助土族自治县	1853	882	971	819	367	452	371	169	202
化隆回族自治县	586	297	289	282	148	134	84	36	48
循化撒拉族自治县	676	325	351	401	178	223	177	71	106
海北藏族自治州	**1480**	**661**	**819**	**711**	**309**	**402**	**237**	**93**	**144**
门源回族自治县	676	305	371	283	143	140	89	40	49
祁连县	362	162	200	187	82	105	51	17	34
海晏县	293	125	168	148	50	98	63	32	31
刚察县	149	69	80	93	34	59	34	4	30
黄南藏族自治州	**1412**	**658**	**754**	**863**	**316**	**547**	**354**	**117**	**237**
同仁县	651	311	340	417	159	258	169	53	116
尖扎县	316	149	167	190	69	121	73	31	42
泽库县	226	106	120	139	50	89	72	26	46
河南蒙古族自治县	219	92	127	117	38	79	40	7	33
海南藏族自治州	**2020**	**895**	**1125**	**1113**	**459**	**654**	**435**	**196**	**239**
共和县	625	246	379	370	143	227	151	73	78
同德县	117	53	64	70	18	52	27	9	18
贵德县	782	365	417	429	203	226	153	76	77
兴海县	301	150	151	159	59	100	78	30	48
贵南县	195	81	114	85	36	49	26	8	18
果洛藏族自治州	**631**	**278**	**353**	**355**	**147**	**208**	**147**	**57**	**90**
玛沁县	237	112	125	138	47	91	61	18	43
班玛县	108	46	62	72	26	46	20	8	12
甘德县	78	38	40	45	26	19	22	18	4
达日县	108	46	62	38	16	22	21	5	16
久治县	30	9	21	23	13	10	10	4	6
玛多县	70	27	43	39	19	20	13	4	9
玉树藏族自治州	**1537**	**652**	**885**	**832**	**280**	**552**	**353**	**115**	**238**
玉树市	87	32	55	49	17	32	23	7	16
杂多县	330	143	187	208	70	138	83	31	52
称多县	271	119	152	123	48	75	55	14	41
治多县	326	129	197	146	46	100	77	23	54
囊谦县	383	165	218	224	74	150	81	29	52
曲麻莱县	140	64	76	82	25	57	34	11	23
海西蒙古族藏族自治州	**1160**	**516**	**644**	**633**	**276**	**357**	**275**	**133**	**142**
格尔木市	383	190	193	164	83	81	67	43	24
德令哈市	32	22	10	15	5	10	16	8	8
茫崖市	10	2	8	8	5	3	7	3	4
乌兰县	214	85	129	105	40	65	53	20	33
都兰县	279	122	157	137	49	88	38	15	23
天峻县	153	68	85	106	37	69	52	16	36
大柴旦行政委员会	89	27	62	98	57	41	42	28	14

1-5b　续表 7　　　　　　　　　　　　　　　　　　　　单位：人

地　区	90-94岁			95-99岁			100岁及以上		
	小计	男	女	小计	男	女	小计	男	女
全省	**957**	**405**	**552**	**240**	**94**	**146**	**43**	**19**	**24**
西宁市	**179**	**81**	**98**	**36**	**18**	**18**	**13**	**8**	**5**
城东区									
城中区	3	3		2	1	1	1	1	
城西区	1	1		1		1			
城北区									
湟中区	37	11	26	6	4	2			
大通回族土族自治县	99	49	50	20	10	10	12	7	5
湟源县	39	17	22	7	3	4			
海东市	**268**	**124**	**144**	**68**	**29**	**39**	**6**	**2**	**4**
乐都区	10	4	6	1		1			
平安区	2		2	1		1	1	1	
民和回族土族自治县	97	46	51	22	11	11	2		2
互助土族自治县	69	32	37	13	8	5			
化隆回族自治县	37	18	19	11	5	6	1		1
循化撒拉族自治县	53	24	29	20	5	15	2	1	1
海北藏族自治州	**64**	**29**	**35**	**8**	**4**	**4**	**1**	**1**	
门源回族自治县	26	15	11	2	2		1	1	
祁连县	20	6	14	2	1	1			
海晏县	10	4	6	1		1			
刚察县	8	4	4	3	1	2			
黄南藏族自治州	**114**	**44**	**70**	**31**	**9**	**22**	**7**	**1**	**6**
同仁县	65	24	41	24	7	17	3		3
尖扎县	20	9	11	3	1	2			
泽库县	18	8	10	1	1		4	1	3
河南蒙古族自治县	11	3	8	3		3			
海南藏族自治州	**115**	**43**	**72**	**23**	**9**	**14**	**1**	**1**	
共和县	31	9	22	8	4	4			
同德县	16	5	11	1		1			
贵德县	41	20	21	7	3	4			
兴海县	19	7	12	5	2	3	1	1	
贵南县	8	2	6	2		2			
果洛藏族自治州	**49**	**14**	**35**	**12**	**4**	**8**			
玛沁县	24	7	17	9	3	6			
班玛县	12	4	8	2		2			
甘德县	3	1	2						
达日县	5		5						
久治县	2		2	1	1				
玛多县	3	2	1						
玉树藏族自治州	**109**	**41**	**68**	**37**	**10**	**27**	**10**	**3**	**7**
玉树市	8		8	2		2			
杂多县	27	12	15	6	2	4	4	1	3
称多县	18	7	11	4	2	2			
治多县	16	7	9	9	3	6	3		3
囊谦县	30	11	19	11	3	8	3	2	1
曲麻莱县	10	4	6	5		5			
海西蒙古族藏族自治州	**59**	**29**	**30**	**25**	**11**	**14**	**5**	**3**	**2**
格尔木市	14	4	10	3	1	2	2	2	
德令哈市	4		4	1		1			
茫崖市	3	1	2						
乌兰县	8	6	2	7	4	3	1	1	
都兰县	8	5	3	6	1	5			
天峻县	9	3	6	3	2	1	1		1
大柴旦行政委员会	13	10	3	5	3	2	1		1

1-5c　各地区分年龄、性别的人口(乡村)

单位：人

地　区	合　计			0岁		
	合计	男	女	小计	男	女
全省	**2364594**	**1223114**	**1141480**	**33514**	**17289**	**16225**
西宁市	**527349**	**275447**	**251902**	**5480**	**2874**	**2606**
城东区						
城中区	767	420	347	6	4	2
城西区						
城北区	10098	5414	4684	94	47	47
湟中区	266753	139992	126761	2597	1380	1217
大通回族土族自治县	197639	101883	95756	2351	1226	1125
湟源县	52092	27738	24354	432	217	215
海东市	**809613**	**419300**	**390313**	**10153**	**5243**	**4910**
乐都区	115901	61038	54863	854	441	413
平安区	38147	19847	18300	403	186	217
民和回族土族自治县	195249	101123	94126	2469	1266	1203
互助土族自治县	215872	114273	101599	2108	1113	995
化隆回族自治县	158570	80145	78425	2730	1435	1295
循化撒拉族自治县	85874	42874	43000	1589	802	787
海北藏族自治州	**142325**	**74625**	**67700**	**1700**	**881**	**819**
门源回族自治县	86117	45110	41007	978	505	473
祁连县	21921	11820	10101	311	155	156
海晏县	9593	5264	4329	113	61	52
刚察县	24694	12431	12263	298	160	138
黄南藏族自治州	**161405**	**81296**	**80109**	**3254**	**1643**	**1611**
同仁县	51557	25896	25661	943	484	459
尖扎县	34222	17272	16950	668	342	326
泽库县	52479	26303	26176	1150	554	596
河南蒙古族自治县	23147	11825	11322	493	263	230
海南藏族自治州	**264289**	**134440**	**129849**	**4237**	**2221**	**2016**
共和县	65946	33863	32083	1049	531	518
同德县	45108	22966	22142	803	442	361
贵德县	57669	29420	28249	719	376	343
兴海县	43789	22102	21687	805	436	369
贵南县	51777	26089	25688	861	436	425
果洛藏族自治州	**139941**	**71799**	**68142**	**2809**	**1433**	**1376**
玛沁县	25113	12819	12294	411	208	203
班玛县	21902	11319	10583	435	213	222
甘德县	34957	17922	17035	620	326	294
达日县	26958	13945	13013	712	362	350
久治县	25182	12779	12403	473	243	230
玛多县	5829	3015	2814	158	81	77
玉树藏族自治州	**209954**	**105530**	**104424**	**4648**	**2355**	**2293**
玉树市	55811	28097	27714	1114	569	545
杂多县	32902	16462	16440	1114	571	543
称多县	35774	18107	17667	571	286	285
治多县	8761	4429	4332	284	139	145
囊谦县	59786	29930	29856	1158	597	561
曲麻莱县	16920	8505	8415	407	193	214
海西蒙古族藏族自治州	**109718**	**60677**	**49041**	**1233**	**639**	**594**
格尔木市	24710	13894	10816	302	159	143
德令哈市	22803	12011	10792	189	90	99
茫崖市						
乌兰县	11391	6058	5333	146	78	68
都兰县	35553	18948	16605	378	181	197
天峻县	9265	4952	4313	212	127	85
大柴旦行政委员会	5996	4814	1182	6	4	2

1-5c 续表 1

单位：人

地区	1-4岁			5-9岁			10-14岁		
	小计	男	女	小计	男	女	小计	男	女
全省	**150189**	**77502**	**72687**	**204740**	**104997**	**99743**	**194149**	**99920**	**94229**
西宁市	**25365**	**13160**	**12205**	**36824**	**18967**	**17857**	**36514**	**18994**	**17520**
城东区									
城中区	19	11	8	39	19	20	32	19	13
城西区									
城北区	475	250	225	596	312	284	540	295	245
湟中区	12285	6404	5881	18398	9512	8886	19153	9977	9176
大通回族土族自治县	10701	5516	5185	15207	7827	7380	14255	7372	6883
湟源县	1885	979	906	2584	1297	1287	2534	1331	1203
海东市	**47628**	**24693**	**22935**	**67967**	**34957**	**33010**	**67212**	**34963**	**32249**
乐都区	4208	2192	2016	6097	3162	2935	6660	3419	3241
平安区	2006	1100	906	2628	1317	1311	2352	1179	1173
民和回族土族自治县	11817	6131	5686	17384	8915	8469	16724	8720	8004
互助土族自治县	10150	5288	4862	14902	7852	7050	15395	8364	7031
化隆回族自治县	11964	6176	5788	16967	8596	8371	16438	8416	8022
循化撒拉族自治县	7483	3806	3677	9989	5115	4874	9643	4865	4778
海北藏族自治州	**7449**	**3910**	**3539**	**10078**	**5148**	**4930**	**9724**	**5016**	**4708**
门源回族自治县	4631	2436	2195	6538	3400	3138	5846	3034	2812
祁连县	1083	571	512	1354	654	700	1239	622	617
海晏县	361	199	162	278	148	130	420	232	188
刚察县	1374	704	670	1908	946	962	2219	1128	1091
黄南藏族自治州	**13321**	**6740**	**6581**	**16041**	**8281**	**7760**	**13697**	**6953**	**6744**
同仁县	3825	1905	1920	4902	2526	2376	4475	2269	2206
尖扎县	2697	1388	1309	3345	1712	1633	2591	1350	1241
泽库县	4789	2420	2369	5719	2975	2744	5027	2540	2487
河南蒙古族自治县	2010	1027	983	2075	1068	1007	1604	794	810
海南藏族自治州	**18294**	**9347**	**8947**	**24325**	**12384**	**11941**	**22820**	**11597**	**11223**
共和县	4084	2088	1996	5689	2887	2802	5300	2761	2539
同德县	3435	1747	1688	4299	2236	2063	3854	1974	1880
贵德县	3462	1761	1701	4594	2385	2209	4633	2338	2295
兴海县	3449	1765	1684	4634	2318	2316	4194	2092	2102
贵南县	3864	1986	1878	5109	2558	2551	4839	2432	2407
果洛藏族自治州	**12808**	**6600**	**6208**	**17250**	**8809**	**8441**	**14069**	**7102**	**6967**
玛沁县	2021	1053	968	2764	1415	1349	2392	1234	1158
班玛县	2152	1124	1028	2788	1414	1374	2040	1046	994
甘德县	2998	1519	1479	4451	2281	2170	3693	1862	1831
达日县	2795	1466	1329	3794	1926	1868	2922	1473	1449
久治县	2245	1135	1110	2700	1395	1305	2500	1230	1270
玛多县	597	303	294	753	378	375	522	257	265
玉树藏族自治州	**19658**	**10072**	**9586**	**25211**	**12830**	**12381**	**23364**	**11798**	**11566**
玉树市	4897	2532	2365	6894	3522	3372	6540	3320	3220
杂多县	3957	2027	1930	4505	2293	2212	3847	1953	1894
称多县	2752	1431	1321	3999	1978	2021	3596	1831	1765
治多县	921	443	478	891	448	443	707	345	362
囊谦县	5485	2826	2659	7036	3632	3404	7093	3565	3528
曲麻莱县	1646	813	833	1886	957	929	1581	784	797
海西蒙古族藏族自治州	**5666**	**2980**	**2686**	**7044**	**3621**	**3423**	**6749**	**3497**	**3252**
格尔木市	1336	696	640	1716	894	822	1461	755	706
德令哈市	1165	626	539	1590	784	806	1552	812	740
茫崖市									
乌兰县	667	331	336	791	422	369	665	347	318
都兰县	1893	1020	873	2391	1223	1168	2488	1291	1197
天峻县	562	282	280	488	261	227	504	254	250
大柴旦行政委员会	43	25	18	68	37	31	79	38	41

1–5c 续表 2

单位：人

地区	15–19岁			20–24岁			25–29岁		
	小计	男	女	小计	男	女	小计	男	女
全省	**129417**	**67851**	**61566**	**141507**	**74107**	**67400**	**164552**	**86886**	**77666**
西宁市	**29354**	**14999**	**14355**	**27289**	**14527**	**12762**	**32249**	**17214**	**15035**
城东区									
城中区	37	14	23	50	32	18	50	28	22
城西区									
城北区	393	235	158	555	335	220	760	435	325
湟中区	16726	8344	8382	13160	7130	6030	15742	8433	7309
大通回族土族自治县	10067	5220	4847	10993	5640	5353	12562	6587	5975
湟源县	2131	1186	945	2531	1390	1141	3135	1731	1404
海东市	**40182**	**20862**	**19320**	**40539**	**20868**	**19671**	**50036**	**26461**	**23575**
乐都区	5484	2829	2655	4775	2575	2200	6656	3711	2945
平安区	2265	1170	1095	1897	944	953	2309	1246	1063
民和回族土族自治县	9070	4724	4346	11113	5761	5352	13626	7227	6399
互助土族自治县	7361	4160	3201	8790	4679	4111	12368	6734	5634
化隆回族自治县	10711	5398	5313	9012	4433	4579	9490	4730	4760
循化撒拉族自治县	5291	2581	2710	4952	2476	2476	5587	2813	2774
海北藏族自治州	**7189**	**3796**	**3393**	**9557**	**4909**	**4648**	**11110**	**6030**	**5080**
门源回族自治县	4115	2109	2006	5613	2814	2799	6091	3315	2776
祁连县	1057	599	458	1605	887	718	1956	1069	887
海晏县	481	278	203	640	346	294	804	492	312
刚察县	1536	810	726	1699	862	837	2259	1154	1105
黄南藏族自治州	**8113**	**4449**	**3664**	**11728**	**6164**	**5564**	**13940**	**7232**	**6708**
同仁县	2485	1393	1092	3581	1901	1680	4087	2176	1911
尖扎县	1432	752	680	2170	1150	1020	2572	1361	1211
泽库县	3249	1757	1492	4304	2223	2081	4881	2454	2427
河南蒙古族自治县	947	547	400	1673	890	783	2400	1241	1159
海南藏族自治州	**13532**	**7341**	**6191**	**18235**	**9587**	**8648**	**20851**	**10814**	**10037**
共和县	3160	1775	1385	4421	2359	2062	5361	2866	2495
同德县	2435	1329	1106	3688	1916	1772	3705	1841	1864
贵德县	2582	1373	1209	3255	1693	1562	3653	1915	1738
兴海县	2680	1404	1276	3446	1792	1654	3900	2000	1900
贵南县	2675	1460	1215	3425	1827	1598	4232	2192	2040
果洛藏族自治州	**10764**	**5713**	**5051**	**11336**	**6018**	**5318**	**10999**	**5692**	**5307**
玛沁县	1741	914	827	1953	1009	944	2036	1032	1004
班玛县	1570	862	708	1653	917	736	1657	870	787
甘德县	2854	1516	1338	3058	1647	1411	2788	1438	1350
达日县	2002	1064	938	2077	1072	1005	2095	1091	1004
久治县	2204	1142	1062	2140	1149	991	1939	998	941
玛多县	393	215	178	455	224	231	484	263	221
玉树藏族自治州	**15443**	**8013**	**7430**	**16028**	**8129**	**7899**	**16265**	**8260**	**8005**
玉树市	3821	1978	1843	4418	2241	2177	4181	2160	2021
杂多县	2444	1238	1206	2636	1302	1334	2617	1280	1337
称多县	2676	1401	1275	2651	1346	1305	2572	1330	1242
治多县	557	301	256	670	351	319	890	449	441
囊谦县	4665	2459	2206	4253	2166	2087	4532	2280	2252
曲麻莱县	1280	636	644	1400	723	677	1473	761	712
海西蒙古族藏族自治州	**4840**	**2678**	**2162**	**6795**	**3905**	**2890**	**9102**	**5183**	**3919**
格尔木市	1145	612	533	1724	1010	714	2390	1388	1002
德令哈市	967	522	445	1363	749	614	1648	844	804
茫崖市									
乌兰县	511	276	235	645	346	299	758	424	334
都兰县	1648	928	720	1996	1099	897	2584	1412	1172
天峻县	468	270	198	683	391	292	949	520	429
大柴旦行政委员会	101	70	31	384	310	74	773	595	178

1-5c　续表 3　　　　单位：人

地　　区	30-34岁			35-39岁			40-44岁		
	小计	男	女	小计	男	女	小计	男	女
全省	**169444**	**89570**	**79874**	**156353**	**82815**	**73538**	**179826**	**94776**	**85050**
西宁市	**33887**	**18253**	**15634**	**30002**	**16179**	**13823**	**41532**	**22029**	**19503**
城东区									
城中区	39	18	21	34	27	7	58	35	23
城西区									
城北区	790	408	382	666	384	282	826	446	380
湟中区	16672	8980	7692	15081	8170	6911	20832	11284	9548
大通回族土族自治县	13259	7031	6228	11481	6034	5447	15732	8068	7664
湟源县	3127	1816	1311	2740	1564	1176	4084	2196	1888
海东市	**52898**	**28041**	**24857**	**50545**	**27110**	**23435**	**60378**	**32115**	**28263**
乐都区	6561	3596	2965	6489	3608	2881	8696	4867	3829
平安区	2298	1221	1077	2046	1086	960	2889	1553	1336
民和回族土族自治县	12946	6800	6146	10914	5938	4976	13599	7326	6273
互助土族自治县	15193	8405	6788	15224	8392	6832	18362	9779	8583
化隆回族自治县	10222	5118	5104	10280	5222	5058	11023	5646	5377
循化撒拉族自治县	5678	2901	2777	5592	2864	2728	5809	2944	2865
海北藏族自治州	**11177**	**6033**	**5144**	**9852**	**5266**	**4586**	**11741**	**6000**	**5741**
门源回族自治县	6296	3362	2934	5126	2713	2413	6419	3233	3186
祁连县	1904	1101	803	1835	1044	791	2216	1171	1045
海晏县	707	393	314	745	438	307	1023	527	496
刚察县	2270	1177	1093	2146	1071	1075	2083	1069	1014
黄南藏族自治州	**13456**	**6718**	**6738**	**13239**	**6613**	**6626**	**12394**	**6344**	**6050**
同仁县	4364	2233	2131	4141	2086	2055	4156	2117	2039
尖扎县	2210	1116	1094	2447	1216	1231	2726	1387	1339
泽库县	4573	2250	2323	4349	2113	2236	3521	1783	1738
河南蒙古族自治县	2309	1119	1190	2302	1198	1104	1991	1057	934
海南藏族自治州	**22252**	**11427**	**10825**	**20782**	**10829**	**9953**	**20664**	**10726**	**9938**
共和县	5971	3121	2850	5464	2910	2554	5254	2772	2482
同德县	3909	1966	1943	3944	2069	1875	3732	1940	1792
贵德县	3902	2025	1877	3876	2066	1810	4281	2230	2051
兴海县	3996	2047	1949	3397	1715	1682	3210	1639	1571
贵南县	4474	2268	2206	4101	2069	2032	4187	2145	2042
果洛藏族自治州	**10401**	**5355**	**5046**	**9435**	**4857**	**4578**	**9805**	**5119**	**4686**
玛沁县	2103	1092	1011	1960	1007	953	2092	1098	994
班玛县	1542	797	745	1469	736	733	1524	784	740
甘德县	2555	1315	1240	2315	1200	1115	2246	1148	1098
达日县	1923	992	931	1645	869	776	1757	921	836
久治县	1738	876	862	1650	840	810	1789	950	839
玛多县	540	283	257	396	205	191	397	218	179
玉树藏族自治州	**15830**	**8064**	**7766**	**14341**	**7190**	**7151**	**13992**	**7146**	**6846**
玉树市	4146	2097	2049	3834	1959	1875	3746	1941	1805
杂多县	2231	1083	1148	2037	1020	1017	1857	904	953
称多县	3003	1565	1438	2848	1418	1430	2705	1408	1297
治多县	808	426	382	697	357	340	629	312	317
囊谦县	4223	2190	2033	3723	1809	1914	3836	1925	1911
曲麻莱县	1419	703	716	1202	627	575	1219	656	563
海西蒙古族藏族自治州	**9543**	**5679**	**3864**	**8157**	**4771**	**3386**	**9320**	**5297**	**4023**
格尔木市	2348	1462	886	1791	1071	720	1785	1056	729
德令哈市	1772	994	778	1505	805	700	1824	958	866
茫崖市									
乌兰县	846	466	380	751	435	316	911	483	428
都兰县	2708	1482	1226	2497	1397	1100	3107	1663	1444
天峻县	990	557	433	910	479	431	877	459	418
大柴旦行政委员会	879	718	161	703	584	119	816	678	138

1-5c 续表 4

单位：人

地区	45-49岁			50-54岁			55-59岁		
	小计	男	女	小计	男	女	小计	男	女
全省	**207172**	**108817**	**98355**	**198876**	**103818**	**95058**	**143791**	**74685**	**69106**
西宁市	**54880**	**29097**	**25783**	**55237**	**29130**	**26107**	**40106**	**20929**	**19177**
城东区									
城中区	96	51	45	97	53	44	82	40	42
城西区									
城北区	1100	616	484	1116	595	521	701	378	323
湟中区	28193	15380	12813	28018	14861	13157	19751	10364	9387
大通回族土族自治县	19604	9971	9633	19570	10170	9400	14900	7672	7228
湟源县	5887	3079	2808	6436	3451	2985	4672	2475	2197
海东市	**71468**	**37516**	**33952**	**73082**	**37971**	**35111**	**56589**	**29210**	**27379**
乐都区	12224	6713	5511	13119	7014	6105	9752	5000	4752
平安区	3737	2033	1704	3737	1991	1746	2904	1529	1375
民和回族土族自治县	16626	8627	7999	16954	8693	8261	13049	6771	6278
互助土族自治县	21878	11540	10338	22626	11879	10747	18285	9491	8794
化隆回族自治县	11366	5789	5577	11500	5846	5654	8791	4543	4248
循化撒拉族自治县	5637	2814	2823	5146	2548	2598	3808	1876	1932
海北藏族自治州	**14092**	**7401**	**6691**	**12896**	**6861**	**6035**	**9864**	**5386**	**4478**
门源回族自治县	8502	4486	4016	8335	4372	3963	6760	3714	3046
祁连县	2328	1259	1069	1794	1006	788	1222	679	543
海晏县	1212	631	581	1034	580	454	666	382	284
刚察县	2050	1025	1025	1733	903	830	1216	611	605
黄南藏族自治州	**12008**	**6071**	**5937**	**10281**	**5117**	**5164**	**6478**	**3206**	**3272**
同仁县	4023	2026	1997	3349	1651	1698	2024	956	1068
尖扎县	2873	1422	1451	2872	1425	1447	1874	948	926
泽库县	3325	1663	1662	2675	1348	1327	1813	898	915
河南蒙古族自治县	1787	960	827	1385	693	692	767	404	363
海南藏族自治州	**21278**	**10875**	**10403**	**18643**	**9476**	**9167**	**12700**	**6301**	**6399**
共和县	5346	2681	2665	4972	2487	2485	3518	1779	1739
同德县	3480	1811	1669	2651	1382	1269	1605	794	811
贵德县	5396	2771	2625	5344	2755	2589	3879	1916	1963
兴海县	2995	1527	1468	2423	1240	1183	1456	727	729
贵南县	4061	2085	1976	3253	1612	1641	2242	1085	1157
果洛藏族自治州	**8995**	**4753**	**4242**	**7248**	**3788**	**3460**	**4623**	**2435**	**2188**
玛沁县	1775	910	865	1436	750	686	792	407	385
班玛县	1512	781	731	1135	594	541	807	431	376
甘德县	2101	1137	964	1744	877	867	1196	637	559
达日县	1595	849	746	1320	722	598	764	433	331
久治县	1618	865	753	1319	684	635	900	439	461
玛多县	394	211	183	294	161	133	164	88	76
玉树藏族自治州	**13018**	**6628**	**6390**	**10136**	**5182**	**4954**	**5946**	**3075**	**2871**
玉树市	3524	1808	1716	2649	1306	1343	1540	758	782
杂多县	1580	804	776	1425	766	659	761	410	351
称多县	2472	1272	1200	1854	952	902	1154	615	539
治多县	623	317	306	407	211	196	221	128	93
囊谦县	3701	1868	1833	2994	1512	1482	1862	951	911
曲麻莱县	1118	559	559	807	435	372	408	213	195
海西蒙古族藏族自治州	**11433**	**6476**	**4957**	**11353**	**6293**	**5060**	**7485**	**4143**	**3342**
格尔木市	2436	1386	1050	2525	1381	1144	1594	926	668
德令哈市	2259	1183	1076	2386	1239	1147	1830	981	849
茫崖市									
乌兰县	1160	591	569	1254	679	575	915	496	419
都兰县	3649	1958	1691	3729	1966	1763	2489	1348	1141
天峻县	885	468	417	766	447	319	441	220	221
大柴旦行政委员会	1044	890	154	693	581	112	216	172	44

1-5c 续表 5

单位：人

地 区	60-64岁			65-69岁			70-74岁		
	小计	男	女	小计	男	女	小计	男	女
全省	**78355**	**40313**	**38042**	**83882**	**41112**	**42770**	**59859**	**28198**	**31661**
西宁市	**21413**	**11181**	**10232**	**24848**	**12263**	**12585**	**16786**	**8145**	**8641**
城东区									
城中区	31	23	8	36	16	20	29	12	17
城西区									
城北区	473	228	245	480	221	259	264	108	156
湟中区	10060	5154	4906	12813	6247	6566	8769	4198	4571
大通回族土族自治县	7862	4165	3697	8531	4253	4278	5731	2817	2914
湟源县	2987	1611	1376	2988	1526	1462	1993	1010	983
海东市	**34208**	**17579**	**16629**	**35100**	**17320**	**17780**	**24405**	**11704**	**12701**
乐都区	6907	3593	3314	7206	3518	3688	4804	2289	2515
平安区	1785	904	881	1891	926	965	1336	646	690
民和回族土族自治县	7725	3885	3840	8260	4096	4164	6030	2917	3113
互助土族自治县	10596	5685	4911	10112	5051	5061	6463	3085	3378
化隆回族自治县	4818	2403	2415	5075	2471	2604	3730	1820	1910
循化撒拉族自治县	2377	1109	1268	2556	1258	1298	2042	947	1095
海北藏族自治州	**4864**	**2565**	**2299**	**4611**	**2383**	**2228**	**2948**	**1417**	**1531**
门源回族自治县	3489	1869	1620	3241	1665	1576	2068	1016	1052
祁连县	569	285	284	573	318	255	329	162	167
海晏县	332	179	153	319	165	154	201	97	104
刚察县	474	232	242	478	235	243	350	142	208
黄南藏族自治州	**2642**	**1305**	**1337**	**3183**	**1432**	**1751**	**2902**	**1237**	**1665**
同仁县	888	427	461	1260	521	739	1087	485	602
尖扎县	916	453	463	854	420	434	782	323	459
泽库县	565	288	277	732	335	397	722	299	423
河南蒙古族自治县	273	137	136	337	156	181	311	130	181
海南藏族自治州	**6844**	**3371**	**3473**	**6912**	**3277**	**3635**	**4951**	**2201**	**2750**
共和县	1948	966	982	1673	788	885	1061	443	618
同德县	817	386	431	920	431	489	745	318	427
贵德县	2297	1167	1130	2343	1136	1207	1589	745	844
兴海县	738	351	387	803	372	431	639	294	345
贵南县	1044	501	543	1173	550	623	917	401	516
果洛藏族自治州	**2109**	**1053**	**1056**	**2409**	**1152**	**1257**	**1985**	**901**	**1084**
玛沁县	362	176	186	387	178	209	332	143	189
班玛县	303	158	145	438	215	223	350	176	174
甘德县	509	248	261	600	291	309	487	220	267
达日县	373	183	190	401	197	204	352	167	185
久治县	489	248	241	520	240	280	413	171	242
玛多县	73	40	33	63	31	32	51	24	27
玉树藏族自治州	**2714**	**1267**	**1447**	**3751**	**1730**	**2021**	**3951**	**1692**	**2259**
玉树市	747	356	391	1180	532	648	1056	466	590
杂多县	271	117	154	440	204	236	477	214	263
称多县	601	274	327	759	352	407	657	300	357
治多县	73	38	35	109	55	54	115	50	65
囊谦县	810	371	439	990	463	527	1408	568	840
曲麻莱县	212	111	101	273	124	149	238	94	144
海西蒙古族藏族自治州	**3561**	**1992**	**1569**	**3068**	**1555**	**1513**	**1931**	**901**	**1030**
格尔木市	767	434	333	490	257	233	381	179	202
德令哈市	872	488	384	858	443	415	454	215	239
茫崖市									
乌兰县	449	252	197	404	211	193	231	103	128
都兰县	1276	702	574	1162	578	584	759	357	402
天峻县	132	66	66	124	53	71	84	40	44
大柴旦行政委员会	65	50	15	30	13	17	22	7	15

1-5c 续表 6

单位：人

地区	75-79岁			80-84岁			85-89岁		
	小计	男	女	小计	男	女	小计	男	女
全省	**38870**	**18142**	**20728**	**19598**	**8280**	**11318**	**7956**	**3142**	**4814**
西宁市	**9801**	**4819**	**4982**	**4030**	**1878**	**2152**	**1440**	**660**	**780**
城东区									
城中区	16	10	6	8	3	5	5	2	3
城西区									
城北区	138	67	71	66	30	36	46	14	32
湟中区	5300	2657	2643	2225	1062	1163	813	378	435
大通回族土族自治县	3142	1531	1611	1213	554	659	391	188	203
湟源县	1205	554	651	518	229	289	185	78	107
海东市	**15912**	**7687**	**8225**	**7626**	**3394**	**4232**	**2870**	**1259**	**1611**
乐都区	3181	1574	1607	1524	645	879	554	229	325
平安区	942	480	462	462	208	254	189	91	98
民和回族土族自治县	3926	1956	1970	2048	931	1117	791	349	442
互助土族自治县	3868	1791	2077	1555	704	851	539	233	306
化隆回族自治县	2596	1256	1340	1232	574	658	450	209	241
循化撒拉族自治县	1399	630	769	805	332	473	347	148	199
海北藏族自治州	**1886**	**904**	**982**	**1042**	**480**	**562**	**438**	**192**	**246**
门源回族自治县	1247	636	611	565	298	267	208	105	103
祁连县	233	99	134	191	85	106	97	44	53
海晏县	136	73	63	81	28	53	33	10	23
刚察县	270	96	174	205	69	136	100	33	67
黄南藏族自治州	**2175**	**937**	**1238**	**1504**	**527**	**977**	**753**	**241**	**512**
同仁县	858	372	486	661	229	432	322	105	217
尖扎县	613	284	329	320	131	189	188	68	120
泽库县	499	215	284	355	122	233	169	50	119
河南蒙古族自治县	205	66	139	168	45	123	74	18	56
海南藏族自治州	**3487**	**1438**	**2049**	**2190**	**830**	**1360**	**953**	**306**	**647**
共和县	840	330	510	533	220	313	217	75	142
同德县	507	188	319	355	127	228	160	56	104
贵德县	994	449	545	566	221	345	238	77	161
兴海县	494	213	281	305	112	193	157	42	115
贵南县	652	258	394	431	150	281	181	56	125
果洛藏族自治州	**1366**	**546**	**820**	**899**	**306**	**593**	**430**	**127**	**303**
玛沁县	247	105	142	172	60	112	87	19	68
班玛县	257	114	143	165	59	106	66	20	46
甘德县	332	125	207	239	85	154	125	38	87
达日县	213	85	128	131	43	88	63	25	38
久治县	275	102	173	162	54	108	73	15	58
玛多县	42	15	27	30	5	25	16	10	6
玉树藏族自治州	**2896**	**1201**	**1695**	**1644**	**583**	**1061**	**762**	**233**	**529**
玉树市	753	331	422	465	147	318	206	51	155
杂多县	338	145	193	203	82	121	117	39	78
称多县	464	212	252	292	97	195	98	30	68
治多县	77	25	52	51	21	30	27	12	15
囊谦县	1076	422	654	532	198	334	270	91	179
曲麻莱县	188	66	122	101	38	63	44	10	34
海西蒙古族藏族自治州	**1347**	**610**	**737**	**663**	**282**	**381**	**310**	**124**	**186**
格尔木市	287	132	155	134	54	80	62	26	36
德令哈市	297	153	144	162	81	81	88	34	54
茫崖市									
乌兰县	167	65	102	79	36	43	29	11	18
都兰县	481	220	261	206	79	127	84	33	51
天峻县	81	24	57	58	16	42	36	14	22
大柴旦行政委员会	34	16	18	24	16	8	11	6	5

1-5c　续表 7　　　　单位：人

地　区	90-94岁			95-99岁			100岁及以上		
	小计	男	女	小计	男	女	小计	男	女
全省	**2006**	**722**	**1284**	**465**	**150**	**315**	**73**	**22**	**51**
西宁市	**263**	**128**	**135**	**42**	**17**	**25**	**7**	**4**	**3**
城东区									
城中区	1	1		1	1		1	1	
城西区									
城北区	15	9	6	4	1	3			
湟中区	141	69	72	22	8	14	2		2
大通回族土族自治县	74	36	38	11	4	7	2	1	1
湟源县	32	13	19	4	3	1	2	2	
海东市	**665**	**285**	**380**	**138**	**57**	**81**	**12**	**5**	**7**
乐都区	133	57	76	16	6	10	1		1
平安区	58	30	28	13	7	6			
民和回族土族自治县	145	73	72	30	14	16	3	3	
互助土族自治县	85	40	45	10	7	3	2	1	1
化隆回族自治县	131	50	81	41	13	28	3	1	2
循化撒拉族自治县	113	35	78	28	10	18	3		3
海北藏族自治州	**87**	**37**	**50**	**16**	**7**	**9**	**4**	**3**	**1**
门源回族自治县	43	23	20	3	2	1	3	3	
祁连县	19	7	12	6	3	3			
海晏县	6	4	2	1	1				
刚察县	19	3	16	6	1	5	1		1
黄南藏族自治州	**232**	**68**	**164**	**53**	**15**	**38**	**11**	**3**	**8**
同仁县	100	26	74	21	6	15	5	2	3
尖扎县	54	18	36	17	6	11	1		1
泽库县	49	14	35	10	1	9	3	1	2
河南蒙古族自治县	29	10	19	5	2	3	2		2
海南藏族自治州	**252**	**64**	**188**	**77**	**28**	**49**	**10**		**10**
共和县	67	18	49	17	6	11	1		1
同德县	48	7	41	15	6	9	1		1
贵德县	50	17	33	16	4	12			
兴海县	48	11	37	13	5	8	7		7
贵南县	39	11	28	16	7	9	1		1
果洛藏族自治州	**157**	**34**	**123**	**39**	**6**	**33**	**5**		**5**
玛沁县	39	8	31	10	1	9	1		1
班玛县	30	8	22	7		7	2		2
甘德县	33	8	25	12	4	8	1		1
达日县	20	4	16	4	1	3			
久治县	29	3	26	5		5	1		1
玛多县	6	3	3	1		1			
玉树藏族自治州	**257**	**67**	**190**	**82**	**12**	**70**	**17**	**3**	**14**
玉树市	78	21	57	22	2	20			
杂多县	30	7	23	12	3	9	3		3
称多县	37	9	28	12		12	1		1
治多县	2		2	1	1		1		1
囊谦县	95	28	67	32	6	26	12	3	9
曲麻莱县	15	2	13	3		3			
海西蒙古族藏族自治州	**93**	**39**	**54**	**18**	**8**	**10**	**7**	**4**	**3**
格尔木市	26	10	16	8	5	3	2	1	1
德令哈市	18	8	10	2	1	1	2	1	1
茫崖市									
乌兰县	10	4	6	1	1		1	1	
都兰县	24	10	14	4	1	3			
天峻县	11	3	8	2		2	2	1	1
大柴旦行政委员会	4	4		1		1			

1−6　各地区分性别、受教育程度的3岁及以上人口

单位：人

地　区	3岁及以上人口			未上过学		
	合计	男	女	小计	男	女
全省	**5703979**	**2920497**	**2783482**	**578699**	**202266**	**376433**
西宁市	**2392833**	**1217674**	**1175159**	**127161**	**39105**	**88056**
城东区	473691	242008	231683	23181	7272	15909
城中区	317423	161115	156308	9730	3001	6729
城西区	316922	156643	160279	9142	2809	6333
城北区	405622	205790	199832	12981	3782	9199
湟中区	382743	199705	183038	32692	10213	22479
大通回族土族自治县	389577	197858	191719	31087	9608	21479
湟源县	106855	54555	52300	8348	2420	5928
海东市	**1306026**	**664670**	**641356**	**177072**	**54017**	**123055**
乐都区	234223	119623	114600	16837	3733	13104
平安区	113992	57438	56554	9652	2638	7014
民和回族土族自治县	314017	159577	154440	52463	16697	35766
互助土族自治县	326993	169775	157218	29035	8397	20638
化隆回族自治县	190173	95294	94879	44663	15005	29658
循化撒拉族自治县	126628	62963	63665	24422	7547	16875
海北藏族自治州	**256306**	**130597**	**125709**	**34486**	**12212**	**22274**
门源回族自治县	133613	67783	65830	12857	4120	8737
祁连县	46790	24079	22711	5698	1954	3744
海晏县	36700	18630	18070	5509	1990	3519
刚察县	39203	20105	19098	10422	4148	6274
黄南藏族自治州	**261651**	**132222**	**129429**	**40611**	**14619**	**25992**
同仁县	96637	49139	47498	9567	3335	6232
尖扎县	55185	27696	27489	13019	4095	8924
泽库县	71131	35755	35376	8844	3349	5495
河南蒙古族自治县	38698	19632	19066	9181	3840	5341
海南藏族自治州	**427570**	**215815**	**211755**	**45318**	**15491**	**29827**
共和县	128197	65119	63078	10523	3623	6900
同德县	57138	28949	28189	7215	2404	4811
贵德县	101712	51102	50610	15005	4850	10155
兴海县	72073	36201	35872	2969	1204	1765
贵南县	68450	34444	34006	9606	3410	6196
果洛藏族自治州	**203771**	**106422**	**97349**	**25965**	**11214**	**14751**
玛沁县	55871	29983	25888	3378	1375	2003
班玛县	29837	15660	14177	3997	1788	2209
甘德县	38850	20067	18783	3562	1507	2055
达日县	37463	19273	18190	10194	4601	5593
久治县	28204	14435	13769	3724	1430	2294
玛多县	13546	7004	6542	1110	513	597
玉树藏族自治州	**403307**	**204908**	**198399**	**95018**	**43714**	**51304**
玉树市	135448	69149	66299	24456	11229	13227
杂多县	63833	32262	31571	22604	10431	12173
称多县	54637	27867	26770	16015	7454	8561
治多县	32922	16677	16245	14493	6694	7799
囊谦县	85081	43095	41986	9604	4351	5253
曲麻莱县	31386	15858	15528	7846	3555	4291
海西蒙古族藏族自治州	**452515**	**248189**	**204326**	**33068**	**11894**	**21174**
格尔木市	213688	117117	96571	12315	4353	7962
德令哈市	85444	44607	40837	5223	1712	3511
茫崖市	18586	12764	5822	405	168	237
乌兰县	30451	16340	14111	2273	789	1484
都兰县	66085	34447	31638	8632	3162	5470
天峻县	22151	11533	10618	3782	1522	2260
大柴旦行政委员会	16110	11381	4729	438	188	250

1-6 续表 1

单位：人

地区	学前教育			小学		
	小计	男	女	小计	男	女
全省	**236973**	**121957**	**115016**	**1938626**	**960145**	**978481**
西宁市	**84939**	**43862**	**41077**	**588800**	**281663**	**307137**
城东区	15992	8315	7677	111426	53335	58091
城中区	9593	4942	4651	54421	25374	29047
城西区	11207	5786	5421	44010	20690	23320
城北区	12969	6760	6209	61986	29887	32099
湟中区	15723	8136	7587	135856	66243	69613
大通回族土族自治县	16043	8180	7863	145918	68362	77556
湟源县	3412	1743	1669	35183	17772	17411
海东市	**54784**	**28178**	**26606**	**502090**	**247020**	**255070**
乐都区	7625	3944	3681	74734	33417	41317
平安区	4374	2250	2124	35456	16783	18673
民和回族土族自治县	13097	6770	6327	116641	58901	57740
互助土族自治县	14012	7235	6777	132947	63612	69335
化隆回族自治县	8996	4619	4377	85223	45119	40104
循化撒拉族自治县	6680	3360	3320	57089	29188	27901
海北藏族自治州	**11774**	**5996**	**5778**	**107518**	**54289**	**53229**
门源回族自治县	6842	3454	3388	62112	30318	31794
祁连县	1940	1004	936	20348	10362	9986
海晏县	1187	623	564	10132	5552	4580
刚察县	1805	915	890	14926	8057	6869
黄南藏族自治州	**13905**	**7266**	**6639**	**127084**	**64918**	**62166**
同仁县	4168	2181	1987	47539	24150	23389
尖扎县	2931	1503	1428	20166	11026	9140
泽库县	4510	2420	2090	41952	20648	21304
河南蒙古族自治县	2296	1162	1134	17427	9094	8333
海南藏族自治州	**22892**	**11683**	**11209**	**172428**	**86412**	**86016**
共和县	5942	3107	2835	39640	19848	19792
同德县	3717	1894	1823	29339	15028	14311
贵德县	5072	2522	2550	37449	19241	18208
兴海县	4058	2043	2015	30013	14246	15767
贵南县	4103	2117	1986	35987	18049	17938
果洛藏族自治州	**9660**	**5031**	**4629**	**111345**	**57470**	**53875**
玛沁县	2248	1194	1054	28152	14470	13682
班玛县	1574	850	724	16585	8562	8023
甘德县	2111	1096	1015	25160	12823	12337
达日县	1844	948	896	17057	8998	8059
久治县	1089	542	547	16416	8621	7795
玛多县	794	401	393	7975	3996	3979
玉树藏族自治州	**20882**	**10613**	**10269**	**194041**	**99644**	**94397**
玉树市	6466	3281	3185	64779	33427	31352
杂多县	3047	1553	1494	26322	13612	12710
称多县	2731	1441	1290	26695	14008	12687
治多县	1288	664	624	9491	5048	4443
囊谦县	5992	2996	2996	51530	25848	25682
曲麻莱县	1358	678	680	15224	7701	7523
海西蒙古族藏族自治州	**18137**	**9328**	**8809**	**135320**	**68729**	**66591**
格尔木市	9203	4688	4515	61084	31090	29994
德令哈市	3470	1767	1703	22850	11322	11528
茫崖市	312	159	153	2612	1474	1138
乌兰县	1198	628	570	10879	5456	5423
都兰县	2906	1544	1362	26456	13410	13046
天峻县	799	405	394	9179	4678	4501
大柴旦行政委员会	249	137	112	2260	1299	961

1-6 续表 2

单位：人

地区	初中			高中			大学专科		
	小计	男	女	小计	男	女	小计	男	女
全省	**1442149**	**838949**	**603200**	**626038**	**338930**	**287108**	**462335**	**247576**	**214759**
西宁市	**724362**	**408460**	**315902**	**339278**	**176829**	**162449**	**254103**	**132224**	**121879**
城东区	136911	75650	61261	76355	40369	35986	53313	28849	24464
城中区	91658	49577	42081	58921	30476	28445	50031	26171	23860
城西区	69517	36529	32988	53407	26067	27340	53104	26150	26954
城北区	119845	65619	54226	70841	36323	34518	57753	29920	27833
湟中区	140460	84197	56263	32197	17694	14503	14725	7802	6923
大通回族土族自治县	130256	76396	53860	35934	19900	16034	17206	9171	8035
湟源县	35715	20492	15223	11623	6000	5623	7971	4161	3810
海东市	**344929**	**211677**	**133252**	**109831**	**62355**	**47476**	**67556**	**36377**	**31179**
乐都区	76429	46470	29959	28349	16467	11882	18237	9578	8659
平安区	33679	19313	14366	13872	7537	6335	9409	5189	4220
民和回族土族自治县	78675	48455	30220	26448	14715	11733	14847	8031	6816
互助土族自治县	99426	62458	36968	24270	13756	10514	15906	8565	7341
化隆回族自治县	34438	21450	12988	8813	5075	3738	4496	2336	2160
循化撒拉族自治县	22282	13531	8751	8079	4805	3274	4661	2678	1983
海北藏族自治州	**52734**	**32028**	**20706**	**20613**	**11042**	**9571**	**14988**	**8098**	**6890**
门源回族自治县	29986	18594	11392	9832	5260	4572	6301	3368	2933
祁连县	9315	5603	3712	3833	2159	1674	3076	1718	1358
海晏县	7600	4323	3277	4822	2348	2474	3264	1695	1569
刚察县	5833	3508	2325	2126	1275	851	2347	1317	1030
黄南藏族自治州	**31936**	**19286**	**12650**	**19819**	**10875**	**8944**	**17119**	**9546**	**7573**
同仁县	12688	7609	5079	10136	5365	4771	7053	3791	3262
尖扎县	7705	4855	2850	4473	2568	1905	3772	2026	1746
泽库县	7629	4569	3060	3518	1939	1579	3395	2119	1276
河南蒙古族自治县	3914	2253	1661	1692	1003	689	2899	1610	1289
海南藏族自治州	**100424**	**56072**	**44352**	**41451**	**22215**	**19236**	**25710**	**14029**	**11681**
共和县	41844	22592	19252	14706	7751	6955	7944	4356	3588
同德县	8336	4970	3366	3476	1852	1624	3225	1815	1410
贵德县	24279	14109	10170	10004	5323	4681	5904	3147	2757
兴海县	16843	8742	8101	8961	4840	4121	5566	3056	2510
贵南县	9122	5659	3463	4304	2449	1855	3071	1655	1416
果洛藏族自治州	**26127**	**15634**	**10493**	**11800**	**6527**	**5273**	**11892**	**6747**	**5145**
玛沁县	8110	5030	3080	6045	3320	2725	4933	2900	2033
班玛县	4011	2430	1581	1056	652	404	1564	842	722
甘德县	4219	2464	1755	1540	876	664	1626	935	691
达日县	4957	2968	1989	1263	643	620	1266	678	588
久治县	3407	1937	1470	1290	682	608	1440	766	674
玛多县	1423	805	618	606	354	252	1063	626	437
玉树藏族自治州	**42101**	**23459**	**18642**	**22535**	**11939**	**10596**	**21485**	**11578**	**9907**
玉树市	15246	8425	6821	12207	6250	5957	8820	4680	4140
杂多县	6620	3698	2922	1808	1018	790	2623	1486	1137
称多县	4196	2352	1844	1995	1061	934	2354	1212	1142
治多县	3244	1843	1401	1497	866	631	2122	1135	987
囊谦县	9207	5098	4109	3726	2030	1696	3820	2076	1744
曲麻莱县	3588	2043	1545	1302	714	588	1746	989	757
海西蒙古族藏族自治州	**119536**	**72333**	**47203**	**60711**	**37148**	**23563**	**49482**	**28977**	**20505**
格尔木市	57671	34192	23479	30471	17966	12505	25163	14913	10250
德令哈市	22475	13085	9390	11275	6499	4776	11159	5649	5510
茫崖市	5733	4054	1679	4100	3189	911	2962	2139	823
乌兰县	8291	4969	3322	3359	2063	1296	2494	1487	1007
都兰县	17216	10448	6768	5020	2819	2201	3247	1778	1469
天峻县	3021	1812	1209	2305	1411	894	1866	1081	785
大柴旦行政委员会	5129	3773	1356	4181	3201	980	2591	1930	661

1–6 续表 3

单位：人

地区	大学本科			硕士研究生			博士研究生		
	小计	男	女	小计	男	女	小计	男	女
全省	**398133**	**200337**	**197796**	**19070**	**9201**	**9869**	**1956**	**1136**	**820**
西宁市	**256883**	**127276**	**129607**	**15621**	**7293**	**8328**	**1686**	**962**	**724**
城东区	53675	26824	26851	2582	1237	1345	256	157	99
城中区	40597	20333	20264	2258	1119	1139	214	122	92
城西区	68491	34854	33637	7256	3320	3936	788	438	350
城北区	65741	31834	33907	3119	1443	1676	387	222	165
湟中区	10910	5328	5582	155	79	76	25	13	12
大通回族土族自治县	12951	6162	6789	173	74	99	9	5	4
湟源县	4518	1941	2577	78	21	57	7	5	2
海东市	**48813**	**24619**	**24194**	**877**	**386**	**491**	**74**	**41**	**33**
乐都区	11722	5897	5825	271	107	164	19	10	9
平安区	7356	3638	3718	181	80	101	13	10	3
民和回族土族自治县	11665	5921	5744	161	75	86	20	12	8
互助土族自治县	11217	5677	5540	168	73	95	12	2	10
化隆回族自治县	3492	1665	1827	49	23	26	3	2	1
循化撒拉族自治县	3361	1821	1540	47	28	19	7	5	2
海北藏族自治州	**13925**	**6787**	**7138**	**253**	**135**	**118**	**15**	**10**	**5**
门源回族自治县	5624	2637	2987	54	30	24	5	2	3
祁连县	2526	1248	1278	52	30	22	2	1	1
海晏县	4073	2041	2032	108	54	54	5	4	1
刚察县	1702	861	841	39	21	18	3	3	
黄南藏族自治州	**10686**	**5422**	**5264**	**458**	**266**	**192**	**33**	**24**	**9**
同仁县	5237	2568	2669	235	129	106	14	11	3
尖扎县	2984	1541	1443	122	75	47	13	7	6
泽库县	1222	672	550	58	36	22	3	3	
河南蒙古族自治县	1243	641	602	43	26	17	3	3	
海南藏族自治州	**18713**	**9508**	**9205**	**592**	**373**	**219**	**42**	**32**	**10**
共和县	7328	3678	3650	258	155	103	12	9	3
同德县	1762	945	817	62	38	24	6	3	3
贵德县	3901	1859	2042	95	49	46	3	2	1
兴海县	3554	1983	1571	98	77	21	11	10	1
贵南县	2168	1043	1125	79	54	25	10	8	2
果洛藏族自治州	**6772**	**3673**	**3099**	**202**	**121**	**81**	**8**	**5**	**3**
玛沁县	2891	1623	1268	108	68	40	6	3	3
班玛县	1025	524	501	24	11	13	1	1	
甘德县	611	354	257	21	12	9			
达日县	860	421	439	21	15	6	1	1	
久治县	824	451	373	14	6	8			
玛多县	561	300	261	14	9	5			
玉树藏族自治州	**6953**	**3782**	**3171**	**238**	**142**	**96**	**54**	**37**	**17**
玉树市	3375	1799	1576	90	52	38	9	6	3
杂多县	789	454	335	16	8	8	4	2	2
称多县	643	332	311	7	6	1	1	1	
治多县	758	414	344	25	11	14	4	2	2
囊谦县	1070	607	463	97	63	34	35	26	9
曲麻莱县	318	176	142	3	2	1	1		1
海西蒙古族藏族自治州	**35388**	**19270**	**16118**	**829**	**485**	**344**	**44**	**25**	**19**
格尔木市	17404	9683	7721	354	214	140	23	18	5
德令哈市	8696	4414	4282	283	155	128	13	4	9
茫崖市	2393	1537	856	68	43	25	1	1	
乌兰县	1929	936	993	27	12	15	1		1
都兰县	2564	1262	1302	42	23	19	2	1	1
天峻县	1167	605	562	30	19	11	2		2
大柴旦行政委员会	1235	833	402	25	19	6	2	1	1

1-6a 各地区分性别、受教育程度的3岁及以上人口(城市)

单位：人

地区	3岁及以上人口			未上过学		
	合计	男	女	小计	男	女
全省	**2059884**	**1048764**	**1011120**	**84492**	**26901**	**57591**
西宁市	**1570889**	**793769**	**777120**	**57387**	**17635**	**39752**
城东区	473691	242008	231683	23181	7272	15909
城中区	314503	158997	155506	9668	2982	6686
城西区	316573	156451	160122	9116	2807	6309
城北区	395821	200532	195289	12188	3554	8634
湟中区	55814	28034	27780	2332	742	1590
大通回族土族自治县	14487	7747	6740	902	278	624
湟源县						
海东市	**183935**	**90612**	**93323**	**10080**	**2188**	**7892**
乐都区	109361	53963	55398	5451	1104	4347
平安区	74574	36649	37925	4629	1084	3545
民和回族土族自治县						
互助土族自治县						
化隆回族自治县						
循化撒拉族自治县						
海北藏族自治州						
门源回族自治县						
祁连县						
海晏县						
刚察县						
黄南藏族自治州						
同仁县						
尖扎县						
泽库县						
河南蒙古族自治县						
海南藏族自治州						
共和县						
同德县						
贵德县						
兴海县						
贵南县						
果洛藏族自治州						
玛沁县						
班玛县						
甘德县						
达日县						
久治县						
玛多县						
玉树藏族自治州	**79635**	**41062**	**38573**	**10631**	**4886**	**5745**
玉树市	76924	39739	37185	9425	4353	5072
杂多县						
称多县						
治多县						
囊谦县						
曲麻莱县	2711	1323	1388	1206	533	673
海西蒙古族藏族自治州	**225425**	**123321**	**102104**	**6394**	**2192**	**4202**
格尔木市	149036	81135	67901	4189	1480	2709
德令哈市	61142	31738	29404	1878	574	1304
茫崖市	15247	10448	4799	327	138	189
乌兰县						
都兰县						
天峻县						
大柴旦行政委员会						

1-6a　续表 1　　　　单位：人

地　区	学前教育			小　学		
	小计	男	女	小计	男	女
全省	**71159**	**36718**	**34441**	**423099**	**201022**	**222077**
西宁市	**52165**	**27022**	**25143**	**290411**	**137376**	**153035**
城东区	15992	8315	7677	111426	53335	58091
城中区	9545	4912	4633	53730	24928	28802
城西区	11191	5775	5416	43933	20649	23284
城北区	12492	6505	5987	59406	28466	30940
湟中区	2411	1232	1179	17931	8139	9792
大通回族土族自治县	534	283	251	3985	1859	2126
湟源县						
海东市	**6726**	**3458**	**3268**	**49045**	**21707**	**27338**
乐都区	3932	2046	1886	28860	12482	16378
平安区	2794	1412	1382	20185	9225	10960
民和回族土族自治县						
互助土族自治县						
化隆回族自治县						
循化撒拉族自治县						
海北藏族自治州						
门源回族自治县						
祁连县						
海晏县						
刚察县						
黄南藏族自治州						
同仁县						
尖扎县						
泽库县						
河南蒙古族自治县						
海南藏族自治州						
共和县						
同德县						
贵德县						
兴海县						
贵南县						
果洛藏族自治州						
玛沁县						
班玛县						
甘德县						
达日县						
久治县						
玛多县						
玉树藏族自治州	**3119**	**1581**	**1538**	**34983**	**18085**	**16898**
玉树市	2968	1507	1461	34192	17669	16523
杂多县						
称多县						
治多县						
囊谦县						
曲麻莱县	151	74	77	791	416	375
海西蒙古族藏族自治州	**9149**	**4657**	**4492**	**48660**	**23854**	**24806**
格尔木市	6446	3289	3157	33401	16373	17028
德令哈市	2424	1225	1199	13089	6256	6833
茫崖市	279	143	136	2170	1225	945
乌兰县						
都兰县						
天峻县						
大柴旦行政委员会						

1-6a 续表 2

单位：人

地区	初中			高中			大学专科		
	小计	男	女	小计	男	女	小计	男	女
全省	**560095**	**306986**	**253109**	**345708**	**181562**	**164146**	**281655**	**148317**	**133338**
西宁市	**437623**	**238079**	**199544**	**267664**	**137675**	**129989**	**217455**	**112747**	**104708**
城东区	136911	75650	61261	76355	40369	35986	53313	28849	24464
城中区	90028	48297	41731	58678	30294	28384	49901	26087	23814
城西区	69331	36411	32920	53380	26056	27324	53092	26143	26949
城北区	115196	62925	52271	70057	35896	34161	57440	29779	27661
湟中区	19003	10555	8448	8086	4381	3705	3149	1595	1554
大通回族土族自治县	7154	4241	2913	1108	679	429	560	294	266
湟源县									
海东市	**53400**	**29372**	**24028**	**28388**	**15273**	**13115**	**20813**	**11029**	**9784**
乐都区	31776	17729	14047	17680	9630	8050	12882	6652	6230
平安区	21624	11643	9981	10708	5643	5065	7931	4377	3554
民和回族土族自治县									
互助土族自治县									
化隆回族自治县									
循化撒拉族自治县									
海北藏族自治州									
门源回族自治县									
祁连县									
海晏县									
刚察县									
黄南藏族自治州									
同仁县									
尖扎县									
泽库县									
河南蒙古族自治县									
海南藏族自治州									
共和县									
同德县									
贵德县									
兴海县									
贵南县									
果洛藏族自治州									
玛沁县									
班玛县									
甘德县									
达日县									
久治县									
玛多县									
玉树藏族自治州	**9604**	**5405**	**4199**	**10591**	**5386**	**5205**	**7575**	**4023**	**3552**
玉树市	9307	5236	4071	10447	5320	5127	7462	3963	3499
杂多县									
称多县									
治多县									
囊谦县									
曲麻莱县	297	169	128	144	66	78	113	60	53
海西蒙古族藏族自治州	**59468**	**34130**	**25338**	**39065**	**23228**	**15837**	**35812**	**20518**	**15294**
格尔木市	39880	22524	17356	25699	14833	10866	23116	13575	9541
德令哈市	15095	8448	6647	9983	5737	4246	10321	5229	5092
茫崖市	4493	3158	1335	3383	2658	725	2375	1714	661
乌兰县									
都兰县									
天峻县									
大柴旦行政委员会									

1-6a 续表 3

单位：人

地区	大学本科			硕士研究生			博士研究生		
	小计	男	女	小计	男	女	小计	男	女
全省	**275581**	**138541**	**137040**	**16378**	**7727**	**8651**	**1717**	**990**	**727**
西宁市	**231263**	**115147**	**116116**	**15268**	**7142**	**8126**	**1653**	**946**	**707**
城东区	53675	26824	26851	2582	1237	1345	256	157	99
城中区	40482	20257	20225	2257	1118	1139	214	122	92
城西区	68488	34853	33635	7254	3319	3935	788	438	350
城北区	65541	31746	33795	3114	1439	1675	387	222	165
湟中区	2837	1356	1481	57	27	30	8	7	1
大通回族土族自治县	240	111	129	4	2	2			
湟源县									
海东市	**15095**	**7417**	**7678**	**365**	**152**	**213**	**23**	**16**	**7**
乐都区	8563	4231	4332	205	81	124	12	8	4
平安区	6532	3186	3346	160	71	89	11	8	3
民和回族土族自治县									
互助土族自治县									
化隆回族自治县									
循化撒拉族自治县									
海北藏族自治州									
门源回族自治县									
祁连县									
海晏县									
刚察县									
黄南藏族自治州									
同仁县									
尖扎县									
泽库县									
河南蒙古族自治县									
海南藏族自治州									
共和县									
同德县									
贵德县									
兴海县									
贵南县									
果洛藏族自治州									
玛沁县									
班玛县									
甘德县									
达日县									
久治县									
玛多县									
玉树藏族自治州	**3038**	**1640**	**1398**	**85**	**50**	**35**	**9**	**6**	**3**
玉树市	3029	1635	1394	85	50	35	9	6	3
杂多县									
称多县									
治多县									
囊谦县									
曲麻莱县	9	5	4						
海西蒙古族藏族自治州	**26185**	**14337**	**11848**	**660**	**383**	**277**	**32**	**22**	**10**
格尔木市	15962	8854	7108	322	190	132	21	17	4
德令哈市	8067	4113	3954	275	152	123	10	4	6
茫崖市	2156	1370	786	63	41	22	1	1	
乌兰县									
都兰县									
天峻县									
大柴旦行政委员会									

1-6b 各地区分性别、受教育程度的3岁及以上人口(镇)

单位：人

地区	3岁及以上人口			未上过学		
	合计	男	女	小计	男	女
全省	**1384379**	**702570**	**681809**	**139038**	**49069**	**89969**
西宁市	**311793**	**157319**	**154474**	**18225**	**5310**	**12915**
城东区						
城中区	2169	1707	462	36	12	24
城西区	349	192	157	26	2	24
城北区						
湟中区	68403	35913	32490	3975	1229	2746
大通回族土族自治县	184771	92006	92765	11357	3215	8142
湟源县	56101	27501	28600	2831	852	1979
海东市	**345245**	**171763**	**173482**	**33971**	**9840**	**24131**
乐都区	11790	6075	5715	668	159	509
平安区	2594	1617	977	220	68	152
民和回族土族自治县	126829	62583	64246	13541	3958	9583
互助土族自治县	117917	59049	58868	6928	1924	5004
化隆回族自治县	40142	19626	20516	6617	1961	4656
循化撒拉族自治县	45973	22813	23160	5997	1770	4227
海北藏族自治州	**119328**	**58758**	**60570**	**11756**	**3705**	**8051**
门源回族自治县	50685	24349	26336	3833	1054	2779
祁连县	25755	12709	13046	2429	757	1672
海晏县	27427	13539	13888	2927	935	1992
刚察县	15461	8161	7300	2567	959	1608
黄南藏族自治州	**109961**	**55812**	**54149**	**12251**	**4425**	**7826**
同仁县	47918	24647	23271	3564	1315	2249
尖扎县	22944	11460	11484	3793	1149	2644
泽库县	22108	11159	10949	1568	603	965
河南蒙古族自治县	16991	8546	8445	3326	1358	1968
海南藏族自治州	**176357**	**88084**	**88273**	**11672**	**3854**	**7818**
共和县	65343	32816	32527	2767	887	1880
同德县	14472	7238	7234	1695	560	1135
贵德县	46404	22916	23488	4401	1347	3054
兴海县	30794	15408	15386	1071	456	615
贵南县	19344	9706	9638	1738	604	1134
果洛藏族自治州	**72730**	**39201**	**33529**	**6294**	**2661**	**3633**
玛沁县	32125	17872	14253	1087	431	656
班玛县	9441	5104	4337	684	279	405
甘德县	5875	3190	2685	313	142	171
达日县	12524	6359	6165	3304	1444	1860
久治县	4587	2440	2147	352	110	242
玛多县	8178	4236	3942	554	255	299
玉树藏族自治州	**127749**	**65435**	**62314**	**31225**	**14223**	**17002**
玉树市	6056	3033	3023	1659	720	939
杂多县	34000	17379	16621	10867	5051	5816
称多县	20692	10688	10004	4941	2205	2736
治多县	24928	12626	12302	9818	4462	5356
囊谦县	29096	15093	14003	2049	932	1117
曲麻莱县	12977	6616	6361	1891	853	1038
海西蒙古族藏族自治州	**121216**	**66198**	**55018**	**13644**	**5051**	**8593**
格尔木市	40867	22591	18276	5937	2215	3722
德令哈市	2208	1223	985	269	84	185
茫崖市	3339	2316	1023	78	30	48
乌兰县	19512	10501	9011	1165	399	766
都兰县	31742	16128	15614	4209	1562	2647
天峻县	13412	6860	6552	1621	606	1015
大柴旦行政委员会	10136	6579	3557	365	155	210

1-6b　续表 1

单位：人

地　区	学前教育			小　学		
	小计	男	女	小计	男	女
全省	**60024**	**30860**	**29164**	**478049**	**233436**	**244613**
西宁市	**11570**	**5888**	**5682**	**93752**	**43404**	**50348**
城东区						
城中区	26	19	7	482	355	127
城西区	16	11	5	77	41	36
城北区						
湟中区	2649	1373	1276	20839	9892	10947
大通回族土族自治县	7057	3561	3496	57017	25973	31044
湟源县	1822	924	898	15337	7143	8194
海东市	**14908**	**7603**	**7305**	**116020**	**55255**	**60765**
乐都区	361	174	187	3935	1753	2182
平安区	36	14	22	627	355	272
民和回族土族自治县	5132	2605	2527	39599	19071	20528
互助土族自治县	5236	2700	2536	37168	17068	20100
化隆回族自治县	1739	892	847	16877	8544	8333
循化撒拉族自治县	2404	1218	1186	17814	8464	9350
海北藏族自治州	**5599**	**2831**	**2768**	**38345**	**18300**	**20045**
门源回族自治县	2755	1360	1395	17543	7873	9670
祁连县	1172	600	572	9533	4510	5023
海晏县	975	510	465	6678	3469	3209
刚察县	697	361	336	4591	2448	2143
黄南藏族自治州	**5520**	**2899**	**2621**	**41751**	**20913**	**20838**
同仁县	2177	1170	1007	16434	8276	8158
尖扎县	1144	587	557	6789	3543	3246
泽库县	1130	594	536	12351	5995	6356
河南蒙古族自治县	1069	548	521	6177	3099	3078
海南藏族自治州	**8577**	**4439**	**4138**	**55701**	**26807**	**28894**
共和县	2833	1492	1341	16422	7801	8621
同德县	824	413	411	5122	2487	2635
贵德县	2140	1080	1060	13729	6710	7019
兴海县	1615	827	788	13142	6270	6872
贵南县	1165	627	538	7286	3539	3747
果洛藏族自治州	**3051**	**1620**	**1431**	**29585**	**15243**	**14342**
玛沁县	1211	656	555	12240	6476	5764
班玛县	391	226	165	4261	2204	2057
甘德县	333	182	151	2539	1272	1267
达日县	542	266	276	4629	2372	2257
久治县	128	58	70	1471	767	704
玛多县	446	232	214	4445	2152	2293
玉树藏族自治州	**6049**	**3092**	**2957**	**59911**	**31143**	**28768**
玉树市	323	152	171	2919	1554	1365
杂多县	1387	714	673	14030	7322	6708
称多县	944	523	421	9687	5169	4518
治多县	964	499	465	7510	3977	3533
囊谦县	1965	989	976	18919	9700	9219
曲麻莱县	466	215	251	6846	3421	3425
海西蒙古族藏族自治州	**4750**	**2488**	**2262**	**42984**	**22371**	**20613**
格尔木市	1786	924	862	18441	9958	8483
德令哈市	65	32	33	803	413	390
茫崖市	33	16	17	442	249	193
乌兰县	699	364	335	5670	2793	2877
都兰县	1396	747	649	10695	5391	5304
天峻县	557	287	270	5416	2739	2677
大柴旦行政委员会	214	118	96	1517	828	689

1-6b 续表 2

单位：人

地 区	初 中			高 中			大学专科		
	小计	男	女	小计	男	女	小计	男	女
全省	**329654**	**187820**	**141834**	**175393**	**94800**	**80593**	**113681**	**62688**	**50993**
西宁市	**104063**	**58400**	**45663**	**43940**	**23718**	**20222**	**23165**	**12549**	**10616**
城东区									
城中区	1231	1029	202	196	149	47	106	73	33
城西区	186	118	68	27	11	16	12	7	5
城北区									
湟中区	25450	14680	10770	8171	4773	3398	4102	2347	1755
大通回族土族自治县	59154	32886	26268	27042	14591	12451	12872	6920	5952
湟源县	18042	9687	8355	8504	4194	4310	6073	3202	2871
海东市	**88696**	**50597**	**38099**	**45688**	**24599**	**21089**	**25364**	**13735**	**11629**
乐都区	4507	2657	1850	1287	789	498	668	360	308
平安区	640	468	172	745	478	267	182	135	47
民和回族土族自治县	32185	18128	14057	18526	9671	8855	9339	4990	4349
互助土族自治县	33523	18859	14664	16525	8855	7670	10712	5809	4903
化隆回族自治县	8364	4969	3395	3756	1960	1796	1394	716	678
循化撒拉族自治县	9477	5516	3961	4849	2846	2003	3069	1725	1344
海北藏族自治州	**25442**	**14402**	**11040**	**15808**	**8160**	**7648**	**10649**	**5693**	**4956**
门源回族自治县	11340	6415	4925	7280	3753	3527	3808	2018	1790
祁连县	5456	3088	2368	2818	1501	1317	2250	1229	1021
海晏县	5624	3060	2564	4346	2068	2278	2873	1484	1389
刚察县	3022	1839	1183	1364	838	526	1718	962	756
黄南藏族自治州	**15069**	**8847**	**6222**	**14584**	**7635**	**6949**	**11595**	**6444**	**5151**
同仁县	7371	4391	2980	8427	4352	4075	5263	2839	2424
尖扎县	3232	1918	1314	3241	1730	1511	2318	1268	1050
泽库县	2334	1348	986	1869	945	924	1877	1154	723
河南蒙古族自治县	2132	1190	942	1047	608	439	2137	1183	954
海南藏族自治州	**40320**	**21754**	**18566**	**27710**	**14353**	**13357**	**17327**	**9417**	**7910**
共和县	18364	9669	8695	11978	6117	5861	6222	3443	2779
同德县	2223	1242	981	1413	797	616	1835	1022	813
贵德县	11335	6283	5052	7477	3804	3673	4223	2254	1969
兴海县	5510	2865	2645	4076	2191	1885	3235	1716	1519
贵南县	2888	1695	1193	2766	1444	1322	1812	982	830
果洛藏族自治州	**11537**	**7157**	**4380**	**7727**	**4353**	**3374**	**8709**	**5048**	**3661**
玛沁县	5650	3619	2031	5194	2803	2391	4042	2376	1666
班玛县	1444	913	531	645	415	230	1127	635	492
甘德县	778	441	337	484	309	175	1032	619	413
达日县	1908	1150	758	645	362	283	864	462	402
久治县	878	524	354	350	217	133	742	409	333
玛多县	879	510	369	409	247	162	902	547	355
玉树藏族自治州	**13862**	**7764**	**6098**	**6077**	**3371**	**2706**	**8116**	**4463**	**3653**
玉树市	578	291	287	267	151	116	220	127	93
杂多县	4307	2378	1929	1123	632	491	1779	988	791
称多县	1879	1077	802	1420	744	676	1376	730	646
治多县	2782	1568	1214	1247	724	523	1845	986	859
囊谦县	2683	1531	1152	1261	694	567	1764	988	776
曲麻莱县	1633	919	714	759	426	333	1132	644	488
海西蒙古族藏族自治州	**30665**	**18899**	**11766**	**13859**	**8611**	**5248**	**8756**	**5339**	**3417**
格尔木市	10508	6829	3679	2879	1873	1006	775	490	285
德令哈市	790	519	271	133	94	39	87	46	41
茫崖市	1240	896	344	717	531	186	587	425	162
乌兰县	5403	3118	2285	2731	1690	1041	2117	1292	825
都兰县	7883	4481	3402	3418	1802	1616	2165	1191	974
天峻县	1797	1033	764	1572	907	665	1362	733	629
大柴旦行政委员会	3044	2023	1021	2409	1714	695	1663	1162	501

1-6b　续表 3　　　　单位：人

地　区	大学本科			硕士研究生			博士研究生		
	小计	男	女	小计	男	女	小计	男	女
全省	**86510**	**42803**	**43707**	**1910**	**1024**	**886**	**120**	**70**	**50**
西宁市	**16818**	**7942**	**8876**	**245**	**99**	**146**	**15**	**9**	**6**
城东区									
城中区	91	69	22	1	1				
城西区	3	1	2	2	1	1			
城北区									
湟中区	3171	1598	1573	42	20	22	4	1	3
大通回族土族自治县	10121	4794	5327	146	62	84	5	4	1
湟源县	3432	1480	1952	54	15	39	6	4	2
海东市	**20270**	**9981**	**10289**	**306**	**144**	**162**	**22**	**9**	**13**
乐都区	354	180	174	10	3	7			
平安区	134	91	43	10	8	2			
民和回族土族自治县	8372	4099	4273	125	57	68	10	4	6
互助土族自治县	7703	3782	3921	114	51	63	8	1	7
化隆回族自治县	1375	575	800	20	9	11			
循化撒拉族自治县	2332	1254	1078	27	16	11	4	4	
海北藏族自治州	**11493**	**5537**	**5956**	**223**	**121**	**102**	**13**	**9**	**4**
门源回族自治县	4084	1854	2230	37	20	17	5	2	3
祁连县	2052	998	1054	44	26	18	1		1
海晏县	3896	1955	1941	104	54	50	4	4	
刚察县	1461	730	731	38	21	17	3	3	
黄南藏族自治州	**8801**	**4418**	**4383**	**366**	**213**	**153**	**24**	**18**	**6**
同仁县	4472	2183	2289	200	114	86	10	7	3
尖扎县	2334	1207	1127	84	52	32	9	6	3
泽库县	932	492	440	45	26	19	2	2	
河南蒙古族自治县	1063	536	527	37	21	16	3	3	
海南藏族自治州	**14604**	**7198**	**7406**	**425**	**249**	**176**	**21**	**13**	**8**
共和县	6517	3263	3254	235	140	95	5	4	1
同德县	1318	693	625	37	22	15	5	2	3
贵德县	3021	1397	1624	75	39	36	3	2	1
兴海县	2108	1062	1046	36	21	15	1		1
贵南县	1640	783	857	42	27	15	7	5	2
果洛藏族自治州	**5643**	**3010**	**2633**	**178**	**106**	**72**	**6**	**3**	**3**
玛沁县	2598	1448	1150	98	61	37	5	2	3
班玛县	865	421	444	23	10	13	1	1	
甘德县	382	217	165	14	8	6			
达日县	612	289	323	20	14	6			
久治县	656	351	305	10	4	6			
玛多县	530	284	246	13	9	4			
玉树藏族自治州	**2434**	**1343**	**1091**	**60**	**27**	**33**	**15**	**9**	**6**
玉树市	89	38	51	1		1			
杂多县	496	288	208	9	4	5	2	2	
称多县	443	238	205	2	2				
治多县	734	398	336	24	10	14	4	2	2
囊谦县	425	244	181	22	10	12	8	5	3
曲麻莱县	247	137	110	2	1	1	1		1
海西蒙古族藏族自治州	**6447**	**3374**	**3073**	**107**	**65**	**42**	**4**		**4**
格尔木市	535	297	238	6	5	1			
德令哈市	59	34	25	1	1		1		1
茫崖市	237	167	70	5	2	3			
乌兰县	1701	833	868	25	12	13	1		1
都兰县	1949	938	1011	26	16	10	1		1
天峻县	1056	536	520	30	19	11	1		1
大柴旦行政委员会	910	569	341	14	10	4			

1-6c 各地区分性别、受教育程度的3岁及以上人口(乡村)

单位：人

地区	3岁及以上人口			未上过学		
	合计	男	女	小计	男	女
全省	**2259716**	**1169163**	**1090553**	**355169**	**126296**	**228873**
西宁市	**510151**	**266586**	**243565**	**51549**	**16160**	**35389**
城东区						
城中区	751	411	340	26	7	19
城西区						
城北区	9801	5258	4543	793	228	565
湟中区	258526	135758	122768	26385	8242	18143
大通回族土族自治县	190319	98105	92214	18828	6115	12713
湟源县	50754	27054	23700	5517	1568	3949
海东市	**776846**	**402295**	**374551**	**133021**	**41989**	**91032**
乐都区	113072	59585	53487	10718	2470	8248
平安区	36824	19172	17652	4803	1486	3317
民和回族土族自治县	187188	96994	90194	38922	12739	26183
互助土族自治县	209076	110726	98350	22107	6473	15634
化隆回族自治县	150031	75668	74363	38046	13044	25002
循化撒拉族自治县	80655	40150	40505	18425	5777	12648
海北藏族自治州	**136978**	**71839**	**65139**	**22730**	**8507**	**14223**
门源回族自治县	82928	43434	39494	9024	3066	5958
祁连县	21035	11370	9665	3269	1197	2072
海晏县	9273	5091	4182	2582	1055	1527
刚察县	23742	11944	11798	7855	3189	4666
黄南藏族自治州	**151690**	**76410**	**75280**	**28360**	**10194**	**18166**
同仁县	48719	24492	24227	6003	2020	3983
尖扎县	32241	16236	16005	9226	2946	6280
泽库县	49023	24596	24427	7276	2746	4530
河南蒙古族自治县	21707	11086	10621	5855	2482	3373
海南藏族自治州	**251213**	**127731**	**123482**	**33646**	**11637**	**22009**
共和县	62854	32303	30551	7756	2736	5020
同德县	42666	21711	20955	5520	1844	3676
贵德县	55308	28186	27122	10604	3503	7101
兴海县	41279	20793	20486	1898	748	1150
贵南县	49106	24738	24368	7868	2806	5062
果洛藏族自治州	**131041**	**67221**	**63820**	**19671**	**8553**	**11118**
玛沁县	23746	12111	11635	2291	944	1347
班玛县	20396	10556	9840	3313	1509	1804
甘德县	32975	16877	16098	3249	1365	1884
达日县	24939	12914	12025	6890	3157	3733
久治县	23617	11995	11622	3372	1320	2052
玛多县	5368	2768	2600	556	258	298
玉树藏族自治州	**195923**	**98411**	**97512**	**53162**	**24605**	**28557**
玉树市	52468	26377	26091	13372	6156	7216
杂多县	29833	14883	14950	11737	5380	6357
称多县	33945	17179	16766	11074	5249	5825
治多县	7994	4051	3943	4675	2232	2443
囊谦县	55985	28002	27983	7555	3419	4136
曲麻莱县	15698	7919	7779	4749	2169	2580
海西蒙古族藏族自治州	**105874**	**58670**	**47204**	**13030**	**4651**	**8379**
格尔木市	23785	13391	10394	2189	658	1531
德令哈市	22094	11646	10448	3076	1054	2022
茫崖市						
乌兰县	10939	5839	5100	1108	390	718
都兰县	34343	18319	16024	4423	1600	2823
天峻县	8739	4673	4066	2161	916	1245
大柴旦行政委员会	5974	4802	1172	73	33	40

1-6c　续表 1

单位：人

地　区	学前教育			小　学		
	小计	男	女	小计	男	女
全省	**105790**	**54379**	**51411**	**1037478**	**525687**	**511791**
西宁市	**21204**	**10952**	**10252**	**204637**	**100883**	**103754**
城东区						
城中区	22	11	11	209	91	118
城西区						
城北区	477	255	222	2580	1421	1159
湟中区	10663	5531	5132	97086	48212	48874
大通回族土族自治县	8452	4336	4116	84916	40530	44386
湟源县	1590	819	771	19846	10629	9217
海东市	**33150**	**17117**	**16033**	**337025**	**170058**	**166967**
乐都区	3332	1724	1608	41939	19182	22757
平安区	1544	824	720	14644	7203	7441
民和回族土族自治县	7965	4165	3800	77042	39830	37212
互助土族自治县	8776	4535	4241	95779	46544	49235
化隆回族自治县	7257	3727	3530	68346	36575	31771
循化撒拉族自治县	4276	2142	2134	39275	20724	18551
海北藏族自治州	**6175**	**3165**	**3010**	**69173**	**35989**	**33184**
门源回族自治县	4087	2094	1993	44569	22445	22124
祁连县	768	404	364	10815	5852	4963
海晏县	212	113	99	3454	2083	1371
刚察县	1108	554	554	10335	5609	4726
黄南藏族自治州	**8385**	**4367**	**4018**	**85333**	**44005**	**41328**
同仁县	1991	1011	980	31105	15874	15231
尖扎县	1787	916	871	13377	7483	5894
泽库县	3380	1826	1554	29601	14653	14948
河南蒙古族自治县	1227	614	613	11250	5995	5255
海南藏族自治州	**14315**	**7244**	**7071**	**116727**	**59605**	**57122**
共和县	3109	1615	1494	23218	12047	11171
同德县	2893	1481	1412	24217	12541	11676
贵德县	2932	1442	1490	23720	12531	11189
兴海县	2443	1216	1227	16871	7976	8895
贵南县	2938	1490	1448	28701	14510	14191
果洛藏族自治州	**6609**	**3411**	**3198**	**81760**	**42227**	**39533**
玛沁县	1037	538	499	15912	7994	7918
班玛县	1183	624	559	12324	6358	5966
甘德县	1778	914	864	22621	11551	11070
达日县	1302	682	620	12428	6626	5802
久治县	961	484	477	14945	7854	7091
玛多县	348	169	179	3530	1844	1686
玉树藏族自治州	**11714**	**5940**	**5774**	**99147**	**50416**	**48731**
玉树市	3175	1622	1553	27668	14204	13464
杂多县	1660	839	821	12292	6290	6002
称多县	1787	918	869	17008	8839	8169
治多县	324	165	159	1981	1071	910
囊谦县	4027	2007	2020	32611	16148	16463
曲麻莱县	741	389	352	7587	3864	3723
海西蒙古族藏族自治州	**4238**	**2183**	**2055**	**43676**	**22504**	**21172**
格尔木市	971	475	496	9242	4759	4483
德令哈市	981	510	471	8958	4653	4305
茫崖市						
乌兰县	499	264	235	5209	2663	2546
都兰县	1510	797	713	15761	8019	7742
天峻县	242	118	124	3763	1939	1824
大柴旦行政委员会	35	19	16	743	471	272

1-6c 续表 2 单位：人

地区	初中			高中			大学专科		
	小计	男	女	小计	男	女	小计	男	女
全省	**552400**	**344143**	**208257**	**104937**	**62568**	**42369**	**66999**	**36571**	**30428**
西宁市	**182676**	**111981**	**70695**	**27674**	**15436**	**12238**	**13483**	**6928**	**6555**
城东区									
城中区	399	251	148	47	33	14	24	11	13
城西区									
城北区	4649	2694	1955	784	427	357	313	141	172
湟中区	96007	58962	37045	15940	8540	7400	7474	3860	3614
大通回族土族自治县	63948	39269	24679	7784	4630	3154	3774	1957	1817
湟源县	17673	10805	6868	3119	1806	1313	1898	959	939
海东市	**202833**	**131708**	**71125**	**35755**	**22483**	**13272**	**21379**	**11613**	**9766**
乐都区	40146	26084	14062	9382	6048	3334	4687	2566	2121
平安区	11415	7202	4213	2419	1416	1003	1296	677	619
民和回族土族自治县	46490	30327	16163	7922	5044	2878	5508	3041	2467
互助土族自治县	65903	43599	22304	7745	4901	2844	5194	2756	2438
化隆回族自治县	26074	16481	9593	5057	3115	1942	3102	1620	1482
循化撒拉族自治县	12805	8015	4790	3230	1959	1271	1592	953	639
海北藏族自治州	**27292**	**17626**	**9666**	**4805**	**2882**	**1923**	**4339**	**2405**	**1934**
门源回族自治县	18646	12179	6467	2552	1507	1045	2493	1350	1143
祁连县	3859	2515	1344	1015	658	357	826	489	337
海晏县	1976	1263	713	476	280	196	391	211	180
刚察县	2811	1669	1142	762	437	325	629	355	274
黄南藏族自治州	**16867**	**10439**	**6428**	**5235**	**3240**	**1995**	**5524**	**3102**	**2422**
同仁县	5317	3218	2099	1709	1013	696	1790	952	838
尖扎县	4473	2937	1536	1232	838	394	1454	758	696
泽库县	5295	3221	2074	1649	994	655	1518	965	553
河南蒙古族自治县	1782	1063	719	645	395	250	762	427	335
海南藏族自治州	**60104**	**34318**	**25786**	**13741**	**7862**	**5879**	**8383**	**4612**	**3771**
共和县	23480	12923	10557	2728	1634	1094	1722	913	809
同德县	6113	3728	2385	2063	1055	1008	1390	793	597
贵德县	12944	7826	5118	2527	1519	1008	1681	893	788
兴海县	11333	5877	5456	4885	2649	2236	2331	1340	991
贵南县	6234	3964	2270	1538	1005	533	1259	673	586
果洛藏族自治州	**14590**	**8477**	**6113**	**4073**	**2174**	**1899**	**3183**	**1699**	**1484**
玛沁县	2460	1411	1049	851	517	334	891	524	367
班玛县	2567	1517	1050	411	237	174	437	207	230
甘德县	3441	2023	1418	1056	567	489	594	316	278
达日县	3049	1818	1231	618	281	337	402	216	186
久治县	2529	1413	1116	940	465	475	698	357	341
玛多县	544	295	249	197	107	90	161	79	82
玉树藏族自治州	**18635**	**10290**	**8345**	**5867**	**3182**	**2685**	**5794**	**3092**	**2702**
玉树市	5361	2898	2463	1493	779	714	1138	590	548
杂多县	2313	1320	993	685	386	299	844	498	346
称多县	2317	1275	1042	575	317	258	978	482	496
治多县	462	275	187	250	142	108	277	149	128
囊谦县	6524	3567	2957	2465	1336	1129	2056	1088	968
曲麻莱县	1658	955	703	399	222	177	501	285	216
海西蒙古族藏族自治州	**29403**	**19304**	**10099**	**7787**	**5309**	**2478**	**4914**	**3120**	**1794**
格尔木市	7283	4839	2444	1893	1260	633	1272	848	424
德令哈市	6590	4118	2472	1159	668	491	751	374	377
茫崖市									
乌兰县	2888	1851	1037	628	373	255	377	195	182
都兰县	9333	5967	3366	1602	1017	585	1082	587	495
天峻县	1224	779	445	733	504	229	504	348	156
大柴旦行政委员会	2085	1750	335	1772	1487	285	928	768	160

1-6c　续表 3　　　　单位：人

地　　区	大学本科			硕士研究生			博士研究生		
	小计	男	女	小计	男	女	小计	男	女
全省	**36042**	**18993**	**17049**	**782**	**450**	**332**	**119**	**76**	**43**
西宁市	**8802**	**4187**	**4615**	**108**	**52**	**56**	**18**	**7**	**11**
城东区									
城中区	24	7	17						
城西区									
城北区	200	88	112	5	4	1			
湟中区	4902	2374	2528	56	32	24	13	5	8
大通回族土族自治县	2590	1257	1333	23	10	13	4	1	3
湟源县	1086	461	625	24	6	18	1	1	
海东市	**13448**	**7221**	**6227**	**206**	**90**	**116**	**29**	**16**	**13**
乐都区	2805	1486	1319	56	23	33	7	2	5
平安区	690	361	329	11	1	10	2	2	
民和回族土族自治县	3293	1822	1471	36	18	18	10	8	2
互助土族自治县	3514	1895	1619	54	22	32	4	1	3
化隆回族自治县	2117	1090	1027	29	14	15	3	2	1
循化撒拉族自治县	1029	567	462	20	12	8	3	1	2
海北藏族自治州	**2432**	**1250**	**1182**	**30**	**14**	**16**	**2**	**1**	**1**
门源回族自治县	1540	783	757	17	10	7			
祁连县	474	250	224	8	4	4	1	1	
海晏县	177	86	91	4		4	1		1
刚察县	241	131	110	1		1			
黄南藏族自治州	**1885**	**1004**	**881**	**92**	**53**	**39**	**9**	**6**	**3**
同仁县	765	385	380	35	15	20	4	4	
尖扎县	650	334	316	38	23	15	4	1	3
泽库县	290	180	110	13	10	3	1	1	
河南蒙古族自治县	180	105	75	6	5	1			
海南藏族自治州	**4109**	**2310**	**1799**	**167**	**124**	**43**	**21**	**19**	**2**
共和县	811	415	396	23	15	8	7	5	2
同德县	444	252	192	25	16	9	1	1	
贵德县	880	462	418	20	10	10			
兴海县	1446	921	525	62	56	6	10	10	
贵南县	528	260	268	37	27	10	3	3	
果洛藏族自治州	**1129**	**663**	**466**	**24**	**15**	**9**	**2**	**2**	
玛沁县	293	175	118	10	7	3	1	1	
班玛县	160	103	57	1	1				
甘德县	229	137	92	7	4	3			
达日县	248	132	116	1	1		1	1	
久治县	168	100	68	4	2	2			
玛多县	31	16	15	1		1			
玉树藏族自治州	**1481**	**799**	**682**	**93**	**65**	**28**	**30**	**22**	**8**
玉树市	257	126	131	4	2	2			
杂多县	293	166	127	7	4	3	2		2
称多县	200	94	106	5	4	1	1	1	
治多县	24	16	8	1	1				
囊谦县	645	363	282	75	53	22	27	21	6
曲麻莱县	62	34	28	1	1				
海西蒙古族藏族自治州	**2756**	**1559**	**1197**	**62**	**37**	**25**	**8**	**3**	**5**
格尔木市	907	532	375	26	19	7	2	1	1
德令哈市	570	267	303	7	2	5	2		2
茫崖市									
乌兰县	228	103	125	2		2			
都兰县	615	324	291	16	7	9	1	1	
天峻县	111	69	42				1		1
大柴旦行政委员会	325	264	61	11	9	2	2	1	1

1-7 各地区分性别的15岁及以上文盲人口

单位：人、%

地区	15岁及以上人口			文盲人口			文盲人口占15岁及以上人口比重		
	合计	男	女	合计	男	女	合计	男	女
全省	**4691001**	**2398640**	**2292361**	**469499**	**147262**	**322237**	**10.01**	**6.14**	**14.06**
西宁市	**2064265**	**1046986**	**1017279**	**105868**	**28799**	**77069**	**5.13**	**2.75**	**7.58**
城东区	412798	210315	202483	17941	4817	13124	4.35	2.29	6.48
城中区	281299	142414	138885	7628	1954	5674	2.71	1.37	4.09
城西区	277033	135985	141048	6333	1546	4787	2.29	1.14	3.39
城北区	361870	182674	179196	8930	1970	6960	2.47	1.08	3.88
湟中区	316835	165354	151481	29296	8446	20850	9.25	5.11	13.76
大通回族土族自治县	321430	162721	158709	27538	7713	19825	8.57	4.74	12.49
湟源县	93000	47523	45477	8202	2353	5849	8.82	4.95	12.86
海东市	**1049064**	**532165**	**516899**	**155390**	**43861**	**111529**	**14.81**	**8.24**	**21.58**
乐都区	201458	102801	98657	15177	3128	12049	7.53	3.04	12.21
平安区	95330	47892	47438	9025	2287	6738	9.47	4.78	14.20
民和回族土族自治县	249554	126337	123217	44687	13197	31490	17.91	10.45	25.56
互助土族自治县	271493	140322	131171	24591	6194	18397	9.06	4.41	14.03
化隆回族自治县	139775	69688	70087	39349	12553	26796	28.15	18.01	38.23
循化撒拉族自治县	91454	45125	46329	22561	6502	16059	24.67	14.41	34.66
海北藏族自治州	**211777**	**107755**	**104022**	**30876**	**10456**	**20420**	**14.58**	**9.70**	**19.63**
门源回族自治县	109394	55287	54107	11108	3333	7775	10.15	6.03	14.37
祁连县	38959	20103	18856	4972	1593	3379	12.76	7.92	17.92
海晏县	31858	16126	15732	5014	1730	3284	15.74	10.73	20.87
刚察县	31566	16239	15327	9782	3800	5982	30.99	23.40	39.03
黄南藏族自治州	**202899**	**102096**	**100803**	**34030**	**11263**	**22767**	**16.77**	**11.03**	**22.59**
同仁县	76727	38843	37884	7415	2224	5191	9.66	5.73	13.70
尖扎县	43178	21574	21604	12447	3785	8662	28.83	17.54	40.09
泽库县	52811	26347	26464	6409	2157	4252	12.14	8.19	16.07
河南蒙古族自治县	30183	15332	14851	7759	3097	4662	25.71	20.20	31.39
海南藏族自治州	**338620**	**170391**	**168229**	**39073**	**12077**	**26996**	**11.54**	**7.09**	**16.05**
共和县	104422	52843	51579	9156	2859	6297	8.77	5.41	12.21
同德县	44204	22325	21879	6125	1800	4325	13.86	8.06	19.77
贵德县	83146	41601	41545	13797	4231	9566	16.59	10.17	23.03
兴海县	54277	27254	27023	1486	477	1009	2.74	1.75	3.73
贵南县	52571	26368	26203	8509	2710	5799	16.19	10.28	22.13
果洛藏族自治州	**151580**	**79731**	**71849**	**14164**	**5069**	**9095**	**9.34**	**6.36**	**12.66**
玛沁县	44650	24158	20492	2217	749	1468	4.97	3.10	7.16
班玛县	21907	11564	10343	1751	555	1196	7.99	4.80	11.56
甘德县	27973	14540	13433	2081	774	1307	7.44	5.32	9.73
达日县	25855	13354	12501	5161	2007	3154	19.96	15.03	25.23
久治县	21101	10826	10275	2343	716	1627	11.10	6.61	15.83
玛多县	10094	5289	4805	611	268	343	6.05	5.07	7.14
玉树藏族自治州	**291895**	**148312**	**143583**	**58803**	**24942**	**33861**	**20.15**	**16.82**	**23.58**
玉树市	102131	52212	49919	16937	7270	9667	16.58	13.92	19.37
杂多县	42034	21230	20804	8548	3346	5202	20.34	15.76	25.00
称多县	40699	20727	19972	11973	5240	6733	29.42	25.28	33.71
治多县	24578	12511	12067	11765	5188	6577	47.87	41.47	54.50
囊谦县	59388	29924	29464	4356	1747	2609	7.33	5.84	8.85
曲麻莱县	23065	11708	11357	5224	2151	3073	22.65	18.37	27.06
海西蒙古族藏族自治州	**380901**	**211204**	**169697**	**31295**	**10795**	**20500**	**8.22**	**5.11**	**12.08**
格尔木市	177255	98174	79081	10526	3417	7109	5.94	3.48	8.99
德令哈市	72795	38187	34608	4839	1451	3388	6.65	3.80	9.79
茫崖市	17274	12069	5205	329	125	204	1.90	1.04	3.92
乌兰县	25954	14010	11944	2027	659	1368	7.81	4.70	11.45
都兰县	54113	28304	25809	7925	2759	5166	14.65	9.75	20.02
天峻县	18398	9601	8797	5283	2245	3038	28.72	23.38	34.53
大柴旦行政委员会	15112	10859	4253	366	139	227	2.42	1.28	5.34

1-7a 各地区分性别的15岁及以上文盲人口(城市)

单位：人、%

地 区	15岁及以上人口			文盲人口			文盲人口占15岁及以上人口比重		
	合计	男	女	合计	男	女	合计	男	女
全省	**1789491**	**908611**	**880880**	**64254**	**17171**	**47083**	**3.59**	**1.89**	**5.34**
西宁市	**1379188**	**693926**	**685262**	**42666**	**10751**	**31915**	**3.09**	**1.55**	**4.66**
城东区	412798	210315	202483	17941	4817	13124	4.35	2.29	6.48
城中区	278537	140390	138147	7554	1935	5619	2.71	1.38	4.07
城西区	276737	135822	140915	6314	1545	4769	2.28	1.14	3.38
城北区	353477	178164	175313	8220	1775	6445	2.33	1.00	3.68
湟中区	45332	22607	22725	1850	469	1381	4.08	2.07	6.08
大通回族土族自治县	12307	6628	5679	787	210	577	6.39	3.17	10.16
湟源县									
海东市	**155334**	**76016**	**79318**	**8898**	**1687**	**7211**	**5.73**	**2.22**	**9.09**
乐都区	93202	45727	47475	4785	838	3947	5.13	1.83	8.31
平安区	62132	30289	31843	4113	849	3264	6.62	2.80	10.25
民和回族土族自治县									
互助土族自治县									
化隆回族自治县									
循化撒拉族自治县									
海北藏族自治州									
门源回族自治县									
祁连县									
海晏县									
刚察县									
黄南藏族自治州									
同仁县									
尖扎县									
泽库县									
河南蒙古族自治县									
海南藏族自治州									
共和县									
同德县									
贵德县									
兴海县									
贵南县									
果洛藏族自治州									
玛沁县									
班玛县									
甘德县									
达日县									
久治县									
玛多县									
玉树藏族自治州	**63128**	**32687**	**30441**	**7634**	**3301**	**4333**	**12.09**	**10.10**	**14.23**
玉树市	61268	31788	29480	6809	3016	3793	11.11	9.49	12.87
杂多县									
称多县									
治多县									
囊谦县									
曲麻莱县	1860	899	961	825	285	540	44.35	31.70	56.19
海西蒙古族藏族自治州	**191841**	**105982**	**85859**	**5056**	**1432**	**3624**	**2.64**	**1.35**	**4.22**
格尔木市	125087	68686	56401	3142	899	2243	2.51	1.31	3.98
德令哈市	52638	27444	25194	1650	431	1219	3.13	1.57	4.84
茫崖市	14116	9852	4264	264	102	162	1.87	1.04	3.80
乌兰县									
都兰县									
天峻县									
大柴旦行政委员会									

1-7b 各地区分性别的15岁及以上文盲人口(镇)

单位：人、%

地　区	15岁及以上人口			文盲人口			文盲人口占15岁及以上人口比重		
	合计	男	女	合计	男	女	合计	男	女
全省	**1119508**	**566623**	**552885**	**108391**	**33850**	**74541**	**9.68**	**5.97**	**13.48**
西宁市	**261911**	**131608**	**130303**	**15462**	**4008**	**11454**	**5.90**	**3.05**	**8.79**
城东区									
城中区	2091	1657	434	34	12	22	1.63	0.72	5.07
城西区	296	163	133	19	1	18	6.42	0.61	13.53
城北区									
湟中区	57183	30028	27155	3329	916	2413	5.82	3.05	8.89
大通回族土族自治县	153998	76151	77847	9776	2454	7322	6.35	3.22	9.41
湟源县	48343	23609	24734	2304	625	1679	4.77	2.65	6.79
海东市	**277077**	**136705**	**140372**	**28484**	**7204**	**21280**	**10.28**	**5.27**	**15.16**
乐都区	10174	5250	4924	510	108	402	5.01	2.06	8.16
平安区	2440	1538	902	235	73	162	9.63	4.75	17.96
民和回族土族自治县	102699	50246	52453	11189	2903	8286	10.89	5.78	15.80
互助土族自治县	98176	48666	49510	5810	1337	4473	5.92	2.75	9.03
化隆回族自治县	29304	14166	15138	5490	1458	4032	18.73	10.29	26.63
循化撒拉族自治县	34284	16839	17445	5250	1325	3925	15.31	7.87	22.50
海北藏族自治州	**98403**	**48085**	**50318**	**10283**	**2978**	**7305**	**10.45**	**6.19**	**14.52**
门源回族自治县	41270	19552	21718	3241	761	2480	7.85	3.89	11.42
祁连县	21025	10285	10740	2001	556	1445	9.52	5.41	13.45
海晏县	23437	11502	11935	2607	781	1826	11.12	6.79	15.30
刚察县	12671	6746	5925	2434	880	1554	19.21	13.04	26.23
黄南藏族自治州	**87807**	**44417**	**43390**	**10646**	**3604**	**7042**	**12.12**	**8.11**	**16.23**
同仁县	39315	20131	19184	2957	1008	1949	7.52	5.01	10.16
尖扎县	18257	9094	9163	3623	1075	2548	19.84	11.82	27.81
泽库县	17017	8533	8484	1204	394	810	7.08	4.62	9.55
河南蒙古族自治县	13218	6659	6559	2862	1127	1735	21.65	16.92	26.45
海南藏族自治州	**144007**	**71500**	**72507**	**9727**	**2827**	**6900**	**6.75**	**3.95**	**9.52**
共和县	54598	27247	27351	2307	644	1663	4.23	2.36	6.08
同德县	11487	5758	5729	1450	420	1030	12.62	7.29	17.98
贵德县	38885	19041	19844	3898	1108	2790	10.02	5.82	14.06
兴海县	23570	11763	11807	585	220	365	2.48	1.87	3.09
贵南县	15467	7691	7776	1487	435	1052	9.61	5.66	13.53
果洛藏族自治州	**58575**	**31876**	**26699**	**2523**	**866**	**1657**	**4.31**	**2.72**	**6.21**
玛沁县	27125	15249	11876	711	242	469	2.62	1.59	3.95
班玛县	7420	4042	3378	334	109	225	4.50	2.70	6.66
甘德县	4778	2606	2172	160	70	90	3.35	2.69	4.14
达日县	9120	4636	4484	864	293	571	9.47	6.32	12.73
久治县	3837	2050	1787	180	38	142	4.69	1.85	7.95
玛多县	6295	3293	3002	274	114	160	4.35	3.46	5.33
玉树藏族自治州	**91694**	**47150**	**44544**	**18463**	**7773**	**10690**	**20.14**	**16.49**	**24.00**
玉树市	4497	2270	2227	1212	504	708	26.95	22.20	31.79
杂多县	22555	11612	10943	3429	1342	2087	15.20	11.56	19.07
称多县	15843	8146	7697	3975	1703	2272	25.09	20.91	29.52
治多县	18620	9457	9163	8014	3453	4561	43.04	36.51	49.78
囊谦县	20374	10614	9760	566	228	338	2.78	2.15	3.46
曲麻莱县	9805	5051	4754	1267	543	724	12.92	10.75	15.23
海西蒙古族藏族自治州	**100034**	**55282**	**44752**	**12803**	**4590**	**8213**	**12.80**	**8.30**	**18.35**
格尔木市	32273	18098	14175	5288	1899	3389	16.39	10.49	23.91
德令哈市	1850	1044	806	280	80	200	15.14	7.66	24.81
茫崖市	3158	2217	941	65	23	42	2.06	1.04	4.46
乌兰县	16832	9130	7702	1048	334	714	6.23	3.66	9.27
都兰县	25710	13071	12639	3668	1298	2370	14.27	9.93	18.75
天峻县	10899	5573	5326	2151	846	1305	19.74	15.18	24.50
大柴旦行政委员会	9312	6149	3163	303	110	193	3.25	1.79	6.10

1-7c 各地区分性别的15岁及以上文盲人口(乡村)

单位：人、%

地 区	15岁及以上人口			文盲人口			文盲人口占15岁及以上人口比重		
	合计	男	女	合计	男	女	合计	男	女
全省	**1782002**	**923406**	**858596**	**296854**	**96241**	**200613**	**16.66**	**10.42**	**23.37**
西宁市	**423166**	**221452**	**201714**	**47740**	**14040**	**33700**	**11.28**	**6.34**	**16.71**
城东区									
城中区	671	367	304	40	7	33	5.96	1.91	10.86
城西区									
城北区	8393	4510	3883	710	195	515	8.46	4.32	13.26
湟中区	214320	112719	101601	24117	7061	17056	11.25	6.26	16.79
大通回族土族自治县	155125	79942	75183	16975	5049	11926	10.94	6.32	15.86
湟源县	44657	23914	20743	5898	1728	4170	13.21	7.23	20.10
海东市	**616653**	**319444**	**297209**	**118008**	**34970**	**83038**	**19.14**	**10.95**	**27.94**
乐都区	98082	51824	46258	9882	2182	7700	10.08	4.21	16.65
平安区	30758	16065	14693	4677	1365	3312	15.21	8.50	22.54
民和回族土族自治县	146855	76091	70764	33498	10294	23204	22.81	13.53	32.79
互助土族自治县	173317	91656	81661	18781	4857	13924	10.84	5.30	17.05
化隆回族自治县	110471	55522	54949	33859	11095	22764	30.65	19.98	41.43
循化撒拉族自治县	57170	28286	28884	17311	5177	12134	30.28	18.30	42.01
海北藏族自治州	**113374**	**59670**	**53704**	**20593**	**7478**	**13115**	**18.16**	**12.53**	**24.42**
门源回族自治县	68124	35735	32389	7867	2572	5295	11.55	7.20	16.35
祁连县	17934	9818	8116	2971	1037	1934	16.57	10.56	23.83
海晏县	8421	4624	3797	2407	949	1458	28.58	20.52	38.40
刚察县	18895	9493	9402	7348	2920	4428	38.89	30.76	47.10
黄南藏族自治州	**115092**	**57679**	**57413**	**23384**	**7659**	**15725**	**20.32**	**13.28**	**27.39**
同仁县	37412	18712	18700	4458	1216	3242	11.92	6.50	17.34
尖扎县	24921	12480	12441	8824	2710	6114	35.41	21.71	49.14
泽库县	35794	17814	17980	5205	1763	3442	14.54	9.90	19.14
河南蒙古族自治县	16965	8673	8292	4897	1970	2927	28.87	22.71	35.30
海南藏族自治州	**194613**	**98891**	**95722**	**29346**	**9250**	**20096**	**15.08**	**9.35**	**20.99**
共和县	49824	25596	24228	6849	2215	4634	13.75	8.65	19.13
同德县	32717	16567	16150	4675	1380	3295	14.29	8.33	20.40
贵德县	44261	22560	21701	9899	3123	6776	22.37	13.84	31.22
兴海县	30707	15491	15216	901	257	644	2.93	1.66	4.23
贵南县	37104	18677	18427	7022	2275	4747	18.93	12.18	25.76
果洛藏族自治州	**93005**	**47855**	**45150**	**11641**	**4203**	**7438**	**12.52**	**8.78**	**16.47**
玛沁县	17525	8909	8616	1506	507	999	8.59	5.69	11.59
班玛县	14487	7522	6965	1417	446	971	9.78	5.93	13.94
甘德县	23195	11934	11261	1921	704	1217	8.28	5.90	10.81
达日县	16735	8718	8017	4297	1714	2583	25.68	19.66	32.22
久治县	17264	8776	8488	2163	678	1485	12.53	7.73	17.50
玛多县	3799	1996	1803	337	154	183	8.87	7.72	10.15
玉树藏族自治州	**137073**	**68475**	**68598**	**32706**	**13868**	**18838**	**23.86**	**20.25**	**27.46**
玉树市	36366	18154	18212	8916	3750	5166	24.52	20.66	28.37
杂多县	19479	9618	9861	5119	2004	3115	26.28	20.84	31.59
称多县	24856	12581	12275	7998	3537	4461	32.18	28.11	36.34
治多县	5958	3054	2904	3751	1735	2016	62.96	56.81	69.42
囊谦县	39014	19310	19704	3790	1519	2271	9.71	7.87	11.53
曲麻莱县	11400	5758	5642	3132	1323	1809	27.47	22.98	32.06
海西蒙古族藏族自治州	**89026**	**49940**	**39086**	**13436**	**4773**	**8663**	**15.09**	**9.56**	**22.16**
格尔木市	19895	11390	8505	2096	619	1477	10.54	5.43	17.37
德令哈市	18307	9699	8608	2909	940	1969	15.89	9.69	22.87
茫崖市									
乌兰县	9122	4880	4242	979	325	654	10.73	6.66	15.42
都兰县	28403	15233	13170	4257	1461	2796	14.99	9.59	21.23
天峻县	7499	4028	3471	3132	1399	1733	41.77	34.73	49.93
大柴旦行政委员会	5800	4710	1090	63	29	34	1.09	0.62	3.12

1−8　各地区家庭户规模

单位：户、%

地　区	家庭户户　数	一人户		二人户		三人户	
		户数	比重	户数	比重	户数	比重
全省	**1965893**	**498970**	**25.38**	**492672**	**25.06**	**410938**	**20.90**
西宁市	**847809**	**207750**	**24.50**	**250493**	**29.55**	**191578**	**22.60**
城东区	174318	48553	27.85	55381	31.77	36474	20.92
城中区	124908	39438	31.57	40556	32.47	26480	21.20
城西区	124793	33584	26.91	43209	34.62	30504	24.44
城北区	149028	41407	27.78	49448	33.18	33904	22.75
湟中区	115403	18187	15.76	24083	20.87	26063	22.58
大通回族土族自治县	121224	18603	15.35	26838	22.14	28799	23.76
湟源县	38135	7978	20.92	10978	28.79	9354	24.53
海东市	**421329**	**81593**	**19.37**	**96295**	**22.86**	**91873**	**21.81**
乐都区	83855	18504	22.07	23779	28.36	19182	22.88
平安区	39935	8211	20.56	11400	28.55	9523	23.85
民和回族土族自治县	96394	16873	17.50	19827	20.57	20249	21.01
互助土族自治县	107311	19430	18.11	25305	23.58	26145	24.36
化隆回族自治县	56539	11346	20.07	9664	17.09	10194	18.03
循化撒拉族自治县	37295	7229	19.38	6320	16.95	6580	17.64
海北藏族自治州	**93114**	**24442**	**26.25**	**21858**	**23.47**	**20178**	**21.67**
门源回族自治县	46284	10808	23.35	10000	21.61	10098	21.82
祁连县	17458	4463	25.56	4532	25.96	4016	23.00
海晏县	15075	5120	33.96	4222	28.01	3213	21.31
刚察县	14297	4051	28.33	3104	21.71	2851	19.94
黄南藏族自治州	**86864**	**23800**	**27.40**	**15989**	**18.41**	**15531**	**17.88**
同仁县	30232	8121	26.86	5419	17.92	5433	17.97
尖扎县	18553	5157	27.80	3695	19.92	3487	18.79
泽库县	24019	6786	28.25	3855	16.05	3894	16.21
河南蒙古族自治县	14060	3736	26.57	3020	21.48	2717	19.32
海南藏族自治州	**150393**	**40676**	**27.05**	**31282**	**20.80**	**29962**	**19.92**
共和县	47409	14237	30.03	10568	22.29	9854	20.79
同德县	18994	5100	26.85	3135	16.51	3319	17.47
贵德县	35402	8384	23.68	8179	23.10	7667	21.66
兴海县	25729	7657	29.76	4886	18.99	4555	17.70
贵南县	22859	5298	23.18	4514	19.75	4567	19.98
果洛藏族自治州	**73779**	**28811**	**39.05**	**13007**	**17.63**	**9970**	**13.51**
玛沁县	19786	8019	40.53	4143	20.94	2943	14.87
班玛县	10077	3536	35.09	1571	15.59	1342	13.32
甘德县	15444	6971	45.14	2273	14.72	1639	10.61
达日县	12880	4407	34.22	2250	17.47	1740	13.51
久治县	9549	3286	34.41	1487	15.57	1368	14.33
玛多县	6043	2592	42.89	1283	21.23	938	15.52
玉树藏族自治州	**126778**	**36829**	**29.05**	**22907**	**18.07**	**19166**	**15.12**
玉树市	40958	11699	28.56	7836	19.13	6342	15.48
杂多县	18153	4032	22.21	2684	14.79	2611	14.38
称多县	20040	6529	32.58	3786	18.89	3487	17.40
治多县	11447	3015	26.34	2440	21.32	2101	18.35
囊谦县	23096	5904	25.56	3768	16.31	2749	11.90
曲麻莱县	13084	5650	43.18	2393	18.29	1876	14.34
海西蒙古族藏族自治州	**165827**	**55069**	**33.21**	**40841**	**24.63**	**32680**	**19.71**
格尔木市	74567	22345	29.97	18058	24.22	15132	20.29
德令哈市	31699	9321	29.40	8174	25.79	7312	23.07
茫崖市	7845	5069	64.61	1740	22.18	615	7.84
乌兰县	13252	5657	42.69	3215	24.26	2185	16.49
都兰县	23960	6315	26.36	6040	25.21	5113	21.34
天峻县	9706	3735	38.48	2421	24.94	1804	18.59
大柴旦行政委员会	4798	2627	54.75	1193	24.86	519	10.82

1-8　续表 1　　　　单位：户、%

地　区	四人户		五人户		六人户	
	户数	比重	户数	比重	户数	比重
全省	**275803**	**14.03**	**149242**	**7.59**	**84795**	**4.31**
西宁市	**105798**	**12.48**	**52156**	**6.15**	**28938**	**3.41**
城东区	19450	11.16	8441	4.84	4048	2.32
城中区	11261	9.02	4504	3.61	1967	1.57
城西区	11601	9.30	4147	3.32	1360	1.09
城北区	14890	9.99	5976	4.01	2576	1.73
湟中区	21684	18.79	13186	11.43	8764	7.59
大通回族土族自治县	21434	17.68	13161	10.86	8890	7.33
湟源县	5478	14.36	2741	7.19	1333	3.50
海东市	**69178**	**16.42**	**41552**	**9.86**	**25461**	**6.04**
乐都区	12283	14.65	6024	7.18	3207	3.82
平安区	6180	15.48	2677	6.70	1344	3.37
民和回族土族自治县	16686	17.31	10667	11.07	7076	7.34
互助土族自治县	17977	16.75	10444	9.73	6288	5.86
化隆回族自治县	9497	16.80	6886	12.18	4533	8.02
循化撒拉族自治县	6555	17.58	4854	13.02	3013	8.08
海北藏族自治州	**14365**	**15.43**	**6578**	**7.06**	**3911**	**4.20**
门源回族自治县	7519	16.25	3946	8.53	2701	5.84
祁连县	2799	16.03	1027	5.88	468	2.68
海晏县	1662	11.02	583	3.87	219	1.45
刚察县	2385	16.68	1022	7.15	523	3.66
黄南藏族自治州	**14496**	**16.69**	**8623**	**9.93**	**4691**	**5.40**
同仁县	5122	16.94	3081	10.19	1661	5.49
尖扎县	2868	15.46	1667	8.99	974	5.25
泽库县	4206	17.51	2654	11.05	1451	6.04
河南蒙古族自治县	2300	16.36	1221	8.68	605	4.30
海南藏族自治州	**25029**	**16.64**	**12960**	**8.62**	**6486**	**4.31**
共和县	7415	15.64	3280	6.92	1401	2.96
同德县	3464	18.24	2069	10.89	1070	5.63
贵德县	5900	16.67	2908	8.21	1607	4.54
兴海县	4073	15.83	2438	9.48	1239	4.82
贵南县	4177	18.27	2265	9.91	1169	5.11
果洛藏族自治州	**8420**	**11.41**	**5916**	**8.02**	**3510**	**4.76**
玛沁县	2392	12.09	1316	6.65	534	2.70
班玛县	1126	11.17	966	9.59	664	6.59
甘德县	1626	10.53	1286	8.33	824	5.34
达日县	1466	11.38	1083	8.41	766	5.95
久治县	1202	12.59	918	9.61	570	5.97
玛多县	608	10.06	347	5.74	152	2.52
玉树藏族自治州	**17436**	**13.75**	**12488**	**9.85**	**7267**	**5.73**
玉树市	5489	13.40	3930	9.60	2374	5.80
杂多县	2804	15.45	2389	13.16	1529	8.42
称多县	3070	15.32	1592	7.94	790	3.94
治多县	1818	15.88	1158	10.12	453	3.96
囊谦县	2709	11.73	2522	10.92	1758	7.61
曲麻莱县	1546	11.82	897	6.86	363	2.77
海西蒙古族藏族自治州	**21081**	**12.71**	**8969**	**5.41**	**4531**	**2.73**
格尔木市	10178	13.65	4657	6.25	2504	3.36
德令哈市	4365	13.77	1544	4.87	722	2.28
茫崖市	288	3.67	73	0.93	24	0.31
乌兰县	1313	9.91	514	3.88	246	1.86
都兰县	3522	14.70	1648	6.88	874	3.65
天峻县	1089	11.22	440	4.53	142	1.46
大柴旦行政委员会	326	6.79	93	1.94	19	0.40

1-8 续表 2

单位：户、%

地　　区	七人户		八人户		九人户		十人及以上户	
	户数	比重	户数	比重	户数	比重	户数	比重
全省	**31175**	**1.59**	**11818**	**0.60**	**5205**	**0.26**	**5275**	**0.27**
西宁市	**7595**	**0.90**	**2149**	**0.25**	**778**	**0.09**	**574**	**0.07**
城东区	1234	0.71	404	0.23	191	0.11	142	0.08
城中区	463	0.37	143	0.11	53	0.04	43	0.03
城西区	248	0.20	72	0.06	28	0.02	40	0.03
城北区	548	0.37	162	0.11	60	0.04	57	0.04
湟中区	2425	2.10	676	0.59	200	0.17	135	0.12
大通回族土族自治县	2463	2.03	653	0.54	233	0.19	150	0.12
湟源县	214	0.56	39	0.10	13	0.03	7	0.02
海东市	**9639**	**2.29**	**3371**	**0.80**	**1334**	**0.32**	**1033**	**0.25**
乐都区	628	0.75	170	0.20	48	0.06	30	0.04
平安区	400	1.00	118	0.30	42	0.11	40	0.10
民和回族土族自治县	3107	3.22	1147	1.19	440	0.46	322	0.33
互助土族自治县	1339	1.25	267	0.25	75	0.07	41	0.04
化隆回族自治县	2543	4.50	1047	1.85	444	0.79	385	0.68
循化撒拉族自治县	1622	4.35	622	1.67	285	0.76	215	0.58
海北藏族自治州	**1239**	**1.33**	**339**	**0.36**	**133**	**0.14**	**71**	**0.08**
门源回族自治县	856	1.85	231	0.50	83	0.18	42	0.09
祁连县	112	0.64	23	0.13	14	0.08	4	0.02
海晏县	42	0.28	8	0.05	3	0.02	3	0.02
刚察县	229	1.60	77	0.54	33	0.23	22	0.15
黄南藏族自治州	**2171**	**2.50**	**900**	**1.04**	**363**	**0.42**	**300**	**0.35**
同仁县	837	2.77	313	1.04	132	0.44	113	0.37
尖扎县	414	2.23	180	0.97	63	0.34	48	0.26
泽库县	644	2.68	291	1.21	132	0.55	106	0.44
河南蒙古族自治县	276	1.96	116	0.83	36	0.26	33	0.23
海南藏族自治州	**2558**	**1.70**	**907**	**0.60**	**308**	**0.20**	**225**	**0.15**
共和县	459	0.97	137	0.29	38	0.08	20	0.04
同德县	490	2.58	206	1.08	73	0.38	68	0.36
贵德县	539	1.52	160	0.45	40	0.11	18	0.05
兴海县	518	2.01	215	0.84	81	0.31	67	0.26
贵南县	552	2.41	189	0.83	76	0.33	52	0.23
果洛藏族自治州	**2018**	**2.74**	**1030**	**1.40**	**548**	**0.74**	**549**	**0.74**
玛沁县	244	1.23	102	0.52	49	0.25	44	0.22
班玛县	395	3.92	216	2.14	122	1.21	139	1.38
甘德县	444	2.87	191	1.24	107	0.69	83	0.54
达日县	527	4.09	300	2.33	164	1.27	177	1.37
久治县	344	3.60	190	1.99	94	0.98	90	0.94
玛多县	64	1.06	31	0.51	12	0.20	16	0.26
玉树藏族自治州	**4372**	**3.45**	**2579**	**2.03**	**1523**	**1.20**	**2211**	**1.74**
玉树市	1429	3.49	821	2.00	447	1.09	591	1.44
杂多县	941	5.18	511	2.81	285	1.57	367	2.02
称多县	386	1.93	214	1.07	101	0.50	85	0.42
治多县	177	1.55	99	0.86	54	0.47	132	1.15
囊谦县	1244	5.39	845	3.66	596	2.58	1001	4.33
曲麻莱县	195	1.49	89	0.68	40	0.31	35	0.27
海西蒙古族藏族自治州	**1583**	**0.95**	**543**	**0.33**	**218**	**0.13**	**312**	**0.19**
格尔木市	984	1.32	358	0.48	158	0.21	193	0.26
德令哈市	164	0.52	50	0.16	17	0.05	30	0.09
茫崖市	4	0.05	4	0.05	2	0.03	26	0.33
乌兰县	82	0.62	24	0.18	8	0.06	8	0.06
都兰县	283	1.18	88	0.37	26	0.11	51	0.21
天峻县	56	0.58	14	0.14	3	0.03	2	0.02
大柴旦行政委员会	10	0.21	5	0.10	4	0.08	2	0.04

1-8a　各地区家庭户规模(城市)

单位：户、%

地　　区	家庭户户　数	一人户		二人户		三人户	
		户数	比重	户数	比重	户数	比重
全省	**766028**	**217302**	**28.37**	**238418**	**31.12**	**168937**	**22.05**
西宁市	**590294**	**165851**	**28.10**	**192225**	**32.56**	**131266**	**22.24**
城东区	174318	48553	27.85	55381	31.77	36474	20.92
城中区	124240	39135	31.50	40378	32.50	26382	21.23
城西区	124691	33566	26.92	43186	34.63	30485	24.45
城北区	146130	41003	28.06	48895	33.46	33205	22.72
湟中区	17025	3197	18.78	3582	21.04	3749	22.02
大通回族土族自治县	3890	397	10.21	803	20.64	971	24.96
湟源县							
海东市	**65078**	**13672**	**21.01**	**19311**	**29.67**	**15877**	**24.40**
乐都区	38445	8354	21.73	11285	29.35	9218	23.98
平安区	26633	5318	19.97	8026	30.14	6659	25.00
民和回族土族自治县							
互助土族自治县							
化隆回族自治县							
循化撒拉族自治县							
海北藏族自治州							
门源回族自治县							
祁连县							
海晏县							
刚察县							
黄南藏族自治州							
同仁县							
尖扎县							
泽库县							
河南蒙古族自治县							
海南藏族自治州							
共和县							
同德县							
贵德县							
兴海县							
贵南县							
果洛藏族自治州							
玛沁县							
班玛县							
甘德县							
达日县							
久治县							
玛多县							
玉树藏族自治州	**24637**	**7843**	**31.83**	**5122**	**20.79**	**3838**	**15.58**
玉树市	23976	7807	32.56	5038	21.01	3707	15.46
杂多县							
称多县							
治多县							
囊谦县							
曲麻莱县	661	36	5.45	84	12.71	131	19.82
海西蒙古族藏族自治州	**86019**	**29936**	**34.80**	**21760**	**25.30**	**17956**	**20.87**
格尔木市	56202	18006	32.04	14459	25.73	12101	21.53
德令哈市	22994	7335	31.90	5946	25.86	5356	23.29
茫崖市	6823	4595	67.35	1355	19.86	499	7.31
乌兰县							
都兰县							
天峻县							
大柴旦行政委员会							

1-8a 续表 1

单位：户、%

地区	四人户		五人户		六人户	
	户数	比重	户数	比重	户数	比重
全省	**83466**	**10.90**	**34769**	**4.54**	**15819**	**2.07**
西宁市	**60482**	**10.25**	**24923**	**4.22**	**11130**	**1.89**
城东区	19450	11.16	8441	4.84	4048	2.32
城中区	11204	9.02	4485	3.61	1957	1.58
城西区	11584	9.29	4134	3.32	1353	1.09
城北区	14328	9.80	5620	3.85	2339	1.60
湟中区	3152	18.51	1733	10.18	1095	6.43
大通回族土族自治县	764	19.64	510	13.11	338	8.69
湟源县						
海东市	**9587**	**14.73**	**4019**	**6.18**	**2022**	**3.11**
乐都区	5522	14.36	2447	6.36	1280	3.33
平安区	4065	15.26	1572	5.90	742	2.79
民和回族土族自治县						
互助土族自治县						
化隆回族自治县						
循化撒拉族自治县						
海北藏族自治州						
门源回族自治县						
祁连县						
海晏县						
刚察县						
黄南藏族自治州						
同仁县						
尖扎县						
泽库县						
河南蒙古族自治县						
海南藏族自治州						
共和县						
同德县						
贵德县						
兴海县						
贵南县						
果洛藏族自治州						
玛沁县						
班玛县						
甘德县						
达日县						
久治县						
玛多县						
玉树藏族自治州	**3089**	**12.54**	**2162**	**8.78**	**1087**	**4.41**
玉树市	2935	12.24	2051	8.55	1020	4.25
杂多县						
称多县						
治多县						
囊谦县						
曲麻莱县	154	23.30	111	16.79	67	10.14
海西蒙古族藏族自治州	**10308**	**11.98**	**3665**	**4.26**	**1580**	**1.84**
格尔木市	7103	12.64	2705	4.81	1179	2.10
德令哈市	2956	12.86	892	3.88	379	1.65
茫崖市	249	3.65	68	1.00	22	0.32
乌兰县						
都兰县						
天峻县						
大柴旦行政委员会						

1−8a　续表 2

单位：户、%

地　区	七人户		八人户		九人户		十人及以上户	
	户数	比重	户数	比重	户数	比重	户数	比重
全省	**4421**	**0.58**	**1527**	**0.20**	**651**	**0.08**	**718**	**0.09**
西宁市	**2843**	**0.48**	**899**	**0.15**	**365**	**0.06**	**310**	**0.05**
城东区	1234	0.71	404	0.23	191	0.11	142	0.08
城中区	460	0.37	143	0.12	53	0.04	43	0.03
城西区	246	0.20	71	0.06	28	0.02	38	0.03
城北区	488	0.33	146	0.10	53	0.04	53	0.04
湟中区	338	1.99	114	0.67	35	0.21	30	0.18
大通回族土族自治县	77	1.98	21	0.54	5	0.13	4	0.10
湟源县								
海东市	**423**	**0.65**	**103**	**0.16**	**36**	**0.06**	**28**	**0.04**
乐都区	247	0.64	55	0.14	23	0.06	14	0.04
平安区	176	0.66	48	0.18	13	0.05	14	0.05
民和回族土族自治县								
互助土族自治县								
化隆回族自治县								
循化撒拉族自治县								
海北藏族自治州								
门源回族自治县								
祁连县								
海晏县								
刚察县								
黄南藏族自治州								
同仁县								
尖扎县								
泽库县								
河南蒙古族自治县								
海南藏族自治州								
共和县								
同德县								
贵德县								
兴海县								
贵南县								
果洛藏族自治州								
玛沁县								
班玛县								
甘德县								
达日县								
久治县								
玛多县								
玉树藏族自治州	**671**	**2.72**	**365**	**1.48**	**191**	**0.78**	**269**	**1.09**
玉树市	633	2.64	343	1.43	177	0.74	265	1.11
杂多县								
称多县								
治多县								
囊谦县								
曲麻莱县	38	5.75	22	3.33	14	2.12	4	0.61
海西蒙古族藏族自治州	**484**	**0.56**	**160**	**0.19**	**59**	**0.07**	**111**	**0.13**
格尔木市	397	0.71	128	0.23	50	0.09	74	0.13
德令哈市	83	0.36	29	0.13	7	0.03	11	0.05
茫崖市	4	0.06	3	0.04	2	0.03	26	0.38
乌兰县								
都兰县								
天峻县								
大柴旦行政委员会								

1-8b 各地区家庭户规模(镇)

单位：户、%

地区	家庭户户数	一人户		二人户		三人户	
		户数	比重	户数	比重	户数	比重
全省	**483732**	**141895**	**29.33**	**112462**	**23.25**	**94148**	**19.46**
西宁市	**102748**	**20558**	**20.01**	**26104**	**25.41**	**24569**	**23.91**
城东区							
城中区	376	247	65.69	70	18.62	37	9.84
城西区	102	18	17.65	23	22.55	19	18.63
城北区							
湟中区	20467	3787	18.50	4241	20.72	4556	22.26
大通回族土族自治县	61624	11791	19.13	15668	25.43	15028	24.39
湟源县	20179	4715	23.37	6102	30.24	4929	24.43
海东市	**112130**	**25680**	**22.90**	**25889**	**23.09**	**23315**	**20.79**
乐都区	4351	1077	24.75	1263	29.03	847	19.47
平安区	701	292	41.65	184	26.25	133	18.97
民和回族土族自治县	40508	7986	19.71	9369	23.13	8696	21.47
互助土族自治县	40301	9997	24.81	10088	25.03	9180	22.78
化隆回族自治县	11936	2848	23.86	2175	18.22	1982	16.61
循化撒拉族自治县	14333	3480	24.28	2810	19.61	2477	17.28
海北藏族自治州	**48065**	**15994**	**33.28**	**11978**	**24.92**	**10131**	**21.08**
门源回族自治县	21031	7124	33.87	4931	23.45	4403	20.94
祁连县	9601	2516	26.21	2511	26.15	2259	23.53
海晏县	11173	4004	35.84	3035	27.16	2342	20.96
刚察县	6260	2350	37.54	1501	23.98	1127	18.00
黄南藏族自治州	**39786**	**14262**	**35.85**	**8536**	**21.45**	**6689**	**16.81**
同仁县	16833	6317	37.53	3646	21.66	2907	17.27
尖扎县	7983	2738	34.30	1807	22.64	1348	16.89
泽库县	8480	3198	37.71	1566	18.47	1304	15.38
河南蒙古族自治县	6490	2009	30.96	1517	23.37	1130	17.41
海南藏族自治州	**67859**	**23315**	**34.36**	**16230**	**23.92**	**12987**	**19.14**
共和县	25440	9652	37.94	5893	23.16	4846	19.05
同德县	5598	1955	34.92	1166	20.83	972	17.36
贵德县	17590	5195	29.53	4708	26.77	3788	21.53
兴海县	11817	4002	33.87	2586	21.88	2022	17.11
贵南县	7414	2511	33.87	1877	25.32	1359	18.33
果洛藏族自治州	**28905**	**13753**	**47.58**	**6172**	**21.35**	**3561**	**12.32**
玛沁县	11195	5590	49.93	2443	21.82	1355	12.10
班玛县	4193	2155	51.40	747	17.82	442	10.54
甘德县	3006	1709	56.85	558	18.56	289	9.61
达日县	4838	1731	35.78	1140	23.56	699	14.45
久治县	2026	949	46.84	473	23.35	267	13.18
玛多县	3647	1619	44.39	811	22.24	509	13.96
玉树藏族自治州	**40497**	**12102**	**29.88**	**7202**	**17.78**	**6049**	**14.94**
玉树市	1514	258	17.04	274	18.10	279	18.43
杂多县	8897	1634	18.37	1364	15.33	1261	14.17
称多县	7716	2649	34.33	1612	20.89	1337	17.33
治多县	8274	2064	24.95	1756	21.22	1508	18.23
囊谦县	7982	1883	23.59	1301	16.30	1048	13.13
曲麻莱县	6114	3614	59.11	895	14.64	616	10.08
海西蒙古族藏族自治州	**43742**	**16231**	**37.11**	**10351**	**23.66**	**6847**	**15.65**
格尔木市	11489	2889	25.15	2062	17.95	1632	14.20
德令哈市	786	268	34.10	223	28.37	161	20.48
茫崖市	1022	474	46.38	385	37.67	116	11.35
乌兰县	9017	4538	50.33	2103	23.32	1231	13.65
都兰县	11532	3403	29.51	3095	26.84	2294	19.89
天峻县	6102	2666	43.69	1465	24.01	973	15.95
大柴旦行政委员会	3794	1993	52.53	1018	26.83	440	11.60

1-8b　续表 1　　单位：户、%

地　区	四人户		五人户		六人户	
	户数	比重	户数	比重	户数	比重
全省	**68414**	**14.14**	**35637**	**7.37**	**19340**	**4.00**
西宁市	**16231**	**15.80**	**8477**	**8.25**	**5020**	**4.89**
城东区						
城中区	13	3.46	7	1.86	1	0.27
城西区	17	16.67	13	12.75	7	6.86
城北区						
湟中区	3691	18.03	2216	10.83	1447	7.07
大通回族土族自治县	9925	16.11	5024	8.15	3037	4.93
湟源县	2585	12.81	1217	6.03	528	2.62
海东市	**17836**	**15.91**	**10028**	**8.94**	**5986**	**5.34**
乐都区	608	13.97	337	7.75	160	3.68
平安区	48	6.85	28	3.99	14	2.00
民和回族土族自治县	6987	17.25	3827	9.45	2292	5.66
互助土族自治县	5823	14.45	2930	7.27	1786	4.43
化隆回族自治县	1946	16.30	1347	11.29	833	6.98
循化撒拉族自治县	2424	16.91	1559	10.88	901	6.29
海北藏族自治州	**6309**	**13.13**	**2226**	**4.63**	**1066**	**2.22**
门源回族自治县	2884	13.71	1026	4.88	522	2.48
祁连县	1495	15.57	506	5.27	238	2.48
海晏县	1190	10.65	408	3.65	157	1.41
刚察县	740	11.82	286	4.57	149	2.38
黄南藏族自治州	**5482**	**13.78**	**2714**	**6.82**	**1239**	**3.11**
同仁县	2203	13.09	1002	5.95	442	2.63
尖扎县	1076	13.48	542	6.79	281	3.52
泽库县	1233	14.54	677	7.98	315	3.71
河南蒙古族自治县	970	14.95	493	7.60	201	3.10
海南藏族自治州	**9120**	**13.44**	**3734**	**5.50**	**1667**	**2.46**
共和县	3235	12.72	1150	4.52	482	1.89
同德县	816	14.58	380	6.79	184	3.29
贵德县	2366	13.45	954	5.42	419	2.38
兴海县	1675	14.17	862	7.29	436	3.69
贵南县	1028	13.87	388	5.23	146	1.97
果洛藏族自治州	**2623**	**9.07**	**1494**	**5.17**	**674**	**2.33**
玛沁县	967	8.64	518	4.63	174	1.55
班玛县	331	7.89	229	5.46	145	3.46
甘德县	220	7.32	139	4.62	56	1.86
达日县	549	11.35	322	6.66	187	3.87
久治县	196	9.67	78	3.85	37	1.83
玛多县	360	9.87	208	5.70	75	2.06
玉树藏族自治州	**5687**	**14.04**	**4338**	**10.71**	**2242**	**5.54**
玉树市	268	17.70	176	11.62	130	8.59
杂多县	1451	16.31	1319	14.83	819	9.21
称多县	1099	14.24	542	7.02	245	3.18
治多县	1326	16.03	899	10.87	338	4.09
囊谦县	1068	13.38	1095	13.72	594	7.44
曲麻莱县	475	7.77	307	5.02	116	1.90
海西蒙古族藏族自治州	**5126**	**11.72**	**2626**	**6.00**	**1446**	**3.31**
格尔木市	1902	16.55	1320	11.49	903	7.86
德令哈市	84	10.69	28	3.56	19	2.42
茫崖市	39	3.82	5	0.49	2	0.20
乌兰县	726	8.05	258	2.86	112	1.24
都兰县	1505	13.05	682	5.91	332	2.88
天峻县	633	10.37	260	4.26	63	1.03
大柴旦行政委员会	237	6.25	73	1.92	15	0.40

1-8b 续表 2

单位：户、%

地　　区	七人户		八人户		九人户		十人及以上户	
	户数	比重	户数	比重	户数	比重	户数	比重
全省	**6723**	**1.39**	**2591**	**0.54**	**1192**	**0.25**	**1330**	**0.27**
西宁市	**1238**	**1.20**	**341**	**0.33**	**112**	**0.11**	**98**	**0.10**
城东区								
城中区	1	0.27						
城西区	2	1.96	1	0.98			2	1.96
城北区								
湟中区	365	1.78	98	0.48	35	0.17	31	0.15
大通回族土族自治县	791	1.28	225	0.37	73	0.12	62	0.10
湟源县	79	0.39	17	0.08	4	0.02	3	0.01
海东市	**2086**	**1.86**	**727**	**0.65**	**308**	**0.27**	**275**	**0.25**
乐都区	35	0.80	18	0.41	4	0.09	2	0.05
平安区	2	0.29						
民和回族土族自治县	846	2.09	285	0.70	121	0.30	99	0.24
互助土族自治县	367	0.91	83	0.21	33	0.08	14	0.03
化隆回族自治县	435	3.64	198	1.66	80	0.67	92	0.77
循化撒拉族自治县	401	2.80	143	1.00	70	0.49	68	0.47
海北藏族自治州	**248**	**0.52**	**67**	**0.14**	**27**	**0.06**	**19**	**0.04**
门源回族自治县	106	0.50	21	0.10	8	0.04	6	0.03
祁连县	52	0.54	13	0.14	7	0.07	4	0.04
海晏县	26	0.23	7	0.06	2	0.02	2	0.02
刚察县	64	1.02	26	0.42	10	0.16	7	0.11
黄南藏族自治州	**490**	**1.23**	**210**	**0.53**	**88**	**0.22**	**76**	**0.19**
同仁县	182	1.08	70	0.42	30	0.18	34	0.20
尖扎县	100	1.25	44	0.55	27	0.34	20	0.25
泽库县	103	1.21	53	0.63	18	0.21	13	0.15
河南蒙古族自治县	105	1.62	43	0.66	13	0.20	9	0.14
海南藏族自治州	**549**	**0.81**	**162**	**0.24**	**51**	**0.08**	**44**	**0.06**
共和县	125	0.49	38	0.15	7	0.03	12	0.05
同德县	79	1.41	24	0.43	13	0.23	9	0.16
贵德县	115	0.65	30	0.17	11	0.06	4	0.02
兴海县	163	1.38	44	0.37	14	0.12	13	0.11
贵南县	67	0.90	26	0.35	6	0.08	6	0.08
果洛藏族自治州	**310**	**1.07**	**152**	**0.53**	**95**	**0.33**	**71**	**0.25**
玛沁县	78	0.70	32	0.29	15	0.13	23	0.21
班玛县	62	1.48	38	0.91	28	0.67	16	0.38
甘德县	23	0.77	7	0.23	3	0.10	2	0.07
达日县	98	2.03	54	1.12	40	0.83	18	0.37
久治县	18	0.89	3	0.15	2	0.10	3	0.15
玛多县	31	0.85	18	0.49	7	0.19	9	0.25
玉树藏族自治州	**1181**	**2.92**	**693**	**1.71**	**399**	**0.99**	**604**	**1.49**
玉树市	61	4.03	34	2.25	14	0.92	20	1.32
杂多县	461	5.18	257	2.89	145	1.63	186	2.09
称多县	128	1.66	55	0.71	34	0.44	15	0.19
治多县	140	1.69	71	0.86	50	0.60	122	1.47
囊谦县	342	4.28	249	3.12	151	1.89	251	3.14
曲麻莱县	49	0.80	27	0.44	5	0.08	10	0.16
海西蒙古族藏族自治州	**621**	**1.42**	**239**	**0.55**	**112**	**0.26**	**143**	**0.33**
格尔木市	435	3.79	172	1.50	80	0.70	94	0.82
德令哈市	3	0.38						
茫崖市			1	0.10				
乌兰县	30	0.33	15	0.17	4	0.04		
都兰县	115	1.00	39	0.34	21	0.18	46	0.40
天峻县	31	0.51	7	0.11	3	0.05	1	0.02
大柴旦行政委员会	7	0.18	5	0.13	4	0.11	2	0.05

1—8c 各地区家庭户规模(乡村)

单位：户、%

地 区	家庭户户 数	一人户		二人户		三人户	
		户数	比重	户数	比重	户数	比重
全省	**716133**	**139773**	**19.52**	**141792**	**19.80**	**147853**	**20.65**
西宁市	**154767**	**21341**	**13.79**	**32164**	**20.78**	**35743**	**23.09**
城东区							
城中区	292	56	19.18	108	36.99	61	20.89
城西区							
城北区	2898	404	13.94	553	19.08	699	24.12
湟中区	77911	11203	14.38	16260	20.87	17758	22.79
大通回族土族自治县	55710	6415	11.51	10367	18.61	12800	22.98
湟源县	17956	3263	18.17	4876	27.16	4425	24.64
海东市	**244121**	**42241**	**17.30**	**51095**	**20.93**	**52681**	**21.58**
乐都区	41059	9073	22.10	11231	27.35	9117	22.20
平安区	12601	2601	20.64	3190	25.32	2731	21.67
民和回族土族自治县	55886	8887	15.90	10458	18.71	11553	20.67
互助土族自治县	67010	9433	14.08	15217	22.71	16965	25.32
化隆回族自治县	44603	8498	19.05	7489	16.79	8212	18.41
循化撒拉族自治县	22962	3749	16.33	3510	15.29	4103	17.87
海北藏族自治州	**45049**	**8448**	**18.75**	**9880**	**21.93**	**10047**	**22.30**
门源回族自治县	25253	3684	14.59	5069	20.07	5695	22.55
祁连县	7857	1947	24.78	2021	25.72	1757	22.36
海晏县	3902	1116	28.60	1187	30.42	871	22.32
刚察县	8037	1701	21.16	1603	19.95	1724	21.45
黄南藏族自治州	**47078**	**9538**	**20.26**	**7453**	**15.83**	**8842**	**18.78**
同仁县	13399	1804	13.46	1773	13.23	2526	18.85
尖扎县	10570	2419	22.89	1888	17.86	2139	20.24
泽库县	15539	3588	23.09	2289	14.73	2590	16.67
河南蒙古族自治县	7570	1727	22.81	1503	19.85	1587	20.96
海南藏族自治州	**82534**	**17361**	**21.03**	**15052**	**18.24**	**16975**	**20.57**
共和县	21969	4585	20.87	4675	21.28	5008	22.80
同德县	13396	3145	23.48	1969	14.70	2347	17.52
贵德县	17812	3189	17.90	3471	19.49	3879	21.78
兴海县	13912	3655	26.27	2300	16.53	2533	18.21
贵南县	15445	2787	18.04	2637	17.07	3208	20.77
果洛藏族自治州	**44874**	**15058**	**33.56**	**6835**	**15.23**	**6409**	**14.28**
玛沁县	8591	2429	28.27	1700	19.79	1588	18.48
班玛县	5884	1381	23.47	824	14.00	900	15.30
甘德县	12438	5262	42.31	1715	13.79	1350	10.85
达日县	8042	2676	33.28	1110	13.80	1041	12.94
久治县	7523	2337	31.06	1014	13.48	1101	14.64
玛多县	2396	973	40.61	472	19.70	429	17.90
玉树藏族自治州	**61644**	**16884**	**27.39**	**10583**	**17.17**	**9279**	**15.05**
玉树市	15468	3634	23.49	2524	16.32	2356	15.23
杂多县	9256	2398	25.91	1320	14.26	1350	14.59
称多县	12324	3880	31.48	2174	17.64	2150	17.45
治多县	3173	951	29.97	684	21.56	593	18.69
囊谦县	15114	4021	26.60	2467	16.32	1701	11.25
曲麻莱县	6309	2000	31.70	1414	22.41	1129	17.90
海西蒙古族藏族自治州	**36066**	**8902**	**24.68**	**8730**	**24.21**	**7877**	**21.84**
格尔木市	6876	1450	21.09	1537	22.35	1399	20.35
德令哈市	7919	1718	21.69	2005	25.32	1795	22.67
茫崖市							
乌兰县	4235	1119	26.42	1112	26.26	954	22.53
都兰县	12428	2912	23.43	2945	23.70	2819	22.68
天峻县	3604	1069	29.66	956	26.53	831	23.06
大柴旦行政委员会	1004	634	63.15	175	17.43	79	7.87

1-8c 续表 1

单位：户、%

地 区	四人户		五人户		六人户	
	户数	比重	户数	比重	户数	比重
全省	**123923**	**17.30**	**78836**	**11.01**	**49636**	**6.93**
西宁市	**29085**	**18.79**	**18756**	**12.12**	**12788**	**8.26**
城东区						
城中区	44	15.07	12	4.11	9	3.08
城西区						
城北区	562	19.39	356	12.28	237	8.18
湟中区	14841	19.05	9237	11.86	6222	7.99
大通回族土族自治县	10745	19.29	7627	13.69	5515	9.90
湟源县	2893	16.11	1524	8.49	805	4.48
海东市	**41755**	**17.10**	**27505**	**11.27**	**17453**	**7.15**
乐都区	6153	14.99	3240	7.89	1767	4.30
平安区	2067	16.40	1077	8.55	588	4.67
民和回族土族自治县	9699	17.35	6840	12.24	4784	8.56
互助土族自治县	12154	18.14	7514	11.21	4502	6.72
化隆回族自治县	7551	16.93	5539	12.42	3700	8.30
循化撒拉族自治县	4131	17.99	3295	14.35	2112	9.20
海北藏族自治州	**8056**	**17.88**	**4352**	**9.66**	**2845**	**6.32**
门源回族自治县	4635	18.35	2920	11.56	2179	8.63
祁连县	1304	16.60	521	6.63	230	2.93
海晏县	472	12.10	175	4.48	62	1.59
刚察县	1645	20.47	736	9.16	374	4.65
黄南藏族自治州	**9014**	**19.15**	**5909**	**12.55**	**3452**	**7.33**
同仁县	2919	21.79	2079	15.52	1219	9.10
尖扎县	1792	16.95	1125	10.64	693	6.56
泽库县	2973	19.13	1977	12.72	1136	7.31
河南蒙古族自治县	1330	17.57	728	9.62	404	5.34
海南藏族自治州	**15909**	**19.28**	**9226**	**11.18**	**4819**	**5.84**
共和县	4180	19.03	2130	9.70	919	4.18
同德县	2648	19.77	1689	12.61	886	6.61
贵德县	3534	19.84	1954	10.97	1188	6.67
兴海县	2398	17.24	1576	11.33	803	5.77
贵南县	3149	20.39	1877	12.15	1023	6.62
果洛藏族自治州	**5797**	**12.92**	**4422**	**9.85**	**2836**	**6.32**
玛沁县	1425	16.59	798	9.29	360	4.19
班玛县	795	13.51	737	12.53	519	8.82
甘德县	1406	11.30	1147	9.22	768	6.17
达日县	917	11.40	761	9.46	579	7.20
久治县	1006	13.37	840	11.17	533	7.08
玛多县	248	10.35	139	5.80	77	3.21
玉树藏族自治州	**8660**	**14.05**	**5988**	**9.71**	**3938**	**6.39**
玉树市	2286	14.78	1703	11.01	1224	7.91
杂多县	1353	14.62	1070	11.56	710	7.67
称多县	1971	15.99	1050	8.52	545	4.42
治多县	492	15.51	259	8.16	115	3.62
囊谦县	1641	10.86	1427	9.44	1164	7.70
曲麻莱县	917	14.53	479	7.59	180	2.85
海西蒙古族藏族自治州	**5647**	**15.66**	**2678**	**7.43**	**1505**	**4.17**
格尔木市	1173	17.06	632	9.19	422	6.14
德令哈市	1325	16.73	624	7.88	324	4.09
茫崖市						
乌兰县	587	13.86	256	6.04	134	3.16
都兰县	2017	16.23	966	7.77	542	4.36
天峻县	456	12.65	180	4.99	79	2.19
大柴旦行政委员会	89	8.86	20	1.99	4	0.40

1-8c　续表 2　　　　单位：户、%

地　区	七人户		八人户		九人户		十人及以上户	
	户数	比重	户数	比重	户数	比重	户数	比重
全省	**20031**	**2.80**	**7700**	**1.08**	**3362**	**0.47**	**3227**	**0.45**
西宁市	**3514**	**2.27**	**909**	**0.59**	**301**	**0.19**	**166**	**0.11**
城东区								
城中区	2	0.68						
城西区								
城北区	60	2.07	16	0.55	7	0.24	4	0.14
湟中区	1722	2.21	464	0.60	130	0.17	74	0.09
大通回族土族自治县	1595	2.86	407	0.73	155	0.28	84	0.15
湟源县	135	0.75	22	0.12	9	0.05	4	0.02
海东市	**7130**	**2.92**	**2541**	**1.04**	**990**	**0.41**	**730**	**0.30**
乐都区	346	0.84	97	0.24	21	0.05	14	0.03
平安区	222	1.76	70	0.56	29	0.23	26	0.21
民和回族土族自治县	2261	4.05	862	1.54	319	0.57	223	0.40
互助土族自治县	972	1.45	184	0.27	42	0.06	27	0.04
化隆回族自治县	2108	4.73	849	1.90	364	0.82	293	0.66
循化撒拉族自治县	1221	5.32	479	2.09	215	0.94	147	0.64
海北藏族自治州	**991**	**2.20**	**272**	**0.60**	**106**	**0.24**	**52**	**0.12**
门源回族自治县	750	2.97	210	0.83	75	0.30	36	0.14
祁连县	60	0.76	10	0.13	7	0.09		
海晏县	16	0.41	1	0.03	1	0.03	1	0.03
刚察县	165	2.05	51	0.63	23	0.29	15	0.19
黄南藏族自治州	**1681**	**3.57**	**690**	**1.47**	**275**	**0.58**	**224**	**0.48**
同仁县	655	4.89	243	1.81	102	0.76	79	0.59
尖扎县	314	2.97	136	1.29	36	0.34	28	0.26
泽库县	541	3.48	238	1.53	114	0.73	93	0.60
河南蒙古族自治县	171	2.26	73	0.96	23	0.30	24	0.32
海南藏族自治州	**2009**	**2.43**	**745**	**0.90**	**257**	**0.31**	**181**	**0.22**
共和县	334	1.52	99	0.45	31	0.14	8	0.04
同德县	411	3.07	182	1.36	60	0.45	59	0.44
贵德县	424	2.38	130	0.73	29	0.16	14	0.08
兴海县	355	2.55	171	1.23	67	0.48	54	0.39
贵南县	485	3.14	163	1.06	70	0.45	46	0.30
果洛藏族自治州	**1708**	**3.81**	**878**	**1.96**	**453**	**1.01**	**478**	**1.07**
玛沁县	166	1.93	70	0.81	34	0.40	21	0.24
班玛县	333	5.66	178	3.03	94	1.60	123	2.09
甘德县	421	3.38	184	1.48	104	0.84	81	0.65
达日县	429	5.33	246	3.06	124	1.54	159	1.98
久治县	326	4.33	187	2.49	92	1.22	87	1.16
玛多县	33	1.38	13	0.54	5	0.21	7	0.29
玉树藏族自治州	**2520**	**4.09**	**1521**	**2.47**	**933**	**1.51**	**1338**	**2.17**
玉树市	735	4.75	444	2.87	256	1.66	306	1.98
杂多县	480	5.19	254	2.74	140	1.51	181	1.96
称多县	258	2.09	159	1.29	67	0.54	70	0.57
治多县	37	1.17	28	0.88	4	0.13	10	0.32
囊谦县	902	5.97	596	3.94	445	2.94	750	4.96
曲麻莱县	108	1.71	40	0.63	21	0.33	21	0.33
海西蒙古族藏族自治州	**478**	**1.33**	**144**	**0.40**	**47**	**0.13**	**58**	**0.16**
格尔木市	152	2.21	58	0.84	28	0.41	25	0.36
德令哈市	78	0.98	21	0.27	10	0.13	19	0.24
茫崖市								
乌兰县	52	1.23	9	0.21	4	0.09	8	0.19
都兰县	168	1.35	49	0.39	5	0.04	5	0.04
天峻县	25	0.69	7	0.19			1	0.03
大柴旦行政委员会	3	0.30						

1–9 各地区家庭户类别

单位：户、%

地区	家庭户	一代户		二代户	
	户数	户数	比重	户数	比重
全省	**1965893**	**871172**	**44.31**	**783279**	**39.84**
西宁市	**847809**	**397215**	**46.85**	**322572**	**38.05**
城东区	174318	90631	51.99	65253	37.43
城中区	124908	69715	55.81	43346	34.70
城西区	124793	66400	53.21	47637	38.17
城北区	149028	81210	54.49	53311	35.77
湟中区	115403	35705	30.94	47358	41.04
大通回族土族自治县	121224	37632	31.04	50608	41.75
湟源县	38135	15922	41.75	15059	39.49
海东市	**421329**	**154085**	**36.57**	**171375**	**40.67**
乐都区	83855	36368	43.37	31965	38.12
平安区	39935	16978	42.51	16734	41.90
民和回族土族自治县	96394	31308	32.48	39941	41.44
互助土族自治县	107311	37869	35.29	42848	39.93
化隆回族自治县	56539	19267	34.08	23227	41.08
循化撒拉族自治县	37295	12295	32.97	16660	44.67
海北藏族自治州	**93114**	**39995**	**42.95**	**37556**	**40.33**
门源回族自治县	46284	17955	38.79	18549	40.08
祁连县	17458	7728	44.27	7606	43.57
海晏县	15075	7979	52.93	5698	37.80
刚察县	14297	6333	44.30	5703	39.89
黄南藏族自治州	**86864**	**35827**	**41.24**	**35398**	**40.75**
同仁县	30232	12219	40.42	11934	39.47
尖扎县	18553	7867	42.40	7335	39.54
泽库县	24019	9546	39.74	10499	43.71
河南蒙古族自治县	14060	6195	44.06	5630	40.04
海南藏族自治州	**150393**	**62117**	**41.30**	**63069**	**41.94**
共和县	47409	21244	44.81	19859	41.89
同德县	18994	7530	39.64	7712	40.60
贵德县	35402	13809	39.01	14608	41.26
兴海县	25729	10994	42.73	10959	42.59
贵南县	22859	8540	37.36	9931	43.44
果洛藏族自治州	**73779**	**38416**	**52.07**	**29655**	**40.19**
玛沁县	19786	11163	56.42	7320	37.00
班玛县	10077	4738	47.02	4322	42.89
甘德县	15444	8534	55.26	5883	38.09
达日县	12880	6130	47.59	5892	45.75
久治县	9549	4502	47.15	3815	39.95
玛多县	6043	3349	55.42	2423	40.10
玉树藏族自治州	**126778**	**56059**	**44.22**	**62327**	**49.16**
玉树市	40958	19587	47.82	18768	45.82
杂多县	18153	6128	33.76	10695	58.92
称多县	20040	8848	44.15	10263	51.21
治多县	11447	5117	44.70	5804	50.70
囊谦县	23096	9407	40.73	11225	48.60
曲麻莱县	13084	6972	53.29	5572	42.59
海西蒙古族藏族自治州	**165827**	**87458**	**52.74**	**61327**	**36.98**
格尔木市	74567	36996	49.61	29384	39.41
德令哈市	31699	15898	50.15	12569	39.65
茫崖市	7845	6597	84.09	1164	14.84
乌兰县	13252	7824	59.04	4233	31.94
都兰县	23960	10786	45.02	9705	40.51
天峻县	9706	5474	56.40	3445	35.49
大柴旦行政委员会	4798	3883	80.93	827	17.24

1-9　续表

单位：户、%

地　　区	三代户		四代户		五代及以上户	
	户数	比重	户数	比重	户数	比重
全省	**301150**	**15.32**	**10269**	**0.52**	**23**	
西宁市	**124498**	**14.68**	**3522**	**0.42**	**2**	
城东区	18049	10.35	385	0.22		
城中区	11581	9.27	266	0.21		
城西区	10580	8.48	176	0.14		
城北区	14296	9.59	210	0.14	1	
湟中区	31244	27.07	1095	0.95	1	
大通回族土族自治县	31798	26.23	1186	0.98		
湟源县	6950	18.22	204	0.53		
海东市	**92529**	**21.96**	**3337**	**0.79**	**3**	
乐都区	15072	17.97	450	0.54		
平安区	6038	15.12	185	0.46		
民和回族土族自治县	24243	25.15	900	0.93	2	
互助土族自治县	25659	23.91	935	0.87		
化隆回族自治县	13470	23.82	575	1.02		
循化撒拉族自治县	8047	21.58	292	0.78	1	
海北藏族自治州	**14978**	**16.09**	**585**	**0.63**		
门源回族自治县	9402	20.31	378	0.82		
祁连县	2061	11.81	63	0.36		
海晏县	1364	9.05	34	0.23		
刚察县	2151	15.05	110	0.77		
黄南藏族自治州	**14780**	**17.02**	**852**	**0.98**	**7**	**0.01**
同仁县	5701	18.86	376	1.24	2	0.01
尖扎县	3201	17.25	148	0.80	2	0.01
泽库县	3779	15.73	192	0.80	3	0.01
河南蒙古族自治县	2099	14.93	136	0.97		
海南藏族自治州	**24023**	**15.97**	**1176**	**0.78**	**8**	**0.01**
共和县	6056	12.77	247	0.52	3	0.01
同德县	3481	18.33	270	1.42	1	0.01
贵德县	6709	18.95	276	0.78		
兴海县	3621	14.07	154	0.60	1	
贵南县	4156	18.18	229	1.00	3	0.01
果洛藏族自治州	**5545**	**7.52**	**162**	**0.22**	**1**	
玛沁县	1269	6.41	34	0.17		
班玛县	991	9.83	25	0.25	1	0.01
甘德县	1001	6.48	26	0.17		
达日县	831	6.45	27	0.21		
久治县	1183	12.39	49	0.51		
玛多县	270	4.47	1	0.02		
玉树藏族自治州	**8190**	**6.46**	**200**	**0.16**	**2**	
玉树市	2568	6.27	33	0.08	2	
杂多县	1288	7.10	42	0.23		
称多县	910	4.54	19	0.09		
治多县	512	4.47	14	0.12		
囊谦县	2384	10.32	80	0.35		
曲麻莱县	528	4.04	12	0.09		
海西蒙古族藏族自治州	**16607**	**10.01**	**435**	**0.26**		
格尔木市	7964	10.68	223	0.30		
德令哈市	3179	10.03	53	0.17		
茫崖市	84	1.07				
乌兰县	1170	8.83	25	0.19		
都兰县	3359	14.02	110	0.46		
天峻县	763	7.86	24	0.25		
大柴旦行政委员会	88	1.83				

1-9a 各地区家庭户类别(城市)

单位：户、%

地区	家庭户户数	一代户 户数	一代户 比重	二代户 户数	二代户 比重
全省	**766028**	**402229**	**52.51**	**286687**	**37.43**
西宁市	**590294**	**313194**	**53.06**	**217392**	**36.83**
城东区	174318	90631	51.99	65253	37.43
城中区	124240	69279	55.76	43167	34.74
城西区	124691	66361	53.22	47596	38.17
城北区	146130	80289	54.94	52189	35.71
湟中区	17025	5641	33.13	7496	44.03
大通回族土族自治县	3890	993	25.53	1691	43.47
湟源县					
海东市	**65078**	**27937**	**42.93**	**27371**	**42.06**
乐都区	38445	16744	43.55	15559	40.47
平安区	26633	11193	42.03	11812	44.35
民和回族土族自治县					
互助土族自治县					
化隆回族自治县					
循化撒拉族自治县					
海北藏族自治州					
门源回族自治县					
祁连县					
海晏县					
刚察县					
黄南藏族自治州					
同仁县					
尖扎县					
泽库县					
河南蒙古族自治县					
海南藏族自治州					
共和县					
同德县					
贵德县					
兴海县					
贵南县					
果洛藏族自治州					
玛沁县					
班玛县					
甘德县					
达日县					
久治县					
玛多县					
玉树藏族自治州	**24637**	**13600**	**55.20**	**9794**	**39.75**
玉树市	23976	13499	56.30	9395	39.19
杂多县					
称多县					
治多县					
囊谦县					
曲麻莱县	661	101	15.28	399	60.36
海西蒙古族藏族自治州	**86019**	**47498**	**55.22**	**32130**	**37.35**
格尔木市	56202	29712	52.87	22054	39.24
德令哈市	22994	11990	52.14	9124	39.68
茫崖市	6823	5796	84.95	952	13.95
乌兰县					
都兰县					
天峻县					
大柴旦行政委员会					

1-9a　续表　　　　单位：户、%

地　区	三代户		四代户		五代及以上户	
	户数	比重	户数	比重	户数	比重
全省	**75533**	**9.86**	**1578**	**0.21**	**1**	
西宁市	**58533**	**9.92**	**1174**	**0.20**	**1**	
城东区	18049	10.35	385	0.22		
城中区	11528	9.28	266	0.21		
城西区	10558	8.47	176	0.14		
城北区	13457	9.21	194	0.13	1	
湟中区	3768	22.13	120	0.70		
大通回族土族自治县	1173	30.15	33	0.85		
湟源县						
海东市	**9493**	**14.59**	**277**	**0.43**		
乐都区	5959	15.50	183	0.48		
平安区	3534	13.27	94	0.35		
民和回族土族自治县						
互助土族自治县						
化隆回族自治县						
循化撒拉族自治县						
海北藏族自治州						
门源回族自治县						
祁连县						
海晏县						
刚察县						
黄南藏族自治州						
同仁县						
尖扎县						
泽库县						
河南蒙古族自治县						
海南藏族自治州						
共和县						
同德县						
贵德县						
兴海县						
贵南县						
果洛藏族自治州						
玛沁县						
班玛县						
甘德县						
达日县						
久治县						
玛多县						
玉树藏族自治州	**1218**	**4.94**	**25**	**0.10**		
玉树市	1067	4.45	15	0.06		
杂多县						
称多县						
治多县						
囊谦县						
曲麻莱县	151	22.84	10	1.51		
海西蒙古族藏族自治州	**6289**	**7.31**	**102**	**0.12**		
格尔木市	4357	7.75	79	0.14		
德令哈市	1857	8.08	23	0.10		
茫崖市	75	1.10				
乌兰县						
都兰县						
天峻县						
大柴旦行政委员会						

1–9b 各地区家庭户类别(镇)

单位：户、%

地　　区	家庭户户　数	一代户		二代户	
		户数	比重	户数	比重
全省	**483732**	**220393**	**45.56**	**195265**	**40.37**
西宁市	**102748**	**38745**	**37.71**	**42961**	**41.81**
城东区					
城中区	376	304	80.85	60	15.96
城西区	102	39	38.24	41	40.20
城北区					
湟中区	20467	6866	33.55	8271	40.41
大通回族土族自治县	61624	22517	36.54	26640	43.23
湟源县	20179	9019	44.69	7949	39.39
海东市	**112130**	**43901**	**39.15**	**46562**	**41.53**
乐都区	4351	1993	45.81	1507	34.64
平安区	701	414	59.06	219	31.24
民和回族土族自治县	40508	14553	35.93	17475	43.14
互助土族自治县	40301	17277	42.87	15632	38.79
化隆回族自治县	11936	4247	35.58	5220	43.73
循化撒拉族自治县	14333	5417	37.79	6509	45.41
海北藏族自治州	**48065**	**23557**	**49.01**	**19409**	**40.38**
门源回族自治县	21031	10189	48.45	8444	40.15
祁连县	9601	4101	42.71	4407	45.90
海晏县	11173	5916	52.95	4302	38.50
刚察县	6260	3351	53.53	2256	36.04
黄南藏族自治州	**39786**	**20091**	**50.50**	**15062**	**37.86**
同仁县	16833	8695	51.65	6236	37.05
尖扎县	7983	3967	49.69	3039	38.07
泽库县	8480	4283	50.51	3344	39.43
河南蒙古族自治县	6490	3146	48.47	2443	37.64
海南藏族自治州	**67859**	**33813**	**49.83**	**26800**	**39.49**
共和县	25440	13304	52.30	9806	38.55
同德县	5598	2759	49.29	2134	38.12
贵德县	17590	8238	46.83	7167	40.74
兴海县	11817	5709	48.31	4753	40.22
贵南县	7414	3803	51.29	2940	39.65
果洛藏族自治州	**28905**	**18279**	**63.24**	**9312**	**32.22**
玛沁县	11195	7473	66.75	3220	28.76
班玛县	4193	2709	64.61	1256	29.95
甘德县	3006	2129	70.83	810	26.95
达日县	4838	2545	52.60	2058	42.54
久治县	2026	1355	66.88	576	28.43
玛多县	3647	2068	56.70	1392	38.17
玉树藏族自治州	**40497**	**18066**	**44.61**	**20171**	**49.81**
玉树市	1514	432	28.53	932	61.56
杂多县	8897	2750	30.91	5474	61.53
称多县	7716	3626	46.99	3780	48.99
治多县	8274	3726	45.03	4156	50.23
囊谦县	7982	3360	42.09	4030	50.49
曲麻莱县	6114	4172	68.24	1799	29.42
海西蒙古族藏族自治州	**43742**	**23941**	**54.73**	**14988**	**34.26**
格尔木市	11489	4511	39.26	4590	39.95
德令哈市	786	437	55.60	273	34.73
茫崖市	1022	801	78.38	212	20.74
乌兰县	9017	5881	65.22	2571	28.51
都兰县	11532	5612	48.66	4630	40.15
天峻县	6102	3706	60.73	1985	32.53
大柴旦行政委员会	3794	2993	78.89	727	19.16

1−9b　续表　　　　单位：户、%

地　　区	三代户		四代户		五代及以上户	
	户数	比重	户数	比重	户数	比重
全省	**66094**	**13.66**	**1973**	**0.41**	**7**	
西宁市	**20428**	**19.88**	**613**	**0.60**	**1**	
城东区						
城中区	12	3.19				
城西区	22	21.57				
城北区						
湟中区	5133	25.08	196	0.96	1	
大通回族土族自治县	12118	19.66	349	0.57		
湟源县	3143	15.58	68	0.34		
海东市	**21089**	**18.81**	**576**	**0.51**	**2**	
乐都区	829	19.05	22	0.51		
平安区	66	9.42	2	0.29		
民和回族土族自治县	8235	20.33	243	0.60	2	
互助土族自治县	7181	17.82	211	0.52		
化隆回族自治县	2422	20.29	47	0.39		
循化撒拉族自治县	2356	16.44	51	0.36		
海北藏族自治州	**4964**	**10.33**	**135**	**0.28**		
门源回族自治县	2342	11.14	56	0.27		
祁连县	1068	11.12	25	0.26		
海晏县	934	8.36	21	0.19		
刚察县	620	9.90	33	0.53		
黄南藏族自治州	**4441**	**11.16**	**191**	**0.48**	**1**	
同仁县	1830	10.87	71	0.42	1	0.01
尖扎县	941	11.79	36	0.45		
泽库县	814	9.60	39	0.46		
河南蒙古族自治县	856	13.19	45	0.69		
海南藏族自治州	**7024**	**10.35**	**221**	**0.33**	**1**	
共和县	2274	8.94	56	0.22		
同德县	661	11.81	44	0.79		
贵德县	2126	12.09	59	0.34		
兴海县	1310	11.09	44	0.37	1	0.01
贵南县	653	8.81	18	0.24		
果洛藏族自治州	**1293**	**4.47**	**20**	**0.07**	**1**	
玛沁县	492	4.39	10	0.09		
班玛县	224	5.34	3	0.07	1	0.02
甘德县	66	2.20	1	0.03		
达日县	231	4.77	4	0.08		
久治县	94	4.64	1	0.05		
玛多县	186	5.10	1	0.03		
玉树藏族自治州	**2206**	**5.45**	**53**	**0.13**	**1**	
玉树市	146	9.64	3	0.20	1	0.07
杂多县	649	7.29	24	0.27		
称多县	307	3.98	3	0.04		
治多县	381	4.60	11	0.13		
囊谦县	581	7.28	11	0.14		
曲麻莱县	142	2.32	1	0.02		
海西蒙古族藏族自治州	**4649**	**10.63**	**164**	**0.37**		
格尔木市	2290	19.93	98	0.85		
德令哈市	73	9.29	3	0.38		
茫崖市	9	0.88				
乌兰县	549	6.09	16	0.18		
都兰县	1253	10.87	37	0.32		
天峻县	401	6.57	10	0.16		
大柴旦行政委员会	74	1.95				

1–9c 各地区家庭户类别(乡村)

单位：户、%

地 区	家庭户 户 数	一代户		二代户	
		户数	比重	户数	比重
全省	**716133**	**248550**	**34.71**	**301327**	**42.08**
西宁市	**154767**	**45276**	**29.25**	**62219**	**40.20**
城东区					
城中区	292	132	45.21	119	40.75
城西区					
城北区	2898	921	31.78	1122	38.72
湟中区	77911	23198	29.77	31591	40.55
大通回族土族自治县	55710	14122	25.35	22277	39.99
湟源县	17956	6903	38.44	7110	39.60
海东市	**244121**	**82247**	**33.69**	**97442**	**39.92**
乐都区	41059	17631	42.94	14899	36.29
平安区	12601	5371	42.62	4703	37.32
民和回族土族自治县	55886	16755	29.98	22466	40.20
互助土族自治县	67010	20592	30.73	27216	40.61
化隆回族自治县	44603	15020	33.67	18007	40.37
循化撒拉族自治县	22962	6878	29.95	10151	44.21
海北藏族自治州	**45049**	**16438**	**36.49**	**18147**	**40.28**
门源回族自治县	25253	7766	30.75	10105	40.02
祁连县	7857	3627	46.16	3199	40.72
海晏县	3902	2063	52.87	1396	35.78
刚察县	8037	2982	37.10	3447	42.89
黄南藏族自治州	**47078**	**15736**	**33.43**	**20336**	**43.20**
同仁县	13399	3524	26.30	5698	42.53
尖扎县	10570	3900	36.90	4296	40.64
泽库县	15539	5263	33.87	7155	46.05
河南蒙古族自治县	7570	3049	40.28	3187	42.10
海南藏族自治州	**82534**	**28304**	**34.29**	**36269**	**43.94**
共和县	21969	7940	36.14	10053	45.76
同德县	13396	4771	35.62	5578	41.64
贵德县	17812	5571	31.28	7441	41.78
兴海县	13912	5285	37.99	6206	44.61
贵南县	15445	4737	30.67	6991	45.26
果洛藏族自治州	**44874**	**20137**	**44.87**	**20343**	**45.33**
玛沁县	8591	3690	42.95	4100	47.72
班玛县	5884	2029	34.48	3066	52.11
甘德县	12438	6405	51.50	5073	40.79
达日县	8042	3585	44.58	3834	47.67
久治县	7523	3147	41.83	3239	43.05
玛多县	2396	1281	53.46	1031	43.03
玉树藏族自治州	**61644**	**24393**	**39.57**	**32362**	**52.50**
玉树市	15468	5656	36.57	8441	54.57
杂多县	9256	3378	36.50	5221	56.41
称多县	12324	5222	42.37	6483	52.60
治多县	3173	1391	43.84	1648	51.94
囊谦县	15114	6047	40.01	7195	47.60
曲麻莱县	6309	2699	42.78	3374	53.48
海西蒙古族藏族自治州	**36066**	**16019**	**44.42**	**14209**	**39.40**
格尔木市	6876	2773	40.33	2740	39.85
德令哈市	7919	3471	43.83	3172	40.06
茫崖市					
乌兰县	4235	1943	45.88	1662	39.24
都兰县	12428	5174	41.63	5075	40.84
天峻县	3604	1768	49.06	1460	40.51
大柴旦行政委员会	1004	890	88.65	100	9.96

1–9c 续表

单位：户、%

地区	三代户		四代户		五代及以上户	
	户数	比重	户数	比重	户数	比重
全省	**159523**	**22.28**	**6718**	**0.94**	**15**	
西宁市	**45537**	**29.42**	**1735**	**1.12**		
城东区						
城中区	41	14.04				
城西区						
城北区	839	28.95	16	0.55		
湟中区	22343	28.68	779	1.00		
大通回族土族自治县	18507	33.22	804	1.44		
湟源县	3807	21.20	136	0.76		
海东市	**61947**	**25.38**	**2484**	**1.02**	**1**	
乐都区	8284	20.18	245	0.60		
平安区	2438	19.35	89	0.71		
民和回族土族自治县	16008	28.64	657	1.18		
互助土族自治县	18478	27.57	724	1.08		
化隆回族自治县	11048	24.77	528	1.18		
循化撒拉族自治县	5691	24.78	241	1.05	1	
海北藏族自治州	**10014**	**22.23**	**450**	**1.00**		
门源回族自治县	7060	27.96	322	1.28		
祁连县	993	12.64	38	0.48		
海晏县	430	11.02	13	0.33		
刚察县	1531	19.05	77	0.96		
黄南藏族自治州	**10339**	**21.96**	**661**	**1.40**	**6**	**0.01**
同仁县	3871	28.89	305	2.28	1	0.01
尖扎县	2260	21.38	112	1.06	2	0.02
泽库县	2965	19.08	153	0.98	3	0.02
河南蒙古族自治县	1243	16.42	91	1.20		
海南藏族自治州	**16999**	**20.60**	**955**	**1.16**	**7**	**0.01**
共和县	3782	17.22	191	0.87	3	0.01
同德县	2820	21.05	226	1.69	1	0.01
贵德县	4583	25.73	217	1.22		
兴海县	2311	16.61	110	0.79		
贵南县	3503	22.68	211	1.37	3	0.02
果洛藏族自治州	**4252**	**9.48**	**142**	**0.32**		
玛沁县	777	9.04	24	0.28		
班玛县	767	13.04	22	0.37		
甘德县	935	7.52	25	0.20		
达日县	600	7.46	23	0.29		
久治县	1089	14.48	48	0.64		
玛多县	84	3.51				
玉树藏族自治州	**4766**	**7.73**	**122**	**0.20**	**1**	
玉树市	1355	8.76	15	0.10	1	0.01
杂多县	639	6.90	18	0.19		
称多县	603	4.89	16	0.13		
治多县	131	4.13	3	0.09		
囊谦县	1803	11.93	69	0.46		
曲麻莱县	235	3.72	1	0.02		
海西蒙古族藏族自治州	**5669**	**15.72**	**169**	**0.47**		
格尔木市	1317	19.15	46	0.67		
德令哈市	1249	15.77	27	0.34		
茫崖市						
乌兰县	621	14.66	9	0.21		
都兰县	2106	16.95	73	0.59		
天峻县	362	10.04	14	0.39		
大柴旦行政委员会	14	1.39				

1-10 各地区分性别、月份的出生人口
(2019.11.1-2020.10.31)

单位：人

地区	出生人口			2019年11月		
	合计	男	女	小计	男	女
全省	**67506**	**34863**	**32643**	**6744**	**3470**	**3274**
西宁市	**22793**	**11877**	**10916**	**2308**	**1223**	**1085**
城东区	4654	2418	2236	465	236	229
城中区	2374	1244	1130	270	150	120
城西区	2961	1521	1440	311	147	164
城北区	3670	1920	1750	379	194	185
湟中区	3900	2054	1846	387	225	162
大通回族土族自治县	4322	2262	2060	405	221	184
湟源县	912	458	454	91	50	41
海东市	**16046**	**8320**	**7726**	**1641**	**817**	**824**
乐都区	2016	1047	969	211	106	105
平安区	1180	572	608	118	65	53
民和回族土族自治县	3873	2028	1845	426	208	218
互助土族自治县	3364	1737	1627	359	193	166
化隆回族自治县	3264	1723	1541	279	135	144
循化撒拉族自治县	2349	1213	1136	248	110	138
海北藏族自治州	**2853**	**1499**	**1354**	**287**	**146**	**141**
门源回族自治县	1430	742	688	147	70	77
祁连县	612	326	286	63	36	27
海晏县	343	179	164	34	17	17
刚察县	468	252	216	43	23	20
黄南藏族自治州	**4769**	**2377**	**2392**	**462**	**238**	**224**
同仁县	1610	801	809	173	91	82
尖扎县	979	499	480	93	48	45
泽库县	1486	712	774	129	71	58
河南蒙古族自治县	694	365	329	67	28	39
海南藏族自治州	**6210**	**3221**	**2989**	**632**	**321**	**311**
共和县	1732	864	868	163	78	85
同德县	1027	559	468	106	55	51
贵德县	1210	628	582	129	67	62
兴海县	1151	617	534	133	75	58
贵南县	1090	553	537	101	46	55
果洛藏族自治州	**3595**	**1835**	**1760**	**330**	**186**	**144**
玛沁县	638	333	305	62	34	28
班玛县	553	281	272	61	33	28
甘德县	672	343	329	57	33	24
达日县	910	459	451	73	44	29
久治县	522	266	256	49	28	21
玛多县	300	153	147	28	14	14
玉树藏族自治州	**6584**	**3348**	**3236**	**613**	**313**	**300**
玉树市	1730	891	839	150	87	63
杂多县	1583	819	764	164	80	84
称多县	762	378	384	73	33	40
治多县	468	229	239	42	22	20
囊谦县	1505	780	725	131	65	66
曲麻莱县	536	251	285	53	26	27
海西蒙古族藏族自治州	**4656**	**2386**	**2270**	**471**	**226**	**245**
格尔木市	2408	1245	1163	249	119	130
德令哈市	807	395	412	72	27	45
茫崖市	83	39	44	7	3	4
乌兰县	313	174	139	29	20	9
都兰县	639	313	326	73	37	36
天峻县	354	198	156	37	19	18
大柴旦行政委员会	52	22	30	4	1	3

1-10 续表 1

单位：人

地 区	2019年12月			2020年1月		
	小计	男	女	小计	男	女
全省	**6411**	**3312**	**3099**	**6034**	**3132**	**2902**
西宁市	**2180**	**1110**	**1070**	**2098**	**1094**	**1004**
城东区	455	231	224	416	227	189
城中区	255	136	119	219	118	101
城西区	250	117	133	277	147	130
城北区	368	180	188	333	164	169
湟中区	383	202	181	350	179	171
大通回族土族自治县	388	206	182	411	206	205
湟源县	81	38	43	92	53	39
海东市	**1535**	**823**	**712**	**1403**	**690**	**713**
乐都区	194	110	84	184	95	89
平安区	104	39	65	103	55	48
民和回族土族自治县	387	197	190	359	163	196
互助土族自治县	327	169	158	271	123	148
化隆回族自治县	286	165	121	296	169	127
循化撒拉族自治县	237	143	94	190	85	105
海北藏族自治州	**261**	**137**	**124**	**255**	**141**	**114**
门源回族自治县	137	69	68	130	74	56
祁连县	50	26	24	57	26	31
海晏县	31	18	13	29	15	14
刚察县	43	24	19	39	26	13
黄南藏族自治州	**442**	**223**	**219**	**402**	**214**	**188**
同仁县	164	81	83	132	67	65
尖扎县	85	45	40	81	45	36
泽库县	135	71	64	134	73	61
河南蒙古族自治县	58	26	32	55	29	26
海南藏族自治州	**596**	**287**	**309**	**528**	**273**	**255**
共和县	162	71	91	150	79	71
同德县	109	57	52	88	41	47
贵德县	120	62	58	111	53	58
兴海县	112	58	54	85	47	38
贵南县	93	39	54	94	53	41
果洛藏族自治州	**317**	**173**	**144**	**325**	**173**	**152**
玛沁县	58	31	27	59	35	24
班玛县	38	23	15	52	31	21
甘德县	67	38	29	56	31	25
达日县	75	41	34	88	44	44
久治县	46	23	23	42	18	24
玛多县	33	17	16	28	14	14
玉树藏族自治州	**598**	**307**	**291**	**606**	**320**	**286**
玉树市	148	81	67	165	77	88
杂多县	141	74	67	145	81	64
称多县	89	42	47	69	40	29
治多县	29	16	13	42	21	21
囊谦县	135	68	67	122	71	51
曲麻莱县	56	26	30	63	30	33
海西蒙古族藏族自治州	**482**	**252**	**230**	**417**	**227**	**190**
格尔木市	265	145	120	215	115	100
德令哈市	71	36	35	73	42	31
茫崖市	10	6	4	10	5	5
乌兰县	37	17	20	36	16	20
都兰县	64	28	36	56	30	26
天峻县	29	18	11	23	17	6
大柴旦行政委员会	6	2	4	4	2	2

1-10 续表 2

单位：人

地区	2020年2月			2020年3月			2020年4月		
	小计	男	女	小计	男	女	小计	男	女
全省	**5308**	**2747**	**2561**	**5831**	**2961**	**2870**	**5610**	**2848**	**2762**
西宁市	**1802**	**938**	**864**	**1816**	**931**	**885**	**1843**	**951**	**892**
城东区	373	198	175	361	179	182	400	195	205
城中区	200	105	95	181	95	86	189	98	91
城西区	229	116	113	242	117	125	257	131	126
城北区	301	157	144	298	161	137	283	149	134
湟中区	285	149	136	304	170	134	278	143	135
大通回族土族自治县	340	175	165	352	177	175	378	205	173
湟源县	74	38	36	78	32	46	58	30	28
海东市	**1169**	**618**	**551**	**1409**	**727**	**682**	**1248**	**648**	**600**
乐都区	170	98	72	172	78	94	146	77	69
平安区	93	44	49	104	54	50	91	46	45
民和回族土族自治县	246	134	112	310	177	133	266	138	128
互助土族自治县	259	131	128	287	145	142	295	157	138
化隆回族自治县	226	121	105	309	148	161	258	141	117
循化撒拉族自治县	175	90	85	227	125	102	192	89	103
海北藏族自治州	**248**	**129**	**119**	**230**	**117**	**113**	**230**	**117**	**113**
门源回族自治县	131	68	63	98	45	53	114	58	56
祁连县	41	20	21	69	38	31	44	23	21
海晏县	26	11	15	26	13	13	28	14	14
刚察县	50	30	20	37	21	16	44	22	22
黄南藏族自治州	**381**	**187**	**194**	**461**	**217**	**244**	**446**	**230**	**216**
同仁县	140	59	81	159	84	75	150	66	84
尖扎县	71	37	34	94	41	53	87	50	37
泽库县	108	52	56	144	66	78	137	66	71
河南蒙古族自治县	62	39	23	64	26	38	72	48	24
海南藏族自治州	**509**	**268**	**241**	**511**	**266**	**245**	**496**	**256**	**240**
共和县	159	75	84	162	74	88	138	76	62
同德县	73	35	38	81	47	34	83	48	35
贵德县	99	58	41	92	48	44	66	39	27
兴海县	92	49	43	91	53	38	102	46	56
贵南县	86	51	35	85	44	41	107	47	60
果洛藏族自治州	**291**	**142**	**149**	**353**	**178**	**175**	**344**	**177**	**167**
玛沁县	50	26	24	62	33	29	58	33	25
班玛县	41	23	18	51	22	29	52	21	31
甘德县	76	35	41	67	31	36	72	36	36
达日县	61	26	35	91	47	44	85	42	43
久治县	44	25	19	58	32	26	45	25	20
玛多县	19	7	12	24	13	11	32	20	12
玉树藏族自治州	**539**	**269**	**270**	**638**	**321**	**317**	**641**	**305**	**336**
玉树市	129	63	66	173	92	81	183	94	89
杂多县	149	79	70	176	89	87	164	75	89
称多县	57	28	29	69	36	33	74	31	43
治多县	39	12	27	35	12	23	36	15	21
囊谦县	129	69	60	129	65	64	137	67	70
曲麻莱县	36	18	18	56	27	29	47	23	24
海西蒙古族藏族自治州	**369**	**196**	**173**	**413**	**204**	**209**	**362**	**164**	**198**
格尔木市	196	101	95	210	108	102	170	75	95
德令哈市	77	41	36	60	25	35	76	36	40
茫崖市	4	1	3	10	2	8	10	3	7
乌兰县	20	14	6	24	15	9	21	15	6
都兰县	52	29	23	57	27	30	58	23	35
天峻县	19	10	9	45	25	20	24	11	13
大柴旦行政委员会	1		1	7	2	5	3	1	2

1−10　续表 3　　　　单位：人

地　区	2020年5月			2020年6月			2020年7月		
	小计	男	女	小计	男	女	小计	男	女
全省	**5468**	**2814**	**2654**	**5242**	**2738**	**2504**	**5373**	**2778**	**2595**
西宁市	**1750**	**862**	**888**	**1762**	**956**	**806**	**1772**	**927**	**845**
城东区	371	183	188	355	190	165	383	211	172
城中区	169	83	86	195	105	90	182	94	88
城西区	240	116	124	240	138	102	227	124	103
城北区	292	138	154	268	155	113	290	154	136
湟中区	292	145	147	308	167	141	273	132	141
大通回族土族自治县	316	165	151	327	169	158	348	180	168
湟源县	70	32	38	69	32	37	69	32	37
海东市	**1297**	**697**	**600**	**1259**	**661**	**598**	**1287**	**657**	**630**
乐都区	156	77	79	157	85	72	148	73	75
平安区	95	48	47	86	42	44	101	43	58
民和回族土族自治县	299	172	127	282	159	123	314	163	151
互助土族自治县	251	135	116	239	112	127	257	132	125
化隆回族自治县	302	159	143	306	164	142	277	138	139
循化撒拉族自治县	194	106	88	189	99	90	190	108	82
海北藏族自治州	**226**	**118**	**108**	**221**	**105**	**116**	**220**	**121**	**99**
门源回族自治县	111	58	53	102	47	55	101	55	46
祁连县	48	28	20	54	26	28	51	31	20
海晏县	33	19	14	27	12	15	27	12	15
刚察县	34	13	21	38	20	18	41	23	18
黄南藏族自治州	**436**	**212**	**224**	**355**	**187**	**168**	**377**	**204**	**173**
同仁县	158	77	81	114	59	55	105	61	44
尖扎县	101	51	50	75	42	33	76	38	38
泽库县	115	47	68	128	68	60	122	64	58
河南蒙古族自治县	62	37	25	38	18	20	74	41	33
海南藏族自治州	**525**	**283**	**242**	**535**	**274**	**261**	**482**	**231**	**251**
共和县	138	77	61	155	73	82	121	60	61
同德县	86	46	40	75	45	30	95	50	45
贵德县	107	59	48	105	56	49	90	35	55
兴海县	103	52	51	93	54	39	92	42	50
贵南县	91	49	42	107	46	61	84	44	40
果洛藏族自治州	**345**	**170**	**175**	**323**	**163**	**160**	**317**	**157**	**160**
玛沁县	56	28	28	43	22	21	81	41	40
班玛县	40	22	18	62	31	31	48	22	26
甘德县	63	33	30	59	29	30	42	21	21
达日县	103	46	57	82	44	38	78	38	40
久治县	55	27	28	53	24	29	41	18	23
玛多县	28	14	14	24	13	11	27	17	10
玉树藏族自治州	**547**	**285**	**262**	**465**	**235**	**230**	**524**	**257**	**267**
玉树市	139	71	68	116	59	57	146	69	77
杂多县	128	74	54	108	59	49	107	60	47
称多县	72	36	36	50	21	29	67	38	29
治多县	39	23	16	47	27	20	48	16	32
囊谦县	127	63	64	105	50	55	114	55	59
曲麻莱县	42	18	24	39	19	20	42	19	23
海西蒙古族藏族自治州	**342**	**187**	**155**	**322**	**157**	**165**	**394**	**224**	**170**
格尔木市	178	97	81	163	83	80	197	119	78
德令哈市	68	35	33	52	27	25	60	33	27
茫崖市	7	5	2	5	4	1	6	3	3
乌兰县	21	13	8	25	11	14	19	9	10
都兰县	37	21	16	41	14	27	68	35	33
天峻县	27	14	13	30	16	14	36	23	13
大柴旦行政委员会	4	2	2	6	2	4	8	2	6

1-10 续表 4

单位：人

地区	2020年8月			2020年9月			2020年10月		
	小计	男	女	小计	男	女	小计	男	女
全省	**5256**	**2742**	**2514**	**5008**	**2636**	**2372**	**5221**	**2685**	**2536**
西宁市	**1818**	**987**	**831**	**1749**	**936**	**813**	**1895**	**962**	**933**
城东区	368	201	167	339	177	162	368	190	178
城中区	188	102	86	182	96	86	144	62	82
城西区	242	135	107	242	131	111	204	102	102
城北区	294	159	135	275	162	113	289	147	142
湟中区	316	171	145	315	160	155	409	211	198
大通回族土族自治县	336	181	155	333	178	155	388	199	189
湟源县	74	38	36	63	32	31	93	51	42
海东市	**1270**	**650**	**620**	**1214**	**666**	**548**	**1314**	**666**	**648**
乐都区	148	78	70	155	81	74	175	89	86
平安区	101	49	52	83	37	46	101	50	51
民和回族土族自治县	319	162	157	320	192	128	345	163	182
互助土族自治县	269	149	120	241	128	113	309	163	146
化隆回族自治县	241	123	118	239	123	116	245	137	108
循化撒拉族自治县	192	89	103	176	105	71	139	64	75
海北藏族自治州	**220**	**126**	**94**	**215**	**106**	**109**	**240**	**136**	**104**
门源回族自治县	104	61	43	111	56	55	144	81	63
祁连县	51	32	19	38	16	22	46	24	22
海晏县	25	14	11	28	15	13	29	19	10
刚察县	40	19	21	38	19	19	21	12	9
黄南藏族自治州	**366**	**160**	**206**	**337**	**163**	**174**	**304**	**142**	**162**
同仁县	105	49	56	118	56	62	92	51	41
尖扎县	72	30	42	70	37	33	74	35	39
泽库县	124	45	79	104	47	57	106	42	64
河南蒙古族自治县	65	36	29	45	23	22	32	14	18
海南藏族自治州	**462**	**241**	**221**	**506**	**265**	**241**	**428**	**256**	**172**
共和县	139	68	71	140	74	66	105	59	46
同德县	70	33	37	85	52	33	76	50	26
贵德县	92	45	47	104	55	49	95	51	44
兴海县	87	51	36	88	44	44	73	46	27
贵南县	74	44	30	89	40	49	79	50	29
果洛藏族自治州	**269**	**134**	**135**	**226**	**96**	**130**	**155**	**86**	**69**
玛沁县	45	24	21	42	14	28	22	12	10
班玛县	47	24	23	37	16	21	24	13	11
甘德县	45	20	25	33	16	17	35	20	15
达日县	74	39	35	69	32	37	31	16	15
久治县	30	13	17	31	15	16	28	18	10
玛多县	28	14	14	14	3	11	15	7	8
玉树藏族自治州	**496**	**260**	**236**	**413**	**215**	**198**	**504**	**261**	**243**
玉树市	143	72	71	115	59	56	123	67	56
杂多县	115	64	51	84	39	45	102	45	57
称多县	46	23	23	53	30	23	43	20	23
治多县	47	28	19	32	20	12	32	17	15
囊谦县	103	55	48	94	53	41	179	99	80
曲麻莱县	42	18	24	35	14	21	25	13	12
海西蒙古族藏族自治州	**355**	**184**	**171**	**348**	**189**	**159**	**381**	**176**	**205**
格尔木市	182	94	88	186	97	89	197	92	105
德令哈市	63	31	32	65	34	31	70	28	42
茫崖市	5	1	4	6	4	2	3	2	1
乌兰县	26	12	14	28	17	11	27	15	12
都兰县	49	28	21	35	19	16	49	22	27
天峻县	28	17	11	23	13	10	33	15	18
大柴旦行政委员会	2	1	1	5	5		2	2	

1-10a　各地区分性别、月份的出生人口
(2019.11.1-2020.10.31)(城市)

单位：人

地　　区	出生人口			2019年11月		
	合计	男	女	小计	男	女
全省	**18903**	**9769**	**9134**	**1974**	**1010**	**964**
西宁市	**14299**	**7431**	**6868**	**1495**	**768**	**727**
城东区	4654	2418	2236	465	236	229
城中区	2365	1239	1126	269	150	119
城西区	2958	1519	1439	311	147	164
城北区	3576	1873	1703	373	192	181
湟中区	606	309	297	64	35	29
大通回族土族自治县	140	73	67	13	8	5
湟源县						
海东市	**1800**	**919**	**881**	**187**	**102**	**85**
乐都区	1035	539	496	108	53	55
平安区	765	380	385	79	49	30
民和回族土族自治县						
互助土族自治县						
化隆回族自治县						
循化撒拉族自治县						
海北藏族自治州						
门源回族自治县						
祁连县						
海晏县						
刚察县						
黄南藏族自治州						
同仁县						
尖扎县						
泽库县						
河南蒙古族自治县						
海南藏族自治州						
共和县						
同德县						
贵德县						
兴海县						
贵南县						
果洛藏族自治州						
玛沁县						
班玛县						
甘德县						
达日县						
久治县						
玛多县						
玉树藏族自治州	**568**	**292**	**276**	**65**	**40**	**25**
玉树市	530	273	257	59	35	24
杂多县						
称多县						
治多县						
囊谦县						
曲麻莱县	38	19	19	6	5	1
海西蒙古族藏族自治州	**2236**	**1127**	**1109**	**227**	**100**	**127**
格尔木市	1565	799	766	169	79	90
德令哈市	602	297	305	52	18	34
茫崖市	69	31	38	6	3	3
乌兰县						
都兰县						
天峻县						
大柴旦行政委员会						

1-10a 续表 1

单位：人

地区	2019年12月			2020年1月		
	小计	男	女	小计	男	女
全省	**1874**	**938**	**936**	**1712**	**891**	**821**
西宁市	**1403**	**697**	**706**	**1300**	**683**	**617**
城东区	455	231	224	416	227	189
城中区	254	135	119	217	117	100
城西区	249	116	133	276	147	129
城北区	355	175	180	327	160	167
湟中区	78	33	45	50	25	25
大通回族土族自治县	12	7	5	14	7	7
湟源县						
海东市	**177**	**91**	**86**	**155**	**79**	**76**
乐都区	110	67	43	95	46	49
平安区	67	24	43	60	33	27
民和回族土族自治县						
互助土族自治县						
化隆回族自治县						
循化撒拉族自治县						
海北藏族自治州						
门源回族自治县						
祁连县						
海晏县						
刚察县						
黄南藏族自治州						
同仁县						
尖扎县						
泽库县						
河南蒙古族自治县						
海南藏族自治州						
共和县						
同德县						
贵德县						
兴海县						
贵南县						
果洛藏族自治州						
玛沁县						
班玛县						
甘德县						
达日县						
久治县						
玛多县						
玉树藏族自治州	**61**	**33**	**28**	**54**	**25**	**29**
玉树市	55	30	25	52	24	28
杂多县						
称多县						
治多县						
囊谦县						
曲麻莱县	6	3	3	2	1	1
海西蒙古族藏族自治州	**233**	**117**	**116**	**203**	**104**	**99**
格尔木市	169	85	84	146	74	72
德令哈市	55	27	28	49	27	22
茫崖市	9	5	4	8	3	5
乌兰县						
都兰县						
天峻县						
大柴旦行政委员会						

1-10a　续表 2　　　　单位：人

地　区	2020年2月			2020年3月			2020年4月		
	小计	男	女	小计	男	女	小计	男	女
全省	**1551**	**815**	**736**	**1552**	**783**	**769**	**1544**	**782**	**762**
西宁市	**1157**	**607**	**550**	**1132**	**582**	**550**	**1172**	**595**	**577**
城东区	373	198	175	361	179	182	400	195	205
城中区	200	105	95	180	94	86	189	98	91
城西区	229	116	113	242	117	125	257	131	126
城北区	295	155	140	290	157	133	277	147	130
湟中区	52	28	24	42	29	13	36	14	22
大通回族土族自治县	8	5	3	17	6	11	13	10	3
湟源县									
海东市	**155**	**84**	**71**	**168**	**77**	**91**	**130**	**74**	**56**
乐都区	92	53	39	97	42	55	76	44	32
平安区	63	31	32	71	35	36	54	30	24
民和回族土族自治县									
互助土族自治县									
化隆回族自治县									
循化撒拉族自治县									
海北藏族自治州									
门源回族自治县									
祁连县									
海晏县									
刚察县									
黄南藏族自治州									
同仁县									
尖扎县									
泽库县									
河南蒙古族自治县									
海南藏族自治州									
共和县									
同德县									
贵德县									
兴海县									
贵南县									
果洛藏族自治州									
玛沁县									
班玛县									
甘德县									
达日县									
久治县									
玛多县									
玉树藏族自治州	**39**	**26**	**13**	**64**	**34**	**30**	**62**	**31**	**31**
玉树市	37	24	13	61	33	28	59	30	29
杂多县									
称多县									
治多县									
囊谦县									
曲麻莱县	2	2		3	1	2	3	1	2
海西蒙古族藏族自治州	**200**	**98**	**102**	**188**	**90**	**98**	**180**	**82**	**98**
格尔木市	137	67	70	138	69	69	114	52	62
德令哈市	59	30	29	42	19	23	57	27	30
茫崖市	4	1	3	8	2	6	9	3	6
乌兰县									
都兰县									
天峻县									
大柴旦行政委员会									

1-10a 续表 3

单位：人

地　区	2020年5月			2020年6月			2020年7月		
	小计	男	女	小计	男	女	小计	男	女
全省	**1475**	**737**	**738**	**1426**	**780**	**646**	**1482**	**784**	**698**
西宁市	**1110**	**541**	**569**	**1094**	**605**	**489**	**1134**	**607**	**527**
城东区	371	183	188	355	190	165	383	211	172
城中区	168	83	85	194	104	90	182	94	88
城西区	240	116	124	240	138	102	226	123	103
城北区	283	135	148	257	149	108	286	151	135
湟中区	37	16	21	38	21	17	44	22	22
大通回族土族自治县	11	8	3	10	3	7	13	6	7
湟源县									
海东市	**144**	**76**	**68**	**140**	**74**	**66**	**130**	**56**	**74**
乐都区	83	42	41	81	46	35	61	27	34
平安区	61	34	27	59	28	31	69	29	40
民和回族土族自治县									
互助土族自治县									
化隆回族自治县									
循化撒拉族自治县									
海北藏族自治州									
门源回族自治县									
祁连县									
海晏县									
刚察县									
黄南藏族自治州									
同仁县									
尖扎县									
泽库县									
河南蒙古族自治县									
海南藏族自治州									
共和县									
同德县									
贵德县									
兴海县									
贵南县									
果洛藏族自治州									
玛沁县									
班玛县									
甘德县									
达日县									
久治县									
玛多县									
玉树藏族自治州	**38**	**20**	**18**	**36**	**16**	**20**	**41**	**19**	**22**
玉树市	35	17	18	33	15	18	40	19	21
杂多县									
称多县									
治多县									
囊谦县									
曲麻莱县	3	3		3	1	2	1		1
海西蒙古族藏族自治州	**183**	**100**	**83**	**156**	**85**	**71**	**177**	**102**	**75**
格尔木市	123	67	56	113	60	53	120	71	49
德令哈市	54	29	25	40	23	17	53	29	24
茫崖市	6	4	2	3	2	1	4	2	2
乌兰县									
都兰县									
天峻县									
大柴旦行政委员会									

1-10a　续表 4

单位：人

地　区	2020年8月			2020年9月			2020年10月		
	小计	男	女	小计	男	女	小计	男	女
全省	**1491**	**795**	**696**	**1426**	**765**	**661**	**1396**	**689**	**707**
西宁市	**1143**	**621**	**522**	**1092**	**596**	**496**	**1067**	**529**	**538**
城东区	368	201	167	339	177	162	368	190	178
城中区	188	102	86	181	95	86	143	62	81
城西区	242	135	107	242	131	111	204	102	102
城北区	286	153	133	265	156	109	282	143	139
湟中区	51	27	24	54	32	22	60	27	33
大通回族土族自治县	8	3	5	11	5	6	10	5	5
湟源县									
海东市	**136**	**72**	**64**	**139**	**65**	**74**	**139**	**69**	**70**
乐都区	72	36	36	78	39	39	82	44	38
平安区	64	36	28	61	26	35	57	25	32
民和回族土族自治县									
互助土族自治县									
化隆回族自治县									
循化撒拉族自治县									
海北藏族自治州									
门源回族自治县									
祁连县									
海晏县									
刚察县									
黄南藏族自治州									
同仁县									
尖扎县									
泽库县									
河南蒙古族自治县									
海南藏族自治州									
共和县									
同德县									
贵德县									
兴海县									
贵南县									
果洛藏族自治州									
玛沁县									
班玛县									
甘德县									
达日县									
久治县									
玛多县									
玉树藏族自治州	**49**	**20**	**29**	**32**	**13**	**19**	**27**	**15**	**12**
玉树市	46	19	27	28	13	15	25	14	11
杂多县									
称多县									
治多县									
囊谦县									
曲麻莱县	3	1	2	4		4	2	1	1
海西蒙古族藏族自治州	**163**	**82**	**81**	**163**	**91**	**72**	**163**	**76**	**87**
格尔木市	115	58	57	115	64	51	106	53	53
德令哈市	44	23	21	43	24	19	54	21	33
茫崖市	4	1	3	5	3	2	3	2	1
乌兰县									
都兰县									
天峻县									
大柴旦行政委员会									

1-10b 各地区分性别、月份的出生人口
(2019.11.1-2020.10.31)(镇)

单位：人

地区	出生人口			2019年11月		
	合计	男	女	小计	男	女
全省	**14906**	**7683**	**7223**	**1557**	**802**	**755**
西宁市	**2992**	**1558**	**1434**	**310**	**164**	**146**
城东区						
城中区	3	1	2			
城西区	3	2	1			
城北区						
湟中区	685	357	328	78	46	32
大通回族土族自治县	1821	957	864	178	89	89
湟源县	480	241	239	54	29	25
海东市	**4028**	**2112**	**1916**	**445**	**222**	**223**
乐都区	120	63	57	15	9	6
平安区	9	4	5	2	1	1
民和回族土族自治县	1387	748	639	171	82	89
互助土族自治县	1240	614	626	138	76	62
化隆回族自治县	520	279	241	33	11	22
循化撒拉族自治县	752	404	348	86	43	43
海北藏族自治州	**1142**	**609**	**533**	**113**	**55**	**58**
门源回族自治县	447	233	214	54	26	28
祁连县	299	169	130	25	14	11
海晏县	227	115	112	22	12	10
刚察县	169	92	77	12	3	9
黄南藏族自治州	**1498**	**722**	**776**	**158**	**71**	**87**
同仁县	662	313	349	77	33	44
尖扎县	311	157	154	38	17	21
泽库县	331	154	177	27	13	14
河南蒙古族自治县	194	98	96	16	8	8
海南藏族自治州	**1949**	**988**	**961**	**190**	**96**	**94**
共和县	680	331	349	58	29	29
同德县	221	114	107	20	10	10
贵德县	487	252	235	53	25	28
兴海县	337	177	160	41	23	18
贵南县	224	114	110	18	9	9
果洛藏族自治州	**767**	**391**	**376**	**84**	**52**	**32**
玛沁县	226	124	102	27	16	11
班玛县	111	63	48	15	12	3
甘德县	49	17	32	4	2	2
达日县	191	92	99	20	14	6
久治县	48	23	25	4	1	3
玛多县	142	72	70	14	7	7
玉树藏族自治州	**1349**	**688**	**661**	**153**	**84**	**69**
玉树市	80	45	35	11	6	5
杂多县	466	246	220	67	37	30
称多县	190	92	98	10	5	5
治多县	183	89	94	24	14	10
囊谦县	340	177	163	32	18	14
曲麻莱县	90	39	51	9	4	5
海西蒙古族藏族自治州	**1181**	**615**	**566**	**104**	**58**	**46**
格尔木市	541	287	254	44	24	20
德令哈市	15	8	7			
茫崖市	14	8	6	1		1
乌兰县	165	94	71	11	8	3
都兰县	259	130	129	28	16	12
天峻县	141	70	71	16	9	7
大柴旦行政委员会	46	18	28	4	1	3

1-10b 续表 1

单位：人

地 区	2019年12月			2020年1月		
	小计	男	女	小计	男	女
全省	**1489**	**777**	**712**	**1347**	**690**	**657**
西宁市	**275**	**142**	**133**	**299**	**156**	**143**
城东区						
城中区				1		1
城西区	1	1		1		1
城北区						
湟中区	68	38	30	70	31	39
大通回族土族自治县	162	83	79	167	91	76
湟源县	44	20	24	60	34	26
海东市	**401**	**223**	**178**	**344**	**165**	**179**
乐都区	10	4	6	12	7	5
平安区						
民和回族土族自治县	135	72	63	121	60	61
互助土族自治县	120	61	59	103	41	62
化隆回族自治县	51	34	17	54	30	24
循化撒拉族自治县	85	52	33	54	27	27
海北藏族自治州	**110**	**55**	**55**	**101**	**58**	**43**
门源回族自治县	43	19	24	39	22	17
祁连县	23	12	11	28	16	12
海晏县	21	11	10	18	10	8
刚察县	23	13	10	16	10	6
黄南藏族自治州	**147**	**63**	**84**	**134**	**70**	**64**
同仁县	62	28	34	65	30	35
尖扎县	26	9	17	23	14	9
泽库县	33	16	17	33	19	14
河南蒙古族自治县	26	10	16	13	7	6
海南藏族自治州	**189**	**91**	**98**	**167**	**79**	**88**
共和县	67	29	38	55	28	27
同德县	26	12	14	20	9	11
贵德县	45	19	26	42	19	23
兴海县	28	20	8	25	10	15
贵南县	23	11	12	25	13	12
果洛藏族自治州	**76**	**40**	**36**	**83**	**45**	**38**
玛沁县	22	12	10	27	17	10
班玛县	11	7	4	10	7	3
甘德县	6	2	4	5	1	4
达日县	17	9	8	19	7	12
久治县	3	2	1	8	4	4
玛多县	17	8	9	14	9	5
玉树藏族自治州	**147**	**83**	**64**	**119**	**59**	**60**
玉树市	12	7	5	6	4	2
杂多县	58	31	27	41	21	20
称多县	19	9	10	16	8	8
治多县	15	6	9	19	10	9
囊谦县	27	19	8	22	11	11
曲麻莱县	16	11	5	15	5	10
海西蒙古族藏族自治州	**144**	**80**	**64**	**100**	**58**	**42**
格尔木市	66	41	25	39	23	16
德令哈市	2	2		1		1
茫崖市	1	1		2	2	
乌兰县	25	13	12	22	9	13
都兰县	29	12	17	21	12	9
天峻县	16	9	7	11	10	1
大柴旦行政委员会	5	2	3	4	2	2

1－10b 续表 2 单位：人

地 区	2020年2月			2020年3月			2020年4月		
	小计	男	女	小计	男	女	小计	男	女
全省	**1158**	**589**	**569**	**1338**	**687**	**651**	**1200**	**582**	**618**
西宁市	**234**	**122**	**112**	**235**	**121**	**114**	**246**	**123**	**123**
城东区									
城中区									
城西区									
城北区									
湟中区	56	25	31	52	28	24	48	24	24
大通回族土族自治县	144	78	66	148	76	72	170	86	84
湟源县	34	19	15	35	17	18	28	13	15
海东市	**287**	**149**	**138**	**357**	**194**	**163**	**311**	**152**	**159**
乐都区	12	7	5	5	3	2	9	4	5
平安区				1	1		3		3
民和回族土族自治县	87	52	35	105	64	41	90	47	43
互助土族自治县	100	48	52	108	50	58	112	55	57
化隆回族自治县	35	17	18	58	31	27	35	14	21
循化撒拉族自治县	53	25	28	80	45	35	62	32	30
海北藏族自治州	**95**	**53**	**42**	**106**	**57**	**49**	**83**	**44**	**39**
门源回族自治县	43	23	20	34	17	17	31	11	20
祁连县	17	11	6	46	27	19	19	11	8
海晏县	15	7	8	20	9	11	17	10	7
刚察县	20	12	8	6	4	2	16	12	4
黄南藏族自治州	**110**	**57**	**53**	**163**	**76**	**87**	**130**	**64**	**66**
同仁县	53	24	29	67	37	30	60	24	36
尖扎县	24	13	11	36	18	18	25	14	11
泽库县	17	8	9	41	14	27	24	13	11
河南蒙古族自治县	16	12	4	19	7	12	21	13	8
海南藏族自治州	**158**	**78**	**80**	**171**	**83**	**88**	**136**	**69**	**67**
共和县	60	28	32	65	31	34	52	27	25
同德县	12	7	5	19	8	11	16	8	8
贵德县	45	24	21	41	20	21	19	8	11
兴海县	22	9	13	25	14	11	32	17	15
贵南县	19	10	9	21	10	11	17	9	8
果洛藏族自治州	**66**	**29**	**37**	**68**	**35**	**33**	**69**	**33**	**36**
玛沁县	21	9	12	22	11	11	18	10	8
班玛县	8	4	4	12	7	5	5	3	2
甘德县	6	2	4	2		2	7	3	4
达日县	16	6	10	16	7	9	22	10	12
久治县	4	3	1	5	3	2	2		2
玛多县	11	5	6	11	7	4	15	7	8
玉树藏族自治州	**126**	**54**	**72**	**122**	**63**	**59**	**136**	**58**	**78**
玉树市	6	1	5	9	4	5	8	6	2
杂多县	48	21	27	47	27	20	45	16	29
称多县	22	8	14	19	9	10	28	13	15
治多县	17	5	12	10	3	7	14	6	8
囊谦县	27	16	11	29	16	13	32	11	21
曲麻莱县	6	3	3	8	4	4	9	6	3
海西蒙古族藏族自治州	**82**	**47**	**35**	**116**	**58**	**58**	**89**	**39**	**50**
格尔木市	40	23	17	48	26	22	40	18	22
德令哈市	1		1	1	1		1		1
茫崖市				2		2	1		1
乌兰县	12	8	4	13	7	6	8	7	1
都兰县	23	15	8	29	13	16	25	10	15
天峻县	5	1	4	17	9	8	11	3	8
大柴旦行政委员会	1		1	6	2	4	3	1	2

1−10b　续表 3　　　　单位：人

地　区	2020年5月			2020年6月			2020年7月		
	小计	男	女	小计	男	女	小计	男	女
全省	**1165**	**640**	**525**	**1180**	**581**	**599**	**1184**	**612**	**572**
西宁市	**207**	**112**	**95**	**233**	**115**	**118**	**231**	**117**	**114**
城东区									
城中区				1	1				
城西区							1	1	
城北区									
湟中区	39	25	14	62	33	29	39	22	17
大通回族土族自治县	131	71	60	133	67	66	153	80	73
湟源县	37	16	21	37	14	23	38	14	24
海东市	**320**	**179**	**141**	**313**	**162**	**151**	**329**	**171**	**158**
乐都区	10	3	7	12	5	7	7	3	4
平安区									
民和回族土族自治县	104	61	43	89	52	37	125	69	56
互助土族自治县	95	47	48	90	40	50	92	44	48
化隆回族自治县	50	27	23	54	29	25	46	25	21
循化撒拉族自治县	61	41	20	68	36	32	59	30	29
海北藏族自治州	**97**	**61**	**36**	**85**	**42**	**43**	**97**	**51**	**46**
门源回族自治县	37	24	13	28	14	14	38	22	16
祁连县	23	16	7	27	13	14	25	13	12
海晏县	25	15	10	17	8	9	17	6	11
刚察县	12	6	6	13	7	6	17	10	7
黄南藏族自治州	**144**	**71**	**73**	**108**	**51**	**57**	**112**	**61**	**51**
同仁县	75	38	37	48	23	25	36	19	17
尖扎县	29	12	17	21	12	9	24	16	8
泽库县	20	10	10	26	12	14	30	15	15
河南蒙古族自治县	20	11	9	13	4	9	22	11	11
海南藏族自治州	**151**	**83**	**68**	**198**	**96**	**102**	**146**	**74**	**72**
共和县	53	27	26	72	34	38	51	25	26
同德县	16	9	7	15	8	7	17	10	7
贵德县	37	25	12	51	25	26	38	17	21
兴海县	24	9	15	35	19	16	31	17	14
贵南县	21	13	8	25	10	15	9	5	4
果洛藏族自治州	**74**	**39**	**35**	**58**	**29**	**29**	**61**	**32**	**29**
玛沁县	18	9	9	9	8	1	27	13	14
班玛县	10	5	5	13	7	6	4	4	
甘德县	2	1	1	5	3	2	1		1
达日县	25	15	10	12	3	9	14	6	8
久治县	5	4	1	7	1	6	3	1	2
玛多县	14	5	9	12	7	5	12	8	4
玉树藏族自治州	**86**	**47**	**39**	**102**	**52**	**50**	**106**	**51**	**55**
玉树市	4	3	1	5	3	2	3		3
杂多县	23	16	7	33	20	13	29	16	13
称多县	17	9	8	8	4	4	23	16	7
治多县	14	7	7	22	13	9	19	6	13
囊谦县	24	10	14	27	10	17	26	12	14
曲麻莱县	4	2	2	7	2	5	6	1	5
海西蒙古族藏族自治州	**86**	**48**	**38**	**83**	**34**	**49**	**102**	**55**	**47**
格尔木市	36	20	16	32	13	19	45	29	16
德令哈市	3	1	2				1		1
茫崖市	1	1		2	2		2	1	1
乌兰县	15	10	5	15	8	7	6	3	3
都兰县	19	12	7	15	4	11	31	15	16
天峻县	9	3	6	13	5	8	10	6	4
大柴旦行政委员会	3	1	2	6	2	4	7	1	6

1-10b 续表 4　　单位：人

地区	2020年8月			2020年9月			2020年10月		
	小计	男	女	小计	男	女	小计	男	女
全省	**1107**	**564**	**543**	**1050**	**563**	**487**	**1131**	**596**	**535**
西宁市	**220**	**116**	**104**	**226**	**118**	**108**	**276**	**152**	**124**
城东区									
城中区							1		1
城西区									
城北区									
湟中区	50	27	23	49	23	26	74	35	39
大通回族土族自治县	138	71	67	147	78	69	150	87	63
湟源县	32	18	14	30	17	13	51	30	21
海东市	**321**	**171**	**150**	**304**	**177**	**127**	**296**	**147**	**149**
乐都区	11	7	4	6	5	1	11	6	5
平安区				2	1	1	1	1	
民和回族土族自治县	120	61	59	123	71	52	117	57	60
互助土族自治县	90	51	39	93	51	42	99	50	49
化隆回族自治县	46	25	21	27	17	10	31	19	12
循化撒拉族自治县	54	27	27	53	32	21	37	14	23
海北藏族自治州	**87**	**46**	**41**	**76**	**36**	**40**	**92**	**51**	**41**
门源回族自治县	30	16	14	28	15	13	42	24	18
祁连县	27	17	10	18	9	9	21	10	11
海晏县	14	6	8	20	9	11	21	12	9
刚察县	16	7	9	10	3	7	8	5	3
黄南藏族自治州	**98**	**38**	**60**	**104**	**54**	**50**	**90**	**46**	**44**
同仁县	39	14	25	43	23	20	37	20	17
尖扎县	24	11	13	18	11	7	23	10	13
泽库县	27	8	19	30	13	17	23	13	10
河南蒙古族自治县	8	5	3	13	7	6	7	3	4
海南藏族自治州	**145**	**69**	**76**	**152**	**83**	**69**	**146**	**87**	**59**
共和县	47	21	26	52	27	25	48	25	23
同德县	15	6	9	20	11	9	25	16	9
贵德县	39	18	21	41	28	13	36	24	12
兴海县	28	16	12	27	12	15	19	11	8
贵南县	16	8	8	12	5	7	18	11	7
果洛藏族自治州	**64**	**30**	**34**	**40**	**14**	**26**	**24**	**13**	**11**
玛沁县	17	7	10	11	6	5	7	6	1
班玛县	8	3	5	9	3	6	6	1	5
甘德县	7	2	5	3		3	1	1	
达日县	16	10	6	10	3	7	4	2	2
久治县	4	2	2	2	1	1	1	1	
玛多县	12	6	6	5	1	4	5	2	3
玉树藏族自治州	**87**	**52**	**35**	**59**	**33**	**26**	**106**	**52**	**54**
玉树市	5	3	2	4	2	2	7	6	1
杂多县	28	18	10	18	10	8	29	13	16
称多县	10	2	8	12	4	8	6	5	1
治多县	15	11	4	9	6	3	5	2	3
囊谦县	24	17	7	14	11	3	56	26	30
曲麻莱县	5	1	4	2		2	3		3
海西蒙古族藏族自治州	**85**	**42**	**43**	**89**	**48**	**41**	**101**	**48**	**53**
格尔木市	42	21	21	50	24	26	59	25	34
德令哈市	3	2	1	1	1		1	1	
茫崖市	1		1	1	1				
乌兰县	14	5	9	13	9	4	11	7	4
都兰县	15	9	6	12	6	6	12	6	6
天峻县	8	4	4	9	4	5	16	7	9
大柴旦行政委员会	2	1	1	3	3		2	2	

1-10c 各地区分性别、月份的出生人口
(2019.11.1-2020.10.31)(乡村)

单位：人

地 区	出生人口			2019年11月		
	合计	男	女	小计	男	女
全省	**33697**	**17411**	**16286**	**3213**	**1658**	**1555**
西宁市	**5502**	**2888**	**2614**	**503**	**291**	**212**
城东区						
城中区	6	4	2	1		1
城西区						
城北区	94	47	47	6	2	4
湟中区	2609	1388	1221	245	144	101
大通回族土族自治县	2361	1232	1129	214	124	90
湟源县	432	217	215	37	21	16
海东市	**10218**	**5289**	**4929**	**1009**	**493**	**516**
乐都区	861	445	416	88	44	44
平安区	406	188	218	37	15	22
民和回族土族自治县	2486	1280	1206	255	126	129
互助土族自治县	2124	1123	1001	221	117	104
化隆回族自治县	2744	1444	1300	246	124	122
循化撒拉族自治县	1597	809	788	162	67	95
海北藏族自治州	**1711**	**890**	**821**	**174**	**91**	**83**
门源回族自治县	983	509	474	93	44	49
祁连县	313	157	156	38	22	16
海晏县	116	64	52	12	5	7
刚察县	299	160	139	31	20	11
黄南藏族自治州	**3271**	**1655**	**1616**	**304**	**167**	**137**
同仁县	948	488	460	96	58	38
尖扎县	668	342	326	55	31	24
泽库县	1155	558	597	102	58	44
河南蒙古族自治县	500	267	233	51	20	31
海南藏族自治州	**4261**	**2233**	**2028**	**442**	**225**	**217**
共和县	1052	533	519	105	49	56
同德县	806	445	361	86	45	41
贵德县	723	376	347	76	42	34
兴海县	814	440	374	92	52	40
贵南县	866	439	427	83	37	46
果洛藏族自治州	**2828**	**1444**	**1384**	**246**	**134**	**112**
玛沁县	412	209	203	35	18	17
班玛县	442	218	224	46	21	25
甘德县	623	326	297	53	31	22
达日县	719	367	352	53	30	23
久治县	474	243	231	45	27	18
玛多县	158	81	77	14	7	7
玉树藏族自治州	**4667**	**2368**	**2299**	**395**	**189**	**206**
玉树市	1120	573	547	80	46	34
杂多县	1117	573	544	97	43	54
称多县	572	286	286	63	28	35
治多县	285	140	145	18	8	10
囊谦县	1165	603	562	99	47	52
曲麻莱县	408	193	215	38	17	21
海西蒙古族藏族自治州	**1239**	**644**	**595**	**140**	**68**	**72**
格尔木市	302	159	143	36	16	20
德令哈市	190	90	100	20	9	11
茫崖市						
乌兰县	148	80	68	18	12	6
都兰县	380	183	197	45	21	24
天峻县	213	128	85	21	10	11
大柴旦行政委员会	6	4	2			

1-10c 续表 1

单位：人

地 区	2019年12月			2020年1月		
	小计	男	女	小计	男	女
全省	**3048**	**1597**	**1451**	**2975**	**1551**	**1424**
西宁市	**502**	**271**	**231**	**499**	**255**	**244**
城东区						
城中区	1	1		1	1	
城西区						
城北区	13	5	8	6	4	2
湟中区	237	131	106	230	123	107
大通回族土族自治县	214	116	98	230	108	122
湟源县	37	18	19	32	19	13
海东市	**957**	**509**	**448**	**904**	**446**	**458**
乐都区	74	39	35	77	42	35
平安区	37	15	22	43	22	21
民和回族土族自治县	252	125	127	238	103	135
互助土族自治县	207	108	99	168	82	86
化隆回族自治县	235	131	104	242	139	103
循化撒拉族自治县	152	91	61	136	58	78
海北藏族自治州	**151**	**82**	**69**	**154**	**83**	**71**
门源回族自治县	94	50	44	91	52	39
祁连县	27	14	13	29	10	19
海晏县	10	7	3	11	5	6
刚察县	20	11	9	23	16	7
黄南藏族自治州	**295**	**160**	**135**	**268**	**144**	**124**
同仁县	102	53	49	67	37	30
尖扎县	59	36	23	58	31	27
泽库县	102	55	47	101	54	47
河南蒙古族自治县	32	16	16	42	22	20
海南藏族自治州	**407**	**196**	**211**	**361**	**194**	**167**
共和县	95	42	53	95	51	44
同德县	83	45	38	68	32	36
贵德县	75	43	32	69	34	35
兴海县	84	38	46	60	37	23
贵南县	70	28	42	69	40	29
果洛藏族自治州	**241**	**133**	**108**	**242**	**128**	**114**
玛沁县	36	19	17	32	18	14
班玛县	27	16	11	42	24	18
甘德县	61	36	25	51	30	21
达日县	58	32	26	69	37	32
久治县	43	21	22	34	14	20
玛多县	16	9	7	14	5	9
玉树藏族自治州	**390**	**191**	**199**	**433**	**236**	**197**
玉树市	81	44	37	107	49	58
杂多县	83	43	40	104	60	44
称多县	70	33	37	53	32	21
治多县	14	10	4	23	11	12
囊谦县	108	49	59	100	60	40
曲麻莱县	34	12	22	46	24	22
海西蒙古族藏族自治州	**105**	**55**	**50**	**114**	**65**	**49**
格尔木市	30	19	11	30	18	12
德令哈市	14	7	7	23	15	8
茫崖市						
乌兰县	12	4	8	14	7	7
都兰县	35	16	19	35	18	17
天峻县	13	9	4	12	7	5
大柴旦行政委员会	1		1			

1-10c　续表 2　　　　单位：人

地　　区	2020年2月			2020年3月			2020年4月		
	小计	男	女	小计	男	女	小计	男	女
全省	**2599**	**1343**	**1256**	**2941**	**1491**	**1450**	**2866**	**1484**	**1382**
西宁市	**411**	**209**	**202**	**449**	**228**	**221**	**425**	**233**	**192**
城东区									
城中区				1	1				
城西区									
城北区	6	2	4	8	4	4	6	2	4
湟中区	177	96	81	210	113	97	194	105	89
大通回族土族自治县	188	92	96	187	95	92	195	109	86
湟源县	40	19	21	43	15	28	30	17	13
海东市	**727**	**385**	**342**	**884**	**456**	**428**	**807**	**422**	**385**
乐都区	66	38	28	70	33	37	61	29	32
平安区	30	13	17	32	18	14	34	16	18
民和回族土族自治县	159	82	77	205	113	92	176	91	85
互助土族自治县	159	83	76	179	95	84	183	102	81
化隆回族自治县	191	104	87	251	117	134	223	127	96
循化撒拉族自治县	122	65	57	147	80	67	130	57	73
海北藏族自治州	**153**	**76**	**77**	**124**	**60**	**64**	**147**	**73**	**74**
门源回族自治县	88	45	43	64	28	36	83	47	36
祁连县	24	9	15	23	11	12	25	12	13
海晏县	11	4	7	6	4	2	11	4	7
刚察县	30	18	12	31	17	14	28	10	18
黄南藏族自治州	**271**	**130**	**141**	**298**	**141**	**157**	**316**	**166**	**150**
同仁县	87	35	52	92	47	45	90	42	48
尖扎县	47	24	23	58	23	35	62	36	26
泽库县	91	44	47	103	52	51	113	53	60
河南蒙古族自治县	46	27	19	45	19	26	51	35	16
海南藏族自治州	**351**	**190**	**161**	**340**	**183**	**157**	**360**	**187**	**173**
共和县	99	47	52	97	43	54	86	49	37
同德县	61	28	33	62	39	23	67	40	27
贵德县	54	34	20	51	28	23	47	31	16
兴海县	70	40	30	66	39	27	70	29	41
贵南县	67	41	26	64	34	30	90	38	52
果洛藏族自治州	**225**	**113**	**112**	**285**	**143**	**142**	**275**	**144**	**131**
玛沁县	29	17	12	40	22	18	40	23	17
班玛县	33	19	14	39	15	24	47	18	29
甘德县	70	33	37	65	31	34	65	33	32
达日县	45	20	25	75	40	35	63	32	31
久治县	40	22	18	53	29	24	43	25	18
玛多县	8	2	6	13	6	7	17	13	4
玉树藏族自治州	**374**	**189**	**185**	**452**	**224**	**228**	**443**	**216**	**227**
玉树市	86	38	48	103	55	48	116	58	58
杂多县	101	58	43	129	62	67	119	59	60
称多县	35	20	15	50	27	23	46	18	28
治多县	22	7	15	25	9	16	22	9	13
囊谦县	102	53	49	100	49	51	105	56	49
曲麻莱县	28	13	15	45	22	23	35	16	19
海西蒙古族藏族自治州	**87**	**51**	**36**	**109**	**56**	**53**	**93**	**43**	**50**
格尔木市	19	11	8	24	13	11	16	5	11
德令哈市	17	11	6	17	5	12	18	9	9
茫崖市									
乌兰县	8	6	2	11	8	3	13	8	5
都兰县	29	14	15	28	14	14	33	13	20
天峻县	14	9	5	28	16	12	13	8	5
大柴旦行政委员会				1		1			

1-10c 续表 3

单位：人

地 区	2020年5月			2020年6月			2020年7月		
	小计	男	女	小计	男	女	小计	男	女
全省	**2828**	**1437**	**1391**	**2636**	**1377**	**1259**	**2707**	**1382**	**1325**
西宁市	**433**	**209**	**224**	**435**	**236**	**199**	**407**	**203**	**204**
城东区									
城中区	1		1						
城西区									
城北区	9	3	6	11	6	5	4	3	1
湟中区	216	104	112	208	113	95	190	88	102
大通回族土族自治县	174	86	88	184	99	85	182	94	88
湟源县	33	16	17	32	18	14	31	18	13
海东市	**833**	**442**	**391**	**806**	**425**	**381**	**828**	**430**	**398**
乐都区	63	32	31	64	34	30	80	43	37
平安区	34	14	20	27	14	13	32	14	18
民和回族土族自治县	195	111	84	193	107	86	189	94	95
互助土族自治县	156	88	68	149	72	77	165	88	77
化隆回族自治县	252	132	120	252	135	117	231	113	118
循化撒拉族自治县	133	65	68	121	63	58	131	78	53
海北藏族自治州	**129**	**57**	**72**	**136**	**63**	**73**	**123**	**70**	**53**
门源回族自治县	74	34	40	74	33	41	63	33	30
祁连县	25	12	13	27	13	14	26	18	8
海晏县	8	4	4	10	4	6	10	6	4
刚察县	22	7	15	25	13	12	24	13	11
黄南藏族自治州	**292**	**141**	**151**	**247**	**136**	**111**	**265**	**143**	**122**
同仁县	83	39	44	66	36	30	69	42	27
尖扎县	72	39	33	54	30	24	52	22	30
泽库县	95	37	58	102	56	46	92	49	43
河南蒙古族自治县	42	26	16	25	14	11	52	30	22
海南藏族自治州	**374**	**200**	**174**	**337**	**178**	**159**	**336**	**157**	**179**
共和县	85	50	35	83	39	44	70	35	35
同德县	70	37	33	60	37	23	78	40	38
贵德县	70	34	36	54	31	23	52	18	34
兴海县	79	43	36	58	35	23	61	25	36
贵南县	70	36	34	82	36	46	75	39	36
果洛藏族自治州	**271**	**131**	**140**	**265**	**134**	**131**	**256**	**125**	**131**
玛沁县	38	19	19	34	14	20	54	28	26
班玛县	30	17	13	49	24	25	44	18	26
甘德县	61	32	29	54	26	28	41	21	20
达日县	78	31	47	70	41	29	64	32	32
久治县	50	23	27	46	23	23	38	17	21
玛多县	14	9	5	12	6	6	15	9	6
玉树藏族自治州	**423**	**218**	**205**	**327**	**167**	**160**	**377**	**187**	**190**
玉树市	100	51	49	78	41	37	103	50	53
杂多县	105	58	47	75	39	36	78	44	34
称多县	55	27	28	42	17	25	44	22	22
治多县	25	16	9	25	14	11	29	10	19
囊谦县	103	53	50	78	40	38	88	43	45
曲麻莱县	35	13	22	29	16	13	35	18	17
海西蒙古族藏族自治州	**73**	**39**	**34**	**83**	**38**	**45**	**115**	**67**	**48**
格尔木市	19	10	9	18	10	8	32	19	13
德令哈市	11	5	6	12	4	8	6	4	2
茫崖市									
乌兰县	6	3	3	10	3	7	13	6	7
都兰县	18	9	9	26	10	16	37	20	17
天峻县	18	11	7	17	11	6	26	17	9
大柴旦行政委员会	1	1					1	1	

1-10c　续表 4　　单位：人

地　区	2020年8月			2020年9月			2020年10月		
	小计	男	女	小计	男	女	小计	男	女
全省	**2658**	**1383**	**1275**	**2532**	**1308**	**1224**	**2694**	**1400**	**1294**
西宁市	**455**	**250**	**205**	**431**	**222**	**209**	**552**	**281**	**271**
城东区									
城中区				1	1				
城西区									
城北区	8	6	2	10	6	4	7	4	3
湟中区	215	117	98	212	105	107	275	149	126
大通回族土族自治县	190	107	83	175	95	80	228	107	121
湟源县	42	20	22	33	15	18	42	21	21
海东市	**813**	**407**	**406**	**771**	**424**	**347**	**879**	**450**	**429**
乐都区	65	35	30	71	37	34	82	39	43
平安区	37	13	24	20	10	10	43	24	19
民和回族土族自治县	199	101	98	197	121	76	228	106	122
互助土族自治县	179	98	81	148	77	71	210	113	97
化隆回族自治县	195	98	97	212	106	106	214	118	96
循化撒拉族自治县	138	62	76	123	73	50	102	50	52
海北藏族自治州	**133**	**80**	**53**	**139**	**70**	**69**	**148**	**85**	**63**
门源回族自治县	74	45	29	83	41	42	102	57	45
祁连县	24	15	9	20	7	13	25	14	11
海晏县	11	8	3	8	6	2	8	7	1
刚察县	24	12	12	28	16	12	13	7	6
黄南藏族自治州	**268**	**122**	**146**	**233**	**109**	**124**	**214**	**96**	**118**
同仁县	66	35	31	75	33	42	55	31	24
尖扎县	48	19	29	52	26	26	51	25	26
泽库县	97	37	60	74	34	40	83	29	54
河南蒙古族自治县	57	31	26	32	16	16	25	11	14
海南藏族自治州	**317**	**172**	**145**	**354**	**182**	**172**	**282**	**169**	**113**
共和县	92	47	45	88	47	41	57	34	23
同德县	55	27	28	65	41	24	51	34	17
贵德县	53	27	26	63	27	36	59	27	32
兴海县	59	35	24	61	32	29	54	35	19
贵南县	58	36	22	77	35	42	61	39	22
果洛藏族自治州	**205**	**104**	**101**	**186**	**82**	**104**	**131**	**73**	**58**
玛沁县	28	17	11	31	8	23	15	6	9
班玛县	39	21	18	28	13	15	18	12	6
甘德县	38	18	20	30	16	14	34	19	15
达日县	58	29	29	59	29	30	27	14	13
久治县	26	11	15	29	14	15	27	17	10
玛多县	16	8	8	9	2	7	10	5	5
玉树藏族自治州	**360**	**188**	**172**	**322**	**169**	**153**	**371**	**194**	**177**
玉树市	92	50	42	83	44	39	91	47	44
杂多县	87	46	41	66	29	37	73	32	41
称多县	36	21	15	41	26	15	37	15	22
治多县	32	17	15	23	14	9	27	15	12
囊谦县	79	38	41	80	42	38	123	73	50
曲麻莱县	34	16	18	29	14	15	20	12	8
海西蒙古族藏族自治州	**107**	**60**	**47**	**96**	**50**	**46**	**117**	**52**	**65**
格尔木市	25	15	10	21	9	12	32	14	18
德令哈市	16	6	10	21	9	12	15	6	9
茫崖市									
乌兰县	12	7	5	15	8	7	16	8	8
都兰县	34	19	15	23	13	10	37	16	21
天峻县	20	13	7	14	9	5	17	8	9
大柴旦行政委员会				2	2				

1-11 各地区分性别、月份的死亡人口 (2019.11.1-2020.10.31)

单位：人

地 区	死亡人口			2019年11月		
	合计	男	女	小计	男	女
全省	**27958**	**16151**	**11807**	**2058**	**1227**	**831**
西宁市	**11659**	**6846**	**4813**	**836**	**507**	**329**
城东区	2035	1179	856	163	95	68
城中区	1083	646	437	78	41	37
城西区	1014	607	407	71	53	18
城北区	1298	771	527	72	39	33
湟中区	2852	1649	1203	241	155	86
大通回族土族自治县	2470	1442	1028	160	89	71
湟源县	907	552	355	51	35	16
海东市	**8387**	**4836**	**3551**	**639**	**374**	**265**
乐都区	1718	1000	718	112	68	44
平安区	530	318	212	32	19	13
民和回族土族自治县	1791	990	801	134	84	50
互助土族自治县	2687	1601	1086	218	133	85
化隆回族自治县	1132	627	505	87	42	45
循化撒拉族自治县	529	300	229	56	28	28
海北藏族自治州	**1527**	**857**	**670**	**121**	**69**	**52**
门源回族自治县	853	488	365	62	37	25
祁连县	234	138	96	20	13	7
海晏县	276	141	135	26	15	11
刚察县	164	90	74	13	4	9
黄南藏族自治州	**1148**	**632**	**516**	**95**	**56**	**39**
同仁县	492	259	233	44	24	20
尖扎县	197	109	88	6	4	2
泽库县	232	134	98	26	16	10
河南蒙古族自治县	227	130	97	19	12	7
海南藏族自治州	**1840**	**1055**	**785**	**129**	**78**	**51**
共和县	370	221	149	24	16	8
同德县	220	106	114	13	9	4
贵德县	632	370	262	47	29	18
兴海县	275	161	114	17	10	7
贵南县	343	197	146	28	14	14
果洛藏族自治州	**721**	**382**	**339**	**37**	**20**	**17**
玛沁县	89	57	32	1	1	
班玛县	140	69	71	5	2	3
甘德县	151	89	62	12	9	3
达日县	169	84	85	10	3	7
久治县	96	44	52	5	3	2
玛多县	76	39	37	4	2	2
玉树藏族自治州	**1328**	**690**	**638**	**92**	**47**	**45**
玉树市	441	214	227	25	11	14
杂多县	197	108	89	14	8	6
称多县	150	80	70	9	5	4
治多县	100	54	46	10	6	4
囊谦县	288	155	133	17	9	8
曲麻莱县	152	79	73	17	8	9
海西蒙古族藏族自治州	**1348**	**853**	**495**	**109**	**76**	**33**
格尔木市	447	294	153	41	29	12
德令哈市	250	152	98	22	16	6
茫崖市	110	62	48	15	8	7
乌兰县	120	78	42	12	10	2
都兰县	314	198	116	13	9	4
天峻县	83	55	28	5	3	2
大柴旦行政委员会	24	14	10	1	1	

1-11　续表 1　　　　单位：人

地　区	2019年12月			2020年1月		
	小计	男	女	小计	男	女
全省	**2029**	**1123**	**906**	**2187**	**1278**	**909**
西宁市	**922**	**543**	**379**	**985**	**601**	**384**
城东区	173	91	82	167	99	68
城中区	69	40	29	100	62	38
城西区	57	38	19	76	50	26
城北区	94	61	33	106	69	37
湟中区	257	146	111	254	150	104
大通回族土族自治县	213	128	85	212	132	80
湟源县	59	39	20	70	39	31
海东市	**590**	**310**	**280**	**613**	**366**	**247**
乐都区	92	58	34	109	64	45
平安区	26	16	10	39	20	19
民和回族土族自治县	129	57	72	118	73	45
互助土族自治县	227	120	107	232	141	91
化隆回族自治县	87	47	40	84	52	32
循化撒拉族自治县	29	12	17	31	16	15
海北藏族自治州	**121**	**59**	**62**	**114**	**61**	**53**
门源回族自治县	70	33	37	64	33	31
祁连县	10	6	4	20	12	8
海晏县	30	13	17	19	11	8
刚察县	11	7	4	11	5	6
黄南藏族自治州	**80**	**39**	**41**	**92**	**49**	**43**
同仁县	41	21	20	44	25	19
尖扎县	9	4	5	12	7	5
泽库县	16	8	8	14	8	6
河南蒙古族自治县	14	6	8	22	9	13
海南藏族自治州	**111**	**58**	**53**	**135**	**72**	**63**
共和县	17	11	6	25	13	12
同德县	2		2	18	10	8
贵德县	54	29	25	55	30	25
兴海县	15	9	6	15	8	7
贵南县	23	9	14	22	11	11
果洛藏族自治州	**39**	**20**	**19**	**61**	**28**	**33**
玛沁县	1	1		5	4	1
班玛县	9	5	4	6	1	5
甘德县	13	6	7	16	7	9
达日县	10	5	5	17	9	8
久治县	3	2	1	7	1	6
玛多县	3	1	2	10	6	4
玉树藏族自治州	**86**	**42**	**44**	**86**	**43**	**43**
玉树市	31	14	17	38	19	19
杂多县	17	10	7	15	8	7
称多县	5	2	3	4	3	1
治多县	3	1	2	4	1	3
囊谦县	19	9	10	16	9	7
曲麻莱县	11	6	5	9	3	6
海西蒙古族藏族自治州	**80**	**52**	**28**	**101**	**58**	**43**
格尔木市	26	16	10	30	23	7
德令哈市	12	8	4	22	12	10
茫崖市	12	5	7	11	4	7
乌兰县	11	7	4	5	3	2
都兰县	14	12	2	30	15	15
天峻县	5	4	1	2		2
大柴旦行政委员会				1	1	

1-11 续表 2　　　　单位：人

地　区	2020年2月			2020年3月			2020年4月		
	小计	男	女	小计	男	女	小计	男	女
全省	**2140**	**1212**	**928**	**2443**	**1417**	**1026**	**2256**	**1260**	**996**
西宁市	**924**	**531**	**393**	**988**	**550**	**438**	**898**	**532**	**366**
城东区	160	94	66	166	97	69	166	95	71
城中区	82	50	32	93	54	39	73	42	31
城西区	86	48	38	86	46	40	67	42	25
城北区	92	50	42	103	64	39	92	59	33
湟中区	218	122	96	233	122	111	222	132	90
大通回族土族自治县	204	111	93	222	118	104	188	109	79
湟源县	82	56	26	85	49	36	90	53	37
海东市	**649**	**370**	**279**	**742**	**436**	**306**	**687**	**372**	**315**
乐都区	134	77	57	147	80	67	115	63	52
平安区	47	29	18	40	25	15	40	19	21
民和回族土族自治县	126	75	51	150	84	66	149	74	75
互助土族自治县	222	125	97	252	159	93	245	140	105
化隆回族自治县	84	46	38	103	59	44	101	58	43
循化撒拉族自治县	36	18	18	50	29	21	37	18	19
海北藏族自治州	**123**	**66**	**57**	**151**	**96**	**55**	**98**	**57**	**41**
门源回族自治县	75	42	33	80	52	28	55	33	22
祁连县	13	8	5	29	18	11	12	8	4
海晏县	24	11	13	30	17	13	19	7	12
刚察县	11	5	6	12	9	3	12	9	3
黄南藏族自治州	**92**	**38**	**54**	**105**	**66**	**39**	**113**	**58**	**55**
同仁县	47	19	28	47	32	15	51	27	24
尖扎县	14	8	6	14	6	8	14	10	4
泽库县	16	5	11	22	15	7	26	11	15
河南蒙古族自治县	15	6	9	22	13	9	22	10	12
海南藏族自治州	**143**	**76**	**67**	**162**	**90**	**72**	**141**	**78**	**63**
共和县	22	14	8	29	13	16	35	21	14
同德县	16	8	8	21	11	10	18	5	13
贵德县	57	27	30	49	30	19	44	26	18
兴海县	22	11	11	26	20	6	20	11	9
贵南县	26	16	10	37	16	21	24	15	9
果洛藏族自治州	**43**	**24**	**19**	**72**	**43**	**29**	**61**	**32**	**29**
玛沁县	2	2		9	5	4	11	5	6
班玛县	3		3	10	4	6	12	7	5
甘德县	14	10	4	24	15	9	7	5	2
达日县	16	8	8	15	11	4	15	6	9
久治县	6	3	3	9	5	4	8	4	4
玛多县	2	1	1	5	3	2	8	5	3
玉树藏族自治州	**80**	**47**	**33**	**116**	**63**	**53**	**129**	**58**	**71**
玉树市	17	9	8	42	19	23	58	26	32
杂多县	10	6	4	17	8	9	20	10	10
称多县	10	4	6	8	4	4	11	6	5
治多县	6	4	2	6	6		8	3	5
囊谦县	31	21	10	30	19	11	19	8	11
曲麻莱县	6	3	3	13	7	6	13	5	8
海西蒙古族藏族自治州	**86**	**60**	**26**	**107**	**73**	**34**	**129**	**73**	**56**
格尔木市	18	14	4	32	26	6	53	32	21
德令哈市	14	8	6	24	12	12	24	15	9
茫崖市	10	7	3	11	9	2	4	2	2
乌兰县	7	5	2	12	9	3	11	6	5
都兰县	30	22	8	19	12	7	31	17	14
天峻县	6	4	2	6	4	2	2	1	1
大柴旦行政委员会	1		1	3	1	2	4		4

1-11 续表 3

单位：人

地 区	2020年5月			2020年6月			2020年7月		
	小计	男	女	小计	男	女	小计	男	女
全省	**2494**	**1442**	**1052**	**2370**	**1344**	**1026**	**2291**	**1322**	**969**
西宁市	**1008**	**601**	**407**	**952**	**546**	**406**	**957**	**572**	**385**
城东区	180	113	67	178	101	77	163	100	63
城中区	100	65	35	96	61	35	81	50	31
城西区	87	47	40	70	43	27	86	44	42
城北区	113	64	49	112	69	43	127	73	54
湟中区	234	126	108	216	110	106	223	143	80
大通回族土族自治县	227	144	83	201	114	87	196	115	81
湟源县	67	42	25	79	48	31	81	47	34
海东市	**769**	**451**	**318**	**698**	**400**	**298**	**651**	**368**	**283**
乐都区	157	88	69	157	86	71	176	102	74
平安区	34	21	13	58	40	18	35	17	18
民和回族土族自治县	182	101	81	141	72	69	139	76	63
互助土族自治县	264	165	99	213	115	98	164	92	72
化隆回族自治县	87	51	36	80	51	29	85	50	35
循化撒拉族自治县	45	25	20	49	36	13	52	31	21
海北藏族自治州	**140**	**77**	**63**	**142**	**80**	**62**	**130**	**65**	**65**
门源回族自治县	94	54	40	79	46	33	73	37	36
祁连县	10	6	4	27	12	15	20	11	9
海晏县	20	10	10	23	13	10	20	9	11
刚察县	16	7	9	13	9	4	17	8	9
黄南藏族自治州	**108**	**65**	**43**	**92**	**44**	**48**	**110**	**58**	**52**
同仁县	51	30	21	39	14	25	49	22	27
尖扎县	11	5	6	21	8	13	22	10	12
泽库县	21	12	9	16	10	6	17	10	7
河南蒙古族自治县	25	18	7	16	12	4	22	16	6
海南藏族自治州	**146**	**91**	**55**	**158**	**88**	**70**	**171**	**109**	**62**
共和县	28	20	8	36	18	18	30	24	6
同德县	12	6	6	16	10	6	18	8	10
贵德县	50	31	19	43	26	17	63	40	23
兴海县	28	17	11	26	13	13	26	15	11
贵南县	28	17	11	37	21	16	34	22	12
果洛藏族自治州	**73**	**32**	**41**	**84**	**47**	**37**	**62**	**32**	**30**
玛沁县	13	7	6	7	3	4	5	3	2
班玛县	15	4	11	13	7	6	14	11	3
甘德县	20	12	8	19	11	8	12	5	7
达日县	12	6	6	17	9	8	16	6	10
久治县	8	3	5	13	6	7	11	7	4
玛多县	5		5	15	11	4	4		4
玉树藏族自治州	**126**	**56**	**70**	**136**	**69**	**67**	**114**	**64**	**50**
玉树市	38	21	17	49	21	28	37	20	17
杂多县	7	1	6	14	9	5	17	11	6
称多县	10	2	8	25	17	8	11	8	3
治多县	8	3	5	8	2	6	14	6	8
囊谦县	47	19	28	30	13	17	25	12	13
曲麻莱县	16	10	6	10	7	3	10	7	3
海西蒙古族藏族自治州	**124**	**69**	**55**	**108**	**70**	**38**	**96**	**54**	**42**
格尔木市	44	22	22	35	26	9	31	17	14
德令哈市	24	14	10	25	16	9	18	10	8
茫崖市	11	3	8	7	4	3	8	6	2
乌兰县	10	5	5	13	6	7	10	6	4
都兰县	22	16	6	20	11	9	23	11	12
天峻县	11	7	4	5	4	1	2	1	1
大柴旦行政委员会	2	2		3	3		4	3	1

1–11 续表 4 单位：人

地 区	2020年8月			2020年9月			2020年10月		
	小计	男	女	小计	男	女	小计	男	女
全省	**2367**	**1420**	**947**	**2392**	**1398**	**994**	**2931**	**1708**	**1223**
西宁市	**994**	**583**	**411**	**987**	**578**	**409**	**1208**	**702**	**506**
城东区	152	87	65	194	108	86	173	99	74
城中区	109	72	37	86	47	39	116	62	54
城西区	108	64	44	86	48	38	134	84	50
城北区	117	72	45	118	66	52	152	85	67
湟中区	258	140	118	213	135	78	283	168	115
大通回族土族自治县	170	103	67	211	126	85	266	153	113
湟源县	80	45	35	79	48	31	84	51	33
海东市	**716**	**439**	**277**	**693**	**409**	**284**	**940**	**541**	**399**
乐都区	178	110	68	147	86	61	194	118	76
平安区	51	32	19	58	37	21	70	43	27
民和回族土族自治县	154	83	71	168	95	73	201	116	85
互助土族自治县	200	137	63	181	117	64	269	157	112
化隆回族自治县	100	56	44	88	47	41	146	68	78
循化撒拉族自治县	33	21	12	51	27	24	60	39	21
海北藏族自治州	**101**	**60**	**41**	**125**	**71**	**54**	**161**	**96**	**65**
门源回族自治县	47	30	17	68	39	29	86	52	34
祁连县	18	11	7	29	19	10	26	14	12
海晏县	26	15	11	13	4	9	26	16	10
刚察县	10	4	6	15	9	6	23	14	9
黄南藏族自治州	**90**	**56**	**34**	**96**	**55**	**41**	**75**	**48**	**27**
同仁县	25	11	14	28	19	9	26	15	11
尖扎县	28	20	8	30	16	14	16	11	5
泽库县	21	14	7	21	12	9	16	13	3
河南蒙古族自治县	16	11	5	17	8	9	17	9	8
海南藏族自治州	**136**	**81**	**55**	**185**	**108**	**77**	**223**	**126**	**97**
共和县	28	15	13	50	27	23	46	29	17
同德县	17	7	10	30	14	16	39	18	21
贵德县	37	23	14	63	43	20	70	36	34
兴海县	22	16	6	19	10	9	39	21	18
贵南县	32	20	12	23	14	9	29	22	7
果洛藏族自治州	**75**	**44**	**31**	**73**	**40**	**33**	**41**	**20**	**21**
玛沁县	10	6	4	16	14	2	9	6	3
班玛县	21	12	9	22	12	10	10	4	6
甘德县	8	5	3	3	2	1	3	2	1
达日县	17	11	6	10	4	6	14	6	8
久治县	12	6	6	12	3	9	2	1	1
玛多县	7	4	3	10	5	5	3	1	2
玉树藏族自治州	**131**	**69**	**62**	**116**	**61**	**55**	**116**	**71**	**45**
玉树市	36	18	18	29	12	17	41	24	17
杂多县	21	9	12	26	14	12	19	14	5
称多县	26	14	12	12	5	7	19	10	9
治多县	9	6	3	12	8	4	12	8	4
囊谦县	25	14	11	19	15	4	10	7	3
曲麻莱县	14	8	6	18	7	11	15	8	7
海西蒙古族藏族自治州	**124**	**88**	**36**	**117**	**76**	**41**	**167**	**104**	**63**
格尔木市	39	26	13	37	24	13	61	39	22
德令哈市	26	19	7	15	8	7	24	14	10
茫崖市	12	8	4	2		2	7	6	1
乌兰县	7	3	4	12	11	1	10	7	3
都兰县	25	21	4	39	27	12	48	25	23
天峻县	13	10	3	9	4	5	17	13	4
大柴旦行政委员会	2	1	1	3	2	1			

1-11a　各地区分性别、月份的死亡人口
(2019.11.1-2020.10.31)(城市)

单位：人

地　　区	死亡人口			2019年11月		
	合计	男	女	小计	男	女
全省	**6810**	**4043**	**2767**	**501**	**305**	**196**
西宁市	**5644**	**3321**	**2323**	**401**	**241**	**160**
城东区	2035	1179	856	163	95	68
城中区	1056	630	426	76	39	37
城西区	1013	607	406	70	53	17
城北区	1251	743	508	72	39	33
湟中区	233	127	106	16	13	3
大通回族土族自治县	56	35	21	4	2	2
湟源县						
海东市	**618**	**376**	**242**	**38**	**24**	**14**
乐都区	406	239	167	30	18	12
平安区	206	134	72	8	6	2
民和回族土族自治县	6	3	3			
互助土族自治县						
化隆回族自治县						
循化撒拉族自治县						
海北藏族自治州						
门源回族自治县						
祁连县						
海晏县						
刚察县						
黄南藏族自治州						
同仁县						
尖扎县						
泽库县						
河南蒙古族自治县						
海南藏族自治州						
共和县						
同德县						
贵德县						
兴海县						
贵南县						
果洛藏族自治州						
玛沁县						
班玛县						
甘德县						
达日县						
久治县						
玛多县						
玉树藏族自治州	**79**	**40**	**39**	**7**	**4**	**3**
玉树市	63	33	30	7	4	3
杂多县						
称多县						
治多县						
囊谦县						
曲麻莱县	16	7	9			
海西蒙古族藏族自治州	**469**	**306**	**163**	**55**	**36**	**19**
格尔木市	252	172	80	26	17	9
德令哈市	152	91	61	18	14	4
茫崖市	65	43	22	11	5	6
乌兰县						
都兰县						
天峻县						
大柴旦行政委员会						

1-11a 续表 1

单位：人

地区	2019年12月			2020年1月		
	小计	男	女	小计	男	女
全省	**479**	**279**	**200**	**535**	**334**	**201**
西宁市	**403**	**230**	**173**	**464**	**292**	**172**
城东区	173	91	82	167	99	68
城中区	67	40	27	98	61	37
城西区	57	38	19	76	50	26
城北区	91	58	33	103	69	34
湟中区	13	3	10	13	8	5
大通回族土族自治县	2		2	7	5	2
湟源县						
海东市	**37**	**25**	**12**	**33**	**19**	**14**
乐都区	26	19	7	20	12	8
平安区	11	6	5	12	7	5
民和回族土族自治县				1		1
互助土族自治县						
化隆回族自治县						
循化撒拉族自治县						
海北藏族自治州						
门源回族自治县						
祁连县						
海晏县						
刚察县						
黄南藏族自治州						
同仁县						
尖扎县						
泽库县						
河南蒙古族自治县						
海南藏族自治州						
共和县						
同德县						
贵德县						
兴海县						
贵南县						
果洛藏族自治州						
玛沁县						
班玛县						
甘德县						
达日县						
久治县						
玛多县						
玉树藏族自治州	**6**	**2**	**4**	**3**	**3**	
玉树市	5	2	3	2	2	
杂多县						
称多县						
治多县						
囊谦县						
曲麻莱县	1		1	1	1	
海西蒙古族藏族自治州	**33**	**22**	**11**	**35**	**20**	**15**
格尔木市	16	12	4	16	12	4
德令哈市	10	6	4	13	4	9
茫崖市	7	4	3	6	4	2
乌兰县						
都兰县						
天峻县						
大柴旦行政委员会						

1-11a　续表 2　　　　单位：人

地　　区	2020年2月			2020年3月			2020年4月		
	小计	男	女	小计	男	女	小计	男	女
全省	**506**	**293**	**213**	**557**	**328**	**229**	**495**	**297**	**198**
西宁市	**435**	**247**	**188**	**462**	**266**	**196**	**407**	**247**	**160**
城东区	160	94	66	166	97	69	166	95	71
城中区	80	49	31	91	54	37	72	42	30
城西区	86	48	38	86	46	40	67	42	25
城北区	90	48	42	98	60	38	86	56	30
湟中区	12	4	8	19	7	12	13	10	3
大通回族土族自治县	7	4	3	2	2		3	2	1
湟源县									
海东市	**40**	**24**	**16**	**44**	**26**	**18**	**37**	**18**	**19**
乐都区	21	13	8	24	14	10	20	11	9
平安区	18	10	8	19	11	8	17	7	10
民和回族土族自治县	1	1		1	1				
互助土族自治县									
化隆回族自治县									
循化撒拉族自治县									
海北藏族自治州									
门源回族自治县									
祁连县									
海晏县									
刚察县									
黄南藏族自治州									
同仁县									
尖扎县									
泽库县									
河南蒙古族自治县									
海南藏族自治州									
共和县									
同德县									
贵德县									
兴海县									
贵南县									
果洛藏族自治州									
玛沁县									
班玛县									
甘德县									
达日县									
久治县									
玛多县									
玉树藏族自治州	**1**		**1**	**10**	**4**	**6**	**6**	**3**	**3**
玉树市	1		1	8	3	5	4	3	1
杂多县									
称多县									
治多县									
囊谦县									
曲麻莱县				2	1	1	2		2
海西蒙古族藏族自治州	**30**	**22**	**8**	**41**	**32**	**9**	**45**	**29**	**16**
格尔木市	12	10	2	21	17	4	27	18	9
德令哈市	10	5	5	12	7	5	14	9	5
茫崖市	8	7	1	8	8		4	2	2
乌兰县									
都兰县									
天峻县									
大柴旦行政委员会									

1—11a　续表 3　　　　单位：人

地　　区	2020年5月			2020年6月			2020年7月		
	小计	男	女	小计	男	女	小计	男	女
全省	**595**	**345**	**250**	**583**	**355**	**228**	**593**	**345**	**248**
西宁市	**497**	**298**	**199**	**473**	**282**	**191**	**481**	**282**	**199**
城东区	180	113	67	178	101	77	163	100	63
城中区	99	64	35	94	59	35	80	49	31
城西区	87	47	40	70	43	27	86	44	42
城北区	106	62	44	107	64	43	123	71	52
湟中区	22	10	12	17	10	7	27	16	11
大通回族土族自治县	3	2	1	7	5	2	2	2	
湟源县									
海东市	**49**	**26**	**23**	**63**	**39**	**24**	**74**	**45**	**29**
乐都区	39	18	21	40	20	20	57	35	22
平安区	10	8	2	23	19	4	16	10	6
民和回族土族自治县							1		1
互助土族自治县									
化隆回族自治县									
循化撒拉族自治县									
海北藏族自治州									
门源回族自治县									
祁连县									
海晏县									
刚察县									
黄南藏族自治州									
同仁县									
尖扎县									
泽库县									
河南蒙古族自治县									
海南藏族自治州									
共和县									
同德县									
贵德县									
兴海县									
贵南县									
果洛藏族自治州									
玛沁县									
班玛县									
甘德县									
达日县									
久治县									
玛多县									
玉树藏族自治州	**4**	**1**	**3**	**8**	**4**	**4**	**6**	**3**	**3**
玉树市	4	1	3	6	3	3	6	3	3
杂多县									
称多县									
治多县									
囊谦县									
曲麻莱县				2	1	1			
海西蒙古族藏族自治州	**45**	**20**	**25**	**39**	**30**	**9**	**32**	**15**	**17**
格尔木市	24	12	12	20	16	4	19	9	10
德令哈市	14	7	7	15	10	5	11	5	6
茫崖市	7	1	6	4	4		2	1	1
乌兰县									
都兰县									
天峻县									
大柴旦行政委员会									

1-11a 续表 4

单位：人

地 区	2020年8月			2020年9月			2020年10月		
	小计	男	女	小计	男	女	小计	男	女
全省	**634**	**384**	**250**	**608**	**355**	**253**	**724**	**423**	**301**
西宁市	**517**	**310**	**207**	**501**	**282**	**219**	**603**	**344**	**259**
城东区	152	87	65	194	108	86	173	99	74
城中区	106	70	36	83	45	38	110	58	52
城西区	108	64	44	86	48	38	134	84	50
城北区	112	69	43	115	65	50	148	82	66
湟中区	33	17	16	16	11	5	32	18	14
大通回族土族自治县	6	3	3	7	5	2	6	3	3
湟源县									
海东市	**68**	**45**	**23**	**64**	**44**	**20**	**71**	**41**	**30**
乐都区	49	30	19	40	26	14	40	23	17
平安区	18	15	3	24	18	6	30	17	13
民和回族土族自治县	1		1				1	1	
互助土族自治县									
化隆回族自治县									
循化撒拉族自治县									
海北藏族自治州									
门源回族自治县									
祁连县									
海晏县									
刚察县									
黄南藏族自治州									
同仁县									
尖扎县									
泽库县									
河南蒙古族自治县									
海南藏族自治州									
共和县									
同德县									
贵德县									
兴海县									
贵南县									
果洛藏族自治州									
玛沁县									
班玛县									
甘德县									
达日县									
久治县									
玛多县									
玉树藏族自治州	**6**	**3**	**3**	**11**	**5**	**6**	**11**	**8**	**3**
玉树市	3	2	1	8	4	4	9	6	3
杂多县									
称多县									
治多县									
囊谦县									
曲麻莱县	3	1	2	3	1	2	2	2	
海西蒙古族藏族自治州	**43**	**26**	**17**	**32**	**24**	**8**	**39**	**30**	**9**
格尔木市	24	14	10	24	18	6	23	17	6
德令哈市	15	9	6	8	6	2	12	9	3
茫崖市	4	3	1				4	4	
乌兰县									
都兰县									
天峻县									
大柴旦行政委员会									

1-11b 各地区分性别、月份的死亡人口
(2019.11.1-2020.10.31)(镇)

单位：人

地区	死亡人口			2019年11月		
	合计	男	女	小计	男	女
全省	**5156**	**3046**	**2110**	**368**	**226**	**142**
西宁市	**1858**	**1081**	**777**	**129**	**77**	**52**
城东区						
城中区	19	13	6	2	2	
城西区	1		1	1		1
城北区						
湟中区	384	213	171	41	25	16
大通回族土族自治县	1067	626	441	69	40	29
湟源县	387	229	158	16	10	6
海东市	**1567**	**915**	**652**	**111**	**69**	**42**
乐都区	159	87	72	11	6	5
平安区	14	8	6	2	2	
民和回族土族自治县	458	252	206	35	21	14
互助土族自治县	668	416	252	45	29	16
化隆回族自治县	168	88	80	11	5	6
循化撒拉族自治县	100	64	36	7	6	1
海北藏族自治州	**392**	**230**	**162**	**34**	**23**	**11**
门源回族自治县	165	98	67	17	11	6
祁连县	84	54	30	9	7	2
海晏县	114	63	51	8	5	3
刚察县	29	15	14			
黄南藏族自治州	**304**	**186**	**118**	**22**	**13**	**9**
同仁县	171	98	73	12	7	5
尖扎县	51	33	18	3	1	2
泽库县	39	26	13	1	1	
河南蒙古族自治县	43	29	14	6	4	2
海南藏族自治州	**464**	**283**	**181**	**43**	**26**	**17**
共和县	83	46	37	5	4	1
同德县	24	12	12	2	2	
贵德县	243	150	93	21	12	9
兴海县	68	48	20	10	5	5
贵南县	46	27	19	5	3	2
果洛藏族自治州	**87**	**50**	**37**	**5**	**2**	**3**
玛沁县	11	9	2			
班玛县	18	6	12	1		1
甘德县	7	6	1	1		1
达日县	27	17	10	2	1	1
久治县						
玛多县	24	12	12	1	1	
玉树藏族自治州	**149**	**93**	**56**	**5**	**2**	**3**
玉树市	38	22	16			
杂多县	31	23	8			
称多县	40	24	16	1	1	
治多县	20	13	7	4	1	3
囊谦县	13	7	6			
曲麻莱县	7	4	3			
海西蒙古族藏族自治州	**335**	**208**	**127**	**19**	**14**	**5**
格尔木市	144	96	48	10	8	2
德令哈市	9	7	2	2	1	1
茫崖市	45	19	26	4	3	1
乌兰县	37	20	17	2	1	1
都兰县	69	46	23	1	1	
天峻县	11	9	2			
大柴旦行政委员会	20	11	9			

1-11b　续表 1　　单位：人

地　区	2019年12月			2020年1月		
	小计	男	女	小计	男	女
全省	**399**	**232**	**167**	**416**	**254**	**162**
西宁市	**155**	**97**	**58**	**168**	**104**	**64**
城东区						
城中区	2		2	1	1	
城西区						
城北区						
湟中区	29	15	14	35	19	16
大通回族土族自治县	100	66	34	95	64	31
湟源县	24	16	8	37	20	17
海东市	**131**	**71**	**60**	**109**	**68**	**41**
乐都区	12	7	5	14	9	5
平安区	2	2		1		1
民和回族土族自治县	40	21	19	29	21	8
互助土族自治县	56	29	27	45	28	17
化隆回族自治县	12	8	4	12	6	6
循化撒拉族自治县	9	4	5	8	4	4
海北藏族自治州	**35**	**20**	**15**	**26**	**14**	**12**
门源回族自治县	15	6	9	13	5	8
祁连县	7	5	2	5	2	3
海晏县	11	7	4	5	5	
刚察县	2	2		3	2	1
黄南藏族自治州	**17**	**11**	**6**	**27**	**16**	**11**
同仁县	15	10	5	16	9	7
尖扎县	1	1		4	2	2
泽库县				2	1	1
河南蒙古族自治县	1		1	5	4	1
海南藏族自治州	**33**	**17**	**16**	**41**	**24**	**17**
共和县	4	3	1	9	5	4
同德县				2		2
贵德县	22	9	13	25	15	10
兴海县	6	5	1	3	3	
贵南县	1		1	2	1	1
果洛藏族自治州	**4**	**3**	**1**	**7**	**5**	**2**
玛沁县				1	1	
班玛县	1	1				
甘德县	1	1		1	1	
达日县	1		1	2	1	1
久治县						
玛多县	1	1		3	2	1
玉树藏族自治州	**5**	**4**	**1**	**11**	**5**	**6**
玉树市				4	1	3
杂多县	3	3				
称多县				2	1	1
治多县	1	1		2	1	1
囊谦县	1		1	3	2	1
曲麻莱县						
海西蒙古族藏族自治州	**19**	**9**	**10**	**27**	**18**	**9**
格尔木市	8	3	5	10	9	1
德令哈市				1	1	
茫崖市	5	1	4	5		5
乌兰县	2	2		2	1	1
都兰县	3	2	1	8	6	2
天峻县	1	1				
大柴旦行政委员会				1	1	

1-11b 续表 2　　　　单位：人

地　区	2020年2月			2020年3月			2020年4月		
	小计	男	女	小计	男	女	小计	男	女
全省	**356**	**210**	**146**	**439**	**255**	**184**	**408**	**227**	**181**
西宁市	**149**	**92**	**57**	**166**	**87**	**79**	**149**	**75**	**74**
城东区									
城中区	1	1		1		1			
城西区									
城北区									
湟中区	31	18	13	29	14	15	29	12	17
大通回族土族自治县	79	45	34	105	55	50	81	41	40
湟源县	38	28	10	31	18	13	39	22	17
海东市	**93**	**56**	**37**	**136**	**79**	**57**	**127**	**68**	**59**
乐都区	13	7	6	12	6	6	11	5	6
平安区				1	1		2	1	1
民和回族土族自治县	22	14	8	43	21	22	26	14	12
互助土族自治县	38	27	11	60	42	18	71	38	33
化隆回族自治县	12	5	7	11	5	6	13	8	5
循化撒拉族自治县	8	3	5	9	4	5	4	2	2
海北藏族自治州	**23**	**15**	**8**	**35**	**22**	**13**	**18**	**9**	**9**
门源回族自治县	10	6	4	8	5	3	8	5	3
祁连县	5	4	1	8	6	2	3	3	
海晏县	6	4	2	18	11	7	7	1	6
刚察县	2	1	1	1		1			
黄南藏族自治州	**30**	**11**	**19**	**24**	**17**	**7**	**33**	**23**	**10**
同仁县	18	6	12	17	11	6	21	14	7
尖扎县	5	3	2	1		1	3	3	
泽库县	4	1	3	3	3		4	2	2
河南蒙古族自治县	3	1	2	3	3		5	4	1
海南藏族自治州	**33**	**21**	**12**	**39**	**25**	**14**	**29**	**21**	**8**
共和县	5	2	3	9	4	5	7	3	4
同德县				1	1				
贵德县	20	11	9	20	13	7	14	11	3
兴海县	4	4		5	5		4	3	1
贵南县	4	4		4	2	2	4	4	
果洛藏族自治州	**6**	**4**	**2**	**4**	**2**	**2**	**6**	**5**	**1**
玛沁县							2	2	
班玛县				2	1	1			
甘德县									
达日县	5	4	1	2	1	1	2	2	
久治县									
玛多县	1		1				2	1	1
玉树藏族自治州	**7**	**3**	**4**	**12**	**7**	**5**	**13**	**8**	**5**
玉树市	1	1		2	1	1	4	3	1
杂多县	2	1	1	3	1	2	5	4	1
称多县	4	1	3	2	1	1	1		1
治多县				2	2		1		1
囊谦县				3	2	1	1	1	
曲麻莱县							1		1
海西蒙古族藏族自治州	**15**	**8**	**7**	**23**	**16**	**7**	**33**	**18**	**15**
格尔木市	4	3	1	7	7		21	13	8
德令哈市									
茫崖市	2		2	3	1	2			
乌兰县	1		1	5	3	2	7	4	3
都兰县	6	4	2	3	2	1	1	1	
天峻县	1	1		2	2				
大柴旦行政委员会	1		1	3	1	2	4		4

1-11b　续表 3

单位：人

地　区	2020年5月			2020年6月			2020年7月		
	小计	男	女	小计	男	女	小计	男	女
全省	**490**	**300**	**190**	**381**	**212**	**169**	**409**	**249**	**160**
西宁市	**160**	**105**	**55**	**128**	**68**	**60**	**146**	**93**	**53**
城东区									
城中区				2	2				
城西区									
城北区									
湟中区	36	23	13	18	8	10	28	19	9
大通回族土族自治县	96	63	33	74	38	36	92	55	37
湟源县	28	19	9	34	20	14	26	19	7
海东市	**161**	**100**	**61**	**115**	**65**	**50**	**110**	**60**	**50**
乐都区	14	5	9	15	10	5	16	9	7
平安区	1	1					2		2
民和回族土族自治县	49	27	22	26	11	15	31	14	17
互助土族自治县	71	50	21	53	30	23	45	27	18
化隆回族自治县	18	11	7	14	8	6	11	6	5
循化撒拉族自治县	8	6	2	7	6	1	5	4	1
海北藏族自治州	**40**	**19**	**21**	**34**	**20**	**14**	**36**	**20**	**16**
门源回族自治县	20	10	10	22	12	10	13	9	4
祁连县	4	2	2	8	5	3	6	2	4
海晏县	12	5	7	4	3	1	10	5	5
刚察县	4	2	2				7	4	3
黄南藏族自治州	**22**	**15**	**7**	**15**	**5**	**10**	**32**	**19**	**13**
同仁县	12	8	4	7	3	4	17	8	9
尖扎县	4	2	2	3		3	4	4	
泽库县	3	2	1	5	2	3	7	5	2
河南蒙古族自治县	3	3					4	2	2
海南藏族自治州	**45**	**29**	**16**	**32**	**21**	**11**	**38**	**25**	**13**
共和县	7	5	2	4	2	2	3	2	1
同德县	2	1	1	3	3		3	1	2
贵德县	24	17	7	13	10	3	26	18	8
兴海县	7	3	4	6	4	2	4	3	1
贵南县	5	3	2	6	2	4	2	1	1
果洛藏族自治州	**12**	**5**	**7**	**10**	**6**	**4**	**5**	**3**	**2**
玛沁县	4	3	1	1		1			
班玛县	4		4	2	1	1	2	2	
甘德县	1	1		1	1				
达日县	1	1		2	1	1	2	1	1
久治县									
玛多县	2		2	4	3	1	1		1
玉树藏族自治州	**21**	**12**	**9**	**20**	**12**	**8**	**12**	**6**	**6**
玉树市	12	8	4	7	4	3	4		4
杂多县	1		1	2	1	1	3	2	1
称多县	3	1	2	8	6	2	2	2	
治多县	1	1		1	1		2	1	1
囊谦县	2	1	1	2		2			
曲麻莱县	2	1	1				1	1	
海西蒙古族藏族自治州	**29**	**15**	**14**	**27**	**15**	**12**	**30**	**23**	**7**
格尔木市	14	6	8	10	7	3	10	8	2
德令哈市	1	1		1	1		1	1	
茫崖市	4	2	2	3		3	6	5	1
乌兰县	4	1	3	8	4	4	1	1	
都兰县	1	1		3	1	2	8	5	3
天峻县	3	2	1						
大柴旦行政委员会	2	2		2	2		4	3	1

1-11b 续表 4

单位：人

地区	2020年8月			2020年9月			2020年10月		
	小计	男	女	小计	男	女	小计	男	女
全省	**427**	**262**	**165**	**466**	**277**	**189**	**597**	**342**	**255**
西宁市	**145**	**75**	**70**	**163**	**97**	**66**	**200**	**111**	**89**
城东区									
城中区	2	1	1	3	2	1	5	4	1
城西区									
城北区									
湟中区	37	21	16	33	19	14	38	20	18
大通回族土族自治县	72	40	32	88	55	33	116	64	52
湟源县	34	13	21	39	21	18	41	23	18
海东市	**146**	**91**	**55**	**145**	**82**	**63**	**183**	**106**	**77**
乐都区	18	8	10	9	6	3	14	9	5
平安区	2	1	1	1		1			
民和回族土族自治县	38	23	15	58	31	27	61	34	27
互助土族自治县	70	47	23	51	30	21	63	39	24
化隆回族自治县	8	3	5	19	11	8	27	12	15
循化撒拉族自治县	10	9	1	7	4	3	18	12	6
海北藏族自治州	**27**	**15**	**12**	**26**	**16**	**10**	**58**	**37**	**21**
门源回族自治县	7	5	2	10	7	3	22	17	5
祁连县	4	3	1	10	7	3	15	8	7
海晏县	13	6	7	4	2	2	16	9	7
刚察县	3	1	2	2		2	5	3	2
黄南藏族自治州	**26**	**18**	**8**	**30**	**22**	**8**	**26**	**16**	**10**
同仁县	10	6	4	13	10	3	13	6	7
尖扎县	8	6	2	8	6	2	7	5	2
泽库县	4	3	1	3	3		3	3	
河南蒙古族自治县	4	3	1	6	3	3	3	2	1
海南藏族自治州	**24**	**18**	**6**	**50**	**29**	**21**	**57**	**27**	**30**
共和县	5	3	2	15	9	6	10	4	6
同德县				4	2	2	7	2	5
贵德县	8	7	1	22	14	8	28	13	15
兴海县	9	8	1	5	2	3	5	3	2
贵南县	2		2	4	2	2	7	5	2
果洛藏族自治州	**17**	**9**	**8**	**9**	**5**	**4**	**2**	**1**	**1**
玛沁县	1	1		1	1		1	1	
班玛县	3	1	2	2		2	1		1
甘德县				2	2				
达日县	8	5	3						
久治县									
玛多县	5	2	3	4	2	2			
玉树藏族自治州	**14**	**12**	**2**	**13**	**9**	**4**	**16**	**13**	**3**
玉树市	2	2					2	2	
杂多县	4	4		5	5		3	2	1
称多县	6	4	2	5	2	3	6	5	1
治多县	1	1		3	2	1	2	2	
囊谦县							1	1	
曲麻莱县	1	1					2	1	1
海西蒙古族藏族自治州	**28**	**24**	**4**	**30**	**17**	**13**	**55**	**31**	**24**
格尔木市	8	8		10	5	5	32	19	13
德令哈市	2	2		1		1			
茫崖市	8	5	3	2		2	3	2	1
乌兰县	2	1	1	2	1	1	1	1	
都兰县	7	7		12	9	3	16	7	9
天峻县	1	1					3	2	1
大柴旦行政委员会				3	2	1			

1-11c　各地区分性别、月份的死亡人口 (2019.11.1-2020.10.31)(乡村)

单位：人

地　　区	死亡人口			2019年11月		
	合计	男	女	小计	男	女
全省	**15992**	**9062**	**6930**	**1189**	**696**	**493**
西宁市	**4157**	**2444**	**1713**	**306**	**189**	**117**
城东区						
城中区	8	3	5			
城西区						
城北区	47	28	19			
湟中区	2235	1309	926	184	117	67
大通回族土族自治县	1347	781	566	87	47	40
湟源县	520	323	197	35	25	10
海东市	**6202**	**3545**	**2657**	**490**	**281**	**209**
乐都区	1153	674	479	71	44	27
平安区	310	176	134	22	11	11
民和回族土族自治县	1327	735	592	99	63	36
互助土族自治县	2019	1185	834	173	104	69
化隆回族自治县	964	539	425	76	37	39
循化撒拉族自治县	429	236	193	49	22	27
海北藏族自治州	**1135**	**627**	**508**	**87**	**46**	**41**
门源回族自治县	688	390	298	45	26	19
祁连县	150	84	66	11	6	5
海晏县	162	78	84	18	10	8
刚察县	135	75	60	13	4	9
黄南藏族自治州	**844**	**446**	**398**	**73**	**43**	**30**
同仁县	321	161	160	32	17	15
尖扎县	146	76	70	3	3	
泽库县	193	108	85	25	15	10
河南蒙古族自治县	184	101	83	13	8	5
海南藏族自治州	**1376**	**772**	**604**	**86**	**52**	**34**
共和县	287	175	112	19	12	7
同德县	196	94	102	11	7	4
贵德县	389	220	169	26	17	9
兴海县	207	113	94	7	5	2
贵南县	297	170	127	23	11	12
果洛藏族自治州	**634**	**332**	**302**	**32**	**18**	**14**
玛沁县	78	48	30	1	1	
班玛县	122	63	59	4	2	2
甘德县	144	83	61	11	9	2
达日县	142	67	75	8	2	6
久治县	96	44	52	5	3	2
玛多县	52	27	25	3	1	2
玉树藏族自治州	**1100**	**557**	**543**	**80**	**41**	**39**
玉树市	340	159	181	18	7	11
杂多县	166	85	81	14	8	6
称多县	110	56	54	8	4	4
治多县	80	41	39	6	5	1
囊谦县	275	148	127	17	9	8
曲麻莱县	129	68	61	17	8	9
海西蒙古族藏族自治州	**544**	**339**	**205**	**35**	**26**	**9**
格尔木市	51	26	25	5	4	1
德令哈市	89	54	35	2	1	1
茫崖市						
乌兰县	83	58	25	10	9	1
都兰县	245	152	93	12	8	4
天峻县	72	46	26	5	3	2
大柴旦行政委员会	4	3	1	1	1	

1-11c 续表 1

单位：人

地 区	2019年12月			2020年1月		
	小计	男	女	小计	男	女
全省	**1151**	**612**	**539**	**1236**	**690**	**546**
西宁市	**364**	**216**	**148**	**353**	**205**	**148**
城东区						
城中区				1		1
城西区						
城北区	3	3		3		3
湟中区	215	128	87	206	123	83
大通回族土族自治县	111	62	49	110	63	47
湟源县	35	23	12	33	19	14
海东市	**422**	**214**	**208**	**471**	**279**	**192**
乐都区	54	32	22	75	43	32
平安区	13	8	5	26	13	13
民和回族土族自治县	89	36	53	88	52	36
互助土族自治县	171	91	80	187	113	74
化隆回族自治县	75	39	36	72	46	26
循化撒拉族自治县	20	8	12	23	12	11
海北藏族自治州	**86**	**39**	**47**	**88**	**47**	**41**
门源回族自治县	55	27	28	51	28	23
祁连县	3	1	2	15	10	5
海晏县	19	6	13	14	6	8
刚察县	9	5	4	8	3	5
黄南藏族自治州	**63**	**28**	**35**	**65**	**33**	**32**
同仁县	26	11	15	28	16	12
尖扎县	8	3	5	8	5	3
泽库县	16	8	8	12	7	5
河南蒙古族自治县	13	6	7	17	5	12
海南藏族自治州	**78**	**41**	**37**	**94**	**48**	**46**
共和县	13	8	5	16	8	8
同德县	2		2	16	10	6
贵德县	32	20	12	30	15	15
兴海县	9	4	5	12	5	7
贵南县	22	9	13	20	10	10
果洛藏族自治州	**35**	**17**	**18**	**54**	**23**	**31**
玛沁县	1	1		4	3	1
班玛县	8	4	4	6	1	5
甘德县	12	5	7	15	6	9
达日县	9	5	4	15	8	7
久治县	3	2	1	7	1	6
玛多县	2		2	7	4	3
玉树藏族自治州	**75**	**36**	**39**	**72**	**35**	**37**
玉树市	26	12	14	32	16	16
杂多县	14	7	7	15	8	7
称多县	5	2	3	2	2	
治多县	2		2	2		2
囊谦县	18	9	9	13	7	6
曲麻莱县	10	6	4	8	2	6
海西蒙古族藏族自治州	**28**	**21**	**7**	**39**	**20**	**19**
格尔木市	2	1	1	4	2	2
德令哈市	2	2		8	7	1
茫崖市						
乌兰县	9	5	4	3	2	1
都兰县	11	10	1	22	9	13
天峻县	4	3	1	2		2
大柴旦行政委员会						

1-11c　续表 2　　　　　　　　　　　　　　　　　　　　　　　　　　　单位：人

地　　区	2020年2月			2020年3月			2020年4月		
	小计	男	女	小计	男	女	小计	男	女
全省	**1278**	**709**	**569**	**1447**	**834**	**613**	**1353**	**736**	**617**
西宁市	**340**	**192**	**148**	**360**	**197**	**163**	**342**	**210**	**132**
城东区									
城中区	1		1	1		1	1		1
城西区									
城北区	2	2		5	4	1	6	3	3
湟中区	175	100	75	185	101	84	180	110	70
大通回族土族自治县	118	62	56	115	61	54	104	66	38
湟源县	44	28	16	54	31	23	51	31	20
海东市	**516**	**290**	**226**	**562**	**331**	**231**	**523**	**286**	**237**
乐都区	100	57	43	111	60	51	84	47	37
平安区	29	19	10	20	13	7	21	11	10
民和回族土族自治县	103	60	43	106	62	44	123	60	63
互助土族自治县	184	98	86	192	117	75	174	102	72
化隆回族自治县	72	41	31	92	54	38	88	50	38
循化撒拉族自治县	28	15	13	41	25	16	33	16	17
海北藏族自治州	**100**	**51**	**49**	**116**	**74**	**42**	**80**	**48**	**32**
门源回族自治县	65	36	29	72	47	25	47	28	19
祁连县	8	4	4	21	12	9	9	5	4
海晏县	18	7	11	12	6	6	12	6	6
刚察县	9	4	5	11	9	2	12	9	3
黄南藏族自治州	**62**	**27**	**35**	**81**	**49**	**32**	**80**	**35**	**45**
同仁县	29	13	16	30	21	9	30	13	17
尖扎县	9	5	4	13	6	7	11	7	4
泽库县	12	4	8	19	12	7	22	9	13
河南蒙古族自治县	12	5	7	19	10	9	17	6	11
海南藏族自治州	**110**	**55**	**55**	**123**	**65**	**58**	**112**	**57**	**55**
共和县	17	12	5	20	9	11	28	18	10
同德县	16	8	8	20	10	10	18	5	13
贵德县	37	16	21	29	17	12	30	15	15
兴海县	18	7	11	21	15	6	16	8	8
贵南县	22	12	10	33	14	19	20	11	9
果洛藏族自治州	**37**	**20**	**17**	**68**	**41**	**27**	**55**	**27**	**28**
玛沁县	2	2		9	5	4	9	3	6
班玛县	3		3	8	3	5	12	7	5
甘德县	14	10	4	24	15	9	7	5	2
达日县	11	4	7	13	10	3	13	4	9
久治县	6	3	3	9	5	4	8	4	4
玛多县	1	1		5	3	2	6	4	2
玉树藏族自治州	**72**	**44**	**28**	**94**	**52**	**42**	**110**	**47**	**63**
玉树市	15	8	7	32	15	17	50	20	30
杂多县	8	5	3	14	7	7	15	6	9
称多县	6	3	3	6	3	3	10	6	4
治多县	6	4	2	4	4		7	3	4
囊谦县	31	21	10	27	17	10	18	7	11
曲麻莱县	6	3	3	11	6	5	10	5	5
海西蒙古族藏族自治州	**41**	**30**	**11**	**43**	**25**	**18**	**51**	**26**	**25**
格尔木市	2	1	1	4	2	2	5	1	4
德令哈市	4	3	1	12	5	7	10	6	4
茫崖市									
乌兰县	6	5	1	7	6	1	4	2	2
都兰县	24	18	6	16	10	6	30	16	14
天峻县	5	3	2	4	2	2	2	1	1
大柴旦行政委员会									

1-11c 续表 3　　　　单位：人

地区	2020年5月			2020年6月			2020年7月		
	小计	男	女	小计	男	女	小计	男	女
全省	**1409**	**797**	**612**	**1406**	**777**	**629**	**1289**	**728**	**561**
西宁市	**351**	**198**	**153**	**351**	**196**	**155**	**330**	**197**	**133**
城东区									
城中区	1	1					1	1	
城西区									
城北区	7	2	5	5	5		4	2	2
湟中区	176	93	83	181	92	89	168	108	60
大通回族土族自治县	128	79	49	120	71	49	102	58	44
湟源县	39	23	16	45	28	17	55	28	27
海东市	**559**	**325**	**234**	**520**	**296**	**224**	**467**	**263**	**204**
乐都区	104	65	39	102	56	46	103	58	45
平安区	23	12	11	35	21	14	17	7	10
民和回族土族自治县	133	74	59	115	61	54	107	62	45
互助土族自治县	193	115	78	160	85	75	119	65	54
化隆回族自治县	69	40	29	66	43	23	74	44	30
循化撒拉族自治县	37	19	18	42	30	12	47	27	20
海北藏族自治州	**100**	**58**	**42**	**108**	**60**	**48**	**94**	**45**	**49**
门源回族自治县	74	44	30	57	34	23	60	28	32
祁连县	6	4	2	19	7	12	14	9	5
海晏县	8	5	3	19	10	9	10	4	6
刚察县	12	5	7	13	9	4	10	4	6
黄南藏族自治州	**86**	**50**	**36**	**77**	**39**	**38**	**78**	**39**	**39**
同仁县	39	22	17	32	11	21	32	14	18
尖扎县	7	3	4	18	8	10	18	6	12
泽库县	18	10	8	11	8	3	10	5	5
河南蒙古族自治县	22	15	7	16	12	4	18	14	4
海南藏族自治州	**101**	**62**	**39**	**126**	**67**	**59**	**133**	**84**	**49**
共和县	21	15	6	32	16	16	27	22	5
同德县	10	5	5	13	7	6	15	7	8
贵德县	26	14	12	30	16	14	37	22	15
兴海县	21	14	7	20	9	11	22	12	10
贵南县	23	14	9	31	19	12	32	21	11
果洛藏族自治州	**61**	**27**	**34**	**74**	**41**	**33**	**57**	**29**	**28**
玛沁县	9	4	5	6	3	3	5	3	2
班玛县	11	4	7	11	6	5	12	9	3
甘德县	19	11	8	18	10	8	12	5	7
达日县	11	5	6	15	8	7	14	5	9
久治县	8	3	5	13	6	7	11	7	4
玛多县	3		3	11	8	3	3		3
玉树藏族自治州	**101**	**43**	**58**	**108**	**53**	**55**	**96**	**55**	**41**
玉树市	22	12	10	36	14	22	27	17	10
杂多县	6	1	5	12	8	4	14	9	5
称多县	7	1	6	17	11	6	9	6	3
治多县	7	2	5	7	1	6	12	5	7
囊谦县	45	18	27	28	13	15	25	12	13
曲麻莱县	14	9	5	8	6	2	9	6	3
海西蒙古族藏族自治州	**50**	**34**	**16**	**42**	**25**	**17**	**34**	**16**	**18**
格尔木市	6	4	2	5	3	2	2		2
德令哈市	9	6	3	9	5	4	6	4	2
茫崖市									
乌兰县	6	4	2	5	2	3	9	5	4
都兰县	21	15	6	17	10	7	15	6	9
天峻县	8	5	3	5	4	1	2	1	1
大柴旦行政委员会				1	1				

1-11c　续表 4　　　　单位：人

地　　区	2020年8月			2020年9月			2020年10月		
	小计	男	女	小计	男	女	小计	男	女
全省	**1306**	**774**	**532**	**1318**	**766**	**552**	**1610**	**943**	**667**
西宁市	**332**	**198**	**134**	**323**	**199**	**124**	**405**	**247**	**158**
城东区									
城中区	1	1					1		1
城西区									
城北区	5	3	2	3	1	2	4	3	1
湟中区	188	102	86	164	105	59	213	130	83
大通回族土族自治县	92	60	32	116	66	50	144	86	58
湟源县	46	32	14	40	27	13	43	28	15
海东市	**502**	**303**	**199**	**484**	**283**	**201**	**686**	**394**	**292**
乐都区	111	72	39	98	54	44	140	86	54
平安区	31	16	15	33	19	14	40	26	14
民和回族土族自治县	115	60	55	110	64	46	139	81	58
互助土族自治县	130	90	40	130	87	43	206	118	88
化隆回族自治县	92	53	39	69	36	33	119	56	63
循化撒拉族自治县	23	12	11	44	23	21	42	27	15
海北藏族自治州	**74**	**45**	**29**	**99**	**55**	**44**	**103**	**59**	**44**
门源回族自治县	40	25	15	58	32	26	64	35	29
祁连县	14	8	6	19	12	7	11	6	5
海晏县	13	9	4	9	2	7	10	7	3
刚察县	7	3	4	13	9	4	18	11	7
黄南藏族自治州	**64**	**38**	**26**	**66**	**33**	**33**	**49**	**32**	**17**
同仁县	15	5	10	15	9	6	13	9	4
尖扎县	20	14	6	22	10	12	9	6	3
泽库县	17	11	6	18	9	9	13	10	3
河南蒙古族自治县	12	8	4	11	5	6	14	7	7
海南藏族自治州	**112**	**63**	**49**	**135**	**79**	**56**	**166**	**99**	**67**
共和县	23	12	11	35	18	17	36	25	11
同德县	17	7	10	26	12	14	32	16	16
贵德县	29	16	13	41	29	12	42	23	19
兴海县	13	8	5	14	8	6	34	18	16
贵南县	30	20	10	19	12	7	22	17	5
果洛藏族自治州	**58**	**35**	**23**	**64**	**35**	**29**	**39**	**19**	**20**
玛沁县	9	5	4	15	13	2	8	5	3
班玛县	18	11	7	20	12	8	9	4	5
甘德县	8	5	3	1		1	3	2	1
达日县	9	6	3	10	4	6	14	6	8
久治县	12	6	6	12	3	9	2	1	1
玛多县	2	2		6	3	3	3	1	2
玉树藏族自治州	**111**	**54**	**57**	**92**	**47**	**45**	**89**	**50**	**39**
玉树市	31	14	17	21	8	13	30	16	14
杂多县	17	5	12	21	9	12	16	12	4
称多县	20	10	10	7	3	4	13	5	8
治多县	8	5	3	9	6	3	10	6	4
囊谦县	25	14	11	19	15	4	9	6	3
曲麻莱县	10	6	4	15	6	9	11	5	6
海西蒙古族藏族自治州	**53**	**38**	**15**	**55**	**35**	**20**	**73**	**43**	**30**
格尔木市	7	4	3	3	1	2	6	3	3
德令哈市	9	8	1	6	2	4	12	5	7
茫崖市									
乌兰县	5	2	3	10	10		9	6	3
都兰县	18	14	4	27	18	9	32	18	14
天峻县	12	9	3	9	4	5	14	11	3
大柴旦行政委员会	2	1	1						

1-12 各地区家庭户的住房间数和面积

地　　区	家庭户户　数（户）	家庭户人　数（人）	平均每户住房建筑面积（平方米/户）	平均每户住房间数（间/户）	人均住房建筑面积（平方米/人）	人　　均住房间数（间/人）
全省	**1791200**	**5173085**	**102.85**	**3.15**	**35.61**	**1.09**
西宁市	**804171**	**2142327**	**111.66**	**3.04**	**41.92**	**1.14**
城东区	164290	407596	95.05	2.38	38.31	0.96
城中区	117749	272252	96.19	2.55	41.60	1.10
城西区	120184	281336	106.84	2.54	45.64	1.08
城北区	142499	340931	117.54	2.60	49.13	1.09
湟中区	108017	361390	137.28	4.15	41.03	1.24
大通回族土族自治县	115917	379816	124.90	4.34	38.12	1.33
湟源县	35515	99006	111.42	3.66	39.97	1.31
海东市	**383473**	**1233729**	**111.77**	**3.67**	**34.74**	**1.14**
乐都区	77484	218030	113.20	3.56	40.23	1.26
平安区	37308	105055	113.69	3.18	40.37	1.13
民和回族土族自治县	88663	303987	107.76	3.59	31.43	1.05
互助土族自治县	99279	310050	119.55	3.72	38.28	1.19
化隆回族自治县	48214	178280	96.65	3.49	26.14	0.94
循化撒拉族自治县	32525	118327	115.75	4.79	31.82	1.32
海北藏族自治州	**80940**	**236165**	**84.16**	**3.12**	**28.84**	**1.07**
门源回族自治县	40075	127208	89.93	3.68	28.33	1.16
祁连县	14985	41038	88.49	2.84	32.31	1.04
海晏县	13508	32108	78.14	2.22	32.87	0.94
刚察县	12372	35811	66.81	2.64	23.08	0.91
黄南藏族自治州	**78585**	**245069**	**86.92**	**3.19**	**27.87**	**1.02**
同仁县	28102	87270	108.00	3.71	34.78	1.19
尖扎县	15507	48460	108.81	3.86	34.82	1.24
泽库县	21993	70928	49.12	2.23	15.23	0.69
河南蒙古族自治县	12983	38411	79.22	2.88	26.78	0.97
海南藏族自治州	**132890**	**397436**	**88.14**	**3.19**	**29.47**	**1.07**
共和县	39936	112161	91.27	3.13	32.50	1.11
同德县	17203	55272	74.87	2.32	23.30	0.72
贵德县	32702	96343	106.12	3.83	36.02	1.30
兴海县	22855	68796	70.59	3.43	23.45	1.14
贵南县	20194	64864	83.97	2.74	26.14	0.85
果洛藏族自治州	**64176**	**186197**	**66.03**	**2.20**	**22.76**	**0.76**
玛沁县	17139	43506	67.81	2.40	26.72	0.94
班玛县	8086	27988	83.82	2.34	24.22	0.68
甘德县	14301	39304	63.60	2.49	23.14	0.91
达日县	10971	35993	65.83	1.81	20.07	0.55
久治县	8357	26536	60.72	1.94	19.12	0.61
玛多县	5322	12870	48.46	1.81	20.04	0.75
玉树藏族自治州	**111815**	**373477**	**83.78**	**3.08**	**25.08**	**0.92**
玉树市	36563	119829	85.80	3.34	26.18	1.02
杂多县	15733	60002	83.17	2.23	21.81	0.58
称多县	16885	50120	74.82	3.23	25.21	1.09
治多县	10192	31460	71.50	3.01	23.16	0.97
囊谦县	21674	84647	100.87	3.46	25.83	0.88
曲麻莱县	10768	27419	69.10	2.57	27.14	1.01
海西蒙古族藏族自治州	**135150**	**358685**	**93.35**	**2.79**	**35.17**	**1.05**
格尔木市	62554	174612	99.02	3.01	35.47	1.08
德令哈市	27611	71564	96.02	2.58	37.05	0.99
茫崖市	5418	8633	44.67	1.56	28.04	0.98
乌兰县	9644	23689	99.46	3.12	40.49	1.27
都兰县	20146	57329	96.75	2.98	34.00	1.05
天峻县	8002	19216	62.19	1.92	25.90	0.80
大柴旦行政委员会	1775	3642	69.35	2.25	33.80	1.10

注：本表数据为居住在普通住宅的家庭户。

1-12a　各地区家庭户的住房间数和面积(城市)

地　　区	家庭户户　数(户)	家庭户人　数(人)	平均每户住房建筑面积(平方米/户)	平均每户住房间数(间/户)	人均住房建筑面积(平方米/人)	人　　均住房间数(间/人)
全省	**716283**	**1769941**	**100.79**	**2.55**	**40.79**	**1.03**
西宁市	**561431**	**1356618**	**103.10**	**2.55**	**42.67**	**1.05**
城东区	164290	407596	95.05	2.38	38.31	0.96
城中区	117468	271540	96.11	2.54	41.58	1.10
城西区	120116	281085	106.75	2.53	45.62	1.08
城北区	139837	331886	109.99	2.55	46.34	1.07
湟中区	16039	51657	107.28	3.11	33.31	0.97
大通回族土族自治县	3681	12854	286.85	8.00	82.14	2.29
湟源县						
海东市	**60643**	**168050**	**104.11**	**2.61**	**37.57**	**0.94**
乐都区	35260	98445	100.18	2.43	35.88	0.87
平安区	25383	69605	109.57	2.84	39.96	1.04
民和回族土族自治县						
互助土族自治县						
化隆回族自治县						
循化撒拉族自治县						
海北藏族自治州						
门源回族自治县						
祁连县						
海晏县						
刚察县						
黄南藏族自治州						
同仁县						
尖扎县						
泽库县						
河南蒙古族自治县						
海南藏族自治州						
共和县						
同德县						
贵德县						
兴海县						
贵南县						
果洛藏族自治州						
玛沁县						
班玛县						
甘德县						
达日县						
久治县						
玛多县						
玉树藏族自治州	**21563**	**65966**	**94.43**	**3.33**	**30.87**	**1.09**
玉树市	20903	63180	94.56	3.36	31.29	1.11
杂多县						
称多县						
治多县						
囊谦县						
曲麻莱县	660	2786	90.23	2.42	21.38	0.57
海西蒙古族藏族自治州	**72646**	**179307**	**82.00**	**2.29**	**33.22**	**0.93**
格尔木市	47644	121753	83.88	2.40	32.82	0.94
德令哈市	20160	50002	87.15	2.24	35.14	0.90
茫崖市	4842	7552	42.09	1.45	26.99	0.93
乌兰县						
都兰县						
天峻县						
大柴旦行政委员会						

注：本表数据为居住在普通住宅的家庭户。

1-12b 各地区家庭户的住房间数和面积(镇)

地　区	家庭户户　数(户)	家庭户人　数(人)	平均每户住房建筑面积(平方米/户)	平均每户住房间数(间/户)	人均住房建筑面积(平方米/人)	人　均住房间数(间/人)
全省	**417338**	**1203040**	**99.52**	**2.97**	**34.52**	**1.03**
西宁市	**95963**	**286134**	**121.13**	**3.51**	**40.63**	**1.18**
城东区						
城中区	15	22	36.27	2.27	24.73	1.55
城西区	68	251	264.87	9.56	71.76	2.59
城北区						
湟中区	18006	60351	160.93	4.12	48.01	1.23
大通回族土族自治县	58977	175506	115.16	3.53	38.70	1.19
湟源县	18897	50004	101.40	2.85	38.32	1.08
海东市	**96365**	**304966**	**111.99**	**3.19**	**35.39**	**1.01**
乐都区	3971	11081	135.91	3.74	48.70	1.34
平安区	502	1262	114.91	3.24	45.71	1.29
民和回族土族自治县	36625	117523	110.16	3.04	34.33	0.95
互助土族自治县	34076	101204	115.03	3.13	38.73	1.05
化隆回族自治县	9176	33883	87.42	3.17	23.67	0.86
循化撒拉族自治县	12015	40013	119.65	3.69	35.93	1.11
海北藏族自治州	**40369**	**104860**	**81.06**	**2.29**	**31.21**	**0.88**
门源回族自治县	16479	45083	86.96	2.35	31.79	0.86
祁连县	8528	23103	88.53	2.42	32.68	0.89
海晏县	10079	23493	72.52	1.90	31.11	0.82
刚察县	5283	13181	66.86	2.62	26.80	1.05
黄南藏族自治州	**34731**	**92564**	**86.27**	**2.68**	**32.37**	**1.01**
同仁县	15850	39648	106.03	3.08	42.39	1.23
尖扎县	6268	17625	96.96	2.69	34.48	0.96
泽库县	6913	19417	42.50	1.94	15.13	0.69
河南蒙古族自治县	5700	15874	72.63	2.49	26.08	0.89
海南藏族自治州	**57555**	**149545**	**83.69**	**2.52**	**32.21**	**0.97**
共和县	19970	51137	83.94	2.39	32.78	0.93
同德县	4846	13212	75.65	2.13	27.75	0.78
贵德县	16220	41657	97.78	2.78	38.07	1.08
兴海县	10532	28250	73.96	2.87	27.57	1.07
贵南县	5987	15289	68.26	1.99	26.73	0.78
果洛藏族自治州	**24428**	**56873**	**65.07**	**2.06**	**27.95**	**0.89**
玛沁县	9504	20694	68.77	2.06	31.58	0.95
班玛县	2914	7635	66.29	2.09	25.30	0.80
甘德县	2859	5636	65.49	2.87	33.22	1.45
达日县	4103	11304	68.80	1.83	24.97	0.66
久治县	1821	3964	63.49	1.89	29.17	0.87
玛多县	3227	7640	48.86	1.73	20.64	0.73
玉树藏族自治州	**35701**	**117943**	**89.91**	**3.20**	**27.22**	**0.97**
玉树市	1472	5323	75.94	3.53	21.00	0.98
杂多县	8078	32128	90.08	2.34	22.65	0.59
称多县	6331	18159	78.44	3.58	27.35	1.25
治多县	7405	23679	74.88	3.22	23.42	1.01
囊谦县	7525	28238	128.84	3.83	34.33	1.02
曲麻莱县	4890	10416	71.57	3.02	33.60	1.42
海西蒙古族藏族自治州	**32226**	**90155**	**100.31**	**3.04**	**35.86**	**1.09**
格尔木市	9117	33815	149.60	5.04	40.34	1.36
德令哈市	606	1464	84.44	2.65	34.95	1.09
茫崖市	576	1081	66.36	2.45	35.36	1.30
乌兰县	5777	13310	88.75	2.45	38.52	1.06
都兰县	9718	26226	84.82	2.26	31.43	0.84
天峻县	4780	11058	69.04	1.94	29.84	0.84
大柴旦行政委员会	1652	3201	67.92	2.20	35.05	1.13

注：本表数据为居住在普通住宅的家庭户。

1-12c 各地区家庭户的住房间数和面积(乡村)

地区	家庭户户数(户)	家庭户人数(人)	平均每户住房建筑面积(平方米/户)	平均每户住房间数(间/户)	人均住房建筑面积(平方米/人)	人均住房间数(间/人)
全省	**657579**	**2200104**	**107.22**	**3.93**	**32.05**	**1.17**
西宁市	**146777**	**499575**	**138.21**	**4.65**	**40.61**	**1.37**
城东区						
城中区	266	690	134.10	6.82	51.70	2.63
城西区						
城北区	2662	9045	513.93	5.39	151.25	1.59
湟中区	73972	249382	138.04	4.38	40.94	1.30
大通回族土族自治县	53259	191456	124.49	5.00	34.63	1.39
湟源县	16618	49002	122.83	4.58	41.65	1.55
海东市	**226465**	**760713**	**113.73**	**4.16**	**33.86**	**1.24**
乐都区	38253	108504	122.84	4.58	43.31	1.61
平安区	11423	34188	122.78	3.93	41.02	1.31
民和回族土族自治县	52038	186464	106.08	3.98	29.60	1.11
互助土族自治县	65203	208846	121.92	4.04	38.06	1.26
化隆回族自治县	39038	144397	98.82	3.57	26.72	0.96
循化撒拉族自治县	20510	78314	113.47	5.43	29.72	1.42
海北藏族自治州	**40571**	**131305**	**87.25**	**3.95**	**26.96**	**1.22**
门源回族自治县	23596	82125	92.00	4.61	26.43	1.32
祁连县	6457	17935	88.44	3.40	31.84	1.22
海晏县	3429	8615	94.63	3.17	37.67	1.26
刚察县	7089	22630	66.78	2.65	20.92	0.83
黄南藏族自治州	**43854**	**152505**	**87.44**	**3.59**	**25.15**	**1.03**
同仁县	12252	47622	110.54	4.53	28.44	1.16
尖扎县	9239	30835	116.84	4.65	35.01	1.39
泽库县	15080	51511	52.15	2.36	15.27	0.69
河南蒙古族自治县	7283	22537	84.37	3.20	27.27	1.03
海南藏族自治州	**75335**	**247891**	**91.54**	**3.70**	**27.82**	**1.12**
共和县	19966	61024	98.60	3.87	32.26	1.26
同德县	12357	42060	74.57	2.39	21.91	0.70
贵德县	16482	54686	114.33	4.86	34.46	1.46
兴海县	12323	40546	67.71	3.91	20.58	1.19
贵南县	14207	49575	90.59	3.05	25.96	0.87
果洛藏族自治州	**39748**	**129324**	**66.61**	**2.29**	**20.47**	**0.70**
玛沁县	7635	22812	66.62	2.82	22.30	0.94
班玛县	5172	20353	93.70	2.48	23.81	0.63
甘德县	11442	33668	63.13	2.39	21.45	0.81
达日县	6868	24689	64.06	1.80	17.82	0.50
久治县	6536	22572	59.95	1.95	17.36	0.57
玛多县	2095	5230	47.86	1.92	19.17	0.77
玉树藏族自治州	**54551**	**189568**	**75.56**	**2.91**	**21.74**	**0.84**
玉树市	14188	51326	73.90	3.29	20.43	0.91
杂多县	7655	27874	75.87	2.11	20.84	0.58
称多县	10554	31961	72.65	3.02	23.99	1.00
治多县	2787	7781	62.53	2.45	22.40	0.88
囊谦县	14149	56409	86.00	3.26	21.57	0.82
曲麻莱县	5218	14217	64.12	2.17	23.53	0.80
海西蒙古族藏族自治州	**30278**	**89223**	**113.16**	**3.72**	**38.40**	**1.26**
格尔木市	5793	19044	143.88	4.81	43.77	1.46
德令哈市	6845	20098	123.17	3.57	41.95	1.22
茫崖市						
乌兰县	3867	10379	115.45	4.13	43.01	1.54
都兰县	10428	31103	107.86	3.64	36.16	1.22
天峻县	3222	8158	52.02	1.88	20.54	0.74
大柴旦行政委员会	123	441	88.62	2.98	24.72	0.83

注：本表数据为居住在普通住宅的家庭户。

第一部分　全部数据资料

第二卷　民族

2-1　全省各民族人口及比重

单位：人、%

民　族	人口数	男	女	各民族人口占总人口的比重
总　计	**5923957**	**3033846**	**2890111**	**100.00**
汉　族	2993534	1564730	1428804	50.53
蒙古族	102447	51547	50900	1.73
回　族	946273	475381	470892	15.97
藏　族	1509608	753481	756127	25.48
维吾尔族	312	176	136	0.01
苗　族	1129	658	471	0.02
彝　族	1137	678	459	0.02
壮　族	1028	508	520	0.02
布依族	285	167	118	
朝鲜族	363	174	189	0.01
满　族	7915	4092	3823	0.13
侗　族	281	164	117	
瑶　族	199	110	89	
白　族	550	321	229	0.01
土家族	11891	5968	5923	0.20
哈尼族	64	20	44	
哈萨克族	609	311	298	0.01
傣　族	77	41	36	
黎　族	89	44	45	
傈僳族	44	19	25	
佤　族	27	8	19	
畲　族	107	72	35	
高山族	11	5	6	
拉祜族	23	12	11	
水　族	65	28	37	
东乡族	14459	8112	6347	0.24
纳西族	36	13	23	
景颇族	9	3	6	
柯尔克孜族	7		7	
土　族	200362	101982	98380	3.38
达斡尔族	27	17	10	
仫佬族	23	10	13	
羌　族	187	120	67	
布朗族	6	2	4	
撒拉族	128779	63833	64946	2.17
毛南族	1	1		
仡佬族	64	46	18	
锡伯族	131	63	68	
阿昌族	4	1	3	
普米族	5	2	3	
塔吉克族	1	1		
怒　族				
乌孜别克族	1	1		
俄罗斯族	35	23	12	
鄂温克族	8	2	6	
德昂族	2	1	1	
保安族	1425	738	687	0.02
裕固族	205	98	107	
京　族	1	1		
塔塔尔族				
独龙族	1		1	
鄂伦春族	2	1	1	
赫哲族	1	1		
门巴族	12	2	10	
珞巴族	2	1	1	
基诺族	1	1		
未定族称人口	82	51	31	
入　籍	10	4	6	

2-1a 全省各民族人口及比重(城市)

单位：人、%

民 族	人口数	男	女	各民族人口占总人口的比重
总 计	**2124083**	**1081946**	**1042137**	**100.00**
汉 族	1555099	797943	757156	73.21
蒙古族	22931	11119	11812	1.08
回 族	278013	139509	138504	13.09
藏 族	187847	92583	95264	8.84
维吾尔族	226	128	98	0.01
苗 族	742	428	314	0.03
彝 族	628	341	287	0.03
壮 族	774	374	400	0.04
布依族	185	104	81	0.01
朝鲜族	297	146	151	0.01
满 族	6941	3548	3393	0.33
侗 族	220	121	99	0.01
瑶 族	147	82	65	0.01
白 族	227	130	97	0.01
土家族	5714	2934	2780	0.27
哈尼族	34	10	24	
哈萨克族	78	41	37	
傣 族	44	19	25	
黎 族	63	30	33	
傈僳族	30	13	17	
佤 族	9	1	8	
畲 族	94	60	34	
高山族	11	5	6	
拉祜族	6	4	2	
水 族	29	15	14	
东乡族	8256	4679	3577	0.39
纳西族	22	9	13	
景颇族	4	1	3	
柯尔克孜族	3		3	
土 族	34281	16886	17395	1.61
达斡尔族	18	13	5	
仫佬族	15	9	6	
羌 族	87	51	36	
布朗族	3	1	2	
撒拉族	20061	10119	9942	0.94
毛南族	1	1		
仡佬族	50	33	17	
锡伯族	119	58	61	0.01
阿昌族	2	1	1	
普米族	5	2	3	
塔吉克族	1	1		
怒 族				
乌孜别克族	1	1		
俄罗斯族	31	20	11	
鄂温克族	6	1	5	
德昂族				
保安族	566	287	279	0.03
裕固族	90	48	42	
京 族	1	1		
塔塔尔族				
独龙族				
鄂伦春族	2	1	1	
赫哲族	1	1		
门巴族	2		2	
珞巴族	2	1	1	
基诺族	1	1		
未定族称人口	53	28	25	
入 籍	10	4	6	

2−1b　全省各民族人口及比重(镇)

单位：人、%

民　族	人口数	男	女	各民族人口占总人口的比重
总　计	**1435280**	**728786**	**706494**	**100.00**
汉　族	604589	317859	286730	42.12
蒙古族	35890	17314	18576	2.50
回　族	258290	128782	129508	18.00
藏　族	429556	211588	217968	29.93
维吾尔族	44	29	15	
苗　族	179	109	70	0.01
彝　族	183	111	72	0.01
壮　族	150	77	73	0.01
布依族	43	27	16	
朝鲜族	45	18	27	
满　族	782	422	360	0.05
侗　族	34	20	14	
瑶　族	22	13	9	
白　族	221	135	86	0.02
土家族	3530	1746	1784	0.25
哈尼族	19	7	12	
哈萨克族	40	21	19	
傣　族	13	8	5	
黎　族	15	7	8	
傈僳族	5	1	4	
佤　族	9	2	7	
畲　族	4	3	1	
高山族				
拉祜族	5	4	1	
水　族	28	8	20	
东乡族	4507	2458	2049	0.31
纳西族	1		1	
景颇族	4	2	2	
柯尔克孜族	3		3	
土　族	56977	28218	28759	3.97
达斡尔族	7	2	5	
仫佬族	4	1	3	
羌　族	66	46	20	
布朗族	1	1		
撒拉族	39251	19351	19900	2.73
毛南族				
仡佬族	4	3	1	
锡伯族	9	5	4	
阿昌族				
普米族				
塔吉克族				
怒　族				
乌孜别克族				
俄罗斯族	4	3	1	
鄂温克族				
德昂族				
保安族	656	341	315	0.05
裕固族	74	32	42	0.01
京　族				
塔塔尔族				
独龙族	1		1	
鄂伦春族				
赫哲族				
门巴族	2	1	1	
珞巴族				
基诺族				
未定族称人口	13	11	2	
入　籍				

2−1c 全省各民族人口及比重(乡村)

单位：人、%

民族	人口数	男	女	各民族人口占总人口的比重
总计	**2364594**	**1223114**	**1141480**	**100.00**
汉族	833846	448928	384918	35.26
蒙古族	43626	23114	20512	1.84
回族	409970	207090	202880	17.34
藏族	892205	449310	442895	37.73
维吾尔族	42	19	23	
苗族	208	121	87	0.01
彝族	326	226	100	0.01
壮族	104	57	47	
布依族	57	36	21	
朝鲜族	21	10	11	
满族	192	122	70	0.01
侗族	27	23	4	
瑶族	30	15	15	
白族	102	56	46	
土家族	2647	1288	1359	0.11
哈尼族	11	3	8	
哈萨克族	491	249	242	0.02
傣族	20	14	6	
黎族	11	7	4	
傈僳族	9	5	4	
佤族	9	5	4	
畲族	9	9		
高山族				
拉祜族	12	4	8	
水族	8	5	3	
东乡族	1696	975	721	0.07
纳西族	13	4	9	
景颇族	1		1	
柯尔克孜族	1		1	
土族	109104	56878	52226	4.61
达斡尔族	2	2		
仫佬族	4		4	
羌族	34	23	11	
布朗族	2		2	
撒拉族	69467	34363	35104	2.94
毛南族				
仡佬族	10	10		
锡伯族	3		3	
阿昌族	2		2	
普米族				
塔吉克族				
怒族				
乌孜别克族				
俄罗斯族				
鄂温克族	2	1	1	
德昂族	2	1	1	
保安族	203	110	93	0.01
裕固族	41	18	23	
京族				
塔塔尔族				
独龙族				
鄂伦春族				
赫哲族				
门巴族	8	1	7	
珞巴族				
基诺族				
未定族称人口	16	12	4	
入籍				

2-2　全省各民族分年龄、性别的人口

单位：人

年龄组	合　计			汉　族		
	合计	男	女	小计	男	女
总　计	**5923957**	**3033846**	**2890111**	**2993534**	**1564730**	**1428804**
0–4岁	391691	202043	189648	142662	73929	68733
5–9岁	434439	223488	210951	148488	77121	71367
10–14岁	406826	209675	197151	144045	75671	68374
15–19岁	356682	183962	172720	140553	74430	66123
20–24岁	365049	188187	176862	154440	82605	71835
25–29岁	454114	234383	219731	225721	119831	105890
30–34岁	495018	256276	238742	260875	139608	121267
35–39岁	409914	212330	197584	206251	110859	95392
40–44岁	458098	237257	220841	244876	130651	114225
45–49岁	533670	278338	255332	315160	168516	146644
50–54岁	519895	269394	250501	322663	170924	151739
55–59岁	379159	195057	184102	237533	123981	113552
60–64岁	205309	104827	100482	134241	69244	64997
65–69岁	195180	95089	100091	121977	59607	62370
70–74岁	135702	62885	72817	79791	36756	43035
75–79岁	96614	42377	54237	59340	25387	33953
80–84岁	57214	25414	31800	36906	16973	19933
85–89岁	22501	9892	12609	14170	6670	7500
90–94岁	5538	2443	3095	3198	1647	1551
95–99岁	1169	462	707	568	281	287
100岁及以上	175	67	108	76	39	37

2-2　续表 1

单位：人

年龄组	蒙古族			回　族			藏　族		
	小计	男	女	小计	男	女	小计	男	女
总　计	**102447**	**51547**	**50900**	**946273**	**475381**	**470892**	**1509608**	**753481**	**756127**
0–4岁	8324	4283	4041	77961	40642	37319	129644	66219	63425
5–9岁	8368	4218	4150	93147	47687	45460	149049	76139	72910
10–14岁	6767	3382	3385	85925	44022	41903	137386	69718	67668
15–19岁	6078	3154	2924	65739	33105	32634	118956	60232	58724
20–24岁	7262	3694	3568	61869	30693	31176	118416	59558	58858
25–29岁	9167	4613	4554	69196	34547	34649	122024	61266	60758
30–34岁	9012	4508	4504	73381	36167	37214	121643	60812	60831
35–39岁	7692	3917	3775	60253	30121	30132	109921	54439	55482
40–44岁	8237	4167	4070	65740	32277	33463	111750	56089	55661
45–49岁	8765	4464	4301	72147	35906	36241	109353	55071	54282
50–54岁	7689	3871	3818	70811	34972	35839	92376	46333	46043
55–59岁	5505	2798	2707	53618	26899	26719	62940	31531	31409
60–64岁	2747	1442	1305	26951	13754	13197	30252	14811	15441
65–69岁	2600	1255	1345	26792	13325	13467	33336	15684	17652
70–74岁	1892	883	1009	19988	9781	10207	26767	11973	14794
75–79岁	1164	498	666	13214	6662	6552	18408	7746	10662
80–84岁	759	276	483	6421	3274	3147	10769	3837	6932
85–89岁	320	102	218	2352	1178	1174	4750	1540	3210
90–94岁	87	21	66	593	289	304	1413	378	1035
95–99岁	10	1	9	145	63	82	392	95	297
100岁及以上	2		2	30	17	13	63	10	53

2–2 续表 2 单位：人

年龄组	维吾尔族			苗族			彝族		
	小计	男	女	小计	男	女	小计	男	女
总 计	**312**	**176**	**136**	**1129**	**658**	**471**	**1137**	**678**	**459**
0–4岁	15	6	9	79	48	31	50	26	24
5–9岁	22	12	10	81	37	44	37	20	17
10–14岁	8	6	2	51	21	30	24	14	10
15–19岁	24	14	10	67	42	25	50	27	23
20–24岁	51	31	20	141	86	55	162	110	52
25–29岁	59	32	27	97	60	37	153	93	60
30–34岁	40	22	18	131	69	62	165	96	69
35–39岁	19	9	10	136	68	68	114	71	43
40–44岁	16	12	4	98	71	27	123	68	55
45–49岁	20	10	10	101	66	35	117	67	50
50–54岁	17	9	8	59	42	17	87	54	33
55–59岁	7	6	1	45	28	17	32	19	13
60–64岁	6	4	2	16	7	9	14	9	5
65–69岁	5	3	2	9	8	1	7	3	4
70–74岁	1		1	6	2	4	1	1	
75–79岁	2		2	6	1	5			
80–84岁				3	1	2			
85–89岁				2	1	1	1		1
90–94岁				1		1			
95–99岁									
100岁及以上									

2–2 续表 3 单位：人

年龄组	壮族			布依族			朝鲜族		
	小计	男	女	小计	男	女	小计	男	女
总 计	**1028**	**508**	**520**	**285**	**167**	**118**	**363**	**174**	**189**
0–4岁	74	39	35	16	9	7	25	14	11
5–9岁	64	31	33	15	8	7	30	15	15
10–14岁	46	24	22	13	8	5	20	8	12
15–19岁	45	19	26	15	7	8	15	6	9
20–24岁	132	73	59	63	36	27	12	7	5
25–29岁	88	34	54	22	15	7	26	8	18
30–34岁	112	49	63	28	16	12	34	21	13
35–39岁	89	45	44	39	25	14	27	14	13
40–44岁	93	48	45	32	21	11	25	12	13
45–49岁	77	41	36	20	11	9	34	16	18
50–54岁	68	38	30	13	5	8	35	17	18
55–59岁	70	35	35	6	4	2	28	15	13
60–64岁	27	17	10	1		1	20	12	8
65–69岁	7	2	5				5	3	2
70–74岁	8	4	4				4	2	2
75–79岁	11	3	8	2	2		10	1	9
80–84岁	12	4	8				7	3	4
85–89岁	4	2	2				5		5
90–94岁	1		1				1		1
95–99岁									
100岁及以上									

2-2　续表 4　　　　　　　　　　　　　　　　　　　　　　　　　　　　单位：人

年龄组	满族			侗族			瑶族		
	小计	男	女	小计	男	女	小计	男	女
总　计	**7915**	**4092**	**3823**	**281**	**164**	**117**	**199**	**110**	**89**
0–4岁	640	327	313	16	10	6	15	9	6
5–9岁	474	241	233	18	11	7	18	12	6
10–14岁	404	189	215	10	3	7	9	6	3
15–19岁	357	196	161	23	16	7	14	5	9
20–24岁	383	210	173	43	26	17	18	8	10
25–29岁	569	312	257	28	15	13	19	10	9
30–34岁	845	450	395	37	22	15	25	12	13
35–39岁	546	271	275	40	21	19	17	9	8
40–44岁	541	297	244	16	11	5	24	13	11
45–49岁	636	340	296	21	13	8	16	13	3
50–54岁	765	397	368	20	12	8	11	5	6
55–59岁	679	315	364	5	2	3	5	3	2
60–64岁	414	217	197	2	1	1			
65–69岁	233	133	100				2	2	
70–74岁	122	50	72	2	1	1			
75–79岁	118	44	74				2	1	1
80–84岁	122	65	57				2	1	1
85–89岁	49	26	23				2	1	1
90–94岁	14	10	4						
95–99岁	4	2	2						
100岁及以上									

2-2　续表 5　　　　　　　　　　　　　　　　　　　　　　　　　　　　单位：人

年龄组	白族			土家族			哈尼族		
	小计	男	女	小计	男	女	小计	男	女
总　计	**550**	**321**	**229**	**11891**	**5968**	**5923**	**64**	**20**	**44**
0–4岁	27	16	11	1048	535	513	4	1	3
5–9岁	23	15	8	960	479	481	9	6	3
10–14岁	18	10	8	743	377	366	4	2	2
15–19岁	43	37	6	652	337	315	3	1	2
20–24岁	55	30	25	934	491	443	8	2	6
25–29岁	73	41	32	1237	584	653	9	2	7
30–34岁	108	57	51	1317	663	654	9	2	7
35–39岁	62	38	24	924	449	475	14	2	12
40–44岁	58	32	26	854	412	442	4	2	2
45–49岁	44	24	20	929	501	428			
50–54岁	15	10	5	865	425	440			
55–59岁	15	8	7	635	308	327			
60–64岁	3		3	272	141	131			
65–69岁	4	2	2	241	123	118			
70–74岁	1		1	140	78	62			
75–79岁				92	41	51			
80–84岁				36	18	18			
85–89岁	1	1		11	5	6			
90–94岁									
95–99岁				1	1				
100岁及以上									

2-2 续表 6

单位：人

年龄组	哈萨克族			傣族			黎族		
	小计	男	女	小计	男	女	小计	男	女
总　计	**609**	**311**	**298**	**77**	**41**	**36**	**89**	**44**	**45**
0-4岁	35	20	15	7	6	1	3	3	
5-9岁	59	32	27	8	4	4	4	2	2
10-14岁	57	25	32	5	1	4	5	3	2
15-19岁	58	33	25	3	1	2	5	1	4
20-24岁	30	20	10	7	4	3	24	13	11
25-29岁	48	22	26	12	7	5	7	4	3
30-34岁	53	25	28	10	4	6	10	1	9
35-39岁	59	27	32	10	5	5	5	2	3
40-44岁	50	26	24	7	3	4	9	6	3
45-49岁	41	26	15	4	3	1	7	4	3
50-54岁	46	20	26	3	3		6	4	2
55-59岁	24	11	13	1		1	2	1	1
60-64岁	18	12	6				1		1
65-69岁	13	5	8				1		1
70-74岁	9	3	6						
75-79岁	5	1	4						
80-84岁	2	1	1						
85-89岁	1	1							
90-94岁	1	1							
95-99岁									
100岁及以上									

2-2 续表 7

单位：人

年龄组	傈僳族			佤族			畲族		
	小计	男	女	小计	男	女	小计	男	女
总　计	**44**	**19**	**25**	**27**	**8**	**19**	**107**	**72**	**35**
0-4岁	3	2	1	1	1		12	8	4
5-9岁	1	1		1		1	12	6	6
10-14岁	2	1	1	1	1		7	4	3
15-19岁	6	2	4				4	4	
20-24岁	13	6	7	5	2	3	8	4	4
25-29岁	3		3	6	3	3	11	8	3
30-34岁	5	3	2	7		7	15	10	5
35-39岁	6	3	3	3		3	12	9	3
40-44岁	2		2	1		1	10	6	4
45-49岁	1		1	1	1		3	2	1
50-54岁	1	1		1		1	11	9	2
55-59岁									
60-64岁									
65-69岁							1	1	
70-74岁							1	1	
75-79岁									
80-84岁	1		1						
85-89岁									
90-94岁									
95-99岁									
100岁及以上									

2-2　续表 8　　　　单位：人

年龄组	高山族			拉祜族			水族		
	小计	男	女	小计	男	女	小计	男	女
总　计	**11**	**5**	**6**	**23**	**12**	**11**	**65**	**28**	**37**
0-4岁				4	3	1	4	2	2
5-9岁	2	2		5	2	3	2	1	1
10-14岁							1	1	
15-19岁							3		3
20-24岁				3		3	5	4	1
25-29岁	2	1	1	3	2	1	7	4	3
30-34岁	2	1	1	1		1	13	3	10
35-39岁				4	3	1	9	5	4
40-44岁	1	1		2	1	1	7	1	6
45-49岁							7	4	3
50-54岁	2		2	1	1		1	1	
55-59岁	1		1				5	1	4
60-64岁							1	1	
65-69岁									
70-74岁									
75-79岁	1		1						
80-84岁									
85-89岁									
90-94岁									
95-99岁									
100岁及以上									

2-2　续表 9　　　　单位：人

年龄组	东乡族			纳西族			景颇族		
	小计	男	女	小计	男	女	小计	男	女
总　计	**14459**	**8112**	**6347**	**36**	**13**	**23**	**9**	**3**	**6**
0-4岁	1322	636	686	2	1	1			
5-9岁	1527	831	696	2		2	1		1
10-14岁	1247	635	612	4	3	1	2	1	1
15-19岁	1064	614	450	1	1				
20-24岁	1351	778	573	7	3	4	2	2	
25-29岁	1376	751	625	3		3			
30-34岁	1259	707	552	4	1	3	2		2
35-39岁	971	563	408	3		3	2		2
40-44岁	1000	566	434	2		2			
45-49岁	1098	645	453	2	1	1			
50-54岁	983	599	384	4	2	2			
55-59岁	607	406	201	2	1	1			
60-64岁	188	120	68						
65-69岁	170	108	62						
70-74岁	148	79	69						
75-79岁	95	49	46						
80-84岁	38	20	18						
85-89岁	14	5	9						
90-94岁	1		1						
95-99岁									
100岁及以上									

2–2　续表 10

单位：人

年龄组	柯尔克孜族			土　　族			达斡尔族		
	小计	男	女	小计	男	女	小计	男	女
总　计	**7**		**7**	**200362**	**101982**	**98380**	**27**	**17**	**10**
0–4岁				15397	7869	7528	4	2	2
5–9岁				16261	8479	7782	1	1	
10–14岁	1		1	14951	7940	7011	2	2	
15–19岁				13096	6800	6296	2	2	
20–24岁				11578	5846	5732			
25–29岁	2		2	15208	7817	7391	2		2
30–34岁	3		3	16151	8224	7927	1		1
35–39岁	1		1	13729	6993	6736	4	3	1
40–44岁				15780	8161	7619	1	1	
45–49岁				17096	8706	8390	5	5	
50–54岁				16453	8241	8212	1		1
55–59岁				12540	6257	6283	2	1	1
60–64岁				6958	3508	3450	1		1
65–69岁				6699	3261	3438			
70–74岁				4213	2002	2211			
75–79岁				2480	1134	1346	1		1
80–84岁				1211	508	703			
85–89岁				444	184	260			
90–94岁				97	40	57			
95–99岁				18	11	7			
100岁及以上				2	1	1			

2–2　续表 11

单位：人

年龄组	仫 佬 族			羌　　族			布 朗 族		
	小计	男	女	小计	男	女	小计	男	女
总　计	**23**	**10**	**13**	**187**	**120**	**67**	**6**	**2**	**4**
0–4岁	6	3	3	10	6	4			
5–9岁	2		2	5	4	1	3	1	2
10–14岁				5	3	2	1		1
15–19岁	2	2		2	1	1			
20–24岁	4	3	1	9	5	4	1	1	
25–29岁	1		1	21	17	4			
30–34岁	4		4	33	19	14	1		1
35–39岁	2		2	19	11	8			
40–44岁				27	15	12			
45–49岁	1	1		28	18	10			
50–54岁				12	10	2			
55–59岁	1	1		9	7	2			
60–64岁				5	4	1			
65–69岁				1		1			
70–74岁									
75–79岁									
80–84岁				1		1			
85–89岁									
90–94岁									
95–99岁									
100岁及以上									

2-2　续表 12

单位：人

年龄组	撒拉族			毛南族			仡佬族		
	小计	男	女	小计	男	女	小计	男	女
总　计	**128779**	**63833**	**64946**	**1**	**1**		**64**	**46**	**18**
0–4岁	14121	7272	6849				2	2	
5–9岁	15574	7992	7582				2	2	
10–14岁	14927	7526	7401				1	1	
15–19岁	9686	4807	4879				5	2	3
20–24岁	7835	3734	4101	1	1		13	9	4
25–29岁	8705	4185	4520				9	7	2
30–34岁	9476	4608	4868				12	9	3
35–39岁	8789	4274	4515				4	3	1
40–44岁	8581	4220	4361				3	2	1
45–49岁	7769	3772	3997				4	2	2
50–54岁	6722	3310	3412				5	3	2
55–59岁	4745	2363	2382				2	2	
60–64岁	3133	1505	1628				1	1	
65–69岁	3045	1543	1502				1	1	
70–74岁	2590	1264	1326						
75–79岁	1640	793	847						
80–84岁	912	429	483						
85–89岁	368	172	196						
90–94岁	128	56	72						
95–99岁	31	8	23						
100岁及以上	2		2						

2-2　续表 13

单位：人

年龄组	锡伯族			阿昌族			普米族		
	小计	男	女	小计	男	女	小计	男	女
总　计	**131**	**63**	**68**	**4**	**1**	**3**	**5**	**2**	**3**
0–4岁	13	8	5						
5–9岁	9	6	3						
10–14岁	3	2	1	1		1			
15–19岁	3	1	2						
20–24岁	6	6		1		1	2	1	1
25–29岁	12	3	9	2	1	1	1		1
30–34岁	12	7	5						
35–39岁	9	2	7				1		1
40–44岁	10	5	5						
45–49岁	12	5	7						
50–54岁	15	6	9				1	1	
55–59岁	8	4	4						
60–64岁	4	2	2						
65–69岁	4	2	2						
70–74岁									
75–79岁	5	2	3						
80–84岁	4	1	3						
85–89岁	2	1	1						
90–94岁									
95–99岁									
100岁及以上									

2–2 续表 14

单位：人

年龄组	塔吉克族			怒 族			乌孜别克族		
	小计	男	女	小计	男	女	小计	男	女
总 计	**1**	**1**					**1**	**1**	
0–4岁									
5–9岁									
10–14岁									
15–19岁									
20–24岁									
25–29岁							1	1	
30–34岁									
35–39岁									
40–44岁									
45–49岁									
50–54岁									
55–59岁									
60–64岁									
65–69岁									
70–74岁									
75–79岁									
80–84岁									
85–89岁	1	1							
90–94岁									
95–99岁									
100岁及以上									

2–2 续表 15

单位：人

年龄组	俄罗斯族			鄂温克族			德 昂 族		
	小计	男	女	小计	男	女	小计	男	女
总 计	**35**	**23**	**12**	**8**	**2**	**6**	**2**	**1**	**1**
0–4岁	1	1		2	1	1			
5–9岁	1		1						
10–14岁	3	1	2				1	1	
15–19岁	3	2	1						
20–24岁	2	2							
25–29岁	3	2	1	3	1	2			
30–34岁	1	1		1		1	1		1
35–39岁	2	2							
40–44岁	6	5	1	1		1			
45–49岁	5	4	1						
50–54岁	1		1						
55–59岁	3	2	1						
60–64岁	2	1	1						
65–69岁				1		1			
70–74岁									
75–79岁	1		1						
80–84岁									
85–89岁	1		1						
90–94岁									
95–99岁									
100岁及以上									

2-2 续表 16　　　　单位：人

年龄组	保安族			裕固族			京族		
	小计	男	女	小计	男	女	小计	男	女
总　计	**1425**	**738**	**687**	**205**	**98**	**107**	**1**	**1**	
0–4岁	117	69	48	13	9	4			
5–9岁	136	61	75	14	6	8	1	1	
10–14岁	104	53	51	16	9	7			
15–19岁	87	51	36	14	8	6			
20–24岁	114	60	54	15	5	10			
25–29岁	139	62	77	23	15	8			
30–34岁	143	62	81	23	10	13			
35–39岁	97	51	46	20	10	10			
40–44岁	89	45	44	18	7	11			
45–49岁	122	69	53	18	8	10			
50–54岁	115	65	50	9		9			
55–59岁	71	41	30	10	6	4			
60–64岁	24	12	12	6	2	4			
65–69岁	22	15	7	2	2				
70–74岁	17	5	12	1		1			
75–79岁	16	11	5	1	1				
80–84岁	7	3	4	1		1			
85–89岁	3	2	1						
90–94岁	2	1	1	1		1			
95–99岁									
100岁及以上									

2-2 续表 17　　　　单位：人

年龄组	塔塔尔族			独龙族			鄂伦春族		
	小计	男	女	小计	男	女	小计	男	女
总　计				**1**		**1**	**2**	**1**	**1**
0–4岁									
5–9岁									
10–14岁				1		1			
15–19岁									
20–24岁									
25–29岁									
30–34岁							1	1	
35–39岁									
40–44岁									
45–49岁									
50–54岁							1		1
55–59岁									
60–64岁									
65–69岁									
70–74岁									
75–79岁									
80–84岁									
85–89岁									
90–94岁									
95–99岁									
100岁及以上									

2-2 续表 18 单位：人

年龄组	赫哲族			门巴族			珞巴族		
	小计	男	女	小计	男	女	小计	男	女
总 计	**1**	**1**		**12**	**2**	**10**	**2**	**1**	**1**
0-4岁				2	1	1	1	1	
5-9岁									
10-14岁									
15-19岁									
20-24岁				2	1	1			
25-29岁				2		2	1		1
30-34岁				3		3			
35-39岁				1		1			
40-44岁				1		1			
45-49岁									
50-54岁	1	1		1		1			
55-59岁									
60-64岁									
65-69岁									
70-74岁									
75-79岁									
80-84岁									
85-89岁									
90-94岁									
95-99岁									
100岁及以上									

2-2 续表 19 单位：人

年龄组	基诺族			未定族称人口			入籍		
	小计	男	女	小计	男	女	小计	男	女
总 计	**1**	**1**		**82**	**51**	**31**	**10**	**4**	**6**
0-4岁				9	4	5			
5-9岁				2	2		1		1
10-14岁				4	1	3	1		1
15-19岁				4	2	2			
20-24岁				21	17	4	1		1
25-29岁				10	6	4	3	1	2
30-34岁	1	1		8	5	3			
35-39岁				8	6	2			
40-44岁				2	2		1	1	
45-49岁				6	3	3			
50-54岁				3	2	1	2	1	1
55-59岁				3	1	2			
60-64岁				1		1			
65-69岁				1		1	1	1	
70-74岁									
75-79岁									
80-84岁									
85-89岁									
90-94岁									
95-99岁									
100岁及以上									

2–2a　全省各民族分年龄、性别的人口(城市)

单位：人

年龄组	合计			汉族		
	合计	男	女	小计	男	女
总　计	**2124083**	**1081946**	**1042137**	**1555099**	**797943**	**757156**
0–4岁	115022	59373	55649	76040	39393	36647
5–9岁	114245	59189	55056	70367	36714	33653
10–14岁	105325	54773	50552	64858	34042	30816
15–19岁	113194	59035	54159	66398	35558	30840
20–24岁	141958	72218	69740	87141	45817	41324
25–29岁	178697	91883	86814	129522	67378	62144
30–34岁	204219	105661	98558	152745	80002	72743
35–39岁	150237	77480	72757	111276	58146	53130
40–44岁	162320	83189	79131	122056	63117	58939
45–49岁	199425	103304	96121	156831	81971	74860
50–54岁	204580	104650	99930	164683	84942	79741
55–59岁	154792	79080	75712	124561	63942	60619
60–64岁	84627	42938	41689	69467	35179	34288
65–69岁	69079	33604	35475	55225	26642	28583
70–74岁	46096	20548	25548	36128	15784	20344
75–79岁	38629	15407	23222	32075	12416	19659
80–84岁	27832	12909	14923	24001	11129	12872
85–89岁	10708	5145	5563	9185	4439	4746
90–94岁	2575	1316	1259	2145	1129	1016
95–99岁	464	218	246	352	180	172
100岁及以上	59	26	33	43	23	20

2–2a　续表 1

单位：人

年龄组	蒙古族			回族			藏族		
	小计	男	女	小计	男	女	小计	男	女
总　计	**22931**	**11119**	**11812**	**278013**	**139509**	**138504**	**187847**	**92583**	**95264**
0–4岁	1826	929	897	19317	10028	9289	10642	5363	5279
5–9岁	1511	730	781	22373	11497	10876	13303	6771	6532
10–14岁	1253	657	596	21064	10827	10237	12803	6490	6313
15–19岁	1558	789	769	18303	9333	8970	21701	10603	11098
20–24岁	1965	945	1020	21588	10699	10889	23806	11073	12733
25–29岁	2065	981	1084	22988	11550	11438	15906	7937	7969
30–34岁	2189	1075	1114	24948	12516	12432	15508	7698	7810
35–39岁	1549	729	820	18888	9432	9456	12443	6150	6293
40–44岁	1613	760	853	20446	10184	10262	12771	6314	6457
45–49岁	1738	854	884	22608	11247	11361	12827	6421	6406
50–54岁	1735	811	924	21779	10691	11088	11406	5636	5770
55–59岁	1499	716	783	16041	7891	8150	8797	4517	4280
60–64岁	802	412	390	8042	4103	3939	4330	2203	2127
65–69岁	627	287	340	7588	3764	3824	4263	2135	2128
70–74岁	451	194	257	5428	2585	2843	3221	1560	1661
75–79岁	286	133	153	3608	1691	1917	2060	897	1163
80–84岁	168	80	88	2009	976	1033	1284	529	755
85–89岁	77	32	45	747	378	369	541	215	326
90–94岁	19	5	14	194	96	98	173	59	114
95–99岁				45	19	26	55	11	44
100岁及以上				9	2	7	7	1	6

2-2a 续表 2　　单位：人

年龄组	维吾尔族			苗　族			彝　族		
	小计	男	女	小计	男	女	小计	男	女
总　计	**226**	**128**	**98**	**742**	**428**	**314**	**628**	**341**	**287**
0-4岁	10	4	6	48	32	16	31	17	14
5-9岁	18	9	9	52	25	27	16	11	5
10-14岁	5	3	2	36	17	19	9	4	5
15-19岁	15	8	7	55	36	19	30	14	16
20-24岁	34	20	14	110	68	42	97	60	37
25-29岁	49	27	22	64	40	24	77	42	35
30-34岁	29	19	10	81	37	44	84	41	43
35-39岁	13	6	7	88	45	43	65	37	28
40-44岁	12	8	4	59	41	18	72	33	39
45-49岁	13	7	6	58	38	20	67	33	34
50-54岁	11	7	4	36	24	12	48	29	19
55-59岁	5	4	1	26	11	15	22	12	10
60-64岁	6	4	2	14	5	9	9	7	2
65-69岁	3	2	1	6	5	1			
70-74岁	1		1	4	1	3	1	1	
75-79岁	2		2	3	1	2			
80-84岁				1	1				
85-89岁				1	1				
90-94岁									
95-99岁									
100岁及以上									

2-2a 续表 3　　单位：人

年龄组	壮　族			布依族			朝鲜族		
	小计	男	女	小计	男	女	小计	男	女
总　计	**774**	**374**	**400**	**185**	**104**	**81**	**297**	**146**	**151**
0-4岁	51	24	27	11	7	4	21	11	10
5-9岁	40	19	21	8	4	4	25	13	12
10-14岁	32	17	15	8	5	3	17	7	10
15-19岁	39	15	24	13	5	8	8	4	4
20-24岁	112	59	53	49	26	23	10	7	3
25-29岁	64	25	39	13	7	6	20	7	13
30-34岁	78	34	44	16	9	7	31	19	12
35-39岁	66	34	32	23	16	7	25	13	12
40-44岁	69	36	33	20	13	7	22	10	12
45-49岁	53	27	26	10	6	4	23	11	12
50-54岁	54	30	24	8	3	5	25	11	14
55-59岁	54	27	27	4	2	2	26	15	11
60-64岁	23	14	9	1		1	15	10	5
65-69岁	6	2	4				5	3	2
70-74岁	8	4	4				4	2	2
75-79岁	9	2	7	1	1		9	1	8
80-84岁	11	3	8				5	2	3
85-89岁	4	2	2				5		5
90-94岁	1		1				1		1
95-99岁									
100岁及以上									

2–2a　续表 4　　单位：人

年龄组	满族			侗族			瑶族		
	小计	男	女	小计	男	女	小计	男	女
总　计	**6941**	**3548**	**3393**	**220**	**121**	**99**	**147**	**82**	**65**
0–4岁	559	286	273	15	10	5	12	8	4
5–9岁	419	217	202	12	5	7	10	7	3
10–14岁	361	170	191	8	2	6	6	4	2
15–19岁	304	171	133	20	13	7	13	4	9
20–24岁	342	179	163	39	24	15	15	6	9
25–29岁	500	272	228	22	11	11	11	7	4
30–34岁	748	397	351	28	16	12	19	9	10
35–39岁	473	233	240	26	12	14	11	6	5
40–44岁	465	250	215	15	10	5	19	11	8
45–49岁	531	273	258	13	7	6	13	10	3
50–54岁	682	352	330	14	8	6	7	3	4
55–59岁	605	275	330	4	1	3	4	2	2
60–64岁	367	186	181	2	1	1			
65–69岁	209	117	92				2	2	
70–74岁	107	42	65	2	1	1			
75–79岁	102	37	65				2	1	1
80–84岁	109	58	51				2	1	1
85–89岁	41	22	19				1	1	
90–94岁	13	9	4						
95–99岁	4	2	2						
100岁及以上									

2–2a　续表 5　　单位：人

年龄组	白族			土家族			哈尼族		
	小计	男	女	小计	男	女	小计	男	女
总　计	**227**	**130**	**97**	**5714**	**2934**	**2780**	**34**	**10**	**24**
0–4岁	12	7	5	499	258	241	1	1	
5–9岁	11	6	5	388	187	201	6	5	1
10–14岁	7	3	4	285	151	134	2		2
15–19岁	20	17	3	304	156	148	2		2
20–24岁	27	13	14	586	311	275	6	2	4
25–29岁	33	22	11	664	323	341	4	1	3
30–34岁	46	25	21	728	390	338	6	1	5
35–39岁	19	13	6	451	224	227	6		6
40–44岁	24	9	15	348	181	167	1		1
45–49岁	13	7	6	424	238	186			
50–54岁	3	3		377	186	191			
55–59岁	8	4	4	311	149	162			
60–64岁	1		1	131	73	58			
65–69岁	2	1	1	90	45	45			
70–74岁	1		1	56	29	27			
75–79岁				46	20	26			
80–84岁				18	10	8			
85–89岁				8	3	5			
90–94岁									
95–99岁									
100岁及以上									

2-2a 续表 6

单位：人

年龄组	哈萨克族			傣 族			黎 族		
	小计	男	女	小计	男	女	小计	男	女
总 计	**78**	**41**	**37**	**44**	**19**	**25**	**63**	**30**	**33**
0-4岁	3	2	1	3	2	1	2	2	
5-9岁	6	4	2	5	3	2	2	1	1
10-14岁	1		1	2		2	3	2	1
15-19岁	8	4	4	2		2	4	1	3
20-24岁	9	6	3	5	3	2	23	12	11
25-29岁	12	7	5	4	1	3	5	3	2
30-34岁	6	1	5	6	2	4	8	1	7
35-39岁	4	1	3	7	3	4	2	1	1
40-44岁	3	1	2	5	2	3	5	3	2
45-49岁	2	2		2	1	1	4	1	3
50-54岁	9	5	4	2	2		4	3	1
55-59岁	11	6	5	1		1	1		1
60-64岁	1	1							
65-69岁	1		1						
70-74岁	1		1						
75-79岁									
80-84岁	1	1							
85-89岁									
90-94岁									
95-99岁									
100岁及以上									

2-2a 续表 7

单位：人

年龄组	傈僳族			佤 族			畲 族		
	小计	男	女	小计	男	女	小计	男	女
总 计	**30**	**13**	**17**	**9**	**1**	**8**	**94**	**60**	**34**
0-4岁	1		1	1	1		12	8	4
5-9岁	1	1		1		1	12	6	6
10-14岁							6	3	3
15-19岁	4	2	2				3	3	
20-24岁	11	5	6	1		1	8	4	4
25-29岁	2		2	1		1	10	7	3
30-34岁	2	1	1	3		3	10	6	4
35-39岁	5	3	2	2		2	11	8	3
40-44岁	1		1				9	5	4
45-49岁	1		1				3	2	1
50-54岁	1	1					8	6	2
55-59岁									
60-64岁									
65-69岁							1	1	
70-74岁							1	1	
75-79岁									
80-84岁	1		1						
85-89岁									
90-94岁									
95-99岁									
100岁及以上									

2-2a　续表 8

单位：人

年龄组	高山族			拉祜族			水族		
	小计	男	女	小计	男	女	小计	男	女
总　计	**11**	**5**	**6**	**6**	**4**	**2**	**29**	**15**	**14**
0–4岁							2	1	1
5–9岁	2	2					1		1
10–14岁									
15–19岁							3		3
20–24岁				2		2	4	3	1
25–29岁	2	1	1	2	2		6	4	2
30–34岁	2	1	1				5	2	3
35–39岁				1	1		3	2	1
40–44岁	1	1					1	1	
45–49岁							1	1	
50–54岁	2		2	1	1				
55–59岁	1		1				3	1	2
60–64岁									
65–69岁									
70–74岁									
75–79岁	1		1						
80–84岁									
85–89岁									
90–94岁									
95–99岁									
100岁及以上									

2-2a　续表 9

单位：人

年龄组	东乡族			纳西族			景颇族		
	小计	男	女	小计	男	女	小计	男	女
总　计	**8256**	**4679**	**3577**	**22**	**9**	**13**	**4**	**1**	**3**
0–4岁	774	358	416	1	1				
5–9岁	818	463	355						
10–14岁	663	334	329	1		1	1	1	
15–19岁	644	382	262	1	1				
20–24岁	843	509	334	6	3	3			
25–29岁	843	480	363	3		3			
30–34岁	719	418	301	2	1	1	1		1
35–39岁	584	341	243				2		2
40–44岁	585	331	254	1		1			
45–49岁	594	336	258	1		1			
50–54岁	537	334	203	4	2	2			
55–59岁	319	204	115	2	1	1			
60–64岁	101	63	38						
65–69岁	83	53	30						
70–74岁	74	36	38						
75–79岁	42	21	21						
80–84岁	24	13	11						
85–89岁	8	3	5						
90–94岁	1		1						
95–99岁									
100岁及以上									

2-2a 续表 10

单位：人

年龄组	柯尔克孜族			土 族			达斡尔族		
	小计	男	女	小计	男	女	小计	男	女
总 计	**3**		**3**	**34281**	**16886**	**17395**	**18**	**13**	**5**
0-4岁				3222	1607	1615	3	2	1
5-9岁				2618	1317	1301	1	1	
10-14岁				1717	894	823	2	2	
15-19岁				2120	1078	1042	1	1	
20-24岁				3558	1623	1935			
25-29岁				4104	1973	2131			
30-34岁	2		2	4180	1989	2191	1		1
35-39岁	1		1	2601	1260	1341	3	2	1
40-44岁				2151	1107	1044	1	1	
45-49岁				2156	1080	1076	4	4	
50-54岁				1970	939	1031	1		1
55-59岁				1659	840	819			
60-64岁				892	456	436			
65-69岁				614	355	259			
70-74岁				348	179	169			
75-79岁				208	102	106	1		1
80-84岁				99	55	44			
85-89岁				46	20	26			
90-94岁				13	7	6			
95-99岁				5	5				
100岁及以上									

2-2a 续表 11

单位：人

年龄组	仫佬族			羌 族			布朗族		
	小计	男	女	小计	男	女	小计	男	女
总 计	**15**	**9**	**6**	**87**	**51**	**36**	**3**	**1**	**2**
0-4岁	4	3	1	4	2	2			
5-9岁	1		1	3	2	1	1	1	
10-14岁				4	3	1	1		1
15-19岁	1	1		2	1	1			
20-24岁	3	3		6	2	4			
25-29岁	1		1	8	6	2			
30-34岁	2		2	15	9	6	1		1
35-39岁	1		1	9	3	6			
40-44岁				14	8	6			
45-49岁	1	1		12	8	4			
50-54岁				4	3	1			
55-59岁	1	1		5	4	1			
60-64岁									
65-69岁				1		1			
70-74岁									
75-79岁									
80-84岁									
85-89岁									
90-94岁									
95-99岁									
100岁及以上									

2–2a　续表 12　　单位：人

年龄组	撒拉族			毛南族			仡佬族		
	小计	男	女	小计	男	女	小计	男	女
总　计	**20061**	**10119**	**9942**	**1**	**1**		**50**	**33**	**17**
0–4岁	1813	956	857				2	2	
5–9岁	2152	1144	1008				2	2	
10–14岁	2117	1108	1009				1	1	
15–19岁	1566	804	762				4	1	3
20–24岁	1452	675	777	1	1		13	9	4
25–29岁	1584	721	863				5	4	1
30–34岁	1870	886	984				9	6	3
35–39岁	1516	727	789				4	3	1
40–44岁	1479	725	754				1		1
45–49岁	1354	685	669				2		2
50–54岁	1086	575	511				4	2	2
55–59岁	772	427	345				1	1	
60–64岁	399	211	188				1	1	
65–69岁	335	180	155				1	1	
70–74岁	251	126	125						
75–79岁	166	81	85						
80–84岁	93	50	43						
85–89岁	39	26	13						
90–94岁	14	11	3						
95–99岁	3	1	2						
100岁及以上									

2–2a　续表 13　　单位：人

年龄组	锡伯族			阿昌族			普米族		
	小计	男	女	小计	男	女	小计	男	女
总　计	**119**	**58**	**61**	**2**	**1**	**1**	**5**	**2**	**3**
0–4岁	12	8	4						
5–9岁	8	5	3						
10–14岁	2	1	1						
15–19岁	3	1	2						
20–24岁	6	6		1		1	2	1	1
25–29岁	11	3	8	1	1		1		1
30–34岁	12	7	5						
35–39岁	7	1	6				1		1
40–44岁	8	5	3						
45–49岁	10	5	5						
50–54岁	15	6	9				1	1	
55–59岁	8	4	4						
60–64岁	4	2	2						
65–69岁	3	1	2						
70–74岁									
75–79岁	5	2	3						
80–84岁	3		3						
85–89岁	2	1	1						
90–94岁									
95–99岁									
100岁及以上									

2-2a 续表 14

单位：人

年龄组	塔吉克族			怒　族			乌孜别克族		
	小计	男	女	小计	男	女	小计	男	女
总　计	**1**	**1**					**1**	**1**	
0-4岁									
5-9岁									
10-14岁									
15-19岁									
20-24岁									
25-29岁							1	1	
30-34岁									
35-39岁									
40-44岁									
45-49岁									
50-54岁									
55-59岁									
60-64岁									
65-69岁									
70-74岁									
75-79岁									
80-84岁									
85-89岁	1	1							
90-94岁									
95-99岁									
100岁及以上									

2-2a 续表 15

单位：人

年龄组	俄罗斯族			鄂温克族			德 昂 族		
	小计	男	女	小计	男	女	小计	男	女
总　计	**31**	**20**	**11**	**6**	**1**	**5**			
0-4岁	1	1		2	1	1			
5-9岁	1		1						
10-14岁	3	1	2						
15-19岁	2	1	1						
20-24岁	1	1							
25-29岁	3	2	1	1		1			
30-34岁	1	1		1		1			
35-39岁	2	2							
40-44岁	6	5	1	1		1			
45-49岁	4	3	1						
50-54岁									
55-59岁	3	2	1						
60-64岁	2	1	1						
65-69岁				1		1			
70-74岁									
75-79岁	1		1						
80-84岁									
85-89岁	1		1						
90-94岁									
95-99岁									
100岁及以上									

2−2a　续表 16　　　　单位：人

年龄组	保安族			裕固族			京　族		
	小计	男	女	小计	男	女	小计	男	女
总　计	**566**	**287**	**279**	**90**	**48**	**42**	**1**	**1**	
0−4岁	55	32	23	5	3	2			
5−9岁	41	12	29	7	3	4	1	1	
10−14岁	39	21	18	3	2	1			
15−19岁	35	23	12	6	5	1			
20−24岁	56	30	26	7	4	3			
25−29岁	55	22	33	16	10	6			
30−34岁	54	28	26	14	8	6			
35−39岁	36	17	19	7	5	2			
40−44岁	32	15	17	3	1	2			
45−49岁	43	21	22	8	4	4			
50−54岁	51	30	21	5		5			
55−59岁	30	17	13	5	3	2			
60−64岁	13	6	7	3		3			
65−69岁	11	7	4						
70−74岁	8	3	5	1		1			
75−79岁	2	1	1						
80−84岁	3	1	2						
85−89岁	1	1							
90−94岁	1		1						
95−99岁									
100岁及以上									

2−2a　续表 17　　　　单位：人

年龄组	塔塔尔族			独龙族			鄂伦春族		
	小计	男	女	小计	男	女	小计	男	女
总　计							**2**	**1**	**1**
0−4岁									
5−9岁									
10−14岁									
15−19岁									
20−24岁									
25−29岁									
30−34岁							1	1	
35−39岁									
40−44岁									
45−49岁									
50−54岁							1		1
55−59岁									
60−64岁									
65−69岁									
70−74岁									
75−79岁									
80−84岁									
85−89岁									
90−94岁									
95−99岁									
100岁及以上									

2-2a 续表 18

单位：人

年龄组	赫哲族			门巴族			珞巴族		
	小计	男	女	小计	男	女	小计	男	女
总　计	**1**	**1**		**2**		**2**	**2**	**1**	**1**
0–4岁							1	1	
5–9岁									
10–14岁									
15–19岁									
20–24岁									
25–29岁				2		2	1		1
30–34岁									
35–39岁									
40–44岁									
45–49岁									
50–54岁	1	1							
55–59岁									
60–64岁									
65–69岁									
70–74岁									
75–79岁									
80–84岁									
85–89岁									
90–94岁									
95–99岁									
100岁及以上									

2-2a 续表 19

单位：人

年龄组	基诺族			未定族称人口			入籍		
	小计	男	女	小计	男	女	小计	男	女
总　计	**1**	**1**		**53**	**28**	**25**	**10**	**4**	**6**
0–4岁				4	2	2			
5–9岁				1	1		1		1
10–14岁				4	1	3	1		1
15–19岁				2		2			
20–24岁				12	9	3	1		1
25–29岁				8	4	4	3	1	2
30–34岁	1	1		7	4	3			
35–39岁				6	4	2			
40–44岁							1	1	
45–49岁				1		1			
50–54岁				3	2	1	2	1	1
55–59岁				3	1	2			
60–64岁				1		1			
65–69岁				1		1	1	1	
70–74岁									
75–79岁									
80–84岁									
85–89岁									
90–94岁									
95–99岁									
100岁及以上									

2-2b 全省各民族分年龄、性别的人口(镇)

单位：人

年龄组	合计			汉族		
	合计	男	女	小计	男	女
总 计	**1435280**	**728786**	**706494**	**604589**	**317859**	**286730**
0-4岁	92966	47879	45087	27899	14432	13467
5-9岁	115454	59302	56152	32719	16857	15862
10-14岁	107352	54982	52370	31883	16715	15168
15-19岁	114071	57076	56995	38748	20116	18632
20-24岁	81584	41862	39722	27718	15147	12571
25-29岁	110865	55614	55251	44725	23524	21201
30-34岁	121355	61045	60310	53362	28097	25265
35-39岁	103324	52035	51289	44974	23851	21123
40-44岁	115952	59292	56660	54600	29260	25340
45-49岁	127073	66217	60856	65651	35612	30039
50-54岁	116439	60926	55513	62342	34124	28218
55-59岁	80576	41292	39284	42557	22388	20169
60-64岁	42327	21576	20751	23336	12087	11249
65-69岁	42219	20373	21846	22632	10980	11652
70-74岁	29747	14139	15608	14821	7069	7752
75-79岁	19115	8828	10287	9541	4361	5180
80-84岁	9784	4225	5559	4718	2144	2574
85-89岁	3837	1605	2232	1862	848	1014
90-94岁	957	405	552	405	202	203
95-99岁	240	94	146	83	40	43
100岁及以上	43	19	24	13	5	8

2-2b 续表 1

单位：人

年龄组	蒙古族			回族			藏族		
	小计	男	女	小计	男	女	小计	男	女
总 计	**35890**	**17314**	**18576**	**258290**	**128782**	**129508**	**429556**	**211588**	**217968**
0-4岁	2622	1357	1265	20184	10549	9635	32775	16735	16040
5-9岁	3558	1802	1756	25164	12963	12201	43343	22171	21172
10-14岁	2730	1346	1384	23786	12067	11719	39347	19920	19427
15-19岁	2508	1236	1272	20985	10426	10559	41773	20136	21637
20-24岁	2253	1109	1144	15277	7481	7796	30702	15292	15410
25-29岁	3073	1469	1604	18960	9271	9689	36216	17578	18638
30-34岁	2886	1388	1498	20173	9632	10541	36166	17710	18456
35-39岁	2388	1137	1251	16994	8382	8612	31228	14901	16327
40-44岁	2692	1293	1399	18832	9151	9681	31740	15567	16173
45-49岁	2980	1404	1576	20285	10100	10185	30416	15230	15186
50-54岁	2685	1280	1405	19210	9538	9672	25212	12540	12672
55-59岁	1906	895	1011	13872	6939	6933	17337	8652	8685
60-64岁	1000	487	513	6901	3529	3372	8322	4078	4244
65-69岁	1022	459	563	6997	3436	3561	8959	4230	4729
70-74岁	747	342	405	5091	2464	2627	7209	3369	3840
75-79岁	449	185	264	3220	1663	1557	4749	2081	2668
80-84岁	265	89	176	1613	822	791	2562	911	1651
85-89岁	97	30	67	548	276	272	1078	346	732
90-94岁	23	6	17	148	67	81	313	104	209
95-99岁	6		6	40	18	22	92	32	60
100岁及以上				10	8	2	17	5	12

2—2b 续表 2

单位：人

年龄组	维吾尔族			苗 族			彝 族		
	小计	男	女	小计	男	女	小计	男	女
总 计	**44**	**29**	**15**	**179**	**109**	**70**	**183**	**111**	**72**
0—4岁	2	1	1	12	4	8	11	4	7
5—9岁	2	1	1	17	9	8	12	6	6
10—14岁	3	3		3	1	2	7	6	1
15—19岁	6	4	2	7	4	3	13	8	5
20—24岁	7	6	1	16	11	5	19	14	5
25—29岁	3	2	1	16	9	7	25	14	11
30—34岁	5	2	3	21	14	7	30	20	10
35—39岁	3	1	2	22	8	14	16	8	8
40—44岁	4	4		17	12	5	18	11	7
45—49岁	3	2	1	18	13	5	19	12	7
50—54岁	4	2	2	16	13	3	10	7	3
55—59岁	1	1		9	7	2	3	1	2
60—64岁				1	1				
65—69岁	1		1	3	3				
70—74岁									
75—79岁									
80—84岁				1		1			
85—89岁									
90—94岁									
95—99岁									
100岁及以上									

2—2b 续表 3

单位：人

年龄组	壮 族			布依族			朝鲜族		
	小计	男	女	小计	男	女	小计	男	女
总 计	**150**	**77**	**73**	**43**	**27**	**16**	**45**	**18**	**27**
0—4岁	15	9	6	2	1	1	4	3	1
5—9岁	14	8	6	3	1	2	3	1	2
10—14岁	8	4	4	3	3		3	1	2
15—19岁	2	1	1	1	1		6	2	4
20—24岁	12	8	4	5	3	2			
25—29岁	17	7	10	6	6		6	1	5
30—34岁	26	12	14	4	1	3	3	2	1
35—39岁	8	4	4	3	2	1	2	1	1
40—44岁	11	6	5	5	3	2			
45—49岁	11	6	5	5	1	4	7	2	5
50—54岁	9	4	5	3	2	1	6	3	3
55—59岁	13	5	8	2	2		1		1
60—64岁	2	2					4	2	2
65—69岁	1		1						
70—74岁									
75—79岁	1	1		1	1				
80—84岁									
85—89岁									
90—94岁									
95—99岁									
100岁及以上									

2-2b　续表 4

单位：人

年龄组	满　　族			侗　　族			瑶　　族		
	小计	男	女	小计	男	女	小计	男	女
总　计	**782**	**422**	**360**	**34**	**20**	**14**	**22**	**13**	**9**
0–4岁	67	31	36	1		1			
5–9岁	43	19	24	3	3		2		2
10–14岁	36	16	20	1		1			
15–19岁	38	19	19	1	1		1	1	
20–24岁	31	23	8	3	1	2	3	2	1
25–29岁	54	30	24	3	2	1	2	1	1
30–34岁	74	38	36	5	2	3	5	3	2
35–39岁	60	29	31	11	7	4	1	1	
40–44岁	58	37	21				2	1	1
45–49岁	87	55	32	2	1	1	1	1	
50–54岁	70	36	34	4	3	1	4	2	2
55–59岁	65	33	32				1	1	
60–64岁	35	20	15						
65–69岁	19	13	6						
70–74岁	12	7	5						
75–79岁	15	6	9						
80–84岁	10	6	4						
85–89岁	7	3	4						
90–94岁	1	1							
95–99岁									
100岁及以上									

2-2b　续表 5

单位：人

年龄组	白　　族			土 家 族			哈 尼 族		
	小计	男	女	小计	男	女	小计	男	女
总　计	**221**	**135**	**86**	**3530**	**1746**	**1784**	**19**	**7**	**12**
0–4岁	9	6	3	296	152	144	2		2
5–9岁	8	7	1	345	180	165	2	1	1
10–14岁	9	6	3	275	133	142	2	2	
15–19岁	18	16	2	230	111	119	1	1	
20–24岁	14	10	4	183	100	83			
25–29岁	26	13	13	338	154	184	2		2
30–34岁	46	26	20	333	156	177	1		1
35–39岁	35	18	17	283	143	140	6	1	5
40–44岁	24	14	10	293	138	155	3	2	1
45–49岁	24	14	10	280	152	128			
50–54岁	4	3	1	258	122	136			
55–59岁	3	2	1	171	77	94			
60–64岁	1		1	75	40	35			
65–69岁				80	39	41			
70–74岁				50	30	20			
75–79岁				27	12	15			
80–84岁				11	5	6			
85–89岁				1	1				
90–94岁									
95–99岁				1	1				
100岁及以上									

2-2b 续表 6

单位：人

年龄组	哈萨克族			傣　族			黎　族		
	小计	男	女	小计	男	女	小计	男	女
总　计	**40**	**21**	**19**	**13**	**8**	**5**	**15**	**7**	**8**
0-4岁	1		1	1	1				
5-9岁	3	2	1	2	1	1	2	1	1
10-14岁	2	1	1	1		1	1		1
15-19岁	4	4					1		1
20-24岁	4	3	1	1	1		1	1	
25-29岁	3	1	2	3	2	1	1	1	
30-34岁	4	1	3	2	1	1	1		1
35-39岁	6	3	3	3	2	1	2		2
40-44岁	3	2	1				1	1	
45-49岁	3	1	2				1	1	
50-54岁	7	3	4				2	1	1
55-59岁							1	1	
60-64岁							1		1
65-69岁									
70-74岁									
75-79岁									
80-84岁									
85-89岁									
90-94岁									
95-99岁									
100岁及以上									

2-2b 续表 7

单位：人

年龄组	傈僳族			佤　族			畲　族		
	小计	男	女	小计	男	女	小计	男	女
总　计	**5**	**1**	**4**	**9**	**2**	**7**	**4**	**3**	**1**
0-4岁									
5-9岁									
10-14岁							1	1	
15-19岁	1		1						
20-24岁	1		1	2	1	1			
25-29岁	1		1	1		1	1	1	
30-34岁	2	1	1	3		3	2	1	1
35-39岁				1		1			
40-44岁				1		1			
45-49岁				1	1				
50-54岁									
55-59岁									
60-64岁									
65-69岁									
70-74岁									
75-79岁									
80-84岁									
85-89岁									
90-94岁									
95-99岁									
100岁及以上									

2-2b 续表 8 单位：人

年龄组	高山族			拉祜族			水族		
	小计	男	女	小计	男	女	小计	男	女
总 计				**5**	**4**	**1**	**28**	**8**	**20**
0-4岁							2	1	1
5-9岁				1	1		1	1	
10-14岁									
15-19岁									
20-24岁									
25-29岁							1		1
30-34岁							5		5
35-39岁				3	2	1	5	3	2
40-44岁				1	1		6		6
45-49岁							5	2	3
50-54岁									
55-59岁							2		2
60-64岁							1	1	
65-69岁									
70-74岁									
75-79岁									
80-84岁									
85-89岁									
90-94岁									
95-99岁									
100岁及以上									

2-2b 续表 9 单位：人

年龄组	东乡族			纳西族			景颇族		
	小计	男	女	小计	男	女	小计	男	女
总 计	**4507**	**2458**	**2049**	**1**		**1**	**4**	**2**	**2**
0-4岁	408	197	211						
5-9岁	542	279	263						
10-14岁	428	210	218				1		1
15-19岁	321	171	150						
20-24岁	369	202	167				2	2	
25-29岁	371	192	179						
30-34岁	376	212	164	1		1	1		1
35-39岁	266	150	116						
40-44岁	292	161	131						
45-49岁	357	206	151						
50-54岁	337	200	137						
55-59岁	211	147	64						
60-64岁	70	45	25						
65-69岁	62	38	24						
70-74岁	47	24	23						
75-79岁	36	17	19						
80-84岁	10	5	5						
85-89岁	4	2	2						
90-94岁									
95-99岁									
100岁及以上									

2-2b 续表 10

单位：人

年龄组	柯尔克孜族			土族			达斡尔族		
	小计	男	女	小计	男	女	小计	男	女
总　计	**3**		**3**	**56977**	**28218**	**28759**	**7**	**2**	**5**
0–4岁				4585	2282	2303	1		1
5–9岁				5072	2619	2453			
10–14岁	1		1	4420	2317	2103			
15–19岁				5826	2953	2873			
20–24岁				2630	1352	1278			
25–29岁	1		1	4234	2033	2201	2		2
30–34岁	1		1	4805	2304	2501			
35–39岁				4071	1990	2081	1	1	
40–44岁				4482	2245	2237			
45–49岁				4432	2197	2235	1	1	
50–54岁				4150	2010	2140			
55–59岁				2988	1439	1549	1		1
60–64岁				1631	810	821	1		1
65–69岁				1559	727	832			
70–74岁				1011	467	544			
75–79岁				586	274	312			
80–84岁				330	134	196			
85–89岁				128	54	74			
90–94岁				29	8	21			
95–99岁				6	2	4			
100岁及以上				2	1	1			

2-2b 续表 11

单位：人

年龄组	仫佬族			羌族			布朗族		
	小计	男	女	小计	男	女	小计	男	女
总　计	**4**	**1**	**3**	**66**	**46**	**20**	**1**	**1**	
0–4岁	1		1	6	4	2			
5–9岁				1	1				
10–14岁				1		1			
15–19岁	1	1							
20–24岁	1		1	3	3		1	1	
25–29岁				9	7	2			
30–34岁	1		1	8	5	3			
35–39岁				6	4	2			
40–44岁				8	4	4			
45–49岁				10	7	3			
50–54岁				6	6				
55–59岁				3	2	1			
60–64岁				4	3	1			
65–69岁									
70–74岁									
75–79岁									
80–84岁				1		1			
85–89岁									
90–94岁									
95–99岁									
100岁及以上									

2-2b　续表 12

单位：人

年龄组	撒拉族			毛南族			仡佬族		
	小计	男	女	小计	男	女	小计	男	女
总　计	**39251**	**19351**	**19900**				**4**	**3**	**1**
0-4岁	4004	2078	1926						
5-9岁	4513	2328	2185						
10-14岁	4333	2197	2136						
15-19岁	3532	1840	1692				1	1	
20-24岁	2267	1058	1209						
25-29岁	2699	1260	1439				1		1
30-34岁	2937	1393	1544						
35-39岁	2873	1359	1514						
40-44岁	2802	1350	1452						
45-49岁	2398	1152	1246						
50-54岁	2046	1000	1046				1	1	
55-59岁	1394	679	715				1	1	
60-64岁	932	465	467						
65-69岁	873	440	433						
70-74岁	753	365	388						
75-79岁	479	220	259						
80-84岁	257	106	151						
85-89岁	110	44	66						
90-94岁	36	16	20						
95-99岁	12	1	11						
100岁及以上	1		1						

2-2b　续表 13

单位：人

年龄组	锡伯族			阿昌族			普米族		
	小计	男	女	小计	男	女	小计	男	女
总　计	**9**	**5**	**4**						
0-4岁	1		1						
5-9岁	1	1							
10-14岁	1	1							
15-19岁									
20-24岁									
25-29岁									
30-34岁									
35-39岁	1	1							
40-44岁	2		2						
45-49岁	1		1						
50-54岁									
55-59岁									
60-64岁									
65-69岁	1	1							
70-74岁									
75-79岁									
80-84岁	1	1							
85-89岁									
90-94岁									
95-99岁									
100岁及以上									

2-2b　续表 14　　单位：人

年龄组	塔吉克族			怒　族			乌孜别克族		
	小计	男	女	小计	男	女	小计	男	女
总　计									
0-4岁									
5-9岁									
10-14岁									
15-19岁									
20-24岁									
25-29岁									
30-34岁									
35-39岁									
40-44岁									
45-49岁									
50-54岁									
55-59岁									
60-64岁									
65-69岁									
70-74岁									
75-79岁									
80-84岁									
85-89岁									
90-94岁									
95-99岁									
100岁及以上									

2-2b　续表 15　　单位：人

年龄组	俄罗斯族			鄂温克族			德 昂 族		
	小计	男	女	小计	男	女	小计	男	女
总　计	**4**	**3**	**1**						
0-4岁									
5-9岁									
10-14岁									
15-19岁	1	1							
20-24岁	1	1							
25-29岁									
30-34岁									
35-39岁									
40-44岁									
45-49岁	1	1							
50-54岁	1		1						
55-59岁									
60-64岁									
65-69岁									
70-74岁									
75-79岁									
80-84岁									
85-89岁									
90-94岁									
95-99岁									
100岁及以上									

2-2b　续表 16　　单位：人

年龄组	保安族			裕固族			京族		
	小计	男	女	小计	男	女	小计	男	女
总　计	**656**	**341**	**315**	**74**	**32**	**42**			
0-4岁	49	27	22	5	5				
5-9岁	74	38	36	4	1	3			
10-14岁	55	27	28	10	5	5			
15-19岁	38	19	19	5	1	4			
20-24岁	46	24	22	6		6			
25-29岁	58	31	27	6	4	2			
30-34岁	61	22	39	4	2	2			
35-39岁	44	24	20	7	1	6			
40-44岁	43	23	20	11	5	6			
45-49岁	66	38	28	6	4	2			
50-54岁	50	26	24	2		2			
55-59岁	31	19	12	3	1	2			
60-64岁	9	5	4	1	1				
65-69岁	9	6	3	1	1				
70-74岁	6	2	4						
75-79岁	10	6	4	1	1				
80-84岁	4	2	2	1		1			
85-89岁	2	1	1						
90-94岁	1	1		1		1			
95-99岁									
100岁及以上									

2-2b　续表 17　　单位：人

年龄组	塔塔尔族			独龙族			鄂伦春族		
	小计	男	女	小计	男	女	小计	男	女
总　计				**1**		**1**			
0-4岁									
5-9岁									
10-14岁				1		1			
15-19岁									
20-24岁									
25-29岁									
30-34岁									
35-39岁									
40-44岁									
45-49岁									
50-54岁									
55-59岁									
60-64岁									
65-69岁									
70-74岁									
75-79岁									
80-84岁									
85-89岁									
90-94岁									
95-99岁									
100岁及以上									

2－2b 续表 18

单位：人

年龄组	赫哲族			门巴族			珞巴族		
	小计	男	女	小计	男	女	小计	男	女
总　计				**2**	**1**	**1**			
0－4岁									
5－9岁									
10－14岁									
15－19岁									
20－24岁				1	1				
25－29岁									
30－34岁				1		1			
35－39岁									
40－44岁									
45－49岁									
50－54岁									
55－59岁									
60－64岁									
65－69岁									
70－74岁									
75－79岁									
80－84岁									
85－89岁									
90－94岁									
95－99岁									
100岁及以上									

2－2b 续表 19

单位：人

年龄组	基诺族			未定族称人口			入籍		
	小计	男	女	小计	男	女	小计	男	女
总　计				**13**	**11**	**2**			
0－4岁				1		1			
5－9岁									
10－14岁									
15－19岁				2	2				
20－24岁				5	5				
25－29岁				1	1				
30－34岁									
35－39岁				1	1				
40－44岁				1	1				
45－49岁				2	1	1			
50－54岁									
55－59岁									
60－64岁									
65－69岁									
70－74岁									
75－79岁									
80－84岁									
85－89岁									
90－94岁									
95－99岁									
100岁及以上									

2–2c　全省各民族分年龄、性别的人口(乡村)

单位：人

年龄组	合　计			汉　族		
	合计	男	女	小计	男	女
总　计	**2364594**	**1223114**	**1141480**	**833846**	**448928**	**384918**
0–4岁	183703	94791	88912	38723	20104	18619
5–9岁	204740	104997	99743	45402	23550	21852
10–14岁	194149	99920	94229	47304	24914	22390
15–19岁	129417	67851	61566	35407	18756	16651
20–24岁	141507	74107	67400	39581	21641	17940
25–29岁	164552	86886	77666	51474	28929	22545
30–34岁	169444	89570	79874	54768	31509	23259
35–39岁	156353	82815	73538	50001	28862	21139
40–44岁	179826	94776	85050	68220	38274	29946
45–49岁	207172	108817	98355	92678	50933	41745
50–54岁	198876	103818	95058	95638	51858	43780
55–59岁	143791	74685	69106	70415	37651	32764
60–64岁	78355	40313	38042	41438	21978	19460
65–69岁	83882	41112	42770	44120	21985	22135
70–74岁	59859	28198	31661	28842	13903	14939
75–79岁	38870	18142	20728	17724	8610	9114
80–84岁	19598	8280	11318	8187	3700	4487
85–89岁	7956	3142	4814	3123	1383	1740
90–94岁	2006	722	1284	648	316	332
95–99岁	465	150	315	133	61	72
100岁及以上	73	22	51	20	11	9

2–2c　续表 1　　　　单位：人

年龄组	蒙古族			回　族			藏　族		
	小计	男	女	小计	男	女	小计	男	女
总　计	**43626**	**23114**	**20512**	**409970**	**207090**	**202880**	**892205**	**449310**	**442895**
0–4岁	3876	1997	1879	38460	20065	18395	86227	44121	42106
5–9岁	3299	1686	1613	45610	23227	22383	92403	47197	45206
10–14岁	2784	1379	1405	41075	21128	19947	85236	43308	41928
15–19岁	2012	1129	883	26451	13346	13105	55482	29493	25989
20–24岁	3044	1640	1404	25004	12513	12491	63908	33193	30715
25–29岁	4029	2163	1866	27248	13726	13522	69902	35751	34151
30–34岁	3937	2045	1892	28260	14019	14241	69969	35404	34565
35–39岁	3755	2051	1704	24371	12307	12064	66250	33388	32862
40–44岁	3932	2114	1818	26462	12942	13520	67239	34208	33031
45–49岁	4047	2206	1841	29254	14559	14695	66110	33420	32690
50–54岁	3269	1780	1489	29822	14743	15079	55758	28157	27601
55–59岁	2100	1187	913	23705	12069	11636	36806	18362	18444
60–64岁	945	543	402	12008	6122	5886	17600	8530	9070
65–69岁	951	509	442	12207	6125	6082	20114	9319	10795
70–74岁	694	347	347	9469	4732	4737	16337	7044	9293
75–79岁	429	180	249	6386	3308	3078	11599	4768	6831
80–84岁	326	107	219	2799	1476	1323	6923	2397	4526
85–89岁	146	40	106	1057	524	533	3131	979	2152
90–94岁	45	10	35	251	126	125	927	215	712
95–99岁	4	1	3	60	26	34	245	52	193
100岁及以上	2		2	11	7	4	39	4	35

2–2c 续表 2 单位：人

年龄组	维吾尔族			苗族			彝族		
	小计	男	女	小计	男	女	小计	男	女
总　计	**42**	**19**	**23**	**208**	**121**	**87**	**326**	**226**	**100**
0–4岁	3	1	2	19	12	7	8	5	3
5–9岁	2	2		12	3	9	9	3	6
10–14岁				12	3	9	8	4	4
15–19岁	3	2	1	5	2	3	7	5	2
20–24岁	10	5	5	15	7	8	46	36	10
25–29岁	7	3	4	17	11	6	51	37	14
30–34岁	6	1	5	29	18	11	51	35	16
35–39岁	3	2	1	26	15	11	33	26	7
40–44岁				22	18	4	33	24	9
45–49岁	4	1	3	25	15	10	31	22	9
50–54岁	2		2	7	5	2	29	18	11
55–59岁	1	1		10	10		7	6	1
60–64岁				1	1		5	2	3
65–69岁	1	1					7	3	4
70–74岁				2	1	1			
75–79岁				3		3			
80–84岁				1		1			
85–89岁				1		1	1		1
90–94岁				1		1			
95–99岁									
100岁及以上									

2–2c 续表 3 单位：人

年龄组	壮族			布依族			朝鲜族		
	小计	男	女	小计	男	女	小计	男	女
总　计	**104**	**57**	**47**	**57**	**36**	**21**	**21**	**10**	**11**
0–4岁	8	6	2	3	1	2			
5–9岁	10	4	6	4	3	1	2	1	1
10–14岁	6	3	3	2		2			
15–19岁	4	3	1	1	1		1		1
20–24岁	8	6	2	9	7	2	2		2
25–29岁	7	2	5	3	2	1			
30–34岁	8	3	5	8	6	2			
35–39岁	15	7	8	13	7	6			
40–44岁	13	6	7	7	5	2	3	2	1
45–49岁	13	8	5	5	4	1	4	3	1
50–54岁	5	4	1	2		2	4	3	1
55–59岁	3	3					1		1
60–64岁	2	1	1				1		1
65–69岁									
70–74岁									
75–79岁	1		1				1		1
80–84岁	1	1					2	1	1
85–89岁									
90–94岁									
95–99岁									
100岁及以上									

2-2c　续表 4　　　　单位：人

年龄组	满　族			侗　族			瑶　族		
	小计	男	女	小计	男	女	小计	男	女
总　计	**192**	**122**	**70**	**27**	**23**	**4**	**30**	**15**	**15**
0–4岁	14	10	4				3	1	2
5–9岁	12	5	7	3	3		6	5	1
10–14岁	7	3	4	1	1		3	2	1
15–19岁	15	6	9	2	2				
20–24岁	10	8	2	1	1				
25–29岁	15	10	5	3	2	1	6	2	4
30–34岁	23	15	8	4	4		1		1
35–39岁	13	9	4	3	2	1	5	2	3
40–44岁	18	10	8	1	1		3	1	2
45–49岁	18	12	6	6	5	1	2	2	
50–54岁	13	9	4	2	1	1			
55–59岁	9	7	2	1	1				
60–64岁	12	11	1						
65–69岁	5	3	2						
70–74岁	3	1	2						
75–79岁	1	1							
80–84岁	3	1	2						
85–89岁	1	1					1		1
90–94岁									
95–99岁									
100岁及以上									

2-2c　续表 5　　　　单位：人

年龄组	白　族			土 家 族			哈 尼 族		
	小计	男	女	小计	男	女	小计	男	女
总　计	**102**	**56**	**46**	**2647**	**1288**	**1359**	**11**	**3**	**8**
0–4岁	6	3	3	253	125	128	1		1
5–9岁	4	2	2	227	112	115	1		1
10–14岁	2	1	1	183	93	90			
15–19岁	5	4	1	118	70	48			
20–24岁	14	7	7	165	80	85	2		2
25–29岁	14	6	8	235	107	128	3	1	2
30–34岁	16	6	10	256	117	139	2	1	1
35–39岁	8	7	1	190	82	108	2	1	1
40–44岁	10	9	1	213	93	120			
45–49岁	7	3	4	225	111	114			
50–54岁	8	4	4	230	117	113			
55–59岁	4	2	2	153	82	71			
60–64岁	1		1	66	28	38			
65–69岁	2	1	1	71	39	32			
70–74岁				34	19	15			
75–79岁				19	9	10			
80–84岁				7	3	4			
85–89岁	1	1		2	1	1			
90–94岁									
95–99岁									
100岁及以上									

2-2c 续表 6 单位：人

年龄组	哈萨克族			傣族			黎族		
	小计	男	女	小计	男	女	小计	男	女
总计	**491**	**249**	**242**	**20**	**14**	**6**	**11**	**7**	**4**
0-4岁	31	18	13	3	3		1	1	
5-9岁	50	26	24	1		1			
10-14岁	54	24	30	2	1	1	1	1	
15-19岁	46	25	21	1	1				
20-24岁	17	11	6	1		1			
25-29岁	33	14	19	5	4	1	1		1
30-34岁	43	23	20	2	1	1	1		1
35-39岁	49	23	26				1	1	
40-44岁	44	23	21	2	1	1	3	2	1
45-49岁	36	23	13	2	2		2	2	
50-54岁	30	12	18	1	1				
55-59岁	13	5	8						
60-64岁	17	11	6						
65-69岁	12	5	7				1		1
70-74岁	8	3	5						
75-79岁	5	1	4						
80-84岁	1		1						
85-89岁	1	1							
90-94岁	1	1							
95-99岁									
100岁及以上									

2-2c 续表 7 单位：人

年龄组	傈僳族			佤族			畲族		
	小计	男	女	小计	男	女	小计	男	女
总计	**9**	**5**	**4**	**9**	**5**	**4**	**9**	**9**	
0-4岁	2	2							
5-9岁									
10-14岁	2	1	1	1	1				
15-19岁	1		1				1	1	
20-24岁	1	1		2	1	1			
25-29岁				4	3	1			
30-34岁	1	1		1		1	3	3	
35-39岁	1		1				1	1	
40-44岁	1		1				1	1	
45-49岁									
50-54岁				1		1	3	3	
55-59岁									
60-64岁									
65-69岁									
70-74岁									
75-79岁									
80-84岁									
85-89岁									
90-94岁									
95-99岁									
100岁及以上									

2–2c 续表 8 单位：人

年龄组	高山族			拉祜族			水 族		
	小计	男	女	小计	男	女	小计	男	女
总 计				**12**	**4**	**8**	**8**	**5**	**3**
0–4岁				4	3	1			
5–9岁				4	1	3			
10–14岁							1	1	
15–19岁									
20–24岁				1		1	1	1	
25–29岁				1		1			
30–34岁				1		1	3	1	2
35–39岁							1		1
40–44岁				1		1			
45–49岁							1	1	
50–54岁							1	1	
55–59岁									
60–64岁									
65–69岁									
70–74岁									
75–79岁									
80–84岁									
85–89岁									
90–94岁									
95–99岁									
100岁及以上									

2–2c 续表 9 单位：人

年龄组	东乡族			纳西族			景颇族		
	小计	男	女	小计	男	女	小计	男	女
总 计	**1696**	**975**	**721**	**13**	**4**	**9**	**1**		**1**
0–4岁	140	81	59	1		1			
5–9岁	167	89	78	2		2	1		1
10–14岁	156	91	65	3	3				
15–19岁	99	61	38						
20–24岁	139	67	72	1		1			
25–29岁	162	79	83						
30–34岁	164	77	87	1		1			
35–39岁	121	72	49	3		3			
40–44岁	123	74	49	1		1			
45–49岁	147	103	44	1	1				
50–54岁	109	65	44						
55–59岁	77	55	22						
60–64岁	17	12	5						
65–69岁	25	17	8						
70–74岁	27	19	8						
75–79岁	17	11	6						
80–84岁	4	2	2						
85–89岁	2		2						
90–94岁									
95–99岁									
100岁及以上									

2-2c 续表 10

单位：人

年龄组	柯尔克孜族			土族			达斡尔族		
	小计	男	女	小计	男	女	小计	男	女
总　计	**1**		**1**	**109104**	**56878**	**52226**	**2**	**2**	
0–4岁				7590	3980	3610			
5–9岁				8571	4543	4028			
10–14岁				8814	4729	4085			
15–19岁				5150	2769	2381	1	1	
20–24岁				5390	2871	2519			
25–29岁	1		1	6870	3811	3059			
30–34岁				7166	3931	3235			
35–39岁				7057	3743	3314			
40–44岁				9147	4809	4338			
45–49岁				10508	5429	5079			
50–54岁				10333	5292	5041			
55–59岁				7893	3978	3915	1	1	
60–64岁				4435	2242	2193			
65–69岁				4526	2179	2347			
70–74岁				2854	1356	1498			
75–79岁				1686	758	928			
80–84岁				782	319	463			
85–89岁				270	110	160			
90–94岁				55	25	30			
95–99岁				7	4	3			
100岁及以上									

2-2c 续表 11

单位：人

年龄组	仫佬族			羌族			布朗族		
	小计	男	女	小计	男	女	小计	男	女
总　计	**4**		**4**	**34**	**23**	**11**	**2**		**2**
0–4岁	1		1						
5–9岁	1		1	1	1		2		2
10–14岁									
15–19岁									
20–24岁									
25–29岁				4	4				
30–34岁	1		1	10	5	5			
35–39岁	1		1	4	4				
40–44岁				5	3	2			
45–49岁				6	3	3			
50–54岁				2	1	1			
55–59岁				1	1				
60–64岁				1	1				
65–69岁									
70–74岁									
75–79岁									
80–84岁									
85–89岁									
90–94岁									
95–99岁									
100岁及以上									

2–2c　续表 12　　　　　　　　　　　　　　　　　　　　　　　　　　　单位：人

年龄组	撒拉族			毛南族			仡佬族		
	小计	男	女	小计	男	女	小计	男	女
总　计	**69467**	**34363**	**35104**				**10**	**10**	
0–4岁	8304	4238	4066						
5–9岁	8909	4520	4389						
10–14岁	8477	4221	4256						
15–19岁	4588	2163	2425						
20–24岁	4116	2001	2115						
25–29岁	4422	2204	2218				3	3	
30–34岁	4669	2329	2340				3	3	
35–39岁	4400	2188	2212						
40–44岁	4300	2145	2155				2	2	
45–49岁	4017	1935	2082				2	2	
50–54岁	3590	1735	1855						
55–59岁	2579	1257	1322						
60–64岁	1802	829	973						
65–69岁	1837	923	914						
70–74岁	1586	773	813						
75–79岁	995	492	503						
80–84岁	562	273	289						
85–89岁	219	102	117						
90–94岁	78	29	49						
95–99岁	16	6	10						
100岁及以上	1		1						

2–2c　续表 13　　　　　　　　　　　　　　　　　　　　　　　　　　　单位：人

年龄组	锡伯族			阿昌族			普米族		
	小计	男	女	小计	男	女	小计	男	女
总　计	**3**		**3**	**2**		**2**			
0–4岁									
5–9岁									
10–14岁				1		1			
15–19岁									
20–24岁									
25–29岁	1		1	1		1			
30–34岁									
35–39岁	1		1						
40–44岁									
45–49岁	1		1						
50–54岁									
55–59岁									
60–64岁									
65–69岁									
70–74岁									
75–79岁									
80–84岁									
85–89岁									
90–94岁									
95–99岁									
100岁及以上									

2-2c 续表 14

单位：人

年龄组	塔吉克族			怒　族			乌孜别克族		
	小计	男	女	小计	男	女	小计	男	女
总　计									
0-4岁									
5-9岁									
10-14岁									
15-19岁									
20-24岁									
25-29岁									
30-34岁									
35-39岁									
40-44岁									
45-49岁									
50-54岁									
55-59岁									
60-64岁									
65-69岁									
70-74岁									
75-79岁									
80-84岁									
85-89岁									
90-94岁									
95-99岁									
100岁及以上									

2-2c 续表 15

单位：人

年龄组	俄罗斯族			鄂温克族			德 昂 族		
	小计	男	女	小计	男	女	小计	男	女
总　计				**2**	**1**	**1**	**2**	**1**	**1**
0-4岁									
5-9岁									
10-14岁							1	1	
15-19岁									
20-24岁									
25-29岁				2	1	1			
30-34岁							1		1
35-39岁									
40-44岁									
45-49岁									
50-54岁									
55-59岁									
60-64岁									
65-69岁									
70-74岁									
75-79岁									
80-84岁									
85-89岁									
90-94岁									
95-99岁									
100岁及以上									

2-2c　续表 16

单位：人

年龄组	保安族			裕固族			京族		
	小计	男	女	小计	男	女	小计	男	女
总　计	**203**	**110**	**93**	**41**	**18**	**23**			
0–4岁	13	10	3	3	1	2			
5–9岁	21	11	10	3	2	1			
10–14岁	10	5	5	3	2	1			
15–19岁	14	9	5	3	2	1			
20–24岁	12	6	6	2	1	1			
25–29岁	26	9	17	1	1				
30–34岁	28	12	16	5		5			
35–39岁	17	10	7	6	4	2			
40–44岁	14	7	7	4	1	3			
45–49岁	13	10	3	4		4			
50–54岁	14	9	5	2		2			
55–59岁	10	5	5	2	2				
60–64岁	2	1	1	2	1	1			
65–69岁	2	2		1	1				
70–74岁	3		3						
75–79岁	4	4							
80–84岁									
85–89岁									
90–94岁									
95–99岁									
100岁及以上									

2-2c　续表 17

单位：人

年龄组	塔塔尔族			独龙族			鄂伦春族		
	小计	男	女	小计	男	女	小计	男	女
总　计									
0–4岁									
5–9岁									
10–14岁									
15–19岁									
20–24岁									
25–29岁									
30–34岁									
35–39岁									
40–44岁									
45–49岁									
50–54岁									
55–59岁									
60–64岁									
65–69岁									
70–74岁									
75–79岁									
80–84岁									
85–89岁									
90–94岁									
95–99岁									
100岁及以上									

2-2c 续表 18

单位：人

年龄组	赫哲族			门巴族			珞巴族		
	小计	男	女	小计	男	女	小计	男	女
总　计				**8**	**1**	**7**			
0-4岁				2	1	1			
5-9岁									
10-14岁									
15-19岁									
20-24岁				1		1			
25-29岁									
30-34岁				2		2			
35-39岁				1		1			
40-44岁				1		1			
45-49岁									
50-54岁				1		1			
55-59岁									
60-64岁									
65-69岁									
70-74岁									
75-79岁									
80-84岁									
85-89岁									
90-94岁									
95-99岁									
100岁及以上									

2-2c 续表 19

单位：人

年龄组	基诺族			未定族称人口			入　籍		
	小计	男	女	小计	男	女	小计	男	女
总　计				**16**	**12**	**4**			
0-4岁				4	2	2			
5-9岁				1	1				
10-14岁									
15-19岁									
20-24岁				4	3	1			
25-29岁				1	1				
30-34岁				1	1				
35-39岁				1	1				
40-44岁				1	1				
45-49岁				3	2	1			
50-54岁									
55-59岁									
60-64岁									
65-69岁									
70-74岁									
75-79岁									
80-84岁									
85-89岁									
90-94岁									
95-99岁									
100岁及以上									

2–3　全省各民族分性别、受教育程度的3岁及以上人口

单位：人

民　族	3岁及以上人口			未上过学		
	合计	男	女	小计	男	女
总　计	**5703979**	**2920497**	**2783482**	**578699**	**202266**	**376433**
汉　族	2913867	1523665	1390202	158174	45434	112740
蒙古族	97719	49101	48618	13267	5378	7889
回　族	902522	452443	450079	121590	41510	80080
藏　族	1436637	716379	720258	241640	95941	145699
维吾尔族	303	171	132	10	5	5
苗　族	1090	640	450	36	18	18
彝　族	1111	666	445	65	33	32
壮　族	984	483	501	16	10	6
布依族	276	162	114	8	4	4
朝鲜族	346	165	181	5	3	2
满　族	7571	3909	3662	101	39	62
侗　族	273	159	114	6	3	3
瑶　族	193	108	85	3	1	2
白　族	535	314	221	12	6	6
土家族	11306	5674	5632	564	164	400
哈尼族	61	19	42	1		1
哈萨克族	591	301	290	15	7	8
傣　族	74	38	36			
黎　族	88	43	45	3	2	1
傈僳族	41	17	24			
佤　族	26	7	19			
畲　族	101	67	34	2		2
高山族	11	5	6			
拉祜族	20	10	10			
水　族	63	27	36	14	2	12
东乡族	13740	7766	5974	2223	1012	1211
纳西族	35	13	22			
景颇族	9	3	6			
柯尔克孜族	7		7			
土　族	191520	97427	94093	19059	5730	13329
达斡尔族	24	16	8	1		1
仫佬族	19	8	11			
羌　族	183	118	65	2	2	
布朗族	6	2	4			
撒拉族	120726	59588	61138	21755	6904	14851
毛南族	1	1				
仡佬族	64	46	18	2	2	
锡伯族	125	59	66	4	2	2
阿昌族	4	1	3			
普米族	5	2	3			
塔吉克族	1	1				
怒　族						
乌孜别克族	1	1				
俄罗斯族	34	22	12			
鄂温克族	7	2	5			
德昂族	2	1	1			
保安族	1357	698	659	109	48	61
裕固族	198	92	106	9	5	4
京　族	1	1				
塔塔尔族						
独龙族	1		1			
鄂伦春族	2	1	1			
赫哲族	1	1				
门巴族	10	1	9	1		1
珞巴族	1		1			
基诺族	1	1				
未定族称人口	75	48	27	2	1	1
入　籍	10	4	6			

2-3 续表 1

单位：人

民 族	学前教育			小 学		
	小计	男	女	小计	男	女
总 计	**236973**	**121957**	**115016**	**1938626**	**960145**	**978481**
汉 族	93185	48299	44886	720692	348957	371735
蒙古族	5169	2611	2558	35430	18257	17173
回 族	46058	23663	22395	392955	194458	198497
藏 族	73601	37662	35939	650195	329113	321082
维吾尔族	17	6	11	78	52	26
苗 族	58	36	22	269	147	122
彝 族	33	20	13	350	223	127
壮 族	43	18	25	149	72	77
布依族	6	4	2	64	39	25
朝鲜族	14	5	9	47	18	29
满 族	385	182	203	812	393	419
侗 族	7	3	4	47	28	19
瑶 族	15	10	5	33	20	13
白 族	18	12	6	147	91	56
土家族	648	328	320	3081	1414	1667
哈尼族	5	1	4	10	7	3
哈萨克族	23	13	10	281	143	138
傣 族	8	5	3	29	17	12
黎 族	5	4	1	13	9	4
傈僳族	2	2		7	2	5
佤 族	1		1	8	1	7
畲 族	10	5	5	20	15	5
高山族				2	2	
拉祜族	2	1	1	6	3	3
水 族	3	2	1	18	8	10
东乡族	798	405	393	6972	3979	2993
纳西族	2	1	1	8	4	4
景颇族				3		3
柯尔克孜族				1		1
土 族	9588	4963	4625	71347	35175	36172
达斡尔族	2	2		2	2	
仫佬族	2	1	1	4	2	2
羌 族	7	5	2	62	39	23
布朗族	2	1	1	2		2
撒拉族	7150	3632	3518	54851	27162	27689
毛南族						
仡佬族	3	3		8	5	3
锡伯族	7	3	4	15	9	6
阿昌族				1		1
普米族						
塔吉克族						
怒 族						
乌孜别克族						
俄罗斯族				6	2	4
鄂温克族	1	1				
德昂族				2	1	1
保安族	82	40	42	534	250	284
裕固族	10	7	3	45	17	28
京 族				1	1	
塔塔尔族						
独龙族				1		1
鄂伦春族				1		1
赫哲族						
门巴族				5		5
珞巴族						
基诺族						
未定族称人口	2	1	1	12	8	4
入 籍	1		1			

2-3 续表 2

单位：人

民 族	初 中			高 中			大学专科		
	小计	男	女	小计	男	女	小计	男	女
总 计	**1442149**	**838949**	**603200**	**626038**	**338930**	**287108**	**462335**	**247576**	**214759**
汉 族	921704	537093	384611	425463	231822	193641	311082	167784	143298
蒙古族	15265	8654	6611	8923	4652	4271	9627	5033	4594
回 族	218344	127802	90542	58232	31792	26440	28151	14983	13168
藏 族	210440	119545	90895	104201	54181	50020	93218	48955	44263
维吾尔族	89	52	37	51	26	25	32	17	15
苗 族	270	169	101	147	79	68	103	72	31
彝 族	355	236	119	134	69	65	74	41	33
壮 族	251	123	128	140	75	65	151	85	66
布依族	82	53	29	34	19	15	23	15	8
朝鲜族	75	37	38	84	41	43	48	23	25
满 族	1548	859	689	1402	730	672	1379	743	636
侗 族	86	49	37	47	30	17	26	18	8
瑶 族	42	24	18	25	12	13	27	16	11
白 族	208	120	88	51	34	17	49	28	21
土家族	2669	1428	1241	1419	796	623	1386	742	644
哈尼族	21	5	16	7	2	5	12	2	10
哈萨克族	149	76	73	61	30	31	34	15	19
傣 族	20	9	11	13	5	8	1	1	
黎 族	14	2	12	11	7	4	14	5	9
傈僳族	12	4	8	7	1	6	3	2	1
佤 族	7	2	5	5	3	2	3		3
畲 族	25	17	8	17	12	5	8	5	3
高山族				2		2	2		2
拉祜族	8	4	4	2	1	1	2	1	1
水 族	8	3	5	9	7	2	1	1	
东乡族	2743	1749	994	571	361	210	189	117	72
纳西族	4		4	4	2	2	5	3	2
景颇族	4	1	3	2	2				
柯尔克孜族	4		4				1		1
土 族	44893	27358	17535	17613	9664	7949	13171	6798	6373
达斡尔族	4	3	1	8	6	2	5	2	3
仫佬族	5		5				3	1	2
羌 族	69	44	25	17	11	6	12	7	5
布朗族				2	1	1			
撒拉族	22296	13163	9133	7112	4346	2766	3328	1966	1362
毛南族									
仡佬族	20	18	2	9	7	2	4	4	
锡伯族	24	11	13	23	9	14	21	14	7
阿昌族	2	1	1	1		1			
普米族	1	1		1		1	2	1	1
塔吉克族									
怒 族									
乌孜别克族	1	1							
俄罗斯族	6	3	3	10	9	1	2	2	
鄂温克族	1		1	1	1		1		1
德昂族									
保安族	315	193	122	142	74	68	96	56	40
裕固族	37	17	20	20	5	15	30	12	18
京 族									
塔塔尔族									
独龙族									
鄂伦春族							1	1	
赫哲族									
门巴族				2		2	2	1	1
珞巴族									
基诺族									
未定族称人口	26	20	6	12	6	6	5	3	2
入 籍	2		2	1		1	1	1	

2−3 续表 3

单位：人

民　族	大学本科			硕士研究生			博士研究生		
	小计	男	女	小计	男	女	小计	男	女
总　计	**398133**	**200337**	**197796**	**19070**	**9201**	**9869**	**1956**	**1136**	**820**
汉　族	268057	136718	131339	14122	6775	7347	1388	783	605
蒙古族	9606	4334	5272	393	167	226	39	15	24
回　族	36090	17731	18359	1000	440	560	102	64	38
藏　族	60364	29355	31009	2647	1406	1241	331	221	110
维吾尔族	26	13	13						
苗　族	195	111	84	11	7	4	1	1	
彝　族	93	41	52	7	3	4			
壮　族	224	96	128	10	4	6			
布依族	52	26	26	7	2	5			
朝鲜族	68	36	32	5	2	3			
满　族	1759	884	875	162	70	92	23	9	14
侗　族	50	26	24	4	2	2			
瑶　族	43	22	21	5	3	2			
白　族	47	22	25	3	1	2			
土家族	1480	768	712	53	29	24	6	5	1
哈尼族	5	2	3						
哈萨克族	26	16	10	1		1	1	1	
傣　族	3	1	2						
黎　族	28	14	14						
傈僳族	10	6	4						
佤　族	2	1	1						
畲　族	17	11	6	2	2				
高山族	4	3	1	1		1			
拉祜族									
水　族	10	4	6						
东乡族	232	136	96	11	6	5	1	1	
纳西族	10	2	8	1		1	1	1	
景颇族									
柯尔克孜族	1		1						
土　族	15296	7505	7791	501	209	292	52	25	27
达斡尔族	2	1	1						
仫佬族	5	4	1						
羌　族	14	10	4						
布朗族									
撒拉族	4111	2336	1775	113	70	43	10	9	1
毛南族	1	1							
仡佬族	16	6	10	2	1	1			
锡伯族	26	9	17	4	1	3	1	1	
阿昌族									
普米族	1		1						
塔吉克族	1	1							
怒　族									
乌孜别克族									
俄罗斯族	9	5	4	1	1				
鄂温克族	3		3						
德昂族									
保安族	78	37	41	1		1			
裕固族	45	29	16	2		2			
京　族									
塔塔尔族									
独龙族									
鄂伦春族									
赫哲族	1	1							
门巴族									
珞巴族	1		1						
基诺族	1	1							
未定族称人口	16	9	7						
入　籍	4	3	1	1		1			

2–3a 全省各民族分性别、受教育程度的3岁及以上人口(城市)

单位：人

民 族	3岁及以上人口			未上过学		
	合计	男	女	小计	男	女
总 计	**2059884**	**1048764**	**1011120**	**84492**	**26901**	**57591**
汉 族	1512374	775823	736551	43151	11872	31279
蒙古族	21886	10582	11304	623	230	393
回 族	267346	133927	133419	20401	6685	13716
藏 族	182138	89693	92445	15869	6615	9254
维吾尔族	219	124	95	6	3	3
苗 族	720	416	304	15	9	6
彝 族	611	334	277	38	18	20
壮 族	745	359	386	10	6	4
布依族	180	101	79	6	4	2
朝鲜族	282	139	143	4	3	1
满 族	6642	3388	3254	83	31	52
侗 族	212	116	96	4	2	2
瑶 族	142	80	62	2	1	1
白 族	220	127	93	4	2	2
土家族	5435	2801	2634	219	69	150
哈尼族	33	9	24	1		1
哈萨克族	75	39	36			
傣 族	42	17	25			
黎 族	62	29	33	1	1	
傈僳族	29	13	16			
佤 族	8		8			
畲 族	88	55	33	2		2
高山族	11	5	6			
拉祜族	6	4	2			
水 族	28	15	13			
东乡族	7844	4485	3359	960	425	535
纳西族	22	9	13			
景颇族	4	1	3			
柯尔克孜族	3		3			
土 族	32362	15935	16427	1322	397	925
达斡尔族	16	12	4	1		1
仫佬族	12	7	5			
羌 族	84	50	34			
布朗族	3	1	2			
撒拉族	19102	9606	9496	1725	510	1215
毛南族	1	1				
仡佬族	50	33	17	2	2	
锡伯族	113	54	59	3	2	1
阿昌族	2	1	1			
普米族	5	2	3			
塔吉克族	1	1				
怒 族						
乌孜别克族	1	1				
俄罗斯族	30	19	11			
鄂温克族	5	1	4			
德昂族						
保安族	533	268	265	37	13	24
裕固族	88	46	42	2	1	1
京 族	1	1				
塔塔尔族						
独龙族						
鄂伦春族	2	1	1			
赫哲族	1	1				
门巴族	2		2			
珞巴族	1		1			
基诺族	1	1				
未定族称人口	51	27	24	1		1
入 籍	10	4	6			

2–3a 续表 1

单位：人

民 族	学前教育			小 学		
	小计	男	女	小计	男	女
总 计	**71159**	**36718**	**34441**	**423099**	**201022**	**222077**
汉 族	46978	24347	22631	251087	117062	134025
蒙古族	1101	542	559	3585	1688	1897
回 族	11912	6169	5743	96021	46636	49385
藏 族	6849	3436	3413	52142	25645	26497
维吾尔族	13	5	8	55	38	17
苗 族	36	21	15	153	84	69
彝 族	21	14	7	135	80	55
壮 族	27	10	17	94	42	52
布依族	4	3	1	32	20	12
朝鲜族	9	3	6	37	12	25
满 族	336	160	176	685	327	358
侗 族	6	3	3	28	14	14
瑶 族	10	8	2	18	10	8
白 族	6	5	1	62	40	22
土家族	307	167	140	1068	498	570
哈尼族	2	1	1	7	4	3
哈萨克族	2	1	1	14	7	7
傣 族	2	1	1	18	9	9
黎 族	2	2		7	5	2
傈僳族	1	1		5	2	3
佤 族	1		1	2		2
畲 族	10	5	5	18	13	5
高山族				2	2	
拉祜族				1	1	
水 族	1	1		5	2	3
东乡族	451	230	221	4029	2280	1749
纳西族	1	1		1		1
景颇族						
柯尔克孜族						
土 族	1807	925	882	6319	2935	3384
达斡尔族	2	2		1	1	
仫佬族	1	1		3	2	1
羌 族	2	2		20	10	10
布朗族	1	1		1		1
撒拉族	1207	626	581	7221	3456	3765
毛南族						
仡佬族	3	3		3		3
锡伯族	6	3	3	12	7	5
阿昌族						
普米族						
塔吉克族						
怒 族						
乌孜别克族						
俄罗斯族				6	2	4
鄂温克族	1	1				
德昂族						
保安族	33	14	19	184	81	103
裕固族	5	3	2	10	2	8
京 族				1	1	
塔塔尔族						
独龙族						
鄂伦春族				1		1
赫哲族						
门巴族						
珞巴族						
基诺族						
未定族称人口	2	1	1	6	4	2
入 籍	1		1			

2–3a　续表 2　　单位：人

民　族	初　中			高　中			大学专科		
	小计	男	女	小计	男	女	小计	男	女
总　计	**560095**	**306986**	**253109**	**345708**	**181562**	**164146**	**281655**	**148317**	**133338**
汉　族	443872	242801	201071	281809	148232	133577	223100	118662	104438
蒙古族	3470	1831	1639	3291	1629	1662	4016	2003	2013
回　族	73834	41204	32630	26441	14014	12427	15289	7821	7468
藏　族	24503	13095	11408	25067	12752	12315	30137	15053	15084
维吾尔族	73	45	28	29	15	14	24	11	13
苗　族	164	99	65	100	54	46	73	47	26
彝　族	189	116	73	96	47	49	50	26	24
壮　族	169	86	83	113	60	53	120	66	54
布依族	44	27	17	29	16	13	16	10	6
朝鲜族	54	27	27	72	38	34	39	21	18
满　族	1307	721	586	1237	626	611	1236	658	578
侗　族	64	34	30	39	23	16	21	14	7
瑶　族	26	15	11	20	10	10	22	14	8
白　族	69	38	31	21	16	5	19	12	7
土家族	1090	592	498	745	418	327	940	502	438
哈尼族	8	2	6	4		4	7	1	6
哈萨克族	15	9	6	13	6	7	13	5	8
傣　族	9	2	7	9	3	6	1	1	
黎　族	9	1	8	7	4	3	13	5	8
傈僳族	7	3	4	5		5	1	1	
佤　族	3		3				1		1
畲　族	18	11	7	16	11	5	7	4	3
高山族				2		2	2		2
拉祜族	4	2	2				1	1	
水　族	4	1	3	9	7	2			
东乡族	1708	1102	606	389	254	135	131	89	42
纳西族	2		2	2	2		5	3	2
景颇族	4	1	3						
柯尔克孜族	1		1				1		1
土　族	5405	2926	2479	4167	2171	1996	5071	2548	2523
达斡尔族	3	3		5	4	1	3	1	2
仫佬族	2		2				2		2
羌　族	37	22	15	9	5	4	7	5	2
布朗族				1		1			
撒拉族	3738	2052	1686	1834	1082	752	1192	678	514
毛南族									
仡佬族	14	12	2	7	5	2	4	4	
锡伯族	23	10	13	21	8	13	19	13	6
阿昌族	1	1		1		1			
普米族	1	1		1		1	2	1	1
塔吉克族									
怒　族									
乌孜别克族	1	1							
俄罗斯族	6	3	3	7	7		2	2	
鄂温克族	1		1						
德昂族									
保安族	124	80	44	64	34	30	45	24	21
裕固族	4	3	1	12	3	9	17	8	9
京　族									
塔塔尔族									
独龙族									
鄂伦春族							1	1	
赫哲族									
门巴族				1		1	1		1
珞巴族									
基诺族									
未定族称人口	13	7	6	12	6	6	3	1	2
入　籍	2		2	1		1	1	1	

2-3a 续表 3

单位：人

民族	大学本科			硕士研究生			博士研究生		
	小计	男	女	小计	男	女	小计	男	女
总　计	**275581**	**138541**	**137040**	**16378**	**7727**	**8651**	**1717**	**990**	**727**
汉　族	207984	105875	102109	13090	6235	6855	1303	737	566
蒙古族	5466	2526	2940	300	121	179	34	12	22
回　族	22519	10974	11545	838	369	469	91	55	36
藏　族	25962	12296	13666	1406	664	742	203	137	66
维吾尔族	19	7	12						
苗　族	167	94	73	11	7	4	1	1	
彝　族	77	32	45	5	1	4			
壮　族	202	85	117	10	4	6			
布依族	43	20	23	6	1	5			
朝鲜族	62	33	29	5	2	3			
满　族	1581	790	791	155	67	88	22	8	14
侗　族	46	24	22	4	2	2			
瑶　族	39	19	20	5	3	2			
白　族	36	13	23	3	1	2			
土家族	1015	524	491	45	26	19	6	5	1
哈尼族	4	1	3						
哈萨克族	16	10	6	1		1	1	1	
傣　族	3	1	2						
黎　族	23	11	12						
傈僳族	10	6	4						
佤　族	1		1						
畲　族	15	9	6	2	2				
高山族	4	3	1	1		1			
拉祜族									
水　族	9	4	5						
东乡族	164	98	66	11	6	5	1	1	
纳西族	9	2	7	1		1	1	1	
景颇族									
柯尔克孜族	1		1						
土　族	7849	3852	3997	378	158	220	44	23	21
达斡尔族	1	1							
仫佬族	4	4							
羌　族	9	6	3						
布朗族									
撒拉族	2085	1139	946	91	55	36	9	8	1
毛南族	1	1							
仡佬族	15	6	9	2	1	1			
锡伯族	24	9	15	4	1	3	1	1	
阿昌族									
普米族	1		1						
塔吉克族	1	1							
怒　族									
乌孜别克族									
俄罗斯族	8	4	4	1	1				
鄂温克族	3		3						
德昂族									
保安族	45	22	23	1		1			
裕固族	37	26	11	1		1			
京　族									
塔塔尔族									
独龙族									
鄂伦春族									
赫哲族	1	1							
门巴族									
珞巴族	1		1						
基诺族	1	1							
未定族称人口	14	8	6						
入　籍	4	3	1	1		1			

2–3b　全省各民族分性别、受教育程度的3岁及以上人口(镇)

单位：人

民　族	3岁及以上人口			未上过学		
	合计	男	女	小计	男	女
总　计	**1384379**	**702570**	**681809**	**139038**	**49069**	**89969**
汉　族	589233	309974	279259	32916	9588	23328
蒙古族	34481	16587	17894	4808	1809	2999
回　族	247126	122894	124232	30532	10076	20456
藏　族	411913	202628	209285	60266	24395	35871
维吾尔族	44	29	15	2	2	
苗　族	172	107	65	10	6	4
彝　族	175	107	68	5	3	2
壮　族	140	71	69	2	1	1
布依族	41	26	15			
朝鲜族	43	16	27			
满　族	744	403	341	15	6	9
侗　族	34	20	14	1		1
瑶　族	22	13	9			
白　族	217	132	85	2	1	1
土家族	3376	1666	1710	189	55	134
哈尼族	18	7	11			
哈萨克族	40	21	19	5	2	3
傣　族	13	8	5			
黎　族	15	7	8	1	1	
傈僳族	5	1	4			
佤　族	9	2	7			
畲　族	4	3	1			
高山族						
拉祜族	5	4	1			
水　族	27	7	20	14	2	12
东乡族	4276	2348	1928	988	452	536
纳西族	1		1			
景颇族	4	2	2			
柯尔克孜族	3		3			
土　族	54389	26893	27496	4127	1159	2968
达斡尔族	6	2	4			
仫佬族	3	1	2			
羌　族	65	45	20	2	2	
布朗族	1	1				
撒拉族	37005	18169	18836	5107	1486	3621
毛南族						
仡佬族	4	3	1			
锡伯族	9	5	4			
阿昌族						
普米族						
塔吉克族						
怒　族						
乌孜别克族						
俄罗斯族	4	3	1			
鄂温克族						
德昂族						
保安族	626	324	302	42	21	21
裕固族	71	29	42	4	2	2
京　族						
塔塔尔族						
独龙族	1		1			
鄂伦春族						
赫哲族						
门巴族	2	1	1			
珞巴族						
基诺族						
未定族称人口	12	11	1			
入　籍						

2-3b 续表 1

单位：人

民族	学前教育			小学		
	小计	男	女	小计	男	女
总计	**60024**	**30860**	**29164**	**478049**	**233436**	**244613**
汉族	19014	9804	9210	160222	77634	82588
蒙古族	2074	1076	998	11731	5701	6030
回族	12327	6306	6021	104894	51314	53580
藏族	20934	10794	10140	164908	81371	83537
维吾尔族	3	1	2	10	7	3
苗族	10	7	3	50	28	22
彝族	6	3	3	71	41	30
壮族	11	7	4	27	13	14
布依族				9	4	5
朝鲜族	4	1	3	5	4	1
满族	39	17	22	86	40	46
侗族	1		1	11	7	4
瑶族	2		2	1	1	
白族	8	6	2	59	34	25
土家族	202	98	104	967	453	514
哈尼族	2		2	3	3	
哈萨克族	1		1	16	8	8
傣族	3	2	1	6	5	1
黎族	2	1	1	2	1	1
傈僳族				1		1
佤族				4		4
畲族				1	1	
高山族						
拉祜族				1	1	
水族	2	1	1	7	2	5
东乡族	255	128	127	2036	1172	864
纳西族						
景颇族				2		2
柯尔克孜族				1		1
土族	2920	1481	1439	16860	8053	8807
达斡尔族				1	1	
仫佬族						
羌族	4	2	2	31	21	10
布朗族						
撒拉族	2160	1104	1056	15741	7380	8361
毛南族						
仡佬族				1	1	
锡伯族	1		1	2	2	
阿昌族						
普米族						
塔吉克族						
怒族						
乌孜别克族						
俄罗斯族						
鄂温克族						
德昂族						
保安族	37	19	18	259	121	138
裕固族	2	2		20	11	9
京族						
塔塔尔族						
独龙族				1		1
鄂伦春族						
赫哲族						
门巴族						
珞巴族						
基诺族						
未定族称人口				2	1	1
入籍						

2-3b　续表 2

单位：人

民　族	初　中			高　中			大学专科		
	小计	男	女	小计	男	女	小计	男	女
总　计	**329654**	**187820**	**141834**	**175393**	**94800**	**80593**	**113681**	**62688**	**50993**
汉　族	188806	109427	79379	89885	50461	39424	55795	31457	24338
蒙古族	5155	2708	2447	3693	1851	1842	3956	2127	1829
回　族	58468	33609	24859	22001	11921	10080	9058	4955	4103
藏　族	55731	29924	25807	46863	23433	23430	37780	20302	17478
维吾尔族	7	5	2	14	7	7	3	2	1
苗　族	36	28	8	20	7	13	22	17	5
彝　族	60	45	15	19	11	8	7	2	5
壮　族	40	17	23	16	9	7	27	16	11
布依族	18	12	6	4	2	2	3	3	
朝鲜族	10	3	7	11	3	8	8	2	6
满　族	179	96	83	136	87	49	120	71	49
侗　族	11	6	5	4	3	1	2	2	
瑶　族	9	6	3	3	2	1	3	1	2
白　族	98	59	39	23	17	6	20	10	10
土家族	781	399	382	496	267	229	348	188	160
哈尼族	7	2	5	2	1	1	4	1	3
哈萨克族	7	4	3	8	6	2	1	1	
傣　族	3	1	2	1		1			
黎　族	4	1	3	3	2	1			
傈僳族	3	1	2	1		1			
佤　族	3	1	2				1		1
畲　族	1		1	1	1		1	1	
高山族									
拉祜族	2	2		1	1		1		1
水　族	2	1	1				1	1	
东乡族	728	444	284	161	94	67	52	25	27
纳西族	1		1						
景颇族				2	2				
柯尔克孜族	2		2						
土　族	12065	6737	5328	8392	4401	3991	4764	2520	2244
达斡尔族	1		1	1		1	2	1	1
仫佬族	1		1				1	1	
羌　族	16	12	4	6	5	1	2		2
布朗族				1	1				
撒拉族	7224	4168	3056	3546	2162	1384	1639	948	691
毛南族									
仡佬族				2	2				
锡伯族	1	1		1	1		2	1	1
阿昌族									
普米族									
塔吉克族									
怒　族									
乌孜别克族									
俄罗斯族				3	2	1			
鄂温克族									
德昂族									
保安族	145	85	60	66	36	30	47	30	17
裕固族	20	7	13	6	2	4	10	2	8
京　族									
塔塔尔族									
独龙族									
鄂伦春族									
赫哲族									
门巴族				1		1	1	1	
珞巴族									
基诺族									
未定族称人口	9	9							
入　籍									

2-3b 续表 3

单位：人

民族	大学本科			硕士研究生			博士研究生		
	小计	男	女	小计	男	女	小计	男	女
总　计	**86510**	**42803**	**43707**	**1910**	**1024**	**886**	**120**	**70**	**50**
汉　族	41814	21192	20622	732	382	350	49	29	20
蒙古族	2993	1275	1718	68	37	31	3	3	
回　族	9721	4657	5064	122	53	69	3	3	
藏　族	24524	11888	12636	850	488	362	57	33	24
维吾尔族	5	5							
苗　族	24	14	10						
彝　族	6	1	5	1	1				
壮　族	17	8	9						
布依族	6	4	2	1	1				
朝鲜族	5	3	2						
满　族	162	83	79	7	3	4			
侗　族	4	2	2						
瑶　族	4	3	1						
白　族	7	5	2						
土家族	386	203	183	7	3	4			
哈尼族									
哈萨克族	2		2						
傣　族									
黎　族	3	1	2						
傈僳族									
佤　族	1	1							
畲　族									
高山族									
拉祜族									
水　族	1		1						
东乡族	56	33	23						
纳西族									
景颇族									
柯尔克孜族									
土　族	5152	2498	2654	102	43	59	7	1	6
达斡尔族	1		1						
仫佬族	1		1						
羌　族	4	3	1						
布朗族									
撒拉族	1568	907	661	19	13	6	1	1	
毛南族									
仡佬族	1		1						
锡伯族	2		2						
阿昌族									
普米族									
塔吉克族									
怒　族									
乌孜别克族									
俄罗斯族	1	1							
鄂温克族									
德昂族									
保安族	30	12	18						
裕固族	8	3	5	1		1			
京　族									
塔塔尔族									
独龙族									
鄂伦春族									
赫哲族									
门巴族									
珞巴族									
基诺族									
未定族称人口	1	1							
入　籍									

2−3c　全省各民族分性别、受教育程度的3岁及以上人口(乡村)

单位：人

民　族	3岁及以上人口			未上过学		
	合计	男	女	小计	男	女
总　计	**2259716**	**1169163**	**1090553**	**355169**	**126296**	**228873**
汉　族	812260	437868	374392	82107	23974	58133
蒙古族	41352	21932	19420	7836	3339	4497
回　族	388050	195622	192428	70657	24749	45908
藏　族	842586	424058	418528	165505	64931	100574
维吾尔族	40	18	22	2		2
苗　族	198	117	81	11	3	8
彝　族	325	225	100	22	12	10
壮　族	99	53	46	4	3	1
布依族	55	35	20	2		2
朝鲜族	21	10	11	1		1
满　族	185	118	67	3	2	1
侗　族	27	23	4	1	1	
瑶　族	29	15	14	1		1
白　族	98	55	43	6	3	3
土家族	2495	1207	1288	156	40	116
哈尼族	10	3	7			
哈萨克族	476	241	235	10	5	5
傣　族	19	13	6			
黎　族	11	7	4	1		1
傈僳族	7	3	4			
佤　族	9	5	4			
畲　族	9	9				
高山族						
拉祜族	9	2	7			
水　族	8	5	3			
东乡族	1620	933	687	275	135	140
纳西族	12	4	8			
景颇族	1		1			
柯尔克孜族	1		1			
土　族	104769	54599	50170	13610	4174	9436
达斡尔族	2	2				
仫佬族	4		4			
羌　族	34	23	11			
布朗族	2		2			
撒拉族	64619	31813	32806	14923	4908	10015
毛南族						
仡佬族	10	10				
锡伯族	3		3	1		1
阿昌族	2		2			
普米族						
塔吉克族						
怒　族						
乌孜别克族						
俄罗斯族						
鄂温克族	2	1	1			
德昂族	2	1	1			
保安族	198	106	92	30	14	16
裕固族	39	17	22	3	2	1
京　族						
塔塔尔族						
独龙族						
鄂伦春族						
赫哲族						
门巴族	6		6	1		1
珞巴族						
基诺族						
未定族称人口	12	10	2	1	1	
入　籍						

2–3c 续表 1

单位：人

民族	学前教育			小学		
	小计	男	女	小计	男	女
总计	**105790**	**54379**	**51411**	**1037478**	**525687**	**511791**
汉族	27193	14148	13045	309383	154261	155122
蒙古族	1994	993	1001	20114	10868	9246
回族	21819	11188	10631	192040	96508	95532
藏族	45818	23432	22386	433145	222097	211048
维吾尔族	1		1	13	7	6
苗族	12	8	4	66	35	31
彝族	6	3	3	144	102	42
壮族	5	1	4	28	17	11
布依族	2	1	1	23	15	8
朝鲜族	1	1		5	2	3
满族	10	5	5	41	26	15
侗族				8	7	1
瑶族	3	2	1	14	9	5
白族	4	1	3	26	17	9
土家族	139	63	76	1046	463	583
哈尼族	1		1			
哈萨克族	20	12	8	251	128	123
傣族	3	2	1	5	3	2
黎族	1	1		4	3	1
傈僳族	1	1		1		1
佤族				2	1	1
畲族				1	1	
高山族						
拉祜族	2	1	1	4	1	3
水族				6	4	2
东乡族	92	47	45	907	527	380
纳西族	1		1	7	4	3
景颇族				1		1
柯尔克孜族						
土族	4861	2557	2304	48168	24187	23981
达斡尔族						
仫佬族	1		1	1		1
羌族	1	1		11	8	3
布朗族	1		1	1		1
撒拉族	3783	1902	1881	31889	16326	15563
毛南族						
仡佬族				4	4	
锡伯族				1		1
阿昌族				1		1
普米族						
塔吉克族						
怒族						
乌孜别克族						
俄罗斯族						
鄂温克族						
德昂族				2	1	1
保安族	12	7	5	91	48	43
裕固族	3	2	1	15	4	11
京族						
塔塔尔族						
独龙族						
鄂伦春族						
赫哲族						
门巴族				5		5
珞巴族						
基诺族						
未定族称人口				4	3	1
入籍						

2-3c　续表 2　　　　单位：人

民　族	初中			高中			大学专科		
	小计	男	女	小计	男	女	小计	男	女
总　计	**552400**	**344143**	**208257**	**104937**	**62568**	**42369**	**66999**	**36571**	**30428**
汉　族	289026	184865	104161	53769	33129	20640	32187	17665	14522
蒙古族	6640	4115	2525	1939	1172	767	1655	903	752
回　族	86042	52989	33053	9790	5857	3933	3804	2207	1597
藏　族	130206	76526	53680	32271	17996	14275	25301	13600	11701
维吾尔族	9	2	7	8	4	4	5	4	1
苗　族	70	42	28	27	18	9	8	8	
彝　族	106	75	31	19	11	8	17	13	4
壮　族	42	20	22	11	6	5	4	3	1
布依族	20	14	6	1	1		4	2	2
朝鲜族	11	7	4	1		1	1		1
满　族	62	42	20	29	17	12	23	14	9
侗　族	11	9	2	4	4		3	2	1
瑶　族	7	3	4	2		2	2	1	1
白　族	41	23	18	7	1	6	10	6	4
土家族	798	437	361	178	111	67	98	52	46
哈尼族	6	1	5	1	1		1		1
哈萨克族	127	63	64	40	18	22	20	9	11
傣　族	8	6	2	3	2	1			
黎　族	1		1	1	1		1		1
傈僳族	2		2	1	1		2	1	1
佤　族	1	1		5	3	2	1		1
畲　族	6	6							
高山族									
拉祜族	2		2	1		1			
水　族	2	1	1						
东乡族	307	203	104	21	13	8	6	3	3
纳西族	1		1	2		2			
景颇族									
柯尔克孜族	1		1						
土　族	27423	17695	9728	5054	3092	1962	3336	1730	1606
达斡尔族				2	2				
仫佬族	2		2						
羌　族	16	10	6	2	1	1	3	2	1
布朗族									
撒拉族	11334	6943	4391	1732	1102	630	497	340	157
毛南族									
仡佬族	6	6							
锡伯族				1		1			
阿昌族	1		1						
普米族									
塔吉克族									
怒　族									
乌孜别克族									
俄罗斯族									
鄂温克族				1	1		1		1
德昂族									
保安族	46	28	18	12	4	8	4	2	2
裕固族	13	7	6	2		2	3	2	1
京　族									
塔塔尔族									
独龙族									
鄂伦春族									
赫哲族									
门巴族									
珞巴族									
基诺族									
未定族称人口	4	4					2	2	
入　籍									

2-3c 续表 3 单位：人

民族	大学本科			硕士研究生			博士研究生		
	小计	男	女	小计	男	女	小计	男	女
总　计	**36042**	**18993**	**17049**	**782**	**450**	**332**	**119**	**76**	**43**
汉　族	18259	9651	8608	300	158	142	36	17	19
蒙古族	1147	533	614	25	9	16	2		2
回　族	3850	2100	1750	40	18	22	8	6	2
藏　族	9878	5171	4707	391	254	137	71	51	20
维吾尔族	2	1	1						
苗　族	4	3	1						
彝　族	10	8	2	1	1				
壮　族	5	3	2						
布依族	3	2	1						
朝鲜族	1		1						
满　族	16	11	5				1	1	
侗　族									
瑶　族									
白　族	4	4							
土家族	79	41	38	1		1			
哈尼族	1	1							
哈萨克族	8	6	2						
傣　族									
黎　族	2	2							
傈僳族									
佤　族									
畲　族	2	2							
高山族									
拉祜族									
水　族									
东乡族	12	5	7						
纳西族	1		1						
景颇族									
柯尔克孜族									
土　族	2295	1155	1140	21	8	13	1	1	
达斡尔族									
仫佬族									
羌　族	1	1							
布朗族									
撒拉族	458	290	168	3	2	1			
毛南族									
仡佬族									
锡伯族									
阿昌族									
普米族									
塔吉克族									
怒　族									
乌孜别克族									
俄罗斯族									
鄂温克族									
德昂族									
保安族	3	3							
裕固族									
京　族									
塔塔尔族									
独龙族									
鄂伦春族									
赫哲族									
门巴族									
珞巴族									
基诺族									
未定族称人口	1		1						
入　籍									

2-4　全省各民族按户口登记地、性别分的户口登记地在外乡镇街道的人口

单位：人

民　族	户口登记地					
	合　计			省　内		
	合计	男	女	小计	男	女
总　计	**2070660**	**1092431**	**978229**	**1653356**	**830175**	**823181**
汉　族	1202207	656588	545619	849236	430239	418997
蒙古族	36847	18260	18587	35565	17472	18093
回　族	316297	159680	156617	288005	143786	144219
藏　族	403408	200149	203259	388220	192312	195908
维吾尔族	249	157	92	43	18	25
苗　族	705	428	277	170	85	85
彝　族	958	603	355	70	34	36
壮　族	607	309	298	262	125	137
布依族	201	116	85	40	22	18
朝鲜族	155	79	76	97	45	52
满　族	3489	1856	1633	2399	1184	1215
侗　族	201	120	81	31	15	16
瑶　族	129	71	58	46	21	25
白　族	450	270	180	57	33	24
土家族	6408	3413	2995	5514	2838	2676
哈尼族	52	17	35	19	8	11
哈萨克族	69	41	28	45	25	20
傣　族	54	30	24	4	1	3
黎　族	54	28	26	15	11	4
傈僳族	35	14	21	4	1	3
佤　族	20	6	14	2		2
畲　族	70	53	17	16	11	5
高山族	2	1	1	2	1	1
拉祜族	15	9	6	3	3	
水　族	55	21	34	17	8	9
东乡族	12711	7205	5506	900	442	458
纳西族	20	5	15	5	1	4
景颇族	8	3	5	2	1	1
柯尔克孜族	7		7	2		2
土　族	50797	25472	25325	49886	25000	24886
达斡尔族	9	5	4	3	1	2
仫佬族	13	7	6	1	1	
羌　族	159	102	57	25	13	12
布朗族	4	2	2			
撒拉族	32916	16602	16314	32222	16221	16001
毛南族	1	1				
仡佬族	54	38	16	12	6	6
锡伯族	67	34	33	46	21	25
阿昌族	3	1	2			
普米族	4	2	2			
塔吉克族	1	1		1	1	
怒　族						
乌孜别克族	1	1				
俄罗斯族	19	15	4	10	9	1
鄂温克族	3	1	2			
德昂族						
保安族	930	510	420	263	114	149
裕固族	114	57	57	79	41	38
京　族						
塔塔尔族						
独龙族						
鄂伦春族	2	1	1	1	1	
赫哲族						
门巴族	8	2	6	1		1
珞巴族	2	1	1			
基诺族	1	1		1	1	
未定族称人口	63	41	22	10	2	8
入　籍	6	2	4	4	1	3

2-4 续表 单位：人

民族	户口登记地					
	省内			省外		
	其中市辖区内人户分离					
	小计	男	女	小计	男	女
总　计	**464625**	**224456**	**240169**	**417304**	**262256**	**155048**
汉　族	349383	168661	180722	352971	226349	126622
蒙古族	3410	1698	1712	1282	788	494
回　族	80048	39034	41014	28292	15894	12398
藏　族	20811	9794	11017	15188	7837	7351
维吾尔族	14	9	5	206	139	67
苗　族	71	36	35	535	343	192
彝　族	28	11	17	888	569	319
壮　族	118	47	71	345	184	161
布依族	10	5	5	161	94	67
朝鲜族	58	24	34	58	34	24
满　族	1664	793	871	1090	672	418
侗　族	16	7	9	170	105	65
瑶　族	28	15	13	83	50	33
白　族	24	14	10	393	237	156
土家族	928	445	483	894	575	319
哈尼族	6	3	3	33	9	24
哈萨克族	7	2	5	24	16	8
傣　族	3	1	2	50	29	21
黎　族	9	7	2	39	17	22
傈僳族	2		2	31	13	18
佤　族				18	6	12
畲　族	10	8	2	54	42	12
高山族	1		1			
拉祜族				12	6	6
水　族	10	5	5	38	13	25
东乡族	193	96	97	11811	6763	5048
纳西族	5	1	4	15	4	11
景颇族	1	1		6	2	4
柯尔克孜族	1		1	5		5
土　族	5878	2815	3063	911	472	439
达斡尔族				6	4	2
仫佬族	1	1		12	6	6
羌　族	5	2	3	134	89	45
布朗族				4	2	2
撒拉族	1770	865	905	694	381	313
毛南族				1	1	
仡佬族	7	4	3	42	32	10
锡伯族	39	18	21	21	13	8
阿昌族				3	1	2
普米族				4	2	2
塔吉克族	1	1				
怒　族						
乌孜别克族				1	1	
俄罗斯族	5	4	1	9	6	3
鄂温克族				3	1	2
德昂族						
保安族	44	19	25	667	396	271
裕固族	13	9	4	35	16	19
京　族						
塔塔尔族						
独龙族						
鄂伦春族				1		1
赫哲族						
门巴族				7	2	5
珞巴族				2	1	1
基诺族	1	1				
未定族称人口	2		2	53	39	14
入　籍				2	1	1

2–4a　全省各民族按户口登记地、性别分的户口登记地在外乡镇街道的人口(城市)

单位：人

民　族	户口登记地					
	合　计			省　内		
	合计	男	女	小计	男	女
总　计	**1217443**	**640006**	**577437**	**912540**	**452305**	**460235**
汉　族	837206	449254	387952	567716	281465	286251
蒙古族	14373	7086	7287	13430	6521	6909
回　族	182097	91940	90157	165596	82586	83010
藏　族	126110	62019	64091	120032	58853	61179
维吾尔族	189	114	75	30	12	18
苗　族	481	277	204	119	59	60
彝　族	519	293	226	40	16	24
壮　族	466	226	240	198	88	110
布依族	134	73	61	23	12	11
朝鲜族	120	65	55	81	39	42
满　族	3046	1580	1466	2130	1032	1098
侗　族	160	91	69	27	14	13
瑶　族	101	54	47	37	18	19
白　族	184	110	74	37	20	17
土家族	3836	2022	1814	3208	1638	1570
哈尼族	30	9	21	13	6	7
哈萨克族	52	30	22	38	20	18
傣　族	32	14	18	4	1	3
黎　族	42	19	23	13	9	4
傈僳族	26	11	15	3	1	2
佤　族	7		7	2		2
畲　族	61	44	17	14	9	5
高山族	2	1	1	2	1	1
拉祜族	6	4	2	2	2	
水　族	23	11	12	10	5	5
东乡族	7518	4281	3237	544	268	276
纳西族	14	3	11	5	1	4
景颇族	4	1	3	2	1	1
柯尔克孜族	3		3	1		1
土　族	23352	11599	11753	22869	11359	11510
达斡尔族	2	2		1	1	
仫佬族	10	6	4	1	1	
羌　族	74	43	31	13	7	6
布朗族	3	1	2			
撒拉族	16446	8334	8112	16022	8111	7911
毛南族	1	1				
仡佬族	44	29	15	10	5	5
锡伯族	61	32	29	43	20	23
阿昌族	2	1	1			
普米族	4	2	2			
塔吉克族	1	1		1	1	
怒　族						
乌孜别克族	1	1				
俄罗斯族	17	13	4	8	7	1
鄂温克族	1		1			
德昂族						
保安族	473	251	222	162	70	92
裕固族	57	32	25	37	21	16
京　族						
塔塔尔族						
独龙族						
鄂伦春族	2	1	1	1	1	
赫哲族						
门巴族	1		1			
珞巴族	2	1	1			
基诺族	1	1		1	1	
未定族称人口	40	21	19	10	2	8
入　籍	6	2	4	4	1	3

2–4a 续表

单位：人

民族	户口登记地					
	省内			省外		
	其中市辖区内人户分离					
	小计	男	女	小计	男	女
总　计	**436061**	**210079**	**225982**	**304903**	**187701**	**117202**
汉　族	326937	157249	169688	269490	167789	101701
蒙古族	3250	1616	1634	943	565	378
回　族	77116	37625	39491	16501	9354	7147
藏　族	18125	8478	9647	6078	3166	2912
维吾尔族	14	9	5	159	102	57
苗　族	69	35	34	362	218	144
彝　族	28	11	17	479	277	202
壮　族	115	44	71	268	138	130
布依族	10	5	5	111	61	50
朝鲜族	58	24	34	39	26	13
满　族	1653	787	866	916	548	368
侗　族	16	7	9	133	77	56
瑶　族	28	15	13	64	36	28
白　族	24	14	10	147	90	57
土家族	875	419	456	628	384	244
哈尼族	6	3	3	17	3	14
哈萨克族	6	2	4	14	10	4
傣　族	3	1	2	28	13	15
黎　族	9	7	2	29	10	19
傈僳族	2		2	23	10	13
佤　族				5		5
畲　族	10	8	2	47	35	12
高山族	1		1			
拉祜族				4	2	2
水　族	10	5	5	13	6	7
东乡族	191	95	96	6974	4013	2961
纳西族	5	1	4	9	2	7
景颇族	1	1		2		2
柯尔克孜族	1		1	2		2
土　族	5614	2695	2919	483	240	243
达斡尔族				1	1	
仫佬族	1	1		9	5	4
羌　族	5	2	3	61	36	25
布朗族				3	1	2
撒拉族	1766	864	902	424	223	201
毛南族				1	1	
仡佬族	7	4	3	34	24	10
锡伯族	39	18	21	18	12	6
阿昌族				2	1	1
普米族				4	2	2
塔吉克族	1	1				
怒　族						
乌孜别克族				1	1	
俄罗斯族	5	4	1	9	6	3
鄂温克族				1		1
德昂族						
保安族	44	19	25	311	181	130
裕固族	13	9	4	20	11	9
京　族						
塔塔尔族						
独龙族						
鄂伦春族				1		1
赫哲族						
门巴族				1		1
珞巴族				2	1	1
基诺族	1	1				
未定族称人口	2		2	30	19	11
入　籍				2	1	1

2-4b　全省各民族按户口登记地、性别分的户口登记地在外乡镇街道的人口(镇)

单位：人

民　族	户口登记地					
	合　计			省　内		
	合计	男	女	小计	男	女
总　计	**674036**	**349966**	**324070**	**602654**	**303834**	**298820**
汉　族	275994	152009	123985	222909	116054	106855
蒙古族	19696	9569	10127	19471	9428	10043
回　族	100923	51052	49871	92546	46418	46128
藏　族	231842	114141	117701	227301	111686	115615
维吾尔族	33	25	8	7	3	4
苗　族	132	87	45	44	22	22
彝　族	164	104	60	17	10	7
壮　族	87	49	38	48	27	21
布依族	35	22	13	13	6	7
朝鲜族	27	10	17	11	4	7
满　族	313	188	125	209	114	95
侗　族	27	16	11	4	1	3
瑶　族	16	9	7	4		4
白　族	197	120	77	20	13	7
土家族	2113	1093	1020	2001	1026	975
哈尼族	15	5	10	6	2	4
哈萨克族	9	6	3	3	3	
傣　族	9	6	3			
黎　族	7	6	1			
傈僳族	5	1	4			
佤　族	8	2	6			
畲　族	2	2				
高山族						
拉祜族	5	4	1	1	1	
水　族	27	7	20	6	2	4
东乡族	3857	2123	1734	304	148	156
纳西族	1		1			
景颇族	4	2	2			
柯尔克孜族	3		3	1		1
土　族	24096	12030	12066	23829	11885	11944
达斡尔族	5	1	4	2		2
仫佬族	2	1	1			
羌　族	57	41	16	10	5	5
布朗族	1	1				
撒拉族	13928	7020	6908	13755	6918	6837
毛南族						
仡佬族	4	3	1	2	1	1
锡伯族	4	2	2	2	1	1
阿昌族						
普米族						
塔吉克族						
怒　族						
乌孜别克族						
俄罗斯族	2	2		2	2	
鄂温克族						
德昂族						
保安族	329	176	153	87	36	51
裕固族	43	19	24	39	18	21
京　族						
塔塔尔族						
独龙族						
鄂伦春族						
赫哲族						
门巴族	2	1	1			
珞巴族						
基诺族						
未定族称人口	12	11	1			
入　籍						

2-4b　续表

单位：人

民　族	户口登记地					
	省　内			省　外		
	其中市辖区内人户分离					
	小计	男	女	小计	男	女
总　计	**17015**	**8728**	**8287**	**71382**	**46132**	**25250**
汉　族	13378	6874	6504	53085	35955	17130
蒙古族	46	21	25	225	141	84
回　族	1733	939	794	8377	4634	3743
藏　族	1687	816	871	4541	2455	2086
维吾尔族				26	22	4
苗　族	2	1	1	88	65	23
彝　族				147	94	53
壮　族	3	3		39	22	17
布依族				22	16	6
朝鲜族				16	6	10
满　族	7	4	3	104	74	30
侗　族				23	15	8
瑶　族				12	9	3
白　族				177	107	70
土家族	27	12	15	112	67	45
哈尼族				9	3	6
哈萨克族				6	3	3
傣　族				9	6	3
黎　族				7	6	1
傈僳族				5	1	4
佤　族				8	2	6
畲　族				2	2	
高山族						
拉祜族				4	3	1
水　族				21	5	16
东乡族				3553	1975	1578
纳西族				1		1
景颇族				4	2	2
柯尔克孜族				2		2
土　族	131	58	73	267	145	122
达斡尔族				3	1	2
仫佬族				2	1	1
羌　族				47	36	11
布朗族				1	1	
撒拉族	1		1	173	102	71
毛南族						
仡佬族				2	2	
锡伯族				2	1	1
阿昌族						
普米族						
塔吉克族						
怒　族						
乌孜别克族						
俄罗斯族						
鄂温克族						
德昂族						
保安族				242	140	102
裕固族				4	1	3
京　族						
塔塔尔族						
独龙族						
鄂伦春族						
赫哲族						
门巴族				2	1	1
珞巴族						
基诺族						
未定族称人口				12	11	1
入　籍						

2-4c　全省各民族按户口登记地、性别分的户口登记地在外乡镇街道的人口(乡村)

单位：人

民　族	户口登记地					
	合　　计			省　　内		
	合计	男	女	小计	男	女
总　计	**179181**	**102459**	**76722**	**138162**	**74036**	**64126**
汉　族	89007	55325	33682	58611	32720	25891
蒙古族	2778	1605	1173	2664	1523	1141
回　族	33277	16688	16589	29863	14782	15081
藏　族	45456	23989	21467	40887	21773	19114
维吾尔族	27	18	9	6	3	3
苗　族	92	64	28	7	4	3
彝　族	275	206	69	13	8	5
壮　族	54	34	20	16	10	6
布依族	32	21	11	4	4	
朝鲜族	8	4	4	5	2	3
满　族	130	88	42	60	38	22
侗　族	14	13	1			
瑶　族	12	8	4	5	3	2
白　族	69	40	29			
土家族	459	298	161	305	174	131
哈尼族	7	3	4			
哈萨克族	8	5	3	4	2	2
傣　族	13	10	3			
黎　族	5	3	2	2	2	
傈僳族	4	2	2	1		1
佤　族	5	4	1			
畲　族	7	7		2	2	
高山族						
拉祜族	4	1	3			
水　族	5	3	2	1	1	
东乡族	1336	801	535	52	26	26
纳西族	5	2	3			
景颇族						
柯尔克孜族	1		1			
土　族	3349	1843	1506	3188	1756	1432
达斡尔族	2	2				
仫佬族	1		1			
羌　族	28	18	10	2	1	1
布朗族						
撒拉族	2542	1248	1294	2445	1192	1253
毛南族						
仡佬族	6	6				
锡伯族	2		2	1		1
阿昌族	1		1			
普米族						
塔吉克族						
怒　族						
乌孜别克族						
俄罗斯族						
鄂温克族	2	1	1			
德昂族						
保安族	128	83	45	14	8	6
裕固族	14	6	8	3	2	1
京　族						
塔塔尔族						
独龙族						
鄂伦春族						
赫哲族						
门巴族	5	1	4	1		1
珞巴族						
基诺族						
未定族称人口	11	9	2			
入　籍						

2-4c 续表

单位：人

民族	户口登记地					
	省内			省外		
	其中市辖区内人户分离					
	小计	男	女	小计	男	女
总计	**11549**	**5649**	**5900**	**41019**	**28423**	**12596**
汉族	9068	4538	4530	30396	22605	7791
蒙古族	114	61	53	114	82	32
回族	1199	470	729	3414	1906	1508
藏族	999	500	499	4569	2216	2353
维吾尔族				21	15	6
苗族				85	60	25
彝族				262	198	64
壮族				38	24	14
布依族				28	17	11
朝鲜族				3	2	1
满族	4	2	2	70	50	20
侗族				14	13	1
瑶族				7	5	2
白族				69	40	29
土家族	26	14	12	154	124	30
哈尼族				7	3	4
哈萨克族	1		1	4	3	1
傣族				13	10	3
黎族				3	1	2
傈僳族				3	2	1
佤族				5	4	1
畲族				5	5	
高山族						
拉祜族				4	1	3
水族				4	2	2
东乡族	2	1	1	1284	775	509
纳西族				5	2	3
景颇族						
柯尔克孜族				1		1
土族	133	62	71	161	87	74
达斡尔族				2	2	
仫佬族				1		1
羌族				26	17	9
布朗族						
撒拉族	3	1	2	97	56	41
毛南族						
仡佬族				6	6	
锡伯族				1		1
阿昌族				1		1
普米族						
塔吉克族						
怒族						
乌孜别克族						
俄罗斯族						
鄂温克族				2	1	1
德昂族						
保安族				114	75	39
裕固族				11	4	7
京族						
塔塔尔族						
独龙族						
鄂伦春族						
赫哲族						
门巴族				4	1	3
珞巴族						
基诺族						
未定族称人口				11	9	2
入籍						

第一部分　全部数据资料

第三卷　年龄

3-1　全省分年龄、性别的人口

单位：人、%

年　龄	人　口　数			占总人口比重			性别比
	合计	男	女	合计	男	女	(女=100)
总　计	**5923957**	**3033846**	**2890111**	**100.00**	**51.21**	**48.79**	**104.97**
0-4岁	**391691**	**202043**	**189648**	**6.61**	**3.41**	**3.20**	**106.54**
0	67254	34706	32548	1.14	0.59	0.55	106.63
1	74993	38782	36211	1.27	0.65	0.61	107.10
2	77731	39861	37870	1.31	0.67	0.64	105.26
3	84651	43650	41001	1.43	0.74	0.69	106.46
4	87062	45044	42018	1.47	0.76	0.71	107.20
5-9岁	**434439**	**223488**	**210951**	**7.33**	**3.77**	**3.56**	**105.94**
5	82129	42380	39749	1.39	0.72	0.67	106.62
6	90836	46867	43969	1.53	0.79	0.74	106.59
7	87009	44461	42548	1.47	0.75	0.72	104.50
8	90252	46353	43899	1.52	0.78	0.74	105.59
9	84213	43427	40786	1.42	0.73	0.69	106.48
10-14岁	**406826**	**209675**	**197151**	**6.87**	**3.54**	**3.33**	**106.35**
10	86734	44580	42154	1.46	0.75	0.71	105.76
11	83326	42937	40389	1.41	0.72	0.68	106.31
12	81239	41802	39437	1.37	0.71	0.67	106.00
13	78595	40710	37885	1.33	0.69	0.64	107.46
14	76932	39646	37286	1.30	0.67	0.63	106.33
15-19岁	**356682**	**183962**	**172720**	**6.02**	**3.11**	**2.92**	**106.51**
15	73720	38037	35683	1.24	0.64	0.60	106.60
16	75458	38691	36767	1.27	0.65	0.62	105.23
17	71709	36750	34959	1.21	0.62	0.59	105.12
18	69790	36107	33683	1.18	0.61	0.57	107.20
19	66005	34377	31628	1.11	0.58	0.53	108.69
20-24岁	**365049**	**188187**	**176862**	**6.16**	**3.18**	**2.99**	**106.40**
20	67165	34958	32207	1.13	0.59	0.54	108.54
21	64554	33485	31069	1.09	0.57	0.52	107.78
22	74648	38322	36326	1.26	0.65	0.61	105.49
23	77081	39579	37502	1.30	0.67	0.63	105.54
24	81601	41843	39758	1.38	0.71	0.67	105.24
25-29岁	**454114**	**234383**	**219731**	**7.67**	**3.96**	**3.71**	**106.67**
25	89153	46050	43103	1.50	0.78	0.73	106.84
26	85671	43709	41962	1.45	0.74	0.71	104.16
27	90713	46792	43921	1.53	0.79	0.74	106.54
28	94403	48838	45565	1.59	0.82	0.77	107.18
29	94174	48994	45180	1.59	0.83	0.76	108.44

3-1 续表 1 单位：人、%

年龄	人口数			占总人口比重			性别比
	合计	男	女	合计	男	女	(女=100)
30-34岁	**495018**	**256276**	**238742**	**8.36**	**4.33**	**4.03**	**107.34**
30	109204	56665	52539	1.84	0.96	0.89	107.85
31	102732	53001	49731	1.73	0.89	0.84	106.58
32	94836	48983	45853	1.60	0.83	0.77	106.83
33	100377	51969	48408	1.69	0.88	0.82	107.36
34	87869	45658	42211	1.48	0.77	0.71	108.17
35-39岁	**409914**	**212330**	**197584**	**6.92**	**3.58**	**3.34**	**107.46**
35	77690	40059	37631	1.31	0.68	0.64	106.45
36	76755	39659	37096	1.30	0.67	0.63	106.91
37	77419	39934	37485	1.31	0.67	0.63	106.53
38	92032	47831	44201	1.55	0.81	0.75	108.21
39	86018	44847	41171	1.45	0.76	0.69	108.93
40-44岁	**458098**	**237257**	**220841**	**7.73**	**4.01**	**3.73**	**107.43**
40	88019	45594	42425	1.49	0.77	0.72	107.47
41	90998	47226	43772	1.54	0.80	0.74	107.89
42	91129	47293	43836	1.54	0.80	0.74	107.89
43	89132	45963	43169	1.50	0.78	0.73	106.47
44	98820	51181	47639	1.67	0.86	0.80	107.44
45-49岁	**533670**	**278338**	**255332**	**9.01**	**4.70**	**4.31**	**109.01**
45	98519	50913	47606	1.66	0.86	0.80	106.95
46	106248	55532	50716	1.79	0.94	0.86	109.50
47	110751	57748	53003	1.87	0.97	0.89	108.95
48	109630	57450	52180	1.85	0.97	0.88	110.10
49	108522	56695	51827	1.83	0.96	0.87	109.39
50-54岁	**519895**	**269394**	**250501**	**8.78**	**4.55**	**4.23**	**107.54**
50	113669	58701	54968	1.92	0.99	0.93	106.79
51	106238	55364	50874	1.79	0.93	0.86	108.83
52	109865	57019	52846	1.85	0.96	0.89	107.90
53	93403	48094	45309	1.58	0.81	0.76	106.15
54	96720	50216	46504	1.63	0.85	0.79	107.98
55-59岁	**379159**	**195057**	**184102**	**6.40**	**3.29**	**3.11**	**105.95**
55	93814	48470	45344	1.58	0.82	0.77	106.89
56	91915	47456	44459	1.55	0.80	0.75	106.74
57	91406	46984	44422	1.54	0.79	0.75	105.77
58	70758	36303	34455	1.19	0.61	0.58	105.36
59	31266	15844	15422	0.53	0.27	0.26	102.74
60-64岁	**205309**	**104827**	**100482**	**3.47**	**1.77**	**1.70**	**104.32**
60	35996	18828	17168	0.61	0.32	0.29	109.67
61	34502	17789	16713	0.58	0.30	0.28	106.44
62	44109	22868	21241	0.74	0.39	0.36	107.66
63	46018	23183	22835	0.78	0.39	0.39	101.52
64	44684	22159	22525	0.75	0.37	0.38	98.38

3-1 续表 2

单位：人、%

年 龄	人 口 数			占总人口比重			性别比
	合计	男	女	合计	男	女	(女=100)
65-69岁	**195180**	**95089**	**100091**	**3.29**	**1.61**	**1.69**	**95.00**
65	45645	22565	23080	0.77	0.38	0.39	97.77
66	41701	20383	21318	0.70	0.34	0.36	95.61
67	37904	18468	19436	0.64	0.31	0.33	95.02
68	38013	18457	19556	0.64	0.31	0.33	94.38
69	31917	15216	16701	0.54	0.26	0.28	91.11
70-74岁	**135702**	**62885**	**72817**	**2.29**	**1.06**	**1.23**	**86.36**
70	31609	15223	16386	0.53	0.26	0.28	92.90
71	30840	14801	16039	0.52	0.25	0.27	92.28
72	24930	11637	13293	0.42	0.20	0.22	87.54
73	24916	11045	13871	0.42	0.19	0.23	79.63
74	23407	10179	13228	0.40	0.17	0.22	76.95
75-79岁	**96614**	**42377**	**54237**	**1.63**	**0.72**	**0.92**	**78.13**
75	21668	9340	12328	0.37	0.16	0.21	75.76
76	21055	9240	11815	0.36	0.16	0.20	78.21
77	18829	8189	10640	0.32	0.14	0.18	76.96
78	18637	8271	10366	0.31	0.14	0.17	79.79
79	16425	7337	9088	0.28	0.12	0.15	80.73
80-84岁	**57214**	**25414**	**31800**	**0.97**	**0.43**	**0.54**	**79.92**
80	15067	6778	8289	0.25	0.11	0.14	81.77
81	11732	5136	6596	0.20	0.09	0.11	77.87
82	11860	5308	6552	0.20	0.09	0.11	81.01
83	10058	4462	5596	0.17	0.08	0.09	79.74
84	8497	3730	4767	0.14	0.06	0.08	78.25
85-89岁	**22501**	**9892**	**12609**	**0.38**	**0.17**	**0.21**	**78.45**
85	6623	2838	3785	0.11	0.05	0.06	74.98
86	5447	2363	3084	0.09	0.04	0.05	76.62
87	4553	2049	2504	0.08	0.03	0.04	81.83
88	3254	1439	1815	0.05	0.02	0.03	79.28
89	2624	1203	1421	0.04	0.02	0.02	84.66
90-94岁	**5538**	**2443**	**3095**	**0.09**	**0.04**	**0.05**	**78.93**
90	2117	941	1176	0.04	0.02	0.02	80.02
91	1216	530	686	0.02	0.01	0.01	77.26
92	1006	458	548	0.02	0.01	0.01	83.58
93	716	313	403	0.01	0.01	0.01	77.67
94	483	201	282	0.01			71.28
95-99岁	**1169**	**462**	**707**	**0.02**	**0.01**	**0.01**	**65.35**
95	375	153	222	0.01			68.92
96	274	117	157				74.52
97	197	71	126				56.35
98	159	68	91				74.73
99	164	53	111				47.75
100岁及以上	**175**	**67**	**108**				**62.04**

3-1a 全省分年龄、性别的人口(城市)

单位：人、%

年 龄	人口数			占总人口比重			性别比
	合计	男	女	合计	男	女	(女=100)
总 计	**2124083**	**1081946**	**1042137**	**100.00**	**50.94**	**49.06**	**103.82**
0-4岁	**115022**	**59373**	**55649**	**5.42**	**2.80**	**2.62**	**106.69**
0	18869	9749	9120	0.89	0.46	0.43	106.90
1	22751	11815	10936	1.07	0.56	0.51	108.04
2	22579	11618	10961	1.06	0.55	0.52	105.99
3	25570	13153	12417	1.20	0.62	0.58	105.93
4	25253	13038	12215	1.19	0.61	0.58	106.74
5-9岁	**114245**	**59189**	**55056**	**5.38**	**2.79**	**2.59**	**107.51**
5	20743	10710	10033	0.98	0.50	0.47	106.75
6	25082	12982	12100	1.18	0.61	0.57	107.29
7	22928	11859	11069	1.08	0.56	0.52	107.14
8	24025	12344	11681	1.13	0.58	0.55	105.68
9	21467	11294	10173	1.01	0.53	0.48	111.02
10-14岁	**105325**	**54773**	**50552**	**4.96**	**2.58**	**2.38**	**108.35**
10	21728	11354	10374	1.02	0.53	0.49	109.45
11	20729	10779	9950	0.98	0.51	0.47	108.33
12	21328	11122	10206	1.00	0.52	0.48	108.98
13	21303	11051	10252	1.00	0.52	0.48	107.79
14	20237	10467	9770	0.95	0.49	0.46	107.13
15-19岁	**113194**	**59035**	**54159**	**5.33**	**2.78**	**2.55**	**109.00**
15	20079	10496	9583	0.95	0.49	0.45	109.53
16	22369	11686	10683	1.05	0.55	0.50	109.39
17	22935	11984	10951	1.08	0.56	0.52	109.43
18	23755	12470	11285	1.12	0.59	0.53	110.50
19	24056	12399	11657	1.13	0.58	0.55	106.37
20-24岁	**141958**	**72218**	**69740**	**6.68**	**3.40**	**3.28**	**103.55**
20	27228	13664	13564	1.28	0.64	0.64	100.74
21	26187	13388	12799	1.23	0.63	0.60	104.60
22	29061	14710	14351	1.37	0.69	0.68	102.50
23	28964	14908	14056	1.36	0.70	0.66	106.06
24	30518	15548	14970	1.44	0.73	0.70	103.86
25-29岁	**178697**	**91883**	**86814**	**8.41**	**4.33**	**4.09**	**105.84**
25	33716	17408	16308	1.59	0.82	0.77	106.75
26	33118	16870	16248	1.56	0.79	0.76	103.83
27	35805	18301	17504	1.69	0.86	0.82	104.55
28	38081	19632	18449	1.79	0.92	0.87	106.41
29	37977	19672	18305	1.79	0.93	0.86	107.47

3-1a 续表 1

单位：人、%

年 龄	人 口 数			占总人口比重			性别比
	合计	男	女	合计	男	女	(女=100)
30-34岁	**204219**	**105661**	**98558**	**9.61**	**4.97**	**4.64**	**107.21**
30	45320	23536	21784	2.13	1.11	1.03	108.04
31	42786	22042	20744	2.01	1.04	0.98	106.26
32	39597	20377	19220	1.86	0.96	0.90	106.02
33	41288	21348	19940	1.94	1.01	0.94	107.06
34	35228	18358	16870	1.66	0.86	0.79	108.82
35-39岁	**150237**	**77480**	**72757**	**7.07**	**3.65**	**3.43**	**106.49**
35	29944	15554	14390	1.41	0.73	0.68	108.09
36	28828	14885	13943	1.36	0.70	0.66	106.76
37	28245	14492	13753	1.33	0.68	0.65	105.37
38	33321	17144	16177	1.57	0.81	0.76	105.98
39	29899	15405	14494	1.41	0.73	0.68	106.29
40-44岁	**162320**	**83189**	**79131**	**7.64**	**3.92**	**3.73**	**105.13**
40	30197	15416	14781	1.42	0.73	0.70	104.30
41	32552	16763	15789	1.53	0.79	0.74	106.17
42	32661	16790	15871	1.54	0.79	0.75	105.79
43	31843	16180	15663	1.50	0.76	0.74	103.30
44	35067	18040	17027	1.65	0.85	0.80	105.95
45-49岁	**199425**	**103304**	**96121**	**9.39**	**4.86**	**4.53**	**107.47**
45	35160	18106	17054	1.66	0.85	0.80	106.17
46	38567	20082	18485	1.82	0.95	0.87	108.64
47	41535	21493	20042	1.96	1.01	0.94	107.24
48	42176	21966	20210	1.99	1.03	0.95	108.69
49	41987	21657	20330	1.98	1.02	0.96	106.53
50-54岁	**204580**	**104650**	**99930**	**9.63**	**4.93**	**4.70**	**104.72**
50	44424	22797	21627	2.09	1.07	1.02	105.41
51	41981	21636	20345	1.98	1.02	0.96	106.35
52	43631	22154	21477	2.05	1.04	1.01	103.15
53	36045	18336	17709	1.70	0.86	0.83	103.54
54	38499	19727	18772	1.81	0.93	0.88	105.09
55-59岁	**154792**	**79080**	**75712**	**7.29**	**3.72**	**3.56**	**104.45**
55	38151	19442	18709	1.80	0.92	0.88	103.92
56	37353	19134	18219	1.76	0.90	0.86	105.02
57	38531	19751	18780	1.81	0.93	0.88	105.17
58	28295	14427	13868	1.33	0.68	0.65	104.03
59	12462	6326	6136	0.59	0.30	0.29	103.10
60-64岁	**84627**	**42938**	**41689**	**3.98**	**2.02**	**1.96**	**103.00**
60	15728	8068	7660	0.74	0.38	0.36	105.33
61	14966	7571	7395	0.70	0.36	0.35	102.38
62	18520	9580	8940	0.87	0.45	0.42	107.16
63	18375	9163	9212	0.87	0.43	0.43	99.47
64	17038	8556	8482	0.80	0.40	0.40	100.87

3-1a　续表 2　　　　单位：人、%

年　龄	人　口　数			占总人口比重			性别比
	合计	男	女	合计	男	女	(女=100)
65-69岁	**69079**	**33604**	**35475**	**3.25**	**1.58**	**1.67**	**94.73**
65	16527	8239	8288	0.78	0.39	0.39	99.41
66	15395	7557	7838	0.72	0.36	0.37	96.41
67	13469	6553	6916	0.63	0.31	0.33	94.75
68	12933	6233	6700	0.61	0.29	0.32	93.03
69	10755	5022	5733	0.51	0.24	0.27	87.60
70-74岁	**46096**	**20548**	**25548**	**2.17**	**0.97**	**1.20**	**80.43**
70	10795	5108	5687	0.51	0.24	0.27	89.82
71	10285	4747	5538	0.48	0.22	0.26	85.72
72	8313	3725	4588	0.39	0.18	0.22	81.19
73	8445	3599	4846	0.40	0.17	0.23	74.27
74	8258	3369	4889	0.39	0.16	0.23	68.91
75-79岁	**38629**	**15407**	**23222**	**1.82**	**0.73**	**1.09**	**66.35**
75	7940	2972	4968	0.37	0.14	0.23	59.82
76	8109	3143	4966	0.38	0.15	0.23	63.29
77	7285	2833	4452	0.34	0.13	0.21	63.63
78	8036	3350	4686	0.38	0.16	0.22	71.49
79	7259	3109	4150	0.34	0.15	0.20	74.92
80-84岁	**27832**	**12909**	**14923**	**1.31**	**0.61**	**0.70**	**86.50**
80	7193	3287	3906	0.34	0.15	0.18	84.15
81	5800	2618	3182	0.27	0.12	0.15	82.28
82	5777	2740	3037	0.27	0.13	0.14	90.22
83	4887	2350	2537	0.23	0.11	0.12	92.63
84	4175	1914	2261	0.20	0.09	0.11	84.65
85-89岁	**10708**	**5145**	**5563**	**0.50**	**0.24**	**0.26**	**92.49**
85	3200	1461	1739	0.15	0.07	0.08	84.01
86	2575	1226	1349	0.12	0.06	0.06	90.88
87	2163	1078	1085	0.10	0.05	0.05	99.35
88	1530	734	796	0.07	0.03	0.04	92.21
89	1240	646	594	0.06	0.03	0.03	108.75
90-94岁	**2575**	**1316**	**1259**	**0.12**	**0.06**	**0.06**	**104.53**
90	1004	502	502	0.05	0.02	0.02	100.00
91	573	299	274	0.03	0.01	0.01	109.12
92	455	243	212	0.02	0.01	0.01	114.62
93	329	168	161	0.02	0.01	0.01	104.35
94	214	104	110	0.01		0.01	94.55
95-99岁	**464**	**218**	**246**	**0.02**	**0.01**	**0.01**	**88.62**
95	169	74	95	0.01			77.89
96	124	64	60	0.01			106.67
97	68	33	35				94.29
98	58	28	30				93.33
99	45	19	26				73.08
100岁及以上	**59**	**26**	**33**				**78.79**

3-1b　全省分年龄、性别的人口(镇)

单位：人、%

年　龄	人　口　数			占总人口比重			性别比
	合计	男	女	合计	男	女	(女=100)
总　计	**1435280**	**728786**	**706494**	**100.00**	**50.78**	**49.22**	**103.16**
0-4岁	**92966**	**47879**	**45087**	**6.48**	**3.34**	**3.14**	**106.19**
0	14871	7668	7203	1.04	0.53	0.50	106.46
1	17443	8990	8453	1.22	0.63	0.59	106.35
2	18587	9558	9029	1.30	0.67	0.63	105.86
3	20363	10420	9943	1.42	0.73	0.69	104.80
4	21702	11243	10459	1.51	0.78	0.73	107.50
5-9岁	**115454**	**59302**	**56152**	**8.04**	**4.13**	**3.91**	**105.61**
5	21509	11060	10449	1.50	0.77	0.73	105.85
6	23737	12207	11530	1.65	0.85	0.80	105.87
7	23557	12023	11534	1.64	0.84	0.80	104.24
8	24071	12385	11686	1.68	0.86	0.81	105.98
9	22580	11627	10953	1.57	0.81	0.76	106.15
10-14岁	**107352**	**54982**	**52370**	**7.48**	**3.83**	**3.65**	**104.99**
10	23366	11974	11392	1.63	0.83	0.79	105.11
11	22068	11370	10698	1.54	0.79	0.75	106.28
12	21120	10706	10414	1.47	0.75	0.73	102.80
13	20289	10501	9788	1.41	0.73	0.68	107.28
14	20509	10431	10078	1.43	0.73	0.70	103.50
15-19岁	**114071**	**57076**	**56995**	**7.95**	**3.98**	**3.97**	**100.14**
15	21965	11016	10949	1.53	0.77	0.76	100.61
16	26520	13209	13311	1.85	0.92	0.93	99.23
17	26686	13201	13485	1.86	0.92	0.94	97.89
18	22609	11249	11360	1.58	0.78	0.79	99.02
19	16291	8401	7890	1.14	0.59	0.55	106.48
20-24岁	**81584**	**41862**	**39722**	**5.68**	**2.92**	**2.77**	**105.39**
20	13928	7335	6593	0.97	0.51	0.46	111.25
21	13368	6990	6378	0.93	0.49	0.44	109.60
22	16777	8536	8241	1.17	0.59	0.57	103.58
23	17977	9089	8888	1.25	0.63	0.62	102.26
24	19534	9912	9622	1.36	0.69	0.67	103.01
25-29岁	**110865**	**55614**	**55251**	**7.72**	**3.87**	**3.85**	**100.66**
25	21764	10923	10841	1.52	0.76	0.76	100.76
26	20903	10389	10514	1.46	0.72	0.73	98.81
27	22041	11122	10919	1.54	0.77	0.76	101.86
28	23088	11503	11585	1.61	0.80	0.81	99.29
29	23069	11677	11392	1.61	0.81	0.79	102.50

3－1b 续表 1

单位：人、%

年 龄	人口数			占总人口比重			性别比
	合计	男	女	合计	男	女	(女=100)
30－34岁	**121355**	**61045**	**60310**	**8.46**	**4.25**	**4.20**	**101.22**
30	26515	13321	13194	1.85	0.93	0.92	100.96
31	25081	12677	12404	1.75	0.88	0.86	102.20
32	23135	11536	11599	1.61	0.80	0.81	99.46
33	24728	12555	12173	1.72	0.87	0.85	103.14
34	21896	10956	10940	1.53	0.76	0.76	100.15
35－39岁	**103324**	**52035**	**51289**	**7.20**	**3.63**	**3.57**	**101.45**
35	19575	9805	9770	1.36	0.68	0.68	100.36
36	19219	9669	9550	1.34	0.67	0.67	101.25
37	19541	9708	9833	1.36	0.68	0.69	98.73
38	23020	11722	11298	1.60	0.82	0.79	103.75
39	21969	11131	10838	1.53	0.78	0.76	102.70
40－44岁	**115952**	**59292**	**56660**	**8.08**	**4.13**	**3.95**	**104.65**
40	22686	11477	11209	1.58	0.80	0.78	102.39
41	23440	11888	11552	1.63	0.83	0.80	102.91
42	22894	11672	11222	1.60	0.81	0.78	104.01
43	22292	11458	10834	1.55	0.80	0.75	105.76
44	24640	12797	11843	1.72	0.89	0.83	108.06
45－49岁	**127073**	**66217**	**60856**	**8.85**	**4.61**	**4.24**	**108.81**
45	24015	12344	11671	1.67	0.86	0.81	105.77
46	25581	13278	12303	1.78	0.93	0.86	107.92
47	26488	13801	12687	1.85	0.96	0.88	108.78
48	25837	13560	12277	1.80	0.94	0.86	110.45
49	25152	13234	11918	1.75	0.92	0.83	111.04
50－54岁	**116439**	**60926**	**55513**	**8.11**	**4.24**	**3.87**	**109.75**
50	25964	13461	12503	1.81	0.94	0.87	107.66
51	24145	12705	11440	1.68	0.89	0.80	111.06
52	24364	12802	11562	1.70	0.89	0.81	110.72
53	20828	10850	9978	1.45	0.76	0.70	108.74
54	21138	11108	10030	1.47	0.77	0.70	110.75
55－59岁	**80576**	**41292**	**39284**	**5.61**	**2.88**	**2.74**	**105.11**
55	20096	10439	9657	1.40	0.73	0.67	108.10
56	19560	10167	9393	1.36	0.71	0.65	108.24
57	19020	9659	9361	1.33	0.67	0.65	103.18
58	15230	7722	7508	1.06	0.54	0.52	102.85
59	6670	3305	3365	0.46	0.23	0.23	98.22
60－64岁	**42327**	**21576**	**20751**	**2.95**	**1.50**	**1.45**	**103.98**
60	7460	3928	3532	0.52	0.27	0.25	111.21
61	7181	3732	3449	0.50	0.26	0.24	108.21
62	9001	4610	4391	0.63	0.32	0.31	104.99
63	9362	4707	4655	0.65	0.33	0.32	101.12
64	9323	4599	4724	0.65	0.32	0.33	97.35

3-1b　续表 2　　　　单位：人、%

年　龄	人　口　数			占总人口比重			性别比
	合计	男	女	合计	男	女	(女=100)
65-69岁	**42219**	**20373**	**21846**	**2.94**	**1.42**	**1.52**	**93.26**
65	9673	4657	5016	0.67	0.32	0.35	92.84
66	9050	4379	4671	0.63	0.31	0.33	93.75
67	8097	3932	4165	0.56	0.27	0.29	94.41
68	8430	4066	4364	0.59	0.28	0.30	93.17
69	6969	3339	3630	0.49	0.23	0.25	91.98
70-74岁	**29747**	**14139**	**15608**	**2.07**	**0.99**	**1.09**	**90.59**
70	7040	3460	3580	0.49	0.24	0.25	96.65
71	6875	3379	3496	0.48	0.24	0.24	96.65
72	5555	2672	2883	0.39	0.19	0.20	92.68
73	5306	2405	2901	0.37	0.17	0.20	82.90
74	4971	2223	2748	0.35	0.15	0.19	80.90
75-79岁	**19115**	**8828**	**10287**	**1.33**	**0.62**	**0.72**	**85.82**
75	4534	2122	2412	0.32	0.15	0.17	87.98
76	4315	1960	2355	0.30	0.14	0.16	83.23
77	3716	1724	1992	0.26	0.12	0.14	86.55
78	3442	1577	1865	0.24	0.11	0.13	84.56
79	3108	1445	1663	0.22	0.10	0.12	86.89
80-84岁	**9784**	**4225**	**5559**	**0.68**	**0.29**	**0.39**	**76.00**
80	2611	1173	1438	0.18	0.08	0.10	81.57
81	2005	857	1148	0.14	0.06	0.08	74.65
82	2010	847	1163	0.14	0.06	0.08	72.83
83	1698	712	986	0.12	0.05	0.07	72.21
84	1460	636	824	0.10	0.04	0.06	77.18
85-89岁	**3837**	**1605**	**2232**	**0.27**	**0.11**	**0.16**	**71.91**
85	1158	494	664	0.08	0.03	0.05	74.40
86	920	359	561	0.06	0.03	0.04	63.99
87	766	344	422	0.05	0.02	0.03	81.52
88	542	216	326	0.04	0.02	0.02	66.26
89	451	192	259	0.03	0.01	0.02	74.13
90-94岁	**957**	**405**	**552**	**0.07**	**0.03**	**0.04**	**73.37**
90	372	170	202	0.03	0.01	0.01	84.16
91	205	74	131	0.01	0.01	0.01	56.49
92	170	72	98	0.01	0.01	0.01	73.47
93	131	58	73	0.01		0.01	79.45
94	79	31	48	0.01			64.58
95-99岁	**240**	**94**	**146**	**0.02**	**0.01**	**0.01**	**64.38**
95	70	31	39				79.49
96	45	15	30				50.00
97	42	12	30				40.00
98	35	17	18				94.44
99	48	19	29				65.52
100岁及以上	**43**	**19**	**24**				**79.17**

3-1c 全省分年龄、性别的人口(乡村)

单位：人、%

年龄	人口数			占总人口比重			性别比
	合计	男	女	合计	男	女	(女=100)
总计	**2364594**	**1223114**	**1141480**	**100.00**	**51.73**	**48.27**	**107.15**
0-4岁	**183703**	**94791**	**88912**	**7.77**	**4.01**	**3.76**	**106.61**
0	33514	17289	16225	1.42	0.73	0.69	106.56
1	34799	17977	16822	1.47	0.76	0.71	106.87
2	36565	18685	17880	1.55	0.79	0.76	104.50
3	38718	20077	18641	1.64	0.85	0.79	107.70
4	40107	20763	19344	1.70	0.88	0.82	107.34
5-9岁	**204740**	**104997**	**99743**	**8.66**	**4.44**	**4.22**	**105.27**
5	39877	20610	19267	1.69	0.87	0.81	106.97
6	42017	21678	20339	1.78	0.92	0.86	106.58
7	40524	20579	19945	1.71	0.87	0.84	103.18
8	42156	21624	20532	1.78	0.91	0.87	105.32
9	40166	20506	19660	1.70	0.87	0.83	104.30
10-14岁	**194149**	**99920**	**94229**	**8.21**	**4.23**	**3.98**	**106.04**
10	41640	21252	20388	1.76	0.90	0.86	104.24
11	40529	20788	19741	1.71	0.88	0.83	105.30
12	38791	19974	18817	1.64	0.84	0.80	106.15
13	37003	19158	17845	1.56	0.81	0.75	107.36
14	36186	18748	17438	1.53	0.79	0.74	107.51
15-19岁	**129417**	**67851**	**61566**	**5.47**	**2.87**	**2.60**	**110.21**
15	31676	16525	15151	1.34	0.70	0.64	109.07
16	26569	13796	12773	1.12	0.58	0.54	108.01
17	22088	11565	10523	0.93	0.49	0.45	109.90
18	23426	12388	11038	0.99	0.52	0.47	112.23
19	25658	13577	12081	1.09	0.57	0.51	112.38
20-24岁	**141507**	**74107**	**67400**	**5.98**	**3.13**	**2.85**	**109.95**
20	26009	13959	12050	1.10	0.59	0.51	115.84
21	24999	13107	11892	1.06	0.55	0.50	110.22
22	28810	15076	13734	1.22	0.64	0.58	109.77
23	30140	15582	14558	1.27	0.66	0.62	107.03
24	31549	16383	15166	1.33	0.69	0.64	108.02
25-29岁	**164552**	**86886**	**77666**	**6.96**	**3.67**	**3.28**	**111.87**
25	33673	17719	15954	1.42	0.75	0.67	111.06
26	31650	16450	15200	1.34	0.70	0.64	108.22
27	32867	17369	15498	1.39	0.73	0.66	112.07
28	33234	17703	15531	1.41	0.75	0.66	113.98
29	33128	17645	15483	1.40	0.75	0.65	113.96

3-1c 续表 1

单位：人、%

年 龄	人口数			占总人口比重			性别比
	合计	男	女	合计	男	女	(女=100)
30-34岁	**169444**	**89570**	**79874**	**7.17**	**3.79**	**3.38**	**112.14**
30	37369	19808	17561	1.58	0.84	0.74	112.80
31	34865	18282	16583	1.47	0.77	0.70	110.25
32	32104	17070	15034	1.36	0.72	0.64	113.54
33	34361	18066	16295	1.45	0.76	0.69	110.87
34	30745	16344	14401	1.30	0.69	0.61	113.49
35-39岁	**156353**	**82815**	**73538**	**6.61**	**3.50**	**3.11**	**112.62**
35	28171	14700	13471	1.19	0.62	0.57	109.12
36	28708	15105	13603	1.21	0.64	0.58	111.04
37	29633	15734	13899	1.25	0.67	0.59	113.20
38	35691	18965	16726	1.51	0.80	0.71	113.39
39	34150	18311	15839	1.44	0.77	0.67	115.61
40-44岁	**179826**	**94776**	**85050**	**7.60**	**4.01**	**3.60**	**111.44**
40	35136	18701	16435	1.49	0.79	0.70	113.79
41	35006	18575	16431	1.48	0.79	0.69	113.05
42	35574	18831	16743	1.50	0.80	0.71	112.47
43	34997	18325	16672	1.48	0.77	0.71	109.91
44	39113	20344	18769	1.65	0.86	0.79	108.39
45-49岁	**207172**	**108817**	**98355**	**8.76**	**4.60**	**4.16**	**110.64**
45	39344	20463	18881	1.66	0.87	0.80	108.38
46	42100	22172	19928	1.78	0.94	0.84	111.26
47	42728	22454	20274	1.81	0.95	0.86	110.75
48	41617	21924	19693	1.76	0.93	0.83	111.33
49	41383	21804	19579	1.75	0.92	0.83	111.36
50-54岁	**198876**	**103818**	**95058**	**8.41**	**4.39**	**4.02**	**109.22**
50	43281	22443	20838	1.83	0.95	0.88	107.70
51	40112	21023	19089	1.70	0.89	0.81	110.13
52	41870	22063	19807	1.77	0.93	0.84	111.39
53	36530	18908	17622	1.54	0.80	0.75	107.30
54	37083	19381	17702	1.57	0.82	0.75	109.48
55-59岁	**143791**	**74685**	**69106**	**6.08**	**3.16**	**2.92**	**108.07**
55	35567	18589	16978	1.50	0.79	0.72	109.49
56	35002	18155	16847	1.48	0.77	0.71	107.76
57	33855	17574	16281	1.43	0.74	0.69	107.94
58	27233	14154	13079	1.15	0.60	0.55	108.22
59	12134	6213	5921	0.51	0.26	0.25	104.93
60-64岁	**78355**	**40313**	**38042**	**3.31**	**1.70**	**1.61**	**105.97**
60	12808	6832	5976	0.54	0.29	0.25	114.32
61	12355	6486	5869	0.52	0.27	0.25	110.51
62	16588	8678	7910	0.70	0.37	0.33	109.71
63	18281	9313	8968	0.77	0.39	0.38	103.85
64	18323	9004	9319	0.77	0.38	0.39	96.62

3-1c 续表 2

单位：人、%

年 龄	人 口 数			占总人口比重			性别比
	合计	男	女	合计	男	女	(女=100)
65-69岁	**83882**	**41112**	**42770**	**3.55**	**1.74**	**1.81**	**96.12**
65	19445	9669	9776	0.82	0.41	0.41	98.91
66	17256	8447	8809	0.73	0.36	0.37	95.89
67	16338	7983	8355	0.69	0.34	0.35	95.55
68	16650	8158	8492	0.70	0.35	0.36	96.07
69	14193	6855	7338	0.60	0.29	0.31	93.42
70-74岁	**59859**	**28198**	**31661**	**2.53**	**1.19**	**1.34**	**89.06**
70	13774	6655	7119	0.58	0.28	0.30	93.48
71	13680	6675	7005	0.58	0.28	0.30	95.29
72	11062	5240	5822	0.47	0.22	0.25	90.00
73	11165	5041	6124	0.47	0.21	0.26	82.32
74	10178	4587	5591	0.43	0.19	0.24	82.04
75-79岁	**38870**	**18142**	**20728**	**1.64**	**0.77**	**0.88**	**87.52**
75	9194	4246	4948	0.39	0.18	0.21	85.81
76	8631	4137	4494	0.37	0.17	0.19	92.06
77	7828	3632	4196	0.33	0.15	0.18	86.56
78	7159	3344	3815	0.30	0.14	0.16	87.65
79	6058	2783	3275	0.26	0.12	0.14	84.98
80-84岁	**19598**	**8280**	**11318**	**0.83**	**0.35**	**0.48**	**73.16**
80	5263	2318	2945	0.22	0.10	0.12	78.71
81	3927	1661	2266	0.17	0.07	0.10	73.30
82	4073	1721	2352	0.17	0.07	0.10	73.17
83	3473	1400	2073	0.15	0.06	0.09	67.53
84	2862	1180	1682	0.12	0.05	0.07	70.15
85-89岁	**7956**	**3142**	**4814**	**0.34**	**0.13**	**0.20**	**65.27**
85	2265	883	1382	0.10	0.04	0.06	63.89
86	1952	778	1174	0.08	0.03	0.05	66.27
87	1624	627	997	0.07	0.03	0.04	62.89
88	1182	489	693	0.05	0.02	0.03	70.56
89	933	365	568	0.04	0.02	0.02	64.26
90-94岁	**2006**	**722**	**1284**	**0.08**	**0.03**	**0.05**	**56.23**
90	741	269	472	0.03	0.01	0.02	56.99
91	438	157	281	0.02	0.01	0.01	55.87
92	381	143	238	0.02	0.01	0.01	60.08
93	256	87	169	0.01		0.01	51.48
94	190	66	124	0.01		0.01	53.23
95-99岁	**465**	**150**	**315**	**0.02**	**0.01**	**0.01**	**47.62**
95	136	48	88	0.01			54.55
96	105	38	67				56.72
97	87	26	61				42.62
98	66	23	43				53.49
99	71	15	56				26.79
100岁及以上	**73**	**22**	**51**				**43.14**

3-2 各地区人口年龄构成(一)

单位：人、%

地 区	人口数				比重			
	合计	0-14岁	15-64岁	65岁及以上	合计	0-14岁	15-64岁	65岁及以上
全省	**5923957**	**1232956**	**4176908**	**514093**	**100.00**	**20.81**	**70.51**	**8.68**
西宁市	**2467965**	**403700**	**1814596**	**249669**	**100.00**	**16.36**	**73.53**	**10.12**
城东区	489372	76574	364120	48678	100.00	15.65	74.41	9.95
城中区	325813	44514	244864	36435	100.00	13.66	75.15	11.18
城西区	326866	49833	242952	34081	100.00	15.25	74.33	10.43
城北区	417701	55831	323091	38779	100.00	13.37	77.35	9.28
湟中区	395043	78208	276114	40721	100.00	19.80	69.89	10.31
大通回族土族自治县	403368	81938	283428	38002	100.00	20.31	70.27	9.42
湟源县	109802	16802	80027	12973	100.00	15.30	72.88	11.81
海东市	**1358471**	**309407**	**911234**	**137830**	**100.00**	**22.78**	**67.08**	**10.15**
乐都区	240949	39491	170444	31014	100.00	16.39	70.74	12.87
平安区	117883	22553	82302	13028	100.00	19.13	69.82	11.05
民和回族土族自治县	326964	77410	216460	33094	100.00	23.68	66.20	10.12
互助土族自治县	337941	66448	238320	33173	100.00	19.66	70.52	9.82
化隆回族自治县	200474	60699	123239	16536	100.00	30.28	61.47	8.25
循化撒拉族自治县	134260	42806	80469	10985	100.00	31.88	59.94	8.18
海北藏族自治州	**265322**	**53545**	**192563**	**19214**	**100.00**	**20.18**	**72.58**	**7.24**
门源回族自治县	138335	28941	98198	11196	100.00	20.92	70.99	8.09
祁连县	48538	9579	35606	3353	100.00	19.74	73.36	6.91
海晏县	37729	5871	29426	2432	100.00	15.56	77.99	6.45
刚察县	40720	9154	29333	2233	100.00	22.48	72.04	5.48
黄南藏族自治州	**276215**	**73316**	**184828**	**18071**	**100.00**	**26.54**	**66.91**	**6.54**
同仁县	101519	24792	69106	7621	100.00	24.42	68.07	7.51
尖扎县	58173	14995	38764	4414	100.00	25.78	66.64	7.59
泽库县	75659	22848	49123	3688	100.00	30.20	64.93	4.87
河南蒙古族自治县	40864	10681	27835	2348	100.00	26.14	68.12	5.75
海南藏族自治州	**446996**	**108376**	**307768**	**30852**	**100.00**	**24.25**	**68.85**	**6.90**
共和县	133409	28987	96188	8234	100.00	21.73	72.10	6.17
同德县	60268	16064	40662	3542	100.00	26.65	67.47	5.88
贵德县	105645	22499	72609	10537	100.00	21.30	68.73	9.97
兴海县	75833	21556	50147	4130	100.00	28.43	66.13	5.45
贵南县	71841	19270	48162	4409	100.00	26.82	67.04	6.14
果洛藏族自治州	**215573**	**63993**	**141007**	**10573**	**100.00**	**29.69**	**65.41**	**4.90**
玛沁县	58117	13467	42053	2597	100.00	23.17	72.36	4.47
班玛县	31794	9887	20036	1871	100.00	31.10	63.02	5.88
甘德县	41046	13073	25819	2154	100.00	31.85	62.90	5.25
达日县	40197	14342	24155	1700	100.00	35.68	60.09	4.23
久治县	29929	8828	19453	1648	100.00	29.50	65.00	5.51
玛多县	14490	4396	9491	603	100.00	30.34	65.50	4.16
玉树藏族自治州	**425199**	**133304**	**266204**	**25691**	**100.00**	**31.35**	**62.61**	**6.04**
玉树市	141308	39177	93525	8606	100.00	27.72	66.19	6.09
杂多县	68759	26725	38769	3265	100.00	38.87	56.38	4.75
称多县	57159	16460	37056	3643	100.00	28.80	64.83	6.37
治多县	34496	9918	22507	2071	100.00	28.75	65.25	6.00
囊谦县	90307	30919	53149	6239	100.00	34.24	58.85	6.91
曲麻莱县	33170	10105	21198	1867	100.00	30.46	63.91	5.63
海西蒙古族藏族自治州	**468216**	**87315**	**358708**	**22193**	**100.00**	**18.65**	**76.61**	**4.74**
格尔木市	221863	44608	168452	8803	100.00	20.11	75.93	3.97
德令哈市	88227	15432	67999	4796	100.00	17.49	77.07	5.44
茫崖市	18856	1582	16946	328	100.00	8.39	89.87	1.74
乌兰县	31507	5553	23805	2149	100.00	17.62	75.55	6.82
都兰县	68273	14160	49763	4350	100.00	20.74	72.89	6.37
天峻县	23203	4805	17161	1237	100.00	20.71	73.96	5.33
大柴旦行政委员会	16287	1175	14582	530	100.00	7.21	89.53	3.25

3-2a 各地区人口年龄构成(一)(城市)

单位：人、%

地区	人口数				比重			
	合计	0-14岁	15-64岁	65岁及以上	合计	0-14岁	15-64岁	65岁及以上
全省	**2124083**	**334592**	**1594049**	**195442**	**100.00**	**15.75**	**75.05**	**9.20**
西宁市	**1618954**	**239766**	**1216432**	**162756**	**100.00**	**14.81**	**75.14**	**10.05**
城东区	489372	76574	364120	48678	100.00	15.65	74.41	9.95
城中区	322863	44326	242263	36274	100.00	13.73	75.04	11.24
城西区	326507	49770	242682	34055	100.00	15.24	74.33	10.43
城北区	407603	54126	315711	37766	100.00	13.28	77.46	9.27
湟中区	57674	12342	40864	4468	100.00	21.40	70.85	7.75
大通回族土族自治县	14935	2628	10792	1515	100.00	17.60	72.26	10.14
湟源县								
海东市	**190040**	**34706**	**135816**	**19518**	**100.00**	**18.26**	**71.47**	**10.27**
乐都区	112937	19735	81566	11636	100.00	17.47	72.22	10.30
平安区	77103	14971	54250	7882	100.00	19.42	70.36	10.22
民和回族土族自治县								
互助土族自治县								
化隆回族自治县								
循化撒拉族自治县								
海北藏族自治州								
门源回族自治县								
祁连县								
海晏县								
刚察县								
黄南藏族自治州								
同仁县								
尖扎县								
泽库县								
河南蒙古族自治县								
海南藏族自治州								
共和县								
同德县								
贵德县								
兴海县								
贵南县								
果洛藏族自治州								
玛沁县								
班玛县								
甘德县								
达日县								
久治县								
玛多县								
玉树藏族自治州	**81984**	**18856**	**58460**	**4668**	**100.00**	**23.00**	**71.31**	**5.69**
玉树市	79138	17870	56810	4458	100.00	22.58	71.79	5.63
杂多县								
称多县								
治多县								
囊谦县								
曲麻莱县	2846	986	1650	210	100.00	34.65	57.98	7.38
海西蒙古族藏族自治州	**233105**	**41264**	**183341**	**8500**	**100.00**	**17.70**	**78.65**	**3.65**
格尔木市	154472	29385	119573	5514	100.00	19.02	77.41	3.57
德令哈市	63156	10518	49917	2721	100.00	16.65	79.04	4.31
茫崖市	15477	1361	13851	265	100.00	8.79	89.49	1.71
乌兰县								
都兰县								
天峻县								
大柴旦行政委员会								

3–2b 各地区人口年龄构成(一)(镇)

单位：人、%

地 区	人口数				比重			
	合计	0–14岁	15–64岁	65岁及以上	合计	0–14岁	15–64岁	65岁及以上
全省	**1435280**	**315772**	**1013566**	**105942**	**100.00**	**22.00**	**70.62**	**7.38**
西宁市	**321662**	**59751**	**232215**	**29696**	**100.00**	**18.58**	**72.19**	**9.23**
城东区								
城中区	2183	92	2027	64	100.00	4.21	92.85	2.93
城西区	359	63	270	26	100.00	17.55	75.21	7.24
城北区								
湟中区	70616	13433	51015	6168	100.00	19.02	72.24	8.73
大通回族土族自治县	190794	36796	136606	17392	100.00	19.29	71.60	9.12
湟源县	57710	9367	42297	6046	100.00	16.23	73.29	10.48
海东市	**358818**	**81741**	**245493**	**31584**	**100.00**	**22.78**	**68.42**	**8.80**
乐都区	12111	1937	8215	1959	100.00	15.99	67.83	16.18
平安区	2633	193	2185	255	100.00	7.33	82.99	9.68
民和回族土族自治县	131715	29016	90838	11861	100.00	22.03	68.97	9.01
互助土族自治县	122069	23893	87637	10539	100.00	19.57	71.79	8.63
化隆回族自治县	41904	12600	26026	3278	100.00	30.07	62.11	7.82
循化撒拉族自治县	48386	14102	30592	3692	100.00	29.14	63.22	7.63
海北藏族自治州	**122997**	**24594**	**90221**	**8182**	**100.00**	**20.00**	**73.35**	**6.65**
门源回族自治县	52218	10948	37452	3818	100.00	20.97	71.72	7.31
祁连县	26617	5592	19120	1905	100.00	21.01	71.83	7.16
海晏县	28136	4699	21782	1655	100.00	16.70	77.42	5.88
刚察县	16026	3355	11867	804	100.00	20.93	74.05	5.02
黄南藏族自治州	**114810**	**27003**	**80549**	**7258**	**100.00**	**23.52**	**70.16**	**6.32**
同仁县	49962	10647	36008	3307	100.00	21.31	72.07	6.62
尖扎县	23951	5694	16672	1585	100.00	23.77	69.61	6.62
泽库县	23180	6163	15868	1149	100.00	26.59	68.46	4.96
河南蒙古族自治县	17717	4499	12001	1217	100.00	25.39	67.74	6.87
海南藏族自治州	**182707**	**38700**	**131987**	**12020**	**100.00**	**21.18**	**72.24**	**6.58**
共和县	67463	12865	50773	3825	100.00	19.07	75.26	5.67
同德县	15160	3673	10696	791	100.00	24.23	70.55	5.22
贵德县	47976	9091	34144	4741	100.00	18.95	71.17	9.88
兴海县	32044	8474	21906	1664	100.00	26.44	68.36	5.19
贵南县	20064	4597	14468	999	100.00	22.91	72.11	4.98
果洛藏族自治州	**75632**	**17057**	**55292**	**3283**	**100.00**	**22.55**	**73.11**	**4.34**
玛沁县	33004	5879	25803	1322	100.00	17.81	78.18	4.01
班玛县	9892	2472	6864	556	100.00	24.99	69.39	5.62
甘德县	6089	1311	4453	325	100.00	21.53	73.13	5.34
达日县	13239	4119	8604	516	100.00	31.11	64.99	3.90
久治县	4747	910	3667	170	100.00	19.17	77.25	3.58
玛多县	8661	2366	5901	394	100.00	27.32	68.13	4.55
玉树藏族自治州	**133261**	**41567**	**84031**	**7663**	**100.00**	**31.19**	**63.06**	**5.75**
玉树市	6359	1862	4109	388	100.00	29.28	64.62	6.10
杂多县	35857	13302	20910	1645	100.00	37.10	58.31	4.59
称多县	21385	5542	14520	1323	100.00	25.92	67.90	6.19
治多县	25735	7115	16932	1688	100.00	27.65	65.79	6.56
囊谦县	30521	10147	18550	1824	100.00	33.25	60.78	5.98
曲麻莱县	13404	3599	9010	795	100.00	26.85	67.22	5.93
海西蒙古族藏族自治州	**125393**	**25359**	**93778**	**6256**	**100.00**	**20.22**	**74.79**	**4.99**
格尔木市	42681	10408	30374	1899	100.00	24.39	71.17	4.45
德令哈市	2268	418	1656	194	100.00	18.43	73.02	8.55
茫崖市	3379	221	3095	63	100.00	6.54	91.60	1.86
乌兰县	20116	3284	15605	1227	100.00	16.33	77.58	6.10
都兰县	32720	7010	24080	1630	100.00	21.42	73.59	4.98
天峻县	13938	3039	10060	839	100.00	21.80	72.18	6.02
大柴旦行政委员会	10291	979	8908	404	100.00	9.51	86.56	3.93

3-2c 各地区人口年龄构成(一)(乡村)

单位：人、%

地区	人口数				比重			
	合计	0-14岁	15-64岁	65岁及以上	合计	0-14岁	15-64岁	65岁及以上
全省	**2364594**	**582592**	**1569293**	**212709**	**100.00**	**24.64**	**66.37**	**9.00**
西宁市	**527349**	**104183**	**365949**	**57217**	**100.00**	**19.76**	**69.39**	**10.85**
城东区								
城中区	767	96	574	97	100.00	12.52	74.84	12.65
城西区								
城北区	10098	1705	7380	1013	100.00	16.88	73.08	10.03
湟中区	266753	52433	184235	30085	100.00	19.66	69.07	11.28
大通回族土族自治县	197639	42514	136030	19095	100.00	21.51	68.83	9.66
湟源县	52092	7435	37730	6927	100.00	14.27	72.43	13.30
海东市	**809613**	**192960**	**529925**	**86728**	**100.00**	**23.83**	**65.45**	**10.71**
乐都区	115901	17819	80663	17419	100.00	15.37	69.60	15.03
平安区	38147	7389	25867	4891	100.00	19.37	67.81	12.82
民和回族土族自治县	195249	48394	125622	21233	100.00	24.79	64.34	10.87
互助土族自治县	215872	42555	150683	22634	100.00	19.71	69.80	10.48
化隆回族自治县	158570	48099	97213	13258	100.00	30.33	61.31	8.36
循化撒拉族自治县	85874	28704	49877	7293	100.00	33.43	58.08	8.49
海北藏族自治州	**142325**	**28951**	**102342**	**11032**	**100.00**	**20.34**	**71.91**	**7.75**
门源回族自治县	86117	17993	60746	7378	100.00	20.89	70.54	8.57
祁连县	21921	3987	16486	1448	100.00	18.19	75.21	6.61
海晏县	9593	1172	7644	777	100.00	12.22	79.68	8.10
刚察县	24694	5799	17466	1429	100.00	23.48	70.73	5.79
黄南藏族自治州	**161405**	**46313**	**104279**	**10813**	**100.00**	**28.69**	**64.61**	**6.70**
同仁县	51557	14145	33098	4314	100.00	27.44	64.20	8.37
尖扎县	34222	9301	22092	2829	100.00	27.18	64.55	8.27
泽库县	52479	16685	33255	2539	100.00	31.79	63.37	4.84
河南蒙古族自治县	23147	6182	15834	1131	100.00	26.71	68.41	4.89
海南藏族自治州	**264289**	**69676**	**175781**	**18832**	**100.00**	**26.36**	**66.51**	**7.13**
共和县	65946	16122	45415	4409	100.00	24.45	68.87	6.69
同德县	45108	12391	29966	2751	100.00	27.47	66.43	6.10
贵德县	57669	13408	38465	5796	100.00	23.25	66.70	10.05
兴海县	43789	13082	28241	2466	100.00	29.88	64.49	5.63
贵南县	51777	14673	33694	3410	100.00	28.34	65.08	6.59
果洛藏族自治州	**139941**	**46936**	**85715**	**7290**	**100.00**	**33.54**	**61.25**	**5.21**
玛沁县	25113	7588	16250	1275	100.00	30.22	64.71	5.08
班玛县	21902	7415	13172	1315	100.00	33.86	60.14	6.00
甘德县	34957	11762	21366	1829	100.00	33.65	61.12	5.23
达日县	26958	10223	15551	1184	100.00	37.92	57.69	4.39
久治县	25182	7918	15786	1478	100.00	31.44	62.69	5.87
玛多县	5829	2030	3590	209	100.00	34.83	61.59	3.59
玉树藏族自治州	**209954**	**72881**	**123713**	**13360**	**100.00**	**34.71**	**58.92**	**6.36**
玉树市	55811	19445	32606	3760	100.00	34.84	58.42	6.74
杂多县	32902	13423	17859	1620	100.00	40.80	54.28	4.92
称多县	35774	10918	22536	2320	100.00	30.52	63.00	6.49
治多县	8761	2803	5575	383	100.00	31.99	63.63	4.37
囊谦县	59786	20772	34599	4415	100.00	34.74	57.87	7.38
曲麻莱县	16920	5520	10538	862	100.00	32.62	62.28	5.09
海西蒙古族藏族自治州	**109718**	**20692**	**81589**	**7437**	**100.00**	**18.86**	**74.36**	**6.78**
格尔木市	24710	4815	18505	1390	100.00	19.49	74.89	5.63
德令哈市	22803	4496	16426	1881	100.00	19.72	72.03	8.25
茫崖市								
乌兰县	11391	2269	8200	922	100.00	19.92	71.99	8.09
都兰县	35553	7150	25683	2720	100.00	20.11	72.24	7.65
天峻县	9265	1766	7101	398	100.00	19.06	76.64	4.30
大柴旦行政委员会	5996	196	5674	126	100.00	3.27	94.63	2.10

3-3 各地区人口年龄构成(二)

单位：人、%

地 区	人口数				比重			
	合计	0-15岁	16-59岁	60岁及以上	合计	0-15岁	16-59岁	60岁及以上
全省	**5923957**	**1306676**	**3897879**	**719402**	**100.00**	**22.06**	**65.80**	**12.14**
西宁市	**2467965**	**429240**	**1684474**	**354251**	**100.00**	**17.39**	**68.25**	**14.35**
城东区	489372	80924	339062	69386	100.00	16.54	69.29	14.18
城中区	325813	47694	225976	52143	100.00	14.64	69.36	16.00
城西区	326866	52326	224939	49601	100.00	16.01	68.82	15.17
城北区	417701	58843	302623	56235	100.00	14.09	72.45	13.46
湟中区	395043	83932	256516	54595	100.00	21.25	64.93	13.82
大通回族土族自治县	403368	87539	262220	53609	100.00	21.70	65.01	13.29
湟源县	109802	17982	73138	18682	100.00	16.38	66.61	17.01
海东市	**1358471**	**328234**	**837564**	**192673**	**100.00**	**24.16**	**61.65**	**14.18**
乐都区	240949	42327	155184	43438	100.00	17.57	64.41	18.03
平安区	117883	24068	75998	17817	100.00	20.42	64.47	15.11
民和回族土族自治县	326964	81711	199622	45631	100.00	24.99	61.05	13.96
互助土族自治县	337941	70736	218784	48421	100.00	20.93	64.74	14.33
化隆回族自治县	200474	64466	113449	22559	100.00	32.16	56.59	11.25
循化撒拉族自治县	134260	44926	74527	14807	100.00	33.46	55.51	11.03
海北藏族自治州	**265322**	**57232**	**180284**	**27806**	**100.00**	**21.57**	**67.95**	**10.48**
门源回族自治县	138335	30792	91076	16467	100.00	22.26	65.84	11.90
祁连县	48538	10156	33635	4747	100.00	20.92	69.30	9.78
海晏县	37729	6504	27668	3557	100.00	17.24	73.33	9.43
刚察县	40720	9780	27905	3035	100.00	24.02	68.53	7.45
黄南藏族自治州	**276215**	**77069**	**176127**	**23019**	**100.00**	**27.90**	**63.76**	**8.33**
同仁县	101519	26280	65694	9545	100.00	25.89	64.71	9.40
尖扎县	58173	15717	36539	5917	100.00	27.02	62.81	10.17
泽库县	75659	23989	47106	4564	100.00	31.71	62.26	6.03
河南蒙古族自治县	40864	11083	26788	2993	100.00	27.12	65.55	7.32
海南藏族自治州	**446996**	**114770**	**289532**	**42694**	**100.00**	**25.68**	**64.77**	**9.55**
共和县	133409	30970	90574	11865	100.00	23.21	67.89	8.89
同德县	60268	16840	38779	4649	100.00	27.94	64.34	7.71
贵德县	105645	24014	66774	14857	100.00	22.73	63.21	14.06
兴海县	75833	22726	47616	5491	100.00	29.97	62.79	7.24
贵南县	71841	20220	45789	5832	100.00	28.15	63.74	8.12
果洛藏族自治州	**215573**	**67284**	**134417**	**13872**	**100.00**	**31.21**	**62.35**	**6.43**
玛沁县	58117	14382	40263	3472	100.00	24.75	69.28	5.97
班玛县	31794	10323	19128	2343	100.00	32.47	60.16	7.37
甘德县	41046	13727	24564	2755	100.00	33.44	59.85	6.71
达日县	40197	14995	22938	2264	100.00	37.30	57.06	5.63
久治县	29929	9280	18450	2199	100.00	31.01	61.65	7.35
玛多县	14490	4577	9074	839	100.00	31.59	62.62	5.79
玉树藏族自治州	**425199**	**140673**	**252854**	**31672**	**100.00**	**33.08**	**59.47**	**7.45**
玉树市	141308	41705	88922	10681	100.00	29.51	62.93	7.56
杂多县	68759	27811	37046	3902	100.00	40.45	53.88	5.67
称多县	57159	17531	35005	4623	100.00	30.67	61.24	8.09
治多县	34496	10431	21481	2584	100.00	30.24	62.27	7.49
囊谦县	90307	32584	50240	7483	100.00	36.08	55.63	8.29
曲麻莱县	33170	10611	20160	2399	100.00	31.99	60.78	7.23
海西蒙古族藏族自治州	**468216**	**92174**	**342627**	**33415**	**100.00**	**19.69**	**73.18**	**7.14**
格尔木市	221863	47052	161234	13577	100.00	21.21	72.67	6.12
德令哈市	88227	16335	64682	7210	100.00	18.51	73.31	8.17
茫崖市	18856	1679	16637	540	100.00	8.90	88.23	2.86
乌兰县	31507	5857	22493	3157	100.00	18.59	71.39	10.02
都兰县	68273	14997	46752	6524	100.00	21.97	68.48	9.56
天峻县	23203	5002	16475	1726	100.00	21.56	71.00	7.44
大柴旦行政委员会	16287	1252	14354	681	100.00	7.69	88.13	4.18

3-3a 各地区人口年龄构成(二)(城市)

单位：人、%

地区	人口数				比重			
	合计	0-15岁	16-59岁	60岁及以上	合计	0-15岁	16-59岁	60岁及以上
全省	**2124083**	**354671**	**1489343**	**280069**	**100.00**	**16.70**	**70.12**	**13.19**
西宁市	**1618954**	**253667**	**1131545**	**233742**	**100.00**	**15.67**	**69.89**	**14.44**
城东区	489372	80924	339062	69386	100.00	16.54	69.29	14.18
城中区	322863	47499	223444	51920	100.00	14.71	69.21	16.08
城西区	326507	52261	224691	49555	100.00	16.01	68.82	15.18
城北区	407603	57048	295806	54749	100.00	14.00	72.57	13.43
湟中区	57674	13175	38541	5958	100.00	22.84	66.83	10.33
大通回族土族自治县	14935	2760	10001	2174	100.00	18.48	66.96	14.56
湟源县								
海东市	**190040**	**36965**	**125821**	**27254**	**100.00**	**19.45**	**66.21**	**14.34**
乐都区	112937	21111	75375	16451	100.00	18.69	66.74	14.57
平安区	77103	15854	50446	10803	100.00	20.56	65.43	14.01
民和回族土族自治县								
互助土族自治县								
化隆回族自治县								
循化撒拉族自治县								
海北藏族自治州								
门源回族自治县								
祁连县								
海晏县								
刚察县								
黄南藏族自治州								
同仁县								
尖扎县								
泽库县								
河南蒙古族自治县								
海南藏族自治州								
共和县								
同德县								
贵德县								
兴海县								
贵南县								
果洛藏族自治州								
玛沁县								
班玛县								
甘德县								
达日县								
久治县								
玛多县								
玉树藏族自治州	**81984**	**20460**	**55560**	**5964**	**100.00**	**24.96**	**67.77**	**7.27**
玉树市	79138	19421	54017	5700	100.00	24.54	68.26	7.20
杂多县								
称多县								
治多县								
囊谦县								
曲麻莱县	2846	1039	1543	264	100.00	36.51	54.22	9.28
海西蒙古族藏族自治州	**233105**	**43579**	**176417**	**13109**	**100.00**	**18.70**	**75.68**	**5.62**
格尔木市	154472	30975	114991	8506	100.00	20.05	74.44	5.51
德令哈市	63156	11161	47847	4148	100.00	17.67	75.76	6.57
茫崖市	15477	1443	13579	455	100.00	9.32	87.74	2.94
乌兰县								
都兰县								
天峻县								
大柴旦行政委员会								

3-3b 各地区人口年龄构成(二)(镇)

单位：人、%

地区	人口数				比重			
	合计	0-15岁	16-59岁	60岁及以上	合计	0-15岁	16-59岁	60岁及以上
全省	**1435280**	**337737**	**949274**	**148269**	**100.00**	**23.53**	**66.14**	**10.33**
西宁市	**321662**	**64226**	**215557**	**41879**	**100.00**	**19.97**	**67.01**	**13.02**
城东区								
城中区	2183	95	1993	95	100.00	4.35	91.30	4.35
城西区	359	65	248	46	100.00	18.11	69.08	12.81
城北区								
湟中区	70616	14499	47625	8492	100.00	20.53	67.44	12.03
大通回族土族自治县	190794	39610	126706	24478	100.00	20.76	66.41	12.83
湟源县	57710	9957	38985	8768	100.00	17.25	67.55	15.19
海东市	**358818**	**87930**	**226405**	**44483**	**100.00**	**24.51**	**63.10**	**12.40**
乐都区	12111	2044	7406	2661	100.00	16.88	61.15	21.97
平安区	2633	342	1953	338	100.00	12.99	74.17	12.84
民和回族土族自治县	131715	30965	84077	16673	100.00	23.51	63.83	12.66
互助土族自治县	122069	25957	80921	15191	100.00	21.26	66.29	12.44
化隆回族自治县	41904	13649	23772	4483	100.00	32.57	56.73	10.70
循化撒拉族自治县	48386	14973	28276	5137	100.00	30.94	58.44	10.62
海北藏族自治州	**122997**	**26418**	**84669**	**11910**	**100.00**	**21.48**	**68.84**	**9.68**
门源回族自治县	52218	11727	34891	5600	100.00	22.46	66.82	10.72
祁连县	26617	5952	17935	2730	100.00	22.36	67.38	10.26
海晏县	28136	5216	20472	2448	100.00	18.54	72.76	8.70
刚察县	16026	3523	11371	1132	100.00	21.98	70.95	7.06
黄南藏族自治州	**114810**	**28822**	**76424**	**9564**	**100.00**	**25.10**	**66.57**	**8.33**
同仁县	49962	11568	34051	4343	100.00	23.15	68.15	8.69
尖扎县	23951	6117	15662	2172	100.00	25.54	65.39	9.07
泽库县	23180	6497	15223	1460	100.00	28.03	65.67	6.30
河南蒙古族自治县	17717	4640	11488	1589	100.00	26.19	64.84	8.97
海南藏族自治州	**182707**	**41575**	**124114**	**17018**	**100.00**	**22.76**	**67.93**	**9.31**
共和县	67463	14053	47902	5508	100.00	20.83	71.00	8.16
同德县	15160	3852	10227	1081	100.00	25.41	67.46	7.13
贵德县	47976	9866	31346	6764	100.00	20.56	65.34	14.10
兴海县	32044	8944	20813	2287	100.00	27.91	64.95	7.14
贵南县	20064	4860	13826	1378	100.00	24.22	68.91	6.87
果洛藏族自治州	**75632**	**18125**	**53034**	**4473**	**100.00**	**23.96**	**70.12**	**5.91**
玛沁县	33004	6394	24775	1835	100.00	19.37	75.07	5.56
班玛县	9892	2588	6579	725	100.00	26.16	66.51	7.33
甘德县	6089	1390	4282	417	100.00	22.83	70.32	6.85
达日县	13239	4331	8201	707	100.00	32.71	61.95	5.34
久治县	4747	952	3563	232	100.00	20.05	75.06	4.89
玛多县	8661	2470	5634	557	100.00	28.52	65.05	6.43
玉树藏族自治州	**133261**	**43793**	**79834**	**9634**	**100.00**	**32.86**	**59.91**	**7.23**
玉树市	6359	1957	3928	474	100.00	30.78	61.77	7.45
杂多县	35857	13931	19915	2011	100.00	38.85	55.54	5.61
称多县	21385	5962	13721	1702	100.00	27.88	64.16	7.96
治多县	25735	7512	16095	2128	100.00	29.19	62.54	8.27
囊谦县	30521	10648	17615	2258	100.00	34.89	57.71	7.40
曲麻莱县	13404	3783	8560	1061	100.00	28.22	63.86	7.92
海西蒙古族藏族自治州	**125393**	**26848**	**89237**	**9308**	**100.00**	**21.41**	**71.17**	**7.42**
格尔木市	42681	11029	28738	2914	100.00	25.84	67.33	6.83
德令哈市	2268	455	1504	309	100.00	20.06	66.31	13.62
茫崖市	3379	236	3058	85	100.00	6.98	90.50	2.52
乌兰县	20116	3481	14849	1786	100.00	17.30	73.82	8.88
都兰县	32720	7437	22755	2528	100.00	22.73	69.54	7.73
天峻县	13938	3171	9571	1196	100.00	22.75	68.67	8.58
大柴旦行政委员会	10291	1039	8762	490	100.00	10.10	85.14	4.76

3-3c 各地区人口年龄构成(二)(乡村)

单位：人、%

地区	人口数				比重			
	合计	0-15岁	16-59岁	60岁及以上	合计	0-15岁	16-59岁	60岁及以上
全省	**2364594**	**614268**	**1459262**	**291064**	**100.00**	**25.98**	**61.71**	**12.31**
西宁市	**527349**	**111347**	**337372**	**78630**	**100.00**	**21.11**	**63.98**	**14.91**
城东区								
城中区	767	100	539	128	100.00	13.04	70.27	16.69
城西区								
城北区	10098	1795	6817	1486	100.00	17.78	67.51	14.72
湟中区	266753	56258	170350	40145	100.00	21.09	63.86	15.05
大通回族土族自治县	197639	45169	125513	26957	100.00	22.85	63.51	13.64
湟源县	52092	8025	34153	9914	100.00	15.41	65.56	19.03
海东市	**809613**	**203339**	**485338**	**120936**	**100.00**	**25.12**	**59.95**	**14.94**
乐都区	115901	19172	72403	24326	100.00	16.54	62.47	20.99
平安区	38147	7872	23599	6676	100.00	20.64	61.86	17.50
民和回族土族自治县	195249	50746	115545	28958	100.00	25.99	59.18	14.83
互助土族自治县	215872	44779	137863	33230	100.00	20.74	63.86	15.39
化隆回族自治县	158570	50817	89677	18076	100.00	32.05	56.55	11.40
循化撒拉族自治县	85874	29953	46251	9670	100.00	34.88	53.86	11.26
海北藏族自治州	**142325**	**30814**	**95615**	**15896**	**100.00**	**21.65**	**67.18**	**11.17**
门源回族自治县	86117	19065	56185	10867	100.00	22.14	65.24	12.62
祁连县	21921	4204	15700	2017	100.00	19.18	71.62	9.20
海晏县	9593	1288	7196	1109	100.00	13.43	75.01	11.56
刚察县	24694	6257	16534	1903	100.00	25.34	66.96	7.71
黄南藏族自治州	**161405**	**48247**	**99703**	**13455**	**100.00**	**29.89**	**61.77**	**8.34**
同仁县	51557	14712	31643	5202	100.00	28.54	61.37	10.09
尖扎县	34222	9600	20877	3745	100.00	28.05	61.00	10.94
泽库县	52479	17492	31883	3104	100.00	33.33	60.75	5.91
河南蒙古族自治县	23147	6443	15300	1404	100.00	27.84	66.10	6.07
海南藏族自治州	**264289**	**73195**	**165418**	**25676**	**100.00**	**27.70**	**62.59**	**9.72**
共和县	65946	16917	42672	6357	100.00	25.65	64.71	9.64
同德县	45108	12988	28552	3568	100.00	28.79	63.30	7.91
贵德县	57669	14148	35428	8093	100.00	24.53	61.43	14.03
兴海县	43789	13782	26803	3204	100.00	31.47	61.21	7.32
贵南县	51777	15360	31963	4454	100.00	29.67	61.73	8.60
果洛藏族自治州	**139941**	**49159**	**81383**	**9399**	**100.00**	**35.13**	**58.16**	**6.72**
玛沁县	25113	7988	15488	1637	100.00	31.81	61.67	6.52
班玛县	21902	7735	12549	1618	100.00	35.32	57.30	7.39
甘德县	34957	12337	20282	2338	100.00	35.29	58.02	6.69
达日县	26958	10664	14737	1557	100.00	39.56	54.67	5.78
久治县	25182	8328	14887	1967	100.00	33.07	59.12	7.81
玛多县	5829	2107	3440	282	100.00	36.15	59.02	4.84
玉树藏族自治州	**209954**	**76420**	**117460**	**16074**	**100.00**	**36.40**	**55.95**	**7.66**
玉树市	55811	20327	30977	4507	100.00	36.42	55.50	8.08
杂多县	32902	13880	17131	1891	100.00	42.19	52.07	5.75
称多县	35774	11569	21284	2921	100.00	32.34	59.50	8.17
治多县	8761	2919	5386	456	100.00	33.32	61.48	5.20
囊谦县	59786	21936	32625	5225	100.00	36.69	54.57	8.74
曲麻莱县	16920	5789	10057	1074	100.00	34.21	59.44	6.35
海西蒙古族藏族自治州	**109718**	**21747**	**76973**	**10998**	**100.00**	**19.82**	**70.16**	**10.02**
格尔木市	24710	5048	17505	2157	100.00	20.43	70.84	8.73
德令哈市	22803	4719	15331	2753	100.00	20.69	67.23	12.07
茫崖市								
乌兰县	11391	2376	7644	1371	100.00	20.86	67.11	12.04
都兰县	35553	7560	23997	3996	100.00	21.26	67.50	11.24
天峻县	9265	1831	6904	530	100.00	19.76	74.52	5.72
大柴旦行政委员会	5996	213	5592	191	100.00	3.55	93.26	3.19

第一部分　全部数据资料

第四卷　教育

4-1　全省分年龄、性别、受教育程度的3岁及以上人口

单位：人

年　龄	3岁及以上人口			未上过学		
	合计	男	女	小计	男	女
总　计	**5703979**	**2920497**	**2783482**	**578699**	**202266**	**376433**
3	84651	43650	41001	46007	23842	22165
4	87062	45044	42018	19860	10187	9673
5—9岁	**434439**	**223488**	**210951**	**14320**	**7236**	**7084**
5	82129	42380	39749	7900	4002	3898
6	90836	46867	43969	3255	1620	1635
7	87009	44461	42548	1283	663	620
8	90252	46353	43899	1026	524	502
9	84213	43427	40786	856	427	429
10—14岁	**406826**	**209675**	**197151**	**4368**	**2234**	**2134**
10	86734	44580	42154	973	516	457
11	83326	42937	40389	906	472	434
12	81239	41802	39437	845	418	427
13	78595	40710	37885	823	408	415
14	76932	39646	37286	821	420	401
15—19岁	**356682**	**183962**	**172720**	**3918**	**1953**	**1965**
15	73720	38037	35683	707	381	326
16	75458	38691	36767	654	326	328
17	71709	36750	34959	759	373	386
18	69790	36107	33683	816	396	420
19	66005	34377	31628	982	477	505
20—24岁	**365049**	**188187**	**176862**	**8111**	**3426**	**4685**
20	67165	34958	32207	1258	580	678
21	64554	33485	31069	1365	564	801
22	74648	38322	36326	1625	703	922
23	77081	39579	37502	1813	767	1046
24	81601	41843	39758	2050	812	1238
25—29岁	**454114**	**234383**	**219731**	**13751**	**5340**	**8411**
25	89153	46050	43103	2390	920	1470
26	85671	43709	41962	2415	916	1499
27	90713	46792	43921	2677	1039	1638
28	94403	48838	45565	3035	1202	1833
29	94174	48994	45180	3234	1263	1971
30—34岁	**495018**	**256276**	**238742**	**23818**	**8887**	**14931**
30	109204	56665	52539	4055	1510	2545
31	102732	53001	49731	4645	1711	2934
32	94836	48983	45853	4592	1693	2899
33	100377	51969	48408	5357	2035	3322
34	87869	45658	42211	5169	1938	3231
35—39岁	**409914**	**212330**	**197584**	**31055**	**11256**	**19799**
35	77690	40059	37631	5311	1868	3443
36	76755	39659	37096	5601	2057	3544
37	77419	39934	37485	6092	2246	3846
38	92032	47831	44201	7055	2569	4486
39	86018	44847	41171	6996	2516	4480
40—44岁	**458098**	**237257**	**220841**	**41426**	**14472**	**26954**
40	88019	45594	42425	7606	2704	4902
41	90998	47226	43772	7939	2796	5143
42	91129	47293	43836	8298	2944	5354
43	89132	45963	43169	8264	2857	5407
44	98820	51181	47639	9319	3171	6148

4-1 续表 1 单位：人

年 龄	3岁及以上人口			未上过学		
	合计	男	女	小计	男	女
45-49岁	**533670**	**278338**	**255332**	**54384**	**18703**	**35681**
45	98519	50913	47606	9687	3374	6313
46	106248	55532	50716	10676	3699	6977
47	110751	57748	53003	11199	3901	7298
48	109630	57450	52180	11313	3796	7517
49	108522	56695	51827	11509	3933	7576
50-54岁	**519895**	**269394**	**250501**	**60914**	**19277**	**41637**
50	113669	58701	54968	12639	4019	8620
51	106238	55364	50874	12119	4026	8093
52	109865	57019	52846	12669	3987	8682
53	93403	48094	45309	11634	3647	7987
54	96720	50216	46504	11853	3598	8255
55-59岁	**379159**	**195057**	**184102**	**53654**	**14761**	**38893**
55	93814	48470	45344	11993	3576	8417
56	91915	47456	44459	12331	3492	8839
57	91406	46984	44422	12602	3286	9316
58	70758	36303	34455	11023	2838	8185
59	31266	15844	15422	5705	1569	4136
60-64岁	**205309**	**104827**	**100482**	**44297**	**13015**	**31282**
60	35996	18828	17168	6200	1730	4470
61	34502	17789	16713	6605	1936	4669
62	44109	22868	21241	9533	2867	6666
63	46018	23183	22835	10737	3184	7553
64	44684	22159	22525	11222	3298	7924
65-69岁	**195180**	**95089**	**100091**	**56100**	**16877**	**39223**
65	45645	22565	23080	12392	3695	8697
66	41701	20383	21318	11141	3227	7914
67	37904	18468	19436	11044	3310	7734
68	38013	18457	19556	11554	3552	8002
69	31917	15216	16701	9969	3093	6876
70-74岁	**135702**	**62885**	**72817**	**42414**	**13039**	**29375**
70	31609	15223	16386	9747	3101	6646
71	30840	14801	16039	9751	3108	6643
72	24930	11637	13293	7743	2471	5272
73	24916	11045	13871	7850	2287	5563
74	23407	10179	13228	7323	2072	5251
75-79岁	**96614**	**42377**	**54237**	**29504**	**9121**	**20383**
75	21668	9340	12328	6652	1958	4694
76	21055	9240	11815	6304	1988	4316
77	18829	8189	10640	5960	1872	4088
78	18637	8271	10366	5648	1771	3877
79	16425	7337	9088	4940	1532	3408
80-84岁	**57214**	**25414**	**31800**	**19094**	**5556**	**13538**
80	15067	6778	8289	4728	1446	3282
81	11732	5136	6596	3818	1106	2712
82	11860	5308	6552	3987	1189	2798
83	10058	4462	5596	3533	1005	2528
84	8497	3730	4767	3028	810	2218
85岁及以上	**29383**	**12864**	**16519**	**11704**	**3084**	**8620**

4-1 续表 2

单位：人

年 龄	学前教育			小 学		
	小计	男	女	小计	男	女
总 计	**236973**	**121957**	**115016**	**1938626**	**960145**	**978481**
3	38644	19808	18836			
4	67202	34857	32345			
5-9岁	**119067**	**61796**	**57271**	**295540**	**151534**	**144006**
5	63207	32684	30523	11022	5694	5328
6	45978	24059	21919	40644	20660	19984
7	5985	3081	2904	78562	40108	38454
8	2427	1224	1203	85254	43785	41469
9	1470	748	722	80058	41287	38771
10-14岁	**3957**	**1966**	**1991**	**238878**	**123653**	**115225**
10	1172	571	601	81695	41972	39723
11	967	482	485	74674	38562	36112
12	696	354	342	50975	26740	24235
13	561	267	294	20546	10760	9786
14	561	292	269	10988	5619	5369
15-19岁	**1069**	**534**	**535**	**33809**	**17195**	**16614**
15	466	225	241	7215	3718	3497
16	252	127	125	6189	3180	3009
17	143	76	67	5940	3062	2878
18	112	57	55	6710	3361	3349
19	96	49	47	7755	3874	3881
20-24岁	**446**	**210**	**236**	**54905**	**25920**	**28985**
20	92	43	49	9164	4431	4733
21	90	36	54	9838	4667	5171
22	97	55	42	11309	5358	5951
23	72	34	38	11785	5497	6288
24	95	42	53	12809	5967	6842
25-29岁	**455**	**204**	**251**	**87084**	**40607**	**46477**
25	113	48	65	14794	6885	7909
26	82	37	45	16138	7399	8739
27	85	32	53	17081	7940	9141
28	86	42	44	18501	8658	9843
29	89	45	44	20570	9725	10845
30-34岁	**566**	**281**	**285**	**122384**	**57931**	**64453**
30	103	44	59	24329	11340	12989
31	127	68	59	24425	11467	12958
32	106	52	54	23971	11352	12619
33	116	56	60	26115	12480	13635
34	114	61	53	23544	11292	12252
35-39岁	**574**	**293**	**281**	**125583**	**61161**	**64422**
35	119	71	48	22175	10643	11532
36	106	54	52	22337	10891	11446
37	117	57	60	24321	11740	12581
38	119	53	66	28623	14034	14589
39	113	58	55	28127	13853	14274
40-44岁	**643**	**297**	**346**	**155196**	**76452**	**78744**
40	142	68	74	29265	14360	14905
41	120	53	67	29742	14672	15070
42	135	61	74	31096	15414	15682
43	110	47	63	30584	15143	15441
44	136	68	68	34509	16863	17646

4-1 续表 3

单位：人

年 龄	学前教育			小 学		
	小计	男	女	小计	男	女
45-49岁	**793**	**329**	**464**	**185579**	**91845**	**93734**
45	150	69	81	35139	17183	17956
46	144	64	80	37289	18575	18714
47	182	81	101	37872	18726	19146
48	173	58	115	37493	18577	18916
49	144	57	87	37786	18784	19002
50-54岁	**815**	**330**	**485**	**193462**	**96077**	**97385**
50	165	71	94	40967	20058	20909
51	174	76	98	39027	19445	19582
52	159	62	97	41292	20797	20495
53	140	56	84	35824	17750	18074
54	177	65	112	36352	18027	18325
55-59岁	**671**	**234**	**437**	**134480**	**64428**	**70052**
55	177	75	102	34174	16758	17416
56	139	48	91	32864	15920	16944
57	161	53	108	31297	14894	16403
58	129	41	88	25024	11667	13357
59	65	17	48	11121	5189	5932
60-64岁	**441**	**178**	**263**	**77864**	**38801**	**39063**
60	66	30	36	12299	6136	6163
61	56	21	35	12220	6013	6207
62	103	39	64	16388	8350	8038
63	99	41	58	18272	9088	9184
64	117	47	70	18685	9214	9471
65-69岁	**561**	**217**	**344**	**88501**	**45118**	**43383**
65	128	53	75	19678	9956	9722
66	118	49	69	18702	9547	9155
67	114	40	74	17370	8913	8457
68	109	42	67	17861	9182	8679
69	92	33	59	14890	7520	7370
70-74岁	**392**	**159**	**233**	**65784**	**32639**	**33145**
70	90	35	55	15152	7700	7452
71	90	39	51	14921	7718	7203
72	80	37	43	12313	6167	6146
73	72	24	48	12187	5801	6386
74	60	24	36	11211	5253	5958
75-79岁	**342**	**141**	**201**	**43413**	**20093**	**23320**
75	67	20	47	10223	4738	5485
76	80	34	46	9604	4460	5144
77	64	30	34	8237	3785	4452
78	70	29	41	8064	3726	4338
79	61	28	33	7285	3384	3901
80-84岁	**194**	**68**	**126**	**24157**	**10977**	**13180**
80	43	18	25	6467	2958	3509
81	33	12	21	4946	2194	2752
82	45	10	35	4974	2269	2705
83	38	17	21	4169	1878	2291
84	35	11	24	3601	1678	1923
85岁及以上	**141**	**55**	**86**	**12007**	**5714**	**6293**

4-1　续表 4　　　　　　　　　　　　　　　　　　　　　　　　　　单位：人

年龄	初中			高中			大学专科		
	小计	男	女	小计	男	女	小计	男	女
总　计	**1442149**	**838949**	**603200**	**626038**	**338930**	**287108**	**462335**	**247576**	**214759**
3									
4									
5—9岁	**5499**	**2915**	**2584**	**13**	**7**	**6**			
5									
6	959	528	431						
7	1179	609	570						
8	1539	817	722	6	3	3			
9	1822	961	861	7	4	3			
10—14岁	**153772**	**79005**	**74767**	**5811**	**2795**	**3016**	**27**	**16**	**11**
10	2882	1514	1368	7	3	4	3	2	1
11	6760	3413	3347	13	6	7	3	1	2
12	28684	14272	14412	33	14	19	3	2	1
13	55200	28520	26680	1461	754	707	3	1	2
14	60246	31286	28960	4297	2018	2279	15	10	5
15—19岁	**114344**	**63821**	**50523**	**159030**	**78838**	**80192**	**24630**	**12826**	**11804**
15	42369	22772	19597	22344	10621	11723	510	276	234
16	23853	13163	10690	42933	21040	21893	1375	770	605
17	17246	9620	7626	43925	21784	22141	2644	1411	1233
18	15530	9198	6332	32357	16300	16057	7316	3833	3483
19	15346	9068	6278	17471	9093	8378	12785	6536	6249
20—24岁	**93878**	**55478**	**38400**	**48501**	**27954**	**20547**	**85429**	**42177**	**43252**
20	16682	10064	6618	12036	6530	5506	15088	7513	7575
21	16545	9867	6678	8746	4981	3765	15448	7583	7865
22	19140	11292	7848	9124	5291	3833	18138	8862	9276
23	19880	11662	8218	9083	5441	3642	18351	9080	9271
24	21631	12593	9038	9512	5711	3801	18404	9139	9265
25—29岁	**126024**	**72437**	**53587**	**52748**	**30815**	**21933**	**84200**	**43621**	**40579**
25	24164	14037	10127	10458	6179	4279	18698	9571	9127
26	23093	13343	9750	9679	5635	4044	16557	8385	8172
27	25620	14744	10876	10504	6117	4387	16678	8644	8034
28	26554	15198	11356	11233	6474	4759	16599	8764	7835
29	26593	15115	11478	10874	6410	4464	15668	8257	7411
30—34岁	**147578**	**83437**	**64141**	**51690**	**29537**	**22153**	**69169**	**37173**	**31996**
30	32018	18366	13652	12236	7009	5227	17321	9255	8066
31	30082	16972	13110	11045	6305	4740	15119	8126	6993
32	27745	15561	12184	9917	5724	4193	13230	7085	6145
33	30548	17063	13485	10049	5734	4315	12884	6919	5965
34	27185	15475	11710	8443	4765	3678	10615	5788	4827
35—39岁	**131463**	**75670**	**55793**	**35585**	**19660**	**15925**	**38082**	**20122**	**17960**
35	24599	14041	10558	6846	3807	3039	8272	4394	3878
36	24626	13910	10716	6454	3610	2844	7707	4071	3636
37	24048	13939	10109	6467	3503	2964	7167	3783	3384
38	30098	17339	12759	8039	4425	3614	8085	4282	3803
39	28092	16441	11651	7779	4315	3464	6851	3592	3259
40—44岁	**142182**	**83136**	**59046**	**47732**	**25790**	**21942**	**36109**	**18849**	**17260**
40	27686	16057	11629	8558	4714	3844	6996	3667	3329
41	28731	16785	11946	9449	5098	4351	7352	3825	3527
42	27662	16175	11487	9668	5196	4472	7373	3860	3513
43	27837	16212	11625	9402	4973	4429	6840	3546	3294
44	30266	17907	12359	10655	5809	4846	7548	3951	3597

4-1 续表 5

单位：人

年 龄	初 中			高 中			大学专科		
	小计	男	女	小计	男	女	小计	男	女
45-49岁	**159703**	**94738**	**64965**	**64283**	**34209**	**30074**	**39374**	**21334**	**18040**
45	29388	17272	12116	10840	5781	5059	7346	3901	3445
46	31945	18882	13063	12260	6564	5696	7866	4249	3617
47	33633	19919	13714	13404	6997	6407	8333	4555	3778
48	33021	19651	13370	13817	7493	6324	7961	4413	3548
49	31716	19014	12702	13962	7374	6588	7868	4216	3652
50-54岁	**143912**	**87118**	**56794**	**63278**	**33326**	**29952**	**34944**	**19446**	**15498**
50	31866	19045	12821	14658	7898	6760	8113	4455	3658
51	29060	17460	11600	13642	7197	6445	7386	4174	3212
52	29917	18113	11804	13876	7112	6764	7166	4033	3133
53	25506	15492	10014	10657	5579	5078	5834	3219	2615
54	27563	17008	10555	10445	5540	4905	6445	3565	2880
55-59岁	**103789**	**65884**	**37905**	**46979**	**25288**	**21691**	**26390**	**15496**	**10894**
55	27078	16820	10258	10416	5352	5064	6372	3585	2787
56	25979	16249	9730	10603	5631	4972	6537	3800	2737
57	25410	16123	9287	12017	6475	5542	6674	3911	2763
58	18031	11842	6189	9541	5356	4185	4901	3024	1877
59	7291	4850	2441	4402	2474	1928	1906	1176	730
60-64岁	**44364**	**28811**	**15553**	**24421**	**14480**	**9941**	**10489**	**7035**	**3454**
60	9113	5936	3177	5266	2973	2293	2265	1458	807
61	8155	5287	2868	4921	2813	2108	1893	1250	643
62	9537	6196	3341	5538	3308	2230	2333	1587	746
63	9121	5916	3205	4916	2977	1939	2164	1466	698
64	8438	5476	2962	3780	2409	1371	1834	1274	560
65-69岁	**31742**	**20428**	**11314**	**10476**	**6835**	**3641**	**5870**	**4201**	**1669**
65	8000	5196	2804	3171	2059	1112	1743	1202	541
66	7380	4633	2747	2456	1601	855	1416	974	442
67	6082	3925	2157	1899	1261	638	1059	784	275
68	5664	3716	1948	1568	1038	530	929	694	235
69	4616	2958	1658	1382	876	506	723	547	176
70-74岁	**17227**	**10559**	**6668**	**5833**	**3582**	**2251**	**3189**	**2222**	**967**
70	4276	2780	1496	1349	874	475	760	551	209
71	3781	2392	1389	1353	859	494	741	521	220
72	2979	1786	1193	1042	629	413	638	438	200
73	3055	1819	1236	1072	643	429	547	367	180
74	3136	1782	1354	1017	577	440	503	345	158
75-79岁	**15432**	**8306**	**7126**	**5024**	**2745**	**2279**	**2088**	**1351**	**737**
75	3198	1724	1474	945	522	423	421	264	157
76	3347	1747	1600	1094	580	514	437	284	153
77	3033	1617	1416	972	504	468	396	249	147
78	3184	1710	1474	1077	625	452	464	313	151
79	2670	1508	1162	936	514	422	370	241	129
80-84岁	**8087**	**4984**	**3103**	**3278**	**2083**	**1195**	**1674**	**1182**	**492**
80	2414	1450	964	877	542	335	370	238	132
81	1729	1037	692	718	432	286	345	248	97
82	1626	1007	619	668	426	242	405	290	115
83	1272	827	445	564	376	188	349	254	95
84	1046	663	383	451	307	144	205	152	53
85岁及以上	**3153**	**2222**	**931**	**1356**	**986**	**370**	**671**	**525**	**146**

4-1　续表 6　　　　单位：人

年　龄	大学本科			硕士研究生			博士研究生		
	小计	男	女	小计	男	女	小计	男	女
总　计	**398133**	**200337**	**197796**	**19070**	**9201**	**9869**	**1956**	**1136**	**820**
3									
4									
5-9岁									
5									
6									
7									
8									
9									
10-14岁	**12**	**6**	**6**	**1**		**1**			
10	2	2							
11	3	1	2						
12	2	2		1		1			
13	1		1						
14	4	1	3						
15-19岁	**19865**	**8788**	**11077**	**16**	**6**	**10**	**1**	**1**	
15	109	44	65						
16	202	85	117						
17	1050	423	627	2	1	1			
18	6942	2960	3982	7	2	5			
19	11562	5276	6286	7	3	4	1	1	
20-24岁	**71286**	**32166**	**39120**	**2409**	**821**	**1588**	**84**	**35**	**49**
20	12829	5788	7041	15	8	7	1	1	
21	12439	5754	6685	78	30	48	5	3	2
22	14772	6593	8179	429	160	269	14	8	6
23	15249	6822	8427	822	267	555	26	9	17
24	15997	7209	8788	1065	356	709	38	14	24
25-29岁	**84990**	**39524**	**45466**	**4518**	**1671**	**2847**	**344**	**164**	**180**
25	17440	8018	9422	1041	372	669	55	20	35
26	16757	7627	9130	888	337	551	62	30	32
27	17118	7926	9192	873	318	555	77	32	45
28	17477	8143	9334	849	321	528	69	36	33
29	16198	7810	8388	867	323	544	81	46	35
30-34岁	**74882**	**36827**	**38055**	**4453**	**1944**	**2509**	**478**	**259**	**219**
30	18015	8680	9335	1019	394	625	108	67	41
31	16188	7888	8300	1002	420	582	99	44	55
32	14282	7072	7210	874	385	489	119	59	60
33	14369	7220	7149	849	409	440	90	53	37
34	12028	5967	6061	709	336	373	62	36	26
35-39岁	**44528**	**22562**	**21966**	**2655**	**1395**	**1260**	**389**	**211**	**178**
35	9686	4887	4799	602	306	296	80	42	38
36	9319	4752	4567	553	283	270	52	31	21
37	8606	4349	4257	519	274	245	82	43	39
38	9323	4758	4565	590	318	272	100	53	47
39	7594	3816	3778	391	214	177	75	42	33
40-44岁	**32931**	**17128**	**15803**	**1644**	**977**	**667**	**235**	**156**	**79**
40	7310	3761	3549	384	217	167	72	46	26
41	7231	3737	3494	386	224	162	48	36	12
42	6526	3424	3102	327	194	133	44	25	19
43	5786	3000	2786	272	160	112	37	25	12
44	6078	3206	2872	275	182	93	34	24	10

4-1 续表 7　　　　单位：人

年龄	大学本科			硕士研究生			博士研究生		
	小计	男	女	小计	男	女	小计	男	女
45-49岁	**28056**	**16210**	**11846**	**1321**	**855**	**466**	**177**	**115**	**62**
45	5652	3140	2512	280	171	109	37	22	15
46	5784	3315	2469	255	166	89	29	18	11
47	5808	3362	2446	284	184	100	36	23	13
48	5549	3264	2285	262	171	91	41	27	14
49	5263	3129	2134	240	163	77	34	25	9
50-54岁	**21403**	**13005**	**8398**	**1034**	**716**	**318**	**133**	**99**	**34**
50	4973	2962	2011	255	167	88	33	26	7
51	4586	2814	1772	223	155	68	21	17	4
52	4519	2721	1798	225	163	62	42	31	11
53	3654	2243	1411	142	99	43	12	9	3
54	3671	2265	1406	189	132	57	25	16	9
55-59岁	**12376**	**8312**	**4064**	**730**	**579**	**151**	**90**	**75**	**15**
55	3414	2158	1256	173	133	40	17	13	4
56	3252	2152	1100	179	140	39	31	24	7
57	3014	2053	961	202	162	40	29	27	2
58	1971	1418	553	131	111	20	7	6	1
59	725	531	194	45	33	12	6	5	1
60-64岁	**3231**	**2339**	**892**	**190**	**157**	**33**	**12**	**11**	**1**
60	732	517	215	48	41	7	7	7	
61	614	439	175	37	30	7	1		1
62	636	485	151	37	32	5	4	4	
63	671	481	190	38	30	8			
64	578	417	161	30	24	6			
65-69岁	**1865**	**1359**	**506**	**56**	**46**	**10**	**9**	**8**	**1**
65	509	382	127	20	18	2	4	4	
66	472	341	131	15	10	5	1	1	
67	323	225	98	10	8	2	3	2	1
68	322	228	94	6	5	1			
69	239	183	56	5	5		1	1	
70-74岁	**843**	**670**	**173**	**17**	**13**	**4**	**3**	**2**	**1**
70	227	175	52	8	7	1			
71	200	162	38	2	1	1	1	1	
72	134	109	25	1		1			
73	130	102	28	3	2	1			
74	152	122	30	3	3		2	1	1
75-79岁	**797**	**610**	**187**	**14**	**10**	**4**			
75	162	114	48						
76	184	144	40	5	3	2			
77	167	132	35						
78	124	91	33	6	6				
79	160	129	31	3	1	2			
80-84岁	**725**	**560**	**165**	**5**	**4**	**1**			
80	168	126	42						
81	142	107	35	1		1			
82	155	117	38						
83	130	102	28	3	3				
84	130	108	22	1	1				
85岁及以上	**343**	**271**	**72**	**7**	**7**		**1**		**1**

4-1a 全省分年龄、性别、受教育程度的3岁及以上人口(城市)

单位：人

年 龄	3岁及以上人口			未上过学		
	合计	男	女	小计	男	女
总 计	**2059884**	**1048764**	**1011120**	**84492**	**26901**	**57591**
3	25570	13153	12417	10584	5477	5107
4	25253	13038	12215	3267	1696	1571
5-9岁	**114245**	**59189**	**55056**	**2118**	**1085**	**1033**
5	20743	10710	10033	1158	578	580
6	25082	12982	12100	568	293	275
7	22928	11859	11069	148	87	61
8	24025	12344	11681	133	66	67
9	21467	11294	10173	111	61	50
10-14岁	**105325**	**54773**	**50552**	**526**	**260**	**266**
10	21728	11354	10374	132	70	62
11	20729	10779	9950	111	57	54
12	21328	11122	10206	110	53	57
13	21303	11051	10252	86	42	44
14	20237	10467	9770	87	38	49
15-19岁	**113194**	**59035**	**54159**	**368**	**201**	**167**
15	20079	10496	9583	80	51	29
16	22369	11686	10683	58	33	25
17	22935	11984	10951	78	34	44
18	23755	12470	11285	78	44	34
19	24056	12399	11657	74	39	35
20-24岁	**141958**	**72218**	**69740**	**717**	**360**	**357**
20	27228	13664	13564	118	65	53
21	26187	13388	12799	106	54	52
22	29061	14710	14351	144	63	81
23	28964	14908	14056	182	95	87
24	30518	15548	14970	167	83	84
25-29岁	**178697**	**91883**	**86814**	**1124**	**510**	**614**
25	33716	17408	16308	192	90	102
26	33118	16870	16248	199	94	105
27	35805	18301	17504	223	98	125
28	38081	19632	18449	247	105	142
29	37977	19672	18305	263	123	140
30-34岁	**204219**	**105661**	**98558**	**1893**	**795**	**1098**
30	45320	23536	21784	315	148	167
31	42786	22042	20744	331	133	198
32	39597	20377	19220	387	153	234
33	41288	21348	19940	444	185	259
34	35228	18358	16870	416	176	240
35-39岁	**150237**	**77480**	**72757**	**2661**	**1032**	**1629**
35	29944	15554	14390	450	176	274
36	28828	14885	13943	469	198	271
37	28245	14492	13753	480	173	307
38	33321	17144	16177	639	244	395
39	29899	15405	14494	623	241	382
40-44岁	**162320**	**83189**	**79131**	**3813**	**1378**	**2435**
40	30197	15416	14781	673	233	440
41	32552	16763	15789	693	264	429
42	32661	16790	15871	778	300	478
43	31843	16180	15663	808	277	531
44	35067	18040	17027	861	304	557

4-1a 续表 1

单位：人

年 龄	3岁及以上人口			未上过学		
	合计	男	女	小计	男	女
45-49岁	**199425**	**103304**	**96121**	**5741**	**1972**	**3769**
45	35160	18106	17054	954	332	622
46	38567	20082	18485	1062	351	711
47	41535	21493	20042	1197	417	780
48	42176	21966	20210	1263	439	824
49	41987	21657	20330	1265	433	832
50-54岁	**204580**	**104650**	**99930**	**7139**	**2187**	**4952**
50	44424	22797	21627	1444	447	997
51	41981	21636	20345	1403	448	955
52	43631	22154	21477	1487	465	1022
53	36045	18336	17709	1335	397	938
54	38499	19727	18772	1470	430	1040
55-59岁	**154792**	**79080**	**75712**	**6840**	**1576**	**5264**
55	38151	19442	18709	1470	390	1080
56	37353	19134	18219	1509	396	1113
57	38531	19751	18780	1600	343	1257
58	28295	14427	13868	1489	274	1215
59	12462	6326	6136	772	173	599
60-64岁	**84627**	**42938**	**41689**	**7282**	**1565**	**5717**
60	15728	8068	7660	934	185	749
61	14966	7571	7395	1038	213	825
62	18520	9580	8940	1631	384	1247
63	18375	9163	9212	1797	370	1427
64	17038	8556	8482	1882	413	1469
65-69岁	**69079**	**33604**	**35475**	**9629**	**2172**	**7457**
65	16527	8239	8288	2027	458	1569
66	15395	7557	7838	1911	435	1476
67	13469	6553	6916	1975	444	1531
68	12933	6233	6700	2006	433	1573
69	10755	5022	5733	1710	402	1308
70-74岁	**46096**	**20548**	**25548**	**7002**	**1642**	**5360**
70	10795	5108	5687	1632	400	1232
71	10285	4747	5538	1613	393	1220
72	8313	3725	4588	1253	315	938
73	8445	3599	4846	1276	292	984
74	8258	3369	4889	1228	242	986
75-79岁	**38629**	**15407**	**23222**	**5497**	**1214**	**4283**
75	7940	2972	4968	1187	240	947
76	8109	3143	4966	1131	279	852
77	7285	2833	4452	1062	229	833
78	8036	3350	4686	1092	259	833
79	7259	3109	4150	1025	207	818
80-84岁	**27832**	**12909**	**14923**	**4775**	**1045**	**3730**
80	7193	3287	3906	1071	238	833
81	5800	2618	3182	939	207	732
82	5777	2740	3037	963	227	736
83	4887	2350	2537	933	204	729
84	4175	1914	2261	869	169	700
85岁及以上	**13806**	**6705**	**7101**	**3516**	**734**	**2782**

4-1a　续表 2　　　　　　　　　　　　　　　　　　　　　　　　　　　单位：人

年　龄	学前教育			小　　学		
	小计	男	女	小计	男	女
总　计	**71159**	**36718**	**34441**	**423099**	**201022**	**222077**
3	14986	7676	7310			
4	21986	11342	10644			
5-9岁	**31456**	**16444**	**15012**	**79091**	**40815**	**38276**
5	17620	9098	8522	1965	1034	931
6	11795	6290	5505	12417	6231	6186
7	995	518	477	21457	11086	10371
8	618	311	307	22816	11729	11087
9	428	227	201	20436	10735	9701
10-14岁	**1124**	**580**	**544**	**54441**	**28598**	**25843**
10	325	162	163	20574	10748	9826
11	271	149	122	18753	9735	9018
12	207	104	103	10651	5765	4886
13	153	80	73	2895	1524	1371
14	168	85	83	1568	826	742
15-19岁	**308**	**161**	**147**	**4738**	**2449**	**2289**
15	130	63	67	1027	533	494
16	78	42	36	808	406	402
17	42	25	17	854	441	413
18	34	20	14	984	510	474
19	24	11	13	1065	559	506
20-24岁	**104**	**54**	**50**	**7093**	**3480**	**3613**
20	25	8	17	1208	622	586
21	19	11	8	1219	577	642
22	21	15	6	1458	713	745
23	15	9	6	1568	749	819
24	24	11	13	1640	819	821
25-29岁	**64**	**28**	**36**	**12485**	**6196**	**6289**
25	24	11	13	1922	941	981
26	10	7	3	2142	1052	1090
27	12	4	8	2401	1166	1235
28	11	4	7	2783	1398	1385
29	7	2	5	3237	1639	1598
30-34岁	**76**	**35**	**41**	**20350**	**9843**	**10507**
30	18	5	13	4002	1940	2062
31	24	13	11	3988	1901	2087
32	15	7	8	4096	1976	2120
33	10	4	6	4410	2155	2255
34	9	6	3	3854	1871	1983
35-39岁	**60**	**32**	**28**	**19482**	**9378**	**10104**
35	12	8	4	3634	1764	1870
36	13	10	3	3519	1700	1819
37	9	3	6	3647	1733	1914
38	9	5	4	4377	2124	2253
39	17	6	11	4305	2057	2248
40-44岁	**67**	**29**	**38**	**25248**	**12167**	**13081**
40	13	4	9	4524	2157	2367
41	18	7	11	4823	2300	2523
42	10	6	4	5069	2453	2616
43	13	8	5	4995	2453	2542
44	13	4	9	5837	2804	3033

4-1a 续表 3

单位：人

年 龄	学前教育			小 学		
	小计	男	女	小计	男	女
45-49岁	**111**	**48**	**63**	**34213**	**16531**	**17682**
45	17	10	7	6141	2970	3171
46	22	10	12	6727	3243	3484
47	22	8	14	7046	3449	3597
48	33	13	20	7039	3384	3655
49	17	7	10	7260	3485	3775
50-54岁	**104**	**43**	**61**	**39814**	**18710**	**21104**
50	22	11	11	8211	3839	4372
51	24	11	13	8032	3809	4223
52	18	7	11	8679	4055	4624
53	12	4	8	7263	3467	3796
54	28	10	18	7629	3540	4089
55-59岁	**118**	**39**	**79**	**28496**	**12386**	**16110**
55	26	8	18	7266	3334	3932
56	28	11	17	6711	2951	3760
57	30	10	20	6751	2929	3822
58	21	7	14	5445	2262	3183
59	13	3	10	2323	910	1413
60-64岁	**113**	**41**	**72**	**19352**	**8212**	**11140**
60	15	7	8	2913	1262	1651
61	9	1	8	3043	1276	1767
62	31	9	22	4113	1837	2276
63	28	14	14	4564	1878	2686
64	30	10	20	4719	1959	2760
65-69岁	**128**	**42**	**86**	**23919**	**10301**	**13618**
65	29	12	17	4941	2073	2868
66	26	7	19	5026	2165	2861
67	28	9	19	4772	2083	2689
68	25	8	17	4980	2216	2764
69	20	6	14	4200	1764	2436
70-74岁	**84**	**27**	**57**	**20215**	**8235**	**11980**
70	18	4	14	4535	1931	2604
71	15	3	12	4487	1923	2564
72	13	6	7	3696	1541	2155
73	15	3	12	3814	1462	2352
74	23	11	12	3683	1378	2305
75-79岁	**107**	**45**	**62**	**16400**	**5921**	**10479**
75	18	5	13	3479	1166	2313
76	24	8	16	3449	1219	2230
77	17	10	7	3031	1050	1981
78	27	12	15	3352	1254	2098
79	21	10	11	3089	1232	1857
80-84岁	**85**	**24**	**61**	**11883**	**4982**	**6901**
80	21	7	14	3077	1289	1788
81	15	3	12	2466	979	1487
82	20	5	15	2476	1051	1425
83	14	5	9	2036	877	1159
84	15	4	11	1828	786	1042
85岁及以上	**78**	**28**	**50**	**5879**	**2818**	**3061**

4-1a 续表 4

单位：人

年 龄	初 中			高 中			大学专科		
	小计	男	女	小计	男	女	小计	男	女
总 计	**560095**	**306986**	**253109**	**345708**	**181562**	**164146**	**281655**	**148317**	**133338**
3									
4									
5-9岁	**1575**	**844**	**731**	**5**	**1**	**4**			
5									
6	302	168	134						
7	328	168	160						
8	454	237	217	4	1	3			
9	491	271	220	1		1			
10-14岁	**47454**	**24449**	**23005**	**1762**	**874**	**888**	**9**	**6**	**3**
10	691	370	321	2	1	1	2	1	1
11	1585	834	751	5	2	3	1	1	
12	10343	5189	5154	14	8	6	1	1	
13	17715	9175	8540	452	230	222	1		1
14	17120	8881	8239	1289	633	656	4	3	1
15-19岁	**27082**	**15829**	**11253**	**55938**	**28513**	**27425**	**12071**	**6373**	**5698**
15	9933	5590	4343	8595	4096	4499	250	139	111
16	5283	3055	2228	15434	7773	7661	598	334	264
17	4420	2599	1821	15684	7968	7716	1250	686	564
18	3837	2367	1470	10873	5767	5106	3623	1948	1675
19	3609	2218	1391	5352	2909	2443	6350	3266	3084
20-24岁	**24051**	**14355**	**9696**	**19661**	**11700**	**7961**	**39921**	**19905**	**20016**
20	3918	2392	1526	4095	2320	1775	7951	3880	4071
21	4085	2468	1617	3402	2003	1399	7525	3758	3767
22	4933	2936	1997	3841	2302	1539	8103	4011	4092
23	5277	3171	2106	4024	2445	1579	8015	4083	3932
24	5838	3388	2450	4299	2630	1669	8327	4173	4154
25-29岁	**36778**	**20961**	**15817**	**26831**	**15545**	**11286**	**44453**	**22972**	**21481**
25	6627	3882	2745	4978	2963	2015	8859	4599	4260
26	6662	3795	2867	4856	2850	2006	8448	4341	4107
27	7646	4358	3288	5389	3091	2298	8770	4474	4296
28	7834	4457	3377	5870	3315	2555	9262	4875	4387
29	8009	4469	3540	5738	3326	2412	9114	4683	4431
30-34岁	**50081**	**27355**	**22726**	**29630**	**16427**	**13203**	**44278**	**23166**	**21112**
30	10335	5842	4493	6673	3734	2939	10497	5535	4962
31	10051	5493	4558	6236	3481	2755	9619	5025	4594
32	9464	5085	4379	5811	3223	2588	8623	4455	4168
33	10743	5731	5012	5921	3264	2657	8429	4385	4044
34	9488	5204	4284	4989	2725	2264	7110	3766	3344
35-39岁	**47184**	**25475**	**21709**	**22025**	**11533**	**10492**	**25156**	**12840**	**12316**
35	8821	4832	3989	4198	2193	2005	5371	2764	2607
36	8661	4590	4071	3964	2111	1853	5108	2639	2469
37	8846	4813	4033	4005	2021	1984	4765	2429	2336
38	10805	5815	4990	5037	2639	2398	5368	2712	2656
39	10051	5425	4626	4821	2569	2252	4544	2296	2248
40-44岁	**54735**	**29546**	**25189**	**30357**	**15502**	**14855**	**24095**	**12040**	**12055**
40	9854	5252	4602	5377	2802	2575	4512	2250	2262
41	11009	5987	5022	5866	3007	2859	4866	2421	2445
42	10889	5857	5032	6196	3188	3008	4962	2494	2468
43	11028	5899	5129	6065	3007	3058	4688	2344	2344
44	11955	6551	5404	6853	3498	3355	5067	2531	2536

4-1a 续表 5 单位：人

年 龄	初 中			高 中			大学专科		
	小计	男	女	小计	男	女	小计	男	女
45-49岁	**67981**	**36711**	**31270**	**42495**	**21469**	**21026**	**27244**	**14108**	**13136**
45	11839	6384	5455	7014	3539	3475	4982	2510	2472
46	13032	7107	5925	7999	4098	3901	5389	2805	2584
47	14153	7579	6574	8824	4381	4443	5783	3051	2732
48	14570	7863	6707	9280	4775	4505	5553	2912	2641
49	14387	7778	6609	9378	4676	4702	5537	2830	2707
50-54岁	**70686**	**38287**	**32399**	**43904**	**21595**	**22309**	**25083**	**13194**	**11889**
50	14988	8079	6909	9969	5054	4915	5736	2971	2765
51	14111	7624	6487	9371	4642	4729	5245	2812	2433
52	14945	8109	6836	9571	4573	4998	5143	2722	2421
53	12626	6811	5815	7547	3642	3905	4193	2177	2016
54	14016	7664	6352	7446	3684	3762	4766	2512	2254
55-59岁	**52515**	**28970**	**23545**	**35139**	**17342**	**17797**	**20324**	**11227**	**9097**
55	13728	7497	6231	7797	3740	4057	4822	2573	2249
56	13135	7186	5949	8014	3943	4071	4997	2722	2275
57	13104	7255	5849	9016	4466	4550	5199	2844	2355
58	8758	4880	3878	6941	3476	3465	3806	2219	1587
59	3790	2152	1638	3371	1717	1654	1500	869	631
60-64岁	**27895**	**15757**	**12138**	**18504**	**9782**	**8722**	**8443**	**5390**	**3053**
60	5279	2966	2313	4054	2030	2024	1823	1117	706
61	5048	2820	2228	3739	1903	1836	1522	956	566
62	6104	3458	2646	4168	2214	1954	1879	1223	656
63	5897	3307	2590	3695	2002	1693	1762	1138	624
64	5567	3206	2361	2848	1633	1215	1457	956	501
65-69岁	**21580**	**12313**	**9267**	**7580**	**4475**	**3105**	**4541**	**3074**	**1467**
65	5392	3107	2285	2296	1341	955	1371	894	477
66	5121	2885	2236	1768	1038	730	1109	721	388
67	4218	2412	1806	1363	826	537	816	574	242
68	3801	2198	1603	1145	697	448	687	479	208
69	3048	1711	1337	1008	573	435	558	406	152
70-74岁	**11244**	**5986**	**5258**	**4349**	**2458**	**1891**	**2457**	**1615**	**842**
70	2835	1623	1212	987	595	392	583	399	184
71	2468	1366	1102	969	553	416	559	368	191
72	1946	1001	945	786	441	345	507	332	175
73	1968	1022	946	829	461	368	427	270	157
74	2027	974	1053	778	408	370	381	246	135
75-79岁	**10550**	**4795**	**5755**	**3742**	**1887**	**1855**	**1623**	**1002**	**621**
75	2105	925	1180	690	345	345	314	190	124
76	2184	908	1276	828	399	429	330	202	128
77	2016	897	1119	700	343	357	313	188	125
78	2275	1065	1210	813	439	374	366	238	128
79	1970	1000	970	711	361	350	300	184	116
80-84岁	**6320**	**3700**	**2620**	**2709**	**1668**	**1041**	**1399**	**975**	**424**
80	1870	1044	826	703	413	290	298	180	118
81	1366	783	583	604	348	256	283	204	79
82	1273	753	520	559	347	212	343	246	97
83	1007	643	364	470	306	164	308	223	85
84	804	477	327	373	254	119	167	122	45
85岁及以上	**2384**	**1653**	**731**	**1077**	**791**	**286**	**558**	**430**	**128**

4-1a　续表 6　　　　单位：人

年　龄	大学本科			硕士研究生			博士研究生		
	小计	男	女	小计	男	女	小计	男	女
总　计	**275581**	**138541**	**137040**	**16378**	**7727**	**8651**	**1717**	**990**	**727**
3									
4									
5–9岁									
5									
6									
7									
8									
9									
10–14岁	**9**	**6**	**3**						
10	2	2							
11	3	1	2						
12	2	2							
13	1		1						
14	1	1							
15–19岁	**12680**	**5506**	**7174**	**9**	**3**	**6**			
15	64	24	40						
16	110	43	67						
17	606	231	375	1		1			
18	4323	1813	2510	3	1	2			
19	7577	3395	4182	5	2	3			
20–24岁	**48336**	**21672**	**26664**	**2023**	**671**	**1352**	**52**	**21**	**31**
20	9909	4375	5534	3	1	2	1	1	
21	9767	4495	5272	60	20	40	4	2	2
22	10204	4541	5663	351	125	226	6	4	2
23	9191	4135	5056	676	216	460	16	5	11
24	9265	4126	5139	933	309	624	25	9	16
25–29岁	**52918**	**24191**	**28727**	**3774**	**1353**	**2421**	**270**	**127**	**143**
25	10169	4593	5576	905	314	591	40	15	25
26	10006	4436	5570	745	271	474	50	24	26
27	10581	4824	5757	721	259	462	62	27	35
28	11335	5201	6134	689	252	437	50	25	25
29	10827	5137	5690	714	257	457	68	36	32
30–34岁	**53592**	**26174**	**27418**	**3881**	**1633**	**2248**	**438**	**233**	**205**
30	12504	5949	6555	881	324	557	95	59	36
31	11564	5591	5973	880	364	516	93	41	52
32	10343	5112	5231	752	315	437	106	51	55
33	10498	5233	5265	746	341	405	87	50	37
34	8683	4289	4394	622	289	333	57	32	25
35–39岁	**31031**	**15826**	**15205**	**2282**	**1175**	**1107**	**356**	**189**	**167**
35	6868	3520	3348	518	258	260	72	39	33
36	6568	3374	3194	480	237	243	46	26	20
37	5972	3051	2921	444	230	214	77	39	38
38	6481	3284	3197	511	273	238	94	48	46
39	5142	2597	2545	329	177	152	67	37	30
40–44岁	**22374**	**11572**	**10802**	**1411**	**811**	**600**	**220**	**144**	**76**
40	4838	2490	2348	341	189	152	65	39	26
41	4903	2559	2344	327	183	144	47	35	12
42	4431	2305	2126	284	163	121	42	24	18
43	3984	2037	1947	228	132	96	34	23	11
44	4218	2181	2037	231	144	87	32	23	9

4-1a 续表 7　　单位：人

年 龄	大学本科			硕士研究生			博士研究生		
	小计	男	女	小计	男	女	小计	男	女
45-49岁	**20316**	**11631**	**8685**	**1159**	**728**	**431**	**165**	**106**	**59**
45	3941	2201	1740	240	142	98	32	18	14
46	4085	2311	1774	223	139	84	28	18	10
47	4228	2433	1795	247	153	94	35	22	13
48	4160	2400	1760	239	154	85	39	26	13
49	3902	2286	1616	210	140	70	31	22	9
50-54岁	**16833**	**9937**	**6896**	**903**	**613**	**290**	**114**	**84**	**30**
50	3801	2231	1570	225	144	81	28	21	7
51	3590	2152	1438	190	127	63	15	11	4
52	3556	2056	1500	197	140	57	35	27	8
53	2931	1743	1188	126	86	40	12	9	3
54	2955	1755	1200	165	116	49	24	16	8
55-59岁	**10613**	**6951**	**3662**	**665**	**520**	**145**	**82**	**69**	**13**
55	2872	1770	1102	154	118	36	16	12	4
56	2770	1780	990	161	123	38	28	22	6
57	2617	1730	887	189	150	39	25	24	1
58	1711	1206	505	117	97	20	7	6	1
59	643	465	178	44	32	12	6	5	1
60-64岁	**2847**	**2034**	**813**	**180**	**147**	**33**	**11**	**10**	**1**
60	660	458	202	44	37	7	6	6	
61	532	375	157	34	27	7	1		1
62	554	420	134	36	31	5	4	4	
63	596	426	170	36	28	8			
64	505	355	150	30	24	6			
65-69岁	**1641**	**1177**	**464**	**54**	**44**	**10**	**7**	**6**	**1**
65	449	334	115	19	17	2	3	3	
66	418	295	123	15	10	5	1	1	
67	285	196	89	10	8	2	2	1	1
68	284	198	86	5	4	1			
69	205	154	51	5	5		1	1	
70-74岁	**728**	**572**	**156**	**16**	**12**	**4**	**1**	**1**	
70	197	149	48	8	7	1			
71	173	141	32	1		1			
72	111	89	22	1		1			
73	113	87	26	3	2	1			
74	134	106	28	3	3		1	1	
75-79岁	**700**	**536**	**164**	**10**	**7**	**3**			
75	147	101	46						
76	159	126	33	4	2	2			
77	146	116	30						
78	107	79	28	4	4				
79	141	114	27	2	1	1			
80-84岁	**657**	**512**	**145**	**4**	**3**	**1**			
80	153	116	37						
81	126	94	32	1		1			
82	143	111	32						
83	117	90	27	2	2				
84	118	101	17	1	1				
85岁及以上	**306**	**244**	**62**	**7**	**7**		**1**		**1**

4-1b 全省分年龄、性别、受教育程度的3岁及以上人口(镇)

单位：人

年 龄	3岁及以上人口			未上过学		
	合计	男	女	小计	男	女
总 计	**1384379**	**702570**	**681809**	**139038**	**49069**	**89969**
3	20363	10420	9943	11382	5880	5502
4	21702	11243	10459	4641	2326	2315
5-9岁	**115454**	**59302**	**56152**	**3662**	**1834**	**1828**
5	21509	11060	10449	1971	995	976
6	23737	12207	11530	795	404	391
7	23557	12023	11534	360	178	182
8	24071	12385	11686	309	158	151
9	22580	11627	10953	227	99	128
10-14岁	**107352**	**54982**	**52370**	**1240**	**634**	**606**
10	23366	11974	11392	289	152	137
11	22068	11370	10698	263	132	131
12	21120	10706	10414	233	114	119
13	20289	10501	9788	239	124	115
14	20509	10431	10078	216	112	104
15-19岁	**114071**	**57076**	**56995**	**886**	**431**	**455**
15	21965	11016	10949	171	87	84
16	26520	13209	13311	161	74	87
17	26686	13201	13485	150	72	78
18	22609	11249	11360	161	74	87
19	16291	8401	7890	243	124	119
20-24岁	**81584**	**41862**	**39722**	**1935**	**820**	**1115**
20	13928	7335	6593	280	140	140
21	13368	6990	6378	300	122	178
22	16777	8536	8241	372	168	204
23	17977	9089	8888	442	184	258
24	19534	9912	9622	541	206	335
25-29岁	**110865**	**55614**	**55251**	**3379**	**1307**	**2072**
25	21764	10923	10841	576	224	352
26	20903	10389	10514	539	198	341
27	22041	11122	10919	677	280	397
28	23088	11503	11585	788	298	490
29	23069	11677	11392	799	307	492
30-34岁	**121355**	**61045**	**60310**	**6373**	**2407**	**3966**
30	26515	13321	13194	1118	397	721
31	25081	12677	12404	1258	479	779
32	23135	11536	11599	1233	463	770
33	24728	12555	12173	1422	548	874
34	21896	10956	10940	1342	520	822
35-39岁	**103324**	**52035**	**51289**	**7890**	**2849**	**5041**
35	19575	9805	9770	1462	499	963
36	19219	9669	9550	1388	478	910
37	19541	9708	9833	1552	564	988
38	23020	11722	11298	1737	649	1088
39	21969	11131	10838	1751	659	1092
40-44岁	**115952**	**59292**	**56660**	**10131**	**3656**	**6475**
40	22686	11477	11209	1866	681	1185
41	23440	11888	11552	2000	731	1269
42	22894	11672	11222	2023	724	1299
43	22292	11458	10834	1960	711	1249
44	24640	12797	11843	2282	809	1473

4-1b 续表 1

单位：人

年 龄	3岁及以上人口			未上过学		
	合计	男	女	小计	男	女
45-49岁	**127073**	**66217**	**60856**	**13244**	**4711**	**8533**
45	24015	12344	11671	2294	822	1472
46	25581	13278	12303	2576	910	1666
47	26488	13801	12687	2711	994	1717
48	25837	13560	12277	2817	959	1858
49	25152	13234	11918	2846	1026	1820
50-54岁	**116439**	**60926**	**55513**	**14791**	**4753**	**10038**
50	25964	13461	12503	3103	1015	2088
51	24145	12705	11440	2993	1021	1972
52	24364	12802	11562	3026	971	2055
53	20828	10850	9978	2829	902	1927
54	21138	11108	10030	2840	844	1996
55-59岁	**80576**	**41292**	**39284**	**13289**	**3570**	**9719**
55	20096	10439	9657	2882	858	2024
56	19560	10167	9393	2994	836	2158
57	19020	9659	9361	3069	766	2303
58	15230	7722	7508	2859	706	2153
59	6670	3305	3365	1485	404	1081
60-64岁	**42327**	**21576**	**20751**	**10823**	**3162**	**7661**
60	7460	3928	3532	1606	433	1173
61	7181	3732	3449	1691	502	1189
62	9001	4610	4391	2342	681	1661
63	9362	4707	4655	2534	756	1778
64	9323	4599	4724	2650	790	1860
65-69岁	**42219**	**20373**	**21846**	**13053**	**3879**	**9174**
65	9673	4657	5016	2882	836	2046
66	9050	4379	4671	2689	773	1916
67	8097	3932	4165	2531	772	1759
68	8430	4066	4364	2708	820	1888
69	6969	3339	3630	2243	678	1565
70-74岁	**29747**	**14139**	**15608**	**9725**	**3029**	**6696**
70	7040	3460	3580	2294	753	1541
71	6875	3379	3496	2286	729	1557
72	5555	2672	2883	1772	589	1183
73	5306	2405	2901	1764	506	1258
74	4971	2223	2748	1609	452	1157
75-79岁	**19115**	**8828**	**10287**	**6492**	**2081**	**4411**
75	4534	2122	2412	1486	471	1015
76	4315	1960	2355	1432	437	995
77	3716	1724	1992	1277	429	848
78	3442	1577	1865	1183	376	807
79	3108	1445	1663	1114	368	746
80-84岁	**9784**	**4225**	**5559**	**3824**	**1118**	**2706**
80	2611	1173	1438	950	292	658
81	2005	857	1148	783	217	566
82	2010	847	1163	815	243	572
83	1698	712	986	687	199	488
84	1460	636	824	589	167	422
85岁及以上	**5077**	**2123**	**2954**	**2278**	**622**	**1656**

4-1b　续表 2

单位：人

年　龄	学前教育			小　学		
	小计	男	女	小计	男	女
总　计	**60024**	**30860**	**29164**	**478049**	**233436**	**244613**
3	8981	4540	4441			
4	17061	8917	8144			
5-9岁	**31086**	**16071**	**15015**	**78921**	**40441**	**38480**
5	16617	8595	8022	2921	1470	1451
6	12152	6306	5846	10496	5343	5153
7	1396	705	691	21403	10927	10476
8	571	288	283	22702	11675	11027
9	350	177	173	21399	11026	10373
10-14岁	**1068**	**539**	**529**	**61545**	**31738**	**29807**
10	340	160	180	21882	11212	10670
11	270	140	130	19565	10120	9445
12	156	84	72	12638	6520	6118
13	151	70	81	4756	2509	2247
14	151	85	66	2704	1377	1327
15-19岁	**286**	**145**	**141**	**7976**	**4111**	**3865**
15	120	60	60	1754	912	842
16	76	38	38	1524	801	723
17	35	17	18	1373	697	676
18	31	17	14	1545	794	751
19	24	13	11	1780	907	873
20-24岁	**117**	**53**	**64**	**12467**	**5917**	**6550**
20	22	11	11	2063	994	1069
21	24	8	16	2198	1092	1106
22	23	11	12	2602	1204	1398
23	19	9	10	2652	1232	1420
24	29	14	15	2952	1395	1557
25-29岁	**117**	**52**	**65**	**21464**	**9785**	**11679**
25	24	6	18	3512	1646	1866
26	22	13	9	3837	1726	2111
27	26	12	14	4243	1938	2305
28	19	7	12	4648	2081	2567
29	26	14	12	5224	2394	2830
30-34岁	**151**	**80**	**71**	**31833**	**14656**	**17177**
30	27	13	14	6234	2837	3397
31	44	21	23	6338	2896	3442
32	21	12	9	6222	2818	3404
33	33	20	13	6856	3272	3584
34	26	14	12	6183	2833	3350
35-39岁	**124**	**57**	**67**	**31821**	**14917**	**16904**
35	23	9	14	5704	2674	3030
36	25	12	13	5682	2662	3020
37	20	8	12	6166	2839	3327
38	29	13	16	7150	3400	3750
39	27	15	12	7119	3342	3777
40-44岁	**144**	**68**	**76**	**39216**	**18755**	**20461**
40	33	20	13	7457	3491	3966
41	24	10	14	7641	3593	4048
42	30	13	17	7828	3773	4055
43	28	10	18	7739	3780	3959
44	29	15	14	8551	4118	4433

4-1b 续表 3

单位：人

年龄	学前教育			小学		
	小计	男	女	小计	男	女
45-49岁	**171**	**72**	**99**	**44366**	**21618**	**22748**
45	37	16	21	8456	4073	4383
46	31	14	17	8950	4450	4500
47	34	18	16	9054	4396	4658
48	39	13	26	9021	4404	4617
49	30	11	19	8885	4295	4590
50-54岁	**167**	**67**	**100**	**45906**	**22315**	**23591**
50	32	10	22	9720	4631	5089
51	32	13	19	9277	4500	4777
52	32	15	17	9715	4803	4912
53	34	14	20	8516	4115	4401
54	37	15	22	8678	4266	4412
55-59岁	**147**	**52**	**95**	**32259**	**14946**	**17313**
55	37	15	22	8060	3829	4231
56	32	14	18	7925	3773	4152
57	34	8	26	7560	3447	4113
58	27	9	18	5985	2671	3314
59	17	6	11	2729	1226	1503
60-64岁	**92**	**37**	**55**	**18567**	**8946**	**9621**
60	14	4	10	3036	1476	1560
61	12	4	8	2999	1414	1585
62	25	8	17	3864	1885	1979
63	22	12	10	4309	2099	2210
64	19	9	10	4359	2072	2287
65-69岁	**120**	**37**	**83**	**20993**	**10366**	**10627**
65	36	8	28	4676	2249	2427
66	25	12	13	4474	2228	2246
67	22	6	16	4105	2049	2056
68	20	6	14	4254	2126	2128
69	17	5	12	3484	1714	1770
70-74岁	**91**	**37**	**54**	**15127**	**7516**	**7611**
70	19	9	10	3563	1804	1759
71	18	9	9	3462	1806	1656
72	27	10	17	2888	1437	1451
73	16	6	10	2668	1278	1390
74	11	3	8	2546	1191	1355
75-79岁	**61**	**21**	**40**	**9009**	**4360**	**4649**
75	10	1	9	2234	1108	1126
76	21	8	13	2049	966	1083
77	9	3	6	1720	846	874
78	13	8	5	1555	732	823
79	8	1	7	1451	708	743
80-84岁	**25**	**10**	**15**	**4443**	**2050**	**2393**
80	5	1	4	1216	559	657
81	3	2	1	906	430	476
82	2	1	1	904	407	497
83	7	2	5	766	347	419
84	8	4	4	651	307	344
85岁及以上	**15**	**5**	**10**	**2136**	**999**	**1137**

4-1b　续表 4　　　　　　　　　　　　　　　　　　　　　　　　　　　单位：人

年　龄	初　中			高　中			大学专科		
	小计	男	女	小计	男	女	小计	男	女
总　计	**329654**	**187820**	**141834**	**175393**	**94800**	**80593**	**113681**	**62688**	**50993**
3									
4									
5—9岁	**1780**	**952**	**828**	**5**	**4**	**1**			
5									
6	294	154	140						
7	398	213	185						
8	487	262	225	2	2				
9	601	323	278	3	2	1			
10—14岁	**41062**	**20975**	**20087**	**2427**	**1091**	**1336**	**9**	**5**	**4**
10	851	448	403	3	1	2	1	1	
11	1963	976	987	5	2	3	2		2
12	8076	3983	4093	16	4	12	1	1	
13	14575	7517	7058	566	280	286	2	1	1
14	15597	8051	7546	1837	804	1033	3	2	1
15—19岁	**26704**	**14418**	**12286**	**70627**	**34193**	**36434**	**4892**	**2553**	**2339**
15	10451	5509	4942	9324	4379	4945	120	60	60
16	5492	2959	2533	18936	9160	9776	296	162	134
17	3952	2101	1851	20393	9928	10465	595	300	295
18	3480	1985	1495	14725	7115	7610	1517	778	739
19	3329	1864	1465	7249	3611	3638	2364	1253	1111
20—24岁	**20624**	**11776**	**8848**	**13342**	**7524**	**5818**	**21385**	**10588**	**10797**
20	3526	2079	1447	3949	2022	1927	3021	1585	1436
21	3580	2079	1501	2447	1363	1084	3605	1756	1849
22	4351	2463	1888	2303	1337	966	4732	2298	2434
23	4330	2428	1902	2254	1378	876	5000	2462	2538
24	4837	2727	2110	2389	1424	965	5027	2487	2540
25—29岁	**28822**	**15585**	**13237**	**13253**	**7745**	**5508**	**22616**	**11596**	**11020**
25	5507	3041	2466	2661	1565	1096	5203	2560	2643
26	5239	2869	2370	2386	1367	1019	4515	2262	2253
27	5738	3100	2638	2598	1518	1080	4474	2355	2119
28	6203	3322	2881	2785	1626	1159	4309	2252	2057
29	6135	3253	2882	2823	1669	1154	4115	2167	1948
30—34岁	**35543**	**18808**	**16735**	**13043**	**7470**	**5573**	**16928**	**9224**	**7704**
30	7402	3961	3441	3121	1760	1361	4313	2322	1991
31	7226	3856	3370	2807	1635	1172	3694	2016	1678
32	6723	3488	3235	2443	1444	999	3184	1736	1448
33	7390	3890	3500	2518	1427	1091	3222	1773	1449
34	6802	3613	3189	2154	1204	950	2515	1377	1138
35—39岁	**32999**	**18100**	**14899**	**8635**	**4977**	**3658**	**9882**	**5360**	**4522**
35	6129	3324	2805	1663	987	676	2154	1176	978
36	6214	3397	2817	1569	924	645	1926	1015	911
37	6020	3269	2751	1566	897	669	1871	1024	847
38	7533	4109	3424	1916	1105	811	2102	1158	944
39	7103	4001	3102	1921	1064	857	1829	987	842
40—44岁	**34992**	**19841**	**15151**	**11912**	**6661**	**5251**	**9914**	**5395**	**4519**
40	7014	3911	3103	2106	1186	920	1984	1082	902
41	7171	4035	3136	2444	1368	1076	2015	1094	921
42	6746	3837	2909	2394	1275	1119	1978	1071	907
43	6747	3805	2942	2316	1309	1007	1837	983	854
44	7314	4253	3061	2652	1523	1129	2100	1165	935

4-1b 续表 5

单位：人

年 龄	初 中			高 中			大学专科		
	小计	男	女	小计	男	女	小计	男	女
45-49岁	**36916**	**21543**	**15373**	**14800**	**8119**	**6681**	**10393**	**5960**	**4433**
45	6989	3983	3006	2677	1479	1198	1992	1127	865
46	7428	4244	3184	2892	1547	1345	2123	1190	933
47	7890	4606	3284	3120	1684	1436	2204	1245	959
48	7545	4436	3109	3044	1708	1336	2075	1246	829
49	7064	4274	2790	3067	1701	1366	1999	1152	847
50-54岁	**30221**	**18639**	**11582**	**12561**	**7047**	**5514**	**8537**	**5287**	**3250**
50	6980	4216	2764	3013	1696	1317	2042	1239	803
51	6291	3893	2398	2760	1509	1251	1859	1153	706
52	6144	3760	2384	2788	1510	1278	1756	1128	628
53	5310	3284	2026	2043	1198	845	1422	875	547
54	5496	3486	2010	1957	1134	823	1458	892	566
55-59岁	**20756**	**13407**	**7349**	**7309**	**4495**	**2814**	**5198**	**3576**	**1622**
55	5537	3509	2028	1725	999	726	1350	864	486
56	5138	3273	1865	1678	1002	676	1332	916	416
57	4920	3143	1777	1824	1116	708	1253	887	366
58	3731	2513	1218	1478	978	500	922	659	263
59	1430	969	461	604	400	204	341	250	91
60-64岁	**7478**	**5388**	**2090**	**3346**	**2449**	**897**	**1695**	**1336**	**359**
60	1658	1172	486	705	507	198	375	283	92
61	1457	1051	406	643	466	177	309	239	70
62	1562	1139	423	781	563	218	356	279	77
63	1437	1046	391	667	482	185	335	269	66
64	1364	980	384	550	431	119	320	266	54
65-69岁	**5019**	**3673**	**1346**	**1782**	**1372**	**410**	**1060**	**890**	**170**
65	1207	876	331	515	394	121	306	252	54
66	1148	810	338	427	325	102	241	193	48
67	897	669	228	320	251	69	185	157	28
68	944	706	238	265	198	67	204	182	22
69	823	612	211	255	204	51	124	106	18
70-74岁	**3118**	**2262**	**856**	**1026**	**754**	**272**	**565**	**462**	**103**
70	759	580	179	246	181	65	132	110	22
71	690	507	183	257	196	61	137	113	24
72	555	401	154	186	132	54	112	91	21
73	577	400	177	172	126	46	95	77	18
74	537	374	163	165	119	46	89	71	18
75-79岁	**2357**	**1546**	**811**	**794**	**514**	**280**	**334**	**253**	**81**
75	544	360	184	170	119	51	83	56	27
76	556	367	189	161	107	54	78	62	16
77	468	298	170	162	90	72	64	45	19
78	451	291	160	164	110	54	66	53	13
79	338	230	108	137	88	49	43	37	6
80-84岁	**878**	**609**	**269**	**362**	**261**	**101**	**202**	**144**	**58**
80	260	189	71	113	82	31	54	42	12
81	186	118	68	74	55	19	42	27	15
82	170	116	54	66	47	19	43	28	15
83	135	89	46	64	45	19	30	22	8
84	127	97	30	45	32	13	33	25	8
85岁及以上	**385**	**298**	**87**	**169**	**124**	**45**	**71**	**59**	**12**

4-1b　续表 6　　　　　　　　　　　　　　　　　　　　　　　　　单位：人

年　龄	大学本科			硕士研究生			博士研究生		
	小计	男	女	小计	男	女	小计	男	女
总　计	**86510**	**42803**	**43707**	**1910**	**1024**	**886**	**120**	**70**	**50**
3									
4									
5-9岁									
5									
6									
7									
8									
9									
10-14岁	**1**		**1**						
10									
11									
12									
13									
14	1		1						
15-19岁	**2698**	**1223**	**1475**	**1**	**1**		**1**	**1**	
15	25	9	16						
16	35	15	20						
17	188	86	102						
18	1149	485	664	1	1				
19	1301	628	673				1	1	
20-24岁	**11521**	**5113**	**6408**	**177**	**64**	**113**	**16**	**7**	**9**
20	1064	502	562	3	2	1			
21	1207	567	640	7	3	4			
22	2350	1033	1317	41	19	22	3	3	
23	3206	1371	1835	68	22	46	6	3	3
24	3694	1640	2054	58	18	40	7	1	6
25-29岁	**20715**	**9355**	**11360**	**463**	**172**	**291**	**36**	**17**	**19**
25	4203	1856	2347	72	22	50	6	3	3
26	4279	1920	2359	79	30	49	7	4	3
27	4181	1880	2301	96	38	58	8	1	7
28	4221	1870	2351	105	41	64	10	6	4
29	3831	1829	2002	111	41	70	5	3	2
30-34岁	**17000**	**8142**	**8858**	**459**	**242**	**217**	**25**	**16**	**9**
30	4185	1975	2210	109	52	57	6	4	2
31	3615	1730	1885	96	43	53	3	1	2
32	3202	1519	1683	96	49	47	11	7	4
33	3204	1569	1635	82	55	27	1	1	
34	2794	1349	1445	76	43	33	4	3	1
35-39岁	**11640**	**5591**	**6049**	**315**	**172**	**143**	**18**	**12**	**6**
35	2369	1098	1271	67	36	31	4	2	2
36	2348	1142	1206	63	36	27	4	3	1
37	2282	1074	1208	60	30	30	4	3	1
38	2480	1248	1232	69	37	32	4	3	1
39	2161	1029	1132	56	33	23	2	1	1
40-44岁	**9443**	**4778**	**4665**	**195**	**134**	**61**	**5**	**4**	**1**
40	2185	1078	1107	37	24	13	4	4	
41	2092	1021	1071	53	36	17			
42	1858	953	905	37	26	11			
43	1629	838	791	36	22	14			
44	1679	888	791	32	26	6	1		1

4-1b 续表 7

单位：人

年 龄	大学本科			硕士研究生			博士研究生		
	小计	男	女	小计	男	女	小计	男	女
45-49岁	**7048**	**4091**	**2957**	**129**	**99**	**30**	**6**	**4**	**2**
45	1539	820	719	28	22	6	3	2	1
46	1551	899	652	29	24	5	1		1
47	1446	835	611	28	22	6	1	1	
48	1277	781	496	19	13	6			
49	1235	756	479	25	18	7	1	1	
50-54岁	**4142**	**2731**	**1411**	**107**	**82**	**25**	**7**	**5**	**2**
50	1049	635	414	22	16	6	3	3	
51	904	592	312	28	23	5	1	1	
52	878	597	281	22	17	5	3	1	2
53	661	451	210	13	11	2			
54	650	456	194	22	15	7			
55-59岁	**1560**	**1195**	**365**	**52**	**47**	**5**	**6**	**4**	**2**
55	489	352	137	15	12	3	1	1	
56	442	336	106	16	15	1	3	2	1
57	348	282	66	10	9	1	2	1	1
58	218	176	42	10	10				
59	63	49	14	1	1				
60-64岁	**318**	**250**	**68**	**8**	**8**				
60	62	49	13	4	4				
61	68	54	14	2	2				
62	70	54	16	1	1				
63	57	42	15	1	1				
64	61	51	10						
65-69岁	**190**	**154**	**36**	**2**	**2**				
65	50	41	9	1	1				
66	46	38	8						
67	37	28	9						
68	34	27	7	1	1				
69	23	20	3						
70-74岁	**94**	**78**	**16**	**1**	**1**				
70	27	23	4						
71	24	18	6	1	1				
72	15	12	3						
73	14	12	2						
74	14	13	1						
75-79岁	**67**	**53**	**14**	**1**		**1**			
75	7	7							
76	18	13	5						
77	16	13	3						
78	10	7	3						
79	16	13	3	1		1			
80-84岁	**50**	**33**	**17**						
80	13	8	5						
81	11	8	3						
82	10	5	5						
83	9	8	1						
84	7	4	3						
85岁及以上	**23**	**16**	**7**						

4-1c　全省分年龄、性别、受教育程度的3岁及以上人口(乡村)

单位：人

年　龄	3岁及以上人口			未上过学		
	合计	男	女	小计	男	女
总　计	**2259716**	**1169163**	**1090553**	**355169**	**126296**	**228873**
3	38718	20077	18641	24041	12485	11556
4	40107	20763	19344	11952	6165	5787
5-9岁	**204740**	**104997**	**99743**	**8540**	**4317**	**4223**
5	39877	20610	19267	4771	2429	2342
6	42017	21678	20339	1892	923	969
7	40524	20579	19945	775	398	377
8	42156	21624	20532	584	300	284
9	40166	20506	19660	518	267	251
10-14岁	**194149**	**99920**	**94229**	**2602**	**1340**	**1262**
10	41640	21252	20388	552	294	258
11	40529	20788	19741	532	283	249
12	38791	19974	18817	502	251	251
13	37003	19158	17845	498	242	256
14	36186	18748	17438	518	270	248
15-19岁	**129417**	**67851**	**61566**	**2664**	**1321**	**1343**
15	31676	16525	15151	456	243	213
16	26569	13796	12773	435	219	216
17	22088	11565	10523	531	267	264
18	23426	12388	11038	577	278	299
19	25658	13577	12081	665	314	351
20-24岁	**141507**	**74107**	**67400**	**5459**	**2246**	**3213**
20	26009	13959	12050	860	375	485
21	24999	13107	11892	959	388	571
22	28810	15076	13734	1109	472	637
23	30140	15582	14558	1189	488	701
24	31549	16383	15166	1342	523	819
25-29岁	**164552**	**86886**	**77666**	**9248**	**3523**	**5725**
25	33673	17719	15954	1622	606	1016
26	31650	16450	15200	1677	624	1053
27	32867	17369	15498	1777	661	1116
28	33234	17703	15531	2000	799	1201
29	33128	17645	15483	2172	833	1339
30-34岁	**169444**	**89570**	**79874**	**15552**	**5685**	**9867**
30	37369	19808	17561	2622	965	1657
31	34865	18282	16583	3056	1099	1957
32	32104	17070	15034	2972	1077	1895
33	34361	18066	16295	3491	1302	2189
34	30745	16344	14401	3411	1242	2169
35-39岁	**156353**	**82815**	**73538**	**20504**	**7375**	**13129**
35	28171	14700	13471	3399	1193	2206
36	28708	15105	13603	3744	1381	2363
37	29633	15734	13899	4060	1509	2551
38	35691	18965	16726	4679	1676	3003
39	34150	18311	15839	4622	1616	3006
40-44岁	**179826**	**94776**	**85050**	**27482**	**9438**	**18044**
40	35136	18701	16435	5067	1790	3277
41	35006	18575	16431	5246	1801	3445
42	35574	18831	16743	5497	1920	3577
43	34997	18325	16672	5496	1869	3627
44	39113	20344	18769	6176	2058	4118

4-1c 续表 1

单位：人

年 龄	3岁及以上人口			未上过学		
	合计	男	女	小计	男	女
45-49岁	**207172**	**108817**	**98355**	**35399**	**12020**	**23379**
45	39344	20463	18881	6439	2220	4219
46	42100	22172	19928	7038	2438	4600
47	42728	22454	20274	7291	2490	4801
48	41617	21924	19693	7233	2398	4835
49	41383	21804	19579	7398	2474	4924
50-54岁	**198876**	**103818**	**95058**	**38984**	**12337**	**26647**
50	43281	22443	20838	8092	2557	5535
51	40112	21023	19089	7723	2557	5166
52	41870	22063	19807	8156	2551	5605
53	36530	18908	17622	7470	2348	5122
54	37083	19381	17702	7543	2324	5219
55-59岁	**143791**	**74685**	**69106**	**33525**	**9615**	**23910**
55	35567	18589	16978	7641	2328	5313
56	35002	18155	16847	7828	2260	5568
57	33855	17574	16281	7933	2177	5756
58	27233	14154	13079	6675	1858	4817
59	12134	6213	5921	3448	992	2456
60-64岁	**78355**	**40313**	**38042**	**26192**	**8288**	**17904**
60	12808	6832	5976	3660	1112	2548
61	12355	6486	5869	3876	1221	2655
62	16588	8678	7910	5560	1802	3758
63	18281	9313	8968	6406	2058	4348
64	18323	9004	9319	6690	2095	4595
65-69岁	**83882**	**41112**	**42770**	**33418**	**10826**	**22592**
65	19445	9669	9776	7483	2401	5082
66	17256	8447	8809	6541	2019	4522
67	16338	7983	8355	6538	2094	4444
68	16650	8158	8492	6840	2299	4541
69	14193	6855	7338	6016	2013	4003
70-74岁	**59859**	**28198**	**31661**	**25687**	**8368**	**17319**
70	13774	6655	7119	5821	1948	3873
71	13680	6675	7005	5852	1986	3866
72	11062	5240	5822	4718	1567	3151
73	11165	5041	6124	4810	1489	3321
74	10178	4587	5591	4486	1378	3108
75-79岁	**38870**	**18142**	**20728**	**17515**	**5826**	**11689**
75	9194	4246	4948	3979	1247	2732
76	8631	4137	4494	3741	1272	2469
77	7828	3632	4196	3621	1214	2407
78	7159	3344	3815	3373	1136	2237
79	6058	2783	3275	2801	957	1844
80-84岁	**19598**	**8280**	**11318**	**10495**	**3393**	**7102**
80	5263	2318	2945	2707	916	1791
81	3927	1661	2266	2096	682	1414
82	4073	1721	2352	2209	719	1490
83	3473	1400	2073	1913	602	1311
84	2862	1180	1682	1570	474	1096
85岁及以上	**10500**	**4036**	**6464**	**5910**	**1728**	**4182**

4-1c 续表 2

单位：人

年 龄	学前教育			小 学		
	小计	男	女	小计	男	女
总 计	**105790**	**54379**	**51411**	**1037478**	**525687**	**511791**
3	14677	7592	7085			
4	28155	14598	13557			
5-9岁	**56525**	**29281**	**27244**	**137528**	**70278**	**67250**
5	28970	14991	13979	6136	3190	2946
6	22031	11463	10568	17731	9086	8645
7	3594	1858	1736	35702	18095	17607
8	1238	625	613	39736	20381	19355
9	692	344	348	38223	19526	18697
10-14岁	**1765**	**847**	**918**	**122892**	**63317**	**59575**
10	507	249	258	39239	20012	19227
11	426	193	233	36356	18707	17649
12	333	166	167	27686	14455	13231
13	257	117	140	12895	6727	6168
14	242	122	120	6716	3416	3300
15-19岁	**475**	**228**	**247**	**21095**	**10635**	**10460**
15	216	102	114	4434	2273	2161
16	98	47	51	3857	1973	1884
17	66	34	32	3713	1924	1789
18	47	20	27	4181	2057	2124
19	48	25	23	4910	2408	2502
20-24岁	**225**	**103**	**122**	**35345**	**16523**	**18822**
20	45	24	21	5893	2815	3078
21	47	17	30	6421	2998	3423
22	53	29	24	7249	3441	3808
23	38	16	22	7565	3516	4049
24	42	17	25	8217	3753	4464
25-29岁	**274**	**124**	**150**	**53135**	**24626**	**28509**
25	65	31	34	9360	4298	5062
26	50	17	33	10159	4621	5538
27	47	16	31	10437	4836	5601
28	56	31	25	11070	5179	5891
29	56	29	27	12109	5692	6417
30-34岁	**339**	**166**	**173**	**70201**	**33432**	**36769**
30	58	26	32	14093	6563	7530
31	59	34	25	14099	6670	7429
32	70	33	37	13653	6558	7095
33	73	32	41	14849	7053	7796
34	79	41	38	13507	6588	6919
35-39岁	**390**	**204**	**186**	**74280**	**36866**	**37414**
35	84	54	30	12837	6205	6632
36	68	32	36	13136	6529	6607
37	88	46	42	14508	7168	7340
38	81	35	46	17096	8510	8586
39	69	37	32	16703	8454	8249
40-44岁	**432**	**200**	**232**	**90732**	**45530**	**45202**
40	96	44	52	17284	8712	8572
41	78	36	42	17278	8779	8499
42	95	42	53	18199	9188	9011
43	69	29	40	17850	8910	8940
44	94	49	45	20121	9941	10180

4-1c 续表 3

单位：人

年 龄	学前教育			小 学		
	小计	男	女	小计	男	女
45-49岁	**511**	**209**	**302**	**107000**	**53696**	**53304**
45	96	43	53	20542	10140	10402
46	91	40	51	21612	10882	10730
47	126	55	71	21772	10881	10891
48	101	32	69	21433	10789	10644
49	97	39	58	21641	11004	10637
50-54岁	**544**	**220**	**324**	**107742**	**55052**	**52690**
50	111	50	61	23036	11588	11448
51	118	52	66	21718	11136	10582
52	109	40	69	22898	11939	10959
53	94	38	56	20045	10168	9877
54	112	40	72	20045	10221	9824
55-59岁	**406**	**143**	**263**	**73725**	**37096**	**36629**
55	114	52	62	18848	9595	9253
56	79	23	56	18228	9196	9032
57	97	35	62	16986	8518	8468
58	81	25	56	13594	6734	6860
59	35	8	27	6069	3053	3016
60-64岁	**236**	**100**	**136**	**39945**	**21643**	**18302**
60	37	19	18	6350	3398	2952
61	35	16	19	6178	3323	2855
62	47	22	25	8411	4628	3783
63	49	15	34	9399	5111	4288
64	68	28	40	9607	5183	4424
65-69岁	**313**	**138**	**175**	**43589**	**24451**	**19138**
65	63	33	30	10061	5634	4427
66	67	30	37	9202	5154	4048
67	64	25	39	8493	4781	3712
68	64	28	36	8627	4840	3787
69	55	22	33	7206	4042	3164
70-74岁	**217**	**95**	**122**	**30442**	**16888**	**13554**
70	53	22	31	7054	3965	3089
71	57	27	30	6972	3989	2983
72	40	21	19	5729	3189	2540
73	41	15	26	5705	3061	2644
74	26	10	16	4982	2684	2298
75-79岁	**174**	**75**	**99**	**18004**	**9812**	**8192**
75	39	14	25	4510	2464	2046
76	35	18	17	4106	2275	1831
77	38	17	21	3486	1889	1597
78	30	9	21	3157	1740	1417
79	32	17	15	2745	1444	1301
80-84岁	**84**	**34**	**50**	**7831**	**3945**	**3886**
80	17	10	7	2174	1110	1064
81	15	7	8	1574	785	789
82	23	4	19	1594	811	783
83	17	10	7	1367	654	713
84	12	3	9	1122	585	537
85岁及以上	**48**	**22**	**26**	**3992**	**1897**	**2095**

4-1c　续表 4　　单位：人

年　龄	初　中			高　中			大学专科		
	小计	男	女	小计	男	女	小计	男	女
总　计	**552400**	**344143**	**208257**	**104937**	**62568**	**42369**	**66999**	**36571**	**30428**
3									
4									
5–9岁	**2144**	**1119**	**1025**	**3**	**2**	**1**			
5									
6	363	206	157						
7	453	228	225						
8	598	318	280						
9	730	367	363	3	2	1			
10–14岁	**65256**	**33581**	**31675**	**1622**	**830**	**792**	**9**	**5**	**4**
10	1340	696	644	2	1	1			
11	3212	1603	1609	3	2	1			
12	10265	5100	5165	3	2	1	1		1
13	22910	11828	11082	443	244	199			
14	27529	14354	13175	1171	581	590	8	5	3
15–19岁	**60558**	**33574**	**26984**	**32465**	**16132**	**16333**	**7667**	**3900**	**3767**
15	21985	11673	10312	4425	2146	2279	140	77	63
16	13078	7149	5929	8563	4107	4456	481	274	207
17	8874	4920	3954	7848	3888	3960	799	425	374
18	8213	4846	3367	6759	3418	3341	2176	1107	1069
19	8408	4986	3422	4870	2573	2297	4071	2017	2054
20–24岁	**49203**	**29347**	**19856**	**15498**	**8730**	**6768**	**24123**	**11684**	**12439**
20	9238	5593	3645	3992	2188	1804	4116	2048	2068
21	8880	5320	3560	2897	1615	1282	4318	2069	2249
22	9856	5893	3963	2980	1652	1328	5303	2553	2750
23	10273	6063	4210	2805	1618	1187	5336	2535	2801
24	10956	6478	4478	2824	1657	1167	5050	2479	2571
25–29岁	**60424**	**35891**	**24533**	**12664**	**7525**	**5139**	**17131**	**9053**	**8078**
25	12030	7114	4916	2819	1651	1168	4636	2412	2224
26	11192	6679	4513	2437	1418	1019	3594	1782	1812
27	12236	7286	4950	2517	1508	1009	3434	1815	1619
28	12517	7419	5098	2578	1533	1045	3028	1637	1391
29	12449	7393	5056	2313	1415	898	2439	1407	1032
30–34岁	**61954**	**37274**	**24680**	**9017**	**5640**	**3377**	**7963**	**4783**	**3180**
30	14281	8563	5718	2442	1515	927	2511	1398	1113
31	12805	7623	5182	2002	1189	813	1806	1085	721
32	11558	6988	4570	1663	1057	606	1423	894	529
33	12415	7442	4973	1610	1043	567	1233	761	472
34	10895	6658	4237	1300	836	464	990	645	345
35–39岁	**51280**	**32095**	**19185**	**4925**	**3150**	**1775**	**3044**	**1922**	**1122**
35	9649	5885	3764	985	627	358	747	454	293
36	9751	5923	3828	921	575	346	673	417	256
37	9182	5857	3325	896	585	311	531	330	201
38	11760	7415	4345	1086	681	405	615	412	203
39	10938	7015	3923	1037	682	355	478	309	169
40–44岁	**52455**	**33749**	**18706**	**5463**	**3627**	**1836**	**2100**	**1414**	**686**
40	10818	6894	3924	1075	726	349	500	335	165
41	10551	6763	3788	1139	723	416	471	310	161
42	10027	6481	3546	1078	733	345	433	295	138
43	10062	6508	3554	1021	657	364	315	219	96
44	10997	7103	3894	1150	788	362	381	255	126

4-1c 续表 5 单位：人

年 龄	初 中			高 中			大学专科		
	小计	男	女	小计	男	女	小计	男	女
45—49岁	**54806**	**36484**	**18322**	**6988**	**4621**	**2367**	**1737**	**1266**	**471**
45	10560	6905	3655	1149	763	386	372	264	108
46	11485	7531	3954	1369	919	450	354	254	100
47	11590	7734	3856	1460	932	528	346	259	87
48	10906	7352	3554	1493	1010	483	333	255	78
49	10265	6962	3303	1517	997	520	332	234	98
50—54岁	**43005**	**30192**	**12813**	**6813**	**4684**	**2129**	**1324**	**965**	**359**
50	9898	6750	3148	1676	1148	528	335	245	90
51	8658	5943	2715	1511	1046	465	282	209	73
52	8828	6244	2584	1517	1029	488	267	183	84
53	7570	5397	2173	1067	739	328	219	167	52
54	8051	5858	2193	1042	722	320	221	161	60
55—59岁	**30518**	**23507**	**7011**	**4531**	**3451**	**1080**	**868**	**693**	**175**
55	7813	5814	1999	894	613	281	200	148	52
56	7706	5790	1916	911	686	225	208	162	46
57	7386	5725	1661	1177	893	284	222	180	42
58	5542	4449	1093	1122	902	220	173	146	27
59	2071	1729	342	427	357	70	65	57	8
60—64岁	**8991**	**7666**	**1325**	**2571**	**2249**	**322**	**351**	**309**	**42**
60	2176	1798	378	507	436	71	67	58	9
61	1650	1416	234	539	444	95	62	55	7
62	1871	1599	272	589	531	58	98	85	13
63	1787	1563	224	554	493	61	67	59	8
64	1507	1290	217	382	345	37	57	52	5
65—69岁	**5143**	**4442**	**701**	**1114**	**988**	**126**	**269**	**237**	**32**
65	1401	1213	188	360	324	36	66	56	10
66	1111	938	173	261	238	23	66	60	6
67	967	844	123	216	184	32	58	53	5
68	919	812	107	158	143	15	38	33	5
69	745	635	110	119	99	20	41	35	6
70—74岁	**2865**	**2311**	**554**	**458**	**370**	**88**	**167**	**145**	**22**
70	682	577	105	116	98	18	45	42	3
71	623	519	104	127	110	17	45	40	5
72	478	384	94	70	56	14	19	15	4
73	510	397	113	71	56	15	25	20	5
74	572	434	138	74	50	24	33	28	5
75—79岁	**2525**	**1965**	**560**	**488**	**344**	**144**	**131**	**96**	**35**
75	549	439	110	85	58	27	24	18	6
76	607	472	135	105	74	31	29	20	9
77	549	422	127	110	71	39	19	16	3
78	458	354	104	100	76	24	32	22	10
79	362	278	84	88	65	23	27	20	7
80—84岁	**889**	**675**	**214**	**207**	**154**	**53**	**73**	**63**	**10**
80	284	217	67	61	47	14	18	16	2
81	177	136	41	40	29	11	20	17	3
82	183	138	45	43	32	11	19	16	3
83	130	95	35	30	25	5	11	9	2
84	115	89	26	33	21	12	5	5	
85岁及以上	**384**	**271**	**113**	**110**	**71**	**39**	**42**	**36**	**6**

4-1c 续表 6

单位：人

年 龄	大学本科			硕士研究生			博士研究生		
	小计	男	女	小计	男	女	小计	男	女
总 计	**36042**	**18993**	**17049**	**782**	**450**	**332**	**119**	**76**	**43**
3									
4									
5–9岁									
5									
6									
7									
8									
9									
10–14岁	**2**		**2**	**1**		**1**			
10									
11									
12				1		1			
13									
14	2		2						
15–19岁	**4487**	**2059**	**2428**	**6**	**2**	**4**			
15	20	11	9						
16	57	27	30						
17	256	106	150	1	1				
18	1470	662	808	3		3			
19	2684	1253	1431	2	1	1			
20–24岁	**11429**	**5381**	**6048**	**209**	**86**	**123**	**16**	**7**	**9**
20	1856	911	945	9	5	4			
21	1465	692	773	11	7	4	1	1	
22	2218	1019	1199	37	16	21	5	1	4
23	2852	1316	1536	78	29	49	4	1	3
24	3038	1443	1595	74	29	45	6	4	2
25–29岁	**11357**	**5978**	**5379**	**281**	**146**	**135**	**38**	**20**	**18**
25	3068	1569	1499	64	36	28	9	2	7
26	2472	1271	1201	64	36	28	5	2	3
27	2356	1222	1134	56	21	35	7	4	3
28	1921	1072	849	55	28	27	9	5	4
29	1540	844	696	42	25	17	8	7	1
30–34岁	**4290**	**2511**	**1779**	**113**	**69**	**44**	**15**	**10**	**5**
30	1326	756	570	29	18	11	7	4	3
31	1009	567	442	26	13	13	3	2	1
32	737	441	296	26	21	5	2	1	1
33	667	418	249	21	13	8	2	2	
34	551	329	222	11	4	7	1	1	
35–39岁	**1857**	**1145**	**712**	**58**	**48**	**10**	**15**	**10**	**5**
35	449	269	180	17	12	5	4	1	3
36	403	236	167	10	10		2	2	
37	352	224	128	15	14	1	1	1	
38	362	226	136	10	8	2	2	2	
39	291	190	101	6	4	2	6	4	2
40–44岁	**1114**	**778**	**336**	**38**	**32**	**6**	**10**	**8**	**2**
40	287	193	94	6	4	2	3	3	
41	236	157	79	6	5	1	1	1	
42	237	166	71	6	5	1	2	1	1
43	173	125	48	8	6	2	3	2	1
44	181	137	44	12	12		1	1	

4-1c 续表 7 单位：人

年 龄	大学本科			硕士研究生			博士研究生		
	小计	男	女	小计	男	女	小计	男	女
45–49岁	**692**	**488**	**204**	**33**	**28**	**5**	**6**	**5**	**1**
45	172	119	53	12	7	5	2	2	
46	148	105	43	3	3				
47	134	94	40	9	9				
48	112	83	29	4	4		2	1	1
49	126	87	39	5	5		2	2	
50–54岁	**428**	**337**	**91**	**24**	**21**	**3**	**12**	**10**	**2**
50	123	96	27	8	7	1	2	2	
51	92	70	22	5	5		5	5	
52	85	68	17	6	6		4	3	1
53	62	49	13	3	2	1			
54	66	54	12	2	1	1	1		1
55–59岁	**203**	**166**	**37**	**13**	**12**	**1**	**2**	**2**	
55	53	36	17	4	3	1			
56	40	36	4	2	2				
57	49	41	8	3	3		2	2	
58	42	36	6	4	4				
59	19	17	2						
60–64岁	**66**	**55**	**11**	**2**	**2**		**1**	**1**	
60	10	10					1	1	
61	14	10	4	1	1				
62	12	11	1						
63	18	13	5	1	1				
64	12	11	1						
65–69岁	**34**	**28**	**6**				**2**	**2**	
65	10	7	3				1	1	
66	8	8							
67	1	1					1	1	
68	4	3	1						
69	11	9	2						
70–74岁	**21**	**20**	**1**				**2**	**1**	**1**
70	3	3							
71	3	3					1	1	
72	8	8							
73	3	3							
74	4	3	1				1		1
75–79岁	**30**	**21**	**9**	**3**	**3**				
75	8	6	2						
76	7	5	2	1	1				
77	5	3	2						
78	7	5	2	2	2				
79	3	2	1						
80–84岁	**18**	**15**	**3**	**1**	**1**				
80	2	2							
81	5	5							
82	2	1	1						
83	4	4		1	1				
84	5	3	2						
85岁及以上	**14**	**11**	**3**						

4-2 各地区分性别、受教育程度的15岁及以上人口

单位：人

地 区	15岁及以上人口			未上过学		
	合计	男	女	小计	男	女
全省	**4691001**	**2398640**	**2292361**	**494144**	**158767**	**335377**
西宁市	**2064265**	**1046986**	**1017279**	**106704**	**28512**	**78192**
城东区	412798	210315	202483	18615	4959	13656
城中区	281299	142414	138885	7815	1983	5832
城西区	277033	135985	141048	6784	1628	5156
城北区	361870	182674	179196	10057	2241	7816
湟中区	316835	165354	151481	28912	8203	20709
大通回族土族自治县	321430	162721	158709	26941	7474	19467
湟源县	93000	47523	45477	7580	2024	5556
海东市	**1049064**	**532165**	**516899**	**156866**	**43682**	**113184**
乐都区	201458	102801	98657	15875	3243	12632
平安区	95330	47892	47438	8777	2180	6597
民和回族土族自治县	249554	126337	123217	47271	14014	33257
互助土族自治县	271493	140322	131171	24677	6095	18582
化隆回族自治县	139775	69688	70087	39437	12407	27030
循化撒拉族自治县	91454	45125	46329	20829	5743	15086
海北藏族自治州	**211777**	**107755**	**104022**	**32000**	**10934**	**21066**
门源回族自治县	109394	55287	54107	11650	3495	8155
祁连县	38959	20103	18856	5265	1730	3535
海晏县	31858	16126	15732	5259	1855	3404
刚察县	31566	16239	15327	9826	3854	5972
黄南藏族自治州	**202899**	**102096**	**100803**	**34626**	**11572**	**23054**
同仁县	76727	38843	37884	7733	2383	5350
尖扎县	43178	21574	21604	11981	3567	8414
泽库县	52811	26347	26464	7010	2438	4572
河南蒙古族自治县	30183	15332	14851	7902	3184	4718
海南藏族自治州	**338620**	**170391**	**168229**	**38941**	**12163**	**26778**
共和县	104422	52843	51579	9330	3009	6321
同德县	44204	22325	21879	5969	1754	4215
贵德县	83146	41601	41545	13914	4276	9638
兴海县	54277	27254	27023	1642	530	1112
贵南县	52571	26368	26203	8086	2594	5492
果洛藏族自治州	**151580**	**79731**	**71849**	**18910**	**7604**	**11306**
玛沁县	44650	24158	20492	2247	792	1455
班玛县	21907	11564	10343	2897	1195	1702
甘德县	27973	14540	13433	2180	834	1346
达日县	25855	13354	12501	8142	3543	4599
久治县	21101	10826	10275	2689	894	1795
玛多县	10094	5289	4805	755	346	409
玉树藏族自治州	**291895**	**148312**	**143583**	**77267**	**34665**	**42602**
玉树市	102131	52212	49919	20230	9071	11159
杂多县	42034	21230	20804	17291	7730	9561
称多县	40699	20727	19972	13815	6303	7512
治多县	24578	12511	12067	12922	5914	7008
囊谦县	59388	29924	29464	6482	2753	3729
曲麻莱县	23065	11708	11357	6527	2894	3633
海西蒙古族藏族自治州	**380901**	**211204**	**169697**	**28830**	**9635**	**19195**
格尔木市	177255	98174	79081	10366	3319	7047
德令哈市	72795	38187	34608	4666	1408	3258
茫崖市	17274	12069	5205	337	127	210
乌兰县	25954	14010	11944	2024	653	1371
都兰县	54113	28304	25809	7621	2633	4988
天峻县	18398	9601	8797	3442	1347	2095
大柴旦行政委员会	15112	10859	4253	374	148	226

4-2 续表 1

单位：人

地区	学前教育			小学		
	小计	男	女	小计	男	女
全省	**8103**	**3530**	**4573**	**1404208**	**684958**	**719250**
西宁市	**2075**	**840**	**1235**	**422021**	**194774**	**227247**
城东区	431	182	249	81394	37720	43674
城中区	212	87	125	36810	16197	20613
城西区	216	89	127	25373	10965	14408
城北区	274	109	165	41642	19066	22576
湟中区	522	197	325	99194	47175	52019
大通回族土族自治县	317	130	187	109940	49674	60266
湟源县	103	46	57	27668	13977	13691
海东市	**1333**	**461**	**872**	**364305**	**176110**	**188195**
乐都区	172	44	128	57618	24656	32962
平安区	133	40	93	25475	11763	13712
民和回族土族自治县	312	122	190	82569	41421	41148
互助土族自治县	299	75	224	104163	48275	55888
化隆回族自治县	260	119	141	56349	30459	25890
循化撒拉族自治县	157	61	96	38131	19536	18595
海北藏族自治州	**604**	**256**	**348**	**83779**	**42078**	**41701**
门源回族自治县	235	78	157	49517	23791	25726
祁连县	80	34	46	16233	8255	7978
海晏县	75	40	35	7557	4231	3326
刚察县	214	104	110	10472	5801	4671
黄南藏族自治州	**658**	**355**	**303**	**95859**	**48894**	**46965**
同仁县	97	40	57	36695	18526	18169
尖扎县	115	56	59	13913	7814	6099
泽库县	351	211	140	31740	15460	16280
河南蒙古族自治县	95	48	47	13511	7094	6417
海南藏族自治州	**558**	**252**	**306**	**125992**	**62789**	**63203**
共和县	215	99	116	27414	13545	13869
同德县	160	79	81	22811	11679	11132
贵德县	74	33	41	28199	14468	13731
兴海县	64	23	41	19897	9194	10703
贵南县	45	18	27	27671	13903	13768
果洛藏族自治州	**454**	**211**	**243**	**80830**	**41882**	**38948**
玛沁县	132	61	71	21713	11128	10585
班玛县	32	17	15	12134	6325	5809
甘德县	177	89	88	18573	9422	9151
达日县	54	22	32	10382	5628	4754
久治县	40	11	29	12086	6398	5688
玛多县	19	11	8	5942	2981	2961
玉树藏族自治州	**2098**	**1012**	**1086**	**133016**	**68733**	**64283**
玉树市	335	178	157	46614	24159	22455
杂多县	92	42	50	15185	8013	7172
称多县	252	140	112	18880	10035	8845
治多县	96	48	48	4890	2762	2128
囊谦县	1252	569	683	36940	18397	18543
曲麻莱县	71	35	36	10507	5367	5140
海西蒙古族藏族自治州	**323**	**143**	**180**	**98406**	**49698**	**48708**
格尔木市	148	57	91	42145	21192	20953
德令哈市	77	41	36	16544	8124	8420
茫崖市	5	3	2	1979	1147	832
乌兰县	18	5	13	8643	4290	4353
都兰县	56	26	30	20150	10256	9894
天峻县	14	9	5	7195	3656	3539
大柴旦行政委员会	5	2	3	1750	1033	717

4-2　续表 2

单位：人

地　区	初中			高中			大学专科		
	小计	男	女	小计	男	女	小计	男	女
全省	**1282878**	**757029**	**525849**	**620214**	**336128**	**284086**	**462308**	**247560**	**214748**
西宁市	**667199**	**378941**	**288258**	**337994**	**176176**	**161818**	**254091**	**132218**	**121873**
城东区	126482	70176	56306	76051	40212	35839	53313	28849	24464
城中区	84662	46026	38636	58706	30381	28325	50028	26169	23859
城西区	61781	32555	29226	53247	25989	27258	53101	26149	26952
城北区	112278	61640	50638	70623	36202	34421	57750	29917	27833
湟中区	130325	78936	51389	32067	17621	14446	14725	7802	6923
大通回族土族自治县	118190	70243	47947	35705	19788	15917	17204	9171	8033
湟源县	33481	19365	14116	11595	5983	5612	7970	4161	3809
海东市	**300953**	**188839**	**112114**	**108296**	**61654**	**46642**	**67549**	**36373**	**31176**
乐都区	69330	42855	26475	28214	16411	11803	18237	9578	8659
平安区	30194	17490	12704	13792	7502	6290	9409	5189	4220
民和回族土族自治县	66748	42244	24504	25966	14499	11467	14843	8029	6814
互助土族自治县	90966	57889	33077	24086	13672	10414	15905	8564	7341
化隆回族自治县	27141	17717	9424	8548	4960	3588	4496	2336	2160
循化撒拉族自治县	16574	10644	5930	7690	4610	3080	4659	2677	1982
海北藏族自治州	**45748**	**28493**	**17255**	**20466**	**10965**	**9501**	**14987**	**8097**	**6890**
门源回族自治县	26224	16656	9568	9784	5230	4554	6301	3368	2933
祁连县	7936	4952	2984	3789	2135	1654	3076	1718	1358
海晏县	6724	3868	2856	4793	2338	2455	3264	1695	1569
刚察县	4864	3017	1847	2100	1262	838	2346	1316	1030
黄南藏族自治州	**24217**	**15381**	**8836**	**19245**	**10637**	**8608**	**17117**	**9545**	**7572**
同仁县	9825	6156	3669	9839	5239	4600	7052	3791	3261
尖扎县	5982	3984	1998	4296	2504	1792	3772	2026	1746
泽库县	5579	3499	2080	3454	1910	1544	3394	2118	1276
河南蒙古族自治县	2831	1742	1089	1656	984	672	2899	1610	1289
海南藏族自治州	**87125**	**49265**	**37860**	**40949**	**21981**	**18968**	**25709**	**14028**	**11681**
共和县	37406	20330	17076	14516	7663	6853	7943	4355	3588
同德县	6769	4179	2590	3440	1833	1607	3225	1815	1410
贵德县	21195	12505	8690	9861	5262	4599	5904	3147	2757
兴海县	14558	7578	6980	8887	4803	4084	5566	3056	2510
贵南县	7197	4673	2524	4245	2420	1825	3071	1655	1416
果洛藏族自治州	**21001**	**13107**	**7894**	**11512**	**6381**	**5131**	**11892**	**6747**	**5145**
玛沁县	6723	4334	2389	5898	3249	2649	4933	2900	2033
班玛县	3191	2007	1184	1039	642	397	1564	842	722
甘德县	3282	2035	1247	1503	859	644	1626	935	691
达日县	3894	2417	1477	1235	629	606	1266	678	588
久治县	2761	1641	1120	1247	659	588	1440	766	674
玛多县	1150	673	477	590	343	247	1063	626	437
玉树藏族自治州	**29237**	**16928**	**12309**	**21550**	**11437**	**10113**	**21482**	**11576**	**9906**
玉树市	10938	6257	4681	11721	6011	5710	8819	4679	4140
杂多县	4288	2514	1774	1746	981	765	2623	1486	1137
称多县	2844	1678	1166	1903	1020	883	2354	1212	1142
治多县	2322	1389	933	1440	836	604	2121	1135	986
囊谦县	6199	3529	2670	3494	1905	1589	3819	2075	1744
曲麻莱县	2646	1561	1085	1246	684	562	1746	989	757
海西蒙古族藏族自治州	**107398**	**66075**	**41323**	**60202**	**36897**	**23305**	**49481**	**28976**	**20505**
格尔木市	51463	30961	20502	30190	17818	12372	25162	14912	10250
德令哈市	20188	11933	8255	11169	6459	4710	11159	5649	5510
茫崖市	5447	3894	1553	4082	3178	904	2962	2139	823
乌兰县	7480	4577	2903	3338	2050	1288	2494	1487	1007
都兰县	15445	9519	5926	4986	2806	2180	3247	1778	1469
天峻县	2422	1498	924	2260	1386	874	1866	1081	785
大柴旦行政委员会	4953	3693	1260	4177	3200	977	2591	1930	661

4–2 续表 3 单位：人

地　区	大学本科			硕士研究生			博士研究生		
	小计	男	女	小计	男	女	小计	男	女
全省	**398121**	**200331**	**197790**	**19069**	**9201**	**9868**	**1956**	**1136**	**820**
西宁市	**256874**	**127270**	**129604**	**15621**	**7293**	**8328**	**1686**	**962**	**724**
城东区	53674	26823	26851	2582	1237	1345	256	157	99
城中区	40594	20330	20264	2258	1119	1139	214	122	92
城西区	68487	34852	33635	7256	3320	3936	788	438	350
城北区	65740	31834	33906	3119	1443	1676	387	222	165
湟中区	10910	5328	5582	155	79	76	25	13	12
大通回族土族自治县	12951	6162	6789	173	74	99	9	5	4
湟源县	4518	1941	2577	78	21	57	7	5	2
海东市	**48812**	**24619**	**24193**	**876**	**386**	**490**	**74**	**41**	**33**
乐都区	11722	5897	5825	271	107	164	19	10	9
平安区	7356	3638	3718	181	80	101	13	10	3
民和回族土族自治县	11665	5921	5744	160	75	85	20	12	8
互助土族自治县	11217	5677	5540	168	73	95	12	2	10
化隆回族自治县	3492	1665	1827	49	23	26	3	2	1
循化撒拉族自治县	3360	1821	1539	47	28	19	7	5	2
海北藏族自治州	**13925**	**6787**	**7138**	**253**	**135**	**118**	**15**	**10**	**5**
门源回族自治县	5624	2637	2987	54	30	24	5	2	3
祁连县	2526	1248	1278	52	30	22	2	1	1
海晏县	4073	2041	2032	108	54	54	5	4	1
刚察县	1702	861	841	39	21	18	3	3	
黄南藏族自治州	**10686**	**5422**	**5264**	**458**	**266**	**192**	**33**	**24**	**9**
同仁县	5237	2568	2669	235	129	106	14	11	3
尖扎县	2984	1541	1443	122	75	47	13	7	6
泽库县	1222	672	550	58	36	22	3	3	
河南蒙古族自治县	1243	641	602	43	26	17	3	3	
海南藏族自治州	**18712**	**9508**	**9204**	**592**	**373**	**219**	**42**	**32**	**10**
共和县	7328	3678	3650	258	155	103	12	9	3
同德县	1762	945	817	62	38	24	6	3	3
贵德县	3901	1859	2042	95	49	46	3	2	1
兴海县	3554	1983	1571	98	77	21	11	10	1
贵南县	2167	1043	1124	79	54	25	10	8	2
果洛藏族自治州	**6771**	**3673**	**3098**	**202**	**121**	**81**	**8**	**5**	**3**
玛沁县	2890	1623	1267	108	68	40	6	3	3
班玛县	1025	524	501	24	11	13	1	1	
甘德县	611	354	257	21	12	9			
达日县	860	421	439	21	15	6	1	1	
久治县	824	451	373	14	6	8			
玛多县	561	300	261	14	9	5			
玉树藏族自治州	**6953**	**3782**	**3171**	**238**	**142**	**96**	**54**	**37**	**17**
玉树市	3375	1799	1576	90	52	38	9	6	3
杂多县	789	454	335	16	8	8	4	2	2
称多县	643	332	311	7	6	1	1	1	
治多县	758	414	344	25	11	14	4	2	2
囊谦县	1070	607	463	97	63	34	35	26	9
曲麻莱县	318	176	142	3	2	1	1		1
海西蒙古族藏族自治州	**35388**	**19270**	**16118**	**829**	**485**	**344**	**44**	**25**	**19**
格尔木市	17404	9683	7721	354	214	140	23	18	5
德令哈市	8696	4414	4282	283	155	128	13	4	9
茫崖市	2393	1537	856	68	43	25	1	1	
乌兰县	1929	936	993	27	12	15	1		1
都兰县	2564	1262	1302	42	23	19	2	1	1
天峻县	1167	605	562	30	19	11	2		2
大柴旦行政委员会	1235	833	402	25	19	6	2	1	1

4-2a　各地区分性别、受教育程度的15岁及以上人口(城市)

单位：人

地　　区	15岁及以上人口			未上过学		
	合计	男	女	小计	男	女
全省	**1789491**	**908611**	**880880**	**67997**	**18383**	**49614**
西宁市	**1379188**	**693926**	**685262**	**44990**	**11236**	**33754**
城东区	412798	210315	202483	18615	4959	13656
城中区	278537	140390	138147	7756	1966	5790
城西区	276737	135822	140915	6765	1627	5138
城北区	353477	178164	175313	9336	2052	7284
湟中区	45332	22607	22725	1752	422	1330
大通回族土族自治县	12307	6628	5679	766	210	556
湟源县						
海东市	**155334**	**76016**	**79318**	**9047**	**1675**	**7372**
乐都区	93202	45727	47475	4953	867	4086
平安区	62132	30289	31843	4094	808	3286
民和回族土族自治县						
互助土族自治县						
化隆回族自治县						
循化撒拉族自治县						
海北藏族自治州						
门源回族自治县						
祁连县						
海晏县						
刚察县						
黄南藏族自治州						
同仁县						
尖扎县						
泽库县						
河南蒙古族自治县						
海南藏族自治州						
共和县						
同德县						
贵德县						
兴海县						
贵南县						
果洛藏族自治州						
玛沁县						
班玛县						
甘德县						
达日县						
久治县						
玛多县						
玉树藏族自治州	**63128**	**32687**	**30441**	**8916**	**4013**	**4903**
玉树市	61268	31788	29480	7778	3515	4263
杂多县						
称多县						
治多县						
囊谦县						
曲麻莱县	1860	899	961	1138	498	640
海西蒙古族藏族自治州	**191841**	**105982**	**85859**	**5044**	**1459**	**3585**
格尔木市	125087	68686	56401	3189	928	2261
德令哈市	52638	27444	25194	1590	429	1161
茫崖市	14116	9852	4264	265	102	163
乌兰县						
都兰县						
天峻县						
大柴旦行政委员会						

4-2a 续表 1

单位：人

地区	学前教育			小学		
	小计	男	女	小计	男	女
全省	**1607**	**676**	**931**	**289567**	**131609**	**157958**
西宁市	**1163**	**484**	**679**	**197592**	**88847**	**108745**
城东区	431	182	249	81394	37720	43674
城中区	209	86	123	36210	15809	20401
城西区	216	89	127	25315	10938	14377
城北区	238	94	144	39697	17967	21730
湟中区	60	28	32	12060	5085	6975
大通回族土族自治县	9	5	4	2916	1328	1588
湟源县						
海东市	**107**	**30**	**77**	**34141**	**14133**	**20008**
乐都区	62	18	44	20662	8314	12348
平安区	45	12	33	13479	5819	7660
民和回族土族自治县						
互助土族自治县						
化隆回族自治县						
循化撒拉族自治县						
海北藏族自治州						
门源回族自治县						
祁连县						
海晏县						
刚察县						
黄南藏族自治州						
同仁县						
尖扎县						
泽库县						
河南蒙古族自治县						
海南藏族自治州						
共和县						
同德县						
贵德县						
兴海县						
贵南县						
果洛藏族自治州						
玛沁县						
班玛县						
甘德县						
达日县						
久治县						
玛多县						
玉树藏族自治州	**227**	**120**	**107**	**25926**	**13471**	**12455**
玉树市	221	118	103	25662	13314	12348
杂多县						
称多县						
治多县						
囊谦县						
曲麻莱县	6	2	4	264	157	107
海西蒙古族藏族自治州	**110**	**42**	**68**	**31908**	**15158**	**16750**
格尔木市	76	28	48	21392	10110	11282
德令哈市	30	12	18	8888	4104	4784
茫崖市	4	2	2	1628	944	684
乌兰县						
都兰县						
天峻县						
大柴旦行政委员会						

4-2a 续表 2

单位：人

地区	初中			高中			大学专科		
	小计	男	女	小计	男	女	小计	男	女
全省	**511066**	**281693**	**229373**	**343941**	**180687**	**163254**	**281646**	**148311**	**133335**
西宁市	**403086**	**220182**	**182904**	**266736**	**137207**	**129529**	**217446**	**112741**	**104705**
城东区	126482	70176	56306	76051	40212	35839	53313	28849	24464
城中区	83051	44751	38300	58463	30199	28264	49898	26085	23813
城西区	61606	32440	29166	53220	25978	27242	53089	26142	26947
城北区	107885	59091	48794	69843	35777	34066	57437	29776	27661
湟中区	17349	9720	7629	8060	4367	3693	3149	1595	1554
大通回族土族自治县	6713	4004	2709	1099	674	425	560	294	266
湟源县									
海东市	**47474**	**26348**	**21126**	**28269**	**15216**	**13053**	**20813**	**11029**	**9784**
乐都区	28260	15963	12297	17603	9593	8010	12882	6652	6230
平安区	19214	10385	8829	10666	5623	5043	7931	4377	3554
民和回族土族自治县									
互助土族自治县									
化隆回族自治县									
循化撒拉族自治县									
海北藏族自治州									
门源回族自治县									
祁连县									
海晏县									
刚察县									
黄南藏族自治州									
同仁县									
尖扎县									
泽库县									
河南蒙古族自治县									
海南藏族自治州									
共和县									
同德县									
贵德县									
兴海县									
贵南县									
果洛藏族自治州									
玛沁县									
班玛县									
甘德县									
达日县									
久治县									
玛多县									
玉树藏族自治州	**7190**	**4189**	**3001**	**10162**	**5175**	**4987**	**7575**	**4023**	**3552**
玉树市	6995	4073	2922	10027	5114	4913	7462	3963	3499
杂多县									
称多县									
治多县									
囊谦县									
曲麻莱县	195	116	79	135	61	74	113	60	53
海西蒙古族藏族自治州	**53316**	**30974**	**22342**	**38774**	**23089**	**15685**	**35812**	**20518**	**15294**
格尔木市	35511	20252	15259	25498	14732	10766	23116	13575	9541
德令哈市	13548	7693	5855	9909	5708	4201	10321	5229	5092
茫崖市	4257	3029	1228	3367	2649	718	2375	1714	661
乌兰县									
都兰县									
天峻县									
大柴旦行政委员会									

4-2a 续表 3

单位：人

地区	大学本科			硕士研究生			博士研究生		
	小计	男	女	小计	男	女	小计	男	女
全省	**275572**	**138535**	**137037**	**16378**	**7727**	**8651**	**1717**	**990**	**727**
西宁市	**231254**	**115141**	**116113**	**15268**	**7142**	**8126**	**1653**	**946**	**707**
城东区	53674	26823	26851	2582	1237	1345	256	157	99
城中区	40479	20254	20225	2257	1118	1139	214	122	92
城西区	68484	34851	33633	7254	3319	3935	788	438	350
城北区	65540	31746	33794	3114	1439	1675	387	222	165
湟中区	2837	1356	1481	57	27	30	8	7	1
大通回族土族自治县	240	111	129	4	2	2			
湟源县									
海东市	**15095**	**7417**	**7678**	**365**	**152**	**213**	**23**	**16**	**7**
乐都区	8563	4231	4332	205	81	124	12	8	4
平安区	6532	3186	3346	160	71	89	11	8	3
民和回族土族自治县									
互助土族自治县									
化隆回族自治县									
循化撒拉族自治县									
海北藏族自治州									
门源回族自治县									
祁连县									
海晏县									
刚察县									
黄南藏族自治州									
同仁县									
尖扎县									
泽库县									
河南蒙古族自治县									
海南藏族自治州									
共和县									
同德县									
贵德县									
兴海县									
贵南县									
果洛藏族自治州									
玛沁县									
班玛县									
甘德县									
达日县									
久治县									
玛多县									
玉树藏族自治州	**3038**	**1640**	**1398**	**85**	**50**	**35**	**9**	**6**	**3**
玉树市	3029	1635	1394	85	50	35	9	6	3
杂多县									
称多县									
治多县									
囊谦县									
曲麻莱县	9	5	4						
海西蒙古族藏族自治州	**26185**	**14337**	**11848**	**660**	**383**	**277**	**32**	**22**	**10**
格尔木市	15962	8854	7108	322	190	132	21	17	4
德令哈市	8067	4113	3954	275	152	123	10	4	6
茫崖市	2156	1370	786	63	41	22	1	1	
乌兰县									
都兰县									
天峻县									
大柴旦行政委员会									

4-2b　各地区分性别、受教育程度的15岁及以上人口(镇)

单位：人

地　　区	15岁及以上人口			未上过学		
	合计	男	女	小计	男	女
全省	**1119508**	**566623**	**552885**	**118113**	**38395**	**79718**
西宁市	**261911**	**131608**	**130303**	**15736**	**4024**	**11712**
城东区						
城中区	2091	1657	434	34	10	24
城西区	296	163	133	19	1	18
城北区						
湟中区	57183	30028	27155	3360	892	2468
大通回族土族自治县	153998	76151	77847	9944	2502	7442
湟源县	48343	23609	24734	2379	619	1760
海东市	**277077**	**136705**	**140372**	**28849**	**7201**	**21648**
乐都区	10174	5250	4924	614	130	484
平安区	2440	1538	902	219	68	151
民和回族土族自治县	102699	50246	52453	11758	3036	8722
互助土族自治县	98176	48666	49510	5613	1247	4366
化隆回族自治县	29304	14166	15138	5668	1466	4202
循化撒拉族自治县	34284	16839	17445	4977	1254	3723
海北藏族自治州	**98403**	**48085**	**50318**	**10764**	**3197**	**7567**
门源回族自治县	41270	19552	21718	3379	815	2564
祁连县	21025	10285	10740	2211	643	1568
海晏县	23437	11502	11935	2767	855	1912
刚察县	12671	6746	5925	2407	884	1523
黄南藏族自治州	**87807**	**44417**	**43390**	**10441**	**3504**	**6937**
同仁县	39315	20131	19184	2999	1001	1998
尖扎县	18257	9094	9163	3469	989	2480
泽库县	17017	8533	8484	1128	386	742
河南蒙古族自治县	13218	6659	6559	2845	1128	1717
海南藏族自治州	**144007**	**71500**	**72507**	**9933**	**2952**	**6981**
共和县	54598	27247	27351	2338	669	1669
同德县	11487	5758	5729	1477	454	1023
贵德县	38885	19041	19844	4034	1148	2886
兴海县	23570	11763	11807	601	225	376
贵南县	15467	7691	7776	1483	456	1027
果洛藏族自治州	**58575**	**31876**	**26699**	**4780**	**1904**	**2876**
玛沁县	27125	15249	11876	805	285	520
班玛县	7420	4042	3378	427	148	279
甘德县	4778	2606	2172	209	93	116
达日县	9120	4636	4484	2740	1164	1576
久治县	3837	2050	1787	240	55	185
玛多县	6295	3293	3002	359	159	200
玉树藏族自治州	**91694**	**47150**	**44544**	**25599**	**11383**	**14216**
玉树市	4497	2270	2227	1491	641	850
杂多县	22555	11612	10943	8230	3705	4525
称多县	15843	8146	7697	4404	1925	2479
治多县	18620	9457	9163	8881	3992	4889
囊谦县	20374	10614	9760	1091	452	639
曲麻莱县	9805	5051	4754	1502	668	834
海西蒙古族藏族自治州	**100034**	**55282**	**44752**	**12011**	**4230**	**7781**
格尔木市	32273	18098	14175	5199	1846	3353
德令哈市	1850	1044	806	248	71	177
茫崖市	3158	2217	941	72	25	47
乌兰县	16832	9130	7702	1032	329	703
都兰县	25710	13071	12639	3684	1303	2381
天峻县	10899	5573	5326	1465	534	931
大柴旦行政委员会	9312	6149	3163	311	122	189

4-2b 续表 1 单位：人

地　区	学前教育			小　学		
	小计	男	女	小计	男	女
全省	**1828**	**793**	**1035**	**337583**	**161257**	**176326**
西宁市	**216**	**84**	**132**	**67062**	**29570**	**37492**
城东区						
城中区	2		2	439	328	111
城西区				58	27	31
城北区						
湟中区	55	23	32	14677	6647	8030
大通回族土族自治县	145	57	88	40731	17507	23224
湟源县	14	4	10	11157	5061	6096
海东市	**273**	**97**	**176**	**80481**	**36892**	**43589**
乐都区	20	1	19	3087	1311	1776
平安区				551	314	237
民和回族土族自治县	85	37	48	27448	12823	14625
互助土族自治县	99	29	70	26830	11600	15230
化隆回族自治县	43	15	28	10839	5522	5317
循化撒拉族自治县	26	15	11	11726	5322	6404
海北藏族自治州	**114**	**39**	**75**	**27547**	**12774**	**14773**
门源回族自治县	59	16	43	12865	5484	7381
祁连县	27	7	20	7087	3235	3852
海晏县	16	8	8	4544	2389	2155
刚察县	12	8	4	3051	1666	1385
黄南藏族自治州	**121**	**46**	**75**	**30468**	**15068**	**15400**
同仁县	24	9	15	12156	6023	6133
尖扎县	28	10	18	4378	2303	2075
泽库县	34	9	25	9459	4512	4947
河南蒙古族自治县	35	18	17	4475	2230	2245
海南藏族自治州	**155**	**63**	**92**	**39175**	**18412**	**20763**
共和县	110	47	63	11078	5040	6038
同德县	10	4	6	3575	1717	1858
贵德县	19	7	12	10146	4857	5289
兴海县	10	3	7	8991	4204	4787
贵南县	6	2	4	5385	2594	2791
果洛藏族自治州	**248**	**130**	**118**	**21765**	**11184**	**10581**
玛沁县	102	52	50	9544	5059	4485
班玛县	17	12	5	3163	1641	1522
甘德县	90	48	42	1954	947	1007
达日县	13	10	3	2667	1363	1304
久治县	18	3	15	1078	555	523
玛多县	8	5	3	3359	1619	1740
玉树藏族自治州	**591**	**286**	**305**	**39586**	**20869**	**18717**
玉树市	20	8	12	2040	1123	917
杂多县	56	28	28	8091	4357	3734
称多县	49	25	24	6910	3726	3184
治多县	65	33	32	3852	2139	1713
囊谦县	365	175	190	13746	7049	6697
曲麻莱县	36	17	19	4947	2475	2472
海西蒙古族藏族自治州	**110**	**48**	**62**	**31499**	**16488**	**15011**
格尔木市	61	24	37	13620	7420	6200
德令哈市	2	1	1	627	332	295
茫崖市	1	1		351	203	148
乌兰县	12	2	10	4342	2117	2225
都兰县	26	16	10	7431	3777	3654
天峻县	4	3	1	4024	2022	2002
大柴旦行政委员会	4	1	3	1104	617	487

4-2b　续表 2　　　　单位：人

地　区	初　中			高　中			大学专科		
	小计	男	女	小计	男	女	小计	男	女
全省	**286812**	**165893**	**120919**	**172961**	**93705**	**79256**	**113672**	**62683**	**50989**
西宁市	**94938**	**53725**	**41213**	**43718**	**23606**	**20112**	**23163**	**12549**	**10614**
城东区									
城中区	1222	1027	195	196	149	47	106	73	33
城西区	175	115	60	27	11	16	12	7	5
城北区									
湟中区	23636	13746	9890	8136	4754	3382	4102	2347	1755
大通回族土族自治县	53159	29793	23366	26876	14512	12364	12871	6920	5951
湟源县	16746	9044	7702	8483	4180	4303	6072	3202	2870
海东市	**76542**	**44337**	**32205**	**44971**	**24310**	**20661**	**25363**	**13734**	**11629**
乐都区	4140	2478	1662	1281	787	494	668	360	308
平安区	606	447	159	738	475	263	182	135	47
民和回族土族自治县	27338	15647	11691	18224	9553	8671	9339	4990	4349
互助土族自治县	30666	17328	13338	16432	8820	7612	10711	5808	4903
化隆回族自治县	6350	3953	2397	3615	1910	1705	1394	716	678
循化撒拉族自治县	7442	4484	2958	4681	2765	1916	3069	1725	1344
海北藏族自治州	**21884**	**12603**	**9281**	**15716**	**8112**	**7604**	**10649**	**5693**	**4956**
门源回族自治县	9775	5607	4168	7258	3736	3522	3808	2018	1790
祁连县	4568	2662	1906	2785	1485	1300	2250	1229	1021
海晏县	4912	2695	2217	4321	2058	2263	2873	1484	1389
刚察县	2629	1639	990	1352	833	519	1718	962	756
黄南藏族自治州	**11891**	**7268**	**4623**	**14102**	**7439**	**6663**	**11593**	**6443**	**5150**
同仁县	6028	3712	2316	8164	4243	3921	5262	2839	2423
尖扎县	2554	1586	968	3083	1673	1410	2318	1268	1050
泽库县	1712	1028	684	1829	925	904	1876	1153	723
河南蒙古族自治县	1597	942	655	1026	598	428	2137	1183	954
海南藏族自治州	**35021**	**19012**	**16009**	**27347**	**14185**	**13162**	**17326**	**9416**	**7910**
共和县	16264	8595	7669	11830	6047	5783	6221	3442	2779
同德县	1833	1057	776	1397	787	610	1835	1022	813
贵德县	10002	5581	4421	7362	3756	3606	4223	2254	1969
兴海县	4561	2364	2197	4027	2168	1859	3235	1716	1519
贵南县	2361	1415	946	2731	1427	1304	1812	982	830
果洛藏族自治州	**9702**	**6230**	**3472**	**7545**	**4261**	**3284**	**8709**	**5048**	**3661**
玛沁县	4864	3225	1639	5068	2741	2327	4042	2376	1666
班玛县	1165	767	398	632	407	225	1127	635	492
甘德县	630	371	259	467	303	164	1032	619	413
达日县	1571	979	592	633	355	278	864	462	402
久治县	747	458	289	346	215	131	742	409	333
玛多县	725	430	295	399	240	159	902	547	355
玉树藏族自治州	**9472**	**5527**	**3945**	**5823**	**3244**	**2579**	**8114**	**4462**	**3652**
玉树市	376	187	189	260	146	114	220	127	93
杂多县	2804	1629	1175	1088	611	477	1779	988	791
称多县	1316	788	528	1343	712	631	1376	730	646
治多县	2017	1197	820	1199	700	499	1844	986	858
囊谦县	1748	1024	724	1206	668	538	1763	987	776
曲麻莱县	1211	702	509	727	407	320	1132	644	488
海西蒙古族藏族自治州	**27362**	**17191**	**10171**	**13739**	**8548**	**5191**	**8755**	**5338**	**3417**
格尔木市	9250	6173	3077	2828	1844	984	774	489	285
德令哈市	693	465	228	132	94	38	87	46	41
茫崖市	1190	865	325	715	529	186	587	425	162
乌兰县	4882	2864	2018	2720	1681	1039	2117	1292	825
都兰县	7032	4035	2997	3396	1795	1601	2165	1191	974
天峻县	1414	834	580	1543	892	651	1362	733	629
大柴旦行政委员会	2901	1955	946	2405	1713	692	1663	1162	501

4-2b 续表 3 单位：人

地区	大学本科			硕士研究生			博士研究生		
	小计	男	女	小计	男	女	小计	男	女
全省	**86509**	**42803**	**43706**	**1910**	**1024**	**886**	**120**	**70**	**50**
西宁市	**16818**	**7942**	**8876**	**245**	**99**	**146**	**15**	**9**	**6**
城东区									
城中区	91	69	22	1	1				
城西区	3	1	2	2	1	1			
城北区									
湟中区	3171	1598	1573	42	20	22	4	1	3
大通回族土族自治县	10121	4794	5327	146	62	84	5	4	1
湟源县	3432	1480	1952	54	15	39	6	4	2
海东市	**20270**	**9981**	**10289**	**306**	**144**	**162**	**22**	**9**	**13**
乐都区	354	180	174	10	3	7			
平安区	134	91	43	10	8	2			
民和回族土族自治县	8372	4099	4273	125	57	68	10	4	6
互助土族自治县	7703	3782	3921	114	51	63	8	1	7
化隆回族自治县	1375	575	800	20	9	11			
循化撒拉族自治县	2332	1254	1078	27	16	11	4	4	
海北藏族自治州	**11493**	**5537**	**5956**	**223**	**121**	**102**	**13**	**9**	**4**
门源回族自治县	4084	1854	2230	37	20	17	5	2	3
祁连县	2052	998	1054	44	26	18	1		1
海晏县	3896	1955	1941	104	54	50	4	4	
刚察县	1461	730	731	38	21	17	3	3	
黄南藏族自治州	**8801**	**4418**	**4383**	**366**	**213**	**153**	**24**	**18**	**6**
同仁县	4472	2183	2289	200	114	86	10	7	3
尖扎县	2334	1207	1127	84	52	32	9	6	3
泽库县	932	492	440	45	26	19	2	2	
河南蒙古族自治县	1063	536	527	37	21	16	3	3	
海南藏族自治州	**14604**	**7198**	**7406**	**425**	**249**	**176**	**21**	**13**	**8**
共和县	6517	3263	3254	235	140	95	5	4	1
同德县	1318	693	625	37	22	15	5	2	3
贵德县	3021	1397	1624	75	39	36	3	2	1
兴海县	2108	1062	1046	36	21	15	1		1
贵南县	1640	783	857	42	27	15	7	5	2
果洛藏族自治州	**5642**	**3010**	**2632**	**178**	**106**	**72**	**6**	**3**	**3**
玛沁县	2597	1448	1149	98	61	37	5	2	3
班玛县	865	421	444	23	10	13	1	1	
甘德县	382	217	165	14	8	6			
达日县	612	289	323	20	14	6			
久治县	656	351	305	10	4	6			
玛多县	530	284	246	13	9	4			
玉树藏族自治州	**2434**	**1343**	**1091**	**60**	**27**	**33**	**15**	**9**	**6**
玉树市	89	38	51	1		1			
杂多县	496	288	208	9	4	5	2	2	
称多县	443	238	205	2	2				
治多县	734	398	336	24	10	14	4	2	2
囊谦县	425	244	181	22	10	12	8	5	3
曲麻莱县	247	137	110	2	1	1	1		1
海西蒙古族藏族自治州	**6447**	**3374**	**3073**	**107**	**65**	**42**	**4**		**4**
格尔木市	535	297	238	6	5	1			
德令哈市	59	34	25	1	1		1		1
茫崖市	237	167	70	5	2	3			
乌兰县	1701	833	868	25	12	13	1		1
都兰县	1949	938	1011	26	16	10	1		1
天峻县	1056	536	520	30	19	11	1		1
大柴旦行政委员会	910	569	341	14	10	4			

4-2c 各地区分性别、受教育程度的15岁及以上人口(乡村)

单位：人

地区	15岁及以上人口			未上过学		
	合计	男	女	小计	男	女
全省	**1782002**	**923406**	**858596**	**308034**	**101989**	**206045**
西宁市	**423166**	**221452**	**201714**	**45978**	**13252**	**32726**
城东区						
城中区	671	367	304	25	7	18
城西区						
城北区	8393	4510	3883	721	189	532
湟中区	214320	112719	101601	23800	6889	16911
大通回族土族自治县	155125	79942	75183	16231	4762	11469
湟源县	44657	23914	20743	5201	1405	3796
海东市	**616653**	**319444**	**297209**	**118970**	**34806**	**84164**
乐都区	98082	51824	46258	10308	2246	8062
平安区	30758	16065	14693	4464	1304	3160
民和回族土族自治县	146855	76091	70764	35513	10978	24535
互助土族自治县	173317	91656	81661	19064	4848	14216
化隆回族自治县	110471	55522	54949	33769	10941	22828
循化撒拉族自治县	57170	28286	28884	15852	4489	11363
海北藏族自治州	**113374**	**59670**	**53704**	**21236**	**7737**	**13499**
门源回族自治县	68124	35735	32389	8271	2680	5591
祁连县	17934	9818	8116	3054	1087	1967
海晏县	8421	4624	3797	2492	1000	1492
刚察县	18895	9493	9402	7419	2970	4449
黄南藏族自治州	**115092**	**57679**	**57413**	**24185**	**8068**	**16117**
同仁县	37412	18712	18700	4734	1382	3352
尖扎县	24921	12480	12441	8512	2578	5934
泽库县	35794	17814	17980	5882	2052	3830
河南蒙古族自治县	16965	8673	8292	5057	2056	3001
海南藏族自治州	**194613**	**98891**	**95722**	**29008**	**9211**	**19797**
共和县	49824	25596	24228	6992	2340	4652
同德县	32717	16567	16150	4492	1300	3192
贵德县	44261	22560	21701	9880	3128	6752
兴海县	30707	15491	15216	1041	305	736
贵南县	37104	18677	18427	6603	2138	4465
果洛藏族自治州	**93005**	**47855**	**45150**	**14130**	**5700**	**8430**
玛沁县	17525	8909	8616	1442	507	935
班玛县	14487	7522	6965	2470	1047	1423
甘德县	23195	11934	11261	1971	741	1230
达日县	16735	8718	8017	5402	2379	3023
久治县	17264	8776	8488	2449	839	1610
玛多县	3799	1996	1803	396	187	209
玉树藏族自治州	**137073**	**68475**	**68598**	**42752**	**19269**	**23483**
玉树市	36366	18154	18212	10961	4915	6046
杂多县	19479	9618	9861	9061	4025	5036
称多县	24856	12581	12275	9411	4378	5033
治多县	5958	3054	2904	4041	1922	2119
囊谦县	39014	19310	19704	5391	2301	3090
曲麻莱县	11400	5758	5642	3887	1728	2159
海西蒙古族藏族自治州	**89026**	**49940**	**39086**	**11775**	**3946**	**7829**
格尔木市	19895	11390	8505	1978	545	1433
德令哈市	18307	9699	8608	2828	908	1920
茫崖市						
乌兰县	9122	4880	4242	992	324	668
都兰县	28403	15233	13170	3937	1330	2607
天峻县	7499	4028	3471	1977	813	1164
大柴旦行政委员会	5800	4710	1090	63	26	37

4-2c 续表 1

单位：人

地　区	学前教育			小　学		
	小计	男	女	小计	男	女
全省	**4668**	**2061**	**2607**	**777058**	**392092**	**384966**
西宁市	**696**	**272**	**424**	**157367**	**76357**	**81010**
城东区						
城中区	1	1		161	60	101
城西区						
城北区	36	15	21	1945	1099	846
湟中区	407	146	261	72457	35443	37014
大通回族土族自治县	163	68	95	66293	30839	35454
湟源县	89	42	47	16511	8916	7595
海东市	**953**	**334**	**619**	**249683**	**125085**	**124598**
乐都区	90	25	65	33869	15031	18838
平安区	88	28	60	11445	5630	5815
民和回族土族自治县	227	85	142	55121	28598	26523
互助土族自治县	200	46	154	77333	36675	40658
化隆回族自治县	217	104	113	45510	24937	20573
循化撒拉族自治县	131	46	85	26405	14214	12191
海北藏族自治州	**490**	**217**	**273**	**56232**	**29304**	**26928**
门源回族自治县	176	62	114	36652	18307	18345
祁连县	53	27	26	9146	5020	4126
海晏县	59	32	27	3013	1842	1171
刚察县	202	96	106	7421	4135	3286
黄南藏族自治州	**537**	**309**	**228**	**65391**	**33826**	**31565**
同仁县	73	31	42	24539	12503	12036
尖扎县	87	46	41	9535	5511	4024
泽库县	317	202	115	22281	10948	11333
河南蒙古族自治县	60	30	30	9036	4864	4172
海南藏族自治州	**403**	**189**	**214**	**86817**	**44377**	**42440**
共和县	105	52	53	16336	8505	7831
同德县	150	75	75	19236	9962	9274
贵德县	55	26	29	18053	9611	8442
兴海县	54	20	34	10906	4990	5916
贵南县	39	16	23	22286	11309	10977
果洛藏族自治州	**206**	**81**	**125**	**59065**	**30698**	**28367**
玛沁县	30	9	21	12169	6069	6100
班玛县	15	5	10	8971	4684	4287
甘德县	87	41	46	16619	8475	8144
达日县	41	12	29	7715	4265	3450
久治县	22	8	14	11008	5843	5165
玛多县	11	6	5	2583	1362	1221
玉树藏族自治州	**1280**	**606**	**674**	**67504**	**34393**	**33111**
玉树市	94	52	42	18912	9722	9190
杂多县	36	14	22	7094	3656	3438
称多县	203	115	88	11970	6309	5661
治多县	31	15	16	1038	623	415
囊谦县	887	394	493	23194	11348	11846
曲麻莱县	29	16	13	5296	2735	2561
海西蒙古族藏族自治州	**103**	**53**	**50**	**34999**	**18052**	**16947**
格尔木市	11	5	6	7133	3662	3471
德令哈市	45	28	17	7029	3688	3341
茫崖市						
乌兰县	6	3	3	4301	2173	2128
都兰县	30	10	20	12719	6479	6240
天峻县	10	6	4	3171	1634	1537
大柴旦行政委员会	1	1		646	416	230

4-2c 续表 2

单位：人

地区	初中			高中			大学专科		
	小计	男	女	小计	男	女	小计	男	女
全省	**485000**	**309443**	**175557**	**103312**	**61736**	**41576**	**66990**	**36566**	**30424**
西宁市	**169175**	**105034**	**64141**	**27540**	**15363**	**12177**	**13482**	**6928**	**6554**
城东区									
城中区	389	248	141	47	33	14	24	11	13
城西区									
城北区	4393	2549	1844	780	425	355	313	141	172
湟中区	89340	55470	33870	15871	8500	7371	7474	3860	3614
大通回族土族自治县	58318	36446	21872	7730	4602	3128	3773	1957	1816
湟源县	16735	10321	6414	3112	1803	1309	1898	959	939
海东市	**176937**	**118154**	**58783**	**35056**	**22128**	**12928**	**21373**	**11610**	**9763**
乐都区	36930	24414	12516	9330	6031	3299	4687	2566	2121
平安区	10374	6658	3716	2388	1404	984	1296	677	619
民和回族土族自治县	39410	26597	12813	7742	4946	2796	5504	3039	2465
互助土族自治县	60300	40561	19739	7654	4852	2802	5194	2756	2438
化隆回族自治县	20791	13764	7027	4933	3050	1883	3102	1620	1482
循化撒拉族自治县	9132	6160	2972	3009	1845	1164	1590	952	638
海北藏族自治州	**23864**	**15890**	**7974**	**4750**	**2853**	**1897**	**4338**	**2404**	**1934**
门源回族自治县	16449	11049	5400	2526	1494	1032	2493	1350	1143
祁连县	3368	2290	1078	1004	650	354	826	489	337
海晏县	1812	1173	639	472	280	192	391	211	180
刚察县	2235	1378	857	748	429	319	628	354	274
黄南藏族自治州	**12326**	**8113**	**4213**	**5143**	**3198**	**1945**	**5524**	**3102**	**2422**
同仁县	3797	2444	1353	1675	996	679	1790	952	838
尖扎县	3428	2398	1030	1213	831	382	1454	758	696
泽库县	3867	2471	1396	1625	985	640	1518	965	553
河南蒙古族自治县	1234	800	434	630	386	244	762	427	335
海南藏族自治州	**52104**	**30253**	**21851**	**13602**	**7796**	**5806**	**8383**	**4612**	**3771**
共和县	21142	11735	9407	2686	1616	1070	1722	913	809
同德县	4936	3122	1814	2043	1046	997	1390	793	597
贵德县	11193	6924	4269	2499	1506	993	1681	893	788
兴海县	9997	5214	4783	4860	2635	2225	2331	1340	991
贵南县	4836	3258	1578	1514	993	521	1259	673	586
果洛藏族自治州	**11299**	**6877**	**4422**	**3967**	**2120**	**1847**	**3183**	**1699**	**1484**
玛沁县	1859	1109	750	830	508	322	891	524	367
班玛县	2026	1240	786	407	235	172	437	207	230
甘德县	2652	1664	988	1036	556	480	594	316	278
达日县	2323	1438	885	602	274	328	402	216	186
久治县	2014	1183	831	901	444	457	698	357	341
玛多县	425	243	182	191	103	88	161	79	82
玉树藏族自治州	**12575**	**7212**	**5363**	**5565**	**3018**	**2547**	**5793**	**3091**	**2702**
玉树市	3567	1997	1570	1434	751	683	1137	589	548
杂多县	1484	885	599	658	370	288	844	498	346
称多县	1528	890	638	560	308	252	978	482	496
治多县	305	192	113	241	136	105	277	149	128
囊谦县	4451	2505	1946	2288	1237	1051	2056	1088	968
曲麻莱县	1240	743	497	384	216	168	501	285	216
海西蒙古族藏族自治州	**26720**	**17910**	**8810**	**7689**	**5260**	**2429**	**4914**	**3120**	**1794**
格尔木市	6702	4536	2166	1864	1242	622	1272	848	424
德令哈市	5947	3775	2172	1128	657	471	751	374	377
茫崖市									
乌兰县	2598	1713	885	618	369	249	377	195	182
都兰县	8413	5484	2929	1590	1011	579	1082	587	495
天峻县	1008	664	344	717	494	223	504	348	156
大柴旦行政委员会	2052	1738	314	1772	1487	285	928	768	160

4–2c 续表 3

单位：人

地　　区	大学本科			硕士研究生			博士研究生		
	小计	男	女	小计	男	女	小计	男	女
全省	**36040**	**18993**	**17047**	**781**	**450**	**331**	**119**	**76**	**43**
西宁市	**8802**	**4187**	**4615**	**108**	**52**	**56**	**18**	**7**	**11**
城东区									
城中区	24	7	17						
城西区									
城北区	200	88	112	5	4	1			
湟中区	4902	2374	2528	56	32	24	13	5	8
大通回族土族自治县	2590	1257	1333	23	10	13	4	1	3
湟源县	1086	461	625	24	6	18	1	1	
海东市	**13447**	**7221**	**6226**	**205**	**90**	**115**	**29**	**16**	**13**
乐都区	2805	1486	1319	56	23	33	7	2	5
平安区	690	361	329	11	1	10	2	2	
民和回族土族自治县	3293	1822	1471	35	18	17	10	8	2
互助土族自治县	3514	1895	1619	54	22	32	4	1	3
化隆回族自治县	2117	1090	1027	29	14	15	3	2	1
循化撒拉族自治县	1028	567	461	20	12	8	3	1	2
海北藏族自治州	**2432**	**1250**	**1182**	**30**	**14**	**16**	**2**	**1**	**1**
门源回族自治县	1540	783	757	17	10	7			
祁连县	474	250	224	8	4	4	1	1	
海晏县	177	86	91	4		4	1		1
刚察县	241	131	110	1		1			
黄南藏族自治州	**1885**	**1004**	**881**	**92**	**53**	**39**	**9**	**6**	**3**
同仁县	765	385	380	35	15	20	4	4	
尖扎县	650	334	316	38	23	15	4	1	3
泽库县	290	180	110	13	10	3	1	1	
河南蒙古族自治县	180	105	75	6	5	1			
海南藏族自治州	**4108**	**2310**	**1798**	**167**	**124**	**43**	**21**	**19**	**2**
共和县	811	415	396	23	15	8	7	5	2
同德县	444	252	192	25	16	9	1	1	
贵德县	880	462	418	20	10	10			
兴海县	1446	921	525	62	56	6	10	10	
贵南县	527	260	267	37	27	10	3	3	
果洛藏族自治州	**1129**	**663**	**466**	**24**	**15**	**9**	**2**	**2**	
玛沁县	293	175	118	10	7	3	1	1	
班玛县	160	103	57	1	1				
甘德县	229	137	92	7	4	3			
达日县	248	132	116	1	1		1	1	
久治县	168	100	68	4	2	2			
玛多县	31	16	15	1		1			
玉树藏族自治州	**1481**	**799**	**682**	**93**	**65**	**28**	**30**	**22**	**8**
玉树市	257	126	131	4	2	2			
杂多县	293	166	127	7	4	3	2		2
称多县	200	94	106	5	4	1	1	1	
治多县	24	16	8	1	1				
囊谦县	645	363	282	75	53	22	27	21	6
曲麻莱县	62	34	28	1	1				
海西蒙古族藏族自治州	**2756**	**1559**	**1197**	**62**	**37**	**25**	**8**	**3**	**5**
格尔木市	907	532	375	26	19	7	2	1	1
德令哈市	570	267	303	7	2	5	2		2
茫崖市									
乌兰县	228	103	125	2		2			
都兰县	615	324	291	16	7	9	1	1	
天峻县	111	69	42				1		1
大柴旦行政委员会	325	264	61	11	9	2	2	1	1

4–3 各地区分性别、受教育程度的16–59岁人口

单位：人

地区	16–59岁人口			未上过学		
	合计	男	女	小计	男	女
全省	**3897879**	**2017147**	**1880732**	**290324**	**97694**	**192630**
西宁市	**1684474**	**864296**	**820178**	**42476**	**12008**	**30468**
城东区	339062	174790	164272	8961	2683	6278
城中区	225976	116282	109694	2711	890	1821
城西区	224939	111601	113338	2222	790	1432
城北区	302623	154950	147673	2922	856	2066
湟中区	256516	135660	120856	11490	3173	8317
大通回族土族自治县	262220	133367	128853	12135	3062	9073
湟源县	73138	37646	35492	2035	554	1481
海东市	**837564**	**428288**	**409276**	**82083**	**21220**	**60863**
乐都区	155184	80182	75002	4547	907	3640
平安区	75998	38540	37458	3226	746	2480
民和回族土族自治县	199622	101753	97869	24111	6200	17911
互助土族自治县	218784	114007	104777	11687	2741	8946
化隆回族自治县	113449	56761	56688	25649	7592	18057
循化撒拉族自治县	74527	37045	37482	12863	3034	9829
海北藏族自治州	**180284**	**92333**	**87951**	**20829**	**7258**	**13571**
门源回族自治县	91076	46050	45026	6260	1762	4498
祁连县	33635	17534	16101	3311	1087	2224
海晏县	27668	14147	13521	3289	1218	2071
刚察县	27905	14602	13303	7969	3191	4778
黄南藏族自治州	**176127**	**89929**	**86198**	**25275**	**8455**	**16820**
同仁县	65694	33849	31845	5137	1580	3557
尖扎县	36539	18472	18067	8392	2357	6035
泽库县	47106	23770	23336	5465	1929	3536
河南蒙古族自治县	26788	13838	12950	6281	2589	3692
海南藏族自治州	**289532**	**147534**	**141998**	**23672**	**7461**	**16211**
共和县	90574	46433	44141	5466	1822	3644
同德县	38779	19895	18884	4325	1276	3049
贵德县	66774	33682	33092	7404	2260	5144
兴海县	47616	24206	23410	822	271	551
贵南县	45789	23318	22471	5655	1832	3823
果洛藏族自治州	**134417**	**71841**	**62576**	**14141**	**5930**	**8211**
玛沁县	40263	22152	18111	1546	574	972
班玛县	19128	10263	8865	1998	864	1134
甘德县	24564	12949	11615	1240	508	732
达日县	22938	12027	10911	6794	3040	3754
久治县	18450	9655	8795	2054	701	1353
玛多县	9074	4795	4279	509	243	266
玉树藏族自治州	**252854**	**130620**	**122234**	**62704**	**28896**	**33808**
玉树市	88922	46184	42738	15388	7177	8211
杂多县	37046	18895	18151	14842	6750	8092
称多县	35005	18152	16853	11487	5374	6113
治多县	21481	11118	10363	10923	5066	5857
囊谦县	50240	25894	24346	4781	2144	2637
曲麻莱县	20160	10377	9783	5283	2385	2898
海西蒙古族藏族自治州	**342627**	**192306**	**150321**	**19144**	**6466**	**12678**
格尔木市	161234	90135	71099	7156	2278	4878
德令哈市	64682	34205	30477	2600	748	1852
茫崖市	16637	11733	4904	263	100	163
乌兰县	22493	12333	10160	1064	363	701
都兰县	46752	24708	22044	5127	1785	3342
天峻县	16475	8748	7727	2727	1118	1609
大柴旦行政委员会	14354	10444	3910	207	74	133

4-3 续表 1

单位：人

地　区	学前教育			小　学		
	小计	男	女	小计	男	女
全省	**5566**	**2487**	**3079**	**1085267**	**527898**	**557369**
西宁市	**1084**	**441**	**643**	**280855**	**129719**	**151136**
城东区	238	96	142	55257	26361	28896
城中区	92	41	51	20513	9900	10613
城西区	105	56	49	13249	6454	6795
城北区	142	67	75	23522	11676	11846
湟中区	295	105	190	69639	31691	37948
大通回族土族自治县	172	62	110	80124	34496	45628
湟源县	40	14	26	18551	9141	9410
海东市	**788**	**257**	**531**	**276868**	**129272**	**147596**
乐都区	70	19	51	35604	13962	21642
平安区	58	13	45	17785	7942	9843
民和回族土族自治县	197	72	125	66344	31903	34441
互助土族自治县	167	37	130	76052	33780	42272
化隆回族自治县	179	74	105	48587	25378	23209
循化撒拉族自治县	117	42	75	32496	16307	16189
海北藏族自治州	**425**	**188**	**237**	**70073**	**34513**	**35560**
门源回族自治县	134	41	93	40190	18672	21518
祁连县	64	28	36	14054	7077	6977
海晏县	50	30	20	6424	3538	2886
刚察县	177	89	88	9405	5226	4179
黄南藏族自治州	**545**	**308**	**237**	**83911**	**43075**	**40836**
同仁县	68	30	38	30928	15917	15011
尖扎县	91	46	45	12108	6713	5395
泽库县	309	192	117	28626	13951	14675
河南蒙古族自治县	77	40	37	12249	6494	5755
海南藏族自治州	**420**	**189**	**231**	**104186**	**51741**	**52445**
共和县	148	65	83	21283	10595	10688
同德县	142	71	71	19981	10279	9702
贵德县	55	26	29	22286	11143	11143
兴海县	46	16	30	16306	7553	8753
贵南县	29	11	18	24330	12171	12159
果洛藏族自治州	**363**	**173**	**190**	**71877**	**37587**	**34290**
玛沁县	102	48	54	19175	9974	9201
班玛县	29	16	13	10716	5614	5102
甘德县	150	71	79	16682	8498	8184
达日县	40	20	20	9426	5131	4295
久治县	26	9	17	10515	5659	4856
玛多县	16	9	7	5363	2711	2652
玉树藏族自治州	**1723**	**836**	**887**	**115659**	**60615**	**55044**
玉树市	271	152	119	40876	21419	19457
杂多县	77	35	42	13542	7166	6376
称多县	197	106	91	16299	8809	7490
治多县	80	40	40	4368	2515	1853
囊谦县	1038	473	565	31249	15892	15357
曲麻莱县	60	30	30	9325	4814	4511
海西蒙古族藏族自治州	**218**	**95**	**123**	**81838**	**41376**	**40462**
格尔木市	102	38	64	35537	17928	17609
德令哈市	49	25	24	13001	6355	6646
茫崖市	4	2	2	1741	1029	712
乌兰县	7	2	5	6940	3439	3501
都兰县	48	24	24	16813	8488	8325
天峻县	8	4	4	6366	3263	3103
大柴旦行政委员会				1440	874	566

4-3　续表 2　　　　单位：人

地区	初中			高中			大学专科		
	小计	男	女	小计	男	女	小计	男	女
全省	**1120504**	**658947**	**461557**	**547482**	**294796**	**252686**	**437817**	**230768**	**207049**
西宁市	**565341**	**320485**	**244856**	**292045**	**151182**	**140863**	**235512**	**120084**	**115428**
城东区	104149	57556	46593	65729	34562	31167	49580	26334	23246
城中区	66542	36411	30131	49300	25487	23813	45421	23203	22218
城西区	45649	24419	21230	42808	20802	22006	47249	22552	24697
城北区	91373	50174	41199	61626	31390	30236	54687	27937	26750
湟中区	119938	71747	48191	29823	16126	13697	14319	7464	6855
大通回族土族自治县	107810	63291	44519	32293	17584	14709	16662	8720	7942
湟源县	29880	16887	12993	10466	5231	5235	7594	3874	3720
海东市	**270600**	**167206**	**103394**	**93995**	**52319**	**41676**	**64125**	**33524**	**30601**
乐都区	61801	37258	24543	24048	13384	10664	17290	8803	8487
平安区	26827	15219	11608	11890	6314	5576	8769	4666	4103
民和回族土族自治县	60112	37587	22525	23086	12700	10386	14102	7421	6681
互助土族自治县	83638	52318	31320	20746	11521	9225	15206	7954	7252
化隆回族自治县	23679	15498	8181	7492	4344	3148	4338	2200	2138
循化撒拉族自治县	14543	9326	5217	6733	4056	2677	4420	2480	1940
海北藏族自治州	**41069**	**25449**	**15620**	**19035**	**10146**	**8889**	**14703**	**7878**	**6825**
门源回族自治县	23579	14861	8718	9091	4811	4280	6157	3248	2909
祁连县	7112	4427	2685	3505	1968	1537	3020	1675	1345
海晏县	6079	3450	2629	4451	2165	2286	3199	1654	1545
刚察县	4299	2711	1588	1988	1202	786	2327	1301	1026
黄南藏族自治州	**21174**	**13563**	**7611**	**17492**	**9710**	**7782**	**16653**	**9186**	**7467**
同仁县	8528	5381	3147	8824	4700	4124	6779	3582	3197
尖扎县	5372	3563	1809	3813	2250	1563	3673	1942	1731
泽库县	4780	3077	1703	3284	1819	1465	3363	2093	1270
河南蒙古族自治县	2494	1542	952	1571	941	630	2838	1569	1269
海南藏族自治州	**79288**	**44683**	**34605**	**37681**	**20090**	**17591**	**25066**	**13546**	**11520**
共和县	34966	18914	16052	13420	7036	6384	7740	4197	3543
同德县	6087	3798	2289	3237	1706	1531	3181	1783	1398
贵德县	18830	10911	7919	8607	4516	4091	5631	2943	2688
兴海县	12901	6768	6133	8434	4552	3882	5479	2994	2485
贵南县	6504	4292	2212	3983	2280	1703	3035	1629	1406
果洛藏族自治州	**18697**	**11821**	**6876**	**10743**	**6000**	**4743**	**11663**	**6564**	**5099**
玛沁县	6088	3965	2123	5531	3087	2444	4841	2826	2015
班玛县	2833	1810	1023	963	601	362	1540	823	717
甘德县	2891	1819	1072	1406	805	601	1570	886	684
达日县	3417	2164	1253	1141	579	562	1242	660	582
久治县	2449	1471	978	1154	613	541	1421	749	672
玛多县	1019	592	427	548	315	233	1049	620	429
玉树藏族自治州	**24767**	**14540**	**10227**	**19725**	**10469**	**9256**	**21118**	**11366**	**9752**
玉树市	9491	5494	3997	10782	5517	5265	8677	4598	4079
杂多县	3565	2118	1447	1637	912	725	2584	1458	1126
称多县	2315	1395	920	1739	935	804	2318	1194	1124
治多县	1975	1211	764	1291	760	531	2072	1105	967
囊谦县	5140	2971	2169	3103	1698	1405	3748	2037	1711
曲麻莱县	2281	1351	930	1173	647	526	1719	974	745
海西蒙古族藏族自治州	**99568**	**61200**	**38368**	**56766**	**34880**	**21886**	**48977**	**28620**	**20357**
格尔木市	47405	28525	18880	28374	16749	11625	24949	14761	10188
德令哈市	18611	10934	7677	10460	6049	4411	11010	5551	5459
茫崖市	5251	3776	1475	3970	3116	854	2949	2130	819
乌兰县	6938	4204	2734	3136	1923	1213	2458	1460	998
都兰县	14364	8806	5558	4610	2590	2020	3192	1736	1456
天峻县	2224	1381	843	2125	1304	821	1835	1058	777
大柴旦行政委员会	4775	3574	1201	4091	3149	942	2584	1924	660

4-3 续表 3　　单位：人

地　区	大学本科			硕士研究生			博士研究生		
	小计	男	女	小计	男	女	小计	男	女
全省	**390208**	**194478**	**195730**	**18780**	**8964**	**9816**	**1931**	**1115**	**816**
西宁市	**250140**	**122354**	**127786**	**15354**	**7077**	**8277**	**1667**	**946**	**721**
城东区	52350	25838	26512	2543	1204	1339	255	156	99
城中区	38992	19160	19832	2199	1075	1124	206	115	91
城西区	65760	32889	32871	7116	3207	3909	781	432	349
城北区	64871	31207	33664	3095	1422	1673	385	221	164
湟中区	10838	5268	5570	150	74	76	24	12	12
大通回族土族自治县	12842	6073	6769	173	74	99	9	5	4
湟源县	4487	1919	2568	78	21	57	7	5	2
海东市	**48162**	**24069**	**24093**	**871**	**381**	**490**	**72**	**40**	**32**
乐都区	11534	5732	5802	271	107	164	19	10	9
平安区	7251	3552	3699	179	78	101	13	10	3
民和回族土族自治县	11495	5787	5708	157	72	85	18	11	7
互助土族自治县	11108	5581	5527	168	73	95	12	2	10
化隆回族自治县	3473	1650	1823	49	23	26	3	2	1
循化撒拉族自治县	3301	1767	1534	47	28	19	7	5	2
海北藏族自治州	**13882**	**6756**	**7126**	**253**	**135**	**118**	**15**	**10**	**5**
门源回族自治县	5606	2623	2983	54	30	24	5	2	3
祁连县	2515	1241	1274	52	30	22	2	1	1
海晏县	4063	2034	2029	108	54	54	5	4	1
刚察县	1698	858	840	39	21	18	3	3	
黄南藏族自治州	**10588**	**5344**	**5244**	**456**	**264**	**192**	**33**	**24**	**9**
同仁县	5182	2520	2662	234	128	106	14	11	3
尖扎县	2956	1520	1436	121	74	47	13	7	6
泽库县	1218	670	548	58	36	22	3	3	
河南蒙古族自治县	1232	634	598	43	26	17	3	3	
海南藏族自治州	**18594**	**9428**	**9166**	**583**	**364**	**219**	**42**	**32**	**10**
共和县	7285	3644	3641	254	151	103	12	9	3
同德县	1758	941	817	62	38	24	6	3	3
贵德县	3864	1833	2031	94	48	46	3	2	1
兴海县	3523	1969	1554	94	73	21	11	10	1
贵南县	2164	1041	1123	79	54	25	10	8	2
果洛藏族自治州	**6724**	**3641**	**3083**	**201**	**120**	**81**	**8**	**5**	**3**
玛沁县	2867	1608	1259	107	67	40	6	3	3
班玛县	1024	523	501	24	11	13	1	1	
甘德县	604	350	254	21	12	9			
达日县	856	417	439	21	15	6	1	1	
久治县	817	447	370	14	6	8			
玛多县	556	296	260	14	9	5			
玉树藏族自治州	**6874**	**3726**	**3148**	**234**	**139**	**95**	**50**	**33**	**17**
玉树市	3340	1771	1569	89	51	38	8	5	3
杂多县	779	446	333	16	8	8	4	2	2
称多县	642	332	310	7	6	1	1	1	
治多县	743	408	335	25	11	14	4	2	2
囊谦县	1054	594	460	95	62	33	32	23	9
曲麻莱县	316	175	141	2	1	1	1		1
海西蒙古族藏族自治州	**35244**	**19160**	**16084**	**828**	**484**	**344**	**44**	**25**	**19**
格尔木市	17334	9624	7710	354	214	140	23	18	5
德令哈市	8656	4385	4271	282	154	128	13	4	9
茫崖市	2390	1536	854	68	43	25	1	1	
乌兰县	1922	930	992	27	12	15	1		1
都兰县	2554	1255	1299	42	23	19	2	1	1
天峻县	1158	601	557	30	19	11	2		2
大柴旦行政委员会	1230	829	401	25	19	6	2	1	1

4–3a　各地区分性别、受教育程度的16–59岁人口(城市)

单位：人

地　　区	16–59岁人口			未上过学		
	合计	男	女	小计	男	女
全省	**1489343**	**766004**	**723339**	**30216**	**9960**	**20256**
西宁市	**1131545**	**576638**	**554907**	**17496**	**5370**	**12126**
城东区	339062	174790	164272	8961	2683	6278
城中区	223444	114392	109052	2686	879	1807
城西区	224691	111460	113231	2218	790	1428
城北区	295806	151168	144638	2791	814	1977
湟中区	38541	19353	19188	628	146	482
大通回族土族自治县	10001	5475	4526	212	58	154
湟源县						
海东市	**125821**	**61783**	**64038**	**2870**	**519**	**2351**
乐都区	75375	37052	38323	1475	253	1222
平安区	50446	24731	25715	1395	266	1129
民和回族土族自治县						
互助土族自治县						
化隆回族自治县						
循化撒拉族自治县						
海北藏族自治州						
门源回族自治县						
祁连县						
海晏县						
刚察县						
黄南藏族自治州						
同仁县						
尖扎县						
泽库县						
河南蒙古族自治县						
海南藏族自治州						
共和县						
同德县						
贵德县						
兴海县						
贵南县						
果洛藏族自治州						
玛沁县						
班玛县						
甘德县						
达日县						
久治县						
玛多县						
玉树藏族自治州	**55560**	**29108**	**26452**	**6797**	**3147**	**3650**
玉树市	54017	28361	25656	5898	2756	3142
杂多县						
称多县						
治多县						
囊谦县						
曲麻莱县	1543	747	796	899	391	508
海西蒙古族藏族自治州	**176417**	**98475**	**77942**	**3053**	**924**	**2129**
格尔木市	114991	63742	51249	1996	612	1384
德令哈市	47847	25174	22673	853	233	620
茫崖市	13579	9559	4020	204	79	125
乌兰县						
都兰县						
天峻县						
大柴旦行政委员会						

4-3a 续表 1

单位：人

地区	学前教育			小学		
	小计	男	女	小计	男	女
全省	**882**	**406**	**476**	**190892**	**90607**	**100285**
西宁市	**597**	**270**	**327**	**120863**	**57533**	**63330**
城东区	238	96	142	55257	26361	28896
城中区	92	41	51	20037	9582	10455
城西区	105	56	49	13205	6435	6770
城北区	121	56	65	22142	10877	11265
湟中区	35	18	17	8519	3555	4964
大通回族土族自治县	6	3	3	1703	723	980
湟源县						
海东市	**38**	**12**	**26**	**22251**	**9004**	**13247**
乐都区	25	10	15	13139	5123	8016
平安区	13	2	11	9112	3881	5231
民和回族土族自治县						
互助土族自治县						
化隆回族自治县						
循化撒拉族自治县						
海北藏族自治州						
门源回族自治县						
祁连县						
海晏县						
刚察县						
黄南藏族自治州						
同仁县						
尖扎县						
泽库县						
河南蒙古族自治县						
海南藏族自治州						
共和县						
同德县						
贵德县						
兴海县						
贵南县						
果洛藏族自治州						
玛沁县						
班玛县						
甘德县						
达日县						
久治县						
玛多县						
玉树藏族自治州	**182**	**100**	**82**	**22391**	**11785**	**10606**
玉树市	176	98	78	22161	11653	10508
杂多县						
称多县						
治多县						
囊谦县						
曲麻莱县	6	2	4	230	132	98
海西蒙古族藏族自治州	**65**	**24**	**41**	**25387**	**12285**	**13102**
格尔木市	41	16	25	17208	8260	8948
德令哈市	21	7	14	6746	3183	3563
茫崖市	3	1	2	1433	842	591
乌兰县						
都兰县						
天峻县						
大柴旦行政委员会						

4-3a　续表 2　　　　单位：人

地　区	初　中			高　中			大学专科		
	小计	男	女	小计	男	女	小计	男	女
全省	**421160**	**231899**	**189261**	**297385**	**155530**	**141855**	**262375**	**135686**	**126689**
西宁市	**324057**	**177286**	**146771**	**227123**	**116370**	**110753**	**200055**	**101569**	**98486**
城东区	104149	57556	46593	65729	34562	31167	49580	26334	23246
城中区	64986	35181	29805	49070	25316	23754	45291	23119	22172
城西区	45490	24315	21175	42783	20792	21991	47238	22546	24692
城北区	87304	47844	39460	60920	31015	29905	54380	27802	26578
湟中区	15865	8708	7157	7585	4061	3524	3026	1494	1532
大通回族土族自治县	6263	3682	2581	1036	624	412	540	274	266
湟源县									
海东市	**41682**	**22402**	**19280**	**24380**	**12617**	**11763**	**19387**	**9876**	**9511**
乐都区	24902	13608	11294	15162	7895	7267	12063	5993	6070
平安区	16780	8794	7986	9218	4722	4496	7324	3883	3441
民和回族土族自治县									
互助土族自治县									
化隆回族自治县									
循化撒拉族自治县									
海北藏族自治州									
门源回族自治县									
祁连县									
海晏县									
刚察县									
黄南藏族自治州									
同仁县									
尖扎县									
泽库县									
河南蒙古族自治县									
海南藏族自治州									
共和县									
同德县									
贵德县									
兴海县									
贵南县									
果洛藏族自治州									
玛沁县									
班玛县									
甘德县									
达日县									
久治县									
玛多县									
玉树藏族自治州	**6335**	**3733**	**2602**	**9311**	**4727**	**4584**	**7447**	**3948**	**3499**
玉树市	6171	3632	2539	9188	4671	4517	7335	3888	3447
杂多县									
称多县									
治多县									
囊谦县									
曲麻莱县	164	101	63	123	56	67	112	60	52
海西蒙古族藏族自治州	**49086**	**28478**	**20608**	**36571**	**21816**	**14755**	**35486**	**20293**	**15193**
格尔木市	32559	18537	14022	24012	13866	10146	22935	13446	9489
德令哈市	12436	7014	5422	9293	5357	3936	10187	5141	5046
茫崖市	4091	2927	1164	3266	2593	673	2364	1706	658
乌兰县									
都兰县									
天峻县									
大柴旦行政委员会									

4－3a 续表 3

单位：人

地　区	大学本科			硕士研究生			博士研究生		
	小计	男	女	小计	男	女	小计	男	女
全省	**268629**	**133436**	**135193**	**16107**	**7507**	**8600**	**1697**	**973**	**724**
西宁市	**224719**	**110384**	**114335**	**15001**	**6926**	**8075**	**1634**	**930**	**704**
城东区	52350	25838	26512	2543	1204	1339	255	156	99
城中区	38878	19085	19793	2198	1074	1124	206	115	91
城西区	65757	32888	32869	7114	3206	3908	781	432	349
城北区	64673	31121	33552	3090	1418	1672	385	221	164
湟中区	2824	1343	1481	52	22	30	7	6	1
大通回族土族自治县	237	109	128	4	2	2			
湟源县									
海东市	**14827**	**7187**	**7640**	**363**	**150**	**213**	**23**	**16**	**7**
乐都区	8392	4081	4311	205	81	124	12	8	4
平安区	6435	3106	3329	158	69	89	11	8	3
民和回族土族自治县									
互助土族自治县									
化隆回族自治县									
循化撒拉族自治县									
海北藏族自治州									
门源回族自治县									
祁连县									
海晏县									
刚察县									
黄南藏族自治州									
同仁县									
尖扎县									
泽库县									
河南蒙古族自治县									
海南藏族自治州									
共和县									
同德县									
贵德县									
兴海县									
贵南县									
果洛藏族自治州									
玛沁县									
班玛县									
甘德县									
达日县									
久治县									
玛多县									
玉树藏族自治州	**3005**	**1614**	**1391**	**84**	**49**	**35**	**8**	**5**	**3**
玉树市	2996	1609	1387	84	49	35	8	5	3
杂多县									
称多县									
治多县									
囊谦县									
曲麻莱县	9	5	4						
海西蒙古族藏族自治州	**26078**	**14251**	**11827**	**659**	**382**	**277**	**32**	**22**	**10**
格尔木市	15897	8798	7099	322	190	132	21	17	4
德令哈市	8027	4084	3943	274	151	123	10	4	6
茫崖市	2154	1369	785	63	41	22	1	1	
乌兰县									
都兰县									
天峻县									
大柴旦行政委员会									

4–3b 各地区分性别、受教育程度的16–59岁人口(镇)

单位：人

地区	16–59岁人口			未上过学		
	合计	男	女	小计	男	女
全省	**949274**	**484343**	**464931**	**71747**	**24417**	**47330**
西宁市	**215557**	**109049**	**106508**	**5742**	**1459**	**4283**
城东区						
城中区	1993	1594	399	15	6	9
城西区	248	141	107	4		4
城北区						
湟中区	47625	25350	22275	1167	330	837
大通回族土族自治县	126706	62888	63818	4008	953	3055
湟源县	38985	19076	19909	548	170	378
海东市	**226405**	**111856**	**114549**	**14176**	**3116**	**11060**
乐都区	7406	3911	3495	128	24	104
平安区	1953	1272	681	57	13	44
民和回族土族自治县	84077	41128	42949	5552	1240	4312
互助土族自治县	80921	40241	40680	2248	482	1766
化隆回族自治县	23772	11422	12350	3351	779	2572
循化撒拉族自治县	28276	13882	14394	2840	578	2262
海北藏族自治州	**84669**	**41592**	**43077**	**6159**	**1853**	**4306**
门源回族自治县	34891	16464	18427	1619	334	1285
祁连县	17935	8833	9102	1243	366	877
海晏县	20472	10145	10327	1453	461	992
刚察县	11371	6150	5221	1844	692	1152
黄南藏族自治州	**76424**	**39066**	**37358**	**7104**	**2354**	**4750**
同仁县	34051	17612	16439	1915	636	1279
尖扎县	15662	7856	7806	2372	639	1733
泽库县	15223	7722	7501	793	286	507
河南蒙古族自治县	11488	5876	5612	2024	793	1231
海南藏族自治州	**124114**	**61955**	**62159**	**5396**	**1618**	**3778**
共和县	47902	24100	23802	1114	327	787
同德县	10227	5152	5075	1095	338	757
贵德县	31346	15317	16029	1862	523	1339
兴海县	20813	10453	10360	373	138	235
贵南县	13826	6933	6893	952	292	660
果洛藏族自治州	**53034**	**29223**	**23811**	**3652**	**1524**	**2128**
玛沁县	24775	14122	10653	548	203	345
班玛县	6579	3655	2924	295	113	182
甘德县	4282	2322	1960	145	70	75
达日县	8201	4230	3971	2240	989	1251
久治县	3563	1922	1641	194	43	151
玛多县	5634	2972	2662	230	106	124
玉树藏族自治州	**79834**	**41630**	**38204**	**21063**	**9514**	**11549**
玉树市	3928	2023	1905	1126	502	624
杂多县	19915	10319	9596	7085	3228	3857
称多县	13721	7178	6543	3591	1601	1990
治多县	16095	8332	7763	7286	3315	3971
囊谦县	17615	9331	8284	826	356	470
曲麻莱县	8560	4447	4113	1149	512	637
海西蒙古族藏族自治州	**89237**	**49972**	**39265**	**8455**	**2979**	**5476**
格尔木市	28738	16224	12514	3937	1346	2591
德令哈市	1504	866	638	151	44	107
茫崖市	3058	2174	884	59	21	38
乌兰县	14849	8194	6655	510	181	329
都兰县	22755	11685	11070	2614	937	1677
天峻县	9571	4973	4598	1024	397	627
大柴旦行政委员会	8762	5856	2906	160	53	107

4-3b 续表 1

单位：人

地　区	学前教育			小　学		
	小计	男	女	小计	男	女
全省	**1304**	**586**	**718**	**265554**	**126108**	**139446**
西宁市	**114**	**42**	**72**	**45735**	**19484**	**26251**
城东区						
城中区				394	295	99
城西区				44	19	25
城北区						
湟中区	36	16	20	9999	4382	5617
大通回族土族自治县	72	25	47	28355	11612	16743
湟源县	6	1	5	6943	3176	3767
海东市	**133**	**52**	**81**	**60586**	**26893**	**33693**
乐都区	3	1	2	1603	625	978
平安区				407	229	178
民和回族土族自治县	53	25	28	20993	9470	11523
互助土族自治县	38	10	28	18842	7981	10861
化隆回族自治县	22	6	16	9084	4354	4730
循化撒拉族自治县	17	10	7	9657	4234	5423
海北藏族自治州	**70**	**28**	**42**	**22263**	**10100**	**12163**
门源回族自治县	27	9	18	10067	4113	5954
祁连县	22	6	16	5810	2601	3209
海晏县	12	7	5	3771	1943	1828
刚察县	9	6	3	2615	1443	1172
黄南藏族自治州	**86**	**35**	**51**	**25814**	**12870**	**12944**
同仁县	20	8	12	9939	5048	4891
尖扎县	18	7	11	3680	1908	1772
泽库县	24	7	17	8355	3974	4381
河南蒙古族自治县	24	13	11	3840	1940	1900
海南藏族自治州	**117**	**49**	**68**	**30482**	**14202**	**16280**
共和县	92	38	54	8159	3748	4411
同德县	8	4	4	3010	1425	1585
贵德县	8	4	4	7344	3396	3948
兴海县	6	2	4	7347	3437	3910
贵南县	3	1	2	4622	2196	2426
果洛藏族自治州	**207**	**105**	**102**	**19030**	**9922**	**9108**
玛沁县	82	40	42	8289	4495	3794
班玛县	16	11	5	2641	1408	1233
甘德县	77	38	39	1686	807	879
达日县	12	10	2	2495	1271	1224
久治县	14	3	11	956	503	453
玛多县	6	3	3	2963	1438	1525
玉树藏族自治州	**490**	**236**	**254**	**34553**	**18459**	**16094**
玉树市	15	7	8	1913	1056	857
杂多县	48	24	24	7173	3868	3305
称多县	38	19	19	5972	3281	2691
治多县	55	28	27	3412	1938	1474
囊谦县	306	144	162	11804	6160	5644
曲麻莱县	28	14	14	4279	2156	2123
海西蒙古族藏族自治州	**87**	**39**	**48**	**27091**	**14178**	**12913**
格尔木市	54	20	34	12257	6618	5639
德令哈市	2	1	1	455	235	220
茫崖市	1	1		308	187	121
乌兰县	5	1	4	3420	1674	1746
都兰县	23	15	8	6346	3228	3118
天峻县	2	1	1	3427	1733	1694
大柴旦行政委员会				878	503	375

4-3b　续表 2

单位：人

地　区	初　中			高　中			大学专科		
	小计	男	女	小计	男	女	小计	男	女
全省	**257126**	**146608**	**110518**	**156158**	**83852**	**72306**	**109625**	**59479**	**50146**
西宁市	**85128**	**47300**	**37828**	**39688**	**21040**	**18648**	**22222**	**11794**	**10428**
城东区									
城中区	1199	1008	191	187	142	45	106	73	33
城西区	159	104	55	25	10	15	11	6	5
城北区									
湟中区	21673	12424	9249	7598	4371	3227	3962	2230	1732
大通回族土族自治县	47456	26100	21356	24220	12867	11353	12419	6549	5870
湟源县	14641	7664	6977	7658	3650	4008	5724	2936	2788
海东市	**68207**	**38588**	**29619**	**39123**	**20824**	**18299**	**23892**	**12506**	**11386**
乐都区	3585	2097	1488	1079	641	438	648	343	305
平安区	569	416	153	597	382	215	181	134	47
民和回族土族自治县	24294	13567	10727	16107	8296	7811	8722	4489	4233
互助土族自治县	27754	15232	12522	14178	7474	6704	10129	5308	4821
化隆回族自治县	5497	3411	2086	3092	1628	1464	1341	668	673
循化撒拉族自治县	6508	3865	2643	4070	2403	1667	2871	1564	1307
海北藏族自治州	**19501**	**11007**	**8494**	**14582**	**7460**	**7122**	**10402**	**5504**	**4898**
门源回族自治县	8638	4806	3832	6744	3422	3322	3685	1917	1768
祁连县	4023	2305	1718	2549	1347	1202	2201	1190	1011
海晏县	4424	2383	2041	4005	1898	2107	2812	1446	1366
刚察县	2416	1513	903	1284	793	491	1704	951	753
黄南藏族自治州	**10475**	**6401**	**4074**	**12601**	**6654**	**5947**	**11237**	**6172**	**5065**
同仁县	5250	3231	2019	7254	3759	3495	5041	2670	2371
尖扎县	2289	1394	895	2654	1455	1199	2244	1206	1038
泽库县	1489	924	565	1727	874	853	1859	1139	720
河南蒙古族自治县	1447	852	595	966	566	400	2093	1157	936
海南藏族自治州	**31493**	**16888**	**14605**	**24864**	**12787**	**12077**	**16801**	**9013**	**7788**
共和县	14909	7798	7111	10880	5518	5362	6030	3295	2735
同德县	1673	960	713	1283	717	566	1802	995	807
贵德县	8691	4703	3988	6388	3201	3187	3985	2074	1911
兴海县	4014	2101	1913	3751	2013	1738	3190	1683	1507
贵南县	2206	1326	880	2562	1338	1224	1794	966	828
果洛藏族自治州	**8828**	**5695**	**3133**	**7034**	**4003**	**3031**	**8499**	**4883**	**3616**
玛沁县	4486	2989	1497	4741	2596	2145	3951	2303	1648
班玛县	1053	696	357	579	376	203	1106	619	487
甘德县	569	332	237	436	280	156	980	574	406
达日县	1393	881	512	586	329	257	847	451	396
久治县	691	425	266	321	201	120	727	395	332
玛多县	636	372	264	371	221	150	888	541	347
玉树藏族自治州	**8005**	**4724**	**3281**	**5320**	**2986**	**2334**	**7929**	**4352**	**3577**
玉树市	318	152	166	248	142	106	218	126	92
杂多县	2336	1372	964	1025	571	454	1747	966	781
称多县	1116	676	440	1210	646	564	1349	715	634
治多县	1729	1055	674	1070	635	435	1796	957	839
囊谦县	1446	859	587	1081	606	475	1708	955	753
曲麻莱县	1060	610	450	686	386	300	1111	633	478
海西蒙古族藏族自治州	**25489**	**16005**	**9484**	**12946**	**8098**	**4848**	**8643**	**5255**	**3388**
格尔木市	8581	5746	2835	2610	1715	895	759	478	281
德令哈市	621	414	207	128	92	36	86	45	41
茫崖市	1160	849	311	704	523	181	585	424	161
乌兰县	4534	2639	1895	2572	1589	983	2088	1271	817
都兰县	6529	3725	2804	3146	1668	1478	2130	1164	966
天峻县	1279	755	524	1426	823	603	1335	713	622
大柴旦行政委员会	2785	1877	908	2360	1688	672	1660	1160	500

4-3b 续表 3

单位：人

地 区	大学本科			硕士研究生			博士研究生		
	小计	男	女	小计	男	女	小计	男	女
全省	**85742**	**42210**	**43532**	**1898**	**1013**	**885**	**120**	**70**	**50**
西宁市	**16668**	**7822**	**8846**	**245**	**99**	**146**	**15**	**9**	**6**
城东区									
城中区	91	69	22	1	1				
城西区	3	1	2	2	1	1			
城北区									
湟中区	3144	1576	1568	42	20	22	4	1	3
大通回族土族自治县	10025	4716	5309	146	62	84	5	4	1
湟源县	3405	1460	1945	54	15	39	6	4	2
海东市	**19963**	**9727**	**10236**	**303**	**141**	**162**	**22**	**9**	**13**
乐都区	350	177	173	10	3	7			
平安区	132	90	42	10	8	2			
民和回族土族自治县	8224	3983	4241	122	54	68	10	4	6
互助土族自治县	7610	3702	3908	114	51	63	8	1	7
化隆回族自治县	1365	567	798	20	9	11			
循化撒拉族自治县	2282	1208	1074	27	16	11	4	4	
海北藏族自治州	**11456**	**5510**	**5946**	**223**	**121**	**102**	**13**	**9**	**4**
门源回族自治县	4069	1841	2228	37	20	17	5	2	3
祁连县	2042	992	1050	44	26	18	1		1
海晏县	3887	1949	1938	104	54	50	4	4	
刚察县	1458	728	730	38	21	17	3	3	
黄南藏族自治州	**8719**	**4351**	**4368**	**364**	**211**	**153**	**24**	**18**	**6**
同仁县	4423	2140	2283	199	113	86	10	7	3
尖扎县	2313	1190	1123	83	51	32	9	6	3
泽库县	929	490	439	45	26	19	2	2	
河南蒙古族自治县	1054	531	523	37	21	16	3	3	
海南藏族自治州	**14519**	**7140**	**7379**	**421**	**245**	**176**	**21**	**13**	**8**
共和县	6481	3235	3246	232	137	95	5	4	1
同德县	1314	689	625	37	22	15	5	2	3
贵德县	2991	1376	1615	74	38	36	3	2	1
兴海县	2095	1058	1037	36	21	15	1		1
贵南县	1638	782	856	42	27	15	7	5	2
果洛藏族自治州	**5601**	**2983**	**2618**	**177**	**105**	**72**	**6**	**3**	**3**
玛沁县	2576	1434	1142	97	60	37	5	2	3
班玛县	865	421	444	23	10	13	1	1	
甘德县	375	213	162	14	8	6			
达日县	608	285	323	20	14	6			
久治县	650	348	302	10	4	6			
玛多县	527	282	245	13	9	4			
玉树藏族自治州	**2401**	**1324**	**1077**	**58**	**26**	**32**	**15**	**9**	**6**
玉树市	89	38	51	1		1			
杂多县	490	284	206	9	4	5	2	2	
称多县	443	238	205	2	2				
治多县	719	392	327	24	10	14	4	2	2
囊谦县	415	236	179	21	10	11	8	5	3
曲麻莱县	245	136	109	1		1	1		1
海西蒙古族藏族自治州	**6415**	**3353**	**3062**	**107**	**65**	**42**	**4**		**4**
格尔木市	534	296	238	6	5	1			
德令哈市	59	34	25	1	1		1		1
茫崖市	236	167	69	5	2	3			
乌兰县	1694	827	867	25	12	13	1		1
都兰县	1940	932	1008	26	16	10	1		1
天峻县	1047	532	515	30	19	11	1		1
大柴旦行政委员会	905	565	340	14	10	4			

4-3c 各地区分性别、受教育程度的16-59岁人口(乡村)

单位：人

地 区	16-59岁人口			未上过学		
	合计	男	女	小计	男	女
全省	**1459262**	**766800**	**692462**	**188361**	**63317**	**125044**
西宁市	**337372**	**178609**	**158763**	**19238**	**5179**	**14059**
城东区						
城中区	539	296	243	10	5	5
城西区						
城北区	6817	3782	3035	131	42	89
湟中区	170350	90957	79393	9695	2697	6998
大通回族土族自治县	125513	65004	60509	7915	2051	5864
湟源县	34153	18570	15583	1487	384	1103
海东市	**485338**	**254649**	**230689**	**65037**	**17585**	**47452**
乐都区	72403	39219	33184	2944	630	2314
平安区	23599	12537	11062	1774	467	1307
民和回族土族自治县	115545	60625	54920	18559	4960	13599
互助土族自治县	137863	73766	64097	9439	2259	7180
化隆回族自治县	89677	45339	44338	22298	6813	15485
循化撒拉族自治县	46251	23163	23088	10023	2456	7567
海北藏族自治州	**95615**	**50741**	**44874**	**14670**	**5405**	**9265**
门源回族自治县	56185	29586	26599	4641	1428	3213
祁连县	15700	8701	6999	2068	721	1347
海晏县	7196	4002	3194	1836	757	1079
刚察县	16534	8452	8082	6125	2499	3626
黄南藏族自治州	**99703**	**50863**	**48840**	**18171**	**6101**	**12070**
同仁县	31643	16237	15406	3222	944	2278
尖扎县	20877	10616	10261	6020	1718	4302
泽库县	31883	16048	15835	4672	1643	3029
河南蒙古族自治县	15300	7962	7338	4257	1796	2461
海南藏族自治州	**165418**	**85579**	**79839**	**18276**	**5843**	**12433**
共和县	42672	22333	20339	4352	1495	2857
同德县	28552	14743	13809	3230	938	2292
贵德县	35428	18365	17063	5542	1737	3805
兴海县	26803	13753	13050	449	133	316
贵南县	31963	16385	15578	4703	1540	3163
果洛藏族自治州	**81383**	**42618**	**38765**	**10489**	**4406**	**6083**
玛沁县	15488	8030	7458	998	371	627
班玛县	12549	6608	5941	1703	751	952
甘德县	20282	10627	9655	1095	438	657
达日县	14737	7797	6940	4554	2051	2503
久治县	14887	7733	7154	1860	658	1202
玛多县	3440	1823	1617	279	137	142
玉树藏族自治州	**117460**	**59882**	**57578**	**34844**	**16235**	**18609**
玉树市	30977	15800	15177	8364	3919	4445
杂多县	17131	8576	8555	7757	3522	4235
称多县	21284	10974	10310	7896	3773	4123
治多县	5386	2786	2600	3637	1751	1886
囊谦县	32625	16563	16062	3955	1788	2167
曲麻莱县	10057	5183	4874	3235	1482	1753
海西蒙古族藏族自治州	**76973**	**43859**	**33114**	**7636**	**2563**	**5073**
格尔木市	17505	10169	7336	1223	320	903
德令哈市	15331	8165	7166	1596	471	1125
茫崖市						
乌兰县	7644	4139	3505	554	182	372
都兰县	23997	13023	10974	2513	848	1665
天峻县	6904	3775	3129	1703	721	982
大柴旦行政委员会	5592	4588	1004	47	21	26

4-3c　续表 1　　　　单位：人

地　区	学前教育			小　学		
	小计	男	女	小计	男	女
全省	**3380**	**1495**	**1885**	**628821**	**311183**	**317638**
西宁市	**373**	**129**	**244**	**114257**	**52702**	**61555**
城东区						
城中区				82	23	59
城西区						
城北区	21	11	10	1380	799	581
湟中区	224	71	153	51121	23754	27367
大通回族土族自治县	94	34	60	50066	22161	27905
湟源县	34	13	21	11608	5965	5643
海东市	**617**	**193**	**424**	**194031**	**93375**	**100656**
乐都区	42	8	34	20862	8214	12648
平安区	45	11	34	8266	3832	4434
民和回族土族自治县	144	47	97	45351	22433	22918
互助土族自治县	129	27	102	57210	25799	31411
化隆回族自治县	157	68	89	39503	21024	18479
循化撒拉族自治县	100	32	68	22839	12073	10766
海北藏族自治州	**355**	**160**	**195**	**47810**	**24413**	**23397**
门源回族自治县	107	32	75	30123	14559	15564
祁连县	42	22	20	8244	4476	3768
海晏县	38	23	15	2653	1595	1058
刚察县	168	83	85	6790	3783	3007
黄南藏族自治州	**459**	**273**	**186**	**58097**	**30205**	**27892**
同仁县	48	22	26	20989	10869	10120
尖扎县	73	39	34	8428	4805	3623
泽库县	285	185	100	20271	9977	10294
河南蒙古族自治县	53	27	26	8409	4554	3855
海南藏族自治州	**303**	**140**	**163**	**73704**	**37539**	**36165**
共和县	56	27	29	13124	6847	6277
同德县	134	67	67	16971	8854	8117
贵德县	47	22	25	14942	7747	7195
兴海县	40	14	26	8959	4116	4843
贵南县	26	10	16	19708	9975	9733
果洛藏族自治州	**156**	**68**	**88**	**52847**	**27665**	**25182**
玛沁县	20	8	12	10886	5479	5407
班玛县	13	5	8	8075	4206	3869
甘德县	73	33	40	14996	7691	7305
达日县	28	10	18	6931	3860	3071
久治县	12	6	6	9559	5156	4403
玛多县	10	6	4	2400	1273	1127
玉树藏族自治州	**1051**	**500**	**551**	**58715**	**30371**	**28344**
玉树市	80	47	33	16802	8710	8092
杂多县	29	11	18	6369	3298	3071
称多县	159	87	72	10327	5528	4799
治多县	25	12	13	956	577	379
囊谦县	732	329	403	19445	9732	9713
曲麻莱县	26	14	12	4816	2526	2290
海西蒙古族藏族自治州	**66**	**32**	**34**	**29360**	**14913**	**14447**
格尔木市	7	2	5	6072	3050	3022
德令哈市	26	17	9	5800	2937	2863
茫崖市						
乌兰县	2	1	1	3520	1765	1755
都兰县	25	9	16	10467	5260	5207
天峻县	6	3	3	2939	1530	1409
大柴旦行政委员会				562	371	191

4-3c　续表 2　　　　单位：人

地　区	初　中			高　中			大学专科		
	小计	男	女	小计	男	女	小计	男	女
全省	**442218**	**280440**	**161778**	**93939**	**55414**	**38525**	**65817**	**35603**	**30214**
西宁市	**156156**	**95899**	**60257**	**25234**	**13772**	**11462**	**13235**	**6721**	**6514**
城东区									
城中区	357	222	135	43	29	14	24	11	13
城西区									
城北区	4069	2330	1739	706	375	331	307	135	172
湟中区	82400	50615	31785	14640	7694	6946	7331	3740	3591
大通回族土族自治县	54091	33509	20582	7037	4093	2944	3703	1897	1806
湟源县	15239	9223	6016	2808	1581	1227	1870	938	932
海东市	**160711**	**106216**	**54495**	**30492**	**18878**	**11614**	**20846**	**11142**	**9704**
乐都区	33314	21553	11761	7807	4848	2959	4579	2467	2112
平安区	9478	6009	3469	2075	1210	865	1264	649	615
民和回族土族自治县	35818	24020	11798	6979	4404	2575	5380	2932	2448
互助土族自治县	55884	37086	18798	6568	4047	2521	5077	2646	2431
化隆回族自治县	18182	12087	6095	4400	2716	1684	2997	1532	1465
循化撒拉族自治县	8035	5461	2574	2663	1653	1010	1549	916	633
海北藏族自治州	**21568**	**14442**	**7126**	**4453**	**2686**	**1767**	**4301**	**2374**	**1927**
门源回族自治县	14941	10055	4886	2347	1389	958	2472	1331	1141
祁连县	3089	2122	967	956	621	335	819	485	334
海晏县	1655	1067	588	446	267	179	387	208	179
刚察县	1883	1198	685	704	409	295	623	350	273
黄南藏族自治州	**10699**	**7162**	**3537**	**4891**	**3056**	**1835**	**5416**	**3014**	**2402**
同仁县	3278	2150	1128	1570	941	629	1738	912	826
尖扎县	3083	2169	914	1159	795	364	1429	736	693
泽库县	3291	2153	1138	1557	945	612	1504	954	550
河南蒙古族自治县	1047	690	357	605	375	230	745	412	333
海南藏族自治州	**47795**	**27795**	**20000**	**12817**	**7303**	**5514**	**8265**	**4533**	**3732**
共和县	20057	11116	8941	2540	1518	1022	1710	902	808
同德县	4414	2838	1576	1954	989	965	1379	788	591
贵德县	10139	6208	3931	2219	1315	904	1646	869	777
兴海县	8887	4667	4220	4683	2539	2144	2289	1311	978
贵南县	4298	2966	1332	1421	942	479	1241	663	578
果洛藏族自治州	**9869**	**6126**	**3743**	**3709**	**1997**	**1712**	**3164**	**1681**	**1483**
玛沁县	1602	976	626	790	491	299	890	523	367
班玛县	1780	1114	666	384	225	159	434	204	230
甘德县	2322	1487	835	970	525	445	590	312	278
达日县	2024	1283	741	555	250	305	395	209	186
久治县	1758	1046	712	833	412	421	694	354	340
玛多县	383	220	163	177	94	83	161	79	82
玉树藏族自治州	**10427**	**6083**	**4344**	**5094**	**2756**	**2338**	**5742**	**3066**	**2676**
玉树市	3002	1710	1292	1346	704	642	1124	584	540
杂多县	1229	746	483	612	341	271	837	492	345
称多县	1199	719	480	529	289	240	969	479	490
治多县	246	156	90	221	125	96	276	148	128
囊谦县	3694	2112	1582	2022	1092	930	2040	1082	958
曲麻莱县	1057	640	417	364	205	159	496	281	215
海西蒙古族藏族自治州	**24993**	**16717**	**8276**	**7249**	**4966**	**2283**	**4848**	**3072**	**1776**
格尔木市	6265	4242	2023	1752	1168	584	1255	837	418
德令哈市	5554	3506	2048	1039	600	439	737	365	372
茫崖市									
乌兰县	2404	1565	839	564	334	230	370	189	181
都兰县	7835	5081	2754	1464	922	542	1062	572	490
天峻县	945	626	319	699	481	218	500	345	155
大柴旦行政委员会	1990	1697	293	1731	1461	270	924	764	160

4–3c 续表 3

单位：人

地区	大学本科			硕士研究生			博士研究生		
	小计	男	女	小计	男	女	小计	男	女
全省	**35837**	**18832**	**17005**	**775**	**444**	**331**	**114**	**72**	**42**
西宁市	**8753**	**4148**	**4605**	**108**	**52**	**56**	**18**	**7**	**11**
城东区									
城中区	23	6	17						
城西区									
城北区	198	86	112	5	4	1			
湟中区	4870	2349	2521	56	32	24	13	5	8
大通回族土族自治县	2580	1248	1332	23	10	13	4	1	3
湟源县	1082	459	623	24	6	18	1	1	
海东市	**13372**	**7155**	**6217**	**205**	**90**	**115**	**27**	**15**	**12**
乐都区	2792	1474	1318	56	23	33	7	2	5
平安区	684	356	328	11	1	10	2	2	
民和回族土族自治县	3271	1804	1467	35	18	17	8	7	1
互助土族自治县	3498	1879	1619	54	22	32	4	1	3
化隆回族自治县	2108	1083	1025	29	14	15	3	2	1
循化撒拉族自治县	1019	559	460	20	12	8	3	1	2
海北藏族自治州	**2426**	**1246**	**1180**	**30**	**14**	**16**	**2**	**1**	**1**
门源回族自治县	1537	782	755	17	10	7			
祁连县	473	249	224	8	4	4	1	1	
海晏县	176	85	91	4		4	1		1
刚察县	240	130	110	1		1			
黄南藏族自治州	**1869**	**993**	**876**	**92**	**53**	**39**	**9**	**6**	**3**
同仁县	759	380	379	35	15	20	4	4	
尖扎县	643	330	313	38	23	15	4	1	3
泽库县	289	180	109	13	10	3	1	1	
河南蒙古族自治县	178	103	75	6	5	1			
海南藏族自治州	**4075**	**2288**	**1787**	**162**	**119**	**43**	**21**	**19**	**2**
共和县	804	409	395	22	14	8	7	5	2
同德县	444	252	192	25	16	9	1	1	
贵德县	873	457	416	20	10	10			
兴海县	1428	911	517	58	52	6	10	10	
贵南县	526	259	267	37	27	10	3	3	
果洛藏族自治州	**1123**	**658**	**465**	**24**	**15**	**9**	**2**	**2**	
玛沁县	291	174	117	10	7	3	1	1	
班玛县	159	102	57	1	1				
甘德县	229	137	92	7	4	3			
达日县	248	132	116	1	1		1	1	
久治县	167	99	68	4	2	2			
玛多县	29	14	15	1		1			
玉树藏族自治州	**1468**	**788**	**680**	**92**	**64**	**28**	**27**	**19**	**8**
玉树市	255	124	131	4	2	2			
杂多县	289	162	127	7	4	3	2		2
称多县	199	94	105	5	4	1	1	1	
治多县	24	16	8	1	1				
囊谦县	639	358	281	74	52	22	24	18	6
曲麻莱县	62	34	28	1	1				
海西蒙古族藏族自治州	**2751**	**1556**	**1195**	**62**	**37**	**25**	**8**	**3**	**5**
格尔木市	903	530	373	26	19	7	2	1	1
德令哈市	570	267	303	7	2	5	2		2
茫崖市									
乌兰县	228	103	125	2		2			
都兰县	614	323	291	16	7	9	1	1	
天峻县	111	69	42				1		1
大柴旦行政委员会	325	264	61	11	9	2	2	1	1

4-4　各地区分性别、受教育程度的25岁及以上人口

单位：人

地　区	25岁及以上人口			未上过学		
	合计	男	女	小计	男	女
全省	**3969270**	**2026491**	**1942779**	**482115**	**153388**	**328727**
西宁市	**1774873**	**897670**	**877203**	**105736**	**28003**	**77733**
城东区	357523	181707	175816	18360	4838	13522
城中区	245893	123521	122372	7706	1922	5784
城西区	248372	121462	126910	6695	1580	5115
城北区	297958	150454	147504	9957	2184	7773
湟中区	269098	140435	128663	28708	8092	20616
大通回族土族自治县	275128	138809	136319	26773	7392	19381
湟源县	80901	41282	39619	7537	1995	5542
海东市	**901271**	**457283**	**443988**	**155538**	**43194**	**112344**
乐都区	176905	90438	86467	15805	3201	12604
平安区	83607	41977	41630	8712	2148	6564
民和回族土族自治县	212626	107583	105043	47082	13928	33154
互助土族自治县	239538	123527	116011	24530	6011	18519
化隆回族自治县	113904	56938	56966	38862	12243	26619
循化撒拉族自治县	74691	36820	37871	20547	5663	14884
海北藏族自治州	**179110**	**91496**	**87614**	**31539**	**10747**	**20792**
门源回族自治县	92575	46939	45636	11574	3454	8120
祁连县	33400	17207	16193	5225	1704	3521
海晏县	26330	13573	12757	5185	1832	3353
刚察县	26805	13777	13028	9555	3757	5798
黄南藏族自治州	**165354**	**82789**	**82565**	**33674**	**11221**	**22453**
同仁县	62200	31335	30865	7548	2311	5237
尖扎县	35980	17988	17992	11768	3485	8283
泽库县	41544	20595	20949	6683	2343	4340
河南蒙古族自治县	25630	12871	12759	7675	3082	4593
海南藏族自治州	**279915**	**140426**	**139489**	**38509**	**11993**	**26516**
共和县	85887	43383	42504	9308	3003	6305
同德县	36210	18188	18022	5863	1711	4152
贵德县	70662	35433	35229	13828	4237	9591
兴海县	43786	21844	21942	1617	518	1099
贵南县	43370	21578	21792	7893	2524	5369
果洛藏族自治州	**117132**	**61467**	**55665**	**17766**	**7049**	**10717**
玛沁县	34471	18857	15614	2143	744	1399
班玛县	17329	9029	8300	2770	1120	1650
甘德县	21094	10830	10264	2070	780	1290
达日县	19931	10281	9650	7519	3254	4265
久治县	16133	8183	7950	2537	821	1716
玛多县	8174	4287	3887	727	330	397
玉树藏族自治州	**224727**	**113646**	**111081**	**70935**	**31720**	**39215**
玉树市	77199	39486	37713	19062	8474	10588
杂多县	31582	15916	15666	15358	6924	8434
称多县	31864	16132	15732	12245	5529	6716
治多县	19530	9849	9681	12124	5538	6586
囊谦县	46647	23204	23443	6080	2558	3522
曲麻莱县	17905	9059	8846	6066	2697	3369
海西蒙古族藏族自治州	**326888**	**181714**	**145174**	**28418**	**9461**	**18957**
格尔木市	152284	84244	68040	10191	3245	6946
德令哈市	61005	32292	28713	4625	1393	3232
茫崖市	15373	10765	4608	329	124	205
乌兰县	22493	12142	10351	2003	645	1358
都兰县	46539	24388	22151	7520	2593	4927
天峻县	15723	8165	7558	3382	1317	2065
大柴旦行政委员会	13471	9718	3753	368	144	224

4-4 续表 1

单位：人

地 区	学前教育			小 学		
	小计	男	女	小计	男	女
全省	**6588**	**2786**	**3802**	**1315494**	**641843**	**673651**
西宁市	**1594**	**584**	**1010**	**410429**	**189386**	**221043**
城东区	283	101	182	77821	36075	41746
城中区	174	63	111	35988	15731	20257
城西区	162	57	105	24456	10458	13998
城北区	187	76	111	40763	18582	22181
湟中区	446	146	300	96722	46115	50607
大通回族土族自治县	245	98	147	107300	48598	58702
湟源县	97	43	54	27379	13827	13552
海东市	**1094**	**353**	**741**	**346380**	**168768**	**177612**
乐都区	155	37	118	56965	24365	32600
平安区	126	37	89	24776	11487	13289
民和回族土族自治县	257	100	157	78293	39682	38611
互助土族自治县	254	57	197	102944	47669	55275
化隆回族自治县	186	77	109	49163	27444	21719
循化撒拉族自治县	116	45	71	34239	18121	16118
海北藏族自治州	**564**	**238**	**326**	**79633**	**40126**	**39507**
门源回族自治县	219	72	147	47768	23114	24654
祁连县	74	33	41	15499	7907	7592
海晏县	71	37	34	7251	4041	3210
刚察县	200	96	104	9115	5064	4051
黄南藏族自治州	**525**	**293**	**232**	**86108**	**43848**	**42260**
同仁县	79	31	48	33282	16602	16680
尖扎县	102	49	53	12514	7130	5384
泽库县	279	179	100	28115	13741	14374
河南蒙古族自治县	65	34	31	12197	6375	5822
海南藏族自治州	**487**	**213**	**274**	**119759**	**59764**	**59995**
共和县	201	91	110	27270	13478	13792
同德县	139	67	72	21232	10840	10392
贵德县	65	29	36	27258	14044	13214
兴海县	51	17	34	18676	8631	10045
贵南县	31	9	22	25323	12771	12552
果洛藏族自治州	**343**	**167**	**176**	**68525**	**35243**	**33282**
玛沁县	97	46	51	19154	9751	9403
班玛县	27	16	11	10407	5377	5030
甘德县	147	75	72	15108	7565	7543
达日县	34	18	16	8391	4564	3827
久治县	28	7	21	10254	5374	4880
玛多县	10	5	5	5211	2612	2599
玉树藏族自治州	**1729**	**829**	**900**	**112424**	**58015**	**54409**
玉树市	248	132	116	39911	20649	19262
杂多县	62	26	36	12107	6473	5634
称多县	210	118	92	15719	8323	7396
治多县	76	37	39	3850	2186	1664
囊谦县	1085	488	597	32196	15960	16236
曲麻莱县	48	28	20	8641	4424	4217
海西蒙古族藏族自治州	**252**	**109**	**143**	**92236**	**46693**	**45543**
格尔木市	115	43	72	38672	19525	19147
德令哈市	56	32	24	15920	7800	8120
茫崖市	4	2	2	1892	1095	797
乌兰县	15	3	12	8262	4108	4154
都兰县	48	20	28	19019	9737	9282
天峻县	12	8	4	6774	3427	3347
大柴旦行政委员会	2	1	1	1697	1001	696

4-4 续表 2

单位：人

地区	初中			高中			大学专科		
	小计	男	女	小计	男	女	小计	男	女
全省	**1074656**	**637730**	**436926**	**412683**	**229336**	**183347**	**352249**	**192557**	**159692**
西宁市	**587873**	**332600**	**255273**	**256025**	**133174**	**122851**	**203783**	**106773**	**97010**
城东区	111663	61554	50109	62226	32810	29416	44776	24221	20555
城中区	77800	41915	35885	46477	23545	22932	39717	20937	18780
城西区	56098	29038	27060	44936	21497	23439	48163	23780	24383
城北区	103085	56003	47082	58542	29751	28791	44344	23130	21214
湟中区	110935	67549	43386	15440	9459	5981	9603	5328	4275
大通回族土族自治县	98064	59104	38960	20769	12059	8710	12555	6920	5635
湟源县	30228	17437	12791	7635	4053	3582	4625	2457	2168
海东市	**251467**	**161022**	**90445**	**61188**	**37510**	**23678**	**48578**	**27307**	**21271**
乐都区	64017	39810	24207	18802	11659	7143	12457	6864	5593
平安区	27108	15772	11336	9063	5071	3992	7531	4276	3255
民和回族土族自治县	53428	34784	18644	14328	8637	5691	10559	5928	4631
互助土族自治县	79708	51397	28311	12425	7708	4717	11656	6569	5087
化隆回族自治县	16561	11819	4742	3380	2296	1084	2994	1707	1287
循化撒拉族自治县	10645	7440	3205	3190	2139	1051	3381	1963	1418
海北藏族自治州	**35576**	**22784**	**12792**	**10205**	**6050**	**4155**	**10199**	**5803**	**4396**
门源回族自治县	20520	13439	7081	4369	2596	1773	3945	2225	1720
祁连县	6099	3894	2205	2247	1345	902	2209	1278	931
海晏县	5651	3270	2381	2150	1200	950	2368	1317	1051
刚察县	3306	2181	1125	1439	909	530	1677	983	694
黄南藏族自治州	**15270**	**10103**	**5167**	**8003**	**5152**	**2851**	**12201**	**7129**	**5072**
同仁县	7073	4483	2590	4168	2525	1643	5348	2985	2363
尖扎县	4249	2945	1304	1981	1398	583	2741	1567	1174
泽库县	2215	1576	639	1002	696	306	2137	1424	713
河南蒙古族自治县	1733	1099	634	852	533	319	1975	1153	822
海南藏族自治州	**66466**	**37749**	**28717**	**21257**	**12244**	**9013**	**17862**	**10262**	**7600**
共和县	29926	16182	13744	7123	4085	3038	5741	3290	2451
同德县	3711	2452	1259	1615	964	651	2098	1287	811
贵德县	17076	10196	6880	5234	3061	2173	4169	2356	1813
兴海县	11098	5794	5304	5573	3033	2540	3886	2186	1700
贵南县	4655	3125	1530	1712	1101	611	1968	1143	825
果洛藏族自治州	**11280**	**7554**	**3726**	**4711**	**3086**	**1625**	**8289**	**4956**	**3333**
玛沁县	4552	3089	1463	2328	1587	741	3512	2117	1395
班玛县	1620	1069	551	539	374	165	1040	594	446
甘德县	1576	1073	503	489	307	182	1153	710	443
达日县	1705	1189	516	642	361	281	863	507	356
久治县	1211	766	445	435	275	160	910	523	387
玛多县	616	368	248	278	182	96	811	505	306
玉树藏族自治州	**14982**	**9086**	**5896**	**6790**	**3975**	**2815**	**12327**	**6935**	**5392**
玉树市	6337	3745	2592	3212	1857	1355	5552	3059	2493
杂多县	1464	951	513	602	350	252	1383	839	544
称多县	1133	733	400	613	377	236	1443	779	664
治多县	1263	806	457	553	330	223	1047	613	434
囊谦县	3463	2011	1452	1262	726	536	1872	1050	822
曲麻莱县	1322	840	482	548	335	213	1030	595	435
海西蒙古族藏族自治州	**91742**	**56832**	**34910**	**44504**	**28145**	**16359**	**39010**	**23392**	**15618**
格尔木市	43613	26380	17233	22896	13737	9159	21664	12721	8943
德令哈市	17633	10459	7174	7764	4543	3221	7253	4054	3199
茫崖市	5029	3601	1428	3511	2762	749	2507	1810	697
乌兰县	6494	3995	2499	2310	1503	807	1855	1110	745
都兰县	12633	7864	4769	3025	1870	1155	2235	1268	967
天峻县	1758	1109	649	1424	961	463	1328	796	532
大柴旦行政委员会	4582	3424	1158	3574	2769	805	2168	1633	535

4-4 续表 3

单位：人

地　区	大学本科			硕士研究生			博士研究生		
	小计	男	女	小计	男	女	小计	男	女
全省	**306970**	**159377**	**147593**	**16644**	**8374**	**8270**	**1871**	**1100**	**771**
西宁市	**194202**	**99598**	**94604**	**13596**	**6610**	**6986**	**1635**	**942**	**693**
城东区	39928	20860	19068	2220	1097	1123	246	151	95
城中区	35694	18212	17482	2129	1076	1053	208	120	88
城西区	60601	31444	29157	6491	3176	3315	770	432	338
城北区	38259	19385	18874	2446	1125	1321	375	218	157
湟中区	7110	3677	3433	112	57	55	22	12	10
大通回族土族自治县	9276	4571	4705	138	62	76	8	5	3
湟源县	3334	1449	1885	60	17	43	6	4	2
海东市	**36251**	**18750**	**17501**	**716**	**344**	**372**	**59**	**35**	**24**
乐都区	8468	4399	4069	222	94	128	14	9	5
平安区	6120	3102	3018	158	74	84	13	10	3
民和回族土族自治县	8537	4449	4088	128	67	61	14	8	6
互助土族自治县	7888	4052	3836	124	62	62	9	2	7
化隆回族自治县	2711	1329	1382	44	21	23	3	2	1
循化撒拉族自治县	2527	1419	1108	40	26	14	6	4	2
海北藏族自治州	**11154**	**5611**	**5543**	**227**	**127**	**100**	**13**	**10**	**3**
门源回族自治县	4132	2011	2121	43	26	17	5	2	3
祁连县	2001	1019	982	45	26	19	1	1	
海晏县	3547	1818	1729	103	54	49	4	4	
刚察县	1474	763	711	36	21	15	3	3	
黄南藏族自治州	**9115**	**4770**	**4345**	**426**	**249**	**177**	**32**	**24**	**8**
同仁县	4469	2265	2204	219	122	97	14	11	3
尖扎县	2501	1338	1163	112	69	43	12	7	5
泽库县	1057	600	457	53	33	20	3	3	
河南蒙古族自治县	1088	567	521	42	25	17	3	3	
海南藏族自治州	**15007**	**7828**	**7179**	**529**	**342**	**187**	**39**	**31**	**8**
共和县	6061	3096	2965	245	149	96	12	9	3
同德县	1492	828	664	55	36	19	5	3	2
贵德县	2950	1466	1484	79	42	37	3	2	1
兴海县	2790	1589	1201	86	67	19	9	9	
贵南县	1714	849	865	64	48	16	10	8	2
果洛藏族自治州	**6011**	**3288**	**2723**	**199**	**119**	**80**	**8**	**5**	**3**
玛沁县	2574	1454	1120	105	66	39	6	3	3
班玛县	901	467	434	24	11	13	1	1	
甘德县	530	308	222	21	12	9			
达日县	755	372	383	21	15	6	1	1	
久治县	744	411	333	14	6	8			
玛多县	507	276	231	14	9	5			
玉树藏族自治州	**5292**	**2933**	**2359**	**204**	**123**	**81**	**44**	**30**	**14**
玉树市	2784	1515	1269	85	50	35	8	5	3
杂多县	591	345	246	14	8	6	1		1
称多县	495	267	228	5	5		1	1	
治多县	597	330	267	18	8	10	2	1	1
囊谦县	579	338	241	79	50	29	31	23	8
曲麻莱县	246	138	108	3	2	1	1		1
海西蒙古族藏族自治州	**29938**	**16599**	**13339**	**747**	**460**	**287**	**41**	**23**	**18**
格尔木市	14793	8369	6424	320	208	112	20	16	4
德令哈市	7482	3859	3623	259	148	111	13	4	9
茫崖市	2037	1329	708	63	41	22	1	1	
乌兰县	1529	766	763	24	12	12	1		1
都兰县	2023	1016	1007	34	19	15	2	1	1
天峻县	1017	532	485	26	15	11	2		2
大柴旦行政委员会	1057	728	329	21	17	4	2	1	1

4-4a 各地区分性别、受教育程度的25岁及以上人口(城市)

单位：人

地 区	25岁及以上人口			未上过学		
	合计	男	女	小计	男	女
全省	**1534339**	**777358**	**756981**	**66912**	**17822**	**49090**
西宁市	**1187330**	**595397**	**591933**	**44414**	**10934**	**33480**
城东区	357523	181707	175816	18360	4838	13522
城中区	243437	121700	121737	7647	1905	5742
城西区	248100	121313	126787	6676	1579	5097
城北区	290513	146514	143999	9236	1995	7241
湟中区	36841	18333	18508	1734	411	1323
大通回族土族自治县	10916	5830	5086	761	206	555
湟源县						
海东市	**135154**	**66177**	**68977**	**8992**	**1646**	**7346**
乐都区	79842	39234	40608	4925	850	4075
平安区	55312	26943	28369	4067	796	3271
民和回族土族自治县						
互助土族自治县						
化隆回族自治县						
循化撒拉族自治县						
海北藏族自治州						
门源回族自治县						
祁连县						
海晏县						
刚察县						
黄南藏族自治州						
同仁县						
尖扎县						
泽库县						
河南蒙古族自治县						
海南藏族自治州						
共和县						
同德县						
贵德县						
兴海县						
贵南县						
果洛藏族自治州						
玛沁县						
班玛县						
甘德县						
达日县						
久治县						
玛多县						
玉树藏族自治州	**47033**	**24518**	**22515**	**8538**	**3816**	**4722**
玉树市	45578	23818	21760	7433	3329	4104
杂多县						
称多县						
治多县						
囊谦县						
曲麻莱县	1455	700	755	1105	487	618
海西蒙古族藏族自治州	**164822**	**91266**	**73556**	**4968**	**1426**	**3542**
格尔木市	108848	59527	49321	3142	905	2237
德令哈市	43373	22917	20456	1566	421	1145
茫崖市	12601	8822	3779	260	100	160
乌兰县						
都兰县						
天峻县						
大柴旦行政委员会						

4-4a 续表 1

单位：人

地区	学前教育			小学		
	小计	男	女	小计	男	女
全省	**1195**	**461**	**734**	**277736**	**125680**	**152056**
西宁市	**831**	**307**	**524**	**191034**	**85608**	**105426**
城东区	283	101	182	77821	36075	41746
城中区	171	62	109	35404	15356	20048
城西区	162	57	105	24398	10431	13967
城北区	171	71	100	38841	17499	21342
湟中区	38	13	25	11702	4943	6759
大通回族土族自治县	6	3	3	2868	1304	1564
湟源县						
海东市	**100**	**26**	**74**	**33640**	**13915**	**19725**
乐都区	57	15	42	20390	8197	12193
平安区	43	11	32	13250	5718	7532
民和回族土族自治县						
互助土族自治县						
化隆回族自治县						
循化撒拉族自治县						
海北藏族自治州						
门源回族自治县						
祁连县						
海晏县						
刚察县						
黄南藏族自治州						
同仁县						
尖扎县						
泽库县						
河南蒙古族自治县						
海南藏族自治州						
共和县						
同德县						
贵德县						
兴海县						
贵南县						
果洛藏族自治州						
玛沁县						
班玛县						
甘德县						
达日县						
久治县						
玛多县						
玉树藏族自治州	**190**	**101**	**89**	**22866**	**11855**	**11011**
玉树市	186	99	87	22683	11745	10938
杂多县						
称多县						
治多县						
囊谦县						
曲麻莱县	4	2	2	183	110	73
海西蒙古族藏族自治州	**74**	**27**	**47**	**30196**	**14302**	**15894**
格尔木市	52	18	34	20088	9479	10609
德令哈市	19	8	11	8557	3925	4632
茫崖市	3	1	2	1551	898	653
乌兰县						
都兰县						
天峻县						
大柴旦行政委员会						

4-4a 续表 2

单位：人

地 区	初 中			高 中			大学专科		
	小计	男	女	小计	男	女	小计	男	女
全省	**459933**	**251509**	**208424**	**268342**	**140474**	**127868**	**229654**	**122033**	**107621**
西宁市	**363786**	**196819**	**166967**	**216119**	**109951**	**106168**	**179560**	**93394**	**86166**
城东区	111663	61554	50109	62226	32810	29416	44776	24221	20555
城中区	76344	40757	35587	46281	23391	22890	39636	20879	18757
城西区	55933	28931	27002	44916	21489	23427	48155	23775	24380
城北区	99111	53742	45369	58027	29485	28542	44165	23048	21117
湟中区	14725	8272	6453	3868	2278	1590	2503	1288	1215
大通回族土族自治县	6010	3563	2447	801	498	303	325	183	142
湟源县									
海东市	**44026**	**24414**	**19612**	**19546**	**10880**	**8666**	**15913**	**8780**	**7133**
乐都区	26272	14834	11438	11868	6723	5145	9178	4982	4196
平安区	17754	9580	8174	7678	4157	3521	6735	3798	2937
民和回族土族自治县									
互助土族自治县									
化隆回族自治县									
循化撒拉族自治县									
海北藏族自治州									
门源回族自治县									
祁连县									
海晏县									
刚察县									
黄南藏族自治州									
同仁县									
尖扎县									
泽库县									
河南蒙古族自治县									
海南藏族自治州									
共和县									
同德县									
贵德县									
兴海县									
贵南县									
果洛藏族自治州									
玛沁县									
班玛县									
甘德县									
达日县									
久治县									
玛多县									
玉树藏族自治州	**4869**	**2856**	**2013**	**2791**	**1613**	**1178**	**5110**	**2805**	**2305**
玉树市	4796	2806	1990	2751	1591	1160	5068	2781	2287
杂多县									
称多县									
治多县									
囊谦县									
曲麻莱县	73	50	23	40	22	18	42	24	18
海西蒙古族藏族自治州	**47252**	**27420**	**19832**	**29886**	**18030**	**11856**	**29071**	**17054**	**12017**
格尔木市	31194	17732	13462	20052	11694	8358	20215	11746	8469
德令哈市	12138	6890	5248	6954	4040	2914	6782	3815	2967
茫崖市	3920	2798	1122	2880	2296	584	2074	1493	581
乌兰县									
都兰县									
天峻县									
大柴旦行政委员会									

4-4a 续表 3

单位：人

地区	大学本科			硕士研究生			博士研究生		
	小计	男	女	小计	男	女	小计	男	女
全省	**214556**	**111357**	**103199**	**14346**	**7053**	**7293**	**1665**	**969**	**696**
西宁市	**176649**	**90964**	**85685**	**13330**	**6492**	**6838**	**1607**	**928**	**679**
城东区	39928	20860	19068	2220	1097	1123	246	151	95
城中区	35618	18155	17463	2128	1075	1053	208	120	88
城西区	60600	31444	29156	6490	3175	3315	770	432	338
城北区	38145	19335	18810	2442	1121	1321	375	218	157
湟中区	2217	1099	1118	46	22	24	8	7	1
大通回族土族自治县	141	71	70	4	2	2			
湟源县									
海东市	**12588**	**6357**	**6231**	**328**	**143**	**185**	**21**	**16**	**5**
乐都区	6955	3547	3408	187	78	109	10	8	2
平安区	5633	2810	2823	141	65	76	11	8	3
民和回族土族自治县									
互助土族自治县									
化隆回族自治县									
循化撒拉族自治县									
海北藏族自治州									
门源回族自治县									
祁连县									
海晏县									
刚察县									
黄南藏族自治州									
同仁县									
尖扎县									
泽库县									
河南蒙古族自治县									
海南藏族自治州									
共和县									
同德县									
贵德县									
兴海县									
贵南县									
果洛藏族自治州									
玛沁县									
班玛县									
甘德县									
达日县									
久治县									
玛多县									
玉树藏族自治州	**2578**	**1418**	**1160**	**83**	**49**	**34**	**8**	**5**	**3**
玉树市	2570	1413	1157	83	49	34	8	5	3
杂多县									
称多县									
治多县									
囊谦县									
曲麻莱县	8	5	3						
海西蒙古族藏族自治州	**22741**	**12618**	**10123**	**605**	**369**	**236**	**29**	**20**	**9**
格尔木市	13797	7754	6043	290	184	106	18	15	3
德令哈市	7091	3668	3423	256	146	110	10	4	6
茫崖市	1853	1196	657	59	39	20	1	1	
乌兰县									
都兰县									
天峻县									
大柴旦行政委员会									

4-4b　各地区分性别、受教育程度的25岁及以上人口(镇)

单位：人

地　区	25岁及以上人口			未上过学		
	合计	男	女	小计	男	女
全省	**923853**	**467685**	**456168**	**115292**	**37144**	**78148**
西宁市	**221020**	**110347**	**110673**	**15630**	**3974**	**11656**
城东区						
城中区	1872	1500	372	34	10	24
城西区	272	149	123	19	1	18
城北区						
湟中区	47823	24857	22966	3337	881	2456
大通回族土族自治县	130147	63897	66250	9877	2473	7404
湟源县	40906	19944	20962	2363	609	1754
海东市	**230185**	**113392**	**116793**	**28650**	**7126**	**21524**
乐都区	9240	4784	4456	611	128	483
平安区	1699	1083	616	219	68	151
民和回族土族自治县	85954	41977	43977	11693	3006	8687
互助土族自治县	82372	40710	41662	5589	1234	4355
化隆回族自治县	23156	11247	11909	5620	1451	4169
循化撒拉族自治县	27764	13591	14173	4918	1239	3679
海北藏族自治州	**82482**	**40531**	**41951**	**10658**	**3156**	**7502**
门源回族自治县	34179	16127	18052	3364	807	2557
祁连县	18128	8875	9253	2193	634	1559
海晏县	19030	9573	9457	2742	845	1897
刚察县	11145	5956	5189	2359	870	1489
黄南藏族自治州	**70103**	**35723**	**34380**	**10231**	**3421**	**6810**
同仁县	30854	15917	14937	2962	990	1972
尖扎县	14661	7410	7251	3411	966	2445
泽库县	13303	6761	6542	1089	372	717
河南蒙古族自治县	11285	5635	5650	2769	1093	1676
海南藏族自治州	**117069**	**58463**	**58606**	**9839**	**2915**	**6924**
共和县	43644	21921	21723	2324	667	1657
同德县	9616	4866	4750	1450	445	1005
贵德县	32238	15939	16299	4011	1137	2874
兴海县	19205	9549	9656	590	220	370
贵南县	12366	6188	6178	1464	446	1018
果洛藏族自治州	**46227**	**25343**	**20884**	**4598**	**1821**	**2777**
玛沁县	20640	11871	8769	786	278	508
班玛县	6065	3286	2779	406	141	265
甘德县	3811	2059	1752	197	87	110
达日县	7275	3699	3576	2622	1108	1514
久治县	3213	1698	1515	234	53	181
玛多县	5223	2730	2493	353	154	199
玉树藏族自治州	**72092**	**36795**	**35297**	**23869**	**10580**	**13289**
玉树市	3494	1733	1761	1438	610	828
杂多县	17183	8838	8345	7485	3380	4105
称多县	12335	6298	6037	4021	1729	2292
治多县	14799	7447	7352	8490	3819	4671
囊谦县	16551	8519	8032	1016	415	601
曲麻莱县	7730	3960	3770	1419	627	792
海西蒙古族藏族自治州	**84675**	**47091**	**37584**	**11817**	**4151**	**7666**
格尔木市	26410	14949	11461	5096	1805	3291
德令哈市	1655	947	708	246	70	176
茫崖市	2772	1943	829	69	24	45
乌兰县	14527	7884	6643	1021	326	695
都兰县	21780	11182	10598	3641	1288	2353
天峻县	9375	4798	4577	1438	520	918
大柴旦行政委员会	8156	5388	2768	306	118	188

4-4b 续表 1

单位：人

地　区	学前教育			小　学		
	小计	男	女	小计	男	女
全省	**1425**	**595**	**830**	**317140**	**151229**	**165911**
西宁市	**160**	**57**	**103**	**65692**	**28997**	**36695**
城东区						
城中区	2		2	424	316	108
城西区				58	27	31
城北区						
湟中区	42	17	25	14362	6525	7837
大通回族土族自治县	105	38	67	39802	17120	22682
湟源县	11	2	9	11046	5009	6037
海东市	**199**	**60**	**139**	**77039**	**35522**	**41517**
乐都区	20	1	19	3062	1299	1763
平安区				543	308	235
民和回族土族自治县	65	28	37	26412	12360	14052
互助土族自治县	72	14	58	26412	11411	15001
化隆回族自治县	33	11	22	9811	5108	4703
循化撒拉族自治县	9	6	3	10799	5036	5763
海北藏族自治州	**97**	**32**	**65**	**26793**	**12425**	**14368**
门源回族自治县	55	15	40	12639	5389	7250
祁连县	22	6	16	6866	3142	3724
海晏县	13	6	7	4442	2345	2097
刚察县	7	5	2	2846	1549	1297
黄南藏族自治州	**89**	**32**	**57**	**27924**	**13756**	**14168**
同仁县	16	5	11	11225	5463	5762
尖扎县	25	10	15	4001	2133	1868
泽库县	29	8	21	8535	4091	4444
河南蒙古族自治县	19	9	10	4163	2069	2094
海南藏族自治州	**127**	**48**	**79**	**38005**	**17874**	**20131**
共和县	101	41	60	11003	5005	5998
同德县	5		5	3414	1640	1774
贵德县	14	6	8	9935	4760	5175
兴海县	5	1	4	8532	4003	4529
贵南县	2		2	5121	2466	2655
果洛藏族自治州	**205**	**108**	**97**	**19208**	**9761**	**9447**
玛沁县	78	39	39	8521	4454	4067
班玛县	15	11	4	2846	1471	1375
甘德县	79	44	35	1656	781	875
达日县	11	9	2	2181	1108	1073
久治县	17	2	15	1001	507	494
玛多县	5	3	2	3003	1440	1563
玉树藏族自治州	**457**	**220**	**237**	**33690**	**17690**	**16000**
玉树市	7	2	5	1619	878	741
杂多县	43	19	24	6778	3687	3091
称多县	33	18	15	5859	3146	2713
治多县	51	26	25	3071	1709	1362
囊谦县	298	141	157	12200	6202	5998
曲麻莱县	25	14	11	4163	2068	2095
海西蒙古族藏族自治州	**91**	**38**	**53**	**28789**	**15204**	**13585**
格尔木市	55	21	34	11914	6611	5303
德令哈市	2	1	1	609	324	285
茫崖市	1	1		341	197	144
乌兰县	10	1	9	4175	2038	2137
都兰县	20	12	8	6920	3548	3372
天峻县	2	2		3754	1885	1869
大柴旦行政委员会	1		1	1076	601	475

4-4b　续表 2

单位：人

地　区	初　中			高　中			大学专科		
	小计	男	女	小计	男	女	小计	男	女
全省	**239484**	**139699**	**99785**	**88992**	**51988**	**37004**	**87395**	**49542**	**37853**
西宁市	**83605**	**47317**	**36288**	**25013**	**13853**	**11160**	**17380**	**9607**	**7773**
城东区									
城中区	1118	943	175	160	127	33	72	53	19
城西区	165	107	58	20	8	12	8	5	3
城北区									
湟中区	20533	11892	8641	3963	2408	1555	3126	1852	1274
大通回族土族自治县	46278	26011	20267	15457	8586	6871	10498	5715	4783
湟源县	15511	8364	7147	5413	2724	2689	3676	1982	1694
海东市	**64472**	**37829**	**26643**	**21953**	**12759**	**9194**	**21052**	**11668**	**9384**
乐都区	3893	2346	1547	999	650	349	462	257	205
平安区	551	412	139	136	110	26	127	100	27
民和回族土族自治县	23272	13427	9845	9823	5443	4380	7728	4248	3480
互助土族自治县	27074	15380	11694	7712	4461	3251	9073	5014	4059
化隆回族自治县	4262	2828	1434	1175	752	423	1100	592	508
循化撒拉族自治县	5420	3436	1984	2108	1343	765	2562	1457	1105
海北藏族自治州	**18706**	**10920**	**7786**	**7768**	**4375**	**3393**	**8256**	**4593**	**3663**
门源回族自治县	8488	4912	3576	3135	1732	1403	2968	1629	1339
祁连县	3838	2274	1564	1695	955	740	1757	992	765
海晏县	4222	2340	1882	1861	1013	848	2181	1196	985
刚察县	2158	1394	764	1077	675	402	1350	776	574
黄南藏族自治州	**8814**	**5475**	**3339**	**5659**	**3530**	**2129**	**9215**	**5276**	**3939**
同仁县	4856	2976	1880	3280	1965	1315	4364	2416	1948
尖扎县	1957	1245	712	1213	828	385	1910	1087	823
泽库县	862	573	289	542	357	185	1362	878	484
河南蒙古族自治县	1139	681	458	624	380	244	1579	895	684
海南藏族自治州	**29528**	**16110**	**13418**	**13420**	**7526**	**5894**	**13391**	**7558**	**5833**
共和县	13940	7354	6586	5577	3095	2482	4874	2788	2086
同德县	1355	818	537	742	456	286	1428	846	582
贵德县	8651	4840	3811	3738	2106	1632	3332	1865	1467
兴海县	3688	1937	1751	2364	1273	1091	2347	1259	1088
贵南县	1894	1161	733	999	596	403	1410	800	610
果洛藏族自治州	**6909**	**4590**	**2319**	**3424**	**2277**	**1147**	**6603**	**3937**	**2666**
玛沁县	3727	2539	1188	1995	1342	653	3082	1835	1247
班玛县	806	533	273	396	270	126	806	468	338
甘德县	464	279	185	254	165	89	810	507	303
达日县	896	619	277	351	211	140	639	369	270
久治县	583	356	227	215	145	70	547	306	241
玛多县	433	264	169	213	144	69	719	452	267
玉树藏族自治州	**4876**	**3007**	**1869**	**2455**	**1454**	**1001**	**4820**	**2785**	**2035**
玉树市	156	88	68	74	48	26	122	75	47
杂多县	1007	638	369	447	261	186	1033	620	413
称多县	680	425	255	426	261	165	943	514	429
治多县	1159	736	423	490	286	204	935	542	393
囊谦县	1106	648	458	632	368	264	1014	592	422
曲麻莱县	768	472	296	386	230	156	773	442	331
海西蒙古族藏族自治州	**22574**	**14451**	**8123**	**9300**	**6214**	**3086**	**6678**	**4118**	**2560**
格尔木市	6904	4826	2078	1606	1149	457	510	331	179
德令哈市	587	410	177	108	79	29	56	34	22
茫崖市	1109	803	306	631	466	165	433	317	116
乌兰县	4293	2530	1763	1939	1261	678	1650	1006	644
都兰县	5856	3374	2482	1992	1188	804	1679	951	728
天峻县	1152	695	457	1035	646	389	1018	551	467
大柴旦行政委员会	2673	1813	860	1989	1425	564	1332	928	404

4-4b 续表 3

单位：人

地区	大学本科			硕士研究生			博士研究生		
	小计	男	女	小计	男	女	小计	男	女
全省	**72290**	**36467**	**35823**	**1732**	**959**	**773**	**103**	**62**	**41**
西宁市	**13321**	**6448**	**6873**	**205**	**86**	**119**	**14**	**8**	**6**
城东区									
城中区	61	50	11	1	1				
城西区	1		1	1	1				
城北区									
湟中区	2420	1265	1155	36	16	20	4	1	3
大通回族土族自治县	8002	3895	4107	123	55	68	5	4	1
湟源县	2837	1238	1599	44	13	31	5	3	2
海东市	**16546**	**8288**	**8258**	**258**	**134**	**124**	**16**	**6**	**10**
乐都区	187	101	86	6	2	4			
平安区	113	77	36	10	8	2			
民和回族土族自治县	6847	3408	3439	107	55	52	7	2	5
互助土族自治县	6343	3150	3193	91	45	46	6	1	5
化隆回族自治县	1137	497	640	18	8	10			
循化撒拉族自治县	1919	1055	864	26	16	10	3	3	
海北藏族自治州	**9984**	**4907**	**5077**	**208**	**114**	**94**	**12**	**9**	**3**
门源回族自治县	3494	1625	1869	31	16	15	5	2	3
祁连县	1718	849	869	39	23	16			
海晏县	3463	1770	1693	102	54	48	4	4	
刚察县	1309	663	646	36	21	15	3	3	
黄南藏族自治州	**7798**	**4010**	**3788**	**350**	**205**	**145**	**23**	**18**	**5**
同仁县	3950	1985	1965	191	110	81	10	7	3
尖扎县	2056	1085	971	80	50	30	8	6	2
泽库县	839	455	384	43	25	18	2	2	
河南蒙古族自治县	953	485	468	36	20	16	3	3	
海南藏族自治州	**12351**	**6185**	**6166**	**389**	**234**	**155**	**19**	**13**	**6**
共和县	5594	2831	2763	226	136	90	5	4	1
同德县	1184	638	546	34	21	13	4	2	2
贵德县	2493	1190	1303	61	33	28	3	2	1
兴海县	1647	838	809	32	18	14			
贵南县	1433	688	745	36	26	10	7	5	2
果洛藏族自治州	**5097**	**2741**	**2356**	**177**	**105**	**72**	**6**	**3**	**3**
玛沁县	2349	1322	1027	97	60	37	5	2	3
班玛县	766	381	385	23	10	13	1	1	
甘德县	337	188	149	14	8	6			
达日县	555	261	294	20	14	6			
久治县	606	325	281	10	4	6			
玛多县	484	264	220	13	9	4			
玉树藏族自治州	**1864**	**1031**	**833**	**52**	**23**	**29**	**9**	**5**	**4**
玉树市	77	32	45	1		1			
杂多县	381	229	152	9	4	5			
称多县	371	203	168	2	2				
治多县	584	321	263	17	7	10	2	1	1
囊谦县	258	140	118	21	9	12	6	4	2
曲麻莱县	193	106	87	2	1	1	1		1
海西蒙古族藏族自治州	**5329**	**2857**	**2472**	**93**	**58**	**35**	**4**		**4**
格尔木市	320	201	119	5	5				
德令哈市	45	28	17	1	1		1		1
茫崖市	184	133	51	4	2	2			
乌兰县	1414	710	704	24	12	12	1		1
都兰县	1648	806	842	23	15	8	1		1
天峻县	949	484	465	26	15	11	1		1
大柴旦行政委员会	769	495	274	10	8	2			

4-4c　各地区分性别、受教育程度的25岁及以上人口(乡村)

单位：人

地　区	25岁及以上人口			未上过学		
	合计	男	女	小计	男	女
全省	**1511078**	**781448**	**729630**	**299911**	**98422**	**201489**
西宁市	**366523**	**191926**	**174597**	**45692**	**13095**	**32597**
城东区						
城中区	584	321	263	25	7	18
城西区						
城北区	7445	3940	3505	721	189	532
湟中区	184434	97245	87189	23637	6800	16837
大通回族土族自治县	134065	69082	64983	16135	4713	11422
湟源县	39995	21338	18657	5174	1386	3788
海东市	**535932**	**277714**	**258218**	**117896**	**34422**	**83474**
乐都区	87823	46420	41403	10269	2223	8046
平安区	26596	13951	12645	4426	1284	3142
民和回族土族自治县	126672	65606	61066	35389	10922	24467
互助土族自治县	157166	82817	74349	18941	4777	14164
化隆回族自治县	90748	45691	45057	33242	10792	22450
循化撒拉族自治县	46927	23229	23698	15629	4424	11205
海北藏族自治州	**96628**	**50965**	**45663**	**20881**	**7591**	**13290**
门源回族自治县	58396	30812	27584	8210	2647	5563
祁连县	15272	8332	6940	3032	1070	1962
海晏县	7300	4000	3300	2443	987	1456
刚察县	15660	7821	7839	7196	2887	4309
黄南藏族自治州	**95251**	**47066**	**48185**	**23443**	**7800**	**15643**
同仁县	31346	15418	15928	4586	1321	3265
尖扎县	21319	10578	10741	8357	2519	5838
泽库县	28241	13834	14407	5594	1971	3623
河南蒙古族自治县	14345	7236	7109	4906	1989	2917
海南藏族自治州	**162846**	**81963**	**80883**	**28670**	**9078**	**19592**
共和县	42243	21462	20781	6984	2336	4648
同德县	26594	13322	13272	4413	1266	3147
贵德县	38424	19494	18930	9817	3100	6717
兴海县	24581	12295	12286	1027	298	729
贵南县	31004	15390	15614	6429	2078	4351
果洛藏族自治州	**70905**	**36124**	**34781**	**13168**	**5228**	**7940**
玛沁县	13831	6986	6845	1357	466	891
班玛县	11264	5743	5521	2364	979	1385
甘德县	17283	8771	8512	1873	693	1180
达日县	12656	6582	6074	4897	2146	2751
久治县	12920	6485	6435	2303	768	1535
玛多县	2951	1557	1394	374	176	198
玉树藏族自治州	**105602**	**52333**	**53269**	**38528**	**17324**	**21204**
玉树市	28127	13935	14192	10191	4535	5656
杂多县	14399	7078	7321	7873	3544	4329
称多县	19529	9834	9695	8224	3800	4424
治多县	4731	2402	2329	3634	1719	1915
囊谦县	30096	14685	15411	5064	2143	2921
曲麻莱县	8720	4399	4321	3542	1583	1959
海西蒙古族藏族自治州	**77391**	**43357**	**34034**	**11633**	**3884**	**7749**
格尔木市	17026	9768	7258	1953	535	1418
德令哈市	15977	8428	7549	2813	902	1911
茫崖市						
乌兰县	7966	4258	3708	982	319	663
都兰县	24759	13206	11553	3879	1305	2574
天峻县	6348	3367	2981	1944	797	1147
大柴旦行政委员会	5315	4330	985	62	26	36

4-4c 续表 1 单位：人

地　区	学前教育			小　学		
	小计	男	女	小计	男	女
全省	**3968**	**1730**	**2238**	**720618**	**364934**	**355684**
西宁市	**603**	**220**	**383**	**153703**	**74781**	**78922**
城东区						
城中区	1	1		160	59	101
城西区						
城北区	16	5	11	1922	1083	839
湟中区	366	116	250	70658	34647	36011
大通回族土族自治县	134	57	77	64630	30174	34456
湟源县	86	41	45	16333	8818	7515
海东市	**795**	**267**	**528**	**235701**	**119331**	**116370**
乐都区	78	21	57	33513	14869	18644
平安区	83	26	57	10983	5461	5522
民和回族土族自治县	192	72	120	51881	27322	24559
互助土族自治县	182	43	139	76532	36258	40274
化隆回族自治县	153	66	87	39352	22336	17016
循化撒拉族自治县	107	39	68	23440	13085	10355
海北藏族自治州	**467**	**206**	**261**	**52840**	**27701**	**25139**
门源回族自治县	164	57	107	35129	17725	17404
祁连县	52	27	25	8633	4765	3868
海晏县	58	31	27	2809	1696	1113
刚察县	193	91	102	6269	3515	2754
黄南藏族自治州	**436**	**261**	**175**	**58184**	**30092**	**28092**
同仁县	63	26	37	22057	11139	10918
尖扎县	77	39	38	8513	4997	3516
泽库县	250	171	79	19580	9650	9930
河南蒙古族自治县	46	25	21	8034	4306	3728
海南藏族自治州	**360**	**165**	**195**	**81754**	**41890**	**39864**
共和县	100	50	50	16267	8473	7794
同德县	134	67	67	17818	9200	8618
贵德县	51	23	28	17323	9284	8039
兴海县	46	16	30	10144	4628	5516
贵南县	29	9	20	20202	10305	9897
果洛藏族自治州	**138**	**59**	**79**	**49317**	**25482**	**23835**
玛沁县	19	7	12	10633	5297	5336
班玛县	12	5	7	7561	3906	3655
甘德县	68	31	37	13452	6784	6668
达日县	23	9	14	6210	3456	2754
久治县	11	5	6	9253	4867	4386
玛多县	5	2	3	2208	1172	1036
玉树藏族自治州	**1082**	**508**	**574**	**55868**	**28470**	**27398**
玉树市	55	31	24	15609	8026	7583
杂多县	19	7	12	5329	2786	2543
称多县	177	100	77	9860	5177	4683
治多县	25	11	14	779	477	302
囊谦县	787	347	440	19996	9758	10238
曲麻莱县	19	12	7	4295	2246	2049
海西蒙古族藏族自治州	**87**	**44**	**43**	**33251**	**17187**	**16064**
格尔木市	8	4	4	6670	3435	3235
德令哈市	35	23	12	6754	3551	3203
茫崖市						
乌兰县	5	2	3	4087	2070	2017
都兰县	28	8	20	12099	6189	5910
天峻县	10	6	4	3020	1542	1478
大柴旦行政委员会	1	1		621	400	221

4-4c 续表 2

单位：人

地区	初中			高中			大学专科		
	小计	男	女	小计	男	女	小计	男	女
全省	**375239**	**246522**	**128717**	**55349**	**36874**	**18475**	**35200**	**20982**	**14218**
西宁市	**140482**	**88464**	**52018**	**14893**	**9370**	**5523**	**6843**	**3772**	**3071**
城东区									
城中区	338	215	123	36	27	9	9	5	4
城西区									
城北区	3974	2261	1713	515	266	249	179	82	97
湟中区	75677	47385	28292	7609	4773	2836	3974	2188	1786
大通回族土族自治县	45776	29530	16246	4511	2975	1536	1732	1022	710
湟源县	14717	9073	5644	2222	1329	893	949	475	474
海东市	**142969**	**98779**	**44190**	**19689**	**13871**	**5818**	**11613**	**6859**	**4754**
乐都区	33852	22630	11222	5935	4286	1649	2817	1625	1192
平安区	8803	5780	3023	1249	804	445	669	378	291
民和回族土族自治县	30156	21357	8799	4505	3194	1311	2831	1680	1151
互助土族自治县	52634	36017	16617	4713	3247	1466	2583	1555	1028
化隆回族自治县	12299	8991	3308	2205	1544	661	1894	1115	779
循化撒拉族自治县	5225	4004	1221	1082	796	286	819	506	313
海北藏族自治州	**16870**	**11864**	**5006**	**2437**	**1675**	**762**	**1943**	**1210**	**733**
门源回族自治县	12032	8527	3505	1234	864	370	977	596	381
祁连县	2261	1620	641	552	390	162	452	286	166
海晏县	1429	930	499	289	187	102	187	121	66
刚察县	1148	787	361	362	234	128	327	207	120
黄南藏族自治州	**6456**	**4628**	**1828**	**2344**	**1622**	**722**	**2986**	**1853**	**1133**
同仁县	2217	1507	710	888	560	328	984	569	415
尖扎县	2292	1700	592	768	570	198	831	480	351
泽库县	1353	1003	350	460	339	121	775	546	229
河南蒙古族自治县	594	418	176	228	153	75	396	258	138
海南藏族自治州	**36938**	**21639**	**15299**	**7837**	**4718**	**3119**	**4471**	**2704**	**1767**
共和县	15986	8828	7158	1546	990	556	867	502	365
同德县	2356	1634	722	873	508	365	670	441	229
贵德县	8425	5356	3069	1496	955	541	837	491	346
兴海县	7410	3857	3553	3209	1760	1449	1539	927	612
贵南县	2761	1964	797	713	505	208	558	343	215
果洛藏族自治州	**4371**	**2964**	**1407**	**1287**	**809**	**478**	**1686**	**1019**	**667**
玛沁县	825	550	275	333	245	88	430	282	148
班玛县	814	536	278	143	104	39	234	126	108
甘德县	1112	794	318	235	142	93	343	203	140
达日县	809	570	239	291	150	141	224	138	86
久治县	628	410	218	220	130	90	363	217	146
玛多县	183	104	79	65	38	27	92	53	39
玉树藏族自治州	**5237**	**3223**	**2014**	**1544**	**908**	**636**	**2397**	**1345**	**1052**
玉树市	1385	851	534	387	218	169	362	203	159
杂多县	457	313	144	155	89	66	350	219	131
称多县	453	308	145	187	116	71	500	265	235
治多县	104	70	34	63	44	19	112	71	41
囊谦县	2357	1363	994	630	358	272	858	458	400
曲麻莱县	481	318	163	122	83	39	215	129	86
海西蒙古族藏族自治州	**21916**	**14961**	**6955**	**5318**	**3901**	**1417**	**3261**	**2220**	**1041**
格尔木市	5515	3822	1693	1238	894	344	939	644	295
德令哈市	4908	3159	1749	702	424	278	415	205	210
茫崖市									
乌兰县	2201	1465	736	371	242	129	205	104	101
都兰县	6777	4490	2287	1033	682	351	556	317	239
天峻县	606	414	192	389	315	74	310	245	65
大柴旦行政委员会	1909	1611	298	1585	1344	241	836	705	131

4-4c 续表 3　　单位：人

地　区	大学本科			硕士研究生			博士研究生		
	小计	男	女	小计	男	女	小计	男	女
全省	**20124**	**11553**	**8571**	**566**	**362**	**204**	**103**	**69**	**34**
西宁市	**4232**	**2186**	**2046**	**61**	**32**	**29**	**14**	**6**	**8**
城东区									
城中区	15	7	8						
城西区									
城北区	114	50	64	4	4				
湟中区	2473	1313	1160	30	19	11	10	4	6
大通回族土族自治县	1133	605	528	11	5	6	3	1	2
湟源县	497	211	286	16	4	12	1	1	
海东市	**7117**	**4105**	**3012**	**130**	**67**	**63**	**22**	**13**	**9**
乐都区	1326	751	575	29	14	15	4	1	3
平安区	374	215	159	7	1	6	2	2	
民和回族土族自治县	1690	1041	649	21	12	9	7	6	1
互助土族自治县	1545	902	643	33	17	16	3	1	2
化隆回族自治县	1574	832	742	26	13	13	3	2	1
循化撒拉族自治县	608	364	244	14	10	4	3	1	2
海北藏族自治州	**1170**	**704**	**466**	**19**	**13**	**6**	**1**	**1**	
门源回族自治县	638	386	252	12	10	2			
祁连县	283	170	113	6	3	3	1	1	
海晏县	84	48	36	1		1			
刚察县	165	100	65						
黄南藏族自治州	**1317**	**760**	**557**	**76**	**44**	**32**	**9**	**6**	**3**
同仁县	519	280	239	28	12	16	4	4	
尖扎县	445	253	192	32	19	13	4	1	3
泽库县	218	145	73	10	8	2	1	1	
河南蒙古族自治县	135	82	53	6	5	1			
海南藏族自治州	**2656**	**1643**	**1013**	**140**	**108**	**32**	**20**	**18**	**2**
共和县	467	265	202	19	13	6	7	5	2
同德县	308	190	118	21	15	6	1	1	
贵德县	457	276	181	18	9	9			
兴海县	1143	751	392	54	49	5	9	9	
贵南县	281	161	120	28	22	6	3	3	
果洛藏族自治州	**914**	**547**	**367**	**22**	**14**	**8**	**2**	**2**	
玛沁县	225	132	93	8	6	2	1	1	
班玛县	135	86	49	1	1				
甘德县	193	120	73	7	4	3			
达日县	200	111	89	1	1		1	1	
久治县	138	86	52	4	2	2			
玛多县	23	12	11	1		1			
玉树藏族自治州	**850**	**484**	**366**	**69**	**51**	**18**	**27**	**20**	**7**
玉树市	137	70	67	1	1				
杂多县	210	116	94	5	4	1	1		1
称多县	124	64	60	3	3		1	1	
治多县	13	9	4	1	1				
囊谦县	321	198	123	58	41	17	25	19	6
曲麻莱县	45	27	18	1	1				
海西蒙古族藏族自治州	**1868**	**1124**	**744**	**49**	**33**	**16**	**8**	**3**	**5**
格尔木市	676	414	262	25	19	6	2	1	1
德令哈市	346	163	183	2	1	1	2		2
茫崖市									
乌兰县	115	56	59						
都兰县	375	210	165	11	4	7	1	1	
天峻县	68	48	20				1		1
大柴旦行政委员会	288	233	55	11	9	2	2	1	1

4-5　全省分年龄、性别的15岁及以上文盲人口

单位：人、%

年　龄	15岁及以上人口			文盲人口			文盲人口占15岁及以上人口比重		
	合计	男	女	合计	男	女	合计	男	女
总　计	**4691001**	**2398640**	**2292361**	**469499**	**147262**	**322237**	**10.01**	**6.14**	**14.06**
15-19岁	**356682**	**183962**	**172720**	**3386**	**1669**	**1717**	**0.95**	**0.91**	**0.99**
15	73720	38037	35683	642	332	310	0.87	0.87	0.87
16	75458	38691	36767	597	298	299	0.79	0.77	0.81
17	71709	36750	34959	642	314	328	0.90	0.85	0.94
18	69790	36107	33683	705	336	369	1.01	0.93	1.10
19	66005	34377	31628	800	389	411	1.21	1.13	1.30
20-24岁	**365049**	**188187**	**176862**	**6797**	**2822**	**3975**	**1.86**	**1.50**	**2.25**
20	67165	34958	32207	1031	476	555	1.54	1.36	1.72
21	64554	33485	31069	1153	475	678	1.79	1.42	2.18
22	74648	38322	36326	1365	581	784	1.83	1.52	2.16
23	77081	39579	37502	1501	617	884	1.95	1.56	2.36
24	81601	41843	39758	1747	673	1074	2.14	1.61	2.70
25-29岁	**454114**	**234383**	**219731**	**11993**	**4429**	**7564**	**2.64**	**1.89**	**3.44**
25	89153	46050	43103	2031	752	1279	2.28	1.63	2.97
26	85671	43709	41962	2101	769	1332	2.45	1.76	3.17
27	90713	46792	43921	2341	850	1491	2.58	1.82	3.39
28	94403	48838	45565	2632	993	1639	2.79	2.03	3.60
29	94174	48994	45180	2888	1065	1823	3.07	2.17	4.03
30-34岁	**495018**	**256276**	**238742**	**21935**	**7858**	**14077**	**4.43**	**3.07**	**5.90**
30	109204	56665	52539	3702	1332	2370	3.39	2.35	4.51
31	102732	53001	49731	4237	1499	2738	4.12	2.83	5.51
32	94836	48983	45853	4245	1487	2758	4.48	3.04	6.01
33	100377	51969	48408	4994	1820	3174	4.98	3.50	6.56
34	87869	45658	42211	4757	1720	3037	5.41	3.77	7.19
35-39岁	**409914**	**212330**	**197584**	**28896**	**9973**	**18923**	**7.05**	**4.70**	**9.58**
35	77690	40059	37631	4842	1608	3234	6.23	4.01	8.59
36	76755	39659	37096	5218	1867	3351	6.80	4.71	9.03
37	77419	39934	37485	5644	1949	3695	7.29	4.88	9.86
38	92032	47831	44201	6602	2283	4319	7.17	4.77	9.77
39	86018	44847	41171	6590	2266	4324	7.66	5.05	10.50
40-44岁	**458098**	**237257**	**220841**	**39276**	**13189**	**26087**	**8.57**	**5.56**	**11.81**
40	88019	45594	42425	7132	2446	4686	8.10	5.36	11.05
41	90998	47226	43772	7512	2531	4981	8.26	5.36	11.38
42	91129	47293	43836	7840	2689	5151	8.60	5.69	11.75
43	89132	45963	43169	7863	2628	5235	8.82	5.72	12.13
44	98820	51181	47639	8929	2895	6034	9.04	5.66	12.67

4-5 续表 单位：人、%

年龄	15岁及以上人口			文盲人口			文盲人口占15岁及以上人口比重		
	合计	男	女	合计	男	女	合计	男	女
45-49岁	**533670**	**278338**	**255332**	**52215**	**17373**	**34842**	**9.78**	**6.24**	**13.65**
45	98519	50913	47606	9225	3068	6157	9.36	6.03	12.93
46	106248	55532	50716	10190	3434	6756	9.59	6.18	13.32
47	110751	57748	53003	10698	3607	7091	9.66	6.25	13.38
48	109630	57450	52180	10930	3567	7363	9.97	6.21	14.11
49	108522	56695	51827	11172	3697	7475	10.29	6.52	14.42
50-54岁	**519895**	**269394**	**250501**	**59503**	**18484**	**41019**	**11.45**	**6.86**	**16.37**
50	113669	58701	54968	12288	3841	8447	10.81	6.54	15.37
51	106238	55364	50874	11818	3803	8015	11.12	6.87	15.75
52	109865	57019	52846	12410	3838	8572	11.30	6.73	16.22
53	93403	48094	45309	11374	3526	7848	12.18	7.33	17.32
54	96720	50216	46504	11613	3476	8137	12.01	6.92	17.50
55-59岁	**379159**	**195057**	**184102**	**52270**	**14137**	**38133**	**13.79**	**7.25**	**20.71**
55	93814	48470	45344	11725	3407	8318	12.50	7.03	18.34
56	91915	47456	44459	12045	3367	8678	13.10	7.09	19.52
57	91406	46984	44422	12368	3223	9145	13.53	6.86	20.59
58	70758	36303	34455	10701	2688	8013	15.12	7.40	23.26
59	31266	15844	15422	5431	1452	3979	17.37	9.16	25.80
60-64岁	**205309**	**104827**	**100482**	**42783**	**12552**	**30231**	**20.84**	**11.97**	**30.09**
60	35996	18828	17168	5999	1658	4341	16.67	8.81	25.29
61	34502	17789	16713	6393	1863	4530	18.53	10.47	27.10
62	44109	22868	21241	9214	2754	6460	20.89	12.04	30.41
63	46018	23183	22835	10377	3089	7288	22.55	13.32	31.92
64	44684	22159	22525	10800	3188	7612	24.17	14.39	33.79
65-69岁	**195180**	**95089**	**100091**	**53610**	**16028**	**37582**	**27.47**	**16.86**	**37.55**
65	45645	22565	23080	11847	3483	8364	25.95	15.44	36.24
66	41701	20383	21318	10655	3084	7571	25.55	15.13	35.51
67	37904	18468	19436	10544	3144	7400	27.82	17.02	38.07
68	38013	18457	19556	11013	3347	7666	28.97	18.13	39.20
69	31917	15216	16701	9551	2970	6581	29.92	19.52	39.40
70-74岁	**135702**	**62885**	**72817**	**40169**	**12222**	**27947**	**29.60**	**19.44**	**38.38**
70	31609	15223	16386	9301	2932	6369	29.43	19.26	38.87
71	30840	14801	16039	9188	2857	6331	29.79	19.30	39.47
72	24930	11637	13293	7351	2336	5015	29.49	20.07	37.73
73	24916	11045	13871	7398	2142	5256	29.69	19.39	37.89
74	23407	10179	13228	6931	1955	4976	29.61	19.21	37.62
75-79岁	**96614**	**42377**	**54237**	**27834**	**8484**	**19350**	**28.81**	**20.02**	**35.68**
75	21668	9340	12328	6257	1813	4444	28.88	19.41	36.05
76	21055	9240	11815	5979	1860	4119	28.40	20.13	34.86
77	18829	8189	10640	5618	1752	3866	29.84	21.39	36.33
78	18637	8271	10366	5264	1614	3650	28.24	19.51	35.21
79	16425	7337	9088	4716	1445	3271	28.71	19.69	35.99
80-84岁	**57214**	**25414**	**31800**	**17979**	**5206**	**12773**	**31.42**	**20.48**	**40.17**
80	15067	6778	8289	4456	1348	3108	29.57	19.89	37.50
81	11732	5136	6596	3561	1021	2540	30.35	19.88	38.51
82	11860	5308	6552	3775	1121	2654	31.83	21.12	40.51
83	10058	4462	5596	3336	943	2393	33.17	21.13	42.76
84	8497	3730	4767	2851	773	2078	33.55	20.72	43.59
85岁及以上	**29383**	**12864**	**16519**	**10853**	**2836**	**8017**	**36.94**	**22.05**	**48.53**

4-5a　全省分年龄、性别的15岁及以上文盲人口(城市)

单位：人、%

年　龄	15岁及以上人口			文盲人口			文盲人口占15岁及以上人口比重		
	合计	男	女	合计	男	女	合计	男	女
总　计	**1789491**	**908611**	**880880**	**64254**	**17171**	**47083**	**3.59**	**1.89**	**5.34**
15-19岁	**113194**	**59035**	**54159**	**375**	**206**	**169**	**0.33**	**0.35**	**0.31**
15	20079	10496	9583	100	60	40	0.50	0.57	0.42
16	22369	11686	10683	65	35	30	0.29	0.30	0.28
17	22935	11984	10951	72	31	41	0.31	0.26	0.37
18	23755	12470	11285	69	39	30	0.29	0.31	0.27
19	24056	12399	11657	69	41	28	0.29	0.33	0.24
20-24岁	**141958**	**72218**	**69740**	**651**	**339**	**312**	**0.46**	**0.47**	**0.45**
20	27228	13664	13564	115	70	45	0.42	0.51	0.33
21	26187	13388	12799	101	57	44	0.39	0.43	0.34
22	29061	14710	14351	126	57	69	0.43	0.39	0.48
23	28964	14908	14056	153	76	77	0.53	0.51	0.55
24	30518	15548	14970	156	79	77	0.51	0.51	0.51
25-29岁	**178697**	**91883**	**86814**	**969**	**437**	**532**	**0.54**	**0.48**	**0.61**
25	33716	17408	16308	167	77	90	0.50	0.44	0.55
26	33118	16870	16248	174	85	89	0.53	0.50	0.55
27	35805	18301	17504	182	81	101	0.51	0.44	0.58
28	38081	19632	18449	215	92	123	0.56	0.47	0.67
29	37977	19672	18305	231	102	129	0.61	0.52	0.70
30-34岁	**204219**	**105661**	**98558**	**1750**	**701**	**1049**	**0.86**	**0.66**	**1.06**
30	45320	23536	21784	294	127	167	0.65	0.54	0.77
31	42786	22042	20744	313	121	192	0.73	0.55	0.93
32	39597	20377	19220	356	139	217	0.90	0.68	1.13
33	41288	21348	19940	410	159	251	0.99	0.74	1.26
34	35228	18358	16870	377	155	222	1.07	0.84	1.32
35-39岁	**150237**	**77480**	**72757**	**2454**	**927**	**1527**	**1.63**	**1.20**	**2.10**
35	29944	15554	14390	410	159	251	1.37	1.02	1.74
36	28828	14885	13943	452	179	273	1.57	1.20	1.96
37	28245	14492	13753	433	163	270	1.53	1.12	1.96
38	33321	17144	16177	599	218	381	1.80	1.27	2.36
39	29899	15405	14494	560	208	352	1.87	1.35	2.43
40-44岁	**162320**	**83189**	**79131**	**3616**	**1294**	**2322**	**2.23**	**1.56**	**2.93**
40	30197	15416	14781	621	209	412	2.06	1.36	2.79
41	32552	16763	15789	646	238	408	1.98	1.42	2.58
42	32661	16790	15871	745	282	463	2.28	1.68	2.92
43	31843	16180	15663	759	261	498	2.38	1.61	3.18
44	35067	18040	17027	845	304	541	2.41	1.69	3.18

4-5a 续表

单位：人、%

年 龄	15岁及以上人口			文盲人口			文盲人口占15岁及以上人口比重		
	合计	男	女	合计	男	女	合计	男	女
45-49岁	**199425**	**103304**	**96121**	**5418**	**1802**	**3616**	**2.72**	**1.74**	**3.76**
45	35160	18106	17054	918	311	607	2.61	1.72	3.56
46	38567	20082	18485	974	310	664	2.53	1.54	3.59
47	41535	21493	20042	1122	392	730	2.70	1.82	3.64
48	42176	21966	20210	1182	392	790	2.80	1.78	3.91
49	41987	21657	20330	1222	397	825	2.91	1.83	4.06
50-54岁	**204580**	**104650**	**99930**	**6944**	**2077**	**4867**	**3.39**	**1.98**	**4.87**
50	44424	22797	21627	1375	425	950	3.10	1.86	4.39
51	41981	21636	20345	1349	428	921	3.21	1.98	4.53
52	43631	22154	21477	1486	451	1035	3.41	2.04	4.82
53	36045	18336	17709	1289	375	914	3.58	2.05	5.16
54	38499	19727	18772	1445	398	1047	3.75	2.02	5.58
55-59岁	**154792**	**79080**	**75712**	**6658**	**1496**	**5162**	**4.30**	**1.89**	**6.82**
55	38151	19442	18709	1453	373	1080	3.81	1.92	5.77
56	37353	19134	18219	1473	374	1099	3.94	1.95	6.03
57	38531	19751	18780	1559	327	1232	4.05	1.66	6.56
58	28295	14427	13868	1436	258	1178	5.08	1.79	8.49
59	12462	6326	6136	737	164	573	5.91	2.59	9.34
60-64岁	**84627**	**42938**	**41689**	**6875**	**1500**	**5375**	**8.12**	**3.49**	**12.89**
60	15728	8068	7660	902	175	727	5.73	2.17	9.49
61	14966	7571	7395	978	206	772	6.53	2.72	10.44
62	18520	9580	8940	1562	376	1186	8.43	3.92	13.27
63	18375	9163	9212	1682	357	1325	9.15	3.90	14.38
64	17038	8556	8482	1751	386	1365	10.28	4.51	16.09
65-69岁	**69079**	**33604**	**35475**	**9028**	**2022**	**7006**	**13.07**	**6.02**	**19.75**
65	16527	8239	8288	1902	419	1483	11.51	5.09	17.89
66	15395	7557	7838	1789	406	1383	11.62	5.37	17.64
67	13469	6553	6916	1838	414	1424	13.65	6.32	20.59
68	12933	6233	6700	1909	422	1487	14.76	6.77	22.19
69	10755	5022	5733	1590	361	1229	14.78	7.19	21.44
70-74岁	**46096**	**20548**	**25548**	**6618**	**1546**	**5072**	**14.36**	**7.52**	**19.85**
70	10795	5108	5687	1557	380	1177	14.42	7.44	20.70
71	10285	4747	5538	1513	360	1153	14.71	7.58	20.82
72	8313	3725	4588	1176	293	883	14.15	7.87	19.25
73	8445	3599	4846	1202	269	933	14.23	7.47	19.25
74	8258	3369	4889	1170	244	926	14.17	7.24	18.94
75-79岁	**38629**	**15407**	**23222**	**5173**	**1144**	**4029**	**13.39**	**7.43**	**17.35**
75	7940	2972	4968	1131	230	901	14.24	7.74	18.14
76	8109	3143	4966	1070	266	804	13.20	8.46	16.19
77	7285	2833	4452	980	216	764	13.45	7.62	17.16
78	8036	3350	4686	1025	231	794	12.76	6.90	16.94
79	7259	3109	4150	967	201	766	13.32	6.47	18.46
80-84岁	**27832**	**12909**	**14923**	**4457**	**984**	**3473**	**16.01**	**7.62**	**23.27**
80	7193	3287	3906	992	218	774	13.79	6.63	19.82
81	5800	2618	3182	865	189	676	14.91	7.22	21.24
82	5777	2740	3037	917	228	689	15.87	8.32	22.69
83	4887	2350	2537	876	189	687	17.93	8.04	27.08
84	4175	1914	2261	807	160	647	19.33	8.36	28.62
85岁及以上	**13806**	**6705**	**7101**	**3268**	**696**	**2572**	**23.67**	**10.38**	**36.22**

4-5b 全省分年龄、性别的15岁及以上文盲人口(镇)

单位：人、%

年龄	15岁及以上人口			文盲人口			文盲人口占15岁及以上人口比重		
	合计	男	女	合计	男	女	合计	男	女
总 计	**1119508**	**566623**	**552885**	**108391**	**33850**	**74541**	**9.68**	**5.97**	**13.48**
15-19岁	**114071**	**57076**	**56995**	**674**	**299**	**375**	**0.59**	**0.52**	**0.66**
15	21965	11016	10949	127	59	68	0.58	0.54	0.62
16	26520	13209	13311	127	55	72	0.48	0.42	0.54
17	26686	13201	13485	108	46	62	0.40	0.35	0.46
18	22609	11249	11360	133	57	76	0.59	0.51	0.67
19	16291	8401	7890	179	82	97	1.10	0.98	1.23
20-24岁	**81584**	**41862**	**39722**	**1462**	**621**	**841**	**1.79**	**1.48**	**2.12**
20	13928	7335	6593	202	101	101	1.45	1.38	1.53
21	13368	6990	6378	226	91	135	1.69	1.30	2.12
22	16777	8536	8241	277	124	153	1.65	1.45	1.86
23	17977	9089	8888	330	135	195	1.84	1.49	2.19
24	19534	9912	9622	427	170	257	2.19	1.72	2.67
25-29岁	**110865**	**55614**	**55251**	**2678**	**956**	**1722**	**2.42**	**1.72**	**3.12**
25	21764	10923	10841	441	163	278	2.03	1.49	2.56
26	20903	10389	10514	433	145	288	2.07	1.40	2.74
27	22041	11122	10919	549	206	343	2.49	1.85	3.14
28	23088	11503	11585	613	224	389	2.66	1.95	3.36
29	23069	11677	11392	642	218	424	2.78	1.87	3.72
30-34岁	**121355**	**61045**	**60310**	**5437**	**1948**	**3489**	**4.48**	**3.19**	**5.79**
30	26515	13321	13194	948	316	632	3.58	2.37	4.79
31	25081	12677	12404	1054	380	674	4.20	3.00	5.43
32	23135	11536	11599	1086	386	700	4.69	3.35	6.04
33	24728	12555	12173	1227	469	758	4.96	3.74	6.23
34	21896	10956	10940	1122	397	725	5.12	3.62	6.63
35-39岁	**103324**	**52035**	**51289**	**6834**	**2316**	**4518**	**6.61**	**4.45**	**8.81**
35	19575	9805	9770	1228	387	841	6.27	3.95	8.61
36	19219	9669	9550	1218	413	805	6.34	4.27	8.43
37	19541	9708	9833	1309	437	872	6.70	4.50	8.87
38	23020	11722	11298	1532	530	1002	6.66	4.52	8.87
39	21969	11131	10838	1547	549	998	7.04	4.93	9.21
40-44岁	**115952**	**59292**	**56660**	**8983**	**3016**	**5967**	**7.75**	**5.09**	**10.53**
40	22686	11477	11209	1616	558	1058	7.12	4.86	9.44
41	23440	11888	11552	1782	614	1168	7.60	5.16	10.11
42	22894	11672	11222	1778	587	1191	7.77	5.03	10.61
43	22292	11458	10834	1767	599	1168	7.93	5.23	10.78
44	24640	12797	11843	2040	658	1382	8.28	5.14	11.67

4–5b 续表

单位：人、%

年龄	15岁及以上人口			文盲人口			文盲人口占15岁及以上人口比重		
	合计	男	女	合计	男	女	合计	男	女
45–49岁	**127073**	**66217**	**60856**	**12042**	**4041**	**8001**	**9.48**	**6.10**	**13.15**
45	24015	12344	11671	2051	683	1368	8.54	5.53	11.72
46	25581	13278	12303	2326	792	1534	9.09	5.96	12.47
47	26488	13801	12687	2442	841	1601	9.22	6.09	12.62
48	25837	13560	12277	2586	833	1753	10.01	6.14	14.28
49	25152	13234	11918	2637	892	1745	10.48	6.74	14.64
50–54岁	**116439**	**60926**	**55513**	**14001**	**4374**	**9627**	**12.02**	**7.18**	**17.34**
50	25964	13461	12503	2897	903	1994	11.16	6.71	15.95
51	24145	12705	11440	2835	931	1904	11.74	7.33	16.64
52	24364	12802	11562	2861	894	1967	11.74	6.98	17.01
53	20828	10850	9978	2681	847	1834	12.87	7.81	18.38
54	21138	11108	10030	2727	799	1928	12.90	7.19	19.22
55–59岁	**80576**	**41292**	**39284**	**12623**	**3285**	**9338**	**15.67**	**7.96**	**23.77**
55	20096	10439	9657	2734	788	1946	13.60	7.55	20.15
56	19560	10167	9393	2848	779	2069	14.56	7.66	22.03
57	19020	9659	9361	2967	734	2233	15.60	7.60	23.85
58	15230	7722	7508	2696	634	2062	17.70	8.21	27.46
59	6670	3305	3365	1378	350	1028	20.66	10.59	30.55
60–64岁	**42327**	**21576**	**20751**	**10350**	**3011**	**7339**	**24.45**	**13.96**	**35.37**
60	7460	3928	3532	1517	408	1109	20.34	10.39	31.40
61	7181	3732	3449	1639	475	1164	22.82	12.73	33.75
62	9001	4610	4391	2212	628	1584	24.58	13.62	36.07
63	9362	4707	4655	2458	748	1710	26.26	15.89	36.73
64	9323	4599	4724	2524	752	1772	27.07	16.35	37.51
65–69岁	**42219**	**20373**	**21846**	**12373**	**3654**	**8719**	**29.31**	**17.94**	**39.91**
65	9673	4657	5016	2734	773	1961	28.26	16.60	39.09
66	9050	4379	4671	2538	719	1819	28.04	16.42	38.94
67	8097	3932	4165	2393	734	1659	29.55	18.67	39.83
68	8430	4066	4364	2589	782	1807	30.71	19.23	41.41
69	6969	3339	3630	2119	646	1473	30.41	19.35	40.58
70–74岁	**29747**	**14139**	**15608**	**9162**	**2804**	**6358**	**30.80**	**19.83**	**40.74**
70	7040	3460	3580	2177	696	1481	30.92	20.12	41.37
71	6875	3379	3496	2140	664	1476	31.13	19.65	42.22
72	5555	2672	2883	1690	550	1140	30.42	20.58	39.54
73	5306	2405	2901	1646	469	1177	31.02	19.50	40.57
74	4971	2223	2748	1509	425	1084	30.36	19.12	39.45
75–79岁	**19115**	**8828**	**10287**	**6133**	**1945**	**4188**	**32.08**	**22.03**	**40.71**
75	4534	2122	2412	1393	432	961	30.72	20.36	39.84
76	4315	1960	2355	1345	408	937	31.17	20.82	39.79
77	3716	1724	1992	1217	401	816	32.75	23.26	40.96
78	3442	1577	1865	1096	344	752	31.84	21.81	40.32
79	3108	1445	1663	1082	360	722	34.81	24.91	43.42
80–84岁	**9784**	**4225**	**5559**	**3585**	**1036**	**2549**	**36.64**	**24.52**	**45.85**
80	2611	1173	1438	895	277	618	34.28	23.61	42.98
81	2005	857	1148	713	197	516	35.56	22.99	44.95
82	2010	847	1163	775	220	555	38.56	25.97	47.72
83	1698	712	986	648	188	460	38.16	26.40	46.65
84	1460	636	824	554	154	400	37.95	24.21	48.54
85岁及以上	**5077**	**2123**	**2954**	**2054**	**544**	**1510**	**40.46**	**25.62**	**51.12**

4-5c 全省分年龄、性别的15岁及以上文盲人口(乡村)

单位：人、%

年龄	15岁及以上人口			文盲人口			文盲人口占15岁及以上人口比重		
	合计	男	女	合计	男	女	合计	男	女
总 计	**1782002**	**923406**	**858596**	**296854**	**96241**	**200613**	**16.66**	**10.42**	**23.37**
15-19岁	**129417**	**67851**	**61566**	**2337**	**1164**	**1173**	**1.81**	**1.72**	**1.91**
15	31676	16525	15151	415	213	202	1.31	1.29	1.33
16	26569	13796	12773	405	208	197	1.52	1.51	1.54
17	22088	11565	10523	462	237	225	2.09	2.05	2.14
18	23426	12388	11038	503	240	263	2.15	1.94	2.38
19	25658	13577	12081	552	266	286	2.15	1.96	2.37
20-24岁	**141507**	**74107**	**67400**	**4684**	**1862**	**2822**	**3.31**	**2.51**	**4.19**
20	26009	13959	12050	714	305	409	2.75	2.18	3.39
21	24999	13107	11892	826	327	499	3.30	2.49	4.20
22	28810	15076	13734	962	400	562	3.34	2.65	4.09
23	30140	15582	14558	1018	406	612	3.38	2.61	4.20
24	31549	16383	15166	1164	424	740	3.69	2.59	4.88
25-29岁	**164552**	**86886**	**77666**	**8346**	**3036**	**5310**	**5.07**	**3.49**	**6.84**
25	33673	17719	15954	1423	512	911	4.23	2.89	5.71
26	31650	16450	15200	1494	539	955	4.72	3.28	6.28
27	32867	17369	15498	1610	563	1047	4.90	3.24	6.76
28	33234	17703	15531	1804	677	1127	5.43	3.82	7.26
29	33128	17645	15483	2015	745	1270	6.08	4.22	8.20
30-34岁	**169444**	**89570**	**79874**	**14748**	**5209**	**9539**	**8.70**	**5.82**	**11.94**
30	37369	19808	17561	2460	889	1571	6.58	4.49	8.95
31	34865	18282	16583	2870	998	1872	8.23	5.46	11.29
32	32104	17070	15034	2803	962	1841	8.73	5.64	12.25
33	34361	18066	16295	3357	1192	2165	9.77	6.60	13.29
34	30745	16344	14401	3258	1168	2090	10.60	7.15	14.51
35-39岁	**156353**	**82815**	**73538**	**19608**	**6730**	**12878**	**12.54**	**8.13**	**17.51**
35	28171	14700	13471	3204	1062	2142	11.37	7.22	15.90
36	28708	15105	13603	3548	1275	2273	12.36	8.44	16.71
37	29633	15734	13899	3902	1349	2553	13.17	8.57	18.37
38	35691	18965	16726	4471	1535	2936	12.53	8.09	17.55
39	34150	18311	15839	4483	1509	2974	13.13	8.24	18.78
40-44岁	**179826**	**94776**	**85050**	**26677**	**8879**	**17798**	**14.83**	**9.37**	**20.93**
40	35136	18701	16435	4895	1679	3216	13.93	8.98	19.57
41	35006	18575	16431	5084	1679	3405	14.52	9.04	20.72
42	35574	18831	16743	5317	1820	3497	14.95	9.66	20.89
43	34997	18325	16672	5337	1768	3569	15.25	9.65	21.41
44	39113	20344	18769	6044	1933	4111	15.45	9.50	21.90

4－5c 续表 单位：人、%

年 龄	15岁及以上人口			文盲人口			文盲人口占15岁及以上人口比重		
	合计	男	女	合计	男	女	合计	男	女
45－49岁	**207172**	**108817**	**98355**	**34755**	**11530**	**23225**	**16.78**	**10.60**	**23.61**
45	39344	20463	18881	6256	2074	4182	15.90	10.14	22.15
46	42100	22172	19928	6890	2332	4558	16.37	10.52	22.87
47	42728	22454	20274	7134	2374	4760	16.70	10.57	23.48
48	41617	21924	19693	7162	2342	4820	17.21	10.68	24.48
49	41383	21804	19579	7313	2408	4905	17.67	11.04	25.05
50－54岁	**198876**	**103818**	**95058**	**38558**	**12033**	**26525**	**19.39**	**11.59**	**27.90**
50	43281	22443	20838	8016	2513	5503	18.52	11.20	26.41
51	40112	21023	19089	7634	2444	5190	19.03	11.63	27.19
52	41870	22063	19807	8063	2493	5570	19.26	11.30	28.12
53	36530	18908	17622	7404	2304	5100	20.27	12.19	28.94
54	37083	19381	17702	7441	2279	5162	20.07	11.76	29.16
55－59岁	**143791**	**74685**	**69106**	**32989**	**9356**	**23633**	**22.94**	**12.53**	**34.20**
55	35567	18589	16978	7538	2246	5292	21.19	12.08	31.17
56	35002	18155	16847	7724	2214	5510	22.07	12.19	32.71
57	33855	17574	16281	7842	2162	5680	23.16	12.30	34.89
58	27233	14154	13079	6569	1796	4773	24.12	12.69	36.49
59	12134	6213	5921	3316	938	2378	27.33	15.10	40.16
60－64岁	**78355**	**40313**	**38042**	**25558**	**8041**	**17517**	**32.62**	**19.95**	**46.05**
60	12808	6832	5976	3580	1075	2505	27.95	15.73	41.92
61	12355	6486	5869	3776	1182	2594	30.56	18.22	44.20
62	16588	8678	7910	5440	1750	3690	32.79	20.17	46.65
63	18281	9313	8968	6237	1984	4253	34.12	21.30	47.42
64	18323	9004	9319	6525	2050	4475	35.61	22.77	48.02
65－69岁	**83882**	**41112**	**42770**	**32209**	**10352**	**21857**	**38.40**	**25.18**	**51.10**
65	19445	9669	9776	7211	2291	4920	37.08	23.69	50.33
66	17256	8447	8809	6328	1959	4369	36.67	23.19	49.60
67	16338	7983	8355	6313	1996	4317	38.64	25.00	51.67
68	16650	8158	8492	6515	2143	4372	39.13	26.27	51.48
69	14193	6855	7338	5842	1963	3879	41.16	28.64	52.86
70－74岁	**59859**	**28198**	**31661**	**24389**	**7872**	**16517**	**40.74**	**27.92**	**52.17**
70	13774	6655	7119	5567	1856	3711	40.42	27.89	52.13
71	13680	6675	7005	5535	1833	3702	40.46	27.46	52.85
72	11062	5240	5822	4485	1493	2992	40.54	28.49	51.39
73	11165	5041	6124	4550	1404	3146	40.75	27.85	51.37
74	10178	4587	5591	4252	1286	2966	41.78	28.04	53.05
75－79岁	**38870**	**18142**	**20728**	**16528**	**5395**	**11133**	**42.52**	**29.74**	**53.71**
75	9194	4246	4948	3733	1151	2582	40.60	27.11	52.18
76	8631	4137	4494	3564	1186	2378	41.29	28.67	52.91
77	7828	3632	4196	3421	1135	2286	43.70	31.25	54.48
78	7159	3344	3815	3143	1039	2104	43.90	31.07	55.15
79	6058	2783	3275	2667	884	1783	44.02	31.76	54.44
80－84岁	**19598**	**8280**	**11318**	**9937**	**3186**	**6751**	**50.70**	**38.48**	**59.65**
80	5263	2318	2945	2569	853	1716	48.81	36.80	58.27
81	3927	1661	2266	1983	635	1348	50.50	38.23	59.49
82	4073	1721	2352	2083	673	1410	51.14	39.11	59.95
83	3473	1400	2073	1812	566	1246	52.17	40.43	60.11
84	2862	1180	1682	1490	459	1031	52.06	38.90	61.30
85岁及以上	**10500**	**4036**	**6464**	**5531**	**1596**	**3935**	**52.68**	**39.54**	**60.88**

第一部分　全部数据资料

第五卷　家庭

5-1　全省不同规模的家庭户类别

单位：户

家庭户规模	家庭户户　数	一代户	二代户	三代户	四代户	五代及以上户
总　计	**1965893**	**871172**	**783279**	**301150**	**10269**	**23**
一人户	498970	498970				
二人户	492672	334252	158420			
三人户	410938	22783	364960	23195		
四人户	275803	8901	184393	81988	521	
五人户	149242	3094	49094	95000	2053	1
六人户	84795	1184	15500	65069	3039	3
七人户	31175	648	5975	21961	2584	7
八人户	11818	409	2583	7575	1245	6
九人户	5205	275	1238	3223	466	3
十人及以上户	5275	656	1116	3139	361	3

5-1a　全省不同规模的家庭户类别(城市)

单位：户

家庭户规模	家庭户户　数	一代户	二代户	三代户	四代户	五代及以上户
总　计	**766028**	**402229**	**286687**	**75533**	**1578**	**1**
一人户	217302	217302				
二人户	238418	173762	64656			
三人户	168937	6326	154819	7792		
四人户	83466	2317	55265	25723	161	
五人户	34769	1128	8843	24374	424	
六人户	15819	546	1957	12858	457	1
七人户	4421	316	636	3127	342	
八人户	1527	186	258	959	124	
九人户	651	99	119	393	40	
十人及以上户	718	247	134	307	30	

5-1b 全省不同规模的家庭户类别(镇)

单位：户

家庭户规模	家庭户户数	一代户	二代户	三代户	四代户	五代及以上户
总 计	**483732**	**220393**	**195265**	**66094**	**1973**	**7**
一人户	141895	141895				
二人户	112462	72004	40458			
三人户	94148	3242	85574	5332		
四人户	68414	1326	49348	17629	111	
五人户	35637	991	13170	21085	391	
六人户	19340	313	4106	14308	613	
七人户	6723	151	1469	4629	471	3
八人户	2591	122	606	1646	215	2
九人户	1192	97	289	718	88	
十人及以上户	1330	252	245	747	84	2

5-1c 全省不同规模的家庭户类别(乡村)

单位：户

家庭户规模	家庭户户数	一代户	二代户	三代户	四代户	五代及以上户
总 计	**716133**	**248550**	**301327**	**159523**	**6718**	**15**
一人户	139773	139773				
二人户	141792	88486	53306			
三人户	147853	13215	124567	10071		
四人户	123923	5258	79780	38636	249	
五人户	78836	975	27081	49541	1238	1
六人户	49636	325	9437	37903	1969	2
七人户	20031	181	3870	14205	1771	4
八人户	7700	101	1719	4970	906	4
九人户	3362	79	830	2112	338	3
十人及以上户	3227	157	737	2085	247	1

5-2 各地区分年龄、性别的一人户

单位：户

地 区	合 计			14岁及以下		
	合计	男	女	小计	男	女
全省	**498970**	**284986**	**213984**	**26791**	**13934**	**12857**
西宁市	**207750**	**112312**	**95438**	**5946**	**3042**	**2904**
城东区	48553	25740	22813	1014	532	482
城中区	39438	20768	18670	900	452	448
城西区	33584	16897	16687	1177	581	596
城北区	41407	22861	18546	663	328	335
湟中区	18187	11352	6835	999	524	475
大通回族土族自治县	18603	10316	8287	958	497	461
湟源县	7978	4378	3600	235	128	107
海东市	**81593**	**45912**	**35681**	**6173**	**3284**	**2889**
乐都区	18504	10286	8218	824	424	400
平安区	8211	4380	3831	302	158	144
民和回族土族自治县	16873	9465	7408	1273	698	575
互助土族自治县	19430	11403	8027	1202	609	593
化隆回族自治县	11346	6534	4812	1617	881	736
循化撒拉族自治县	7229	3844	3385	955	514	441
海北藏族自治州	**24442**	**13918**	**10524**	**1073**	**560**	**513**
门源回族自治县	10808	5884	4924	488	257	231
祁连县	4463	2608	1855	234	124	110
海晏县	5120	2933	2187	179	99	80
刚察县	4051	2493	1558	172	80	92
黄南藏族自治州	**23800**	**14621**	**9179**	**2030**	**1118**	**912**
同仁县	8121	5059	3062	622	357	265
尖扎县	5157	2830	2327	385	203	182
泽库县	6786	4339	2447	722	364	358
河南蒙古族自治县	3736	2393	1343	301	194	107
海南藏族自治州	**40676**	**24243**	**16433**	**2496**	**1353**	**1143**
共和县	14237	8352	5885	784	429	355
同德县	5100	3283	1817	263	133	130
贵德县	8384	4695	3689	406	223	183
兴海县	7657	4517	3140	711	402	309
贵南县	5298	3396	1902	332	166	166
果洛藏族自治州	**28811**	**17732**	**11079**	**2011**	**1035**	**976**
玛沁县	8019	4984	3035	519	252	267
班玛县	3536	1970	1566	222	110	112
甘德县	6971	4441	2530	481	280	201
达日县	4407	2692	1715	387	193	194
久治县	3286	2070	1216	162	75	87
玛多县	2592	1575	1017	240	125	115
玉树藏族自治州	**36829**	**20171**	**16658**	**5136**	**2546**	**2590**
玉树市	11699	6638	5061	1230	645	585
杂多县	4032	2279	1753	845	423	422
称多县	6529	3557	2972	776	402	374
治多县	3015	1620	1395	415	183	232
囊谦县	5904	3076	2828	876	439	437
曲麻莱县	5650	3001	2649	994	454	540
海西蒙古族藏族自治州	**55069**	**36077**	**18992**	**1926**	**996**	**930**
格尔木市	22345	15029	7316	601	323	278
德令哈市	9321	5744	3577	282	141	141
茫崖市	5069	3821	1248	82	32	50
乌兰县	5657	3294	2363	389	206	183
都兰县	6315	3837	2478	311	164	147
天峻县	3735	2257	1478	240	118	122
大柴旦行政委员会	2627	2095	532	21	12	9

5-2 续表 1

单位：户

地　　区	15-19岁			20-24岁		
	小计	男	女	小计	男	女
全省	**18171**	**10341**	**7830**	**34158**	**19671**	**14487**
西宁市	**4191**	**2356**	**1835**	**11773**	**6553**	**5220**
城东区	686	399	287	2565	1448	1117
城中区	601	312	289	2216	1122	1094
城西区	650	362	288	2142	1139	1003
城北区	535	299	236	2173	1241	932
湟中区	780	440	340	1063	680	383
大通回族土族自治县	673	391	282	1113	651	462
湟源县	266	153	113	501	272	229
海东市	**3683**	**2072**	**1611**	**5371**	**3005**	**2366**
乐都区	771	424	347	1129	622	507
平安区	280	156	124	458	240	218
民和回族土族自治县	902	520	382	1350	782	568
互助土族自治县	630	368	262	1088	625	463
化隆回族自治县	693	388	305	824	437	387
循化撒拉族自治县	407	216	191	522	299	223
海北藏族自治州	**3238**	**1647**	**1591**	**1811**	**991**	**820**
门源回族自治县	2791	1381	1410	786	407	379
祁连县	171	104	67	341	193	148
海晏县	176	99	77	385	208	177
刚察县	100	63	37	299	183	116
黄南藏族自治州	**1007**	**671**	**336**	**1930**	**1230**	**700**
同仁县	279	197	82	488	330	158
尖扎县	153	93	60	376	207	169
泽库县	446	297	149	750	480	270
河南蒙古族自治县	129	84	45	316	213	103
海南藏族自治州	**1683**	**1087**	**596**	**3489**	**2062**	**1427**
共和县	460	268	192	1120	653	467
同德县	241	164	77	514	309	205
贵德县	249	154	95	510	295	215
兴海县	454	289	165	812	463	349
贵南县	279	212	67	533	342	191
果洛藏族自治州	**1423**	**865**	**558**	**3042**	**1842**	**1200**
玛沁县	312	219	93	713	458	255
班玛县	105	54	51	353	182	171
甘德县	565	326	239	1031	632	399
达日县	184	114	70	396	235	161
久治县	178	108	70	356	212	144
玛多县	79	44	35	193	123	70
玉树藏族自治州	**1519**	**817**	**702**	**2423**	**1293**	**1130**
玉树市	396	212	184	752	423	329
杂多县	219	137	82	348	196	152
称多县	312	162	150	390	214	176
治多县	104	44	60	186	98	88
囊谦县	202	103	99	336	158	178
曲麻莱县	286	159	127	411	204	207
海西蒙古族藏族自治州	**1427**	**826**	**601**	**4319**	**2695**	**1624**
格尔木市	459	294	165	1753	1156	597
德令哈市	199	110	89	805	472	333
茫崖市	89	55	34	376	247	129
乌兰县	300	146	154	453	268	185
都兰县	271	163	108	504	269	235
天峻县	92	46	46	242	144	98
大柴旦行政委员会	17	12	5	186	139	47

5-2　续表 2

单位：户

地　区	25-29岁			30-34岁			35-39岁		
	小计	男	女	小计	男	女	小计	男	女
全省	**55354**	**32214**	**23140**	**51384**	**32454**	**18930**	**37360**	**24112**	**13248**
西宁市	**22172**	**12668**	**9504**	**21172**	**13153**	**8019**	**14173**	**8903**	**5270**
城东区	5559	3191	2368	5271	3196	2075	3468	2121	1347
城中区	4087	2236	1851	3870	2320	1550	2746	1676	1070
城西区	4111	2229	1882	3924	2375	1549	2339	1406	933
城北区	4970	2999	1971	5053	3262	1791	3257	2093	1164
湟中区	1336	835	501	1189	830	359	962	700	262
大通回族土族自治县	1398	818	580	1264	814	450	951	629	322
湟源县	711	360	351	601	356	245	450	278	172
海东市	**7091**	**3885**	**3206**	**6163**	**3686**	**2477**	**4806**	**3020**	**1786**
乐都区	1531	904	627	1232	771	461	1029	670	359
平安区	744	404	340	610	374	236	375	231	144
民和回族土族自治县	1667	919	748	1254	733	521	900	569	331
互助土族自治县	1546	821	725	1670	991	679	1197	761	436
化隆回族自治县	965	482	483	866	516	350	779	479	300
循化撒拉族自治县	638	355	283	531	301	230	526	310	216
海北藏族自治州	**2736**	**1485**	**1251**	**2344**	**1444**	**900**	**1744**	**1136**	**608**
门源回族自治县	926	496	430	788	476	312	516	322	194
祁连县	488	264	224	461	295	166	401	273	128
海晏县	796	414	382	594	342	252	444	298	146
刚察县	526	311	215	501	331	170	383	243	140
黄南藏族自治州	**3006**	**1880**	**1126**	**2647**	**1720**	**927**	**2294**	**1491**	**803**
同仁县	905	570	335	884	585	299	767	520	247
尖扎县	605	341	264	463	270	193	455	253	202
泽库县	900	606	294	779	511	268	698	473	225
河南蒙古族自治县	596	363	233	521	354	167	374	245	129
海南藏族自治州	**4720**	**2758**	**1962**	**4128**	**2612**	**1516**	**3345**	**2160**	**1185**
共和县	1781	1031	750	1501	940	561	1171	735	436
同德县	602	353	249	641	455	186	532	378	154
贵德县	758	435	323	648	379	269	532	334	198
兴海县	860	500	360	782	447	335	691	421	270
贵南县	719	439	280	556	391	165	419	292	127
果洛藏族自治州	**4092**	**2458**	**1634**	**3484**	**2245**	**1239**	**2661**	**1736**	**925**
玛沁县	1158	670	488	1004	633	371	818	528	290
班玛县	547	302	245	456	268	188	289	155	134
甘德县	960	586	374	763	526	237	558	393	165
达日县	626	394	232	545	351	194	403	262	141
久治县	468	286	182	348	224	124	307	214	93
玛多县	333	220	113	368	243	125	286	184	102
玉树藏族自治州	**3600**	**2093**	**1507**	**4072**	**2496**	**1576**	**3397**	**2045**	**1352**
玉树市	1231	718	513	1431	903	528	1121	670	451
杂多县	408	243	165	400	239	161	323	215	108
称多县	564	334	230	688	412	276	621	362	259
治多县	308	185	123	344	219	125	278	186	92
囊谦县	459	259	200	538	329	209	518	291	227
曲麻莱县	630	354	276	671	394	277	536	321	215
海西蒙古族藏族自治州	**7937**	**4987**	**2950**	**7374**	**5098**	**2276**	**4940**	**3621**	**1319**
格尔木市	3488	2370	1118	3316	2393	923	1856	1379	477
德令哈市	1503	841	662	1155	739	416	800	561	239
茫崖市	653	444	209	854	611	243	727	596	131
乌兰县	673	366	307	592	362	230	392	248	144
都兰县	802	409	393	601	382	219	504	356	148
天峻县	433	260	173	454	293	161	391	251	140
大柴旦行政委员会	385	297	88	402	318	84	270	230	40

5-2 续表 3

单位：户

地区	40-44岁			45-49岁			50-54岁		
	小计	男	女	小计	男	女	小计	男	女
全省	**43160**	**26989**	**16171**	**55729**	**33921**	**21808**	**54312**	**33340**	**20972**
西宁市	**16660**	**10038**	**6622**	**23715**	**13585**	**10130**	**25257**	**14431**	**10826**
城东区	4000	2370	1630	5453	2963	2490	5964	3236	2728
城中区	3269	1940	1329	4414	2480	1934	4814	2798	2016
城西区	2510	1394	1116	3573	1803	1770	3704	1846	1858
城北区	3420	2124	1296	4662	2786	1876	4849	2777	2072
湟中区	1353	981	372	2361	1642	719	2420	1671	749
大通回族土族自治县	1455	859	596	2259	1330	929	2398	1432	966
湟源县	653	370	283	993	581	412	1108	671	437
海东市	**6424**	**3943**	**2481**	**8892**	**5388**	**3504**	**9086**	**5555**	**3531**
乐都区	1377	863	514	2092	1277	815	2270	1353	917
平安区	660	397	263	1001	566	435	1017	608	409
民和回族土族自治县	1261	755	506	1813	1084	729	1754	1041	713
互助土族自治县	1589	985	604	2213	1362	851	2302	1506	796
化隆回族自治县	1004	606	398	1113	711	402	1134	729	405
循化撒拉族自治县	533	337	196	660	388	272	609	318	291
海北藏族自治州	**2295**	**1393**	**902**	**2728**	**1622**	**1106**	**2281**	**1468**	**813**
门源回族自治县	723	418	305	997	562	435	882	539	343
祁连县	493	306	187	534	305	229	443	289	154
海晏县	555	328	227	640	381	259	554	363	191
刚察县	524	341	183	557	374	183	402	277	125
黄南藏族自治州	**2361**	**1512**	**849**	**2340**	**1505**	**835**	**2027**	**1303**	**724**
同仁县	870	579	291	903	572	331	813	527	286
尖扎县	571	310	261	615	346	269	530	304	226
泽库县	581	397	184	490	358	132	388	274	114
河南蒙古族自治县	339	226	113	332	229	103	296	198	98
海南藏族自治州	**3874**	**2458**	**1416**	**4667**	**2950**	**1717**	**4108**	**2617**	**1491**
共和县	1403	884	519	1757	1076	681	1543	939	604
同德县	525	349	176	582	407	175	440	313	127
贵德县	659	393	266	941	556	385	1017	614	403
兴海县	753	468	285	754	482	272	644	415	229
贵南县	534	364	170	633	429	204	464	336	128
果洛藏族自治州	**2730**	**1830**	**900**	**2756**	**1909**	**847**	**2219**	**1522**	**697**
玛沁县	876	578	298	847	586	261	692	489	203
班玛县	287	171	116	361	213	148	294	180	114
甘德县	543	360	183	571	424	147	470	339	131
达日县	434	293	141	398	281	117	328	225	103
久治县	312	231	81	336	254	82	260	181	79
玛多县	278	197	81	243	151	92	175	108	67
玉树藏族自治州	**3482**	**2073**	**1409**	**3389**	**2038**	**1351**	**2674**	**1630**	**1044**
玉树市	1217	732	485	1197	727	470	974	599	375
杂多县	316	201	115	283	179	104	234	154	80
称多县	679	388	291	651	401	250	499	311	188
治多县	262	172	90	238	155	83	171	106	65
囊谦县	527	294	233	564	321	243	449	252	197
曲麻莱县	481	286	195	456	255	201	347	208	139
海西蒙古族藏族自治州	**5334**	**3742**	**1592**	**7242**	**4924**	**2318**	**6660**	**4814**	**1846**
格尔木市	1935	1317	618	2905	1895	1010	2915	2098	817
德令哈市	846	568	278	1116	749	367	1059	760	299
茫崖市	654	529	125	829	648	181	557	466	91
乌兰县	510	318	192	727	460	267	630	429	201
都兰县	620	438	182	783	535	248	753	516	237
天峻县	404	266	138	437	266	171	426	280	146
大柴旦行政委员会	365	306	59	445	371	74	320	265	55

5-2　续表 4　　　　单位：户

地　区	55-59岁			60-64岁			65岁及以上		
	小计	男	女	小计	男	女	小计	男	女
全省	**37244**	**22093**	**15151**	**19812**	**10606**	**9206**	**65495**	**25311**	**40184**
西宁市	**19057**	**10689**	**8368**	**10470**	**5397**	**5073**	**33164**	**11497**	**21667**
城东区	4584	2446	2138	2455	1262	1193	7534	2576	4958
城中区	3856	2169	1687	2140	1077	1063	6525	2186	4339
城西区	2989	1547	1442	1521	751	770	4944	1464	3480
城北区	3494	1962	1532	2013	992	1021	6318	1998	4320
湟中区	1673	1074	599	903	542	361	3148	1433	1715
大通回族土族自治县	1745	1051	694	967	518	449	3422	1326	2096
湟源县	716	440	276	471	255	216	1273	514	759
海东市	**6545**	**3943**	**2602**	**3995**	**2215**	**1780**	**13364**	**5916**	**7448**
乐都区	1547	905	642	1061	578	483	3641	1495	2146
平安区	715	396	319	424	234	190	1625	616	1009
民和回族土族自治县	1305	789	516	700	374	326	2694	1201	1493
互助土族自治县	1790	1146	644	1175	709	466	3028	1520	1508
化隆回族自治县	743	473	270	365	197	168	1243	635	608
循化撒拉族自治县	445	234	211	270	123	147	1133	449	684
海北藏族自治州	**1403**	**892**	**511**	**698**	**387**	**311**	**2091**	**893**	**1198**
门源回族自治县	577	364	213	330	190	140	1004	472	532
祁连县	296	189	107	148	83	65	453	183	270
海晏县	315	210	105	127	65	62	355	126	229
刚察县	215	129	86	93	49	44	279	112	167
黄南藏族自治州	**1330**	**822**	**508**	**566**	**319**	**247**	**2262**	**1050**	**1212**
同仁县	526	341	185	215	119	96	849	362	487
尖扎县	320	180	140	159	81	78	525	242	283
泽库县	322	202	120	119	76	43	591	301	290
河南蒙古族自治县	162	99	63	73	43	30	297	145	152
海南藏族自治州	**2610**	**1563**	**1047**	**1368**	**767**	**601**	**4188**	**1856**	**2332**
共和县	948	583	365	470	256	214	1299	558	741
同德县	261	162	99	106	65	41	393	195	198
贵德县	738	412	326	482	270	212	1444	630	814
兴海县	379	240	139	187	102	85	630	288	342
贵南县	284	166	118	123	74	49	422	185	237
果洛藏族自治州	**1356**	**916**	**440**	**585**	**314**	**271**	**2452**	**1060**	**1392**
玛沁县	403	273	130	161	94	67	516	204	312
班玛县	160	107	53	79	40	39	383	188	195
甘德县	321	230	91	107	65	42	601	280	321
达日县	217	135	82	81	44	37	408	165	243
久治县	160	115	45	83	40	43	316	130	186
玛多县	95	56	39	74	31	43	228	93	135
玉树藏族自治州	**1581**	**938**	**643**	**808**	**405**	**403**	**4748**	**1797**	**2951**
玉树市	532	337	195	259	129	130	1359	543	816
杂多县	147	91	56	48	25	23	461	176	285
称多县	311	176	135	176	88	88	862	307	555
治多县	119	68	51	65	27	38	525	177	348
囊谦县	286	159	127	146	81	65	1003	390	613
曲麻莱县	186	107	79	114	55	59	538	204	334
海西蒙古族藏族自治州	**3362**	**2330**	**1032**	**1322**	**802**	**520**	**3226**	**1242**	**1984**
格尔木市	1473	1052	421	515	320	195	1129	432	697
德令哈市	606	427	179	227	124	103	723	252	471
茫崖市	176	144	32	48	37	11	24	12	12
乌兰县	328	195	133	177	102	75	486	194	292
都兰县	417	268	149	238	143	95	511	194	317
天峻县	250	152	98	101	63	38	265	118	147
大柴旦行政委员会	112	92	20	16	13	3	88	40	48

5-2a 各地区分年龄、性别的一人户(城市)

单位：户

地区	合计			14岁及以下		
	合计	男	女	小计	男	女
全省	**217302**	**119325**	**97977**	**5328**	**2715**	**2613**
西宁市	**165851**	**87852**	**77999**	**3860**	**1956**	**1904**
城东区	48553	25740	22813	1014	532	482
城中区	39135	20564	18571	891	447	444
城西区	33566	16881	16685	1177	581	596
城北区	41003	22571	18432	653	325	328
湟中区	3197	1831	1366	107	64	43
大通回族土族自治县	397	265	132	18	7	11
湟源县						
海东市	**13672**	**6780**	**6892**	**379**	**189**	**190**
乐都区	8354	4161	4193	281	137	144
平安区	5318	2619	2699	98	52	46
民和回族土族自治县						
互助土族自治县						
化隆回族自治县						
循化撒拉族自治县						
海北藏族自治州						
门源回族自治县						
祁连县						
海晏县						
刚察县						
黄南藏族自治州						
同仁县						
尖扎县						
泽库县						
河南蒙古族自治县						
海南藏族自治州						
共和县						
同德县						
贵德县						
兴海县						
贵南县						
果洛藏族自治州						
玛沁县						
班玛县						
甘德县						
达日县						
久治县						
玛多县						
玉树藏族自治州	**7843**	**4665**	**3178**	**537**	**293**	**244**
玉树市	7807	4644	3163	533	292	241
杂多县						
称多县						
治多县						
囊谦县						
曲麻莱县	36	21	15	4	1	3
海西蒙古族藏族自治州	**29936**	**20028**	**9908**	**552**	**277**	**275**
格尔木市	18006	12046	5960	349	188	161
德令哈市	7335	4518	2817	124	58	66
茫崖市	4595	3464	1131	79	31	48
乌兰县						
都兰县						
天峻县						
大柴旦行政委员会						

5-2a　续表 1　　　　单位：户

地区	15-19岁			20-24岁		
	小计	男	女	小计	男	女
全省	**3695**	**2083**	**1612**	**12871**	**7220**	**5651**
西宁市	**2642**	**1453**	**1189**	**9282**	**5066**	**4216**
城东区	686	399	287	2565	1448	1117
城中区	578	304	274	2187	1100	1087
城西区	650	362	288	2141	1138	1003
城北区	530	295	235	2156	1228	928
湟中区	195	93	102	212	137	75
大通回族土族自治县	3		3	21	15	6
湟源县						
海东市	**338**	**191**	**147**	**778**	**396**	**382**
乐都区	246	139	107	504	260	244
平安区	92	52	40	274	136	138
民和回族土族自治县						
互助土族自治县						
化隆回族自治县						
循化撒拉族自治县						
海北藏族自治州						
门源回族自治县						
祁连县						
海晏县						
刚察县						
黄南藏族自治州						
同仁县						
尖扎县						
泽库县						
河南蒙古族自治县						
海南藏族自治州						
共和县						
同德县						
贵德县						
兴海县						
贵南县						
果洛藏族自治州						
玛沁县						
班玛县						
甘德县						
达日县						
久治县						
玛多县						
玉树藏族自治州	**191**	**110**	**81**	**465**	**274**	**191**
玉树市	191	110	81	465	274	191
杂多县						
称多县						
治多县						
囊谦县						
曲麻莱县						
海西蒙古族藏族自治州	**524**	**329**	**195**	**2346**	**1484**	**862**
格尔木市	326	210	116	1387	896	491
德令哈市	110	64	46	610	358	252
茫崖市	88	55	33	349	230	119
乌兰县						
都兰县						
天峻县						
大柴旦行政委员会						

5-2a 续表 2

单位：户

地区	25-29岁			30-34岁			35-39岁		
	小计	男	女	小计	男	女	小计	男	女
全省	**26156**	**15239**	**10917**	**25240**	**15949**	**9291**	**16575**	**10576**	**5999**
西宁市	**19000**	**10818**	**8182**	**18346**	**11322**	**7024**	**12035**	**7460**	**4575**
城东区	5559	3191	2368	5271	3196	2075	3468	2121	1347
城中区	4044	2209	1835	3839	2300	1539	2728	1662	1066
城西区	4111	2229	1882	3924	2375	1549	2337	1404	933
城北区	4952	2986	1966	5017	3236	1781	3224	2066	1158
湟中区	312	185	127	247	176	71	248	181	67
大通回族土族自治县	22	18	4	48	39	9	30	26	4
湟源县									
海东市	**1299**	**677**	**622**	**1154**	**672**	**482**	**818**	**466**	**352**
乐都区	774	405	369	718	418	300	552	318	234
平安区	525	272	253	436	254	182	266	148	118
民和回族土族自治县									
互助土族自治县									
化隆回族自治县									
循化撒拉族自治县									
海北藏族自治州									
门源回族自治县									
祁连县									
海晏县									
刚察县									
黄南藏族自治州									
同仁县									
尖扎县									
泽库县									
河南蒙古族自治县									
海南藏族自治州									
共和县									
同德县									
贵德县									
兴海县									
贵南县									
果洛藏族自治州									
玛沁县									
班玛县									
甘德县									
达日县									
久治县									
玛多县									
玉树藏族自治州	**970**	**587**	**383**	**1137**	**720**	**417**	**847**	**507**	**340**
玉树市	968	585	383	1134	719	415	843	504	339
杂多县									
称多县									
治多县									
囊谦县									
曲麻莱县	2	2		3	1	2	4	3	1
海西蒙古族藏族自治州	**4887**	**3157**	**1730**	**4603**	**3235**	**1368**	**2875**	**2143**	**732**
格尔木市	2960	2006	954	2795	2021	774	1512	1113	399
德令哈市	1324	743	581	997	629	368	671	462	209
茫崖市	603	408	195	811	585	226	692	568	124
乌兰县									
都兰县									
天峻县									
大柴旦行政委员会									

5–2a　续表 3　　单位：户

地　区	40–44岁			45–49岁			50–54岁		
	小计	男	女	小计	男	女	小计	男	女
全省	**18278**	**11053**	**7225**	**25026**	**14260**	**10766**	**25739**	**14827**	**10912**
西宁市	**13460**	**7980**	**5480**	**18464**	**10230**	**8234**	**19615**	**10796**	**8819**
城东区	4000	2370	1630	5453	2963	2490	5964	3236	2728
城中区	3241	1918	1323	4382	2452	1930	4780	2769	2011
城西区	2509	1393	1116	3569	1800	1769	3701	1843	1858
城北区	3372	2085	1287	4608	2742	1866	4790	2727	2063
湟中区	299	184	115	395	228	167	346	201	145
大通回族土族自治县	39	30	9	57	45	12	34	20	14
湟源县									
海东市	**1135**	**582**	**553**	**1740**	**841**	**899**	**1714**	**867**	**847**
乐都区	693	353	340	1044	508	536	1029	498	531
平安区	442	229	213	696	333	363	685	369	316
民和回族土族自治县									
互助土族自治县									
化隆回族自治县									
循化撒拉族自治县									
海北藏族自治州									
门源回族自治县									
祁连县									
海晏县									
刚察县									
黄南藏族自治州									
同仁县									
尖扎县									
泽库县									
河南蒙古族自治县									
海南藏族自治州									
共和县									
同德县									
贵德县									
兴海县									
贵南县									
果洛藏族自治州									
玛沁县									
班玛县									
甘德县									
达日县									
久治县									
玛多县									
玉树藏族自治州	**891**	**545**	**346**	**881**	**545**	**336**	**701**	**443**	**258**
玉树市	889	544	345	874	541	333	697	440	257
杂多县									
称多县									
治多县									
囊谦县									
曲麻莱县	2	1	1	7	4	3	4	3	1
海西蒙古族藏族自治州	**2792**	**1946**	**846**	**3941**	**2644**	**1297**	**3709**	**2721**	**988**
格尔木市	1542	1030	512	2371	1516	855	2374	1697	677
德令哈市	672	449	223	891	593	298	843	615	228
茫崖市	578	467	111	679	535	144	492	409	83
乌兰县									
都兰县									
天峻县									
大柴旦行政委员会									

5-2a 续表 4 单位：户

地 区	55-59岁			60-64岁			65岁及以上		
	小计	男	女	小计	男	女	小计	男	女
全省	**18413**	**10347**	**8066**	**9644**	**4938**	**4706**	**30337**	**10118**	**20219**
西宁市	**15152**	**8241**	**6911**	**8229**	**4128**	**4101**	**25766**	**8402**	**17364**
城东区	4584	2446	2138	2455	1262	1193	7534	2576	4958
城中区	3838	2159	1679	2127	1066	1061	6500	2178	4322
城西区	2986	1544	1442	1520	750	770	4941	1462	3479
城北区	3457	1929	1528	1987	977	1010	6257	1975	4282
湟中区	252	142	110	121	64	57	463	176	287
大通回族土族自治县	35	21	14	19	9	10	71	35	36
湟源县									
海东市	**1113**	**583**	**530**	**692**	**368**	**324**	**2512**	**948**	**1564**
乐都区	629	329	300	416	209	207	1468	587	881
平安区	484	254	230	276	159	117	1044	361	683
民和回族土族自治县									
互助土族自治县									
化隆回族自治县									
循化撒拉族自治县									
海北藏族自治州									
门源回族自治县									
祁连县									
海晏县									
刚察县									
黄南藏族自治州									
同仁县									
尖扎县									
泽库县									
河南蒙古族自治县									
海南藏族自治州									
共和县									
同德县									
贵德县									
兴海县									
贵南县									
果洛藏族自治州									
玛沁县									
班玛县									
甘德县									
达日县									
久治县									
玛多县									
玉树藏族自治州	**378**	**244**	**134**	**165**	**93**	**72**	**680**	**304**	**376**
玉树市	377	243	134	164	93	71	672	299	373
杂多县									
称多县									
治多县									
囊谦县									
曲麻莱县	1	1		1		1	8	5	3
海西蒙古族藏族自治州	**1770**	**1279**	**491**	**558**	**349**	**209**	**1379**	**464**	**915**
格尔木市	1163	828	335	367	237	130	860	304	556
德令哈市	451	323	128	144	76	68	498	148	350
茫崖市	156	128	28	47	36	11	21	12	9
乌兰县									
都兰县									
天峻县									
大柴旦行政委员会									

5-2b 各地区分年龄、性别的一人户(镇)

单位：户

地区	合计			14岁及以下		
	合计	男	女	小计	男	女
全省	**141895**	**80598**	**61297**	**6885**	**3577**	**3308**
西宁市	**20558**	**10968**	**9590**	**641**	**343**	**298**
城东区						
城中区	247	173	74	6	5	1
城西区	18	16	2			
城北区						
湟中区	3787	2362	1425	126	65	61
大通回族土族自治县	11791	6143	5648	392	204	188
湟源县	4715	2274	2441	117	69	48
海东市	**25680**	**13542**	**12138**	**1585**	**810**	**775**
乐都区	1077	613	464	50	26	24
平安区	292	213	79	5	5	
民和回族土族自治县	7986	4135	3851	389	210	179
互助土族自治县	9997	5287	4710	589	274	315
化隆回族自治县	2848	1514	1334	271	146	125
循化撒拉族自治县	3480	1780	1700	281	149	132
海北藏族自治州	**15994**	**8468**	**7526**	**455**	**229**	**226**
门源回族自治县	7124	3492	3632	185	92	93
祁连县	2516	1359	1157	95	50	45
海晏县	4004	2186	1818	97	48	49
刚察县	2350	1431	919	78	39	39
黄南藏族自治州	**14262**	**8756**	**5506**	**749**	**413**	**336**
同仁县	6317	3981	2336	352	206	146
尖扎县	2738	1560	1178	99	53	46
泽库县	3198	1987	1211	233	118	115
河南蒙古族自治县	2009	1228	781	65	36	29
海南藏族自治州	**23315**	**13229**	**10086**	**929**	**504**	**425**
共和县	9652	5520	4132	356	188	168
同德县	1955	1148	807	59	25	34
贵德县	5195	2792	2403	181	99	82
兴海县	4002	2268	1734	266	164	102
贵南县	2511	1501	1010	67	28	39
果洛藏族自治州	**13753**	**8559**	**5194**	**594**	**322**	**272**
玛沁县	5590	3581	2009	199	101	98
班玛县	2155	1307	848	120	61	59
甘德县	1709	1085	624	102	72	30
达日县	1731	1014	717	94	44	50
久治县	949	579	370	21	12	9
玛多县	1619	993	626	58	32	26
玉树藏族自治州	**12102**	**6751**	**5351**	**1227**	**585**	**642**
玉树市	258	124	134	20	11	9
杂多县	1634	1003	631	91	46	45
称多县	2649	1523	1126	166	91	75
治多县	2064	1136	928	135	53	82
囊谦县	1883	1046	837	194	93	101
曲麻莱县	3614	1919	1695	621	291	330
海西蒙古族藏族自治州	**16231**	**10325**	**5906**	**705**	**371**	**334**
格尔木市	2889	2074	815	150	76	74
德令哈市	268	164	104	12	8	4
茫崖市	474	357	117	3	1	2
乌兰县	4538	2606	1932	285	151	134
都兰县	3403	1949	1454	95	52	43
天峻县	2666	1610	1056	142	74	68
大柴旦行政委员会	1993	1565	428	18	9	9

5-2b 续表 1

单位：户

地区	15-19岁			20-24岁		
	小计	男	女	小计	男	女
全省	**6935**	**3733**	**3202**	**10675**	**6026**	**4649**
西宁市	**633**	**366**	**267**	**1264**	**719**	**545**
城东区						
城中区	20	8	12	24	18	6
城西区				1	1	
城北区						
湟中区	122	72	50	275	177	98
大通回族土族自治县	392	229	163	699	393	306
湟源县	99	57	42	265	130	135
海东市	**1119**	**599**	**520**	**1831**	**988**	**843**
乐都区	52	25	27	69	35	34
平安区	7	4	3	21	13	8
民和回族土族自治县	434	230	204	587	324	263
互助土族自治县	342	190	152	715	397	318
化隆回族自治县	135	70	65	189	85	104
循化撒拉族自治县	149	80	69	250	134	116
海北藏族自治州	**2780**	**1388**	**1392**	**1153**	**598**	**555**
门源回族自治县	2582	1278	1304	473	232	241
祁连县	55	34	21	193	106	87
海晏县	109	54	55	303	153	150
刚察县	34	22	12	184	107	77
黄南藏族自治州	**444**	**282**	**162**	**1072**	**658**	**414**
同仁县	178	125	53	357	234	123
尖扎县	41	28	13	206	111	95
泽库县	189	104	85	343	202	141
河南蒙古族自治县	36	25	11	166	111	55
海南藏族自治州	**627**	**341**	**286**	**1952**	**1040**	**912**
共和县	253	134	119	782	437	345
同德县	44	25	19	190	80	110
贵德县	107	61	46	320	170	150
兴海县	167	85	82	392	208	184
贵南县	56	36	20	268	145	123
果洛藏族自治州	**381**	**250**	**131**	**1304**	**815**	**489**
玛沁县	184	134	50	515	332	183
班玛县	55	33	22	235	137	98
甘德县	49	29	20	186	124	62
达日县	56	32	24	160	93	67
久治县	13	8	5	98	57	41
玛多县	24	14	10	110	72	38
玉树藏族自治州	**426**	**225**	**201**	**785**	**417**	**368**
玉树市	16	4	12	25	13	12
杂多县	43	26	17	122	65	57
称多县	76	40	36	139	85	54
治多县	52	25	27	113	64	49
囊谦县	51	28	23	116	56	60
曲麻莱县	188	102	86	270	134	136
海西蒙古族藏族自治州	**525**	**282**	**243**	**1314**	**791**	**523**
格尔木市	93	64	29	253	185	68
德令哈市	9	6	3	19	8	11
茫崖市	1		1	27	17	10
乌兰县	240	113	127	376	220	156
都兰县	118	64	54	300	139	161
天峻县	50	24	26	181	106	75
大柴旦行政委员会	14	11	3	158	116	42

5–2b　续表 2　　　　单位：户

地　区	25–29岁			30–34岁			35–39岁		
	小计	男	女	小计	男	女	小计	男	女
全省	**18137**	**10033**	**8104**	**15887**	**9484**	**6403**	**11532**	**7113**	**4419**
西宁市	**1988**	**1141**	**847**	**1712**	**1063**	**649**	**1244**	**769**	**475**
城东区									
城中区	41	27	14	27	18	9	16	12	4
城西区							2	2	
城北区									
湟中区	407	277	130	403	286	117	270	192	78
大通回族土族自治县	1047	607	440	867	540	327	646	399	247
湟源县	493	230	263	415	219	196	310	164	146
海东市	**2813**	**1388**	**1425**	**2533**	**1308**	**1225**	**1841**	**1011**	**830**
乐都区	74	45	29	54	33	21	49	34	15
平安区	44	28	16	40	30	10	22	19	3
民和回族土族自治县	937	474	463	659	339	320	509	281	228
互助土族自治县	1109	537	572	1193	626	567	754	409	345
化隆回族自治县	304	136	168	281	126	155	208	112	96
循化撒拉族自治县	345	168	177	306	154	152	299	156	143
海北藏族自治州	**2076**	**1037**	**1039**	**1645**	**936**	**709**	**1064**	**638**	**426**
门源回族自治县	671	316	355	517	267	250	309	169	140
祁连县	335	173	162	299	177	122	197	115	82
海晏县	697	348	349	504	282	222	349	230	119
刚察县	373	200	173	325	210	115	209	124	85
黄南藏族自治州	**2061**	**1239**	**822**	**1822**	**1147**	**675**	**1489**	**954**	**535**
同仁县	765	469	296	732	482	250	630	428	202
尖扎县	391	220	171	321	185	136	280	159	121
泽库县	522	335	187	457	283	174	356	227	129
河南蒙古族自治县	383	215	168	312	197	115	223	140	83
海南藏族自治州	**3257**	**1734**	**1523**	**2702**	**1564**	**1138**	**1989**	**1204**	**785**
共和县	1431	792	639	1134	670	464	799	479	320
同德县	342	173	169	320	203	117	221	146	75
贵德县	544	284	260	476	256	220	350	202	148
兴海县	494	259	235	469	255	214	416	244	172
贵南县	446	226	220	303	180	123	203	133	70
果洛藏族自治州	**2342**	**1359**	**983**	**2002**	**1248**	**754**	**1406**	**885**	**521**
玛沁县	912	514	398	746	472	274	587	380	207
班玛县	377	226	151	306	185	121	167	97	70
甘德县	351	198	153	273	172	101	173	116	57
达日县	274	163	111	266	164	102	163	94	69
久治县	198	113	85	156	92	64	112	73	39
玛多县	230	145	85	255	163	92	204	125	79
玉树藏族自治州	**1428**	**835**	**593**	**1571**	**957**	**614**	**1202**	**754**	**448**
玉树市	27	14	13	16	12	4	23	15	8
杂多县	230	142	88	247	153	94	183	132	51
称多县	304	180	124	325	198	127	256	154	102
治多县	229	144	85	265	172	93	214	143	71
囊谦县	188	114	74	246	159	87	206	121	85
曲麻莱县	450	241	209	472	263	209	320	189	131
海西蒙古族藏族自治州	**2172**	**1300**	**872**	**1900**	**1261**	**639**	**1297**	**898**	**399**
格尔木市	333	240	93	349	261	88	228	183	45
德令哈市	35	15	20	22	17	5	17	12	5
茫崖市	50	36	14	43	26	17	35	28	7
乌兰县	592	328	264	512	308	204	304	187	117
都兰县	521	247	274	354	207	147	246	160	86
天峻县	338	197	141	321	207	114	268	161	107
大柴旦行政委员会	303	237	66	299	235	64	199	167	32

5-2b 续表 3

单位：户

地　区	40-44岁			45-49岁			50-54岁		
	小计	男	女	小计	男	女	小计	男	女
全省	**13044**	**7817**	**5227**	**15798**	**9423**	**6375**	**14334**	**8847**	**5487**
西宁市	**1693**	**926**	**767**	**2439**	**1308**	**1131**	**2616**	**1465**	**1151**
城东区									
城中区	25	19	6	27	25	2	29	25	4
城西区	1	1		4	3	1	3	3	
城北区									
湟中区	321	209	112	473	290	183	458	295	163
大通回族土族自治县	950	512	438	1376	732	644	1481	804	677
湟源县	396	185	211	559	258	301	645	338	307
海东市	**2069**	**1101**	**968**	**2663**	**1422**	**1241**	**2600**	**1423**	**1177**
乐都区	72	53	19	106	79	27	123	81	42
平安区	21	18	3	35	30	5	27	22	5
民和回族土族自治县	622	322	300	886	456	430	912	470	442
互助土族自治县	797	384	413	983	494	489	920	523	397
化隆回族自治县	272	154	118	308	180	128	301	171	130
循化撒拉族自治县	285	170	115	345	183	162	317	156	161
海北藏族自治州	**1390**	**760**	**630**	**1702**	**922**	**780**	**1395**	**847**	**548**
门源回族自治县	408	189	219	537	239	298	477	247	230
祁连县	264	152	112	305	159	146	266	165	101
海晏县	419	229	190	515	291	224	433	277	156
刚察县	299	190	109	345	233	112	219	158	61
黄南藏族自治州	**1488**	**946**	**542**	**1487**	**957**	**530**	**1289**	**846**	**443**
同仁县	694	466	228	746	474	272	666	450	216
尖扎县	315	169	146	343	204	139	285	175	110
泽库县	281	184	97	213	161	52	175	117	58
河南蒙古族自治县	198	127	71	185	118	67	163	104	59
海南藏族自治州	**2239**	**1285**	**954**	**2765**	**1671**	**1094**	**2459**	**1515**	**944**
共和县	943	551	392	1224	733	491	1065	632	433
同德县	210	118	92	205	130	75	159	114	45
贵德县	403	216	187	581	319	262	609	353	256
兴海县	421	235	186	440	286	154	363	219	144
贵南县	262	165	97	315	203	112	263	197	66
果洛藏族自治州	**1359**	**905**	**454**	**1399**	**957**	**442**	**1154**	**814**	**340**
玛沁县	620	413	207	628	438	190	537	400	137
班玛县	184	128	56	226	147	79	170	118	52
甘德县	104	59	45	137	100	37	115	72	43
达日县	188	120	68	155	106	49	123	87	36
久治县	78	51	27	99	67	32	75	52	23
玛多县	185	134	51	154	99	55	134	85	49
玉树藏族自治州	**1194**	**750**	**444**	**1103**	**668**	**435**	**871**	**548**	**323**
玉树市	25	12	13	23	12	11	13	11	2
杂多县	180	127	53	152	96	56	117	80	37
称多县	317	199	118	281	186	95	220	146	74
治多县	194	129	65	179	119	60	142	84	58
囊谦县	180	105	75	187	100	87	148	90	58
曲麻莱县	298	178	120	281	155	126	231	137	94
海西蒙古族藏族自治州	**1612**	**1144**	**468**	**2240**	**1518**	**722**	**1950**	**1389**	**561**
格尔木市	272	206	66	373	270	103	380	291	89
德令哈市	24	16	8	38	27	11	37	27	10
茫崖市	76	62	14	150	113	37	65	57	8
乌兰县	380	235	145	590	366	224	508	341	167
都兰县	335	231	104	437	273	164	403	276	127
天峻县	278	187	91	326	203	123	313	198	115
大柴旦行政委员会	247	207	40	326	266	60	244	199	45

5-2b 续表 4

单位：户

地 区	55-59岁			60-64岁			65岁及以上		
	小计	男	女	小计	男	女	小计	男	女
全省	**8869**	**5451**	**3418**	**4634**	**2596**	**2038**	**15165**	**6498**	**8667**
西宁市	**1777**	**1010**	**767**	**1041**	**538**	**503**	**3510**	**1320**	**2190**
城东区									
城中区	10	6	4	8	6	2	14	4	10
城西区	3	3		1	1		3	2	1
城北区									
湟中区	290	175	115	156	96	60	486	228	258
大通回族土族自治县	1055	601	454	610	299	311	2276	823	1453
湟源县	419	225	194	266	136	130	731	263	468
海东市	**1841**	**1118**	**723**	**1097**	**625**	**472**	**3688**	**1749**	**1939**
乐都区	103	56	47	65	34	31	260	112	148
平安区	21	15	6	9	6	3	40	23	17
民和回族土族自治县	601	348	253	323	175	148	1127	506	621
互助土族自治县	692	445	247	475	280	195	1428	728	700
化隆回族自治县	197	129	68	85	51	34	297	154	143
循化撒拉族自治县	227	125	102	140	79	61	536	226	310
海北藏族自治州	**788**	**474**	**314**	**382**	**199**	**183**	**1164**	**440**	**724**
门源回族自治县	283	152	131	160	83	77	522	228	294
祁连县	162	100	62	88	47	41	257	81	176
海晏县	244	159	85	82	37	45	252	78	174
刚察县	99	63	36	52	32	20	133	53	80
黄南藏族自治州	**808**	**527**	**281**	**336**	**210**	**126**	**1217**	**577**	**640**
同仁县	416	279	137	166	100	66	615	268	347
尖扎县	158	101	57	73	43	30	226	112	114
泽库县	151	97	54	57	43	14	221	116	105
河南蒙古族自治县	83	50	33	40	24	16	155	81	74
海南藏族自治州	**1511**	**936**	**575**	**779**	**447**	**332**	**2106**	**988**	**1118**
共和县	625	399	226	286	170	116	754	335	419
同德县	83	61	22	35	22	13	87	51	36
贵德县	464	262	202	310	178	132	850	392	458
兴海县	199	124	75	98	48	50	277	141	136
贵南县	140	90	50	50	29	21	138	69	69
果洛藏族自治州	**638**	**439**	**199**	**277**	**158**	**119**	**897**	**407**	**490**
玛沁县	292	215	77	94	61	33	276	121	155
班玛县	87	64	23	46	23	23	182	88	94
甘德县	70	48	22	32	23	9	117	72	45
达日县	83	48	35	27	15	12	142	48	94
久治县	42	27	15	18	11	7	39	16	23
玛多县	64	37	27	60	25	35	141	62	79
玉树藏族自治州	**535**	**315**	**220**	**283**	**147**	**136**	**1477**	**550**	**927**
玉树市	12	5	7	8	1	7	50	14	36
杂多县	69	47	22	19	12	7	181	77	104
称多县	144	81	63	72	42	30	349	121	228
治多县	97	51	46	54	24	30	390	128	262
囊谦县	83	57	26	56	30	26	228	93	135
曲麻莱县	130	74	56	74	38	36	279	117	162
海西蒙古族藏族自治州	**971**	**632**	**339**	**439**	**272**	**167**	**1106**	**467**	**639**
格尔木市	209	153	56	88	56	32	161	89	72
德令哈市	11	9	2	15	9	6	29	10	19
茫崖市	20	16	4	1	1		3		3
乌兰县	248	137	111	128	72	56	375	148	227
都兰县	218	135	83	123	77	46	253	88	165
天峻县	177	110	67	72	48	24	200	95	105
大柴旦行政委员会	88	72	16	12	9	3	85	37	48

5-2c 各地区分年龄、性别的一人户(乡村)

单位：户

地区	合计			14岁及以下		
	合计	男	女	小计	男	女
全省	**139773**	**85063**	**54710**	**14578**	**7642**	**6936**
西宁市	**21341**	**13492**	**7849**	**1445**	**743**	**702**
城东区						
城中区	56	31	25	3		3
城西区						
城北区	404	290	114	10	3	7
湟中区	11203	7159	4044	766	395	371
大通回族土族自治县	6415	3908	2507	548	286	262
湟源县	3263	2104	1159	118	59	59
海东市	**42241**	**25590**	**16651**	**4209**	**2285**	**1924**
乐都区	9073	5512	3561	493	261	232
平安区	2601	1548	1053	199	101	98
民和回族土族自治县	8887	5330	3557	884	488	396
互助土族自治县	9433	6116	3317	613	335	278
化隆回族自治县	8498	5020	3478	1346	735	611
循化撒拉族自治县	3749	2064	1685	674	365	309
海北藏族自治州	**8448**	**5450**	**2998**	**618**	**331**	**287**
门源回族自治县	3684	2392	1292	303	165	138
祁连县	1947	1249	698	139	74	65
海晏县	1116	747	369	82	51	31
刚察县	1701	1062	639	94	41	53
黄南藏族自治州	**9538**	**5865**	**3673**	**1281**	**705**	**576**
同仁县	1804	1078	726	270	151	119
尖扎县	2419	1270	1149	286	150	136
泽库县	3588	2352	1236	489	246	243
河南蒙古族自治县	1727	1165	562	236	158	78
海南藏族自治州	**17361**	**11014**	**6347**	**1567**	**849**	**718**
共和县	4585	2832	1753	428	241	187
同德县	3145	2135	1010	204	108	96
贵德县	3189	1903	1286	225	124	101
兴海县	3655	2249	1406	445	238	207
贵南县	2787	1895	892	265	138	127
果洛藏族自治州	**15058**	**9173**	**5885**	**1417**	**713**	**704**
玛沁县	2429	1403	1026	320	151	169
班玛县	1381	663	718	102	49	53
甘德县	5262	3356	1906	379	208	171
达日县	2676	1678	998	293	149	144
久治县	2337	1491	846	141	63	78
玛多县	973	582	391	182	93	89
玉树藏族自治州	**16884**	**8755**	**8129**	**3372**	**1668**	**1704**
玉树市	3634	1870	1764	677	342	335
杂多县	2398	1276	1122	754	377	377
称多县	3880	2034	1846	610	311	299
治多县	951	484	467	280	130	150
囊谦县	4021	2030	1991	682	346	336
曲麻莱县	2000	1061	939	369	162	207
海西蒙古族藏族自治州	**8902**	**5724**	**3178**	**669**	**348**	**321**
格尔木市	1450	909	541	102	59	43
德令哈市	1718	1062	656	146	75	71
茫崖市						
乌兰县	1119	688	431	104	55	49
都兰县	2912	1888	1024	216	112	104
天峻县	1069	647	422	98	44	54
大柴旦行政委员会	634	530	104	3	3	

5-2c 续表 1

单位：户

地区	15-19岁			20-24岁		
	小计	男	女	小计	男	女
全省	**7541**	**4525**	**3016**	**10612**	**6425**	**4187**
西宁市	**916**	**537**	**379**	**1227**	**768**	**459**
城东区						
城中区	3		3	5	4	1
城西区						
城北区	5	4	1	17	13	4
湟中区	463	275	188	576	366	210
大通回族土族自治县	278	162	116	393	243	150
湟源县	167	96	71	236	142	94
海东市	**2226**	**1282**	**944**	**2762**	**1621**	**1141**
乐都区	473	260	213	556	327	229
平安区	181	100	81	163	91	72
民和回族土族自治县	468	290	178	763	458	305
互助土族自治县	288	178	110	373	228	145
化隆回族自治县	558	318	240	635	352	283
循化撒拉族自治县	258	136	122	272	165	107
海北藏族自治州	**458**	**259**	**199**	**658**	**393**	**265**
门源回族自治县	209	103	106	313	175	138
祁连县	116	70	46	148	87	61
海晏县	67	45	22	82	55	27
刚察县	66	41	25	115	76	39
黄南藏族自治州	**563**	**389**	**174**	**858**	**572**	**286**
同仁县	101	72	29	131	96	35
尖扎县	112	65	47	170	96	74
泽库县	257	193	64	407	278	129
河南蒙古族自治县	93	59	34	150	102	48
海南藏族自治州	**1056**	**746**	**310**	**1537**	**1022**	**515**
共和县	207	134	73	338	216	122
同德县	197	139	58	324	229	95
贵德县	142	93	49	190	125	65
兴海县	287	204	83	420	255	165
贵南县	223	176	47	265	197	68
果洛藏族自治州	**1042**	**615**	**427**	**1738**	**1027**	**711**
玛沁县	128	85	43	198	126	72
班玛县	50	21	29	118	45	73
甘德县	516	297	219	845	508	337
达日县	128	82	46	236	142	94
久治县	165	100	65	258	155	103
玛多县	55	30	25	83	51	32
玉树藏族自治州	**902**	**482**	**420**	**1173**	**602**	**571**
玉树市	189	98	91	262	136	126
杂多县	176	111	65	226	131	95
称多县	236	122	114	251	129	122
治多县	52	19	33	73	34	39
囊谦县	151	75	76	220	102	118
曲麻莱县	98	57	41	141	70	71
海西蒙古族藏族自治州	**378**	**215**	**163**	**659**	**420**	**239**
格尔木市	40	20	20	113	75	38
德令哈市	80	40	40	176	106	70
茫崖市						
乌兰县	60	33	27	77	48	29
都兰县	153	99	54	204	130	74
天峻县	42	22	20	61	38	23
大柴旦行政委员会	3	1	2	28	23	5

5−2c 续表 2

单位：户

地区	25−29岁			30−34岁			35−39岁		
	小计	男	女	小计	男	女	小计	男	女
全省	**11061**	**6942**	**4119**	**10257**	**7021**	**3236**	**9253**	**6423**	**2830**
西宁市	**1184**	**709**	**475**	**1114**	**768**	**346**	**894**	**674**	**220**
城东区									
城中区	2		2	4	2	2	2	2	
城西区									
城北区	18	13	5	36	26	10	33	27	6
湟中区	617	373	244	539	368	171	444	327	117
大通回族土族自治县	329	193	136	349	235	114	275	204	71
湟源县	218	130	88	186	137	49	140	114	26
海东市	**2979**	**1820**	**1159**	**2476**	**1706**	**770**	**2147**	**1543**	**604**
乐都区	683	454	229	460	320	140	428	318	110
平安区	175	104	71	134	90	44	87	64	23
民和回族土族自治县	730	445	285	595	394	201	391	288	103
互助土族自治县	437	284	153	477	365	112	443	352	91
化隆回族自治县	661	346	315	585	390	195	571	367	204
循化撒拉族自治县	293	187	106	225	147	78	227	154	73
海北藏族自治州	**660**	**448**	**212**	**699**	**508**	**191**	**680**	**498**	**182**
门源回族自治县	255	180	75	271	209	62	207	153	54
祁连县	153	91	62	162	118	44	204	158	46
海晏县	99	66	33	90	60	30	95	68	27
刚察县	153	111	42	176	121	55	174	119	55
黄南藏族自治州	**945**	**641**	**304**	**825**	**573**	**252**	**805**	**537**	**268**
同仁县	140	101	39	152	103	49	137	92	45
尖扎县	214	121	93	142	85	57	175	94	81
泽库县	378	271	107	322	228	94	342	246	96
河南蒙古族自治县	213	148	65	209	157	52	151	105	46
海南藏族自治州	**1463**	**1024**	**439**	**1426**	**1048**	**378**	**1356**	**956**	**400**
共和县	350	239	111	367	270	97	372	256	116
同德县	260	180	80	321	252	69	311	232	79
贵德县	214	151	63	172	123	49	182	132	50
兴海县	366	241	125	313	192	121	275	177	98
贵南县	273	213	60	253	211	42	216	159	57
果洛藏族自治州	**1750**	**1099**	**651**	**1482**	**997**	**485**	**1255**	**851**	**404**
玛沁县	246	156	90	258	161	97	231	148	83
班玛县	170	76	94	150	83	67	122	58	64
甘德县	609	388	221	490	354	136	385	277	108
达日县	352	231	121	279	187	92	240	168	72
久治县	270	173	97	192	132	60	195	141	54
玛多县	103	75	28	113	80	33	82	59	23
玉树藏族自治州	**1202**	**671**	**531**	**1364**	**819**	**545**	**1348**	**784**	**564**
玉树市	236	119	117	281	172	109	255	151	104
杂多县	178	101	77	153	86	67	140	83	57
称多县	260	154	106	363	214	149	365	208	157
治多县	79	41	38	79	47	32	64	43	21
囊谦县	271	145	126	292	170	122	312	170	142
曲麻莱县	178	111	67	196	130	66	212	129	83
海西蒙古族藏族自治州	**878**	**530**	**348**	**871**	**602**	**269**	**768**	**580**	**188**
格尔木市	195	124	71	172	111	61	116	83	33
德令哈市	144	83	61	136	93	43	112	87	25
茫崖市									
乌兰县	81	38	43	80	54	26	88	61	27
都兰县	281	162	119	247	175	72	258	196	62
天峻县	95	63	32	133	86	47	123	90	33
大柴旦行政委员会	82	60	22	103	83	20	71	63	8

5-2c 续表 3

单位：户

地 区	40-44岁			45-49岁			50-54岁		
	小计	男	女	小计	男	女	小计	男	女
全省	**11838**	**8119**	**3719**	**14905**	**10238**	**4667**	**14239**	**9666**	**4573**
西宁市	**1507**	**1132**	**375**	**2812**	**2047**	**765**	**3026**	**2170**	**856**
城东区									
城中区	3	3		5	3	2	5	4	1
城西区									
城北区	48	39	9	54	44	10	59	50	9
湟中区	733	588	145	1493	1124	369	1616	1175	441
大通回族土族自治县	466	317	149	826	553	273	883	608	275
湟源县	257	185	72	434	323	111	463	333	130
海东市	**3220**	**2260**	**960**	**4489**	**3125**	**1364**	**4772**	**3265**	**1507**
乐都区	612	457	155	942	690	252	1118	774	344
平安区	197	150	47	270	203	67	305	217	88
民和回族土族自治县	639	433	206	927	628	299	842	571	271
互助土族自治县	792	601	191	1230	868	362	1382	983	399
化隆回族自治县	732	452	280	805	531	274	833	558	275
循化撒拉族自治县	248	167	81	315	205	110	292	162	130
海北藏族自治州	**905**	**633**	**272**	**1026**	**700**	**326**	**886**	**621**	**265**
门源回族自治县	315	229	86	460	323	137	405	292	113
祁连县	229	154	75	229	146	83	177	124	53
海晏县	136	99	37	125	90	35	121	86	35
刚察县	225	151	74	212	141	71	183	119	64
黄南藏族自治州	**873**	**566**	**307**	**853**	**548**	**305**	**738**	**457**	**281**
同仁县	176	113	63	157	98	59	147	77	70
尖扎县	256	141	115	272	142	130	245	129	116
泽库县	300	213	87	277	197	80	213	157	56
河南蒙古族自治县	141	99	42	147	111	36	133	94	39
海南藏族自治州	**1635**	**1173**	**462**	**1902**	**1279**	**623**	**1649**	**1102**	**547**
共和县	460	333	127	533	343	190	478	307	171
同德县	315	231	84	377	277	100	281	199	82
贵德县	256	177	79	360	237	123	408	261	147
兴海县	332	233	99	314	196	118	281	196	85
贵南县	272	199	73	318	226	92	201	139	62
果洛藏族自治州	**1371**	**925**	**446**	**1357**	**952**	**405**	**1065**	**708**	**357**
玛沁县	256	165	91	219	148	71	155	89	66
班玛县	103	43	60	135	66	69	124	62	62
甘德县	439	301	138	434	324	110	355	267	88
达日县	246	173	73	243	175	68	205	138	67
久治县	234	180	54	237	187	50	185	129	56
玛多县	93	63	30	89	52	37	41	23	18
玉树藏族自治州	**1397**	**778**	**619**	**1405**	**825**	**580**	**1102**	**639**	**463**
玉树市	303	176	127	300	174	126	264	148	116
杂多县	136	74	62	131	83	48	117	74	43
称多县	362	189	173	370	215	155	279	165	114
治多县	68	43	25	59	36	23	29	22	7
囊谦县	347	189	158	377	221	156	301	162	139
曲麻莱县	181	107	74	168	96	72	112	68	44
海西蒙古族藏族自治州	**930**	**652**	**278**	**1061**	**762**	**299**	**1001**	**704**	**297**
格尔木市	121	81	40	161	109	52	161	110	51
德令哈市	150	103	47	187	129	58	179	118	61
茫崖市									
乌兰县	130	83	47	137	94	43	122	88	34
都兰县	285	207	78	346	262	84	350	240	110
天峻县	126	79	47	111	63	48	113	82	31
大柴旦行政委员会	118	99	19	119	105	14	76	66	10

5-2c 续表 4 单位：户

地　　区	55-59岁			60-64岁			65岁及以上		
	小计	男	女	小计	男	女	小计	男	女
全省	**9962**	**6295**	**3667**	**5534**	**3072**	**2462**	**19993**	**8695**	**11298**
西宁市	**2128**	**1438**	**690**	**1200**	**731**	**469**	**3888**	**1775**	**2113**
城东区									
城中区	8	4	4	5	5		11	4	7
城西区									
城北区	37	33	4	26	15	11	61	23	38
湟中区	1131	757	374	626	382	244	2199	1029	1170
大通回族土族自治县	655	429	226	338	210	128	1075	468	607
湟源县	297	215	82	205	119	86	542	251	291
海东市	**3591**	**2242**	**1349**	**2206**	**1222**	**984**	**7164**	**3219**	**3945**
乐都区	815	520	295	580	335	245	1913	796	1117
平安区	210	127	83	139	69	70	541	232	309
民和回族土族自治县	704	441	263	377	199	178	1567	695	872
互助土族自治县	1098	701	397	700	429	271	1600	792	808
化隆回族自治县	546	344	202	280	146	134	946	481	465
循化撒拉族自治县	218	109	109	130	44	86	597	223	374
海北藏族自治州	**615**	**418**	**197**	**316**	**188**	**128**	**927**	**453**	**474**
门源回族自治县	294	212	82	170	107	63	482	244	238
祁连县	134	89	45	60	36	24	196	102	94
海晏县	71	51	20	45	28	17	103	48	55
刚察县	116	66	50	41	17	24	146	59	87
黄南藏族自治州	**522**	**295**	**227**	**230**	**109**	**121**	**1045**	**473**	**572**
同仁县	110	62	48	49	19	30	234	94	140
尖扎县	162	79	83	86	38	48	299	130	169
泽库县	171	105	66	62	33	29	370	185	185
河南蒙古族自治县	79	49	30	33	19	14	142	64	78
海南藏族自治州	**1099**	**627**	**472**	**589**	**320**	**269**	**2082**	**868**	**1214**
共和县	323	184	139	184	86	98	545	223	322
同德县	178	101	77	71	43	28	306	144	162
贵德县	274	150	124	172	92	80	594	238	356
兴海县	180	116	64	89	54	35	353	147	206
贵南县	144	76	68	73	45	28	284	116	168
果洛藏族自治州	**718**	**477**	**241**	**308**	**156**	**152**	**1555**	**653**	**902**
玛沁县	111	58	53	67	33	34	240	83	157
班玛县	73	43	30	33	17	16	201	100	101
甘德县	251	182	69	75	42	33	484	208	276
达日县	134	87	47	54	29	25	266	117	149
久治县	118	88	30	65	29	36	277	114	163
玛多县	31	19	12	14	6	8	87	31	56
玉树藏族自治州	**668**	**379**	**289**	**360**	**165**	**195**	**2591**	**943**	**1648**
玉树市	143	89	54	87	35	52	637	230	407
杂多县	78	44	34	29	13	16	280	99	181
称多县	167	95	72	104	46	58	513	186	327
治多县	22	17	5	11	3	8	135	49	86
囊谦县	203	102	101	90	51	39	775	297	478
曲麻莱县	55	32	23	39	17	22	251	82	169
海西蒙古族藏族自治州	**621**	**419**	**202**	**325**	**181**	**144**	**741**	**311**	**430**
格尔木市	101	71	30	60	27	33	108	39	69
德令哈市	144	95	49	68	39	29	196	94	102
茫崖市									
乌兰县	80	58	22	49	30	19	111	46	65
都兰县	199	133	66	115	66	49	258	106	152
天峻县	73	42	31	29	15	14	65	23	42
大柴旦行政委员会	24	20	4	4	4		3	3	

5-3　各地区家庭户中民族混合户户数

单位：户、%

地　区	家庭户户数	单一民族户		二个民族户		三个民族户		四个及以上民族户	
		户数	占家庭户比重	户数	占家庭户比重	户数	占家庭户比重	户数	占家庭户比重
全省	**1965893**	**1827913**	**92.98**	**132497**	**6.74**	**5294**	**0.27**	**189**	**0.01**
西宁市	**847809**	**783952**	**92.47**	**62250**	**7.34**	**1552**	**0.18**	**55**	**0.01**
城东区	174318	164192	94.19	9965	5.72	151	0.09	10	0.01
城中区	124908	117531	94.09	7255	5.81	116	0.09	6	
城西区	124793	115625	92.65	8988	7.20	171	0.14	9	0.01
城北区	149028	140389	94.20	8499	5.70	136	0.09	4	
湟中区	115403	107051	92.76	8007	6.94	326	0.28	19	0.02
大通回族土族自治县	121224	104636	86.32	16028	13.22	558	0.46	2	
湟源县	38135	34528	90.54	3508	9.20	94	0.25	5	0.01
海东市	**421329**	**389258**	**92.39**	**30492**	**7.24**	**1549**	**0.37**	**30**	**0.01**
乐都区	83855	76465	91.19	7014	8.36	361	0.43	15	0.02
平安区	39935	37811	94.68	2009	5.03	113	0.28	2	0.01
民和回族土族自治县	96394	89870	93.23	6243	6.48	279	0.29	2	
互助土族自治县	107311	95988	89.45	10959	10.21	364	0.34		
化隆回族自治县	56539	54082	95.65	2186	3.87	264	0.47	7	0.01
循化撒拉族自治县	37295	35042	93.96	2081	5.58	168	0.45	4	0.01
海北藏族自治州	**93114**	**81348**	**87.36**	**11218**	**12.05**	**535**	**0.57**	**13**	**0.01**
门源回族自治县	46284	40340	87.16	5688	12.29	256	0.55		
祁连县	17458	14802	84.79	2486	14.24	166	0.95	4	0.02
海晏县	15075	12743	84.53	2285	15.16	45	0.30	2	0.01
刚察县	14297	13463	94.17	759	5.31	68	0.48	7	0.05
黄南藏族自治州	**86864**	**83232**	**95.82**	**3346**	**3.85**	**270**	**0.31**	**16**	**0.02**
同仁县	30232	27870	92.19	2174	7.19	174	0.58	14	0.05
尖扎县	18553	17915	96.56	565	3.05	71	0.38	2	0.01
泽库县	24019	23800	99.09	216	0.90	3	0.01		
河南蒙古族自治县	14060	13647	97.06	391	2.78	22	0.16		
海南藏族自治州	**150393**	**141206**	**93.89**	**8732**	**5.81**	**437**	**0.29**	**18**	**0.01**
共和县	47409	43096	90.90	4089	8.62	216	0.46	8	0.02
同德县	18994	18478	97.28	470	2.47	43	0.23	3	0.02
贵德县	35402	32713	92.40	2597	7.34	87	0.25	5	0.01
兴海县	25729	25006	97.19	676	2.63	45	0.17	2	0.01
贵南县	22859	21913	95.86	900	3.94	46	0.20		
果洛藏族自治州	**73779**	**72294**	**97.99**	**1299**	**1.76**	**179**	**0.24**	**7**	**0.01**
玛沁县	19786	19315	97.62	399	2.02	68	0.34	4	0.02
班玛县	10077	9877	98.02	183	1.82	17	0.17		
甘德县	15444	15222	98.56	218	1.41	3	0.02	1	0.01
达日县	12880	12600	97.83	226	1.75	52	0.40	2	0.02
久治县	9549	9342	97.83	184	1.93	23	0.24		
玛多县	6043	5938	98.26	89	1.47	16	0.26		
玉树藏族自治州	**126778**	**124807**	**98.45**	**1669**	**1.32**	**276**	**0.22**	**26**	**0.02**
玉树市	40958	39994	97.65	828	2.02	129	0.31	7	0.02
杂多县	18153	17898	98.60	205	1.13	47	0.26	3	0.02
称多县	20040	19807	98.84	192	0.96	39	0.19	2	0.01
治多县	11447	11315	98.85	124	1.08	6	0.05	2	0.02
囊谦县	23096	22880	99.06	202	0.87	10	0.04	4	0.02
曲麻莱县	13084	12913	98.69	118	0.90	45	0.34	8	0.06
海西蒙古族藏族自治州	**165827**	**151816**	**91.55**	**13491**	**8.14**	**496**	**0.30**	**24**	**0.01**
格尔木市	74567	68959	92.48	5481	7.35	124	0.17	3	
德令哈市	31699	27982	88.27	3561	11.23	144	0.45	12	0.04
茫崖市	7845	7623	97.17	215	2.74	3	0.04	4	0.05
乌兰县	13252	11657	87.96	1526	11.52	68	0.51	1	0.01
都兰县	23960	21718	90.64	2136	8.91	104	0.43	2	0.01
天峻县	9706	9388	96.72	290	2.99	28	0.29		
大柴旦行政委员会	4798	4489	93.56	282	5.88	25	0.52	2	0.04

5-3a 各地区家庭户中民族混合户户数(城市)

单位：户、%

地区	家庭户户数	单一民族户		二个民族户		三个民族户		四个及以上民族户	
		户数	占家庭户比重	户数	占家庭户比重	户数	占家庭户比重	户数	占家庭户比重
全省	**766028**	**716934**	**93.59**	**48246**	**6.30**	**810**	**0.11**	**38**	
西宁市	**590294**	**553696**	**93.80**	**36006**	**6.10**	**565**	**0.10**	**27**	
城东区	174318	164192	94.19	9965	5.72	151	0.09	10	0.01
城中区	124240	116887	94.08	7234	5.82	114	0.09	5	
城西区	124691	115526	92.65	8985	7.21	171	0.14	9	0.01
城北区	146130	137620	94.18	8392	5.74	115	0.08	3	
湟中区	17025	15711	92.28	1302	7.65	12	0.07		
大通回族土族自治县	3890	3760	96.66	128	3.29	2	0.05		
湟源县									
海东市	**65078**	**60071**	**92.31**	**4897**	**7.52**	**108**	**0.17**	**2**	
乐都区	38445	34910	90.81	3439	8.95	94	0.24	2	0.01
平安区	26633	25161	94.47	1458	5.47	14	0.05		
民和回族土族自治县									
互助土族自治县									
化隆回族自治县									
循化撒拉族自治县									
海北藏族自治州									
门源回族自治县									
祁连县									
海晏县									
刚察县									
黄南藏族自治州									
同仁县									
尖扎县									
泽库县									
河南蒙古族自治县									
海南藏族自治州									
共和县									
同德县									
贵德县									
兴海县									
贵南县									
果洛藏族自治州									
玛沁县									
班玛县									
甘德县									
达日县									
久治县									
玛多县									
玉树藏族自治州	**24637**	**24004**	**97.43**	**608**	**2.47**	**23**	**0.09**	**2**	**0.01**
玉树市	23976	23349	97.38	602	2.51	23	0.10	2	0.01
杂多县									
称多县									
治多县									
囊谦县									
曲麻莱县	661	655	99.09	6	0.91				
海西蒙古族藏族自治州	**86019**	**79163**	**92.03**	**6735**	**7.83**	**114**	**0.13**	**7**	**0.01**
格尔木市	56202	52084	92.67	4043	7.19	73	0.13	2	
德令哈市	22994	20437	88.88	2518	10.95	38	0.17	1	
茫崖市	6823	6642	97.35	174	2.55	3	0.04	4	0.06
乌兰县									
都兰县									
天峻县									
大柴旦行政委员会									

5-3b 各地区家庭户中民族混合户户数(镇)

单位：户、%

地 区	家庭户户数	单一民族户		二个民族户		三个民族户		四个及以上民族户	
		户数	占家庭户比重	户数	占家庭户比重	户数	占家庭户比重	户数	占家庭户比重
全省	**483732**	**445610**	**92.12**	**37382**	**7.73**	**719**	**0.15**	**21**	
西宁市	**102748**	**92557**	**90.08**	**9992**	**9.72**	**198**	**0.19**	**1**	
城东区									
城中区	376	368	97.87	8	2.13				
城西区	102	99	97.06	3	2.94				
城北区									
湟中区	20467	19166	93.64	1283	6.27	18	0.09		
大通回族土族自治县	61624	54447	88.35	7010	11.38	166	0.27	1	
湟源县	20179	18477	91.57	1688	8.37	14	0.07		
海东市	**112130**	**103385**	**92.20**	**8609**	**7.68**	**132**	**0.12**	**4**	
乐都区	4351	4121	94.71	229	5.26	1	0.02		
平安区	701	680	97.00	21	3.00				
民和回族土族自治县	40508	37824	93.37	2630	6.49	52	0.13	2	
互助土族自治县	40301	36073	89.51	4170	10.35	58	0.14		
化隆回族自治县	11936	11548	96.75	383	3.21	5	0.04		
循化撒拉族自治县	14333	13139	91.67	1176	8.20	16	0.11	2	0.01
海北藏族自治州	**48065**	**41137**	**85.59**	**6755**	**14.05**	**170**	**0.35**	**3**	**0.01**
门源回族自治县	21031	17960	85.40	2987	14.20	84	0.40		
祁连县	9601	8085	84.21	1473	15.34	43	0.45		
海晏县	11173	9365	83.82	1784	15.97	24	0.21		
刚察县	6260	5727	91.49	511	8.16	19	0.30	3	0.05
黄南藏族自治州	**39786**	**37448**	**94.12**	**2284**	**5.74**	**53**	**0.13**	**1**	
同仁县	16833	15095	89.68	1696	10.08	41	0.24	1	0.01
尖扎县	7983	7705	96.52	273	3.42	5	0.06		
泽库县	8480	8402	99.08	76	0.90	2	0.02		
河南蒙古族自治县	6490	6246	96.24	239	3.68	5	0.08		
海南藏族自治州	**67859**	**62326**	**91.85**	**5457**	**8.04**	**74**	**0.11**	**2**	
共和县	25440	22642	89.00	2758	10.84	40	0.16		
同德县	5598	5394	96.36	203	3.63	1	0.02		
贵德县	17590	15948	90.67	1623	9.23	19	0.11		
兴海县	11817	11357	96.11	450	3.81	8	0.07	2	0.02
贵南县	7414	6985	94.21	423	5.71	6	0.08		
果洛藏族自治州	**28905**	**28261**	**97.77**	**631**	**2.18**	**11**	**0.04**	**2**	**0.01**
玛沁县	11195	10941	97.73	250	2.23	3	0.03	1	0.01
班玛县	4193	4092	97.59	100	2.38	1	0.02		
甘德县	3006	2940	97.80	62	2.06	3	0.10	1	0.03
达日县	4838	4749	98.16	87	1.80	2	0.04		
久治县	2026	1943	95.90	81	4.00	2	0.10		
玛多县	3647	3596	98.60	51	1.40				
玉树藏族自治州	**40497**	**40065**	**98.93**	**399**	**0.99**	**26**	**0.06**	**7**	**0.02**
玉树市	1514	1503	99.27	10	0.66	1	0.07		
杂多县	8897	8832	99.27	63	0.71	2	0.02		
称多县	7716	7604	98.55	102	1.32	8	0.10	2	0.03
治多县	8274	8162	98.65	104	1.26	6	0.07	2	0.02
囊谦县	7982	7878	98.70	92	1.15	9	0.11	3	0.04
曲麻莱县	6114	6086	99.54	28	0.46				
海西蒙古族藏族自治州	**43742**	**40431**	**92.43**	**3255**	**7.44**	**55**	**0.13**	**1**	
格尔木市	11489	10653	92.72	825	7.18	11	0.10		
德令哈市	786	722	91.86	64	8.14				
茫崖市	1022	981	95.99	41	4.01				
乌兰县	9017	8109	89.93	886	9.83	22	0.24		
都兰县	11532	10501	91.06	1016	8.81	15	0.13		
天峻县	6102	5894	96.59	207	3.39	1	0.02		
大柴旦行政委员会	3794	3571	94.12	216	5.69	6	0.16	1	0.03

5-3c 各地区家庭户中民族混合户户数(乡村)

单位：户、%

地区	家庭户户数	单一民族户		二个民族户		三个民族户		四个及以上民族户	
		户数	占家庭户比重	户数	占家庭户比重	户数	占家庭户比重	户数	占家庭户比重
全省	**716133**	**665369**	**92.91**	**46869**	**6.54**	**3765**	**0.53**	**130**	**0.02**
西宁市	**154767**	**137699**	**88.97**	**16252**	**10.50**	**789**	**0.51**	**27**	**0.02**
城东区									
城中区	292	276	94.52	13	4.45	2	0.68	1	0.34
城西区									
城北区	2898	2769	95.55	107	3.69	21	0.72	1	0.03
湟中区	77911	72174	92.64	5422	6.96	296	0.38	19	0.02
大通回族土族自治县	55710	46429	83.34	8890	15.96	390	0.70	1	
湟源县	17956	16051	89.39	1820	10.14	80	0.45	5	0.03
海东市	**244121**	**225802**	**92.50**	**16986**	**6.96**	**1309**	**0.54**	**24**	**0.01**
乐都区	41059	37434	91.17	3346	8.15	266	0.65	13	0.03
平安区	12601	11970	94.99	530	4.21	99	0.79	2	0.02
民和回族土族自治县	55886	52046	93.13	3613	6.46	227	0.41		
互助土族自治县	67010	59915	89.41	6789	10.13	306	0.46		
化隆回族自治县	44603	42534	95.36	1803	4.04	259	0.58	7	0.02
循化撒拉族自治县	22962	21903	95.39	905	3.94	152	0.66	2	0.01
海北藏族自治州	**45049**	**40211**	**89.26**	**4463**	**9.91**	**365**	**0.81**	**10**	**0.02**
门源回族自治县	25253	22380	88.62	2701	10.70	172	0.68		
祁连县	7857	6717	85.49	1013	12.89	123	1.57	4	0.05
海晏县	3902	3378	86.57	501	12.84	21	0.54	2	0.05
刚察县	8037	7736	96.25	248	3.09	49	0.61	4	0.05
黄南藏族自治州	**47078**	**45784**	**97.25**	**1062**	**2.26**	**217**	**0.46**	**15**	**0.03**
同仁县	13399	12775	95.34	478	3.57	133	0.99	13	0.10
尖扎县	10570	10210	96.59	292	2.76	66	0.62	2	0.02
泽库县	15539	15398	99.09	140	0.90	1	0.01		
河南蒙古族自治县	7570	7401	97.77	152	2.01	17	0.22		
海南藏族自治州	**82534**	**78880**	**95.57**	**3275**	**3.97**	**363**	**0.44**	**16**	**0.02**
共和县	21969	20454	93.10	1331	6.06	176	0.80	8	0.04
同德县	13396	13084	97.67	267	1.99	42	0.31	3	0.02
贵德县	17812	16765	94.12	974	5.47	68	0.38	5	0.03
兴海县	13912	13649	98.11	226	1.62	37	0.27		
贵南县	15445	14928	96.65	477	3.09	40	0.26		
果洛藏族自治州	**44874**	**44033**	**98.13**	**668**	**1.49**	**168**	**0.37**	**5**	**0.01**
玛沁县	8591	8374	97.47	149	1.73	65	0.76	3	0.03
班玛县	5884	5785	98.32	83	1.41	16	0.27		
甘德县	12438	12282	98.75	156	1.25				
达日县	8042	7851	97.62	139	1.73	50	0.62	2	0.02
久治县	7523	7399	98.35	103	1.37	21	0.28		
玛多县	2396	2342	97.75	38	1.59	16	0.67		
玉树藏族自治州	**61644**	**60738**	**98.53**	**662**	**1.07**	**227**	**0.37**	**17**	**0.03**
玉树市	15468	15142	97.89	216	1.40	105	0.68	5	0.03
杂多县	9256	9066	97.95	142	1.53	45	0.49	3	0.03
称多县	12324	12203	99.02	90	0.73	31	0.25		
治多县	3173	3153	99.37	20	0.63				
囊谦县	15114	15002	99.26	110	0.73	1	0.01	1	0.01
曲麻莱县	6309	6172	97.83	84	1.33	45	0.71	8	0.13
海西蒙古族藏族自治州	**36066**	**32222**	**89.34**	**3501**	**9.71**	**327**	**0.91**	**16**	**0.04**
格尔木市	6876	6222	90.49	613	8.92	40	0.58	1	0.01
德令哈市	7919	6823	86.16	979	12.36	106	1.34	11	0.14
茫崖市									
乌兰县	4235	3548	83.78	640	15.11	46	1.09	1	0.02
都兰县	12428	11217	90.26	1120	9.01	89	0.72	2	0.02
天峻县	3604	3494	96.95	83	2.30	27	0.75		
大柴旦行政委员会	1004	918	91.43	66	6.57	19	1.89	1	0.10

5-4　各地区有60岁及以上人口的家庭户户数

单位：户

地　　区	合　计	有一个60岁及以上人口的户				有二个60岁及以上人口的户				有三个60岁及以上人口的户
		小计	独自居住	只与未成年人口共同居住	其他	小计	只有一对60岁及以上夫妇居住	只有一对60岁及以上夫妇与未成年人口共同居住	其他	
全省	**511099**	**329252**	**85307**	**7139**	**236806**	**179681**	**70744**	**9303**	**99634**	**2166**
西宁市	**242568**	**147528**	**43634**	**2174**	**101720**	**94035**	**44471**	**3728**	**45836**	**1005**
城东区	45736	27475	9989	419	17067	18062	10305	631	7126	199
城中区	35300	21594	8665	323	12606	13529	7638	554	5337	177
城西区	32117	18108	6465	297	11346	13805	8128	596	5081	204
城北区	37847	22439	8331	259	13849	15242	8950	502	5790	166
湟中区	39492	24955	4051	342	20562	14409	3732	597	10080	128
大通回族土族自治县	38633	24489	4389	386	19714	14050	3912	603	9535	94
湟源县	13443	8468	1744	148	6576	4938	1806	245	2887	37
海东市	**137272**	**84692**	**17359**	**2264**	**65069**	**52001**	**15901**	**3644**	**32456**	**579**
乐都区	30312	17750	4702	326	12722	12404	5115	638	6651	158
平安区	12261	7294	2049	174	5071	4911	2430	330	2151	56
民和回族土族自治县	32291	19550	3394	460	15696	12618	3030	816	8772	123
互助土族自治县	35263	22637	4203	409	18025	12509	3355	697	8457	117
化隆回族自治县	16437	10544	1608	598	8338	5833	1061	799	3973	60
循化撒拉族自治县	10708	6917	1403	297	5217	3726	910	364	2452	65
海北藏族自治州	**20486**	**13646**	**2789**	**320**	**10537**	**6793**	**2209**	**463**	**4121**	**47**
门源回族自治县	11932	7501	1334	159	6008	4399	1188	291	2920	32
祁连县	3426	2317	601	65	1651	1104	483	88	533	5
海晏县	2678	1874	482	55	1337	800	362	52	386	4
刚察县	2450	1954	372	41	1541	490	176	32	282	6
黄南藏族自治州	**17969**	**13936**	**2828**	**450**	**10658**	**3969**	**1072**	**294**	**2603**	**64**
同仁县	7189	5506	1064	125	4317	1657	445	78	1134	26
尖扎县	4467	3235	684	139	2412	1213	333	114	766	19
泽库县	3856	3212	710	89	2413	636	180	49	407	8
河南蒙古族自治县	2457	1983	370	97	1516	463	114	53	296	11
海南藏族自治州	**33145**	**24509**	**5556**	**669**	**18284**	**8558**	**2868**	**584**	**5106**	**78**
共和县	9068	6737	1769	206	4762	2314	902	135	1277	17
同德县	3809	3010	499	51	2460	789	187	45	557	10
贵德县	11230	7846	1926	172	5748	3349	1176	212	1961	35
兴海县	4410	3429	817	125	2487	974	305	77	592	7
贵南县	4628	3487	545	115	2827	1132	298	115	719	9
果洛藏族自治州	**11315**	**9095**	**3037**	**297**	**5761**	**2183**	**638**	**116**	**1429**	**37**
玛沁县	2666	2054	677	68	1309	605	254	30	321	7
班玛县	1915	1507	462	36	1009	399	78	13	308	9
甘德县	2329	1941	708	74	1159	378	91	33	254	10
达日县	1872	1519	489	63	967	349	88	19	242	4
久治县	1807	1447	399	34	1014	355	82	12	261	5
玛多县	726	627	302	22	303	97	45	9	43	2
玉树藏族自治州	**24681**	**18832**	**5556**	**589**	**12687**	**5545**	**1144**	**155**	**4246**	**304**
玉树市	8291	6294	1618	179	4497	1905	347	40	1518	92
杂多县	3038	2347	509	65	1773	662	112	16	534	29
称多县	3691	2829	1038	79	1712	832	236	33	563	30
治多县	1900	1391	590	44	757	468	175	23	270	41
囊谦县	5824	4403	1149	164	3090	1315	143	23	1149	106
曲麻莱县	1937	1568	652	58	858	363	131	20	212	6
海西蒙古族藏族自治州	**23663**	**17014**	**4548**	**376**	**12090**	**6597**	**2441**	**319**	**3837**	**52**
格尔木市	9216	6453	1644	99	4710	2737	981	86	1670	26
德令哈市	5164	3604	950	61	2593	1554	679	85	790	6
茫崖市	204	164	72	2	90	40	19	1	20	
乌兰县	2407	1803	663	43	1097	600	259	30	311	4
都兰县	4965	3567	749	109	2709	1387	400	96	891	11
天峻县	1428	1180	366	61	753	245	93	21	131	3
大柴旦行政委员会	279	243	104	1	138	34	10		24	2

5-4a 各地区有60岁及以上人口的家庭户户数(城市)

单位：户

地区	合计	有一个60岁及以上人口的户				有二个60岁及以上人口的户				有三个60岁及以上人口的户
		小计	独自居住	只与未成年人口共同居住	其他	小计	只有一对60岁及以上夫妇居住	只有一对60岁及以上夫妇与未成年人口共同居住	其他	
全省	**187611**	**113237**	**39981**	**1824**	**71432**	**73432**	**40597**	**3045**	**29790**	**942**
西宁市	**155553**	**92518**	**33995**	**1353**	**57170**	**62275**	**35541**	**2362**	**24372**	**760**
城东区	45736	27475	9989	419	17067	18062	10305	631	7126	199
城中区	35156	21484	8627	322	12535	13496	7621	554	5321	176
城西区	32086	18090	6461	297	11332	13792	8122	596	5074	204
城北区	36830	21856	8244	254	13358	14818	8857	490	5471	156
湟中区	4309	2786	584	53	2149	1506	518	74	914	17
大通回族土族自治县	1436	827	90	8	729	601	118	17	466	8
湟源县										
海东市	**18732**	**10951**	**3204**	**268**	**7479**	**7693**	**3770**	**558**	**3365**	**88**
乐都区	11422	6646	1884	152	4610	4717	2151	319	2247	59
平安区	7310	4305	1320	116	2869	2976	1619	239	1118	29
民和回族土族自治县										
互助土族自治县										
化隆回族自治县										
循化撒拉族自治县										
海北藏族自治州										
门源回族自治县										
祁连县										
海晏县										
刚察县										
黄南藏族自治州										
同仁县										
尖扎县										
泽库县										
河南蒙古族自治县										
海南藏族自治州										
共和县										
同德县										
贵德县										
兴海县										
贵南县										
果洛藏族自治州										
玛沁县										
班玛县										
甘德县										
达日县										
久治县										
玛多县										
玉树藏族自治州	**4581**	**3492**	**845**	**108**	**2539**	**1014**	**173**	**21**	**820**	**75**
玉树市	4388	3364	836	104	2424	949	162	13	774	75
杂多县										
称多县										
治多县										
囊谦县										
曲麻莱县	193	128	9	4	115	65	11	8	46	
海西蒙古族藏族自治州	**8745**	**6276**	**1937**	**95**	**4244**	**2450**	**1113**	**104**	**1233**	**19**
格尔木市	5662	4044	1227	64	2753	1603	702	50	851	15
德令哈市	2908	2088	642	30	1416	816	397	53	366	4
茫崖市	175	144	68	1	75	31	14	1	16	
乌兰县										
都兰县										
天峻县										
大柴旦行政委员会										

5-4b 各地区有60岁及以上人口的家庭户户数(镇)

单位：户

地 区	合 计	有一个60岁及以上人口的户				有二个60岁及以上人口的户				有三个60岁及以上人口的户
		小计	独自居住	只与未成年人口共同居住	其他	小计	只有一对60岁及以上夫妇居住	只有一对60岁及以上夫妇与未成年人口共同居住	其他	
全省	**106939**	**71400**	**19799**	**2273**	**49328**	**35129**	**12992**	**2349**	**19788**	**410**
西宁市	**29900**	**18769**	**4551**	**348**	**13870**	**11047**	**4177**	**533**	**6337**	**84**
城东区										
城中区	42	33	22	1	10	8	6		2	1
城西区	31	18	4		14	13	6		7	
城北区										
湟中区	6063	3781	642	64	3075	2263	611	84	1568	19
大通回族土族自治县	17470	10987	2886	186	7915	6440	2536	303	3601	43
湟源县	6294	3950	997	97	2856	2323	1018	146	1159	21
海东市	**31316**	**19381**	**4785**	**600**	**13996**	**11816**	**4036**	**850**	**6930**	**119**
乐都区	1788	1035	325	15	695	745	346	32	367	8
平安区	229	142	49	3	90	87	40	5	42	
民和回族土族自治县	11654	7055	1450	158	5447	4554	1413	275	2866	45
互助土族自治县	10814	6764	1903	169	4692	4017	1592	260	2165	33
化隆回族自治县	3202	2036	382	158	1496	1154	205	192	757	12
循化撒拉族自治县	3629	2349	676	97	1576	1259	440	86	733	21
海北藏族自治州	**8649**	**5788**	**1546**	**226**	**4016**	**2842**	**1254**	**267**	**1321**	**19**
门源回族自治县	4091	2645	682	101	1862	1437	622	128	687	9
祁连县	1890	1235	345	48	842	653	300	70	283	2
海晏县	1811	1245	334	53	858	563	260	47	256	3
刚察县	857	663	185	24	454	189	72	22	95	5
黄南藏族自治州	**6988**	**5253**	**1553**	**238**	**3462**	**1710**	**641**	**162**	**907**	**25**
同仁县	3003	2242	781	70	1391	749	322	41	386	12
尖扎县	1559	1104	299	61	744	451	157	61	233	4
泽库县	1169	927	278	34	615	240	77	34	129	2
河南蒙古族自治县	1257	980	195	73	712	270	85	26	159	7
海南藏族自治州	**12713**	**9142**	**2885**	**375**	**5882**	**3544**	**1539**	**326**	**1679**	**27**
共和县	4027	2978	1040	107	1831	1045	461	71	513	4
同德县	842	626	122	25	479	213	65	24	124	3
贵德县	5000	3408	1160	105	2143	1579	745	123	711	13
兴海县	1810	1391	375	79	937	414	150	48	216	5
贵南县	1034	739	188	59	492	293	118	60	115	2
果洛藏族自治州	**3509**	**2819**	**1174**	**121**	**1524**	**678**	**261**	**46**	**371**	**12**
玛沁县	1332	1016	370	39	607	311	141	18	152	5
班玛县	605	495	228	17	250	108	35	5	68	2
甘德县	342	299	149	15	135	39	7	7	25	4
达日县	577	465	169	31	265	112	34	6	72	
久治县	185	152	57	6	89	33	7	1	25	
玛多县	468	392	201	13	178	75	37	9	29	1
玉树藏族自治州	**7228**	**5399**	**1760**	**181**	**3458**	**1720**	**464**	**62**	**1194**	**109**
玉树市	338	247	58	10	179	89	23	3	63	2
杂多县	1500	1131	200	32	899	355	70	8	277	14
称多县	1357	1035	421	29	585	315	106	18	191	7
治多县	1508	1063	444	34	585	404	153	17	234	41
囊谦县	1692	1238	284	46	908	411	48	9	354	43
曲麻莱县	833	685	353	30	302	146	64	7	75	2
海西蒙古族藏族自治州	**6636**	**4849**	**1545**	**184**	**3120**	**1772**	**620**	**103**	**1049**	**15**
格尔木市	2020	1366	249	21	1096	647	145	20	482	7
德令哈市	208	136	44	6	86	71	42	4	25	1
茫崖市	29	20	4	1	15	9	5		4	
乌兰县	1352	1038	503	28	507	312	163	15	134	2
都兰县	1869	1347	376	72	899	521	178	43	300	1
天峻县	961	770	272	55	443	189	77	21	91	2
大柴旦行政委员会	197	172	97	1	74	23	10		13	2

5-4c 各地区有60岁及以上人口的家庭户户数(乡村)

单位：户

地区	合计	有一个60岁及以上人口的户				有二个60岁及以上人口的户				有三个60岁及以上人口的户
		小计	独自居住	只与未成年人口共同居住	其他	小计	只有一对60岁及以上夫妇居住	只有一对60岁及以上夫妇与未成年人口共同居住	其他	
全省	**216549**	**144615**	**25527**	**3042**	**116046**	**71120**	**17155**	**3909**	**50056**	**814**
西宁市	**57115**	**36241**	**5088**	**473**	**30680**	**20713**	**4753**	**833**	**15127**	**161**
城东区										
城中区	102	77	16		61	25	11		14	
城西区										
城北区	1017	583	87	5	491	424	93	12	319	10
湟中区	29120	18388	2825	225	15338	10640	2603	439	7598	92
大通回族土族自治县	19727	12675	1413	192	11070	7009	1258	283	5468	43
湟源县	7149	4518	747	51	3720	2615	788	99	1728	16
海东市	**87224**	**54360**	**9370**	**1396**	**43594**	**32492**	**8095**	**2236**	**22161**	**372**
乐都区	17102	10069	2493	159	7417	6942	2618	287	4037	91
平安区	4722	2847	680	55	2112	1848	771	86	991	27
民和回族土族自治县	20637	12495	1944	302	10249	8064	1617	541	5906	78
互助土族自治县	24449	15873	2300	240	13333	8492	1763	437	6292	84
化隆回族自治县	13235	8508	1226	440	6842	4679	856	607	3216	48
循化撒拉族自治县	7079	4568	727	200	3641	2467	470	278	1719	44
海北藏族自治州	**11837**	**7858**	**1243**	**94**	**6521**	**3951**	**955**	**196**	**2800**	**28**
门源回族自治县	7841	4856	652	58	4146	2962	566	163	2233	23
祁连县	1536	1082	256	17	809	451	183	18	250	3
海晏县	867	629	148	2	479	237	102	5	130	1
刚察县	1593	1291	187	17	1087	301	104	10	187	1
黄南藏族自治州	**10981**	**8683**	**1275**	**212**	**7196**	**2259**	**431**	**132**	**1696**	**39**
同仁县	4186	3264	283	55	2926	908	123	37	748	14
尖扎县	2908	2131	385	78	1668	762	176	53	533	15
泽库县	2687	2285	432	55	1798	396	103	15	278	6
河南蒙古族自治县	1200	1003	175	24	804	193	29	27	137	4
海南藏族自治州	**20432**	**15367**	**2671**	**294**	**12402**	**5014**	**1329**	**258**	**3427**	**51**
共和县	5041	3759	729	99	2931	1269	441	64	764	13
同德县	2967	2384	377	26	1981	576	122	21	433	7
贵德县	6230	4438	766	67	3605	1770	431	89	1250	22
兴海县	2600	2038	442	46	1550	560	155	29	376	2
贵南县	3594	2748	357	56	2335	839	180	55	604	7
果洛藏族自治州	**7806**	**6276**	**1863**	**176**	**4237**	**1505**	**377**	**70**	**1058**	**25**
玛沁县	1334	1038	307	29	702	294	113	12	169	2
班玛县	1310	1012	234	19	759	291	43	8	240	7
甘德县	1987	1642	559	59	1024	339	84	26	229	6
达日县	1295	1054	320	32	702	237	54	13	170	4
久治县	1622	1295	342	28	925	322	75	11	236	5
玛多县	258	235	101	9	125	22	8		14	1
玉树藏族自治州	**12872**	**9941**	**2951**	**300**	**6690**	**2811**	**507**	**72**	**2232**	**120**
玉树市	3565	2683	724	65	1894	867	162	24	681	15
杂多县	1538	1216	309	33	874	307	42	8	257	15
称多县	2334	1794	617	50	1127	517	130	15	372	23
治多县	392	328	146	10	172	64	22	6	36	
囊谦县	4132	3165	865	118	2182	904	95	14	795	63
曲麻莱县	911	755	290	24	441	152	56	5	91	4
海西蒙古族藏族自治州	**8282**	**5889**	**1066**	**97**	**4726**	**2375**	**708**	**112**	**1555**	**18**
格尔木市	1534	1043	168	14	861	487	134	16	337	4
德令哈市	2048	1380	264	25	1091	667	240	28	399	1
茫崖市										
乌兰县	1055	765	160	15	590	288	96	15	177	2
都兰县	3096	2220	373	37	1810	866	222	53	591	10
天峻县	467	410	94	6	310	56	16		40	1
大柴旦行政委员会	82	71	7		64	11			11	

5-5 各地区有65岁及以上人口的家庭户户数

单位：户

地区	合计	有一个65岁及以上人口的户				有二个65岁及以上人口的户				有三个65岁及以上人口的户
		小计	独自居住	只与未成年人口共同居住	其他	小计	只有一对65岁及以上夫妇居住	只有一对65岁及以上夫妇与未成年人口共同居住	其他	
全省	**383311**	**270649**	**65495**	**4770**	**200384**	**111909**	**45167**	**4309**	**62433**	**753**
西宁市	**179360**	**120587**	**33164**	**1372**	**86051**	**58496**	**28474**	**1637**	**28385**	**277**
城东区	33509	22159	7534	266	14359	11307	6669	286	4352	43
城中区	25800	17336	6525	191	10620	8405	4943	263	3199	59
城西区	23102	14551	4944	179	9428	8510	5121	259	3130	41
城北区	27435	18193	6318	163	11712	9195	5593	208	3394	47
湟中区	30897	21369	3148	241	17980	9480	2519	286	6675	48
大通回族土族自治县	28790	20148	3422	237	16489	8610	2536	235	5839	32
湟源县	9827	6831	1273	95	5463	2989	1093	100	1796	7
海东市	**103534**	**70969**	**13364**	**1508**	**56097**	**32391**	**10137**	**1712**	**20542**	**174**
乐都区	22976	15223	3641	210	11372	7714	3228	260	4226	39
平安区	9386	6198	1625	110	4463	3169	1617	157	1395	19
民和回族土族自治县	24672	16651	2694	299	13658	7977	1953	367	5657	44
互助土族自治县	25457	18067	3028	244	14795	7358	2013	295	5050	32
化隆回族自治县	12626	8826	1243	428	7155	3779	707	437	2635	21
循化撒拉族自治县	8417	6004	1133	217	4654	2394	619	196	1579	19
海北藏族自治州	**14928**	**10932**	**2091**	**191**	**8650**	**3978**	**1335**	**166**	**2477**	**18**
门源回族自治县	8550	5960	1004	85	4871	2578	734	97	1747	12
祁连县	2552	1886	453	44	1389	664	291	37	336	2
海晏县	1936	1479	355	32	1092	456	211	21	224	1
刚察县	1890	1607	279	30	1298	280	99	11	170	3
黄南藏族自治州	**14598**	**11830**	**2262**	**338**	**9230**	**2739**	**734**	**186**	**1819**	**29**
同仁县	5967	4790	849	99	3842	1168	311	55	802	9
尖扎县	3499	2718	525	97	2096	773	205	65	503	8
泽库县	3165	2689	591	74	2024	473	135	35	303	3
河南蒙古族自治县	1967	1633	297	68	1268	325	83	31	211	9
海南藏族自治州	**25080**	**19947**	**4188**	**448**	**15311**	**5108**	**1750**	**283**	**3075**	**25**
共和县	6580	5289	1299	133	3857	1285	518	60	707	6
同德县	3031	2544	393	35	2116	484	117	21	346	3
贵德县	8371	6346	1444	113	4789	2013	728	95	1190	12
兴海县	3423	2785	630	91	2064	636	197	49	390	2
贵南县	3675	2983	422	76	2485	690	190	58	442	2
果洛藏族自治州	**8915**	**7459**	**2452**	**224**	**4783**	**1436**	**442**	**78**	**916**	**20**
玛沁县	2084	1672	516	51	1105	409	174	23	212	3
班玛县	1585	1310	383	27	900	269	48	7	214	6
甘德县	1870	1614	601	57	956	253	71	20	162	3
达日县	1462	1248	408	46	794	212	53	13	146	2
久治县	1387	1154	316	27	811	229	62	8	159	4
玛多县	527	461	228	16	217	64	34	7	23	2
玉树藏族自治州	**20639**	**16415**	**4748**	**468**	**11199**	**4029**	**868**	**99**	**3062**	**195**
玉树市	6890	5430	1359	150	3921	1404	276	28	1100	56
杂多县	2607	2093	461	54	1578	493	89	10	394	21
称多县	3002	2409	862	59	1488	577	175	19	383	16
治多县	1566	1204	525	31	648	332	126	15	191	30
囊谦县	5018	3969	1003	128	2838	981	111	15	855	68
曲麻莱县	1556	1310	538	46	726	242	91	12	139	4
海西蒙古族藏族自治州	**16257**	**12510**	**3226**	**221**	**9063**	**3732**	**1427**	**148**	**2157**	**15**
格尔木市	6145	4601	1129	58	3414	1534	578	47	909	10
德令哈市	3571	2695	723	40	1932	876	394	34	448	
茫崖市	110	92	24	1	67	18	9	1	8	
乌兰县	1698	1345	486	27	832	351	161	18	172	2
都兰县	3457	2664	511	54	2099	792	229	38	525	1
天峻县	1071	929	265	40	624	141	52	10	79	1
大柴旦行政委员会	205	184	88	1	95	20	4		16	1

5-5a 各地区有65岁及以上人口的家庭户户数(城市)

单位：户

地区	合计	有一个65岁及以上人口的户				有二个65岁及以上人口的户				有三个65岁及以上人口的户
		小计	独自居住	只与未成年人口共同居住	其他	小计	只有一对65岁及以上夫妇居住	只有一对65岁及以上夫妇与未成年人口共同居住	其他	
全省	**137097**	**91414**	**30337**	**1146**	**59931**	**45415**	**25967**	**1353**	**18095**	**268**
西宁市	**113394**	**74672**	**25766**	**836**	**48070**	**38530**	**22694**	**1058**	**14778**	**192**
城东区	33509	22159	7534	266	14359	11307	6669	286	4352	43
城中区	25694	17255	6500	190	10565	8381	4929	263	3189	58
城西区	23082	14535	4941	179	9415	8506	5119	259	3128	41
城北区	26679	17681	6257	161	11263	8954	5538	206	3210	44
湟中区	3373	2359	463	35	1861	1010	365	38	607	4
大通回族土族自治县	1057	683	71	5	607	372	74	6	292	2
湟源县										
海东市	**14161**	**9318**	**2512**	**165**	**6641**	**4817**	**2490**	**238**	**2089**	**26**
乐都区	8597	5679	1468	93	4118	2902	1405	129	1368	16
平安区	5564	3639	1044	72	2523	1915	1085	109	721	10
民和回族土族自治县										
互助土族自治县										
化隆回族自治县										
循化撒拉族自治县										
海北藏族自治州										
门源回族自治县										
祁连县										
海晏县										
刚察县										
黄南藏族自治州										
同仁县										
尖扎县										
泽库县										
河南蒙古族自治县										
海南藏族自治州										
共和县										
同德县										
贵德县										
兴海县										
贵南县										
果洛藏族自治州										
玛沁县										
班玛县										
甘德县										
达日县										
久治县										
玛多县										
玉树藏族自治州	**3708**	**2925**	**680**	**86**	**2159**	**740**	**134**	**13**	**593**	**43**
玉树市	3547	2809	672	82	2055	695	126	10	559	43
杂多县										
称多县										
治多县										
囊谦县										
曲麻莱县	161	116	8	4	104	45	8	3	34	
海西蒙古族藏族自治州	**5834**	**4499**	**1379**	**59**	**3061**	**1328**	**649**	**44**	**635**	**7**
格尔木市	3752	2865	860	39	1966	880	422	25	433	7
德令哈市	1994	1560	498	19	1043	434	221	18	195	
茫崖市	88	74	21	1	52	14	6	1	7	
乌兰县										
都兰县										
天峻县										
大柴旦行政委员会										

5-5b　各地区有65岁及以上人口的家庭户户数(镇)

单位：户

地　区	合　计	有一个65岁及以上人口的户				有二个65岁及以上人口的户				有三个65岁及以上人口的户
		小计	独自居住	只与未成年人口共同居住	其他	小计	只有一对65岁及以上夫妇居住	只有一对65岁及以上夫妇与未成年人口共同居住	其他	
全省	**79957**	**57970**	**15165**	**1467**	**41338**	**21817**	**8406**	**1128**	**12283**	**170**
西宁市	**22258**	**15379**	**3510**	**218**	**11651**	**6848**	**2755**	**216**	**3877**	**31**
城东区										
城中区	28	21	14	1	6	6	5		1	1
城西区	20	16	3		13	4	2		2	
城北区										
湟中区	4628	3171	486	43	2642	1450	398	35	1017	7
大通回族土族自治县	13011	9010	2276	116	6618	3982	1714	118	2150	19
湟源县	4571	3161	731	58	2372	1406	636	63	707	4
海东市	**23450**	**16122**	**3688**	**378**	**12056**	**7297**	**2597**	**408**	**4292**	**31**
乐都区	1384	891	260	10	621	492	237	15	240	1
平安区	182	123	40	2	81	59	32	4	23	
民和回族土族自治县	8741	5921	1127	91	4703	2808	913	116	1779	12
互助土族自治县	7915	5530	1428	95	4007	2376	984	119	1273	9
化隆回族自治县	2460	1698	297	115	1286	757	141	110	506	5
循化撒拉族自治县	2768	1959	536	65	1358	805	290	44	471	4
海北藏族自治州	**6270**	**4604**	**1164**	**135**	**3305**	**1659**	**778**	**107**	**774**	**7**
门源回族自治县	2942	2102	522	53	1527	839	403	50	386	1
祁连县	1391	994	257	33	704	395	181	30	184	2
海晏县	1296	976	252	32	692	319	152	21	146	1
刚察县	641	532	133	17	382	106	42	6	58	3
黄南藏族自治州	**5473**	**4272**	**1217**	**164**	**2891**	**1192**	**455**	**102**	**635**	**9**
同仁县	2370	1838	615	49	1174	529	226	31	272	3
尖扎县	1200	916	226	38	652	284	105	32	147	
泽库县	927	741	221	29	491	186	59	25	102	
河南蒙古族自治县	976	777	155	48	574	193	65	14	114	6
海南藏族自治州	**9334**	**7181**	**2106**	**240**	**4835**	**2147**	**967**	**167**	**1013**	**6**
共和县	2865	2253	754	65	1434	611	277	33	301	1
同德县	647	517	87	15	415	130	43	13	74	
贵德县	3676	2711	850	69	1792	961	474	57	430	4
兴海县	1360	1094	277	58	759	265	96	32	137	1
贵南县	786	606	138	33	435	180	77	32	71	
果洛藏族自治州	**2686**	**2246**	**897**	**87**	**1262**	**435**	**173**	**37**	**225**	**5**
玛沁县	1023	818	276	28	514	204	95	15	94	1
班玛县	484	416	182	14	220	67	21	3	43	1
甘德县	265	232	117	12	103	31	7	6	18	2
达日县	443	381	142	20	219	62	18	5	39	
久治县	137	116	39	5	72	21	4	1	16	
玛多县	334	283	141	8	134	50	28	7	15	1
玉树藏族自治州	**5906**	**4601**	**1477**	**146**	**2978**	**1228**	**329**	**44**	**855**	**77**
玉树市	283	210	50	8	152	71	19	2	50	2
杂多县	1259	992	181	27	784	256	51	7	198	11
称多县	1086	867	349	22	496	214	74	13	127	5
治多县	1231	917	390	23	504	284	107	12	165	30
囊谦县	1404	1069	228	41	800	307	33	5	269	28
曲麻莱县	643	546	279	25	242	96	45	5	46	1
海西蒙古族藏族自治州	**4580**	**3565**	**1106**	**99**	**2360**	**1011**	**352**	**47**	**612**	**4**
格尔木市	1356	981	161	9	811	374	77	12	285	1
德令哈市	133	98	29	5	64	35	20	1	14	
茫崖市	22	18	3		15	4	3		1	
乌兰县	957	771	375	17	379	185	102	9	74	1
都兰县	1247	956	253	33	670	290	105	15	170	1
天峻县	712	604	200	34	370	108	41	10	57	
大柴旦行政委员会	153	137	85	1	51	15	4		11	1

5-5c 各地区有65岁及以上人口的家庭户户数(乡村)

单位：户

地区	合计	有一个65岁及以上人口的户				有二个65岁及以上人口的户				有三个65岁及以上人口的户
		小计	独自居住	只与未成年人口共同居住	其他	小计	只有一对65岁以上夫妇居住	只有一对65岁及以上夫妇与未成年人口共同居住	其他	
全省	**166257**	**121265**	**19993**	**2157**	**99115**	**44677**	**10794**	**1828**	**32055**	**315**
西宁市	**43708**	**30536**	**3888**	**318**	**26330**	**13118**	**3025**	**363**	**9730**	**54**
城东区										
城中区	78	60	11		49	18	9		9	
城西区										
城北区	756	512	61	2	449	241	55	2	184	3
湟中区	22896	15839	2199	163	13477	7020	1756	213	5051	37
大通回族土族自治县	14722	10455	1075	116	9264	4256	748	111	3397	11
湟源县	5256	3670	542	37	3091	1583	457	37	1089	3
海东市	**65923**	**45529**	**7164**	**965**	**37400**	**20277**	**5050**	**1066**	**14161**	**117**
乐都区	12995	8653	1913	107	6633	4320	1586	116	2618	22
平安区	3640	2436	541	36	1859	1195	500	44	651	9
民和回族土族自治县	15931	10730	1567	208	8955	5169	1040	251	3878	32
互助土族自治县	17542	12537	1600	149	10788	4982	1029	176	3777	23
化隆回族自治县	10166	7128	946	313	5869	3022	566	327	2129	16
循化撒拉族自治县	5649	4045	597	152	3296	1589	329	152	1108	15
海北藏族自治州	**8658**	**6328**	**927**	**56**	**5345**	**2319**	**557**	**59**	**1703**	**11**
门源回族自治县	5608	3858	482	32	3344	1739	331	47	1361	11
祁连县	1161	892	196	11	685	269	110	7	152	
海晏县	640	503	103		400	137	59		78	
刚察县	1249	1075	146	13	916	174	57	5	112	
黄南藏族自治州	**9125**	**7558**	**1045**	**174**	**6339**	**1547**	**279**	**84**	**1184**	**20**
同仁县	3597	2952	234	50	2668	639	85	24	530	6
尖扎县	2299	1802	299	59	1444	489	100	33	356	8
泽库县	2238	1948	370	45	1533	287	76	10	201	3
河南蒙古族自治县	991	856	142	20	694	132	18	17	97	3
海南藏族自治州	**15746**	**12766**	**2082**	**208**	**10476**	**2961**	**783**	**116**	**2062**	**19**
共和县	3715	3036	545	68	2423	674	241	27	406	5
同德县	2384	2027	306	20	1701	354	74	8	272	3
贵德县	4695	3635	594	44	2997	1052	254	38	760	8
兴海县	2063	1691	353	33	1305	371	101	17	253	1
贵南县	2889	2377	284	43	2050	510	113	26	371	2
果洛藏族自治州	**6229**	**5213**	**1555**	**137**	**3521**	**1001**	**269**	**41**	**691**	**15**
玛沁县	1061	854	240	23	591	205	79	8	118	2
班玛县	1101	894	201	13	680	202	27	4	171	5
甘德县	1605	1382	484	45	853	222	64	14	144	1
达日县	1019	867	266	26	575	150	35	8	107	2
久治县	1250	1038	277	22	739	208	58	7	143	4
玛多县	193	178	87	8	83	14	6		8	1
玉树藏族自治州	**11025**	**8889**	**2591**	**236**	**6062**	**2061**	**405**	**42**	**1614**	**75**
玉树市	3060	2411	637	60	1714	638	131	16	491	11
杂多县	1348	1101	280	27	794	237	38	3	196	10
称多县	1916	1542	513	37	992	363	101	6	256	11
治多县	335	287	135	8	144	48	19	3	26	
囊谦县	3614	2900	775	87	2038	674	78	10	586	40
曲麻莱县	752	648	251	17	380	101	38	4	59	3
海西蒙古族藏族自治州	**5843**	**4446**	**741**	**63**	**3642**	**1393**	**426**	**57**	**910**	**4**
格尔木市	1037	755	108	10	637	280	79	10	191	2
德令哈市	1444	1037	196	16	825	407	153	15	239	
茫崖市										
乌兰县	741	574	111	10	453	166	59	9	98	1
都兰县	2210	1708	258	21	1429	502	124	23	355	
天峻县	359	325	65	6	254	33	11		22	1
大柴旦行政委员会	52	47	3		44	5			5	

5–6 各地区有80岁及以上人口的家庭户户数

单位：户

地区	合计	有一个80岁及以上人口的户				有二个80岁及以上人口的户				有三个80岁及以上人口的户
		小计	独自居住	只与未成年人口共同居住	其他	小计	只有一对80岁及以上夫妇居住	只有一对80岁及以上夫妇与未成年人口共同居住	其他	
全省	**75118**	**68744**	**15722**	**518**	**52504**	**6355**	**3222**	**63**	**3070**	**19**
西宁市	**37919**	**33717**	**9028**	**116**	**24573**	**4201**	**2592**	**29**	**1580**	**1**
城东区	8588	7508	2331	30	5147	1080	719	4	357	
城中区	6927	6077	2018	20	4039	849	549	5	295	1
城西区	6491	5553	1605	24	3924	938	589	10	339	
城北区	6834	6010	1875	17	4118	824	563	2	259	
湟中区	4141	3914	441	11	3462	227	50	4	173	
大通回族土族自治县	3589	3390	573	10	2807	199	87	2	110	
湟源县	1349	1265	185	4	1076	84	35	2	47	
海东市	**17031**	**15804**	**2544**	**133**	**13127**	**1225**	**363**	**16**	**846**	**2**
乐都区	3908	3628	747	13	2868	280	110	1	169	
平安区	1728	1593	285	9	1299	135	71	1	63	
民和回族土族自治县	4376	4045	567	36	3442	331	70	1	260	
互助土族自治县	3183	3028	430	12	2586	154	38		116	1
化隆回族自治县	2064	1884	224	35	1625	179	32	11	136	1
循化撒拉族自治县	1772	1626	291	28	1307	146	42	2	102	
海北藏族自治州	**2427**	**2305**	**309**	**22**	**1974**	**122**	**38**	**2**	**82**	
门源回族自治县	1145	1077	123	8	946	68	18	1	49	
祁连县	524	500	73	6	421	24	10	1	13	
海晏县	317	301	73	3	225	16	7		9	
刚察县	441	427	40	5	382	14	3		11	
黄南藏族自治州	**3578**	**3401**	**557**	**52**	**2792**	**174**	**40**	**5**	**129**	**3**
同仁县	1585	1508	236	17	1255	76	18	1	57	1
尖扎县	797	749	104	13	632	48	13	3	32	
泽库县	772	741	147	16	578	30	7	1	22	1
河南蒙古族自治县	424	403	70	6	327	20	2		18	1
海南藏族自治州	**4859**	**4661**	**822**	**55**	**3784**	**198**	**52**	**5**	**141**	
共和县	1278	1220	278	14	928	58	20		38	
同德县	664	643	66	6	571	21	2	1	18	
贵德县	1404	1333	242	15	1076	71	22	1	48	
兴海县	755	730	163	13	554	25	4	1	20	
贵南县	758	735	73	7	655	23	4	2	17	
果洛藏族自治州	**1984**	**1919**	**625**	**32**	**1262**	**64**	**24**	**2**	**38**	**1**
玛沁县	501	477	136	4	337	24	12	1	11	
班玛县	363	351	105	6	240	12	3		9	
甘德县	456	444	178	13	253	11	5		6	1
达日县	269	262	84	6	172	7	1	1	5	
久治县	289	280	70	2	208	9	3		6	
玛多县	106	105	52	1	52	1			1	
玉树藏族自治州	**4612**	**4349**	**1194**	**81**	**3074**	**251**	**62**	**3**	**186**	**12**
玉树市	1617	1522	378	28	1116	92	22	1	69	3
杂多县	621	587	123	13	451	33	10	1	22	1
称多县	604	578	199	11	368	26	9		17	
治多县	295	275	118	4	153	17	6	1	10	3
囊谦县	1188	1115	269	18	828	68	10		58	5
曲麻莱县	287	272	107	7	158	15	5		10	
海西蒙古族藏族自治州	**2708**	**2588**	**643**	**27**	**1918**	**120**	**51**	**1**	**68**	
格尔木市	990	939	228	7	704	51	23		28	
德令哈市	638	615	147	4	464	23	12	1	10	
茫崖市	9	9	3		6					
乌兰县	269	256	90	5	161	13	6		7	
都兰县	467	445	68	4	373	22	8		14	
天峻县	268	260	69	7	184	8	1		7	
大柴旦行政委员会	67	64	38		26	3	1		2	

5-6a 各地区有80岁及以上人口的家庭户户数(城市)

单位：户

地区	合计	有一个80岁及以上人口的户				有二个80岁及以上人口的户				有三个80岁及以上人口的户
		小计	独自居住	只与未成年人口共同居住	其他	小计	只有一对80岁及以上夫妇居住	只有一对80岁及以上夫妇与未成年人口共同居住	其他	
全省	**33770**	**29706**	**8908**	**124**	**20674**	**4060**	**2588**	**24**	**1448**	**4**
西宁市	**29330**	**25602**	**7902**	**95**	**17605**	**3727**	**2433**	**23**	**1271**	**1**
城东区	8588	7508	2331	30	5147	1080	719	4	357	
城中区	6908	6058	2016	20	4022	849	549	5	295	1
城西区	6485	5547	1604	24	3919	938	589	10	339	
城北区	6706	5885	1866	17	4002	821	563	2	256	
湟中区	513	482	76	3	403	31	11	2	18	
大通回族土族自治县	130	122	9	1	112	8	2		6	
湟源县										
海东市	**2617**	**2398**	**565**	**4**	**1829**	**219**	**119**	**1**	**99**	
乐都区	1592	1470	358	1	1111	122	59	1	62	
平安区	1025	928	207	3	718	97	60		37	
民和回族土族自治县										
互助土族自治县										
化隆回族自治县										
循化撒拉族自治县										
海北藏族自治州										
门源回族自治县										
祁连县										
海晏县										
刚察县										
黄南藏族自治州										
同仁县										
尖扎县										
泽库县										
河南蒙古族自治县										
海南藏族自治州										
共和县										
同德县										
贵德县										
兴海县										
贵南县										
果洛藏族自治州										
玛沁县										
班玛县										
甘德县										
达日县										
久治县										
玛多县										
玉树藏族自治州	**831**	**764**	**157**	**16**	**591**	**64**	**10**		**54**	**3**
玉树市	812	748	157	16	575	61	9		52	3
杂多县										
称多县										
治多县										
囊谦县										
曲麻莱县	19	16			16	3	1		2	
海西蒙古族藏族自治州	**992**	**942**	**284**	**9**	**649**	**50**	**26**		**24**	
格尔木市	615	576	171	6	399	39	19		20	
德令哈市	370	359	111	3	245	11	7		4	
茫崖市	7	7	2		5					
乌兰县										
都兰县										
天峻县										
大柴旦行政委员会										

5-6b　各地区有80岁及以上人口的家庭户户数(镇)

单位：户

地　区	合　计	有一个80岁及以上人口的户				有二个80岁及以上人口的户				有三个80岁及以上人口的户
		小计	独自居住	只与未成年人口共同居住	其他	小计	只有一对80岁及以上夫妇居住	只有一对80岁及以上夫妇与未成年人口共同居住	其他	
全省	**13008**	**12167**	**2965**	**116**	**9086**	**831**	**334**	**14**	**483**	**10**
西宁市	**3112**	**2903**	**614**	**3**	**2286**	**209**	**111**	**2**	**96**	
城东区										
城中区	4	4	1		3					
城西区	6	6	1		5					
城北区										
湟中区	599	567	50	1	516	32	7	1	24	
大通回族土族自治县	1846	1716	435	2	1279	130	77	1	52	
湟源县	657	610	127		483	47	27		20	
海东市	**3880**	**3590**	**756**	**21**	**2813**	**289**	**108**	**4**	**177**	**1**
乐都区	237	217	52		165	20	9		11	
平安区	31	30	4		26	1	1			
民和回族土族自治县	1584	1465	265	5	1195	119	39		80	
互助土族自治县	1092	1031	243	2	786	60	27		33	1
化隆回族自治县	362	328	56	2	270	34	6	3	25	
循化撒拉族自治县	574	519	136	12	371	55	26	1	28	
海北藏族自治州	**921**	**869**	**162**	**11**	**696**	**52**	**21**	**1**	**30**	
门源回族自治县	370	348	64	2	282	22	10		12	
祁连县	227	211	34	3	174	16	6	1	9	
海晏县	201	190	46	3	141	11	4		7	
刚察县	123	120	18	3	99	3	1		2	
黄南藏族自治州	**1171**	**1099**	**293**	**20**	**786**	**71**	**25**	**3**	**43**	**1**
同仁县	557	529	173	7	349	28	10	1	17	
尖扎县	248	227	43	2	182	21	11	1	9	
泽库县	209	196	53	6	137	13	2	1	10	
河南蒙古族自治县	157	147	24	5	118	9	2		7	1
海南藏族自治州	**1505**	**1416**	**394**	**19**	**1003**	**89**	**31**	**2**	**56**	
共和县	475	445	167	3	275	30	12		18	
同德县	103	98	12	1	85	5	1		4	
贵德县	575	536	151	6	379	39	15		24	
兴海县	244	234	49	7	178	10	1	1	8	
贵南县	108	103	15	2	86	5	2	1	2	
果洛藏族自治州	**501**	**475**	**193**	**6**	**276**	**25**	**6**	**1**	**18**	**1**
玛沁县	204	191	59		132	13	6	1	6	
班玛县	104	102	51	1	50	2			2	
甘德县	55	52	29	2	21	2			2	1
达日县	57	53	19	2	32	4			4	
久治县	28	25	9	1	15	3			3	
玛多县	53	52	26		26	1			1	
玉树藏族自治州	**1170**	**1099**	**313**	**25**	**761**	**64**	**19**	**1**	**44**	**7**
玉树市	72	71	15	1	55	1	1			
杂多县	277	259	42	6	211	17	6	1	10	1
称多县	184	174	70	5	99	10	4		6	
治多县	218	203	78	3	122	12	4		8	3
囊谦县	311	294	58	5	231	14			14	3
曲麻莱县	108	98	50	5	43	10	4		6	
海西蒙古族藏族自治州	**748**	**716**	**240**	**11**	**465**	**32**	**13**		**19**	
格尔木市	190	186	30	1	155	4			4	
德令哈市	21	20	5		15	1	1			
茫崖市	2	2	1		1					
乌兰县	155	147	75	3	69	8	6		2	
都兰县	163	153	40	2	111	10	4		6	
天峻县	163	157	52	5	100	6	1		5	
大柴旦行政委员会	54	51	37		14	3	1		2	

5-6c 各地区有80岁及以上人口的家庭户户数(乡村)

单位：户

地区	合计	有一个80岁及以上人口的户				有二个80岁及以上人口的户				有三个80岁及以上人口的户
		小计	独自居住	只与未成年人口共同居住	其他	小计	只有一对80岁及以上夫妇居住	只有一对80岁及以上夫妇与未成年人口共同居住	其他	
全省	**28340**	**26871**	**3849**	**278**	**22744**	**1464**	**300**	**25**	**1139**	**5**
西宁市	**5477**	**5212**	**512**	**18**	**4682**	**265**	**48**	**4**	**213**	
城东区										
城中区	15	15	1		14					
城西区										
城北区	128	125	9		116	3			3	
湟中区	3029	2865	315	7	2543	164	32	1	131	
大通回族土族自治县	1613	1552	129	7	1416	61	8	1	52	
湟源县	692	655	58	4	593	37	8	2	27	
海东市	**10534**	**9816**	**1223**	**108**	**8485**	**717**	**136**	**11**	**570**	**1**
乐都区	2079	1941	337	12	1592	138	42		96	
平安区	672	635	74	6	555	37	10	1	26	
民和回族土族自治县	2792	2580	302	31	2247	212	31	1	180	
互助土族自治县	2091	1997	187	10	1800	94	11		83	
化隆回族自治县	1702	1556	168	33	1355	145	26	8	111	1
循化撒拉族自治县	1198	1107	155	16	936	91	16	1	74	
海北藏族自治州	**1506**	**1436**	**147**	**11**	**1278**	**70**	**17**	**1**	**52**	
门源回族自治县	775	729	59	6	664	46	8	1	37	
祁连县	297	289	39	3	247	8	4		4	
海晏县	116	111	27		84	5	3		2	
刚察县	318	307	22	2	283	11	2		9	
黄南藏族自治州	**2407**	**2302**	**264**	**32**	**2006**	**103**	**15**	**2**	**86**	**2**
同仁县	1028	979	63	10	906	48	8		40	1
尖扎县	549	522	61	11	450	27	2	2	23	
泽库县	563	545	94	10	441	17	5		12	1
河南蒙古族自治县	267	256	46	1	209	11			11	
海南藏族自治州	**3354**	**3245**	**428**	**36**	**2781**	**109**	**21**	**3**	**85**	
共和县	803	775	111	11	653	28	8		20	
同德县	561	545	54	5	486	16	1	1	14	
贵德县	829	797	91	9	697	32	7	1	24	
兴海县	511	496	114	6	376	15	3		12	
贵南县	650	632	58	5	569	18	2	1	15	
果洛藏族自治州	**1483**	**1444**	**432**	**26**	**986**	**39**	**18**	**1**	**20**	
玛沁县	297	286	77	4	205	11	6		5	
班玛县	259	249	54	5	190	10	3		7	
甘德县	401	392	149	11	232	9	5		4	
达日县	212	209	65	4	140	3	1	1	1	
久治县	261	255	61	1	193	6	3		3	
玛多县	53	53	26	1	26					
玉树藏族自治州	**2611**	**2486**	**724**	**40**	**1722**	**123**	**33**	**2**	**88**	**2**
玉树市	733	703	206	11	486	30	12	1	17	
杂多县	344	328	81	7	240	16	4		12	
称多县	420	404	129	6	269	16	5		11	
治多县	77	72	40	1	31	5	2	1	2	
囊谦县	877	821	211	13	597	54	10		44	2
曲麻莱县	160	158	57	2	99	2			2	
海西蒙古族藏族自治州	**968**	**930**	**119**	**7**	**804**	**38**	**12**	**1**	**25**	
格尔木市	185	177	27		150	8	4		4	
德令哈市	247	236	31	1	204	11	4	1	6	
茫崖市										
乌兰县	114	109	15	2	92	5			5	
都兰县	304	292	28	2	262	12	4		8	
天峻县	105	103	17	2	84	2			2	
大柴旦行政委员会	13	13	1		12					

第一部分　全部数据资料

第六卷　死亡

6-1 各地区分年龄、性别的死亡人口
(2019.11.1-2020.10.31)

单位：人

地 区	死亡人口			0岁		
	合计	男	女	小计	男	女
全省	**27958**	**16151**	**11807**	**322**	**193**	**129**
西宁市	**11659**	**6846**	**4813**	**64**	**35**	**29**
城东区	2035	1179	856	16	8	8
城中区	1083	646	437	5	2	3
城西区	1014	607	407	1	1	
城北区	1298	771	527	2	1	1
湟中区	2852	1649	1203	23	15	8
大通回族土族自治县	2470	1442	1028	15	7	8
湟源县	907	552	355	2	1	1
海东市	**8387**	**4836**	**3551**	**95**	**62**	**33**
乐都区	1718	1000	718	7	4	3
平安区	530	318	212	7	5	2
民和回族土族自治县	1791	990	801	25	18	7
互助土族自治县	2687	1601	1086	23	12	11
化隆回族自治县	1132	627	505	21	13	8
循化撒拉族自治县	529	300	229	12	10	2
海北藏族自治州	**1527**	**857**	**670**	**22**	**16**	**6**
门源回族自治县	853	488	365	8	5	3
祁连县	234	138	96	6	4	2
海晏县	276	141	135	5	5	
刚察县	164	90	74	3	2	1
黄南藏族自治州	**1148**	**632**	**516**	**28**	**15**	**13**
同仁县	492	259	233	8	6	2
尖扎县	197	109	88			
泽库县	232	134	98	8	5	3
河南蒙古族自治县	227	130	97	12	4	8
海南藏族自治州	**1840**	**1055**	**785**	**32**	**15**	**17**
共和县	370	221	149	5	4	1
同德县	220	106	114	3	3	
贵德县	632	370	262	8	1	7
兴海县	275	161	114	10	4	6
贵南县	343	197	146	6	3	3
果洛藏族自治州	**721**	**382**	**339**	**35**	**20**	**15**
玛沁县	89	57	32	2	1	1
班玛县	140	69	71	11	6	5
甘德县	151	89	62	4	1	3
达日县	169	84	85	15	11	4
久治县	96	44	52	2		2
玛多县	76	39	37	1	1	
玉树藏族自治州	**1328**	**690**	**638**	**29**	**19**	**10**
玉树市	441	214	227	7	5	2
杂多县	197	108	89	6	4	2
称多县	150	80	70	1		1
治多县	100	54	46	2	1	1
囊谦县	288	155	133	11	8	3
曲麻莱县	152	79	73	2	1	1
海西蒙古族藏族自治州	**1348**	**853**	**495**	**17**	**11**	**6**
格尔木市	447	294	153	7	3	4
德令哈市	250	152	98	2	1	1
茫崖市	110	62	48			
乌兰县	120	78	42	2	2	
都兰县	314	198	116	3	2	1
天峻县	83	55	28	3	3	
大柴旦行政委员会	24	14	10			

6-1 续表 1

单位：人

地区	1-4岁			5-9岁			10-14岁		
	小计	男	女	小计	男	女	小计	男	女
全省	**202**	**116**	**86**	**147**	**82**	**65**	**143**	**80**	**63**
西宁市	**36**	**21**	**15**	**26**	**15**	**11**	**31**	**19**	**12**
城东区	6	5	1	4	2	2	5	4	1
城中区	3	2	1						
城西区	1	1		1		1			
城北区	2	2		1		1	1		1
湟中区	11	8	3	12	7	5	14	10	4
大通回族土族自治县	12	3	9	7	6	1	11	5	6
湟源县	1		1	1		1			
海东市	**54**	**29**	**25**	**29**	**21**	**8**	**34**	**21**	**13**
乐都区	3	1	2	1	1		1	1	
平安区	3	2	1				3	3	
民和回族土族自治县	10	4	6	4	4		8	4	4
互助土族自治县	9	6	3	7	5	2	5	3	2
化隆回族自治县	17	8	9	9	5	4	12	5	7
循化撒拉族自治县	12	8	4	8	6	2	5	5	
海北藏族自治州	**8**	**5**	**3**	**7**	**4**	**3**	**5**	**1**	**4**
门源回族自治县	3	2	1	3	1	2	1		1
祁连县	2		2	2	2				
海晏县	3	3					3	1	2
刚察县				2	1	1	1		1
黄南藏族自治州	**18**	**8**	**10**	**13**	**5**	**8**	**6**	**5**	**1**
同仁县	6	2	4	4	1	3	3	3	
尖扎县	3	3		6	2	4			
泽库县	4	1	3	1		1	3	2	1
河南蒙古族自治县	5	2	3	2	2				
海南藏族自治州	**13**	**9**	**4**	**15**	**10**	**5**	**12**	**7**	**5**
共和县	3	1	2	2	1	1	2	2	
同德县	2	1	1	1	1		3	1	2
贵德县	4	3	1	4	2	2	3	1	2
兴海县	2	2		5	3	2	1	1	
贵南县	2	2		3	3		3	2	1
果洛藏族自治州	**26**	**20**	**6**	**19**	**8**	**11**	**10**	**8**	**2**
玛沁县	1	1		1	1		1	1	
班玛县	5	4	1	2	1	1			
甘德县	3	2	1	3	1	2	3	3	
达日县	8	7	1	8	1	7	3	1	2
久治县	2	1	1	1	1		1	1	
玛多县	7	5	2	4	3	1	2	2	
玉树藏族自治州	**40**	**21**	**19**	**37**	**19**	**18**	**40**	**15**	**25**
玉树市	12	7	5	23	10	13	27	11	16
杂多县	8	4	4	4	2	2	4	3	1
称多县	4	1	3	2	2		1		1
治多县	3	2	1				3	1	2
囊谦县	3	2	1	7	5	2	3		3
曲麻莱县	10	5	5	1		1	2		2
海西蒙古族藏族自治州	**7**	**3**	**4**	**1**		**1**	**5**	**4**	**1**
格尔木市	2		2				2	2	
德令哈市	1	1		1		1	1	1	
茫崖市									
乌兰县									
都兰县							2	1	1
天峻县	4	2	2						
大柴旦行政委员会									

6−1 续表 2

单位：人

地 区	15−19岁			20−24岁			25−29岁		
	小计	男	女	小计	男	女	小计	男	女
全省	**202**	**125**	**77**	**226**	**135**	**91**	**272**	**181**	**91**
西宁市	**53**	**35**	**18**	**59**	**35**	**24**	**83**	**56**	**27**
城东区	6	3	3	7	2	5	9	5	4
城中区	3	2	1				1		1
城西区	2	1	1				3	2	1
城北区	5	4	1	2		2	5	4	1
湟中区	17	11	6	16	11	5	26	21	5
大通回族土族自治县	17	12	5	28	21	7	27	15	12
湟源县	3	2	1	6	1	5	12	9	3
海东市	**55**	**30**	**25**	**50**	**28**	**22**	**75**	**48**	**27**
乐都区	8	5	3	6	4	2	7	7	
平安区							5	2	3
民和回族土族自治县	11	7	4	17	9	8	17	10	7
互助土族自治县	14	8	6	12	9	3	26	17	9
化隆回族自治县	17	7	10	9	4	5	13	8	5
循化撒拉族自治县	5	3	2	6	2	4	7	4	3
海北藏族自治州	**12**	**10**	**2**	**20**	**12**	**8**	**19**	**10**	**9**
门源回族自治县	7	5	2	12	6	6	10	5	5
祁连县	2	2		3	2	1	2	2	
海晏县	2	2		3	3		1		1
刚察县	1	1		2	1	1	6	3	3
黄南藏族自治州	**8**	**5**	**3**	**14**	**6**	**8**	**18**	**11**	**7**
同仁县	2	2		2	1	1	5	2	3
尖扎县				2	1	1	2	1	1
泽库县	5	2	3	4	2	2	6	4	2
河南蒙古族自治县	1	1		6	2	4	5	4	1
海南藏族自治州	**13**	**8**	**5**	**26**	**15**	**11**	**23**	**21**	**2**
共和县	3	2	1	5	4	1	7	6	1
同德县	1	1		3		3	1	1	
贵德县	1	1		6	3	3	5	5	
兴海县	4	3	1	7	5	2	9	8	1
贵南县	4	1	3	5	3	2	1	1	
果洛藏族自治州	**12**	**8**	**4**	**18**	**11**	**7**	**19**	**10**	**9**
玛沁县	1		1	1	1		2	2	
班玛县	1	1		2	2		3	1	2
甘德县	6	4	2	3	2	1	2	2	
达日县	1		1	7	2	5	8	2	6
久治县	2	2		4	3	1	3	2	1
玛多县	1	1		1	1		1	1	
玉树藏族自治州	**36**	**21**	**15**	**19**	**10**	**9**	**18**	**11**	**7**
玉树市	14	8	6	3	2	1	3	1	2
杂多县	6	3	3	8	4	4	5	3	2
称多县	2	1	1	1		1	2		2
治多县	3		3	3	1	2			
囊谦县	5	5		1		1	4	4	
曲麻莱县	6	4	2	3	3		4	3	1
海西蒙古族藏族自治州	**13**	**8**	**5**	**20**	**18**	**2**	**17**	**14**	**3**
格尔木市	4	3	1	7	6	1	4	4	
德令哈市	4	1	3	1	1		3	2	1
茫崖市									
乌兰县				1	1		4	4	
都兰县	4	3	1	8	7	1	5	3	2
天峻县	1	1		3	3		1	1	
大柴旦行政委员会									

6—1　续表 3　　　　　　　　　　　　　　　　　　　　　　　　　单位：人

地　区	30—34岁			35—39岁			40—44岁		
	小计	男	女	小计	男	女	小计	男	女
全省	**341**	**232**	**109**	**443**	**317**	**126**	**711**	**505**	**206**
西宁市	**92**	**65**	**27**	**133**	**95**	**38**	**211**	**165**	**46**
城东区	19	11	8	15	10	5	27	20	7
城中区	5	2	3	14	9	5	19	16	3
城西区	4	1	3	5	4	1	8	6	2
城北区	5	3	2	17	14	3	21	14	7
湟中区	26	21	5	40	28	12	72	58	14
大通回族土族自治县	28	22	6	37	27	10	48	38	10
湟源县	5	5		5	3	2	16	13	3
海东市	**107**	**75**	**32**	**135**	**104**	**31**	**222**	**156**	**66**
乐都区	14	12	2	37	28	9	45	36	9
平安区	9	7	2	7	6	1	18	14	4
民和回族土族自治县	26	18	8	26	24	2	43	31	12
互助土族自治县	37	26	11	43	34	9	73	50	23
化隆回族自治县	12	7	5	13	7	6	27	17	10
循化撒拉族自治县	9	5	4	9	5	4	16	8	8
海北藏族自治州	**30**	**17**	**13**	**18**	**8**	**10**	**56**	**42**	**14**
门源回族自治县	10	6	4	4	1	3	30	22	8
祁连县	9	5	4	6	3	3	8	7	1
海晏县	7	3	4	6	3	3	12	11	1
刚察县	4	3	1	2	1	1	6	2	4
黄南藏族自治州	**29**	**20**	**9**	**15**	**8**	**7**	**31**	**24**	**7**
同仁县	7	4	3	8	4	4	12	8	4
尖扎县	8	5	3				7	7	
泽库县	8	6	2	5	3	2	9	8	1
河南蒙古族自治县	6	5	1	2	1	1	3	1	2
海南藏族自治州	**23**	**12**	**11**	**39**	**31**	**8**	**53**	**33**	**20**
共和县	7	5	2	8	7	1	16	10	6
同德县	1		1	4	2	2	6	3	3
贵德县	5	3	2	9	7	2	10	6	4
兴海县	6	2	4	10	9	1	9	5	4
贵南县	4	2	2	8	6	2	12	9	3
果洛藏族自治州	**14**	**9**	**5**	**38**	**26**	**12**	**38**	**19**	**19**
玛沁县	3	3		2	1	1	3	2	1
班玛县	1	1		15	11	4	9	1	8
甘德县	5	4	1	8	5	3	3	3	
达日县	2		2	9	5	4	13	7	6
久治县	3	1	2	2	2		7	5	2
玛多县				2	2		3	1	2
玉树藏族自治州	**28**	**18**	**10**	**32**	**24**	**8**	**51**	**34**	**17**
玉树市	8	6	2	5	3	2	16	12	4
杂多县	2	1	1	1		1	7	7	
称多县	5	2	3	5	5		6	3	3
治多县	4	4		5	4	1	5	3	2
囊谦县	6	4	2	11	7	4	9	5	4
曲麻莱县	3	1	2	5	5		8	4	4
海西蒙古族藏族自治州	**18**	**16**	**2**	**33**	**21**	**12**	**49**	**32**	**17**
格尔木市	9	8	1	11	8	3	16	13	3
德令哈市	3	3		9	4	5	11	8	3
茫崖市				1	1		4	2	2
乌兰县	2	1	1	4	3	1	4	3	1
都兰县	3	3		6	3	3	9	4	5
天峻县	1	1		2	2		3	2	1
大柴旦行政委员会							2		2

6-1　续表 4　　　　单位：人

地　区	45—49岁			50—54岁			55—59岁		
	小计	男	女	小计	男	女	小计	男	女
全省	**1211**	**853**	**358**	**1592**	**1121**	**471**	**1718**	**1189**	**529**
西宁市	**469**	**342**	**127**	**660**	**460**	**200**	**712**	**508**	**204**
城东区	59	43	16	95	62	33	113	87	26
城中区	40	32	8	50	39	11	47	30	17
城西区	43	26	17	48	35	13	57	42	15
城北区	55	39	16	68	42	26	78	58	20
湟中区	125	94	31	167	111	56	192	131	61
大通回族土族自治县	107	76	31	166	117	49	163	113	50
湟源县	40	32	8	66	54	12	62	47	15
海东市	**349**	**254**	**95**	**469**	**331**	**138**	**524**	**358**	**166**
乐都区	47	34	13	85	60	25	100	70	30
平安区	36	31	5	29	21	8	28	19	9
民和回族土族自治县	89	58	31	104	76	28	100	61	39
互助土族自治县	109	80	29	159	117	42	202	153	49
化隆回族自治县	46	33	13	62	40	22	63	41	22
循化撒拉族自治县	22	18	4	30	17	13	31	14	17
海北藏族自治州	**68**	**41**	**27**	**76**	**52**	**24**	**121**	**82**	**39**
门源回族自治县	34	21	13	41	31	10	70	46	24
祁连县	9	8	1	14	8	6	22	15	7
海晏县	18	8	10	9	5	4	18	13	5
刚察县	7	4	3	12	8	4	11	8	3
黄南藏族自治州	**46**	**32**	**14**	**66**	**48**	**18**	**57**	**38**	**19**
同仁县	21	13	8	24	19	5	18	12	6
尖扎县	4	1	3	12	9	3	11	6	5
泽库县	10	8	2	10	7	3	14	8	6
河南蒙古族自治县	11	10	1	20	13	7	14	12	2
海南藏族自治州	**95**	**67**	**28**	**115**	**83**	**32**	**108**	**78**	**30**
共和县	20	16	4	19	12	7	23	19	4
同德县	9	6	3	13	9	4	10	4	6
贵德县	38	29	9	38	31	7	40	28	12
兴海县	16	8	8	19	12	7	14	10	4
贵南县	12	8	4	26	19	7	21	17	4
果洛藏族自治州	**36**	**17**	**19**	**44**	**31**	**13**	**47**	**22**	**25**
玛沁县	5	3	2	6	3	3	7	5	2
班玛县	9	4	5	7	7		8	5	3
甘德县	6	4	2	12	8	4	9	4	5
达日县	9	2	7	11	9	2	10	4	6
久治县	5	3	2	2		2	6	2	4
玛多县	2	1	1	6	4	2	7	2	5
玉树藏族自治州	**65**	**36**	**29**	**55**	**35**	**20**	**56**	**34**	**22**
玉树市	20	9	11	14	8	6	16	10	6
杂多县	9	4	5	8	5	3	9	4	5
称多县	10	6	4	2	1	1	13	9	4
治多县	6	3	3	8	6	2	4	2	2
囊谦县	12	8	4	15	10	5	11	7	4
曲麻莱县	8	6	2	8	5	3	3	2	1
海西蒙古族藏族自治州	**83**	**64**	**19**	**107**	**81**	**26**	**93**	**69**	**24**
格尔木市	29	23	6	32	23	9	34	28	6
德令哈市	20	14	6	17	14	3	13	9	4
茫崖市	6	4	2	5	4	1	8	6	2
乌兰县	3	3		15	10	5	8	7	1
都兰县	14	12	2	34	26	8	23	15	8
天峻县	5	4	1	3	3		5	3	2
大柴旦行政委员会	6	4	2	1	1		2	1	1

6-1 续表 5

单位：人

地　　区	60-64岁			65-69岁			70-74岁		
	小计	男	女	小计	男	女	小计	男	女
全省	**1946**	**1265**	**681**	**2840**	**1792**	**1048**	**3716**	**2051**	**1665**
西宁市	**855**	**564**	**291**	**1213**	**786**	**427**	**1572**	**881**	**691**
城东区	143	102	41	172	110	62	218	115	103
城中区	79	56	23	78	54	24	119	67	52
城西区	57	40	17	71	48	23	100	62	38
城北区	108	63	45	117	77	40	143	94	49
湟中区	186	108	78	344	228	116	462	249	213
大通回族土族自治县	211	143	68	319	201	118	389	212	177
湟源县	71	52	19	112	68	44	141	82	59
海东市	**587**	**370**	**217**	**891**	**550**	**341**	**1136**	**624**	**512**
乐都区	136	81	55	187	116	71	247	155	92
平安区	20	15	5	60	34	26	71	35	36
民和回族土族自治县	117	67	50	173	107	66	228	117	111
互助土族自治县	221	144	77	314	198	116	394	217	177
化隆回族自治县	64	45	19	112	68	44	139	70	69
循化撒拉族自治县	29	18	11	45	27	18	57	30	27
海北藏族自治州	**113**	**78**	**35**	**166**	**93**	**73**	**225**	**114**	**111**
门源回族自治县	73	49	24	111	61	50	134	67	67
祁连县	17	12	5	18	10	8	27	19	8
海晏县	17	12	5	25	12	13	42	18	24
刚察县	6	5	1	12	10	2	22	10	12
黄南藏族自治州	**55**	**37**	**18**	**98**	**57**	**41**	**124**	**80**	**44**
同仁县	22	12	10	41	25	16	58	34	24
尖扎县	13	10	3	19	12	7	19	12	7
泽库县	9	7	2	17	8	9	25	16	9
河南蒙古族自治县	11	8	3	21	12	9	22	18	4
海南藏族自治州	**110**	**73**	**37**	**173**	**121**	**52**	**234**	**126**	**108**
共和县	31	19	12	35	20	15	41	25	16
同德县	9	7	2	21	18	3	30	12	18
贵德县	35	25	10	70	51	19	82	48	34
兴海县	13	8	5	18	15	3	32	14	18
贵南县	22	14	8	29	17	12	49	27	22
果洛藏族自治州	**45**	**22**	**23**	**52**	**34**	**18**	**72**	**35**	**37**
玛沁县	3	2	1	9	9		12	9	3
班玛县	12	2	10	6	2	4	11	3	8
甘德县	3	3		12	8	4	19	10	9
达日县	13	6	7	12	6	6	13	8	5
久治县	6	5	1	8	5	3	8	2	6
玛多县	8	4	4	5	4	1	9	3	6
玉树藏族自治州	**69**	**45**	**24**	**121**	**74**	**47**	**183**	**97**	**86**
玉树市	22	13	9	42	25	17	53	27	26
杂多县	8	3	5	19	13	6	32	18	14
称多县	11	10	1	13	5	8	24	13	11
治多县	7	4	3	9	6	3	15	8	7
囊谦县	15	11	4	20	12	8	40	23	17
曲麻莱县	6	4	2	18	13	5	19	8	11
海西蒙古族藏族自治州	**112**	**76**	**36**	**126**	**77**	**49**	**170**	**94**	**76**
格尔木市	33	20	13	39	19	20	44	21	23
德令哈市	17	12	5	22	12	10	32	21	11
茫崖市	8	6	2	10	8	2	20	11	9
乌兰县	11	6	5	14	9	5	19	11	8
都兰县	32	23	9	33	23	10	48	27	21
天峻县	11	9	2	7	5	2	7	3	4
大柴旦行政委员会				1	1				

6-1 续表 6

单位：人

地 区	75-79岁			80-84岁			85-89岁		
	小计	男	女	小计	男	女	小计	男	女
全省	**4422**	**2322**	**2100**	**4052**	**2010**	**2042**	**2496**	**1173**	**1323**
西宁市	**1917**	**999**	**918**	**1880**	**955**	**925**	**1166**	**609**	**557**
城东区	327	158	169	410	225	185	260	148	112
城中区	193	103	90	209	107	102	152	92	60
城西区	173	83	90	225	133	92	154	89	65
城北区	198	108	90	241	128	113	174	90	84
湟中区	480	264	216	375	164	211	207	90	117
大通回族土族自治县	396	202	194	305	139	166	138	62	76
湟源县	150	81	69	115	59	56	81	38	43
海东市	**1443**	**756**	**687**	**1162**	**581**	**581**	**739**	**328**	**411**
乐都区	304	152	152	243	124	119	192	85	107
平安区	79	44	35	95	52	43	42	18	24
民和回族土族自治县	305	152	153	269	133	136	175	74	101
互助土族自治县	463	246	217	336	159	177	187	88	99
化隆回族自治县	202	108	94	151	76	75	104	46	58
循化撒拉族自治县	90	54	36	68	37	31	39	17	22
海北藏族自治州	**215**	**116**	**99**	**211**	**99**	**112**	**101**	**45**	**56**
门源回族自治县	129	69	60	112	60	52	46	24	22
祁连县	28	11	17	30	16	14	19	9	10
海晏县	38	20	18	43	12	31	18	8	10
刚察县	20	16	4	26	11	15	18	4	14
黄南藏族自治州	**154**	**74**	**80**	**141**	**70**	**71**	**143**	**55**	**88**
同仁县	70	35	35	59	27	32	75	31	44
尖扎县	32	12	20	30	18	12	18	8	10
泽库县	28	16	12	30	16	14	24	7	17
河南蒙古族自治县	24	11	13	22	9	13	26	9	17
海南藏族自治州	**259**	**144**	**115**	**278**	**129**	**149**	**146**	**49**	**97**
共和县	52	28	24	52	25	27	25	8	17
同德县	31	13	18	36	16	20	20	6	14
贵德县	107	61	46	101	43	58	48	14	34
兴海县	30	19	11	36	20	16	22	11	11
贵南县	39	23	16	53	25	28	31	10	21
果洛藏族自治州	**69**	**32**	**37**	**73**	**31**	**42**	**28**	**14**	**14**
玛沁县	10	5	5	10	6	4	8	2	6
班玛县	9	4	5	15	7	8	5	4	1
甘德县	20	10	10	19	10	9	6	4	2
达日县	13	5	8	7	4	3	4	3	1
久治县	9	5	4	15	3	12	5	1	4
玛多县	8	3	5	7	1	6			
玉树藏族自治州	**161**	**83**	**78**	**133**	**53**	**80**	**96**	**29**	**67**
玉树市	52	26	26	42	12	30	33	13	20
杂多县	30	18	12	16	9	7	10	3	7
称多县	16	8	8	15	8	7	9	3	6
治多县	6	3	3	10	6	4	5		5
囊谦县	38	18	20	41	16	25	25	7	18
曲麻莱县	19	10	9	9	2	7	14	3	11
海西蒙古族藏族自治州	**204**	**118**	**86**	**174**	**92**	**82**	**77**	**44**	**33**
格尔木市	79	51	28	59	39	20	26	17	9
德令哈市	42	21	21	33	18	15	16	8	8
茫崖市	14	4	10	24	9	15	8	5	3
乌兰县	11	7	4	16	9	7	5	2	3
都兰县	43	24	19	29	11	18	16	10	6
天峻县	9	7	2	10	4	6	4	1	3
大柴旦行政委员会	6	4	2	3	2	1	2	1	1

6-1 续表 7　　　　单位：人

地区	90-94岁			95-99岁			100岁及以上		
	小计	男	女	小计	男	女	小计	男	女
全省	**767**	**328**	**439**	**160**	**65**	**95**	**29**	**16**	**13**
西宁市	**360**	**167**	**193**	**54**	**24**	**30**	**13**	**10**	**3**
城东区	103	49	54	13	4	9	8	6	2
城中区	52	25	27	13	8	5	1		1
城西区	48	25	23	11	6	5	2	2	
城北区	50	26	24	4	3	1	1	1	
湟中区	51	19	32	6	1	5			
大通回族土族自治县	42	20	22	3		3	1	1	
湟源县	14	3	11	4	2	2			
海东市	**180**	**85**	**95**	**44**	**22**	**22**	**7**	**3**	**4**
乐都区	39	20	19	7	4	3	2		2
平安区	14	8	6	3	2	1	1		1
民和回族土族自治县	34	14	20	9	1	8	1	1	
互助土族自治县	43	22	21	9	6	3	1	1	
化隆回族自治县	30	13	17	8	6	2	1		1
循化撒拉族自治县	20	8	12	8	3	5	1	1	
海北藏族自治州	**23**	**8**	**15**	**10**	**3**	**7**	**1**	**1**	
门源回族自治县	11	5	6	3	1	2	1	1	
祁连县	6	2	4	4	1	3			
海晏县	5	1	4	1	1				
刚察县	1		1	2		2			
黄南藏族自治州	**60**	**24**	**36**	**23**	**10**	**13**	**1**		**1**
同仁县	35	12	23	11	6	5	1		1
尖扎县	7	2	5	4		4			
泽库县	7	5	2	5	3	2			
河南蒙古族自治县	11	5	6	3	1	2			
海南藏族自治州	**61**	**22**	**39**	**10**	**2**	**8**	**2**		**2**
共和县	12	7	5	2		2			
同德县	13	1	12	3	1	2			
贵德县	17	7	10	1	1				
兴海县	6	2	4	4		4	2		2
贵南县	13	5	8						
果洛藏族自治州	**23**	**5**	**18**	**2**		**2**	**1**		**1**
玛沁县				2		2			
班玛县	9	3	6						
甘德县	4	1	3				1		1
达日县	3	1	2						
久治县	5		5						
玛多县	2		2						
玉树藏族自治州	**42**	**8**	**34**	**14**	**3**	**11**	**3**	**1**	**2**
玉树市	21	4	17	6	2	4	2		2
杂多县	4		4	1		1			
称多县	6	3	3	2		2			
治多县	2		2						
囊谦县	6	1	5	4	1	3	1	1	
曲麻莱县	3		3	1		1			
海西蒙古族藏族自治州	**18**	**9**	**9**	**3**	**1**	**2**	**1**	**1**	
格尔木市	8	5	3	1		1	1	1	
德令哈市	2	1	1						
茫崖市	1	1		1	1				
乌兰县	1		1						
都兰县	2	1	1						
天峻县	3	1	2	1		1			
大柴旦行政委员会	1		1						

6-1a　各地区分年龄、性别的死亡人口
(2019.11.1-2020.10.31)(城市)

单位：人

地　区	死亡人口			0岁		
	合计	男	女	小计	男	女
全省	**6810**	**4043**	**2767**	**42**	**25**	**17**
西宁市	**5644**	**3321**	**2323**	**33**	**18**	**15**
城东区	2035	1179	856	16	8	8
城中区	1056	630	426	5	2	3
城西区	1013	607	406	1	1	
城北区	1251	743	508	2	1	1
湟中区	233	127	106	8	6	2
大通回族土族自治县	56	35	21	1		1
湟源县						
海东市	**618**	**376**	**242**	**3**	**2**	**1**
乐都区	406	239	167			
平安区	206	134	72	3	2	1
民和回族土族自治县	6	3	3			
互助土族自治县						
化隆回族自治县						
循化撒拉族自治县						
海北藏族自治州						
门源回族自治县						
祁连县						
海晏县						
刚察县						
黄南藏族自治州						
同仁县						
尖扎县						
泽库县						
河南蒙古族自治县						
海南藏族自治州						
共和县						
同德县						
贵德县						
兴海县						
贵南县						
果洛藏族自治州						
玛沁县						
班玛县						
甘德县						
达日县						
久治县						
玛多县						
玉树藏族自治州	**79**	**40**	**39**	**2**	**2**	
玉树市	63	33	30	1	1	
杂多县						
称多县						
治多县						
囊谦县						
曲麻莱县	16	7	9	1	1	
海西蒙古族藏族自治州	**469**	**306**	**163**	**4**	**3**	**1**
格尔木市	252	172	80	3	2	1
德令哈市	152	91	61	1	1	
茫崖市	65	43	22			
乌兰县						
都兰县						
天峻县						
大柴旦行政委员会						

6-1a　续表 1　　　　　　　　　　　　　　　　　　　　　　　　　　　　单位：人

地　区	1-4岁			5-9岁			10-14岁		
	小计	男	女	小计	男	女	小计	男	女
全省	**15**	**11**	**4**	**11**	**5**	**6**	**19**	**14**	**5**
西宁市	**12**	**10**	**2**	**8**	**4**	**4**	**9**	**7**	**2**
城东区	6	5	1	4	2	2	5	4	1
城中区	3	2	1						
城西区	1	1		1		1			
城北区	2	2		1		1	1		1
湟中区							1	1	
大通回族土族自治县				2	2		2	2	
湟源县									
海东市	**2**	**1**	**1**	**1**	**1**		**3**	**3**	
乐都区	2	1	1	1	1		1	1	
平安区							2	2	
民和回族土族自治县									
互助土族自治县									
化隆回族自治县									
循化撒拉族自治县									
海北藏族自治州									
门源回族自治县									
祁连县									
海晏县									
刚察县									
黄南藏族自治州									
同仁县									
尖扎县									
泽库县									
河南蒙古族自治县									
海南藏族自治州									
共和县									
同德县									
贵德县									
兴海县									
贵南县									
果洛藏族自治州									
玛沁县									
班玛县									
甘德县									
达日县									
久治县									
玛多县									
玉树藏族自治州	**1**		**1**	**1**		**1**	**5**	**2**	**3**
玉树市				1		1	4	2	2
杂多县									
称多县									
治多县									
囊谦县									
曲麻莱县	1		1				1		1
海西蒙古族藏族自治州				**1**		**1**	**2**	**2**	
格尔木市							1	1	
德令哈市				1		1	1	1	
茫崖市									
乌兰县									
都兰县									
天峻县									
大柴旦行政委员会									

6-1a 续表 2

单位：人

地 区	15-19岁			20-24岁			25-29岁		
	小计	男	女	小计	男	女	小计	男	女
全省	**32**	**19**	**13**	**17**	**8**	**9**	**27**	**18**	**9**
西宁市	**20**	**12**	**8**	**9**	**2**	**7**	**20**	**12**	**8**
城东区	6	3	3	7	2	5	9	5	4
城中区	3	2	1				1		1
城西区	2	1	1				3	2	1
城北区	5	4	1	2		2	5	4	1
湟中区	4	2	2				2	1	1
大通回族土族自治县									
湟源县									
海东市	**5**	**3**	**2**	**2**	**1**	**1**	**4**	**3**	**1**
乐都区	5	3	2	2	1	1	2	2	
平安区							2	1	1
民和回族土族自治县									
互助土族自治县									
化隆回族自治县									
循化撒拉族自治县									
海北藏族自治州									
门源回族自治县									
祁连县									
海晏县									
刚察县									
黄南藏族自治州									
同仁县									
尖扎县									
泽库县									
河南蒙古族自治县									
海南藏族自治州									
共和县									
同德县									
贵德县									
兴海县									
贵南县									
果洛藏族自治州									
玛沁县									
班玛县									
甘德县									
达日县									
久治县									
玛多县									
玉树藏族自治州	**1**	**1**		**1**	**1**				
玉树市									
杂多县									
称多县									
治多县									
囊谦县									
曲麻莱县	1	1		1	1				
海西蒙古族藏族自治州	**6**	**3**	**3**	**5**	**4**	**1**	**3**	**3**	
格尔木市	2	2		5	4	1	1	1	
德令哈市	4	1	3				2	2	
茫崖市									
乌兰县									
都兰县									
天峻县									
大柴旦行政委员会									

6-1a 续表 3

单位：人

地区	30-34岁			35-39岁			40-44岁		
	小计	男	女	小计	男	女	小计	男	女
全省	**48**	**29**	**19**	**86**	**61**	**25**	**123**	**93**	**30**
西宁市	**37**	**20**	**17**	**52**	**38**	**14**	**83**	**64**	**19**
城东区	19	11	8	15	10	5	27	20	7
城中区	5	2	3	14	9	5	18	15	3
城西区	4	1	3	5	4	1	8	6	2
城北区	5	3	2	15	12	3	19	13	6
湟中区	3	3		2	2		7	7	
大通回族土族自治县	1		1	1	1		4	3	1
湟源县									
海东市	**5**	**3**	**2**	**18**	**15**	**3**	**17**	**14**	**3**
乐都区	2	1	1	14	11	3	10	8	2
平安区	3	2	1	4	4		7	6	1
民和回族土族自治县									
互助土族自治县									
化隆回族自治县									
循化撒拉族自治县									
海北藏族自治州									
门源回族自治县									
祁连县									
海晏县									
刚察县									
黄南藏族自治州									
同仁县									
尖扎县									
泽库县									
河南蒙古族自治县									
海南藏族自治州									
共和县									
同德县									
贵德县									
兴海县									
贵南县									
果洛藏族自治州									
玛沁县									
班玛县									
甘德县									
达日县									
久治县									
玛多县									
玉树藏族自治州	**1**	**1**		**2**	**1**	**1**			
玉树市	1	1		1		1			
杂多县									
称多县									
治多县									
囊谦县									
曲麻莱县				1	1				
海西蒙古族藏族自治州	**5**	**5**		**14**	**7**	**7**	**23**	**15**	**8**
格尔木市	4	4		5	3	2	11	8	3
德令哈市	1	1		8	3	5	9	6	3
茫崖市				1	1		3	1	2
乌兰县									
都兰县									
天峻县									
大柴旦行政委员会									

6-1a　续表 4　　　　单位：人

地　区	45–49岁			50–54岁			55–59岁		
	小计	男	女	小计	男	女	小计	男	女
全省	**269**	**195**	**74**	**335**	**227**	**108**	**376**	**274**	**102**
西宁市	**203**	**144**	**59**	**274**	**185**	**89**	**308**	**227**	**81**
城东区	59	43	16	95	62	33	113	87	26
城中区	38	30	8	49	39	10	42	27	15
城西区	43	26	17	48	35	13	57	42	15
城北区	53	37	16	65	40	25	77	58	19
湟中区	7	5	2	16	9	7	18	12	6
大通回族土族自治县	3	3		1		1	1	1	
湟源县									
海东市	**29**	**23**	**6**	**26**	**18**	**8**	**34**	**22**	**12**
乐都区	10	7	3	17	11	6	20	13	7
平安区	19	16	3	9	7	2	14	9	5
民和回族土族自治县									
互助土族自治县									
化隆回族自治县									
循化撒拉族自治县									
海北藏族自治州									
门源回族自治县									
祁连县									
海晏县									
刚察县									
黄南藏族自治州									
同仁县									
尖扎县									
泽库县									
河南蒙古族自治县									
海南藏族自治州									
共和县									
同德县									
贵德县									
兴海县									
贵南县									
果洛藏族自治州									
玛沁县									
班玛县									
甘德县									
达日县									
久治县									
玛多县									
玉树藏族自治州	**3**	**1**	**2**	**2**	**1**	**1**	**3**	**2**	**1**
玉树市	2		2	2	1	1	3	2	1
杂多县									
称多县									
治多县									
囊谦县									
曲麻莱县	1	1							
海西蒙古族藏族自治州	**34**	**27**	**7**	**33**	**23**	**10**	**31**	**23**	**8**
格尔木市	16	14	2	18	12	6	16	13	3
德令哈市	13	10	3	11	8	3	7	4	3
茫崖市	5	3	2	4	3	1	8	6	2
乌兰县									
都兰县									
天峻县									
大柴旦行政委员会									

6-1a 续表 5　　单位：人

地区	60-64岁			65-69岁			70-74岁		
	小计	男	女	小计	男	女	小计	男	女
全省	**469**	**310**	**159**	**560**	**363**	**197**	**751**	**433**	**318**
西宁市	**399**	**266**	**133**	**453**	**297**	**156**	**604**	**348**	**256**
城东区	143	102	41	172	110	62	218	115	103
城中区	77	54	23	73	52	21	115	65	50
城西区	57	40	17	71	48	23	100	62	38
城北区	106	62	44	110	73	37	135	88	47
湟中区	12	5	7	17	9	8	29	13	16
大通回族土族自治县	4	3	1	10	5	5	7	5	2
湟源县									
海东市	**42**	**25**	**17**	**62**	**39**	**23**	**86**	**50**	**36**
乐都区	34	18	16	43	27	16	61	36	25
平安区	7	6	1	19	12	7	25	14	11
民和回族土族自治县	1	1							
互助土族自治县									
化隆回族自治县									
循化撒拉族自治县									
海北藏族自治州									
门源回族自治县									
祁连县									
海晏县									
刚察县									
黄南藏族自治州									
同仁县									
尖扎县									
泽库县									
河南蒙古族自治县									
海南藏族自治州									
共和县									
同德县									
贵德县									
兴海县									
贵南县									
果洛藏族自治州									
玛沁县									
班玛县									
甘德县									
达日县									
久治县									
玛多县									
玉树藏族自治州	**5**	**4**	**1**	**8**	**5**	**3**	**13**	**8**	**5**
玉树市	5	4	1	6	4	2	11	7	4
杂多县									
称多县									
治多县									
囊谦县									
曲麻莱县				2	1	1	2	1	1
海西蒙古族藏族自治州	**23**	**15**	**8**	**37**	**22**	**15**	**48**	**27**	**21**
格尔木市	13	8	5	15	8	7	25	10	15
德令哈市	4	3	1	12	6	6	14	10	4
茫崖市	6	4	2	10	8	2	9	7	2
乌兰县									
都兰县									
天峻县									
大柴旦行政委员会									

6-1a　续表 6　　单位：人

地　区	75-79岁			80-84岁			85-89岁		
	小计	男	女	小计	男	女	小计	男	女
全省	**1122**	**590**	**532**	**1305**	**716**	**589**	**853**	**475**	**378**
西宁市	**924**	**472**	**452**	**1129**	**614**	**515**	**755**	**425**	**330**
城东区	327	158	169	410	225	185	260	148	112
城中区	191	102	89	205	104	101	151	92	59
城西区	173	83	90	225	133	92	154	89	65
城北区	194	105	89	231	123	108	169	88	81
湟中区	33	21	12	48	23	25	18	7	11
大通回族土族自治县	6	3	3	10	6	4	3	1	2
湟源县									
海东市	**108**	**63**	**45**	**86**	**47**	**39**	**63**	**30**	**33**
乐都区	76	46	30	44	21	23	47	23	24
平安区	32	17	15	38	24	14	15	7	8
民和回族土族自治县				4	2	2	1		1
互助土族自治县									
化隆回族自治县									
循化撒拉族自治县									
海北藏族自治州									
门源回族自治县									
祁连县									
海晏县									
刚察县									
黄南藏族自治州									
同仁县									
尖扎县									
泽库县									
河南蒙古族自治县									
海南藏族自治州									
共和县									
同德县									
贵德县									
兴海县									
贵南县									
果洛藏族自治州									
玛沁县									
班玛县									
甘德县									
达日县									
久治县									
玛多县									
玉树藏族自治州	**8**	**4**	**4**	**6**	**2**	**4**	**8**	**2**	**6**
玉树市	8	4	4	4	2	2	6	2	4
杂多县									
称多县									
治多县									
囊谦县									
曲麻莱县				2		2	2		2
海西蒙古族藏族自治州	**82**	**51**	**31**	**84**	**53**	**31**	**27**	**18**	**9**
格尔木市	53	36	17	47	32	15	11	10	1
德令哈市	23	13	10	27	15	12	13	6	7
茫崖市	6	2	4	10	6	4	3	2	1
乌兰县									
都兰县									
天峻县									
大柴旦行政委员会									

6-1a 续表 7 单位：人

地区	90-94岁			95-99岁			100岁及以上		
	小计	男	女	小计	男	女	小计	男	女
全省	**283**	**141**	**142**	**52**	**26**	**26**	**15**	**10**	**5**
西宁市	**259**	**126**	**133**	**41**	**21**	**20**	**12**	**9**	**3**
城东区	103	49	54	13	4	9	8	6	2
城中区	52	25	27	13	8	5	1		1
城西区	47	25	22	11	6	5	2	2	
城北区	49	26	23	4	3	1	1	1	
湟中区	8	1	7						
大通回族土族自治县									
湟源县									
海东市	**15**	**10**	**5**	**5**	**3**	**2**	**2**		**2**
乐都区	11	6	5	3	2	1	1		1
平安区	4	4		2	1	1	1		1
民和回族土族自治县									
互助土族自治县									
化隆回族自治县									
循化撒拉族自治县									
海北藏族自治州									
门源回族自治县									
祁连县									
海晏县									
刚察县									
黄南藏族自治州									
同仁县									
尖扎县									
泽库县									
河南蒙古族自治县									
海南藏族自治州									
共和县									
同德县									
贵德县									
兴海县									
贵南县									
果洛藏族自治州									
玛沁县									
班玛县									
甘德县									
达日县									
久治县									
玛多县									
玉树藏族自治州	**4**	**1**	**3**	**5**	**2**	**3**			
玉树市	3	1	2	5	2	3			
杂多县									
称多县									
治多县									
囊谦县									
曲麻莱县	1		1						
海西蒙古族藏族自治州	**5**	**4**	**1**	**1**		**1**	**1**	**1**	
格尔木市	4	3	1	1		1	1	1	
德令哈市	1	1							
茫崖市									
乌兰县									
都兰县									
天峻县									
大柴旦行政委员会									

6-1b 各地区分年龄、性别的死亡人口
(2019.11.1-2020.10.31)(镇)

单位：人

地 区	死亡人口			0岁		
	合计	男	女	小计	男	女
全省	**5156**	**3046**	**2110**	**42**	**18**	**24**
西宁市	**1858**	**1081**	**777**	**7**	**3**	**4**
城东区						
城中区	19	13	6			
城西区	1		1			
城北区						
湟中区	384	213	171	3	1	2
大通回族土族自治县	1067	626	441	2	1	1
湟源县	387	229	158	2	1	1
海东市	**1567**	**915**	**652**	**8**	**3**	**5**
乐都区	159	87	72			
平安区	14	8	6			
民和回族土族自治县	458	252	206	2	1	1
互助土族自治县	668	416	252	4		4
化隆回族自治县	168	88	80	1	1	
循化撒拉族自治县	100	64	36	1	1	
海北藏族自治州	**392**	**230**	**162**	**6**	**4**	**2**
门源回族自治县	165	98	67	2	1	1
祁连县	84	54	30	2	1	1
海晏县	114	63	51	2	2	
刚察县	29	15	14			
黄南藏族自治州	**304**	**186**	**118**	**3**	**1**	**2**
同仁县	171	98	73	1	1	
尖扎县	51	33	18			
泽库县	39	26	13	1		1
河南蒙古族自治县	43	29	14	1		1
海南藏族自治州	**464**	**283**	**181**	**4**	**1**	**3**
共和县	83	46	37	1	1	
同德县	24	12	12			
贵德县	243	150	93	2		2
兴海县	68	48	20	1		1
贵南县	46	27	19			
果洛藏族自治州	**87**	**50**	**37**	**5**	**2**	**3**
玛沁县	11	9	2	1		1
班玛县	18	6	12	2		2
甘德县	7	6	1			
达日县	27	17	10	2	2	
久治县						
玛多县	24	12	12			
玉树藏族自治州	**149**	**93**	**56**	**5**	**3**	**2**
玉树市	38	22	16			
杂多县	31	23	8	2	2	
称多县	40	24	16			
治多县	20	13	7	1		1
囊谦县	13	7	6	2	1	1
曲麻莱县	7	4	3			
海西蒙古族藏族自治州	**335**	**208**	**127**	**4**	**1**	**3**
格尔木市	144	96	48	3	1	2
德令哈市	9	7	2			
茫崖市	45	19	26			
乌兰县	37	20	17			
都兰县	69	46	23	1		1
天峻县	11	9	2			
大柴旦行政委员会	20	11	9			

6–1b 续表 1

单位：人

地 区	1–4岁			5–9岁			10–14岁		
	小计	男	女	小计	男	女	小计	男	女
全省	**39**	**26**	**13**	**25**	**18**	**7**	**26**	**14**	**12**
西宁市	**7**	**2**	**5**	**5**	**3**	**2**	**7**	**4**	**3**
城东区									
城中区									
城西区									
城北区									
湟中区	1	1		2	2		3	3	
大通回族土族自治县	6	1	5	2	1	1	4	1	3
湟源县				1		1			
海东市	**7**	**3**	**4**	**6**	**4**	**2**	**6**	**6**	
乐都区									
平安区									
民和回族土族自治县	3	1	2	1	1		1	1	
互助土族自治县	1	1		4	3	1	1	1	
化隆回族自治县	2	1	1	1		1	1	1	
循化撒拉族自治县	1		1				3	3	
海北藏族自治州	**3**	**2**	**1**	**4**	**3**	**1**	**2**		**2**
门源回族自治县	1	1		1	1				
祁连县	1		1	2	2				
海晏县	1	1					1		1
刚察县				1		1	1		1
黄南藏族自治州	**3**	**3**		**3**	**2**	**1**	**1**		**1**
同仁县	1	1		2	1	1			
尖扎县	2	2		1	1				
泽库县							1		1
河南蒙古族自治县									
海南藏族自治州	**2**	**2**		**4**	**3**	**1**	**2**	**1**	**1**
共和县									
同德县									
贵德县	1	1		2	1	1	1		1
兴海县	1	1							
贵南县				2	2		1	1	
果洛藏族自治州	**7**	**6**	**1**	**2**	**2**		**1**	**1**	
玛沁县	1	1		1	1		1	1	
班玛县	1	1							
甘德县									
达日县	3	3							
久治县									
玛多县	2	1	1	1	1				
玉树藏族自治州	**9**	**8**	**1**	**1**	**1**		**6**	**1**	**5**
玉树市	3	3		1	1		4	1	3
杂多县	1	1					1		1
称多县	1		1				1		1
治多县	2	2							
囊谦县	1	1							
曲麻莱县	1	1							
海西蒙古族藏族自治州	**1**		**1**				**1**	**1**	
格尔木市	1		1				1	1	
德令哈市									
茫崖市									
乌兰县									
都兰县									
天峻县									
大柴旦行政委员会									

6-1b 续表 2

单位：人

地区	15-19岁			20-24岁			25-29岁		
	小计	男	女	小计	男	女	小计	男	女
全省	**29**	**18**	**11**	**51**	**30**	**21**	**51**	**29**	**22**
西宁市	**10**	**7**	**3**	**17**	**10**	**7**	**20**	**13**	**7**
城东区									
城中区									
城西区									
城北区									
湟中区	1	1		4	2	2	4	3	1
大通回族土族自治县	9	6	3	8	7	1	13	7	6
湟源县				5	1	4	3	3	
海东市	**9**	**4**	**5**	**14**	**7**	**7**	**14**	**6**	**8**
乐都区							1	1	
平安区									
民和回族土族自治县	3	2	1	5	2	3	2		2
互助土族自治县	1	1		6	4	2	9	3	6
化隆回族自治县	5	1	4	1	1		2	2	
循化撒拉族自治县				2		2			
海北藏族自治州	**5**	**5**		**5**	**5**		**2**		**2**
门源回族自治县	3	3		2	2				
祁连县	1	1		2	2				
海晏县	1	1		1	1				
刚察县							2		2
黄南藏族自治州				**5**	**1**	**4**	**4**	**2**	**2**
同仁县							2		2
尖扎县				1		1	1	1	
泽库县				1		1			
河南蒙古族自治县				3	1	2	1	1	
海南藏族自治州	**1**		**1**	**4**	**3**	**1**	**3**	**3**	
共和县	1		1						
同德县									
贵德县				2	1	1	2	2	
兴海县				2	2		1	1	
贵南县									
果洛藏族自治州							**3**	**1**	**2**
玛沁县									
班玛县							1		1
甘德县									
达日县							2	1	1
久治县									
玛多县									
玉树藏族自治州	**3**	**2**	**1**	**3**	**1**	**2**	**1**		**1**
玉树市	2	1	1						
杂多县	1	1		1	1				
称多县				1		1	1		1
治多县									
囊谦县				1		1			
曲麻莱县									
海西蒙古族藏族自治州	**1**		**1**	**3**	**3**		**4**	**4**	
格尔木市	1		1	2	2		3	3	
德令哈市									
茫崖市									
乌兰县							1	1	
都兰县				1	1				
天峻县									
大柴旦行政委员会									

6−1b 续表 3

单位：人

地区	30−34岁			35−39岁			40−44岁		
	小计	男	女	小计	男	女	小计	男	女
全省	**69**	**47**	**22**	**65**	**45**	**20**	**126**	**89**	**37**
西宁市	**19**	**17**	**2**	**19**	**12**	**7**	**27**	**23**	**4**
城东区									
城中区							1	1	
城西区									
城北区									
湟中区	6	5	1	5	3	2	6	5	1
大通回族土族自治县	11	10	1	13	9	4	15	12	3
湟源县	2	2		1		1	5	5	
海东市	**20**	**13**	**7**	**16**	**11**	**5**	**42**	**28**	**14**
乐都区	3	3		1	1		7	5	2
平安区				1	1		2	1	1
民和回族土族自治县	6	3	3	2	2		10	7	3
互助土族自治县	6	3	3	8	7	1	20	14	6
化隆回族自治县	2	1	1	2		2	2	1	1
循化撒拉族自治县	3	3		2		2	1		1
海北藏族自治州	**9**	**4**	**5**	**4**	**3**	**1**	**11**	**9**	**2**
门源回族自治县	4	1	3				5	3	2
祁连县				1	1		1	1	
海晏县	4	2	2	2	1	1	5	5	
刚察县	1	1		1	1				
黄南藏族自治州	**6**	**4**	**2**				**9**	**7**	**2**
同仁县							2	1	1
尖扎县	2		2				2	2	
泽库县	2	2					4	4	
河南蒙古族自治县	2	2					1		1
海南藏族自治州	**5**	**3**	**2**	**10**	**8**	**2**	**10**	**5**	**5**
共和县	2	1	1	1	1		3	2	1
同德县							2	1	1
贵德县	2	2		5	4	1	3	1	2
兴海县				2	2		1	1	
贵南县	1		1	2	1	1	1		1
果洛藏族自治州	**1**		**1**	**3**	**2**	**1**	**12**	**5**	**7**
玛沁县							1		1
班玛县				1	1		3		3
甘德县							1	1	
达日县	1		1	1		1	5	3	2
久治县									
玛多县				1	1		2	1	1
玉树藏族自治州	**5**	**4**	**1**	**4**	**2**	**2**	**6**	**5**	**1**
玉树市	2	2					2	2	
杂多县							1	1	
称多县	1		1	1	1		1	1	
治多县	2	2		1		1			
囊谦县				2	1	1			
曲麻莱县							2	1	1
海西蒙古族藏族自治州	**4**	**2**	**2**	**9**	**7**	**2**	**9**	**7**	**2**
格尔木市	3	2	1	5	4	1	4	4	
德令哈市				1	1				
茫崖市							1	1	
乌兰县	1		1	1	1		1	1	
都兰县				2	1	1	1	1	
天峻县									
大柴旦行政委员会							2		2

6–1b　续表 4

单位：人

地　区	45–49岁			50–54岁			55–59岁		
	小计	男	女	小计	男	女	小计	男	女
全省	**248**	**182**	**66**	**298**	**209**	**89**	**298**	**219**	**79**
西宁市	**87**	**67**	**20**	**119**	**85**	**34**	**114**	**79**	**35**
城东区									
城中区	2	2					4	3	1
城西区									
城北区									
湟中区	14	10	4	22	15	7	27	20	7
大通回族土族自治县	49	35	14	67	46	21	59	40	19
湟源县	22	20	2	30	24	6	24	16	8
海东市	**58**	**44**	**14**	**70**	**44**	**26**	**74**	**60**	**14**
乐都区	3	3		7	2	5	8	7	1
平安区				1	1				
民和回族土族自治县	19	14	5	23	18	5	18	13	5
互助土族自治县	24	19	5	28	18	10	39	33	6
化隆回族自治县	5	3	2	6	2	4	6	4	2
循化撒拉族自治县	7	5	2	5	3	2	3	3	
海北藏族自治州	**26**	**15**	**11**	**17**	**10**	**7**	**28**	**20**	**8**
门源回族自治县	7	5	2	5	4	1	12	9	3
祁连县	5	4	1	8	4	4	7	4	3
海晏县	13	5	8	2	1	1	8	6	2
刚察县	1	1		2	1	1	1	1	
黄南藏族自治州	**14**	**10**	**4**	**14**	**10**	**4**	**18**	**13**	**5**
同仁县	8	6	2	8	6	2	10	7	3
尖扎县	3	1	2	1	1		3	1	2
泽库县				2	2		2	2	
河南蒙古族自治县	3	3		3	1	2	3	3	
海南藏族自治州	**28**	**21**	**7**	**35**	**28**	**7**	**31**	**20**	**11**
共和县	6	4	2	4	2	2	4	3	1
同德县	1	1		4	4		2	1	1
贵德县	15	13	2	15	14	1	18	11	7
兴海县	4	2	2	10	6	4	4	4	
贵南县	2	1	1	2	2		3	1	2
果洛藏族自治州	**1**		**1**	**8**	**7**	**1**	**7**	**4**	**3**
玛沁县				1	1				
班玛县	1		1	3	3		2	1	1
甘德县				1	1		1		1
达日县				1	1		2	2	
久治县									
玛多县				2	1	1	2	1	1
玉树藏族自治州	**10**	**7**	**3**	**7**	**5**	**2**	**3**	**3**	
玉树市	1	1							
杂多县	2	1	1	2	2				
称多县	4	3	1				3	3	
治多县	2	2		3	1	2			
囊谦县				2	2				
曲麻莱县	1		1						
海西蒙古族藏族自治州	**24**	**18**	**6**	**28**	**20**	**8**	**23**	**20**	**3**
格尔木市	11	7	4	11	9	2	15	13	2
德令哈市				1	1		1	1	
茫崖市	1	1		1	1				
乌兰县	1	1		5	2	3	1	1	
都兰县	5	4	1	10	7	3	4	4	
天峻县	2	2							
大柴旦行政委员会	4	3	1				2	1	1

6-1b 续表 5

单位：人

地区	60-64岁			65-69岁			70-74岁		
	小计	男	女	小计	男	女	小计	男	女
全省	**365**	**240**	**125**	**598**	**393**	**205**	**748**	**428**	**320**
西宁市	**155**	**100**	**55**	**242**	**157**	**85**	**285**	**166**	**119**
城东区									
城中区				5	2	3	3	2	1
城西区									
城北区									
湟中区	37	20	17	47	31	16	60	28	32
大通回族土族自治县	84	56	28	137	94	43	167	100	67
湟源县	34	24	10	53	30	23	55	36	19
海东市	**103**	**59**	**44**	**165**	**110**	**55**	**233**	**129**	**104**
乐都区	7	3	4	19	12	7	25	18	7
平安区				2	1	1	4	2	2
民和回族土族自治县	35	17	18	49	30	19	65	25	40
互助土族自治县	51	33	18	74	55	19	100	62	38
化隆回族自治县	5	3	2	12	7	5	28	14	14
循化撒拉族自治县	5	3	2	9	5	4	11	8	3
海北藏族自治州	**20**	**15**	**5**	**49**	**26**	**23**	**58**	**35**	**23**
门源回族自治县	14	10	4	26	12	14	24	14	10
祁连县	1	1		12	7	5	14	10	4
海晏县	3	3		8	4	4	17	9	8
刚察县	2	1	1	3	3		3	2	1
黄南藏族自治州	**10**	**8**	**2**	**35**	**23**	**12**	**41**	**30**	**11**
同仁县	7	6	1	16	11	5	25	15	10
尖扎县	2	2		5	5		3	2	1
泽库县				6	2	4	8	8	
河南蒙古族自治县	1		1	8	5	3	5	5	
海南藏族自治州	**37**	**30**	**7**	**46**	**34**	**12**	**57**	**32**	**25**
共和县	8	6	2	10	6	4	9	6	3
同德县				2	2		3	1	2
贵德县	16	13	3	23	20	3	28	14	14
兴海县	6	5	1	7	6	1	8	4	4
贵南县	7	6	1	4		4	9	7	2
果洛藏族自治州	**7**	**2**	**5**	**5**	**5**		**9**	**4**	**5**
玛沁县	1	1		2	2		1	1	
班玛县	3		3						
甘德县							1	1	
达日县	1		1	1	1		4	2	2
久治县									
玛多县	2	1	1	2	2		3		3
玉树藏族自治州	**7**	**6**	**1**	**24**	**19**	**5**	**16**	**6**	**10**
玉树市				5	5		7	2	5
杂多县	1	1		8	6	2	4	1	3
称多县	3	3		6	3	3	3	2	1
治多县	2	1	1	3	3		1	1	
囊谦县	1	1		1	1				
曲麻莱县				1	1		1		1
海西蒙古族藏族自治州	**26**	**20**	**6**	**32**	**19**	**13**	**49**	**26**	**23**
格尔木市	9	6	3	19	11	8	15	10	5
德令哈市	1	1					1	1	
茫崖市	2	2					11	4	7
乌兰县	4	3	1	5	2	3	7	4	3
都兰县	6	5	1	8	6	2	13	6	7
天峻县	4	3	1				2	1	1
大柴旦行政委员会									

6-1b　续表 6　　　　单位：人

地　区	75-79岁			80-84岁			85-89岁		
	小计	男	女	小计	男	女	小计	男	女
全省	**809**	**432**	**377**	**730**	**356**	**374**	**390**	**181**	**209**
西宁市	**284**	**138**	**146**	**258**	**117**	**141**	**131**	**59**	**72**
城东区									
城中区	1		1	3	3				
城西区									
城北区									
湟中区	61	25	36	47	21	26	24	14	10
大通回族土族自治县	164	90	74	156	66	90	73	29	44
湟源县	58	23	35	52	27	25	34	16	18
海东市	**290**	**168**	**122**	**244**	**128**	**116**	**145**	**65**	**80**
乐都区	32	16	16	26	11	15	15	3	12
平安区				1	1		2	1	1
民和回族土族自治县	83	44	39	72	43	29	49	23	26
互助土族自治县	129	77	52	96	45	51	49	26	23
化隆回族自治县	28	17	11	29	15	14	22	9	13
循化撒拉族自治县	18	14	4	20	13	7	8	3	5
海北藏族自治州	**56**	**27**	**29**	**61**	**31**	**30**	**17**	**12**	**5**
门源回族自治县	24	10	14	28	17	11	3	3	
祁连县	10	5	5	10	7	3	5	3	2
海晏县	16	9	7	20	7	13	8	5	3
刚察县	6	3	3	3		3	1	1	
黄南藏族自治州	**42**	**19**	**23**	**40**	**25**	**15**	**34**	**16**	**18**
同仁县	28	13	15	23	11	12	25	13	12
尖扎县	7	3	4	11	8	3	2	2	
泽库县	5	1	4	3	3		3	1	2
河南蒙古族自治县	2	2		3	3		4		4
海南藏族自治州	**69**	**40**	**29**	**69**	**29**	**40**	**32**	**13**	**19**
共和县	11	4	7	13	5	8	6	4	2
同德县	3	1	2	2		2	3	1	2
贵德县	43	27	16	40	17	23	20	6	14
兴海县	9	7	2	9	4	5	2	2	
贵南县	3	1	2	5	3	2	1		1
果洛藏族自治州	**8**	**6**	**2**	**5**	**1**	**4**	**2**	**2**	
玛沁县	1	1							
班玛县									
甘德县	1	1		1	1		1	1	
达日县	2	1	1	1		1	1	1	
久治县									
玛多县	4	3	1	3		3			
玉树藏族自治州	**14**	**10**	**4**	**10**	**4**	**6**	**6**	**2**	**4**
玉树市	1		1	4	1	3	1	1	
杂多县	5	5		1	1		1		1
称多县	6	4	2	2	1	1	3	1	2
治多县	1		1	1	1				
囊谦县				2		2	1		1
曲麻莱县	1	1							
海西蒙古族藏族自治州	**46**	**24**	**22**	**43**	**21**	**22**	**23**	**12**	**11**
格尔木市	19	11	8	11	6	5	10	5	5
德令哈市	1		1	3	2	1			
茫崖市	8	2	6	14	3	11	5	3	2
乌兰县	3	1	2	4	3	1	2		2
都兰县	8	5	3	6	3	3	4	3	1
天峻县	1	1		2	2				
大柴旦行政委员会	6	4	2	3	2	1	2	1	1

6-1b 续表 7

单位：人

地　区	90-94岁			95-99岁			100岁及以上		
	小计	男	女	小计	男	女	小计	男	女
全省	**119**	**55**	**64**	**27**	**14**	**13**	**3**	**3**	
西宁市	**40**	**16**	**24**	**4**	**2**	**2**	**1**	**1**	
城东区									
城中区									
城西区	1		1						
城北区									
湟中区	8	2	6	2	1	1			
大通回族土族自治县	26	14	12	1		1	1	1	
湟源县	5		5	1	1				
海东市	**32**	**17**	**15**	**9**	**4**	**5**	**2**	**2**	
乐都区	4	2	2	1		1			
平安区	1		1						
民和回族土族自治县	7	4	3	2		2	1	1	
互助土族自治县	14	8	6	3	2	1	1	1	
化隆回族自治县	5	3	2	3	2	1			
循化撒拉族自治县	1		1						
海北藏族自治州	**6**	**2**	**4**	**3**	**2**	**1**			
门源回族自治县	3	1	2	1	1				
祁连县	2	1	1						
海晏县	1		1	1	1				
刚察县				1		1			
黄南藏族自治州	**15**	**8**	**7**	**7**	**4**	**3**			
同仁县	9	4	5	4	2	2			
尖扎县	4	2	2	1		1			
泽库县				1	1				
河南蒙古族自治县	2	2		1	1				
海南藏族自治州	**12**	**6**	**6**	**3**	**1**	**2**			
共和县	2	1	1	2		2			
同德县	2		2						
贵德县	4	2	2	1	1				
兴海县	1	1							
贵南县	3	2	1						
果洛藏族自治州	**1**		**1**						
玛沁县									
班玛县	1		1						
甘德县									
达日县									
久治县									
玛多县									
玉树藏族自治州	**9**	**4**	**5**						
玉树市	5	2	3						
杂多县									
称多县	3	2	1						
治多县	1		1						
囊谦县									
曲麻莱县									
海西蒙古族藏族自治州	**4**	**2**	**2**	**1**	**1**				
格尔木市	1	1							
德令哈市									
茫崖市	1	1		1	1				
乌兰县	1		1						
都兰县									
天峻县									
大柴旦行政委员会	1		1						

6-1c　各地区分年龄、性别的死亡人口
(2019.11.1—2020.10.31)(乡村)

单位：人

地　区	死亡人口			0岁		
	合计	男	女	小计	男	女
全省	**15992**	**9062**	**6930**	**238**	**150**	**88**
西宁市	**4157**	**2444**	**1713**	**24**	**14**	**10**
城东区						
城中区	8	3	5			
城西区						
城北区	47	28	19			
湟中区	2235	1309	926	12	8	4
大通回族土族自治县	1347	781	566	12	6	6
湟源县	520	323	197			
海东市	**6202**	**3545**	**2657**	**84**	**57**	**27**
乐都区	1153	674	479	7	4	3
平安区	310	176	134	4	3	1
民和回族土族自治县	1327	735	592	23	17	6
互助土族自治县	2019	1185	834	19	12	7
化隆回族自治县	964	539	425	20	12	8
循化撒拉族自治县	429	236	193	11	9	2
海北藏族自治州	**1135**	**627**	**508**	**16**	**12**	**4**
门源回族自治县	688	390	298	6	4	2
祁连县	150	84	66	4	3	1
海晏县	162	78	84	3	3	
刚察县	135	75	60	3	2	1
黄南藏族自治州	**844**	**446**	**398**	**25**	**14**	**11**
同仁县	321	161	160	7	5	2
尖扎县	146	76	70			
泽库县	193	108	85	7	5	2
河南蒙古族自治县	184	101	83	11	4	7
海南藏族自治州	**1376**	**772**	**604**	**28**	**14**	**14**
共和县	287	175	112	4	3	1
同德县	196	94	102	3	3	
贵德县	389	220	169	6	1	5
兴海县	207	113	94	9	4	5
贵南县	297	170	127	6	3	3
果洛藏族自治州	**634**	**332**	**302**	**30**	**18**	**12**
玛沁县	78	48	30	1	1	
班玛县	122	63	59	9	6	3
甘德县	144	83	61	4	1	3
达日县	142	67	75	13	9	4
久治县	96	44	52	2		2
玛多县	52	27	25	1	1	
玉树藏族自治州	**1100**	**557**	**543**	**22**	**14**	**8**
玉树市	340	159	181	6	4	2
杂多县	166	85	81	4	2	2
称多县	110	56	54	1		1
治多县	80	41	39	1	1	
囊谦县	275	148	127	9	7	2
曲麻莱县	129	68	61	1		1
海西蒙古族藏族自治州	**544**	**339**	**205**	**9**	**7**	**2**
格尔木市	51	26	25	1		1
德令哈市	89	54	35	1		1
茫崖市						
乌兰县	83	58	25	2	2	
都兰县	245	152	93	2	2	
天峻县	72	46	26	3	3	
大柴旦行政委员会	4	3	1			

6-1c 续表 1

单位：人

地 区	1-4岁			5-9岁			10-14岁		
	小计	男	女	小计	男	女	小计	男	女
全省	**148**	**79**	**69**	**111**	**59**	**52**	**98**	**52**	**46**
西宁市	**17**	**9**	**8**	**13**	**8**	**5**	**15**	**8**	**7**
城东区									
城中区									
城西区									
城北区									
湟中区	10	7	3	10	5	5	10	6	4
大通回族土族自治县	6	2	4	3	3		5	2	3
湟源县	1		1						
海东市	**45**	**25**	**20**	**22**	**16**	**6**	**25**	**12**	**13**
乐都区	1		1						
平安区	3	2	1				1	1	
民和回族土族自治县	7	3	4	3	3		7	3	4
互助土族自治县	8	5	3	3	2	1	4	2	2
化隆回族自治县	15	7	8	8	5	3	11	4	7
循化撒拉族自治县	11	8	3	8	6	2	2	2	
海北藏族自治州	**5**	**3**	**2**	**3**	**1**	**2**	**3**	**1**	**2**
门源回族自治县	2	1	1	2		2	1		1
祁连县	1		1						
海晏县	2	2					2	1	1
刚察县				1	1				
黄南藏族自治州	**15**	**5**	**10**	**10**	**3**	**7**	**5**	**5**	
同仁县	5	1	4	2		2	3	3	
尖扎县	1	1		5	1	4			
泽库县	4	1	3	1		1	2	2	
河南蒙古族自治县	5	2	3	2	2				
海南藏族自治州	**11**	**7**	**4**	**11**	**7**	**4**	**10**	**6**	**4**
共和县	3	1	2	2	1	1	2	2	
同德县	2	1	1	1	1		3	1	2
贵德县	3	2	1	2	1	1	2	1	1
兴海县	1	1		5	3	2	1	1	
贵南县	2	2		1	1		2	1	1
果洛藏族自治州	**19**	**14**	**5**	**17**	**6**	**11**	**9**	**7**	**2**
玛沁县									
班玛县	4	3	1	2	1	1			
甘德县	3	2	1	3	1	2	3	3	
达日县	5	4	1	8	1	7	3	1	2
久治县	2	1	1	1	1		1	1	
玛多县	5	4	1	3	2	1	2	2	
玉树藏族自治州	**30**	**13**	**17**	**35**	**18**	**17**	**29**	**12**	**17**
玉树市	9	4	5	21	9	12	19	8	11
杂多县	7	3	4	4	2	2	3	3	
称多县	3	1	2	2	2				
治多县	1		1				3	1	2
囊谦县	2	1	1	7	5	2	3		3
曲麻莱县	8	4	4	1		1	1		1
海西蒙古族藏族自治州	**6**	**3**	**3**				**2**	**1**	**1**
格尔木市	1		1						
德令哈市	1	1							
茫崖市									
乌兰县									
都兰县							2	1	1
天峻县	4	2	2						
大柴旦行政委员会									

6-1c　续表 2　　　　　　　　　　　　　　　　　　　　　　　　　　　　单位：人

地　区	15-19岁			20-24岁			25-29岁		
	小计	男	女	小计	男	女	小计	男	女
全省	**141**	**88**	**53**	**158**	**97**	**61**	**194**	**134**	**60**
西宁市	**23**	**16**	**7**	**33**	**23**	**10**	**43**	**31**	**12**
城东区									
城中区									
城西区									
城北区									
湟中区	12	8	4	12	9	3	20	17	3
大通回族土族自治县	8	6	2	20	14	6	14	8	6
湟源县	3	2	1	1		1	9	6	3
海东市	**41**	**23**	**18**	**34**	**20**	**14**	**57**	**39**	**18**
乐都区	3	2	1	4	3	1	4	4	
平安区							3	1	2
民和回族土族自治县	8	5	3	12	7	5	15	10	5
互助土族自治县	13	7	6	6	5	1	17	14	3
化隆回族自治县	12	6	6	8	3	5	11	6	5
循化撒拉族自治县	5	3	2	4	2	2	7	4	3
海北藏族自治州	**7**	**5**	**2**	**15**	**7**	**8**	**17**	**10**	**7**
门源回族自治县	4	2	2	10	4	6	10	5	5
祁连县	1	1		1		1	2	2	
海晏县	1	1		2	2		1		1
刚察县	1	1		2	1	1	4	3	1
黄南藏族自治州	**8**	**5**	**3**	**9**	**5**	**4**	**14**	**9**	**5**
同仁县	2	2		2	1	1	3	2	1
尖扎县				1	1		1		1
泽库县	5	2	3	3	2	1	6	4	2
河南蒙古族自治县	1	1		3	1	2	4	3	1
海南藏族自治州	**12**	**8**	**4**	**22**	**12**	**10**	**20**	**18**	**2**
共和县	2	2		5	4	1	7	6	1
同德县	1	1		3		3	1	1	
贵德县	1	1		4	2	2	3	3	
兴海县	4	3	1	5	3	2	8	7	1
贵南县	4	1	3	5	3	2	1	1	
果洛藏族自治州	**12**	**8**	**4**	**18**	**11**	**7**	**16**	**9**	**7**
玛沁县	1		1	1	1		2	2	
班玛县	1	1		2	2		2	1	1
甘德县	6	4	2	3	2	1	2	2	
达日县	1		1	7	2	5	6	1	5
久治县	2	2		4	3	1	3	2	1
玛多县	1	1		1	1		1	1	
玉树藏族自治州	**32**	**18**	**14**	**15**	**8**	**7**	**17**	**11**	**6**
玉树市	12	7	5	3	2	1	3	1	2
杂多县	5	2	3	7	3	4	5	3	2
称多县	2	1	1				1		1
治多县	3		3	3	1	2			
囊谦县	5	5					4	4	
曲麻莱县	5	3	2	2	2		4	3	1
海西蒙古族藏族自治州	**6**	**5**	**1**	**12**	**11**	**1**	**10**	**7**	**3**
格尔木市	1	1							
德令哈市				1	1		1		1
茫崖市									
乌兰县				1	1		3	3	
都兰县	4	3	1	7	6	1	5	3	2
天峻县	1	1		3	3		1	1	
大柴旦行政委员会									

6-1c 续表 3

单位：人

地区	30-34岁			35-39岁			40-44岁		
	小计	男	女	小计	男	女	小计	男	女
全省	**224**	**156**	**68**	**292**	**211**	**81**	**462**	**323**	**139**
西宁市	**36**	**28**	**8**	**62**	**45**	**17**	**101**	**78**	**23**
城东区									
城中区									
城西区									
城北区				2	2		2	1	1
湟中区	17	13	4	33	23	10	59	46	13
大通回族土族自治县	16	12	4	23	17	6	29	23	6
湟源县	3	3		4	3	1	11	8	3
海东市	**82**	**59**	**23**	**101**	**78**	**23**	**163**	**114**	**49**
乐都区	9	8	1	22	16	6	28	23	5
平安区	6	5	1	2	1	1	9	7	2
民和回族土族自治县	20	15	5	24	22	2	33	24	9
互助土族自治县	31	23	8	35	27	8	53	36	17
化隆回族自治县	10	6	4	11	7	4	25	16	9
循化撒拉族自治县	6	2	4	7	5	2	15	8	7
海北藏族自治州	**21**	**13**	**8**	**14**	**5**	**9**	**45**	**33**	**12**
门源回族自治县	6	5	1	4	1	3	25	19	6
祁连县	9	5	4	5	2	3	7	6	1
海晏县	3	1	2	4	2	2	7	6	1
刚察县	3	2	1	1		1	6	2	4
黄南藏族自治州	**23**	**16**	**7**	**15**	**8**	**7**	**22**	**17**	**5**
同仁县	7	4	3	8	4	4	10	7	3
尖扎县	6	5	1				5	5	
泽库县	6	4	2	5	3	2	5	4	1
河南蒙古族自治县	4	3	1	2	1	1	2	1	1
海南藏族自治州	**18**	**9**	**9**	**29**	**23**	**6**	**43**	**28**	**15**
共和县	5	4	1	7	6	1	13	8	5
同德县	1		1	4	2	2	4	2	2
贵德县	3	1	2	4	3	1	7	5	2
兴海县	6	2	4	8	7	1	8	4	4
贵南县	3	2	1	6	5	1	11	9	2
果洛藏族自治州	**13**	**9**	**4**	**35**	**24**	**11**	**26**	**14**	**12**
玛沁县	3	3		2	1	1	2	2	
班玛县	1	1		14	10	4	6	1	5
甘德县	5	4	1	8	5	3	2	2	
达日县	1		1	8	5	3	8	4	4
久治县	3	1	2	2	2		7	5	2
玛多县				1	1		1		1
玉树藏族自治州	**22**	**13**	**9**	**26**	**21**	**5**	**45**	**29**	**16**
玉树市	5	3	2	4	3	1	14	10	4
杂多县	2	1	1	1		1	6	6	
称多县	4	2	2	4	4		5	2	3
治多县	2	2		4	4		5	3	2
囊谦县	6	4	2	9	6	3	9	5	4
曲麻莱县	3	1	2	4	4		6	3	3
海西蒙古族藏族自治州	**9**	**9**		**10**	**7**	**3**	**17**	**10**	**7**
格尔木市	2	2		1	1		1	1	
德令哈市	2	2					2	2	
茫崖市									
乌兰县	1	1		3	2	1	3	2	1
都兰县	3	3		4	2	2	8	3	5
天峻县	1	1		2	2		3	2	1
大柴旦行政委员会									

6-1c　续表 4

单位：人

地　区	45-49岁			50-54岁			55-59岁		
	小计	男	女	小计	男	女	小计	男	女
全省	**694**	**476**	**218**	**959**	**685**	**274**	**1044**	**696**	**348**
西宁市	**179**	**131**	**48**	**267**	**190**	**77**	**290**	**202**	**88**
城东区									
城中区				1		1	1		1
城西区									
城北区	2	2		3	2	1	1		1
湟中区	104	79	25	129	87	42	147	99	48
大通回族土族自治县	55	38	17	98	71	27	103	72	31
湟源县	18	12	6	36	30	6	38	31	7
海东市	**262**	**187**	**75**	**373**	**269**	**104**	**416**	**276**	**140**
乐都区	34	24	10	61	47	14	72	50	22
平安区	17	15	2	19	13	6	14	10	4
民和回族土族自治县	70	44	26	81	58	23	82	48	34
互助土族自治县	85	61	24	131	99	32	163	120	43
化隆回族自治县	41	30	11	56	38	18	57	37	20
循化撒拉族自治县	15	13	2	25	14	11	28	11	17
海北藏族自治州	**42**	**26**	**16**	**59**	**42**	**17**	**93**	**62**	**31**
门源回族自治县	27	16	11	36	27	9	58	37	21
祁连县	4	4		6	4	2	15	11	4
海晏县	5	3	2	7	4	3	10	7	3
刚察县	6	3	3	10	7	3	10	7	3
黄南藏族自治州	**32**	**22**	**10**	**52**	**38**	**14**	**39**	**25**	**14**
同仁县	13	7	6	16	13	3	8	5	3
尖扎县	1		1	11	8	3	8	5	3
泽库县	10	8	2	8	5	3	12	6	6
河南蒙古族自治县	8	7	1	17	12	5	11	9	2
海南藏族自治州	**67**	**46**	**21**	**80**	**55**	**25**	**77**	**58**	**19**
共和县	14	12	2	15	10	5	19	16	3
同德县	8	5	3	9	5	4	8	3	5
贵德县	23	16	7	23	17	6	22	17	5
兴海县	12	6	6	9	6	3	10	6	4
贵南县	10	7	3	24	17	7	18	16	2
果洛藏族自治州	**35**	**17**	**18**	**36**	**24**	**12**	**40**	**18**	**22**
玛沁县	5	3	2	5	2	3	7	5	2
班玛县	8	4	4	4	4		6	4	2
甘德县	6	4	2	11	7	4	8	4	4
达日县	9	2	7	10	8	2	8	2	6
久治县	5	3	2	2		2	6	2	4
玛多县	2	1	1	4	3	1	5	1	4
玉树藏族自治州	**52**	**28**	**24**	**46**	**29**	**17**	**50**	**29**	**21**
玉树市	17	8	9	12	7	5	13	8	5
杂多县	7	3	4	6	3	3	9	4	5
称多县	6	3	3	2	1	1	10	6	4
治多县	4	1	3	5	5		4	2	2
囊谦县	12	8	4	13	8	5	11	7	4
曲麻莱县	6	5	1	8	5	3	3	2	1
海西蒙古族藏族自治州	**25**	**19**	**6**	**46**	**38**	**8**	**39**	**26**	**13**
格尔木市	2	2		3	2	1	3	2	1
德令哈市	7	4	3	5	5		5	4	1
茫崖市									
乌兰县	2	2		10	8	2	7	6	1
都兰县	9	8	1	24	19	5	19	11	8
天峻县	3	2	1	3	3		5	3	2
大柴旦行政委员会	2	1	1	1	1				

6-1c 续表 5

单位：人

地 区	60-64岁			65-69岁			70-74岁		
	小计	男	女	小计	男	女	小计	男	女
全省	**1112**	**715**	**397**	**1682**	**1036**	**646**	**2217**	**1190**	**1027**
西宁市	**301**	**198**	**103**	**518**	**332**	**186**	**683**	**367**	**316**
城东区									
城中区	2	2					1		1
城西区									
城北区	2	1	1	7	4	3	8	6	2
湟中区	137	83	54	280	188	92	373	208	165
大通回族土族自治县	123	84	39	172	102	70	215	107	108
湟源县	37	28	9	59	38	21	86	46	40
海东市	**442**	**286**	**156**	**664**	**401**	**263**	**817**	**445**	**372**
乐都区	95	60	35	125	77	48	161	101	60
平安区	13	9	4	39	21	18	42	19	23
民和回族土族自治县	81	49	32	124	77	47	163	92	71
互助土族自治县	170	111	59	240	143	97	294	155	139
化隆回族自治县	59	42	17	100	61	39	111	56	55
循化撒拉族自治县	24	15	9	36	22	14	46	22	24
海北藏族自治州	**93**	**63**	**30**	**117**	**67**	**50**	**167**	**79**	**88**
门源回族自治县	59	39	20	85	49	36	110	53	57
祁连县	16	11	5	6	3	3	13	9	4
海晏县	14	9	5	17	8	9	25	9	16
刚察县	4	4		9	7	2	19	8	11
黄南藏族自治州	**45**	**29**	**16**	**63**	**34**	**29**	**83**	**50**	**33**
同仁县	15	6	9	25	14	11	33	19	14
尖扎县	11	8	3	14	7	7	16	10	6
泽库县	9	7	2	11	6	5	17	8	9
河南蒙古族自治县	10	8	2	13	7	6	17	13	4
海南藏族自治州	**73**	**43**	**30**	**127**	**87**	**40**	**177**	**94**	**83**
共和县	23	13	10	25	14	11	32	19	13
同德县	9	7	2	19	16	3	27	11	16
贵德县	19	12	7	47	31	16	54	34	20
兴海县	7	3	4	11	9	2	24	10	14
贵南县	15	8	7	25	17	8	40	20	20
果洛藏族自治州	**38**	**20**	**18**	**47**	**29**	**18**	**63**	**31**	**32**
玛沁县	2	1	1	7	7		11	8	3
班玛县	9	2	7	6	2	4	11	3	8
甘德县	3	3		12	8	4	18	9	9
达日县	12	6	6	11	5	6	9	6	3
久治县	6	5	1	8	5	3	8	2	6
玛多县	6	3	3	3	2	1	6	3	3
玉树藏族自治州	**57**	**35**	**22**	**89**	**50**	**39**	**154**	**83**	**71**
玉树市	17	9	8	31	16	15	35	18	17
杂多县	7	2	5	11	7	4	28	17	11
称多县	8	7	1	7	2	5	21	11	10
治多县	5	3	2	6	3	3	14	7	7
囊谦县	14	10	4	19	11	8	40	23	17
曲麻莱县	6	4	2	15	11	4	16	7	9
海西蒙古族藏族自治州	**63**	**41**	**22**	**57**	**36**	**21**	**73**	**41**	**32**
格尔木市	11	6	5	5		5	4	1	3
德令哈市	12	8	4	10	6	4	17	10	7
茫崖市									
乌兰县	7	3	4	9	7	2	12	7	5
都兰县	26	18	8	25	17	8	35	21	14
天峻县	7	6	1	7	5	2	5	2	3
大柴旦行政委员会				1	1				

6-1c　续表 6　　　　单位：人

地　区	75—79岁			80—84岁			85—89岁		
	小计	男	女	小计	男	女	小计	男	女
全省	**2491**	**1300**	**1191**	**2017**	**938**	**1079**	**1253**	**517**	**736**
西宁市	**709**	**389**	**320**	**493**	**224**	**269**	**280**	**125**	**155**
城东区									
城中区	1	1		1		1	1		1
城西区									
城北区	4	3	1	10	5	5	5	2	3
湟中区	386	218	168	280	120	160	165	69	96
大通回族土族自治县	226	109	117	139	67	72	62	32	30
湟源县	92	58	34	63	32	31	47	22	25
海东市	**1045**	**525**	**520**	**832**	**406**	**426**	**531**	**233**	**298**
乐都区	196	90	106	173	92	81	130	59	71
平安区	47	27	20	56	27	29	25	10	15
民和回族土族自治县	222	108	114	193	88	105	125	51	74
互助土族自治县	334	169	165	240	114	126	138	62	76
化隆回族自治县	174	91	83	122	61	61	82	37	45
循化撒拉族自治县	72	40	32	48	24	24	31	14	17
海北藏族自治州	**159**	**89**	**70**	**150**	**68**	**82**	**84**	**33**	**51**
门源回族自治县	105	59	46	84	43	41	43	21	22
祁连县	18	6	12	20	9	11	14	6	8
海晏县	22	11	11	23	5	18	10	3	7
刚察县	14	13	1	23	11	12	17	3	14
黄南藏族自治州	**112**	**55**	**57**	**101**	**45**	**56**	**109**	**39**	**70**
同仁县	42	22	20	36	16	20	50	18	32
尖扎县	25	9	16	19	10	9	16	6	10
泽库县	23	15	8	27	13	14	21	6	15
河南蒙古族自治县	22	9	13	19	6	13	22	9	13
海南藏族自治州	**190**	**104**	**86**	**209**	**100**	**109**	**114**	**36**	**78**
共和县	41	24	17	39	20	19	19	4	15
同德县	28	12	16	34	16	18	17	5	12
贵德县	64	34	30	61	26	35	28	8	20
兴海县	21	12	9	27	16	11	20	9	11
贵南县	36	22	14	48	22	26	30	10	20
果洛藏族自治州	**61**	**26**	**35**	**68**	**30**	**38**	**26**	**12**	**14**
玛沁县	9	4	5	10	6	4	8	2	6
班玛县	9	4	5	15	7	8	5	4	1
甘德县	19	9	10	18	9	9	5	3	2
达日县	11	4	7	6	4	2	3	2	1
久治县	9	5	4	15	3	12	5	1	4
玛多县	4		4	4	1	3			
玉树藏族自治州	**139**	**69**	**70**	**117**	**47**	**70**	**82**	**25**	**57**
玉树市	43	22	21	34	9	25	26	10	16
杂多县	25	13	12	15	8	7	9	3	6
称多县	10	4	6	13	7	6	6	2	4
治多县	5	3	2	9	5	4	5		5
囊谦县	38	18	20	39	16	23	24	7	17
曲麻莱县	18	9	9	7	2	5	12	3	9
海西蒙古族藏族自治州	**76**	**43**	**33**	**47**	**18**	**29**	**27**	**14**	**13**
格尔木市	7	4	3	1	1		5	2	3
德令哈市	18	8	10	3	1	2	3	2	1
茫崖市									
乌兰县	8	6	2	12	6	6	3	2	1
都兰县	35	19	16	23	8	15	12	7	5
天峻县	8	6	2	8	2	6	4	1	3
大柴旦行政委员会									

6-1c 续表 7

单位：人

地　区	90-94岁			95-99岁			100岁及以上		
	小计	男	女	小计	男	女	小计	男	女
全省	**365**	**132**	**233**	**81**	**25**	**56**	**11**	**3**	**8**
西宁市	**61**	**25**	**36**	**9**	**1**	**8**			
城东区									
城中区									
城西区									
城北区	1		1						
湟中区	35	16	19	4		4			
大通回族土族自治县	16	6	10	2		2			
湟源县	9	3	6	3	1	2			
海东市	**133**	**58**	**75**	**30**	**15**	**15**	**3**	**1**	**2**
乐都区	24	12	12	3	2	1	1		1
平安区	9	4	5	1	1				
民和回族土族自治县	27	10	17	7	1	6			
互助土族自治县	29	14	15	6	4	2			
化隆回族自治县	25	10	15	5	4	1	1		1
循化撒拉族自治县	19	8	11	8	3	5	1	1	
海北藏族自治州	**17**	**6**	**11**	**7**	**1**	**6**	**1**	**1**	
门源回族自治县	8	4	4	2		2	1	1	
祁连县	4	1	3	4	1	3			
海晏县	4	1	3						
刚察县	1		1	1		1			
黄南藏族自治州	**45**	**16**	**29**	**16**	**6**	**10**	**1**		**1**
同仁县	26	8	18	7	4	3	1		1
尖扎县	3		3	3		3			
泽库县	7	5	2	4	2	2			
河南蒙古族自治县	9	3	6	2		2			
海南藏族自治州	**49**	**16**	**33**	**7**	**1**	**6**	**2**		**2**
共和县	10	6	4						
同德县	11	1	10	3	1	2			
贵德县	13	5	8						
兴海县	5	1	4	4		4	2		2
贵南县	10	3	7						
果洛藏族自治州	**22**	**5**	**17**	**2**		**2**	**1**		**1**
玛沁县				2		2			
班玛县	8	3	5						
甘德县	4	1	3				1		1
达日县	3	1	2						
久治县	5		5						
玛多县	2		2						
玉树藏族自治州	**29**	**3**	**26**	**9**	**1**	**8**	**3**	**1**	**2**
玉树市	13	1	12	1		1	2		2
杂多县	4		4	1		1			
称多县	3	1	2	2		2			
治多县	1		1						
囊谦县	6	1	5	4	1	3	1	1	
曲麻莱县	2		2	1		1			
海西蒙古族藏族自治州	**9**	**3**	**6**	**1**		**1**			
格尔木市	3	1	2						
德令哈市	1		1						
茫崖市									
乌兰县									
都兰县	2	1	1						
天峻县	3	1	2	1		1			
大柴旦行政委员会									

6-2　各地区分性别、受教育程度的3岁及以上死亡人口
(2019.11.1-2020.10.31)

单位：人

地　区	3岁及以上死亡人口			未上过学		
	合计	男	女	小计	男	女
全省	**27496**	**15879**	**11617**	**9698**	**3955**	**5743**
西宁市	**11572**	**6799**	**4773**	**2830**	**1034**	**1796**
城东区	2013	1166	847	297	88	209
城中区	1076	643	433	132	30	102
城西区	1013	606	407	123	27	96
城北区	1295	769	526	185	58	127
湟中区	2823	1630	1193	1029	417	612
大通回族土族自治县	2448	1434	1014	782	296	486
湟源县	904	551	353	282	118	164
海东市	**8256**	**4755**	**3501**	**3533**	**1440**	**2093**
乐都区	1711	996	715	466	148	318
平安区	521	312	209	186	67	119
民和回族土族自治县	1759	970	789	978	387	591
互助土族自治县	2656	1583	1073	871	362	509
化隆回族自治县	1101	610	491	739	341	398
循化撒拉族自治县	508	284	224	293	135	158
海北藏族自治州	**1499**	**838**	**661**	**636**	**263**	**373**
门源回族自治县	843	482	361	279	111	168
祁连县	226	134	92	101	40	61
海晏县	269	134	135	159	65	94
刚察县	161	88	73	97	47	50
黄南藏族自治州	**1105**	**609**	**496**	**517**	**226**	**291**
同仁县	478	251	227	169	68	101
尖扎县	194	106	88	130	58	72
泽库县	222	128	94	101	41	60
河南蒙古族自治县	211	124	87	117	59	58
海南藏族自治州	**1800**	**1034**	**766**	**761**	**326**	**435**
共和县	364	217	147	151	71	80
同德县	216	102	114	92	29	63
贵德县	622	368	254	295	121	174
兴海县	263	155	108	68	31	37
贵南县	335	192	143	155	74	81
果洛藏族自治州	**668**	**348**	**320**	**341**	**154**	**187**
玛沁县	86	55	31	23	13	10
班玛县	127	61	66	63	22	41
甘德县	144	86	58	76	42	34
达日县	149	69	80	100	47	53
久治县	93	43	50	46	15	31
玛多县	69	34	35	33	15	18
玉树藏族自治州	**1270**	**655**	**615**	**699**	**327**	**372**
玉树市	426	204	222	278	122	156
杂多县	185	101	84	118	55	63
称多县	145	79	66	53	21	32
治多县	96	51	45	81	45	36
囊谦县	275	145	130	89	44	45
曲麻莱县	143	75	68	80	40	40
海西蒙古族藏族自治州	**1326**	**841**	**485**	**381**	**185**	**196**
格尔木市	438	291	147	103	45	58
德令哈市	247	150	97	67	28	39
茫崖市	110	62	48	19	8	11
乌兰县	118	76	42	33	15	18
都兰县	311	196	115	119	62	57
天峻县	78	52	26	39	26	13
大柴旦行政委员会	24	14	10	1	1	

6−2 续表 1

单位：人

地区	学前教育			小学		
	小计	男	女	小计	男	女
全省	**94**	**50**	**44**	**11900**	**7306**	**4594**
西宁市	**37**	**21**	**16**	**5147**	**3027**	**2120**
城东区	5	1	4	1018	574	444
城中区	6	3	3	398	202	196
城西区	1		1	330	157	173
城北区	1	1		521	291	230
湟中区	14	10	4	1274	782	492
大通回族土族自治县	9	6	3	1190	756	434
湟源县	1		1	416	265	151
海东市	**19**	**12**	**7**	**3412**	**2202**	**1210**
乐都区	2	1	1	846	509	337
平安区	1	1		215	137	78
民和回族土族自治县	5	4	1	554	394	160
互助土族自治县	4	1	3	1346	842	504
化隆回族自治县	5	4	1	276	200	76
循化撒拉族自治县	2	1	1	175	120	55
海北藏族自治州	**5**	**2**	**3**	**675**	**430**	**245**
门源回族自治县	3	1	2	472	297	175
祁连县	2	1	1	101	73	28
海晏县				57	33	24
刚察县				45	27	18
黄南藏族自治州	**3**	**3**		**481**	**299**	**182**
同仁县	1	1		261	145	116
尖扎县				50	36	14
泽库县	1	1		93	64	29
河南蒙古族自治县	1	1		77	54	23
海南藏族自治州	**9**	**6**	**3**	**789**	**500**	**289**
共和县	3	2	1	162	102	60
同德县	2	2		111	61	50
贵德县	1	1		218	152	66
兴海县	2		2	144	86	58
贵南县	1	1		154	99	55
果洛藏族自治州	**2**		**2**	**296**	**172**	**124**
玛沁县				61	40	21
班玛县	1		1	55	33	22
甘德县				60	37	23
达日县	1		1	42	19	23
久治县				44	26	18
玛多县				34	17	17
玉树藏族自治州	**17**	**6**	**11**	**496**	**282**	**214**
玉树市	4	1	3	123	71	52
杂多县				59	38	21
称多县	1	1		84	52	32
治多县	1		1	13	6	7
囊谦县	10	4	6	159	83	76
曲麻莱县	1		1	58	32	26
海西蒙古族藏族自治州	**2**		**2**	**604**	**394**	**210**
格尔木市	1		1	214	149	65
德令哈市	1		1	111	69	42
茫崖市				43	20	23
乌兰县				60	40	20
都兰县				130	89	41
天峻县				30	18	12
大柴旦行政委员会				16	9	7

6-2　续表 2

单位：人

地　区	初　中			高　中			大学专科		
	小计	男	女	小计	男	女	小计	男	女
全省	**3900**	**3073**	**827**	**1120**	**872**	**248**	**529**	**433**	**96**
西宁市	**2371**	**1812**	**559**	**725**	**538**	**187**	**302**	**249**	**53**
城东区	447	320	127	161	114	47	61	52	9
城中区	310	229	81	138	104	34	61	50	11
城西区	279	205	74	141	105	36	78	69	9
城北区	396	278	118	127	90	37	41	31	10
湟中区	422	358	64	55	42	13	21	15	6
大通回族土族自治县	367	298	69	68	54	14	23	19	4
湟源县	150	124	26	35	29	6	17	13	4
海东市	**947**	**801**	**146**	**207**	**183**	**24**	**100**	**87**	**13**
乐都区	287	241	46	75	67	8	24	22	2
平安区	69	61	8	24	22	2	18	16	2
民和回族土族自治县	166	141	25	37	29	8	14	12	2
互助土族自治县	339	290	49	51	48	3	37	33	4
化隆回族自治县	65	54	11	10	8	2	5	3	2
循化撒拉族自治县	21	14	7	10	9	1	2	1	1
海北藏族自治州	**115**	**90**	**25**	**29**	**25**	**4**	**27**	**20**	**7**
门源回族自治县	64	51	13	12	11	1	9	8	1
祁连县	13	11	2	5	5		2	2	
海晏县	25	18	7	10	7	3	13	8	5
刚察县	13	10	3	2	2		3	2	1
黄南藏族自治州	**39**	**30**	**9**	**29**	**25**	**4**	**25**	**18**	**7**
同仁县	21	15	6	19	16	3	6	5	1
尖扎县	4	3	1	6	6		3	2	1
泽库县	8	7	1	2	1	1	14	11	3
河南蒙古族自治县	6	5	1	2	2		2		2
海南藏族自治州	**169**	**143**	**26**	**40**	**31**	**9**	**20**	**18**	**2**
共和县	41	36	5	4	4		3	2	1
同德县	6	5	1	3	3		1	1	
贵德县	69	59	10	18	16	2	13	12	1
兴海县	37	31	6	8	3	5	2	2	
贵南县	16	12	4	7	5	2	1	1	
果洛藏族自治州	**17**	**14**	**3**	**5**	**5**		**3**	**1**	**2**
玛沁县	1	1		1	1				
班玛县	5	5					1		1
甘德县	3	3		2	2		2	1	1
达日县	5	3	2						
久治县	3	2	1						
玛多县				2	2				
玉树藏族自治州	**33**	**19**	**14**	**11**	**10**	**1**	**11**	**9**	**2**
玉树市	9	2	7	4	3	1	6	4	2
杂多县	5	5		2	2		1	1	
称多县	2		2	4	4		1	1	
治多县	1		1						
囊谦县	12	9	3	1	1		3	3	
曲麻莱县	4	3	1						
海西蒙古族藏族自治州	**209**	**164**	**45**	**74**	**55**	**19**	**41**	**31**	**10**
格尔木市	73	59	14	30	25	5	10	7	3
德令哈市	43	33	10	11	8	3	12	10	2
茫崖市	18	15	3	18	10	8	8	6	2
乌兰县	18	15	3	4	4		3	2	1
都兰县	47	34	13	8	6	2	6	4	2
天峻县	4	4		3	2	1	2	2	
大柴旦行政委员会	6	4	2						

6–2 续表 3 单位：人

地区	大学本科			硕士研究生			博士研究生		
	小计	男	女	小计	男	女	小计	男	女
全省	**247**	**185**	**62**	**7**	**4**	**3**	**1**	**1**	
西宁市	**157**	**117**	**40**	**3**	**1**	**2**			
城东区	23	17	6	1		1			
城中区	31	25	6						
城西区	60	43	17	1		1			
城北区	23	19	4	1	1				
湟中区	8	6	2						
大通回族土族自治县	9	5	4						
湟源县	3	2	1						
海东市	**38**	**30**	**8**						
乐都区	11	8	3						
平安区	8	8							
民和回族土族自治县	5	3	2						
互助土族自治县	8	7	1						
化隆回族自治县	1		1						
循化撒拉族自治县	5	4	1						
海北藏族自治州	**11**	**7**	**4**	**1**	**1**				
门源回族自治县	4	3	1						
祁连县	1	1		1	1				
海晏县	5	3	2						
刚察县	1		1						
黄南藏族自治州	**10**	**7**	**3**	**1**	**1**				
同仁县	1	1							
尖扎县	1	1							
泽库县	3	3							
河南蒙古族自治县	5	2	3	1	1				
海南藏族自治州	**11**	**9**	**2**				**1**	**1**	
共和县									
同德县	1	1							
贵德县	8	7	1						
兴海县	1	1					1	1	
贵南县	1		1						
果洛藏族自治州	**4**	**2**	**2**						
玛沁县									
班玛县	2	1	1						
甘德县	1	1							
达日县	1		1						
久治县									
玛多县									
玉树藏族自治州	**2**	**1**	**1**	**1**	**1**				
玉树市	2	1	1						
杂多县									
称多县									
治多县									
囊谦县				1	1				
曲麻莱县									
海西蒙古族藏族自治州	**14**	**12**	**2**	**1**		**1**			
格尔木市	6	6		1		1			
德令哈市	2	2							
茫崖市	4	3	1						
乌兰县									
都兰县	1	1							
天峻县									
大柴旦行政委员会	1		1						

6–2a　各地区分性别、受教育程度的3岁及以上死亡人口 (2019.11.1–2020.10.31)(城市)

单位：人

地　　区	3岁及以上死亡人口			未上过学		
	合计	男	女	小计	男	女
全省	**6758**	**4011**	**2747**	**1006**	**306**	**700**
西宁市	**5602**	**3296**	**2306**	**767**	**212**	**555**
城东区	2013	1166	847	297	88	209
城中区	1049	627	422	125	26	99
城西区	1012	606	406	122	27	95
城北区	1248	741	507	167	52	115
湟中区	225	121	104	41	13	28
大通回族土族自治县	55	35	20	15	6	9
湟源县						
海东市	**615**	**374**	**241**	**144**	**53**	**91**
乐都区	406	239	167	96	33	63
平安区	203	132	71	42	17	25
民和回族土族自治县	6	3	3	6	3	3
互助土族自治县						
化隆回族自治县						
循化撒拉族自治县						
海北藏族自治州						
门源回族自治县						
祁连县						
海晏县						
刚察县						
黄南藏族自治州						
同仁县						
尖扎县						
泽库县						
河南蒙古族自治县						
海南藏族自治州						
共和县						
同德县						
贵德县						
兴海县						
贵南县						
果洛藏族自治州						
玛沁县						
班玛县						
甘德县						
达日县						
久治县						
玛多县						
玉树藏族自治州	**76**	**38**	**38**	**38**	**15**	**23**
玉树市	62	32	30	26	10	16
杂多县						
称多县						
治多县						
囊谦县						
曲麻莱县	14	6	8	12	5	7
海西蒙古族藏族自治州	**465**	**303**	**162**	**57**	**26**	**31**
格尔木市	249	170	79	29	12	17
德令哈市	151	90	61	27	13	14
茫崖市	65	43	22	1	1	
乌兰县						
都兰县						
天峻县						
大柴旦行政委员会						

6-2a 续表 1

单位：人

地　　区	学前教育			小　　学		
	小计	男	女	小计	男	女
全省	**17**	**6**	**11**	**2889**	**1578**	**1311**
西宁市	**13**	**5**	**8**	**2378**	**1277**	**1101**
城东区	5	1	4	1018	574	444
城中区	6	3	3	385	197	188
城西区	1		1	330	157	173
城北区				503	279	224
湟中区				116	52	64
大通回族土族自治县	1	1		26	18	8
湟源县						
海东市	**2**	**1**	**1**	**264**	**148**	**116**
乐都区	2	1	1	179	100	79
平安区				85	48	37
民和回族土族自治县						
互助土族自治县						
化隆回族自治县						
循化撒拉族自治县						
海北藏族自治州						
门源回族自治县						
祁连县						
海晏县						
刚察县						
黄南藏族自治州						
同仁县						
尖扎县						
泽库县						
河南蒙古族自治县						
海南藏族自治州						
共和县						
同德县						
贵德县						
兴海县						
贵南县						
果洛藏族自治州						
玛沁县						
班玛县						
甘德县						
达日县						
久治县						
玛多县						
玉树藏族自治州				**25**	**14**	**11**
玉树市				25	14	11
杂多县						
称多县						
治多县						
囊谦县						
曲麻莱县						
海西蒙古族藏族自治州	**2**		**2**	**222**	**139**	**83**
格尔木市	1		1	131	91	40
德令哈市	1		1	67	35	32
茫崖市				24	13	11
乌兰县						
都兰县						
天峻县						
大柴旦行政委员会						

6–2a　续表 2

单位：人

地　　区	初　　中			高　　中			大学专科		
	小计	男	女	小计	男	女	小计	男	女
全省	**1689**	**1234**	**455**	**676**	**499**	**177**	**311**	**260**	**51**
西宁市	**1481**	**1072**	**409**	**575**	**419**	**156**	**247**	**206**	**41**
城东区	447	320	127	161	114	47	61	52	9
城中区	305	224	81	137	103	34	60	49	11
城西区	279	205	74	141	105	36	78	69	9
城北区	389	272	117	126	89	37	39	29	10
湟中区	48	41	7	10	8	2	9	7	2
大通回族土族自治县	13	10	3						
湟源县									
海东市	**104**	**84**	**20**	**53**	**45**	**8**	**33**	**31**	**2**
乐都区	73	59	14	31	25	6	18	17	1
平安区	31	25	6	22	20	2	15	14	1
民和回族土族自治县									
互助土族自治县									
化隆回族自治县									
循化撒拉族自治县									
海北藏族自治州									
门源回族自治县									
祁连县									
海晏县									
刚察县									
黄南藏族自治州									
同仁县									
尖扎县									
泽库县									
河南蒙古族自治县									
海南藏族自治州									
共和县									
同德县									
贵德县									
兴海县									
贵南县									
果洛藏族自治州									
玛沁县									
班玛县									
甘德县									
达日县									
久治县									
玛多县									
玉树藏族自治州	**5**	**3**	**2**	**1**	**1**		**5**	**4**	**1**
玉树市	3	2	1	1	1		5	4	1
杂多县									
称多县									
治多县									
囊谦县									
曲麻莱县	2	1	1						
海西蒙古族藏族自治州	**99**	**75**	**24**	**47**	**34**	**13**	**26**	**19**	**7**
格尔木市	48	36	12	25	20	5	9	6	3
德令哈市	35	26	9	10	7	3	9	7	2
茫崖市	16	13	3	12	7	5	8	6	2
乌兰县									
都兰县									
天峻县									
大柴旦行政委员会									

6-2a 续表 3

单位：人

地区	大学本科			硕士研究生			博士研究生		
	小计	男	女	小计	男	女	小计	男	女
全省	**166**	**127**	**39**	**4**	**1**	**3**			
西宁市	**138**	**104**	**34**	**3**	**1**	**2**			
城东区	23	17	6	1		1			
城中区	31	25	6						
城西区	60	43	17	1		1			
城北区	23	19	4	1	1				
湟中区	1		1						
大通回族土族自治县									
湟源县									
海东市	**15**	**12**	**3**						
乐都区	7	4	3						
平安区	8	8							
民和回族土族自治县									
互助土族自治县									
化隆回族自治县									
循化撒拉族自治县									
海北藏族自治州									
门源回族自治县									
祁连县									
海晏县									
刚察县									
黄南藏族自治州									
同仁县									
尖扎县									
泽库县									
河南蒙古族自治县									
海南藏族自治州									
共和县									
同德县									
贵德县									
兴海县									
贵南县									
果洛藏族自治州									
玛沁县									
班玛县									
甘德县									
达日县									
久治县									
玛多县									
玉树藏族自治州	**2**	**1**	**1**						
玉树市	2	1	1						
杂多县									
称多县									
治多县									
囊谦县									
曲麻莱县									
海西蒙古族藏族自治州	**11**	**10**	**1**	**1**		**1**			
格尔木市	5	5		1		1			
德令哈市	2	2							
茫崖市	4	3	1						
乌兰县									
都兰县									
天峻县									
大柴旦行政委员会									

6—2b 各地区分性别、受教育程度的3岁及以上死亡人口(2019.11.1—2020.10.31)(镇)

单位：人

地 区	3岁及以上死亡人口			未上过学		
	合计	男	女	小计	男	女
全省	**5085**	**3010**	**2075**	**1700**	**723**	**977**
西宁市	**1847**	**1078**	**769**	**528**	**201**	**327**
城东区						
城中区	19	13	6	7	4	3
城西区	1		1	1		1
城北区						
湟中区	381	212	169	115	47	68
大通回族土族自治县	1061	625	436	319	115	204
湟源县	385	228	157	86	35	51
海东市	**1553**	**909**	**644**	**563**	**231**	**332**
乐都区	159	87	72	33	7	26
平安区	14	8	6	6	2	4
民和回族土族自治县	453	250	203	208	80	128
互助土族自治县	663	415	248	176	83	93
化隆回族自治县	165	86	79	96	36	60
循化撒拉族自治县	99	63	36	44	23	21
海北藏族自治州	**383**	**224**	**159**	**127**	**55**	**72**
门源回族自治县	162	96	66	43	21	22
祁连县	81	53	28	24	11	13
海晏县	111	60	51	50	19	31
刚察县	29	15	14	10	4	6
黄南藏族自治州	**298**	**182**	**116**	**99**	**54**	**45**
同仁县	169	96	73	44	22	22
尖扎县	49	31	18	28	14	14
泽库县	38	26	12	8	3	5
河南蒙古族自治县	42	29	13	19	15	4
海南藏族自治州	**459**	**281**	**178**	**152**	**64**	**88**
共和县	82	45	37	21	8	13
同德县	24	12	12	10	4	6
贵德县	241	150	91	91	37	54
兴海县	66	47	19	18	11	7
贵南县	46	27	19	12	4	8
果洛藏族自治州	**77**	**44**	**33**	**37**	**16**	**21**
玛沁县	9	8	1	1		1
班玛县	16	6	10	7	1	6
甘德县	7	6	1			
达日县	23	13	10	18	10	8
久治县						
玛多县	22	11	11	11	5	6
玉树藏族自治州	**138**	**85**	**53**	**78**	**44**	**34**
玉树市	37	21	16	30	18	12
杂多县	28	20	8	13	8	5
称多县	39	24	15	15	6	9
治多县	17	11	6	15	9	6
囊谦县	10	5	5	1		1
曲麻莱县	7	4	3	4	3	1
海西蒙古族藏族自治州	**330**	**207**	**123**	**116**	**58**	**58**
格尔木市	140	95	45	54	28	26
德令哈市	9	7	2	4	2	2
茫崖市	45	19	26	18	7	11
乌兰县	37	20	17	13	3	10
都兰县	68	46	22	22	13	9
天峻县	11	9	2	4	4	
大柴旦行政委员会	20	11	9	1	1	

6-2b 续表 1　　单位：人

地　区	学前教育			小　学		
	小计	男	女	小计	男	女
全省	**14**	**10**	**4**	**2239**	**1374**	**865**
西宁市	**8**	**6**	**2**	**858**	**511**	**347**
城东区						
城中区				7	4	3
城西区						
城北区						
湟中区	4	3	1	193	109	84
大通回族土族自治县	4	3	1	479	304	175
湟源县				179	94	85
海东市	**2**	**1**	**1**	**681**	**430**	**251**
乐都区				92	52	40
平安区				5	4	1
民和回族土族自治县				163	110	53
互助土族自治县	1		1	334	203	131
化隆回族自治县	1	1		52	35	17
循化撒拉族自治县				35	26	9
海北藏族自治州	**2**	**1**	**1**	**162**	**95**	**67**
门源回族自治县	1		1	81	44	37
祁连县	1	1		44	29	15
海晏县				25	16	9
刚察县				12	6	6
黄南藏族自治州	**1**	**1**		**130**	**78**	**52**
同仁县	1	1		93	51	42
尖扎县				9	7	2
泽库县				14	10	4
河南蒙古族自治县				14	10	4
海南藏族自治州	**1**	**1**		**191**	**114**	**77**
共和县				35	15	20
同德县				10	4	6
贵德县	1	1		83	52	31
兴海县				39	27	12
贵南县				24	16	8
果洛藏族自治州				**30**	**21**	**9**
玛沁县				7	7	
班玛县				5	3	2
甘德县				5	4	1
达日县				3	2	1
久治县						
玛多县				10	5	5
玉树藏族自治州				**49**	**34**	**15**
玉树市				4	3	1
杂多县				13	10	3
称多县				20	14	6
治多县				2	2	
囊谦县				7	4	3
曲麻莱县				3	1	2
海西蒙古族藏族自治州				**138**	**91**	**47**
格尔木市				62	45	17
德令哈市				2	2	
茫崖市				19	7	12
乌兰县				11	7	4
都兰县				29	22	7
天峻县				3	2	1
大柴旦行政委员会				12	6	6

6-2b　续表 2

单位：人

地　区	初　中			高　中			大学专科		
	小计	男	女	小计	男	女	小计	男	女
全省	**717**	**571**	**146**	**220**	**180**	**40**	**138**	**110**	**28**
西宁市	**327**	**263**	**64**	**77**	**60**	**17**	**38**	**30**	**8**
城东区									
城中区	4	4					1	1	
城西区									
城北区									
湟中区	57	46	11	6	4	2	4	2	2
大通回族土族自治县	187	148	39	49	37	12	17	14	3
湟源县	79	65	14	22	19	3	16	13	3
海东市	**194**	**151**	**43**	**60**	**50**	**10**	**39**	**34**	**5**
乐都区	26	20	6	6	6		2	2	
平安区	3	2	1						
民和回族土族自治县	50	37	13	22	15	7	6	5	1
互助土族自治县	94	76	18	24	22	2	29	26	3
化隆回族自治县	11	10	1	3	3		1	1	
循化撒拉族自治县	10	6	4	5	4	1	1		1
海北藏族自治州	**45**	**37**	**8**	**18**	**14**	**4**	**21**	**16**	**5**
门源回族自治县	21	17	4	7	6	1	6	6	
祁连县	6	6		3	3		2	2	
海晏县	13	10	3	8	5	3	11	7	4
刚察县	5	4	1				2	1	1
黄南藏族自治州	**20**	**13**	**7**	**19**	**16**	**3**	**20**	**13**	**7**
同仁县	13	8	5	12	9	3	5	4	1
尖扎县	3	2	1	5	5		3	2	1
泽库县	2	2		1	1		10	7	3
河南蒙古族自治县	2	1	1	1	1		2		2
海南藏族自治州	**65**	**57**	**8**	**25**	**23**	**2**	**15**	**14**	**1**
共和县	20	17	3	4	4		2	1	1
同德县	1	1		1	1		1	1	
贵德县	35	31	4	14	13	1	10	10	
兴海县	4	4		2	2		2	2	
贵南县	5	4	1	4	3	1			
果洛藏族自治州	**3**	**3**		**2**	**2**		**1**		**1**
玛沁县	1	1							
班玛县	1	1					1		1
甘德县				1	1				
达日县	1	1							
久治县									
玛多县				1	1				
玉树藏族自治州	**7**	**3**	**4**	**3**	**3**		**1**	**1**	
玉树市	3		3						
杂多县	2	2							
称多县				3	3		1	1	
治多县									
囊谦县	2	1	1						
曲麻莱县									
海西蒙古族藏族自治州	**56**	**44**	**12**	**16**	**12**	**4**	**3**	**2**	**1**
格尔木市	20	18	2	4	4				
德令哈市	2	2		1	1				
茫崖市	2	2		6	3	3			
乌兰县	8	6	2	3	3		2	1	1
都兰县	16	10	6				1	1	
天峻县	2	2		2	1	1			
大柴旦行政委员会	6	4	2						

6-2b 续表 3

单位：人

地　区	大学本科			硕士研究生			博士研究生		
	小计	男	女	小计	男	女	小计	男	女
全省	**57**	**42**	**15**						
西宁市	**11**	**7**	**4**						
城东区									
城中区									
城西区									
城北区									
湟中区	2	1	1						
大通回族土族自治县	6	4	2						
湟源县	3	2	1						
海东市	**14**	**12**	**2**						
乐都区									
平安区									
民和回族土族自治县	4	3	1						
互助土族自治县	5	5							
化隆回族自治县	1		1						
循化撒拉族自治县	4	4							
海北藏族自治州	**8**	**6**	**2**						
门源回族自治县	3	2	1						
祁连县	1	1							
海晏县	4	3	1						
刚察县									
黄南藏族自治州	**9**	**7**	**2**						
同仁县	1	1							
尖扎县	1	1							
泽库县	3	3							
河南蒙古族自治县	4	2	2						
海南藏族自治州	**10**	**8**	**2**						
共和县									
同德县	1	1							
贵德县	7	6	1						
兴海县	1	1							
贵南县	1		1						
果洛藏族自治州	**4**	**2**	**2**						
玛沁县									
班玛县	2	1	1						
甘德县	1	1							
达日县	1		1						
久治县									
玛多县									
玉树藏族自治州									
玉树市									
杂多县									
称多县									
治多县									
囊谦县									
曲麻莱县									
海西蒙古族藏族自治州	**1**		**1**						
格尔木市									
德令哈市									
茫崖市									
乌兰县									
都兰县									
天峻县									
大柴旦行政委员会	1		1						

6-2c　各地区分性别、受教育程度的3岁及以上死亡人口 (2019.11.1-2020.10.31)(乡村)

单位：人

地　　区	3岁及以上死亡人口			未上过学		
	合计	男	女	小计	男	女
全省	**15653**	**8858**	**6795**	**6992**	**2926**	**4066**
西宁市	**4123**	**2425**	**1698**	**1535**	**621**	**914**
城东区						
城中区	8	3	5			
城西区						
城北区	47	28	19	18	6	12
湟中区	2217	1297	920	873	357	516
大通回族土族自治县	1332	774	558	448	175	273
湟源县	519	323	196	196	83	113
海东市	**6088**	**3472**	**2616**	**2826**	**1156**	**1670**
乐都区	1146	670	476	337	108	229
平安区	304	172	132	138	48	90
民和回族土族自治县	1300	717	583	764	304	460
互助土族自治县	1993	1168	825	695	279	416
化隆回族自治县	936	524	412	643	305	338
循化撒拉族自治县	409	221	188	249	112	137
海北藏族自治州	**1116**	**614**	**502**	**509**	**208**	**301**
门源回族自治县	681	386	295	236	90	146
祁连县	145	81	64	77	29	48
海晏县	158	74	84	109	46	63
刚察县	132	73	59	87	43	44
黄南藏族自治州	**807**	**427**	**380**	**418**	**172**	**246**
同仁县	309	155	154	125	46	79
尖扎县	145	75	70	102	44	58
泽库县	184	102	82	93	38	55
河南蒙古族自治县	169	95	74	98	44	54
海南藏族自治州	**1341**	**753**	**588**	**609**	**262**	**347**
共和县	282	172	110	130	63	67
同德县	192	90	102	82	25	57
贵德县	381	218	163	204	84	120
兴海县	197	108	89	50	20	30
贵南县	289	165	124	143	70	73
果洛藏族自治州	**591**	**304**	**287**	**304**	**138**	**166**
玛沁县	77	47	30	22	13	9
班玛县	111	55	56	56	21	35
甘德县	137	80	57	76	42	34
达日县	126	56	70	82	37	45
久治县	93	43	50	46	15	31
玛多县	47	23	24	22	10	12
玉树藏族自治州	**1056**	**532**	**524**	**583**	**268**	**315**
玉树市	327	151	176	222	94	128
杂多县	157	81	76	105	47	58
称多县	106	55	51	38	15	23
治多县	79	40	39	66	36	30
囊谦县	265	140	125	88	44	44
曲麻莱县	122	65	57	64	32	32
海西蒙古族藏族自治州	**531**	**331**	**200**	**208**	**101**	**107**
格尔木市	49	26	23	20	5	15
德令哈市	87	53	34	36	13	23
茫崖市						
乌兰县	81	56	25	20	12	8
都兰县	243	150	93	97	49	48
天峻县	67	43	24	35	22	13
大柴旦行政委员会	4	3	1			

6-2c 续表 1 单位：人

地区	学前教育			小学		
	小计	男	女	小计	男	女
全省	**63**	**34**	**29**	**6772**	**4354**	**2418**
西宁市	**16**	**10**	**6**	**1911**	**1239**	**672**
城东区						
城中区				6	1	5
城西区						
城北区	1	1		18	12	6
湟中区	10	7	3	965	621	344
大通回族土族自治县	4	2	2	685	434	251
湟源县	1		1	237	171	66
海东市	**15**	**10**	**5**	**2467**	**1624**	**843**
乐都区				575	357	218
平安区	1	1		125	85	40
民和回族土族自治县	5	4	1	391	284	107
互助土族自治县	3	1	2	1012	639	373
化隆回族自治县	4	3	1	224	165	59
循化撒拉族自治县	2	1	1	140	94	46
海北藏族自治州	**3**	**1**	**2**	**513**	**335**	**178**
门源回族自治县	2	1	1	391	253	138
祁连县	1		1	57	44	13
海晏县				32	17	15
刚察县				33	21	12
黄南藏族自治州	**2**	**2**		**351**	**221**	**130**
同仁县				168	94	74
尖扎县				41	29	12
泽库县	1	1		79	54	25
河南蒙古族自治县	1	1		63	44	19
海南藏族自治州	**8**	**5**	**3**	**598**	**386**	**212**
共和县	3	2	1	127	87	40
同德县	2	2		101	57	44
贵德县				135	100	35
兴海县	2		2	105	59	46
贵南县	1	1		130	83	47
果洛藏族自治州	**2**		**2**	**266**	**151**	**115**
玛沁县				54	33	21
班玛县	1		1	50	30	20
甘德县				55	33	22
达日县	1		1	39	17	22
久治县				44	26	18
玛多县				24	12	12
玉树藏族自治州	**17**	**6**	**11**	**422**	**234**	**188**
玉树市	4	1	3	94	54	40
杂多县				46	28	18
称多县	1	1		64	38	26
治多县	1		1	11	4	7
囊谦县	10	4	6	152	79	73
曲麻莱县	1		1	55	31	24
海西蒙古族藏族自治州				**244**	**164**	**80**
格尔木市				21	13	8
德令哈市				42	32	10
茫崖市						
乌兰县				49	33	16
都兰县				101	67	34
天峻县				27	16	11
大柴旦行政委员会				4	3	1

6-2c 续表 2

单位：人

地 区	初 中			高 中			大学专科		
	小计	男	女	小计	男	女	小计	男	女
全省	**1494**	**1268**	**226**	**224**	**193**	**31**	**80**	**63**	**17**
西宁市	**563**	**477**	**86**	**73**	**59**	**14**	**17**	**13**	**4**
城东区									
城中区	1	1		1	1				
城西区									
城北区	7	6	1	1	1		2	2	
湟中区	317	271	46	39	30	9	8	6	2
大通回族土族自治县	167	140	27	19	17	2	6	5	1
湟源县	71	59	12	13	10	3	1		1
海东市	**649**	**566**	**83**	**94**	**88**	**6**	**28**	**22**	**6**
乐都区	188	162	26	38	36	2	4	3	1
平安区	35	34	1	2	2		3	2	1
民和回族土族自治县	116	104	12	15	14	1	8	7	1
互助土族自治县	245	214	31	27	26	1	8	7	1
化隆回族自治县	54	44	10	7	5	2	4	2	2
循化撒拉族自治县	11	8	3	5	5		1	1	
海北藏族自治州	**70**	**53**	**17**	**11**	**11**		**6**	**4**	**2**
门源回族自治县	43	34	9	5	5		3	2	1
祁连县	7	5	2	2	2				
海晏县	12	8	4	2	2		2	1	1
刚察县	8	6	2	2	2		1	1	
黄南藏族自治州	**19**	**17**	**2**	**10**	**9**	**1**	**5**	**5**	
同仁县	8	7	1	7	7		1	1	
尖扎县	1	1		1	1				
泽库县	6	5	1	1		1	4	4	
河南蒙古族自治县	4	4		1	1				
海南藏族自治州	**104**	**86**	**18**	**15**	**8**	**7**	**5**	**4**	**1**
共和县	21	19	2				1	1	
同德县	5	4	1	2	2				
贵德县	34	28	6	4	3	1	3	2	1
兴海县	33	27	6	6	1	5			
贵南县	11	8	3	3	2	1	1	1	
果洛藏族自治州	**14**	**11**	**3**	**3**	**3**		**2**	**1**	**1**
玛沁县				1	1				
班玛县	4	4							
甘德县	3	3		1	1		2	1	1
达日县	4	2	2						
久治县	3	2	1						
玛多县				1	1				
玉树藏族自治州	**21**	**13**	**8**	**7**	**6**	**1**	**5**	**4**	**1**
玉树市	3		3	3	2	1	1		1
杂多县	3	3		2	2		1	1	
称多县	2		2	1	1				
治多县	1		1						
囊谦县	10	8	2	1	1		3	3	
曲麻莱县	2	2							
海西蒙古族藏族自治州	**54**	**45**	**9**	**11**	**9**	**2**	**12**	**10**	**2**
格尔木市	5	5		1	1		1	1	
德令哈市	6	5	1				3	3	
茫崖市									
乌兰县	10	9	1	1	1		1	1	
都兰县	31	24	7	8	6	2	5	3	2
天峻县	2	2		1	1		2	2	
大柴旦行政委员会									

6-2c 续表 3

单位：人

地　区	大学本科			硕士研究生			博士研究生		
	小计	男	女	小计	男	女	小计	男	女
全省	**24**	**16**	**8**	**3**	**3**		**1**	**1**	
西宁市	**8**	**6**	**2**						
城东区									
城中区									
城西区									
城北区									
湟中区	5	5							
大通回族土族自治县	3	1	2						
湟源县									
海东市	**9**	**6**	**3**						
乐都区	4	4							
平安区									
民和回族土族自治县	1		1						
互助土族自治县	3	2	1						
化隆回族自治县									
循化撒拉族自治县	1		1						
海北藏族自治州	**3**	**1**	**2**	**1**	**1**				
门源回族自治县	1	1							
祁连县				1	1				
海晏县	1		1						
刚察县	1		1						
黄南藏族自治州	**1**		**1**	**1**	**1**				
同仁县									
尖扎县									
泽库县									
河南蒙古族自治县	1		1	1	1				
海南藏族自治州	**1**	**1**					**1**	**1**	
共和县									
同德县									
贵德县	1	1							
兴海县							1	1	
贵南县									
果洛藏族自治州									
玛沁县									
班玛县									
甘德县									
达日县									
久治县									
玛多县									
玉树藏族自治州				**1**	**1**				
玉树市									
杂多县									
称多县									
治多县									
囊谦县				1	1				
曲麻莱县									
海西蒙古族藏族自治州	**2**	**2**							
格尔木市	1	1							
德令哈市									
茫崖市									
乌兰县									
都兰县	1	1							
天峻县									
大柴旦行政委员会									

6-3　各地区分性别、婚姻状况的15岁及以上死亡人口
(2019.11.1-2020.10.31)

单位：人

地　区	15岁及以上死亡人口			未　婚		
	合计	男	女	小计	男	女
全省	**27144**	**15680**	**11464**	**1642**	**1177**	**465**
西宁市	**11502**	**6756**	**4746**	**432**	**353**	**79**
城东区	2004	1160	844	61	39	22
城中区	1075	642	433	20	15	5
城西区	1011	605	406	21	15	6
城北区	1292	768	524	27	22	5
湟中区	2792	1609	1183	142	126	16
大通回族土族自治县	2425	1421	1004	116	98	18
湟源县	903	551	352	45	38	7
海东市	**8175**	**4703**	**3472**	**410**	**336**	**74**
乐都区	1706	993	713	67	59	8
平安区	517	308	209	11	11	
民和回族土族自治县	1744	960	784	82	70	12
互助土族自治县	2643	1575	1068	166	144	22
化隆回族自治县	1073	596	477	54	32	22
循化撒拉族自治县	492	271	221	30	20	10
海北藏族自治州	**1485**	**831**	**654**	**81**	**66**	**15**
门源回族自治县	838	480	358	37	34	3
祁连县	224	132	92	12	11	1
海晏县	265	132	133	11	9	2
刚察县	158	87	71	21	12	9
黄南藏族自治州	**1083**	**599**	**484**	**120**	**64**	**56**
同仁县	471	247	224	42	21	21
尖扎县	188	104	84	10	8	2
泽库县	216	126	90	37	20	17
河南蒙古族自治县	208	122	86	31	15	16
海南藏族自治州	**1768**	**1014**	**754**	**160**	**99**	**61**
共和县	358	213	145	38	28	10
同德县	211	100	111	25	10	15
贵德县	613	363	250	31	25	6
兴海县	257	151	106	35	21	14
贵南县	329	187	142	31	15	16
果洛藏族自治州	**631**	**326**	**305**	**137**	**78**	**59**
玛沁县	84	53	31	9	6	3
班玛县	122	58	64	30	12	18
甘德县	138	82	56	38	30	8
达日县	135	64	71	30	15	15
久治县	90	41	49	21	9	12
玛多县	62	28	34	9	6	3
玉树藏族自治州	**1182**	**616**	**566**	**215**	**108**	**107**
玉树市	372	181	191	73	32	41
杂多县	175	95	80	31	16	15
称多县	142	77	65	27	14	13
治多县	92	50	42	15	7	8
囊谦县	264	140	124	50	27	23
曲麻莱县	137	73	64	19	12	7
海西蒙古族藏族自治州	**1318**	**835**	**483**	**87**	**73**	**14**
格尔木市	436	289	147	22	20	2
德令哈市	245	149	96	17	13	4
茫崖市	110	62	48	2	2	
乌兰县	118	76	42	8	7	1
都兰县	309	195	114	27	22	5
天峻县	76	50	26	9	8	1
大柴旦行政委员会	24	14	10	2	1	1

6-3 续表 单位：人

地区	有配偶			离婚			丧偶		
	小计	男	女	小计	男	女	小计	男	女
全省	**14091**	**9728**	**4363**	**829**	**607**	**222**	**10582**	**4168**	**6414**
西宁市	**6147**	**4336**	**1811**	**371**	**285**	**86**	**4552**	**1782**	**2770**
城东区	838	590	248	142	91	51	963	440	523
城中区	617	447	170	28	25	3	410	155	255
城西区	628	456	172	25	17	8	337	117	220
城北区	823	578	245	44	38	6	398	130	268
湟中区	1447	994	453	58	52	6	1145	437	708
大通回族土族自治县	1307	920	387	47	36	11	955	367	588
湟源县	487	351	136	27	26	1	344	136	208
海东市	**4314**	**2904**	**1410**	**168**	**132**	**36**	**3283**	**1331**	**1952**
乐都区	919	637	282	43	38	5	677	259	418
平安区	306	213	93	10	8	2	190	76	114
民和回族土族自治县	890	581	309	35	27	8	737	282	455
互助土族自治县	1379	948	431	44	40	4	1054	443	611
化隆回族自治县	528	345	183	28	15	13	463	204	259
循化撒拉族自治县	292	180	112	8	4	4	162	67	95
海北藏族自治州	**770**	**511**	**259**	**62**	**39**	**23**	**572**	**215**	**357**
门源回族自治县	463	298	165	22	15	7	316	133	183
祁连县	109	84	25	15	7	8	88	30	58
海晏县	127	81	46	19	12	7	108	30	78
刚察县	71	48	23	6	5	1	60	22	38
黄南藏族自治州	**478**	**337**	**141**	**35**	**23**	**12**	**450**	**175**	**275**
同仁县	194	135	59	10	7	3	225	84	141
尖扎县	95	67	28	12	7	5	71	22	49
泽库县	102	71	31	4	3	1	73	32	41
河南蒙古族自治县	87	64	23	9	6	3	81	37	44
海南藏族自治州	**878**	**615**	**263**	**68**	**48**	**20**	**662**	**252**	**410**
共和县	156	113	43	18	13	5	146	59	87
同德县	103	68	35	4	3	1	79	19	60
贵德县	303	215	88	23	19	4	256	104	152
兴海县	147	94	53	13	6	7	62	30	32
贵南县	169	125	44	10	7	3	119	40	79
果洛藏族自治州	**264**	**165**	**99**	**34**	**15**	**19**	**196**	**68**	**128**
玛沁县	40	30	10	4	2	2	31	15	16
班玛县	56	36	20	4	2	2	32	8	24
甘德县	48	34	14	10	5	5	42	13	29
达日县	56	27	29	9	3	6	40	19	21
久治县	40	25	15	3	2	1	26	5	21
玛多县	24	13	11	4	1	3	25	8	17
玉树藏族自治州	**550**	**348**	**202**	**25**	**16**	**9**	**392**	**144**	**248**
玉树市	169	102	67	4	4		126	43	83
杂多县	78	52	26	1	1		65	26	39
称多县	59	35	24	5	2	3	51	26	25
治多县	46	30	16	7	3	4	24	10	14
囊谦县	132	86	46	6	4	2	76	23	53
曲麻莱县	66	43	23	2	2		50	16	34
海西蒙古族藏族自治州	**690**	**512**	**178**	**66**	**49**	**17**	**475**	**201**	**274**
格尔木市	250	190	60	22	17	5	142	62	80
德令哈市	126	91	35	10	7	3	92	38	54
茫崖市	54	38	16	2	2		52	20	32
乌兰县	67	53	14	4	1	3	39	15	24
都兰县	157	115	42	13	10	3	112	48	64
天峻县	28	19	9	14	11	3	25	12	13
大柴旦行政委员会	8	6	2	1	1		13	6	7

6–3a　各地区分性别、婚姻状况的15岁及以上死亡人口 (2019.11.1–2020.10.31)(城市)

单位：人

地　区	15岁及以上死亡人口			未　婚		
	合计	男	女	小计	男	女
全省	**6723**	**3988**	**2735**	**189**	**134**	**55**
西宁市	**5582**	**3282**	**2300**	**137**	**94**	**43**
城东区	2004	1160	844	61	39	22
城中区	1048	626	422	20	15	5
城西区	1010	605	405	21	15	6
城北区	1245	740	505	24	19	5
湟中区	224	120	104	9	5	4
大通回族土族自治县	51	31	20	2	1	1
湟源县						
海东市	**609**	**369**	**240**	**21**	**16**	**5**
乐都区	402	236	166	17	12	5
平安区	201	130	71	4	4	
民和回族土族自治县	6	3	3			
互助土族自治县						
化隆回族自治县						
循化撒拉族自治县						
海北藏族自治州						
门源回族自治县						
祁连县						
海晏县						
刚察县						
黄南藏族自治州						
同仁县						
尖扎县						
泽库县						
河南蒙古族自治县						
海南藏族自治州						
共和县						
同德县						
贵德县						
兴海县						
贵南县						
果洛藏族自治州						
玛沁县						
班玛县						
甘德县						
达日县						
久治县						
玛多县						
玉树藏族自治州	**70**	**36**	**34**	**6**	**4**	**2**
玉树市	57	30	27	4	2	2
杂多县						
称多县						
治多县						
囊谦县						
曲麻莱县	13	6	7	2	2	
海西蒙古族藏族自治州	**462**	**301**	**161**	**25**	**20**	**5**
格尔木市	248	169	79	14	13	1
德令哈市	149	89	60	10	6	4
茫崖市	65	43	22	1	1	
乌兰县						
都兰县						
天峻县						
大柴旦行政委员会						

6-3a　续表　　　　单位：人

地　　区	有配偶			离　婚			丧　偶		
	小计	男	女	小计	男	女	小计	男	女
全省	**3690**	**2624**	**1066**	**282**	**207**	**75**	**2562**	**1023**	**1539**
西宁市	**3008**	**2137**	**871**	**245**	**177**	**68**	**2192**	**874**	**1318**
城东区	838	590	248	142	91	51	963	440	523
城中区	598	434	164	28	25	3	402	152	250
城西区	628	456	172	25	17	8	336	117	219
城北区	798	558	240	43	37	6	380	126	254
湟中区	114	74	40	6	6		95	35	60
大通回族土族自治县	32	25	7	1	1		16	4	12
湟源县									
海东市	**387**	**271**	**116**	**12**	**12**		**189**	**70**	**119**
乐都区	248	170	78	8	8		129	46	83
平安区	135	98	37	4	4		58	24	34
民和回族土族自治县	4	3	1				2		2
互助土族自治县									
化隆回族自治县									
循化撒拉族自治县									
海北藏族自治州									
门源回族自治县									
祁连县									
海晏县									
刚察县									
黄南藏族自治州									
同仁县									
尖扎县									
泽库县									
河南蒙古族自治县									
海南藏族自治州									
共和县									
同德县									
贵德县									
兴海县									
贵南县									
果洛藏族自治州									
玛沁县									
班玛县									
甘德县									
达日县									
久治县									
玛多县									
玉树藏族自治州	**36**	**23**	**13**				**28**	**9**	**19**
玉树市	30	19	11				23	9	14
杂多县									
称多县									
治多县									
囊谦县									
曲麻莱县	6	4	2				5		5
海西蒙古族藏族自治州	**259**	**193**	**66**	**25**	**18**	**7**	**153**	**70**	**83**
格尔木市	142	109	33	17	12	5	75	35	40
德令哈市	74	53	21	6	4	2	59	26	33
茫崖市	43	31	12	2	2		19	9	10
乌兰县									
都兰县									
天峻县									
大柴旦行政委员会									

6–3b　各地区分性别、婚姻状况的15岁及以上死亡人口 (2019.11.1–2020.10.31)(镇)

单位：人

地　区	15岁及以上死亡人口			未　婚		
	合计	男	女	小计	男	女
全省	**5024**	**2970**	**2054**	**243**	**180**	**63**
西宁市	**1832**	**1069**	**763**	**76**	**59**	**17**
城东区						
城中区	19	13	6			
城西区	1		1			
城北区						
湟中区	375	206	169	15	12	3
大通回族土族自治县	1053	622	431	48	38	10
湟源县	384	228	156	13	9	4
海东市	**1540**	**899**	**641**	**69**	**54**	**15**
乐都区	159	87	72	8	8	
平安区	14	8	6			
民和回族土族自治县	451	248	203	15	12	3
互助土族自治县	658	411	247	35	28	7
化隆回族自治县	163	85	78	9	5	4
循化撒拉族自治县	95	60	35	2	1	1
海北藏族自治州	**377**	**221**	**156**	**12**	**11**	**1**
门源回族自治县	161	95	66	5	5	
祁连县	79	51	28	2	2	
海晏县	110	60	50	4	4	
刚察县	27	15	12	1		1
黄南藏族自治州	**294**	**180**	**114**	**22**	**12**	**10**
同仁县	167	95	72	11	5	6
尖扎县	48	30	18	3	2	1
泽库县	37	26	11	4	3	1
河南蒙古族自治县	42	29	13	4	2	2
海南藏族自治州	**452**	**276**	**176**	**20**	**15**	**5**
共和县	82	45	37	4	3	1
同德县	24	12	12	1		1
贵德县	237	148	89	8	6	2
兴海县	66	47	19	5	5	
贵南县	43	24	19	2	1	1
果洛藏族自治州	**72**	**39**	**33**	**11**	**6**	**5**
玛沁县	7	6	1	2	2	
班玛县	15	5	10	3	1	2
甘德县	7	6	1			
达日县	22	12	10	5	3	2
久治县						
玛多县	21	10	11	1		1
玉树藏族自治州	**128**	**80**	**48**	**17**	**10**	**7**
玉树市	30	17	13	6	4	2
杂多县	27	20	7	3	2	1
称多县	38	24	14	4	2	2
治多县	17	11	6	2	2	
囊谦县	10	5	5	2		2
曲麻莱县	6	3	3			
海西蒙古族藏族自治州	**329**	**206**	**123**	**16**	**13**	**3**
格尔木市	139	94	45	6	5	1
德令哈市	9	7	2	2	2	
茫崖市	45	19	26	1	1	
乌兰县	37	20	17	2	1	1
都兰县	68	46	22	3	3	
天峻县	11	9	2			
大柴旦行政委员会	20	11	9	2	1	1

6-3b 续表

单位：人

地　区	有配偶			离　婚			丧　偶		
	小计	男	女	小计	男	女	小计	男	女
全省	**2717**	**1932**	**785**	**132**	**95**	**37**	**1932**	**763**	**1169**
西宁市	**1017**	**725**	**292**	**37**	**29**	**8**	**702**	**256**	**446**
城东区									
城中区	14	11	3				5	2	3
城西区							1		1
城北区									
湟中区	199	134	65	5	4	1	156	56	100
大通回族土族自治县	577	422	155	19	13	6	409	149	260
湟源县	227	158	69	13	12	1	131	49	82
海东市	**853**	**586**	**267**	**27**	**20**	**7**	**591**	**239**	**352**
乐都区	76	51	25	2	2		73	26	47
平安区	8	5	3	1		1	5	3	2
民和回族土族自治县	262	170	92	8	5	3	166	61	105
互助土族自治县	360	262	98	12	11	1	251	110	141
化隆回族自治县	81	47	34	3	2	1	70	31	39
循化撒拉族自治县	66	51	15	1		1	26	8	18
海北藏族自治州	**213**	**147**	**66**	**22**	**12**	**10**	**130**	**51**	**79**
门源回族自治县	99	64	35	7	4	3	50	22	28
祁连县	43	35	8	4	2	2	30	12	18
海晏县	53	36	17	10	5	5	43	15	28
刚察县	18	12	6	1	1		7	2	5
黄南藏族自治州	**137**	**105**	**32**	**12**	**7**	**5**	**123**	**56**	**67**
同仁县	74	56	18	4	2	2	78	32	46
尖扎县	26	19	7	6	3	3	13	6	7
泽库县	21	18	3				12	5	7
河南蒙古族自治县	16	12	4	2	2		20	13	7
海南藏族自治州	**232**	**176**	**56**	**13**	**12**	**1**	**187**	**73**	**114**
共和县	37	27	10	3	3		38	12	26
同德县	14	11	3				9	1	8
贵德县	120	91	29	8	8		101	43	58
兴海县	37	29	8	2	1	1	22	12	10
贵南县	24	18	6				17	5	12
果洛藏族自治州	**31**	**22**	**9**	**7**	**3**	**4**	**23**	**8**	**15**
玛沁县	3	3					2	1	1
班玛县	7	4	3				5		5
甘德县	5	5		1	1		1		1
达日县	9	5	4	2	1	1	6	3	3
久治县									
玛多县	7	5	2	4	1	3	9	4	5
玉树藏族自治州	**64**	**45**	**19**	**4**	**2**	**2**	**43**	**23**	**20**
玉树市	7	4	3				17	9	8
杂多县	19	15	4				5	3	2
称多县	21	14	7	3	2	1	10	6	4
治多县	9	7	2	1		1	5	2	3
囊谦县	5	4	1				3	1	2
曲麻莱县	3	1	2				3	2	1
海西蒙古族藏族自治州	**170**	**126**	**44**	**10**	**10**		**133**	**57**	**76**
格尔木市	83	64	19	3	3		47	22	25
德令哈市	4	3	1				3	2	1
茫崖市	11	7	4				33	11	22
乌兰县	23	16	7				12	3	9
都兰县	41	30	11	3	3		21	10	11
天峻县	3	2	1	3	3		5	4	1
大柴旦行政委员会	5	4	1	1	1		12	5	7

6–3c　各地区分性别、婚姻状况的15岁及以上死亡人口(2019.11.1–2020.10.31)(乡村)

单位：人

地　　区	15岁及以上死亡人口			未　　婚		
	合计	男	女	小计	男	女
全省	**15397**	**8722**	**6675**	**1210**	**863**	**347**
西宁市	**4088**	**2405**	**1683**	**219**	**200**	**19**
城东区						
城中区	8	3	5			
城西区						
城北区	47	28	19	3	3	
湟中区	2193	1283	910	118	109	9
大通回族土族自治县	1321	768	553	66	59	7
湟源县	519	323	196	32	29	3
海东市	**6026**	**3435**	**2591**	**320**	**266**	**54**
乐都区	1145	670	475	42	39	3
平安区	302	170	132	7	7	
民和回族土族自治县	1287	709	578	67	58	9
互助土族自治县	1985	1164	821	131	116	15
化隆回族自治县	910	511	399	45	27	18
循化撒拉族自治县	397	211	186	28	19	9
海北藏族自治州	**1108**	**610**	**498**	**69**	**55**	**14**
门源回族自治县	677	385	292	32	29	3
祁连县	145	81	64	10	9	1
海晏县	155	72	83	7	5	2
刚察县	131	72	59	20	12	8
黄南藏族自治州	**789**	**419**	**370**	**98**	**52**	**46**
同仁县	304	152	152	31	16	15
尖扎县	140	74	66	7	6	1
泽库县	179	100	79	33	17	16
河南蒙古族自治县	166	93	73	27	13	14
海南藏族自治州	**1316**	**738**	**578**	**140**	**84**	**56**
共和县	276	168	108	34	25	9
同德县	187	88	99	24	10	14
贵德县	376	215	161	23	19	4
兴海县	191	104	87	30	16	14
贵南县	286	163	123	29	14	15
果洛藏族自治州	**559**	**287**	**272**	**126**	**72**	**54**
玛沁县	77	47	30	7	4	3
班玛县	107	53	54	27	11	16
甘德县	131	76	55	38	30	8
达日县	113	52	61	25	12	13
久治县	90	41	49	21	9	12
玛多县	41	18	23	8	6	2
玉树藏族自治州	**984**	**500**	**484**	**192**	**94**	**98**
玉树市	285	134	151	63	26	37
杂多县	148	75	73	28	14	14
称多县	104	53	51	23	12	11
治多县	75	39	36	13	5	8
囊谦县	254	135	119	48	27	21
曲麻莱县	118	64	54	17	10	7
海西蒙古族藏族自治州	**527**	**328**	**199**	**46**	**40**	**6**
格尔木市	49	26	23	2	2	
德令哈市	87	53	34	5	5	
茫崖市						
乌兰县	81	56	25	6	6	
都兰县	241	149	92	24	19	5
天峻县	65	41	24	9	8	1
大柴旦行政委员会	4	3	1			

6-3c 续表 单位：人

地区	有配偶			离婚			丧偶		
	小计	男	女	小计	男	女	小计	男	女
全省	**7684**	**5172**	**2512**	**415**	**305**	**110**	**6088**	**2382**	**3706**
西宁市	**2122**	**1474**	**648**	**89**	**79**	**10**	**1658**	**652**	**1006**
城东区									
城中区	5	2	3				3	1	2
城西区									
城北区	25	20	5	1	1		18	4	14
湟中区	1134	786	348	47	42	5	894	346	548
大通回族土族自治县	698	473	225	27	22	5	530	214	316
湟源县	260	193	67	14	14		213	87	126
海东市	**3074**	**2047**	**1027**	**129**	**100**	**29**	**2503**	**1022**	**1481**
乐都区	595	416	179	33	28	5	475	187	288
平安区	163	110	53	5	4	1	127	49	78
民和回族土族自治县	624	408	216	27	22	5	569	221	348
互助土族自治县	1019	686	333	32	29	3	803	333	470
化隆回族自治县	447	298	149	25	13	12	393	173	220
循化撒拉族自治县	226	129	97	7	4	3	136	59	77
海北藏族自治州	**557**	**364**	**193**	**40**	**27**	**13**	**442**	**164**	**278**
门源回族自治县	364	234	130	15	11	4	266	111	155
祁连县	66	49	17	11	5	6	58	18	40
海晏县	74	45	29	9	7	2	65	15	50
刚察县	53	36	17	5	4	1	53	20	33
黄南藏族自治州	**341**	**232**	**109**	**23**	**16**	**7**	**327**	**119**	**208**
同仁县	120	79	41	6	5	1	147	52	95
尖扎县	69	48	21	6	4	2	58	16	42
泽库县	81	53	28	4	3	1	61	27	34
河南蒙古族自治县	71	52	19	7	4	3	61	24	37
海南藏族自治州	**646**	**439**	**207**	**55**	**36**	**19**	**475**	**179**	**296**
共和县	119	86	33	15	10	5	108	47	61
同德县	89	57	32	4	3	1	70	18	52
贵德县	183	124	59	15	11	4	155	61	94
兴海县	110	65	45	11	5	6	40	18	22
贵南县	145	107	38	10	7	3	102	35	67
果洛藏族自治州	**233**	**143**	**90**	**27**	**12**	**15**	**173**	**60**	**113**
玛沁县	37	27	10	4	2	2	29	14	15
班玛县	49	32	17	4	2	2	27	8	19
甘德县	43	29	14	9	4	5	41	13	28
达日县	47	22	25	7	2	5	34	16	18
久治县	40	25	15	3	2	1	26	5	21
玛多县	17	8	9				16	4	12
玉树藏族自治州	**450**	**280**	**170**	**21**	**14**	**7**	**321**	**112**	**209**
玉树市	132	79	53	4	4		86	25	61
杂多县	59	37	22	1	1		60	23	37
称多县	38	21	17	2		2	41	20	21
治多县	37	23	14	6	3	3	19	8	11
囊谦县	127	82	45	6	4	2	73	22	51
曲麻莱县	57	38	19	2	2		42	14	28
海西蒙古族藏族自治州	**261**	**193**	**68**	**31**	**21**	**10**	**189**	**74**	**115**
格尔木市	25	17	8	2	2		20	5	15
德令哈市	48	35	13	4	3	1	30	10	20
茫崖市									
乌兰县	44	37	7	4	1	3	27	12	15
都兰县	116	85	31	10	7	3	91	38	53
天峻县	25	17	8	11	8	3	20	8	12
大柴旦行政委员会	3	2	1				1	1	

6-4　全省分年龄、性别的死亡人口状况
(2019.11.1-2020.10.31)

单位：人、‰

年　龄	平均人口			死亡人口			死亡率		
	合计	男	女	合计	男	女	合计	男	女
总　计	**5907234**	**3026087**	**2881147**	**27958**	**16151**	**11807**	**4.73**	**5.34**	**4.10**
0-4岁	**398450**	**205325**	**193125**	**524**	**309**	**215**	**1.32**	**1.50**	**1.11**
0	72423	37311	35112	322	193	129	4.45	5.17	3.67
1	76019	39288	36731	90	48	42	1.18	1.22	1.14
2	81000	41599	39401	50	31	19	0.62	0.75	0.48
3	87956	45363	42593	28	18	10	0.32	0.40	0.23
4	81052	41764	39288	34	19	15	0.42	0.45	0.38
5-9岁	**439303**	**226194**	**213109**	**147**	**82**	**65**	**0.33**	**0.36**	**0.31**
5	88835	46176	42659	24	14	10	0.27	0.30	0.23
6	88818	45470	43348	31	16	15	0.35	0.35	0.35
7	89445	45833	43612	40	23	17	0.45	0.50	0.39
8	85988	44288	41700	29	14	15	0.34	0.32	0.36
9	86217	44427	41790	23	15	8	0.27	0.34	0.19
10-14岁	**400118**	**206179**	**193939**	**143**	**80**	**63**	**0.36**	**0.39**	**0.32**
10	86065	44160	41905	26	13	13	0.30	0.29	0.31
11	81148	41800	39348	12	7	5	0.15	0.17	0.13
12	80291	41370	38921	31	21	10	0.39	0.51	0.26
13	78415	40585	37830	37	18	19	0.47	0.44	0.50
14	74199	38264	35935	37	21	16	0.50	0.55	0.45
15-19岁	**352792**	**182133**	**170659**	**202**	**125**	**77**	**0.57**	**0.69**	**0.45**
15	75992	39077	36915	34	21	13	0.45	0.54	0.35
16	71635	36699	34936	39	18	21	0.54	0.49	0.60
17	72582	37415	35167	46	29	17	0.63	0.78	0.48
18	67777	35116	32661	42	29	13	0.62	0.83	0.40
19	64806	33826	30980	41	28	13	0.63	0.83	0.42
20-24岁	**378924**	**195325**	**183599**	**226**	**135**	**91**	**0.60**	**0.69**	**0.50**
20	67407	35003	32404	35	24	11	0.52	0.69	0.34
21	69796	35957	33839	36	22	14	0.52	0.61	0.41
22	75707	38917	36790	52	35	17	0.69	0.90	0.46
23	79117	40615	38502	54	30	24	0.68	0.74	0.62
24	86897	44833	42064	49	24	25	0.56	0.54	0.59
25-29岁	**460607**	**237857**	**222750**	**272**	**181**	**91**	**0.59**	**0.76**	**0.41**
25	87643	44957	42686	51	28	23	0.58	0.62	0.54
26	86358	44312	42046	56	32	24	0.65	0.72	0.57
27	92124	47456	44668	56	39	17	0.61	0.82	0.38
28	94276	48999	45277	55	39	16	0.58	0.80	0.35
29	100206	52133	48073	54	43	11	0.54	0.82	0.23

6-4 续表 1

单位：人、‰

年 龄	平均人口			死亡人口			死亡率		
	合计	男	女	合计	男	女	合计	男	女
30-34岁	**482119**	**249389**	**232730**	**341**	**232**	**109**	**0.71**	**0.93**	**0.47**
30	109678	56828	52850	60	37	23	0.55	0.65	0.44
31	98103	50439	47664	72	51	21	0.73	1.01	0.44
32	98484	51060	47424	72	47	25	0.73	0.92	0.53
33	93803	48539	45264	80	51	29	0.85	1.05	0.64
34	82051	42523	39528	57	46	11	0.69	1.08	0.28
35-39岁	**413817**	**214490**	**199327**	**443**	**317**	**126**	**1.07**	**1.48**	**0.63**
35	77597	40115	37482	79	60	19	1.02	1.50	0.51
36	74925	38564	36361	64	44	20	0.85	1.14	0.55
37	83907	43586	40321	89	60	29	1.06	1.38	0.72
38	91095	47384	43711	97	70	27	1.06	1.48	0.62
39	86293	44841	41452	114	83	31	1.32	1.85	0.75
40-44岁	**465712**	**240940**	**224772**	**711**	**505**	**206**	**1.53**	**2.10**	**0.92**
40	91746	47598	44148	135	91	44	1.47	1.91	1.00
41	91098	47218	43880	127	97	30	1.39	2.05	0.68
42	89684	46378	43306	145	99	46	1.62	2.13	1.06
43	94254	48535	45719	151	111	40	1.60	2.29	0.87
44	98930	51211	47719	153	107	46	1.55	2.09	0.96
45-49岁	**541094**	**282511**	**258583**	**1211**	**853**	**358**	**2.24**	**3.02**	**1.38**
45	101221	52585	48636	191	145	46	1.89	2.76	0.95
46	109310	57186	52124	235	157	78	2.15	2.75	1.50
47	110427	57748	52679	263	184	79	2.38	3.19	1.50
48	109401	57338	52063	252	186	66	2.30	3.24	1.27
49	110735	57654	53081	270	181	89	2.44	3.14	1.68
50-54岁	**509156**	**263525**	**245631**	**1592**	**1121**	**471**	**3.13**	**4.25**	**1.92**
50	108796	56173	52623	253	178	75	2.33	3.17	1.43
51	112043	58379	53664	334	240	94	2.98	4.11	1.75
52	99920	51613	48307	336	234	102	3.36	4.53	2.11
53	94852	48859	45993	319	228	91	3.36	4.67	1.98
54	93545	48501	45044	350	241	109	3.74	4.97	2.42
55-59岁	**353013**	**182324**	**170689**	**1718**	**1189**	**529**	**4.87**	**6.52**	**3.10**
55	94935	49193	45742	417	295	122	4.39	6.00	2.67
56	92110	47729	44381	423	289	134	4.59	6.06	3.02
57	86728	44942	41786	437	304	133	5.04	6.76	3.18
58	46203	23442	22761	267	172	95	5.78	7.34	4.17
59	33037	17018	16019	174	129	45	5.27	7.58	2.81
60-64岁	**211803**	**107779**	**104024**	**1946**	**1265**	**681**	**9.19**	**11.74**	**6.55**
60	34932	18105	16827	230	155	75	6.58	8.56	4.46
61	39999	20662	19337	319	208	111	7.98	10.07	5.74
62	46745	24044	22701	414	279	135	8.86	11.60	5.95
63	44377	22063	22314	464	300	164	10.46	13.60	7.35
64	45750	22905	22845	519	323	196	11.34	14.10	8.58

6-4　续表 2　　　　单位：人、‰

年　龄	平均人口			死亡人口			死亡率		
	合计	男	女	合计	男	女	合计	男	女
65–69岁	**189413**	**92170**	**97243**	**2840**	**1792**	**1048**	**14.99**	**19.44**	**10.78**
65	43919	21528	22391	503	316	187	11.45	14.68	8.35
66	40253	19699	20554	534	355	179	13.27	18.02	8.71
67	37803	18286	19517	613	380	233	16.22	20.78	11.94
68	34704	16875	17829	608	373	235	17.52	22.10	13.18
69	32734	15782	16952	582	368	214	17.78	23.32	12.62
70–74岁	**132617**	**60842**	**71775**	**3716**	**2051**	**1665**	**28.02**	**33.71**	**23.20**
70	32468	15587	16881	702	408	294	21.62	26.18	17.42
71	27395	13117	14278	684	411	273	24.97	31.33	19.12
72	24764	11246	13518	751	402	349	30.33	35.75	25.82
73	24789	10916	13873	803	418	385	32.39	38.29	27.75
74	23201	9976	13225	776	412	364	33.45	41.30	27.52
75–79岁	**95860**	**42588**	**53272**	**4422**	**2322**	**2100**	**46.13**	**54.52**	**39.42**
75	21873	9606	12267	832	434	398	38.04	45.18	32.44
76	20356	9025	11331	849	444	405	41.71	49.20	35.74
77	19393	8585	10808	888	470	418	45.79	54.75	38.68
78	18119	8101	10018	982	509	473	54.20	62.83	47.22
79	16119	7271	8848	871	465	406	54.04	63.95	45.89
80–84岁	**54875**	**24360**	**30515**	**4052**	**2010**	**2042**	**73.84**	**82.51**	**66.92**
80	13515	5956	7559	840	435	405	62.15	73.04	53.58
81	12538	5632	6906	847	410	437	67.55	72.80	63.28
82	11354	5026	6328	857	435	422	75.48	86.55	66.69
83	9493	4312	5181	792	384	408	83.43	89.05	78.75
84	7975	3434	4541	716	346	370	89.78	100.76	81.48
85–89岁	**21430**	**9511**	**11919**	**2496**	**1173**	**1323**	**116.47**	**123.33**	**111.00**
85	6306	2721	3585	642	287	355	101.81	105.48	99.02
86	5363	2378	2985	584	302	282	108.89	127.00	94.47
87	3991	1779	2212	519	246	273	130.04	138.28	123.42
88	3092	1433	1659	395	180	215	127.75	125.61	129.60
89	2678	1200	1478	356	158	198	132.94	131.67	133.96
90–94岁	**4892**	**2161**	**2731**	**767**	**328**	**439**	**156.79**	**151.78**	**160.75**
90	1644	747	897	259	113	146	157.54	151.27	162.76
91	1194	513	681	170	82	88	142.38	159.84	129.22
92	941	421	520	146	65	81	155.15	154.39	155.77
93	639	289	350	103	33	70	161.19	114.19	200.00
94	474	191	283	89	35	54	187.76	183.25	190.81
95–99岁	**1097**	**421**	**676**	**160**	**65**	**95**	**145.85**	**154.39**	**140.53**
95	365	145	220	64	25	39	175.34	172.41	177.27
96	258	109	149	46	18	28	178.29	165.14	187.92
97	172	60	112	22	5	17	127.91	83.33	151.79
98	156	65	91	17	11	6	108.97	169.23	65.93
99	146	42	104	11	6	5	75.34	142.86	48.08
100岁及以上	**142**	**63**	**79**	**29**	**16**	**13**	**204.23**	**253.97**	**164.56**

6-4a 全省分年龄、性别的死亡人口状况 (2019.11.1-2020.10.31)(城市)

单位：人、‰

年 龄	平均人口			死亡人口			死亡率		
	合计	男	女	合计	男	女	合计	男	女
总 计	**2119124**	**1079603**	**1039521**	**6810**	**4043**	**2767**	**3.21**	**3.74**	**2.66**
0-4岁	**115645**	**59619**	**56026**	**57**	**36**	**21**	**0.49**	**0.60**	**0.37**
0	21597	11105	10492	42	25	17	1.94	2.25	1.62
1	22353	11624	10729	6	4	2	0.27	0.34	0.19
2	23708	12170	11538	4	3	1	0.17	0.25	0.09
3	27126	13984	13142	3	2	1	0.11	0.14	0.08
4	20861	10736	10125	2	2		0.10	0.19	
5-9岁	**115878**	**60104**	**55774**	**11**	**5**	**6**	**0.09**	**0.08**	**0.11**
5	24190	12563	11627						
6	23679	12223	11456						
7	23984	12386	11598	4	1	3	0.17	0.08	0.26
8	22010	11469	10541	5	3	2	0.23	0.26	0.19
9	22015	11463	10552	2	1	1	0.09	0.09	0.09
10-14岁	**104263**	**54229**	**50034**	**19**	**14**	**5**	**0.18**	**0.26**	**0.10**
10	21135	11082	10053	3	3		0.14	0.27	
11	20739	10784	9955	4	4		0.19	0.37	
12	21836	11259	10577	5	4	1	0.23	0.36	0.09
13	20604	10730	9874	5	1	4	0.24	0.09	0.41
14	19949	10374	9575	2	2		0.10	0.19	
15-19岁	**116277**	**60356**	**55921**	**32**	**19**	**13**	**0.28**	**0.31**	**0.23**
15	21500	11235	10265	3	3		0.14	0.27	
16	21701	11344	10357	7	3	4	0.32	0.26	0.39
17	24285	12752	11533	7	4	3	0.29	0.31	0.26
18	23540	12204	11336	8	5	3	0.34	0.41	0.26
19	25251	12821	12430	7	4	3	0.28	0.31	0.24
20-24岁	**145739**	**74379**	**71360**	**17**	**8**	**9**	**0.12**	**0.11**	**0.13**
20	27313	13866	13447						
21	27689	14057	13632	4		4	0.14		0.29
22	28606	14618	13988	7	7		0.24	0.48	
23	29703	15291	14412	3		3	0.10		0.21
24	32428	16547	15881	3	1	2	0.09	0.06	0.13
25-29岁	**183702**	**94608**	**89094**	**27**	**18**	**9**	**0.15**	**0.19**	**0.10**
25	33721	17334	16387	4	2	2	0.12	0.12	0.12
26	33914	17293	16621	4	4		0.12	0.23	
27	36932	18991	17941	9	6	3	0.24	0.32	0.17
28	37787	19573	18214	4	4		0.11	0.20	
29	41348	21417	19931	6	2	4	0.15	0.09	0.20

6-4a　续表 1　　　　单位：人、‰

年　龄	平均人口			死亡人口			死亡率		
	合计	男	女	合计	男	女	合计	男	女
30–34岁	**197588**	**102157**	**95431**	**48**	**29**	**19**	**0.24**	**0.28**	**0.20**
30	45241	23424	21817	8	2	6	0.18	0.09	0.28
31	41099	21078	20021	7	6	1	0.17	0.28	0.05
32	41052	21263	19789	13	9	4	0.32	0.42	0.20
33	38087	19670	18417	13	9	4	0.34	0.46	0.22
34	32109	16722	15387	7	3	4	0.22	0.18	0.26
35–39岁	**149627**	**77038**	**72589**	**86**	**61**	**25**	**0.57**	**0.79**	**0.34**
35	29706	15499	14207	13	10	3	0.44	0.65	0.21
36	27685	14160	13525	15	13	2	0.54	0.92	0.15
37	30593	15724	14869	22	12	10	0.72	0.76	0.67
38	32472	16712	15760	14	10	4	0.43	0.60	0.25
39	29171	14943	14228	22	16	6	0.75	1.07	0.42
40–44岁	**165694**	**84972**	**80722**	**123**	**93**	**30**	**0.74**	**1.09**	**0.37**
40	32322	16622	15700	24	17	7	0.74	1.02	0.45
41	32675	16811	15864	24	19	5	0.73	1.13	0.32
42	32045	16365	15680	26	19	7	0.81	1.16	0.45
43	33545	17076	16469	20	15	5	0.60	0.88	0.30
44	35107	18098	17009	29	23	6	0.83	1.27	0.35
45–49岁	**204239**	**105851**	**98388**	**269**	**195**	**74**	**1.32**	**1.84**	**0.75**
45	36381	18894	17487	38	29	9	1.04	1.53	0.51
46	40535	20927	19608	58	38	20	1.43	1.82	1.02
47	41900	21844	20056	58	42	16	1.38	1.92	0.80
48	42659	22176	20483	56	42	14	1.31	1.89	0.68
49	42764	22010	20754	59	44	15	1.38	2.00	0.72
50–54岁	**200758**	**102549**	**98209**	**335**	**227**	**108**	**1.67**	**2.21**	**1.10**
50	42500	21812	20688	56	37	19	1.32	1.70	0.92
51	45067	22949	22118	69	46	23	1.53	2.00	1.04
52	38628	19808	18820	72	50	22	1.86	2.52	1.17
53	37105	18846	18259	63	41	22	1.70	2.18	1.20
54	37458	19134	18324	75	53	22	2.00	2.77	1.20
55–59岁	**144406**	**73940**	**70466**	**376**	**274**	**102**	**2.60**	**3.71**	**1.45**
55	38597	19724	18873	92	67	25	2.38	3.40	1.32
56	38154	19640	18514	83	58	25	2.18	2.95	1.35
57	35981	18500	17481	104	81	23	2.89	4.38	1.32
58	17863	9043	8820	56	38	18	3.13	4.20	2.04
59	13811	7033	6778	41	30	11	2.97	4.27	1.62
60–64岁	**85394**	**43314**	**42080**	**469**	**310**	**159**	**5.49**	**7.16**	**3.78**
60	15502	7964	7538	47	31	16	3.03	3.89	2.12
61	16825	8506	8319	101	67	34	6.00	7.88	4.09
62	19141	9767	9374	102	66	36	5.33	6.76	3.84
63	17277	8593	8684	113	75	38	6.54	8.73	4.38
64	16649	8484	8165	106	71	35	6.37	8.37	4.29

6-4a 续表 2

单位：人、‰

年 龄	平均人口			死亡人口			死亡率		
	合计	男	女	合计	男	女	合计	男	女
65-69岁	**66750**	**32275**	**34475**	**560**	**363**	**197**	**8.39**	**11.25**	**5.71**
65	16197	8031	8166	100	66	34	6.17	8.22	4.16
66	14685	7084	7601	98	67	31	6.67	9.46	4.08
67	13013	6292	6721	115	69	46	8.84	10.97	6.84
68	11762	5600	6162	132	80	52	11.22	14.29	8.44
69	11093	5268	5825	115	81	34	10.37	15.38	5.84
70-74岁	**44963**	**19616**	**25347**	**751**	**433**	**318**	**16.70**	**22.07**	**12.55**
70	10843	5060	5783	136	86	50	12.54	17.00	8.65
71	9071	4159	4912	139	87	52	15.32	20.92	10.59
72	8173	3564	4609	146	80	66	17.86	22.45	14.32
73	8652	3663	4989	168	99	69	19.42	27.03	13.83
74	8224	3170	5054	162	81	81	19.70	25.55	16.03
75-79岁	**39036**	**16026**	**23010**	**1122**	**590**	**532**	**28.74**	**36.82**	**23.12**
75	8180	3112	5068	176	86	90	21.52	27.63	17.76
76	7745	3016	4729	178	94	84	22.98	31.17	17.76
77	7934	3297	4637	220	115	105	27.73	34.88	22.64
78	7803	3278	4525	269	141	128	34.47	43.01	28.29
79	7374	3323	4051	279	154	125	37.84	46.34	30.86
80-84岁	**26416**	**12287**	**14129**	**1305**	**716**	**589**	**49.40**	**58.27**	**41.69**
80	6494	2894	3600	256	144	112	39.42	49.76	31.11
81	6133	2886	3247	274	138	136	44.68	47.82	41.88
82	5394	2572	2822	292	159	133	54.13	61.82	47.13
83	4573	2193	2380	253	151	102	55.32	68.86	42.86
84	3822	1742	2080	230	124	106	60.18	71.18	50.96
85-89岁	**10055**	**4923**	**5132**	**853**	**475**	**378**	**84.83**	**96.49**	**73.66**
85	3002	1409	1593	220	110	110	73.28	78.07	69.05
86	2535	1231	1304	200	123	77	78.90	99.92	59.05
87	1837	903	934	187	100	87	101.80	110.74	93.15
88	1449	760	689	139	76	63	95.93	100.00	91.44
89	1232	620	612	107	66	41	86.85	106.45	66.99
90-94岁	**2224**	**1137**	**1087**	**283**	**141**	**142**	**127.25**	**124.01**	**130.63**
90	772	399	373	100	47	53	129.53	117.79	142.09
91	547	274	273	63	36	27	115.17	131.39	98.90
92	417	223	194	60	33	27	143.88	147.98	139.18
93	285	149	136	32	13	19	112.28	87.25	139.71
94	203	92	111	28	12	16	137.93	130.43	144.14
95-99岁	**416**	**196**	**220**	**52**	**26**	**26**	**125.00**	**132.65**	**118.18**
95	163	72	91	27	11	16	165.64	152.78	175.82
96	103	58	45	14	8	6	135.92	137.93	133.33
97	61	27	34	6	2	4	98.36	74.07	117.65
98	55	28	27	4	4		72.73	142.86	
99	34	11	23	1	1		29.41	90.91	
100岁及以上	**54**	**27**	**27**	**15**	**10**	**5**	**277.78**	**370.37**	**185.19**

6-4b 全省分年龄、性别的死亡人口状况 (2019.11.1-2020.10.31)(镇)

单位：人、‰

年 龄	平均人口			死亡人口			死亡率		
	合计	男	女	合计	男	女	合计	男	女
总 计	**1431233**	**726872**	**704361**	**5156**	**3046**	**2110**	**3.60**	**4.19**	**3.00**
0-4岁	**96213**	**49454**	**46759**	**81**	**44**	**37**	**0.84**	**0.89**	**0.79**
0	16519	8422	8097	42	18	24	2.54	2.14	2.96
1	18116	9433	8683	20	13	7	1.10	1.38	0.81
2	19197	9803	9394	9	5	4	0.47	0.51	0.43
3	21350	11003	10347	3	2	1	0.14	0.18	0.10
4	21031	10793	10238	7	6	1	0.33	0.56	0.10
5-9岁	**117073**	**60225**	**56848**	**25**	**18**	**7**	**0.21**	**0.30**	**0.12**
5	22941	11897	11044	5	3	2	0.22	0.25	0.18
6	23800	12160	11640	6	3	3	0.25	0.25	0.26
7	23980	12231	11749	5	4	1	0.21	0.33	0.09
8	23089	11992	11097	5	4	1	0.22	0.33	0.09
9	23263	11945	11318	4	4		0.17	0.33	
10-14岁	**105962**	**54134**	**51828**	**26**	**14**	**12**	**0.25**	**0.26**	**0.23**
10	22825	11669	11156	3	2	1	0.13	0.17	0.09
11	21265	10892	10373						
12	20806	10619	10187	4	3	1	0.19	0.28	0.10
13	20443	10491	9952	10	6	4	0.49	0.57	0.40
14	20623	10463	10160	9	3	6	0.44	0.29	0.59
15-19岁	**110495**	**55438**	**55057**	**29**	**18**	**11**	**0.26**	**0.32**	**0.20**
15	24575	12227	12348	5	4	1	0.20	0.33	0.08
16	26448	13148	13300	3	1	2	0.11	0.08	0.15
17	25931	12831	13100	11	7	4	0.42	0.55	0.31
18	19269	9734	9535	6	4	2	0.31	0.41	0.21
19	14272	7498	6774	4	2	2	0.28	0.27	0.30
20-24岁	**86145**	**43999**	**42146**	**51**	**30**	**21**	**0.59**	**0.68**	**0.50**
20	13893	7254	6639	7	5	2	0.50	0.69	0.30
21	15082	7802	7280	7	6	1	0.46	0.77	0.14
22	17491	8870	8621	9	7	2	0.51	0.79	0.23
23	18731	9462	9269	17	8	9	0.91	0.85	0.97
24	20948	10611	10337	11	4	7	0.53	0.38	0.68
25-29岁	**112419**	**56369**	**56050**	**51**	**29**	**22**	**0.45**	**0.51**	**0.39**
25	21456	10698	10758	10	4	6	0.47	0.37	0.56
26	20769	10444	10325	8	3	5	0.39	0.29	0.48
27	22571	11241	11330	13	9	4	0.58	0.80	0.35
28	23348	11688	11660	9	3	6	0.39	0.26	0.51
29	24275	12298	11977	11	10	1	0.45	0.81	0.08

6－4b 续表 1

单位：人、‰

年 龄	平均人口			死亡人口			死亡率		
	合计	男	女	合计	男	女	合计	男	女
30－34岁	**118595**	**59676**	**58919**	**69**	**47**	**22**	**0.58**	**0.79**	**0.37**
30	26748	13468	13280	8	5	3	0.30	0.37	0.23
31	23923	12024	11899	16	12	4	0.67	1.00	0.34
32	24003	12100	11903	14	9	5	0.58	0.74	0.42
33	23192	11684	11508	20	11	9	0.86	0.94	0.78
34	20729	10400	10329	11	10	1	0.53	0.96	0.10
35－39岁	**104658**	**52748**	**51910**	**65**	**45**	**20**	**0.62**	**0.85**	**0.39**
35	19391	9715	9676	15	11	4	0.77	1.13	0.41
36	18896	9428	9468	11	6	5	0.58	0.64	0.53
37	20980	10605	10375	8	4	4	0.38	0.38	0.39
38	23035	11697	11338	14	11	3	0.61	0.94	0.26
39	22356	11303	11053	17	13	4	0.76	1.15	0.36
40－44岁	**117132**	**59936**	**57196**	**126**	**89**	**37**	**1.08**	**1.48**	**0.65**
40	23484	11849	11635	22	14	8	0.94	1.18	0.69
41	23102	11768	11334	14	13	1	0.61	1.10	0.09
42	22478	11520	10958	26	18	8	1.16	1.56	0.73
43	23714	12188	11526	33	23	10	1.39	1.89	0.87
44	24354	12611	11743	31	21	10	1.27	1.67	0.85
45－49岁	**127879**	**66701**	**61178**	**248**	**182**	**66**	**1.94**	**2.73**	**1.08**
45	24622	12669	11953	47	33	14	1.91	2.60	1.17
46	26138	13716	12422	48	33	15	1.84	2.41	1.21
47	26256	13675	12581	55	45	10	2.09	3.29	0.79
48	25392	13340	12052	51	39	12	2.01	2.92	1.00
49	25471	13301	12170	47	32	15	1.85	2.41	1.23
50－54岁	**113401**	**59307**	**54094**	**298**	**209**	**89**	**2.63**	**3.52**	**1.65**
50	24958	12991	11967	44	26	18	1.76	2.00	1.50
51	24994	13209	11785	65	46	19	2.60	3.48	1.61
52	22175	11546	10629	59	40	19	2.66	3.46	1.79
53	21059	11018	10041	69	55	14	3.28	4.99	1.39
54	20215	10543	9672	61	42	19	3.02	3.98	1.96
55－59岁	**74789**	**38524**	**36265**	**298**	**219**	**79**	**3.98**	**5.68**	**2.18**
55	20329	10648	9681	74	61	13	3.64	5.73	1.34
56	19232	9906	9326	72	48	24	3.74	4.85	2.57
57	18320	9381	8939	70	52	18	3.82	5.54	2.01
58	9984	5006	4978	45	30	15	4.51	5.99	3.01
59	6924	3583	3341	37	28	9	5.34	7.81	2.69
60－64岁	**43745**	**22104**	**21641**	**365**	**240**	**125**	**8.34**	**10.86**	**5.78**
60	7108	3657	3451	32	24	8	4.50	6.56	2.32
61	8364	4342	4022	60	42	18	7.17	9.67	4.48
62	9474	4814	4660	89	69	20	9.39	14.33	4.29
63	9232	4626	4606	83	48	35	8.99	10.38	7.60
64	9567	4665	4902	101	57	44	10.56	12.22	8.98

6-4b　续表 2　　　　单位：人、‰

年　龄	平均人口			死亡人口			死亡率		
	合计	男	女	合计	男	女	合计	男	女
65–69岁	**41113**	**19926**	**21187**	**598**	**393**	**205**	**14.55**	**19.72**	**9.68**
65	9445	4538	4907	118	73	45	12.49	16.09	9.17
66	8597	4200	4397	106	73	33	12.33	17.38	7.51
67	8209	3928	4281	140	90	50	17.05	22.91	11.68
68	7697	3798	3899	121	81	40	15.72	21.33	10.26
69	7165	3462	3703	113	76	37	15.77	21.95	9.99
70–74岁	**28979**	**13711**	**15268**	**748**	**428**	**320**	**25.81**	**31.22**	**20.96**
70	7291	3601	3690	152	91	61	20.85	25.27	16.53
71	6134	3016	3118	132	86	46	21.52	28.51	14.75
72	5409	2512	2897	147	77	70	27.18	30.65	24.16
73	5198	2316	2882	150	88	62	28.86	38.00	21.51
74	4947	2266	2681	167	86	81	33.76	37.95	30.21
75–79岁	**18540**	**8588**	**9952**	**809**	**432**	**377**	**43.64**	**50.30**	**37.88**
75	4456	2100	2356	162	93	69	36.36	44.29	29.29
76	4095	1919	2176	169	93	76	41.27	48.46	34.93
77	3652	1648	2004	161	91	70	44.09	55.22	34.93
78	3405	1594	1811	182	82	100	53.45	51.44	55.22
79	2932	1327	1605	135	73	62	46.04	55.01	38.63
80–84岁	**9399**	**4052**	**5347**	**730**	**356**	**374**	**77.67**	**87.86**	**69.95**
80	2296	1010	1286	156	90	66	67.94	89.11	51.32
81	2139	937	1202	151	71	80	70.59	75.77	66.56
82	1955	812	1143	149	72	77	76.21	88.67	67.37
83	1631	716	915	150	63	87	91.97	87.99	95.08
84	1378	577	801	124	60	64	89.99	103.99	79.90
85–89岁	**3598**	**1521**	**2077**	**390**	**181**	**209**	**108.39**	**119.00**	**100.63**
85	1075	448	627	105	45	60	97.67	100.45	95.69
86	874	371	503	82	43	39	93.82	115.90	77.53
87	665	278	387	75	38	37	112.78	136.69	95.61
88	509	216	293	55	25	30	108.06	115.74	102.39
89	475	208	267	73	30	43	153.68	144.23	161.05
90–94岁	**843**	**357**	**486**	**119**	**55**	**64**	**141.16**	**154.06**	**131.69**
90	278	129	149	39	18	21	140.29	139.53	140.94
91	203	73	130	30	17	13	147.78	232.88	100.00
92	162	70	92	18	8	10	111.11	114.29	108.70
93	114	48	66	20	6	14	175.44	125.00	212.12
94	86	37	49	12	6	6	139.53	162.16	122.45
95–99岁	**227**	**88**	**139**	**27**	**14**	**13**	**118.94**	**159.09**	**93.53**
95	63	27	36	7	4	3	111.11	148.15	83.33
96	44	15	29	9	4	5	204.55	266.67	172.41
97	38	12	26	3		3	78.95		115.38
98	37	18	19	6	4	2	162.16	222.22	105.26
99	45	16	29	2	2		44.44	125.00	
100岁及以上	**28**	**14**	**14**	**3**	**3**		**107.14**	**214.29**	

6-4c 全省分年龄、性别的死亡人口状况
(2019.11.1-2020.10.31)(乡村)

单位：人、‰

年龄	平均人口			死亡人口			死亡率		
	合计	男	女	合计	男	女	合计	男	女
总　计	**2356877**	**1219612**	**1137265**	**15992**	**9062**	**6930**	**6.79**	**7.43**	**6.09**
0-4岁	**186592**	**96252**	**90340**	**386**	**229**	**157**	**2.07**	**2.38**	**1.74**
0	34307	17784	16523	238	150	88	6.94	8.43	5.33
1	35550	18231	17319	64	31	33	1.80	1.70	1.91
2	38095	19626	18469	37	23	14	0.97	1.17	0.76
3	39480	20376	19104	22	14	8	0.56	0.69	0.42
4	39160	20235	18925	25	11	14	0.64	0.54	0.74
5-9岁	**206352**	**105865**	**100487**	**111**	**59**	**52**	**0.54**	**0.56**	**0.52**
5	41704	21716	19988	19	11	8	0.46	0.51	0.40
6	41339	21087	20252	25	13	12	0.60	0.62	0.59
7	41481	21216	20265	31	18	13	0.75	0.85	0.64
8	40889	20827	20062	19	7	12	0.46	0.34	0.60
9	40939	21019	19920	17	10	7	0.42	0.48	0.35
10-14岁	**189893**	**97816**	**92077**	**98**	**52**	**46**	**0.52**	**0.53**	**0.50**
10	42105	21409	20696	20	8	12	0.48	0.37	0.58
11	39144	20124	19020	8	3	5	0.20	0.15	0.26
12	37649	19492	18157	22	14	8	0.58	0.72	0.44
13	37368	19364	18004	22	11	11	0.59	0.57	0.61
14	33627	17427	16200	26	16	10	0.77	0.92	0.62
15-19岁	**126020**	**66339**	**59681**	**141**	**88**	**53**	**1.12**	**1.33**	**0.89**
15	29917	15615	14302	26	14	12	0.87	0.90	0.84
16	23486	12207	11279	29	14	15	1.23	1.15	1.33
17	22366	11832	10534	28	18	10	1.25	1.52	0.95
18	24968	13178	11790	28	20	8	1.12	1.52	0.68
19	25283	13507	11776	30	22	8	1.19	1.63	0.68
20-24岁	**147040**	**76947**	**70093**	**158**	**97**	**61**	**1.07**	**1.26**	**0.87**
20	26201	13883	12318	28	19	9	1.07	1.37	0.73
21	27025	14098	12927	25	16	9	0.93	1.13	0.70
22	29610	15429	14181	36	21	15	1.22	1.36	1.06
23	30683	15862	14821	34	22	12	1.11	1.39	0.81
24	33521	17675	15846	35	19	16	1.04	1.07	1.01
25-29岁	**164486**	**86880**	**77606**	**194**	**134**	**60**	**1.18**	**1.54**	**0.77**
25	32466	16925	15541	37	22	15	1.14	1.30	0.97
26	31675	16575	15100	44	25	19	1.39	1.51	1.26
27	32621	17224	15397	34	24	10	1.04	1.39	0.65
28	33141	17738	15403	42	32	10	1.27	1.80	0.65
29	34583	18418	16165	37	31	6	1.07	1.68	0.37

6-4c　续表 1

单位：人、‰

年　龄	平均人口			死亡人口			死亡率		
	合计	男	女	合计	男	女	合计	男	女
30-34岁	**165936**	**87556**	**78380**	**224**	**156**	**68**	**1.35**	**1.78**	**0.87**
30	37689	19936	17753	44	30	14	1.17	1.50	0.79
31	33081	17337	15744	49	33	16	1.48	1.90	1.02
32	33429	17697	15732	45	29	16	1.35	1.64	1.02
33	32524	17185	15339	47	31	16	1.45	1.80	1.04
34	29213	15401	13812	39	33	6	1.34	2.14	0.43
35-39岁	**159532**	**84704**	**74828**	**292**	**211**	**81**	**1.83**	**2.49**	**1.08**
35	28500	14901	13599	51	39	12	1.79	2.62	0.88
36	28344	14976	13368	38	25	13	1.34	1.67	0.97
37	32334	17257	15077	59	44	15	1.82	2.55	0.99
38	35588	18975	16613	69	49	20	1.94	2.58	1.20
39	34766	18595	16171	75	54	21	2.16	2.90	1.30
40-44岁	**182886**	**96032**	**86854**	**462**	**323**	**139**	**2.53**	**3.36**	**1.60**
40	35940	19127	16813	89	60	29	2.48	3.14	1.72
41	35321	18639	16682	89	65	24	2.52	3.49	1.44
42	35161	18493	16668	93	62	31	2.64	3.35	1.86
43	36995	19271	17724	98	73	25	2.65	3.79	1.41
44	39469	20502	18967	93	63	30	2.36	3.07	1.58
45-49岁	**208976**	**109959**	**99017**	**694**	**476**	**218**	**3.32**	**4.33**	**2.20**
45	40218	21022	19196	106	83	23	2.64	3.95	1.20
46	42637	22543	20094	129	86	43	3.03	3.81	2.14
47	42271	22229	20042	150	97	53	3.55	4.36	2.64
48	41350	21822	19528	145	105	40	3.51	4.81	2.05
49	42500	22343	20157	164	105	59	3.86	4.70	2.93
50-54岁	**194997**	**101669**	**93328**	**959**	**685**	**274**	**4.92**	**6.74**	**2.94**
50	41338	21370	19968	153	115	38	3.70	5.38	1.90
51	41982	22221	19761	200	148	52	4.76	6.66	2.63
52	39117	20259	18858	205	144	61	5.24	7.11	3.23
53	36688	18995	17693	187	132	55	5.10	6.95	3.11
54	35872	18824	17048	214	146	68	5.97	7.76	3.99
55-59岁	**133818**	**69860**	**63958**	**1044**	**696**	**348**	**7.80**	**9.96**	**5.44**
55	36009	18821	17188	251	167	84	6.97	8.87	4.89
56	34724	18183	16541	268	183	85	7.72	10.06	5.14
57	32427	17061	15366	263	171	92	8.11	10.02	5.99
58	18356	9393	8963	166	104	62	9.04	11.07	6.92
59	12302	6402	5900	96	71	25	7.80	11.09	4.24
60-64岁	**82664**	**42361**	**40303**	**1112**	**715**	**397**	**13.45**	**16.88**	**9.85**
60	12322	6484	5838	151	100	51	12.25	15.42	8.74
61	14810	7814	6996	158	99	59	10.67	12.67	8.43
62	18130	9463	8667	223	144	79	12.30	15.22	9.12
63	17868	8844	9024	268	177	91	15.00	20.01	10.08
64	19534	9756	9778	312	195	117	15.97	19.99	11.97

6-4c 续表 2

单位：人、‰

年 龄	平均人口			死亡人口			死亡率		
	合计	男	女	合计	男	女	合计	男	女
65-69岁	**81550**	**39969**	**41581**	**1682**	**1036**	**646**	**20.63**	**25.92**	**15.54**
65	18277	8959	9318	285	177	108	15.59	19.76	11.59
66	16971	8415	8556	330	215	115	19.44	25.55	13.44
67	16581	8066	8515	358	221	137	21.59	27.40	16.09
68	15245	7477	7768	355	212	143	23.29	28.35	18.41
69	14476	7052	7424	354	211	143	24.45	29.92	19.26
70-74岁	**58675**	**27515**	**31160**	**2217**	**1190**	**1027**	**37.78**	**43.25**	**32.96**
70	14334	6926	7408	414	231	183	28.88	33.35	24.70
71	12190	5942	6248	413	238	175	33.88	40.05	28.01
72	11182	5170	6012	458	245	213	40.96	47.39	35.43
73	10939	4937	6002	485	231	254	44.34	46.79	42.32
74	10030	4540	5490	447	245	202	44.57	53.96	36.79
75-79岁	**38284**	**17974**	**20310**	**2491**	**1300**	**1191**	**65.07**	**72.33**	**58.64**
75	9237	4394	4843	494	255	239	53.48	58.03	49.35
76	8516	4090	4426	502	257	245	58.95	62.84	55.35
77	7807	3640	4167	507	264	243	64.94	72.53	58.32
78	6911	3229	3682	531	286	245	76.83	88.57	66.54
79	5813	2621	3192	457	238	219	78.62	90.81	68.61
80-84岁	**19060**	**8021**	**11039**	**2017**	**938**	**1079**	**105.82**	**116.94**	**97.74**
80	4725	2052	2673	428	201	227	90.58	97.95	84.92
81	4266	1809	2457	422	201	221	98.92	111.11	89.95
82	4005	1642	2363	416	204	212	103.87	124.24	89.72
83	3289	1403	1886	389	170	219	118.27	121.17	116.12
84	2775	1115	1660	362	162	200	130.45	145.29	120.48
85-89岁	**7777**	**3067**	**4710**	**1253**	**517**	**736**	**161.12**	**168.57**	**156.26**
85	2229	864	1365	317	132	185	142.22	152.78	135.53
86	1954	776	1178	302	136	166	154.55	175.26	140.92
87	1489	598	891	257	108	149	172.60	180.60	167.23
88	1134	457	677	201	79	122	177.25	172.87	180.21
89	971	372	599	176	62	114	181.26	166.67	190.32
90-94岁	**1825**	**667**	**1158**	**365**	**132**	**233**	**200.00**	**197.90**	**201.21**
90	594	219	375	120	48	72	202.02	219.18	192.00
91	444	166	278	77	29	48	173.42	174.70	172.66
92	362	128	234	68	24	44	187.85	187.50	188.03
93	240	92	148	51	14	37	212.50	152.17	250.00
94	185	62	123	49	17	32	264.86	274.19	260.16
95-99岁	**454**	**137**	**317**	**81**	**25**	**56**	**178.41**	**182.48**	**176.66**
95	139	46	93	30	10	20	215.83	217.39	215.05
96	111	36	75	23	6	17	207.21	166.67	226.67
97	73	21	52	13	3	10	178.08	142.86	192.31
98	64	19	45	7	3	4	109.38	157.89	88.89
99	67	15	52	8	3	5	119.40	200.00	96.15
100岁及以上	**60**	**22**	**38**	**11**	**3**	**8**	**183.33**	**136.36**	**210.53**

第一部分　全部数据资料

第七卷　户口登记状况

7–1 全省按现住地、户口登记地、

现住地	户口					
	合计			省内		
	合计	男	女	小计	男	女
全省	**2070660**	**1092431**	**978229**	**1653356**	**830175**	**823181**
西宁市	**1051348**	**549262**	**502086**	**791992**	**388969**	**403023**
城东区	321448	167869	153579	243387	120533	122854
城中区	164017	87475	76542	121424	60434	60990
城西区	158647	81217	77430	118224	56977	61247
城北区	243549	127721	115828	167851	81489	86362
湟中区	59260	31847	27413	48895	24458	24437
大通回族土族自治县	69021	35376	33645	59687	29220	30467
湟源县	35406	17757	17649	32524	15858	16666
海东市	**295525**	**151036**	**144489**	**262155**	**129518**	**132637**
乐都区	78584	40206	38378	69755	34285	35470
平安区	48276	24632	23644	41912	20510	21402
民和回族土族自治县	62297	30843	31454	56209	27393	28816
互助土族自治县	59680	31102	28578	53359	26817	26542
化隆回族自治县	26873	13886	12987	24128	12131	11997
循化撒拉族自治县	19815	10367	9448	16792	8382	8410
海北藏族自治州	**78315**	**40549**	**37766**	**71040**	**35515**	**35525**
门源回族自治县	33204	16692	16512	30800	15014	15786
祁连县	15214	8185	7029	12762	6445	6317
海晏县	21185	10760	10425	19906	9956	9950
刚察县	8712	4912	3800	7572	4100	3472
黄南藏族自治州	**63544**	**33623**	**29921**	**54622**	**27860**	**26762**
同仁县	26459	14326	12133	22359	11681	10678
尖扎县	16761	8699	8062	14739	7346	7393
泽库县	9325	4846	4479	8511	4323	4188
河南蒙古族自治县	10999	5752	5247	9013	4510	4503
海南藏族自治州	**115950**	**59738**	**56212**	**105688**	**53161**	**52527**
共和县	40450	21168	19282	36058	18225	17833
同德县	11951	6249	5702	10758	5487	5271
贵德县	28438	14248	14190	26225	12893	13332
兴海县	23745	12066	11679	22552	11345	11207
贵南县	11366	6007	5359	10095	5211	4884
果洛藏族自治州	**59590**	**33293**	**26297**	**48775**	**26322**	**22453**
玛沁县	24710	14024	10686	20815	11309	9506
班玛县	8048	4429	3619	6626	3496	3130
甘德县	4505	2690	1815	3570	2099	1471
达日县	12929	6868	6061	10874	5605	5269
久治县	5136	2974	2162	3027	1786	1241
玛多县	4262	2308	1954	3863	2027	1836
玉树藏族自治州	**131190**	**67785**	**63405**	**119814**	**60756**	**59058**
玉树市	46677	24401	22276	38573	19458	19115
杂多县	35244	17995	17249	34277	17399	16878
称多县	6124	3382	2742	5309	2843	2466
治多县	21284	10690	10594	20813	10371	10442
囊谦县	9095	4859	4236	8678	4603	4075
曲麻莱县	12766	6458	6308	12164	6082	6082
海西蒙古族藏族自治州	**275198**	**157145**	**118053**	**199270**	**108074**	**91196**
格尔木市	146759	83047	63712	100011	54188	45823
德令哈市	50985	27144	23841	41879	21381	20498
茫崖市	14268	10216	4052	7272	5037	2235
乌兰县	12872	7311	5561	10550	5759	4791
都兰县	26267	13803	12464	21761	11090	10671
天峻县	11246	5988	5258	9958	5002	4956
大柴旦行政委员会	12801	9636	3165	7839	5617	2222

性别分的户口登记地在外乡镇街道的人口

单位：人

登记地								
市辖区内人户分离			省内流动人口			省外		
小计	男	女	小计	男	女	小计	男	女
464625	**224456**	**240169**	**1188731**	**605719**	**583012**	**417304**	**262256**	**155048**
382447	**184336**	**198111**	**409545**	**204633**	**204912**	**259356**	**160293**	**99063**
120624	58468	62156	122763	62065	60698	78061	47336	30725
68065	33095	34970	53359	27339	26020	42593	27041	15552
70271	33453	36818	47953	23524	24429	40423	24240	16183
87160	41618	45542	80691	39871	40820	75698	46232	29466
36327	17702	18625	12568	6756	5812	10365	7389	2976
			59687	29220	30467	9334	6156	3178
			32524	15858	16666	2882	1899	983
82178	**40120**	**42058**	**179977**	**89398**	**90579**	**33370**	**21518**	**11852**
58353	28597	29756	11402	5688	5714	8829	5921	2908
23825	11523	12302	18087	8987	9100	6364	4122	2242
			56209	27393	28816	6088	3450	2638
			53359	26817	26542	6321	4285	2036
			24128	12131	11997	2745	1755	990
			16792	8382	8410	3023	1985	1038
			71040	**35515**	**35525**	**7275**	**5034**	**2241**
			30800	15014	15786	2404	1678	726
			12762	6445	6317	2452	1740	712
			19906	9956	9950	1279	804	475
			7572	4100	3472	1140	812	328
			54622	**27860**	**26762**	**8922**	**5763**	**3159**
			22359	11681	10678	4100	2645	1455
			14739	7346	7393	2022	1353	669
			8511	4323	4188	814	523	291
			9013	4510	4503	1986	1242	744
			105688	**53161**	**52527**	**10262**	**6577**	**3685**
			36058	18225	17833	4392	2943	1449
			10758	5487	5271	1193	762	431
			26225	12893	13332	2213	1355	858
			22552	11345	11207	1193	721	472
			10095	5211	4884	1271	796	475
			48775	**26322**	**22453**	**10815**	**6971**	**3844**
			20815	11309	9506	3895	2715	1180
			6626	3496	3130	1422	933	489
			3570	2099	1471	935	591	344
			10874	5605	5269	2055	1263	792
			3027	1786	1241	2109	1188	921
			3863	2027	1836	399	281	118
			119814	**60756**	**59058**	**11376**	**7029**	**4347**
			38573	19458	19115	8104	4943	3161
			34277	17399	16878	967	596	371
			5309	2843	2466	815	539	276
			20813	10371	10442	471	319	152
			8678	4603	4075	417	256	161
			12164	6082	6082	602	376	226
			199270	**108074**	**91196**	**75928**	**49071**	**26857**
			100011	54188	45823	46748	28859	17889
			41879	21381	20498	9106	5763	3343
			7272	5037	2235	6996	5179	1817
			10550	5759	4791	2322	1552	770
			21761	11090	10671	4506	2713	1793
			9958	5002	4956	1288	986	302
			7839	5617	2222	4962	4019	943

7-1a 全省按现住地、户口登记地、

现住地	户口					
	合计			省内		
	合计	男	女	小计	男	女
全省	**1217443**	**640006**	**577437**	**912540**	**452305**	**460235**
西宁市	**904454**	**472299**	**432155**	**667039**	**327231**	**339808**
城东区	321448	167869	153579	243387	120533	122854
城中区	162121	85889	76232	120838	59996	60842
城西区	158507	81126	77381	118175	56946	61229
城北区	241799	126568	115231	167165	81069	86096
湟中区	18200	9263	8937	16711	8253	8458
大通回族土族自治县	2379	1584	795	763	434	329
湟源县						
海东市	**109791**	**54966**	**54825**	**99007**	**48003**	**51004**
乐都区	67384	33759	33625	61672	30000	31672
平安区	42407	21207	21200	37335	18003	19332
民和回族土族自治县						
互助土族自治县						
化隆回族自治县						
循化撒拉族自治县						
海北藏族自治州						
门源回族自治县						
祁连县						
海晏县						
刚察县						
黄南藏族自治州						
同仁县						
尖扎县						
泽库县						
河南蒙古族自治县						
海南藏族自治州						
共和县						
同德县						
贵德县						
兴海县						
贵南县						
果洛藏族自治州						
玛沁县						
班玛县						
甘德县						
达日县						
久治县						
玛多县						
玉树藏族自治州	**45431**	**23469**	**21962**	**38971**	**19535**	**19436**
玉树市	42619	22096	20523	36265	18225	18040
杂多县						
称多县						
治多县						
囊谦县						
曲麻莱县	2812	1373	1439	2706	1310	1396
海西蒙古族藏族自治州	**157767**	**89272**	**68495**	**107523**	**57536**	**49987**
格尔木市	104317	58697	45620	67683	36249	31434
德令哈市	41458	22035	19423	33920	17258	16662
茫崖市	11992	8540	3452	5920	4029	1891
乌兰县						
都兰县						
天峻县						
大柴旦行政委员会						

性别分的户口登记地在外乡镇街道的人口(城市)

单位：人

登记地								
市辖区内人户分离			省内流动人口			省外		
小计	男	女	小计	男	女	小计	男	女
436061	**210079**	**225982**	**476479**	**242226**	**234253**	**304903**	**187701**	**117202**
359942	**173148**	**186794**	**307097**	**154083**	**153014**	**237415**	**145068**	**92347**
120624	58468	62156	122763	62065	60698	78061	47336	30725
67911	32981	34930	52927	27015	25912	41283	25893	15390
70253	33441	36812	47922	23505	24417	40332	24180	16152
86913	41485	45428	80252	39584	40668	74634	45499	29135
14241	6773	7468	2470	1480	990	1489	1010	479
			763	434	329	1616	1150	466
76119	**36931**	**39188**	**22888**	**11072**	**11816**	**10784**	**6963**	**3821**
53609	26120	27489	8063	3880	4183	5712	3759	1953
22510	10811	11699	14825	7192	7633	5072	3204	1868
			38971	**19535**	**19436**	**6460**	**3934**	**2526**
			36265	18225	18040	6354	3871	2483
			2706	1310	1396	106	63	43
			107523	**57536**	**49987**	**50244**	**31736**	**18508**
			67683	36249	31434	36634	22448	14186
			33920	17258	16662	7538	4777	2761
			5920	4029	1891	6072	4511	1561

7-1b 全省按现住地、户口登记地、

现住地	户口					
	合计			省内		
	合计	男	女	小计	男	女
全省	**674036**	**349966**	**324070**	**602654**	**303834**	**298820**
西宁市	**113762**	**58751**	**55011**	**101187**	**50094**	**51093**
城东区						
城中区	1815	1537	278	531	404	127
城西区	140	91	49	49	31	18
城北区						
湟中区	21961	12345	9616	18370	9682	8688
大通回族土族自治县	59607	29883	29724	53818	26266	27552
湟源县	30239	14895	15344	28419	13711	14708
海东市	**135980**	**68405**	**67575**	**124166**	**61003**	**63163**
乐都区	2339	1310	1029	1943	1026	917
平安区	1372	955	417	1074	710	364
民和回族土族自治县	54571	26958	27613	50394	24536	25858
互助土族自治县	50645	25553	25092	46958	23161	23797
化隆回族自治县	11182	5440	5742	10063	4754	5309
循化撒拉族自治县	15871	8189	7682	13734	6816	6918
海北藏族自治州	**67651**	**33972**	**33679**	**62943**	**30949**	**31994**
门源回族自治县	29029	14108	14921	27735	13319	14416
祁连县	11550	5876	5674	10095	4936	5159
海晏县	20080	10025	10055	19040	9389	9651
刚察县	6992	3963	3029	6073	3305	2768
黄南藏族自治州	**54410**	**28333**	**26077**	**47518**	**23987**	**23531**
同仁县	22927	12267	10660	19669	10210	9459
尖扎县	13292	6732	6560	11812	5796	6016
泽库县	8254	4239	4015	7630	3831	3799
河南蒙古族自治县	9937	5095	4842	8407	4150	4257
海南藏族自治州	**99241**	**50352**	**48889**	**91221**	**45323**	**45898**
共和县	36143	18673	17470	32540	16316	16224
同德县	8399	4297	4102	7549	3766	3783
贵德县	24085	11935	12150	22414	10929	11485
兴海县	21693	10898	10795	20726	10325	10401
贵南县	8921	4549	4372	7992	3987	4005
果洛藏族自治州	**47396**	**26118**	**21278**	**39659**	**20974**	**18685**
玛沁县	22553	12653	9900	19121	10263	8858
班玛县	6449	3594	2855	5440	2923	2517
甘德县	1342	845	497	878	538	340
达日县	10525	5421	5104	9162	4560	4602
久治县	2676	1526	1150	1518	829	689
玛多县	3851	2079	1772	3540	1861	1679
玉树藏族自治州	**70323**	**36089**	**34234**	**67784**	**34459**	**33325**
玉树市	602	299	303	413	176	237
杂多县	27461	14041	13420	26820	13650	13170
称多县	4979	2770	2209	4308	2328	1980
治多县	21076	10566	10510	20621	10256	10365
囊谦县	7555	4034	3521	7256	3847	3409
曲麻莱县	8650	4379	4271	8366	4202	4164
海西蒙古族藏族自治州	**85273**	**47946**	**37327**	**68176**	**37045**	**31131**
格尔木市	31216	17500	13716	24073	13221	10852
德令哈市	878	540	338	609	352	257
茫崖市	2276	1676	600	1352	1008	344
乌兰县	11088	6343	4745	9225	5097	4128
都兰县	22173	11507	10666	18580	9404	9176
天峻县	10181	5203	4978	9291	4577	4714
大柴旦行政委员会	7461	5177	2284	5046	3386	1660

性别分的户口登记地在外乡镇街道的人口(镇)

单位：人

登记地	市辖区内人户分离			省内流动人口			省外		
	小计	男	女	小计	男	女	小计	男	女
	17015	**8728**	**8287**	**585639**	**295106**	**290533**	**71382**	**46132**	**25250**
	15189	**7723**	**7466**	**85998**	**42371**	**43627**	**12575**	**8657**	**3918**
	124	93	31	407	311	96	1284	1133	151
	18	12	6	31	19	12	91	60	31
	15047	7618	7429	3323	2064	1259	3591	2663	928
				53818	26266	27552	5789	3617	2172
				28419	13711	14708	1820	1184	636
	1826	**1005**	**821**	**122340**	**59998**	**62342**	**11814**	**7402**	**4412**
	1617	854	763	326	172	154	396	284	112
	209	151	58	865	559	306	298	245	53
				50394	24536	25858	4177	2422	1755
				46958	23161	23797	3687	2392	1295
				10063	4754	5309	1119	686	433
				13734	6816	6918	2137	1373	764
				62943	**30949**	**31994**	**4708**	**3023**	**1685**
				27735	13319	14416	1294	789	505
				10095	4936	5159	1455	940	515
				19040	9389	9651	1040	636	404
				6073	3305	2768	919	658	261
				47518	**23987**	**23531**	**6892**	**4346**	**2546**
				19669	10210	9459	3258	2057	1201
				11812	5796	6016	1480	936	544
				7630	3831	3799	624	408	216
				8407	4150	4257	1530	945	585
				91221	**45323**	**45898**	**8020**	**5029**	**2991**
				32540	16316	16224	3603	2357	1246
				7549	3766	3783	850	531	319
				22414	10929	11485	1671	1006	665
				20726	10325	10401	967	573	394
				7992	3987	4005	929	562	367
				39659	**20974**	**18685**	**7737**	**5144**	**2593**
				19121	10263	8858	3432	2390	1042
				5440	2923	2517	1009	671	338
				878	538	340	464	307	157
				9162	4560	4602	1363	861	502
				1518	829	689	1158	697	461
				3540	1861	1679	311	218	93
				67784	**34459**	**33325**	**2539**	**1630**	**909**
				413	176	237	189	123	66
				26820	13650	13170	641	391	250
				4308	2328	1980	671	442	229
				20621	10256	10365	455	310	145
				7256	3847	3409	299	187	112
				8366	4202	4164	284	177	107
				68176	**37045**	**31131**	**17097**	**10901**	**6196**
				24073	13221	10852	7143	4279	2864
				609	352	257	269	188	81
				1352	1008	344	924	668	256
				9225	5097	4128	1863	1246	617
				18580	9404	9176	3593	2103	1490
				9291	4577	4714	890	626	264
				5046	3386	1660	2415	1791	624

7-1c 全省按现住地、户口登记地、

现住地	户口					
	合计			省内		
	合计	男	女	小计	男	女
全省	**179181**	**102459**	**76722**	**138162**	**74036**	**64126**
西宁市	**33132**	**18212**	**14920**	**23766**	**11644**	**12122**
城东区						
城中区	81	49	32	55	34	21
城西区						
城北区	1750	1153	597	686	420	266
湟中区	19099	10239	8860	13814	6523	7291
大通回族土族自治县	7035	3909	3126	5106	2520	2586
湟源县	5167	2862	2305	4105	2147	1958
海东市	**49754**	**27665**	**22089**	**38982**	**20512**	**18470**
乐都区	8861	5137	3724	6140	3259	2881
平安区	4497	2470	2027	3503	1797	1706
民和回族土族自治县	7726	3885	3841	5815	2857	2958
互助土族自治县	9035	5549	3486	6401	3656	2745
化隆回族自治县	15691	8446	7245	14065	7377	6688
循化撒拉族自治县	3944	2178	1766	3058	1566	1492
海北藏族自治州	**10664**	**6577**	**4087**	**8097**	**4566**	**3531**
门源回族自治县	4175	2584	1591	3065	1695	1370
祁连县	3664	2309	1355	2667	1509	1158
海晏县	1105	735	370	866	567	299
刚察县	1720	949	771	1499	795	704
黄南藏族自治州	**9134**	**5290**	**3844**	**7104**	**3873**	**3231**
同仁县	3532	2059	1473	2690	1471	1219
尖扎县	3469	1967	1502	2927	1550	1377
泽库县	1071	607	464	881	492	389
河南蒙古族自治县	1062	657	405	606	360	246
海南藏族自治州	**16709**	**9386**	**7323**	**14467**	**7838**	**6629**
共和县	4307	2495	1812	3518	1909	1609
同德县	3552	1952	1600	3209	1721	1488
贵德县	4353	2313	2040	3811	1964	1847
兴海县	2052	1168	884	1826	1020	806
贵南县	2445	1458	987	2103	1224	879
果洛藏族自治州	**12194**	**7175**	**5019**	**9116**	**5348**	**3768**
玛沁县	2157	1371	786	1694	1046	648
班玛县	1599	835	764	1186	573	613
甘德县	3163	1845	1318	2692	1561	1131
达日县	2404	1447	957	1712	1045	667
久治县	2460	1448	1012	1509	957	552
玛多县	411	229	182	323	166	157
玉树藏族自治州	**15436**	**8227**	**7209**	**13059**	**6762**	**6297**
玉树市	3456	2006	1450	1895	1057	838
杂多县	7783	3954	3829	7457	3749	3708
称多县	1145	612	533	1001	515	486
治多县	208	124	84	192	115	77
囊谦县	1540	825	715	1422	756	666
曲麻莱县	1304	706	598	1092	570	522
海西蒙古族藏族自治州	**32158**	**19927**	**12231**	**23571**	**13493**	**10078**
格尔木市	11226	6850	4376	8255	4718	3537
德令哈市	8649	4569	4080	7350	3771	3579
茫崖市						
乌兰县	1784	968	816	1325	662	663
都兰县	4094	2296	1798	3181	1686	1495
天峻县	1065	785	280	667	425	242
大柴旦行政委员会	5340	4459	881	2793	2231	562

性别分的户口登记地在外乡镇街道的人口(乡村)

单位：人

登记地	市辖区内人户分离			省内流动人口			省外		
	小计	男	女	小计	男	女	小计	男	女
	11549	**5649**	**5900**	**126613**	**68387**	**58226**	**41019**	**28423**	**12596**
	7316	**3465**	**3851**	**16450**	**8179**	**8271**	**9366**	**6568**	**2798**
	30	21	9	25	13	12	26	15	11
	247	133	114	439	287	152	1064	733	331
	7039	3311	3728	6775	3212	3563	5285	3716	1569
				5106	2520	2586	1929	1389	540
				4105	2147	1958	1062	715	347
	4233	**2184**	**2049**	**34749**	**18328**	**16421**	**10772**	**7153**	**3619**
	3127	1623	1504	3013	1636	1377	2721	1878	843
	1106	561	545	2397	1236	1161	994	673	321
				5815	2857	2958	1911	1028	883
				6401	3656	2745	2634	1893	741
				14065	7377	6688	1626	1069	557
				3058	1566	1492	886	612	274
				8097	**4566**	**3531**	**2567**	**2011**	**556**
				3065	1695	1370	1110	889	221
				2667	1509	1158	997	800	197
				866	567	299	239	168	71
				1499	795	704	221	154	67
				7104	**3873**	**3231**	**2030**	**1417**	**613**
				2690	1471	1219	842	588	254
				2927	1550	1377	542	417	125
				881	492	389	190	115	75
				606	360	246	456	297	159
				14467	**7838**	**6629**	**2242**	**1548**	**694**
				3518	1909	1609	789	586	203
				3209	1721	1488	343	231	112
				3811	1964	1847	542	349	193
				1826	1020	806	226	148	78
				2103	1224	879	342	234	108
				9116	**5348**	**3768**	**3078**	**1827**	**1251**
				1694	1046	648	463	325	138
				1186	573	613	413	262	151
				2692	1561	1131	471	284	187
				1712	1045	667	692	402	290
				1509	957	552	951	491	460
				323	166	157	88	63	25
				13059	**6762**	**6297**	**2377**	**1465**	**912**
				1895	1057	838	1561	949	612
				7457	3749	3708	326	205	121
				1001	515	486	144	97	47
				192	115	77	16	9	7
				1422	756	666	118	69	49
				1092	570	522	212	136	76
				23571	**13493**	**10078**	**8587**	**6434**	**2153**
				8255	4718	3537	2971	2132	839
				7350	3771	3579	1299	798	501
				1325	662	663	459	306	153
				3181	1686	1495	913	610	303
				667	425	242	398	360	38
				2793	2231	562	2547	2228	319

7-2 全省按户口登记地、年龄、性别分的

年龄	户口					
	合计			省内		
	合计	男	女	小计	男	女
总计	**2070660**	**1092431**	**978229**	**1653356**	**830175**	**823181**
0-4岁	**105002**	**54038**	**50964**	**88709**	**45514**	**43195**
0	12989	6704	6285	11412	5900	5512
1	20460	10543	9917	17376	8926	8450
2	21939	11288	10651	18406	9434	8972
3	24238	12394	11844	20169	10255	9914
4	25376	13109	12267	21346	10999	10347
5-9岁	**121474**	**62866**	**58608**	**103635**	**53240**	**50395**
5	23099	11921	11178	19607	10066	9541
6	25426	13087	12339	21752	11121	10631
7	24140	12416	11724	20683	10579	10104
8	25311	13095	12216	21609	11073	10536
9	23498	12347	11151	19984	10401	9583
10-14岁	**110125**	**56892**	**53233**	**97504**	**50031**	**47473**
10	23976	12467	11509	20740	10688	10052
11	22839	11821	11018	19864	10232	9632
12	21590	11137	10453	19047	9745	9302
13	20753	10750	10003	18773	9718	9055
14	20967	10717	10250	19080	9648	9432
15-19岁	**161855**	**81760**	**80095**	**147611**	**73144**	**74467**
15	25331	12735	12596	23556	11691	11865
16	35307	17867	17440	33350	16700	16650
17	37644	19033	18611	35360	17618	17742
18	33436	16878	16558	30092	14860	15232
19	30137	15247	14890	25253	12275	12978
20-24岁	**161327**	**82761**	**78566**	**125414**	**60206**	**65208**
20	31646	15893	15753	25534	12226	13308
21	29788	15247	14541	23165	11183	11982
22	32331	16606	15725	25081	11875	13206
23	32391	16838	15553	24978	12117	12861
24	35171	18177	16994	26656	12805	13851
25-29岁	**204823**	**106411**	**98412**	**154652**	**75072**	**79580**
25	39325	20427	18898	29836	14494	15342
26	38599	19736	18863	29152	13946	15206
27	41134	21387	19747	30970	15041	15929
28	43048	22493	20555	32780	15988	16792
29	42717	22368	20349	31914	15603	16311

户口登记地在外乡镇街道的人口

单位：人

登记地					
其中市辖区内人户分离			省外		
小计	男	女	小计	男	女
464625	**224456**	**240169**	**417304**	**262256**	**155048**
24549	**12504**	**12045**	**16293**	**8524**	**7769**
3465	1787	1678	1577	804	773
4932	2538	2394	3084	1617	1467
4969	2516	2453	3533	1854	1679
5534	2784	2750	4069	2139	1930
5649	2879	2770	4030	2110	1920
23136	**11924**	**11212**	**17839**	**9626**	**8213**
4389	2268	2121	3492	1855	1637
5242	2735	2507	3674	1966	1708
4340	2192	2148	3457	1837	1620
4772	2427	2345	3702	2022	1680
4393	2302	2091	3514	1946	1568
22392	**11583**	**10809**	**12621**	**6861**	**5760**
4662	2426	2236	3236	1779	1457
4492	2329	2163	2975	1589	1386
4500	2352	2148	2543	1392	1151
4404	2264	2140	1980	1032	948
4334	2212	2122	1887	1069	818
32670	**16517**	**16153**	**14244**	**8616**	**5628**
5509	2784	2725	1775	1044	731
8178	4086	4092	1957	1167	790
8240	4228	4012	2284	1415	869
6255	3214	3041	3344	2018	1326
4488	2205	2283	4884	2972	1912
23839	**11091**	**12748**	**35913**	**22555**	**13358**
4504	2142	2362	6112	3667	2445
4170	1960	2210	6623	4064	2559
4711	2132	2579	7250	4731	2519
4954	2358	2596	7413	4721	2692
5500	2499	3001	8515	5372	3143
36027	**16414**	**19613**	**50171**	**31339**	**18832**
6205	2887	3318	9489	5933	3556
6387	2903	3484	9447	5790	3657
7262	3287	3975	10164	6346	3818
8066	3657	4409	10268	6505	3763
8107	3680	4427	10803	6765	4038

7-2 续表 1

年龄	户口					
	合计			省内		
	合计	男	女	小计	男	女
30-34岁	**217124**	**116889**	**100235**	**157566**	**78785**	**78781**
30	50084	26692	23392	36605	18149	18456
31	46405	24726	21679	33750	16801	16949
32	41288	22256	19032	29921	14967	14954
33	43007	23338	19669	30972	15553	15419
34	36340	19877	16463	26318	13315	13003
35-39岁	**154026**	**84242**	**69784**	**114125**	**57564**	**56561**
35	30974	16915	14059	22436	11283	11153
36	29773	16261	13512	21506	10762	10744
37	28838	15764	13074	21253	10715	10538
38	33655	18454	15201	25346	12833	12513
39	30786	16848	13938	23584	11971	11613
40-44岁	**155985**	**85395**	**70590**	**120815**	**62094**	**58721**
40	30455	16518	13937	23893	12149	11744
41	31486	17284	14202	24512	12569	11943
42	31087	17116	13971	24014	12422	11592
43	29813	16264	13549	22992	11829	11163
44	33144	18213	14931	25404	13125	12279
45-49岁	**180612**	**99644**	**80968**	**134239**	**69311**	**64928**
45	32974	18056	14918	24756	12781	11975
46	35686	19874	15812	26656	13882	12774
47	37091	20400	16691	27648	14214	13434
48	37422	20819	16603	27447	14276	13171
49	37439	20495	16944	27732	14158	13574
50-54岁	**177092**	**96602**	**80490**	**133297**	**67906**	**65391**
50	39152	21349	17803	28806	14632	14174
51	36403	19951	16452	27337	13965	13372
52	37652	20379	17273	28399	14392	14007
53	31268	17030	14238	23886	12177	11709
54	32617	17893	14724	24869	12740	12129
55-59岁	**125115**	**67246**	**57869**	**100274**	**51178**	**49096**
55	31159	16898	14261	24549	12511	12038
56	30290	16285	14005	24356	12453	11903
57	30059	16130	13929	23942	12178	11764
58	23281	12490	10791	18985	9769	9216
59	10326	5443	4883	8442	4267	4175
60-64岁	**61524**	**32851**	**28673**	**52172**	**27150**	**25022**
60	11710	6398	5312	9662	5138	4524
61	10732	5756	4976	9096	4740	4356
62	13182	7163	6019	11198	5940	5258
63	13349	7013	6336	11389	5842	5547
64	12551	6521	6030	10827	5490	5337

单位：人

登记地					
其中市辖区内人户分离			省外		
小计	男	女	小计	男	女
43545	**20195**	**23350**	**59558**	**38104**	**21454**
9735	4552	5183	13479	8543	4936
9298	4259	5039	12655	7925	4730
8282	3788	4494	11367	7289	4078
8783	4050	4733	12035	7785	4250
7447	3546	3901	10022	6562	3460
31842	**14727**	**17115**	**39901**	**26678**	**13223**
6168	2898	3270	8538	5632	2906
5835	2655	3180	8267	5499	2768
5901	2746	3155	7585	5049	2536
7346	3397	3949	8309	5621	2688
6592	3031	3561	7202	4877	2325
36047	**17027**	**19020**	**35170**	**23301**	**11869**
6711	3115	3596	6562	4369	2193
7299	3449	3850	6974	4715	2259
7253	3452	3801	7073	4694	2379
7083	3312	3771	6821	4435	2386
7701	3699	4002	7740	5088	2652
44278	**21408**	**22870**	**46373**	**30333**	**16040**
7789	3766	4023	8218	5275	2943
8502	4162	4340	9030	5992	3038
9143	4415	4728	9443	6186	3257
9276	4494	4782	9975	6543	3432
9568	4571	4997	9707	6337	3370
46321	**22454**	**23867**	**43795**	**28696**	**15099**
9919	4839	5080	10346	6717	3629
9462	4547	4915	9066	5986	3080
10104	4873	5231	9253	5987	3266
8189	3950	4239	7382	4853	2529
8647	4245	4402	7748	5153	2595
36513	**17957**	**18556**	**24841**	**16068**	**8773**
8866	4329	4537	6610	4387	2223
8839	4391	4448	5934	3832	2102
9209	4467	4742	6117	3952	2165
6791	3383	3408	4296	2721	1575
2808	1387	1421	1884	1176	708
19664	**10051**	**9613**	**9352**	**5701**	**3651**
3607	1886	1721	2048	1260	788
3460	1758	1702	1636	1016	620
4332	2264	2068	1984	1223	761
4336	2181	2155	1960	1171	789
3929	1962	1967	1724	1031	693

7–2 续表 2

年龄	户口					
	合计			省内		
	合计	男	女	小计	男	女
65–69岁	**51687**	**26381**	**25306**	**45714**	**22988**	**22726**
65	12428	6480	5948	10806	5533	5273
66	11299	5833	5466	9920	5039	4881
67	10051	5158	4893	8905	4513	4392
68	9839	4972	4867	8791	4382	4409
69	8070	3938	4132	7292	3521	3771
70–74岁	**33965**	**16220**	**17745**	**31478**	**14946**	**16532**
70	8183	4121	4062	7477	3751	3726
71	7689	3798	3891	7127	3501	3626
72	6233	2983	3250	5794	2763	3031
73	6017	2718	3299	5595	2504	3091
74	5843	2600	3243	5485	2427	3058
75–79岁	**24724**	**10914**	**13810**	**23238**	**10272**	**12966**
75	5479	2337	3142	5135	2182	2953
76	5364	2406	2958	5037	2252	2785
77	4831	2088	2743	4537	1975	2562
78	4812	2176	2636	4538	2057	2481
79	4238	1907	2331	3991	1806	2185
80–84岁	**15319**	**7149**	**8170**	**14513**	**6817**	**7696**
80	3975	1882	2093	3746	1787	1959
81	3051	1374	1677	2899	1318	1581
82	3142	1480	1662	2978	1401	1577
83	2793	1353	1440	2657	1302	1355
84	2358	1060	1298	2233	1009	1224
85–89岁	**6581**	**3060**	**3521**	**6234**	**2909**	**3325**
85	1827	837	990	1727	792	935
86	1569	702	867	1487	667	820
87	1364	631	733	1307	609	698
88	1017	488	529	954	459	495
89	804	402	402	759	382	377
90–94岁	**1759**	**853**	**906**	**1659**	**807**	**852**
90	639	314	325	601	295	306
91	364	174	190	340	163	177
92	344	163	181	328	155	173
93	255	122	133	238	116	122
94	157	80	77	152	78	74
95–99岁	**459**	**217**	**242**	**432**	**204**	**228**
95	131	64	67	124	61	63
96	103	57	46	100	54	46
97	83	36	47	78	35	43
98	71	35	36	65	32	33
99	71	25	46	65	22	43
100岁及以上	**82**	**40**	**42**	**75**	**37**	**38**

单位：人

其中市辖区内人户分离			省外		
小计	男	女	小计	男	女
16060	**8059**	**8001**	**5973**	**3393**	**2580**
3799	1957	1842	1622	947	675
3544	1792	1752	1379	794	585
3201	1607	1594	1146	645	501
2987	1500	1487	1048	590	458
2529	1203	1326	778	417	361
10462	**4837**	**5625**	**2487**	**1274**	**1213**
2559	1285	1274	706	370	336
2298	1088	1210	562	297	265
1854	853	1001	439	220	219
1892	811	1081	422	214	208
1859	800	1059	358	173	185
8426	**3535**	**4891**	**1486**	**642**	**844**
1741	695	1046	344	155	189
1795	761	1034	327	154	173
1613	671	942	294	113	181
1736	739	997	274	119	155
1541	669	872	247	101	146
5791	**2714**	**3077**	**806**	**332**	**474**
1476	686	790	229	95	134
1196	554	642	152	56	96
1196	563	633	164	79	85
1048	519	529	136	51	85
875	392	483	125	51	74
2385	**1128**	**1257**	**347**	**151**	**196**
692	328	364	100	45	55
594	278	316	82	35	47
474	226	248	57	22	35
343	148	195	63	29	34
282	148	134	45	20	25
556	**271**	**285**	**100**	**46**	**54**
196	95	101	38	19	19
120	62	58	24	11	13
123	57	66	16	8	8
78	38	40	17	6	11
39	19	20	5	2	3
108	**56**	**52**	**27**	**13**	**14**
37	17	20	7	3	4
28	20	8	3	3	
17	6	11	5	1	4
17	8	9	6	3	3
9	5	4	6	3	3
14	**4**	**10**	**7**	**3**	**4**

7-2a 全省按户口登记地、年龄、性别分的

年龄	户口					
	合计			省内		
	合计	男	女	小计	男	女
总计	**1217443**	**640006**	**577437**	**912540**	**452305**	**460235**
0-4岁	**57916**	**29914**	**28002**	**45421**	**23335**	**22086**
0	7447	3899	3548	6203	3255	2948
1	11452	5939	5513	9081	4681	4400
2	12017	6161	5856	9365	4774	4591
3	13432	6914	6518	10290	5244	5046
4	13568	7001	6567	10482	5381	5101
5-9岁	**58581**	**30687**	**27894**	**45077**	**23290**	**21787**
5	11249	5874	5375	8628	4472	4156
6	12695	6670	6025	9881	5162	4719
7	11330	5908	5422	8736	4511	4225
8	12108	6269	5839	9302	4699	4603
9	11199	5966	5233	8530	4446	4084
10-14岁	**52089**	**27178**	**24911**	**42871**	**22085**	**20786**
10	11229	5912	5317	8831	4586	4245
11	10765	5626	5139	8560	4429	4131
12	10436	5490	4946	8566	4446	4120
13	9884	5082	4802	8460	4328	4132
14	9775	5068	4707	8454	4296	4158
15-19岁	**76375**	**39798**	**36577**	**65714**	**33371**	**32343**
15	11088	5765	5323	9828	5014	4814
16	14794	7809	6985	13446	6977	6469
17	15980	8446	7534	14369	7430	6939
18	16198	8521	7677	13666	7009	6657
19	18315	9257	9058	14405	6941	7464
20-24岁	**105631**	**53734**	**51897**	**77480**	**36470**	**41010**
20	21836	10791	11045	16770	7831	8939
21	20672	10480	10192	15271	7247	8024
22	21178	10764	10414	15514	7124	8390
23	20352	10604	9748	14734	7105	7629
24	21593	11095	10498	15191	7163	8028
25-29岁	**126782**	**65876**	**60906**	**88981**	**42765**	**46216**
25	24109	12565	11544	16923	8172	8751
26	23744	12135	11609	16615	7857	8758
27	25598	13189	12409	17911	8519	9392
28	26820	14059	12761	19098	9252	9846
29	26511	13928	12583	18434	8965	9469

户口登记地在外乡镇街道的人口(城市)

单位：人

登记地					
其中市辖区内人户分离			省外		
小计	男	女	小计	男	女
436061	**210079**	**225982**	**304903**	**187701**	**117202**
23020	**11752**	**11268**	**12495**	**6579**	**5916**
3247	1682	1565	1244	644	600
4617	2382	2235	2371	1258	1113
4631	2349	2282	2652	1387	1265
5201	2621	2580	3142	1670	1472
5324	2718	2606	3086	1620	1466
21494	**11065**	**10429**	**13504**	**7397**	**6107**
4116	2122	1994	2621	1402	1219
4883	2547	2336	2814	1508	1306
4021	2030	1991	2594	1397	1197
4383	2218	2165	2806	1570	1236
4091	2148	1943	2669	1520	1149
20865	**10801**	**10064**	**9218**	**5093**	**4125**
4318	2244	2074	2398	1326	1072
4200	2204	1996	2205	1197	1008
4189	2190	1999	1870	1044	826
4120	2097	2023	1424	754	670
4038	2066	1972	1321	772	549
28084	**14281**	**13803**	**10661**	**6427**	**4234**
4887	2472	2415	1260	751	509
6897	3456	3441	1348	832	516
6900	3542	3358	1611	1016	595
5370	2804	2566	2532	1512	1020
4030	2007	2023	3910	2316	1594
22434	**10515**	**11919**	**28151**	**17264**	**10887**
4248	2037	2211	5066	2960	2106
3962	1868	2094	5401	3233	2168
4441	2019	2422	5664	3640	2024
4639	2226	2413	5618	3499	2119
5144	2365	2779	6402	3932	2470
33898	**15473**	**18425**	**37801**	**23111**	**14690**
5789	2712	3077	7186	4393	2793
6012	2737	3275	7129	4278	2851
6828	3107	3721	7687	4670	3017
7626	3451	4175	7722	4807	2915
7643	3466	4177	8077	4963	3114

7-2a 续表 1

年龄	户口					
	合计			省内		
	合计	男	女	小计	男	女
30-34岁	**134713**	**72656**	**62057**	**90696**	**44975**	**45721**
30	31414	16839	14575	21362	10548	10814
31	28959	15375	13584	19650	9649	10001
32	25681	13831	11850	17174	8493	8681
33	26594	14429	12165	17718	8786	8932
34	22065	12182	9883	14792	7499	7293
35-39岁	**89548**	**49184**	**40364**	**60919**	**30188**	**30731**
35	18374	10154	8220	12214	6133	6081
36	17525	9606	7919	11562	5674	5888
37	16817	9233	7584	11346	5617	5729
38	19434	10653	8781	13494	6645	6849
39	17398	9538	7860	12303	6119	6184
40-44岁	**90034**	**48859**	**41175**	**65396**	**32666**	**32730**
40	17186	9336	7850	12546	6262	6284
41	17966	9843	8123	13075	6545	6530
42	18220	9936	8284	13202	6640	6562
43	17332	9288	8044	12643	6290	6353
44	19330	10456	8874	13930	6929	7001
45-49岁	**109463**	**59121**	**50342**	**77683**	**38803**	**38880**
45	19523	10526	8997	13820	6943	6877
46	21440	11744	9696	15183	7639	7544
47	22332	12041	10291	15956	7951	8005
48	22956	12438	10518	16160	8113	8047
49	23212	12372	10840	16564	8157	8407
50-54岁	**112161**	**59579**	**52582**	**81912**	**40546**	**41366**
50	24442	13022	11420	17347	8551	8796
51	22919	12189	10730	16678	8258	8420
52	23984	12605	11379	17609	8658	8951
53	19869	10553	9316	14744	7325	7419
54	20947	11210	9737	15534	7754	7780
55-59岁	**81717**	**43118**	**38599**	**63801**	**32103**	**31698**
55	20313	10728	9585	15649	7794	7855
56	19761	10453	9308	15524	7851	7673
57	19968	10532	9436	15518	7792	7726
58	15089	7961	7128	11922	6055	5867
59	6586	3444	3142	5188	2611	2577
60-64岁	**40087**	**21157**	**18930**	**32865**	**16958**	**15907**
60	7735	4176	3559	6187	3263	2924
61	7078	3728	3350	5828	2991	2837
62	8723	4725	3998	7175	3805	3370
63	8598	4447	4151	7069	3577	3492
64	7953	4081	3872	6606	3322	3284

单位：人

其中市辖区内人户分离			省外		
小计	男	女	小计	男	女
41198	**19085**	**22113**	**44017**	**27681**	**16336**
9213	4291	4922	10052	6291	3761
8777	4028	4749	9309	5726	3583
7862	3602	4260	8507	5338	3169
8315	3817	4498	8876	5643	3233
7031	3347	3684	7273	4683	2590
30133	**13875**	**16258**	**28629**	**18996**	**9633**
5838	2742	3096	6160	4021	2139
5548	2505	3043	5963	3932	2031
5615	2591	3024	5471	3616	1855
6917	3188	3729	5940	4008	1932
6215	2849	3366	5095	3419	1676
34025	**15990**	**18035**	**24638**	**16193**	**8445**
6329	2930	3399	4640	3074	1566
6872	3224	3648	4891	3298	1593
6872	3255	3617	5018	3296	1722
6669	3108	3561	4689	2998	1691
7283	3473	3810	5400	3527	1873
41964	**20190**	**21774**	**31780**	**20318**	**11462**
7352	3545	3807	5703	3583	2120
8027	3909	4118	6257	4105	2152
8651	4159	4492	6376	4090	2286
8817	4243	4574	6796	4325	2471
9117	4334	4783	6648	4215	2433
44123	**21320**	**22803**	**30249**	**19033**	**11216**
9439	4581	4858	7095	4471	2624
9013	4332	4681	6241	3931	2310
9619	4627	4992	6375	3947	2428
7825	3754	4071	5125	3228	1897
8227	4026	4201	5413	3456	1957
34936	**17117**	**17819**	**17916**	**11015**	**6901**
8456	4108	4348	4664	2934	1730
8460	4192	4268	4237	2602	1635
8821	4266	4555	4450	2740	1710
6495	3219	3276	3167	1906	1261
2704	1332	1372	1398	833	565
18745	**9517**	**9228**	**7222**	**4199**	**3023**
3479	1806	1673	1548	913	635
3304	1671	1633	1250	737	513
4147	2154	1993	1548	920	628
4105	2050	2055	1529	870	659
3710	1836	1874	1347	759	588

7-2a 续表 2

年 龄	户口					
	合 计			省 内		
	合计	男	女	小计	男	女
65-69岁	**31507**	**15970**	**15537**	**26813**	**13370**	**13443**
65	7690	3982	3708	6416	3258	3158
66	7014	3599	3415	5941	3004	2937
67	6207	3156	3051	5281	2642	2639
68	5808	2949	2859	4990	2490	2500
69	4788	2284	2504	4185	1976	2209
70-74岁	**19906**	**9257**	**10649**	**17996**	**8307**	**9689**
70	4868	2415	2453	4321	2139	2182
71	4422	2112	2310	3989	1892	2097
72	3564	1647	1917	3227	1489	1738
73	3559	1556	2003	3224	1391	1833
74	3493	1527	1966	3235	1396	1839
75-79岁	**15273**	**6459**	**8814**	**14189**	**5998**	**8191**
75	3274	1295	1979	3009	1173	1836
76	3324	1445	1879	3082	1333	1749
77	2982	1240	1742	2774	1164	1610
78	3049	1330	1719	2853	1251	1602
79	2644	1149	1495	2471	1077	1394
80-84岁	**10134**	**4798**	**5336**	**9533**	**4553**	**4980**
80	2620	1235	1385	2447	1162	1285
81	2053	936	1117	1932	896	1036
82	2036	987	1049	1915	926	989
83	1858	917	941	1760	880	880
84	1567	723	844	1479	689	790
85-89岁	**4161**	**1988**	**2173**	**3918**	**1890**	**2028**
85	1175	557	618	1106	528	578
86	999	459	540	938	434	504
87	844	410	434	805	397	408
88	629	298	331	589	280	309
89	514	264	250	480	251	229
90-94岁	**1067**	**527**	**540**	**996**	**495**	**501**
90	392	201	191	367	187	180
91	231	113	118	213	104	109
92	200	93	107	188	89	99
93	147	70	77	134	66	68
94	97	50	47	94	49	45
95-99岁	**258**	**127**	**131**	**241**	**118**	**123**
95	83	39	44	76	36	40
96	66	39	27	63	36	27
97	38	16	22	37	16	21
98	38	18	20	35	17	18
99	33	15	18	30	13	17
100岁及以上	**40**	**19**	**21**	**38**	**19**	**19**

单位：人

登记地					
其中市辖区内人户分离			省外		
小计	男	女	小计	男	女
14948	**7423**	**7525**	**4694**	**2600**	**2094**
3573	1822	1751	1274	724	550
3322	1662	1660	1073	595	478
2972	1475	1497	926	514	412
2732	1363	1369	818	459	359
2349	1101	1248	603	308	295
9753	**4427**	**5326**	**1910**	**950**	**960**
2384	1182	1202	547	276	271
2131	982	1149	433	220	213
1721	768	953	337	158	179
1761	751	1010	335	165	170
1756	744	1012	258	131	127
7959	**3276**	**4683**	**1084**	**461**	**623**
1611	620	991	265	122	143
1693	710	983	242	112	130
1534	624	910	208	76	132
1667	703	964	196	79	117
1454	619	835	173	72	101
5551	**2577**	**2974**	**601**	**245**	**356**
1406	646	760	173	73	100
1155	529	626	121	40	81
1148	539	609	121	61	60
1008	492	516	98	37	61
834	371	463	88	34	54
2287	**1084**	**1203**	**243**	**98**	**145**
665	313	352	69	29	40
570	269	301	61	25	36
450	216	234	39	13	26
333	144	189	40	18	22
269	142	127	34	13	21
528	**255**	**273**	**71**	**32**	**39**
187	90	97	25	14	11
116	58	58	18	9	9
118	53	65	12	4	8
71	36	35	13	4	9
36	18	18	3	1	2
102	**52**	**50**	**17**	**9**	**8**
36	16	20	7	3	4
28	20	8	3	3	
15	5	10	1		1
14	6	8	3	1	2
9	5	4	3	2	1
14	**4**	**10**	**2**		**2**

7-2b 全省按户口登记地、年龄、性别分的

年龄	户口					
	合计			省内		
	合计	男	女	小计	男	女
总计	**674036**	**349966**	**324070**	**602654**	**303834**	**298820**
0-4岁	**38695**	**19829**	**18866**	**35996**	**18467**	**17529**
0	4611	2362	2249	4371	2243	2128
1	7196	3647	3549	6698	3396	3302
2	7988	4121	3867	7375	3800	3575
3	8912	4503	4409	8246	4182	4064
4	9988	5196	4792	9306	4846	4460
5-9岁	**53530**	**27540**	**25990**	**50398**	**25907**	**24491**
5	10044	5165	4879	9399	4825	4574
6	10795	5451	5344	10172	5108	5064
7	10945	5580	5365	10344	5274	5070
8	11250	5862	5388	10596	5530	5066
9	10496	5482	5014	9887	5170	4717
10-14岁	**48825**	**24939**	**23886**	**46516**	**23724**	**22792**
10	10740	5543	5197	10168	5227	4941
11	10148	5215	4933	9595	4919	4676
12	9332	4682	4650	8904	4461	4443
13	9157	4767	4390	8773	4567	4206
14	9448	4732	4716	9076	4550	4526
15-19岁	**71470**	**35258**	**36212**	**69247**	**33889**	**35358**
15	11950	5846	6104	11594	5649	5945
16	17297	8551	8746	16907	8325	8582
17	18392	9080	9312	17989	8826	9163
18	14512	7035	7477	14011	6727	7284
19	9319	4746	4573	8746	4362	4384
20-24岁	**41844**	**21631**	**20213**	**37105**	**18445**	**18660**
20	7432	3848	3584	6825	3449	3376
21	6719	3502	3217	6015	3026	2989
22	8338	4323	4015	7338	3647	3691
23	9064	4672	4392	7960	3919	4041
24	10291	5286	5005	8967	4404	4563
25-29岁	**60454**	**30859**	**29595**	**52474**	**25680**	**26794**
25	11729	5955	5774	10230	4974	5256
26	11535	5828	5707	10024	4865	5159
27	11981	6215	5766	10390	5171	5219
28	12630	6418	6212	11017	5373	5644
29	12579	6443	6136	10813	5297	5516

户口登记地在外乡镇街道的人口(镇)

单位：人

登记地					
其中市辖区内人户分离			省外		
小计	男	女	小计	男	女
17015	**8728**	**8287**	**71382**	**46132**	**25250**
965	**488**	**477**	**2699**	**1362**	**1337**
155	75	80	240	119	121
183	85	98	498	251	247
186	99	87	613	321	292
222	114	108	666	321	345
219	115	104	682	350	332
1196	**631**	**565**	**3132**	**1633**	**1499**
187	100	87	645	340	305
266	146	120	623	343	280
242	119	123	601	306	295
279	149	130	654	332	322
222	117	105	609	312	297
1076	**565**	**511**	**2309**	**1215**	**1094**
243	133	110	572	316	256
204	92	112	553	296	257
222	118	104	428	221	207
193	117	76	384	200	184
214	105	109	372	182	190
2213	**1240**	**973**	**2223**	**1369**	**854**
303	164	139	356	197	159
564	314	250	390	226	164
614	371	243	403	254	149
483	258	225	501	308	193
249	133	116	573	384	189
680	**335**	**345**	**4739**	**3186**	**1553**
127	67	60	607	399	208
95	51	44	704	476	228
125	70	55	1000	676	324
154	82	72	1104	753	351
179	65	114	1324	882	442
1226	**593**	**633**	**7980**	**5179**	**2801**
211	96	115	1499	981	518
224	107	117	1511	963	548
244	119	125	1591	1044	547
267	128	139	1613	1045	568
280	143	137	1766	1146	620

7-2b 续表 1

年龄	合计			户口 省内		
	合计	男	女	小计	男	女
30-34岁	**64484**	**33640**	**30844**	**54403**	**27068**	**27335**
30	14393	7402	6991	12209	6003	6206
31	13487	7029	6458	11361	5689	5672
32	12305	6442	5863	10463	5225	5238
33	13052	6895	6157	10934	5468	5466
34	11247	5872	5375	9436	4683	4753
35-39岁	**50503**	**26671**	**23832**	**43253**	**21855**	**21398**
35	9874	5168	4706	8335	4150	4185
36	9536	5035	4501	8068	4056	4012
37	9391	4935	4456	8050	4058	3992
38	11158	5982	5176	9622	4950	4672
39	10544	5551	4993	9178	4641	4537
40-44岁	**51453**	**27660**	**23793**	**44905**	**23345**	**21560**
40	10337	5426	4911	9123	4635	4488
41	10562	5664	4898	9290	4805	4485
42	10109	5465	4644	8824	4610	4214
43	9759	5272	4487	8423	4409	4014
44	10686	5833	4853	9245	4886	4359
45-49岁	**54245**	**29778**	**24467**	**45272**	**23834**	**21438**
45	10281	5570	4711	8688	4533	4155
46	10892	6015	4877	9178	4879	4299
47	11383	6219	5164	9481	4953	4528
48	10928	6053	4875	9001	4758	4243
49	10761	5921	4840	8924	4711	4213
50-54岁	**49408**	**27067**	**22341**	**41147**	**21326**	**19821**
50	11018	5977	5041	9061	4674	4387
51	10127	5635	4492	8443	4419	4024
52	10319	5643	4676	8559	4442	4117
53	8849	4847	4002	7462	3866	3596
54	9095	4965	4130	7622	3925	3697
55-59岁	**34184**	**18216**	**15968**	**29790**	**15119**	**14671**
55	8505	4622	3883	7257	3711	3546
56	8345	4448	3897	7268	3695	3573
57	7873	4188	3685	6814	3456	3358
58	6470	3438	3032	5766	2950	2816
59	2991	1520	1471	2685	1307	1378
60-64岁	**16617**	**8740**	**7877**	**15357**	**7886**	**7471**
60	3117	1687	1430	2810	1474	1336
61	2860	1539	1321	2634	1384	1250
62	3433	1820	1613	3175	1655	1520
63	3646	1888	1758	3397	1719	1678
64	3561	1806	1755	3341	1654	1687

单位：人

登记地					
其中市辖区内人户分离			省　外		
小计	男	女	小计	男	女
1569	**773**	**796**	**10081**	**6572**	**3509**
335	178	157	2184	1399	785
359	162	197	2126	1340	786
285	133	152	1842	1217	625
320	163	157	2118	1427	691
270	137	133	1811	1189	622
1132	**569**	**563**	**7250**	**4816**	**2434**
221	111	110	1539	1018	521
194	103	91	1468	979	489
186	99	87	1341	877	464
275	135	140	1536	1032	504
256	121	135	1366	910	456
1325	**689**	**636**	**6548**	**4315**	**2233**
237	111	126	1214	791	423
298	166	132	1272	859	413
246	125	121	1285	855	430
271	134	137	1336	863	473
273	153	120	1441	947	494
1415	**727**	**688**	**8973**	**5944**	**3029**
274	136	138	1593	1037	556
291	144	147	1714	1136	578
316	163	153	1902	1266	636
264	147	117	1927	1295	632
270	137	133	1837	1210	627
1369	**685**	**684**	**8261**	**5741**	**2520**
279	148	131	1957	1303	654
278	129	149	1684	1216	468
300	154	146	1760	1201	559
239	121	118	1387	981	406
273	133	140	1473	1040	433
1020	**497**	**523**	**4394**	**3097**	**1297**
250	127	123	1248	911	337
246	117	129	1077	753	324
253	120	133	1059	732	327
204	102	102	704	488	216
67	31	36	306	213	93
513	**278**	**235**	**1260**	**854**	**406**
71	42	29	307	213	94
82	40	42	226	155	71
108	62	46	258	165	93
136	75	61	249	169	80
116	59	57	220	152	68

7-2b 续表 2

年 龄	户口					
	合 计			省 内		
	合计	男	女	小计	男	女
65-69岁	**15563**	**7686**	**7877**	**14785**	**7208**	**7577**
65	3698	1872	1826	3478	1729	1749
66	3302	1646	1656	3114	1528	1586
67	2938	1475	1463	2815	1406	1409
68	3110	1483	1627	2970	1406	1564
69	2515	1210	1305	2408	1139	1269
70-74岁	**10772**	**5114**	**5658**	**10424**	**4927**	**5497**
70	2548	1234	1314	2450	1178	1272
71	2514	1259	1255	2439	1211	1228
72	2071	991	1080	2012	958	1054
73	1868	849	1019	1816	821	995
74	1771	781	990	1707	759	948
75-79岁	**6855**	**3182**	**3673**	**6627**	**3079**	**3548**
75	1655	786	869	1606	763	843
76	1529	704	825	1479	681	798
77	1351	612	739	1304	589	715
78	1245	575	670	1201	554	647
79	1075	505	570	1037	492	545
80-84岁	**3342**	**1424**	**1918**	**3229**	**1382**	**1847**
80	899	410	489	869	401	468
81	690	299	391	668	289	379
82	696	279	417	673	271	402
83	560	240	320	538	232	306
84	497	196	301	481	189	292
85-89岁	**1368**	**566**	**802**	**1314**	**536**	**778**
85	406	169	237	389	160	229
86	328	118	210	318	114	204
87	281	120	161	271	114	157
88	194	89	105	183	83	100
89	159	70	89	153	65	88
90-94岁	**319**	**128**	**191**	**310**	**122**	**188**
90	119	50	69	116	47	69
91	54	19	35	52	18	34
92	67	28	39	66	27	39
93	50	21	29	48	20	28
94	29	10	19	28	10	18
95-99岁	**89**	**31**	**58**	**86**	**28**	**58**
95	17	7	10	17	7	10
96	18	6	12	18	6	12
97	16	6	10	15	5	10
98	15	5	10	14	4	10
99	23	7	16	22	6	16
100岁及以上	**16**	**7**	**9**	**16**	**7**	**9**

单位：人

登记地

其中市辖区内人户分离			省　外		
小计	男	女	小计	男	女
587	**286**	**301**	**778**	**478**	**300**
122	63	59	220	143	77
124	60	64	188	118	70
118	62	56	123	69	54
137	59	78	140	77	63
86	42	44	107	71	36
360	**187**	**173**	**348**	**187**	**161**
93	44	49	98	56	42
87	50	37	75	48	27
60	40	20	59	33	26
65	24	41	52	28	24
55	29	26	64	22	42
220	**110**	**110**	**228**	**103**	**125**
60	33	27	49	23	26
55	21	34	50	23	27
39	23	16	47	23	24
32	15	17	44	21	23
34	18	16	38	13	25
101	**55**	**46**	**113**	**42**	**71**
33	20	13	30	9	21
19	12	7	22	10	12
17	4	13	23	8	15
12	10	2	22	8	14
20	9	11	16	7	9
37	**15**	**22**	**54**	**30**	**24**
11	6	5	17	9	8
11	3	8	10	4	6
6	2	4	10	6	4
6	2	4	11	6	5
3	2	1	6	5	1
9	**4**	**5**	**9**	**6**	**3**
3	2	1	3	3	
			2	1	1
			1	1	
4	1	3	2	1	1
2	1	1	1		1
2	**1**	**1**	**3**	**3**	
1	1		1	1	
1		1	1	1	
			1	1	

7-2c 全省按户口登记地、年龄、性别分的

年 龄	户口					
	合 计			省 内		
	合计	男	女	小计	男	女
总 计	**179181**	**102459**	**76722**	**138162**	**74036**	**64126**
0-4岁	**8391**	**4295**	**4096**	**7292**	**3712**	**3580**
0	931	443	488	838	402	436
1	1812	957	855	1597	849	748
2	1934	1006	928	1666	860	806
3	1894	977	917	1633	829	804
4	1820	912	908	1558	772	786
5-9岁	**9363**	**4639**	**4724**	**8160**	**4043**	**4117**
5	1806	882	924	1580	769	811
6	1936	966	970	1699	851	848
7	1865	928	937	1603	794	809
8	1953	964	989	1711	844	867
9	1803	899	904	1567	785	782
10-14岁	**9211**	**4775**	**4436**	**8117**	**4222**	**3895**
10	2007	1012	995	1741	875	866
11	1926	980	946	1709	884	825
12	1822	965	857	1577	838	739
13	1712	901	811	1540	823	717
14	1744	917	827	1550	802	748
15-19岁	**14010**	**6704**	**7306**	**12650**	**5884**	**6766**
15	2293	1124	1169	2134	1028	1106
16	3216	1507	1709	2997	1398	1599
17	3272	1507	1765	3002	1362	1640
18	2726	1322	1404	2415	1124	1291
19	2503	1244	1259	2102	972	1130
20-24岁	**13852**	**7396**	**6456**	**10829**	**5291**	**5538**
20	2378	1254	1124	1939	946	993
21	2397	1265	1132	1879	910	969
22	2815	1519	1296	2229	1104	1125
23	2975	1562	1413	2284	1093	1191
24	3287	1796	1491	2498	1238	1260
25-29岁	**17587**	**9676**	**7911**	**13197**	**6627**	**6570**
25	3487	1907	1580	2683	1348	1335
26	3320	1773	1547	2513	1224	1289
27	3555	1983	1572	2669	1351	1318
28	3598	2016	1582	2665	1363	1302
29	3627	1997	1630	2667	1341	1326

户口登记地在外乡镇街道的人口(乡村)

单位：人

登记地					
其中市辖区内人户分离			省　　外		
小计	男	女	小计	男	女
11549	**5649**	**5900**	**41019**	**28423**	**12596**
564	**264**	**300**	**1099**	**583**	**516**
63	30	33	93	41	52
132	71	61	215	108	107
152	68	84	268	146	122
111	49	62	261	148	113
106	46	60	262	140	122
446	**228**	**218**	**1203**	**596**	**607**
86	46	40	226	113	113
93	42	51	237	115	122
77	43	34	262	134	128
110	60	50	242	120	122
80	37	43	236	114	122
451	**217**	**234**	**1094**	**553**	**541**
101	49	52	266	137	129
88	33	55	217	96	121
89	44	45	245	127	118
91	50	41	172	78	94
82	41	41	194	115	79
2373	**996**	**1377**	**1360**	**820**	**540**
319	148	171	159	96	63
717	316	401	219	109	110
726	315	411	270	145	125
402	152	250	311	198	113
209	65	144	401	272	129
725	**241**	**484**	**3023**	**2105**	**918**
129	38	91	439	308	131
113	41	72	518	355	163
145	43	102	586	415	171
161	50	111	691	469	222
177	69	108	789	558	231
903	**348**	**555**	**4390**	**3049**	**1341**
205	79	126	804	559	245
151	59	92	807	549	258
190	61	129	886	632	254
173	78	95	933	653	280
184	71	113	960	656	304

7-2c 续表 1

年 龄	户口					
	合 计			省 内		
	合计	男	女	小计	男	女
30-34岁	**17927**	**10593**	**7334**	**12467**	**6742**	**5725**
30	4277	2451	1826	3034	1598	1436
31	3959	2322	1637	2739	1463	1276
32	3302	1983	1319	2284	1249	1035
33	3361	2014	1347	2320	1299	1021
34	3028	1823	1205	2090	1133	957
35-39岁	**13975**	**8387**	**5588**	**9953**	**5521**	**4432**
35	2726	1593	1133	1887	1000	887
36	2712	1620	1092	1876	1032	844
37	2630	1596	1034	1857	1040	817
38	3063	1819	1244	2230	1238	992
39	2844	1759	1085	2103	1211	892
40-44岁	**14498**	**8876**	**5622**	**10514**	**6083**	**4431**
40	2932	1756	1176	2224	1252	972
41	2958	1777	1181	2147	1219	928
42	2758	1715	1043	1988	1172	816
43	2722	1704	1018	1926	1130	796
44	3128	1924	1204	2229	1310	919
45-49岁	**16904**	**10745**	**6159**	**11284**	**6674**	**4610**
45	3170	1960	1210	2248	1305	943
46	3354	2115	1239	2295	1364	931
47	3376	2140	1236	2211	1310	901
48	3538	2328	1210	2286	1405	881
49	3466	2202	1264	2244	1290	954
50-54岁	**15523**	**9956**	**5567**	**10238**	**6034**	**4204**
50	3692	2350	1342	2398	1407	991
51	3357	2127	1230	2216	1288	928
52	3349	2131	1218	2231	1292	939
53	2550	1630	920	1680	986	694
54	2575	1718	857	1713	1061	652
55-59岁	**9214**	**5912**	**3302**	**6683**	**3956**	**2727**
55	2341	1548	793	1643	1006	637
56	2184	1384	800	1564	907	657
57	2218	1410	808	1610	930	680
58	1722	1091	631	1297	764	533
59	749	479	270	569	349	220
60-64岁	**4820**	**2954**	**1866**	**3950**	**2306**	**1644**
60	858	535	323	665	401	264
61	794	489	305	634	365	269
62	1026	618	408	848	480	368
63	1105	678	427	923	546	377
64	1037	634	403	880	514	366

单位：人

登记地					
其中市辖区内人户分离			省外		
小计	男	女	小计	男	女
778	**337**	**441**	**5460**	**3851**	**1609**
187	83	104	1243	853	390
162	69	93	1220	859	361
135	53	82	1018	734	284
148	70	78	1041	715	326
146	62	84	938	690	248
577	**283**	**294**	**4022**	**2866**	**1156**
109	45	64	839	593	246
93	47	46	836	588	248
100	56	44	773	556	217
154	74	80	833	581	252
121	61	60	741	548	193
697	**348**	**349**	**3984**	**2793**	**1191**
145	74	71	708	504	204
129	59	70	811	558	253
135	72	63	770	543	227
143	70	73	796	574	222
145	73	72	899	614	285
899	**491**	**408**	**5620**	**4071**	**1549**
163	85	78	922	655	267
184	109	75	1059	751	308
176	93	83	1165	830	335
195	104	91	1252	923	329
181	100	81	1222	912	310
829	**449**	**380**	**5285**	**3922**	**1363**
201	110	91	1294	943	351
171	86	85	1141	839	302
185	92	93	1118	839	279
125	75	50	870	644	226
147	86	61	862	657	205
557	**343**	**214**	**2531**	**1956**	**575**
160	94	66	698	542	156
133	82	51	620	477	143
135	81	54	608	480	128
92	62	30	425	327	98
37	24	13	180	130	50
406	**256**	**150**	**870**	**648**	**222**
57	38	19	193	134	59
74	47	27	160	124	36
77	48	29	178	138	40
95	56	39	182	132	50
103	67	36	157	120	37

7-2c 续表 2

年 龄	户口					
	合 计			省 内		
	合计	男	女	小计	男	女
65-69岁	**4617**	**2725**	**1892**	**4116**	**2410**	**1706**
65	1040	626	414	912	546	366
66	983	588	395	865	507	358
67	906	527	379	809	465	344
68	921	540	381	831	486	345
69	767	444	323	699	406	293
70-74岁	**3287**	**1849**	**1438**	**3058**	**1712**	**1346**
70	767	472	295	706	434	272
71	753	427	326	699	398	301
72	598	345	253	555	316	239
73	590	313	277	555	292	263
74	579	292	287	543	272	271
75-79岁	**2596**	**1273**	**1323**	**2422**	**1195**	**1227**
75	550	256	294	520	246	274
76	511	257	254	476	238	238
77	498	236	262	459	222	237
78	518	271	247	484	252	232
79	519	253	266	483	237	246
80-84岁	**1843**	**927**	**916**	**1751**	**882**	**869**
80	456	237	219	430	224	206
81	308	139	169	299	133	166
82	410	214	196	390	204	186
83	375	196	179	359	190	169
84	294	141	153	273	131	142
85-89岁	**1052**	**506**	**546**	**1002**	**483**	**519**
85	246	111	135	232	104	128
86	242	125	117	231	119	112
87	239	101	138	231	98	133
88	194	101	93	182	96	86
89	131	68	63	126	66	60
90-94岁	**373**	**198**	**175**	**353**	**190**	**163**
90	128	63	65	118	61	57
91	79	42	37	75	41	34
92	77	42	35	74	39	35
93	58	31	27	56	30	26
94	31	20	11	30	19	11
95-99岁	**112**	**59**	**53**	**105**	**58**	**47**
95	31	18	13	31	18	13
96	19	12	7	19	12	7
97	29	14	15	26	14	12
98	18	12	6	16	11	5
99	15	3	12	13	3	10
100岁及以上	**26**	**14**	**12**	**21**	**11**	**10**

单位：人

登记地					
			省　外		
其中市辖区内人户分离					
小计	男	女	小计	男	女
525	**350**	**175**	**501**	**315**	**186**
104	72	32	128	80	48
98	70	28	118	81	37
111	70	41	97	62	35
118	78	40	90	54	36
94	60	34	68	38	30
349	**223**	**126**	**229**	**137**	**92**
82	59	23	61	38	23
80	56	24	54	29	25
73	45	28	43	29	14
66	36	30	35	21	14
48	27	21	36	20	16
247	**149**	**98**	**174**	**78**	**96**
70	42	28	30	10	20
47	30	17	35	19	16
40	24	16	39	14	25
37	21	16	34	19	15
53	32	21	36	16	20
139	**82**	**57**	**92**	**45**	**47**
37	20	17	26	13	13
22	13	9	9	6	3
31	20	11	20	10	10
28	17	11	16	6	10
21	12	9	21	10	11
61	**29**	**32**	**50**	**23**	**27**
16	9	7	14	7	7
13	6	7	11	6	5
18	8	10	8	3	5
4	2	2	12	5	7
10	4	6	5	2	3
19	**12**	**7**	**20**	**8**	**12**
6	3	3	10	2	8
4	4		4	1	3
5	4	1	3	3	
3	1	2	2	1	1
1		1	1	1	
4	**3**	**1**	**7**	**1**	**6**
1	1				
1		1	3		3
2	2		2	1	1
			2		2
			5	**3**	**2**

7-3 全省按现住地、性别分的户口登记地在外省的人口

单位：人

现住地	户口登记地					
	合计			北京		
	合计	男	女	小计	男	女
全省	**417304**	**262256**	**155048**	**789**	**516**	**273**
西宁市	**259356**	**160293**	**99063**	**605**	**379**	**226**
城东区	78061	47336	30725	136	84	52
城中区	42593	27041	15552	142	89	53
城西区	40423	24240	16183	209	125	84
城北区	75698	46232	29466	89	57	32
湟中区	10365	7389	2976	18	17	1
大通回族土族自治县	9334	6156	3178	7	3	4
湟源县	2882	1899	983	4	4	
海东市	**33370**	**21518**	**11852**	**52**	**41**	**11**
乐都区	8829	5921	2908	13	10	3
平安区	6364	4122	2242	16	12	4
民和回族土族自治县	6088	3450	2638	8	6	2
互助土族自治县	6321	4285	2036	5	5	
化隆回族自治县	2745	1755	990	8	6	2
循化撒拉族自治县	3023	1985	1038	2	2	
海北藏族自治州	**7275**	**5034**	**2241**	**25**	**16**	**9**
门源回族自治县	2404	1678	726	19	10	9
祁连县	2452	1740	712	3	3	
海晏县	1279	804	475	3	3	
刚察县	1140	812	328			
黄南藏族自治州	**8922**	**5763**	**3159**	**17**	**13**	**4**
同仁县	4100	2645	1455	10	7	3
尖扎县	2022	1353	669	5	4	1
泽库县	814	523	291	1	1	
河南蒙古族自治县	1986	1242	744	1	1	
海南藏族自治州	**10262**	**6577**	**3685**	**18**	**11**	**7**
共和县	4392	2943	1449	8	6	2
同德县	1193	762	431	1		1
贵德县	2213	1355	858	6	3	3
兴海县	1193	721	472	2	2	
贵南县	1271	796	475	1		1
果洛藏族自治州	**10815**	**6971**	**3844**	**8**	**4**	**4**
玛沁县	3895	2715	1180	1	1	
班玛县	1422	933	489	2	2	
甘德县	935	591	344			
达日县	2055	1263	792	2	1	1
久治县	2109	1188	921	3		3
玛多县	399	281	118			
玉树藏族自治州	**11376**	**7029**	**4347**	**14**	**13**	**1**
玉树市	8104	4943	3161	10	9	1
杂多县	967	596	371	1	1	
称多县	815	539	276			
治多县	471	319	152			
囊谦县	417	256	161	2	2	
曲麻莱县	602	376	226	1	1	
海西蒙古族藏族自治州	**75928**	**49071**	**26857**	**50**	**39**	**11**
格尔木市	46748	28859	17889	29	23	6
德令哈市	9106	5763	3343	13	10	3
茫崖市	6996	5179	1817	4	3	1
乌兰县	2322	1552	770			
都兰县	4506	2713	1793			
天峻县	1288	986	302	1		1
大柴旦行政委员会	4962	4019	943	3	3	

7-3　续表 1　　单位：人

现住地	户口登记地								
	天津			河北			山西		
	小计	男	女	小计	男	女	小计	男	女
全省	**820**	**543**	**277**	**15600**	**9965**	**5635**	**7572**	**4691**	**2881**
西宁市	**528**	**315**	**213**	**11547**	**7058**	**4489**	**5595**	**3354**	**2241**
城东区	154	98	56	3276	1942	1334	1336	780	556
城中区	63	40	23	1178	743	435	740	452	288
城西区	146	86	60	1357	800	557	811	457	354
城北区	141	75	66	4715	2880	1835	2139	1281	858
湟中区	10	7	3	396	283	113	238	160	78
大通回族土族自治县	10	6	4	526	344	182	258	177	81
湟源县	4	3	1	99	66	33	73	47	26
海东市	**88**	**59**	**29**	**742**	**487**	**255**	**524**	**316**	**208**
乐都区	20	16	4	241	169	72	129	89	40
平安区	14	8	6	136	87	49	84	49	35
民和回族土族自治县	10	6	4	110	71	39	58	35	23
互助土族自治县	18	13	5	186	122	64	196	106	90
化隆回族自治县	24	14	10	44	21	23	39	27	12
循化撒拉族自治县	2	2		25	17	8	18	10	8
海北藏族自治州	**4**	**4**		**162**	**116**	**46**	**118**	**84**	**34**
门源回族自治县	3	3		60	42	18	38	25	13
祁连县				36	27	9	24	20	4
海晏县	1	1		35	24	11	38	28	10
刚察县				31	23	8	18	11	7
黄南藏族自治州	**30**	**19**	**11**	**101**	**65**	**36**	**64**	**41**	**23**
同仁县	14	10	4	47	35	12	28	19	9
尖扎县	4	2	2	25	13	12	24	17	7
泽库县	8	4	4	10	6	4	9	4	5
河南蒙古族自治县	4	3	1	19	11	8	3	1	2
海南藏族自治州	**23**	**21**	**2**	**253**	**171**	**82**	**123**	**84**	**39**
共和县	17	16	1	136	93	43	68	50	18
同德县	2	2		12	8	4	2	1	1
贵德县	3	3		58	41	17	32	19	13
兴海县	1		1	23	12	11	13	9	4
贵南县				24	17	7	8	5	3
果洛藏族自治州	**5**	**3**	**2**	**80**	**65**	**15**	**55**	**34**	**21**
玛沁县	1		1	29	23	6	26	17	9
班玛县	3	2	1	11	8	3	3	2	1
甘德县	1	1		8	8		7	3	4
达日县				11	9	2	8	5	3
久治县				8	7	1	6	4	2
玛多县				13	10	3	5	3	2
玉树藏族自治州	**4**	**3**	**1**	**127**	**93**	**34**	**68**	**45**	**23**
玉树市	2	2		93	69	24	30	21	9
杂多县	1	1		11	8	3	15	9	6
称多县	1		1	9	5	4	5	5	
治多县				1	1		8	5	3
囊谦县				7	4	3	4	2	2
曲麻莱县				6	6		6	3	3
海西蒙古族藏族自治州	**138**	**119**	**19**	**2588**	**1910**	**678**	**1025**	**733**	**292**
格尔木市	45	33	12	1419	988	431	515	370	145
德令哈市	15	14	1	291	179	112	170	105	65
茫崖市	66	63	3	519	442	77	60	54	6
乌兰县	4	2	2	39	29	10	84	60	24
都兰县	2	2		69	47	22	76	52	24
天峻县	1		1	19	16	3	55	38	17
大柴旦行政委员会	5	5		232	209	23	65	54	11

7–3 续表 2　　　　　　　　　　　　　　　　　　　　　　　　　　　　　　单位：人

现住地	户口登记地								
	内蒙古			辽宁			吉林		
	小计	男	女	小计	男	女	小计	男	女
全省	**3163**	**2021**	**1142**	**2627**	**1589**	**1038**	**2616**	**1575**	**1041**
西宁市	**2024**	**1208**	**816**	**1842**	**1064**	**778**	**1878**	**1078**	**800**
城东区	578	347	231	464	275	189	468	275	193
城中区	292	178	114	298	166	132	257	154	103
城西区	429	244	185	359	197	162	391	218	173
城北区	486	281	205	570	324	246	605	344	261
湟中区	134	89	45	71	51	20	51	27	24
大通回族土族自治县	82	52	30	61	39	22	76	41	35
湟源县	23	17	6	19	12	7	30	19	11
海东市	**305**	**192**	**113**	**173**	**109**	**64**	**161**	**102**	**59**
乐都区	63	38	25	67	47	20	43	28	15
平安区	76	44	32	46	30	16	39	24	15
民和回族土族自治县	92	67	25	22	11	11	12	8	4
互助土族自治县	45	27	18	23	14	9	58	36	22
化隆回族自治县	25	15	10	8	4	4	5	2	3
循化撒拉族自治县	4	1	3	7	3	4	4	4	
海北藏族自治州	**69**	**55**	**14**	**47**	**34**	**13**	**27**	**20**	**7**
门源回族自治县	27	20	7	11	7	4	14	11	3
祁连县	10	7	3	19	17	2	6	5	1
海晏县	16	13	3	13	7	6	2	1	1
刚察县	16	15	1	4	3	1	5	3	2
黄南藏族自治州	**20**	**16**	**4**	**20**	**12**	**8**	**25**	**15**	**10**
同仁县	6	5	1	15	8	7	5	2	3
尖扎县	9	7	2	3	2	1	7	5	2
泽库县							8	4	4
河南蒙古族自治县	5	4	1	2	2		5	4	1
海南藏族自治州	**40**	**31**	**9**	**29**	**20**	**9**	**52**	**32**	**20**
共和县	19	17	2	15	10	5	26	17	9
同德县	1	1		2	1	1	3	2	1
贵德县	11	8	3	7	4	3	12	8	4
兴海县	2		2	2	2		5	3	2
贵南县	7	5	2	3	3		6	2	4
果洛藏族自治州	**18**	**10**	**8**	**19**	**11**	**8**	**13**	**11**	**2**
玛沁县	11	6	5	6	3	3	4	3	1
班玛县	5	2	3	2	2		1	1	
甘德县				2	1	1	2	2	
达日县				6	4	2	2	2	
久治县	2	2		3	1	2	3	3	
玛多县							1		1
玉树藏族自治州	**13**	**10**	**3**	**19**	**11**	**8**	**26**	**15**	**11**
玉树市	9	6	3	8	6	2	20	12	8
杂多县				2		2	2	1	1
称多县	2	2		1	1		1		1
治多县	1	1		3	1	2	2	1	1
囊谦县				1	1		1	1	
曲麻莱县	1	1		4	2	2			
海西蒙古族藏族自治州	**674**	**499**	**175**	**478**	**328**	**150**	**434**	**302**	**132**
格尔木市	362	265	97	273	179	94	207	140	67
德令哈市	123	83	40	59	37	22	109	71	38
茫崖市	29	25	4	74	62	12	22	14	8
乌兰县	34	26	8	7	4	3	8	8	
都兰县	38	29	9	19	11	8	35	25	10
天峻县	5	5		2	2		11	8	3
大柴旦行政委员会	83	66	17	44	33	11	42	36	6

7–3　续表 3　　　　单位：人

现住地	户口登记地								
	黑龙江			上海			江苏		
	小计	男	女	小计	男	女	小计	男	女
全省	**2857**	**1686**	**1171**	**397**	**242**	**155**	**17153**	**11819**	**5334**
西宁市	**1897**	**1049**	**848**	**312**	**191**	**121**	**11825**	**8165**	**3660**
城东区	345	187	158	52	37	15	3072	2034	1038
城中区	354	187	167	80	46	34	2673	1913	760
城西区	407	220	187	101	60	41	2173	1494	679
城北区	627	347	280	69	43	26	2926	2004	922
湟中区	92	63	29	6	4	2	535	413	122
大通回族土族自治县	63	42	21	1		1	324	223	101
湟源县	9	3	6	3	1	2	122	84	38
海东市	**136**	**88**	**48**	**32**	**15**	**17**	**1577**	**1057**	**520**
乐都区	36	23	13	3	2	1	395	278	117
平安区	32	22	10	3	2	1	471	312	159
民和回族土族自治县	25	15	10	5	2	3	186	122	64
互助土族自治县	35	25	10	6	5	1	248	175	73
化隆回族自治县	6	3	3	12	3	9	177	108	69
循化撒拉族自治县	2		2	3	1	2	100	62	38
海北藏族自治州	**27**	**17**	**10**	**4**	**2**	**2**	**268**	**173**	**95**
门源回族自治县	15	9	6	1	1		68	43	25
祁连县	7	3	4	2	1	1	73	52	21
海晏县	2	2					69	42	27
刚察县	3	3		1		1	58	36	22
黄南藏族自治州	**12**	**7**	**5**	**1**	**1**		**313**	**210**	**103**
同仁县	7	5	2	1	1		125	86	39
尖扎县	4	2	2				77	48	29
泽库县	1		1				74	49	25
河南蒙古族自治县							37	27	10
海南藏族自治州	**35**	**26**	**9**	**8**	**4**	**4**	**571**	**375**	**196**
共和县	18	16	2	4	2	2	228	169	59
同德县	1		1	1		1	70	46	24
贵德县	8	4	4	1	1		115	63	52
兴海县	7	5	2				60	38	22
贵南县	1	1		2	1	1	98	59	39
果洛藏族自治州	**15**	**10**	**5**	**8**	**7**	**1**	**196**	**140**	**56**
玛沁县	10	8	2	4	4		83	62	21
班玛县							28	20	8
甘德县				3	2	1	4	4	
达日县	4	2	2				18	12	6
久治县	1		1	1	1		38	25	13
玛多县							25	17	8
玉树藏族自治州	**11**	**8**	**3**	**7**	**6**	**1**	**206**	**133**	**73**
玉树市	9	6	3	2	2		133	91	42
杂多县	1	1		2	1	1	20	12	8
称多县				3	3		12	9	3
治多县							10	4	6
囊谦县							3	3	
曲麻莱县	1	1					28	14	14
海西蒙古族藏族自治州	**724**	**481**	**243**	**25**	**16**	**9**	**2197**	**1566**	**631**
格尔木市	493	327	166	17	10	7	1412	993	419
德令哈市	70	48	22	7	5	2	320	224	96
茫崖市	56	41	15				198	159	39
乌兰县	8	6	2				74	53	21
都兰县	10	7	3	1	1		61	35	26
天峻县	27	12	15				25	17	8
大柴旦行政委员会	60	40	20				107	85	22

7－3 续表 4

单位：人

现住地	户口登记地								
	浙江			安徽			福建		
	小计	男	女	小计	男	女	小计	男	女
全省	**9091**	**6041**	**3050**	**14329**	**9055**	**5274**	**6873**	**4419**	**2454**
西宁市	**6286**	**4054**	**2232**	**10329**	**6494**	**3835**	**5776**	**3621**	**2155**
城东区	1766	1090	676	2302	1410	892	720	471	249
城中区	1195	804	391	1927	1239	688	477	309	168
城西区	1102	720	382	1735	1093	642	1021	646	375
城北区	1660	1072	588	3656	2293	1363	3230	1960	1270
湟中区	237	162	75	315	215	100	86	69	17
大通回族土族自治县	250	154	96	339	210	129	199	141	58
湟源县	76	52	24	55	34	21	43	25	18
海东市	**912**	**668**	**244**	**867**	**543**	**324**	**328**	**235**	**93**
乐都区	293	219	74	341	215	126	106	75	31
平安区	169	126	43	141	92	49	60	41	19
民和回族土族自治县	137	101	36	118	68	50	28	20	8
互助土族自治县	200	145	55	168	106	62	105	77	28
化隆回族自治县	60	41	19	39	23	16	17	14	3
循化撒拉族自治县	53	36	17	60	39	21	12	8	4
海北藏族自治州	**155**	**101**	**54**	**161**	**104**	**57**	**55**	**46**	**9**
门源回族自治县	79	52	27	38	27	11	23	18	5
祁连县	37	20	17	56	38	18	26	22	4
海晏县	24	16	8	42	26	16	1	1	
刚察县	15	13	2	25	13	12	5	5	
黄南藏族自治州	**201**	**127**	**74**	**160**	**101**	**59**	**20**	**15**	**5**
同仁县	119	76	43	71	45	26	8	5	3
尖扎县	64	41	23	60	37	23	9	7	2
泽库县	8	4	4	14	9	5			
河南蒙古族自治县	10	6	4	15	10	5	3	3	
海南藏族自治州	**250**	**177**	**73**	**349**	**205**	**144**	**58**	**44**	**14**
共和县	95	74	21	160	92	68	26	22	4
同德县	12	7	5	38	23	15	3	2	1
贵德县	98	70	28	93	56	37	22	15	7
兴海县	19	11	8	20	14	6	5	5	
贵南县	26	15	11	38	20	18	2		2
果洛藏族自治州	**55**	**36**	**19**	**229**	**150**	**79**	**34**	**28**	**6**
玛沁县	26	16	10	110	74	36	20	17	3
班玛县	5	3	2	16	10	6	4	4	
甘德县	5	5		8	5	3	2		2
达日县	10	7	3	85	54	31	2	2	
久治县	9	5	4	5	3	2	4	3	1
玛多县				5	4	1	2	2	
玉树藏族自治州	**83**	**54**	**29**	**95**	**62**	**33**	**76**	**53**	**23**
玉树市	59	40	19	63	44	19	64	45	19
杂多县	1		1	9	5	4	9	6	3
称多县	4	3	1	7	4	3			
治多县	2	1	1	5	3	2			
囊谦县	4	2	2	6	3	3	3	2	1
曲麻莱县	13	8	5	5	3	2			
海西蒙古族藏族自治州	**1149**	**824**	**325**	**2139**	**1396**	**743**	**526**	**377**	**149**
格尔木市	700	496	204	1427	918	509	313	230	83
德令哈市	215	150	65	369	244	125	108	71	37
茫崖市	45	34	11	93	63	30	40	25	15
乌兰县	30	21	9	41	31	10	22	15	7
都兰县	54	38	16	110	71	39	15	14	1
天峻县	17	14	3	35	25	10	25	19	6
大柴旦行政委员会	88	71	17	64	44	20	3	3	

7-3　续表 5　　　　单位：人

现 住 地	户口登记地								
	江　西			山　东			河　南		
	小计	男	女	小计	男	女	小计	男	女
全省	**3894**	**2364**	**1530**	**17172**	**11056**	**6116**	**67084**	**42968**	**24116**
西宁市	**3004**	**1828**	**1176**	**12537**	**7871**	**4666**	**44538**	**27864**	**16674**
城东区	622	366	256	2591	1639	952	13840	8630	5210
城中区	316	193	123	1799	1142	657	6622	4227	2395
城西区	538	323	215	2263	1338	925	6035	3551	2484
城北区	1292	791	501	4961	3091	1870	14560	9008	5552
湟中区	78	56	22	382	293	89	1415	1009	406
大通回族土族自治县	141	91	50	453	305	148	1518	1065	453
湟源县	17	8	9	88	63	25	548	374	174
海东市	**229**	**141**	**88**	**945**	**628**	**317**	**4548**	**3074**	**1474**
乐都区	70	40	30	281	205	76	1124	762	362
平安区	36	23	13	214	142	72	1364	889	475
民和回族土族自治县	25	12	13	117	72	45	601	408	193
互助土族自治县	67	45	22	181	118	63	762	541	221
化隆回族自治县	17	11	6	84	52	32	449	299	150
循化撒拉族自治县	14	10	4	68	39	29	248	175	73
海北藏族自治州	**59**	**33**	**26**	**224**	**162**	**62**	**953**	**663**	**290**
门源回族自治县	16	10	6	71	45	26	266	179	87
祁连县	18	8	10	36	31	5	325	257	68
海晏县	8	7	1	89	69	20	190	113	77
刚察县	17	8	9	28	17	11	172	114	58
黄南藏族自治州	**53**	**25**	**28**	**127**	**92**	**35**	**794**	**527**	**267**
同仁县	26	13	13	50	37	13	350	237	113
尖扎县	10	4	6	51	34	17	264	172	92
泽库县	6	2	4	16	13	3	91	59	32
河南蒙古族自治县	11	6	5	10	8	2	89	59	30
海南藏族自治州	**75**	**44**	**31**	**256**	**168**	**88**	**1391**	**901**	**490**
共和县	27	16	11	104	74	30	596	392	204
同德县	4	2	2	24	15	9	170	119	51
贵德县	21	14	7	72	43	29	318	190	128
兴海县	9	3	6	15	8	7	155	95	60
贵南县	14	9	5	41	28	13	152	105	47
果洛藏族自治州	**52**	**36**	**16**	**140**	**92**	**48**	**917**	**654**	**263**
玛沁县	23	17	6	102	69	33	367	281	86
班玛县	4	4		7	4	3	171	113	58
甘德县	9	6	3	5	3	2	72	55	17
达日县	10	6	4	19	12	7	173	114	59
久治县	4	2	2	3	1	2	69	43	26
玛多县	2	1	1	4	3	1	65	48	17
玉树藏族自治州	**33**	**20**	**13**	**148**	**102**	**46**	**1538**	**988**	**550**
玉树市	14	8	6	117	80	37	1070	681	389
杂多县	6	3	3	6	4	2	91	66	25
称多县	11	7	4	17	12	5	151	98	53
治多县	2	2		4	3	1	37	26	11
囊谦县				2	2		99	64	35
曲麻莱县				2	1	1	90	53	37
海西蒙古族藏族自治州	**389**	**237**	**152**	**2795**	**1941**	**854**	**12405**	**8297**	**4108**
格尔木市	267	168	99	1570	1049	521	7421	4762	2659
德令哈市	57	29	28	471	303	168	1399	923	476
茫崖市	8	7	1	213	165	48	936	622	314
乌兰县	19	11	8	106	70	36	328	216	112
都兰县	16	6	10	211	157	54	1019	612	407
天峻县	10	6	4	30	22	8	207	168	39
大柴旦行政委员会	12	10	2	194	175	19	1095	994	101

7–3 续表 6　　　　单位：人

现 住 地	户口登记地								
	湖　北			湖　南			广　东		
	小计	男	女	小计	男	女	小计	男	女
全省	**15337**	**9824**	**5513**	**7485**	**4513**	**2972**	**2489**	**1567**	**922**
西宁市	**10879**	**6919**	**3960**	**4558**	**2703**	**1855**	**1950**	**1243**	**707**
城东区	2379	1378	1001	1115	638	477	510	317	193
城中区	2452	1624	828	570	342	228	286	188	98
城西区	1686	1073	613	948	554	394	622	400	222
城北区	3272	2113	1159	1517	890	627	402	251	151
湟中区	489	337	152	226	164	62	35	23	12
大通回族土族自治县	482	314	168	154	97	57	84	55	29
湟源县	119	80	39	28	18	10	11	9	2
海东市	**1771**	**1137**	**634**	**539**	**334**	**205**	**210**	**120**	**90**
乐都区	324	217	107	99	57	42	52	30	22
平安区	305	192	113	100	64	36	40	27	13
民和回族土族自治县	314	184	130	56	29	27	23	16	7
互助土族自治县	301	221	80	191	128	63	31	11	20
化隆回族自治县	377	234	143	68	42	26	63	35	28
循化撒拉族自治县	150	89	61	25	14	11	1	1	
海北藏族自治州	**325**	**241**	**84**	**183**	**96**	**87**	**59**	**41**	**18**
门源回族自治县	109	74	35	59	30	29	32	22	10
祁连县	153	128	25	52	30	22	16	11	5
海晏县	33	21	12	29	13	16	4	2	2
刚察县	30	18	12	43	23	20	7	6	1
黄南藏族自治州	**219**	**128**	**91**	**235**	**156**	**79**	**36**	**21**	**15**
同仁县	110	66	44	57	29	28	7	1	6
尖扎县	70	41	29	115	87	28	11	9	2
泽库县	13	6	7	45	28	17	10	7	3
河南蒙古族自治县	26	15	11	18	12	6	8	4	4
海南藏族自治州	**499**	**296**	**203**	**318**	**178**	**140**	**47**	**27**	**20**
共和县	148	88	60	103	60	43	10	5	5
同德县	48	30	18	32	19	13	9	5	4
贵德县	187	108	79	80	43	37	10	6	4
兴海县	40	26	14	59	34	25	7	5	2
贵南县	76	44	32	44	22	22	11	6	5
果洛藏族自治州	**109**	**73**	**36**	**249**	**141**	**108**	**19**	**10**	**9**
玛沁县	68	49	19	118	71	47	7	5	2
班玛县	6	5	1	36	20	16	2		2
甘德县	14	6	8	25	14	11	2	2	
达日县	14	10	4	27	13	14	2	1	1
久治县	6	3	3	34	17	17	1		1
玛多县	1		1	9	6	3	5	2	3
玉树藏族自治州	**157**	**98**	**59**	**240**	**135**	**105**	**15**	**7**	**8**
玉树市	97	60	37	103	63	40	7	4	3
杂多县	14	9	5	25	13	12	2		2
称多县	33	22	11	61	33	28			
治多县	2	1	1	25	13	12	2		2
囊谦县	7	3	4	9	5	4	3	3	
曲麻莱县	4	3	1	17	8	9	1		1
海西蒙古族藏族自治州	**1378**	**932**	**446**	**1163**	**770**	**393**	**153**	**98**	**55**
格尔木市	657	412	245	628	416	212	87	58	29
德令哈市	242	151	91	197	126	71	36	23	13
茫崖市	98	68	30	67	39	28	13	7	6
乌兰县	48	34	14	37	23	14	6	5	1
都兰县	130	91	39	49	31	18	7	2	5
天峻县	79	66	13	102	78	24	2	1	1
大柴旦行政委员会	124	110	14	83	57	26	2	2	

7-3　续表 7

单位：人

现住地	户口登记地								
	广西			海南			重庆		
	小计	男	女	小计	男	女	小计	男	女
全省	**1122**	**641**	**481**	**382**	**190**	**192**	**8448**	**5564**	**2884**
西宁市	**836**	**477**	**359**	**314**	**148**	**166**	**5656**	**3733**	**1923**
城东区	206	120	86	84	48	36	1438	950	488
城中区	101	57	44	29	19	10	1090	751	339
城西区	163	101	62	61	24	37	992	642	350
城北区	282	142	140	132	53	79	1419	885	534
湟中区	51	36	15	5	4	1	395	278	117
大通回族土族自治县	25	16	9	2		2	270	192	78
湟源县	8	5	3	1		1	52	35	17
海东市	**96**	**55**	**41**	**16**	**9**	**7**	**802**	**537**	**265**
乐都区	36	24	12	9	5	4	329	227	102
平安区	28	18	10	2		2	153	96	57
民和回族土族自治县	11	4	7	3	2	1	61	38	23
互助土族自治县	18	8	10				158	112	46
化隆回族自治县	3	1	2				52	31	21
循化撒拉族自治县				2	2		49	33	16
海北藏族自治州	**18**	**14**	**4**	**3**	**1**	**2**	**138**	**98**	**40**
门源回族自治县	8	7	1	1	1		46	33	13
祁连县	6	5	1	1		1	44	33	11
海晏县	4	2	2	1		1	21	12	9
刚察县							27	20	7
黄南藏族自治州	**12**	**4**	**8**	**6**	**4**	**2**	**232**	**167**	**65**
同仁县	8	3	5	3	2	1	90	64	26
尖扎县				1		1	118	91	27
泽库县	1		1	1	1		11	5	6
河南蒙古族自治县	3	1	2	1	1		13	7	6
海南藏族自治州	**26**	**17**	**9**	**7**	**3**	**4**	**220**	**148**	**72**
共和县	17	13	4	2	1	1	92	61	31
同德县	1		1				12	9	3
贵德县	2		2	4	2	2	38	25	13
兴海县	4	3	1				30	21	9
贵南县	2	1	1	1		1	48	32	16
果洛藏族自治州	**15**	**7**	**8**	**10**	**8**	**2**	**207**	**137**	**70**
玛沁县	2		2	3	3		144	97	47
班玛县	4	1	3	1	1		14	6	8
甘德县	2	1	1	1		1	9	6	3
达日县	2	1	1	4	3	1	20	15	5
久治县	5	4	1	1	1		15	9	6
玛多县							5	4	1
玉树藏族自治州	**12**	**7**	**5**	**6**	**5**	**1**	**245**	**147**	**98**
玉树市	4	3	1	1	1		181	109	72
杂多县	1		1	1	1		28	15	13
称多县	5	3	2	1	1		5	3	2
治多县	1	1		3	2	1	6	4	2
囊谦县							12	8	4
曲麻莱县	1		1				13	8	5
海西蒙古族藏族自治州	**107**	**60**	**47**	**20**	**12**	**8**	**948**	**597**	**351**
格尔木市	70	34	36	12	8	4	596	368	228
德令哈市	12	8	4	4	1	3	93	52	41
茫崖市	6	5	1	3	2	1	117	78	39
乌兰县	6	3	3				32	20	12
都兰县	4	3	1	1	1		47	29	18
天峻县							15	12	3
大柴旦行政委员会	9	7	2				48	38	10

7-3 续表 8

单位：人

现住地	户口登记地								
	四川			贵州			云南		
	小计	男	女	小计	男	女	小计	男	女
全省	**44698**	**28324**	**16374**	**2947**	**1932**	**1015**	**3182**	**1896**	**1286**
西宁市	**24600**	**15335**	**9265**	**1919**	**1209**	**710**	**1490**	**876**	**614**
城东区	5461	3408	2053	680	459	221	372	227	145
城中区	5752	3615	2137	256	164	92	235	141	94
城西区	4058	2427	1631	235	114	121	185	97	88
城北区	6604	3981	2623	436	237	199	383	191	192
湟中区	1399	1014	385	166	128	38	195	140	55
大通回族土族自治县	1065	716	349	90	72	18	54	34	20
湟源县	261	174	87	56	35	21	66	46	20
海东市	**3408**	**2333**	**1075**	**266**	**196**	**70**	**240**	**133**	**107**
乐都区	1172	803	369	77	58	19	58	37	21
平安区	663	410	253	70	54	16	56	38	18
民和回族土族自治县	371	250	121	27	16	11	26	8	18
互助土族自治县	659	493	166	62	44	18	72	36	36
化隆回族自治县	250	176	74	24	19	5	17	9	8
循化撒拉族自治县	293	201	92	6	5	1	11	5	6
海北藏族自治州	**773**	**570**	**203**	**101**	**86**	**15**	**80**	**53**	**27**
门源回族自治县	299	234	65	70	59	11	25	13	12
祁连县	265	201	64	17	16	1	38	28	10
海晏县	114	67	47	10	7	3	11	7	4
刚察县	95	68	27	4	4		6	5	1
黄南藏族自治州	**1030**	**713**	**317**	**88**	**68**	**20**	**126**	**85**	**41**
同仁县	478	322	156	27	19	8	54	39	15
尖扎县	371	274	97	49	41	8	2	2	
泽库县	72	42	30	4	2	2	22	12	10
河南蒙古族自治县	109	75	34	8	6	2	48	32	16
海南藏族自治州	**908**	**582**	**326**	**90**	**60**	**30**	**157**	**91**	**66**
共和县	420	274	146	42	32	10	56	35	21
同德县	153	95	58	10	6	4	30	17	13
贵德县	131	81	50	23	14	9	35	19	16
兴海县	96	60	36	11	7	4	29	16	13
贵南县	108	72	36	4	1	3	7	4	3
果洛藏族自治州	**4567**	**2841**	**1726**	**52**	**42**	**10**	**91**	**52**	**39**
玛沁县	1283	864	419	15	12	3	57	30	27
班玛县	742	487	255	13	12	1	3	1	2
甘德县	345	204	141	3	2	1	6	3	3
达日县	982	571	411	7	4	3	18	12	6
久治县	1064	612	452	13	11	2	4	3	1
玛多县	151	103	48	1	1		3	3	
玉树藏族自治州	**2858**	**1781**	**1077**	**40**	**32**	**8**	**103**	**64**	**39**
玉树市	2133	1304	829	27	21	6	86	54	32
杂多县	145	103	42	3	3		3	2	1
称多县	195	130	65	4	4		3	2	1
治多县	110	79	31				2	1	1
囊谦县	84	50	34	6	4	2	7	4	3
曲麻莱县	191	115	76				2	1	1
海西蒙古族藏族自治州	**6554**	**4169**	**2385**	**391**	**239**	**152**	**895**	**542**	**353**
格尔木市	4244	2635	1609	236	147	89	257	168	89
德令哈市	797	478	319	30	16	14	52	26	26
茫崖市	569	399	170	23	13	10	200	115	85
乌兰县	289	187	102	10	7	3	55	48	7
都兰县	177	112	65	49	16	33	69	31	38
天峻县	121	84	37	20	19	1	14	10	4
大柴旦行政委员会	357	274	83	23	21	2	248	144	104

7-3 续表 9

单位：人

现住地	户口登记地								
	西藏			陕西			甘肃		
	小计	男	女	小计	男	女	小计	男	女
全省	**5453**	**2476**	**2977**	**27966**	**18025**	**9941**	**119350**	**73008**	**46342**
西宁市	**1133**	**461**	**672**	**20050**	**12414**	**7636**	**61513**	**36969**	**24544**
城东区	329	124	205	5357	3345	2012	26867	15809	11058
城中区	115	57	58	3375	2173	1202	9465	5774	3691
城西区	118	59	59	3740	2216	1524	7913	4611	3302
城北区	221	108	113	6046	3561	2485	12477	7534	4943
湟中区	161	43	118	702	543	159	2279	1628	651
大通回族土族自治县	61	15	46	640	445	195	1833	1160	673
湟源县	128	55	73	190	131	59	679	453	226
海东市	**529**	**119**	**410**	**2074**	**1500**	**574**	**10966**	**6840**	**4126**
乐都区	129	35	94	597	427	170	2548	1680	868
平安区	37	14	23	512	363	149	1332	847	485
民和回族土族自治县	173	39	134	197	130	67	2974	1565	1409
互助土族自治县	150	19	131	606	467	139	1667	1128	539
化隆回族自治县	24	6	18	99	72	27	695	460	235
循化撒拉族自治县	16	6	10	63	41	22	1750	1160	590
海北藏族自治州	**40**	**15**	**25**	**487**	**387**	**100**	**2534**	**1686**	**848**
门源回族自治县	26	13	13	209	170	39	712	488	224
祁连县	6		6	137	114	23	1000	641	359
海晏县	4		4	76	56	20	387	225	162
刚察县	4	2	2	65	47	18	435	332	103
黄南藏族自治州	**68**	**26**	**42**	**280**	**214**	**66**	**4579**	**2857**	**1722**
同仁县	44	15	29	135	104	31	2175	1371	804
尖扎县	20	8	12	112	82	30	522	313	209
泽库县	2	1	1	21	20	1	359	240	119
河南蒙古族自治县	2	2		12	8	4	1523	933	590
海南藏族自治州	**126**	**49**	**77**	**389**	**278**	**111**	**3802**	**2450**	**1352**
共和县	44	21	23	191	137	54	1653	1104	549
同德县	21	15	6	44	35	9	482	301	181
贵德县	41	7	34	103	63	40	638	427	211
兴海县	9	2	7	27	23	4	526	306	220
贵南县	11	4	7	24	20	4	503	312	191
果洛藏族自治州	**100**	**56**	**44**	**204**	**156**	**48**	**3317**	**2134**	**1183**
玛沁县	45	27	18	114	88	26	1205	860	345
班玛县	7	5	2	18	17	1	305	195	110
甘德县	8	4	4	53	35	18	337	218	119
达日县	28	13	15	8	6	2	587	379	208
久治县	8	5	3	8	7	1	790	415	375
玛多县	4	2	2	3	3		93	67	26
玉树藏族自治州	**2666**	**1349**	**1317**	**185**	**125**	**60**	**2331**	**1634**	**697**
玉树市	2260	1162	1098	130	88	42	1343	935	408
杂多县	202	82	120	16	11	5	334	231	103
称多县	4		4	30	17	13	248	173	75
治多县	44	21	23	4	4		197	145	52
囊谦县	83	43	40				74	50	24
曲麻莱县	73	41	32	5	5		135	100	35
海西蒙古族藏族自治州	**791**	**401**	**390**	**4297**	**2951**	**1346**	**30308**	**18438**	**11870**
格尔木市	703	370	333	2685	1702	983	19559	11263	8296
德令哈市	46	13	33	427	293	134	3230	1983	1247
茫崖市	4		4	453	364	89	2936	2192	744
乌兰县	9	6	3	125	89	36	855	548	307
都兰县	22	5	17	184	128	56	1836	1038	798
天峻县	3	3		81	67	14	362	275	87
大柴旦行政委员会	4	4		342	308	34	1530	1139	391

7-3 续表 10　　　　单位：人

现住地	户口登记地					
	宁夏			新疆		
	小计	男	女	小计	男	女
全省	**2885**	**1856**	**1029**	**3523**	**1890**	**1633**
西宁市	**1881**	**1146**	**735**	**2054**	**1067**	**987**
城东区	652	388	264	889	460	429
城中区	233	134	99	221	120	101
城西区	342	200	142	283	150	133
城北区	451	270	181	330	165	165
湟中区	95	80	15	103	53	50
大通回族土族自治县	75	50	25	191	97	94
湟源县	33	24	9	37	22	15
海东市	**249**	**169**	**80**	**585**	**281**	**304**
乐都区	55	46	9	119	59	60
平安区	68	45	23	97	51	46
民和回族土族自治县	68	40	28	230	105	125
互助土族自治县	34	24	10	69	34	35
化隆回族自治县	15	10	5	44	17	27
循化撒拉族自治县	9	4	5	26	15	11
海北藏族自治州	**83**	**65**	**18**	**93**	**51**	**42**
门源回族自治县	11	8	3	48	24	24
祁连县	17	10	7	22	12	10
海晏县	34	29	5	18	10	8
刚察县	21	18	3	5	5	
黄南藏族自治州	**22**	**13**	**9**	**31**	**21**	**10**
同仁县	11	6	5	19	13	6
尖扎县	6	4	2	9	6	3
泽库县	4	2	2	3	2	1
河南蒙古族自治县	1	1				
海南藏族自治州	**79**	**55**	**24**	**63**	**29**	**34**
共和县	47	34	13	20	12	8
同德县	4	1	3	1		1
贵德县	20	14	6	24	4	20
兴海县	6	4	2	11	7	4
贵南县	2	2		7	6	1
果洛藏族自治州	**12**	**10**	**2**	**19**	**13**	**6**
玛沁县	7	5	2	4	3	1
班玛县	1	1		8	5	3
甘德县				2	1	1
达日县	3	3		3	2	1
久治县				1	1	
玛多县	1	1		1	1	
玉树藏族自治州	**26**	**16**	**10**	**24**	**13**	**11**
玉树市	16	9	7	13	8	5
杂多县	7	4	3	9	4	5
称多县	2	2				
治多县						
囊谦县						
曲麻莱县	1	1		2	1	1
海西蒙古族藏族自治州	**533**	**382**	**151**	**654**	**415**	**239**
格尔木市	157	103	54	387	224	163
德令哈市	77	56	21	67	41	26
茫崖市	29	25	4	115	93	22
乌兰县	29	20	9	17	10	7
都兰县	149	92	57	46	27	19
天峻县	16	16		3	3	
大柴旦行政委员会	76	70	6	19	17	2

7-3a 全省按现住地、性别分的户口登记地在外省的人口(城市)

单位：人

现住地	户口登记地					
	合计			北京		
	合计	男	女	小计	男	女
全省	**304903**	**187701**	**117202**	**652**	**415**	**237**
西宁市	**237415**	**145068**	**92347**	**580**	**357**	**223**
城东区	78061	47336	30725	136	84	52
城中区	41283	25893	15390	142	89	53
城西区	40332	24180	16152	209	125	84
城北区	74634	45499	29135	89	57	32
湟中区	1489	1010	479	3	2	1
大通回族土族自治县	1616	1150	466	1		1
湟源县						
海东市	**10784**	**6963**	**3821**	**22**	**17**	**5**
乐都区	5712	3759	1953	10	8	2
平安区	5072	3204	1868	12	9	3
民和回族土族自治县						
互助土族自治县						
化隆回族自治县						
循化撒拉族自治县						
海北藏族自治州						
门源回族自治县						
祁连县						
海晏县						
刚察县						
黄南藏族自治州						
同仁县						
尖扎县						
泽库县						
河南蒙古族自治县						
海南藏族自治州						
共和县						
同德县						
贵德县						
兴海县						
贵南县						
果洛藏族自治州						
玛沁县						
班玛县						
甘德县						
达日县						
久治县						
玛多县						
玉树藏族自治州	**6460**	**3934**	**2526**	**9**	**9**	
玉树市	6354	3871	2483	9	9	
杂多县						
称多县						
治多县						
囊谦县						
曲麻莱县	106	63	43			
海西蒙古族藏族自治州	**50244**	**31736**	**18508**	**41**	**32**	**9**
格尔木市	36634	22448	14186	27	21	6
德令哈市	7538	4777	2761	12	9	3
茫崖市	6072	4511	1561	2	2	
乌兰县						
都兰县						
天峻县						
大柴旦行政委员会						

7-3a 续表 1　　单位：人

现住地	户口登记地								
	天津			河北			山西		
	小计	男	女	小计	男	女	小计	男	女
全省	**643**	**417**	**226**	**12995**	**8096**	**4899**	**5881**	**3540**	**2341**
西宁市	**503**	**299**	**204**	**10699**	**6480**	**4219**	**5080**	**3003**	**2077**
城东区	154	98	56	3276	1942	1334	1336	780	556
城中区	63	40	23	1159	726	433	736	448	288
城西区	143	85	58	1318	775	543	811	457	354
城北区	141	75	66	4672	2848	1824	2094	1248	846
湟中区	2	1	1	59	40	19	39	27	12
大通回族土族自治县				215	149	66	64	43	21
湟源县									
海东市	**26**	**17**	**9**	**245**	**167**	**78**	**140**	**83**	**57**
乐都区	15	11	4	137	95	42	71	44	27
平安区	11	6	5	108	72	36	69	39	30
民和回族土族自治县									
互助土族自治县									
化隆回族自治县									
循化撒拉族自治县									
海北藏族自治州									
门源回族自治县									
祁连县									
海晏县									
刚察县									
黄南藏族自治州									
同仁县									
尖扎县									
泽库县									
河南蒙古族自治县									
海南藏族自治州									
共和县									
同德县									
贵德县									
兴海县									
贵南县									
果洛藏族自治州									
玛沁县									
班玛县									
甘德县									
达日县									
久治县									
玛多县									
玉树藏族自治州	**2**	**2**		**88**	**67**	**21**	**24**	**16**	**8**
玉树市	2	2		84	63	21	24	16	8
杂多县									
称多县									
治多县									
囊谦县									
曲麻莱县				4	4				
海西蒙古族藏族自治州	**112**	**99**	**13**	**1963**	**1382**	**581**	**637**	**438**	**199**
格尔木市	34	25	9	1204	800	404	438	305	133
德令哈市	12	11	1	270	165	105	154	93	61
茫崖市	66	63	3	489	417	72	45	40	5
乌兰县									
都兰县									
天峻县									
大柴旦行政委员会									

7-3a　续表 2　　　　单位：人

现住地	户口登记地								
	内蒙古			辽宁			吉林		
	小计	男	女	小计	男	女	小计	男	女
全省	**2399**	**1480**	**919**	**2147**	**1268**	**879**	**2102**	**1230**	**872**
西宁市	**1848**	**1086**	**762**	**1702**	**967**	**735**	**1741**	**1000**	**741**
城东区	578	347	231	464	275	189	468	275	193
城中区	282	171	111	296	164	132	255	152	103
城西区	429	244	185	359	197	162	391	218	173
城北区	485	280	205	566	321	245	605	344	261
湟中区	70	41	29	9	6	3	16	6	10
大通回族土族自治县	4	3	1	8	4	4	6	5	1
湟源县									
海东市	**77**	**48**	**29**	**75**	**47**	**28**	**52**	**30**	**22**
乐都区	29	19	10	36	23	13	25	15	10
平安区	48	29	19	39	24	15	27	15	12
民和回族土族自治县									
互助土族自治县									
化隆回族自治县									
循化撒拉族自治县									
海北藏族自治州									
门源回族自治县									
祁连县									
海晏县									
刚察县									
黄南藏族自治州									
同仁县									
尖扎县									
泽库县									
河南蒙古族自治县									
海南藏族自治州									
共和县									
同德县									
贵德县									
兴海县									
贵南县									
果洛藏族自治州									
玛沁县									
班玛县									
甘德县									
达日县									
久治县									
玛多县									
玉树藏族自治州	**5**	**4**	**1**	**7**	**5**	**2**	**12**	**7**	**5**
玉树市	5	4	1	7	5	2	12	7	5
杂多县									
称多县									
治多县									
囊谦县									
曲麻莱县									
海西蒙古族藏族自治州	**469**	**342**	**127**	**363**	**249**	**114**	**297**	**193**	**104**
格尔木市	334	247	87	238	155	83	175	114	61
德令哈市	111	74	37	55	35	20	102	65	37
茫崖市	24	21	3	70	59	11	20	14	6
乌兰县									
都兰县									
天峻县									
大柴旦行政委员会									

7-3a 续表 3

单位：人

现住地	户口登记地								
	黑龙江			上海			江苏		
	小计	男	女	小计	男	女	小计	男	女
全省	**2360**	**1349**	**1011**	**334**	**205**	**129**	**13330**	**9158**	**4172**
西宁市	**1749**	**950**	**799**	**304**	**186**	**118**	**10871**	**7445**	**3426**
城东区	345	187	158	52	37	15	3072	2034	1038
城中区	352	185	167	80	46	34	2621	1865	756
城西区	407	220	187	101	60	41	2159	1483	676
城北区	622	343	279	69	43	26	2901	1986	915
湟中区	11	7	4	1		1	64	39	25
大通回族土族自治县	12	8	4	1		1	54	38	16
湟源县									
海东市	**51**	**31**	**20**	**6**	**4**	**2**	**603**	**411**	**192**
乐都区	28	16	12	3	2	1	231	166	65
平安区	23	15	8	3	2	1	372	245	127
民和回族土族自治县									
互助土族自治县									
化隆回族自治县									
循化撒拉族自治县									
海北藏族自治州									
门源回族自治县									
祁连县									
海晏县									
刚察县									
黄南藏族自治州									
同仁县									
尖扎县									
泽库县									
河南蒙古族自治县									
海南藏族自治州									
共和县									
同德县									
贵德县									
兴海县									
贵南县									
果洛藏族自治州									
玛沁县									
班玛县									
甘德县									
达日县									
久治县									
玛多县									
玉树藏族自治州	**9**	**6**	**3**	**2**	**2**		**94**	**63**	**31**
玉树市	9	6	3	2	2		92	61	31
杂多县									
称多县									
治多县									
囊谦县									
曲麻莱县							2	2	
海西蒙古族藏族自治州	**551**	**362**	**189**	**22**	**13**	**9**	**1762**	**1239**	**523**
格尔木市	433	279	154	15	8	7	1279	883	396
德令哈市	69	48	21	7	5	2	299	208	91
茫崖市	49	35	14				184	148	36
乌兰县									
都兰县									
天峻县									
大柴旦行政委员会									

7-3a　续表 4　　　　单位：人

现住地	户口登记地								
	浙江			安徽			福建		
	小计	男	女	小计	男	女	小计	男	女
全省	**7035**	**4605**	**2430**	**11893**	**7492**	**4401**	**6109**	**3842**	**2267**
西宁市	**5771**	**3719**	**2052**	**9680**	**6080**	**3600**	**5489**	**3415**	**2074**
城东区	1766	1090	676	2302	1410	892	720	471	249
城中区	1184	795	389	1922	1234	688	472	305	167
城西区	1101	719	382	1732	1091	641	1015	643	372
城北区	1634	1056	578	3587	2249	1338	3221	1954	1267
湟中区	50	36	14	65	45	20	10	6	4
大通回族土族自治县	36	23	13	72	51	21	51	36	15
湟源县									
海东市	**342**	**248**	**94**	**376**	**235**	**141**	**120**	**77**	**43**
乐都区	202	144	58	257	160	97	71	43	28
平安区	140	104	36	119	75	44	49	34	15
民和回族土族自治县									
互助土族自治县									
化隆回族自治县									
循化撒拉族自治县									
海北藏族自治州									
门源回族自治县									
祁连县									
海晏县									
刚察县									
黄南藏族自治州									
同仁县									
尖扎县									
泽库县									
河南蒙古族自治县									
海南藏族自治州									
共和县									
同德县									
贵德县									
兴海县									
贵南县									
果洛藏族自治州									
玛沁县									
班玛县									
甘德县									
达日县									
久治县									
玛多县									
玉树藏族自治州	**48**	**31**	**17**	**63**	**44**	**19**	**57**	**38**	**19**
玉树市	46	30	16	63	44	19	57	38	19
杂多县									
称多县									
治多县									
囊谦县									
曲麻莱县	2	1	1						
海西蒙古族藏族自治州	**874**	**607**	**267**	**1774**	**1133**	**641**	**443**	**312**	**131**
格尔木市	661	461	200	1358	861	497	302	221	81
德令哈市	184	125	59	347	225	122	103	68	35
茫崖市	29	21	8	69	47	22	38	23	15
乌兰县									
都兰县									
天峻县									
大柴旦行政委员会									

7-3a 续表 5 单位：人

现住地	户口登记地								
	江西			山东			河南		
	小计	男	女	小计	男	女	小计	男	女
全省	**3262**	**1977**	**1285**	**13955**	**8769**	**5186**	**52435**	**32573**	**19862**
西宁市	**2843**	**1724**	**1119**	**11542**	**7167**	**4375**	**41084**	**25381**	**15703**
城东区	622	366	256	2591	1639	952	13840	8630	5210
城中区	315	192	123	1777	1122	655	6403	4017	2386
城西区	538	323	215	2262	1337	925	6035	3551	2484
城北区	1285	786	499	4822	3007	1815	14230	8776	5454
湟中区	31	22	9	29	20	9	198	133	65
大通回族土族自治县	52	35	17	61	42	19	378	274	104
湟源县									
海东市	**89**	**53**	**36**	**311**	**207**	**104**	**1740**	**1099**	**641**
乐都区	56	32	24	143	95	48	647	414	233
平安区	33	21	12	168	112	56	1093	685	408
民和回族土族自治县									
互助土族自治县									
化隆回族自治县									
循化撒拉族自治县									
海北藏族自治州									
门源回族自治县									
祁连县									
海晏县									
刚察县									
黄南藏族自治州									
同仁县									
尖扎县									
泽库县									
河南蒙古族自治县									
海南藏族自治州									
共和县									
同德县									
贵德县									
兴海县									
贵南县									
果洛藏族自治州									
玛沁县									
班玛县									
甘德县									
达日县									
久治县									
玛多县									
玉树藏族自治州	**14**	**8**	**6**	**102**	**68**	**34**	**882**	**552**	**330**
玉树市	14	8	6	102	68	34	849	536	313
杂多县									
称多县									
治多县									
囊谦县									
曲麻莱县							33	16	17
海西蒙古族藏族自治州	**316**	**192**	**124**	**2000**	**1327**	**673**	**8729**	**5541**	**3188**
格尔木市	254	158	96	1381	905	476	6676	4180	2496
德令哈市	55	28	27	426	274	152	1281	842	439
茫崖市	7	6	1	193	148	45	772	519	253
乌兰县									
都兰县									
天峻县									
大柴旦行政委员会									

7−3a　续表 6　　　　单位：人

现住地	户口登记地								
	湖北			湖南			广东		
	小计	男	女	小计	男	女	小计	男	女
全省	**11383**	**7186**	**4197**	**5247**	**3107**	**2140**	**2023**	**1285**	**738**
西宁市	**9914**	**6256**	**3658**	**4173**	**2435**	**1738**	**1854**	**1182**	**672**
城东区	2379	1378	1001	1115	638	477	510	317	193
城中区	2411	1584	827	548	323	225	286	188	98
城西区	1680	1069	611	948	554	394	621	399	222
城北区	3235	2088	1147	1516	889	627	399	251	148
湟中区	85	53	32	30	18	12	4		4
大通回族土族自治县	124	84	40	16	13	3	34	27	7
湟源县									
海东市	**516**	**331**	**185**	**172**	**99**	**73**	**46**	**24**	**22**
乐都区	257	175	82	83	44	39	14	4	10
平安区	259	156	103	89	55	34	32	20	12
民和回族土族自治县									
互助土族自治县									
化隆回族自治县									
循化撒拉族自治县									
海北藏族自治州									
门源回族自治县									
祁连县									
海晏县									
刚察县									
黄南藏族自治州									
同仁县									
尖扎县									
泽库县									
河南蒙古族自治县									
海南藏族自治州									
共和县									
同德县									
贵德县									
兴海县									
贵南县									
果洛藏族自治州									
玛沁县									
班玛县									
甘德县									
达日县									
久治县									
玛多县									
玉树藏族自治州	**95**	**59**	**36**	**98**	**60**	**38**	**6**	**3**	**3**
玉树市	95	59	36	98	60	38	6	3	3
杂多县									
称多县									
治多县									
囊谦县									
曲麻莱县									
海西蒙古族藏族自治州	**858**	**540**	**318**	**804**	**513**	**291**	**117**	**76**	**41**
格尔木市	581	358	223	552	355	197	79	52	27
德令哈市	194	121	73	187	121	66	25	17	8
茫崖市	83	61	22	65	37	28	13	7	6
乌兰县									
都兰县									
天峻县									
大柴旦行政委员会									

7-3a 续表 7

单位：人

现住地	户口登记地								
	广西			海南			重庆		
	小计	男	女	小计	男	女	小计	男	女
全省	**879**	**492**	**387**	**332**	**160**	**172**	**5988**	**3832**	**2156**
西宁市	**758**	**424**	**334**	**307**	**144**	**163**	**4835**	**3133**	**1702**
城东区	206	120	86	84	48	36	1438	950	488
城中区	100	57	43	28	18	10	936	621	315
城西区	163	101	62	61	24	37	991	641	350
城北区	282	142	140	132	53	79	1406	874	532
湟中区	4	2	2	1	1		44	29	15
大通回族土族自治县	3	2	1	1		1	20	18	2
湟源县									
海东市	**35**	**22**	**13**	**6**	**4**	**2**	**324**	**207**	**117**
乐都区	15	10	5	6	4	2	204	134	70
平安区	20	12	8				120	73	47
民和回族土族自治县									
互助土族自治县									
化隆回族自治县									
循化撒拉族自治县									
海北藏族自治州									
门源回族自治县									
祁连县									
海晏县									
刚察县									
黄南藏族自治州									
同仁县									
尖扎县									
泽库县									
河南蒙古族自治县									
海南藏族自治州									
共和县									
同德县									
贵德县									
兴海县									
贵南县									
果洛藏族自治州									
玛沁县									
班玛县									
甘德县									
达日县									
久治县									
玛多县									
玉树藏族自治州	**4**	**3**	**1**	**1**	**1**		**157**	**92**	**65**
玉树市	4	3	1	1	1		157	92	65
杂多县									
称多县									
治多县									
囊谦县									
曲麻莱县									
海西蒙古族藏族自治州	**82**	**43**	**39**	**18**	**11**	**7**	**672**	**400**	**272**
格尔木市	66	32	34	12	8	4	495	289	206
德令哈市	11	7	4	3	1	2	84	47	37
茫崖市	5	4	1	3	2	1	93	64	29
乌兰县									
都兰县									
天峻县									
大柴旦行政委员会									

7-3a 续表 8

单位：人

现住地	户口登记地								
	四川			贵州			云南		
	小计	男	女	小计	男	女	小计	男	女
全省	**29658**	**18180**	**11478**	**1954**	**1199**	**755**	**1661**	**923**	**738**
西宁市	**21721**	**13299**	**8422**	**1599**	**969**	**630**	**1166**	**640**	**526**
城东区	5461	3408	2053	680	459	221	372	227	145
城中区	5439	3359	2080	240	149	91	187	97	90
城西区	4056	2425	1631	235	114	121	185	97	88
城北区	6544	3940	2604	427	234	193	378	189	189
湟中区	125	94	31	8	6	2	32	19	13
大通回族土族自治县	96	73	23	9	7	2	12	11	1
湟源县									
海东市	**1405**	**921**	**484**	**85**	**66**	**19**	**69**	**48**	**21**
乐都区	850	581	269	36	29	7	29	20	9
平安区	555	340	215	49	37	12	40	28	12
民和回族土族自治县									
互助土族自治县									
化隆回族自治县									
循化撒拉族自治县									
海北藏族自治州									
门源回族自治县									
祁连县									
海晏县									
刚察县									
黄南藏族自治州									
同仁县									
尖扎县									
泽库县									
河南蒙古族自治县									
海南藏族自治州									
共和县									
同德县									
贵德县									
兴海县									
贵南县									
果洛藏族自治州									
玛沁县									
班玛县									
甘德县									
达日县									
久治县									
玛多县									
玉树藏族自治州	**1727**	**1041**	**686**	**21**	**15**	**6**	**74**	**48**	**26**
玉树市	1697	1022	675	21	15	6	74	48	26
杂多县									
称多县									
治多县									
囊谦县									
曲麻莱县	30	19	11						
海西蒙古族藏族自治州	**4805**	**2919**	**1886**	**249**	**149**	**100**	**352**	**187**	**165**
格尔木市	3599	2154	1445	206	127	79	110	51	59
德令哈市	695	407	288	21	10	11	47	24	23
茫崖市	511	358	153	22	12	10	195	112	83
乌兰县									
都兰县									
天峻县									
大柴旦行政委员会									

7-3a 续表 9

单位：人

现住地	户口登记地								
	西藏			陕西			甘肃		
	小计	男	女	小计	男	女	小计	男	女
全省	**3109**	**1552**	**1557**	**22578**	**13929**	**8649**	**78273**	**46997**	**31276**
西宁市	**796**	**353**	**443**	**18523**	**11272**	**7251**	**56852**	**33796**	**23056**
城东区	329	124	205	5357	3345	2012	26867	15809	11058
城中区	115	57	58	3223	2043	1180	9269	5604	3665
城西区	111	57	54	3736	2212	1524	7910	4609	3301
城北区	221	108	113	6000	3527	2473	12296	7400	4896
湟中区	20	7	13	93	70	23	341	247	94
大通回族土族自治县				114	75	39	169	127	42
湟源县									
海东市	**95**	**36**	**59**	**843**	**597**	**246**	**2713**	**1725**	**988**
乐都区	66	24	42	419	301	118	1682	1092	590
平安区	29	12	17	424	296	128	1031	633	398
民和回族土族自治县									
互助土族自治县									
化隆回族自治县									
循化撒拉族自治县									
海北藏族自治州									
门源回族自治县									
祁连县									
海晏县									
刚察县									
黄南藏族自治州									
同仁县									
尖扎县									
泽库县									
河南蒙古族自治县									
海南藏族自治州									
共和县									
同德县									
贵德县									
兴海县									
贵南县									
果洛藏族自治州									
玛沁县									
班玛县									
甘德县									
达日县									
久治县									
玛多县									
玉树藏族自治州	**1655**	**863**	**792**	**102**	**68**	**34**	**1079**	**747**	**332**
玉树市	1628	849	779	101	67	34	1072	741	331
杂多县									
称多县									
治多县									
囊谦县									
曲麻莱县	27	14	13	1	1		7	6	1
海西蒙古族藏族自治州	**563**	**300**	**263**	**3110**	**1992**	**1118**	**17629**	**10729**	**6900**
格尔木市	540	293	247	2295	1389	906	12887	7473	5414
德令哈市	20	7	13	393	263	130	2264	1406	858
茫崖市	3		3	422	340	82	2478	1850	628
乌兰县									
都兰县									
天峻县									
大柴旦行政委员会									

7-3a　续表 10

单位：人

现住地	户口登记地					
	宁　夏			新　疆		
	小计	男	女	小计	男	女
全省	**1961**	**1183**	**778**	**2325**	**1260**	**1065**
西宁市	**1683**	**995**	**688**	**1748**	**911**	**837**
城东区	652	388	264	889	460	429
城中区	223	124	99	219	118	101
城西区	342	200	142	283	150	133
城北区	447	268	179	328	163	165
湟中区	19	15	4	26	18	8
大通回族土族自治县				3	2	1
湟源县						
海东市	**70**	**46**	**24**	**130**	**63**	**67**
乐都区	27	23	4	63	31	32
平安区	43	23	20	67	32	35
民和回族土族自治县						
互助土族自治县						
化隆回族自治县						
循化撒拉族自治县						
海北藏族自治州						
门源回族自治县						
祁连县						
海晏县						
刚察县						
黄南藏族自治州						
同仁县						
尖扎县						
泽库县						
河南蒙古族自治县						
海南藏族自治州						
共和县						
同德县						
贵德县						
兴海县						
贵南县						
果洛藏族自治州						
玛沁县						
班玛县						
甘德县						
达日县						
久治县						
玛多县						
玉树藏族自治州	**12**	**6**	**6**	**11**	**6**	**5**
玉树市	12	6	6	11	6	5
杂多县						
称多县						
治多县						
囊谦县						
曲麻莱县						
海西蒙古族藏族自治州	**196**	**136**	**60**	**436**	**280**	**156**
格尔木市	121	77	44	282	167	115
德令哈市	48	36	12	59	35	24
茫崖市	27	23	4	95	78	17
乌兰县						
都兰县						
天峻县						
大柴旦行政委员会						

7-3b 全省按现住地、性别分的户口登记地在外省的人口(镇)

单位：人

现住地	户口登记地					
	合计			北京		
	合计	男	女	小计	男	女
全省	**71382**	**46132**	**25250**	**81**	**59**	**22**
西宁市	**12575**	**8657**	**3918**	**11**	**8**	**3**
城东区						
城中区	1284	1133	151			
城西区	91	60	31			
城北区						
湟中区	3591	2663	928	2	2	
大通回族土族自治县	5789	3617	2172	5	2	3
湟源县	1820	1184	636	4	4	
海东市	**11814**	**7402**	**4412**	**17**	**15**	**2**
乐都区	396	284	112			
平安区	298	245	53			
民和回族土族自治县	4177	2422	1755	8	6	2
互助土族自治县	3687	2392	1295	5	5	
化隆回族自治县	1119	686	433	2	2	
循化撒拉族自治县	2137	1373	764	2	2	
海北藏族自治州	**4708**	**3023**	**1685**	**14**	**8**	**6**
门源回族自治县	1294	789	505	10	4	6
祁连县	1455	940	515	2	2	
海晏县	1040	636	404	2	2	
刚察县	919	658	261			
黄南藏族自治州	**6892**	**4346**	**2546**	**16**	**12**	**4**
同仁县	3258	2057	1201	9	6	3
尖扎县	1480	936	544	5	4	1
泽库县	624	408	216	1	1	
河南蒙古族自治县	1530	945	585	1	1	
海南藏族自治州	**8020**	**5029**	**2991**	**13**	**10**	**3**
共和县	3603	2357	1246	6	5	1
同德县	850	531	319	1		1
贵德县	1671	1006	665	4	3	1
兴海县	967	573	394	2	2	
贵南县	929	562	367			
果洛藏族自治州	**7737**	**5144**	**2593**	**3**	**1**	**2**
玛沁县	3432	2390	1042	1	1	
班玛县	1009	671	338			
甘德县	464	307	157			
达日县	1363	861	502			
久治县	1158	697	461	2		2
玛多县	311	218	93			
玉树藏族自治州	**2539**	**1630**	**909**	**3**	**3**	
玉树市	189	123	66			
杂多县	641	391	250	1	1	
称多县	671	442	229			
治多县	455	310	145			
囊谦县	299	187	112	2	2	
曲麻莱县	284	177	107			
海西蒙古族藏族自治州	**17097**	**10901**	**6196**	**4**	**2**	**2**
格尔木市	7143	4279	2864			
德令哈市	269	188	81			
茫崖市	924	668	256	2	1	1
乌兰县	1863	1246	617			
都兰县	3593	2103	1490			
天峻县	890	626	264	1		1
大柴旦行政委员会	2415	1791	624	1	1	

7-3b　续表 1　　　　单位：人

现住地	户口登记地								
	天　津			河　北			山　西		
	小计	男	女	小计	男	女	小计	男	女
全省	**94**	**61**	**33**	**1605**	**1121**	**484**	**1043**	**700**	**343**
西宁市	**18**	**10**	**8**	**484**	**315**	**169**	**245**	**166**	**79**
城东区									
城中区				19	17	2	4	4	
城西区	3	1	2	39	25	14			
城北区									
湟中区	5	3	2	121	94	27	75	52	23
大通回族土族自治县	7	4	3	241	138	103	121	80	41
湟源县	3	2	1	64	41	23	45	30	15
海东市	**19**	**11**	**8**	**223**	**139**	**84**	**186**	**104**	**82**
乐都区				19	15	4	1	1	
平安区				4	3	1	7	5	2
民和回族土族自治县	5	2	3	69	44	25	31	17	14
互助土族自治县	7	4	3	93	55	38	115	60	55
化隆回族自治县	6	4	2	17	7	10	17	12	5
循化撒拉族自治县	1	1		21	15	6	15	9	6
海北藏族自治州	**2**	**2**		**100**	**64**	**36**	**67**	**44**	**23**
门源回族自治县	1	1		29	14	15	13	8	5
祁连县				16	10	6	12	9	3
海晏县	1	1		33	23	10	25	17	8
刚察县				22	17	5	17	10	7
黄南藏族自治州	**27**	**17**	**10**	**69**	**46**	**23**	**55**	**34**	**21**
同仁县	13	10	3	27	21	6	24	16	8
尖扎县	4	2	2	20	11	9	19	13	6
泽库县	8	4	4	7	6	1	9	4	5
河南蒙古族自治县	2	1	1	15	8	7	3	1	2
海南藏族自治州	**12**	**10**	**2**	**203**	**128**	**75**	**103**	**71**	**32**
共和县	6	5	1	115	74	41	64	46	18
同德县	2	2		9	5	4	2	1	1
贵德县	3	3		45	29	16	23	15	8
兴海县	1		1	19	10	9	7	5	2
贵南县				15	10	5	7	4	3
果洛藏族自治州	**3**	**2**	**1**	**67**	**55**	**12**	**43**	**28**	**15**
玛沁县				26	21	5	25	16	9
班玛县	2	1	1	7	6	1	3	2	1
甘德县	1	1		7	7		4	2	2
达日县				9	7	2	3	2	1
久治县				6	5	1	6	4	2
玛多县				12	9	3	2	2	
玉树藏族自治州	**2**	**1**	**1**	**28**	**18**	**10**	**38**	**24**	**14**
玉树市				3	1	2	2	2	
杂多县	1	1		11	8	3	15	9	6
称多县	1		1	6	4	2	3	3	
治多县				1	1		8	5	3
囊谦县				5	2	3	4	2	2
曲麻莱县				2	2		6	3	3
海西蒙古族藏族自治州	**11**	**8**	**3**	**431**	**356**	**75**	**306**	**229**	**77**
格尔木市				138	118	20	56	49	7
德令哈市	1	1		5	4	1			
茫崖市				30	25	5	15	14	1
乌兰县	4	2	2	35	28	7	77	55	22
都兰县	1	1		59	40	19	65	42	23
天峻县	1		1	14	12	2	44	28	16
大柴旦行政委员会	4	4		150	129	21	49	41	8

7-3b 续表 2

单位：人

现住地	户口登记地								
	内蒙古			辽宁			吉林		
	小计	男	女	小计	男	女	小计	男	女
全省	**463**	**336**	**127**	**280**	**179**	**101**	**284**	**177**	**107**
西宁市	**110**	**80**	**30**	**72**	**50**	**22**	**85**	**42**	**43**
城东区									
城中区	8	7	1	1	1		2	2	
城西区									
城北区									
湟中区	37	28	9	19	15	4	20	9	11
大通回族土族自治县	47	31	16	42	27	15	49	20	29
湟源县	18	14	4	10	7	3	14	11	3
海东市	**114**	**72**	**42**	**39**	**19**	**20**	**51**	**32**	**19**
乐都区	6	4	2	3		3	4	3	1
平安区	2	2		1	1		2	1	1
民和回族土族自治县	61	44	17	17	9	8	10	7	3
互助土族自治县	28	16	12	9	5	4	30	16	14
化隆回族自治县	14	6	8	4	2	2	1	1	
循化撒拉族自治县	3		3	5	2	3	4	4	
海北藏族自治州	**46**	**37**	**9**	**37**	**27**	**10**	**14**	**9**	**5**
门源回族自治县	18	13	5	3	2	1	4	3	1
祁连县	5	4	1	18	16	2	5	4	1
海晏县	11	9	2	12	6	6	1		1
刚察县	12	11	1	4	3	1	4	2	2
黄南藏族自治州	**15**	**12**	**3**	**17**	**11**	**6**	**19**	**11**	**8**
同仁县	4	3	1	13	7	6	5	2	3
尖扎县	6	5	1	2	2		7	5	2
泽库县							4	2	2
河南蒙古族自治县	5	4	1	2	2		3	2	1
海南藏族自治州	**33**	**25**	**8**	**22**	**15**	**7**	**30**	**19**	**11**
共和县	16	14	2	12	8	4	17	11	6
同德县	1	1		2	1	1	2	1	1
贵德县	9	6	3	5	3	2	8	6	2
兴海县	2		2	1	1		2	1	1
贵南县	5	4	1	2	2		1		1
果洛藏族自治州	**14**	**8**	**6**	**13**	**7**	**6**	**7**	**5**	**2**
玛沁县	9	5	4	5	2	3	4	3	1
班玛县	4	2	2	1	1				
甘德县				1	1		1	1	
达日县				5	3	2			
久治县	1	1		1		1	1	1	
玛多县							1		1
玉树藏族自治州	**4**	**4**		**7**	**2**	**5**	**8**	**4**	**4**
玉树市	1	1					3	1	2
杂多县				2		2	1	1	
称多县	1	1		1	1		1		1
治多县	1	1		2		2	2	1	1
囊谦县				1	1		1	1	
曲麻莱县	1	1		1		1			
海西蒙古族藏族自治州	**127**	**98**	**29**	**73**	**48**	**25**	**70**	**55**	**15**
格尔木市	9	6	3	17	11	6	17	15	2
德令哈市	1	1		3	2	1	2	2	
茫崖市	5	4	1	4	3	1	2		2
乌兰县	26	19	7	6	4	2	6	6	
都兰县	26	21	5	12	6	6	17	13	4
天峻县	3	3		1	1		8	5	3
大柴旦行政委员会	57	44	13	30	21	9	18	14	4

7-3b　续表 3　　　　　　　　　　　　　　　　　　　　　　　　　　单位：人

现住地	户口登记地								
	黑龙江			上海			江苏		
	小计	男	女	小计	男	女	小计	男	女
全省	**335**	**217**	**118**	**36**	**26**	**10**	**2427**	**1714**	**713**
西宁市	**81**	**55**	**26**	**6**	**3**	**3**	**604**	**470**	**134**
城东区									
城中区	2	2					52	48	4
城西区							14	11	3
城北区									
湟中区	22	18	4	3	2	1	268	225	43
大通回族土族自治县	49	32	17				203	138	65
湟源县	8	3	5	3	1	2	67	48	19
海东市	**63**	**40**	**23**	**13**	**8**	**5**	**532**	**346**	**186**
乐都区	3	2	1				24	15	9
平安区	6	4	2				7	6	1
民和回族土族自治县	22	15	7	5	2	3	151	100	51
互助土族自治县	25	17	8	6	5	1	192	133	59
化隆回族自治县	5	2	3	2	1	1	78	44	34
循化撒拉族自治县	2		2				80	48	32
海北藏族自治州	**21**	**11**	**10**	**1**	**1**		**167**	**115**	**52**
门源回族自治县	9	3	6				43	28	15
祁连县	7	3	4	1	1		39	29	10
海晏县	2	2					52	34	18
刚察县	3	3					33	24	9
黄南藏族自治州	**10**	**6**	**4**	**1**	**1**		**202**	**136**	**66**
同仁县	6	4	2	1	1		92	62	30
尖扎县	4	2	2				58	38	20
泽库县							36	26	10
河南蒙古族自治县							16	10	6
海南藏族自治州	**15**	**9**	**6**	**3**	**2**	**1**	**436**	**296**	**140**
共和县	5	3	2	1	1		178	134	44
同德县	1		1	1		1	52	36	16
贵德县	5	3	2	1	1		93	55	38
兴海县	3	2	1				53	33	20
贵南县	1	1					60	38	22
果洛藏族自治州	**11**	**8**	**3**	**7**	**7**		**140**	**105**	**35**
玛沁县	7	6	1	4	4		80	60	20
班玛县							15	12	3
甘德县				2	2		1	1	
达日县	4	2	2				6	4	2
久治县				1	1		17	14	3
玛多县							21	14	7
玉树藏族自治州	**1**	**1**		**4**	**3**	**1**	**49**	**28**	**21**
玉树市							9	7	2
杂多县				2	1	1	16	8	8
称多县				2	2		4	4	
治多县							6	3	3
囊谦县							1	1	
曲麻莱县	1	1					13	5	8
海西蒙古族藏族自治州	**133**	**87**	**46**	**1**	**1**		**297**	**218**	**79**
格尔木市	43	35	8				64	53	11
德令哈市							3	3	
茫崖市	7	6	1				14	11	3
乌兰县	3	1	2				67	46	21
都兰县	4	2	2	1	1		52	31	21
天峻县	27	12	15				20	14	6
大柴旦行政委员会	49	31	18				77	60	17

7-3b 续表 4

单位：人

现住地	户口登记地								
	浙江			安徽			福建		
	小计	男	女	小计	男	女	小计	男	女
全省	**1379**	**943**	**436**	**1924**	**1219**	**705**	**453**	**314**	**139**
西宁市	**296**	**196**	**100**	**384**	**240**	**144**	**181**	**116**	**65**
城东区									
城中区	7	7		5	5		5	4	1
城西区	1	1		3	2	1	6	3	3
城北区									
湟中区	72	54	18	116	82	34	28	23	5
大通回族土族自治县	161	95	66	216	125	91	110	71	39
湟源县	55	39	16	44	26	18	32	15	17
海东市	**334**	**236**	**98**	**355**	**222**	**133**	**124**	**89**	**35**
乐都区	15	13	2	27	19	8	11	11	
平安区	4	3	1	7	7		3	2	1
民和回族土族自治县	101	71	30	107	62	45	22	15	7
互助土族自治县	145	102	43	138	86	52	71	49	22
化隆回族自治县	26	18	8	17	10	7	6	4	2
循化撒拉族自治县	43	29	14	59	38	21	11	8	3
海北藏族自治州	**131**	**87**	**44**	**140**	**89**	**51**	**23**	**17**	**6**
门源回族自治县	64	44	20	35	25	10	10	7	3
祁连县	31	16	15	43	28	15	12	9	3
海晏县	22	14	8	37	23	14			
刚察县	14	13	1	25	13	12	1	1	
黄南藏族自治州	**175**	**109**	**66**	**156**	**98**	**58**	**11**	**7**	**4**
同仁县	104	67	37	70	44	26	8	5	3
尖扎县	53	32	21	57	35	22	2	1	1
泽库县	8	4	4	14	9	5			
河南蒙古族自治县	10	6	4	15	10	5	1	1	
海南藏族自治州	**198**	**138**	**60**	**337**	**196**	**141**	**37**	**27**	**10**
共和县	70	52	18	156	89	67	16	13	3
同德县	9	6	3	38	23	15			
贵德县	85	61	24	85	50	35	16	10	6
兴海县	14	8	6	20	14	6	4	4	
贵南县	20	11	9	38	20	18	1		1
果洛藏族自治州	**45**	**28**	**17**	**219**	**143**	**76**	**22**	**17**	**5**
玛沁县	23	13	10	102	69	33	13	10	3
班玛县	3	2	1	15	9	6	1	1	
甘德县	3	3		8	5	3	2		2
达日县	8	6	2	84	53	31	2	2	
久治县	8	4	4	5	3	2	2	2	
玛多县				5	4	1	2	2	
玉树藏族自治州	**23**	**14**	**9**	**30**	**17**	**13**	**7**	**4**	**3**
玉树市	3	3							
杂多县	1		1	7	4	3	4	2	2
称多县	3	2	1	7	4	3			
治多县	2	1	1	5	3	2			
囊谦县	4	2	2	6	3	3	3	2	1
曲麻莱县	10	6	4	5	3	2			
海西蒙古族藏族自治州	**177**	**135**	**42**	**303**	**214**	**89**	**48**	**37**	**11**
格尔木市	16	13	3	42	37	5	3	2	1
德令哈市	18	16	2	13	11	2	1	1	
茫崖市	16	13	3	24	16	8	2	2	
乌兰县	29	20	9	41	31	10	21	14	7
都兰县	44	30	14	98	62	36	15	14	1
天峻县	13	10	3	34	24	10	6	4	2
大柴旦行政委员会	41	33	8	51	33	18			

7-3b 续表 5

单位：人

现住地	户口登记地								
	江西			山东			河南		
	小计	男	女	小计	男	女	小计	男	女
全省	**525**	**307**	**218**	**1920**	**1316**	**604**	**9180**	**6215**	**2965**
西宁市	**112**	**66**	**46**	**491**	**353**	**138**	**1948**	**1415**	**533**
城东区									
城中区	1	1		22	20	2	218	209	9
城西区				1	1				
城北区									
湟中区	21	15	6	178	152	26	471	350	121
大通回族土族自治县	76	43	33	245	149	96	904	614	290
湟源县	14	7	7	45	31	14	355	242	113
海东市	**110**	**67**	**43**	**286**	**167**	**119**	**1442**	**967**	**475**
乐都区	3	2	1	5	5		80	61	19
平安区	3	2	1	13	9	4	59	50	9
民和回族土族自治县	25	12	13	75	43	32	480	320	160
互助土族自治县	59	39	20	116	67	49	452	299	153
化隆回族自治县	8	4	4	16	9	7	177	105	72
循化撒拉族自治县	12	8	4	61	34	27	194	132	62
海北藏族自治州	**55**	**30**	**25**	**161**	**111**	**50**	**668**	**430**	**238**
门源回族自治县	12	7	5	40	22	18	194	124	70
祁连县	18	8	10	29	25	4	149	104	45
海晏县	8	7	1	66	48	18	169	97	72
刚察县	17	8	9	26	16	10	156	105	51
黄南藏族自治州	**52**	**25**	**27**	**103**	**72**	**31**	**653**	**427**	**226**
同仁县	25	13	12	47	34	13	297	193	104
尖扎县	10	4	6	36	23	13	216	137	79
泽库县	6	2	4	12	9	3	64	44	20
河南蒙古族自治县	11	6	5	8	6	2	76	53	23
海南藏族自治州	**73**	**43**	**30**	**215**	**135**	**80**	**1133**	**711**	**422**
共和县	27	16	11	81	56	25	492	314	178
同德县	4	2	2	20	12	8	133	90	43
贵德县	20	14	6	63	35	28	273	156	117
兴海县	8	2	6	12	6	6	133	83	50
贵南县	14	9	5	39	26	13	102	68	34
果洛藏族自治州	**51**	**35**	**16**	**122**	**81**	**41**	**732**	**525**	**207**
玛沁县	22	16	6	93	65	28	306	233	73
班玛县	4	4		6	3	3	163	109	54
甘德县	9	6	3	4	2	2	42	32	10
达日县	10	6	4	13	8	5	121	82	39
久治县	4	2	2	3	1	2	44	29	15
玛多县	2	1	1	3	2	1	56	40	16
玉树藏族自治州	**19**	**12**	**7**	**33**	**22**	**11**	**380**	**250**	**130**
玉树市				5	2	3	30	21	9
杂多县	6	3	3	6	4	2	52	34	18
称多县	11	7	4	16	11	5	129	85	44
治多县	2	2		4	3	1	36	25	11
囊谦县				2	2		94	60	34
曲麻莱县							39	25	14
海西蒙古族藏族自治州	**53**	**29**	**24**	**509**	**375**	**134**	**2224**	**1490**	**734**
格尔木市	2		2	121	93	28	433	325	108
德令哈市				9	6	3	20	12	8
茫崖市	1	1		20	17	3	164	103	61
乌兰县	18	10	8	98	64	34	290	191	99
都兰县	16	6	10	126	85	41	876	522	354
天峻县	10	6	4	20	13	7	179	142	37
大柴旦行政委员会	6	6		115	97	18	262	195	67

7-3b 续表 6

单位：人

现住地	户口登记地								
	湖北			湖南			广东		
	小计	男	女	小计	男	女	小计	男	女
全省	**2885**	**1845**	**1040**	**1777**	**1043**	**734**	**215**	**131**	**84**
西宁市	**730**	**490**	**240**	**272**	**170**	**102**	**44**	**28**	**16**
城东区									
城中区	41	40	1	22	19	3			
城西区	6	4	2				1	1	
城北区									
湟中区	299	209	90	102	63	39	4	2	2
大通回族土族自治县	301	181	120	126	74	52	34	20	14
湟源县	83	56	27	22	14	8	5	5	
海东市	**791**	**490**	**301**	**252**	**140**	**112**	**85**	**50**	**35**
乐都区	7	4	3	2	2		16	11	5
平安区	11	10	1	9	7	2	3	3	
民和回族土族自治县	289	171	118	53	28	25	14	8	6
互助土族自治县	172	112	60	131	71	60	21	8	13
化隆回族自治县	165	105	60	35	19	16	30	19	11
循化撒拉族自治县	147	88	59	22	13	9	1	1	
海北藏族自治州	**212**	**138**	**74**	**170**	**88**	**82**	**22**	**13**	**9**
门源回族自治县	89	56	33	56	28	28	7	4	3
祁连县	67	49	18	48	26	22	6	3	3
海晏县	26	15	11	29	13	16	4	2	2
刚察县	30	18	12	37	21	16	5	4	1
黄南藏族自治州	**200**	**110**	**90**	**169**	**101**	**68**	**11**	**7**	**4**
同仁县	99	56	43	53	28	25	5	1	4
尖扎县	63	34	29	57	35	22	3	3	
泽库县	13	6	7	43	27	16	2	2	
河南蒙古族自治县	25	14	11	16	11	5	1	1	
海南藏族自治州	**467**	**272**	**195**	**285**	**159**	**126**	**22**	**15**	**7**
共和县	130	73	57	84	51	33	6	4	2
同德县	48	30	18	31	18	13	1	1	
贵德县	174	100	74	77	41	36	8	5	3
兴海县	40	26	14	53	30	23	3	3	
贵南县	75	43	32	40	19	21	4	2	2
果洛藏族自治州	**103**	**71**	**32**	**228**	**130**	**98**	**11**	**7**	**4**
玛沁县	67	49	18	115	70	45	7	5	2
班玛县	6	5	1	30	17	13			
甘德县	11	5	6	18	10	8	1	1	
达日县	14	10	4	27	13	14	1	1	
久治县	4	2	2	30	15	15			
玛多县	1		1	8	5	3	2		2
玉树藏族自治州	**58**	**37**	**21**	**138**	**73**	**65**	**6**	**2**	**4**
玉树市				5	3	2			
杂多县	14	9	5	24	13	11	1		1
称多县	31	21	10	59	32	27			
治多县	2	1	1	25	13	12	2		2
囊谦县	7	3	4	9	5	4	2	2	
曲麻莱县	4	3	1	16	7	9	1		1
海西蒙古族藏族自治州	**324**	**237**	**87**	**263**	**182**	**81**	**14**	**9**	**5**
格尔木市	46	31	15	34	28	6	2	1	1
德令哈市				8	4	4			
茫崖市	15	7	8	2	2				
乌兰县	48	34	14	37	23	14	6	5	1
都兰县	86	55	31	42	26	16	3	1	2
天峻县	30	20	10	67	48	19	2	1	1
大柴旦行政委员会	99	90	9	73	51	22	1	1	

7-3b　续表 7　　　　单位：人

现住地	户口登记地								
	广西			海南			重庆		
	小计	男	女	小计	男	女	小计	男	女
全省	**142**	**85**	**57**	**33**	**21**	**12**	**1518**	**1040**	**478**
西宁市	**48**	**32**	**16**	**6**	**3**	**3**	**433**	**315**	**118**
城东区									
城中区	1		1	1	1		152	129	23
城西区							1	1	
城北区									
湟中区	21	15	6	3	2	1	66	41	25
大通回族土族自治县	19	13	6	1		1	179	121	58
湟源县	7	4	3	1		1	35	23	12
海东市	**21**	**9**	**12**	**4**	**3**	**1**	**250**	**169**	**81**
乐都区	2	2					21	18	3
平安区	1		1				10	10	
民和回族土族自治县	9	4	5	3	2	1	50	32	18
互助土族自治县	7	3	4				105	69	36
化隆回族自治县	2		2				20	10	10
循化撒拉族自治县				1	1		44	30	14
海北藏族自治州	**11**	**8**	**3**	**1**		**1**	**78**	**48**	**30**
门源回族自治县	4	4					16	8	8
祁连县	4	3	1	1		1	29	19	10
海晏县	3	1	2				19	10	9
刚察县							14	11	3
黄南藏族自治州	**9**	**2**	**7**	**6**	**4**	**2**	**180**	**128**	**52**
同仁县	6	1	5	3	2	1	79	56	23
尖扎县				1		1	84	64	20
泽库县				1	1		8	4	4
河南蒙古族自治县	3	1	2	1	1		9	4	5
海南藏族自治州	**15**	**12**	**3**	**5**	**2**	**3**	**192**	**126**	**66**
共和县	10	9	1	2	1	1	77	50	27
同德县							8	5	3
贵德县	2		2	2	1	1	38	25	13
兴海县	2	2					28	19	9
贵南县	1	1		1		1	41	27	14
果洛藏族自治州	**11**	**5**	**6**	**5**	**4**	**1**	**176**	**116**	**60**
玛沁县	2		2	3	3		130	87	43
班玛县	3	1	2	1	1		12	5	7
甘德县				1		1	6	4	2
达日县	2	1	1				11	9	2
久治县	4	3	1				12	7	5
玛多县							5	4	1
玉树藏族自治州	**7**	**4**	**3**	**5**	**4**	**1**	**55**	**32**	**23**
玉树市							4	2	2
杂多县	1		1	1	1		19	9	10
称多县	4	3	1	1	1		5	3	2
治多县	1	1		3	2	1	6	4	2
囊谦县							9	6	3
曲麻莱县	1		1				12	8	4
海西蒙古族藏族自治州	**20**	**13**	**7**	**1**	**1**		**154**	**106**	**48**
格尔木市	1		1				41	31	10
德令哈市							3	2	1
茫崖市	1	1					24	14	10
乌兰县	6	3	3				26	18	8
都兰县	4	3	1	1	1		20	10	10
天峻县							11	8	3
大柴旦行政委员会	8	6	2				29	23	6

7-3b 续表 8　　单位：人

现住地	户口登记地								
	四川			贵州			云南		
	小计	男	女	小计	男	女	小计	男	女
全省	**8913**	**5947**	**2966**	**485**	**344**	**141**	**724**	**453**	**271**
西宁市	**1592**	**1102**	**490**	**154**	**115**	**39**	**194**	**155**	**39**
城东区									
城中区	310	255	55	16	15	1	48	44	4
城西区	2	2							
城北区									
湟中区	322	231	91	60	47	13	105	91	14
大通回族土族自治县	792	510	282	43	32	11	15	4	11
湟源县	166	104	62	35	21	14	26	16	10
海东市	**947**	**636**	**311**	**43**	**30**	**13**	**59**	**22**	**37**
乐都区	28	19	9	5	5		2		2
平安区	27	14	13	7	7		4	3	1
民和回族土族自治县	295	205	90	12	5	7	15	7	8
互助土族自治县	305	212	93	13	7	6	27	8	19
化隆回族自治县	68	38	30	3	3		6	1	5
循化撒拉族自治县	224	148	76	3	3		5	3	2
海北藏族自治州	**426**	**288**	**138**	**29**	**22**	**7**	**36**	**19**	**17**
门源回族自治县	128	85	43	18	14	4	13	6	7
祁连县	145	99	46	4	4		8	3	5
海晏县	84	53	31	7	4	3	11	7	4
刚察县	69	51	18				4	3	1
黄南藏族自治州	**793**	**534**	**259**	**56**	**39**	**17**	**101**	**64**	**37**
同仁县	398	266	132	18	13	5	34	20	14
尖扎县	256	176	80	30	22	8	2	2	
泽库县	50	31	19	4	2	2	19	12	7
河南蒙古族自治县	89	61	28	4	2	2	46	30	16
海南藏族自治州	**641**	**408**	**233**	**61**	**43**	**18**	**124**	**72**	**52**
共和县	337	218	119	34	25	9	47	30	17
同德县	60	38	22	5	2	3	29	16	13
贵德县	89	54	35	11	8	3	14	8	6
兴海县	88	54	34	10	7	3	27	14	13
贵南县	67	44	23	1	1		7	4	3
果洛藏族自治州	**2983**	**1934**	**1049**	**43**	**36**	**7**	**72**	**42**	**30**
玛沁县	1180	803	377	11	9	2	49	26	23
班玛县	444	302	142	12	11	1	3	1	2
甘德县	133	84	49				2	1	1
达日县	599	362	237	7	4	3	13	10	3
久治县	514	306	208	12	11	1	3	2	1
玛多县	113	77	36	1	1		2	2	
玉树藏族自治州	**520**	**341**	**179**	**12**	**11**	**1**	**13**	**7**	**6**
玉树市	52	32	20	1	1		2	1	1
杂多县	113	80	33	3	3		2	1	1
称多县	136	89	47	3	3				
治多县	109	78	31				2	1	1
囊谦县	37	19	18	5	4	1	7	4	3
曲麻莱县	73	43	30						
海西蒙古族藏族自治州	**1011**	**704**	**307**	**87**	**48**	**39**	**125**	**72**	**53**
格尔木市	371	270	101	9	7	2	12	7	5
德令哈市	14	12	2	6	4	2			
茫崖市	58	41	17	1	1		5	3	2
乌兰县	171	121	50	8	6	2	18	14	4
都兰县	138	90	48	45	14	31	63	27	36
天峻县	86	51	35	5	5		4	1	3
大柴旦行政委员会	173	119	54	13	11	2	23	20	3

7-3b　续表 9

单位：人

现住地	户口登记地								
	西藏			陕西			甘肃		
	小计	男	女	小计	男	女	小计	男	女
全省	**771**	**311**	**460**	**2971**	**2174**	**797**	**27887**	**17214**	**10673**
西宁市	**173**	**75**	**98**	**863**	**629**	**234**	**2708**	**1817**	**891**
城东区									
城中区				146	127	19	189	164	25
城西区	7	2	5	4	4		3	2	1
城北区									
湟中区	34	12	22	242	190	52	839	610	229
大通回族土族自治县	25	10	15	349	223	126	1282	780	502
湟源县	107	51	56	122	85	37	395	261	134
海东市	**117**	**36**	**81**	**575**	**421**	**154**	**4492**	**2719**	**1773**
乐都区	6	2	4	26	19	7	77	49	28
平安区				30	28	2	66	57	9
民和回族土族自治县	68	25	43	151	98	53	1869	990	879
互助土族自治县	31	7	24	296	232	64	1032	672	360
化隆回族自治县	5	1	4	28	17	11	342	233	109
循化撒拉族自治县	7	1	6	44	27	17	1106	718	388
海北藏族自治州	**17**	**5**	**12**	**233**	**155**	**78**	**1740**	**1098**	**642**
门源回族自治县	7	3	4	65	39	26	389	226	163
祁连县	4		4	53	34	19	675	419	256
海晏县	4		4	67	48	19	322	184	138
刚察县	2	2		48	34	14	354	269	85
黄南藏族自治州	**45**	**17**	**28**	**179**	**134**	**45**	**3526**	**2163**	**1363**
同仁县	31	12	19	95	73	22	1673	1031	642
尖扎县	14	5	9	61	42	19	399	233	166
泽库县				12	12		297	197	100
河南蒙古族自治县				11	7	4	1157	702	455
海南藏族自治州	**68**	**27**	**41**	**304**	**208**	**96**	**2872**	**1792**	**1080**
共和县	35	17	18	160	112	48	1371	891	480
同德县	5	3	2	31	24	7	352	213	139
贵德县	16	5	11	84	48	36	384	250	134
兴海县	7	1	6	13	11	2	404	228	176
贵南县	5	1	4	16	13	3	361	210	151
果洛藏族自治州	**53**	**29**	**24**	**136**	**108**	**28**	**2395**	**1591**	**804**
玛沁县	33	19	14	98	75	23	1008	713	295
班玛县	5	4	1	12	11	1	249	156	93
甘德县	3	1	2	14	11	3	188	126	62
达日县	10	4	6	4	3	1	408	267	141
久治县	1		1	5	5		472	279	193
玛多县	1	1		3	3		70	50	20
玉树藏族自治州	**231**	**107**	**124**	**43**	**30**	**13**	**802**	**569**	**233**
玉树市	29	16	13	2	2		38	28	10
杂多县	111	41	70	11	8	3	207	147	60
称多县	1		1	26	16	10	218	148	70
治多县	41	20	21	4	4		191	141	50
囊谦县	32	20	12				68	46	22
曲麻莱县	17	10	7				80	59	21
海西蒙古族藏族自治州	**67**	**15**	**52**	**638**	**489**	**149**	**9352**	**5465**	**3887**
格尔木市	49	7	42	180	141	39	5349	2948	2401
德令哈市	1		1	21	19	2	123	76	47
茫崖市	1		1	31	24	7	458	342	116
乌兰县	3	3		114	80	34	677	432	245
都兰县	9	1	8	119	76	43	1563	870	693
天峻县	1	1		33	23	10	261	185	76
大柴旦行政委员会	3	3		140	126	14	921	612	309

7-3b 续表 10

单位：人

现住地	户口登记地					
	宁夏			新疆		
	小计	男	女	小计	男	女
全省	**467**	**316**	**151**	**565**	**304**	**261**
西宁市	**97**	**68**	**29**	**133**	**73**	**60**
城东区						
城中区	10	10		2	2	
城西区						
城北区						
湟中区	20	16	4	16	10	6
大通回族土族自治县	48	29	19	99	51	48
湟源县	19	13	6	16	10	6
海东市	**96**	**61**	**35**	**174**	**82**	**92**
乐都区	1	1		2	1	1
平安区	11	10	1	1	1	
民和回族土族自治县	49	29	20	111	49	62
互助土族自治县	20	15	5	36	18	18
化隆回族自治县	8	4	4	11	5	6
循化撒拉族自治县	7	2	5	13	8	5
海北藏族自治州	**50**	**36**	**14**	**36**	**23**	**13**
门源回族自治县	7	5	2	10	6	4
祁连县	12	6	6	12	7	5
海晏县	13	10	3	10	6	4
刚察县	18	15	3	4	4	
黄南藏族自治州	**12**	**4**	**8**	**24**	**15**	**9**
同仁县	5	1	4	14	9	5
尖扎县	3	1	2	8	5	3
泽库县	4	2	2	2	1	1
河南蒙古族自治县						
海南藏族自治州	**52**	**36**	**16**	**49**	**22**	**27**
共和县	36	26	10	12	9	3
同德县	2	1	1	1		1
贵德县	13	8	5	21	3	18
兴海县				11	7	4
贵南县	1	1		4	3	1
果洛藏族自治州	**8**	**7**	**1**	**14**	**9**	**5**
玛沁县	6	5	1	3	2	1
班玛县				8	5	3
甘德县				2	1	1
达日县	1	1		1	1	
久治县						
玛多县	1	1				
玉树藏族自治州	**5**	**3**	**2**	**8**	**3**	**5**
玉树市						
杂多县	3	1	2	6	2	4
称多县	2	2				
治多县						
囊谦县						
曲麻莱县				2	1	1
海西蒙古族藏族自治州	**147**	**101**	**46**	**127**	**77**	**50**
格尔木市	26	18	8	62	33	29
德令哈市	17	12	5			
茫崖市	2	2		20	15	5
乌兰县	17	10	7	11	6	5
都兰县	63	38	25	25	15	10
天峻县	8	8		1	1	
大柴旦行政委员会	14	13	1	8	7	1

7－3c　全省按现住地、性别分的户口登记地在外省的人口(乡村)

单位：人

现住地	户口登记地					
	合　计			北　京		
	合计	男	女	小计	男	女
全省	**41019**	**28423**	**12596**	**56**	**42**	**14**
西宁市	**9366**	**6568**	**2798**	**14**	**14**	
城东区						
城中区	26	15	11			
城西区						
城北区	1064	733	331			
湟中区	5285	3716	1569	13	13	
大通回族土族自治县	1929	1389	540	1	1	
湟源县	1062	715	347			
海东市	**10772**	**7153**	**3619**	**13**	**9**	**4**
乐都区	2721	1878	843	3	2	1
平安区	994	673	321	4	3	1
民和回族土族自治县	1911	1028	883			
互助土族自治县	2634	1893	741			
化隆回族自治县	1626	1069	557	6	4	2
循化撒拉族自治县	886	612	274			
海北藏族自治州	**2567**	**2011**	**556**	**11**	**8**	**3**
门源回族自治县	1110	889	221	9	6	3
祁连县	997	800	197	1	1	
海晏县	239	168	71	1	1	
刚察县	221	154	67			
黄南藏族自治州	**2030**	**1417**	**613**	**1**	**1**	
同仁县	842	588	254	1	1	
尖扎县	542	417	125			
泽库县	190	115	75			
河南蒙古族自治县	456	297	159			
海南藏族自治州	**2242**	**1548**	**694**	**5**	**1**	**4**
共和县	789	586	203	2	1	1
同德县	343	231	112			
贵德县	542	349	193	2		2
兴海县	226	148	78			
贵南县	342	234	108	1		1
果洛藏族自治州	**3078**	**1827**	**1251**	**5**	**3**	**2**
玛沁县	463	325	138			
班玛县	413	262	151	2	2	
甘德县	471	284	187			
达日县	692	402	290	2	1	1
久治县	951	491	460	1		1
玛多县	88	63	25			
玉树藏族自治州	**2377**	**1465**	**912**	**2**	**1**	**1**
玉树市	1561	949	612	1		1
杂多县	326	205	121			
称多县	144	97	47			
治多县	16	9	7			
囊谦县	118	69	49			
曲麻莱县	212	136	76	1	1	
海西蒙古族藏族自治州	**8587**	**6434**	**2153**	**5**	**5**	
格尔木市	2971	2132	839	2	2	
德令哈市	1299	798	501	1	1	
茫崖市						
乌兰县	459	306	153			
都兰县	913	610	303			
天峻县	398	360	38			
大柴旦行政委员会	2547	2228	319	2	2	

7-3c 续表 1

单位：人

现住地	户口登记地								
	天津			河北			山西		
	小计	男	女	小计	男	女	小计	男	女
全省	**83**	**65**	**18**	**1000**	**748**	**252**	**648**	**451**	**197**
西宁市	**7**	**6**	**1**	**364**	**263**	**101**	**270**	**185**	**85**
城东区									
城中区									
城西区									
城北区				43	32	11	45	33	12
湟中区	3	3		216	149	67	124	81	43
大通回族土族自治县	3	2	1	70	57	13	73	54	19
湟源县	1	1		35	25	10	28	17	11
海东市	**43**	**31**	**12**	**274**	**181**	**93**	**198**	**129**	**69**
乐都区	5	5		85	59	26	57	44	13
平安区	3	2	1	24	12	12	8	5	3
民和回族土族自治县	5	4	1	41	27	14	27	18	9
互助土族自治县	11	9	2	93	67	26	81	46	35
化隆回族自治县	18	10	8	27	14	13	22	15	7
循化撒拉族自治县	1	1		4	2	2	3	1	2
海北藏族自治州	**2**	**2**		**62**	**52**	**10**	**51**	**40**	**11**
门源回族自治县	2	2		31	28	3	25	17	8
祁连县				20	17	3	12	11	1
海晏县				2	1	1	13	11	2
刚察县				9	6	3	1	1	
黄南藏族自治州	**3**	**2**	**1**	**32**	**19**	**13**	**9**	**7**	**2**
同仁县	1		1	20	14	6	4	3	1
尖扎县				5	2	3	5	4	1
泽库县				3		3			
河南蒙古族自治县	2	2		4	3	1			
海南藏族自治州	**11**	**11**		**50**	**43**	**7**	**20**	**13**	**7**
共和县	11	11		21	19	2	4	4	
同德县				3	3				
贵德县				13	12	1	9	4	5
兴海县				4	2	2	6	4	2
贵南县				9	7	2	1	1	
果洛藏族自治州	**2**	**1**	**1**	**13**	**10**	**3**	**12**	**6**	**6**
玛沁县	1		1	3	2	1	1	1	
班玛县	1	1		4	2	2			
甘德县				1	1		3	1	2
达日县				2	2		5	3	2
久治县				2	2				
玛多县				1	1		3	1	2
玉树藏族自治州				**11**	**8**	**3**	**6**	**5**	**1**
玉树市				6	5	1	4	3	1
杂多县									
称多县				3	1	2	2	2	
治多县									
囊谦县				2	2				
曲麻莱县									
海西蒙古族藏族自治州	**15**	**12**	**3**	**194**	**172**	**22**	**82**	**66**	**16**
格尔木市	11	8	3	77	70	7	21	16	5
德令哈市	2	2		16	10	6	16	12	4
茫崖市									
乌兰县				4	1	3	7	5	2
都兰县	1	1		10	7	3	11	10	1
天峻县				5	4	1	11	10	1
大柴旦行政委员会	1	1		82	80	2	16	13	3

7-3c　续表 2　　　　单位：人

现 住 地	户口登记地								
	内 蒙 古			辽　　宁			吉　　林		
	小计	男	女	小计	男	女	小计	男	女
全省	**301**	**205**	**96**	**200**	**142**	**58**	**230**	**168**	**62**
西宁市	**66**	**42**	**24**	**68**	**47**	**21**	**52**	**36**	**16**
城东区									
城中区	2		2	1	1				
城西区									
城北区	1	1		4	3	1			
湟中区	27	20	7	43	30	13	15	12	3
大通回族土族自治县	31	18	13	11	8	3	21	16	5
湟源县	5	3	2	9	5	4	16	8	8
海东市	**114**	**72**	**42**	**59**	**43**	**16**	**58**	**40**	**18**
乐都区	28	15	13	28	24	4	14	10	4
平安区	26	13	13	6	5	1	10	8	2
民和回族土族自治县	31	23	8	5	2	3	2	1	1
互助土族自治县	17	11	6	14	9	5	28	20	8
化隆回族自治县	11	9	2	4	2	2	4	1	3
循化撒拉族自治县	1	1		2	1	1			
海北藏族自治州	**23**	**18**	**5**	**10**	**7**	**3**	**13**	**11**	**2**
门源回族自治县	9	7	2	8	5	3	10	8	2
祁连县	5	3	2	1	1		1	1	
海晏县	5	4	1	1	1		1	1	
刚察县	4	4					1	1	
黄南藏族自治州	**5**	**4**	**1**	**3**	**1**	**2**	**6**	**4**	**2**
同仁县	2	2		2	1	1			
尖扎县	3	2	1	1		1			
泽库县							4	2	2
河南蒙古族自治县							2	2	
海南藏族自治州	**7**	**6**	**1**	**7**	**5**	**2**	**22**	**13**	**9**
共和县	3	3		3	2	1	9	6	3
同德县							1	1	
贵德县	2	2		2	1	1	4	2	2
兴海县				1	1		3	2	1
贵南县	2	1	1	1	1		5	2	3
果洛藏族自治州	**4**	**2**	**2**	**6**	**4**	**2**	**6**	**6**	
玛沁县	2	1	1	1	1				
班玛县	1		1	1	1		1	1	
甘德县				1		1	1	1	
达日县				1	1		2	2	
久治县	1	1		2	1	1	2	2	
玛多县									
玉树藏族自治州	**4**	**2**	**2**	**5**	**4**	**1**	**6**	**4**	**2**
玉树市	3	1	2	1	1		5	4	1
杂多县							1		1
称多县	1	1							
治多县				1	1				
囊谦县									
曲麻莱县				3	2	1			
海西蒙古族藏族自治州	**78**	**59**	**19**	**42**	**31**	**11**	**67**	**54**	**13**
格尔木市	19	12	7	18	13	5	15	11	4
德令哈市	11	8	3	1		1	5	4	1
茫崖市									
乌兰县	8	7	1	1		1	2	2	
都兰县	12	8	4	7	5	2	18	12	6
天峻县	2	2		1	1		3	3	
大柴旦行政委员会	26	22	4	14	12	2	24	22	2

7-3c 续表 3

单位：人

现住地	户口登记地								
	黑龙江			上海			江苏		
	小计	男	女	小计	男	女	小计	男	女
全省	**162**	**120**	**42**	**27**	**11**	**16**	**1396**	**947**	**449**
西宁市	**67**	**44**	**23**	**2**	**2**		**350**	**250**	**100**
城东区									
城中区									
城西区									
城北区	5	4	1				25	18	7
湟中区	59	38	21	2	2		203	149	54
大通回族土族自治县	2	2					67	47	20
湟源县	1		1				55	36	19
海东市	**22**	**17**	**5**	**13**	**3**	**10**	**442**	**300**	**142**
乐都区	5	5					140	97	43
平安区	3	3					92	61	31
民和回族土族自治县	3		3				35	22	13
互助土族自治县	10	8	2				56	42	14
化隆回族自治县	1	1		10	2	8	99	64	35
循化撒拉族自治县				3	1	2	20	14	6
海北藏族自治州	**6**	**6**		**3**	**1**	**2**	**101**	**58**	**43**
门源回族自治县	6	6		1	1		25	15	10
祁连县				1		1	34	23	11
海晏县							17	8	9
刚察县				1		1	25	12	13
黄南藏族自治州	**2**	**1**	**1**				**111**	**74**	**37**
同仁县	1	1					33	24	9
尖扎县							19	10	9
泽库县	1		1				38	23	15
河南蒙古族自治县							21	17	4
海南藏族自治州	**20**	**17**	**3**	**5**	**2**	**3**	**135**	**79**	**56**
共和县	13	13		3	1	2	50	35	15
同德县							18	10	8
贵德县	3	1	2				22	8	14
兴海县	4	3	1				7	5	2
贵南县				2	1	1	38	21	17
果洛藏族自治州	**4**	**2**	**2**	**1**		**1**	**56**	**35**	**21**
玛沁县	3	2	1				3	2	1
班玛县							13	8	5
甘德县				1		1	3	3	
达日县							12	8	4
久治县	1		1				21	11	10
玛多县							4	3	1
玉树藏族自治州	**1**	**1**		**1**	**1**		**63**	**42**	**21**
玉树市							32	23	9
杂多县	1	1					4	4	
称多县				1	1		8	5	3
治多县							4	1	3
囊谦县							2	2	
曲麻莱县							13	7	6
海西蒙古族藏族自治州	**40**	**32**	**8**	**2**	**2**		**138**	**109**	**29**
格尔木市	17	13	4	2	2		69	57	12
德令哈市	1		1				18	13	5
茫崖市									
乌兰县	5	5					7	7	
都兰县	6	5	1				9	4	5
天峻县							5	3	2
大柴旦行政委员会	11	9	2				30	25	5

7-3c　续表 4　　单位：人

现住地	户口登记地								
	浙江			安徽			福建		
	小计	男	女	小计	男	女	小计	男	女
全省	**677**	**493**	**184**	**512**	**344**	**168**	**311**	**263**	**48**
西宁市	**219**	**139**	**80**	**265**	**174**	**91**	**106**	**90**	**16**
城东区									
城中区	4	2	2						
城西区									
城北区	26	16	10	69	44	25	9	6	3
湟中区	115	72	43	134	88	46	48	40	8
大通回族土族自治县	53	36	17	51	34	17	38	34	4
湟源县	21	13	8	11	8	3	11	10	1
海东市	**236**	**184**	**52**	**136**	**86**	**50**	**84**	**69**	**15**
乐都区	76	62	14	57	36	21	24	21	3
平安区	25	19	6	15	10	5	8	5	3
民和回族土族自治县	36	30	6	11	6	5	6	5	1
互助土族自治县	55	43	12	30	20	10	34	28	6
化隆回族自治县	34	23	11	22	13	9	11	10	1
循化撒拉族自治县	10	7	3	1	1		1		1
海北藏族自治州	**24**	**14**	**10**	**21**	**15**	**6**	**32**	**29**	**3**
门源回族自治县	15	8	7	3	2	1	13	11	2
祁连县	6	4	2	13	10	3	14	13	1
海晏县	2	2		5	3	2	1	1	
刚察县	1		1				4	4	
黄南藏族自治州	**26**	**18**	**8**	**4**	**3**	**1**	**9**	**8**	**1**
同仁县	15	9	6	1	1				
尖扎县	11	9	2	3	2	1	7	6	1
泽库县									
河南蒙古族自治县							2	2	
海南藏族自治州	**52**	**39**	**13**	**12**	**9**	**3**	**21**	**17**	**4**
共和县	25	22	3	4	3	1	10	9	1
同德县	3	1	2				3	2	1
贵德县	13	9	4	8	6	2	6	5	1
兴海县	5	3	2				1	1	
贵南县	6	4	2				1		1
果洛藏族自治州	**10**	**8**	**2**	**10**	**7**	**3**	**12**	**11**	**1**
玛沁县	3	3		8	5	3	7	7	
班玛县	2	1	1	1	1		3	3	
甘德县	2	2							
达日县	2	1	1	1	1				
久治县	1	1					2	1	1
玛多县									
玉树藏族自治州	**12**	**9**	**3**	**2**	**1**	**1**	**12**	**11**	**1**
玉树市	10	7	3				7	7	
杂多县				2	1	1	5	4	1
称多县	1	1							
治多县									
囊谦县									
曲麻莱县	1	1							
海西蒙古族藏族自治州	**98**	**82**	**16**	**62**	**49**	**13**	**35**	**28**	**7**
格尔木市	23	22	1	27	20	7	8	7	1
德令哈市	13	9	4	9	8	1	4	2	2
茫崖市									
乌兰县	1	1					1	1	
都兰县	10	8	2	12	9	3			
天峻县	4	4		1	1		19	15	4
大柴旦行政委员会	47	38	9	13	11	2	3	3	

7-3c 续表 5

单位：人

现住地	户口登记地								
	江西			山东			河南		
	小计	男	女	小计	男	女	小计	男	女
全省	**107**	**80**	**27**	**1297**	**971**	**326**	**5469**	**4180**	**1289**
西宁市	**49**	**38**	**11**	**504**	**351**	**153**	**1506**	**1068**	**438**
城东区									
城中区							1	1	
城西区									
城北区	7	5	2	139	84	55	330	232	98
湟中区	26	19	7	175	121	54	746	526	220
大通回族土族自治县	13	13		147	114	33	236	177	59
湟源县	3	1	2	43	32	11	193	132	61
海东市	**30**	**21**	**9**	**348**	**254**	**94**	**1366**	**1008**	**358**
乐都区	11	6	5	133	105	28	397	287	110
平安区				33	21	12	212	154	58
民和回族土族自治县				42	29	13	121	88	33
互助土族自治县	8	6	2	65	51	14	310	242	68
化隆回族自治县	9	7	2	68	43	25	272	194	78
循化撒拉族自治县	2	2		7	5	2	54	43	11
海北藏族自治州	**4**	**3**	**1**	**63**	**51**	**12**	**285**	**233**	**52**
门源回族自治县	4	3	1	31	23	8	72	55	17
祁连县				7	6	1	176	153	23
海晏县				23	21	2	21	16	5
刚察县				2	1	1	16	9	7
黄南藏族自治州	**1**		**1**	**24**	**20**	**4**	**141**	**100**	**41**
同仁县	1		1	3	3		53	44	9
尖扎县				15	11	4	48	35	13
泽库县				4	4		27	15	12
河南蒙古族自治县				2	2		13	6	7
海南藏族自治州	**2**	**1**	**1**	**41**	**33**	**8**	**258**	**190**	**68**
共和县				23	18	5	104	78	26
同德县				4	3	1	37	29	8
贵德县	1		1	9	8	1	45	34	11
兴海县	1	1		3	2	1	22	12	10
贵南县				2	2		50	37	13
果洛藏族自治州	**1**	**1**		**18**	**11**	**7**	**185**	**129**	**56**
玛沁县	1	1		9	4	5	61	48	13
班玛县				1	1		8	4	4
甘德县				1	1		30	23	7
达日县				6	4	2	52	32	20
久治县							25	14	11
玛多县				1	1		9	8	1
玉树藏族自治州				**13**	**12**	**1**	**276**	**186**	**90**
玉树市				10	10		191	124	67
杂多县							39	32	7
称多县				1	1		22	13	9
治多县							1	1	
囊谦县							5	4	1
曲麻莱县				2	1	1	18	12	6
海西蒙古族藏族自治州	**20**	**16**	**4**	**286**	**239**	**47**	**1452**	**1266**	**186**
格尔木市	11	10	1	68	51	17	312	257	55
德令哈市	2	1	1	36	23	13	98	69	29
茫崖市									
乌兰县	1	1		8	6	2	38	25	13
都兰县				85	72	13	143	90	53
天峻县				10	9	1	28	26	2
大柴旦行政委员会	6	4	2	79	78	1	833	799	34

7−3c　续表 6　　　　单位：人

现 住 地	户口登记地								
	湖　北			湖　南			广　东		
	小计	男	女	小计	男	女	小计	男	女
全省	**1069**	**793**	**276**	**461**	**363**	**98**	**251**	**151**	**100**
西宁市	**235**	**173**	**62**	**113**	**98**	**15**	**52**	**33**	**19**
城东区									
城中区									
城西区									
城北区	37	25	12	1	1		3		3
湟中区	105	75	30	94	83	11	27	21	6
大通回族土族自治县	57	49	8	12	10	2	16	8	8
湟源县	36	24	12	6	4	2	6	4	2
海东市	**464**	**316**	**148**	**115**	**95**	**20**	**79**	**46**	**33**
乐都区	60	38	22	14	11	3	22	15	7
平安区	35	26	9	2	2		5	4	1
民和回族土族自治县	25	13	12	3	1	2	9	8	1
互助土族自治县	129	109	20	60	57	3	10	3	7
化隆回族自治县	212	129	83	33	23	10	33	16	17
循化撒拉族自治县	3	1	2	3	1	2			
海北藏族自治州	**113**	**103**	**10**	**13**	**8**	**5**	**37**	**28**	**9**
门源回族自治县	20	18	2	3	2	1	25	18	7
祁连县	86	79	7	4	4		10	8	2
海晏县	7	6	1						
刚察县				6	2	4	2	2	
黄南藏族自治州	**19**	**18**	**1**	**66**	**55**	**11**	**25**	**14**	**11**
同仁县	11	10	1	4	1	3	2		2
尖扎县	7	7		58	52	6	8	6	2
泽库县				2	1	1	8	5	3
河南蒙古族自治县	1	1		2	1	1	7	3	4
海南藏族自治州	**32**	**24**	**8**	**33**	**19**	**14**	**25**	**12**	**13**
共和县	18	15	3	19	9	10	4	1	3
同德县				1	1		8	4	4
贵德县	13	8	5	3	2	1	2	1	1
兴海县				6	4	2	4	2	2
贵南县	1	1		4	3	1	7	4	3
果洛藏族自治州	**6**	**2**	**4**	**21**	**11**	**10**	**8**	**3**	**5**
玛沁县	1		1	3	1	2			
班玛县				6	3	3	2		2
甘德县	3	1	2	7	4	3	1	1	
达日县							1		1
久治县	2	1	1	4	2	2	1		1
玛多县				1	1		3	2	1
玉树藏族自治州	**4**	**2**	**2**	**4**	**2**	**2**	**3**	**2**	**1**
玉树市	2	1	1				1	1	
杂多县				1		1	1		1
称多县	2	1	1	2	1	1			
治多县									
囊谦县							1	1	
曲麻莱县				1	1				
海西蒙古族藏族自治州	**196**	**155**	**41**	**96**	**75**	**21**	**22**	**13**	**9**
格尔木市	30	23	7	42	33	9	6	5	1
德令哈市	48	30	18	2	1	1	11	6	5
茫崖市									
乌兰县									
都兰县	44	36	8	7	5	2	4	1	3
天峻县	49	46	3	35	30	5			
大柴旦行政委员会	25	20	5	10	6	4	1	1	

7-3c 续表 7　　　　单位：人

现住地	户口登记地								
	广西			海南			重庆		
	小计	男	女	小计	男	女	小计	男	女
全省	**101**	**64**	**37**	**17**	**9**	**8**	**942**	**692**	**250**
西宁市	**30**	**21**	**9**	**1**	**1**		**388**	**285**	**103**
城东区									
城中区							2	1	1
城西区									
城北区							13	11	2
湟中区	26	19	7	1	1		285	208	77
大通回族土族自治县	3	1	2				71	53	18
湟源县	1	1					17	12	5
海东市	**40**	**24**	**16**	**6**	**2**	**4**	**228**	**161**	**67**
乐都区	19	12	7	3	1	2	104	75	29
平安区	7	6	1	2		2	23	13	10
民和回族土族自治县	2		2				11	6	5
互助土族自治县	11	5	6				53	43	10
化隆回族自治县	1	1					32	21	11
循化撒拉族自治县				1	1		5	3	2
海北藏族自治州	**7**	**6**	**1**	**2**	**1**	**1**	**60**	**50**	**10**
门源回族自治县	4	3	1	1	1		30	25	5
祁连县	2	2					15	14	1
海晏县	1	1		1		1	2	2	
刚察县							13	9	4
黄南藏族自治州	**3**	**2**	**1**				**52**	**39**	**13**
同仁县	2	2					11	8	3
尖扎县							34	27	7
泽库县	1		1				3	1	2
河南蒙古族自治县							4	3	1
海南藏族自治州	**11**	**5**	**6**	**2**	**1**	**1**	**28**	**22**	**6**
共和县	7	4	3				15	11	4
同德县	1		1				4	4	
贵德县				2	1	1			
兴海县	2	1	1				2	2	
贵南县	1		1				7	5	2
果洛藏族自治州	**4**	**2**	**2**	**5**	**4**	**1**	**31**	**21**	**10**
玛沁县							14	10	4
班玛县	1		1				2	1	1
甘德县	2	1	1				3	2	1
达日县				4	3	1	9	6	3
久治县	1	1		1	1		3	2	1
玛多县									
玉树藏族自治州	**1**		**1**				**33**	**23**	**10**
玉树市							20	15	5
杂多县							9	6	3
称多县	1		1						
治多县									
囊谦县							3	2	1
曲麻莱县							1		1
海西蒙古族藏族自治州	**5**	**4**	**1**	**1**		**1**	**122**	**91**	**31**
格尔木市	3	2	1				60	48	12
德令哈市	1	1		1		1	6	3	3
茫崖市									
乌兰县							6	2	4
都兰县							27	19	8
天峻县							4	4	
大柴旦行政委员会	1	1					19	15	4

7-3c　续表 8　　　　单位：人

现住地	户口登记地								
	四川			贵州			云南		
	小计	男	女	小计	男	女	小计	男	女
全省	**6127**	**4197**	**1930**	**508**	**389**	**119**	**797**	**520**	**277**
西宁市	**1287**	**934**	**353**	**166**	**125**	**41**	**130**	**81**	**49**
城东区									
城中区	3	1	2						
城西区									
城北区	60	41	19	9	3	6	5	2	3
湟中区	952	689	263	98	75	23	58	30	28
大通回族土族自治县	177	133	44	38	33	5	27	19	8
湟源县	95	70	25	21	14	7	40	30	10
海东市	**1056**	**776**	**280**	**138**	**100**	**38**	**112**	**63**	**49**
乐都区	294	203	91	36	24	12	27	17	10
平安区	81	56	25	14	10	4	12	7	5
民和回族土族自治县	76	45	31	15	11	4	11	1	10
互助土族自治县	354	281	73	49	37	12	45	28	17
化隆回族自治县	182	138	44	21	16	5	11	8	3
循化撒拉族自治县	69	53	16	3	2	1	6	2	4
海北藏族自治州	**347**	**282**	**65**	**72**	**64**	**8**	**44**	**34**	**10**
门源回族自治县	171	149	22	52	45	7	12	7	5
祁连县	120	102	18	13	12	1	30	25	5
海晏县	30	14	16	3	3				
刚察县	26	17	9	4	4		2	2	
黄南藏族自治州	**237**	**179**	**58**	**32**	**29**	**3**	**25**	**21**	**4**
同仁县	80	56	24	9	6	3	20	19	1
尖扎县	115	98	17	19	19				
泽库县	22	11	11				3		3
河南蒙古族自治县	20	14	6	4	4		2	2	
海南藏族自治州	**267**	**174**	**93**	**29**	**17**	**12**	**33**	**19**	**14**
共和县	83	56	27	8	7	1	9	5	4
同德县	93	57	36	5	4	1	1	1	
贵德县	42	27	15	12	6	6	21	11	10
兴海县	8	6	2	1		1	2	2	
贵南县	41	28	13	3		3			
果洛藏族自治州	**1584**	**907**	**677**	**9**	**6**	**3**	**19**	**10**	**9**
玛沁县	103	61	42	4	3	1	8	4	4
班玛县	298	185	113	1	1				
甘德县	212	120	92	3	2	1	4	2	2
达日县	383	209	174				5	2	3
久治县	550	306	244	1		1	1	1	
玛多县	38	26	12				1	1	
玉树藏族自治州	**611**	**399**	**212**	**7**	**6**	**1**	**16**	**9**	**7**
玉树市	384	250	134	5	5		10	5	5
杂多县	32	23	9				1	1	
称多县	59	41	18	1	1		3	2	1
治多县	1	1							
囊谦县	47	31	16	1		1			
曲麻莱县	88	53	35				2	1	1
海西蒙古族藏族自治州	**738**	**546**	**192**	**55**	**42**	**13**	**418**	**283**	**135**
格尔木市	274	211	63	21	13	8	135	110	25
德令哈市	88	59	29	3	2	1	5	2	3
茫崖市									
乌兰县	118	66	52	2	1	1	37	34	3
都兰县	39	22	17	4	2	2	6	4	2
天峻县	35	33	2	15	14	1	10	9	1
大柴旦行政委员会	184	155	29	10	10		225	124	101

7–3c 续表 9

单位：人

现住地	户口登记地								
	西藏			陕西			甘肃		
	小计	男	女	小计	男	女	小计	男	女
全省	**1573**	**613**	**960**	**2417**	**1922**	**495**	**13190**	**8797**	**4393**
西宁市	**164**	**33**	**131**	**664**	**513**	**151**	**1953**	**1356**	**597**
城东区									
城中区				6	3	3	7	6	1
城西区									
城北区				46	34	12	181	134	47
湟中区	107	24	83	367	283	84	1099	771	328
大通回族土族自治县	36	5	31	177	147	30	382	253	129
湟源县	21	4	17	68	46	22	284	192	92
海东市	**317**	**47**	**270**	**656**	**482**	**174**	**3761**	**2396**	**1365**
乐都区	57	9	48	152	107	45	789	539	250
平安区	8	2	6	58	39	19	235	157	78
民和回族土族自治县	105	14	91	46	32	14	1105	575	530
互助土族自治县	119	12	107	310	235	75	635	456	179
化隆回族自治县	19	5	14	71	55	16	353	227	126
循化撒拉族自治县	9	5	4	19	14	5	644	442	202
海北藏族自治州	**23**	**10**	**13**	**254**	**232**	**22**	**794**	**588**	**206**
门源回族自治县	19	10	9	144	131	13	323	262	61
祁连县	2		2	84	80	4	325	222	103
海晏县				9	8	1	65	41	24
刚察县	2		2	17	13	4	81	63	18
黄南藏族自治州	**23**	**9**	**14**	**101**	**80**	**21**	**1053**	**694**	**359**
同仁县	13	3	10	40	31	9	502	340	162
尖扎县	6	3	3	51	40	11	123	80	43
泽库县	2	1	1	9	8	1	62	43	19
河南蒙古族自治县	2	2		1	1		366	231	135
海南藏族自治州	**58**	**22**	**36**	**85**	**70**	**15**	**930**	**658**	**272**
共和县	9	4	5	31	25	6	282	213	69
同德县	16	12	4	13	11	2	130	88	42
贵德县	25	2	23	19	15	4	254	177	77
兴海县	2	1	1	14	12	2	122	78	44
贵南县	6	3	3	8	7	1	142	102	40
果洛藏族自治州	**47**	**27**	**20**	**68**	**48**	**20**	**922**	**543**	**379**
玛沁县	12	8	4	16	13	3	197	147	50
班玛县	2	1	1	6	6		56	39	17
甘德县	5	3	2	39	24	15	149	92	57
达日县	18	9	9	4	3	1	179	112	67
久治县	7	5	2	3	2	1	318	136	182
玛多县	3	1	2				23	17	6
玉树藏族自治州	**780**	**379**	**401**	**40**	**27**	**13**	**450**	**318**	**132**
玉树市	603	297	306	27	19	8	233	166	67
杂多县	91	41	50	5	3	2	127	84	43
称多县	3		3	4	1	3	30	25	5
治多县	3	1	2				6	4	2
囊谦县	51	23	28				6	4	2
曲麻莱县	29	17	12	4	4		48	35	13
海西蒙古族藏族自治州	**161**	**86**	**75**	**549**	**470**	**79**	**3327**	**2244**	**1083**
格尔木市	114	70	44	210	172	38	1323	842	481
德令哈市	25	6	19	13	11	2	843	501	342
茫崖市									
乌兰县	6	3	3	11	9	2	178	116	62
都兰县	13	4	9	65	52	13	273	168	105
天峻县	2	2		48	44	4	101	90	11
大柴旦行政委员会	1	1		202	182	20	609	527	82

7–3c　续表 10　　单位：人

现住地	户口登记地					
	宁夏			新疆		
	小计	男	女	小计	男	女
全省	**457**	**357**	**100**	**633**	**326**	**307**
西宁市	**101**	**83**	**18**	**173**	**83**	**90**
城东区						
城中区						
城西区						
城北区	4	2	2	2	2	
湟中区	56	49	7	61	25	36
大通回族土族自治县	27	21	6	89	44	45
湟源县	14	11	3	21	12	9
海东市	**83**	**62**	**21**	**281**	**136**	**145**
乐都区	27	22	5	54	27	27
平安区	14	12	2	29	18	11
民和回族土族自治县	19	11	8	119	56	63
互助土族自治县	14	9	5	33	16	17
化隆回族自治县	7	6	1	33	12	21
循化撒拉族自治县	2	2		13	7	6
海北藏族自治州	**33**	**29**	**4**	**57**	**28**	**29**
门源回族自治县	4	3	1	38	18	20
祁连县	5	4	1	10	5	5
海晏县	21	19	2	8	4	4
刚察县	3	3		1	1	
黄南藏族自治州	**10**	**9**	**1**	**7**	**6**	**1**
同仁县	6	5	1	5	4	1
尖扎县	3	3		1	1	
泽库县				1	1	
河南蒙古族自治县	1	1				
海南藏族自治州	**27**	**19**	**8**	**14**	**7**	**7**
共和县	11	8	3	8	3	5
同德县	2		2			
贵德县	7	6	1	3	1	2
兴海县	6	4	2			
贵南县	1	1		3	3	
果洛藏族自治州	**4**	**3**	**1**	**5**	**4**	**1**
玛沁县	1		1	1	1	
班玛县	1	1				
甘德县						
达日县	2	2		2	1	1
久治县				1	1	
玛多县				1	1	
玉树藏族自治州	**9**	**7**	**2**	**5**	**4**	**1**
玉树市	4	3	1	2	2	
杂多县	4	3	1	3	2	1
称多县						
治多县						
囊谦县						
曲麻莱县	1	1				
海西蒙古族藏族自治州	**190**	**145**	**45**	**91**	**58**	**33**
格尔木市	10	8	2	43	24	19
德令哈市	12	8	4	8	6	2
茫崖市						
乌兰县	12	10	2	6	4	2
都兰县	86	54	32	21	12	9
天峻县	8	8		2	2	
大柴旦行政委员会	62	57	5	11	10	1

7–4 全省按现住地、离开户口登记地时间分的户口登记地在外乡镇街道的人口

单位：人

现住地	离开户口登记地时间							
	合计							
	合计	半年以上，不满一年	一年以上，不满二年	二年以上，不满三年	三年以上，不满四年	四年以上，不满五年	五年以上，不满十年	十年以上
全省	**2070660**	**339118**	**280087**	**268883**	**244693**	**173611**	**396791**	**367477**
西宁市	**1051348**	**175314**	**150692**	**143724**	**126256**	**90959**	**196551**	**167852**
城东区	321448	50502	41370	42238	38154	31028	64127	54029
城中区	164017	26327	21162	19092	18006	13813	29899	35718
城西区	158647	28981	22611	19418	17232	12960	34071	23374
城北区	243549	38711	39803	38057	31657	19157	39738	36426
湟中区	59260	14048	9930	8038	6682	4375	9052	7135
大通回族土族自治县	69021	11548	10622	11434	9551	6056	12910	6900
湟源县	35406	5197	5194	5447	4974	3570	6754	4270
海东市	**295525**	**53975**	**45085**	**40402**	**36805**	**22221**	**59446**	**37591**
乐都区	78584	15178	13976	9133	7880	6081	17590	8746
平安区	48276	8180	5086	5361	4687	4042	12756	8164
民和回族土族自治县	62297	9501	9782	9155	8866	4550	11723	8720
互助土族自治县	59680	11119	9709	9860	10034	3731	9911	5316
化隆回族自治县	26873	5767	3658	3762	3206	2230	4395	3855
循化撒拉族自治县	19815	4230	2874	3131	2132	1587	3071	2790
海北藏族自治州	**78315**	**12907**	**10115**	**9700**	**9680**	**6714**	**17354**	**11845**
门源回族自治县	33204	6845	4522	4420	4907	3137	6395	2978
祁连县	15214	2324	1769	1527	1450	1196	3948	3000
海晏县	21185	2458	2643	2517	2231	1645	5393	4298
刚察县	8712	1280	1181	1236	1092	736	1618	1569
黄南藏族自治州	**63544**	**8506**	**7541**	**9781**	**9470**	**7607**	**10945**	**9694**
同仁县	26459	3382	3377	4676	3962	2296	4618	4148
尖扎县	16761	2768	1785	1916	2428	1924	3392	2548
泽库县	9325	969	1059	1258	1277	1993	1314	1455
河南蒙古族自治县	10999	1387	1320	1931	1803	1394	1621	1543
海南藏族自治州	**115950**	**17912**	**16315**	**16822**	**14635**	**10407**	**21061**	**18798**
共和县	40450	6710	6101	4840	4307	3247	7582	7663
同德县	11951	1798	1465	1476	1281	959	2313	2659
贵德县	28438	3749	4874	4978	4339	2521	4548	3429
兴海县	23745	3962	2304	3678	3443	2482	4370	3506
贵南县	11366	1693	1571	1850	1265	1198	2248	1541
果洛藏族自治州	**59590**	**8455**	**7299**	**11116**	**9055**	**4526**	**8397**	**10742**
玛沁县	24710	4435	2971	4125	3538	1926	3447	4268
班玛县	8048	955	742	1850	915	464	1209	1913
甘德县	4505	677	479	902	669	578	738	462
达日县	12929	1286	1751	1676	3055	943	1804	2414
久治县	5136	645	942	671	539	366	741	1232
玛多县	4262	457	414	1892	339	249	458	453
玉树藏族自治州	**131190**	**22457**	**13762**	**11427**	**11764**	**10172**	**23515**	**38093**
玉树市	46677	7200	5322	4187	3824	3812	8123	14209
杂多县	35244	6798	2127	2078	2698	2171	6843	12529
称多县	6124	888	609	921	1025	681	853	1147
治多县	21284	3308	1639	1831	2124	1465	4468	6449
囊谦县	9095	3383	3098	974	435	259	394	552
曲麻莱县	12766	880	967	1436	1658	1784	2834	3207
海西蒙古族藏族自治州	**275198**	**39592**	**29278**	**25911**	**27028**	**21005**	**59522**	**72862**
格尔木市	146759	17883	14186	12810	13127	10642	30998	47113
德令哈市	50985	7869	6434	5121	4832	4251	13179	9299
茫崖市	14268	2953	1495	1413	1992	891	1964	3560
乌兰县	12872	2405	1369	1246	1292	1101	2903	2556
都兰县	26267	5014	2255	2180	2360	1959	5845	6654
天峻县	11246	1898	1785	1262	1541	951	2153	1656
大柴旦行政委员会	12801	1570	1754	1879	1884	1210	2480	2024

7-4　续表 1　　　　　　　　　　　　　　　　　　　　　　　　　　　　单位：人

现住地	离开户口登记地时间							
	省内							
	小计	半年以上，不满一年	一年以上，不满二年	二年以上，不满三年	三年以上，不满四年	四年以上，不满五年	五年以上，不满十年	十年以上
全省	**1653356**	**248526**	**223672**	**220974**	**201178**	**143890**	**326929**	**288187**
西宁市	**791992**	**119179**	**113477**	**111597**	**98363**	**72463**	**154372**	**122541**
城东区	243387	32470	30369	32181	29347	24872	52009	42139
城中区	121424	18020	16078	14729	14039	10709	22633	25216
城西区	118224	20534	16120	14332	13211	10157	27207	16663
城北区	167851	25413	28846	27854	22570	13858	26557	22753
湟中区	48895	9813	8152	7082	5882	3897	7976	6093
大通回族土族自治县	59687	8625	9201	10310	8611	5539	11622	5779
湟源县	32524	4304	4711	5109	4703	3431	6368	3898
海东市	**262155**	**42885**	**39918**	**36936**	**34189**	**20438**	**54818**	**32971**
乐都区	69755	11753	12380	8321	7317	5655	16548	7781
平安区	41912	6275	4190	4699	4221	3680	11756	7091
民和回族土族自治县	56209	8142	8934	8469	8268	4157	10737	7502
互助土族自治县	53359	8654	8641	9262	9550	3446	9147	4659
化隆回族自治县	24128	5006	3259	3399	2904	2066	3964	3530
循化撒拉族自治县	16792	3055	2514	2786	1929	1434	2666	2408
海北藏族自治州	**71040**	**10760**	**9150**	**8979**	**9134**	**6325**	**16220**	**10472**
门源回族自治县	30800	5978	4233	4156	4714	3023	6063	2633
祁连县	12762	1580	1430	1333	1300	1071	3565	2483
海晏县	19906	2196	2468	2373	2132	1556	5162	4019
刚察县	7572	1006	1019	1117	988	675	1430	1337
黄南藏族自治州	**54622**	**6059**	**6477**	**8861**	**8566**	**6896**	**9594**	**8169**
同仁县	22359	2300	2861	4273	3571	2003	3951	3400
尖扎县	14739	2065	1520	1734	2282	1838	3145	2155
泽库县	8511	784	954	1160	1188	1929	1190	1306
河南蒙古族自治县	9013	910	1142	1694	1525	1126	1308	1308
海南藏族自治州	**105688**	**15771**	**15188**	**15915**	**13641**	**9624**	**18909**	**16640**
共和县	36058	5647	5545	4489	3931	2918	6786	6742
同德县	10758	1550	1377	1389	1170	870	2031	2371
贵德县	26225	3298	4628	4762	4099	2360	4096	2982
兴海县	22552	3806	2191	3534	3297	2393	4063	3268
贵南县	10095	1470	1447	1741	1144	1083	1933	1277
果洛藏族自治州	**48775**	**6373**	**5908**	**9818**	**7554**	**3629**	**6729**	**8764**
玛沁县	20815	3711	2497	3627	2917	1556	2935	3572
班玛县	6626	636	618	1727	738	337	912	1658
甘德县	3570	468	366	770	535	508	634	289
达日县	10874	870	1535	1468	2777	780	1418	2026
久治县	3027	328	539	385	290	219	428	838
玛多县	3863	360	353	1841	297	229	402	381
玉树藏族自治州	**119814**	**20087**	**12631**	**10233**	**10548**	**9179**	**21338**	**35798**
玉树市	38573	5530	4510	3410	2971	3146	6553	12453
杂多县	34277	6507	2036	1999	2629	2106	6675	12325
称多县	5309	776	535	784	880	555	693	1086
治多县	20813	3242	1604	1779	2082	1428	4348	6330
囊谦县	8678	3261	3057	878	399	223	341	519
曲麻莱县	12164	771	889	1383	1587	1721	2728	3085
海西蒙古族藏族自治州	**199270**	**27412**	**20923**	**18635**	**19183**	**15336**	**44949**	**52832**
格尔木市	100011	11768	9259	8487	8476	7135	21812	33074
德令哈市	41879	6422	5360	4244	3899	3465	11020	7469
茫崖市	7272	1251	712	661	1139	482	1043	1984
乌兰县	10550	1738	1084	1037	1087	934	2542	2128
都兰县	21761	3677	1897	1848	2060	1732	4993	5554
天峻县	9958	1625	1448	1186	1422	854	1957	1466
大柴旦行政委员会	7839	931	1163	1172	1100	734	1582	1157

7-4 续表 2

单位：人

现住地	离开户口登记地时间							
	省外							
	小计	半年以上，不满一年	一年以上，不满二年	二年以上，不满三年	三年以上，不满四年	四年以上，不满五年	五年以上，不满十年	十年以上
全省	**417304**	**90592**	**56415**	**47909**	**43515**	**29721**	**69862**	**79290**
西宁市	**259356**	**56135**	**37215**	**32127**	**27893**	**18496**	**42179**	**45311**
城东区	78061	18032	11001	10057	8807	6156	12118	11890
城中区	42593	8307	5084	4363	3967	3104	7266	10502
城西区	40423	8447	6491	5086	4021	2803	6864	6711
城北区	75698	13298	10957	10203	9087	5299	13181	13673
湟中区	10365	4235	1778	956	800	478	1076	1042
大通回族土族自治县	9334	2923	1421	1124	940	517	1288	1121
湟源县	2882	893	483	338	271	139	386	372
海东市	**33370**	**11090**	**5167**	**3466**	**2616**	**1783**	**4628**	**4620**
乐都区	8829	3425	1596	812	563	426	1042	965
平安区	6364	1905	896	662	466	362	1000	1073
民和回族土族自治县	6088	1359	848	686	598	393	986	1218
互助土族自治县	6321	2465	1068	598	484	285	764	657
化隆回族自治县	2745	761	399	363	302	164	431	325
循化撒拉族自治县	3023	1175	360	345	203	153	405	382
海北藏族自治州	**7275**	**2147**	**965**	**721**	**546**	**389**	**1134**	**1373**
门源回族自治县	2404	867	289	264	193	114	332	345
祁连县	2452	744	339	194	150	125	383	517
海晏县	1279	262	175	144	99	89	231	279
刚察县	1140	274	162	119	104	61	188	232
黄南藏族自治州	**8922**	**2447**	**1064**	**920**	**904**	**711**	**1351**	**1525**
同仁县	4100	1082	516	403	391	293	667	748
尖扎县	2022	703	265	182	146	86	247	393
泽库县	814	185	105	98	89	64	124	149
河南蒙古族自治县	1986	477	178	237	278	268	313	235
海南藏族自治州	**10262**	**2141**	**1127**	**907**	**994**	**783**	**2152**	**2158**
共和县	4392	1063	556	351	376	329	796	921
同德县	1193	248	88	87	111	89	282	288
贵德县	2213	451	246	216	240	161	452	447
兴海县	1193	156	113	144	146	89	307	238
贵南县	1271	223	124	109	121	115	315	264
果洛藏族自治州	**10815**	**2082**	**1391**	**1298**	**1501**	**897**	**1668**	**1978**
玛沁县	3895	724	474	498	621	370	512	696
班玛县	1422	319	124	123	177	127	297	255
甘德县	935	209	113	132	134	70	104	173
达日县	2055	416	216	208	278	163	386	388
久治县	2109	317	403	286	249	147	313	394
玛多县	399	97	61	51	42	20	56	72
玉树藏族自治州	**11376**	**2370**	**1131**	**1194**	**1216**	**993**	**2177**	**2295**
玉树市	8104	1670	812	777	853	666	1570	1756
杂多县	967	291	91	79	69	65	168	204
称多县	815	112	74	137	145	126	160	61
治多县	471	66	35	52	42	37	120	119
囊谦县	417	122	41	96	36	36	53	33
曲麻莱县	602	109	78	53	71	63	106	122
海西蒙古族藏族自治州	**75928**	**12180**	**8355**	**7276**	**7845**	**5669**	**14573**	**20030**
格尔木市	46748	6115	4927	4323	4651	3507	9186	14039
德令哈市	9106	1447	1074	877	933	786	2159	1830
茫崖市	6996	1702	783	752	853	409	921	1576
乌兰县	2322	667	285	209	205	167	361	428
都兰县	4506	1337	358	332	300	227	852	1100
天峻县	1288	273	337	76	119	97	196	190
大柴旦行政委员会	4962	639	591	707	784	476	898	867

7-4a　全省按现住地、离开户口登记地时间分的户口登记地在外乡镇街道的人口(城市)

单位：人

现住地	离开户口登记地时间							
	合计							
	合计	半年以上，不满一年	一年以上，不满二年	二年以上，不满三年	三年以上，不满四年	四年以上，不满五年	五年以上，不满十年	十年以上
全省	**1217443**	**191331**	**167441**	**154365**	**138067**	**103764**	**241401**	**221074**
西宁市	**904454**	**147793**	**127937**	**121911**	**106884**	**78185**	**170766**	**150978**
城东区	321448	50502	41370	42238	38154	31028	64127	54029
城中区	162121	26205	21087	19023	17886	13627	29584	34709
城西区	158507	28944	22589	19403	17219	12954	34030	23368
城北区	241799	38394	39250	37736	31501	19087	39571	36260
湟中区	18200	3002	3178	3158	1857	1350	3258	2397
大通回族土族自治县	2379	746	463	353	267	139	196	215
湟源县								
海东市	**109791**	**17148**	**16856**	**13062**	**11451**	**9291**	**27631**	**14352**
乐都区	67384	11448	12447	8187	7139	5514	15532	7117
平安区	42407	5700	4409	4875	4312	3777	12099	7235
民和回族土族自治县								
互助土族自治县								
化隆回族自治县								
循化撒拉族自治县								
海北藏族自治州								
门源回族自治县								
祁连县								
海晏县								
刚察县								
黄南藏族自治州								
同仁县								
尖扎县								
泽库县								
河南蒙古族自治县								
海南藏族自治州								
共和县								
同德县								
贵德县								
兴海县								
贵南县								
果洛藏族自治州								
玛沁县								
班玛县								
甘德县								
达日县								
久治县								
玛多县								
玉树藏族自治州	**45431**	**6364**	**5126**	**4152**	**3650**	**3625**	**7885**	**14629**
玉树市	42619	6114	4731	3763	3383	3487	7492	13649
杂多县								
称多县								
治多县								
囊谦县								
曲麻莱县	2812	250	395	389	267	138	393	980
海西蒙古族藏族自治州	**157767**	**20026**	**17522**	**15240**	**16082**	**12663**	**35119**	**41115**
格尔木市	104317	11823	10459	9656	10248	8363	23304	30464
德令哈市	41458	5938	5814	4406	4110	3527	10209	7454
茫崖市	11992	2265	1249	1178	1724	773	1606	3197
乌兰县								
都兰县								
天峻县								
大柴旦行政委员会								

7－4a 续表 1

单位：人

现住地	离开户口登记地时间							
	省内							
	小计	半年以上，不满一年	一年以上，不满二年	二年以上，不满三年	三年以上，不满四年	四年以上，不满五年	五年以上，不满十年	十年以上
全省	**912540**	**131293**	**126026**	**117776**	**105148**	**81183**	**189205**	**161909**
西宁市	**667039**	**99079**	**94337**	**92014**	**80860**	**60804**	**131305**	**108640**
城东区	243387	32470	30369	32181	29347	24872	52009	42139
城中区	120838	17964	16035	14698	13991	10657	22519	24974
城西区	118175	20525	16109	14329	13208	10155	27192	16657
城北区	167165	25279	28688	27730	22520	13825	26484	22639
湟中区	16711	2614	2994	3006	1734	1259	3012	2092
大通回族土族自治县	763	227	142	70	60	36	89	139
湟源县								
海东市	**99007**	**13853**	**15154**	**11971**	**10665**	**8661**	**25973**	**12730**
乐都区	61672	9517	11398	7618	6729	5203	14772	6435
平安区	37335	4336	3756	4353	3936	3458	11201	6295
民和回族土族自治县								
互助土族自治县								
化隆回族自治县								
循化撒拉族自治县								
海北藏族自治州								
门源回族自治县								
祁连县								
海晏县								
刚察县								
黄南藏族自治州								
同仁县								
尖扎县								
泽库县								
河南蒙古族自治县								
海南藏族自治州								
共和县								
同德县								
贵德县								
兴海县								
贵南县								
果洛藏族自治州								
玛沁县								
班玛县								
甘德县								
达日县								
久治县								
玛多县								
玉树藏族自治州	**38971**	**5233**	**4535**	**3536**	**2962**	**3059**	**6593**	**13053**
玉树市	36265	5003	4156	3157	2708	2929	6218	12094
杂多县								
称多县								
治多县								
囊谦县								
曲麻莱县	2706	230	379	379	254	130	375	959
海西蒙古族藏族自治州	**107523**	**13128**	**12000**	**10255**	**10661**	**8659**	**25334**	**27486**
格尔木市	67683	7400	6575	6116	6363	5392	16062	19775
德令哈市	33920	4838	4888	3657	3332	2865	8455	5885
茫崖市	5920	890	537	482	966	402	817	1826
乌兰县								
都兰县								
天峻县								
大柴旦行政委员会								

7-4a 续表 2

单位：人

现住地	离开户口登记地时间							
	省外							
	小计	半年以上，不满一年	一年以上，不满二年	二年以上，不满三年	三年以上，不满四年	四年以上，不满五年	五年以上，不满十年	十年以上
全省	**304903**	**60038**	**41415**	**36589**	**32919**	**22581**	**52196**	**59165**
西宁市	**237415**	**48714**	**33600**	**29897**	**26024**	**17381**	**39461**	**42338**
城东区	78061	18032	11001	10057	8807	6156	12118	11890
城中区	41283	8241	5052	4325	3895	2970	7065	9735
城西区	40332	8419	6480	5074	4011	2799	6838	6711
城北区	74634	13115	10562	10006	8981	5262	13087	13621
湟中区	1489	388	184	152	123	91	246	305
大通回族土族自治县	1616	519	321	283	207	103	107	76
湟源县								
海东市	**10784**	**3295**	**1702**	**1091**	**786**	**630**	**1658**	**1622**
乐都区	5712	1931	1049	569	410	311	760	682
平安区	5072	1364	653	522	376	319	898	940
民和回族土族自治县								
互助土族自治县								
化隆回族自治县								
循化撒拉族自治县								
海北藏族自治州								
门源回族自治县								
祁连县								
海晏县								
刚察县								
黄南藏族自治州								
同仁县								
尖扎县								
泽库县								
河南蒙古族自治县								
海南藏族自治州								
共和县								
同德县								
贵德县								
兴海县								
贵南县								
果洛藏族自治州								
玛沁县								
班玛县								
甘德县								
达日县								
久治县								
玛多县								
玉树藏族自治州	**6460**	**1131**	**591**	**616**	**688**	**566**	**1292**	**1576**
玉树市	6354	1111	575	606	675	558	1274	1555
杂多县								
称多县								
治多县								
囊谦县								
曲麻莱县	106	20	16	10	13	8	18	21
海西蒙古族藏族自治州	**50244**	**6898**	**5522**	**4985**	**5421**	**4004**	**9785**	**13629**
格尔木市	36634	4423	3884	3540	3885	2971	7242	10689
德令哈市	7538	1100	926	749	778	662	1754	1569
茫崖市	6072	1375	712	696	758	371	789	1371
乌兰县								
都兰县								
天峻县								
大柴旦行政委员会								

7-4b 全省按现住地、离开户口登记地时间分的户口登记地在外乡镇街道的人口(镇)

单位：人

现住地	离开户口登记地时间							
	合计							
	合计	半年以上，不满一年	一年以上，不满二年	二年以上，不满三年	三年以上，不满四年	四年以上，不满五年	五年以上，不满十年	十年以上
全省	**674036**	**102171**	**88812**	**95565**	**90005**	**57246**	**127408**	**112829**
西宁市	**113762**	**17396**	**16617**	**18346**	**16563**	**10875**	**21808**	**12157**
城东区								
城中区	1815	100	69	65	113	183	301	984
城西区	140	37	22	15	13	6	41	6
城北区								
湟中区	21961	4581	2730	3194	3356	2030	3889	2181
大通回族土族自治县	59607	8521	9308	10416	8691	5517	11728	5426
湟源县	30239	4157	4488	4656	4390	3139	5849	3560
海东市	**135980**	**21674**	**21318**	**21772**	**21014**	**9874**	**25170**	**15158**
乐都区	2339	466	190	163	177	147	1008	188
平安区	1372	986	134	85	36	23	76	32
民和回族土族自治县	54571	7375	8886	8208	8133	4045	10553	7371
互助土族自治县	50645	8065	8374	9144	9336	3264	8733	3729
化隆回族自治县	11182	1745	1416	1581	1492	1011	2234	1703
循化撒拉族自治县	15871	3037	2318	2591	1840	1384	2566	2135
海北藏族自治州	**67651**	**9774**	**8716**	**8493**	**8780**	**6147**	**15708**	**10033**
门源回族自治县	29029	5312	4058	4010	4565	2935	5843	2306
祁连县	11550	1323	1257	1107	1147	1007	3351	2358
海晏县	20080	2194	2468	2395	2134	1560	5197	4132
刚察县	6992	945	933	981	934	645	1317	1237
黄南藏族自治州	**54410**	**6428**	**6462**	**8699**	**8720**	**6308**	**9646**	**8147**
同仁县	22927	2546	2989	4275	3645	2055	4040	3377
尖扎县	13292	2015	1433	1586	2216	1009	2974	2059
泽库县	8254	767	902	1099	1163	1904	1145	1274
河南蒙古族自治县	9937	1100	1138	1739	1696	1340	1487	1437
海南藏族自治州	**99241**	**14536**	**14298**	**15297**	**13120**	**9054**	**17948**	**14988**
共和县	36143	5629	5398	4438	3908	2979	6949	6842
同德县	8399	1272	1195	1162	977	666	1531	1596
贵德县	24085	2988	4381	4614	3942	2107	3721	2332
兴海县	21693	3442	2039	3481	3253	2296	3993	3189
贵南县	8921	1205	1285	1602	1040	1006	1754	1029
果洛藏族自治州	**47396**	**6360**	**5701**	**9307**	**7636**	**3446**	**6439**	**8507**
玛沁县	22553	3883	2752	3884	3308	1782	3072	3872
班玛县	6449	665	590	1672	775	366	924	1457
甘德县	1342	209	173	163	254	125	180	238
达日县	10525	913	1416	1437	2725	757	1406	1871
久治县	2676	314	433	300	299	190	449	691
玛多县	3851	376	337	1851	275	226	408	378
玉树藏族自治州	**70323**	**12737**	**7014**	**5636**	**6203**	**5340**	**13056**	**20337**
玉树市	602	149	174	70	87	32	34	56
杂多县	27461	5606	1422	1251	1524	1571	5437	10650
称多县	4979	607	495	756	926	586	725	884
治多县	21076	3242	1597	1796	2107	1457	4451	6426
囊谦县	7555	2698	2908	850	313	188	202	396
曲麻莱县	8650	435	418	913	1246	1506	2207	1925
海西蒙古族藏族自治州	**85273**	**13266**	**8686**	**8015**	**7969**	**6202**	**17633**	**23502**
格尔木市	31216	3865	2915	2445	2124	1705	5600	12562
德令哈市	878	178	89	109	94	56	200	152
茫崖市	2276	688	246	235	268	118	358	363
乌兰县	11088	1985	1221	1115	1154	975	2563	2075
都兰县	22173	4058	1787	1816	1989	1687	5062	5774
天峻县	10181	1751	1336	1182	1464	910	2029	1509
大柴旦行政委员会	7461	741	1092	1113	876	751	1821	1067

7-4b 续表 1

单位：人

现住地	离开户口登记地时间							
	省内							
	小计	半年以上，不满一年	一年以上，不满二年	二年以上，不满三年	三年以上，不满四年	四年以上，不满五年	五年以上，不满十年	十年以上
全省	**602654**	**87630**	**80200**	**88088**	**82699**	**52002**	**114491**	**97544**
西宁市	**101187**	**14371**	**14790**	**16934**	**15270**	**10068**	**19839**	**9915**
城东区								
城中区	531	42	37	30	42	50	102	228
城西区	49	9	11	3	3	2	15	6
城北区								
湟中区	18370	3442	2094	2790	2971	1798	3445	1830
大通回族土族自治县	53818	7180	8470	9698	8043	5166	10709	4552
湟源县	28419	3698	4178	4413	4211	3052	5568	3299
海东市	**124166**	**18506**	**19717**	**20408**	**19917**	**9139**	**23272**	**13207**
乐都区	1943	263	121	147	159	126	964	163
平安区	1074	813	97	64	19	14	48	19
民和回族土族自治县	50394	6596	8312	7728	7700	3764	9846	6448
互助土族自治县	46958	6921	7863	8707	8990	3067	8138	3272
化隆回族自治县	10063	1523	1271	1446	1360	917	2061	1485
循化撒拉族自治县	13734	2390	2053	2316	1689	1251	2215	1820
海北藏族自治州	**62943**	**8900**	**8117**	**8021**	**8366**	**5827**	**14789**	**8923**
门源回族自治县	27735	5099	3895	3853	4424	2840	5576	2048
祁连县	10095	1027	1085	1001	1042	907	3057	1976
海晏县	19040	2002	2332	2284	2060	1492	4998	3872
刚察县	6073	772	805	883	840	588	1158	1027
黄南藏族自治州	**47518**	**5011**	**5624**	**7992**	**7937**	**5681**	**8496**	**6777**
同仁县	19669	1904	2550	3946	3296	1797	3485	2691
尖扎县	11812	1641	1237	1454	2092	940	2744	1704
泽库县	7630	662	827	1016	1090	1852	1044	1139
河南蒙古族自治县	8407	804	1010	1576	1459	1092	1223	1243
海南藏族自治州	**91221**	**13224**	**13519**	**14552**	**12284**	**8375**	**16108**	**13159**
共和县	32540	4921	5027	4129	3576	2666	6222	5999
同德县	7549	1162	1128	1105	893	600	1297	1364
贵德县	22414	2706	4220	4438	3736	1968	3339	2007
兴海县	20726	3322	1951	3360	3133	2230	3757	2973
贵南县	7992	1113	1193	1520	946	911	1493	816
果洛藏族自治州	**39659**	**5157**	**4770**	**8435**	**6490**	**2741**	**5146**	**6920**
玛沁县	19121	3313	2327	3432	2737	1441	2628	3243
班玛县	5440	465	514	1591	640	275	693	1262
甘德县	878	156	125	120	176	80	112	109
达日县	9162	742	1273	1304	2553	637	1107	1546
久治县	1518	168	243	180	139	97	249	442
玛多县	3540	313	288	1808	245	211	357	318
玉树藏族自治州	**67784**	**12290**	**6740**	**5272**	**5909**	**5064**	**12605**	**19904**
玉树市	413	83	124	51	80	24	24	27
杂多县	26820	5455	1359	1197	1475	1517	5324	10493
称多县	4308	534	435	632	802	481	591	833
治多县	20621	3184	1566	1745	2065	1421	4332	6308
囊谦县	7256	2632	2873	758	283	156	181	373
曲麻莱县	8366	402	383	889	1204	1465	2153	1870
海西蒙古族藏族自治州	**68176**	**10171**	**6923**	**6474**	**6526**	**5107**	**14236**	**18739**
格尔木市	24073	3118	2112	1831	1593	1317	4148	9954
德令哈市	609	87	56	88	62	41	161	114
茫崖市	1352	361	175	179	173	80	226	158
乌兰县	9225	1555	970	932	980	831	2268	1689
都兰县	18580	3033	1573	1591	1776	1511	4314	4782
天峻县	9291	1532	1279	1118	1354	817	1851	1340
大柴旦行政委员会	5046	485	758	735	588	510	1268	702

7-4b 续表 2

单位：人

现住地	离开户口登记地时间							
	省外							
	小计	半年以上，不满一年	一年以上，不满二年	二年以上，不满三年	三年以上，不满四年	四年以上，不满五年	五年以上，不满十年	十年以上
全省	**71382**	**14541**	**8612**	**7477**	**7306**	**5244**	**12917**	**15285**
西宁市	**12575**	**3025**	**1827**	**1412**	**1293**	**807**	**1969**	**2242**
城东区								
城中区	1284	58	32	35	71	133	199	756
城西区	91	28	11	12	10	4	26	
城北区								
湟中区	3591	1139	636	404	385	232	444	351
大通回族土族自治县	5789	1341	838	718	648	351	1019	874
湟源县	1820	459	310	243	179	87	281	261
海东市	**11814**	**3168**	**1601**	**1364**	**1097**	**735**	**1898**	**1951**
乐都区	396	203	69	16	18	21	44	25
平安区	298	173	37	21	17	9	28	13
民和回族土族自治县	4177	779	574	480	433	281	707	923
互助土族自治县	3687	1144	511	437	346	197	595	457
化隆回族自治县	1119	222	145	135	132	94	173	218
循化撒拉族自治县	2137	647	265	275	151	133	351	315
海北藏族自治州	**4708**	**874**	**599**	**472**	**414**	**320**	**919**	**1110**
门源回族自治县	1294	213	163	157	141	95	267	258
祁连县	1455	296	172	106	105	100	294	382
海晏县	1040	192	136	111	74	68	199	260
刚察县	919	173	128	98	94	57	159	210
黄南藏族自治州	**6892**	**1417**	**838**	**707**	**783**	**627**	**1150**	**1370**
同仁县	3258	642	439	329	349	258	555	686
尖扎县	1480	374	196	132	124	69	230	355
泽库县	624	105	75	83	73	52	101	135
河南蒙古族自治县	1530	296	128	163	237	248	264	194
海南藏族自治州	**8020**	**1312**	**779**	**745**	**836**	**679**	**1840**	**1829**
共和县	3603	708	371	309	332	313	727	843
同德县	850	110	67	57	84	66	234	232
贵德县	1671	282	161	176	206	139	382	325
兴海县	967	120	88	121	120	66	236	216
贵南县	929	92	92	82	94	95	261	213
果洛藏族自治州	**7737**	**1203**	**931**	**872**	**1146**	**705**	**1293**	**1587**
玛沁县	3432	570	425	452	571	341	444	629
班玛县	1009	200	76	81	135	91	231	195
甘德县	464	53	48	43	78	45	68	129
达日县	1363	171	143	133	172	120	299	325
久治县	1158	146	190	120	160	93	200	249
玛多县	311	63	49	43	30	15	51	60
玉树藏族自治州	**2539**	**447**	**274**	**364**	**294**	**276**	**451**	**433**
玉树市	189	66	50	19	7	8	10	29
杂多县	641	151	63	54	49	54	113	157
称多县	671	73	60	124	124	105	134	51
治多县	455	58	31	51	42	36	119	118
囊谦县	299	66	35	92	30	32	21	23
曲麻莱县	284	33	35	24	42	41	54	55
海西蒙古族藏族自治州	**17097**	**3095**	**1763**	**1541**	**1443**	**1095**	**3397**	**4763**
格尔木市	7143	747	803	614	531	388	1452	2608
德令哈市	269	91	33	21	32	15	39	38
茫崖市	924	327	71	56	95	38	132	205
乌兰县	1863	430	251	183	174	144	295	386
都兰县	3593	1025	214	225	213	176	748	992
天峻县	890	219	57	64	110	93	178	169
大柴旦行政委员会	2415	256	334	378	288	241	553	365

7−4c　全省按现住地、离开户口登记地时间分的户口登记地在外乡镇街道的人口(乡村)

单位：人

现住地	离开户口登记地时间							
	合计							
	合计	半年以上，不满一年	一年以上，不满二年	二年以上，不满三年	三年以上，不满四年	四年以上，不满五年	五年以上，不满十年	十年以上
全省	**179181**	**45616**	**23834**	**18953**	**16621**	**12601**	**27982**	**33574**
西宁市	**33132**	**10125**	**6138**	**3467**	**2809**	**1899**	**3977**	**4717**
城东区								
城中区	81	22	6	4	7	3	14	25
城西区								
城北区	1750	317	553	321	156	70	167	166
湟中区	19099	6465	4022	1686	1469	995	1905	2557
大通回族土族自治县	7035	2281	851	665	593	400	986	1259
湟源县	5167	1040	706	791	584	431	905	710
海东市	**49754**	**15153**	**6911**	**5568**	**4340**	**3056**	**6645**	**8081**
乐都区	8861	3264	1339	783	564	420	1050	1441
平安区	4497	1494	543	401	339	242	581	897
民和回族土族自治县	7726	2126	896	947	733	505	1170	1349
互助土族自治县	9035	3054	1335	716	698	467	1178	1587
化隆回族自治县	15691	4022	2242	2181	1714	1219	2161	2152
循化撒拉族自治县	3944	1193	556	540	292	203	505	655
海北藏族自治州	**10664**	**3133**	**1399**	**1207**	**900**	**567**	**1646**	**1812**
门源回族自治县	4175	1533	464	410	342	202	552	672
祁连县	3664	1001	512	420	303	189	597	642
海晏县	1105	264	175	122	97	85	196	166
刚察县	1720	335	248	255	158	91	301	332
黄南藏族自治州	**9134**	**2078**	**1079**	**1082**	**750**	**1299**	**1299**	**1547**
同仁县	3532	836	388	401	317	241	578	771
尖扎县	3469	753	352	330	212	915	418	489
泽库县	1071	202	157	159	114	89	169	181
河南蒙古族自治县	1062	287	182	192	107	54	134	106
海南藏族自治州	**16709**	**3376**	**2017**	**1525**	**1515**	**1353**	**3113**	**3810**
共和县	4307	1081	703	402	399	268	633	821
同德县	3552	526	270	314	304	293	782	1063
贵德县	4353	761	493	364	397	414	827	1097
兴海县	2052	520	265	197	190	186	377	317
贵南县	2445	488	286	248	225	192	494	512
果洛藏族自治州	**12194**	**2095**	**1598**	**1809**	**1419**	**1080**	**1958**	**2235**
玛沁县	2157	552	219	241	230	144	375	396
班玛县	1599	290	152	178	140	98	285	456
甘德县	3163	468	306	739	415	453	558	224
达日县	2404	373	335	239	330	186	398	543
久治县	2460	331	509	371	240	176	292	541
玛多县	411	81	77	41	64	23	50	75
玉树藏族自治州	**15436**	**3356**	**1622**	**1639**	**1911**	**1207**	**2574**	**3127**
玉树市	3456	937	417	354	354	293	597	504
杂多县	7783	1192	705	827	1174	600	1406	1879
称多县	1145	281	114	165	99	95	128	263
治多县	208	66	42	35	17	8	17	23
囊谦县	1540	685	190	124	122	71	192	156
曲麻莱县	1304	195	154	134	145	140	234	302
海西蒙古族藏族自治州	**32158**	**6300**	**3070**	**2656**	**2977**	**2140**	**6770**	**8245**
格尔木市	11226	2195	812	709	755	574	2094	4087
德令哈市	8649	1753	531	606	628	668	2770	1693
茫崖市								
乌兰县	1784	420	148	131	138	126	340	481
都兰县	4094	956	468	364	371	272	783	880
天峻县	1065	147	449	80	77	41	124	147
大柴旦行政委员会	5340	829	662	766	1008	459	659	957

7-4c 续表 1 单位：人

现住地	离开户口登记地时间							
	省内							
	小计	半年以上，不满一年	一年以上，不满二年	二年以上，不满三年	三年以上，不满四年	四年以上，不满五年	五年以上，不满十年	十年以上
全省	**138162**	**29603**	**17446**	**15110**	**13331**	**10705**	**23233**	**28734**
西宁市	**23766**	**5729**	**4350**	**2649**	**2233**	**1591**	**3228**	**3986**
城东区								
城中区	55	14	6	1	6	2	12	14
城西区								
城北区	686	134	158	124	50	33	73	114
湟中区	13814	3757	3064	1286	1177	840	1519	2171
大通回族土族自治县	5106	1218	589	542	508	337	824	1088
湟源县	4105	606	533	696	492	379	800	599
海东市	**38982**	**10526**	**5047**	**4557**	**3607**	**2638**	**5573**	**7034**
乐都区	6140	1973	861	556	429	326	812	1183
平安区	3503	1126	337	282	266	208	507	777
民和回族土族自治县	5815	1546	622	741	568	393	891	1054
互助土族自治县	6401	1733	778	555	560	379	1009	1387
化隆回族自治县	14065	3483	1988	1953	1544	1149	1903	2045
循化撒拉族自治县	3058	665	461	470	240	183	451	588
海北藏族自治州	**8097**	**1860**	**1033**	**958**	**768**	**498**	**1431**	**1549**
门源回族自治县	3065	879	338	303	290	183	487	585
祁连县	2667	553	345	332	258	164	508	507
海晏县	866	194	136	89	72	64	164	147
刚察县	1499	234	214	234	148	87	272	310
黄南藏族自治州	**7104**	**1048**	**853**	**869**	**629**	**1215**	**1098**	**1392**
同仁县	2690	396	311	327	275	206	466	709
尖扎县	2927	424	283	280	190	898	401	451
泽库县	881	122	127	144	98	77	146	167
河南蒙古族自治县	606	106	132	118	66	34	85	65
海南藏族自治州	**14467**	**2547**	**1669**	**1363**	**1357**	**1249**	**2801**	**3481**
共和县	3518	726	518	360	355	252	564	743
同德县	3209	388	249	284	277	270	734	1007
贵德县	3811	592	408	324	363	392	757	975
兴海县	1826	484	240	174	164	163	306	295
贵南县	2103	357	254	221	198	172	440	461
果洛藏族自治州	**9116**	**1216**	**1138**	**1383**	**1064**	**888**	**1583**	**1844**
玛沁县	1694	398	170	195	180	115	307	329
班玛县	1186	171	104	136	98	62	219	396
甘德县	2692	312	241	650	359	428	522	180
达日县	1712	128	262	164	224	143	311	480
久治县	1509	160	296	205	151	122	179	396
玛多县	323	47	65	33	52	18	45	63
玉树藏族自治州	**13059**	**2564**	**1356**	**1425**	**1677**	**1056**	**2140**	**2841**
玉树市	1895	444	230	202	183	193	311	332
杂多县	7457	1052	677	802	1154	589	1351	1832
称多县	1001	242	100	152	78	74	102	253
治多县	192	58	38	34	17	7	16	22
囊谦县	1422	629	184	120	116	67	160	146
曲麻莱县	1092	139	127	115	129	126	200	256
海西蒙古族藏族自治州	**23571**	**4113**	**2000**	**1906**	**1996**	**1570**	**5379**	**6607**
格尔木市	8255	1250	572	540	520	426	1602	3345
德令哈市	7350	1497	416	499	505	559	2404	1470
茫崖市								
乌兰县	1325	183	114	105	107	103	274	439
都兰县	3181	644	324	257	284	221	679	772
天峻县	667	93	169	68	68	37	106	126
大柴旦行政委员会	2793	446	405	437	512	224	314	455

7-4c　续表 2　　　　单位：人

现住地	离开户口登记地时间							
	省外							
	小计	半年以上，不满一年	一年以上，不满二年	二年以上，不满三年	三年以上，不满四年	四年以上，不满五年	五年以上，不满十年	十年以上
全省	**41019**	**16013**	**6388**	**3843**	**3290**	**1896**	**4749**	**4840**
西宁市	**9366**	**4396**	**1788**	**818**	**576**	**308**	**749**	**731**
城东区								
城中区	26	8		3	1	1	2	11
城西区								
城北区	1064	183	395	197	106	37	94	52
湟中区	5285	2708	958	400	292	155	386	386
大通回族土族自治县	1929	1063	262	123	85	63	162	171
湟源县	1062	434	173	95	92	52	105	111
海东市	**10772**	**4627**	**1864**	**1011**	**733**	**418**	**1072**	**1047**
乐都区	2721	1291	478	227	135	94	238	258
平安区	994	368	206	119	73	34	74	120
民和回族土族自治县	1911	580	274	206	165	112	279	295
互助土族自治县	2634	1321	557	161	138	88	169	200
化隆回族自治县	1626	539	254	228	170	70	258	107
循化撒拉族自治县	886	528	95	70	52	20	54	67
海北藏族自治州	**2567**	**1273**	**366**	**249**	**132**	**69**	**215**	**263**
门源回族自治县	1110	654	126	107	52	19	65	87
祁连县	997	448	167	88	45	25	89	135
海晏县	239	70	39	33	25	21	32	19
刚察县	221	101	34	21	10	4	29	22
黄南藏族自治州	**2030**	**1030**	**226**	**213**	**121**	**84**	**201**	**155**
同仁县	842	440	77	74	42	35	112	62
尖扎县	542	329	69	50	22	17	17	38
泽库县	190	80	30	15	16	12	23	14
河南蒙古族自治县	456	181	50	74	41	20	49	41
海南藏族自治州	**2242**	**829**	**348**	**162**	**158**	**104**	**312**	**329**
共和县	789	355	185	42	44	16	69	78
同德县	343	138	21	30	27	23	48	56
贵德县	542	169	85	40	34	22	70	122
兴海县	226	36	25	23	26	23	71	22
贵南县	342	131	32	27	27	20	54	51
果洛藏族自治州	**3078**	**879**	**460**	**426**	**355**	**192**	**375**	**391**
玛沁县	463	154	49	46	50	29	68	67
班玛县	413	119	48	42	42	36	66	60
甘德县	471	156	65	89	56	25	36	44
达日县	692	245	73	75	106	43	87	63
久治县	951	171	213	166	89	54	113	145
玛多县	88	34	12	8	12	5	5	12
玉树藏族自治州	**2377**	**792**	**266**	**214**	**234**	**151**	**434**	**286**
玉树市	1561	493	187	152	171	100	286	172
杂多县	326	140	28	25	20	11	55	47
称多县	144	39	14	13	21	21	26	10
治多县	16	8	4	1		1	1	1
囊谦县	118	56	6	4	6	4	32	10
曲麻莱县	212	56	27	19	16	14	34	46
海西蒙古族藏族自治州	**8587**	**2187**	**1070**	**750**	**981**	**570**	**1391**	**1638**
格尔木市	2971	945	240	169	235	148	492	742
德令哈市	1299	256	115	107	123	109	366	223
茫崖市								
乌兰县	459	237	34	26	31	23	66	42
都兰县	913	312	144	107	87	51	104	108
天峻县	398	54	280	12	9	4	18	21
大柴旦行政委员会	2547	383	257	329	496	235	345	502

7-5 全省按户口登记地、性别、受教育程度分的户口登记地在外乡镇街道的人口

单位：人

受教育程度	合计			省内		
	合计	男	女	小计	男	女
总　计	**2015272**	**1063896**	**951376**	**1606162**	**805915**	**800247**
未上过学	140332	49841	90491	125716	44060	81656
学前教育	68575	35347	33228	57389	29438	27951
小　学	522542	261528	261014	433491	211082	222409
初　中	517571	304347	213224	359233	197460	161773
高　中	319736	176650	143086	259306	135366	123940
大学专科	226317	124375	101942	188591	99588	89003
大学本科	208992	106235	102757	175398	85574	89824
硕士研究生	10248	4992	5256	6439	3007	3432
博士研究生	959	581	378	599	340	259

7-5 续表

单位：人

受教育程度	省内 其中市辖区内人户分离			省外		
	小计	男	女	小计	男	女
总　计	**451259**	**217615**	**233644**	**409110**	**257981**	**151129**
未上过学	17378	4835	12543	14616	5781	8835
学前教育	15501	7992	7509	11186	5909	5277
小　学	87639	39666	47973	89051	50446	38605
初　中	117046	60630	56416	158338	106887	51451
高　中	84941	41851	43090	60430	41284	19146
大学专科	60593	30410	30183	37726	24787	12939
大学本科	64005	30322	33683	33594	20661	12933
硕士研究生	3733	1687	2046	3809	1985	1824
博士研究生	423	222	201	360	241	119

7—5a　全省按户口登记地、性别、受教育程度分的户口登记地在外乡镇街道的人口(城市)

单位：人

受教育程度	合　计			省　内		
	合计	男	女	小计	男	女
总　计	**1186527**	**624007**	**562520**	**887891**	**439595**	**448296**
未上过学	51677	16549	35128	43293	13427	29866
学前教育	36998	19277	17721	28358	14659	13699
小　学	247628	120890	126738	189829	89112	100717
初　中	319645	185570	134075	204974	109957	95017
高　中	196076	108134	87942	149677	77298	72379
大学专科	162546	87287	75259	132611	68167	64444
大学本科	161943	81440	80503	133065	64171	68894
硕士研究生	9134	4339	4795	5543	2509	3034
博士研究生	880	521	359	541	295	246

7—5a　续表

单位：人

受教育程度	省　内			省　外		
	其中市辖区内人户分离					
	小计	男	女	小计	男	女
总　计	**423566**	**203666**	**219900**	**298636**	**184412**	**114224**
未上过学	15897	4335	11562	8384	3122	5262
学前教育	14511	7482	7029	8640	4618	4022
小　学	80222	36174	44048	57799	31778	26021
初　中	108516	56015	52501	114671	75613	39058
高　中	78971	38710	40261	46399	30836	15563
大学专科	58638	29391	29247	29935	19120	10815
大学本科	62677	29661	33016	28878	17269	11609
硕士研究生	3713	1677	2036	3591	1830	1761
博士研究生	421	221	200	339	226	113

7−5b 全省按户口登记地、性别、受教育程度分的户口登记地在外乡镇街道的人口(镇)

单位：人

受教育程度	合计			省内		
	合计	男	女	小计	男	女
总　计	**654241**	**339836**	**314405**	**584210**	**294395**	**289815**
未上过学	71284	26456	44828	66996	24628	42368
学前教育	26804	13683	13121	24984	12759	12225
小　学	217028	108735	108293	197224	97035	100189
初　中	148373	86903	61470	121496	68196	53300
高　中	100650	54802	45848	91731	48318	43413
大学专科	50914	29078	21836	45994	25623	20371
大学本科	38212	19619	18593	34977	17390	17587
硕士研究生	921	517	404	765	412	353
博士研究生	55	43	12	43	34	9

7−5b 续表

单位：人

受教育程度	省内			省外		
	其中市辖区内人户分离					
	小计	男	女	小计	男	女
总　计	**16491**	**8469**	**8022**	**70031**	**45441**	**24590**
未上过学	758	243	515	4288	1828	2460
学前教育	691	363	328	1820	924	896
小　学	4554	2039	2515	19804	11700	8104
初　中	5065	2800	2265	26877	18707	8170
高　中	3107	1783	1324	8919	6484	2435
大学专科	1311	735	576	4920	3455	1465
大学本科	989	498	491	3235	2229	1006
硕士研究生	15	8	7	156	105	51
博士研究生	1		1	12	9	3

7-5c　全省按户口登记地、性别、受教育程度分的户口登记地在外乡镇街道的人口(乡村)

单位：人

受教育程度	合计			省内		
	合计	男	女	小计	男	女
总　计	**174504**	**100053**	**74451**	**134061**	**71925**	**62136**
未上过学	17371	6836	10535	15427	6005	9422
学前教育	4773	2387	2386	4047	2020	2027
小　学	57886	31903	25983	46438	24935	21503
初　中	49553	31874	17679	32763	19307	13456
高　中	23010	13714	9296	17898	9750	8148
大学专科	12857	8010	4847	9986	5798	4188
大学本科	8837	5176	3661	7356	4013	3343
硕士研究生	193	136	57	131	86	45
博士研究生	24	17	7	15	11	4

7-5c　续表

单位：人

受教育程度	省内			省外		
	其中市辖区内人户分离					
	小计	男	女	小计	男	女
总　计	**11202**	**5480**	**5722**	**40443**	**28128**	**12315**
未上过学	723	257	466	1944	831	1113
学前教育	299	147	152	726	367	359
小　学	2863	1453	1410	11448	6968	4480
初　中	3465	1815	1650	16790	12567	4223
高　中	2863	1358	1505	5112	3964	1148
大学专科	644	284	360	2871	2212	659
大学本科	339	163	176	1481	1163	318
硕士研究生	5	2	3	62	50	12
博士研究生	1	1		9	6	3

7-6 全省按现住地、受教育程度、性别分的户口登记地在本省其他乡镇街道的人口

单位：人

现住地	合计			未上过学		
	合计	男	女	小计	男	女
全省	**1606162**	**805915**	**800247**	**125716**	**44060**	**81656**
西宁市	**771247**	**378297**	**392950**	**34858**	**10540**	**24318**
城东区	236224	116792	119432	13790	4182	9608
城中区	118750	59061	59689	4530	1431	3099
城西区	115401	55556	59845	4190	1204	2986
城北区	163804	79429	84375	5120	1541	3579
湟中区	47476	23744	23732	2231	734	1497
大通回族土族自治县	58001	28327	29674	3247	903	2344
湟源县	31591	15388	16203	1750	545	1205
海东市	**253895**	**125248**	**128647**	**21868**	**5957**	**15911**
乐都区	67712	33213	34499	4057	932	3125
平安区	40584	19844	20740	3053	744	2309
民和回族土族自治县	54255	26344	27911	6203	1734	4469
互助土族自治县	51776	26021	25755	3233	952	2281
化隆回族自治县	23429	11785	11644	3284	1046	2238
循化撒拉族自治县	16139	8041	8098	2038	549	1489
海北藏族自治州	**69215**	**34607**	**34608**	**7666**	**2546**	**5120**
门源回族自治县	29979	14610	15369	2507	742	1765
祁连县	12407	6279	6128	1571	547	1024
海晏县	19468	9728	9740	2568	873	1695
刚察县	7361	3990	3371	1020	384	636
黄南藏族自治州	**52998**	**27058**	**25940**	**5985**	**2116**	**3869**
同仁县	21777	11399	10378	1437	538	899
尖扎县	14270	7102	7168	2515	761	1754
泽库县	8230	4192	4038	467	197	270
河南蒙古族自治县	8721	4365	4356	1566	620	946
海南藏族自治州	**102390**	**51472**	**50918**	**6934**	**2363**	**4571**
共和县	35060	17724	17336	1411	438	973
同德县	10340	5282	5058	1048	349	699
贵德县	25416	12469	12947	2909	967	1942
兴海县	21782	10951	10831	803	337	466
贵南县	9792	5046	4746	763	272	491
果洛藏族自治州	**47279**	**25550**	**21729**	**4558**	**1960**	**2598**
玛沁县	20347	11073	9274	873	351	522
班玛县	6368	3351	3017	469	201	268
甘德县	3547	2088	1459	107	43	64
达日县	10367	5349	5018	2689	1198	1491
久治县	2966	1749	1217	148	49	99
玛多县	3684	1940	1744	272	118	154
玉树藏族自治州	**115916**	**58791**	**57125**	**28931**	**13274**	**15657**
玉树市	37806	19077	18729	4204	1907	2297
杂多县	32525	16490	16035	11767	5473	6294
称多县	5205	2792	2413	1366	659	707
治多县	20223	10100	10123	8297	3781	4516
囊谦县	8354	4421	3933	539	245	294
曲麻莱县	11803	5911	5892	2758	1209	1549
海西蒙古族藏族自治州	**193222**	**104892**	**88330**	**14916**	**5304**	**9612**
格尔木市	96526	52337	44189	7099	2459	4640
德令哈市	40680	20745	19935	2193	727	1466
茫崖市	7184	4999	2185	243	100	143
乌兰县	10274	5599	4675	653	225	428
都兰县	21179	10792	10387	3229	1236	1993
天峻县	9612	4836	4776	1313	493	820
大柴旦行政委员会	7767	5584	2183	186	64	122

7-6　续表 1　　　　单位：人

现住地	学前教育			小学		
	小计	男	女	小计	男	女
全省	**57389**	**29438**	**27951**	**433491**	**211082**	**222409**
西宁市	**23037**	**11896**	**11141**	**151353**	**70918**	**80435**
城东区	7942	4147	3795	58752	27784	30968
城中区	3139	1622	1517	18654	8546	10108
城西区	2932	1533	1399	15327	7074	8253
城北区	4150	2137	2013	20144	9516	10628
湟中区	1740	886	854	12386	5789	6597
大通回族土族自治县	2070	1045	1025	16415	7496	8919
湟源县	1064	526	538	9675	4713	4962
海东市	**9735**	**4936**	**4799**	**80284**	**37366**	**42918**
乐都区	2402	1246	1156	20983	9141	11842
平安区	1542	760	782	12745	5831	6914
民和回族土族自治县	2154	1101	1053	16872	7911	8961
互助土族自治县	2071	1035	1036	15569	7215	8354
化隆回族自治县	805	404	401	8621	4637	3984
循化撒拉族自治县	761	390	371	5494	2631	2863
海北藏族自治州	**3183**	**1572**	**1611**	**23509**	**11536**	**11973**
门源回族自治县	1685	811	874	11319	5204	6115
祁连县	495	252	243	4553	2264	2289
海晏县	674	347	327	5424	2907	2517
刚察县	329	162	167	2213	1161	1052
黄南藏族自治州	**2409**	**1276**	**1133**	**17559**	**9003**	**8556**
同仁县	815	442	373	6483	3393	3090
尖扎县	621	321	300	4112	2236	1876
泽库县	374	206	168	3539	1676	1863
河南蒙古族自治县	599	307	292	3425	1698	1727
海南藏族自治州	**4664**	**2369**	**2295**	**32354**	**16034**	**16320**
共和县	1373	710	663	9004	4354	4650
同德县	487	231	256	3763	2064	1699
贵德县	1134	572	562	7633	3819	3814
兴海县	1151	587	564	8718	4168	4550
贵南县	519	269	250	3236	1629	1607
果洛藏族自治州	**1804**	**959**	**845**	**19825**	**10521**	**9304**
玛沁县	847	459	388	7931	4203	3728
班玛县	244	142	102	3293	1572	1721
甘德县	43	24	19	1539	893	646
达日县	403	198	205	4033	2157	1876
久治县	57	24	33	1219	808	411
玛多县	210	112	98	1810	888	922
玉树藏族自治州	**4739**	**2434**	**2305**	**48712**	**25093**	**23619**
玉树市	1440	726	714	17047	8669	8378
杂多县	1457	767	690	12839	6681	6158
称多县	196	108	88	2061	1141	920
治多县	769	390	379	6217	3225	2992
囊谦县	388	206	182	4956	2558	2398
曲麻莱县	489	237	252	5592	2819	2773
海西蒙古族藏族自治州	**7818**	**3996**	**3822**	**59895**	**30611**	**29284**
格尔木市	4348	2219	2129	31797	16365	15432
德令哈市	1601	821	780	10271	5085	5186
茫崖市	116	64	52	1101	631	470
乌兰县	354	171	183	3459	1721	1738
都兰县	888	450	438	7935	4036	3899
天峻县	410	211	199	4335	2168	2167
大柴旦行政委员会	101	60	41	997	605	392

7-6 续表 2

单位：人

现住地	初中			高中			大学专科		
	小计	男	女	小计	男	女	小计	男	女
全省	**359233**	**197460**	**161773**	**259306**	**135366**	**123940**	**188591**	**99588**	**89003**
西宁市	**185465**	**97839**	**87626**	**137136**	**69317**	**67819**	**113163**	**57811**	**55352**
城东区	57702	30855	26847	36945	19010	17935	28472	15007	13465
城中区	28956	15145	13811	23637	12377	11260	22800	11726	11074
城西区	22519	11456	11063	19659	9425	10234	20649	10008	10641
城北区	35574	18708	16866	28948	14130	14818	30307	15392	14915
湟中区	14029	7613	6416	11120	5677	5443	3514	1860	1654
大通回族土族自治县	17323	9106	8217	11972	6321	5651	4132	2170	1962
湟源县	9362	4956	4406	4855	2377	2478	3289	1648	1641
海东市	**64737**	**36472**	**28265**	**42129**	**22617**	**19512**	**20483**	**10863**	**9620**
乐都区	19384	11082	8302	10423	5760	4663	7082	3453	3629
平安区	11115	6130	4985	6088	3307	2781	3372	1850	1522
民和回族土族自治县	12755	7115	5640	9340	4874	4466	3721	2024	1697
互助土族自治县	14578	8148	6430	10134	5363	4771	3741	2118	1623
化隆回族自治县	3970	2317	1653	3430	1747	1683	1473	770	703
循化撒拉族自治县	2935	1680	1255	2714	1566	1148	1094	648	446
海北藏族自治州	**14797**	**8564**	**6233**	**9466**	**4889**	**4577**	**5063**	**2762**	**2301**
门源回族自治县	6754	3888	2866	4441	2320	2121	1655	878	777
祁连县	2554	1456	1098	1284	701	583	1021	586	435
海晏县	3936	2248	1688	3017	1406	1611	1569	806	763
刚察县	1553	972	581	724	462	262	818	492	326
黄南藏族自治州	**6886**	**4033**	**2853**	**9437**	**4742**	**4695**	**5796**	**3321**	**2475**
同仁县	3231	1944	1287	5242	2616	2626	2391	1357	1034
尖扎县	1736	1013	723	2474	1246	1228	1396	789	607
泽库县	933	540	393	1207	575	632	977	599	378
河南蒙古族自治县	986	536	450	514	305	209	1032	576	456
海南藏族自治州	**22292**	**12064**	**10228**	**18820**	**9428**	**9392**	**9302**	**5106**	**4196**
共和县	9222	4908	4314	7765	3868	3897	3085	1785	1300
同德县	1865	973	892	1211	599	612	1118	620	498
贵德县	5547	3045	2502	4735	2306	2429	1943	1029	914
兴海县	4159	2182	1977	3166	1665	1501	2265	1199	1066
贵南县	1499	956	543	1943	990	953	891	473	418
果洛藏族自治州	**7148**	**4363**	**2785**	**5474**	**2815**	**2659**	**4822**	**2871**	**1951**
玛沁县	3228	1999	1229	3708	1866	1842	2184	1304	880
班玛县	877	578	299	326	210	116	633	357	276
甘德县	606	386	220	317	171	146	579	361	218
达日县	1546	918	628	612	291	321	590	329	261
久治县	474	252	222	298	155	143	378	224	154
玛多县	417	230	187	213	122	91	458	296	162
玉树藏族自治州	**12903**	**7141**	**5762**	**10935**	**5547**	**5388**	**6732**	**3654**	**3078**
玉树市	3811	2087	1724	7222	3505	3717	2568	1368	1200
杂多县	3938	2173	1765	924	518	406	1198	642	556
称多县	683	390	293	403	209	194	331	189	142
治多县	2137	1160	977	997	567	430	1320	712	608
囊谦县	879	501	378	793	438	355	559	324	235
曲麻莱县	1455	830	625	596	310	286	756	419	337
海西蒙古族藏族自治州	**45005**	**26984**	**18021**	**25909**	**16011**	**9898**	**23230**	**13200**	**10030**
格尔木市	23523	14079	9444	11428	6721	4707	10962	6445	4517
德令哈市	9409	5314	4095	5935	3414	2521	6592	3062	3530
茫崖市	1892	1355	537	1626	1340	286	1173	875	298
乌兰县	2454	1452	1002	1431	917	514	1072	686	386
都兰县	4603	2647	1956	2017	1127	890	1205	661	544
天峻县	1110	621	489	1070	627	443	817	419	398
大柴旦行政委员会	2014	1516	498	2402	1865	537	1409	1052	357

7-6　续表 3　　　　　　　　　　　　　　　　　　　　　　　　　　单位：人

现 住 地	大学本科			硕士研究生			博士研究生		
	小计	男	女	小计	男	女	小计	男	女
全省	**175398**	**85574**	**89824**	**6439**	**3007**	**3432**	**599**	**340**	**259**
西宁市	**120485**	**57349**	**63136**	**5222**	**2341**	**2881**	**528**	**286**	**242**
城东区	31454	15273	16181	1060	473	587	107	61	46
城中区	16286	7843	8443	692	343	349	56	28	28
城西区	27802	13761	14041	2110	980	1130	213	115	98
城北区	38148	17419	20729	1268	510	758	145	76	69
湟中区	2418	1168	1250	33	13	20	5	4	1
大通回族土族自治县	2808	1269	1539	34	17	17			
湟源县	1569	616	953	25	5	20	2	2	
海东市	**14422**	**6940**	**7482**	**227**	**89**	**138**	**10**	**8**	**2**
乐都区	3302	1570	1732	78	28	50	1	1	
平安区	2620	1202	1418	46	18	28	3	2	1
民和回族土族自治县	3171	1565	1606	36	17	19	3	3	
互助土族自治县	2417	1179	1238	33	11	22			
化隆回族自治县	1818	851	967	26	12	14	2	1	1
循化撒拉族自治县	1094	573	521	8	3	5	1	1	
海北藏族自治州	**5422**	**2679**	**2743**	**102**	**53**	**49**	**7**	**6**	**1**
门源回族自治县	1598	756	842	18	9	9	2	2	
祁连县	912	465	447	15	7	8	2	1	1
海晏县	2228	1114	1114	50	25	25	2	2	
刚察县	684	344	340	19	12	7	1	1	
黄南藏族自治州	**4745**	**2455**	**2290**	**167**	**99**	**68**	**14**	**13**	**1**
同仁县	2098	1070	1028	73	33	40	7	6	1
尖扎县	1374	704	670	38	28	10	4	4	
泽库县	696	376	320	36	22	14	1	1	
河南蒙古族自治县	577	305	272	20	16	4	2	2	
海南藏族自治州	**7796**	**3966**	**3830**	**215**	**132**	**83**	**13**	**10**	**3**
共和县	3096	1600	1496	101	59	42	3	2	1
同德县	827	436	391	18	8	10	3	2	1
贵德县	1480	709	771	33	20	13	2	2	
兴海县	1476	783	693	43	29	14	1	1	
贵南县	917	438	479	20	16	4	4	3	1
果洛藏族自治州	**3540**	**1995**	**1545**	**106**	**65**	**41**	**2**	**1**	**1**
玛沁县	1514	853	661	60	37	23	2	1	1
班玛县	515	285	230	11	6	5			
甘德县	339	201	138	17	9	8			
达日县	487	251	236	7	7				
久治县	390	235	155	2	2				
玛多县	295	170	125	9	4	5			
玉树藏族自治州	**2869**	**1591**	**1278**	**83**	**48**	**35**	**12**	**9**	**3**
玉树市	1474	791	683	35	21	14	5	3	2
杂多县	387	229	158	13	6	7	2	1	1
称多县	163	94	69	2	2				
治多县	466	256	210	18	7	11	2	2	
囊谦县	224	135	89	13	11	2	3	3	
曲麻莱县	155	86	69	2	1	1			
海西蒙古族藏族自治州	**16119**	**8599**	**7520**	**317**	**180**	**137**	**13**	**7**	**6**
格尔木市	7252	3978	3274	110	65	45	7	6	1
德令哈市	4544	2254	2290	132	67	65	3	1	2
茫崖市	1008	617	391	25	17	8			
乌兰县	841	421	420	10	6	4			
都兰县	1281	625	656	20	10	10	1		1
天峻县	542	286	256	14	11	3	1		1
大柴旦行政委员会	651	418	233	6	4	2	1		1

7-6a 全省按现住地、受教育程度、性别分的户口登记地在本省其他乡镇街道的人口(城市)

单位：人

现住地	合计			未上过学		
	合计	男	女	小计	男	女
全省	**887891**	**439595**	**448296**	**43293**	**13427**	**29866**
西宁市	**649915**	**318415**	**331500**	**28232**	**8550**	**19682**
城东区	236224	116792	119432	13790	4182	9608
城中区	118165	58624	59541	4517	1426	3091
城西区	115353	55526	59827	4188	1204	2984
城北区	163128	79015	84113	5083	1529	3554
湟中区	16287	8027	8260	617	192	425
大通回族土族自治县	758	431	327	37	17	20
湟源县						
海东市	**95848**	**46378**	**49470**	**6195**	**1354**	**4841**
乐都区	59770	29005	30765	3422	712	2710
平安区	36078	17373	18705	2773	642	2131
民和回族土族自治县						
互助土族自治县						
化隆回族自治县						
循化撒拉族自治县						
海北藏族自治州						
门源回族自治县						
祁连县						
海晏县						
刚察县						
黄南藏族自治州						
同仁县						
尖扎县						
泽库县						
河南蒙古族自治县						
海南藏族自治州						
共和县						
同德县						
贵德县						
兴海县						
贵南县						
果洛藏族自治州						
玛沁县						
班玛县						
甘德县						
达日县						
久治县						
玛多县						
玉树藏族自治州	**38125**	**19114**	**19011**	**5114**	**2301**	**2813**
玉树市	35531	17858	17673	3947	1789	2158
杂多县						
称多县						
治多县						
囊谦县						
曲麻莱县	2594	1256	1338	1167	512	655
海西蒙古族藏族自治州	**104003**	**55688**	**48315**	**3752**	**1222**	**2530**
格尔木市	65215	34950	30265	2501	816	1685
德令哈市	32941	16737	16204	1044	321	723
茫崖市	5847	4001	1846	207	85	122
乌兰县						
都兰县						
天峻县						
大柴旦行政委员会						

7-6a　续表 1　　　　单位：人

现住地	学前教育			小学		
	小计	男	女	小计	男	女
全省	**28358**	**14659**	**13699**	**189829**	**89112**	**100717**
西宁市	**18830**	**9770**	**9060**	**117266**	**54830**	**62436**
城东区	7942	4147	3795	58752	27784	30968
城中区	3133	1617	1516	18497	8441	10056
城西区	2929	1530	1399	15310	7065	8245
城北区	4129	2127	2002	19948	9383	10565
湟中区	678	338	340	4594	2069	2525
大通回族土族自治县	19	11	8	165	88	77
湟源县						
海东市	**3614**	**1855**	**1759**	**30143**	**13177**	**16966**
乐都区	2216	1157	1059	18396	7853	10543
平安区	1398	698	700	11747	5324	6423
民和回族土族自治县						
互助土族自治县						
化隆回族自治县						
循化撒拉族自治县						
海北藏族自治州						
门源回族自治县						
祁连县						
海晏县						
刚察县						
黄南藏族自治州						
同仁县						
尖扎县						
泽库县						
河南蒙古族自治县						
海南藏族自治州						
共和县						
同德县						
贵德县						
兴海县						
贵南县						
果洛藏族自治州						
玛沁县						
班玛县						
甘德县						
达日县						
久治县						
玛多县						
玉树藏族自治州	**1522**	**765**	**757**	**16658**	**8424**	**8234**
玉树市	1377	692	685	15893	8023	7870
杂多县						
称多县						
治多县						
囊谦县						
曲麻莱县	145	73	72	765	401	364
海西蒙古族藏族自治州	**4392**	**2269**	**2123**	**25762**	**12681**	**13081**
格尔木市	3028	1563	1465	17657	8707	8950
德令哈市	1257	649	608	7204	3469	3735
茫崖市	107	57	50	901	505	396
乌兰县						
都兰县						
天峻县						
大柴旦行政委员会						

7－6a　续表 2　　　　单位：人

现住地	初中			高中			大学专科		
	小计	男	女	小计	男	女	小计	男	女
全省	**204974**	**109957**	**95017**	**149677**	**77298**	**72379**	**132611**	**68167**	**64444**
西宁市	**149345**	**78528**	**70817**	**112862**	**56883**	**55979**	**103224**	**52606**	**50618**
城东区	57702	30855	26847	36945	19010	17935	28472	15007	13465
城中区	28649	14893	13756	23585	12342	11243	22770	11706	11064
城西区	22503	11444	11059	19654	9422	10232	20646	10005	10641
城北区	35252	18497	16755	28890	14101	14789	30278	15379	14899
湟中区	4860	2604	2256	3697	1959	1738	1012	488	524
大通回族土族自治县	379	235	144	91	49	42	46	21	25
湟源县									
海东市	**27082**	**15172**	**11910**	**13523**	**7384**	**6139**	**9720**	**4865**	**4855**
乐都区	17010	9661	7349	8994	4961	4033	6620	3199	3421
平安区	10072	5511	4561	4529	2423	2106	3100	1666	1434
民和回族土族自治县									
互助土族自治县									
化隆回族自治县									
循化撒拉族自治县									
海北藏族自治州									
门源回族自治县									
祁连县									
海晏县									
刚察县									
黄南藏族自治州									
同仁县									
尖扎县									
泽库县									
河南蒙古族自治县									
海南藏族自治州									
共和县									
同德县									
贵德县									
兴海县									
贵南县									
果洛藏族自治州									
玛沁县									
班玛县									
甘德县									
达日县									
久治县									
玛多县									
玉树藏族自治州	**3747**	**2057**	**1690**	**7233**	**3494**	**3739**	**2465**	**1313**	**1152**
玉树市	3484	1909	1575	7099	3435	3664	2354	1255	1099
杂多县									
称多县									
治多县									
囊谦县									
曲麻莱县	263	148	115	134	59	75	111	58	53
海西蒙古族藏族自治州	**24800**	**14200**	**10600**	**16059**	**9537**	**6522**	**17202**	**9383**	**7819**
格尔木市	16004	9079	6925	9253	5292	3961	10060	5837	4223
德令哈市	7278	4053	3225	5452	3130	2322	6288	2919	3369
茫崖市	1518	1068	450	1354	1115	239	854	627	227
乌兰县									
都兰县									
天峻县									
大柴旦行政委员会									

7-6a　续表 3　　单位：人

现 住 地	大学本科			硕士研究生			博士研究生		
	小计	男	女	小计	男	女	小计	男	女
全省	**133065**	**64171**	**68894**	**5543**	**2509**	**3034**	**541**	**295**	**246**
西宁市	**114487**	**54654**	**59833**	**5145**	**2311**	**2834**	**524**	**283**	**241**
城东区	31454	15273	16181	1060	473	587	107	61	46
城中区	16266	7828	8438	692	343	349	56	28	28
城西区	27800	13761	14039	2110	980	1130	213	115	98
城北区	38135	17413	20722	1268	510	758	145	76	69
湟中区	812	370	442	14	4	10	3	3	
大通回族土族自治县	20	9	11	1	1				
湟源县									
海东市	**5454**	**2529**	**2925**	**114**	**40**	**74**	**3**	**2**	**1**
乐都区	3036	1435	1601	75	26	49	1	1	
平安区	2418	1094	1324	39	14	25	2	1	1
民和回族土族自治县									
互助土族自治县									
化隆回族自治县									
循化撒拉族自治县									
海北藏族自治州									
门源回族自治县									
祁连县									
海晏县									
刚察县									
黄南藏族自治州									
同仁县									
尖扎县									
泽库县									
河南蒙古族自治县									
海南藏族自治州									
共和县									
同德县									
贵德县									
兴海县									
贵南县									
果洛藏族自治州									
玛沁县									
班玛县									
甘德县									
达日县									
久治县									
玛多县									
玉树藏族自治州	**1348**	**737**	**611**	**33**	**20**	**13**	**5**	**3**	**2**
玉树市	1339	732	607	33	20	13	5	3	2
杂多县									
称多县									
治多县									
囊谦县									
曲麻莱县	9	5	4						
海西蒙古族藏族自治州	**11776**	**6251**	**5525**	**251**	**138**	**113**	**9**	**7**	**2**
格尔木市	6606	3593	3013	99	57	42	7	6	1
德令哈市	4287	2130	2157	129	65	64	2	1	1
茫崖市	883	528	355	23	16	7			
乌兰县									
都兰县									
天峻县									
大柴旦行政委员会									

7-6b 全省按现住地、受教育程度、性别分的户口登记地在本省其他乡镇街道的人口(镇)

单位：人

现住地	合计			未上过学		
	合计	男	女	小计	男	女
全省	**584210**	**294395**	**289815**	**66996**	**24628**	**42368**
西宁市	**98228**	**48560**	**49668**	**4954**	**1412**	**3542**
城东区						
城中区	531	404	127	9	3	6
城西区	48	30	18	2		2
城北区						
湟中区	17827	9414	8413	800	249	551
大通回族土族自治县	52230	25425	26805	2792	739	2053
湟源县	27592	13287	14305	1351	421	930
海东市	**120248**	**58953**	**61295**	**11669**	**3179**	**8490**
乐都区	1894	999	895	115	43	72
平安区	1068	707	361	15	9	6
民和回族土族自治县	48661	23598	25063	5589	1512	4077
互助土族自治县	45621	22487	23134	2765	754	2011
化隆回族自治县	9819	4635	5184	1456	420	1036
循化撒拉族自治县	13185	6527	6658	1729	441	1288
海北藏族自治州	**61368**	**30166**	**31202**	**6890**	**2211**	**4679**
门源回族自治县	27010	12970	14040	2282	641	1641
祁连县	9838	4817	5021	1319	445	874
海晏县	18615	9167	9448	2433	805	1628
刚察县	5905	3212	2693	856	320	536
黄南藏族自治州	**46177**	**23324**	**22853**	**5150**	**1818**	**3332**
同仁县	19198	9977	9221	1276	472	804
尖扎县	11479	5625	5854	1948	582	1366
泽库县	7377	3711	3666	417	172	245
河南蒙古族自治县	8123	4011	4112	1509	592	917
海南藏族自治州	**88421**	**43900**	**44521**	**5636**	**1881**	**3755**
共和县	31724	15911	15813	1177	351	826
同德县	7219	3605	3614	860	282	578
贵德县	21737	10573	11164	2226	700	1526
兴海县	19979	9946	10033	736	311	425
贵南县	7762	3865	3897	637	237	400
果洛藏族自治州	**38271**	**20268**	**18003**	**4032**	**1709**	**2323**
玛沁县	18681	10043	8638	743	291	452
班玛县	5200	2791	2409	408	168	240
甘德县	868	534	334	14	6	8
达日县	8678	4317	4361	2523	1111	1412
久治县	1479	806	673	104	28	76
玛多县	3365	1777	1588	240	105	135
玉树藏族自治州	**65280**	**33205**	**32075**	**20107**	**9246**	**10861**
玉树市	410	175	235	59	23	36
杂多县	25502	12984	12518	8911	4175	4736
称多县	4215	2282	1933	1163	533	630
治多县	20045	9993	10052	8247	3759	4488
囊谦县	6976	3684	3292	387	170	217
曲麻莱县	8132	4087	4045	1340	586	754
海西蒙古族藏族自治州	**66217**	**36019**	**30198**	**8558**	**3172**	**5386**
格尔木市	23264	12783	10481	3681	1346	2335
德令哈市	601	350	251	68	30	38
茫崖市	1337	998	339	36	15	21
乌兰县	8979	4955	4024	462	158	304
都兰县	18091	9153	8938	2908	1105	1803
天峻县	8963	4422	4541	1259	469	790
大柴旦行政委员会	4982	3358	1624	144	49	95

7-6b　续表 1

单位：人

现住地	学前教育			小　学		
	小计	男	女	小计	男	女
全省	**24984**	**12759**	**12225**	**197224**	**97035**	**100189**
西宁市	**3565**	**1804**	**1761**	**27254**	**12548**	**14706**
城东区						
城中区	4	3	1	143	99	44
城西区	3	3		17	9	8
城北区						
湟中区	696	365	331	4500	2063	2437
大通回族土族自治县	1917	967	950	14430	6483	7947
湟源县	945	466	479	8164	3894	4270
海东市	**4995**	**2508**	**2487**	**37542**	**17522**	**20020**
乐都区	69	33	36	775	347	428
平安区	2		2	73	50	23
民和回族土族自治县	1950	999	951	14742	6920	7822
互助土族自治县	1964	983	981	13684	6125	7559
化隆回族自治县	351	158	193	3607	1872	1735
循化撒拉族自治县	659	335	324	4661	2208	2453
海北藏族自治州	**2993**	**1477**	**1516**	**20638**	**9998**	**10640**
门源回族自治县	1627	783	844	10253	4682	5571
祁连县	442	223	219	3552	1703	1849
海晏县	670	344	326	5087	2676	2411
刚察县	254	127	127	1746	937	809
黄南藏族自治州	**2222**	**1186**	**1036**	**15348**	**7756**	**7592**
同仁县	775	423	352	5680	2939	2741
尖扎县	516	270	246	3119	1666	1453
泽库县	358	197	161	3328	1573	1755
河南蒙古族自治县	573	296	277	3221	1578	1643
海南藏族自治州	**4269**	**2173**	**2096**	**27621**	**13368**	**14253**
共和县	1299	671	628	8056	3844	4212
同德县	392	184	208	2474	1235	1239
贵德县	1014	515	499	6396	3162	3234
兴海县	1126	574	552	8333	3972	4361
贵南县	438	229	209	2362	1155	1207
果洛藏族自治州	**1645**	**876**	**769**	**15765**	**8145**	**7620**
玛沁县	791	427	364	7354	3882	3472
班玛县	227	136	91	2701	1385	1316
甘德县	15	9	6	165	84	81
达日县	372	182	190	3484	1770	1714
久治县	39	13	26	404	217	187
玛多县	201	109	92	1657	807	850
玉树藏族自治州	**2667**	**1377**	**1290**	**27261**	**14173**	**13088**
玉树市	8	5	3	86	27	59
杂多县	1066	555	511	10475	5485	4990
称多县	177	102	75	1592	923	669
治多县	767	390	377	6136	3175	2961
囊谦县	341	180	161	4523	2340	2183
曲麻莱县	308	145	163	4449	2223	2226
海西蒙古族藏族自治州	**2628**	**1358**	**1270**	**25795**	**13525**	**12270**
格尔木市	1029	534	495	11053	6014	5039
德令哈市	19	12	7	206	116	90
茫崖市	9	7	2	200	126	74
乌兰县	303	149	154	2838	1409	1429
都兰县	789	402	387	6689	3421	3268
天峻县	394	202	192	4128	2056	2072
大柴旦行政委员会	85	52	33	681	383	298

7－6b 续表 2

单位：人

现住地	初中			高中			大学专科		
	小计	男	女	小计	男	女	小计	男	女
全省	**121496**	**68196**	**53300**	**91731**	**48318**	**43413**	**45994**	**25623**	**20371**
西宁市	**29061**	**15563**	**13498**	**19554**	**10341**	**9213**	**8499**	**4508**	**3991**
城东区									
城中区	285	237	48	47	32	15	27	18	9
城西区	16	12	4	5	3	2	3	3	
城北区									
湟中区	5345	2991	2354	3639	2149	1490	1645	985	660
大通回族土族自治县	15337	8102	7235	11363	5986	5377	3763	1966	1797
湟源县	8078	4221	3857	4500	2171	2329	3061	1536	1525
海东市	**28586**	**16053**	**12533**	**22937**	**12113**	**10824**	**8070**	**4451**	**3619**
乐都区	656	424	232	134	83	51	106	49	57
平安区	166	125	41	655	415	240	70	55	15
民和回族土族自治县	11371	6381	4990	8877	4617	4260	3310	1777	1533
互助土族自治县	12396	6824	5572	9508	4996	4512	3267	1836	1431
化隆回族自治县	1620	944	676	1767	796	971	424	206	218
循化撒拉族自治县	2377	1355	1022	1996	1206	790	893	528	365
海北藏族自治州	**12835**	**7370**	**5465**	**8586**	**4359**	**4227**	**4343**	**2287**	**2056**
门源回族自治县	5890	3369	2521	4108	2122	1986	1389	704	685
祁连县	1976	1107	869	985	516	469	793	440	353
海晏县	3728	2101	1627	2942	1358	1584	1503	759	744
刚察县	1241	793	448	551	363	188	658	384	274
黄南藏族自治州	**5562**	**3262**	**2300**	**8738**	**4319**	**4419**	**4885**	**2776**	**2109**
同仁县	2626	1601	1025	4891	2421	2470	2066	1174	892
尖扎县	1251	724	527	2266	1114	1152	1126	621	505
泽库县	779	450	329	1109	505	604	777	485	292
河南蒙古族自治县	906	487	419	472	279	193	916	496	420
海南藏族自治州	**18329**	**9815**	**8514**	**17215**	**8619**	**8596**	**8159**	**4453**	**3706**
共和县	7992	4223	3769	7401	3654	3747	2784	1604	1180
同德县	1042	565	477	812	450	362	927	519	408
贵德县	4594	2529	2065	4420	2133	2287	1727	902	825
兴海县	3754	1948	1806	2781	1478	1303	1985	1039	946
贵南县	947	550	397	1801	904	897	736	389	347
果洛藏族自治州	**5592**	**3319**	**2273**	**4477**	**2277**	**2200**	**3887**	**2332**	**1555**
玛沁县	2931	1791	1140	3486	1690	1796	1978	1174	804
班玛县	670	421	249	271	172	99	510	289	221
甘德县	102	68	34	76	49	27	329	220	109
达日县	1219	674	545	368	198	170	403	223	180
久治县	299	161	138	94	61	33	238	146	92
玛多县	371	204	167	182	107	75	429	280	149
玉树藏族自治州	**7500**	**4109**	**3391**	**2867**	**1604**	**1263**	**3663**	**2023**	**1640**
玉树市	65	23	42	27	19	8	95	50	45
杂多县	3162	1722	1440	683	386	297	930	500	430
称多县	531	310	221	342	175	167	267	156	111
治多县	2115	1143	972	987	560	427	1313	706	607
囊谦县	703	403	300	441	251	190	462	271	191
曲麻莱县	924	508	416	387	213	174	596	340	256
海西蒙古族藏族自治州	**14031**	**8705**	**5326**	**7357**	**4686**	**2671**	**4488**	**2793**	**1695**
格尔木市	5363	3526	1837	1514	966	548	386	249	137
德令哈市	188	123	65	43	28	15	37	18	19
茫崖市	374	287	87	272	225	47	319	248	71
乌兰县	2179	1288	891	1348	875	473	1023	661	362
都兰县	3808	2166	1642	1759	972	787	1010	552	458
天峻县	957	521	436	937	514	423	761	383	378
大柴旦行政委员会	1162	794	368	1484	1106	378	952	682	270

7-6b 续表 3

单位：人

现住地	大学本科			硕士研究生			博士研究生		
	小计	男	女	小计	男	女	小计	男	女
全省	**34977**	**17390**	**17587**	**765**	**412**	**353**	**43**	**34**	**9**
西宁市	**5267**	**2356**	**2911**	**71**	**26**	**45**	**3**	**2**	**1**
城东区									
城中区	16	12	4						
城西区	2		2						
城北区									
湟中区	1186	605	581	15	7	8	1		1
大通回族土族自治县	2597	1168	1429	31	14	17			
湟源县	1466	571	895	25	5	20	2	2	
海东市	**6363**	**3088**	**3275**	**83**	**36**	**47**	**3**	**3**	
乐都区	38	20	18	1		1			
平安区	81	49	32	6	4	2			
民和回族土族自治县	2788	1375	1413	32	15	17	2	2	
互助土族自治县	2007	959	1048	30	10	20			
化隆回族自治县	585	234	351	9	5	4			
循化撒拉族自治县	864	451	413	5	2	3	1	1	
海北藏族自治州	**4977**	**2408**	**2569**	**100**	**51**	**49**	**6**	**5**	**1**
门源回族自治县	1442	659	783	17	8	9	2	2	
祁连县	756	377	379	14	6	8	1		1
海晏县	2200	1097	1103	50	25	25	2	2	
刚察县	579	275	304	19	12	7	1	1	
黄南藏族自治州	**4114**	**2109**	**2005**	**145**	**86**	**59**	**13**	**12**	**1**
同仁县	1813	910	903	65	32	33	6	5	1
尖扎县	1218	622	596	31	22	9	4	4	
泽库县	576	310	266	32	18	14	1	1	
河南蒙古族自治县	507	267	240	17	14	3	2	2	
海南藏族自治州	**6995**	**3475**	**3520**	**187**	**109**	**78**	**10**	**7**	**3**
共和县	2915	1506	1409	98	57	41	2	1	1
同德县	694	362	332	16	7	9	2	1	1
贵德县	1328	612	716	30	18	12	2	2	
兴海县	1240	612	628	24	12	12			
贵南县	818	383	435	19	15	4	4	3	1
果洛藏族自治州	**2777**	**1551**	**1226**	**94**	**58**	**36**	**2**	**1**	**1**
玛沁县	1339	752	587	57	35	22	2	1	1
班玛县	403	215	188	10	5	5			
甘德县	155	91	64	12	7	5			
达日县	303	153	150	6	6				
久治县	300	179	121	1	1				
玛多县	277	161	116	8	4	4			
玉树藏族自治州	**1177**	**655**	**522**	**34**	**14**	**20**	**4**	**4**	
玉树市	69	28	41	1		1			
杂多县	266	157	109	8	3	5	1	1	
称多县	141	81	60	2	2				
治多县	460	251	209	18	7	11	2	2	
囊谦县	115	67	48	3	1	2	1	1	
曲麻莱县	126	71	55	2	1	1			
海西蒙古族藏族自治州	**3307**	**1748**	**1559**	**51**	**32**	**19**	**2**		**2**
格尔木市	237	147	90	1	1				
德令哈市	39	22	17	1	1				
茫崖市	125	89	36	2	1	1			
乌兰县	816	409	407	10	6	4			
都兰县	1108	525	583	19	10	9	1		1
天峻县	512	266	246	14	11	3	1		1
大柴旦行政委员会	470	290	180	4	2	2			

7-6c 全省按现住地、受教育程度、性别分的户口登记地在本省其他乡镇街道的人口(乡村)

单位：人

现住地	合计			未上过学		
	合计	男	女	小计	男	女
全省	**134061**	**71925**	**62136**	**15427**	**6005**	**9422**
西宁市	**23104**	**11322**	**11782**	**1672**	**578**	**1094**
城东区						
城中区	54	33	21	4	2	2
城西区						
城北区	676	414	262	37	12	25
湟中区	13362	6303	7059	814	293	521
大通回族土族自治县	5013	2471	2542	418	147	271
湟源县	3999	2101	1898	399	124	275
海东市	**37799**	**19917**	**17882**	**4004**	**1424**	**2580**
乐都区	6048	3209	2839	520	177	343
平安区	3438	1764	1674	265	93	172
民和回族土族自治县	5594	2746	2848	614	222	392
互助土族自治县	6155	3534	2621	468	198	270
化隆回族自治县	13610	7150	6460	1828	626	1202
循化撒拉族自治县	2954	1514	1440	309	108	201
海北藏族自治州	**7847**	**4441**	**3406**	**776**	**335**	**441**
门源回族自治县	2969	1640	1329	225	101	124
祁连县	2569	1462	1107	252	102	150
海晏县	853	561	292	135	68	67
刚察县	1456	778	678	164	64	100
黄南藏族自治州	**6821**	**3734**	**3087**	**835**	**298**	**537**
同仁县	2579	1422	1157	161	66	95
尖扎县	2791	1477	1314	567	179	388
泽库县	853	481	372	50	25	25
河南蒙古族自治县	598	354	244	57	28	29
海南藏族自治州	**13969**	**7572**	**6397**	**1298**	**482**	**816**
共和县	3336	1813	1523	234	87	147
同德县	3121	1677	1444	188	67	121
贵德县	3679	1896	1783	683	267	416
兴海县	1803	1005	798	67	26	41
贵南县	2030	1181	849	126	35	91
果洛藏族自治州	**9008**	**5282**	**3726**	**526**	**251**	**275**
玛沁县	1666	1030	636	130	60	70
班玛县	1168	560	608	61	33	28
甘德县	2679	1554	1125	93	37	56
达日县	1689	1032	657	166	87	79
久治县	1487	943	544	44	21	23
玛多县	319	163	156	32	13	19
玉树藏族自治州	**12511**	**6472**	**6039**	**3710**	**1727**	**1983**
玉树市	1865	1044	821	198	95	103
杂多县	7023	3506	3517	2856	1298	1558
称多县	990	510	480	203	126	77
治多县	178	107	71	50	22	28
囊谦县	1378	737	641	152	75	77
曲麻莱县	1077	568	509	251	111	140
海西蒙古族藏族自治州	**23002**	**13185**	**9817**	**2606**	**910**	**1696**
格尔木市	8047	4604	3443	917	297	620
德令哈市	7138	3658	3480	1081	376	705
茫崖市						
乌兰县	1295	644	651	191	67	124
都兰县	3088	1639	1449	321	131	190
天峻县	649	414	235	54	24	30
大柴旦行政委员会	2785	2226	559	42	15	27

7-6c 续表 1

单位：人

现住地	学前教育			小学		
	小计	男	女	小计	男	女
全省	**4047**	**2020**	**2027**	**46438**	**24935**	**21503**
西宁市	**642**	**322**	**320**	**6833**	**3540**	**3293**
城东区						
城中区	2	2		14	6	8
城西区						
城北区	21	10	11	196	133	63
湟中区	366	183	183	3292	1657	1635
大通回族土族自治县	134	67	67	1820	925	895
湟源县	119	60	59	1511	819	692
海东市	**1126**	**573**	**553**	**12599**	**6667**	**5932**
乐都区	117	56	61	1812	941	871
平安区	142	62	80	925	457	468
民和回族土族自治县	204	102	102	2130	991	1139
互助土族自治县	107	52	55	1885	1090	795
化隆回族自治县	454	246	208	5014	2765	2249
循化撒拉族自治县	102	55	47	833	423	410
海北藏族自治州	**190**	**95**	**95**	**2871**	**1538**	**1333**
门源回族自治县	58	28	30	1066	522	544
祁连县	53	29	24	1001	561	440
海晏县	4	3	1	337	231	106
刚察县	75	35	40	467	224	243
黄南藏族自治州	**187**	**90**	**97**	**2211**	**1247**	**964**
同仁县	40	19	21	803	454	349
尖扎县	105	51	54	993	570	423
泽库县	16	9	7	211	103	108
河南蒙古族自治县	26	11	15	204	120	84
海南藏族自治州	**395**	**196**	**199**	**4733**	**2666**	**2067**
共和县	74	39	35	948	510	438
同德县	95	47	48	1289	829	460
贵德县	120	57	63	1237	657	580
兴海县	25	13	12	385	196	189
贵南县	81	40	41	874	474	400
果洛藏族自治州	**159**	**83**	**76**	**4060**	**2376**	**1684**
玛沁县	56	32	24	577	321	256
班玛县	17	6	11	592	187	405
甘德县	28	15	13	1374	809	565
达日县	31	16	15	549	387	162
久治县	18	11	7	815	591	224
玛多县	9	3	6	153	81	72
玉树藏族自治州	**550**	**292**	**258**	**4793**	**2496**	**2297**
玉树市	55	29	26	1068	619	449
杂多县	391	212	179	2364	1196	1168
称多县	19	6	13	469	218	251
治多县	2		2	81	50	31
囊谦县	47	26	21	433	218	215
曲麻莱县	36	19	17	378	195	183
海西蒙古族藏族自治州	**798**	**369**	**429**	**8338**	**4405**	**3933**
格尔木市	291	122	169	3087	1644	1443
德令哈市	325	160	165	2861	1500	1361
茫崖市						
乌兰县	51	22	29	621	312	309
都兰县	99	48	51	1246	615	631
天峻县	16	9	7	207	112	95
大柴旦行政委员会	16	8	8	316	222	94

7-6c 续表 2

单位：人

现住地	初中			高中			大学专科		
	小计	男	女	小计	男	女	小计	男	女
全省	**32763**	**19307**	**13456**	**17898**	**9750**	**8148**	**9986**	**5798**	**4188**
西宁市	**7059**	**3748**	**3311**	**4720**	**2093**	**2627**	**1440**	**697**	**743**
城东区									
城中区	22	15	7	5	3	2	3	2	1
城西区									
城北区	322	211	111	58	29	29	29	13	16
湟中区	3824	2018	1806	3784	1569	2215	857	387	470
大通回族土族自治县	1607	769	838	518	286	232	323	183	140
湟源县	1284	735	549	355	206	149	228	112	116
海东市	**9069**	**5247**	**3822**	**5669**	**3120**	**2549**	**2693**	**1547**	**1146**
乐都区	1718	997	721	1295	716	579	356	205	151
平安区	877	494	383	904	469	435	202	129	73
民和回族土族自治县	1384	734	650	463	257	206	411	247	164
互助土族自治县	2182	1324	858	626	367	259	474	282	192
化隆回族自治县	2350	1373	977	1663	951	712	1049	564	485
循化撒拉族自治县	558	325	233	718	360	358	201	120	81
海北藏族自治州	**1962**	**1194**	**768**	**880**	**530**	**350**	**720**	**475**	**245**
门源回族自治县	864	519	345	333	198	135	266	174	92
祁连县	578	349	229	299	185	114	228	146	82
海晏县	208	147	61	75	48	27	66	47	19
刚察县	312	179	133	173	99	74	160	108	52
黄南藏族自治州	**1324**	**771**	**553**	**699**	**423**	**276**	**911**	**545**	**366**
同仁县	605	343	262	351	195	156	325	183	142
尖扎县	485	289	196	208	132	76	270	168	102
泽库县	154	90	64	98	70	28	200	114	86
河南蒙古族自治县	80	49	31	42	26	16	116	80	36
海南藏族自治州	**3963**	**2249**	**1714**	**1605**	**809**	**796**	**1143**	**653**	**490**
共和县	1230	685	545	364	214	150	301	181	120
同德县	823	408	415	399	149	250	191	101	90
贵德县	953	516	437	315	173	142	216	127	89
兴海县	405	234	171	385	187	198	280	160	120
贵南县	552	406	146	142	86	56	155	84	71
果洛藏族自治州	**1556**	**1044**	**512**	**997**	**538**	**459**	**935**	**539**	**396**
玛沁县	297	208	89	222	176	46	206	130	76
班玛县	207	157	50	55	38	17	123	68	55
甘德县	504	318	186	241	122	119	250	141	109
达日县	327	244	83	244	93	151	187	106	81
久治县	175	91	84	204	94	110	140	78	62
玛多县	46	26	20	31	15	16	29	16	13
玉树藏族自治州	**1656**	**975**	**681**	**835**	**449**	**386**	**604**	**318**	**286**
玉树市	262	155	107	96	51	45	119	63	56
杂多县	776	451	325	241	132	109	268	142	126
称多县	152	80	72	61	34	27	64	33	31
治多县	22	17	5	10	7	3	7	6	1
囊谦县	176	98	78	352	187	165	97	53	44
曲麻莱县	268	174	94	75	38	37	49	21	28
海西蒙古族藏族自治州	**6174**	**4079**	**2095**	**2493**	**1788**	**705**	**1540**	**1024**	**516**
格尔木市	2156	1474	682	661	463	198	516	359	157
德令哈市	1943	1138	805	440	256	184	267	125	142
茫崖市									
乌兰县	275	164	111	83	42	41	49	25	24
都兰县	795	481	314	258	155	103	195	109	86
天峻县	153	100	53	133	113	20	56	36	20
大柴旦行政委员会	852	722	130	918	759	159	457	370	87

7−6c　续表 3　　　　单位：人

现 住 地	大学本科			硕士研究生			博士研究生		
	小计	男	女	小计	男	女	小计	男	女
全省	**7356**	**4013**	**3343**	**131**	**86**	**45**	**15**	**11**	**4**
西宁市	**731**	**339**	**392**	**6**	**4**	**2**	**1**	**1**	
城东区									
城中区	4	3	1						
城西区									
城北区	13	6	7						
湟中区	420	193	227	4	2	2	1	1	
大通回族土族自治县	191	92	99	2	2				
湟源县	103	45	58						
海东市	**2605**	**1323**	**1282**	**30**	**13**	**17**	**4**	**3**	**1**
乐都区	228	115	113	2	2				
平安区	121	59	62	1		1	1	1	
民和回族土族自治县	383	190	193	4	2	2	1	1	
互助土族自治县	410	220	190	3	1	2			
化隆回族自治县	1233	617	616	17	7	10	2	1	1
循化撒拉族自治县	230	122	108	3	1	2			
海北藏族自治州	**445**	**271**	**174**	**2**	**2**		**1**	**1**	
门源回族自治县	156	97	59	1	1				
祁连县	156	88	68	1	1		1	1	
海晏县	28	17	11						
刚察县	105	69	36						
黄南藏族自治州	**631**	**346**	**285**	**22**	**13**	**9**	**1**	**1**	
同仁县	285	160	125	8	1	7	1	1	
尖扎县	156	82	74	7	6	1			
泽库县	120	66	54	4	4				
河南蒙古族自治县	70	38	32	3	2	1			
海南藏族自治州	**801**	**491**	**310**	**28**	**23**	**5**	**3**	**3**	
共和县	181	94	87	3	2	1	1	1	
同德县	133	74	59	2	1	1	1	1	
贵德县	152	97	55	3	2	1			
兴海县	236	171	65	19	17	2	1	1	
贵南县	99	55	44	1	1				
果洛藏族自治州	**763**	**444**	**319**	**12**	**7**	**5**			
玛沁县	175	101	74	3	2	1			
班玛县	112	70	42	1	1				
甘德县	184	110	74	5	2	3			
达日县	184	98	86	1	1				
久治县	90	56	34	1	1				
玛多县	18	9	9	1		1			
玉树藏族自治州	**344**	**199**	**145**	**16**	**14**	**2**	**3**	**2**	**1**
玉树市	66	31	35	1	1				
杂多县	121	72	49	5	3	2	1		1
称多县	22	13	9						
治多县	6	5	1						
囊谦县	109	68	41	10	10		2	2	
曲麻莱县	20	10	10						
海西蒙古族藏族自治州	**1036**	**600**	**436**	**15**	**10**	**5**	**2**		**2**
格尔木市	409	238	171	10	7	3			
德令哈市	218	102	116	2	1	1	1		1
茫崖市									
乌兰县	25	12	13						
都兰县	173	100	73	1		1			
天峻县	30	20	10						
大柴旦行政委员会	181	128	53	2	2		1		1

7-7 全省按现住地、受教育程度、性别分的户口登记地在外省的人口

单位：人

现住地	合计			未上过学		
	合计	男	女	小计	男	女
全省	**409110**	**257981**	**151129**	**14616**	**5781**	**8835**
西宁市	**254100**	**157497**	**96603**	**6598**	**2395**	**4203**
城东区	76259	46404	29855	2773	1015	1758
城中区	41822	26634	15188	902	319	583
城西区	39725	23828	15897	863	271	592
城北区	74093	45382	28711	1572	595	977
湟中区	10217	7311	2906	226	95	131
大通回族土族自治县	9153	6064	3089	195	79	116
湟源县	2831	1874	957	67	21	46
海东市	**32706**	**21178**	**11528**	**1392**	**518**	**874**
乐都区	8667	5837	2830	213	69	144
平安区	6229	4053	2176	165	55	110
民和回族土族自治县	5967	3391	2576	448	163	285
互助土族自治县	6201	4222	1979	202	68	134
化隆回族自治县	2686	1723	963	144	55	89
循化撒拉族自治县	2956	1952	1004	220	108	112
海北藏族自治州	**7161**	**4973**	**2188**	**250**	**102**	**148**
门源回族自治县	2359	1655	704	53	20	33
祁连县	2423	1722	701	75	36	39
海晏县	1253	790	463	80	25	55
刚察县	1126	806	320	42	21	21
黄南藏族自治州	**8724**	**5674**	**3050**	**440**	**220**	**220**
同仁县	3985	2589	1396	180	90	90
尖扎县	1979	1337	642	80	34	46
泽库县	806	517	289	12	7	5
河南蒙古族自治县	1954	1231	723	168	89	79
海南藏族自治州	**10039**	**6464**	**3575**	**368**	**161**	**207**
共和县	4303	2901	1402	113	52	61
同德县	1172	752	420	65	33	32
贵德县	2154	1320	834	100	42	58
兴海县	1159	703	456	19	6	13
贵南县	1251	788	463	71	28	43
果洛藏族自治州	**10708**	**6912**	**3796**	**716**	**353**	**363**
玛沁县	3869	2700	1169	78	35	43
班玛县	1407	926	481	86	50	36
甘德县	932	590	342	40	25	15
达日县	2027	1246	781	376	180	196
久治县	2081	1171	910	109	46	63
玛多县	392	279	113	27	17	10
玉树藏族自治州	**11240**	**6962**	**4278**	**1512**	**725**	**787**
玉树市	8000	4893	3107	1090	512	578
杂多县	953	592	361	121	51	70
称多县	809	536	273	61	31	30
治多县	468	317	151	76	44	32
囊谦县	414	253	161	44	18	26
曲麻莱县	596	371	225	120	69	51
海西蒙古族藏族自治州	**74432**	**48321**	**26111**	**3340**	**1307**	**2033**
格尔木市	45673	28324	17349	2211	855	1356
德令哈市	8914	5666	3248	317	117	200
茫崖市	6931	5148	1783	119	52	67
乌兰县	2285	1535	750	101	43	58
都兰县	4414	2662	1752	506	196	310
天峻县	1278	981	297	21	11	10
大柴旦行政委员会	4937	4005	932	65	33	32

7-7　续表 1

单位：人

现 住 地	学前教育			小　学		
	小计	男	女	小计	男	女
全省	**11186**	**5909**	**5277**	**89051**	**50446**	**38605**
西宁市	**7113**	**3822**	**3291**	**47272**	**26385**	**20887**
城东区	2297	1245	1052	17332	9458	7874
城中区	989	539	450	7915	4583	3332
城西区	1043	549	494	5286	2772	2514
城北区	2312	1254	1058	12115	6780	5335
湟中区	158	77	81	2044	1279	765
大通回族土族自治县	256	127	129	1960	1143	817
湟源县	58	31	27	620	370	250
海东市	**811**	**411**	**400**	**8590**	**4971**	**3619**
乐都区	194	106	88	1903	1090	813
平安区	160	82	78	1420	817	603
民和回族土族自治县	177	95	82	1726	881	845
互助土族自治县	141	64	77	1444	900	544
化隆回族自治县	58	27	31	927	542	385
循化撒拉族自治县	81	37	44	1170	741	429
海北藏族自治州	**158**	**82**	**76**	**1895**	**1209**	**686**
门源回族自治县	59	33	26	642	417	225
祁连县	45	23	22	718	468	250
海晏县	32	15	17	278	166	112
刚察县	22	11	11	257	158	99
黄南藏族自治州	**220**	**107**	**113**	**3077**	**1890**	**1187**
同仁县	123	58	65	1323	820	503
尖扎县	41	17	24	565	349	216
泽库县	17	12	5	356	212	144
河南蒙古族自治县	39	20	19	833	509	324
海南藏族自治州	**332**	**180**	**152**	**2542**	**1485**	**1057**
共和县	130	76	54	884	515	369
同德县	28	14	14	331	201	130
贵德县	89	39	50	526	302	224
兴海县	40	22	18	368	205	163
贵南县	45	29	16	433	262	171
果洛藏族自治州	**153**	**83**	**70**	**4149**	**2507**	**1642**
玛沁县	48	26	22	1372	903	469
班玛县	21	14	7	474	289	185
甘德县	9	5	4	409	238	171
达日县	42	21	21	772	466	306
久治县	26	12	14	981	517	464
玛多县	7	5	2	141	94	47
玉树藏族自治州	**220**	**120**	**100**	**4304**	**2562**	**1742**
玉树市	174	95	79	3221	1891	1330
杂多县	14	10	4	337	189	148
称多县	7	3	4	299	201	98
治多县	8	4	4	95	63	32
囊谦县	2		2	151	97	54
曲麻莱县	15	8	7	201	121	80
海西蒙古族藏族自治州	**2179**	**1104**	**1075**	**17222**	**9437**	**7785**
格尔木市	1554	801	753	11320	6049	5271
德令哈市	285	143	142	2068	1132	936
茫崖市	93	42	51	1111	661	450
乌兰县	57	25	32	608	356	252
都兰县	126	59	67	1378	782	596
天峻县	9	6	3	262	156	106
大柴旦行政委员会	55	28	27	475	301	174

7-7 续表 2

单位：人

现住地	初中			高中			大学专科		
	小计	男	女	小计	男	女	小计	男	女
全省	**158338**	**106887**	**51451**	**60430**	**41284**	**19146**	**37726**	**24787**	**12939**
西宁市	**100759**	**67184**	**33575**	**38216**	**25228**	**12988**	**24343**	**15228**	**9115**
城东区	29793	19445	10348	10811	7145	3666	6791	4315	2476
城中区	17632	11943	5689	6715	4455	2260	4394	2778	1616
城西区	13687	8909	4778	6892	4339	2553	4990	2985	2005
城北区	28791	19051	9740	10811	7048	3763	6420	3914	2506
湟中区	5096	3778	1318	1348	1061	287	871	669	202
大通回族土族自治县	4455	3129	1326	1330	950	380	565	370	195
湟源县	1305	929	376	309	230	79	312	197	115
海东市	**13985**	**9767**	**4218**	**4113**	**2983**	**1130**	**2187**	**1474**	**713**
乐都区	3849	2759	1090	1311	997	314	669	459	210
平安区	2699	1847	852	884	635	249	503	358	145
民和回族土族自治县	2267	1412	855	696	451	245	399	250	149
互助土族自治县	3017	2196	821	698	517	181	403	270	133
化隆回族自治县	1105	782	323	263	192	71	109	75	34
循化撒拉族自治县	1048	771	277	261	191	70	104	62	42
海北藏族自治州	**2709**	**1968**	**741**	**881**	**654**	**227**	**639**	**485**	**154**
门源回族自治县	897	649	248	308	231	77	211	162	49
祁连县	891	668	223	285	204	81	216	172	44
海晏县	441	291	150	152	107	45	111	78	33
刚察县	480	360	120	136	112	24	101	73	28
黄南藏族自治州	**3086**	**2149**	**937**	**1044**	**738**	**306**	**452**	**292**	**160**
同仁县	1411	971	440	519	368	151	222	141	81
尖扎县	824	607	217	231	168	63	104	67	37
泽库县	224	156	68	111	73	38	52	35	17
河南蒙古族自治县	627	415	212	183	129	54	74	49	25
海南藏族自治州	**3944**	**2647**	**1297**	**1448**	**1016**	**432**	**728**	**513**	**215**
共和县	1800	1243	557	690	518	172	340	245	95
同德县	480	336	144	162	96	66	63	47	16
贵德县	896	575	321	277	191	86	140	98	42
兴海县	321	191	130	179	116	63	118	77	41
贵南县	447	302	145	140	95	45	67	46	21
果洛藏族自治州	**3280**	**2309**	**971**	**1388**	**939**	**449**	**685**	**484**	**201**
玛沁县	1360	991	369	548	405	143	291	212	79
班玛县	475	323	152	192	142	50	108	75	33
甘德县	239	163	76	128	86	42	82	56	26
达日县	527	378	149	177	115	62	98	63	35
久治县	556	368	188	298	154	144	72	50	22
玛多县	123	86	37	45	37	8	34	28	6
玉树藏族自治州	**3546**	**2408**	**1138**	**989**	**706**	**283**	**464**	**296**	**168**
玉树市	2436	1658	778	626	445	181	289	178	111
杂多县	353	248	105	81	62	19	40	26	14
称多县	256	166	90	133	98	35	40	27	13
治多县	199	141	58	54	41	13	27	18	9
囊谦县	128	79	49	35	23	12	52	34	18
曲麻莱县	174	116	58	60	37	23	16	13	3
海西蒙古族藏族自治州	**27029**	**18455**	**8574**	**12351**	**9020**	**3331**	**8228**	**6015**	**2213**
格尔木市	16024	10524	5500	7209	4989	2220	5026	3482	1544
德令哈市	3212	2144	1068	1319	912	407	1020	731	289
茫崖市	2854	2124	730	1557	1265	292	721	609	112
乌兰县	869	611	258	310	245	65	233	174	59
都兰县	1568	1020	548	477	346	131	226	162	64
天峻县	385	294	91	298	252	46	242	214	28
大柴旦行政委员会	2117	1738	379	1181	1011	170	760	643	117

7-7 续表 3 单位：人

现 住 地	大学本科			硕士研究生			博士研究生		
	小计	男	女	小计	男	女	小计	男	女
全省	**33594**	**20661**	**12933**	**3809**	**1985**	**1824**	**360**	**241**	**119**
西宁市	**26040**	**15316**	**10724**	**3436**	**1727**	**1709**	**323**	**212**	**111**
城东区	5595	3313	2282	812	429	383	55	39	16
城中区	2948	1824	1124	293	168	125	34	25	9
城西区	5578	3362	2216	1238	547	691	148	94	54
城北区	10916	6119	4797	1073	569	504	83	52	31
湟中区	460	341	119	12	10	2	2	1	1
大通回族土族自治县	386	263	123	6	3	3			
湟源县	157	94	63	2	1	1	1	1	
海东市	**1540**	**997**	**543**	**79**	**49**	**30**	**9**	**8**	**1**
乐都区	484	330	154	40	24	16	4	3	1
平安区	375	244	131	21	13	8	2	2	
民和回族土族自治县	249	137	112	5	2	3			
互助土族自治县	287	200	87	8	6	2	1	1	
化隆回族自治县	77	47	30	2	2		1	1	
循化撒拉族自治县	68	39	29	3	2	1	1	1	
海北藏族自治州	**591**	**440**	**151**	**35**	**30**	**5**	**3**	**3**	
门源回族自治县	183	137	46	6	6				
祁连县	179	138	41	14	13	1			
海晏县	144	97	47	13	9	4	2	2	
刚察县	85	68	17	2	2		1	1	
黄南藏族自治州	**370**	**258**	**112**	**34**	**20**	**14**	**1**		**1**
同仁县	191	131	60	15	10	5	1		1
尖扎县	126	91	35	8	4	4			
泽库县	25	17	8	9	5	4			
河南蒙古族自治县	28	19	9	2	1	1			
海南藏族自治州	**628**	**431**	**197**	**44**	**27**	**17**	**5**	**4**	**1**
共和县	326	236	90	17	14	3	3	2	1
同德县	41	23	18	2	2				
贵德县	111	68	43	15	5	10			
兴海县	108	80	28	5	5		1	1	
贵南县	42	24	18	5	1	4	1	1	
果洛藏族自治州	**323**	**228**	**95**	**13**	**9**	**4**	**1**		**1**
玛沁县	166	124	42	5	4	1	1		1
班玛县	50	32	18	1	1				
甘德县	25	17	8						
达日县	33	22	11	2	1	1			
久治县	36	23	13	3	1	2			
玛多县	13	10	3	2	2				
玉树藏族自治州	**192**	**135**	**57**	**12**	**9**	**3**	**1**	**1**	
玉树市	151	104	47	12	9	3	1	1	
杂多县	7	6	1						
称多县	13	10	3						
治多县	9	6	3						
囊谦县	2	2							
曲麻莱县	10	7	3						
海西蒙古族藏族自治州	**3910**	**2856**	**1054**	**156**	**114**	**42**	**17**	**13**	**4**
格尔木市	2250	1566	684	70	51	19	9	7	2
德令哈市	651	455	196	37	29	8	5	3	2
茫崖市	452	379	73	23	15	8	1	1	
乌兰县	104	80	24	3	1	2			
都兰县	125	92	33	7	4	3	1	1	
天峻县	59	46	13	2	2				
大柴旦行政委员会	269	238	31	14	12	2	1	1	

7-7a 全省按现住地、受教育程度、性别分的户口登记地在外省的人口(城市)

单位：人

现住地	合计			未上过学		
	合计	男	女	小计	男	女
全省	**298636**	**184412**	**114224**	**8384**	**3122**	**5262**
西宁市	**232507**	**142454**	**90053**	**6116**	**2210**	**3906**
城东区	76259	46404	29855	2773	1015	1758
城中区	40515	25487	15028	899	318	581
城西区	39635	23769	15866	860	271	589
城北区	73044	44658	28386	1543	583	960
湟中区	1462	999	463	27	15	12
大通回族土族自治县	1592	1137	455	14	8	6
湟源县						
海东市	**10537**	**6839**	**3698**	**265**	**83**	**182**
乐都区	5593	3700	1893	127	38	89
平安区	4944	3139	1805	138	45	93
民和回族土族自治县						
互助土族自治县						
化隆回族自治县						
循化撒拉族自治县						
海北藏族自治州						
门源回族自治县						
祁连县						
海晏县						
刚察县						
黄南藏族自治州						
同仁县						
尖扎县						
泽库县						
河南蒙古族自治县						
海南藏族自治州						
共和县						
同德县						
贵德县						
兴海县						
贵南县						
果洛藏族自治州						
玛沁县						
班玛县						
甘德县						
达日县						
久治县						
玛多县						
玉树藏族自治州	**6386**	**3897**	**2489**	**898**	**420**	**478**
玉树市	6283	3836	2447	863	401	462
杂多县						
称多县						
治多县						
囊谦县						
曲麻莱县	103	61	42	35	19	16
海西蒙古族藏族自治州	**49206**	**31222**	**17984**	**1105**	**409**	**696**
格尔木市	35807	22037	13770	840	306	534
德令哈市	7388	4704	2684	174	59	115
茫崖市	6011	4481	1530	91	44	47
乌兰县						
都兰县						
天峻县						
大柴旦行政委员会						

7-7a　续表 1　　单位：人

现住地	学前教育			小学		
	小计	男	女	小计	男	女
全省	**8640**	**4618**	**4022**	**57799**	**31778**	**26021**
西宁市	**6669**	**3603**	**3066**	**42627**	**23511**	**19116**
城东区	2297	1245	1052	17332	9458	7874
城中区	987	537	450	7646	4363	3283
城西区	1036	545	491	5270	2762	2508
城北区	2280	1237	1043	11854	6598	5256
湟中区	30	15	15	315	199	116
大通回族土族自治县	39	24	15	210	131	79
湟源县						
海东市	**272**	**139**	**133**	**2402**	**1355**	**1047**
乐都区	131	72	59	1248	711	537
平安区	141	67	74	1154	644	510
民和回族土族自治县						
互助土族自治县						
化隆回族自治县						
循化撒拉族自治县						
海北藏族自治州						
门源回族自治县						
祁连县						
海晏县						
刚察县						
黄南藏族自治州						
同仁县						
尖扎县						
泽库县						
河南蒙古族自治县						
海南藏族自治州						
共和县						
同德县						
贵德县						
兴海县						
贵南县						
果洛藏族自治州						
玛沁县						
班玛县						
甘德县						
达日县						
久治县						
玛多县						
玉树藏族自治州	**134**	**77**	**57**	**2485**	**1477**	**1008**
玉树市	130	76	54	2462	1462	1000
杂多县						
称多县						
治多县						
囊谦县						
曲麻莱县	4	1	3	23	15	8
海西蒙古族藏族自治州	**1565**	**799**	**766**	**10285**	**5435**	**4850**
格尔木市	1257	647	610	7840	4064	3776
德令哈市	226	112	114	1487	797	690
茫崖市	82	40	42	958	574	384
乌兰县						
都兰县						
天峻县						
大柴旦行政委员会						

7-7a 续表 2

单位：人

现住地	初中			高中			大学专科		
	小计	男	女	小计	男	女	小计	男	女
全省	**114671**	**75613**	**39058**	**46399**	**30836**	**15563**	**29935**	**19120**	**10815**
西宁市	**90152**	**59401**	**30751**	**35436**	**23123**	**12313**	**22704**	**14059**	**8645**
城东区	29793	19445	10348	10811	7145	3666	6791	4315	2476
城中区	16821	11213	5608	6601	4353	2248	4346	2737	1609
城西区	13630	8867	4763	6886	4336	2550	4989	2985	2004
城北区	28147	18595	9552	10746	6999	3747	6408	3908	2500
湟中区	700	498	202	181	136	45	125	85	40
大通回族土族自治县	1061	783	278	211	154	57	45	29	16
湟源县									
海东市	**4553**	**3143**	**1410**	**1505**	**1104**	**401**	**857**	**589**	**268**
乐都区	2423	1718	705	828	620	208	457	305	152
平安区	2130	1425	705	677	484	193	400	284	116
民和回族土族自治县									
互助土族自治县									
化隆回族自治县									
循化撒拉族自治县									
海北藏族自治州									
门源回族自治县									
祁连县									
海晏县									
刚察县									
黄南藏族自治州									
同仁县									
尖扎县									
泽库县									
河南蒙古族自治县									
海南藏族自治州									
共和县									
同德县									
贵德县									
兴海县									
贵南县									
果洛藏族自治州									
玛沁县									
班玛县									
甘德县									
达日县									
久治县									
玛多县									
玉树藏族自治州	**1932**	**1295**	**637**	**544**	**375**	**169**	**253**	**156**	**97**
玉树市	1901	1276	625	535	369	166	252	155	97
杂多县									
称多县									
治多县									
囊谦县									
曲麻莱县	31	19	12	9	6	3	1	1	
海西蒙古族藏族自治州	**18034**	**11774**	**6260**	**8914**	**6234**	**2680**	**6121**	**4316**	**1805**
格尔木市	12979	8255	4724	6293	4257	2036	4528	3092	1436
德令哈市	2645	1737	908	1223	840	383	965	688	277
茫崖市	2410	1782	628	1398	1137	261	628	536	92
乌兰县									
都兰县									
天峻县									
大柴旦行政委员会									

7–7a 续表 3

单位：人

现住地	大学本科			硕士研究生			博士研究生		
	小计	男	女	小计	男	女	小计	男	女
全省	**28878**	**17269**	**11609**	**3591**	**1830**	**1761**	**339**	**226**	**113**
西宁市	**25068**	**14626**	**10442**	**3415**	**1711**	**1704**	**320**	**210**	**110**
城东区	5595	3313	2282	812	429	383	55	39	16
城中区	2889	1774	1115	292	167	125	34	25	9
城西区	5578	3362	2216	1238	547	691	148	94	54
城北区	10911	6118	4793	1072	568	504	83	52	31
湟中区	83	51	32	1		1			
大通回族土族自治县	12	8	4						
湟源县									
海东市	**629**	**394**	**235**	**49**	**27**	**22**	**5**	**5**	
乐都区	343	215	128	33	18	15	3	3	
平安区	286	179	107	16	9	7	2	2	
民和回族土族自治县									
互助土族自治县									
化隆回族自治县									
循化撒拉族自治县									
海北藏族自治州									
门源回族自治县									
祁连县									
海晏县									
刚察县									
黄南藏族自治州									
同仁县									
尖扎县									
泽库县									
河南蒙古族自治县									
海南藏族自治州									
共和县									
同德县									
贵德县									
兴海县									
贵南县									
果洛藏族自治州									
玛沁县									
班玛县									
甘德县									
达日县									
久治县									
玛多县									
玉树藏族自治州	**128**	**87**	**41**	**11**	**9**	**2**	**1**	**1**	
玉树市	128	87	41	11	9	2	1	1	
杂多县									
称多县									
治多县									
囊谦县									
曲麻莱县									
海西蒙古族藏族自治州	**3053**	**2162**	**891**	**116**	**83**	**33**	**13**	**10**	**3**
格尔木市	2005	1371	634	58	39	19	7	6	1
德令哈市	626	439	187	37	29	8	5	3	2
茫崖市	422	352	70	21	15	6	1	1	
乌兰县									
都兰县									
天峻县									
大柴旦行政委员会									

7-7b 全省按现住地、受教育程度、性别分的户口登记地在外省的人口(镇)

单位：人

现住地	合计			未上过学		
	合计	男	女	小计	男	女
全省	**70031**	**45441**	**24590**	**4288**	**1828**	**2460**
西宁市	**12354**	**8545**	**3809**	**242**	**96**	**146**
城东区						
城中区	1281	1132	149	3	1	2
城西区	90	59	31	3		3
城北区						
湟中区	3539	2634	905	64	32	32
大通回族土族自治县	5654	3551	2103	139	51	88
湟源县	1790	1169	621	33	12	21
海东市	**11561**	**7266**	**4295**	**625**	**251**	**374**
乐都区	389	279	110	9	5	4
平安区	297	245	52	3	3	
民和回族土族自治县	4099	2381	1718	283	110	173
互助土族自治县	3597	2343	1254	111	35	76
化隆回族自治县	1087	668	419	68	26	42
循化撒拉族自治县	2092	1350	742	151	72	79
海北藏族自治州	**4613**	**2967**	**1646**	**192**	**76**	**116**
门源回族自治县	1258	766	492	41	15	26
祁连县	1435	927	508	52	23	29
海晏县	1015	622	393	60	17	43
刚察县	905	652	253	39	21	18
黄南藏族自治州	**6738**	**4275**	**2463**	**350**	**177**	**173**
同仁县	3169	2014	1155	152	76	76
尖扎县	1445	922	523	62	24	38
泽库县	617	403	214	5	3	2
河南蒙古族自治县	1507	936	571	131	74	57
海南藏族自治州	**7828**	**4930**	**2898**	**280**	**120**	**160**
共和县	3523	2319	1204	99	42	57
同德县	835	524	311	44	20	24
贵德县	1621	977	644	63	29	34
兴海县	934	555	379	13	5	8
贵南县	915	555	360	61	24	37
果洛藏族自治州	**7670**	**5110**	**2560**	**451**	**213**	**238**
玛沁县	3410	2378	1032	59	25	34
班玛县	1001	667	334	42	19	23
甘德县	463	307	156	23	15	8
达日县	1351	855	496	257	124	133
久治县	1140	686	454	55	20	35
玛多县	305	217	88	15	10	5
玉树藏族自治州	**2515**	**1616**	**899**	**268**	**132**	**136**
玉树市	186	122	64	23	12	11
杂多县	635	389	246	80	33	47
称多县	665	439	226	43	19	24
治多县	452	308	144	75	43	32
囊谦县	296	184	112	7	3	4
曲麻莱县	281	174	107	40	22	18
海西蒙古族藏族自治州	**16752**	**10732**	**6020**	**1880**	**763**	**1117**
格尔木市	6948	4188	2760	1226	502	724
德令哈市	263	186	77	19	7	12
茫崖市	920	667	253	28	8	20
乌兰县	1837	1232	605	72	33	39
都兰县	3514	2061	1453	459	177	282
天峻县	880	621	259	19	9	10
大柴旦行政委员会	2390	1777	613	57	27	30

7-7b　续表 1　　　　单位：人

现住地	学前教育			小　学		
	小计	男	女	小计	男	女
全省	**1820**	**924**	**896**	**19804**	**11700**	**8104**
西宁市	**292**	**144**	**148**	**2506**	**1518**	**988**
城东区						
城中区	2	2		262	215	47
城西区	7	4	3	16	10	6
城北区						
湟中区	60	29	31	550	342	208
大通回族土族自治县	179	88	91	1318	745	573
湟源县	44	21	23	360	206	154
海东市	**318**	**151**	**167**	**3161**	**1860**	**1301**
乐都区	10	3	7	58	31	27
平安区				46	33	13
民和回族土族自治县	122	64	58	1073	592	481
互助土族自治县	111	51	60	809	493	316
化隆回族自治县	23	10	13	395	225	170
循化撒拉族自治县	52	23	29	780	486	294
海北藏族自治州	**146**	**75**	**71**	**1142**	**637**	**505**
门源回族自治县	53	27	26	335	179	156
祁连县	43	22	21	387	203	184
海晏县	31	15	16	221	131	90
刚察县	19	11	8	199	124	75
黄南藏族自治州	**173**	**86**	**87**	**2373**	**1433**	**940**
同仁县	103	50	53	1039	640	399
尖扎县	39	15	24	430	253	177
泽库县	12	9	3	298	182	116
河南蒙古族自治县	19	12	7	606	358	248
海南藏族自治州	**287**	**158**	**129**	**1995**	**1131**	**864**
共和县	117	68	49	717	410	307
同德县	24	12	12	245	143	102
贵德县	78	36	42	397	223	174
兴海县	33	19	14	316	173	143
贵南县	35	23	12	320	182	138
果洛藏族自治州	**101**	**55**	**46**	**2705**	**1698**	**1007**
玛沁县	41	20	21	1232	819	413
班玛县	16	11	5	280	177	103
甘德县	4	1	3	151	87	64
达日县	21	12	9	445	274	171
久治县	17	10	7	492	275	217
玛多县	2	1	1	105	66	39
玉树藏族自治州	**26**	**14**	**12**	**797**	**506**	**291**
玉树市	2		2	64	39	25
杂多县	7	4	3	208	116	92
称多县	3	2	1	255	173	82
治多县	7	4	3	89	60	29
囊谦县	1		1	101	67	34
曲麻莱县	6	4	2	80	51	29
海西蒙古族藏族自治州	**477**	**241**	**236**	**5125**	**2917**	**2208**
格尔木市	240	126	114	2811	1609	1202
德令哈市	4	3	1	75	45	30
茫崖市	11	2	9	153	87	66
乌兰县	50	22	28	412	232	180
都兰县	108	54	54	1112	611	501
天峻县	9	6	3	240	141	99
大柴旦行政委员会	55	28	27	322	192	130

7-7b 续表 2

单位：人

现住地	初中			高中			大学专科		
	小计	男	女	小计	男	女	小计	男	女
全省	**26877**	**18707**	**8170**	**8919**	**6484**	**2435**	**4920**	**3455**	**1465**
西宁市	**5699**	**4185**	**1514**	**1762**	**1315**	**447**	**1150**	**801**	**349**
城东区									
城中区	798	722	76	113	101	12	46	41	5
城西区	57	42	15	6	3	3	1		1
城北区									
湟中区	1598	1215	383	601	495	106	434	344	90
大通回族土族自治县	2480	1666	814	835	561	274	414	256	158
湟源县	766	540	226	207	155	52	255	160	95
海东市	**4750**	**3213**	**1537**	**1390**	**956**	**434**	**776**	**496**	**280**
乐都区	173	131	42	65	49	16	58	47	11
平安区	123	101	22	44	38	6	46	37	9
民和回族土族自治县	1609	1004	605	523	337	186	278	160	118
互助土族自治县	1644	1136	508	442	313	129	278	182	96
化隆回族自治县	442	302	140	104	72	32	33	22	11
循化撒拉族自治县	759	539	220	212	147	65	83	48	35
海北藏族自治州	**1749**	**1203**	**546**	**577**	**406**	**171**	**360**	**248**	**112**
门源回族自治县	480	314	166	176	121	55	86	56	30
祁连县	538	379	159	175	116	59	113	84	29
海晏县	345	219	126	119	81	38	86	56	30
刚察县	386	291	95	107	88	19	75	52	23
黄南藏族自治州	**2339**	**1560**	**779**	**820**	**570**	**250**	**347**	**220**	**127**
同仁县	1101	731	370	425	295	130	174	105	69
尖扎县	544	372	172	173	122	51	82	53	29
泽库县	173	123	50	70	47	23	36	25	11
河南蒙古族自治县	521	334	187	152	106	46	55	37	18
海南藏族自治州	**3024**	**1981**	**1043**	**1114**	**775**	**339**	**565**	**396**	**169**
共和县	1464	990	474	546	395	151	271	193	78
同德县	318	209	109	115	80	35	51	38	13
贵德县	676	427	249	208	144	64	103	67	36
兴海县	258	152	106	139	87	52	97	66	31
贵南县	308	203	105	106	69	37	43	32	11
果洛藏族自治州	**2583**	**1830**	**753**	**991**	**716**	**275**	**565**	**407**	**158**
玛沁县	1192	866	326	479	351	128	256	187	69
班玛县	381	259	122	151	113	38	90	63	27
甘德县	140	97	43	65	49	16	64	47	17
达日县	390	285	105	138	94	44	79	52	27
久治县	382	252	130	117	76	41	46	33	13
玛多县	98	71	27	41	33	8	30	25	5
玉树藏族自治州	**916**	**609**	**307**	**312**	**223**	**89**	**156**	**104**	**52**
玉树市	68	50	18	18	14	4	5	4	1
杂多县	248	169	79	56	44	12	32	20	12
称多县	200	125	75	119	88	31	34	23	11
治多县	193	138	55	52	39	13	27	18	9
囊谦县	110	66	44	28	16	12	48	31	17
曲麻莱县	97	61	36	39	22	17	10	8	2
海西蒙古族藏族自治州	**5817**	**4126**	**1691**	**1953**	**1523**	**430**	**1001**	**783**	**218**
格尔木市	1957	1387	570	531	423	108	114	90	24
德令哈市	120	93	27	28	25	3	11	10	1
茫崖市	444	342	102	159	128	31	93	73	20
乌兰县	716	496	220	273	213	60	217	165	52
都兰县	1213	780	433	353	250	103	170	120	50
天峻县	304	220	84	172	138	34	79	63	16
大柴旦行政委员会	1063	808	255	437	346	91	317	262	55

7-7b　续表 3　　　　单位：人

现住地	大学本科			硕士研究生			博士研究生		
	小计	男	女	小计	男	女	小计	男	女
全省	**3235**	**2229**	**1006**	**156**	**105**	**51**	**12**	**9**	**3**
西宁市	**688**	**476**	**212**	**12**	**8**	**4**	**3**	**2**	**1**
城东区									
城中区	56	49	7	1	1				
城西区									
城北区									
湟中区	226	172	54	4	4		2	1	1
大通回族土族自治县	283	181	102	6	3	3			
湟源县	123	74	49	1		1	1	1	
海东市	**519**	**324**	**195**	**21**	**14**	**7**	**1**	**1**	
乐都区	14	12	2	2	1	1			
平安区	31	29	2	4	4				
民和回族土族自治县	206	112	94	5	2	3			
互助土族自治县	196	129	67	6	4	2			
化隆回族自治县	21	10	11	1	1				
循化撒拉族自治县	51	32	19	3	2	1	1	1	
海北藏族自治州	**414**	**293**	**121**	**30**	**26**	**4**	**3**	**3**	
门源回族自治县	85	52	33	2	2				
祁连县	114	87	27	13	13				
海晏县	138	92	46	13	9	4	2	2	
刚察县	77	62	15	2	2		1	1	
黄南藏族自治州	**307**	**213**	**94**	**28**	**16**	**12**	**1**		**1**
同仁县	160	107	53	14	10	4	1		1
尖扎县	110	81	29	5	2	3			
泽库县	16	11	5	7	3	4			
河南蒙古族自治县	21	14	7	2	1	1			
海南藏族自治州	**523**	**346**	**177**	**37**	**20**	**17**	**3**	**3**	
共和县	292	207	85	15	12	3	2	2	
同德县	36	20	16	2	2				
贵德县	83	48	35	13	3	10			
兴海县	76	51	25	2	2				
贵南县	36	20	16	5	1	4	1	1	
果洛藏族自治州	**262**	**183**	**79**	**11**	**8**	**3**	**1**		**1**
玛沁县	147	107	40	3	3		1		1
班玛县	40	24	16	1	1				
甘德县	16	11	5						
达日县	19	13	6	2	1	1			
久治县	28	19	9	3	1	2			
玛多县	12	9	3	2	2				
玉树藏族自治州	**40**	**28**	**12**						
玉树市	6	3	3						
杂多县	4	3	1						
称多县	11	9	2						
治多县	9	6	3						
囊谦县	1	1							
曲麻莱县	9	6	3						
海西蒙古族藏族自治州	**482**	**366**	**116**	**17**	**13**	**4**			
格尔木市	66	48	18	3	3				
德令哈市	6	3	3						
茫崖市	30	27	3	2		2			
乌兰县	94	70	24	3	1	2			
都兰县	97	67	30	2	2				
天峻县	55	42	13	2	2				
大柴旦行政委员会	134	109	25	5	5				

7-7c 全省按现住地、受教育程度、性别分的户口登记地在外省的人口(乡村)

单位：人

现住地	合计			未上过学		
	合计	男	女	小计	男	女
全省	**40443**	**28128**	**12315**	**1944**	**831**	**1113**
西宁市	**9239**	**6498**	**2741**	**240**	**89**	**151**
城东区						
城中区	26	15	11			
城西区						
城北区	1049	724	325	29	12	17
湟中区	5216	3678	1538	135	48	87
大通回族土族自治县	1907	1376	531	42	20	22
湟源县	1041	705	336	34	9	25
海东市	**10608**	**7073**	**3535**	**502**	**184**	**318**
乐都区	2685	1858	827	77	26	51
平安区	988	669	319	24	7	17
民和回族土族自治县	1868	1010	858	165	53	112
互助土族自治县	2604	1879	725	91	33	58
化隆回族自治县	1599	1055	544	76	29	47
循化撒拉族自治县	864	602	262	69	36	33
海北藏族自治州	**2548**	**2006**	**542**	**58**	**26**	**32**
门源回族自治县	1101	889	212	12	5	7
祁连县	988	795	193	23	13	10
海晏县	238	168	70	20	8	12
刚察县	221	154	67	3		3
黄南藏族自治州	**1986**	**1399**	**587**	**90**	**43**	**47**
同仁县	816	575	241	28	14	14
尖扎县	534	415	119	18	10	8
泽库县	189	114	75	7	4	3
河南蒙古族自治县	447	295	152	37	15	22
海南藏族自治州	**2211**	**1534**	**677**	**88**	**41**	**47**
共和县	780	582	198	14	10	4
同德县	337	228	109	21	13	8
贵德县	533	343	190	37	13	24
兴海县	225	148	77	6	1	5
贵南县	336	233	103	10	4	6
果洛藏族自治州	**3038**	**1802**	**1236**	**265**	**140**	**125**
玛沁县	459	322	137	19	10	9
班玛县	406	259	147	44	31	13
甘德县	469	283	186	17	10	7
达日县	676	391	285	119	56	63
久治县	941	485	456	54	26	28
玛多县	87	62	25	12	7	5
玉树藏族自治州	**2339**	**1449**	**890**	**346**	**173**	**173**
玉树市	1531	935	596	204	99	105
杂多县	318	203	115	41	18	23
称多县	144	97	47	18	12	6
治多县	16	9	7	1	1	
囊谦县	118	69	49	37	15	22
曲麻莱县	212	136	76	45	28	17
海西蒙古族藏族自治州	**8474**	**6367**	**2107**	**355**	**135**	**220**
格尔木市	2918	2099	819	145	47	98
德令哈市	1263	776	487	124	51	73
茫崖市						
乌兰县	448	303	145	29	10	19
都兰县	900	601	299	47	19	28
天峻县	398	360	38	2	2	
大柴旦行政委员会	2547	2228	319	8	6	2

7-7c　续表 1

单位：人

现住地	学前教育			小学		
	小计	男	女	小计	男	女
全省	**726**	**367**	**359**	**11448**	**6968**	**4480**
西宁市	**152**	**75**	**77**	**2139**	**1356**	**783**
城东区						
城中区				7	5	2
城西区						
城北区	32	17	15	261	182	79
湟中区	68	33	35	1179	738	441
大通回族土族自治县	38	15	23	432	267	165
湟源县	14	10	4	260	164	96
海东市	**221**	**121**	**100**	**3027**	**1756**	**1271**
乐都区	53	31	22	597	348	249
平安区	19	15	4	220	140	80
民和回族土族自治县	55	31	24	653	289	364
互助土族自治县	30	13	17	635	407	228
化隆回族自治县	35	17	18	532	317	215
循化撒拉族自治县	29	14	15	390	255	135
海北藏族自治州	**12**	**7**	**5**	**753**	**572**	**181**
门源回族自治县	6	6		307	238	69
祁连县	2	1	1	331	265	66
海晏县	1		1	57	35	22
刚察县	3		3	58	34	24
黄南藏族自治州	**47**	**21**	**26**	**704**	**457**	**247**
同仁县	20	8	12	284	180	104
尖扎县	2	2		135	96	39
泽库县	5	3	2	58	30	28
河南蒙古族自治县	20	8	12	227	151	76
海南藏族自治州	**45**	**22**	**23**	**547**	**354**	**193**
共和县	13	8	5	167	105	62
同德县	4	2	2	86	58	28
贵德县	11	3	8	129	79	50
兴海县	7	3	4	52	32	20
贵南县	10	6	4	113	80	33
果洛藏族自治州	**52**	**28**	**24**	**1444**	**809**	**635**
玛沁县	7	6	1	140	84	56
班玛县	5	3	2	194	112	82
甘德县	5	4	1	258	151	107
达日县	21	9	12	327	192	135
久治县	9	2	7	489	242	247
玛多县	5	4	1	36	28	8
玉树藏族自治州	**60**	**29**	**31**	**1022**	**579**	**443**
玉树市	42	19	23	695	390	305
杂多县	7	6	1	129	73	56
称多县	4	1	3	44	28	16
治多县	1		1	6	3	3
囊谦县	1		1	50	30	20
曲麻莱县	5	3	2	98	55	43
海西蒙古族藏族自治州	**137**	**64**	**73**	**1812**	**1085**	**727**
格尔木市	57	28	29	669	376	293
德令哈市	55	28	27	506	290	216
茫崖市						
乌兰县	7	3	4	196	124	72
都兰县	18	5	13	266	171	95
天峻县				22	15	7
大柴旦行政委员会				153	109	44

7-7c 续表 2

单位：人

现住地	初中			高中			大学专科		
	小计	男	女	小计	男	女	小计	男	女
全省	**16790**	**12567**	**4223**	**5112**	**3964**	**1148**	**2871**	**2212**	**659**
西宁市	**4908**	**3598**	**1310**	**1018**	**790**	**228**	**489**	**368**	**121**
城东区									
城中区	13	8	5	1	1		2		2
城西区									
城北区	644	456	188	65	49	16	12	6	6
湟中区	2798	2065	733	566	430	136	312	240	72
大通回族土族自治县	914	680	234	284	235	49	106	85	21
湟源县	539	389	150	102	75	27	57	37	20
海东市	**4682**	**3411**	**1271**	**1218**	**923**	**295**	**554**	**389**	**165**
乐都区	1253	910	343	418	328	90	154	107	47
平安区	446	321	125	163	113	50	57	37	20
民和回族土族自治县	658	408	250	173	114	59	121	90	31
互助土族自治县	1373	1060	313	256	204	52	125	88	37
化隆回族自治县	663	480	183	159	120	39	76	53	23
循化撒拉族自治县	289	232	57	49	44	5	21	14	7
海北藏族自治州	**960**	**765**	**195**	**304**	**248**	**56**	**279**	**237**	**42**
门源回族自治县	417	335	82	132	110	22	125	106	19
祁连县	353	289	64	110	88	22	103	88	15
海晏县	96	72	24	33	26	7	25	22	3
刚察县	94	69	25	29	24	5	26	21	5
黄南藏族自治州	**747**	**589**	**158**	**224**	**168**	**56**	**105**	**72**	**33**
同仁县	310	240	70	94	73	21	48	36	12
尖扎县	280	235	45	58	46	12	22	14	8
泽库县	51	33	18	41	26	15	16	10	6
河南蒙古族自治县	106	81	25	31	23	8	19	12	7
海南藏族自治州	**920**	**666**	**254**	**334**	**241**	**93**	**163**	**117**	**46**
共和县	336	253	83	144	123	21	69	52	17
同德县	162	127	35	47	16	31	12	9	3
贵德县	220	148	72	69	47	22	37	31	6
兴海县	63	39	24	40	29	11	21	11	10
贵南县	139	99	40	34	26	8	24	14	10
果洛藏族自治州	**697**	**479**	**218**	**397**	**223**	**174**	**120**	**77**	**43**
玛沁县	168	125	43	69	54	15	35	25	10
班玛县	94	64	30	41	29	12	18	12	6
甘德县	99	66	33	63	37	26	18	9	9
达日县	137	93	44	39	21	18	19	11	8
久治县	174	116	58	181	78	103	26	17	9
玛多县	25	15	10	4	4		4	3	1
玉树藏族自治州	**698**	**504**	**194**	**133**	**108**	**25**	**55**	**36**	**19**
玉树市	467	332	135	73	62	11	32	19	13
杂多县	105	79	26	25	18	7	8	6	2
称多县	56	41	15	14	10	4	6	4	2
治多县	6	3	3	2	2				
囊谦县	18	13	5	7	7		4	3	1
曲麻莱县	46	36	10	12	9	3	5	4	1
海西蒙古族藏族自治州	**3178**	**2555**	**623**	**1484**	**1263**	**221**	**1106**	**916**	**190**
格尔木市	1088	882	206	385	309	76	384	300	84
德令哈市	447	314	133	68	47	21	44	33	11
茫崖市									
乌兰县	153	115	38	37	32	5	16	9	7
都兰县	355	240	115	124	96	28	56	42	14
天峻县	81	74	7	126	114	12	163	151	12
大柴旦行政委员会	1054	930	124	744	665	79	443	381	62

7-7c　续表 3　　　　单位：人

现住地	大学本科			硕士研究生			博士研究生		
	小计	男	女	小计	男	女	小计	男	女
全省	**1481**	**1163**	**318**	**62**	**50**	**12**	**9**	**6**	**3**
西宁市	**284**	**214**	**70**	**9**	**8**	**1**			
城东区									
城中区	3	1	2						
城西区									
城北区	5	1	4	1	1				
湟中区	151	118	33	7	6	1			
大通回族土族自治县	91	74	17						
湟源县	34	20	14	1	1				
海东市	**392**	**279**	**113**	**9**	**8**	**1**	**3**	**2**	**1**
乐都区	127	103	24	5	5		1		1
平安区	58	36	22	1		1			
民和回族土族自治县	43	25	18						
互助土族自治县	91	71	20	2	2		1	1	
化隆回族自治县	56	37	19	1	1		1	1	
循化撒拉族自治县	17	7	10						
海北藏族自治州	**177**	**147**	**30**	**5**	**4**	**1**			
门源回族自治县	98	85	13	4	4				
祁连县	65	51	14	1		1			
海晏县	6	5	1						
刚察县	8	6	2						
黄南藏族自治州	**63**	**45**	**18**	**6**	**4**	**2**			
同仁县	31	24	7	1		1			
尖扎县	16	10	6	3	2	1			
泽库县	9	6	3	2	2				
河南蒙古族自治县	7	5	2						
海南藏族自治州	**105**	**85**	**20**	**7**	**7**		**2**	**1**	**1**
共和县	34	29	5	2	2		1		1
同德县	5	3	2						
贵德县	28	20	8	2	2				
兴海县	32	29	3	3	3		1	1	
贵南县	6	4	2						
果洛藏族自治州	**61**	**45**	**16**	**2**	**1**	**1**			
玛沁县	19	17	2	2	1	1			
班玛县	10	8	2						
甘德县	9	6	3						
达日县	14	9	5						
久治县	8	4	4						
玛多县	1	1							
玉树藏族自治州	**24**	**20**	**4**	**1**		**1**			
玉树市	17	14	3	1		1			
杂多县	3	3							
称多县	2	1	1						
治多县									
囊谦县	1	1							
曲麻莱县	1	1							
海西蒙古族藏族自治州	**375**	**328**	**47**	**23**	**18**	**5**	**4**	**3**	**1**
格尔木市	179	147	32	9	9		2	1	1
德令哈市	19	13	6						
茫崖市									
乌兰县	10	10							
都兰县	28	25	3	5	2	3	1	1	
天峻县	4	4							
大柴旦行政委员会	135	129	6	9	7	2	1	1	

7-8 全省分年龄、性别、迁移原因的户口登记地在外乡镇街道的人口

单位：人

年 龄	合 计			工作就业		
	合计	男	女	小计	男	女
总 计	**2070660**	**1092431**	**978229**	**644669**	**408484**	**236185**
0-4岁	**105002**	**54038**	**50964**			
0	12989	6704	6285			
1	20460	10543	9917			
2	21939	11288	10651			
3	24238	12394	11844			
4	25376	13109	12267			
5-9岁	**121474**	**62866**	**58608**			
5	23099	11921	11178			
6	25426	13087	12339			
7	24140	12416	11724			
8	25311	13095	12216			
9	23498	12347	11151			
10-14岁	**110125**	**56892**	**53233**	**132**	**74**	**58**
10	23976	12467	11509	23	13	10
11	22839	11821	11018	26	14	12
12	21590	11137	10453	22	8	14
13	20753	10750	10003	22	12	10
14	20967	10717	10250	39	27	12
15-19岁	**161855**	**81760**	**80095**	**10376**	**6999**	**3377**
15	25331	12735	12596	620	442	178
16	35307	17867	17440	1059	747	312
17	37644	19033	18611	1877	1288	589
18	33436	16878	16558	2771	1860	911
19	30137	15247	14890	4049	2662	1387
20-24岁	**161327**	**82761**	**78566**	**57709**	**34012**	**23697**
20	31646	15893	15753	5631	3567	2064
21	29788	15247	14541	7525	4633	2892
22	32331	16606	15725	11729	6969	4760
23	32391	16838	15553	14778	8558	6220
24	35171	18177	16994	18046	10285	7761
25-29岁	**204823**	**106411**	**98412**	**112827**	**65877**	**46950**
25	39325	20427	18898	21449	12235	9214
26	38599	19736	18863	21360	12073	9287
27	41134	21387	19747	23002	13486	9516
28	43048	22493	20555	23704	14029	9675
29	42717	22368	20349	23312	14054	9258

7-8　续表 1

单位：人

年　龄	合　计			工作就业		
	合计	男	女	小计	男	女
30–34岁	**217124**	**116889**	**100235**	**115255**	**71477**	**43778**
30	50084	26692	23392	27336	16692	10644
31	46405	24726	21679	24955	15247	9708
32	41288	22256	19032	21791	13581	8210
33	43007	23338	19669	22502	14098	8404
34	36340	19877	16463	18671	11859	6812
35–39岁	**154026**	**84242**	**69784**	**74371**	**47958**	**26413**
35	30974	16915	14059	15436	9925	5511
36	29773	16261	13512	14803	9501	5302
37	28838	15764	13074	13990	9001	4989
38	33655	18454	15201	16014	10326	5688
39	30786	16848	13938	14128	9205	4923
40–44岁	**155985**	**85395**	**70590**	**69615**	**44651**	**24964**
40	30455	16518	13937	13688	8736	4952
41	31486	17284	14202	14023	9053	4970
42	31087	17116	13971	13878	8908	4970
43	29813	16264	13549	13290	8459	4831
44	33144	18213	14931	14736	9495	5241
45–49岁	**180612**	**99644**	**80968**	**80743**	**51864**	**28879**
45	32974	18056	14918	14955	9471	5484
46	35686	19874	15812	16106	10356	5750
47	37091	20400	16691	16608	10548	6060
48	37422	20819	16603	16627	10883	5744
49	37439	20495	16944	16447	10606	5841
50–54岁	**177092**	**96602**	**80490**	**68274**	**46172**	**22102**
50	39152	21349	17803	16593	10884	5709
51	36403	19951	16452	14470	9688	4782
52	37652	20379	17273	14302	9663	4639
53	31268	17030	14238	11437	7841	3596
54	32617	17893	14724	11472	8096	3376
55–59岁	**125115**	**67246**	**57869**	**34720**	**24709**	**10011**
55	31159	16898	14261	9750	6867	2883
56	30290	16285	14005	8688	6089	2599
57	30059	16130	13929	8126	5831	2295
58	23281	12490	10791	5772	4166	1606
59	10326	5443	4883	2384	1756	628
60–64岁	**61524**	**32851**	**28673**	**10535**	**7712**	**2823**
60	11710	6398	5312	2426	1766	660
61	10732	5756	4976	1914	1401	513
62	13182	7163	6019	2264	1678	586
63	13349	7013	6336	2105	1550	555
64	12551	6521	6030	1826	1317	509
65岁及以上	**134576**	**64834**	**69742**	**10112**	**6979**	**3133**

7-8 续表 2

单位：人

年 龄	学习培训			随同离开/投亲靠友			拆迁/搬家		
	小计	男	女	小计	男	女	小计	男	女
总 计	**217135**	**106755**	**110380**	**266289**	**118454**	**147835**	**414179**	**213668**	**200511**
0–4岁	**862**	**445**	**417**	**52487**	**27083**	**25404**	**16402**	**8382**	**8020**
0	27	13	14	6389	3296	3093	2018	1031	987
1	53	29	24	10099	5260	4839	3042	1551	1491
2	75	41	34	11106	5702	5404	3354	1691	1663
3	247	119	128	12265	6286	5979	3824	1970	1854
4	460	243	217	12628	6539	6089	4164	2139	2025
5–9岁	**24825**	**12850**	**11975**	**49495**	**25563**	**23932**	**19711**	**10306**	**9405**
5	512	272	240	11307	5835	5472	3787	1986	1801
6	5065	2640	2425	10484	5366	5118	4087	2073	2014
7	6113	3116	2997	9199	4735	4464	3971	2059	1912
8	6742	3482	3260	9620	4991	4629	4066	2133	1933
9	6393	3340	3053	8885	4636	4249	3800	2055	1745
10–14岁	**32549**	**16652**	**15897**	**38027**	**19689**	**18338**	**18818**	**9803**	**9015**
10	6635	3445	3190	8831	4617	4214	3949	2032	1917
11	6252	3203	3049	8403	4361	4042	3888	2009	1879
12	6151	3173	2978	7602	3914	3688	3740	1962	1778
13	6326	3253	3073	6867	3546	3321	3642	1907	1735
14	7185	3578	3607	6324	3251	3073	3599	1893	1706
15–19岁	**101885**	**49442**	**52443**	**18831**	**9662**	**9169**	**12806**	**6660**	**6146**
15	13365	6428	6937	5006	2588	2418	3001	1534	1467
16	23939	11787	12152	4178	2139	2039	2741	1417	1324
17	26017	12917	13100	3667	1829	1838	2458	1234	1224
18	21293	10278	11015	3248	1647	1601	2385	1248	1137
19	17271	8032	9239	2732	1459	1273	2221	1227	994
20–24岁	**45944**	**21058**	**24886**	**14497**	**7334**	**7163**	**17518**	**9109**	**8409**
20	16602	7560	9042	2693	1401	1292	2455	1330	1125
21	12662	5753	6909	2516	1318	1198	2751	1490	1261
22	8661	3946	4715	3037	1540	1497	3718	1890	1828
23	4856	2304	2552	3076	1509	1567	4030	2086	1944
24	3163	1495	1668	3175	1566	1609	4564	2313	2251
25–29岁	**6285**	**3338**	**2947**	**15026**	**6509**	**8517**	**29619**	**15342**	**14277**
25	2242	1149	1093	3201	1471	1730	5145	2730	2415
26	1494	769	725	2976	1348	1628	5319	2719	2600
27	1073	597	476	3003	1285	1718	5864	3058	2806
28	831	470	361	3000	1280	1720	6561	3392	3169
29	645	353	292	2846	1125	1721	6730	3443	3287

7-8　续表 3

单位：人

年　龄	学习培训			随同离开/投亲靠友			拆迁/搬家		
	小计	男	女	小计	男	女	小计	男	女
30—34岁	**1832**	**1086**	**746**	**12837**	**4568**	**8269**	**37166**	**19574**	**17592**
30	560	328	232	3160	1220	1940	8101	4241	3860
31	405	228	177	2780	993	1787	7836	4153	3683
32	333	207	126	2429	849	1580	7102	3723	3379
33	280	168	112	2444	820	1624	7556	4017	3539
34	254	155	99	2024	686	1338	6571	3440	3131
35—39岁	**857**	**523**	**334**	**8451**	**2535**	**5916**	**29788**	**15406**	**14382**
35	178	114	64	1721	538	1183	5760	3004	2756
36	182	105	77	1630	482	1148	5482	2827	2655
37	142	93	49	1666	488	1178	5394	2861	2533
38	201	124	77	1810	558	1252	6680	3436	3244
39	154	87	67	1624	469	1155	6472	3278	3194
40—44岁	**687**	**436**	**251**	**8288**	**2172**	**6116**	**35422**	**18321**	**17101**
40	155	96	59	1719	474	1245	6497	3343	3154
41	141	90	51	1653	443	1210	7034	3704	3330
42	143	99	44	1640	427	1213	7142	3724	3418
43	118	67	51	1552	405	1147	6915	3540	3375
44	130	84	46	1724	423	1301	7834	4010	3824
45—49岁	**577**	**391**	**186**	**9598**	**2186**	**7412**	**45287**	**23299**	**21988**
45	120	74	46	1757	424	1333	7788	4011	3777
46	128	87	41	1836	400	1436	8678	4525	4153
47	109	78	31	1922	428	1494	9267	4756	4511
48	113	83	30	2002	460	1542	9510	4902	4608
49	107	69	38	2081	474	1607	10044	5105	4939
50—54岁	**375**	**262**	**113**	**10515**	**2412**	**8103**	**49644**	**25261**	**24383**
50	98	71	27	2175	483	1692	10493	5258	5235
51	80	53	27	2101	489	1612	10146	5187	4959
52	80	57	23	2312	526	1786	10672	5387	5285
53	57	38	19	1911	440	1471	8976	4626	4350
54	60	43	17	2016	474	1542	9357	4803	4554
55—59岁	**192**	**125**	**67**	**8585**	**2299**	**6286**	**38464**	**19995**	**18469**
55	60	42	18	2054	538	1516	9391	4861	4530
56	41	24	17	2117	587	1530	9423	4887	4536
57	48	31	17	2040	548	1492	9372	4845	4527
58	35	24	11	1629	425	1204	7171	3803	3368
59	8	4	4	745	201	544	3107	1599	1508
60—64岁	**79**	**52**	**27**	**4879**	**1546**	**3333**	**19876**	**10685**	**9191**
60	20	13	7	831	257	574	3777	2053	1724
61	11	8	3	801	236	565	3581	1928	1653
62	19	12	7	1033	347	686	4231	2341	1890
63	16	13	3	1101	345	756	4302	2273	2029
64	13	6	7	1113	361	752	3985	2090	1895
65岁及以上	**186**	**95**	**91**	**14773**	**4896**	**9877**	**43658**	**21525**	**22133**

7-8 续表 4

单位：人

年 龄	寄挂户口			婚姻嫁娶			照料孙子女		
	小计	男	女	小计	男	女	小计	男	女
总 计	**30707**	**16613**	**14094**	**64920**	**12539**	**52381**	**36955**	**13137**	**23818**
0-4岁	**1846**	**925**	**921**						
0	179	94	85						
1	432	232	200						
2	432	211	221						
3	399	191	208						
4	404	197	207						
5-9岁	**1592**	**819**	**773**						
5	374	195	179						
6	319	164	155						
7	297	150	147						
8	327	170	157						
9	275	140	135						
10-14岁	**1461**	**740**	**721**	**12**	**3**	**9**			
10	307	157	150	1	1				
11	286	151	135	1		1			
12	283	143	140	2	1	1			
13	278	141	137	2	1	1			
14	307	148	159	6		6			
15-19岁	**1160**	**656**	**504**	**1843**	**25**	**1818**	**1**		**1**
15	246	123	123	44		44			
16	228	126	102	148	4	144			
17	218	122	96	297	4	293			
18	248	150	98	553	6	547			
19	220	135	85	801	11	790	1		1
20-24岁	**1673**	**892**	**781**	**6095**	**324**	**5771**	**10**	**1**	**9**
20	245	136	109	965	27	938	3		3
21	283	173	110	930	33	897	1		1
22	370	182	188	1157	57	1100	2		2
23	371	191	180	1395	80	1315	3		3
24	404	210	194	1648	127	1521	1	1	
25-29岁	**2388**	**1235**	**1153**	**13495**	**1473**	**12022**	**22**	**5**	**17**
25	461	274	187	2179	188	1991	3		3
26	433	232	201	2329	208	2121	6	1	5
27	465	221	244	2864	292	2572	1		1
28	499	253	246	3083	362	2721	5	2	3
29	530	255	275	3040	423	2617	7	2	5

7-8　续表 5　　　　　　　　　　　　　　　　　　　　　　　　　单位：人

年　龄	寄挂户口			婚姻嫁娶			照料孙子女		
	小计	男	女	小计	男	女	小计	男	女
30–34岁	**2823**	**1469**	**1354**	**13933**	**2310**	**11623**	**258**	**84**	**174**
30	712	369	343	3468	562	2906	38	9	29
31	570	295	275	3075	469	2606	48	20	28
32	552	290	262	2666	447	2219	53	22	31
33	525	264	261	2624	452	2172	58	16	42
34	464	251	213	2100	380	1720	61	17	44
35–39岁	**2163**	**1099**	**1064**	**7856**	**1626**	**6230**	**264**	**102**	**162**
35	422	216	206	1712	314	1398	50	16	34
36	446	213	233	1556	291	1265	38	12	26
37	415	210	205	1505	306	1199	71	30	41
38	476	267	209	1603	363	1240	53	21	32
39	404	193	211	1480	352	1128	52	23	29
40–44岁	**2291**	**1194**	**1097**	**6512**	**1588**	**4924**	**414**	**148**	**266**
40	402	211	191	1418	328	1090	49	20	29
41	484	241	243	1370	309	1061	86	33	53
42	469	256	213	1253	307	946	90	31	59
43	427	209	218	1210	318	892	71	24	47
44	509	277	232	1261	326	935	118	40	78
45–49岁	**2730**	**1481**	**1249**	**6050**	**1885**	**4165**	**1542**	**385**	**1157**
45	503	287	216	1216	337	879	132	41	91
46	542	284	258	1254	397	857	193	58	135
47	592	328	264	1241	404	837	268	71	197
48	570	305	265	1228	397	831	396	84	312
49	523	277	246	1111	350	761	553	131	422
50–54岁	**2910**	**1620**	**1290**	**4464**	**1521**	**2943**	**6139**	**1550**	**4589**
50	638	341	297	1106	348	758	729	169	560
51	646	363	283	973	325	648	989	226	763
52	574	312	262	974	351	623	1295	320	975
53	467	269	198	695	239	456	1372	333	1039
54	585	335	250	716	258	458	1754	502	1252
55–59岁	**2176**	**1261**	**915**	**2411**	**869**	**1542**	**9896**	**3137**	**6759**
55	517	303	214	667	227	440	1963	601	1362
56	502	295	207	580	212	368	2181	648	1533
57	542	301	241	566	200	366	2503	826	1677
58	421	241	180	415	157	258	2212	713	1499
59	194	121	73	183	73	110	1037	349	688
60–64岁	**1249**	**775**	**474**	**946**	**376**	**570**	**7258**	**2907**	**4351**
60	235	147	88	182	74	108	1238	481	757
61	217	130	87	169	69	100	1178	452	726
62	256	163	93	219	82	137	1562	616	946
63	261	167	94	198	73	125	1648	678	970
64	280	168	112	178	78	100	1632	680	952
65岁及以上	**4245**	**2447**	**1798**	**1303**	**539**	**764**	**11151**	**4818**	**6333**

7-8 续表 6

单位：人

年龄	为子女就学			养老/康养			其他		
	小计	男	女	小计	男	女	小计	男	女
总计	**76768**	**35774**	**40994**	**49239**	**22803**	**26436**	**269799**	**144204**	**125595**
0-4岁							**33405**	**17203**	**16202**
0							4376	2270	2106
1							6834	3471	3363
2							6972	3643	3329
3							7503	3828	3675
4							7720	3991	3729
5-9岁							**25851**	**13328**	**12523**
5							7119	3633	3486
6							5471	2844	2627
7							4560	2356	2204
8							4556	2319	2237
9							4145	2176	1969
10-14岁				**1**	**1**		**19125**	**9930**	**9195**
10							4230	2202	2028
11							3983	2083	1900
12							3790	1936	1854
13				1	1		3615	1889	1726
14							3507	1820	1687
15-19岁	**94**	**35**	**59**	**4**	**2**	**2**	**14855**	**8279**	**6576**
15	22	13	9	2	2		3025	1605	1420
16	22	7	15				2992	1640	1352
17	27	11	16				3083	1628	1455
18	15	3	12	1		1	2922	1686	1236
19	8	1	7	1		1	2833	1720	1113
20-24岁	**986**	**351**	**635**	**7**	**4**	**3**	**16888**	**9676**	**7212**
20	85	40	45	1	1		2966	1831	1135
21	124	44	80	2	2		2994	1801	1193
22	176	54	122	1		1	3480	1968	1512
23	235	85	150	3	1	2	3644	2024	1620
24	366	128	238				3804	2052	1752
25-29岁	**5024**	**1754**	**3270**	**14**	**6**	**8**	**20123**	**10872**	**9251**
25	550	178	372	4	1	3	4091	2201	1890
26	749	253	496				3933	2133	1800
27	965	335	630	1	1		3896	2112	1784
28	1248	460	788	6	3	3	4111	2242	1869
29	1512	528	984	3	1	2	4092	2184	1908

7-8 续表 7

单位：人

年 龄	为子女就学			养老/康养			其 他		
	小计	男	女	小计	男	女	小计	男	女
30-34岁	**11559**	**4638**	**6921**	**24**	**14**	**10**	**21437**	**11669**	**9768**
30	2006	753	1253	2	1	1	4701	2517	2184
31	2247	864	1383	5	2	3	4484	2455	2029
32	2199	881	1318	3	1	2	4160	2255	1905
33	2626	1103	1523	7	3	4	4385	2397	1988
34	2481	1037	1444	7	7		3707	2045	1662
35-39岁	**13442**	**5811**	**7631**	**30**	**19**	**11**	**16804**	**9163**	**7641**
35	2357	951	1406	1		1	3337	1837	1500
36	2497	1081	1416	6	2	4	3133	1747	1386
37	2497	1099	1398	5	3	2	3153	1673	1480
38	3101	1358	1743	8	6	2	3709	1995	1714
39	2990	1322	1668	10	8	2	3472	1911	1561
40-44岁	**14809**	**7096**	**7713**	**98**	**52**	**46**	**17849**	**9737**	**8112**
40	3035	1441	1594	12	8	4	3480	1861	1619
41	3161	1476	1685	16	11	5	3518	1924	1594
42	2882	1402	1480	17	6	11	3573	1956	1617
43	2780	1350	1430	28	15	13	3422	1877	1545
44	2951	1427	1524	25	12	13	3856	2119	1737
45-49岁	**12049**	**6240**	**5809**	**344**	**144**	**200**	**21692**	**11769**	**9923**
45	2580	1303	1277	41	23	18	3882	2085	1797
46	2578	1349	1229	48	27	21	4323	2391	1932
47	2526	1339	1187	69	29	40	4489	2419	2070
48	2311	1185	1126	78	29	49	4587	2491	2096
49	2054	1064	990	108	36	72	4411	2383	2028
50-54岁	**7764**	**3988**	**3776**	**5824**	**2270**	**3554**	**21183**	**11546**	**9637**
50	1866	945	921	726	260	466	4728	2590	2138
51	1624	861	763	1018	376	642	4356	2383	1973
52	1642	846	796	1305	493	812	4496	2424	2072
53	1313	664	649	1258	516	742	3782	2064	1718
54	1319	672	647	1517	625	892	3821	2085	1736
55-59岁	**4857**	**2504**	**2353**	**8960**	**4208**	**4752**	**14854**	**8139**	**6715**
55	1241	623	618	1864	842	1022	3652	1994	1658
56	1139	605	534	2090	992	1098	3529	1946	1583
57	1050	517	533	2178	1052	1126	3634	1979	1655
58	974	531	443	1933	936	997	2719	1494	1225
59	453	228	225	895	386	509	1320	726	594
60-64岁	**2220**	**1193**	**1027**	**7328**	**3768**	**3560**	**7154**	**3837**	**3317**
60	453	248	205	1179	634	545	1369	725	644
61	420	223	197	1245	652	593	1196	657	539
62	453	240	213	1594	825	769	1551	859	692
63	470	265	205	1677	820	857	1571	829	742
64	424	217	207	1633	837	796	1467	767	700
65岁及以上	**3964**	**2164**	**1800**	**26605**	**12315**	**14290**	**18579**	**9056**	**9523**

7-8a 全省分年龄、性别、迁移原因的户口登记地在外乡镇街道的人口(城市)

单位：人

年 龄	合 计			工作就业		
	合计	男	女	小计	男	女
总 计	**1217443**	**640006**	**577437**	**413787**	**257019**	**156768**
0-4岁	**57916**	**29914**	**28002**			
0	7447	3899	3548			
1	11452	5939	5513			
2	12017	6161	5856			
3	13432	6914	6518			
4	13568	7001	6567			
5-9岁	**58581**	**30687**	**27894**			
5	11249	5874	5375			
6	12695	6670	6025			
7	11330	5908	5422			
8	12108	6269	5839			
9	11199	5966	5233			
10-14岁	**52089**	**27178**	**24911**	**92**	**48**	**44**
10	11229	5912	5317	15	8	7
11	10765	5626	5139	18	9	9
12	10436	5490	4946	17	6	11
13	9884	5082	4802	13	6	7
14	9775	5068	4707	29	19	10
15-19岁	**76375**	**39798**	**36577**	**6553**	**4426**	**2127**
15	11088	5765	5323	366	268	98
16	14794	7809	6985	668	491	177
17	15980	8446	7534	1190	833	357
18	16198	8521	7677	1773	1174	599
19	18315	9257	9058	2556	1660	896
20-24岁	**105631**	**53734**	**51897**	**37366**	**21637**	**15729**
20	21836	10791	11045	3631	2240	1391
21	20672	10480	10192	4893	2981	1912
22	21178	10764	10414	7613	4455	3158
23	20352	10604	9748	9575	5458	4117
24	21593	11095	10498	11654	6503	5151
25-29岁	**126782**	**65876**	**60906**	**73778**	**42630**	**31148**
25	24109	12565	11544	13938	7901	6037
26	23744	12135	11609	13870	7753	6117
27	25598	13189	12409	15128	8722	6406
28	26820	14059	12761	15566	9135	6431
29	26511	13928	12583	15276	9119	6157

7-8a　续表 1　　　　　　　　　　　　　　　　　　　　单位：人

年　龄	合　计			工作就业		
	合计	男	女	小计	男	女
30–34岁	**134713**	**72656**	**62057**	**76444**	**46858**	**29586**
30	31414	16839	14575	18289	11084	7205
31	28959	15375	13584	16572	9990	6582
32	25681	13831	11850	14421	8849	5572
33	26594	14429	12165	14954	9234	5720
34	22065	12182	9883	12208	7701	4507
35–39岁	**89548**	**49184**	**40364**	**46729**	**29861**	**16868**
35	18374	10154	8220	9899	6331	3568
36	17525	9606	7919	9390	5969	3421
37	16817	9233	7584	8839	5634	3205
38	19434	10653	8781	9969	6362	3607
39	17398	9538	7860	8632	5565	3067
40–44岁	**90034**	**48859**	**41175**	**42816**	**26924**	**15892**
40	17186	9336	7850	8349	5269	3080
41	17966	9843	8123	8639	5523	3116
42	18220	9936	8284	8592	5384	3208
43	17332	9288	8044	8149	5064	3085
44	19330	10456	8874	9087	5684	3403
45–49岁	**109463**	**59121**	**50342**	**50482**	**31385**	**19097**
45	19523	10526	8997	9291	5704	3587
46	21440	11744	9696	10157	6377	3780
47	22332	12041	10291	10225	6296	3929
48	22956	12438	10518	10456	6591	3865
49	23212	12372	10840	10353	6417	3936
50–54岁	**112161**	**59579**	**52582**	**43665**	**28483**	**15182**
50	24442	13022	11420	10575	6713	3862
51	22919	12189	10730	9216	5928	3288
52	23984	12605	11379	9145	5926	3219
53	19869	10553	9316	7341	4849	2492
54	20947	11210	9737	7388	5067	2321
55–59岁	**81717**	**43118**	**38599**	**22698**	**15604**	**7094**
55	20313	10728	9585	6376	4301	2075
56	19761	10453	9308	5668	3851	1817
57	19968	10532	9436	5345	3683	1662
58	15089	7961	7128	3750	2645	1105
59	6586	3444	3142	1559	1124	435
60–64岁	**40087**	**21157**	**18930**	**6932**	**4954**	**1978**
60	7735	4176	3559	1604	1140	464
61	7078	3728	3350	1243	896	347
62	8723	4725	3998	1514	1107	407
63	8598	4447	4151	1380	981	399
64	7953	4081	3872	1191	830	361
65岁及以上	**82346**	**39145**	**43201**	**6232**	**4209**	**2023**

7-8a 续表 2 单位：人

年 龄	学习培训			随同离开/投亲靠友			拆迁/搬家		
	小计	男	女	小计	男	女	小计	男	女
总 计	**114548**	**56210**	**58338**	**145044**	**64644**	**80400**	**268952**	**138097**	**130855**
0-4岁	**528**	**268**	**260**	**29795**	**15444**	**14351**	**9269**	**4698**	**4571**
0	20	9	11	3767	1954	1813	1112	587	525
1	38	22	16	5843	3055	2788	1695	859	836
2	56	32	24	6229	3194	3035	1857	899	958
3	165	81	84	7002	3601	3401	2216	1144	1072
4	249	124	125	6954	3640	3314	2389	1209	1180
5-9岁	**10091**	**5238**	**4853**	**25504**	**13425**	**12079**	**10452**	**5479**	**4973**
5	232	123	109	5706	2997	2709	1996	1051	945
6	2171	1166	1005	5600	2925	2675	2236	1145	1091
7	2419	1235	1184	4670	2447	2223	2084	1108	976
8	2687	1369	1318	4939	2583	2356	2162	1120	1042
9	2582	1345	1237	4589	2473	2116	1974	1055	919
10-14岁	**13545**	**7029**	**6516**	**19290**	**10112**	**9178**	**9951**	**5238**	**4713**
10	2652	1402	1250	4407	2326	2081	2115	1107	1008
11	2605	1367	1238	4294	2265	2029	1963	1032	931
12	2614	1401	1213	3936	2062	1874	1996	1077	919
13	2730	1362	1368	3473	1792	1681	1922	1003	919
14	2944	1497	1447	3180	1667	1513	1955	1019	936
15-19岁	**45534**	**22695**	**22839**	**9932**	**5178**	**4754**	**7168**	**3748**	**3420**
15	5166	2591	2575	2559	1362	1197	1645	848	797
16	9143	4741	4402	2229	1156	1073	1495	755	740
17	10089	5234	4855	1980	1004	976	1378	706	672
18	9726	4892	4834	1784	927	857	1393	740	653
19	11410	5237	6173	1380	729	651	1257	699	558
20-24岁	**38053**	**17237**	**20816**	**7958**	**4008**	**3950**	**10590**	**5540**	**5050**
20	13440	6038	7402	1401	741	660	1395	763	632
21	10889	4916	5973	1346	702	644	1620	896	724
22	7334	3300	4034	1681	847	834	2192	1104	1088
23	3947	1851	2096	1731	856	875	2538	1324	1214
24	2443	1132	1311	1799	862	937	2845	1453	1392
25-29岁	**4276**	**2203**	**2073**	**8608**	**3667**	**4941**	**19322**	**10059**	**9263**
25	1621	804	817	1817	818	999	3227	1681	1546
26	1033	518	515	1718	769	949	3527	1791	1736
27	700	369	331	1760	725	1035	3819	2018	1801
28	515	288	227	1709	728	981	4311	2279	2032
29	407	224	183	1604	627	977	4438	2290	2148

7-8a　续表 3　　　　单位：人

年　龄	学习培训			随同离开/投亲靠友			拆迁/搬家		
	小计	男	女	小计	男	女	小计	男	女
30-34岁	**1092**	**644**	**448**	**7213**	**2537**	**4676**	**24524**	**12976**	**11548**
30	358	209	149	1781	682	1099	5348	2813	2535
31	231	126	105	1580	540	1040	5239	2784	2455
32	201	125	76	1365	465	900	4762	2505	2257
33	156	93	63	1393	470	923	4966	2636	2330
34	146	91	55	1094	380	714	4209	2238	1971
35-39岁	**466**	**280**	**186**	**4301**	**1315**	**2986**	**18907**	**9703**	**9204**
35	88	58	30	891	304	587	3731	1934	1797
36	101	58	43	813	247	566	3528	1806	1722
37	74	48	26	879	261	618	3403	1792	1611
38	111	65	46	907	257	650	4230	2143	2087
39	92	51	41	811	246	565	4015	2028	1987
40-44岁	**356**	**226**	**130**	**4386**	**1193**	**3193**	**22557**	**11546**	**11011**
40	77	47	30	900	255	645	4013	2069	1944
41	77	49	28	870	230	640	4416	2314	2102
42	76	54	22	871	245	626	4599	2359	2240
43	54	31	23	817	215	602	4469	2256	2213
44	72	45	27	928	248	680	5060	2548	2512
45-49岁	**276**	**185**	**91**	**5426**	**1246**	**4180**	**31012**	**15766**	**15246**
45	55	36	19	937	238	699	5155	2624	2531
46	67	44	23	1013	210	803	5787	2988	2799
47	56	39	17	1086	244	842	6358	3225	3133
48	47	37	10	1139	261	878	6650	3387	3263
49	51	29	22	1251	293	958	7062	3542	3520
50-54岁	**162**	**106**	**56**	**6301**	**1476**	**4825**	**35069**	**17594**	**17475**
50	40	28	12	1312	288	1024	7331	3606	3725
51	39	24	15	1257	289	968	7097	3568	3529
52	37	26	11	1417	342	1075	7661	3804	3857
53	23	12	11	1113	260	853	6356	3255	3101
54	23	16	7	1202	297	905	6624	3361	3263
55-59岁	**72**	**47**	**25**	**5289**	**1498**	**3791**	**27371**	**14143**	**13228**
55	24	16	8	1255	362	893	6721	3414	3307
56	16	10	6	1289	372	917	6667	3450	3217
57	18	13	5	1305	369	936	6796	3546	3250
58	13	8	5	999	266	733	5039	2642	2397
59	1		1	441	129	312	2148	1091	1057
60-64岁	**28**	**18**	**10**	**2891**	**929**	**1962**	**13837**	**7409**	**6428**
60	8	7	1	502	156	346	2678	1436	1242
61	3	2	1	500	148	352	2583	1365	1218
62	8	5	3	621	218	403	2999	1677	1322
63	6	4	2	653	206	447	2915	1541	1374
64	3		3	615	201	414	2662	1390	1272
65岁及以上	**69**	**34**	**35**	**8150**	**2616**	**5534**	**28923**	**14198**	**14725**

7-8a 续表 4

单位：人

年 龄	寄挂户口			婚姻嫁娶			照料孙子女		
	小计	男	女	小计	男	女	小计	男	女
总 计	**17746**	**9652**	**8094**	**37768**	**6973**	**30795**	**23649**	**8162**	**15487**
0-4岁	**1072**	**534**	**538**						
0	110	61	49						
1	243	130	113						
2	256	120	136						
3	222	109	113						
4	241	114	127						
5-9岁	**936**	**501**	**435**						
5	220	120	100						
6	186	99	87						
7	171	90	81						
8	197	106	91						
9	162	86	76						
10-14岁	**773**	**381**	**392**	**3**	**1**	**2**			
10	155	77	78	1	1				
11	147	76	71	1		1			
12	164	84	80						
13	148	73	75						
14	159	71	88	1		1			
15-19岁	**672**	**391**	**281**	**493**	**6**	**487**	**1**		**1**
15	148	76	72	7		7			
16	133	74	59	27		27			
17	121	71	50	74	1	73			
18	146	90	56	154	2	152			
19	124	80	44	231	3	228	1		1
20-24岁	**958**	**511**	**447**	**2497**	**91**	**2406**	**3**		**3**
20	139	74	65	345	5	340	1		1
21	158	99	59	340	7	333			
22	241	118	123	441	12	429	1		1
23	206	109	97	616	28	588	1		1
24	214	111	103	755	39	716			
25-29岁	**1407**	**731**	**676**	**8285**	**884**	**7401**	**8**	**2**	**6**
25	261	152	109	1132	93	1039	1		1
26	272	143	129	1297	113	1184	2		2
27	276	134	142	1783	169	1614			
28	302	161	141	2028	222	1806	2	1	1
29	296	141	155	2045	287	1758	3	1	2

7-8a　续表 5　　　　单位：人

年　龄	寄挂户口			婚姻嫁娶			照料孙子女		
	小计	男	女	小计	男	女	小计	男	女
30-34岁	**1646**	**884**	**762**	**9308**	**1583**	**7725**	**115**	**32**	**83**
30	413	225	188	2301	391	1910	19	4	15
31	333	174	159	2087	325	1762	20	8	12
32	339	180	159	1798	316	1482	13	5	8
33	294	149	145	1727	303	1424	27	5	22
34	267	156	111	1395	248	1147	36	10	26
35-39岁	**1226**	**631**	**595**	**4895**	**951**	**3944**	**88**	**28**	**60**
35	217	111	106	1085	192	893	21	5	16
36	253	123	130	997	176	821	9	4	5
37	254	134	120	921	176	745	19	6	13
38	274	154	120	1001	208	793	21	8	13
39	228	109	119	891	199	692	18	5	13
40-44岁	**1312**	**682**	**630**	**3803**	**865**	**2938**	**149**	**50**	**99**
40	225	114	111	815	185	630	22	7	15
41	257	127	130	791	168	623	30	9	21
42	292	157	135	740	169	571	30	12	18
43	249	120	129	709	158	551	27	9	18
44	289	164	125	748	185	563	40	13	27
45-49岁	**1579**	**860**	**719**	**3428**	**949**	**2479**	**732**	**150**	**582**
45	272	152	120	703	182	521	49	12	37
46	305	163	142	689	186	503	78	21	57
47	364	206	158	698	210	488	113	25	88
48	332	176	156	704	199	505	200	33	167
49	306	163	143	634	172	462	292	59	233
50-54岁	**1711**	**973**	**738**	**2553**	**782**	**1771**	**3830**	**868**	**2962**
50	384	210	174	614	165	449	402	83	319
51	364	209	155	617	188	429	576	116	460
52	336	184	152	548	185	363	802	188	614
53	269	157	112	395	120	275	872	182	690
54	358	213	145	379	124	255	1178	299	879
55-59岁	**1332**	**754**	**578**	**1320**	**434**	**886**	**6582**	**2005**	**4577**
55	309	175	134	367	109	258	1290	377	913
56	314	180	134	334	115	219	1452	414	1038
57	344	188	156	305	101	204	1695	547	1148
58	242	136	106	220	74	146	1478	451	1027
59	123	75	48	94	35	59	667	216	451
60-64岁	**709**	**430**	**279**	**510**	**198**	**312**	**5075**	**1998**	**3077**
60	142	92	50	102	43	59	845	325	520
61	127	77	50	87	35	52	799	302	497
62	137	87	50	134	44	90	1117	425	692
63	150	87	63	97	35	62	1185	481	704
64	153	87	66	90	41	49	1129	465	664
65岁及以上	**2413**	**1389**	**1024**	**673**	**229**	**444**	**7066**	**3029**	**4037**

7-8a 续表 6 单位：人

年 龄	为子女就学			养老/康养			其 他		
	小计	男	女	小计	男	女	小计	男	女
总 计	**26073**	**11667**	**14406**	**35411**	**16066**	**19345**	**134465**	**71516**	**62949**
0-4岁							**17252**	**8970**	**8282**
0							2438	1288	1150
1							3633	1873	1760
2							3619	1916	1703
3							3827	1979	1848
4							3735	1914	1821
5-9岁							**11598**	**6044**	**5554**
5							3095	1583	1512
6							2502	1335	1167
7							1986	1028	958
8							2123	1091	1032
9							1892	1007	885
10-14岁							**8435**	**4369**	**4066**
10							1884	991	893
11							1737	877	860
12							1709	860	849
13							1598	846	752
14							1507	795	712
15-19岁	**45**	**21**	**24**	**1**	**1**		**5976**	**3332**	**2644**
15	12	5	7	1	1		1184	614	570
16	18	7	11				1081	585	496
17	10	7	3				1138	590	548
18	2	1	1				1220	695	525
19	3	1	2				1353	848	505
20-24岁	**251**	**86**	**165**	**4**	**3**	**1**	**7951**	**4621**	**3330**
20	21	6	15				1463	924	539
21	27	7	20	2	2		1397	870	527
22	42	12	30				1633	916	717
23	62	23	39	2	1	1	1674	954	720
24	99	38	61				1784	957	827
25-29岁	**1311**	**424**	**887**	**7**	**3**	**4**	**9780**	**5273**	**4507**
25	138	45	93	1		1	1973	1071	902
26	184	51	133				1841	997	844
27	218	58	160	1	1		1913	993	920
28	345	133	212	4	2	2	2038	1110	928
29	426	137	289	1		1	2015	1102	913

7-8a　续表 7　　　　单位：人

年　龄	为子女就学			养老/康养			其　他		
	小计	男	女	小计	男	女	小计	男	女
30-34岁	**3461**	**1275**	**2186**	**11**	**8**	**3**	**10899**	**5859**	**5040**
30	552	186	366				2353	1245	1108
31	623	210	413	2	2		2272	1216	1056
32	649	256	393	1		1	2132	1130	1002
33	825	293	532	4	2	2	2248	1244	1004
34	812	330	482	4	4		1894	1024	870
35-39岁	**4694**	**1932**	**2762**	**17**	**9**	**8**	**8225**	**4474**	**3751**
35	804	312	492	1		1	1637	907	730
36	858	340	518	6	2	4	1570	881	689
37	867	364	503	2	1	1	1559	817	742
38	1091	467	624	4	3	1	1826	986	840
39	1074	449	625	4	3	1	1633	883	750
40-44岁	**5655**	**2542**	**3113**	**57**	**25**	**32**	**8943**	**4806**	**4137**
40	1143	500	643	9	5	4	1633	885	748
41	1158	494	664	6	3	3	1722	926	796
42	1153	544	609	9	2	7	1858	1010	848
43	1091	489	602	18	9	9	1749	937	812
44	1110	515	595	15	6	9	1981	1048	933
45-49岁	**4734**	**2341**	**2393**	**252**	**99**	**153**	**11542**	**6140**	**5402**
45	1023	510	513	27	13	14	2011	1055	956
46	1031	504	527	32	13	19	2281	1238	1043
47	998	513	485	48	21	27	2386	1262	1124
48	914	427	487	62	25	37	2452	1302	1150
49	768	387	381	83	27	56	2412	1283	1129
50-54岁	**2642**	**1331**	**1311**	**4468**	**1661**	**2807**	**11760**	**6305**	**5455**
50	712	361	351	531	178	353	2541	1390	1151
51	575	295	280	753	251	502	2425	1321	1104
52	540	265	275	996	370	626	2502	1315	1187
53	406	203	203	984	386	598	2110	1129	981
54	409	207	202	1204	476	728	2182	1150	1032
55-59岁	**1511**	**777**	**734**	**7021**	**3292**	**3729**	**8521**	**4564**	**3957**
55	385	204	181	1495	674	821	2091	1096	995
56	361	196	165	1660	785	875	2000	1080	920
57	335	151	184	1696	819	877	2129	1115	1014
58	307	160	147	1486	714	772	1555	865	690
59	123	66	57	684	300	384	746	408	338
60-64岁	**697**	**365**	**332**	**5390**	**2733**	**2657**	**4018**	**2123**	**1895**
60	139	73	66	923	493	430	792	411	381
61	127	65	62	929	477	452	680	361	319
62	145	70	75	1171	605	566	877	487	390
63	163	92	71	1200	576	624	849	444	405
64	123	65	58	1167	582	585	820	420	400
65岁及以上	**1072**	**573**	**499**	**18183**	**8232**	**9951**	**9565**	**4636**	**4929**

7-8b 全省分年龄、性别、迁移原因的户口登记地在外乡镇街道的人口(镇)

单位：人

年 龄	合 计			工作就业		
	合计	男	女	小计	男	女
总 计	**674036**	**349966**	**324070**	**176821**	**111847**	**64974**
0-4岁	**38695**	**19829**	**18866**			
0	4611	2362	2249			
1	7196	3647	3549			
2	7988	4121	3867			
3	8912	4503	4409			
4	9988	5196	4792			
5-9岁	**53530**	**27540**	**25990**			
5	10044	5165	4879			
6	10795	5451	5344			
7	10945	5580	5365			
8	11250	5862	5388			
9	10496	5482	5014			
10-14岁	**48825**	**24939**	**23886**	**33**	**22**	**11**
10	10740	5543	5197	7	4	3
11	10148	5215	4933	6	4	2
12	9332	4682	4650	4	2	2
13	9157	4767	4390	7	5	2
14	9448	4732	4716	9	7	2
15-19岁	**71470**	**35258**	**36212**	**2931**	**1928**	**1003**
15	11950	5846	6104	208	143	65
16	17297	8551	8746	306	201	105
17	18392	9080	9312	519	331	188
18	14512	7035	7477	754	506	248
19	9319	4746	4573	1144	747	397
20-24岁	**41844**	**21631**	**20213**	**15807**	**9329**	**6478**
20	7432	3848	3584	1524	983	541
21	6719	3502	3217	2008	1223	785
22	8338	4323	4015	3224	1909	1315
23	9064	4672	4392	4052	2363	1689
24	10291	5286	5005	4999	2851	2148
25-29岁	**60454**	**30859**	**29595**	**30934**	**17801**	**13133**
25	11729	5955	5774	5919	3297	2622
26	11535	5828	5707	5975	3329	2646
27	11981	6215	5766	6215	3633	2582
28	12630	6418	6212	6475	3749	2726
29	12579	6443	6136	6350	3793	2557

7-8b　续表 1

单位：人

年　龄	合　　计			工作就业		
	合计	男	女	小计	男	女
30-34岁	**64484**	**33640**	**30844**	**30449**	**18591**	**11858**
30	14393	7402	6991	7059	4213	2846
31	13487	7029	6458	6559	3957	2602
32	12305	6442	5863	5815	3595	2220
33	13052	6895	6157	5938	3689	2249
34	11247	5872	5375	5078	3137	1941
35-39岁	**50503**	**26671**	**23832**	**21543**	**13599**	**7944**
35	9874	5168	4706	4332	2715	1617
36	9536	5035	4501	4227	2670	1557
37	9391	4935	4456	4025	2521	1504
38	11158	5982	5176	4683	2982	1701
39	10544	5551	4993	4276	2711	1565
40-44岁	**51453**	**27660**	**23793**	**20497**	**13030**	**7467**
40	10337	5426	4911	4123	2570	1553
41	10562	5664	4898	4104	2588	1516
42	10109	5465	4644	4050	2595	1455
43	9759	5272	4487	3967	2495	1472
44	10686	5833	4853	4253	2782	1471
45-49岁	**54245**	**29778**	**24467**	**22443**	**14631**	**7812**
45	10281	5570	4711	4279	2736	1543
46	10892	6015	4877	4438	2864	1574
47	11383	6219	5164	4778	3066	1712
48	10928	6053	4875	4497	3033	1464
49	10761	5921	4840	4451	2932	1519
50-54岁	**49408**	**27067**	**22341**	**17807**	**12428**	**5379**
50	11018	5977	5041	4326	2906	1420
51	10127	5635	4492	3786	2630	1156
52	10319	5643	4676	3752	2645	1107
53	8849	4847	4002	2959	2102	857
54	9095	4965	4130	2984	2145	839
55-59岁	**34184**	**18216**	**15968**	**8830**	**6504**	**2326**
55	8505	4622	3883	2474	1835	639
56	8345	4448	3897	2240	1623	617
57	7873	4188	3685	2012	1499	513
58	6470	3438	3032	1494	1089	405
59	2991	1520	1471	610	458	152
60-64岁	**16617**	**8740**	**7877**	**2620**	**1958**	**662**
60	3117	1687	1430	614	456	158
61	2860	1539	1321	484	354	130
62	3433	1820	1613	549	406	143
63	3646	1888	1758	515	397	118
64	3561	1806	1755	458	345	113
65岁及以上	**38324**	**18138**	**20186**	**2927**	**2026**	**901**

7－8b　续表 2

单位：人

年　龄	学习培训			随同离开/投亲靠友			拆迁/搬家		
	小计	男	女	小计	男	女	小计	男	女
总　计	**90655**	**44623**	**46032**	**100857**	**44407**	**56450**	**114638**	**59372**	**55266**
0–4岁	**320**	**173**	**147**	**18921**	**9705**	**9216**	**5617**	**2906**	**2711**
0	7	4	3	2231	1150	1081	694	341	353
1	15	7	8	3483	1801	1682	1019	514	505
2	17	8	9	3994	2050	1944	1172	620	552
3	79	37	42	4389	2242	2147	1289	655	634
4	202	117	85	4824	2462	2362	1443	776	667
5–9岁	**13517**	**6999**	**6518**	**20179**	**10311**	**9868**	**7485**	**3921**	**3564**
5	267	141	126	4738	2430	2308	1455	770	685
6	2634	1339	1295	4105	2064	2041	1505	751	754
7	3386	1722	1664	3780	1921	1859	1528	785	743
8	3721	1952	1769	3960	2056	1904	1514	810	704
9	3509	1845	1664	3596	1840	1756	1483	805	678
10–14岁	**17360**	**8754**	**8606**	**15768**	**8079**	**7689**	**6833**	**3508**	**3325**
10	3659	1882	1777	3727	1941	1786	1416	705	711
11	3342	1671	1671	3450	1773	1677	1472	763	709
12	3227	1624	1603	3078	1546	1532	1326	644	682
13	3296	1713	1583	2845	1490	1355	1331	703	628
14	3836	1864	1972	2668	1329	1339	1288	693	595
15–19岁	**49740**	**23771**	**25969**	**7539**	**3816**	**3723**	**4310**	**2200**	**2110**
15	7174	3379	3795	2099	1051	1048	1061	532	529
16	12933	6250	6683	1648	831	817	959	499	460
17	14108	6891	7217	1447	716	731	820	401	419
18	10387	4810	5577	1214	606	608	755	384	371
19	5138	2441	2697	1131	612	519	715	384	331
20–24岁	**6649**	**3201**	**3448**	**5484**	**2779**	**2705**	**5270**	**2666**	**2604**
20	2723	1282	1441	1075	539	536	813	433	380
21	1509	722	787	971	508	463	834	432	402
22	1100	531	569	1145	586	559	1113	556	557
23	736	369	367	1135	547	588	1166	589	577
24	581	297	284	1158	599	559	1344	656	688
25–29岁	**1589**	**905**	**684**	**5380**	**2378**	**3002**	**8211**	**4119**	**4092**
25	507	279	228	1161	560	601	1506	796	710
26	357	196	161	1061	484	577	1443	741	702
27	301	187	114	1039	457	582	1595	795	800
28	249	146	103	1073	462	611	1810	864	946
29	175	97	78	1046	415	631	1857	923	934

7-8b　续表 3　　单位：人

年　龄	学习培训			随同离开/投亲靠友			拆迁/搬家		
	小计	男	女	小计	男	女	小计	男	女
30—34岁	**516**	**294**	**222**	**4694**	**1680**	**3014**	**10234**	**5291**	**4943**
30	161	95	66	1130	435	695	2192	1123	1069
31	113	63	50	1000	376	624	2048	1078	970
32	83	47	36	914	325	589	1915	974	941
33	86	49	37	893	298	595	2167	1157	1010
34	73	40	33	757	246	511	1912	959	953
35—39岁	**254**	**144**	**110**	**3392**	**942**	**2450**	**8803**	**4625**	**4178**
35	64	40	24	674	174	500	1669	892	777
36	53	25	28	658	179	479	1574	820	754
37	40	25	15	657	180	477	1602	858	744
38	57	33	24	734	240	494	1961	1044	917
39	40	21	19	669	169	500	1997	1011	986
40—44岁	**194**	**98**	**96**	**3255**	**755**	**2500**	**10477**	**5486**	**4991**
40	47	24	23	674	165	509	2032	1031	1001
41	37	18	19	655	166	489	2131	1123	1008
42	45	25	20	664	148	516	2098	1127	971
43	30	10	20	605	146	459	1987	1033	954
44	35	21	14	657	130	527	2229	1172	1057
45—49岁	**179**	**99**	**80**	**3465**	**698**	**2767**	**11417**	**6007**	**5410**
45	42	22	20	683	140	543	2097	1099	998
46	37	20	17	686	139	547	2307	1230	1077
47	26	17	9	704	142	562	2396	1254	1142
48	42	23	19	700	142	558	2278	1180	1098
49	32	17	15	692	135	557	2339	1244	1095
50—54岁	**122**	**72**	**50**	**3455**	**664**	**2791**	**11707**	**6131**	**5576**
50	33	19	14	727	149	578	2525	1313	1212
51	24	13	11	695	154	541	2418	1278	1140
52	22	13	9	733	125	608	2401	1272	1129
53	24	16	8	643	122	521	2135	1120	1015
54	19	11	8	657	114	543	2228	1148	1080
55—59岁	**76**	**39**	**37**	**2739**	**589**	**2150**	**8973**	**4719**	**4254**
55	18	9	9	655	133	522	2170	1169	1001
56	19	8	11	701	163	538	2232	1161	1071
57	18	10	8	627	145	482	2084	1052	1032
58	17	11	6	510	103	407	1707	936	771
59	4	1	3	246	45	201	780	401	379
60—64岁	**41**	**26**	**15**	**1584**	**435**	**1149**	**4673**	**2531**	**2142**
60	12	6	6	258	70	188	845	465	380
61	4	2	2	245	71	174	780	450	330
62	10	6	4	333	91	242	942	515	427
63	6	6		357	93	264	1068	563	505
64	9	6	3	391	110	281	1038	538	500
65岁及以上	**98**	**48**	**50**	**5002**	**1576**	**3426**	**10628**	**5262**	**5366**

7-8b 续表 4

单位：人

年 龄	寄挂户口			婚姻嫁娶			照料孙子女		
	小计	男	女	小计	男	女	小计	男	女
总 计	**5239**	**2782**	**2457**	**15048**	**2681**	**12367**	**12593**	**4677**	**7916**
0-4岁	**387**	**197**	**190**						
0	34	18	16						
1	85	45	40						
2	72	43	29						
3	99	46	53						
4	97	45	52						
5-9岁	**330**	**159**	**171**						
5	75	38	37						
6	66	29	37						
7	69	33	36						
8	63	32	31						
9	57	27	30						
10-14岁	**281**	**152**	**129**	**4**	**2**	**2**			
10	59	31	28						
11	54	30	24						
12	44	22	22	1	1				
13	59	32	27	1	1				
14	65	37	28	2		2			
15-19岁	**204**	**107**	**97**	**449**	**7**	**442**			
15	41	18	23	15		15			
16	49	25	24	43	1	42			
17	46	24	22	67		67			
18	38	23	15	119	2	117			
19	30	17	13	205	4	201			
20-24岁	**277**	**130**	**147**	**1775**	**91**	**1684**	**6**	**1**	**5**
20	40	19	21	256	10	246	2		2
21	38	20	18	264	5	259	1		1
22	49	20	29	359	13	346	1		1
23	77	36	41	399	22	377	1		1
24	73	35	38	497	41	456	1	1	
25-29岁	**433**	**234**	**199**	**3113**	**316**	**2797**	**12**	**3**	**9**
25	104	63	41	604	42	562	2		2
26	77	45	32	602	53	549	3	1	2
27	62	33	29	674	82	592	1		1
28	94	48	46	636	68	568	3	1	2
29	96	45	51	597	71	526	3	1	2

7-8b　续表 5　　　　单位：人

年　龄	寄挂户口			婚姻嫁娶			照料孙子女		
	小计	男	女	小计	男	女	小计	男	女
30-34岁	**493**	**244**	**249**	**2866**	**374**	**2492**	**133**	**50**	**83**
30	106	50	56	732	96	636	18	4	14
31	80	40	40	609	66	543	23	12	11
32	85	46	39	537	76	461	40	17	23
33	126	62	64	568	75	493	29	11	18
34	96	46	50	420	61	359	23	6	17
35-39岁	**408**	**199**	**209**	**1729**	**344**	**1385**	**159**	**68**	**91**
35	87	43	44	370	66	304	25	10	15
36	84	32	52	332	55	277	27	7	20
37	62	31	31	329	65	264	47	22	25
38	104	58	46	342	79	263	29	12	17
39	71	35	36	356	79	277	31	17	14
40-44岁	**414**	**222**	**192**	**1472**	**360**	**1112**	**256**	**94**	**162**
40	81	49	32	336	67	269	26	12	14
41	96	48	48	315	68	247	54	23	31
42	76	42	34	273	71	202	58	19	39
43	75	39	36	268	83	185	43	14	29
44	86	44	42	280	71	209	75	26	49
45-49岁	**466**	**245**	**221**	**1427**	**436**	**991**	**784**	**228**	**556**
45	82	52	30	272	70	202	74	26	48
46	96	51	45	309	95	214	111	36	75
47	96	48	48	309	89	220	150	45	105
48	102	48	54	289	98	191	192	49	143
49	90	46	44	248	84	164	257	72	185
50-54岁	**495**	**270**	**225**	**1020**	**343**	**677**	**2216**	**657**	**1559**
50	105	52	53	277	89	188	312	82	230
51	98	56	42	187	67	120	400	105	295
52	83	46	37	222	72	150	473	129	344
53	93	55	38	167	63	104	476	143	333
54	116	61	55	167	52	115	555	198	357
55-59岁	**395**	**232**	**163**	**594**	**186**	**408**	**3180**	**1095**	**2085**
55	107	67	40	153	45	108	644	214	430
56	98	62	36	138	38	100	705	227	478
57	76	39	37	135	42	93	772	270	502
58	84	48	36	119	42	77	709	255	454
59	30	16	14	49	19	30	350	129	221
60-64岁	**202**	**129**	**73**	**253**	**84**	**169**	**2062**	**849**	**1213**
60	38	22	16	52	18	34	369	146	223
61	38	23	15	47	14	33	355	138	217
62	50	36	14	51	21	30	422	179	243
63	34	25	9	56	17	39	442	187	255
64	42	23	19	47	14	33	474	199	275
65岁及以上	**454**	**262**	**192**	**346**	**138**	**208**	**3785**	**1632**	**2153**

7－8b 续表 6　　单位：人

年 龄	为子女就学			养老/康养			其 他		
	小计	男	女	小计	男	女	小计	男	女
总 计	**48274**	**22750**	**25524**	**12132**	**5660**	**6472**	**97779**	**51167**	**46612**
0－4岁							**13450**	**6848**	**6602**
0							1645	849	796
1							2594	1280	1314
2							2733	1400	1333
3							3056	1523	1533
4							3422	1796	1626
5－9岁							**12019**	**6150**	**5869**
5							3509	1786	1723
6							2485	1268	1217
7							2182	1119	1063
8							1992	1012	980
9							1851	965	886
10－14岁				**1**	**1**		**8545**	**4421**	**4124**
10							1872	980	892
11							1824	974	850
12							1652	843	809
13				1	1		1617	822	795
14							1580	802	778
15－19岁	**47**	**13**	**34**	**3**	**1**	**2**	**6247**	**3415**	**2832**
15	9	7	2	1	1		1342	715	627
16	4		4				1355	744	611
17	16	4	12				1369	713	656
18	13	2	11	1		1	1231	702	529
19	5		5	1		1	950	541	409
20－24岁	**656**	**226**	**430**	**3**	**1**	**2**	**5917**	**3207**	**2710**
20	53	30	23	1	1		945	551	394
21	80	28	52				1014	564	450
22	124	39	85	1		1	1222	669	553
23	155	53	102	1		1	1342	693	649
24	244	76	168				1394	730	664
25－29岁	**3472**	**1209**	**2263**	**6**	**2**	**4**	**7304**	**3892**	**3412**
25	386	122	264	3	1	2	1537	795	742
26	527	185	342				1490	794	696
27	695	248	447				1399	780	619
28	844	297	547	1		1	1445	783	662
29	1020	357	663	2	1	1	1433	740	693

7-8b　续表 7　　　　单位：人

年　龄	为子女就学			养老/康养			其　他		
	小计	男	女	小计	男	女	小计	男	女
30—34岁	**7693**	**3166**	**4527**	**12**	**5**	**7**	**7394**	**3945**	**3449**
30	1378	523	855	2	1	1	1615	862	753
31	1533	608	925	3		3	1519	829	690
32	1489	599	890	2	1	1	1425	762	663
33	1701	763	938	3	1	2	1541	790	751
34	1592	673	919	2	2		1294	702	592
35—39岁	**8331**	**3636**	**4695**	**10**	**7**	**3**	**5874**	**3107**	**2767**
35	1463	596	867				1190	632	558
36	1541	678	863				1040	569	471
37	1552	682	870	3	2	1	1074	549	525
38	1942	854	1088	4	3	1	1302	677	625
39	1833	826	1007	3	2	1	1268	680	588
40—44岁	**8754**	**4321**	**4433**	**37**	**24**	**13**	**6097**	**3270**	**2827**
40	1788	881	907	3	3		1227	624	603
41	1930	944	986	10	8	2	1230	678	552
42	1644	804	840	7	4	3	1194	630	564
43	1623	821	802	8	4	4	1153	627	526
44	1769	871	898	9	5	4	1293	711	582
45—49岁	**7001**	**3717**	**3284**	**89**	**44**	**45**	**6974**	**3673**	**3301**
45	1492	756	736	14	10	4	1246	659	587
46	1482	807	675	15	13	2	1411	760	651
47	1459	784	675	20	8	12	1445	766	679
48	1337	720	617	16	4	12	1475	756	719
49	1231	650	581	24	9	15	1397	732	665
50—54岁	**4923**	**2535**	**2388**	**1281**	**565**	**716**	**6382**	**3402**	**2980**
50	1115	563	552	179	71	108	1419	733	686
51	998	534	464	250	117	133	1271	681	590
52	1054	549	505	292	116	176	1287	676	611
53	871	440	431	265	125	140	1216	661	555
54	885	449	436	295	136	159	1189	651	538
55—59岁	**3211**	**1647**	**1564**	**1815**	**845**	**970**	**4371**	**2360**	**2011**
55	821	395	426	347	159	188	1116	596	520
56	744	387	357	401	191	210	1067	588	479
57	690	351	339	456	217	239	1003	563	440
58	639	357	282	415	201	214	776	396	380
59	317	157	160	196	77	119	409	217	192
60—64岁	**1449**	**783**	**666**	**1709**	**882**	**827**	**2024**	**1063**	**961**
60	304	169	135	236	125	111	389	210	179
61	281	149	132	284	151	133	342	187	155
62	289	161	128	367	185	182	420	220	200
63	290	160	130	421	209	212	457	231	226
64	285	144	141	401	212	189	416	215	201
65岁及以上	**2737**	**1497**	**1240**	**7166**	**3283**	**3883**	**5181**	**2414**	**2767**

7-8c 全省分年龄、性别、迁移原因的户口登记地在外乡镇街道的人口(乡村)

单位：人

年　龄	合　计			工作就业		
	合计	男	女	小计	男	女
总　计	**179181**	**102459**	**76722**	**54061**	**39618**	**14443**
0-4岁	**8391**	**4295**	**4096**			
0	931	443	488			
1	1812	957	855			
2	1934	1006	928			
3	1894	977	917			
4	1820	912	908			
5-9岁	**9363**	**4639**	**4724**			
5	1806	882	924			
6	1936	966	970			
7	1865	928	937			
8	1953	964	989			
9	1803	899	904			
10-14岁	**9211**	**4775**	**4436**	**7**	**4**	**3**
10	2007	1012	995	1	1	
11	1926	980	946	2	1	1
12	1822	965	857	1		1
13	1712	901	811	2	1	1
14	1744	917	827	1	1	
15-19岁	**14010**	**6704**	**7306**	**892**	**645**	**247**
15	2293	1124	1169	46	31	15
16	3216	1507	1709	85	55	30
17	3272	1507	1765	168	124	44
18	2726	1322	1404	244	180	64
19	2503	1244	1259	349	255	94
20-24岁	**13852**	**7396**	**6456**	**4536**	**3046**	**1490**
20	2378	1254	1124	476	344	132
21	2397	1265	1132	624	429	195
22	2815	1519	1296	892	605	287
23	2975	1562	1413	1151	737	414
24	3287	1796	1491	1393	931	462
25-29岁	**17587**	**9676**	**7911**	**8115**	**5446**	**2669**
25	3487	1907	1580	1592	1037	555
26	3320	1773	1547	1515	991	524
27	3555	1983	1572	1659	1131	528
28	3598	2016	1582	1663	1145	518
29	3627	1997	1630	1686	1142	544

7-8c　续表 1

单位：人

年　龄	合　计			工作就业		
	合计	男	女	小计	男	女
30-34岁	**17927**	**10593**	**7334**	**8362**	**6028**	**2334**
30	4277	2451	1826	1988	1395	593
31	3959	2322	1637	1824	1300	524
32	3302	1983	1319	1555	1137	418
33	3361	2014	1347	1610	1175	435
34	3028	1823	1205	1385	1021	364
35-39岁	**13975**	**8387**	**5588**	**6099**	**4498**	**1601**
35	2726	1593	1133	1205	879	326
36	2712	1620	1092	1186	862	324
37	2630	1596	1034	1126	846	280
38	3063	1819	1244	1362	982	380
39	2844	1759	1085	1220	929	291
40-44岁	**14498**	**8876**	**5622**	**6302**	**4697**	**1605**
40	2932	1756	1176	1216	897	319
41	2958	1777	1181	1280	942	338
42	2758	1715	1043	1236	929	307
43	2722	1704	1018	1174	900	274
44	3128	1924	1204	1396	1029	367
45-49岁	**16904**	**10745**	**6159**	**7818**	**5848**	**1970**
45	3170	1960	1210	1385	1031	354
46	3354	2115	1239	1511	1115	396
47	3376	2140	1236	1605	1186	419
48	3538	2328	1210	1674	1259	415
49	3466	2202	1264	1643	1257	386
50-54岁	**15523**	**9956**	**5567**	**6802**	**5261**	**1541**
50	3692	2350	1342	1692	1265	427
51	3357	2127	1230	1468	1130	338
52	3349	2131	1218	1405	1092	313
53	2550	1630	920	1137	890	247
54	2575	1718	857	1100	884	216
55-59岁	**9214**	**5912**	**3302**	**3192**	**2601**	**591**
55	2341	1548	793	900	731	169
56	2184	1384	800	780	615	165
57	2218	1410	808	769	649	120
58	1722	1091	631	528	432	96
59	749	479	270	215	174	41
60-64岁	**4820**	**2954**	**1866**	**983**	**800**	**183**
60	858	535	323	208	170	38
61	794	489	305	187	151	36
62	1026	618	408	201	165	36
63	1105	678	427	210	172	38
64	1037	634	403	177	142	35
65岁及以上	**13906**	**7551**	**6355**	**953**	**744**	**209**

7-8c 续表 2

单位：人

年 龄	学习培训			随同离开/投亲靠友			拆迁/搬家		
	小计	男	女	小计	男	女	小计	男	女
总 计	**11932**	**5922**	**6010**	**20388**	**9403**	**10985**	**30589**	**16199**	**14390**
0-4岁	**14**	**4**	**10**	**3771**	**1934**	**1837**	**1516**	**778**	**738**
0				391	192	199	212	103	109
1				773	404	369	328	178	150
2	2	1	1	883	458	425	325	172	153
3	3	1	2	874	443	431	319	171	148
4	9	2	7	850	437	413	332	154	178
5-9岁	**1217**	**613**	**604**	**3812**	**1827**	**1985**	**1774**	**906**	**868**
5	13	8	5	863	408	455	336	165	171
6	260	135	125	779	377	402	346	177	169
7	308	159	149	749	367	382	359	166	193
8	334	161	173	721	352	369	390	203	187
9	302	150	152	700	323	377	343	195	148
10-14岁	**1644**	**869**	**775**	**2969**	**1498**	**1471**	**2034**	**1057**	**977**
10	324	161	163	697	350	347	418	220	198
11	305	165	140	659	323	336	453	214	239
12	310	148	162	588	306	282	418	241	177
13	300	178	122	549	264	285	389	201	188
14	405	217	188	476	255	221	356	181	175
15-19岁	**6611**	**2976**	**3635**	**1360**	**668**	**692**	**1328**	**712**	**616**
15	1025	458	567	348	175	173	295	154	141
16	1863	796	1067	301	152	149	287	163	124
17	1820	792	1028	240	109	131	260	127	133
18	1180	576	604	250	114	136	237	124	113
19	723	354	369	221	118	103	249	144	105
20-24岁	**1242**	**620**	**622**	**1055**	**547**	**508**	**1658**	**903**	**755**
20	439	240	199	217	121	96	247	134	113
21	264	115	149	199	108	91	297	162	135
22	227	115	112	211	107	104	413	230	183
23	173	84	89	210	106	104	326	173	153
24	139	66	73	218	105	113	375	204	171
25-29岁	**420**	**230**	**190**	**1038**	**464**	**574**	**2086**	**1164**	**922**
25	114	66	48	223	93	130	412	253	159
26	104	55	49	197	95	102	349	187	162
27	72	41	31	204	103	101	450	245	205
28	67	36	31	218	90	128	440	249	191
29	63	32	31	196	83	113	435	230	205

7-8c　续表 3　　　　单位：人

年　龄	学习培训			随同离开/投亲靠友			拆迁/搬家		
	小计	男	女	小计	男	女	小计	男	女
30—34岁	**224**	**148**	**76**	**930**	**351**	**579**	**2408**	**1307**	**1101**
30	41	24	17	249	103	146	561	305	256
31	61	39	22	200	77	123	549	291	258
32	49	35	14	150	59	91	425	244	181
33	38	26	12	158	52	106	423	224	199
34	35	24	11	173	60	113	450	243	207
35—39岁	**137**	**99**	**38**	**758**	**278**	**480**	**2078**	**1078**	**1000**
35	26	16	10	156	60	96	360	178	182
36	28	22	6	159	56	103	380	201	179
37	28	20	8	130	47	83	389	211	178
38	33	26	7	169	61	108	489	249	240
39	22	15	7	144	54	90	460	239	221
40—44岁	**137**	**112**	**25**	**647**	**224**	**423**	**2388**	**1289**	**1099**
40	31	25	6	145	54	91	452	243	209
41	27	23	4	128	47	81	487	267	220
42	22	20	2	105	34	71	445	238	207
43	34	26	8	130	44	86	459	251	208
44	23	18	5	139	45	94	545	290	255
45—49岁	**122**	**107**	**15**	**707**	**242**	**465**	**2858**	**1526**	**1332**
45	23	16	7	137	46	91	536	288	248
46	24	23	1	137	51	86	584	307	277
47	27	22	5	132	42	90	513	277	236
48	24	23	1	163	57	106	582	335	247
49	24	23	1	138	46	92	643	319	324
50—54岁	**91**	**84**	**7**	**759**	**272**	**487**	**2868**	**1536**	**1332**
50	25	24	1	136	46	90	637	339	298
51	17	16	1	149	46	103	631	341	290
52	21	18	3	162	59	103	610	311	299
53	10	10		155	58	97	485	251	234
54	18	16	2	157	63	94	505	294	211
55—59岁	**44**	**39**	**5**	**557**	**212**	**345**	**2120**	**1133**	**987**
55	18	17	1	144	43	101	500	278	222
56	6	6		127	52	75	524	276	248
57	12	8	4	108	34	74	492	247	245
58	5	5		120	56	64	425	225	200
59	3	3		58	27	31	179	107	72
60—64岁	**10**	**8**	**2**	**404**	**182**	**222**	**1366**	**745**	**621**
60				71	31	40	254	152	102
61	4	4		56	17	39	218	113	105
62	1	1		79	38	41	290	149	141
63	4	3	1	91	46	45	319	169	150
64	1		1	107	50	57	285	162	123
65岁及以上	**19**	**13**	**6**	**1621**	**704**	**917**	**4107**	**2065**	**2042**

7-8c 续表 4

单位：人

年 龄	寄挂户口			婚姻嫁娶			照料孙子女		
	小计	男	女	小计	男	女	小计	男	女
总 计	**7722**	**4179**	**3543**	**12104**	**2885**	**9219**	**713**	**298**	**415**
0-4岁	**387**	**194**	**193**						
0	35	15	20						
1	104	57	47						
2	104	48	56						
3	78	36	42						
4	66	38	28						
5-9岁	**326**	**159**	**167**						
5	79	37	42						
6	67	36	31						
7	57	27	30						
8	67	32	35						
9	56	27	29						
10-14岁	**407**	**207**	**200**	**5**		**5**			
10	93	49	44						
11	85	45	40						
12	75	37	38	1		1			
13	71	36	35	1		1			
14	83	40	43	3		3			
15-19岁	**284**	**158**	**126**	**901**	**12**	**889**			
15	57	29	28	22		22			
16	46	27	19	78	3	75			
17	51	27	24	156	3	153			
18	64	37	27	280	2	278			
19	66	38	28	365	4	361			
20-24岁	**438**	**251**	**187**	**1823**	**142**	**1681**	**1**		**1**
20	66	43	23	364	12	352			
21	87	54	33	326	21	305			
22	80	44	36	357	32	325			
23	88	46	42	380	30	350	1		1
24	117	64	53	396	47	349			
25-29岁	**548**	**270**	**278**	**2097**	**273**	**1824**	**2**		**2**
25	96	59	37	443	53	390			
26	84	44	40	430	42	388	1		1
27	127	54	73	407	41	366			
28	103	44	59	419	72	347			
29	138	69	69	398	65	333	1		1

7-8c　续表 5　　　　单位：人

年　龄	寄挂户口			婚姻嫁娶			照料孙子女		
	小计	男	女	小计	男	女	小计	男	女
30-34岁	**684**	**341**	**343**	**1759**	**353**	**1406**	**10**	**2**	**8**
30	193	94	99	435	75	360	1	1	
31	157	81	76	379	78	301	5		5
32	128	64	64	331	55	276			
33	105	53	52	329	74	255	2		2
34	101	49	52	285	71	214	2	1	1
35-39岁	**529**	**269**	**260**	**1232**	**331**	**901**	**17**	**6**	**11**
35	118	62	56	257	56	201	4	1	3
36	109	58	51	227	60	167	2	1	1
37	99	45	54	255	65	190	5	2	3
38	98	55	43	260	76	184	3	1	2
39	105	49	56	233	74	159	3	1	2
40-44岁	**565**	**290**	**275**	**1237**	**363**	**874**	**9**	**4**	**5**
40	96	48	48	267	76	191	1	1	
41	131	66	65	264	73	191	2	1	1
42	101	57	44	240	67	173	2		2
43	103	50	53	233	77	156	1	1	
44	134	69	65	233	70	163	3	1	2
45-49岁	**685**	**376**	**309**	**1195**	**500**	**695**	**26**	**7**	**19**
45	149	83	66	241	85	156	9	3	6
46	141	70	71	256	116	140	4	1	3
47	132	74	58	234	105	129	5	1	4
48	136	81	55	235	100	135	4	2	2
49	127	68	59	229	94	135	4		4
50-54岁	**704**	**377**	**327**	**891**	**396**	**495**	**93**	**25**	**68**
50	149	79	70	215	94	121	15	4	11
51	184	98	86	169	70	99	13	5	8
52	155	82	73	204	94	110	20	3	17
53	105	57	48	133	56	77	24	8	16
54	111	61	50	170	82	88	21	5	16
55-59岁	**449**	**275**	**174**	**497**	**249**	**248**	**134**	**37**	**97**
55	101	61	40	147	73	74	29	10	19
56	90	53	37	108	59	49	24	7	17
57	122	74	48	126	57	69	36	9	27
58	95	57	38	76	41	35	25	7	18
59	41	30	11	40	19	21	20	4	16
60-64岁	**338**	**216**	**122**	**183**	**94**	**89**	**121**	**60**	**61**
60	55	33	22	28	13	15	24	10	14
61	52	30	22	35	20	15	24	12	12
62	69	40	29	34	17	17	23	12	11
63	77	55	22	45	21	24	21	10	11
64	85	58	27	41	23	18	29	16	13
65岁及以上	**1378**	**796**	**582**	**284**	**172**	**112**	**300**	**157**	**143**

7-8c 续表 6

单位：人

年 龄	为子女就学			养老/康养			其 他		
	小计	男	女	小计	男	女	小计	男	女
总 计	**2421**	**1357**	**1064**	**1696**	**1077**	**619**	**37555**	**21521**	**16034**
0-4岁							**2703**	**1385**	**1318**
0							293	133	160
1							607	318	289
2							620	327	293
3							620	326	294
4							563	281	282
5-9岁							**2234**	**1134**	**1100**
5							515	264	251
6							484	241	243
7							392	209	183
8							441	216	225
9							402	204	198
10-14岁							**2145**	**1140**	**1005**
10							474	231	243
11							422	232	190
12							429	233	196
13							400	221	179
14							420	223	197
15-19岁	**2**	**1**	**1**				**2632**	**1532**	**1100**
15	1	1					499	276	223
16							556	311	245
17	1		1				576	325	251
18							471	289	182
19							530	331	199
20-24岁	**79**	**39**	**40**				**3020**	**1848**	**1172**
20	11	4	7				558	356	202
21	17	9	8				583	367	216
22	10	3	7				625	383	242
23	18	9	9				628	377	251
24	23	14	9				626	365	261
25-29岁	**241**	**121**	**120**	**1**	**1**		**3039**	**1707**	**1332**
25	26	11	15				581	335	246
26	38	17	21				602	342	260
27	52	29	23				584	339	245
28	59	30	29	1	1		628	349	279
29	66	34	32				644	342	302

7-8c　续表 7

单位：人

年　龄	为子女就学			养老/康养			其　他		
	小计	男	女	小计	男	女	小计	男	女
30–34岁	**405**	**197**	**208**	**1**	**1**		**3144**	**1865**	**1279**
30	76	44	32				733	410	323
31	91	46	45				693	410	283
32	61	26	35				603	363	240
33	100	47	53				596	363	233
34	77	34	43	1	1		519	319	200
35–39岁	**417**	**243**	**174**	**3**	**3**		**2705**	**1582**	**1123**
35	90	43	47				510	298	212
36	98	63	35				523	297	226
37	78	53	25				520	307	213
38	68	37	31				581	332	249
39	83	47	36	3	3		571	348	223
40–44岁	**400**	**233**	**167**	**4**	**3**	**1**	**2809**	**1661**	**1148**
40	104	60	44				620	352	268
41	73	38	35				566	320	246
42	85	54	31	1		1	521	316	205
43	66	40	26	2	2		520	313	207
44	72	41	31	1	1		582	360	222
45–49岁	**314**	**182**	**132**	**3**	**1**	**2**	**3176**	**1956**	**1220**
45	65	37	28				625	371	254
46	65	38	27	1	1		631	393	238
47	69	42	27	1		1	658	391	267
48	60	38	22				660	433	227
49	55	27	28	1		1	602	368	234
50–54岁	**199**	**122**	**77**	**75**	**44**	**31**	**3041**	**1839**	**1202**
50	39	21	18	16	11	5	768	467	301
51	51	32	19	15	8	7	660	381	279
52	48	32	16	17	7	10	707	433	274
53	36	21	15	9	5	4	456	274	182
54	25	16	9	18	13	5	450	284	166
55–59岁	**135**	**80**	**55**	**124**	**71**	**53**	**1962**	**1215**	**747**
55	35	24	11	22	9	13	445	302	143
56	34	22	12	29	16	13	462	278	184
57	25	15	10	26	16	10	502	301	201
58	28	14	14	32	21	11	388	233	155
59	13	5	8	15	9	6	165	101	64
60–64岁	**74**	**45**	**29**	**229**	**153**	**76**	**1112**	**651**	**461**
60	10	6	4	20	16	4	188	104	84
61	12	9	3	32	24	8	174	109	65
62	19	9	10	56	35	21	254	152	102
63	17	13	4	56	35	21	265	154	111
64	16	8	8	65	43	22	231	132	99
65岁及以上	**155**	**94**	**61**	**1256**	**800**	**456**	**3833**	**2006**	**1827**

7-9 全省按现住地、性别、迁移原因分的户口登记地在本省其他乡镇街道的人口

单位：人

现住地	合计			工作就业		
	合计	男	女	小计	男	女
全省	**1653356**	**830175**	**823181**	**381515**	**222849**	**158666**
西宁市	**791992**	**388969**	**403023**	**181620**	**100282**	**81338**
城东区	243387	120533	122854	56353	31634	24719
城中区	121424	60434	60990	32902	18218	14684
城西区	118224	56977	61247	30553	15533	15020
城北区	167851	81489	86362	39877	21691	18186
湟中区	48895	24458	24437	9776	6121	3655
大通回族土族自治县	59687	29220	30467	8514	5030	3484
湟源县	32524	15858	16666	3645	2055	1590
海东市	**262155**	**129518**	**132637**	**44480**	**25458**	**19022**
乐都区	69755	34285	35470	10759	6211	4548
平安区	41912	20510	21402	7383	4236	3147
民和回族土族自治县	56209	27393	28816	6424	3619	2805
互助土族自治县	53359	26817	26542	12352	7177	5175
化隆回族自治县	24128	12131	11997	4450	2388	2062
循化撒拉族自治县	16792	8382	8410	3112	1827	1285
海北藏族自治州	**71040**	**35515**	**35525**	**17619**	**10483**	**7136**
门源回族自治县	30800	15014	15786	5421	3020	2401
祁连县	12762	6445	6317	2680	1681	999
海晏县	19906	9956	9950	6812	4013	2799
刚察县	7572	4100	3472	2706	1769	937
黄南藏族自治州	**54622**	**27860**	**26762**	**14919**	**8790**	**6129**
同仁县	22359	11681	10678	6853	4060	2793
尖扎县	14739	7346	7393	3850	2269	1581
泽库县	8511	4323	4188	2079	1238	841
河南蒙古族自治县	9013	4510	4503	2137	1223	914
海南藏族自治州	**105688**	**53161**	**52527**	**26869**	**15459**	**11410**
共和县	36058	18225	17833	10043	5978	4065
同德县	10758	5487	5271	2945	1661	1284
贵德县	26225	12893	13332	5368	3005	2363
兴海县	22552	11345	11207	5369	3016	2353
贵南县	10095	5211	4884	3144	1799	1345
果洛藏族自治州	**48775**	**26322**	**22453**	**13550**	**8528**	**5022**
玛沁县	20815	11309	9506	6860	4401	2459
班玛县	6626	3496	3130	1753	1148	605
甘德县	3570	2099	1471	1228	750	478
达日县	10874	5605	5269	1545	914	631
久治县	3027	1786	1241	1247	723	524
玛多县	3863	2027	1836	917	592	325
玉树藏族自治州	**119814**	**60756**	**59058**	**8501**	**5087**	**3414**
玉树市	38573	19458	19115	4419	2509	1910
杂多县	34277	17399	16878	925	598	327
称多县	5309	2843	2466	691	442	249
治多县	20813	10371	10442	894	533	361
囊谦县	8678	4603	4075	907	575	332
曲麻莱县	12164	6082	6082	665	430	235
海西蒙古族藏族自治州	**199270**	**108074**	**91196**	**73957**	**48762**	**25195**
格尔木市	100011	54188	45823	37850	24384	13466
德令哈市	41879	21381	20498	12014	7470	4544
茫崖市	7272	5037	2235	5283	4030	1253
乌兰县	10550	5759	4791	3879	2574	1305
都兰县	21761	11090	10671	6368	4067	2301
天峻县	9958	5002	4956	2177	1294	883
大柴旦行政委员会	7839	5617	2222	6386	4943	1443

7–9　续表 1　　　　　　　　　　　　　　　　　　　　　　　　单位：人

现住地	学习培训			随同离开/投亲靠友			拆迁/搬家		
	小计	男	女	小计	男	女	小计	男	女
全省	**193181**	**93878**	**99303**	**217042**	**95877**	**121165**	**395326**	**202842**	**192484**
西宁市	**87946**	**42803**	**45143**	**88708**	**38992**	**49716**	**227818**	**116210**	**111608**
城东区	14798	7049	7749	35240	15434	19806	75636	39222	36414
城中区	13329	7042	6287	10975	4897	6078	32883	16515	16368
城西区	5623	2578	3045	8008	3631	4377	38932	19497	19435
城北区	30913	14203	16710	15404	6884	8520	45696	22966	22730
湟中区	9915	5046	4869	5199	2367	2832	9279	4815	4464
大通回族土族自治县	9061	4802	4259	8316	3579	4737	16378	8261	8117
湟源县	4307	2083	2224	5566	2200	3366	9014	4934	4080
海东市	**36683**	**18457**	**18226**	**33981**	**14992**	**18989**	**74008**	**38084**	**35924**
乐都区	8980	4336	4644	7445	3189	4256	20166	10377	9789
平安区	4236	2200	2036	5010	2279	2731	12737	6429	6308
民和回族土族自治县	6618	3262	3356	10309	4543	5766	19584	10256	9328
互助土族自治县	10083	5082	5001	4915	2169	2746	12422	6344	6078
化隆回族自治县	4065	2130	1935	3688	1648	2040	6035	3090	2945
循化撒拉族自治县	2701	1447	1254	2614	1164	1450	3064	1588	1476
海北藏族自治州	**9960**	**4693**	**5267**	**6671**	**2862**	**3809**	**10854**	**5519**	**5335**
门源回族自治县	5154	2587	2567	2402	1036	1366	6352	3175	3177
祁连县	808	398	410	1960	845	1115	1938	984	954
海晏县	3585	1514	2071	1958	830	1128	1918	1016	902
刚察县	413	194	219	351	151	200	646	344	302
黄南藏族自治州	**9230**	**4252**	**4978**	**6348**	**2752**	**3596**	**6006**	**3040**	**2966**
同仁县	4235	1957	2278	2457	1107	1350	2140	1075	1065
尖扎县	2591	1181	1410	2521	1057	1464	2041	1046	995
泽库县	1159	502	657	1068	472	596	1378	681	697
河南蒙古族自治县	1245	612	633	302	116	186	447	238	209
海南藏族自治州	**15915**	**7261**	**8654**	**11993**	**5339**	**6654**	**16414**	**8463**	**7951**
共和县	6038	2593	3445	3071	1373	1698	3827	1998	1829
同德县	1217	438	779	1703	764	939	1212	630	582
贵德县	3766	1762	2004	2761	1240	1521	5792	3002	2790
兴海县	2987	1480	1507	2844	1292	1552	4949	2505	2444
贵南县	1907	988	919	1614	670	944	634	328	306
果洛藏族自治州	**4454**	**2077**	**2377**	**6321**	**2931**	**3390**	**13416**	**6856**	**6560**
玛沁县	3222	1436	1786	2588	1172	1416	3342	1789	1553
班玛县	159	80	79	801	375	426	2875	1500	1375
甘德县	244	132	112	45	15	30	302	148	154
达日县	312	168	144	2464	1149	1315	4593	2281	2312
久治县	444	222	222	146	83	63	235	131	104
玛多县	73	39	34	277	137	140	2069	1007	1062
玉树藏族自治州	**18527**	**9353**	**9174**	**22425**	**10145**	**12280**	**18904**	**9639**	**9265**
玉树市	7349	3523	3826	1979	941	1038	12602	6404	6198
杂多县	3696	1890	1806	15778	7011	8767	1087	605	482
称多县	581	315	266	497	263	234	2012	1043	969
治多县	3998	2103	1895	2108	997	1111	839	422	417
囊谦县	1387	765	622	1368	629	739	333	181	152
曲麻莱县	1516	757	759	695	304	391	2031	984	1047
海西蒙古族藏族自治州	**10466**	**4982**	**5484**	**40595**	**17864**	**22731**	**27906**	**15031**	**12875**
格尔木市	2765	1483	1282	24853	11310	13543	11649	6331	5318
德令哈市	3884	1595	2289	7940	3310	4630	9883	5311	4572
茫崖市	208	101	107	352	148	204	419	207	212
乌兰县	529	252	277	828	361	467	1618	853	765
都兰县	1702	870	832	5401	2227	3174	2642	1454	1188
天峻县	1315	641	674	732	341	391	1448	755	693
大柴旦行政委员会	63	40	23	489	167	322	247	120	127

7-9 续表 2

单位：人

现住地	寄挂户口			婚姻嫁娶			照料孙子女		
	小计	男	女	小计	男	女	小计	男	女
全省	**29313**	**15816**	**13497**	**52778**	**9604**	**43174**	**29792**	**10899**	**18893**
西宁市	**16375**	**8896**	**7479**	**31383**	**5878**	**25505**	**14538**	**5162**	**9376**
城东区	5318	2827	2491	8511	1239	7272	2896	1000	1896
城中区	2855	1599	1256	4540	767	3773	2349	820	1529
城西区	3290	1770	1520	4465	1109	3356	3288	1193	2095
城北区	2698	1470	1228	6354	1418	4936	2955	1045	1910
湟中区	895	518	377	3638	579	3059	1080	392	688
大通回族土族自治县	1001	538	463	2695	561	2134	1287	460	827
湟源县	318	174	144	1180	205	975	683	252	431
海东市	**4228**	**2236**	**1992**	**8322**	**1203**	**7119**	**6759**	**2566**	**4193**
乐都区	764	378	386	1772	269	1503	2127	843	1284
平安区	796	426	370	1560	196	1364	1160	425	735
民和回族土族自治县	633	315	318	1847	247	1600	1067	410	657
互助土族自治县	767	429	338	1887	342	1545	1746	635	1111
化隆回族自治县	770	411	359	657	113	544	446	174	272
循化撒拉族自治县	498	277	221	599	36	563	213	79	134
海北藏族自治州	**1208**	**630**	**578**	**1870**	**451**	**1419**	**2388**	**902**	**1486**
门源回族自治县	441	231	210	694	119	575	1167	442	725
祁连县	431	229	202	475	136	339	348	141	207
海晏县	123	73	50	424	93	331	689	248	441
刚察县	213	97	116	277	103	174	184	71	113
黄南藏族自治州	**1266**	**701**	**565**	**894**	**188**	**706**	**732**	**299**	**433**
同仁县	873	485	388	251	60	191	222	86	136
尖扎县	269	139	130	385	88	297	313	135	178
泽库县	74	46	28	186	22	164	12	3	9
河南蒙古族自治县	50	31	19	72	18	54	185	75	110
海南藏族自治州	**1802**	**942**	**860**	**3021**	**532**	**2489**	**1950**	**719**	**1231**
共和县	774	394	380	1026	159	867	757	267	490
同德县	199	117	82	416	82	334	141	47	94
贵德县	431	225	206	847	152	695	544	189	355
兴海县	206	109	97	373	70	303	328	144	184
贵南县	192	97	95	359	69	290	180	72	108
果洛藏族自治州	**607**	**328**	**279**	**645**	**240**	**405**	**122**	**55**	**67**
玛沁县	229	111	118	223	84	139	73	32	41
班玛县	61	43	18	79	27	52	26	14	12
甘德县	49	27	22	37	18	19	4	1	3
达日县	141	81	60	164	62	102	12	6	6
久治县	70	36	34	69	23	46	2		2
玛多县	57	30	27	73	26	47	5	2	3
玉树藏族自治州	**890**	**467**	**423**	**1211**	**509**	**702**	**663**	**310**	**353**
玉树市	304	155	149	143	52	91	74	35	39
杂多县	166	86	80	424	158	266	55	26	29
称多县	72	33	39	307	142	165	9	4	5
治多县	46	23	23	107	49	58	301	134	167
囊谦县	87	54	33	37	7	30	155	82	73
曲麻莱县	215	116	99	193	101	92	69	29	40
海西蒙古族藏族自治州	**2937**	**1616**	**1321**	**5432**	**603**	**4829**	**2640**	**886**	**1754**
格尔木市	1328	729	599	3096	249	2847	1585	538	1047
德令哈市	693	387	306	1117	130	987	348	109	239
茫崖市	226	136	90	32	3	29	5		5
乌兰县	204	102	102	351	65	286	117	36	81
都兰县	294	159	135	659	107	552	317	112	205
天峻县	87	46	41	151	47	104	253	87	166
大柴旦行政委员会	105	57	48	26	2	24	15	4	11

7–9　续表 3

单位：人

现住地	为子女就学			养老/康养			其　他		
	小计	男	女	小计	男	女	小计	男	女
全省	**74778**	**34895**	**39883**	**46522**	**21624**	**24898**	**233109**	**121891**	**111218**
西宁市	**21612**	**9702**	**11910**	**31228**	**14411**	**16817**	**90764**	**46633**	**44131**
城东区	2708	1169	1539	8661	3966	4695	33266	16993	16273
城中区	2346	1041	1305	7366	3446	3920	11879	6089	5790
城西区	2684	1166	1518	6049	2680	3369	15332	7820	7512
城北区	1385	575	810	6675	2990	3685	15894	8247	7647
湟中区	3170	1447	1723	961	543	418	4982	2630	2352
大通回族土族自治县	6029	2696	3333	931	477	454	5475	2816	2659
湟源县	3290	1608	1682	585	309	276	3936	2038	1898
海东市	**17910**	**8037**	**9873**	**6826**	**3453**	**3373**	**28958**	**15032**	**13926**
乐都区	7495	3448	4047	2409	1180	1229	7838	4054	3784
平安区	3467	1582	1885	1281	616	665	4282	2121	2161
民和回族土族自治县	2598	1161	1437	892	455	437	6237	3125	3112
互助土族自治县	2794	1196	1598	1722	941	781	4671	2502	2169
化隆回族自治县	704	309	395	207	112	95	3106	1756	1350
循化撒拉族自治县	852	341	511	315	149	166	2824	1474	1350
海北藏族自治州	**7683**	**3485**	**4198**	**1574**	**718**	**856**	**11213**	**5772**	**5441**
门源回族自治县	3833	1725	2108	556	260	296	4780	2419	2361
祁连县	1525	724	801	303	145	158	2294	1162	1132
海晏县	1782	809	973	597	253	344	2018	1107	911
刚察县	543	227	316	118	60	58	2121	1084	1037
黄南藏族自治州	**2237**	**1008**	**1229**	**1168**	**533**	**635**	**11822**	**6297**	**5525**
同仁县	566	228	338	440	232	208	4322	2391	1931
尖扎县	703	342	361	354	156	198	1712	933	779
泽库县	177	83	94	71	29	42	2307	1247	1060
河南蒙古族自治县	791	355	436	303	116	187	3481	1726	1755
海南藏族自治州	**6203**	**2778**	**3425**	**2821**	**1352**	**1469**	**18700**	**10316**	**8384**
共和县	2671	1184	1487	806	365	441	7045	3914	3131
同德县	414	188	226	143	67	76	2368	1493	875
贵德县	1053	444	609	1384	676	708	4279	2198	2081
兴海县	1703	780	923	307	141	166	3486	1808	1678
贵南县	362	182	180	181	103	78	1522	903	619
果洛藏族自治州	**726**	**331**	**395**	**411**	**171**	**240**	**8523**	**4805**	**3718**
玛沁县	439	198	241	189	89	100	3650	1997	1653
班玛县	13	5	8	86	38	48	773	266	507
甘德县	5	2	3				1656	1006	650
达日县	210	108	102	107	34	73	1326	802	524
久治县	32	11	21	23	9	14	759	548	211
玛多县	27	7	20	6	1	5	359	186	173
玉树藏族自治州	**14749**	**8007**	**6742**	**613**	**207**	**406**	**33331**	**17032**	**16299**
玉树市	1813	879	934	87	28	59	9803	4932	4871
杂多县	5947	3819	2128	197	58	139	6002	3148	2854
称多县	184	93	91	5	2	3	951	506	445
治多县	4371	2038	2333	222	85	137	7927	3987	3940
囊谦县	1192	607	585	24	8	16	3188	1695	1493
曲麻莱县	1242	571	671	78	26	52	5460	2764	2696
海西蒙古族藏族自治州	**3658**	**1547**	**2111**	**1881**	**779**	**1102**	**29798**	**16004**	**13794**
格尔木市	679	278	401	594	260	334	15612	8626	6986
德令哈市	488	231	257	250	105	145	5262	2733	2529
茫崖市	9	4	5	4	2	2	734	406	328
乌兰县	455	198	257	213	91	122	2356	1227	1129
都兰县	1117	441	676	500	206	294	2761	1447	1314
天峻县	902	394	508	313	113	200	2580	1284	1296
大柴旦行政委员会	8	1	7	7	2	5	493	281	212

7-9a 全省按现住地、性别、迁移原因分的户口登记地在本省其他乡镇街道的人口(城市)

单位：人

现住地	合计			工作就业		
	合计	男	女	小计	男	女
全省	**912540**	**452305**	**460235**	**225155**	**126852**	**98303**
西宁市	**667039**	**327231**	**339808**	**162279**	**88420**	**73859**
城东区	243387	120533	122854	56353	31634	24719
城中区	120838	59996	60842	32485	17871	14614
城西区	118175	56946	61229	30532	15520	15012
城北区	167165	81069	86096	39665	21526	18139
湟中区	16711	8253	8458	2896	1638	1258
大通回族土族自治县	763	434	329	348	231	117
湟源县						
海东市	**99007**	**48003**	**51004**	**16093**	**9032**	**7061**
乐都区	61672	30000	31672	9552	5397	4155
平安区	37335	18003	19332	6541	3635	2906
民和回族土族自治县						
互助土族自治县						
化隆回族自治县						
循化撒拉族自治县						
海北藏族自治州						
门源回族自治县						
祁连县						
海晏县						
刚察县						
黄南藏族自治州						
同仁县						
尖扎县						
泽库县						
河南蒙古族自治县						
海南藏族自治州						
共和县						
同德县						
贵德县						
兴海县						
贵南县						
果洛藏族自治州						
玛沁县						
班玛县						
甘德县						
达日县						
久治县						
玛多县						
玉树藏族自治州	**38971**	**19535**	**19436**	**4090**	**2339**	**1751**
玉树市	36265	18225	18040	4003	2288	1715
杂多县						
称多县						
治多县						
囊谦县						
曲麻莱县	2706	1310	1396	87	51	36
海西蒙古族藏族自治州	**107523**	**57536**	**49987**	**42693**	**27061**	**15632**
格尔木市	67683	36249	31434	27505	17106	10399
德令哈市	33920	17258	16662	10961	6778	4183
茫崖市	5920	4029	1891	4227	3177	1050
乌兰县						
都兰县						
天峻县						
大柴旦行政委员会						

7-9a 续表 1

单位：人

现住地	学习培训			随同离开/投亲靠友			拆迁/搬家		
	小计	男	女	小计	男	女	小计	男	女
全省	**94180**	**45273**	**48907**	**107764**	**47472**	**60292**	**253713**	**129353**	**124360**
西宁市	**68322**	**32946**	**35376**	**72383**	**32078**	**40305**	**196385**	**99866**	**96519**
城东区	14798	7049	7749	35240	15434	19806	75636	39222	36414
城中区	13328	7041	6287	10967	4893	6074	32822	16486	16336
城西区	5623	2578	3045	8005	3629	4376	38927	19494	19433
城北区	30909	14201	16708	15373	6873	8500	45585	22909	22676
湟中区	3631	2063	1568	2746	1220	1526	3341	1714	1627
大通回族土族自治县	33	14	19	52	29	23	74	41	33
湟源县									
海东市	**11764**	**5743**	**6021**	**11536**	**5048**	**6488**	**29822**	**15118**	**14704**
乐都区	8752	4218	4534	6828	2899	3929	17821	9110	8711
平安区	3012	1525	1487	4708	2149	2559	12001	6008	5993
民和回族土族自治县									
互助土族自治县									
化隆回族自治县									
循化撒拉族自治县									
海北藏族自治州									
门源回族自治县									
祁连县									
海晏县									
刚察县									
黄南藏族自治州									
同仁县									
尖扎县									
泽库县									
河南蒙古族自治县									
海南藏族自治州									
共和县									
同德县									
贵德县									
兴海县									
贵南县									
果洛藏族自治州									
玛沁县									
班玛县									
甘德县									
达日县									
久治县									
玛多县									
玉树藏族自治州	**7988**	**3814**	**4174**	**2006**	**947**	**1059**	**12885**	**6510**	**6375**
玉树市	7093	3375	3718	1755	831	924	12260	6213	6047
杂多县									
称多县									
治多县									
囊谦县									
曲麻莱县	895	439	456	251	116	135	625	297	328
海西蒙古族藏族自治州	**6106**	**2770**	**3336**	**21839**	**9399**	**12440**	**14621**	**7859**	**6762**
格尔木市	2158	1148	1010	15157	6669	8488	7137	3853	3284
德令哈市	3753	1528	2225	6351	2592	3759	7135	3834	3301
茫崖市	195	94	101	331	138	193	349	172	177
乌兰县									
都兰县									
天峻县									
大柴旦行政委员会									

7-9a 续表 2

单位：人

现住地	寄挂户口			婚姻嫁娶			照料孙子女		
	小计	男	女	小计	男	女	小计	男	女
全省	**16878**	**9148**	**7730**	**30043**	**5209**	**24834**	**17048**	**6097**	**10951**
西宁市	**14254**	**7710**	**6544**	**24694**	**4625**	**20069**	**11916**	**4204**	**7712**
城东区	5318	2827	2491	8511	1239	7272	2896	1000	1896
城中区	2829	1579	1250	4537	767	3770	2349	820	1529
城西区	3281	1765	1516	4465	1109	3356	3288	1193	2095
城北区	2649	1445	1204	6303	1405	4898	2954	1045	1909
湟中区	143	79	64	813	95	718	421	143	278
大通回族土族自治县	34	15	19	65	10	55	8	3	5
湟源县									
海东市	**868**	**446**	**422**	**2530**	**321**	**2209**	**3194**	**1225**	**1969**
乐都区	346	165	181	1198	164	1034	2073	817	1256
平安区	522	281	241	1332	157	1175	1121	408	713
民和回族土族自治县									
互助土族自治县									
化隆回族自治县									
循化撒拉族自治县									
海北藏族自治州									
门源回族自治县									
祁连县									
海晏县									
刚察县									
黄南藏族自治州									
同仁县									
尖扎县									
泽库县									
河南蒙古族自治县									
海南藏族自治州									
共和县									
同德县									
贵德县									
兴海县									
贵南县									
果洛藏族自治州									
玛沁县									
班玛县									
甘德县									
达日县									
久治县									
玛多县									
玉树藏族自治州	**187**	**106**	**81**	**142**	**53**	**89**	**129**	**57**	**72**
玉树市	175	100	75	126	43	83	71	33	38
杂多县									
称多县									
治多县									
囊谦县									
曲麻莱县	12	6	6	16	10	6	58	24	34
海西蒙古族藏族自治州	**1569**	**886**	**683**	**2677**	**210**	**2467**	**1809**	**611**	**1198**
格尔木市	975	526	449	1775	120	1655	1467	505	962
德令哈市	397	242	155	882	87	795	337	106	231
茫崖市	197	118	79	20	3	17	5		5
乌兰县									
都兰县									
天峻县									
大柴旦行政委员会									

7-9a 续表 3

单位：人

现住地	为子女就学			养老/康养			其他		
	小计	男	女	小计	男	女	小计	男	女
全省	**24704**	**11093**	**13611**	**32999**	**15017**	**17982**	**110056**	**56791**	**53265**
西宁市	**10620**	**4621**	**5999**	**29006**	**13221**	**15785**	**77180**	**39540**	**37640**
城东区	2708	1169	1539	8661	3966	4695	33266	16993	16273
城中区	2344	1040	1304	7365	3446	3919	11812	6053	5759
城西区	2684	1166	1518	6049	2680	3369	15321	7812	7509
城北区	1383	574	809	6674	2989	3685	15670	8102	7568
湟中区	1500	671	829	240	128	112	980	502	478
大通回族土族自治县	1	1		17	12	5	131	78	53
湟源县									
海东市	**10737**	**4927**	**5810**	**3304**	**1515**	**1789**	**9159**	**4628**	**4531**
乐都区	7324	3373	3951	2111	962	1149	5667	2895	2772
平安区	3413	1554	1859	1193	553	640	3492	1733	1759
民和回族土族自治县									
互助土族自治县									
化隆回族自治县									
循化撒拉族自治县									
海北藏族自治州									
门源回族自治县									
祁连县									
海晏县									
刚察县									
黄南藏族自治州									
同仁县									
尖扎县									
泽库县									
河南蒙古族自治县									
海南藏族自治州									
共和县									
同德县									
贵德县									
兴海县									
贵南县									
果洛藏族自治州									
玛沁县									
班玛县									
甘德县									
达日县									
久治县									
玛多县									
玉树藏族自治州	**2268**	**1080**	**1188**	**93**	**29**	**64**	**9183**	**4600**	**4583**
玉树市	1718	831	887	84	26	58	8980	4485	4495
杂多县									
称多县									
治多县									
囊谦县									
曲麻莱县	550	249	301	9	3	6	203	115	88
海西蒙古族藏族自治州	**1079**	**465**	**614**	**596**	**252**	**344**	**14534**	**8023**	**6511**
格尔木市	614	242	372	384	161	223	10511	5919	4592
德令哈市	457	220	237	208	89	119	3439	1782	1657
茫崖市	8	3	5	4	2	2	584	322	262
乌兰县									
都兰县									
天峻县									
大柴旦行政委员会									

7-9b 全省按现住地、性别、迁移原因分的户口登记地在本省其他乡镇街道的人口(镇)

单位：人

现住地	合计			工作就业		
	合计	男	女	小计	男	女
全省	**602654**	**303834**	**298820**	**129747**	**77865**	**51882**
西宁市	**101187**	**50094**	**51093**	**15527**	**9266**	**6261**
城东区						
城中区	531	404	127	403	337	66
城西区	49	31	18	21	13	8
城北区						
湟中区	18370	9682	8688	4531	2886	1645
大通回族土族自治县	53818	26266	27552	7511	4362	3149
湟源县	28419	13711	14708	3061	1668	1393
海东市	**124166**	**61003**	**63163**	**21358**	**11989**	**9369**
乐都区	1943	1026	917	254	161	93
平安区	1074	710	364	435	332	103
民和回族土族自治县	50394	24536	25858	5607	3133	2474
互助土族自治县	46958	23161	23797	10542	5844	4698
化隆回族自治县	10063	4754	5309	1835	942	893
循化撒拉族自治县	13734	6816	6918	2685	1577	1108
海北藏族自治州	**62943**	**30949**	**31994**	**15709**	**9049**	**6660**
门源回族自治县	27735	13319	14416	4725	2488	2237
祁连县	10095	4936	5159	2046	1197	849
海晏县	19040	9389	9651	6511	3787	2724
刚察县	6073	3305	2768	2427	1577	850
黄南藏族自治州	**47518**	**23987**	**23531**	**13610**	**7940**	**5670**
同仁县	19669	10210	9459	6522	3848	2674
尖扎县	11812	5796	6016	3408	1969	1439
泽库县	7630	3831	3799	1753	1027	726
河南蒙古族自治县	8407	4150	4257	1927	1096	831
海南藏族自治州	**91221**	**45323**	**45898**	**24612**	**14012**	**10600**
共和县	32540	16316	16224	9349	5514	3835
同德县	7549	3766	3783	2665	1488	1177
贵德县	22414	10929	11485	4815	2636	2179
兴海县	20726	10325	10401	4945	2745	2200
贵南县	7992	3987	4005	2838	1629	1209
果洛藏族自治州	**39659**	**20974**	**18685**	**11117**	**6964**	**4153**
玛沁县	19121	10263	8858	6084	3863	2221
班玛县	5440	2923	2517	1329	824	505
甘德县	878	538	340	700	445	255
达日县	9162	4560	4602	1186	705	481
久治县	1518	829	689	925	550	375
玛多县	3540	1861	1679	893	577	316
玉树藏族自治州	**67784**	**34459**	**33325**	**3611**	**2247**	**1364**
玉树市	413	176	237	178	85	93
杂多县	26820	13650	13170	732	464	268
称多县	4308	2328	1980	603	380	223
治多县	20621	10256	10365	891	530	361
囊谦县	7256	3847	3409	729	482	247
曲麻莱县	8366	4202	4164	478	306	172
海西蒙古族藏族自治州	**68176**	**37045**	**31131**	**24203**	**16398**	**7805**
格尔木市	24073	13221	10852	7621	5290	2331
德令哈市	609	352	257	242	163	79
茫崖市	1352	1008	344	1056	853	203
乌兰县	9225	5097	4128	3703	2457	1246
都兰县	18580	9404	9176	5642	3585	2057
天峻县	9291	4577	4714	1997	1144	853
大柴旦行政委员会	5046	3386	1660	3942	2906	1036

7-9b 续表 1

单位：人

现住地	学习培训			随同离开/投亲靠友			拆迁/搬家		
	小计	男	女	小计	男	女	小计	男	女
全省	**88457**	**43417**	**45040**	**92071**	**40495**	**51576**	**112444**	**58094**	**54350**
西宁市	**16345**	**8579**	**7766**	**14512**	**6067**	**8445**	**26252**	**13597**	**12655**
城东区									
城中区				5	2	3	45	21	24
城西区				3	2	1	5	3	2
城北区									
湟中区	3236	1821	1415	1476	687	789	3701	1905	1796
大通回族土族自治县	8912	4734	4178	7799	3336	4463	15244	7680	7564
湟源县	4197	2024	2173	5229	2040	3189	7257	3988	3269
海东市	**21671**	**10887**	**10784**	**18473**	**8106**	**10367**	**34861**	**18039**	**16822**
乐都区	74	41	33	90	34	56	957	520	437
平安区	558	333	225	1		1	28	21	7
民和回族土族自治县	6508	3208	3300	9661	4245	5416	18040	9444	8596
互助土族自治县	9992	5028	4964	4286	1829	2457	11390	5781	5609
化隆回族自治县	2314	1050	1264	2007	914	1093	2078	1054	1024
循化撒拉族自治县	2225	1227	998	2428	1084	1344	2368	1219	1149
海北藏族自治州	**9760**	**4607**	**5153**	**6232**	**2656**	**3576**	**9306**	**4695**	**4611**
门源回族自治县	5072	2551	2521	2221	956	1265	5758	2852	2906
祁连县	757	373	384	1812	773	1039	1344	671	673
海晏县	3571	1506	2065	1919	812	1107	1823	970	853
刚察县	360	177	183	280	115	165	381	202	179
黄南藏族自治州	**8969**	**4107**	**4862**	**6045**	**2617**	**3428**	**3906**	**2011**	**1895**
同仁县	4116	1892	2224	2415	1090	1325	1447	746	701
尖扎县	2551	1156	1395	2310	961	1349	912	507	405
泽库县	1091	463	628	1032	453	579	1227	605	622
河南蒙古族自治县	1211	596	615	288	113	175	320	153	167
海南藏族自治州	**14776**	**6743**	**8033**	**10920**	**4868**	**6052**	**13319**	**6799**	**6520**
共和县	5956	2537	3419	2857	1273	1584	3093	1602	1491
同德县	623	321	302	1575	705	870	688	355	333
贵德县	3656	1699	1957	2276	1024	1252	4441	2263	2178
兴海县	2864	1410	1454	2788	1269	1519	4694	2373	2321
贵南县	1677	776	901	1424	597	827	403	206	197
果洛藏族自治州	**3871**	**1751**	**2120**	**5894**	**2713**	**3181**	**12263**	**6257**	**6006**
玛沁县	3150	1391	1759	2501	1129	1372	3142	1681	1461
班玛县	136	68	68	727	345	382	2736	1426	1310
甘德县	15	7	8	12	4	8	18	8	10
达日县	291	152	139	2285	1048	1237	4289	2118	2171
久治县	212	98	114	107	58	49	72	45	27
玛多县	67	35	32	262	129	133	2006	979	1027
玉树藏族自治州	**9020**	**4718**	**4302**	**15694**	**7126**	**8568**	**4502**	**2323**	**2179**
玉树市	3	1	2	8	7	1	35	22	13
杂多县	3160	1613	1547	11513	5157	6356	781	428	353
称多县	335	184	151	468	248	220	1623	844	779
治多县	3990	2096	1894	2097	990	1107	807	401	406
囊谦县	1006	548	458	1246	569	677	111	66	45
曲麻莱县	526	276	250	362	155	207	1145	562	583
海西蒙古族藏族自治州	**4045**	**2025**	**2020**	**14301**	**6342**	**7959**	**8035**	**4373**	**3662**
格尔木市	485	252	233	7634	3605	4029	3065	1699	1366
德令哈市	50	28	22	64	27	37	142	78	64
茫崖市	13	7	6	21	10	11	70	35	35
乌兰县	510	244	266	525	229	296	1277	681	596
都兰县	1642	839	803	4866	1979	2887	2025	1128	897
天峻县	1285	618	667	714	329	385	1314	676	638
大柴旦行政委员会	60	37	23	477	163	314	142	76	66

7–9b 续表 2

单位：人

现住地	寄挂户口			婚姻嫁娶			照料孙子女		
	小计	男	女	小计	男	女	小计	男	女
全省	**5033**	**2666**	**2367**	**12788**	**2034**	**10754**	**12171**	**4549**	**7622**
西宁市	**813**	**442**	**371**	**3261**	**573**	**2688**	**2530**	**909**	**1621**
城东区									
城中区	19	14	5						
城西区	9	5	4						
城北区									
湟中区	145	79	66	767	139	628	606	221	385
大通回族土族自治县	489	263	226	1701	317	1384	1258	443	815
湟源县	151	81	70	793	117	676	666	245	421
海东市	**930**	**498**	**432**	**3057**	**319**	**2738**	**3282**	**1212**	**2070**
乐都区	41	25	16	120	13	107	18	8	10
平安区	9	3	6	5	2	3	1	1	
民和回族土族自治县	255	117	138	1294	131	1163	1045	400	645
互助土族自治县	287	162	125	983	126	857	1702	605	1097
化隆回族自治县	144	71	73	168	29	139	314	124	190
循化撒拉族自治县	194	120	74	487	18	469	202	74	128
海北藏族自治州	**565**	**300**	**265**	**1049**	**170**	**879**	**2359**	**887**	**1472**
门源回族自治县	202	103	99	371	52	319	1143	429	714
祁连县	199	111	88	254	53	201	347	141	206
海晏县	97	56	41	295	36	259	689	248	441
刚察县	67	30	37	129	29	100	180	69	111
黄南藏族自治州	**646**	**342**	**304**	**597**	**102**	**495**	**723**	**294**	**429**
同仁县	486	265	221	207	46	161	222	86	136
尖扎县	124	58	66	203	29	174	305	130	175
泽库县	18	9	9	130	14	116	11	3	8
河南蒙古族自治县	18	10	8	57	13	44	185	75	110
海南藏族自治州	**888**	**454**	**434**	**1821**	**204**	**1617**	**1901**	**703**	**1198**
共和县	445	221	224	724	74	650	743	263	480
同德县	40	21	19	243	24	219	140	47	93
贵德县	260	137	123	466	69	397	517	180	337
兴海县	88	50	38	275	32	243	324	142	182
贵南县	55	25	30	113	5	108	177	71	106
果洛藏族自治州	**260**	**135**	**125**	**398**	**132**	**266**	**120**	**55**	**65**
玛沁县	143	69	74	128	32	96	73	32	41
班玛县	32	22	10	42	14	28	26	14	12
甘德县	4	1	3	8	4	4	3	1	2
达日县	37	20	17	134	56	78	11	6	5
久治县	14	7	7	26	7	19	2		2
玛多县	30	16	14	60	19	41	5	2	3
玉树藏族自治州	**292**	**152**	**140**	**900**	**374**	**526**	**517**	**244**	**273**
玉树市	18	11	7	2		2			
杂多县	73	39	34	376	142	234	43	20	23
称多县	36	17	19	281	130	151	9	4	5
治多县	40	18	22	107	49	58	301	134	167
囊谦县	21	13	8	30	5	25	153	81	72
曲麻莱县	104	54	50	104	48	56	11	5	6
海西蒙古族藏族自治州	**639**	**343**	**296**	**1705**	**160**	**1545**	**739**	**245**	**494**
格尔木市	208	117	91	868	60	808	58	14	44
德令哈市	29	15	14	14	2	12	2		2
茫崖市	29	18	11	12		12			
乌兰县	142	67	75	249	38	211	105	32	73
都兰县	114	66	48	439	40	399	308	108	200
天峻县	55	28	27	97	18	79	251	87	164
大柴旦行政委员会	62	32	30	26	2	24	15	4	11

7-9b　续表 3

单位：人

现住地	为子女就学			养老/康养			其　他		
	小计	男	女	小计	男	女	小计	男	女
全省	**47801**	**22517**	**25284**	**11895**	**5562**	**6333**	**90247**	**46635**	**43612**
西宁市	**10816**	**5006**	**5810**	**1784**	**877**	**907**	**9347**	**4778**	**4569**
城东区									
城中区	2	1	1				57	29	28
城西区							11	8	3
城北区									
湟中区	1627	763	864	487	246	241	1794	935	859
大通回族土族自治县	5999	2683	3316	781	366	415	4124	2082	2042
湟源县	3188	1559	1629	516	265	251	3361	1724	1637
海东市	**6855**	**2970**	**3885**	**2843**	**1443**	**1400**	**10836**	**5540**	**5296**
乐都区	82	39	43	120	87	33	187	98	89
平安区							37	18	19
民和回族土族自治县	2584	1156	1428	830	420	410	4570	2282	2288
互助土族自治县	2777	1187	1590	1525	770	755	3474	1829	1645
化隆回族自治县	569	252	317	71	30	41	563	288	275
循化撒拉族自治县	843	336	507	297	136	161	2005	1025	980
海北藏族自治州	**7528**	**3418**	**4110**	**1526**	**692**	**834**	**8909**	**4475**	**4434**
门源回族自治县	3810	1714	2096	527	246	281	3906	1928	1978
祁连县	1464	696	768	296	141	155	1576	780	796
海晏县	1780	809	971	593	251	342	1762	914	848
刚察县	474	199	275	110	54	56	1665	853	812
黄南藏族自治州	**2198**	**994**	**1204**	**1136**	**520**	**616**	**9688**	**5060**	**4628**
同仁县	561	227	334	430	227	203	3263	1783	1480
尖扎县	691	338	353	339	151	188	969	497	472
泽库县	168	80	88	70	28	42	2130	1149	981
河南蒙古族自治县	778	349	429	297	114	183	3326	1631	1695
海南藏族自治州	**6149**	**2753**	**3396**	**2691**	**1278**	**1413**	**14144**	**7509**	**6635**
共和县	2661	1181	1480	789	355	434	5923	3296	2627
同德县	397	179	218	134	64	70	1044	562	482
贵德县	1037	435	602	1305	631	674	3641	1855	1786
兴海县	1700	780	920	305	140	165	2743	1384	1359
贵南县	354	178	176	158	88	70	793	412	381
果洛藏族自治州	**708**	**325**	**383**	**363**	**144**	**219**	**4665**	**2498**	**2167**
玛沁县	429	193	236	181	83	98	3290	1790	1500
班玛县	13	5	8	66	26	40	333	179	154
甘德县	4	2	2				114	66	48
达日县	208	108	100	107	34	73	614	313	301
久治县	28	10	18	3		3	129	54	75
玛多县	26	7	19	6	1	5	185	96	89
玉树藏族自治州	**11072**	**6012**	**5060**	**465**	**162**	**303**	**21711**	**11101**	**10610**
玉树市	2	1	1				167	49	118
杂多县	4770	3010	1760	152	46	106	5220	2731	2489
称多县	182	91	91	3	2	1	768	428	340
治多县	4367	2037	2330	221	84	137	7800	3917	3883
囊谦县	1098	563	535	21	8	13	2841	1512	1329
曲麻莱县	653	310	343	68	22	46	4915	2464	2451
海西蒙古族藏族自治州	**2475**	**1039**	**1436**	**1087**	**446**	**641**	**10947**	**5674**	**5273**
格尔木市	57	30	27	92	46	46	3985	2108	1877
德令哈市	1		1				65	39	26
茫崖市	1	1					150	84	66
乌兰县	453	197	256	203	88	115	2058	1064	994
都兰县	1058	417	641	477	197	280	2009	1045	964
天峻县	898	393	505	309	113	196	2371	1171	1200
大柴旦行政委员会	7	1	6	6	2	4	309	163	146

7-9c 全省按现住地、性别、迁移原因分的户口登记地在本省其他乡镇街道的人口(乡村)

单位：人

现住地	合计			工作就业		
	合计	男	女	小计	男	女
全省	**138162**	**74036**	**64126**	**26613**	**18132**	**8481**
西宁市	**23766**	**11644**	**12122**	**3814**	**2596**	**1218**
城东区						
城中区	55	34	21	14	10	4
城西区						
城北区	686	420	266	212	165	47
湟中区	13814	6523	7291	2349	1597	752
大通回族土族自治县	5106	2520	2586	655	437	218
湟源县	4105	2147	1958	584	387	197
海东市	**38982**	**20512**	**18470**	**7029**	**4437**	**2592**
乐都区	6140	3259	2881	953	653	300
平安区	3503	1797	1706	407	269	138
民和回族土族自治县	5815	2857	2958	817	486	331
互助土族自治县	6401	3656	2745	1810	1333	477
化隆回族自治县	14065	7377	6688	2615	1446	1169
循化撒拉族自治县	3058	1566	1492	427	250	177
海北藏族自治州	**8097**	**4566**	**3531**	**1910**	**1434**	**476**
门源回族自治县	3065	1695	1370	696	532	164
祁连县	2667	1509	1158	634	484	150
海晏县	866	567	299	301	226	75
刚察县	1499	795	704	279	192	87
黄南藏族自治州	**7104**	**3873**	**3231**	**1309**	**850**	**459**
同仁县	2690	1471	1219	331	212	119
尖扎县	2927	1550	1377	442	300	142
泽库县	881	492	389	326	211	115
河南蒙古族自治县	606	360	246	210	127	83
海南藏族自治州	**14467**	**7838**	**6629**	**2257**	**1447**	**810**
共和县	3518	1909	1609	694	464	230
同德县	3209	1721	1488	280	173	107
贵德县	3811	1964	1847	553	369	184
兴海县	1826	1020	806	424	271	153
贵南县	2103	1224	879	306	170	136
果洛藏族自治州	**9116**	**5348**	**3768**	**2433**	**1564**	**869**
玛沁县	1694	1046	648	776	538	238
班玛县	1186	573	613	424	324	100
甘德县	2692	1561	1131	528	305	223
达日县	1712	1045	667	359	209	150
久治县	1509	957	552	322	173	149
玛多县	323	166	157	24	15	9
玉树藏族自治州	**13059**	**6762**	**6297**	**800**	**501**	**299**
玉树市	1895	1057	838	238	136	102
杂多县	7457	3749	3708	193	134	59
称多县	1001	515	486	88	62	26
治多县	192	115	77	3	3	
囊谦县	1422	756	666	178	93	85
曲麻莱县	1092	570	522	100	73	27
海西蒙古族藏族自治州	**23571**	**13493**	**10078**	**7061**	**5303**	**1758**
格尔木市	8255	4718	3537	2724	1988	736
德令哈市	7350	3771	3579	811	529	282
茫崖市						
乌兰县	1325	662	663	176	117	59
都兰县	3181	1686	1495	726	482	244
天峻县	667	425	242	180	150	30
大柴旦行政委员会	2793	2231	562	2444	2037	407

7-9c　续表 1　　　　单位：人

现 住 地	学习培训			随同离开/投亲靠友			拆迁/搬家		
	小计	男	女	小计	男	女	小计	男	女
全省	**10544**	**5188**	**5356**	**17207**	**7910**	**9297**	**29169**	**15395**	**13774**
西宁市	**3279**	**1278**	**2001**	**1813**	**847**	**966**	**5181**	**2747**	**2434**
城东区									
城中区	1	1		3	2	1	16	8	8
城西区									
城北区	4	2	2	31	11	20	111	57	54
湟中区	3048	1162	1886	977	460	517	2237	1196	1041
大通回族土族自治县	116	54	62	465	214	251	1060	540	520
湟源县	110	59	51	337	160	177	1757	946	811
海东市	**3248**	**1827**	**1421**	**3972**	**1838**	**2134**	**9325**	**4927**	**4398**
乐都区	154	77	77	527	256	271	1388	747	641
平安区	666	342	324	301	130	171	708	400	308
民和回族土族自治县	110	54	56	648	298	350	1544	812	732
互助土族自治县	91	54	37	629	340	289	1032	563	469
化隆回族自治县	1751	1080	671	1681	734	947	3957	2036	1921
循化撒拉族自治县	476	220	256	186	80	106	696	369	327
海北藏族自治州	**200**	**86**	**114**	**439**	**206**	**233**	**1548**	**824**	**724**
门源回族自治县	82	36	46	181	80	101	594	323	271
祁连县	51	25	26	148	72	76	594	313	281
海晏县	14	8	6	39	18	21	95	46	49
刚察县	53	17	36	71	36	35	265	142	123
黄南藏族自治州	**261**	**145**	**116**	**303**	**135**	**168**	**2100**	**1029**	**1071**
同仁县	119	65	54	42	17	25	693	329	364
尖扎县	40	25	15	211	96	115	1129	539	590
泽库县	68	39	29	36	19	17	151	76	75
河南蒙古族自治县	34	16	18	14	3	11	127	85	42
海南藏族自治州	**1139**	**518**	**621**	**1073**	**471**	**602**	**3095**	**1664**	**1431**
共和县	82	56	26	214	100	114	734	396	338
同德县	594	117	477	128	59	69	524	275	249
贵德县	110	63	47	485	216	269	1351	739	612
兴海县	123	70	53	56	23	33	255	132	123
贵南县	230	212	18	190	73	117	231	122	109
果洛藏族自治州	**583**	**326**	**257**	**427**	**218**	**209**	**1153**	**599**	**554**
玛沁县	72	45	27	87	43	44	200	108	92
班玛县	23	12	11	74	30	44	139	74	65
甘德县	229	125	104	33	11	22	284	140	144
达日县	21	16	5	179	101	78	304	163	141
久治县	232	124	108	39	25	14	163	86	77
玛多县	6	4	2	15	8	7	63	28	35
玉树藏族自治州	**1519**	**821**	**698**	**4725**	**2072**	**2653**	**1517**	**806**	**711**
玉树市	253	147	106	216	103	113	307	169	138
杂多县	536	277	259	4265	1854	2411	306	177	129
称多县	246	131	115	29	15	14	389	199	190
治多县	8	7	1	11	7	4	32	21	11
囊谦县	381	217	164	122	60	62	222	115	107
曲麻莱县	95	42	53	82	33	49	261	125	136
海西蒙古族藏族自治州	**315**	**187**	**128**	**4455**	**2123**	**2332**	**5250**	**2799**	**2451**
格尔木市	122	83	39	2062	1036	1026	1447	779	668
德令哈市	81	39	42	1525	691	834	2606	1399	1207
茫崖市									
乌兰县	19	8	11	303	132	171	341	172	169
都兰县	60	31	29	535	248	287	617	326	291
天峻县	30	23	7	18	12	6	134	79	55
大柴旦行政委员会	3	3		12	4	8	105	44	61

7-9c 续表 2　　　　单位：人

现住地	寄挂户口			婚姻嫁娶			照料孙子女		
	小计	男	女	小计	男	女	小计	男	女
全省	**7402**	**4002**	**3400**	**9947**	**2361**	**7586**	**573**	**253**	**320**
西宁市	**1308**	**744**	**564**	**3428**	**680**	**2748**	**92**	**49**	**43**
城东区									
城中区	7	6	1	3		3			
城西区									
城北区	49	25	24	51	13	38	1		1
湟中区	607	360	247	2058	345	1713	53	28	25
大通回族土族自治县	478	260	218	929	234	695	21	14	7
湟源县	167	93	74	387	88	299	17	7	10
海东市	**2430**	**1292**	**1138**	**2735**	**563**	**2172**	**283**	**129**	**154**
乐都区	377	188	189	454	92	362	36	18	18
平安区	265	142	123	223	37	186	38	16	22
民和回族土族自治县	378	198	180	553	116	437	22	10	12
互助土族自治县	480	267	213	904	216	688	44	30	14
化隆回族自治县	626	340	286	489	84	405	132	50	82
循化撒拉族自治县	304	157	147	112	18	94	11	5	6
海北藏族自治州	**643**	**330**	**313**	**821**	**281**	**540**	**29**	**15**	**14**
门源回族自治县	239	128	111	323	67	256	24	13	11
祁连县	232	118	114	221	83	138	1		1
海晏县	26	17	9	129	57	72			
刚察县	146	67	79	148	74	74	4	2	2
黄南藏族自治州	**620**	**359**	**261**	**297**	**86**	**211**	**9**	**5**	**4**
同仁县	387	220	167	44	14	30			
尖扎县	145	81	64	182	59	123	8	5	3
泽库县	56	37	19	56	8	48	1		1
河南蒙古族自治县	32	21	11	15	5	10			
海南藏族自治州	**914**	**488**	**426**	**1200**	**328**	**872**	**49**	**16**	**33**
共和县	329	173	156	302	85	217	14	4	10
同德县	159	96	63	173	58	115	1		1
贵德县	171	88	83	381	83	298	27	9	18
兴海县	118	59	59	98	38	60	4	2	2
贵南县	137	72	65	246	64	182	3	1	2
果洛藏族自治州	**347**	**193**	**154**	**247**	**108**	**139**	**2**		**2**
玛沁县	86	42	44	95	52	43			
班玛县	29	21	8	37	13	24			
甘德县	45	26	19	29	14	15	1		1
达日县	104	61	43	30	6	24	1		1
久治县	56	29	27	43	16	27			
玛多县	27	14	13	13	7	6			
玉树藏族自治州	**411**	**209**	**202**	**169**	**82**	**87**	**17**	**9**	**8**
玉树市	111	44	67	15	9	6	3	2	1
杂多县	93	47	46	48	16	32	12	6	6
称多县	36	16	20	26	12	14			
治多县	6	5	1						
囊谦县	66	41	25	7	2	5	2	1	1
曲麻莱县	99	56	43	73	43	30			
海西蒙古族藏族自治州	**729**	**387**	**342**	**1050**	**233**	**817**	**92**	**30**	**62**
格尔木市	145	86	59	453	69	384	60	19	41
德令哈市	267	130	137	221	41	180	9	3	6
茫崖市									
乌兰县	62	35	27	102	27	75	12	4	8
都兰县	180	93	87	220	67	153	9	4	5
天峻县	32	18	14	54	29	25	2		2
大柴旦行政委员会	43	25	18						

7-9c　续表 3　　　　单位：人

现 住 地	为子女就学			养老/康养			其　他		
	小计	男	女	小计	男	女	小计	男	女
全省	**2273**	**1285**	**988**	**1628**	**1045**	**583**	**32806**	**18465**	**14341**
西宁市	**176**	**75**	**101**	**438**	**313**	**125**	**4237**	**2315**	**1922**
城东区									
城中区				1		1	10	7	3
城西区									
城北区	2	1	1	1	1		224	145	79
湟中区	43	13	30	234	169	65	2208	1193	1015
大通回族土族自治县	29	12	17	133	99	34	1220	656	564
湟源县	102	49	53	69	44	25	575	314	261
海东市	**318**	**140**	**178**	**679**	**495**	**184**	**8963**	**4864**	**4099**
乐都区	89	36	53	178	131	47	1984	1061	923
平安区	54	28	26	88	63	25	753	370	383
民和回族土族自治县	14	5	9	62	35	27	1667	843	824
互助土族自治县	17	9	8	197	171	26	1197	673	524
化隆回族自治县	135	57	78	136	82	54	2543	1468	1075
循化撒拉族自治县	9	5	4	18	13	5	819	449	370
海北藏族自治州	**155**	**67**	**88**	**48**	**26**	**22**	**2304**	**1297**	**1007**
门源回族自治县	23	11	12	29	14	15	874	491	383
祁连县	61	28	33	7	4	3	718	382	336
海晏县	2		2	4	2	2	256	193	63
刚察县	69	28	41	8	6	2	456	231	225
黄南藏族自治州	**39**	**14**	**25**	**32**	**13**	**19**	**2134**	**1237**	**897**
同仁县	5	1	4	10	5	5	1059	608	451
尖扎县	12	4	8	15	5	10	743	436	307
泽库县	9	3	6	1	1		177	98	79
河南蒙古族自治县	13	6	7	6	2	4	155	95	60
海南藏族自治州	**54**	**25**	**29**	**130**	**74**	**56**	**4556**	**2807**	**1749**
共和县	10	3	7	17	10	7	1122	618	504
同德县	17	9	8	9	3	6	1324	931	393
贵德县	16	9	7	79	45	34	638	343	295
兴海县	3		3	2	1	1	743	424	319
贵南县	8	4	4	23	15	8	729	491	238
果洛藏族自治州	**18**	**6**	**12**	**48**	**27**	**21**	**3858**	**2307**	**1551**
玛沁县	10	5	5	8	6	2	360	207	153
班玛县				20	12	8	440	87	353
甘德县	1		1				1542	940	602
达日县	2		2				712	489	223
久治县	4	1	3	20	9	11	630	494	136
玛多县	1		1				174	90	84
玉树藏族自治州	**1409**	**915**	**494**	**55**	**16**	**39**	**2437**	**1331**	**1106**
玉树市	93	47	46	3	2	1	656	398	258
杂多县	1177	809	368	45	12	33	782	417	365
称多县	2	2		2		2	183	78	105
治多县	4	1	3	1	1		127	70	57
囊谦县	94	44	50	3		3	347	183	164
曲麻莱县	39	12	27	1	1		342	185	157
海西蒙古族藏族自治州	**104**	**43**	**61**	**198**	**81**	**117**	**4317**	**2307**	**2010**
格尔木市	8	6	2	118	53	65	1116	599	517
德令哈市	30	11	19	42	16	26	1758	912	846
茫崖市									
乌兰县	2	1	1	10	3	7	298	163	135
都兰县	59	24	35	23	9	14	752	402	350
天峻县	4	1	3	4		4	209	113	96
大柴旦行政委员会	1		1	1		1	184	118	66

7-10 全省按现住地、性别、迁移原因分的户口登记地在外省的人口

单位：人

现住地	合计			工作就业		
	合计	男	女	小计	男	女
全省	**417304**	**262256**	**155048**	**263154**	**185635**	**77519**
西宁市	**259356**	**160293**	**99063**	**162671**	**112544**	**50127**
城东区	78061	47336	30725	46122	31500	14622
城中区	42593	27041	15552	30185	21080	9105
城西区	40423	24240	16183	25656	17303	8353
城北区	75698	46232	29466	44821	30585	14236
湟中区	10365	7389	2976	7778	6038	1740
大通回族土族自治县	9334	6156	3178	6364	4725	1639
湟源县	2882	1899	983	1745	1313	432
海东市	**33370**	**21518**	**11852**	**21469**	**15878**	**5591**
乐都区	8829	5921	2908	5842	4453	1389
平安区	6364	4122	2242	4097	2983	1114
民和回族土族自治县	6088	3450	2638	2664	1906	758
互助土族自治县	6321	4285	2036	4638	3583	1055
化隆回族自治县	2745	1755	990	2014	1392	622
循化撒拉族自治县	3023	1985	1038	2214	1561	653
海北藏族自治州	**7275**	**5034**	**2241**	**4908**	**3756**	**1152**
门源回族自治县	2404	1678	726	1629	1273	356
祁连县	2452	1740	712	1635	1260	375
海晏县	1279	804	475	832	598	234
刚察县	1140	812	328	812	625	187
黄南藏族自治州	**8922**	**5763**	**3159**	**5872**	**4114**	**1758**
同仁县	4100	2645	1455	2706	1897	809
尖扎县	2022	1353	669	1550	1127	423
泽库县	814	523	291	392	278	114
河南蒙古族自治县	1986	1242	744	1224	812	412
海南藏族自治州	**10262**	**6577**	**3685**	**6544**	**4639**	**1905**
共和县	4392	2943	1449	2859	2100	759
同德县	1193	762	431	786	564	222
贵德县	2213	1355	858	1349	942	407
兴海县	1193	721	472	760	490	270
贵南县	1271	796	475	790	543	247
果洛藏族自治州	**10815**	**6971**	**3844**	**7668**	**5209**	**2459**
玛沁县	3895	2715	1180	2907	2121	786
班玛县	1422	933	489	1108	752	356
甘德县	935	591	344	574	381	193
达日县	2055	1263	792	1399	926	473
久治县	2109	1188	921	1405	828	577
玛多县	399	281	118	275	201	74
玉树藏族自治州	**11376**	**7029**	**4347**	**5932**	**4000**	**1932**
玉树市	8104	4943	3161	4140	2775	1365
杂多县	967	596	371	431	316	115
称多县	815	539	276	479	330	149
治多县	471	319	152	307	209	98
囊谦县	417	256	161	298	186	112
曲麻莱县	602	376	226	277	184	93
海西蒙古族藏族自治州	**75928**	**49071**	**26857**	**48090**	**35495**	**12595**
格尔木市	46748	28859	17889	26762	19086	7676
德令哈市	9106	5763	3343	5506	4057	1449
茫崖市	6996	5179	1817	5888	4584	1304
乌兰县	2322	1552	770	1577	1157	420
都兰县	4506	2713	1793	2676	1890	786
天峻县	1288	986	302	1135	900	235
大柴旦行政委员会	4962	4019	943	4546	3821	725

7-10　续表 1　　　　　　　　　　　　　　　　　　　　　　　　　　单位：人

现 住 地	学习培训			随同离开/投亲靠友			拆迁/搬家		
	小计	男	女	小计	男	女	小计	男	女
全省	**23954**	**12877**	**11077**	**49247**	**22577**	**26670**	**18853**	**10826**	**8027**
西宁市	**19129**	**10248**	**8881**	**29401**	**13740**	**15661**	**13722**	**7908**	**5814**
城东区	4405	2398	2007	10444	4685	5759	5716	3260	2456
城中区	1745	1013	732	3922	1825	2097	1718	993	725
城西区	2507	1213	1294	3652	1720	1932	2271	1296	975
城北区	9548	5061	4487	9417	4607	4810	3418	2009	1409
湟中区	430	285	145	707	323	384	160	93	67
大通回族土族自治县	276	167	109	954	432	522	377	214	163
湟源县	218	111	107	305	148	157	62	43	19
海东市	**938**	**513**	**425**	**3404**	**1542**	**1862**	**1486**	**855**	**631**
乐都区	274	149	125	762	343	419	314	191	123
平安区	200	114	86	613	283	330	301	167	134
民和回族土族自治县	163	88	75	976	427	549	668	389	279
互助土族自治县	167	95	72	439	191	248	119	60	59
化隆回族自治县	76	38	38	278	128	150	31	16	15
循化撒拉族自治县	58	29	29	336	170	166	53	32	21
海北藏族自治州	**194**	**91**	**103**	**526**	**228**	**298**	**151**	**97**	**54**
门源回族自治县	61	26	35	133	56	77	67	44	23
祁连县	46	22	24	215	94	121	40	23	17
海晏县	68	37	31	128	54	74	25	15	10
刚察县	19	6	13	50	24	26	19	15	4
黄南藏族自治州	**324**	**185**	**139**	**823**	**366**	**457**	**131**	**76**	**55**
同仁县	164	97	67	513	241	272	68	40	28
尖扎县	52	31	21	224	88	136	20	14	6
泽库县	21	15	6	47	22	25	22	11	11
河南蒙古族自治县	87	42	45	39	15	24	21	11	10
海南藏族自治州	**433**	**204**	**229**	**1077**	**503**	**574**	**277**	**166**	**111**
共和县	198	106	92	354	185	169	111	68	43
同德县	63	13	50	149	62	87	19	9	10
贵德县	72	37	35	274	125	149	74	43	31
兴海县	40	19	21	103	53	50	51	35	16
贵南县	60	29	31	197	78	119	22	11	11
果洛藏族自治州	**619**	**310**	**309**	**653**	**303**	**350**	**255**	**151**	**104**
玛沁县	149	88	61	238	97	141	59	39	20
班玛县	51	30	21	76	40	36	50	28	22
甘德县	63	30	33	16	9	7	8	6	2
达日县	62	24	38	202	95	107	80	43	37
久治县	279	127	152	96	46	50	44	27	17
玛多县	15	11	4	25	16	9	14	8	6
玉树藏族自治州	**641**	**384**	**257**	**875**	**430**	**445**	**1086**	**562**	**524**
玉树市	551	330	221	627	316	311	923	476	447
杂多县	21	11	10	139	48	91	38	17	21
称多县	33	22	11	40	25	15	27	17	10
治多县	3	2	1	9	5	4	4	2	2
囊谦县	11	8	3	2	2		49	24	25
曲麻莱县	22	11	11	58	34	24	45	26	19
海西蒙古族藏族自治州	**1676**	**942**	**734**	**12488**	**5465**	**7023**	**1745**	**1011**	**734**
格尔木市	1146	646	500	9075	4039	5036	1189	683	506
德令哈市	208	114	94	1703	719	984	386	234	152
茫崖市	149	91	58	320	143	177	18	11	7
乌兰县	37	23	14	127	63	64	72	39	33
都兰县	86	41	45	956	372	584	56	28	28
天峻县	19	11	8	44	18	26	14	12	2
大柴旦行政委员会	31	16	15	263	111	152	10	4	6

7-10 续表 2

单位：人

现住地	寄挂户口			婚姻嫁娶			照料孙子女		
	小计	男	女	小计	男	女	小计	男	女
全省	**1394**	**797**	**597**	**12142**	**2935**	**9207**	**7163**	**2238**	**4925**
西宁市	**810**	**475**	**335**	**7237**	**1793**	**5444**	**5780**	**1846**	**3934**
城东区	344	202	142	2047	471	1576	1194	339	855
城中区	143	84	59	1198	280	918	1066	340	726
城西区	94	52	42	1228	285	943	1672	566	1106
城北区	127	78	49	1689	437	1252	1661	542	1119
湟中区	34	21	13	454	138	316	49	15	34
大通回族土族自治县	57	32	25	456	135	321	107	33	74
湟源县	11	6	5	165	47	118	31	11	20
海东市	**216**	**120**	**96**	**2051**	**493**	**1558**	**330**	**97**	**233**
乐都区	38	24	14	439	91	348	106	27	79
平安区	68	43	25	233	78	155	111	34	77
民和回族土族自治县	71	35	36	732	147	585	52	17	35
互助土族自治县	18	7	11	452	97	355	47	15	32
化隆回族自治县	10	3	7	96	32	64	4	1	3
循化撒拉族自治县	11	8	3	99	48	51	10	3	7
海北藏族自治州	**58**	**30**	**28**	**251**	**66**	**185**	**48**	**13**	**35**
门源回族自治县	21	11	10	103	20	83	18	5	13
祁连县	20	9	11	86	34	52	16	4	12
海晏县	10	6	4	35	3	32	13	3	10
刚察县	7	4	3	27	9	18	1	1	
黄南藏族自治州	**56**	**36**	**20**	**159**	**70**	**89**	**34**	**13**	**21**
同仁县	15	10	5	89	37	52	19	7	12
尖扎县	14	6	8	38	15	23	13	4	9
泽库县	14	9	5	11	4	7	1	1	
河南蒙古族自治县	13	11	2	21	14	7	1	1	
海南藏族自治州	**51**	**27**	**24**	**305**	**100**	**205**	**74**	**23**	**51**
共和县	13	9	4	112	33	79	37	8	29
同德县	2	1	1	33	8	25	2	1	1
贵德县	6	3	3	113	41	72	26	9	17
兴海县	18	6	12	23	5	18	2	1	1
贵南县	12	8	4	24	13	11	7	4	3
果洛藏族自治州	**26**	**16**	**10**	**234**	**120**	**114**	**9**	**3**	**6**
玛沁县	8	4	4	37	15	22	4	2	2
班玛县	3	2	1	35	17	18	2	1	1
甘德县	1	1		32	19	13			
达日县	6	4	2	44	17	27	1		1
久治县	6	3	3	67	39	28	1		1
玛多县	2	2		19	13	6	1		1
玉树藏族自治州	**44**	**21**	**23**	**252**	**113**	**139**	**23**	**10**	**13**
玉树市	24	11	13	128	44	84	19	9	10
杂多县	6	3	3	23	7	16	1	1	
称多县	6	2	4	18	12	6	1		1
治多县	3	2	1	9	4	5			
囊谦县	1	1		6	4	2			
曲麻莱县	4	2	2	68	42	26	2		2
海西蒙古族藏族自治州	**133**	**72**	**61**	**1653**	**180**	**1473**	**865**	**233**	**632**
格尔木市	89	45	44	1135	101	1034	752	210	542
德令哈市	19	12	7	249	39	210	74	17	57
茫崖市	3	1	2	59	4	55	8	1	7
乌兰县	5	5		56	12	44	7		7
都兰县	10	4	6	128	19	109	16	3	13
天峻县	6	4	2	9	2	7	3		3
大柴旦行政委员会	1	1		17	3	14	5	2	3

7-10　续表 3　　　　单位：人

现住地	为子女就学			养老/康养			其　他		
	小计	男	女	小计	男	女	小计	男	女
全省	**1990**	**879**	**1111**	**2717**	**1179**	**1538**	**36690**	**22313**	**14377**
西宁市	**1111**	**498**	**613**	**2286**	**990**	**1296**	**17209**	**10251**	**6958**
城东区	302	138	164	629	285	344	6858	4058	2800
城中区	195	89	106	528	239	289	1893	1098	795
城西区	246	102	144	519	210	309	2578	1493	1085
城北区	197	84	113	534	227	307	4286	2602	1684
湟中区	43	20	23	25	11	14	685	445	240
大通回族土族自治县	111	57	54	45	15	30	587	346	241
湟源县	17	8	9	6	3	3	322	209	113
海东市	**263**	**108**	**155**	**150**	**73**	**77**	**3063**	**1839**	**1224**
乐都区	109	42	67	43	22	21	902	579	323
平安区	45	18	27	30	13	17	666	389	277
民和回族土族自治县	62	30	32	47	22	25	653	389	264
互助土族自治县	35	15	20	18	11	7	388	211	177
化隆回族自治县	1		1	5	2	3	230	143	87
循化撒拉族自治县	11	3	8	7	3	4	224	128	96
海北藏族自治州	**59**	**23**	**36**	**13**	**4**	**9**	**1067**	**726**	**341**
门源回族自治县	24	8	16	2		2	346	235	111
祁连县	15	7	8	5	2	3	374	285	89
海晏县	10	4	6	3	1	2	155	83	72
刚察县	10	4	6	3	1	2	192	123	69
黄南藏族自治州	**15**	**6**	**9**	**26**	**9**	**17**	**1482**	**888**	**594**
同仁县	5		5	19	7	12	502	309	193
尖扎县	4	2	2	3		3	104	66	38
泽库县	1		1				305	183	122
河南蒙古族自治县	5	4	1	4	2	2	571	330	241
海南藏族自治州	**91**	**48**	**43**	**43**	**19**	**24**	**1367**	**848**	**519**
共和县	52	28	24	23	8	15	633	398	235
同德县	7	5	2	2	2		130	97	33
贵德县	22	10	12	16	9	7	261	136	125
兴海县	3	1	2				193	111	82
贵南县	7	4	3	2		2	150	106	44
果洛藏族自治州	**11**	**5**	**6**	**7**	**4**	**3**	**1333**	**850**	**483**
玛沁县	1		1				492	349	143
班玛县	1		1				96	63	33
甘德县							241	145	96
达日县	8	5	3				253	149	104
久治县				6	3	3	205	115	90
玛多县	1		1	1	1		46	29	17
玉树藏族自治州	**228**	**115**	**113**	**7**	**5**	**2**	**2288**	**1389**	**899**
玉树市	192	94	98	4	3	1	1496	885	611
杂多县	13	9	4	2	1	1	293	183	110
称多县	3	1	2				208	130	78
治多县	9	4	5				127	91	36
囊谦县	1	1					49	30	19
曲麻莱县	10	6	4	1	1		115	70	45
海西蒙古族藏族自治州	**212**	**76**	**136**	**185**	**75**	**110**	**8881**	**5522**	**3359**
格尔木市	160	53	107	145	58	87	6295	3938	2357
德令哈市	20	7	13	14	7	7	927	557	370
茫崖市	5	1	4	9	2	7	537	341	196
乌兰县	8	5	3	3	2	1	430	246	184
都兰县	13	5	8	13	6	7	552	345	207
天峻县	5	4	1	1		1	52	35	17
大柴旦行政委员会	1	1					88	60	28

7-10a 全省按现住地、性别、迁移原因分的户口登记地在外省的人口(城市)

单位：人

现住地	合计			工作就业		
	合计	男	女	小计	男	女
全省	**304903**	**187701**	**117202**	**188632**	**130167**	**58465**
西宁市	**237415**	**145068**	**92347**	**147085**	**100514**	**46571**
城东区	78061	47336	30725	46122	31500	14622
城中区	41283	25893	15390	28903	19946	8957
城西区	40332	24180	16152	25587	17252	8335
城北区	74634	45499	29135	44087	30055	14032
湟中区	1489	1010	479	959	715	244
大通回族土族自治县	1616	1150	466	1427	1046	381
湟源县						
海东市	**10784**	**6963**	**3821**	**6937**	**5067**	**1870**
乐都区	5712	3759	1953	3757	2801	956
平安区	5072	3204	1868	3180	2266	914
民和回族土族自治县						
互助土族自治县						
化隆回族自治县						
循化撒拉族自治县						
海北藏族自治州						
门源回族自治县						
祁连县						
海晏县						
刚察县						
黄南藏族自治州						
同仁县						
尖扎县						
泽库县						
河南蒙古族自治县						
海南藏族自治州						
共和县						
同德县						
贵德县						
兴海县						
贵南县						
果洛藏族自治州						
玛沁县						
班玛县						
甘德县						
达日县						
久治县						
玛多县						
玉树藏族自治州	**6460**	**3934**	**2526**	**3302**	**2181**	**1121**
玉树市	6354	3871	2483	3278	2164	1114
杂多县						
称多县						
治多县						
囊谦县						
曲麻莱县	106	63	43	24	17	7
海西蒙古族藏族自治州	**50244**	**31736**	**18508**	**31308**	**22405**	**8903**
格尔木市	36634	22448	14186	21343	14854	6489
德令哈市	7538	4777	2761	4814	3541	1273
茫崖市	6072	4511	1561	5151	4010	1141
乌兰县						
都兰县						
天峻县						
大柴旦行政委员会						

7-10a　续表 1

单位：人

现住地	学习培训			随同离开/投亲靠友			拆迁/搬家		
	小计	男	女	小计	男	女	小计	男	女
全省	**20368**	**10937**	**9431**	**37280**	**17172**	**20108**	**15239**	**8744**	**6495**
西宁市	**18314**	**9767**	**8547**	**27569**	**12904**	**14665**	**13156**	**7575**	**5581**
城东区	4405	2398	2007	10444	4685	5759	5716	3260	2456
城中区	1744	1012	732	3912	1819	2093	1715	991	724
城西区	2504	1212	1292	3644	1718	1926	2271	1296	975
城北区	9523	5046	4477	9304	4557	4747	3410	2003	1407
湟中区	112	86	26	168	71	97	43	25	18
大通回族土族自治县	26	13	13	97	54	43	1		1
湟源县									
海东市	**369**	**205**	**164**	**1048**	**475**	**573**	**518**	**297**	**221**
乐都区	204	109	95	501	224	277	246	149	97
平安区	165	96	69	547	251	296	272	148	124
民和回族土族自治县									
互助土族自治县									
化隆回族自治县									
循化撒拉族自治县									
海北藏族自治州									
门源回族自治县									
祁连县									
海晏县									
刚察县									
黄南藏族自治州									
同仁县									
尖扎县									
泽库县									
河南蒙古族自治县									
海南藏族自治州									
共和县									
同德县									
贵德县									
兴海县									
贵南县									
果洛藏族自治州									
玛沁县									
班玛县									
甘德县									
达日县									
久治县									
玛多县									
玉树藏族自治州	**365**	**224**	**141**	**479**	**246**	**233**	**769**	**401**	**368**
玉树市	351	219	132	472	243	229	758	395	363
杂多县									
称多县									
治多县									
囊谦县									
曲麻莱县	14	5	9	7	3	4	11	6	5
海西蒙古族藏族自治州	**1320**	**741**	**579**	**8184**	**3547**	**4637**	**796**	**471**	**325**
格尔木市	1007	560	447	6492	2835	3657	534	315	219
德令哈市	177	100	77	1400	577	823	252	149	103
茫崖市	136	81	55	292	135	157	10	7	3
乌兰县									
都兰县									
天峻县									
大柴旦行政委员会									

7-10a 续表 2

单位：人

现住地	寄挂户口			婚姻嫁娶			照料孙子女		
	小计	男	女	小计	男	女	小计	男	女
全省	**868**	**504**	**364**	**7725**	**1764**	**5961**	**6601**	**2065**	**4536**
西宁市	**714**	**421**	**293**	**6218**	**1501**	**4717**	**5612**	**1790**	**3822**
城东区	344	202	142	2047	471	1576	1194	339	855
城中区	142	84	58	1195	280	915	1066	340	726
城西区	94	52	42	1227	284	943	1672	566	1106
城北区	126	77	49	1672	428	1244	1659	542	1117
湟中区	8	6	2	56	28	28	17	3	14
大通回族土族自治县				21	10	11	4		4
湟源县									
海东市	**56**	**36**	**20**	**440**	**135**	**305**	**201**	**57**	**144**
乐都区	17	11	6	247	62	185	100	27	73
平安区	39	25	14	193	73	120	101	30	71
民和回族土族自治县									
互助土族自治县									
化隆回族自治县									
循化撒拉族自治县									
海北藏族自治州									
门源回族自治县									
祁连县									
海晏县									
刚察县									
黄南藏族自治州									
同仁县									
尖扎县									
泽库县									
河南蒙古族自治县									
海南藏族自治州									
共和县									
同德县									
贵德县									
兴海县									
贵南县									
果洛藏族自治州									
玛沁县									
班玛县									
甘德县									
达日县									
久治县									
玛多县									
玉树藏族自治州	**13**	**6**	**7**	**90**	**28**	**62**	**13**	**6**	**7**
玉树市	13	6	7	82	24	58	12	6	6
杂多县									
称多县									
治多县									
囊谦县									
曲麻莱县				8	4	4	1		1
海西蒙古族藏族自治州	**85**	**41**	**44**	**977**	**100**	**877**	**775**	**212**	**563**
格尔木市	70	33	37	750	66	684	698	195	503
德令哈市	12	7	5	202	33	169	70	16	54
茫崖市	3	1	2	25	1	24	7	1	6
乌兰县									
都兰县									
天峻县									
大柴旦行政委员会									

7−10a　续表 3

单位：人

现 住 地	为子女就学			养老/康养			其　他		
	小计	男	女	小计	男	女	小计	男	女
全省	**1369**	**574**	**795**	**2412**	**1049**	**1363**	**24409**	**14725**	**9684**
西宁市	**950**	**415**	**535**	**2214**	**962**	**1252**	**15583**	**9219**	**6364**
城东区	302	138	164	629	285	344	6858	4058	2800
城中区	194	88	106	527	238	289	1885	1095	790
城西区	246	102	144	519	210	309	2568	1488	1080
城北区	197	84	113	532	226	306	4124	2481	1643
湟中区	11	3	8	6	2	4	109	71	38
大通回族土族自治县				1	1		39	26	13
湟源县									
海东市	**143**	**57**	**86**	**64**	**31**	**33**	**1008**	**603**	**405**
乐都区	98	39	59	35	18	17	507	319	188
平安区	45	18	27	29	13	16	501	284	217
民和回族土族自治县									
互助土族自治县									
化隆回族自治县									
循化撒拉族自治县									
海北藏族自治州									
门源回族自治县									
祁连县									
海晏县									
刚察县									
黄南藏族自治州									
同仁县									
尖扎县									
泽库县									
河南蒙古族自治县									
海南藏族自治州									
共和县									
同德县									
贵德县									
兴海县									
贵南县									
果洛藏族自治州									
玛沁县									
班玛县									
甘德县									
达日县									
久治县									
玛多县									
玉树藏族自治州	**105**	**50**	**55**	**4**	**4**		**1320**	**788**	**532**
玉树市	95	44	51	3	3		1290	767	523
杂多县									
称多县									
治多县									
囊谦县									
曲麻莱县	10	6	4	1	1		30	21	9
海西蒙古族藏族自治州	**171**	**52**	**119**	**130**	**52**	**78**	**6498**	**4115**	**2383**
格尔木市	149	46	103	107	43	64	5484	3501	1983
德令哈市	17	5	12	14	7	7	580	342	238
茫崖市	5	1	4	9	2	7	434	272	162
乌兰县									
都兰县									
天峻县									
大柴旦行政委员会									

7—10b 全省按现住地、性别、迁移原因分的户口登记地在外省的人口(镇)

单位：人

现住地	合计			工作就业		
	合计	男	女	小计	男	女
全省	**71382**	**46132**	**25250**	**47074**	**33982**	**13092**
西宁市	**12575**	**8657**	**3918**	**8747**	**6677**	**2070**
城东区						
城中区	1284	1133	151	1262	1121	141
城西区	91	60	31	69	51	18
城北区						
湟中区	3591	2663	928	2846	2231	615
大通回族土族自治县	5789	3617	2172	3545	2522	1023
湟源县	1820	1184	636	1025	752	273
海东市	**11814**	**7402**	**4412**	**7539**	**5383**	**2156**
乐都区	396	284	112	276	219	57
平安区	298	245	53	281	237	44
民和回族土族自治县	4177	2422	1755	1913	1357	556
互助土族自治县	3687	2392	1295	2641	1928	713
化隆回族自治县	1119	686	433	845	554	291
循化撒拉族自治县	2137	1373	764	1583	1088	495
海北藏族自治州	**4708**	**3023**	**1685**	**3020**	**2175**	**845**
门源回族自治县	1294	789	505	756	520	236
祁连县	1455	940	515	941	687	254
海晏县	1040	636	404	658	457	201
刚察县	919	658	261	665	511	154
黄南藏族自治州	**6892**	**4346**	**2546**	**4570**	**3113**	**1457**
同仁县	3258	2057	1201	2194	1500	694
尖扎县	1480	936	544	1106	766	340
泽库县	624	408	216	299	214	85
河南蒙古族自治县	1530	945	585	971	633	338
海南藏族自治州	**8020**	**5029**	**2991**	**5091**	**3518**	**1573**
共和县	3603	2357	1246	2248	1622	626
同德县	850	531	319	603	414	189
贵德县	1671	1006	665	1017	688	329
兴海县	967	573	394	609	382	227
贵南县	929	562	367	614	412	202
果洛藏族自治州	**7737**	**5144**	**2593**	**6013**	**4152**	**1861**
玛沁县	3432	2390	1042	2560	1866	694
班玛县	1009	671	338	846	580	266
甘德县	464	307	157	379	251	128
达日县	1363	861	502	1038	691	347
久治县	1158	697	461	954	592	362
玛多县	311	218	93	236	172	64
玉树藏族自治州	**2539**	**1630**	**909**	**1483**	**1015**	**468**
玉树市	189	123	66	117	83	34
杂多县	641	391	250	238	178	60
称多县	671	442	229	390	269	121
治多县	455	310	145	304	207	97
囊谦县	299	187	112	255	158	97
曲麻莱县	284	177	107	179	120	59
海西蒙古族藏族自治州	**17097**	**10901**	**6196**	**10611**	**7949**	**2662**
格尔木市	7143	4279	2864	3474	2614	860
德令哈市	269	188	81	212	163	49
茫崖市	924	668	256	737	574	163
乌兰县	1863	1246	617	1289	949	340
都兰县	3593	2103	1490	2090	1457	633
天峻县	890	626	264	764	560	204
大柴旦行政委员会	2415	1791	624	2045	1632	413

7-10b　续表 1　　　　　单位：人

现 住 地	学习培训			随同离开/投亲靠友			拆迁/搬家		
	小计	男	女	小计	男	女	小计	男	女
全省	**2198**	**1206**	**992**	**8786**	**3912**	**4874**	**2194**	**1278**	**916**
西宁市	**590**	**364**	**226**	**1146**	**530**	**616**	**414**	**245**	**169**
城东区									
城中区	1	1		7	5	2	3	2	1
城西区	3	1	2	8	2	6			
城北区									
湟中区	179	127	52	195	98	97	52	26	26
大通回族土族自治县	224	137	87	717	316	401	317	187	130
湟源县	183	98	85	219	109	110	42	30	12
海东市	**333**	**171**	**162**	**1461**	**664**	**797**	**626**	**363**	**263**
乐都区	7	6	1	37	20	17	18	13	5
平安区	4	1	3	4	1	3	1		1
民和回族土族自治县	117	63	54	724	326	398	480	286	194
互助土族自治县	131	71	60	326	138	188	91	47	44
化隆回族自治县	35	12	23	115	50	65	8	4	4
循化撒拉族自治县	39	18	21	255	129	126	28	13	15
海北藏族自治州	**161**	**78**	**83**	**448**	**199**	**249**	**106**	**64**	**42**
门源回族自治县	48	20	28	106	45	61	55	35	20
祁连县	36	20	16	178	81	97	25	12	13
海晏县	60	33	27	126	53	73	16	9	7
刚察县	17	5	12	38	20	18	10	8	2
黄南藏族自治州	**244**	**135**	**109**	**695**	**304**	**391**	**74**	**44**	**30**
同仁县	116	65	51	435	201	234	45	28	17
尖扎县	42	24	18	205	80	125	10	6	4
泽库县	10	7	3	35	16	19	8	4	4
河南蒙古族自治县	76	39	37	20	7	13	11	6	5
海南藏族自治州	**327**	**166**	**161**	**933**	**432**	**501**	**172**	**110**	**62**
共和县	174	91	83	312	159	153	83	54	29
同德县	14	7	7	134	56	78	8	2	6
贵德县	59	32	27	222	103	119	31	20	11
兴海县	35	15	20	91	48	43	42	27	15
贵南县	45	21	24	174	66	108	8	7	1
果洛藏族自治州	**237**	**130**	**107**	**436**	**190**	**246**	**124**	**76**	**48**
玛沁县	123	70	53	200	78	122	48	33	15
班玛县	28	16	12	53	27	26	28	16	12
甘德县	1	1		6	1	5			
达日县	32	14	18	105	49	56	23	13	10
久治县	46	25	21	56	26	30	15	9	6
玛多县	7	4	3	16	9	7	10	5	5
玉树藏族自治州	**45**	**25**	**20**	**179**	**84**	**95**	**93**	**49**	**44**
玉树市	7	4	3	12	6	6	19	9	10
杂多县	15	8	7	96	35	61	28	13	15
称多县	14	8	6	37	24	13	18	13	5
治多县	3	2	1	9	5	4	4	2	2
囊谦县	4	2	2	1	1		9	6	3
曲麻莱县	2	1	1	24	13	11	15	6	9
海西蒙古族藏族自治州	**261**	**137**	**124**	**3488**	**1509**	**1979**	**585**	**327**	**258**
格尔木市	89	47	42	2185	1006	1179	463	258	205
德令哈市	4	1	3	18	5	13	23	14	9
茫崖市	13	10	3	28	8	20	8	4	4
乌兰县	33	19	14	97	47	50	36	21	15
都兰县	75	35	40	857	315	542	39	20	19
天峻县	18	11	7	40	17	23	10	8	2
大柴旦行政委员会	29	14	15	263	111	152	6	2	4

7-10b 续表 2

单位：人

现住地	寄挂户口			婚姻嫁娶			照料孙子女		
	小计	男	女	小计	男	女	小计	男	女
全省	**206**	**116**	**90**	**2260**	**647**	**1613**	**422**	**128**	**294**
西宁市	**41**	**24**	**17**	**464**	**179**	**285**	**129**	**42**	**87**
城东区									
城中区	1		1	2		2			
城西区				1	1				
城北区									
湟中区	5	4	1	81	36	45	13	5	8
大通回族土族自治县	33	18	15	290	104	186	95	29	66
湟源县	2	2		90	38	52	21	8	13
海东市	**48**	**20**	**28**	**689**	**197**	**492**	**91**	**27**	**64**
乐都区				19	4	15	2		2
平安区	1	1							
民和回族土族自治县	33	13	20	408	93	315	44	15	29
互助土族自治县	10	2	8	171	59	112	33	9	24
化隆回族自治县				24	8	16	3	1	2
循化撒拉族自治县	4	4		67	33	34	9	2	7
海北藏族自治州	**31**	**18**	**13**	**164**	**51**	**113**	**39**	**11**	**28**
门源回族自治县	10	6	4	49	15	34	16	5	11
祁连县	10	5	5	61	24	37	10	2	8
海晏县	8	5	3	31	3	28	12	3	9
刚察县	3	2	1	23	9	14	1	1	
黄南藏族自治州	**23**	**15**	**8**	**110**	**45**	**65**	**31**	**12**	**19**
同仁县	8	5	3	67	27	40	18	7	11
尖扎县	5	2	3	28	11	17	12	4	8
泽库县	4	4		4	2	2	1	1	
河南蒙古族自治县	6	4	2	11	5	6			
海南藏族自治州	**21**	**14**	**7**	**214**	**59**	**155**	**66**	**20**	**46**
共和县	8	5	3	93	25	68	35	8	27
同德县				22	3	19	2	1	1
贵德县	4	3	1	67	23	44	23	8	15
兴海县	6	3	3	19	2	17	2	1	1
贵南县	3	3		13	6	7	4	2	2
果洛藏族自治州	**12**	**7**	**5**	**106**	**49**	**57**	**5**	**2**	**3**
玛沁县	6	3	3	29	11	18	2	1	1
班玛县	3	2	1	16	7	9	2	1	1
甘德县				6	4	2			
达日县	2	1	1	21	9	12	1		1
久治县				21	8	13			
玛多县	1	1		13	10	3			
玉树藏族自治州	**9**	**4**	**5**	**47**	**20**	**27**	**1**		**1**
玉树市				5	2	3			
杂多县	2	1	1	13	2	11			
称多县	5	1	4	9	4	5	1		1
治多县				6	3	3			
囊谦县	1	1		1	1				
曲麻莱县	1	1		13	8	5			
海西蒙古族藏族自治州	**21**	**14**	**7**	**466**	**47**	**419**	**60**	**14**	**46**
格尔木市	11	7	4	271	16	255	27	9	18
德令哈市				4	2	2	1		1
茫崖市				34	3	31	1		1
乌兰县	2	2		41	9	32	7		7
都兰县	3	2	1	91	13	78	16	3	13
天峻县	5	3	2	8	1	7	3		3
大柴旦行政委员会				17	3	14	5	2	3

7–10b　续表 3　　单位：人

现住地	为子女就学			养老/康养			其他		
	小计	男	女	小计	男	女	小计	男	女
全省	**473**	**233**	**240**	**237**	**98**	**139**	**7532**	**4532**	**3000**
西宁市	**148**	**79**	**69**	**51**	**17**	**34**	**845**	**500**	**345**
城东区									
城中区	1	1		1	1		6	2	4
城西区							10	5	5
城北区									
湟中区	24	15	9	6	2	4	190	119	71
大通回族土族自治县	108	55	53	39	12	27	421	237	184
湟源县	15	8	7	5	2	3	218	137	81
海东市	**103**	**46**	**57**	**67**	**34**	**33**	**857**	**497**	**360**
乐都区	1		1	3	1	2	33	21	12
平安区							7	5	2
民和回族土族自治县	56	28	28	40	19	21	362	222	140
互助土族自治县	35	15	20	16	10	6	233	113	120
化隆回族自治县	1		1	3	1	2	85	56	29
循化撒拉族自治县	10	3	7	5	3	2	137	80	57
海北藏族自治州	**54**	**20**	**34**	**11**	**4**	**7**	**674**	**403**	**271**
门源回族自治县	24	8	16	1		1	229	135	94
祁连县	12	5	7	5	2	3	177	102	75
海晏县	8	3	5	3	1	2	118	69	49
刚察县	10	4	6	2	1	1	150	97	53
黄南藏族自治州	**15**	**6**	**9**	**26**	**9**	**17**	**1104**	**663**	**441**
同仁县	5		5	19	7	12	351	217	134
尖扎县	4	2	2	3		3	65	41	24
泽库县	1		1				262	160	102
河南蒙古族自治县	5	4	1	4	2	2	426	245	181
海南藏族自治州	**87**	**46**	**41**	**40**	**16**	**24**	**1069**	**648**	**421**
共和县	52	28	24	23	8	15	575	357	218
同德县	7	5	2	1	1		59	42	17
贵德县	22	10	12	14	7	7	212	112	100
兴海县	3	1	2				160	94	66
贵南县	3	2	1	2		2	63	43	20
果洛藏族自治州	**8**	**4**	**4**				**796**	**534**	**262**
玛沁县	1		1				463	328	135
班玛县	1		1				32	22	10
甘德县							72	50	22
达日县	6	4	2				135	80	55
久治县							66	37	29
玛多县							28	17	11
玉树藏族自治州	**25**	**13**	**12**				**657**	**420**	**237**
玉树市	1		1				28	19	9
杂多县	12	8	4				237	146	91
称多县	3	1	2				194	122	72
治多县	9	4	5				120	87	33
囊谦县							28	18	10
曲麻莱县							50	28	22
海西蒙古族藏族自治州	**33**	**19**	**14**	**42**	**18**	**24**	**1530**	**867**	**663**
格尔木市	9	6	3	30	12	18	584	304	280
德令哈市							7	3	4
茫崖市							103	69	34
乌兰县	8	5	3	1	1		349	193	156
都兰县	12	5	7	11	5	6	399	248	151
天峻县	3	2	1				39	24	15
大柴旦行政委员会	1	1					49	26	23

7-10c 全省按现住地、性别、迁移原因分的户口登记地在外省的人口(乡村)

单位：人

现住地	合计			工作就业		
	合计	男	女	小计	男	女
全省	**41019**	**28423**	**12596**	**27448**	**21486**	**5962**
西宁市	**9366**	**6568**	**2798**	**6839**	**5353**	**1486**
城东区						
城中区	26	15	11	20	13	7
城西区						
城北区	1064	733	331	734	530	204
湟中区	5285	3716	1569	3973	3092	881
大通回族土族自治县	1929	1389	540	1392	1157	235
湟源县	1062	715	347	720	561	159
海东市	**10772**	**7153**	**3619**	**6993**	**5428**	**1565**
乐都区	2721	1878	843	1809	1433	376
平安区	994	673	321	636	480	156
民和回族土族自治县	1911	1028	883	751	549	202
互助土族自治县	2634	1893	741	1997	1655	342
化隆回族自治县	1626	1069	557	1169	838	331
循化撒拉族自治县	886	612	274	631	473	158
海北藏族自治州	**2567**	**2011**	**556**	**1888**	**1581**	**307**
门源回族自治县	1110	889	221	873	753	120
祁连县	997	800	197	694	573	121
海晏县	239	168	71	174	141	33
刚察县	221	154	67	147	114	33
黄南藏族自治州	**2030**	**1417**	**613**	**1302**	**1001**	**301**
同仁县	842	588	254	512	397	115
尖扎县	542	417	125	444	361	83
泽库县	190	115	75	93	64	29
河南蒙古族自治县	456	297	159	253	179	74
海南藏族自治州	**2242**	**1548**	**694**	**1453**	**1121**	**332**
共和县	789	586	203	611	478	133
同德县	343	231	112	183	150	33
贵德县	542	349	193	332	254	78
兴海县	226	148	78	151	108	43
贵南县	342	234	108	176	131	45
果洛藏族自治州	**3078**	**1827**	**1251**	**1655**	**1057**	**598**
玛沁县	463	325	138	347	255	92
班玛县	413	262	151	262	172	90
甘德县	471	284	187	195	130	65
达日县	692	402	290	361	235	126
久治县	951	491	460	451	236	215
玛多县	88	63	25	39	29	10
玉树藏族自治州	**2377**	**1465**	**912**	**1147**	**804**	**343**
玉树市	1561	949	612	745	528	217
杂多县	326	205	121	193	138	55
称多县	144	97	47	89	61	28
治多县	16	9	7	3	2	1
囊谦县	118	69	49	43	28	15
曲麻莱县	212	136	76	74	47	27
海西蒙古族藏族自治州	**8587**	**6434**	**2153**	**6171**	**5141**	**1030**
格尔木市	2971	2132	839	1945	1618	327
德令哈市	1299	798	501	480	353	127
茫崖市						
乌兰县	459	306	153	288	208	80
都兰县	913	610	303	586	433	153
天峻县	398	360	38	371	340	31
大柴旦行政委员会	2547	2228	319	2501	2189	312

7-10c　续表 1　　单位：人

现住地	学习培训			随同离开/投亲靠友			拆迁/搬家		
	小计	男	女	小计	男	女	小计	男	女
全省	**1388**	**734**	**654**	**3181**	**1493**	**1688**	**1420**	**804**	**616**
西宁市	**225**	**117**	**108**	**686**	**306**	**380**	**152**	**88**	**64**
城东区									
城中区				3	1	2			
城西区									
城北区	25	15	10	113	50	63	8	6	2
湟中区	139	72	67	344	154	190	65	42	23
大通回族土族自治县	26	17	9	140	62	78	59	27	32
湟源县	35	13	22	86	39	47	20	13	7
海东市	**236**	**137**	**99**	**895**	**403**	**492**	**342**	**195**	**147**
乐都区	63	34	29	224	99	125	50	29	21
平安区	31	17	14	62	31	31	28	19	9
民和回族土族自治县	46	25	21	252	101	151	188	103	85
互助土族自治县	36	24	12	113	53	60	28	13	15
化隆回族自治县	41	26	15	163	78	85	23	12	11
循化撒拉族自治县	19	11	8	81	41	40	25	19	6
海北藏族自治州	**33**	**13**	**20**	**78**	**29**	**49**	**45**	**33**	**12**
门源回族自治县	13	6	7	27	11	16	12	9	3
祁连县	10	2	8	37	13	24	15	11	4
海晏县	8	4	4	2	1	1	9	6	3
刚察县	2	1	1	12	4	8	9	7	2
黄南藏族自治州	**80**	**50**	**30**	**128**	**62**	**66**	**57**	**32**	**25**
同仁县	48	32	16	78	40	38	23	12	11
尖扎县	10	7	3	19	8	11	10	8	2
泽库县	11	8	3	12	6	6	14	7	7
河南蒙古族自治县	11	3	8	19	8	11	10	5	5
海南藏族自治州	**106**	**38**	**68**	**144**	**71**	**73**	**105**	**56**	**49**
共和县	24	15	9	42	26	16	28	14	14
同德县	49	6	43	15	6	9	11	7	4
贵德县	13	5	8	52	22	30	43	23	20
兴海县	5	4	1	12	5	7	9	8	1
贵南县	15	8	7	23	12	11	14	4	10
果洛藏族自治州	**382**	**180**	**202**	**217**	**113**	**104**	**131**	**75**	**56**
玛沁县	26	18	8	38	19	19	11	6	5
班玛县	23	14	9	23	13	10	22	12	10
甘德县	62	29	33	10	8	2	8	6	2
达日县	30	10	20	97	46	51	57	30	27
久治县	233	102	131	40	20	20	29	18	11
玛多县	8	7	1	9	7	2	4	3	1
玉树藏族自治州	**231**	**135**	**96**	**217**	**100**	**117**	**224**	**112**	**112**
玉树市	193	107	86	143	67	76	146	72	74
杂多县	6	3	3	43	13	30	10	4	6
称多县	19	14	5	3	1	2	9	4	5
治多县									
囊谦县	7	6	1	1	1		40	18	22
曲麻莱县	6	5	1	27	18	9	19	14	5
海西蒙古族藏族自治州	**95**	**64**	**31**	**816**	**409**	**407**	**364**	**213**	**151**
格尔木市	50	39	11	398	198	200	192	110	82
德令哈市	27	13	14	285	137	148	111	71	40
茫崖市									
乌兰县	4	4		30	16	14	36	18	18
都兰县	11	6	5	99	57	42	17	8	9
天峻县	1		1	4	1	3	4	4	
大柴旦行政委员会	2	2					4	2	2

7-10c 续表 2

单位：人

现住地	寄挂户口			婚姻嫁娶			照料孙子女		
	小计	男	女	小计	男	女	小计	男	女
全省	**320**	**177**	**143**	**2157**	**524**	**1633**	**140**	**45**	**95**
西宁市	**55**	**30**	**25**	**555**	**113**	**442**	**39**	**14**	**25**
城东区									
城中区				1		1			
城西区									
城北区	1	1		17	9	8	2		2
湟中区	21	11	10	317	74	243	19	7	12
大通回族土族自治县	24	14	10	145	21	124	8	4	4
湟源县	9	4	5	75	9	66	10	3	7
海东市	**112**	**64**	**48**	**922**	**161**	**761**	**38**	**13**	**25**
乐都区	21	13	8	173	25	148	4		4
平安区	28	17	11	40	5	35	10	4	6
民和回族土族自治县	38	22	16	324	54	270	8	2	6
互助土族自治县	8	5	3	281	38	243	14	6	8
化隆回族自治县	10	3	7	72	24	48	1		1
循化撒拉族自治县	7	4	3	32	15	17	1	1	
海北藏族自治州	**27**	**12**	**15**	**87**	**15**	**72**	**9**	**2**	**7**
门源回族自治县	11	5	6	54	5	49	2		2
祁连县	10	4	6	25	10	15	6	2	4
海晏县	2	1	1	4		4	1		1
刚察县	4	2	2	4		4			
黄南藏族自治州	**33**	**21**	**12**	**49**	**25**	**24**	**3**	**1**	**2**
同仁县	7	5	2	22	10	12	1		1
尖扎县	9	4	5	10	4	6	1		1
泽库县	10	5	5	7	2	5			
河南蒙古族自治县	7	7		10	9	1	1	1	
海南藏族自治州	**30**	**13**	**17**	**91**	**41**	**50**	**8**	**3**	**5**
共和县	5	4	1	19	8	11	2		2
同德县	2	1	1	11	5	6			
贵德县	2		2	46	18	28	3	1	2
兴海县	12	3	9	4	3	1			
贵南县	9	5	4	11	7	4	3	2	1
果洛藏族自治州	**14**	**9**	**5**	**128**	**71**	**57**	**4**	**1**	**3**
玛沁县	2	1	1	8	4	4	2	1	1
班玛县				19	10	9			
甘德县	1	1		26	15	11			
达日县	4	3	1	23	8	15			
久治县	6	3	3	46	31	15	1		1
玛多县	1	1		6	3	3	1		1
玉树藏族自治州	**22**	**11**	**11**	**115**	**65**	**50**	**9**	**4**	**5**
玉树市	11	5	6	41	18	23	7	3	4
杂多县	4	2	2	10	5	5	1	1	
称多县	1	1		9	8	1			
治多县	3	2	1	3	1	2			
囊谦县				5	3	2			
曲麻莱县	3	1	2	47	30	17	1		1
海西蒙古族藏族自治州	**27**	**17**	**10**	**210**	**33**	**177**	**30**	**7**	**23**
格尔木市	8	5	3	114	19	95	27	6	21
德令哈市	7	5	2	43	4	39	3	1	2
茫崖市									
乌兰县	3	3		15	3	12			
都兰县	7	2	5	37	6	31			
天峻县	1	1		1	1				
大柴旦行政委员会	1	1							

7-10c　续表 3　　　　单位：人

现住地	为子女就学			养老/康养			其　他		
	小计	男	女	小计	男	女	小计	男	女
全省	**148**	**72**	**76**	**68**	**32**	**36**	**4749**	**3056**	**1693**
西宁市	**13**	**4**	**9**	**21**	**11**	**10**	**781**	**532**	**249**
城东区									
城中区							2	1	1
城西区									
城北区				2	1	1	162	121	41
湟中区	8	2	6	13	7	6	386	255	131
大通回族土族自治县	3	2	1	5	2	3	127	83	44
湟源县	2		2	1	1		104	72	32
海东市	**17**	**5**	**12**	**19**	**8**	**11**	**1198**	**739**	**459**
乐都区	10	3	7	5	3	2	362	239	123
平安区				1		1	158	100	58
民和回族土族自治县	6	2	4	7	3	4	291	167	124
互助土族自治县				2	1	1	155	98	57
化隆回族自治县				2	1	1	145	87	58
循化撒拉族自治县	1		1	2		2	87	48	39
海北藏族自治州	**5**	**3**	**2**	**2**		**2**	**393**	**323**	**70**
门源回族自治县				1		1	117	100	17
祁连县	3	2	1				197	183	14
海晏县	2	1	1				37	14	23
刚察县				1		1	42	26	16
黄南藏族自治州							**378**	**225**	**153**
同仁县							151	92	59
尖扎县							39	25	14
泽库县							43	23	20
河南蒙古族自治县							145	85	60
海南藏族自治州	**4**	**2**	**2**	**3**	**3**		**298**	**200**	**98**
共和县							58	41	17
同德县				1	1		71	55	16
贵德县				2	2		49	24	25
兴海县							33	17	16
贵南县	4	2	2				87	63	24
果洛藏族自治州	**3**	**1**	**2**	**7**	**4**	**3**	**537**	**316**	**221**
玛沁县							29	21	8
班玛县							64	41	23
甘德县							169	95	74
达日县	2	1	1				118	69	49
久治县				6	3	3	139	78	61
玛多县	1		1	1	1		18	12	6
玉树藏族自治州	**98**	**52**	**46**	**3**	**1**	**2**	**311**	**181**	**130**
玉树市	96	50	46	1		1	178	99	79
杂多县	1	1		2	1	1	56	37	19
称多县							14	8	6
治多县							7	4	3
囊谦县	1	1					21	12	9
曲麻莱县							35	21	14
海西蒙古族藏族自治州	**8**	**5**	**3**	**13**	**5**	**8**	**853**	**540**	**313**
格尔木市	2	1	1	8	3	5	227	133	94
德令哈市	3	2	1				340	212	128
茫崖市									
乌兰县				2	1	1	81	53	28
都兰县	1		1	2	1	1	153	97	56
天峻县	2	2		1		1	13	11	2
大柴旦行政委员会							39	34	5

第一部分　全部数据资料

第八卷　住房

8-1　各地区按住房间数分的家庭户户数

单位：户

地　区	家庭户户数	住房间数				
		一间	二间	三间	四间	五间
全省	**1791200**	**193448**	**582012**	**557191**	**187866**	**108232**
西宁市	**804171**	**73991**	**314355**	**253356**	**59343**	**36850**
城东区	164290	17401	85941	52924	4630	2051
城中区	117749	17322	57217	31857	5372	1956
城西区	120184	8255	50929	54769	4542	1036
城北区	142499	21444	68952	41287	4438	1686
湟中区	108017	3150	15579	31716	24083	14042
大通回族土族自治县	115917	4286	27264	28682	13483	12257
湟源县	35515	2133	8473	12121	2795	3822
海东市	**383473**	**17606**	**84252**	**137230**	**61117**	**31391**
乐都区	77484	4740	23229	23155	9183	5726
平安区	37308	2115	12945	13214	4460	1774
民和回族土族自治县	88663	3698	15787	37580	13897	7008
互助土族自治县	99279	3441	19674	36718	17331	9861
化隆回族自治县	48214	2026	8857	18166	10911	3666
循化撒拉族自治县	32525	1586	3760	8397	5335	3356
海北藏族自治州	**80940**	**11999**	**21522**	**22335**	**6780**	**11175**
门源回族自治县	40075	4031	8323	8625	3568	9664
祁连县	14985	1701	5299	4967	1440	892
海晏县	13508	3749	5324	3248	560	356
刚察县	12372	2518	2576	5495	1212	263
黄南藏族自治州	**78585**	**13223**	**18945**	**25961**	**9560**	**4232**
同仁县	28102	3681	5730	9746	3857	1881
尖扎县	15507	1714	2689	4614	2211	1411
泽库县	21993	6079	7570	6239	1781	195
河南蒙古族自治县	12983	1749	2956	5362	1711	745
海南藏族自治州	**132890**	**23588**	**31124**	**39475**	**15767**	**8597**
共和县	39936	6397	11911	10949	3794	2632
同德县	17203	4531	5491	5654	919	315
贵德县	32702	5017	4964	9292	4014	3384
兴海县	22855	2792	3871	7068	5142	1525
贵南县	20194	4851	4887	6512	1898	741
果洛藏族自治州	**64176**	**17395**	**25873**	**15203**	**3960**	**1053**
玛沁县	17139	3398	6640	5056	1506	310
班玛县	8086	1704	3830	1600	605	182
甘德县	14301	1991	5771	4954	1024	392
达日县	10971	5017	4074	1318	382	91
久治县	8357	2800	3855	1342	286	50
玛多县	5322	2485	1703	933	157	28
玉树藏族自治州	**111815**	**14807**	**30041**	**29762**	**22369**	**8684**
玉树市	36563	4147	7976	9401	8588	4003
杂多县	15733	5296	5708	2523	1280	496
称多县	16885	1167	4325	4357	4999	1501
治多县	10192	594	3559	2802	2479	339
囊谦县	21674	2022	4700	6603	4283	1899
曲麻莱县	10768	1581	3773	4076	740	446
海西蒙古族藏族自治州	**135150**	**20839**	**55900**	**33869**	**8970**	**6250**
格尔木市	62554	8145	23562	18014	4848	3014
德令哈市	27611	2998	13587	7539	1367	908
茫崖市	5418	3341	1400	569	27	63
乌兰县	9644	1402	3371	2056	698	1084
都兰县	20146	2514	8154	4395	1926	1157
天峻县	8002	2270	4450	1135	104	23
大柴旦行政委员会	1775	169	1376	161		1

注：本表数据为居住在普通住宅的家庭户。

8-1　续表　　　　　　　　　　　　　　　　　　　　　　　　　　　　　单位：户

地　区	住房间数				
	六间	七间	八间	九间	十间及以上
全省	**66303**	**30630**	**25246**	**8714**	**31558**
西宁市	**28095**	**10820**	**9989**	**2957**	**14415**
城东区	347	234	103	89	570
城中区	1230	255	752	210	1578
城西区	209	128	64	4	248
城北区	1267	378	457	149	2441
湟中区	8619	2951	3807	975	3095
大通回族土族自治县	13215	5520	4099	1256	5855
湟源县	3208	1354	707	274	628
海东市	**19064**	**11165**	**9056**	**3415**	**9177**
乐都区	4591	2249	2013	683	1915
平安区	1037	376	590	136	661
民和回族土族自治县	3910	3108	1653	678	1344
互助土族自治县	4170	2684	2057	665	2678
化隆回族自治县	2482	800	748	249	309
循化撒拉族自治县	2874	1948	1995	1004	2270
海北藏族自治州	**4575**	**1523**	**603**	**164**	**264**
门源回族自治县	3932	1272	421	116	123
祁连县	339	133	97	26	91
海晏县	149	60	29	12	21
刚察县	155	58	56	10	29
黄南藏族自治州	**2406**	**867**	**941**	**306**	**2144**
同仁县	979	260	365	78	1525
尖扎县	1017	524	528	214	585
泽库县	94	17	3	5	10
河南蒙古族自治县	316	66	45	9	24
海南藏族自治州	**5500**	**2757**	**2299**	**1068**	**2715**
共和县	1648	964	588	278	775
同德县	163	54	38	12	26
贵德县	1961	1157	1004	486	1423
兴海县	1107	391	489	170	300
贵南县	621	191	180	122	191
果洛藏族自治州	**458**	**74**	**50**	**14**	**96**
玛沁县	159	28	10	6	26
班玛县	109	19	9		28
甘德县	126	17	17	3	6
达日县	44	6	9	3	27
久治县	9	3	5	2	5
玛多县	11	1			4
玉树藏族自治州	**2720**	**1317**	**856**	**376**	**883**
玉树市	1020	553	349	146	380
杂多县	218	72	61	21	58
称多县	283	98	57	25	73
治多县	177	150	57	15	20
囊谦县	930	419	318	162	338
曲麻莱县	92	25	14	7	14
海西蒙古族藏族自治州	**3485**	**2107**	**1452**	**414**	**1864**
格尔木市	1520	766	994	245	1446
德令哈市	682	344	90	20	76
茫崖市	6	3	1	1	7
乌兰县	446	309	104	53	121
都兰县	816	675	246	83	180
天峻县	6	4	1	2	7
大柴旦行政委员会	9	6	16	10	27

8-1a 各地区按住房间数分的家庭户户数(城市)

单位：户

地区	家庭户户数	住房间数				
		一间	二间	三间	四间	五间
全省	**716283**	**86155**	**336382**	**236961**	**27804**	**11401**
西宁市	**561431**	**65191**	**267345**	**188275**	**19961**	**7828**
城东区	164290	17401	85941	52924	4630	2051
城中区	117468	17304	57213	31849	5336	1906
城西区	120116	8255	50926	54763	4540	1029
城北区	139837	21197	68683	40672	3861	1367
湟中区	16039	989	4410	7645	999	751
大通回族土族自治县	3681	45	172	422	595	724
湟源县						
海东市	**60643**	**4884**	**27948**	**23510**	**2110**	**705**
乐都区	35260	3025	17147	13714	827	217
平安区	25383	1859	10801	9796	1283	488
民和回族土族自治县						
互助土族自治县						
化隆回族自治县						
循化撒拉族自治县						
海北藏族自治州						
门源回族自治县						
祁连县						
海晏县						
刚察县						
黄南藏族自治州						
同仁县						
尖扎县						
泽库县						
河南蒙古族自治县						
海南藏族自治州						
共和县						
同德县						
贵德县						
兴海县						
贵南县						
果洛藏族自治州						
玛沁县						
班玛县						
甘德县						
达日县						
久治县						
玛多县						
玉树藏族自治州	**21563**	**3141**	**5896**	**4496**	**3728**	**1954**
玉树市	20903	3067	5559	4321	3669	1947
杂多县						
称多县						
治多县						
囊谦县						
曲麻莱县	660	74	337	175	59	7
海西蒙古族藏族自治州	**72646**	**12939**	**35193**	**20680**	**2005**	**914**
格尔木市	47644	7145	22206	15211	1675	629
德令哈市	20160	2461	11890	5165	303	222
茫崖市	4842	3333	1097	304	27	63
乌兰县						
都兰县						
天峻县						
大柴旦行政委员会						

注：本表数据为居住在普通住宅的家庭户。

8-1a 续表 单位：户

地　区	住房间数				
	六间	七间	八间	九间	十间及以上
全省	**5487**	**1919**	**2484**	**849**	**6841**
西宁市	**3751**	**1148**	**1623**	**601**	**5708**
城东区	347	234	103	89	570
城中区	1201	234	692	196	1537
城西区	206	125	56	3	213
城北区	1104	302	385	126	2140
湟中区	586	147	220	121	171
大通回族土族自治县	307	106	167	66	1077
湟源县					
海东市	**472**	**120**	**327**	**59**	**508**
乐都区	127	54	52	9	88
平安区	345	66	275	50	420
民和回族土族自治县					
互助土族自治县					
化隆回族自治县					
循化撒拉族自治县					
海北藏族自治州					
门源回族自治县					
祁连县					
海晏县					
刚察县					
黄南藏族自治州					
同仁县					
尖扎县					
泽库县					
河南蒙古族自治县					
海南藏族自治州					
共和县					
同德县					
贵德县					
兴海县					
贵南县					
果洛藏族自治州					
玛沁县					
班玛县					
甘德县					
达日县					
久治县					
玛多县					
玉树藏族自治州	**959**	**536**	**334**	**144**	**375**
玉树市	954	534	333	144	375
杂多县					
称多县					
治多县					
囊谦县					
曲麻莱县	5	2	1		
海西蒙古族藏族自治州	**305**	**115**	**200**	**45**	**250**
格尔木市	245	98	184	40	211
德令哈市	54	14	15	4	32
茫崖市	6	3	1	1	7
乌兰县					
都兰县					
天峻县					
大柴旦行政委员会					

8-1b 各地区按住房间数分的家庭户户数(镇)

单位：户

地区	家庭户户数	住房间数				
		一间	二间	三间	四间	五间
全省	**417338**	**64975**	**131139**	**133017**	**39421**	**18980**
西宁市	**95963**	**6197**	**32106**	**29916**	**9145**	**6226**
城东区						
城中区	15	12	1			
城西区	68		3	6	2	7
城北区						
湟中区	18006	668	3060	5304	3307	2126
大通回族土族自治县	58977	3748	22316	16694	4849	3638
湟源县	18897	1769	6726	7912	987	455
海东市	**96365**	**6572**	**25215**	**42057**	**11235**	**4531**
乐都区	3971	448	1238	599	594	480
平安区	502	3	140	214	90	22
民和回族土族自治县	36625	2453	9624	17345	3795	1499
互助土族自治县	34076	1762	9918	16087	3215	1190
化隆回族自治县	9176	678	2260	3270	1804	601
循化撒拉族自治县	12015	1228	2035	4542	1737	739
海北藏族自治州	**40369**	**9115**	**16253**	**12028**	**1633**	**721**
门源回族自治县	16479	3278	6635	5348	573	315
祁连县	8528	1205	3815	2929	243	221
海晏县	10079	3456	4371	2123	78	23
刚察县	5283	1176	1432	1628	739	162
黄南藏族自治州	**34731**	**8895**	**9229**	**11618**	**2381**	**1061**
同仁县	15850	3341	3850	6022	857	599
尖扎县	6268	1378	1323	2593	585	169
泽库县	6913	2763	2280	1428	425	13
河南蒙古族自治县	5700	1413	1776	1575	514	280
海南藏族自治州	**57555**	**16289**	**15621**	**17767**	**3565**	**1607**
共和县	19970	4837	6985	6433	815	389
同德县	4846	1405	1866	1339	137	40
贵德县	16220	4696	2863	5967	1006	534
兴海县	10532	2278	2483	3078	1417	545
贵南县	5987	3073	1424	950	190	99
果洛藏族自治州	**24428**	**8028**	**10090**	**4594**	**1157**	**336**
玛沁县	9504	2680	4518	1730	450	60
班玛县	2914	843	1508	363	121	25
甘德县	2859	148	760	1572	155	186
达日县	4103	1968	1510	318	221	40
久治县	1821	722	840	118	110	21
玛多县	3227	1667	954	493	100	4
玉树藏族自治州	**35701**	**4425**	**8461**	**9938**	**7894**	**2573**
玉树市	1472	42	174	337	805	108
杂多县	8078	2772	2512	1389	810	318
称多县	6331	392	969	1540	2363	696
治多县	7405	305	2079	2190	2151	281
囊谦县	7525	751	1580	1763	1308	893
曲麻莱县	4890	163	1147	2719	457	277
海西蒙古族藏族自治州	**32226**	**5454**	**14164**	**5099**	**2411**	**1925**
格尔木市	9117	884	1029	1590	1553	1468
德令哈市	606	101	200	169	99	28
茫崖市	576	8	303	265		
乌兰县	5777	1318	2673	1059	251	224
都兰县	9718	1716	5903	1173	484	197
天峻县	4780	1258	2682	803	24	7
大柴旦行政委员会	1652	169	1374	40		1

注：本表数据为居住在普通住宅的家庭户。

8-1b 续表 单位：户

地 区	住房间数				
	六间	七间	八间	九间	十间及以上
全省	**11249**	**4427**	**4686**	**1675**	**7769**
西宁市	**4778**	**1740**	**2031**	**599**	**3225**
城东区					
城中区	1				1
城西区	3	3	8	1	35
城北区					
湟中区	1578	472	646	206	639
大通回族土族自治县	2801	1107	1209	329	2286
湟源县	395	158	168	63	264
海东市	**2498**	**988**	**1098**	**430**	**1741**
乐都区	212	71	123	42	164
平安区	15	6	10		2
民和回族土族自治县	812	343	290	102	362
互助土族自治县	569	271	270	83	711
化隆回族自治县	358	68	76	10	51
循化撒拉族自治县	532	229	329	193	451
海北藏族自治州	**340**	**133**	**81**	**11**	**54**
门源回族自治县	207	81	24	6	12
祁连县	58	16	13	4	24
海晏县	23	1	1		3
刚察县	52	35	43	1	15
黄南藏族自治州	**512**	**178**	**182**	**58**	**617**
同仁县	337	123	119	52	550
尖扎县	82	31	45	4	58
泽库县	3				1
河南蒙古族自治县	90	24	18	2	8
海南藏族自治州	**1000**	**471**	**411**	**244**	**580**
共和县	184	103	67	33	124
同德县	29	13	11	1	5
贵德县	319	184	184	126	341
兴海县	353	129	114	58	77
贵南县	115	42	35	26	33
果洛藏族自治州	**99**	**34**	**16**	**5**	**69**
玛沁县	38	10	4	1	13
班玛县	14	13	4		23
甘德县	25	6	3	1	3
达日县	15	2	5	1	23
久治县	2	2		2	4
玛多县	5	1			3
玉树藏族自治州	**1108**	**487**	**325**	**158**	**332**
玉树市	4		1	1	
杂多县	128	45	48	15	41
称多县	213	58	35	15	50
治多县	165	144	57	14	19
囊谦县	518	222	173	106	211
曲麻莱县	80	18	11	7	11
海西蒙古族藏族自治州	**914**	**396**	**542**	**170**	**1151**
格尔木市	712	321	458	128	974
德令哈市	7	1			1
茫崖市					
乌兰县	99	16	34	19	84
都兰县	87	52	34	13	59
天峻县					6
大柴旦行政委员会	9	6	16	10	27

8-1c　各地区按住房间数分的家庭户户数(乡村)

单位：户

地　区	家庭户户　数	住房间数				
		一间	二间	三间	四间	五间
全省	**657579**	**42318**	**114491**	**187213**	**120641**	**77851**
西宁市	**146777**	**2603**	**14904**	**35165**	**30237**	**22796**
城东区						
城中区	266	6	3	8	36	50
城西区						
城北区	2662	247	269	615	577	319
湟中区	73972	1493	8109	18767	19777	11165
大通回族土族自治县	53259	493	4776	11566	8039	7895
湟源县	16618	364	1747	4209	1808	3367
海东市	**226465**	**6150**	**31089**	**71663**	**47772**	**26155**
乐都区	38253	1267	4844	8842	7762	5029
平安区	11423	253	2004	3204	3087	1264
民和回族土族自治县	52038	1245	6163	20235	10102	5509
互助土族自治县	65203	1679	9756	20631	14116	8671
化隆回族自治县	39038	1348	6597	14896	9107	3065
循化撒拉族自治县	20510	358	1725	3855	3598	2617
海北藏族自治州	**40571**	**2884**	**5269**	**10307**	**5147**	**10454**
门源回族自治县	23596	753	1688	3277	2995	9349
祁连县	6457	496	1484	2038	1197	671
海晏县	3429	293	953	1125	482	333
刚察县	7089	1342	1144	3867	473	101
黄南藏族自治州	**43854**	**4328**	**9716**	**14343**	**7179**	**3171**
同仁县	12252	340	1880	3724	3000	1282
尖扎县	9239	336	1366	2021	1626	1242
泽库县	15080	3316	5290	4811	1356	182
河南蒙古族自治县	7283	336	1180	3787	1197	465
海南藏族自治州	**75335**	**7299**	**15503**	**21708**	**12202**	**6990**
共和县	19966	1560	4926	4516	2979	2243
同德县	12357	3126	3625	4315	782	275
贵德县	16482	321	2101	3325	3008	2850
兴海县	12323	514	1388	3990	3725	980
贵南县	14207	1778	3463	5562	1708	642
果洛藏族自治州	**39748**	**9367**	**15783**	**10609**	**2803**	**717**
玛沁县	7635	718	2122	3326	1056	250
班玛县	5172	861	2322	1237	484	157
甘德县	11442	1843	5011	3382	869	206
达日县	6868	3049	2564	1000	161	51
久治县	6536	2078	3015	1224	176	29
玛多县	2095	818	749	440	57	24
玉树藏族自治州	**54551**	**7241**	**15684**	**15328**	**10747**	**4157**
玉树市	14188	1038	2243	4743	4114	1948
杂多县	7655	2524	3196	1134	470	178
称多县	10554	775	3356	2817	2636	805
治多县	2787	289	1480	612	328	58
囊谦县	14149	1271	3120	4840	2975	1006
曲麻莱县	5218	1344	2289	1182	224	162
海西蒙古族藏族自治州	**30278**	**2446**	**6543**	**8090**	**4554**	**3411**
格尔木市	5793	116	327	1213	1620	917
德令哈市	6845	436	1497	2205	965	658
茫崖市						
乌兰县	3867	84	698	997	447	860
都兰县	10428	798	2251	3222	1442	960
天峻县	3222	1012	1768	332	80	16
大柴旦行政委员会	123		2	121		

注：本表数据为居住在普通住宅的家庭户。

8－1c　续表

单位：户

地　区	住房间数				
	六间	七间	八间	九间	十间及以上
全省	**49567**	**24284**	**18076**	**6190**	**16948**
西宁市	**19566**	**7932**	**6335**	**1757**	**5482**
城东区					
城中区	28	21	60	14	40
城西区					
城北区	163	76	72	23	301
湟中区	6455	2332	2941	648	2285
大通回族土族自治县	10107	4307	2723	861	2492
湟源县	2813	1196	539	211	364
海东市	**16094**	**10057**	**7631**	**2926**	**6928**
乐都区	4252	2124	1838	632	1663
平安区	677	304	305	86	239
民和回族土族自治县	3098	2765	1363	576	982
互助土族自治县	3601	2413	1787	582	1967
化隆回族自治县	2124	732	672	239	258
循化撒拉族自治县	2342	1719	1666	811	1819
海北藏族自治州	**4235**	**1390**	**522**	**153**	**210**
门源回族自治县	3725	1191	397	110	111
祁连县	281	117	84	22	67
海晏县	126	59	28	12	18
刚察县	103	23	13	9	14
黄南藏族自治州	**1894**	**689**	**759**	**248**	**1527**
同仁县	642	137	246	26	975
尖扎县	935	493	483	210	527
泽库县	91	17	3	5	9
河南蒙古族自治县	226	42	27	7	16
海南藏族自治州	**4500**	**2286**	**1888**	**824**	**2135**
共和县	1464	861	521	245	651
同德县	134	41	27	11	21
贵德县	1642	973	820	360	1082
兴海县	754	262	375	112	223
贵南县	506	149	145	96	158
果洛藏族自治州	**359**	**40**	**34**	**9**	**27**
玛沁县	121	18	6	5	13
班玛县	95	6	5		5
甘德县	101	11	14	2	3
达日县	29	4	4	2	4
久治县	7	1	5		1
玛多县	6				1
玉树藏族自治州	**653**	**294**	**197**	**74**	**176**
玉树市	62	19	15	1	5
杂多县	90	27	13	6	17
称多县	70	40	22	10	23
治多县	12	6		1	1
囊谦县	412	197	145	56	127
曲麻莱县	7	5	2		3
海西蒙古族藏族自治州	**2266**	**1596**	**710**	**199**	**463**
格尔木市	563	347	352	77	261
德令哈市	621	329	75	16	43
茫崖市					
乌兰县	347	293	70	34	37
都兰县	729	623	212	70	121
天峻县	6	4	1	2	1
大柴旦行政委员会					

8-2　各地区按人均住房建筑面积分的家庭户户数

单位：户

地　　区	家庭户户　数	人均住房建筑面积(平方米)			
		8及以下	9-12	13-16	17-19
全省	**1791200**	**31016**	**71833**	**119971**	**62902**
西宁市	**804171**	**5924**	**16683**	**32028**	**27831**
城东区	164290	1325	3640	6549	7162
城中区	117749	915	2676	4746	3740
城西区	120184	524	1670	3151	3122
城北区	142499	1621	3995	5472	4391
湟中区	108017	576	1921	5052	2962
大通回族土族自治县	115917	700	2301	5969	5579
湟源县	35515	263	480	1089	875
海东市	**383473**	**4640**	**12989**	**25114**	**15358**
乐都区	77484	538	1573	3896	2398
平安区	37308	249	634	1499	1202
民和回族土族自治县	88663	865	2967	6631	4101
互助土族自治县	99279	759	2222	4494	3471
化隆回族自治县	48214	1770	4130	5975	2509
循化撒拉族自治县	32525	459	1463	2619	1677
海北藏族自治州	**80940**	**1101**	**4153**	**7424**	**4347**
门源回族自治县	40075	493	1971	3533	2948
祁连县	14985	150	473	971	568
海晏县	13508	92	360	866	684
刚察县	12372	366	1349	2054	147
黄南藏族自治州	**78585**	**5506**	**6765**	**8636**	**2906**
同仁县	28102	763	1523	2198	1014
尖扎县	15507	252	587	1117	553
泽库县	21993	4305	3966	3986	547
河南蒙古族自治县	12983	186	689	1335	792
海南藏族自治州	**132890**	**2997**	**9644**	**14203**	**4160**
共和县	39936	467	1533	3493	1234
同德县	17203	643	2152	2597	487
贵德县	32702	398	1220	1928	1171
兴海县	22855	932	2740	3428	649
贵南县	20194	557	1999	2757	619
果洛藏族自治州	**64176**	**2857**	**6495**	**9344**	**1604**
玛沁县	17139	380	1184	2031	386
班玛县	8086	306	873	1483	342
甘德县	14301	184	1166	2117	322
达日县	10971	719	1417	1715	153
久治县	8357	640	1247	1338	166
玛多县	5322	628	608	660	235
玉树藏族自治州	**111815**	**5410**	**10190**	**15307**	**1440**
玉树市	36563	1525	2517	5126	324
杂多县	15733	1243	2162	2458	236
称多县	16885	752	1339	2284	47
治多县	10192	413	1116	1443	212
囊谦县	21674	1193	2284	2720	546
曲麻莱县	10768	284	772	1276	75
海西蒙古族藏族自治州	**135150**	**2581**	**4914**	**7915**	**5256**
格尔木市	62554	1313	2305	3533	2640
德令哈市	27611	119	448	1038	907
茫崖市	5418	217	595	714	399
乌兰县	9644	29	179	409	300
都兰县	20146	341	690	1230	722
天峻县	8002	540	660	828	262
大柴旦行政委员会	1775	22	37	163	26

注：本表数据为居住在普通住宅的家庭户。

8-2 续表

单位：户

地区	人均住房建筑面积(平方米)					
	20-29	30-39	40-49	50-59	60-69	70及以上
全省	**387962**	**296003**	**243518**	**144952**	**131488**	**301555**
西宁市	**156541**	**142581**	**119873**	**77950**	**62565**	**162195**
城东区	32218	29100	23789	16702	11762	32043
城中区	23501	20434	17080	11761	9902	22994
城西区	16924	19953	19174	12246	12327	31093
城北区	26495	25208	22614	14116	9951	28636
湟中区	23940	19641	14938	9420	8419	21148
大通回族土族自治县	26645	21460	16407	9714	7374	19768
湟源县	6818	6785	5871	3991	2830	6513
海东市	**86225**	**68486**	**53930**	**27948**	**27753**	**61030**
乐都区	16401	13160	12580	5758	6351	14829
平安区	7293	6943	5772	3449	3188	7079
民和回族土族自治县	23003	15906	12461	5414	6019	11296
互助土族自治县	19890	19641	14434	8963	7697	17708
化隆回族自治县	11841	7290	4806	2310	2576	5007
循化撒拉族自治县	7797	5546	3877	2054	1922	5111
海北藏族自治州	**20763**	**14260**	**11992**	**4938**	**3878**	**8084**
门源回族自治县	10181	7653	5891	2261	1400	3744
祁连县	4224	2665	2286	1019	770	1859
海晏县	3368	2017	2572	1131	633	1785
刚察县	2990	1925	1243	527	1075	696
黄南藏族自治州	**18172**	**9976**	**7059**	**5229**	**4039**	**10297**
同仁县	5538	4121	2960	2680	1862	5443
尖扎县	3405	2414	1920	1414	1010	2835
泽库县	4839	1565	1048	411	656	670
河南蒙古族自治县	4390	1876	1131	724	511	1349
海南藏族自治州	**31912**	**19766**	**14346**	**11529**	**9043**	**15290**
共和县	10220	6168	4565	4083	2694	5479
同德县	4269	2378	1257	1011	1251	1158
贵德县	7076	5366	4168	3812	2288	5275
兴海县	5214	3028	2364	1189	1518	1793
贵南县	5133	2826	1992	1434	1292	1585
果洛藏族自治州	**16979**	**6778**	**5177**	**3162**	**6569**	**5211**
玛沁县	4162	1917	2024	1326	1796	1933
班玛县	1980	809	651	425	516	701
甘德县	4533	1484	777	413	2342	963
达日县	2765	1085	1027	392	935	763
久治县	1989	978	585	349	452	613
玛多县	1550	505	113	257	528	238
玉树藏族自治州	**26828**	**10266**	**12838**	**2788**	**9509**	**17239**
玉树市	9439	1922	5991	1077	1310	7332
杂多县	3483	1818	1203	311	1549	1270
称多县	4780	1230	2023	162	1475	2793
治多县	2592	1266	984	338	920	908
囊谦县	4412	2584	1809	807	2168	3151
曲麻莱县	2122	1446	828	93	2087	1785
海西蒙古族藏族自治州	**30542**	**23890**	**18303**	**11408**	**8132**	**22209**
格尔木市	14145	12102	7046	5717	3713	10040
德令哈市	6390	5286	4930	1880	1682	4931
茫崖市	1183	672	340	651	290	357
乌兰县	1805	1471	1801	639	856	2155
都兰县	4663	3332	2966	1699	1262	3241
天峻县	2005	689	1121	478	151	1268
大柴旦行政委员会	351	338	99	344	178	217

8-2a 各地区按人均住房建筑面积分的家庭户户数(城市)

单位：户

地区	家庭户户数	人均住房建筑面积(平方米)			
		8及以下	9-12	13-16	17-19
全省	**716283**	**6674**	**16885**	**29826**	**25248**
西宁市	**561431**	**4423**	**12181**	**20607**	**19169**
城东区	164290	1325	3640	6549	7162
城中区	117468	913	2671	4736	3736
城西区	120116	523	1670	3150	3122
城北区	139837	1575	3853	5250	4351
湟中区	16039	84	341	911	791
大通回族土族自治县	3681	3	6	11	7
湟源县					
海东市	**60643**	**447**	**1047**	**2587**	**2359**
乐都区	35260	239	580	1652	1403
平安区	25383	208	467	935	956
民和回族土族自治县					
互助土族自治县					
化隆回族自治县					
循化撒拉族自治县					
海北藏族自治州					
门源回族自治县					
祁连县					
海晏县					
刚察县					
黄南藏族自治州					
同仁县					
尖扎县					
泽库县					
河南蒙古族自治县					
海南藏族自治州					
共和县					
同德县					
贵德县					
兴海县					
贵南县					
果洛藏族自治州					
玛沁县					
班玛县					
甘德县					
达日县					
久治县					
玛多县					
玉树藏族自治州	**21563**	**592**	**1004**	**2261**	**291**
玉树市	20903	571	947	2115	274
杂多县					
称多县					
治多县					
囊谦县					
曲麻莱县	660	21	57	146	17
海西蒙古族藏族自治州	**72646**	**1212**	**2653**	**4371**	**3429**
格尔木市	47644	918	1757	2822	2286
德令哈市	20160	77	304	844	776
茫崖市	4842	217	592	705	367
乌兰县					
都兰县					
天峻县					
大柴旦行政委员会					

注：本表数据为居住在普通住宅的家庭户。

8-2a 续表

单位：户

地区	人均住房建筑面积(平方米)					
	20-29	30-39	40-49	50-59	60-69	70及以上
全省	**139738**	**125351**	**107821**	**68660**	**54266**	**141814**
西宁市	**103388**	**98220**	**84492**	**56461**	**45244**	**117246**
城东区	32218	29100	23789	16702	11762	32043
城中区	23476	20389	17044	11719	9879	22905
城西区	16922	19945	19166	12239	12318	31061
城北区	26117	25134	22567	14059	9891	27040
湟中区	4477	3275	1603	1371	930	2256
大通回族土族自治县	178	377	323	371	464	1941
湟源县						
海东市	**13230**	**11344**	**10688**	**4917**	**4715**	**9309**
乐都区	8317	6267	6594	2435	2635	5138
平安区	4913	5077	4094	2482	2080	4171
民和回族土族自治县						
互助土族自治县						
化隆回族自治县						
循化撒拉族自治县						
海北藏族自治州						
门源回族自治县						
祁连县						
海晏县						
刚察县						
黄南藏族自治州						
同仁县						
尖扎县						
泽库县						
河南蒙古族自治县						
海南藏族自治州						
共和县						
同德县						
贵德县						
兴海县						
贵南县						
果洛藏族自治州						
玛沁县						
班玛县						
甘德县						
达日县						
久治县						
玛多县						
玉树藏族自治州	**5343**	**1544**	**3498**	**984**	**1099**	**4947**
玉树市	5103	1491	3436	971	1072	4923
杂多县						
称多县						
治多县						
囊谦县						
曲麻莱县	240	53	62	13	27	24
海西蒙古族藏族自治州	**17777**	**14243**	**9143**	**6298**	**3208**	**10312**
格尔木市	11689	9711	5132	4488	2215	6626
德令哈市	5028	4012	3694	1220	845	3360
茫崖市	1060	520	317	590	148	326
乌兰县						
都兰县						
天峻县						
大柴旦行政委员会						

8-2b　各地区按人均住房建筑面积分的家庭户户数(镇)

单位：户

地　　区	家庭户户　数	人均住房建筑面积(平方米)			
		8及以下	9-12	13-16	17-19
全省	**417338**	**9261**	**18434**	**29661**	**14683**
西宁市	**95963**	**561**	**1683**	**4107**	**3893**
城东区					
城中区	15	1	3	7	2
城西区	68	1		1	
城北区					
湟中区	18006	77	270	654	514
大通回族土族自治县	58977	266	1086	2729	2825
湟源县	18897	216	324	716	552
海东市	**96365**	**1557**	**3412**	**5572**	**3655**
乐都区	3971	13	115	233	134
平安区	502	1		4	5
民和回族土族自治县	36625	529	1217	1977	1481
互助土族自治县	34076	245	646	1290	1122
化隆回族自治县	9176	576	966	1282	442
循化撒拉族自治县	12015	193	468	786	471
海北藏族自治州	**40369**	**522**	**1643**	**2814**	**1848**
门源回族自治县	16479	278	692	1079	747
祁连县	8528	67	258	446	401
海晏县	10079	69	276	683	596
刚察县	5283	108	417	606	104
黄南藏族自治州	**34731**	**1981**	**2270**	**3296**	**1083**
同仁县	15850	388	593	642	394
尖扎县	6268	97	274	500	186
泽库县	6913	1402	1036	1645	198
河南蒙古族自治县	5700	94	367	509	305
海南藏族自治州	**57555**	**1104**	**3278**	**5077**	**1779**
共和县	19970	372	896	1713	556
同德县	4846	187	384	437	238
贵德县	16220	151	610	873	514
兴海县	10532	252	824	1308	305
贵南县	5987	142	564	746	166
果洛藏族自治州	**24428**	**931**	**1643**	**2438**	**584**
玛沁县	9504	166	471	773	250
班玛县	2914	96	257	350	47
甘德县	2859	33	161	200	14
达日县	4103	118	307	583	73
久治县	1821	97	163	147	14
玛多县	3227	421	284	385	186
玉树藏族自治州	**35701**	**1603**	**3201**	**4369**	**621**
玉树市	1472	61	137	297	12
杂多县	8078	637	1077	1247	180
称多县	6331	298	408	778	22
治多县	7405	279	799	1065	174
囊谦县	7525	243	516	595	202
曲麻莱县	4890	85	264	387	31
海西蒙古族藏族自治州	**32226**	**1002**	**1304**	**1988**	**1220**
格尔木市	9117	348	417	524	251
德令哈市	606	4	11	31	13
茫崖市	576		3	9	32
乌兰县	5777	24	143	315	244
都兰县	9718	257	373	703	422
天峻县	4780	347	328	267	232
大柴旦行政委员会	1652	22	29	139	26

注：本表数据为居住在普通住宅的家庭户。

8-2b 续表

单位：户

地 区	人均住房建筑面积(平方米)					
	20-29	30-39	40-49	50-59	60-69	70及以上
全省	**94241**	**65317**	**55848**	**36969**	**28875**	**64049**
西宁市	**21235**	**17517**	**14132**	**9247**	**6397**	**17191**
城东区						
城中区		1				1
城西区	2	8	8	7	9	32
城北区						
湟中区	3669	3066	2615	1392	1408	4341
大通回族土族自治县	13790	10782	8376	5578	3779	9766
湟源县	3774	3660	3133	2270	1201	3051
海东市	**20837**	**17376**	**14068**	**7352**	**7344**	**15192**
乐都区	683	593	465	335	391	1009
平安区	58	102	119	35	39	139
民和回族土族自治县	8410	6772	5626	2420	3010	5183
互助土族自治县	6860	6593	5380	3311	2762	5867
化隆回族自治县	2326	1315	809	348	382	730
循化撒拉族自治县	2500	2001	1669	903	760	2264
海北藏族自治州	**10413**	**6680**	**7496**	**3072**	**1560**	**4321**
门源回族自治县	3997	2943	3147	1220	648	1728
祁连县	2413	1588	1383	642	330	1000
海晏县	2703	1409	2022	833	351	1137
刚察县	1300	740	944	377	231	456
黄南藏族自治州	**7241**	**4761**	**3289**	**3200**	**1983**	**5627**
同仁县	2311	2391	1892	2075	1230	3934
尖扎县	1427	907	624	830	315	1108
泽库县	1436	542	322	36	165	131
河南蒙古族自治县	2067	921	451	259	273	454
海南藏族自治州	**13561**	**7921**	**6275**	**8159**	**3166**	**7235**
共和县	4916	2861	2107	2986	947	2616
同德县	1281	547	476	579	152	565
贵德县	3420	2408	1976	2619	1125	2524
兴海县	2405	1482	1063	981	772	1140
贵南县	1539	623	653	994	170	390
果洛藏族自治州	**5796**	**2228**	**2726**	**2059**	**2950**	**3073**
玛沁县	2115	798	1275	1069	1079	1508
班玛县	733	233	385	269	240	304
甘德县	420	323	206	181	867	454
达日县	1112	375	601	188	385	361
久治县	469	187	211	177	55	301
玛多县	947	312	48	175	324	145
玉树藏族自治州	**8151**	**4109**	**3616**	**1034**	**3616**	**5381**
玉树市	481	39	218	6	26	195
杂多县	1907	1050	662	238	579	501
称多县	1713	519	857	107	486	1143
治多县	1852	919	819	167	617	714
囊谦县	1484	1052	744	451	710	1528
曲麻莱县	714	530	316	65	1198	1300
海西蒙古族藏族自治州	**7007**	**4725**	**4246**	**2846**	**1859**	**6029**
格尔木市	1613	1411	1042	755	761	1995
德令哈市	146	112	100	57	43	89
茫崖市	123	152	23	61	142	31
乌兰县	1180	831	1174	301	419	1146
都兰县	2544	1444	1325	915	284	1451
天峻县	1093	465	483	423	34	1108
大柴旦行政委员会	308	310	99	334	176	209

8-2c　各地区按人均住房建筑面积分的家庭户户数(乡村)

单位：户

地　区	家庭户户　数	人均住房建筑面积(平方米)			
		8及以下	9-12	13-16	17-19
全省	**657579**	**15081**	**36514**	**60484**	**22971**
西宁市	**146777**	**940**	**2819**	**7314**	**4769**
城东区					
城中区	266	1	2	3	2
城西区					
城北区	2662	46	142	222	40
湟中区	73972	415	1310	3487	1657
大通回族土族自治县	53259	431	1209	3229	2747
湟源县	16618	47	156	373	323
海东市	**226465**	**2636**	**8530**	**16955**	**9344**
乐都区	38253	286	878	2011	861
平安区	11423	40	167	560	241
民和回族土族自治县	52038	336	1750	4654	2620
互助土族自治县	65203	514	1576	3204	2349
化隆回族自治县	39038	1194	3164	4693	2067
循化撒拉族自治县	20510	266	995	1833	1206
海北藏族自治州	**40571**	**579**	**2510**	**4610**	**2499**
门源回族自治县	23596	215	1279	2454	2201
祁连县	6457	83	215	525	167
海晏县	3429	23	84	183	88
刚察县	7089	258	932	1448	43
黄南藏族自治州	**43854**	**3525**	**4495**	**5340**	**1823**
同仁县	12252	375	930	1556	620
尖扎县	9239	155	313	617	367
泽库县	15080	2903	2930	2341	349
河南蒙古族自治县	7283	92	322	826	487
海南藏族自治州	**75335**	**1893**	**6366**	**9126**	**2381**
共和县	19966	95	637	1780	678
同德县	12357	456	1768	2160	249
贵德县	16482	247	610	1055	657
兴海县	12323	680	1916	2120	344
贵南县	14207	415	1435	2011	453
果洛藏族自治州	**39748**	**1926**	**4852**	**6906**	**1020**
玛沁县	7635	214	713	1258	136
班玛县	5172	210	616	1133	295
甘德县	11442	151	1005	1917	308
达日县	6868	601	1110	1132	80
久治县	6536	543	1084	1191	152
玛多县	2095	207	324	275	49
玉树藏族自治州	**54551**	**3215**	**5985**	**8677**	**528**
玉树市	14188	893	1433	2714	38
杂多县	7655	606	1085	1211	56
称多县	10554	454	931	1506	25
治多县	2787	134	317	378	38
囊谦县	14149	950	1768	2125	344
曲麻莱县	5218	178	451	743	27
海西蒙古族藏族自治州	**30278**	**367**	**957**	**1556**	**607**
格尔木市	5793	47	131	187	103
德令哈市	6845	38	133	163	118
茫崖市					
乌兰县	3867	5	36	94	56
都兰县	10428	84	317	527	300
天峻县	3222	193	332	561	30
大柴旦行政委员会	123		8	24	

注：本表数据为居住在普通住宅的家庭户。

8-2c 续表 单位：户

地 区	人均住房建筑面积(平方米)					
	20-29	30-39	40-49	50-59	60-69	70及以上
全省	**153983**	**105335**	**79849**	**39323**	**48347**	**95692**
西宁市	**31918**	**26844**	**21249**	**12242**	**10924**	**27758**
城东区						
城中区	25	44	36	42	23	88
城西区						
城北区	378	74	47	57	60	1596
湟中区	15794	13300	10720	6657	6081	14551
大通回族土族自治县	12677	10301	7708	3765	3131	8061
湟源县	3044	3125	2738	1721	1629	3462
海东市	**52158**	**39766**	**29174**	**15679**	**15694**	**36529**
乐都区	7401	6300	5521	2988	3325	8682
平安区	2322	1764	1559	932	1069	2769
民和回族土族自治县	14593	9134	6835	2994	3009	6113
互助土族自治县	13030	13048	9054	5652	4935	11841
化隆回族自治县	9515	5975	3997	1962	2194	4277
循化撒拉族自治县	5297	3545	2208	1151	1162	2847
海北藏族自治州	**10350**	**7580**	**4496**	**1866**	**2318**	**3763**
门源回族自治县	6184	4710	2744	1041	752	2016
祁连县	1811	1077	903	377	440	859
海晏县	665	608	550	298	282	648
刚察县	1690	1185	299	150	844	240
黄南藏族自治州	**10931**	**5215**	**3770**	**2029**	**2056**	**4670**
同仁县	3227	1730	1068	605	632	1509
尖扎县	1978	1507	1296	584	695	1727
泽库县	3403	1023	726	375	491	539
河南蒙古族自治县	2323	955	680	465	238	895
海南藏族自治州	**18351**	**11845**	**8071**	**3370**	**5877**	**8055**
共和县	5304	3307	2458	1097	1747	2863
同德县	2988	1831	781	432	1099	593
贵德县	3656	2958	2192	1193	1163	2751
兴海县	2809	1546	1301	208	746	653
贵南县	3594	2203	1339	440	1122	1195
果洛藏族自治州	**11183**	**4550**	**2451**	**1103**	**3619**	**2138**
玛沁县	2047	1119	749	257	717	425
班玛县	1247	576	266	156	276	397
甘德县	4113	1161	571	232	1475	509
达日县	1653	710	426	204	550	402
久治县	1520	791	374	172	397	312
玛多县	603	193	65	82	204	93
玉树藏族自治州	**13334**	**4613**	**5724**	**770**	**4794**	**6911**
玉树市	3855	392	2337	100	212	2214
杂多县	1576	768	541	73	970	769
称多县	3067	711	1166	55	989	1650
治多县	740	347	165	171	303	194
囊谦县	2928	1532	1065	356	1458	1623
曲麻莱县	1168	863	450	15	862	461
海西蒙古族藏族自治州	**5758**	**4922**	**4914**	**2264**	**3065**	**5868**
格尔木市	843	980	872	474	737	1419
德令哈市	1216	1162	1136	603	794	1482
茫崖市						
乌兰县	625	640	627	338	437	1009
都兰县	2119	1888	1641	784	978	1790
天峻县	912	224	638	55	117	160
大柴旦行政委员会	43	28		10	2	8

8-3　各地区按家庭户类别和住房间数分的家庭户户数

单位：户

地　　区	家庭户户　数	一代户				
		一间	二间	三间	四间	五间及以上
全省	**1791200**	**138267**	**279255**	**198609**	**51466**	**63838**
西宁市	**804171**	**59704**	**163963**	**101212**	**17069**	**22487**
城东区	164290	13835	45403	21941	1883	1157
城中区	117749	14137	31495	14924	2210	1459
城西区	120184	6633	27669	25968	2042	693
城北区	142499	18003	37637	17878	1415	1466
湟中区	108017	2478	6498	8492	5679	6364
大通回族土族自治县	115917	3084	11343	7829	2868	8222
湟源县	35515	1534	3918	4180	972	3126
海东市	**383473**	**12557**	**35807**	**41214**	**14635**	**19518**
乐都区	77484	3335	9919	8863	3274	5472
平安区	37308	1472	5895	4553	1483	1391
民和回族土族自治县	88663	2620	6634	10063	2489	3330
互助土族自治县	99279	2635	8379	11017	4007	4847
化隆回族自治县	48214	1486	3446	4376	2154	1520
循化撒拉族自治县	32525	1009	1534	2342	1228	2958
海北藏族自治州	**80940**	**7216**	**8844**	**6896**	**2153**	**4364**
门源回族自治县	40075	2195	3248	2546	970	3497
祁连县	14985	1082	2139	1583	486	452
海晏县	13508	2490	2434	1193	226	255
刚察县	12372	1449	1023	1574	471	160
黄南藏族自治州	**78585**	**8994**	**7315**	**8087**	**2159**	**2339**
同仁县	28102	2901	2544	3259	695	996
尖扎县	15507	1080	999	1529	714	1033
泽库县	21993	3614	2295	1505	364	66
河南蒙古族自治县	12983	1399	1477	1794	386	244
海南藏族自治州	**132890**	**14187**	**12020**	**11753**	**3926**	**5766**
共和县	39936	4138	4461	3417	1004	1869
同德县	17203	2415	2029	1300	162	91
贵德县	32702	3217	2090	2934	1020	2348
兴海县	22855	1695	1921	2638	1406	1033
贵南县	20194	2722	1519	1464	334	425
果洛藏族自治州	**64176**	**11763**	**11822**	**5104**	**1014**	**434**
玛沁县	17139	2615	3443	2120	500	172
班玛县	8086	1309	1309	289	92	40
甘德县	14301	1708	3611	1780	201	144
达日县	10971	2767	1257	310	109	39
久治县	8357	1734	1440	307	75	26
玛多县	5322	1630	762	298	37	13
玉树藏族自治州	**111815**	**8114**	**12386**	**11729**	**7779**	**5044**
玉树市	36563	2748	3408	4044	3273	2598
杂多县	15733	2096	1713	579	261	212
称多县	16885	752	1808	1525	1754	628
治多县	10192	361	1579	1078	955	221
囊谦县	21674	1418	2126	2474	1200	1073
曲麻莱县	10768	739	1752	2029	336	312
海西蒙古族藏族自治州	**135150**	**15732**	**27098**	**12614**	**2731**	**3886**
格尔木市	62554	6210	11374	6662	1380	1610
德令哈市	27611	2444	6579	2522	399	635
茫崖市	5418	3083	944	372	6	30
乌兰县	9644	975	1735	841	267	731
都兰县	20146	1629	3469	1433	648	838
天峻县	8002	1242	2005	734	31	18
大柴旦行政委员会	1775	149	992	50		24

注：本表数据为居住在普通住宅的家庭户。

8-3 续表 1

单位：户

地 区	二代户				
	一间	二间	三间	四间	五间及以上
全省	**49364**	**247775**	**254660**	**84599**	**115519**
西宁市	**13074**	**123968**	**108801**	**24927**	**42022**
城东区	3229	33410	22147	1782	1374
城中区	2913	21369	12901	2209	2441
城西区	1454	19519	22932	1936	689
城北区	3172	26155	17825	1956	2630
湟中区	631	7235	14748	10446	13289
大通回族土族自治县	1117	12657	13055	5510	17380
湟源县	558	3623	5193	1088	4219
海东市	**4624**	**37663**	**62876**	**25679**	**34036**
乐都区	1290	10003	9627	3683	6599
平安区	601	5665	6223	1978	1863
民和回族土族自治县	993	7275	17607	5650	7111
互助土族自治县	734	8753	16607	7034	8812
化隆回族自治县	488	4220	8551	4733	3469
循化撒拉族自治县	518	1747	4261	2601	6182
海北藏族自治州	**4104**	**10281**	**10830**	**3007**	**7834**
门源回族自治县	1572	4062	4083	1589	6586
祁连县	546	2654	2561	695	721
海晏县	1131	2399	1483	236	279
刚察县	855	1166	2703	487	248
黄南藏族自治州	**3615**	**8837**	**12504**	**4383**	**4871**
同仁县	708	2495	4485	1691	2292
尖扎县	540	1273	2158	921	1978
泽库县	2058	3864	3230	932	119
河南蒙古族自治县	309	1205	2631	839	482
海南藏族自治州	**8042**	**14747**	**19341**	**7676**	**10553**
共和县	2025	6001	5535	1953	3328
同德县	1618	2447	2773	396	245
贵德县	1648	2241	4400	1780	4118
兴海县	947	1593	3420	2574	1919
贵南县	1804	2465	3213	973	943
果洛藏族自治州	**5016**	**11992**	**8319**	**2218**	**906**
玛沁县	707	2773	2460	798	269
班玛县	341	2123	1031	349	217
甘德县	267	1925	2753	619	268
达日县	2022	2476	824	216	109
久治县	888	1836	694	146	21
玛多县	791	859	557	90	22
玉树藏族自治州	**6250**	**15959**	**15738**	**12512**	**8129**
玉树市	1295	4126	4704	4559	3275
杂多县	2976	3544	1649	867	568
称多县	400	2365	2525	2958	1268
治多县	221	1835	1588	1369	469
囊谦县	557	2251	3433	2413	2293
曲麻莱县	801	1838	1839	346	256
海西蒙古族藏族自治州	**4639**	**24328**	**16251**	**4197**	**7168**
格尔木市	1812	10369	8995	2371	3836
德令哈市	527	6040	3779	618	928
茫崖市	251	424	178	16	45
乌兰县	392	1395	911	313	918
都兰县	769	3790	1981	833	1385
天峻县	870	1956	310	46	17
大柴旦行政委员会	18	354	97		39

8-3　续表 2　　　　单位：户

地　区	三代户				
	一间	二间	三间	四间	五间及以上
全省	**5695**	**53936**	**100977**	**49618**	**87389**
西宁市	**1202**	**26071**	**42324**	**16693**	**37150**
城东区	332	7037	8622	925	835
城中区	268	4294	3915	931	2021
城西区	168	3698	5757	554	298
城北区	267	5099	5510	1038	2237
湟中区	41	1813	8267	7681	13262
大通回族土族自治县	85	3206	7580	4866	15932
湟源县	41	924	2673	698	2565
海东市	**419**	**10588**	**32242**	**19898**	**28391**
乐都区	112	3239	4521	2163	4935
平安区	41	1362	2365	960	1271
民和回族土族自治县	84	1843	9639	5494	6935
互助土族自治县	72	2502	8900	6007	8039
化隆回族自治县	52	1175	5076	3818	3079
循化撒拉族自治县	58	467	1741	1456	4132
海北藏族自治州	**669**	**2346**	**4454**	**1545**	**5816**
门源回族自治县	262	998	1941	964	5184
祁连县	71	498	792	253	391
海晏县	126	480	561	91	91
刚察县	210	370	1160	237	150
黄南藏族自治州	**596**	**2693**	**5099**	**2821**	**3418**
同仁县	69	665	1892	1368	1665
尖扎县	94	402	892	548	1199
泽库县	393	1362	1420	454	123
河南蒙古族自治县	40	264	895	451	431
海南藏族自治州	**1303**	**4174**	**8005**	**3954**	**6264**
共和县	232	1406	1925	794	1600
同德县	468	945	1470	329	244
贵德县	151	619	1898	1156	2807
兴海县	145	340	972	1114	984
贵南县	307	864	1740	561	629
果洛藏族自治州	**608**	**2005**	**1720**	**708**	**384**
玛沁县	75	417	459	204	93
班玛县	54	386	277	158	85
甘德县	16	229	412	199	143
达日县	223	334	173	57	28
久治县	176	558	321	60	26
玛多县	64	81	78	30	9
玉树藏族自治州	**440**	**1647**	**2242**	**2028**	**1618**
玉树市	104	440	646	746	562
杂多县	223	433	285	142	144
称多县	15	148	300	282	139
治多县	12	140	134	152	64
囊谦县	47	306	673	649	681
曲麻莱县	39	180	204	57	28
海西蒙古族藏族自治州	**458**	**4412**	**4891**	**1971**	**4348**
格尔木市	122	1802	2304	1056	2434
德令哈市	27	963	1217	341	540
茫崖市	7	32	19	5	6
乌兰县	35	240	295	115	457
都兰县	111	871	954	428	898
天峻县	154	474	88	26	7
大柴旦行政委员会	2	30	14		6

8-3 续表 3 单位：户

地　区	四代户				
	一间	二间	三间	四间	五间及以上
全省	**121**	**1042**	**2934**	**2180**	**3933**
西宁市	**11**	**353**	**1018**	**654**	**1466**
城东区	5	91	214	40	28
城中区	4	59	117	22	60
城西区		43	112	10	9
城北区	2	61	74	29	44
湟中区		33	208	277	574
大通回族土族自治县		58	218	239	668
湟源县		8	75	37	83
海东市	**6**	**194**	**896**	**905**	**1322**
乐都区	3	68	144	63	171
平安区	1	23	73	39	49
民和回族土族自治县	1	35	269	264	325
互助土族自治县		40	194	283	417
化隆回族自治县		16	163	206	186
循化撒拉族自治县	1	12	53	50	174
海北藏族自治州	**10**	**51**	**155**	**75**	**290**
门源回族自治县	2	15	55	45	261
祁连县	2	8	31	6	14
海晏县	2	11	11	7	2
刚察县	4	17	58	17	13
黄南藏族自治州	**17**	**98**	**269**	**196**	**267**
同仁县	3	25	110	102	135
尖扎县		14	35	28	68
泽库县	13	49	82	31	16
河南蒙古族自治县	1	10	42	35	48
海南藏族自治州	**56**	**182**	**370**	**211**	**352**
共和县	2	43	69	43	88
同德县	30	70	110	32	28
贵德县	1	14	60	58	142
兴海县	5	17	37	48	46
贵南县	18	38	94	30	48
果洛藏族自治州	**8**	**53**	**60**	**20**	**21**
玛沁县	1	7	17	4	5
班玛县		11	3	6	5
甘德县		6	9	5	6
达日县	5	7	11		4
久治县	2	21	20	5	1
玛多县		1			
玉树藏族自治州	**3**	**49**	**53**	**48**	**45**
玉树市		2	7	8	16
杂多县	1	18	10	10	2
称多县		4	7	5	2
治多县		5	2	3	4
囊谦县		17	23	21	19
曲麻莱县	2	3	4	1	2
海西蒙古族藏族自治州	**10**	**62**	**113**	**71**	**170**
格尔木市	1	17	53	41	105
德令哈市		5	21	9	17
茫崖市					
乌兰县		1	9	3	11
都兰县	5	24	27	17	36
天峻县	4	15	3	1	1
大柴旦行政委员会					

8-3　续表 4　　　　单位：户

地　区	五代及以上户				
	一间	二间	三间	四间	五间及以上
全省	**1**	**4**	**11**	**3**	**4**
西宁市			**1**		**1**
城东区					
城中区					
城西区					
城北区					1
湟中区			1		
大通回族土族自治县					
湟源县					
海东市			**2**		**1**
乐都区					
平安区					
民和回族土族自治县			2		
互助土族自治县					
化隆回族自治县					
循化撒拉族自治县					1
海北藏族自治州					
门源回族自治县					
祁连县					
海晏县					
刚察县					
黄南藏族自治州	**1**	**2**	**2**	**1**	**1**
同仁县		1		1	
尖扎县		1			1
泽库县	1		2		
河南蒙古族自治县					
海南藏族自治州		**1**	**6**		**1**
共和县			3		
同德县			1		
贵德县					
兴海县			1		
贵南县		1	1		1
果洛藏族自治州		**1**			
玛沁县					
班玛县		1			
甘德县					
达日县					
久治县					
玛多县					
玉树藏族自治州				**2**	
玉树市				2	
杂多县					
称多县					
治多县					
囊谦县					
曲麻莱县					
海西蒙古族藏族自治州					
格尔木市					
德令哈市					
茫崖市					
乌兰县					
都兰县					
天峻县					
大柴旦行政委员会					

8-3a 各地区按家庭户类别和住房间数分的家庭户户数(城市)

单位：户

地　　区	家庭户户　数	一代户				
		一间	二间	三间	四间	五间及以上
全省	**716283**	**69137**	**175268**	**100563**	**11088**	**8535**
西宁市	**561431**	**53045**	**143922**	**82427**	**7885**	**5403**
城东区	164290	13835	45403	21941	1883	1157
城中区	117468	14122	31492	14920	2188	1376
城西区	120116	6633	27666	25963	2041	685
城北区	139837	17775	37533	17747	1292	1308
湟中区	16039	639	1729	1738	333	443
大通回族土族自治县	3681	41	99	118	148	434
湟源县						
海东市	**60643**	**3233**	**11667**	**8046**	**684**	**667**
乐都区	35260	1987	6915	4759	254	130
平安区	25383	1246	4752	3287	430	537
民和回族土族自治县						
互助土族自治县						
化隆回族自治县						
循化撒拉族自治县						
海北藏族自治州						
门源回族自治县						
祁连县						
海晏县						
刚察县						
黄南藏族自治州						
同仁县						
尖扎县						
泽库县						
河南蒙古族自治县						
海南藏族自治州						
共和县						
同德县						
贵德县						
兴海县						
贵南县						
果洛藏族自治州						
玛沁县						
班玛县						
甘德县						
达日县						
久治县						
玛多县						
玉树藏族自治州	**21563**	**2212**	**2401**	**2455**	**1924**	**2001**
玉树市	20903	2185	2351	2439	1919	1999
杂多县						
称多县						
治多县						
囊谦县						
曲麻莱县	660	27	50	16	5	2
海西蒙古族藏族自治州	**72646**	**10647**	**17278**	**7635**	**595**	**464**
格尔木市	47644	5555	10784	5705	504	325
德令哈市	20160	2017	5768	1727	85	109
茫崖市	4842	3075	726	203	6	30
乌兰县						
都兰县						
天峻县						
大柴旦行政委员会						

注：本表数据为居住在普通住宅的家庭户。

8-3a　续表 1　　　　单位：户

地　区	二代户				
	一间	二间	三间	四间	五间及以上
全省	**15622**	**133549**	**102346**	**11906**	**12240**
西宁市	**11080**	**102551**	**79324**	**8342**	**8459**
城东区	3229	33410	22147	1782	1374
城中区	2910	21368	12897	2198	2346
城西区	1454	19519	22931	1935	660
城北区	3154	26018	17514	1724	2253
湟中区	329	2176	3601	384	800
大通回族土族自治县	4	60	234	319	1026
湟源县					
海东市	**1524**	**12473**	**10786**	**962**	**908**
乐都区	950	7627	5999	346	203
平安区	574	4846	4787	616	705
民和回族土族自治县					
互助土族自治县					
化隆回族自治县					
循化撒拉族自治县					
海北藏族自治州					
门源回族自治县					
祁连县					
海晏县					
刚察县					
黄南藏族自治州					
同仁县					
尖扎县					
泽库县					
河南蒙古族自治县					
海南藏族自治州					
共和县					
同德县					
贵德县					
兴海县					
贵南县					
果洛藏族自治州					
玛沁县					
班玛县					
甘德县					
达日县					
久治县					
玛多县					
玉树藏族自治州	**859**	**3155**	**1813**	**1588**	**1953**
玉树市	818	2931	1703	1566	1951
杂多县					
称多县					
治多县					
囊谦县					
曲麻莱县	41	224	110	22	2
海西蒙古族藏族自治州	**2159**	**15370**	**10423**	**1014**	**920**
格尔木市	1485	9741	7701	865	716
德令哈市	423	5287	2636	133	159
茫崖市	251	342	86	16	45
乌兰县					
都兰县					
天峻县					
大柴旦行政委员会					

8-3a 续表 2

单位：户

地 区	三代户				
	一间	二间	三间	四间	五间及以上
全省	**1379**	**27202**	**33256**	**4679**	**7951**
西宁市	**1055**	**20611**	**25935**	**3626**	**6604**
城东区	332	7037	8622	925	835
城中区	268	4294	3915	928	1984
城西区	168	3698	5757	554	278
城北区	266	5072	5338	820	1828
湟中区	21	497	2233	274	722
大通回族土族自治县		13	70	125	957
湟源县					
海东市	**124**	**3728**	**4520**	**453**	**592**
乐都区	86	2546	2849	221	206
平安区	38	1182	1671	232	386
民和回族土族自治县					
互助土族自治县					
化隆回族自治县					
循化撒拉族自治县					
海北藏族自治州					
门源回族自治县					
祁连县					
海晏县					
刚察县					
黄南藏族自治州					
同仁县					
尖扎县					
泽库县					
河南蒙古族自治县					
海南藏族自治州					
共和县					
同德县					
贵德县					
兴海县					
贵南县					
果洛藏族自治州					
玛沁县					
班玛县					
甘德县					
达日县					
久治县					
玛多县					
玉树藏族自治州	**68**	**337**	**225**	**212**	**335**
玉树市	64	276	179	181	326
杂多县					
称多县					
治多县					
囊谦县					
曲麻莱县	4	61	46	31	9
海西蒙古族藏族自治州	**132**	**2526**	**2576**	**388**	**420**
格尔木市	104	1665	1773	300	345
德令哈市	21	832	788	83	69
茫崖市	7	29	15	5	6
乌兰县					
都兰县					
天峻县					
大柴旦行政委员会					

8-3a 续表 3

单位：户

地 区	四代户				
	一间	二间	三间	四间	五间及以上
全省	**17**	**363**	**796**	**131**	**254**
西宁市	**11**	**261**	**589**	**108**	**192**
城东区	5	91	214	40	28
城中区	4	59	117	22	60
城西区		43	112	10	9
城北区	2	60	73	25	34
湟中区		8	73	8	31
大通回族土族自治县				3	30
湟源县					
海东市	**3**	**80**	**158**	**11**	**24**
乐都区	2	59	107	6	8
平安区	1	21	51	5	16
民和回族土族自治县					
互助土族自治县					
化隆回族自治县					
循化撒拉族自治县					
海北藏族自治州					
门源回族自治县					
祁连县					
海晏县					
刚察县					
黄南藏族自治州					
同仁县					
尖扎县					
泽库县					
河南蒙古族自治县					
海南藏族自治州					
共和县					
同德县					
贵德县					
兴海县					
贵南县					
果洛藏族自治州					
玛沁县					
班玛县					
甘德县					
达日县					
久治县					
玛多县					
玉树藏族自治州	**2**	**3**	**3**	**4**	**13**
玉树市		1		3	11
杂多县					
称多县					
治多县					
囊谦县					
曲麻莱县	2	2	3	1	2
海西蒙古族藏族自治州	**1**	**19**	**46**	**8**	**25**
格尔木市	1	16	32	6	21
德令哈市		3	14	2	4
茫崖市					
乌兰县					
都兰县					
天峻县					
大柴旦行政委员会					

8-3a 续表 4

单位：户

地　　区	五代及以上户				
	一间	二间	三间	四间	五间及以上
全省					**1**
西宁市					**1**
城东区					
城中区					
城西区					
城北区					1
湟中区					
大通回族土族自治县					
湟源县					
海东市					
乐都区					
平安区					
民和回族土族自治县					
互助土族自治县					
化隆回族自治县					
循化撒拉族自治县					
海北藏族自治州					
门源回族自治县					
祁连县					
海晏县					
刚察县					
黄南藏族自治州					
同仁县					
尖扎县					
泽库县					
河南蒙古族自治县					
海南藏族自治州					
共和县					
同德县					
贵德县					
兴海县					
贵南县					
果洛藏族自治州					
玛沁县					
班玛县					
甘德县					
达日县					
久治县					
玛多县					
玉树藏族自治州					
玉树市					
杂多县					
称多县					
治多县					
囊谦县					
曲麻莱县					
海西蒙古族藏族自治州					
格尔木市					
德令哈市					
茫崖市					
乌兰县					
都兰县					
天峻县					
大柴旦行政委员会					

8-3b　各地区按家庭户类别和住房间数分的家庭户户数(镇)

单位：户

地　　区	家庭户户　数	一代户				
		一间	二间	三间	四间	五间及以上
全省	**417338**	**43224**	**57289**	**43902**	**10683**	**11008**
西宁市	**95963**	**4464**	**13805**	**9255**	**2116**	**3718**
城东区						
城中区	15	12	1			1
城西区	68		3	5	1	8
城北区						
湟中区	18006	545	1158	1426	706	1020
大通回族土族自治县	58977	2649	9541	5014	1096	2189
湟源县	18897	1258	3102	2810	313	500
海东市	**96365**	**4274**	**10166**	**12346**	**2440**	**2274**
乐都区	3971	329	594	234	200	316
平安区	502	3	73	94	29	20
民和回族土族自治县	36625	1536	3831	4868	722	550
互助土族自治县	34076	1266	4070	5201	776	632
化隆回族自治县	9176	396	758	653	304	188
循化撒拉族自治县	12015	744	840	1296	409	568
海北藏族自治州	**40369**	**5678**	**6718**	**3520**	**602**	**385**
门源回族自治县	16479	1774	2600	1486	143	180
祁连县	8528	783	1468	797	82	108
海晏县	10079	2294	1952	680	32	13
刚察县	5283	827	698	557	345	84
黄南藏族自治州	**34731**	**6516**	**4104**	**4244**	**577**	**577**
同仁县	15850	2713	1990	2556	217	419
尖扎县	6268	898	540	895	169	87
泽库县	6913	1796	758	354	109	4
河南蒙古族自治县	5700	1109	816	439	82	67
海南藏族自治州	**57555**	**10319**	**6707**	**6063**	**1147**	**1310**
共和县	19970	3155	2865	2128	226	237
同德县	4846	889	853	367	34	14
贵德县	16220	3009	1284	2014	311	569
兴海县	10532	1354	1189	1301	521	386
贵南县	5987	1912	516	253	55	104
果洛藏族自治州	**24428**	**5969**	**5218**	**2397**	**567**	**236**
玛沁县	9504	2183	2426	1034	259	65
班玛县	2914	699	715	115	51	12
甘德县	2859	136	659	973	109	117
达日县	4103	1240	484	126	79	25
久治县	1821	600	480	35	49	14
玛多县	3227	1111	454	114	20	3
玉树藏族自治州	**35701**	**2328**	**3755**	**4033**	**2592**	**1469**
玉树市	1472	20	64	123	175	25
杂多县	8078	1174	723	206	100	80
称多县	6331	232	438	555	853	347
治多县	7405	187	978	841	832	192
囊谦县	7525	579	787	694	368	577
曲麻莱县	4890	136	765	1614	264	248
海西蒙古族藏族自治州	**32226**	**3676**	**6816**	**2044**	**642**	**1039**
格尔木市	9117	558	391	449	339	733
德令哈市	606	90	98	62	38	15
茫崖市	576	8	218	169		
乌兰县	5777	917	1350	387	91	173
都兰县	9718	1208	2523	353	170	86
天峻县	4780	746	1244	593	4	8
大柴旦行政委员会	1652	149	992	31		24

注：本表数据为居住在普通住宅的家庭户。

8-3b 续表 1

单位：户

地 区	二代户				
	一间	二间	三间	四间	五间及以上
全省	**19782**	**60598**	**63626**	**18824**	**21617**
西宁市	**1619**	**14712**	**13852**	**3975**	**7608**
城东区					
城中区					1
城西区			1	1	29
城北区					
湟中区	118	1473	2548	1539	2226
大通回族土族自治县	1024	10385	7930	2034	4720
湟源县	477	2854	3373	401	632
海东市	**2104**	**11805**	**20108**	**5015**	**4595**
乐都区	104	462	253	233	399
平安区		63	89	37	26
民和回族土族自治县	847	4602	8342	1659	1312
互助土族自治县	456	4473	7336	1394	1207
化隆回族自治县	264	1216	1706	829	479
循化撒拉族自治县	433	989	2382	863	1172
海北藏族自治州	**3089**	**7979**	**6034**	**720**	**637**
门源回族自治县	1341	3342	2675	293	289
祁连县	387	1993	1578	107	158
海晏县	1052	2027	1021	33	32
刚察县	309	617	760	287	158
黄南藏族自治州	**2114**	**4170**	**5625**	**1159**	**1118**
同仁县	587	1591	2715	395	790
尖扎县	417	615	1296	252	160
泽库县	840	1208	782	229	5
河南蒙古族自治县	270	756	832	283	163
海南藏族自治州	**5367**	**7317**	**8690**	**1631**	**1960**
共和县	1522	3431	3268	408	468
同德县	434	784	663	66	50
贵德县	1551	1298	2906	457	679
兴海县	808	1064	1377	613	601
贵南县	1052	740	476	87	162
果洛藏族自治州	**1909**	**4240**	**1875**	**479**	**259**
玛沁县	464	1805	571	159	43
班玛县	136	672	194	55	53
甘德县	12	95	554	40	97
达日县	673	915	165	117	53
久治县	116	308	66	52	7
玛多县	508	445	325	56	6
玉树藏族自治州	**1979**	**4321**	**5281**	**4714**	**3009**
玉树市	21	103	190	526	76
杂多县	1503	1607	1008	608	410
称多县	152	500	870	1412	669
治多县	112	1021	1245	1183	430
囊谦县	166	730	959	808	1274
曲麻莱县	25	360	1009	177	150
海西蒙古族藏族自治州	**1601**	**6054**	**2161**	**1131**	**2431**
格尔木市	308	511	759	771	1962
德令哈市	9	93	78	39	17
茫崖市		82	92		
乌兰县	369	1115	494	119	220
都兰县	462	2739	562	188	189
天峻县	435	1162	167	14	4
大柴旦行政委员会	18	352	9		39

8-3b 续表 2

单位：户

地 区	三代户				
	一间	二间	三间	四间	五间及以上
全省	**1942**	**12984**	**24803**	**9578**	**15520**
西宁市	**114**	**3524**	**6636**	**2960**	**6995**
城东区					
城中区					
城西区					20
城北区					
湟中区	5	410	1289	1019	2329
大通回族土族自治县	75	2352	3660	1677	4283
湟源县	34	762	1687	264	363
海东市	**194**	**3196**	**9370**	**3661**	**4243**
乐都区	15	182	109	154	365
平安区		4	30	24	8
民和回族土族自治县	70	1173	4027	1358	1485
互助土族自治县	40	1348	3470	1009	1188
化隆回族自治县	18	284	892	660	482
循化撒拉族自治县	51	205	842	456	715
海北藏族自治州	**345**	**1528**	**2404**	**293**	**305**
门源回族自治县	163	685	1154	129	169
祁连县	34	349	539	52	69
海晏县	108	382	415	12	6
刚察县	40	112	296	100	61
黄南藏族自治州	**257**	**917**	**1689**	**611**	**863**
同仁县	41	258	729	231	546
尖扎县	63	161	390	155	135
泽库县	120	303	279	81	7
河南蒙古族自治县	33	195	291	144	175
海南藏族自治州	**591**	**1554**	**2918**	**762**	**1000**
共和县	158	679	1011	175	184
同德县	77	216	288	33	34
贵德县	135	273	1021	231	423
兴海县	113	221	386	276	278
贵南县	108	165	212	47	81
果洛藏族自治州	**149**	**621**	**316**	**109**	**63**
玛沁县	33	282	121	31	18
班玛县	8	117	54	15	14
甘德县		6	44	6	10
达日县	54	110	26	25	7
久治县	6	52	17	8	10
玛多县	48	54	54	24	4
玉树藏族自治州	**118**	**372**	**612**	**574**	**490**
玉树市	1	7	23	101	13
杂多县	95	171	169	97	103
称多县	8	31	114	97	50
治多县	6	78	102	133	54
囊谦县	6	63	109	130	264
曲麻莱县	2	22	95	16	6
海西蒙古族藏族自治州	**174**	**1272**	**858**	**608**	**1561**
格尔木市	18	126	366	419	1312
德令哈市	2	9	28	21	5
茫崖市		3	4		
乌兰县	32	207	172	39	77
都兰县	43	628	248	123	160
天峻县	77	269	40	6	1
大柴旦行政委员会	2	30			6

8－3b 续表 3

单位：户

地区	四代户				
	一间	二间	三间	四间	五间及以上
全省	**27**	**266**	**682**	**335**	**641**
西宁市		**65**	**172**	**94**	**278**
城东区					
城中区					
城西区					
城北区					
湟中区		19	40	43	92
大通回族土族自治县		38	90	42	178
湟源县		8	42	9	8
海东市		**48**	**231**	**119**	**174**
乐都区			3	7	12
平安区			1		1
民和回族土族自治县		18	106	56	61
互助土族自治县		27	80	36	67
化隆回族自治县		2	19	11	15
循化撒拉族自治县		1	22	9	18
海北藏族自治州	**3**	**28**	**70**	**18**	**13**
门源回族自治县		8	33	8	7
祁连县	1	5	15	2	1
海晏县	2	10	7	1	
刚察县		5	15	7	5
黄南藏族自治州	**8**	**37**	**60**	**34**	**50**
同仁县		10	22	14	25
尖扎县		7	12	9	7
泽库县	7	11	13	6	1
河南蒙古族自治县	1	9	13	5	17
海南藏族自治州	**12**	**43**	**95**	**25**	**43**
共和县	2	10	26	6	11
同德县	5	13	21	4	1
贵德县	1	8	26	7	17
兴海县	3	9	13	7	11
贵南县	1	3	9	1	3
果洛藏族自治州	**1**	**10**	**6**	**2**	**1**
玛沁县		5	4	1	
班玛县		3			
甘德县			1		
达日县	1	1	1		1
久治县				1	
玛多县		1			
玉树藏族自治州		**13**	**12**	**13**	**15**
玉树市			1	2	
杂多县		11	6	5	2
称多县			1	1	1
治多县		2	2	3	4
囊谦县			1	2	8
曲麻莱县			1		
海西蒙古族藏族自治州	**3**	**22**	**36**	**30**	**67**
格尔木市		1	16	24	54
德令哈市			1	1	
茫崖市					
乌兰县		1	6	2	6
都兰县	3	13	10	3	7
天峻县		7	3		
大柴旦行政委员会					

8-3b　续表 4　　单位：户

地　区	五代及以上户				
	一间	二间	三间	四间	五间及以上
全省		**2**	**4**	**1**	
西宁市			**1**		
城东区					
城中区					
城西区					
城北区					
湟中区			1		
大通回族土族自治县					
湟源县					
海东市			**2**		
乐都区					
平安区					
民和回族土族自治县			2		
互助土族自治县					
化隆回族自治县					
循化撒拉族自治县					
海北藏族自治州					
门源回族自治县					
祁连县					
海晏县					
刚察县					
黄南藏族自治州		**1**			
同仁县		1			
尖扎县					
泽库县					
河南蒙古族自治县					
海南藏族自治州			**1**		
共和县					
同德县					
贵德县					
兴海县			1		
贵南县					
果洛藏族自治州		**1**			
玛沁县					
班玛县		1			
甘德县					
达日县					
久治县					
玛多县					
玉树藏族自治州				**1**	
玉树市				1	
杂多县					
称多县					
治多县					
囊谦县					
曲麻莱县					
海西蒙古族藏族自治州					
格尔木市					
德令哈市					
茫崖市					
乌兰县					
都兰县					
天峻县					
大柴旦行政委员会					

8-3c 各地区按家庭户类别和住房间数分的家庭户户数(乡村)

单位：户

地区	家庭户户数	一代户				
		一间	二间	三间	四间	五间及以上
全省	**657579**	**25906**	**46698**	**54144**	**29695**	**44295**
西宁市	**146777**	**2195**	**6236**	**9530**	**7068**	**13366**
城东区						
城中区	266	3	2	4	22	82
城西区						
城北区	2662	228	104	131	123	158
湟中区	73972	1294	3611	5328	4640	4901
大通回族土族自治县	53259	394	1703	2697	1624	5599
湟源县	16618	276	816	1370	659	2626
海东市	**226465**	**5050**	**13974**	**20822**	**11511**	**16577**
乐都区	38253	1019	2410	3870	2820	5026
平安区	11423	223	1070	1172	1024	834
民和回族土族自治县	52038	1084	2803	5195	1767	2780
互助土族自治县	65203	1369	4309	5816	3231	4215
化隆回族自治县	39038	1090	2688	3723	1850	1332
循化撒拉族自治县	20510	265	694	1046	819	2390
海北藏族自治州	**40571**	**1538**	**2126**	**3376**	**1551**	**3979**
门源回族自治县	23596	421	648	1060	827	3317
祁连县	6457	299	671	786	404	344
海晏县	3429	196	482	513	194	242
刚察县	7089	622	325	1017	126	76
黄南藏族自治州	**43854**	**2478**	**3211**	**3843**	**1582**	**1762**
同仁县	12252	188	554	703	478	577
尖扎县	9239	182	459	634	545	946
泽库县	15080	1818	1537	1151	255	62
河南蒙古族自治县	7283	290	661	1355	304	177
海南藏族自治州	**75335**	**3868**	**5313**	**5690**	**2779**	**4456**
共和县	19966	983	1596	1289	778	1632
同德县	12357	1526	1176	933	128	77
贵德县	16482	208	806	920	709	1779
兴海县	12323	341	732	1337	885	647
贵南县	14207	810	1003	1211	279	321
果洛藏族自治州	**39748**	**5794**	**6604**	**2707**	**447**	**198**
玛沁县	7635	432	1017	1086	241	107
班玛县	5172	610	594	174	41	28
甘德县	11442	1572	2952	807	92	27
达日县	6868	1527	773	184	30	14
久治县	6536	1134	960	272	26	12
玛多县	2095	519	308	184	17	10
玉树藏族自治州	**54551**	**3574**	**6230**	**5241**	**3263**	**1574**
玉树市	14188	543	993	1482	1179	574
杂多县	7655	922	990	373	161	132
称多县	10554	520	1370	970	901	281
治多县	2787	174	601	237	123	29
囊谦县	14149	839	1339	1780	832	496
曲麻莱县	5218	576	937	399	67	62
海西蒙古族藏族自治州	**30278**	**1409**	**3004**	**2935**	**1494**	**2383**
格尔木市	5793	97	199	508	537	552
德令哈市	6845	337	713	733	276	511
茫崖市						
乌兰县	3867	58	385	454	176	558
都兰县	10428	421	946	1080	478	752
天峻县	3222	496	761	141	27	10
大柴旦行政委员会	123			19		

注：本表数据为居住在普通住宅的家庭户。

8-3c 续表 1

单位：户

地 区	二代户				
	一间	二间	三间	四间	五间及以上
全省	**13960**	**53628**	**88688**	**53869**	**81662**
西宁市	**375**	**6705**	**15625**	**12610**	**25955**
城东区					
城中区	3	1	4	11	94
城西区					
城北区	18	137	311	232	377
湟中区	184	3586	8599	8523	10263
大通回族土族自治县	89	2212	4891	3157	11634
湟源县	81	769	1820	687	3587
海东市	**996**	**13385**	**31982**	**19702**	**28533**
乐都区	236	1914	3375	3104	5997
平安区	27	756	1347	1325	1132
民和回族土族自治县	146	2673	9265	3991	5799
互助土族自治县	278	4280	9271	5640	7605
化隆回族自治县	224	3004	6845	3904	2990
循化撒拉族自治县	85	758	1879	1738	5010
海北藏族自治州	**1015**	**2302**	**4796**	**2287**	**7197**
门源回族自治县	231	720	1408	1296	6297
祁连县	159	661	983	588	563
海晏县	79	372	462	203	247
刚察县	546	549	1943	200	90
黄南藏族自治州	**1501**	**4667**	**6879**	**3224**	**3753**
同仁县	121	904	1770	1296	1502
尖扎县	123	658	862	669	1818
泽库县	1218	2656	2448	703	114
河南蒙古族自治县	39	449	1799	556	319
海南藏族自治州	**2675**	**7430**	**10651**	**6045**	**8593**
共和县	503	2570	2267	1545	2860
同德县	1184	1663	2110	330	195
贵德县	97	943	1494	1323	3439
兴海县	139	529	2043	1961	1318
贵南县	752	1725	2737	886	781
果洛藏族自治州	**3107**	**7752**	**6444**	**1739**	**647**
玛沁县	243	968	1889	639	226
班玛县	205	1451	837	294	164
甘德县	255	1830	2199	579	171
达日县	1349	1561	659	99	56
久治县	772	1528	628	94	14
玛多县	283	414	232	34	16
玉树藏族自治州	**3412**	**8483**	**8644**	**6210**	**3167**
玉树市	456	1092	2811	2467	1248
杂多县	1473	1937	641	259	158
称多县	248	1865	1655	1546	599
治多县	109	814	343	186	39
囊谦县	391	1521	2474	1605	1019
曲麻莱县	735	1254	720	147	104
海西蒙古族藏族自治州	**879**	**2904**	**3667**	**2052**	**3817**
格尔木市	19	117	535	735	1158
德令哈市	95	660	1065	446	752
茫崖市					
乌兰县	23	280	417	194	698
都兰县	307	1051	1419	645	1196
天峻县	435	794	143	32	13
大柴旦行政委员会		2	88		

8-3c 续表 2

单位：户

地区	三代户				
	一间	二间	三间	四间	五间及以上
全省	**2374**	**13750**	**42918**	**35361**	**63918**
西宁市	**33**	**1936**	**9753**	**10107**	**23551**
城东区					
城中区				3	37
城西区					
城北区	1	27	172	218	409
湟中区	15	906	4745	6388	10211
大通回族土族自治县	10	841	3850	3064	10692
湟源县	7	162	986	434	2202
海东市	**101**	**3664**	**18352**	**15784**	**23556**
乐都区	11	511	1563	1788	4364
平安区	3	176	664	704	877
民和回族土族自治县	14	670	5612	4136	5450
互助土族自治县	32	1154	5430	4998	6851
化隆回族自治县	34	891	4184	3158	2597
循化撒拉族自治县	7	262	899	1000	3417
海北藏族自治州	**324**	**818**	**2050**	**1252**	**5511**
门源回族自治县	99	313	787	835	5015
祁连县	37	149	253	201	322
海晏县	18	98	146	79	85
刚察县	170	258	864	137	89
黄南藏族自治州	**339**	**1776**	**3410**	**2210**	**2555**
同仁县	28	407	1163	1137	1119
尖扎县	31	241	502	393	1064
泽库县	273	1059	1141	373	116
河南蒙古族自治县	7	69	604	307	256
海南藏族自治州	**712**	**2620**	**5087**	**3192**	**5264**
共和县	74	727	914	619	1416
同德县	391	729	1182	296	210
贵德县	16	346	877	925	2384
兴海县	32	119	586	838	706
贵南县	199	699	1528	514	548
果洛藏族自治州	**459**	**1384**	**1404**	**599**	**321**
玛沁县	42	135	338	173	75
班玛县	46	269	223	143	71
甘德县	16	223	368	193	133
达日县	169	224	147	32	21
久治县	170	506	304	52	16
玛多县	16	27	24	6	5
玉树藏族自治州	**254**	**938**	**1405**	**1242**	**793**
玉树市	39	157	444	464	223
杂多县	128	262	116	45	41
称多县	7	117	186	185	89
治多县	6	62	32	19	10
囊谦县	41	243	564	519	417
曲麻莱县	33	97	63	10	13
海西蒙古族藏族自治州	**152**	**614**	**1457**	**975**	**2367**
格尔木市		11	165	337	777
德令哈市	4	122	401	237	466
茫崖市					
乌兰县	3	33	123	76	380
都兰县	68	243	706	305	738
天峻县	77	205	48	20	6
大柴旦行政委员会			14		

8-3c 续表 3

单位：户

地　区	四代户				
	一间	二间	三间	四间	五间及以上
全省	**77**	**413**	**1456**	**1714**	**3038**
西宁市		**27**	**257**	**452**	**996**
城东区					
城中区					
城西区					
城北区		1	1	4	10
湟中区		6	95	226	451
大通回族土族自治县		20	128	194	460
湟源县			33	28	75
海东市	**3**	**66**	**507**	**775**	**1124**
乐都区	1	9	34	50	151
平安区		2	21	34	32
民和回族土族自治县	1	17	163	208	264
互助土族自治县		13	114	247	350
化隆回族自治县		14	144	195	171
循化撒拉族自治县	1	11	31	41	156
海北藏族自治州	**7**	**23**	**85**	**57**	**277**
门源回族自治县	2	7	22	37	254
祁连县	1	3	16	4	13
海晏县		1	4	6	2
刚察县	4	12	43	10	8
黄南藏族自治州	**9**	**61**	**209**	**162**	**217**
同仁县	3	15	88	88	110
尖扎县		7	23	19	61
泽库县	6	38	69	25	15
河南蒙古族自治县		1	29	30	31
海南藏族自治州	**44**	**139**	**275**	**186**	**309**
共和县		33	43	37	77
同德县	25	57	89	28	27
贵德县		6	34	51	125
兴海县	2	8	24	41	35
贵南县	17	35	85	29	45
果洛藏族自治州	**7**	**43**	**54**	**18**	**20**
玛沁县	1	2	13	3	5
班玛县		8	3	6	5
甘德县		6	8	5	6
达日县	4	6	10		3
久治县	2	21	20	4	1
玛多县					
玉树藏族自治州	**1**	**33**	**38**	**31**	**17**
玉树市		1	6	3	5
杂多县	1	7	4	5	
称多县		4	6	4	1
治多县		3			
囊谦县		17	22	19	11
曲麻莱县		1			
海西蒙古族藏族自治州	**6**	**21**	**31**	**33**	**78**
格尔木市			5	11	30
德令哈市		2	6	6	13
茫崖市					
乌兰县			3	1	5
都兰县	2	11	17	14	29
天峻县	4	8		1	1
大柴旦行政委员会					

8-3c 续表 4

单位：户

地区	五代及以上户				
	一间	二间	三间	四间	五间及以上
全省	**1**	**2**	**7**	**2**	**3**
西宁市					
城东区					
城中区					
城西区					
城北区					
湟中区					
大通回族土族自治县					
湟源县					
海东市					**1**
乐都区					
平安区					
民和回族土族自治县					
互助土族自治县					
化隆回族自治县					
循化撒拉族自治县					1
海北藏族自治州					
门源回族自治县					
祁连县					
海晏县					
刚察县					
黄南藏族自治州	**1**	**1**	**2**	**1**	**1**
同仁县				1	
尖扎县		1			1
泽库县	1		2		
河南蒙古族自治县					
海南藏族自治州		**1**	**5**		**1**
共和县			3		
同德县			1		
贵德县					
兴海县					
贵南县		1	1		1
果洛藏族自治州					
玛沁县					
班玛县					
甘德县					
达日县					
久治县					
玛多县					
玉树藏族自治州				**1**	
玉树市				1	
杂多县					
称多县					
治多县					
囊谦县					
曲麻莱县					
海西蒙古族藏族自治州					
格尔木市					
德令哈市					
茫崖市					
乌兰县					
都兰县					
天峻县					
大柴旦行政委员会					

8–4　全省按户主的受教育程度分的家庭户住房状况

受教育程度	户　数 (户)	人　数 (人)	平均每户 住房间数 (间/户)	人均住房 建筑面积 (平方米/人)	人均住房 间　　数 (间/人)
总　计	**1639690**	**4870207**	**3.12**	**34.55**	**1.05**
未上过学	161140	551465	3.32	28.08	0.97
学前教育	3008	9195	3.08	28.89	1.01
小　学	539409	1820610	3.47	30.22	1.03
初　中	447727	1330596	3.29	36.86	1.11
高　中	179266	443932	2.62	39.50	1.06
大学专科	158612	367701	2.46	42.19	1.06
大学本科	141943	326813	2.45	44.23	1.07
硕士研究生	7647	17716	2.56	47.94	1.10
博士研究生	938	2179	2.49	45.69	1.07

注：本表数据为居住在普通住宅的家庭户。

8–4a　全省按户主的受教育程度分的家庭户住房状况(城市)

受教育程度	户　数 (户)	人　数 (人)	平均每户 住房间数 (间/户)	人均住房 建筑面积 (平方米/人)	人均住房 间　　数 (间/人)
总　计	**672466**	**1690928**	**2.54**	**40.02**	**1.01**
未上过学	22227	61675	2.96	39.90	1.07
学前教育	662	1441	2.90	46.10	1.33
小　学	106689	308699	2.77	35.46	0.96
初　中	194404	507805	2.56	37.70	0.98
高　中	121694	285364	2.36	40.37	1.01
大学专科	112931	259844	2.42	43.68	1.05
大学本科	106285	248248	2.49	45.57	1.07
硕士研究生	6697	15792	2.59	48.50	1.10
博士研究生	877	2060	2.47	45.68	1.05

注：本表数据为居住在普通住宅的家庭户。

8-4b 全省按户主的受教育程度分的家庭户住房状况(镇)

受教育程度	户数(户)	人数(人)	平均每户住房间数(间/户)	人均住房建筑面积(平方米/人)	人均住房间数(间/人)
总计	**390244**	**1147963**	**2.94**	**33.60**	**1.00**
未上过学	43306	143280	3.03	27.90	0.92
学前教育	782	2110	2.81	30.70	1.04
小学	133689	436532	3.17	30.56	0.97
初中	99880	297343	3.13	36.39	1.05
高中	38888	100021	2.64	37.06	1.03
大学专科	39837	93574	2.44	38.85	1.04
大学本科	32965	73241	2.30	40.00	1.03
硕士研究生	860	1793	2.28	42.60	1.09
博士研究生	37	69	2.38	48.01	1.28

注：本表数据为居住在普通住宅的家庭户。

8-4c 全省按户主的受教育程度分的家庭户住房状况(乡村)

受教育程度	户数(户)	人数(人)	平均每户住房间数(间/户)	人均住房建筑面积(平方米/人)	人均住房间数(间/人)
总计	**576980**	**2031316**	**3.92**	**30.53**	**1.11**
未上过学	95607	346510	3.53	26.05	0.97
学前教育	1564	5644	3.30	23.81	0.91
小学	299031	1075379	3.85	28.57	1.07
初中	153443	525448	4.32	36.30	1.26
高中	18684	58547	4.26	39.45	1.36
大学专科	5844	14283	3.22	36.97	1.32
大学本科	2693	5324	2.80	40.28	1.42
硕士研究生	90	131	2.79	52.89	1.92
博士研究生	24	50	3.58	43.18	1.72

注：本表数据为居住在普通住宅的家庭户。

8-5 全省按户主受教育程度、人均住房建筑面积分的家庭户户数

单位：户

受教育程度	户 数	人均住房建筑面积(平方米)			
		8及以下	9-12	13-16	17-19
总 计	**1639690**	**30310**	**69821**	**116063**	**60861**
未上过学	161140	5648	12543	18929	6143
学前教育	3008	164	244	323	103
小 学	539409	16222	34382	54330	23431
初 中	447727	6009	15935	27822	18473
高 中	179266	1201	3666	7514	5835
大学专科	158612	686	1920	4254	3820
大学本科	141943	369	1092	2755	2895
硕士研究生	7647	8	29	107	138
博士研究生	938	3	10	29	23

注：本表数据为居住在普通住宅的家庭户。

8-5 续表

单位：户

受教育程度	人均住房建筑面积(平方米)				
	20-29	30-39	40-49	50-59	60及以上
总 计	**370747**	**278058**	**224019**	**132380**	**357431**
未上过学	40953	22073	17188	8448	29215
学前教育	595	366	268	184	761
小 学	136043	83664	62211	33747	95379
初 中	107409	82007	61743	37284	91045
高 中	36504	32869	28101	18324	45252
大学专科	26967	29006	27158	17595	47206
大学本科	21221	26634	25704	15849	45424
硕士研究生	915	1293	1505	844	2808
博士研究生	140	146	141	105	341

8-5a 全省按户主受教育程度、人均住房建筑面积分的家庭户户数(城市)

单位：户

受教育程度	户 数	人均住房建筑面积(平方米)			
		8及以下	9-12	13-16	17-19
总 计	**672466**	**6604**	**16608**	**29138**	**24567**
未上过学	22227	437	997	1614	918
学前教育	662	6	21	35	18
小 学	106689	2351	5174	8239	5491
初 中	194404	2871	7147	11333	9026
高 中	121694	561	1922	4173	4018
大学专科	112931	219	823	2202	2727
大学本科	106285	153	499	1439	2224
硕士研究生	6697	4	18	76	122
博士研究生	877	2	7	27	23

注：本表数据为居住在普通住宅的家庭户。

8-5a 续表

单位：户

受教育程度	人均住房建筑面积(平方米)				
	20-29	30-39	40-49	50-59	60及以上
总 计	**135239**	**120190**	**102050**	**63884**	**174186**
未上过学	4809	2749	2701	1882	6120
学前教育	89	97	63	64	269
小 学	25745	16070	12624	8268	22727
初 中	46666	35744	26635	16443	38539
高 中	24125	22953	19605	12750	31587
大学专科	18067	21189	19741	12439	35524
大学本科	14819	20125	19228	11228	36570
硕士研究生	787	1123	1322	711	2534
博士研究生	132	140	131	99	316

8-5b 全省按户主受教育程度、人均住房建筑面积分的家庭户户数(镇)

单位：户

受教育程度	户 数	人均住房建筑面积(平方米)			
		8及以下	9-12	13-16	17-19
总 计	**390244**	**9097**	**18001**	**28926**	**14332**
未上过学	43306	1692	3359	4911	1593
学前教育	782	17	40	88	26
小 学	133689	4909	8532	12606	5724
初 中	99880	1514	3703	6470	4073
高 中	38888	393	1073	2103	1303
大学专科	39837	383	817	1584	964
大学本科	32965	185	465	1134	633
硕士研究生	860	3	10	30	16
博士研究生	37	1	2		

注：本表数据为居住在普通住宅的家庭户。

8-5b 续表

单位：户

受教育程度	人均住房建筑面积(平方米)				
	20-29	30-39	40-49	50-59	60及以上
总 计	**91148**	**62029**	**52366**	**34327**	**80018**
未上过学	11314	5639	4579	2606	7613
学前教育	156	81	83	50	241
小 学	33525	19262	15297	9309	24525
初 中	24049	17009	13579	9021	20462
高 中	8600	6714	5820	4082	8800
大学专科	7578	6977	6652	4764	10118
大学本科	5806	6187	6172	4369	8014
硕士研究生	115	158	175	122	231
博士研究生	5	2	9	4	14

8-5c 全省按户主受教育程度、人均住房建筑面积分的家庭户户数(乡村)

单位：户

受教育程度	户 数	人均住房建筑面积(平方米)			
		8及以下	9-12	13-16	17-19
总 计	**576980**	**14609**	**35212**	**57999**	**21962**
未上过学	95607	3519	8187	12404	3632
学前教育	1564	141	183	200	59
小 学	299031	8962	20676	33485	12216
初 中	153443	1624	5085	10019	5374
高 中	18684	247	671	1238	514
大学专科	5844	84	280	468	129
大学本科	2693	31	128	182	38
硕士研究生	90	1	1	1	
博士研究生	24		1	2	

注：本表数据为居住在普通住宅的家庭户。

8-5c 续表

单位：户

受教育程度	人均住房建筑面积(平方米)				
	20-29	30-39	40-49	50-59	60及以上
总 计	**144360**	**95839**	**69603**	**34169**	**103227**
未上过学	24830	13685	9908	3960	15482
学前教育	350	188	122	70	251
小 学	76773	48332	34290	16170	48127
初 中	36694	29254	21529	11820	32044
高 中	3779	3202	2676	1492	4865
大学专科	1322	840	765	392	1564
大学本科	596	322	304	252	840
硕士研究生	13	12	8	11	43
博士研究生	3	4	1	2	11